2024
경찰간부 · 순경 · 승진 대비

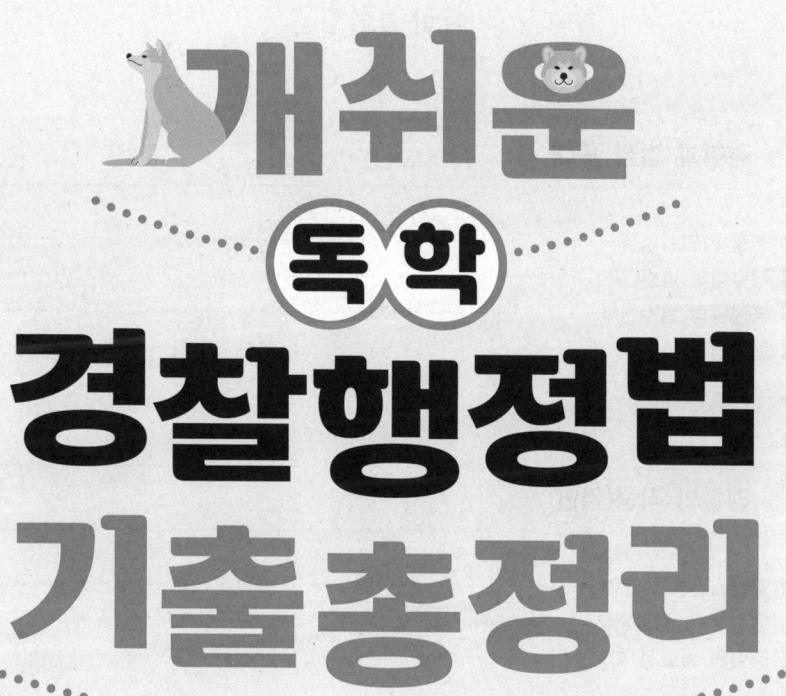

개쉬운 독학 경찰행정법 기출총정리

정태정 경찰학박사 & 멘토링 공저

멘토링

CONTENTS

cafe.naver.com/jtjknp112

경찰행정법

PART 01 경찰과 법적 토대 — 5

제1절 경찰과 법치행정 ········· 6
제2절 경찰법의 법원(일반) ········· 25
제3절 행정법의 일반원칙 ········· 58
제4절 행정입법 ········· 85

PART 02 경찰의 작용(일반) — 107

제1절 경찰권발동의 근거 ········· 108
제2절 행정행위, 경찰처분 ········· 144
제3절 경찰의 실효성 확보수단 ········· 237

PART 03 경찰관 직무집행법상 경찰작용 — 329

제1절 표준적 직무집행 ········· 330
제2절 그 밖의 경찰작용 ········· 385

PART 04 행정절차, 정보공개 — 399

제1절 행정절차법 ········· 405
제2절 공공기관의 정보공개에 관한 법률 ········· 421
제3절 개인정보보호법 ········· 450

PART 05 경찰작용에 대한 구제 463

제1절 손해전보 ·········· 464
제2절 행정쟁송 ·········· 536

PART 01

경찰과 법적 토대

제1절 경찰과 법치행정
제2절 경찰법의 법원(일반)
제3절 행정법의 일반원칙
제4절 행정입법

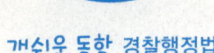

제1절 경찰과 법치행정

1. 법치행정의 원리

001 행정법 기본원리인 법치행정의 원칙 가운데 국민의 권리와 의무에 영향을 주는 법규는 원칙적으로 의회가 제정한 법률의 형식으로 제정되어야 한다는 원칙은? 기출 연습문제 [Essential ★]

① 법률유보의 원칙
② 법률의 법규창조력의 원칙
③ 법률우위의 원칙
④ 법률적합성의 원칙

해설

② [O] **법률의 법규창조력의 원칙**
　법률의 법규창조력(法律의 法規創造力)
　국민의 권리·의무에 영향을 미치거나 그 범위를 확정하는 성문의 일반적·추상적 규범이라고 일단 정의할 수 있는 「법규」는 입법권의 전속적 권한인 법률의 제정을 통해서만 창조될 수 있고, 행정권 스스로는 입법권의 수권이 없는 한 독자적으로 법규를 창조할 수 없다는 것을 말한다.

① [X] **법률유보의 원칙(X)**
　법률의 유보(法律의 留保): 일정한 행정영역에 적용
　행정권의 발동은 개별적인 법률의 근거(법률의 수권)를 요한다는 원칙이다. 다만, 이러한 법률유보의 범위에 대해서는 현재 다양한 견해가 제시되어 있다.

③ [X] **법률우위의 원칙(X)**
　법률의 우위(法律의 優位): 모든 행정영역에 적용
　법률의 형식으로 표현된 국가의사는 다른 모든 국가작용(행정 및 사법작용)보다 우위에 있는 것으로서, 특히 행정권의 행사가 법률에 저촉되거나 위반되어서는 안 된다는 것을 의미한다. 이 원칙은 법치주의의 최소한으로서 그 불가결의 요소를 이루는 것이다. 과거 형식적 법치주의 하에서는 내용적으로 위헌적인 법률의 우위도 인정되었던 것이나, 현재에는 위헌법률심사제도가 채택되어 합헌적 법률의 우위만이 인정됨은 물론이다.

④ [X] **법률적합성의 원칙(X)**
　법치주의란 **국민의 자유와 권리의 보장, 즉 인권보장을 목적으로 권력분립의 원칙에 기초하여 모든 국가작용은 국민의 대표기관인 의회가 제정한 법률에 근거하여 행해져야 하고, 또 그러한 법률의 적용을 보장하는 재판제도를 통해 사법적 구제절차를 확보해야 한다는 원리**를 말한다. 이러한 법치주의의 이념에 따라 행정도 법에 근거하고 법에서 정한 범위와 한계 내에서만 행사되도록 되었는데, 이것을 '법치행정의 원리'라고 한다.
　O. Mayer에 의해 체계화된 법치주의는 **법률의 법규창조력, 법률의 우위, 법률의 유보** 등의 원칙을 그 내용으로 한다.

정답 ②

002 법률유보의 범위에 대한 설명 중 틀린 것은?

기출 연습문제 [Core ★★]

① 종래의 특별권력관계에도 원칙적으로 법률유보의 적용을 받아야 한다는 게 통설이다.
② 중요사항유보설은 법률유보의 범위를 행정작용의 속성에 따라 일률적으로 정할 것이 아니라 법적 규율이 국민일반 및 개인에 대하여 가지는 중요도 등에 따라 구체적으로 결정되어야 한다고 한다.
③ 일정한 행정영역에 법률유보원칙이 적용되지 않는다는 것의 의미는 그러한 행정영역에 있어서는 법적 규율 가능성이 전적으로 배제된다는 것을 의미하는 것은 아니다.
④ 중요사항유보설은 독일연방 헌법재판소의 판례를 계기로 형성된 것으로 행정유보와 필연적으로 관련된다.

해설

④ [×] 중요사항유보설은 독일연방 헌법재판소의 판례를 계기로 형성된 것으로 **행정유보(×)**와 필연적으로 관련된다.
→ 중요사항유보설(본질성설)은 국민의 기본권적 지위와 관련된 중요한 사항에 대해서는 **의회가 제정한 법률로 규율하여야 한다**는 것이므로 **의회유보론**과 관련이 있다.

① [O] 종래의 **특별권력관계**에도 원칙적으로 **법률유보의 적용**을 받아야 한다는 게 통설이다.
② [O] 중요사항유보설은 법률유보의 범위를 행정작용의 속성에 따라 일률적으로 정할 것이 아니라 법적 규율이 국민일반 및 개인에 대하여 가지는 중요도 등에 따라 구체적으로 결정되어야 한다고 한다.
③ [O] 일정한 행정영역에 법률유보원칙이 적용되지 않는다는 것의 의미는 그러한 행정영역에 있어서는 법적 규율 가능성이 전적으로 배제된다는 것을 의미하는 것은 아니다.

1) **침해행정유보설**
   자유주의적 이념에 기초하여 **국민의 자유와 권리를 제한, 침해하거나 새로운 의무를 부과하는 행정작용은 반드시 법률의 근거를 요한다**는 것이다.
2) **권력행정유보설**
   행정작용의 침익성과 수익성 여부를 가리지 않고 행정권의 일방적 의사에 의해 국민의 권리·의무를 결정하게 되는 **모든 권력적 행정작용은 법률의 근거를 요한다**는 것이다.
3) 그 외에 현대국가의 국가적 급부활동의 중요성으로 인한 침해행정뿐만 아니라 **급부행정에 있어서도 법률유보원칙의 적용이 필요하다는 급부행정유보설**, 국민주권사상과 의회민주주의사상에 그 기초를 둔 전부유보설, 헌법의 법치국가원칙·민주주의원칙·기본권보장원리와 관련하여 볼 때 각 **행정부문의 본질적 사항에 관한 규율은 법률에 유보하여야 한다는 중요사항유보설(본질성설)**, 원칙적으로 침해유보설의 입장을 취하면서 특별권력관계에 법률유보의 적용을 인정하지만, **급부행정의 영역에 있어서는 법률유보가 필수적인 것은 아니라고 본다는 신침해유보설** 등이 있다.

정답 ④

003 법치행정원리와 관계된 설명으로 적절한 것은? 기출 연습문제 [Essential ★]

① 법률우위원칙은 행정의 일부 영역에만 적용된다고 보는 것이 지배적이다.
② 법률유보원칙은 행정의 전영역에 적용된다고 보는 것이 지배적 견해이다.
③ 법적 수권없이 이루어진 행정작용은 종류에 관계없이 유효하다.
④ 지배적 견해는 자유재량행위 같은 것은 법률로부터 자유로운 행위라고 하며 이에 대해서는 법적 규율이 이루어지지 않는 것으로 이해한다.
⑤ 법치행정원리는 민주주의 원리와 일정한 관련이 있다.

해설

⑤ [○] 법치행정원리는 민주주의 원리와 일정한 관련이 있다.
① [×] 법률우위원칙은 행정의 일부 영역에만 적용된다(×)고 보는 것이 지배적이다.
→ 법률우위원칙은 모든 행정작용에 적용된다.
② [×] 법률유보원칙은 행정의 전영역에 적용된다고 보는 것이 지배적 견해(×)이다.
→ 행정의 전영역에 법률유보가 적용된다는 전부유보설은 현대행정의 양적 범위나 그 다양성을 고려할 때 현실성을 결여한 이상론에 불과하다는 비판이 가능하다. 따라서 법률유보원칙이 행정의 전영역에 적용되는 것은 아니다.
③ [×] 법적 수권없이 이루어진 행정작용은 종류에 관계없이 유효하다.(×)
→ 법률상의 근거(수권)가 필요한 행정작용의 경우에, 법적 근거없이 이루어지면 위법이다.
④ [×] 지배적 견해는 자유재량행위 같은 것은 법률로부터 자유로운 행위라고 하며 이에 대해서는 법적 규율이 이루어지지 않는 것으로 이해한다.(×)
→ 자유재량행위도 법률의 범위 내에서의 재량이므로, 법적 규율이 이루어진다.

정답 ⑤

004 행정의 법률적합성 내지 법치행정의 원리에 관한 설명 중 옳지 않은 것은?

기출 연습문제 [ESSential ★]

① 법률의 법규창조력이란 국민의 권리·의무관계에 구속력을 가지는 법규(법규범)를 창조하는 것은 국민의 대표기관인 의회에서 제정한 법률만이라고 한다.
② 법률의 우위원칙은 행정의 법률에의 구속성을 의미하는 것으로 제한 없이 행정의 모든 영역에 적용된다.
③ 법률유보의 원칙에 있어서 법률은 형식적 의미의 법률을 의미하므로 관습법은 포함되지 않는다.
④ 법률의 우위원칙에 위반된 행정작용의 법적 효과는 행위형식에 따라 상이하여 일률적으로 말할 수 없다.
⑤ 법률의 우위원칙은 행정의 법률에의 구속성을 의미하는 적극적인 성격의 것인 반면에 법률유보의 원칙은 행정은 단순히 법률의 수권에 의하여 행해져야 한다는 소극적 성격의 것이다.

해설

⑤ [×] **법률의 우위원칙(×)**은 행정의 법률에의 구속성을 의미하는 적극적인 성격의 것인 반면에 **법률유보의 원칙(×)**은 행정은 단순히 법률의 수권에 의하여 행해져야 한다는 소극적 성격의 것이다.
  → **법률의 우위원칙이 소극적으로 기존 법률의 침해를 금지하는 것**인 반면, **법률유보의 원칙은 적극적으로 법률제정을 요구하며 행정부는 법률이 존재하지 않을 경우에는 행정작용을 하지 말고, 제정된 법률이 있을 때에만 그에 근거하여 행하라는 원칙**으로서 적극적 원칙이라고 표현된다. 따라서 **법률유보의 원칙이 적극적 성격**을 가지며, **법률의 우위원칙은 소극적 성격**을 갖는다.

① [○] **법률의 법규창조력**이란 국민의 권리·의무관계에 구속력을 가지는 법규(법규범)를 창조하는 것은 **국민의 대표기관인 의회에서 제정한 법률만**이라고 한다.
  → '법률의 법규창조력'이란 국민의 권리·의무관계의 규율에 관한 규범, 즉 법규를 창조하는 것은 국민의 대표기관인 국회의 전권에 속하므로 국회가 만든 법률만이 국민을 구속한다는 것을 의미한다. 다만 법률의 위임이 있는 경우에는 행정부도 법규에 관한 새로운 사항을 제정할 수 있다.

② [○] **법률의 우위원칙은 행정의 법률에의 구속성을 의미하는 것으로 제한 없이 행정의 모든 영역에 적용된다.**
  → '법률우위의 원칙'이란 행정작용은 법률에 위반되어서는 안 된다는 원칙을 말한다. 이러한 법률우위원칙은 수익적 행정인지 침익적 행정인지를 불문하며, 공법형식의 국가작용뿐만 아니라 사법(私法)형식의 국가작용에도 적용되며 **법률행위와 사실행위를 불문하고 모든 국가작용에 적용되는 원칙**이다.

③ [○] **법률유보의 원칙에 있어서 법률은 형식적 의미의 법률을 의미하므로 관습법은 포함되지 않는다.**
  → '법률의 유보에 있어서 법률'은 원칙적으로 국회에서 법률제정의 절차에 따라 만들어진 형식적 의미의 법률을 의미한다. 따라서 국회의 의결을 거치지 않은 명령이나 불문법원으로서의 관습법은 법률유보원칙에서 말하는 **법률에 포함되지 않는다.**

④ [○] 법률의 우위원칙에 위반된 행정작용의 법적 효과는 행위형식에 따라 상이하여 일률적으로 말할 수 없다.
  → 행정작용이 법률우위의 원칙을 위반하면 위법한 행정작용이 되는데, 위법한 행정작용의 효력은 행정의 행위형식에 따라 다르게 나타나며 그 효과를 일률적으로 말할 수는 없다. 예컨대 행정행위는 중대·명백설에 따라 중대하고 명백한 하자가 있는 행정행위는 무효가 되고, 그렇지 않은 행정행위는 취소할 수 있는 행정행위가 되며, 행정입법·공법상 계약은 특별한 사정이 없는 한 무효가 된다.

정답 ⑤

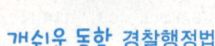

005 법률유보원칙에 대한 설명으로 옳지 않은 것은?

13 지방직 [Core ★★]

① 전부유보설은 모든 행정작용이 법률에 근거해야 한다는 입장으로, 행정의 자유영역을 부정하는 견해이다.
② 헌법재판소는 예산도 일정의 법규범이고, 법률과 마찬가지로 국회의 의결을 거쳐 제정되며, 국가 기관뿐만 아니라 일반국민도 구속한다고 본다. 따라서 법률유보원칙에서 말하는 법률에는 예산도 포함된다.
③ 중요사항유보설은 행정작용에 법률의 근거가 필요한지 여부에 그치지 않고 법률의 규율정도에 대해서도 설명하는 이론이다.
④ 헌법재판소는 텔레비전방송수신료의 금액결정은 납부의무자의 범위 등과 함께 수신료에 관한 본질적인 중요한 사항이므로 국회가 스스로 행하여야 하는 사항에 속한다는 입장이다.

해설

② [×] 헌법재판소는 예산도 일정의 법규범이고, 법률과 마찬가지로 국회의 의결을 거쳐 제정되며, 국가 기관뿐만 아니라 **일반국민도 구속한다고 본다. 따라서 법률유보원칙에서 말하는 법률에는 예산도 포함된다.**(×)

> 헌법재판소 2006. 4. 25. 선고 2006헌마409 제2지정재판부
> [서울-춘천고속도로민간투자시설사업관련2006년도예산안의결위헌확인]
> 국회가 의결한 예산 또는 국회의 예산안 의결은 헌법소원의 대상이 된다고 볼 수 없다. 예산도 일종의 법규범이고 법률과 마찬가지로 국회의 의결을 거쳐 제정되지만 **예산은 법률과 달리 국가기관만을 구속할 뿐 일반국민을 구속하지 않는다.**

① [O] **전부유보설은 모든 행정작용이 법률에 근거해야 한다는 입장으로, 행정의 자유영역을 부정하는 견해이다.**
→ 전부유보설은 모든 공행정은 의회의 통제대상이 되어야 하므로 **행정의 모든 영역에 법률의 근거가 필요하다는 견해이다.** 이 견해는 국민주권주의와 의회민주주의를 강조하여 법치주의에는 가장 충실한 반면, **법적 근거가 없다면 행정부는 아무론 활동을 못한다는 점에서 행정의 자유영역을 부정한다는 비판을 받고 있다.**

③ [O] **중요사항유보설은 행정작용에 법률의 근거가 필요한지 여부에 그치지 않고 법률의 규율정도에 대해서도 설명하는 이론이다.**
→ **중요사항유보설은 중요한 사항에 대해서는 법률의 근거가 필요**하며, 특히 본질적인 중요한 사항은 행정부에 위임할 수 없고 입법자가 스스로 결정하여야 한다고 보는바, 이 점에서 법률유보에 관한 다른 학설과는 달리 법률유보의 범위뿐만 아니라 **법률유보의 규율정도에 대해서도 설명하는 이론이라는 평가를 받고 있다.**

④ [O] 헌법재판소는 **텔레비전방송수신료의 금액결정**은 납부의무자의 범위 등과 함께 수신료에 관한 본질적인 중요한 사항이므로 **국회가 스스로 행하여야 하는 사항에 속한다는 입장**이다.

> 헌법재판소 1999. 5. 27. 선고 98헌바70 전원재판부 [한국방송공사법제35조등위헌소원]
> 텔레비전방송수신료는 기본권 실현과 관련된 영역이므로 입법자가 본질적 사항에 대해서 스스로 결정해야 한다. 수신료금액의 결정은 납부의무자의 범위 등과 함께 수신료에 관한 본질적인 중요한 사항이므로 국회가 스스로 행하여야 하는 사항이다

정답 ②

[심화학습]

006 법치국가 원리에 관한 설명 중 옳지 않은 것은? 08 관세사 변형 [ESSential ★]

① 법률의 법규창조력이란 국회에서 제정하는 형식적 의미의 법률만이 법규를 창조하는 힘을 갖는다는 원칙을 말한다.
② 법률유보의 원칙은 행정권의 발동에 있어서 조직규범 외에 작용규범이 필요하다는 것을 말한다.
③ 실질적 법치국가에서는 국회에서 제정된 형식적 법률을 중시하며, 법의 내용적 측면이나 인권은 중요시하지 아니한다.
④ 법률의 우위 원칙은 모든 행정작용은 법률에 위반되어서는 아니 된다는 것을 내용으로 한다.

해설

③ [×] 실질적 법치국가에서는 국회에서 제정된 형식적 법률을 중시하며, 법의 내용적 측면이나 인권은 중요시하지 아니한다.(×)
 → 실질적 법치국가는 형식적 법치국가에 대응하는 개념으로서 국회가 제정한 법률에 의해 국가작용이 이루어져야 함은 당연하고 그 법률의 내용까지 국민의 기본권 보호라는 헌법이념에 맞는 합헌적 법률에 의해 국가작용이 이루어지는 국가를 말한다.
① [O] 법률의 법규창조력이란 국회에서 제정하는 형식적 의미의 법률만이 법규를 창조하는 힘을 갖는다는 원칙을 말한다.
 → 법률의 법규창조력이란 국민의 권리·의무관계의 규율에 관한 규범, 즉 법규를 창조하는 것은 국민의 대표기관인 국회의 전권에 속하므로 국회가 만든 법률이라는 명칭을 가진 국가의사만이 국민을 구속한다는 것을 의미한다.
② [O] 법률유보의 원칙은 행정권의 발동에 있어서 조직규범 외에 작용규범이 필요하다는 것을 말한다.
 → 행정권의 발동에는 조직법적 근거는 반드시 필요하므로 법률유보의 논의대상은 조직규범이 아닌 작용규범(근거규범)을 의미한다. 한편, 조직규범이란 행정을 위한 전제로서 행정을 행하는 단체의 조직과 권한을 규정하는 규범을 말한다. 이에 대해 작용규범이란 행정주체가 행정객체에 대해 현실적으로 행정을 행함에 필요한 권한사항을 규정하는 규범을 말한다. 예컨대, 도로교통에 관한 사무는 조직규범상 경찰의 권한으로 배분되어 있다. 그런데 경찰이 실제로 도로교통과 관련된 행정행위(음주운전자에 대해 운전면허정지를 하는 것)를 일반국민에 대해 행하기 위해서는 구체적인 법적 근거가 필요한 바, 이를 작용규범이라고 한다. 행정작용을 함에 있어 법률의 근거가 필요한지 여부와 관련된 법률유보원칙은 이러한 작용규범과 관련된 것이다.
④ [O] 법률의 우위 원칙은 모든 행정작용은 법률에 위반되어서는 아니 된다는 것을 내용으로 한다.
 → 법률우위의 원칙이란 법률이 행정보다 우위에 있으므로 모든 행정작용은 법률에 위반되어서는 안 된다는 원칙을 말한다.

정답 ③

007 행정의 법률적합성 내지 법치행정의 원리에 관한 설명 중 옳지 않은 것은?

13 국회직 변형 [Essential ★]

① 법률의 법규창조력이란 국민의 권리·의무관계에 구속력을 가지는 법규(법규범)를 창조하는 것은 국민의 대표기관인 의회에서 제정한 법률만이라고 한다.
② 법률의 우위원칙은 행정의 법률에의 구속성을 의미하는 것으로 제한 없이 행정의 모든 영역에 적용된다.
③ 법률유보의 원칙에 있어서 법률은 형식적 의미의 법률을 의미하므로 관습법은 포함되지 않는다.
④ 법률의 우위원칙은 행정의 법률에의 구속성을 의미하는 적극적인 성격의 것인 반면에 법률유보의 원칙은 행정은 단순히 법률의 수권에 의하여 행해져야 한다는 소극적 성격의 것이다.

해설

④ [×] 법률의 우위원칙은 행정의 법률에의 구속성을 의미하는 적극적인 성격(×)의 것인 반면에 법률유보의 원칙은 행정은 단순히 법률의 수권에 의하여 행해져야 한다는 소극적 성격의 것(×)이다.
→ 법률우위의 원칙이 소극적으로 기존 법률의 침해를 금지하는 것인 반면, 법률유보의 원칙은 적극적으로 법률제정을 요구하며 행정부는 법률이 존재하지 않을 경우에는 행정작용을 하지 말고, 제정된 법률이 있을 때에만 그에 근거하여 행하라는 원칙으로서 적극적 원칙이라고 표현된다. 따라서 **법률유보의 원칙이 적극적 성격을 가지며, 법률우위의 원칙은 소극적 성격을 갖는다.**

① [○] 법률의 법규창조력이란 국민의 권리·의무관계에 구속력을 가지는 법규(법규범)를 창조하는 것은 국민의 대표기관인 의회에서 제정한 법률만이라고 한다.
→ '법률의 법규창조력'이란 국민의 권리·의무관계의 규율에 관한 규범, 즉 법규를 창조하는 것은 국민의 대표기관인 국회의 전권에 속하므로 국회가 만든 법률만이 국민을 구속한다는 것을 의미한다. 다만 법률의 위임이 있는 경우에는 행정부도 법규에 관한 새로운 사항을 제정할 수 있다.

② [○] **법률의 우위원칙**은 행정의 법률에의 구속성을 의미하는 것으로 제한 없이 **행정의 모든 영역에 적용**된다.
→ '**법률우위의 원칙**'란 행정작용은 법률에 위반되어서는 안 된다는 원칙을 말한다. 이러한 법률우위원칙은 수익적 행정인지 침익적 행정인지를 불문하며, 공법형식의 국가작용뿐만 아니라 사법(私法)형식의 국가작용에도 적용되며 법률행위와 사실행위를 불문하고 **모든 국가작용에 적용되는 원칙**이다.

③ [○] 법률유보의 원칙에 있어서 **법률은 형식적 의미의 법률을 의미하므로 관습법은 포함되지 않는다.**
→ '법률의 유보에 있어서 법률'은 원칙적으로 국회에서 법률제정의 절차에 따라 만들어진 형식적 의미의 법률을 의미한다. 따라서 국회의 의결을 거치지 않은 명령이나 불문법원으로서의 관습법은 법률유보원칙에서 말하는 법률에 포함되지 않는다.

정답 ④

008 법치행정의 원칙에서 볼 때 옳지 않은 것은? (다툼이 있는 경우 다수설에 의함) 11 국가직 [Core ★★]

① 법치행정의 목적은 행정의 효율성과 행정작용의 예견가능성을 보장하는 데 있다.
② 동종사건에 관하여 대법원의 판례가 있더라도 하급법원은 그 판례와 다른 판단을 하는 것이 가능하다.
③ 조례는 법령의 범위 내에서 상위법령의 구체적 위임이 없는 사항도 규율하는 것이 가능하다.
④ 상대방의 신청내용을 모두 인정하는 경우에는 그 처분의 근거와 이유를 제시하지 아니하더라도 무방하다.

해설

① [×] 법치행정의 목적은 **행정의 효율성(×)**과 행정작용의 예견가능성을 보장하는 데 있다.
→ 법치행정의 목적은 **행정의 자의를 방지**하고 행정의 예측가능성을 보장하기 위함이다.

② [O] 동종사건에 관하여 대법원의 판례가 있더라도 하급법원은 그 판례와 다른 판단을 하는 것이 가능하다.

> 대법원 1996. 10. 25. 선고 96다31307 판결 [소유권이전등기] [공1996.12.1.(23),3438]
> 대법원의 판례가 사안이 다른 유사 사건을 재판하는 하급심법원을 직접 기속하는 효력이 있는 것은 아니다. 대법원의 판례가 법률해석의 일반적인 기준을 제시한 경우에 유사한 사건을 재판하는 하급심법원의 법관은 판례의 견해를 존중하여 재판하여야 하는 것이나, 판례가 사안이 서로 다른 사건을 재판하는 하급심법원을 직접 기속하는 효력이 있는 것은 아니다

③ [O] 조례는 법령의 범위 내에서 상위법령의 구체적 위임이 없는 사항도 규율하는 것이 가능하다.
→ 조례에 대해서는 포괄적 위임도 가능하다.

> 대법원 2000. 11. 24. 선고 2000추29 판결
> [단양군공유재산관리조례중개정조례안에대한재의결] [공2001.1.15.(122),167]
> 지방자치법 제9조 제1항과 제15조 등의 관련 규정에 의하면 지방자치단체는 원칙적으로 그 고유사무인 자치사무와 법령에 의하여 위임된 단체위임사무에 관하여 이른바 자치조례를 제정할 수 있는 외에, 개별 법령에서 특별히 위임하고 있을 경우에는 그러한 사무에 속하지 아니하는 기관위임사무에 관하여도 그 위임의 범위 내에서 이른바 위임조례를 제정할 수 있지만, 조례가 규정하고 있는 사항이 그 근거 법령 등에 비추어 볼 때 자치사무나 단체위임사무에 관한 것이라면 이는 자치조례로서 지방자치법 제15조가 규정하고 있는 '**법령의 범위 안**'이라는 사항적 한계가 적용될 뿐, 위임조례와 같이 국가법에 적용되는 일반적인 위임입법의 한계가 적용될 여지는 없다.

④ [O] 상대방의 신청내용을 모두 인정하는 경우에는 그 처분의 근거와 이유를 제시하지 아니하더라도 무방하다.(행정절차법 제23조세1항제1호)

> **행정절차법 제23조(처분의 이유 제시)**
> ① 행정청은 처분을 할 때에는 다음 각 호의 어느 하나에 해당하는 경우를 제외하고는 당사자에게 그 근거와 이유를 제시하여야 한다.
>   1. 신청 내용을 모두 그대로 인정하는 처분인 경우
>   2. 단순·반복적인 처분 또는 경미한 처분으로서 당사자가 그 이유를 명백히 알 수 있는 경우
>   3. 긴급히 처분을 할 필요가 있는 경우
> ② 행정청은 제1항제2호 및 제3호의 경우에 처분 후 당사자가 요청하는 경우에는 그 근거와 이유를 제시하여야 한다.

정답 ①

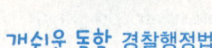

009 법률유보의 원칙에 관한 설명으로 옳지 않은 것은?

10 지방직 [Core ★★]

① 우리 헌법재판소는 오늘날 법률유보원칙은 특히 국민의 기본권 실현과 관련된 영역에 있어서는 국민의 대표자인 입법자가 그 본질적 사항에 대해서 스스로 결정하여야 한다는 요구까지 내포하는 것은 아니라고 판시한 바 있다.
② 중요사항유보설은 헌법상의 법치국가원칙·민주주의원칙 및 기본권규정과 관련하여 볼 때, 각 행정부문의 본질적 사항에 관한 규율은 법률에 유보되어야 한다는 학설이다.
③ 전부유보설은 법률의 수권이 없는 한, 국민에게 필요한 급부를 할 수 없게 되는 문제가 있다.
④ 급부행정유보설은 오늘날의 사회적 복리국가에서는 급부가 자유·재산과 같은 중요성을 갖는다는 인식에 근거를 두고 있다.

해설

① [×] 우리 헌법재판소는 오늘날 법률유보원칙은 특히 국민의 기본권 실현과 관련된 영역에 있어서는 **국민의 대표자인 입법자가 그 본질적 사항에 대해서 스스로 결정하여야 한다는 요구까지 내포하는** 것은 아니라고 판시한 바 있다.(×)

> 헌법재판소 1999. 5. 27. 선고 98헌바70 전원재판부 [한국방송공사법제35조등위헌소원]
> 오늘날 법률유보원칙은 단순히 행정작용이 법률에 근거를 두기만 하면 충분한 것이 아니라, 국가공동체와 그 구성원에게 기본적이고도 중요한 의미를 갖는 영역, 특히 **국민의 기본권 실현과 관련된 영역에 있어서는 국민의 대표자인 입법자가 그 본질적 사항에 대해서 스스로 결정하여야 한다는 요구까지 내포하고 있다** (의회유보원칙).

② [O] 중요사항유보설은 헌법상의 법치국가원칙·민주주의원칙 및 기본권규정과 관련하여 볼 때, 각 **행정부문의 본질적 사항에 관한 규율은 법률에 유보되어야 한다는 학설이다.**
→ 중요사항유보설에 따르면 법률유보의 적용영역, 즉 법률의 근거가 필요한 영역을 침해작용인가, 급부작용인가라는 행정 작용의 성질에 따라 판단하는 것이 아니라, **법치국가주의, 민주주의원칙, 기본권규정** 등을 고려할 때 행정부문의 중요사항(본질사항)은 법률의 근거를 요한다고 본다.

③ [O] 전부유보설은 **법률의 수권이 없는 한, 국민에게 필요한 급부를** 할 수 없게 되는 문제가 있다.
→ 전부유보설은 행정의 모든 영역에 법률의 근거가 필요하다는 견해로서, **법률의 근거가 없는 한 행정작용이 불가능하므로 오히려 국민에게 필요한 급부행정도 행해질 수 없다는 한계를 가진다.**

④ [O] 급부행정유보설은 오늘날의 사회적 복리국가에서는 **급부가 자유·재산과 같은 중요성을 갖는다는 인식에 근거를 두고 있다.**
→ 급부행정유보설은 오늘날 복지국가(사회적 복리국가)에서는 급부가 자유와 재산과 같은 중요성을 갖는다는 인식하에 급부의 거부는 자유와 재산에 대한 침해와 실질적으로 같기 때문에 **급부작용에도 법적 근거가 필요하다는** 점을 논거로 삼고 있다.

정답 ①

010 법치행정의 원리에 관한 설명으로 옳지 않은 것은?   09 국회직 변형 [Core★★]

① 판례는 텔레비전방송수신료는 대다수 국민의 재산권 보장의 측면이나 한국방송공사에 보장된 방송자유의 측면에서 국민의 기본권 실현에 관련된 영역에 속한다고 보았다.
② 판례는 텔레비전방송수신료금액의 결정은 납부의무자의 범위와는 달리 수신료에 관한 본질적인 중요한 사항이 아니라고 보았다.
③ 법률우위의 원칙은 공법적 행위이건 사법적 행위이건, 수익적 행위이건 부담적 행위이건 행정의 모든 영역에 적용된다.
④ 민주국가에서는 주권이 국민에게 있고 국민은 그들의 대표기관인 의회에 권력을 위임하고 있기 때문에 국가의 다른 기관은 의회가 제정한 법률이 있어야만 비로소 행동할 수 있다는 논거를 통해 법률유보의 원칙에서 전부유보설이 주장된다.

해설

② [×] 판례는 텔레비전방송수신료금액의 결정은 납부의무자의 범위와는 달리 수신료에 관한 **본질적인 중요한 사항이 아니라고 보았다.**(×)

> 헌법재판소 1999. 5. 27. 선고 98헌바70 전원재판부 [한국방송공사법제35조등위헌소원]
> 텔레비전방송수신료는 대다수 국민의 재산권 보장의 측면이나 한국방송공사에게 보장된 방송자유의 측면에서 국민의 기본권실현에 관련된 영역에 속하고, 텔레비전방송수신료는 대다수 국민의 재산권 보장의 측면이나 한국방송공사에 보장된 방송자유의 측면에서 국민의 기본권실현에 관련된 영역에 속하고, **수신료금액의 결정은 납부의무자의 범위 등과 함께 수신료에 관한 본질적인 중요한 사항이므로 국회가 스스로 행하여야 하는 사항에 속하는 것임에도** 불구하고 한국방송공사법(현 방송법) 제36조 제1항에서 국회의 결정이나 관여를 배제한 채 한국방송공사로 하여금 수신료금액을 결정해서 문화관광부장관(문화체육관광부장관)의 승인을 얻도록 한 것은 법률유보원칙에 위반된다.

① [○] 판례는 텔레비전방송수신료는 대다수 **국민의 재산권 보장의 측면이나 한국방송공사에 보장된 방송자유**의 측면에서 국민의 기본권 실현에 관련된 영역에 속한다고 보았다.
③ [○] **법률우위의 원칙은 공법적 행위이건 사법적 행위이건, 수익적 행위이건 부담적 행위이건 행정의 모든 영역**에 적용된다.
→ 법률우위의 원칙은 행정의 전 영역에서 적용되므로 공법적 행위, 사법적 행위, 수익적 행위, 부담적 행위를 불문하고 적용된다.
④ [○] 민주국가에서는 주권이 국민에게 있고 국민은 그들의 대표기관인 의회에 권력을 위임하고 있기 때문에 **국가의 다른 기관은 의회가 제정한 법률이 있어야만 비로소 행동할 수 있다는 논거를 통해 법률유보의 원칙에서 전부유보설이 주장된다.**
→ **법률유보의 원칙 중 전부유보설**은 민주주의 원칙(의회민주주의, 국민주권주의)을 강조하여 국민의 대표자로 구성된 의회는 국가의 최고기관으로서의 지위를 가지고 있으므로, **모든 행정작용은 국민의 의사의 표현인 법률에 근거하여 행해져야 한다**는 점을 논거로 한다. 한편, **법률의 법규창조력**이란 국민의 권리·의무관계의 규율에 관한 규범, 즉 법규를 창조하는 것은 국민의 대표기관인 국회의 권한에 속하므로 **국회가 제정한 법률만이 법규를 창설할 수 있다는 것을 의미한다.**

정답 ②

2. 법치행정과 통치행위

011 통치행위와 직접 관계가 없는 것은? 기출 연습문제 [Core ★★]

① 고도의 정치성
② 자유재량행위
③ 사법심사의 대상 여부
④ 행정규칙의 제정행위
⑤ 사법권의 내재적 한계

해설

④ [×] 행정규칙의 제정행위(×)
① [○] 고도의 정치성
② [○] 자유재량행위
③ [○] 사법심사의 대상 여부
⑤ [○] 사법권의 내재적 한계

통치행위란 법치주의가 확립되어 국가기관의 행위의 합법성에 대한 재판통제가 일반적으로 인정되는 상황에서의 예외적인 현상으로, 고도의 정치성을 가진 국가행위로써 그에 대한 법적 판단이 가능함에도 불구하고 재판통제에서 제외되거나, 그에 대한 판결이 있는 경우에도 판결의 집행이 곤란한 국가작용을 말한다. 통치행위의 특성으로는 ① 고도의 정치성, ② 사법심사 부적합성, ③ 판결의 집행곤란성 등을 들 수 있다. 그리고 통치행위개념은 실정법상의 개념이 아니라 정치적 합목적성의 관점에서 판례에 의하여 정립된 학문상의 개념이다. 따라서 통치행위의 내용은 각국의 역사와 전통에 따라 상이하며, 그 인정근거도 명확하지 않다. 통치행위를 부정하기도 하지만, **통치행위를 인정하는 학설에는 재량행위설, 대권행위설, 권력분립설(내재적 제약설), 사법부자제설** 등이 있다.

정답 ④

012 다음에서 통치행위이론과 관계 없는 것은? 기출 연습문제 [Core ★★]

① 법률유보
② 정치적 행위
③ 사법심사 배제하여 사법권 자제
④ 고도의 정치성

해설

① [×] 법률유보(×)
→ 통치행위는 헌법적 수권에 의한 작용이므로 법률로부터 자유로운 행정이라고 할 수 있다. 그러나 통치행위도 헌법 적합성의 한계가 있으므로 법으로부터 자유는 아니다.
② [○] 정치적 행위
③ [○] 사법심사 배제하여 사법권 자제
④ [○] 고도의 정치성

정답 ①

013 다음은 어떤 이론과 관련되는 사건, 판례 및 용어이다. 이 이론은 무엇인가?

기출 연습문제 [Core ★★]

⊙ 국왕의 대권행위　　　　　　ⓒ 미국의 Luther v. Borden
ⓒ 사법부자제설　　　　　　　② 고도의 정치행위
---

① 통치행위　　　　　　② 행정처분
③ 신뢰보호의 원칙　　　④ 비례의 원칙
⑤ 재량권의 영으로의 수축이론

해설

① [○] **통치행위**
② [×] 행정처분(×)
③ [×] 신뢰보호의 원칙(×)
④ [×] 비례의 원칙(×)
⑤ [×] 재량권의 영으로의 수축이론(×)

미국은 권력분립원칙을 근거로 하여 일정한 정치문제(political question)는 법원의 재판통제에서 배제하고 있다. 이러한 정치문제에 대하여 사법심사를 부정한 최초의 판례는 **Luther v. Borden사건**이다(1849년, Rhode Island 주에서 반란으로 수립된 정부와 종래의 정부가 서로 적법한 정부임을 주장한 데 대하여 연방대법원은 어느 정부가 적합한지의 판단은 정치적 문제이므로 법원이 판단할 사항이 아니라 연방의회와 연방정부가 판단할 사항이라고 판시했다).
영국에서는 **국왕의 대권행위**(royal prerogative : 국가승인, 선전포고, 강화, 사면행위 등), 의회내부문제(의원의 징계행위 등)를 중심으로 판례를 통하여 정립되었다.

정답 ①

014 통치행위에 관한 다음 설명 중 가장 옳지 <u>않은</u> 내용은?   04 서울시 9급 [Core ★★]

① 정치인 甲의 특별사면 신청에 대한 정부의 거부처분은 취소소송의 대상이 안 된다는 것이 통설의 입장이다.
② 대통령의 긴급재정·경제명령은 통치행위에 속하나, 국민의 기본권 침해와 직접 관련되는 경우에는 헌법재판소의 심판 대상이 된다고 본다.
③ 통치행위를 인정하는 근거 학설로는 사법자제설, 재량행위설, 기관양태설 등이 제시되고 있다.
④ 행정소송에 있어서 개괄주의 및 국가배상책임이 제도적 전제로서 인정되어야만 통치행위를 논할 실익이 있다.
⑤ 고도의 정치성을 띤 행위라 하더라도 헌법상의 국민주권의 원리, 비례원칙 등에 위배되어서는 안 된다.

해설

③ [×] 통치행위를 인정하는 근거 학설로는 사법자제설, 재량행위설, 기관양태설(×) 등이 제시되고 있다.
→ 기관양태설은 행정의 개념에 관한 학설 중 하나로 통치행위와는 관련이 없다. 즉 Kelsen에 의해 대표되는 순수법학파(Wien학파)의 견해로서 입법, 사법, 행정 사이에 본질적 차이는 없고, 그 담당기관의 태양에 따라 구별할 수밖에 없다고 한다.
① [○] 정치인 甲의 특별사면 신청에 대한 정부의 거부처분은 취소소송의 대상이 안 된다는 것이 통설의 입장이다.
② [○] 대통령의 긴급재정·경제명령은 통치행위에 속하나, 국민의 기본권 침해와 직접 관련되는 경우에는 헌법재판소의 심판 대상이 된다고 본다.
④ [○] 행정소송에 있어서 개괄주의 및 국가배상책임이 제도적 전제로서 인정되어야만 통치행위를 논할 실익이 있다.
⑤ [○] 고도의 정치성을 띤 행위라 하더라도 헌법상의 국민주권의 원리, 비례원칙 등에 위배되어서는 안 된다.

정답 ③

015 통치행위에 대한 설명으로 가장 적절하지 <u>않은</u> 것은? (다툼이 있으면 판례에 의함)

기출 연습문제 [Core ★★]

① 국가행위 중에서 고도의 정치성을 갖기 때문에 사법심사가 제한되는 행위이다.
② 일반사병 이라크파병결정은 그 성격상 국방 및 외교에 관련된 고도의 정치적 결단을 요하는 문제로서, 헌법과 법률이 정한 절차를 지켜 이루어진 것임이 명백하므로 대통령과 국회의 판단은 존중되어야 하고 헌법재판소가 사법적 기준만으로 이를 심판하는 것은 자제되어야 한다.
③ 통치행위의 개념을 인정하더라도 과도한 사법심사의 자제가 기본권을 보장하고 법치주의 이념을 구현하여야 할 법원의 책무를 태만히 하거나 포기하는 것이 되지 않도록 그 인정을 지극히 신중하게 하여야 한다.
④ 통치행위는 고도의 정치적 결단에 의하여 행해지는 국가작용이므로 그것이 국민의 기본권 침해와 직접 관련되는 경우에도 헌법재판소의 심사대상에서 제외된다.

해설

④ [×] 통치행위는 고도의 정치적 결단에 의하여 행해지는 국가작용이므로 그것이 국민의 기본권 침해와 직접 관련되는 경우에도 헌법재판소의 심사대상에서 제외된다.(×)
→ 헌법재판소는 통치행위라 하더라도 국민의 기본권 침해와 관련되는 경우는 헌법재판소의 심판대상이 된다고 하고 있다.
① [O] 국가행위 중에서 **고도의 정치성을 갖기 때문에 사법심사가 제한되는** 행위이다.
→ 일반법원에 의한 사법심사는 부정된다. 대법원은 「계엄선포의 당·부당을 판단할 권한과 같은 것은 오로지 정치기관인 국회에만 있다」고 하여, 대통령의 계엄선포행위를 통치행위로 보고 있다. 다만, 계엄선포에 따른 집행행위라든가 포고령 등은 사법심사의 대상이 된다고 보아야 한다. 그리고 **통치행위가 법원에 의한 사법심사의 대상에서 제외된다고 하더라도 국회나 여론에 의한 정치적 통제는 가능하다.**
② [O] 일반사병 이라크파병결정은 그 성격상 국방 및 외교에 관련된 고도의 정치적 결단을 요하는 문제로서, 헌법과 법률이 정한 절차를 지켜 이루어진 것임이 명백하므로 **대통령과 국회의 판단은 존중되어야 하고 헌법재판소가 사법적 기준만으로 이를 심판하는 것은 자제되어야 한다.**
③ [O] 통치행위의 개념을 인정하더라도 **과도한 사법심사의 자제가 기본권을 보장하고 법치주의 이념을 구현하여야 할 법원의 책무를 태만히 하거나 포기하는 것이 되지 않도록 그 인정을 지극히 신중하게 하여야 한다.**

국가배상 인정여부
긍정설과 부정설이 대립하고 있는데, 참고로 프랑스에서는 조약체결에 대한 손해전보를 인정한 판례가 있다.

정답 ④

016 통치행위에 대한 판례의 태도로 옳지 않은 것은?

기출 연습문제 [Core ★★]

① 대통령의 긴급재정·경제명령은 국가긴급권의 일종으로서 고도의 정치적 결단에 의하여 발동되는 행위이고 그 결단을 존중하여야 할 필요성이 있는 행위라는 의미에서 이른바 통치행위에 속한다.

② 남북정상회담의 개최과정에서 재정경제부(현 기획재정부)장관에게 신고하지 아니하거나 통일부장관의 협력사업 승인을 얻지 아니한 채 북한 측에 사업권의 대가 명목으로 송금한 행위는 고도의 정치적 성격을 지니고 있는 행위라 할 것이므로 특별한 사정이 없는 한 그 당부를 심판하는 것은 사법권의 내재적·본질적 한계를 넘어서는 것이 되어 적절하지 못하다.

③ 통치행위의 개념을 인정한다고 하더라도 과도한 사법심사의 자제가 기본권을 보장하고 법치주의 이념을 구현하여야 할 법원의 책무를 태만히 하거나 포기하는 것이 되지 않도록 그 인정을 지극히 신중하게 하여야 하며, 그 판단은 오로지 사법부만에 의하여 이루어져야 한다.

④ 외국에의 국군의 파견결정은 파견군인의 생명과 신체의 안전뿐만 아니라 국제사회에서의 우리나라의 지위와 역할, 동맹국과의 관계, 국가안보문제 등 궁극적으로 국민 내지 국익에 영향을 미치는 복잡하고도 중요한 문제로서 국내 및 국제정치관계 등 제반 상황을 고려하여 미래를 예측하고 목표를 설정하는 등 고도의 정치적 결단이 요구되는 사안이다.

해설

②[×] 남북정상회담의 개최과정에서 재정경제부(현 기획재정부)장관에게 신고하지 아니하거나 통일부장관의 협력사업 승인을 얻지 아니한 채 **북한 측에 사업권의 대가 명목으로 송금한 행위는 고도의 정치적 성격을 지니고 있는 행위(×)**라 할 것이므로 특별한 사정이 없는 한 그 당부를 심판하는 것은 사법권의 내재적·본질적 한계를 넘어서는 것이 되어 **적절하지 못하다.(×)**

> 대법원 2004. 3. 26. 선고 2003도7878 판결
> [외국환거래법위반·남북교류협력에관한법률위반·특정경제범죄가중처벌등에관한법률위반(배임)]
>
> 남북정상회담 개최는 고도의 정치적 성격을 지니고 있는 행위로서 그 당부를 심판하는 것은 사법권의 내재적·본질적 한계를 넘어서는 것이 된다. 남북정상회담의 개최과정에서 재정경제부장관(현 기획재정부장관)에게 신고하지 아니하거나 통일부장관의 협력사업승인을 얻지 아니한 채 북한 측에 사업권의 대가 명목으로 송금한 행위 자체는 헌법상 법치국가의 원리와 법 앞에 평등원칙 등에 비추어 볼 때 사법심사의 대상이 된다.

①[○] **대통령의 긴급재정·경제명령은 국가긴급권의 일종으로서 고도의 정치적 결단에 의하여 발동되는 행위**이고 그 결단을 존중하여야 할 필요성이 있는 행위라는 의미에서 이른바 **통치행위에 속한다.**

③[○] 통치행위의 개념을 인정한다고 하더라도 **과도한 사법심사의 자제가 기본권을 보장하고 법치주의 이념을 구현하여야 할 법원의 책무를 태만히 하거나 포기하는 것이 되지 않도록 그 인정을 지극히 신중하게 하여야 하며, 그 판단은 오로지 사법부만에 의하여 이루어져야 한다.**

④[○] **외국에의 국군의 파견결정**은 파견군인의 생명과 신체의 안전뿐만 아니라 국제사회에서의 우리나라의 지위와 역할, 동맹국과의 관계, 국가안보문제 등 궁극적으로 국민 내지 국익에 영향을 미치는 복잡하고도 중요한 문제로서 국내 및 국제정치관계 등 제반 상황을 고려하여 미래를 예측하고 목표를 설정하는 등 **고도의 정치적 결단이 요구되는 사안이다.**

정답 ②

017 통치행위에 관한 판례의 내용으로 옳은 것은?

08 중앙선관위 9급 [Core ★★]

① 대통령의 '금융실명거래 및 비밀보장에 관한 긴급재정·경제명령'은 국가긴급권의 일종으로서 고도의 정치적 결단에 의하여 발동되는 행위이고 그 결단은 존중하여야 할 필요성이 있는 행위라는 의미에서 통치행위이므로 그것이 국민의 기본권 침해와 직접 관련되는 경우라 하더라도 헌법재판소의 심판대상이 되지 아니한다.

② 외국에의 국군의 파견결정은 파견군인의 생명과 신체의 안전뿐만 아니라 국제사회에서의 우리나라의 지위와 역할, 동맹국과의 관계, 국가안보문제 등 궁극적으로 국민 내지 국익에 영향을 미치는 복잡하고도 중요한 문제로서 국내 및 국제정치관계 등 제반 상황을 고려하여 미래를 예측하고 목표를 설정하는 고도의 정치적 결단이 요구되는 사안이다.

③ 남북정상회담의 개최는 고도의 정치적 성격을 지니고 있는 행위라 할 것이므로, 회담의 개최과정에서 (구) 재정경제부장관에게 신고하지 아니하거나 통일부장관의 협력사업승인을 얻지 아니한 채 북한 측과 사업권의 대가 명목으로 송금한 행위 자체는 사법심사의 대상이 되지 아니한다.

④ 대통령의 비상계엄의 선포나 확대 행위는 고도의 정치적·군사적 성격을 지니고 있는 행위라 할 것이므로, 그 계엄선포의 요건 구비 여부나 선포의 당·부당을 판단할 권한이 사법부에는 없다고 할 것이고, 비상계엄의 선포나 확대가 국헌문란의 목적을 달성하기 위하여 행하여진 경우에라도 법원은 그 자체가 범죄행위에 해당하는지의 여부에 관하여 심사할 수 없다.

해설

② [O] 외국에의 국군의 파견결정은 파견군인의 생명과 신체의 안전뿐만 아니라 국제사회에서의 우리나라의 지위와 역할, 동맹국과의 관계, 국가안보문제 등 궁극적으로 국민 내지 국익에 영향을 미치는 복잡하고도 중요한 문제로서 국내 및 국제정치관계 등 제반 상황을 고려하여 미래를 예측하고 목표를 설정하는 고도의 정치적 결단이 요구되는 사안이다.
→ 헌법재판소는 자이툰부대(일반사병) 이라크 파병결정사건에서 외국에의 국군의 파견결정은 고도의 정치적 결단을 요하는 문제로 보면서 국민의 기본권침해 여부에 대한 언급 없이 일반사병 이라크 파병결정은 사법심사의 대상이 아니라고 보아 헌법소원심판청구를 각하한 바 있다.

헌법재판소 2004. 4. 29. 선고 2003헌마814 전원재판부 [일반사병이라크파병위헌확인]
외국에의 국군의 파견결정은 파견군인의 생명과 신체의 안전뿐만 아니라 국제사회에서의 우리나라의 지위와 역할, 동맹국과의 관계, 국가안보문제 등 궁극적으로 국민 내지 국익에 영향을 미치는 복잡하고도 중요한 문제로서 국내 및 국제정치관계 등 제반상황을 고려하여 미래를 예측하고 목표를 설정하는 등 고도의 정치적 결단이 요구되는 사안이다.

① [X] 대통령의 '금융실명거래 및 비밀보장에 관한 긴급재정·경제명령'은 국가긴급권의 일종으로서 고도의 정치적 결단에 의하여 발동되는 행위이고 그 결단은 존중하여야 할 필요성이 있는 행위라는 의미에서 통치행위이므로 그것이 국민의 기본권 침해와 직접 관련되는 경우라 하더라도 헌법재판소의 심판대상이 되지 아니한다.(X)

헌법재판소 1996. 2. 29. 선고 93헌마186 전원재판부 [긴급재정명령등위헌확인]
대통령의 긴급재정경제명령은 국가긴급권의 일종으로서 고도의 정치적 결단에 의하여 발동되는 행위이고 그 결단을 존중하여야 할 필요성이 있는 행위라는 의미에서 이른바 **통치행위에 속한다**고 할 수 있으나, 통치행위를 포함하여 모든 국가작용은 국민의 기본권적 가치를 실현하기 위한 수단이라는 한계를 반드시 지켜야 하는 것이고, 헌법재판소는 헌법의 수호와 국민의 기본권 보장을 사명으로 하는 국가기관이므로 비록 **고도의 정치적 결단에 의하여 행해지는 국가작용이라고 할지라도 그것이 국민의 기본권 침해와 직접 관련되는 경우에는 당연히 헌법재판소의 심판대상이 된다.**

③ [×] 남북정상회담의 개최는 고도의 정치적 성격을 지니고 있는 행위라 할 것이므로, 회담의 개최과정에서 (구) 재정경제부장관에게 신고하지 아니하거나 통일부장관의 협력사업승인을 얻지 아니한 채 북한 측과 사업권의 대가 명목으로 송금한 행위 자체는 사법심사의 대상이 되지 아니한다.(×)
→ 대법원은 남북정상회담의 개최는 통치행위로 인정하였으나 **남북정상회담의 개최과정에서 이루어진 대북 송금행위에 대해서는 통치행위성을 인정하지 않고 있다.**

대법원 2004. 3. 26. 선고 2003도7878 판결 [외국환거래법위반·남북교류협력에관한법률위반·특정경제범죄가중처벌등에관한법률위반(배임)]
남북정상회담 개최는 고도의 정치적 성격을 지니고 있는 행위로서 그 당부를 심판하는 것은 사법권의 내재적·본질적 한계를 넘어서는 것이 된다. **남북정상회담의 개최과정에서 재정경제부장관(현 기획재정부장관)에게 신고하지 아니하거나 통일부장관의 협력사업승인을 얻지 아니한 채 북한 측에 사업권의 대가 명목으로 송금한 행위 자체는 헌법상 법치국가의 원리와 법 앞에 평등원칙 등에 비추어 볼 때 사법심사의 대상이 된다.**

④ [×] 대통령의 비상계엄의 선포나 확대 행위는 고도의 정치적·군사적 성격을 지니고 있는 행위라 할 것이므로, 그 계엄선포의 요건 구비 여부나 선포의 당·부당을 판단할 권한이 사법부에는 없다고 할 것이고, **비상계엄의 선포나 확대가 국헌문란의 목적을 달성하기 위하여 행하여진 경우에라도 법원은 그 자체가 범죄행위에 해당하는지의 여부에 관하여 심사할 수 없다.**(×)
→ 비상계엄의 선포나 확대가 국헌문란의 목적을 달성하기 위해 행해진 경우에는 법원은 그 자체가 범죄행위에 해당하는지 여부에 대해 심사할 수 있다.

대법원 1997. 4. 17. 선고 96도3376 전원합의체 판결 [반란수괴·반란모의참여·반란중요임무종사·불법진퇴·지휘관계엄지역수소이탈·상관살해·상관살해미수·초병살해·내란수괴·내란모의참여·내란중요임무종사·내란목적살인·특정범죄가중처벌등에관한법률위반(뇌물)]
대통령의 비상계엄의 선포나 확대 행위는 고도의 정치적·군사적 성격을 지니고 있는 행위라 할 것이므로, 그것이 누구에게도 일견하여 헌법이나 법률에 위반되는 것으로서 명백하게 인정될 수 있는 등 특별한 사정이 있는 경우라면 몰라도, 그러하지 아니한 이상 그 계엄선포의 요건 구비 여부나 선포의 당·부당을 판단할 권한이 사법부에는 없다고 할 것이나, **비상계엄의 선포나 확대가 국헌문란의 목적을 달성하기 위하여 행하여진 경우에는 법원은 그 자체가 범죄행위에 해당하는지의 여부에 관하여 심사할 수 있다.**

정답 ②

018 통치행위에 관한 판례의 내용으로 가장 적절한 것은?   11 경행특채 1차 [ESSential ★]

① 신행정수도건설이나 수도이전의 문제는 그 자체로 고도의 정치적 결단을 요하므로 사법심사의 대상에서 제외되고, 고도의 정치적 결단에 의하여 행해지는 국가작용의 경우 그것이 국민의 기본권 침해와 직접 관련되는 경우에도 헌법재판소의 심판대상이 될 수 없다.

② 외국에의 국군의 파견결정은 파견군인의 생명과 신체의 안전뿐만 아니라 국제사회에서의 우리나라의 지위와 역할, 동맹국과의 관계, 국가안보문제 등 궁극적으로 국민 내지 국익에 영향을 미치는 복잡하고도 중요한 문제로서 국내 및 국제 정치관계 등 제반 상황을 고려하여 미래를 예측하고 목표를 설정하는 등 고도의 정치적 결단이 요구되는 사안이다.

③ 남북정상회담의 개최는 고도의 정치적 성격을 지니고 있는 행위라 할 것이므로 특별한 사정이 없는 한 그 당부를 심판하는 것은 사법권의 내재적·본질적 한계를 넘어서는 것이 되어 적절하지 못하고, 그 과정에서 기획재정부장관에게 신고하지 아니하거나 통일부장관의 협력사업승인을 얻지 아니한 채 북한 측에 사업권의 대가 명목으로 송금한 행위 자체는 사법심사의 대상이 될 수 없다.

④ 대통령이 한미연합 군사훈련의 일종인 2007년 전시증원연습을 하기로 한 결정은 국방에 관련되는 고도의 정치적 결단에 해당하여 사법심사를 자제하여야 하는 통치행위에 해당한다.

해설

② [O] 외국에의 국군의 파견결정은 파견군인의 생명과 신체의 안전뿐만 아니라 국제사회에서의 우리나라의 지위와 역할, 동맹국과의 관계, 국가안보문제 등 궁극적으로 국민 내지 국익에 영향을 미치는 복잡하고도 중요한 문제로서 **국내 및 국제 정치관계 등 제반 상황을 고려하여 미래를 예측하고 목표를 설정하는 등 고도의 정치적 결단이 요구되는 사안이다.**

> 헌법재판소 2004. 4. 29. 선고 2003헌마814 전원재판부 [일반사병이라크파병위헌확인]
> 외국에의 국군의 파견결정은 파견군인의 생명과 신체의 안전뿐만 아니라 국제사회에서의 우리나라의 지위와 역할, 동맹국과의 관계, 국가안보문제 등 궁극적으로 국민 내지 국익에 영향을 미치는 복잡하고도 중요한 문제로서 **국내 및 국제정치관계 등 제반상황을 고려하여 미래를 예측하고 목표를 설정하는 등 고도의 정치적 결단이 요구되는 사안이다.**

① [X] 신행정수도건설이나 수도이전의 문제는 그 자체로 고도의 정치적 결단을 요하므로 사법심사의 대상에서 제외되고, 고도의 정치적 결단에 의하여 행해지는 국가작용의 경우 그것이 국민의 기본권 침해와 직접 관련되는 경우에도 헌법재판소의 심판대상이 될 수 없다.(X)

> 헌법재판소 2004. 10. 21. 선고 2004헌마554·566(병합) 전원재판부
> [신행정수도의건설을위한특별조치법위헌확인]
> 신행정수도건설이나 수도이전의 문제가 정치적 성격을 가지고 있는 것은 인정할 수 있지만, 그 자체로 고도의 정치적 결단을 요하여 사법심사의 대상으로 하기에는 부적절한 문제라고까지는 할 수 없다.
> 신행정수도건설이나 수도이전의 문제를 국민투표에 붙일지 여부에 관한 대통령의 의사결정이 사법심사의 대상이 될 경우 위 의사결정은 고도의 정치적 결단을 요하는 문제여서 사법심사를 자제함이 바람직하다고는 할 수 있고, 이에 따라 그 의사결정에 관련된 흠을 들어 위헌성이 주장되는 법률에 대한 사법심사 또한 자제

함이 바람직하다고는 할 수 있다. 그러나 **대통령의 위 의사결정이 국민의 기본권침해와 직접 관련되는 경우에는 헌법재판소의 심판대상이 될 수 있고, 이에 따라 위 의사결정과 관련된 법률도 헌법재판소의 심판대상이 될 수 있다.**

고도의 정치적 결단을 요하는 행위라고 하더라도 이는 **국민의 기본권침해와 직접 관련되는 것으로서 헌법재판소의 심판대상이 될 수 있다.**

③ [×] **남북정상회담의 개최는 고도의 정치적 성격을 지니고 있는 행위**라 할 것이므로 특별한 사정이 없는 한 그 당부를 심판하는 것은 사법권의 내재적·본질적 한계를 넘어서는 것이 되어 적절하지 못하고, 그 과정에서 기획재정부장관에게 신고하지 아니하거나 통일부장관의 협력사업승인을 얻지 아니한 채 **북한 측에 사업권의 대가 명목으로 송금한 행위 자체는 사법심사의 대상이 될 수 없다.**(×)

> 대법원 2004. 3. 26. 선고 2003도7878 판결
> [외국환거래법위반·남북교류협력에관한법률위반·특정경제범죄가중처벌등에관한법률위반(배임)]
>
> **남북정상회담 개최는 고도의 정치적 성격을 지니고 있는 행위**로서 그 당부를 심판하는 것은 사법권의 내재적·본질적 한계를 넘어서는 것이 된다. 남북정상회담의 개최과정에서 재정경제부장관(현 기획재정부장관)에게 신고하지 아니하거나 통일부장관의 협력사업승인을 얻지 아니한 채 **북한 측에 사업권의 대가 명목으로 송금한 행위 자체**는 헌법상 법치국가의 원리와 법 앞에 평등원칙 등에 비추어 볼 때 **사법심사의 대상이 된다.**

④ [×] 대통령이 한미연합 군사훈련의 일종인 **2007년 전시증원연습을 하기로 한 결정**은 국방에 관련되는 고도의 정치적 결단에 해당하여 **사법심사를 자제하여야 하는 통치행위에 해당한다.**(×)

> 헌법재판소 2009. 5. 28. 선고 2007헌마369 전원재판부 [2007년전시증원연습등위헌확인]
>
> 한미연합 군사훈련은 1978. 한미연합사령부의 창설 및 1979. 2. 15. 한미연합연습 양해각서의 체결 이후 연례적으로 실시되어 왔고, 특히 이 사건 연습은 대표적인 한미연합 군사훈련으로서, 피청구인이 **2007. 3.경에 한 이 사건 연습결정이 새삼 국방에 관련되는 고도의 정치적 결단에 해당하여 사법심사를 자제하여야 하는 통치행위에 해당된다고 보기 어렵다.**

정답 ②

제2절 경찰법의 법원(일반)

019 경찰행정법원 중 성문법원에 대한 기술로 가장 적절하지 않은 것은? 03 101경비단 [ESSential ★]

① 헌법에 의하여 체결·공포된 조약과 일반적으로 승인된 국제법규는 국내법과 같은 효력을 가진다.
② 행정기관이 법률을 집행하기 위하여 필요한 부수적·세부적 규정을 정하는 경우를 집행명령이라고 한다.
③ 지방자치단체의 의회가 제정한 조례로 형벌을 부과할 수 있다.
④ 현행 국가경찰 중심체제에서 조례와 규칙은 경찰활동과 관련성이 적다.

해설

③ [×] 지방자치단체의 의회가 제정한 **조례로 형벌을 부과할 수 있다.**(×)
→ 조례로써 주민의 권리제한 또는 의무부과에 관한 사항이나 벌칙을 정할 때에는 법률의 위임이 있어야 한다. **조례로써는 형벌을 부과할 수 없고, 조례위반행위에 대하여 1천만원 이하의 과태료를 정할 수 있을 뿐이다.**

지방자치법 제34조(조례 위반에 대한 과태료)
① **지방자치단체는 조례를 위반한 행위에 대하여 조례로써 1천만원 이하의 과태료를 정할 수 있다.**
② 제1항에 따른 과태료는 해당 지방자치단체의 장이나 그 관할 구역의 지방자치단체의 장이 부과·징수한다.

① [O] 헌법에 의하여 체결·공포된 조약과 일반적으로 승인된 국제법규는 국내법과 같은 효력을 가진다.

대한민국헌법 제6조
① 헌법에 의하여 체결·공포된 조약과 일반적으로 승인된 국제법규는 국내법과 같은 효력을 가진다.
② 외국인은 국제법과 조약이 정하는 바에 의하여 그 지위가 보장된다.

② [O] 행정기관이 **법률을 집행하기 위하여 필요한 부수적·세부적 규정을 정하는 경우**를 **집행명령**이라고 한다.
④ [O] 현행 국가경찰 중심체제에서 **조례와 규칙은 경찰활동과 관련성이 적다.**
→ 2006년 7월부터 제주특별자치도에, 2021년부터는 전 광역시도에 자치경찰이 실시되고 있으므로 **자치경찰에 관한 사항은 조례로써 정할 수 있다.** 그러므로 조례 또한 경찰법의 법원임에는 분명하지만, 현행 중앙집권적인 국가경찰 체제하에서 그 역할과 관련성이 적을 뿐이다.

위임명령과 집행명령	
위임명령	집행명령
㉠ 법률 또는 상위의 명령에서 구체적으로 범위를 정하여 위임받은 사항을 정하는 법규명령이다. ㉡ 법률 또는 상위명령의 개별적·구체적 위임에 의해 일정한 새로운 법규사항을 규정할 수 있는 법규명령이다.(보충명령)	㉠ 법률을 현실적으로 시행하기 위하여 필요한 사항을 정하는 법규명령을 말한다. 예를 들면, 「본법시행에 필요한 사항은 대통령령으로 정한다」고 하는 규정에 의거하여 제정된 「시행령」이 그것이다. ㉡ 상위법령을 집행하기 위해 필요한 구체적인 절차·형식만을 규정할 수 있고, 상위법령에 규정이 없는 새로운 국민의 권리·의무에 관한 사항은 규정할 수 없다.

정답 ③

020 경찰법의 존재형식과 관련된 다음 설명 중 바른 것은? 04 경찰 [Essential ★]

① 훈령에 의한 행정선례법의 변경은 법률의 변경에 의하지 않는 한 불가하다고 보아야 한다.
② 행정상의 법률관계는 모두 성문법규로 규율되므로 불문법은 경찰법의 법원이 될 수 없다.
③ 훈령은 법령의 구체적인 근거 없이 발할 수 없다.
④ 현행법상 법의 일반원칙이 성문화되어 있는 사례는 찾아볼 수 없다.

해설

① [O] 훈령에 의한 행정선례법의 변경은 법률의 변경에 의하지 않는 한 불가하다고 보아야 한다.
→ 대외적 구속력이 없는 훈령으로는 관습법인 행정선례법을 변경할 수 없다고 보아야 한다.
② [×] 행정상의 법률관계는 모두 성문법규로 규율되므로 **불문법은 경찰법의 법원이 될 수 없다.**(×)
→ 경찰행정상의 법률관계는 주로 성문법규로 규율되지만, 때로는 성문법규의 공백을 메우거나 의문점을 보충해석하기 위하여 불문법원이 이용되기도 한다.(불문법의 보충성)
③ [×] 훈령은 법령의 **구체적인 근거 없이 발할 수 없다.**(×)
→ 훈령은 법령의 구체적인 근거 없이도 발할 수 있다.
④ [×] 현행법상 **법의 일반원칙이 성문화되어 있는 사례는 찾아볼 수 없다.**(×)
→ 오늘날 법의 일반원칙(조리)은 성문화되어가는 추세에 있다. 대표적인 것이 경찰관 직무집행법 제1조 제2항에 명문상 근거를 둔 경찰비례의 원칙이다.

경찰관 직무집행법 제1조(목적)
① 이 법은 국민의 자유와 권리 및 모든 개인이 가지는 불가침의 기본적 인권을 보호하고 사회공공의 질서를 유지하기 위한 경찰관(경찰공무원만 해당한다. 이하 같다)의 직무 수행에 필요한 사항을 규정함을 목적으로 한다.
② 이 법에 규정된 경찰관의 직권은 그 직무 수행에 필요한 최소한도에서 행사되어야 하며 남용되어서는 아니 된다.

정답 ①

021 경찰관련 법령의 법원(法源)에 대한 설명 중 가장 적절하지 않은 것은? 12 경찰승진 [Essential ★]

① 헌법은 국가의 기본적인 통치구조를 정한 기본법으로서 행정의 조직이나 작용의 기본원칙을 정한 부분은 그 한도 내에서 경찰행정법의 법원이 된다.
② 불문법원으로서 일반적으로 정의에 합치되는 보편적 원리로서 인정되고 있는 모든 원칙을 '조리'라 하고 경찰관청의 행위가 형식상 적법하더라도 조리에 위반할 경우에는 위법이 될 수 있다.
③ 국회의 의결을 거치지 않고 행정기관에 의하여 제정된 성문법규를 '명령'이라 하고 명령의 종류에는 위임명령과 집행명령이 있다.
④ 조례는 지방자치단체의 의회가 법령의 범위 안에서 지방자치권에 의거하여 제정하는 법규를 말하는 것으로 조례로 특히 주민의 '권리제한'을 제외한 '의무부과' 및 '형벌'을 정할 경우에는 반드시 법률의 위임이 있어야 한다.

해설

④ [×] 조례는 지방자치단체의 의회가 법령의 범위 안에서 지방자치권에 의거하여 제정하는 법규를 말하는 것으로 조례로 특히 주민의 '권리제한'을 제외한(×) '의무부과' 및 '형벌'(×)을 정할 경우에는 반드시 법률의 위임이 있어야 한다.
→ 지방자치단체는 법령의 범위에서 그 사무에 관하여 조례를 제정할 수 있다. 다만, 주민의 권리 제한 또는 의무 부과에 관한 사항이나 벌칙을 정할 때에는 법률의 위임이 있어야 한다.(지방자치법 제28조제1항)

지방자치법

제28조(조례)
① 지방자치단체는 법령의 범위에서 그 사무에 관하여 조례를 제정할 수 있다. 다만, 주민의 권리 제한 또는 의무 부과에 관한 사항이나 벌칙을 정할 때에는 법률의 위임이 있어야 한다.
② 법령에서 조례로 정하도록 위임한 사항은 그 법령의 하위 법령에서 그 위임의 내용과 범위를 제한하거나 직접 규정할 수 없다.

제29조(규칙)
지방자치단체의 장은 법령 또는 조례의 범위에서 그 권한에 속하는 사무에 관하여 규칙을 제정할 수 있다.

① [○] 헌법은 국가의 기본적인 통치구조를 정한 기본법으로서 행정의 조직이나 작용의 기본원칙을 정한 부분은 그 한도 내에서 경찰행정법의 법원이 된다.
② [○] 불문법원으로서 일반적으로 정의에 합치되는 보편적 원리로서 인정되고 있는 모든 원칙을 '조리'라 하고 경찰관청의 행위가 형식상 적법하더라도 조리에 위반할 경우에는 위법이 될 수 있다.
③ [○] 국회의 의결을 거치지 않고 행정기관에 의하여 제정된 성문법규를 '명령'이라 하고 명령의 종류에는 위임명령과 집행명령이 있다.

정답 ④

022 경찰법의 법원(法源)에 대한 설명으로 가장 적절하지 않은 것은? 14 경찰승진 [Essential ★]

① 경찰법의 존재형식 또는 인식근거에 관한 문제이다.
② 경찰법의 법원은 일반적으로 성문법원과 불문법원으로 나눌 수 있으며, 조례와 규칙은 성문법원의 일종이다.
③ 경찰관청의 행위가 형식상 법령에 적합하다면, 비례의 원칙 등 행정법의 일반원칙에 어긋나더라도 항상 적법한 행위이다.
④ 「헌법」에 의하여 체결·공포된 조약과 일반적으로 승인된 국제법규도 경찰법의 법원으로 볼 수 있다.

해설

③ [×] 경찰관청의 행위가 형식상 법령에 적합하다면, **비례의 원칙 등 행정법의 일반원칙에 어긋나더라도 항상 적법한 행위이다.**(×)
→ 경찰관청의 행위가 형식상 적법하더라도, **비례의 원칙이나 평등의 원칙 등 행정법의 일반원칙에 위배되면 위법한 행위가 된다.**

① [○] 경찰법의 존재형식 또는 인식근거에 관한 문제이다.
→ 경찰법의 법원이란 **경찰에 관한 법의 인식근거를** 의미한다. 이러한 관념은 일반적으로 **경찰에 관한 실정법의 존재형식**이라는 의미로 파악되며, 따라서 **경찰법의 인식근거 또는 존재형식을 경찰법의 법원(法源)**이라고 한다. 법원은 크게 성문법원과 불문법원으로 나누어진다.

② [○] **경찰법의 법원은 일반적으로 성문법원과 불문법원으로 나눌 수 있으며, 조례와 규칙은 성문법원의 일종이다.**

④ [○] 「헌법」에 의하여 체결·공포된 조약과 일반적으로 승인된 국제법규도 경찰법의 법원으로 볼 수 있다.
→ 헌법에 의하여 체결·공포된 조약과 일반적으로 승인된 국제법규는 **국내법과 같은 효력을 가진다.**(대한민국 헌법 제6조제1항) 여기에 경찰에 관한 사항이 있으면 이 또한 경찰법의 법원으로 볼 수 있다.(SOFA협정, 외교사절에 관한 비엔나 협약, UN 해양법 협약)

정답 ③

023 경찰법의 법원(法源)에 대한 설명으로 가장 적절하지 않은 것은? 15 경찰특채 [Essential ★]

① 헌법은 국가의 기본적인 통치구조를 정한 기본법으로서의 행정의 조직이나 작용의 기본원칙을 정한 부분은 그 한도 내에서 경찰행정법의 법원이 된다.
② 경찰권 발동은 법률에 근거가 있어야 하므로, 법률은 가장 중심적인 법원에 해당한다.
③ 국회의 의결을 거치지 않고 행정기관에 의하여 제정된 성문법규를 '명령'이라 하고 명령의 종류에는 위임명령과 집행명령이 있다.
④ 조례와 규칙은 지방의회가 제정하는 법규이다.

④ [X] 조례(X)와 규칙은 지방의회가 제정하는 법규이다.
→ 조례와 규칙은 자치법규다. 지방자치단체는 법령의 범위에서 그 사무에 관하여 조례를 제정할 수 있다. 다만, 주민의 권리 제한 또는 의무 부과에 관한 사항이나 벌칙을 정할 때에는 법률의 위임이 있어야 한다.(지방자치법 제28조제1항) **지방자치단체의 장**은 법령 또는 조례의 범위에서 그 권한에 속하는 사무에 관하여 규칙을 제정할 수 있다.(지방자치법 제29조) 조례는 지방의회에서 제정하는 자치법규이다. **지방의회**는 다음 각 호의 사항을 의결한다. **조례의 제정·개정 및 폐지**(지방자치법 제47조제1항제1호)

① [O] 헌법은 국가의 기본적인 통치구조를 정한 기본법으로서의 행정의 조직이나 작용의 기본원칙을 정한 부분은 그 한도 내에서 경찰행정법의 법원이 된다.
② [O] 경찰권 발동은 법률에 근거가 있어야 하므로, **법률은 가장 중심적인 법원에 해당한다.**
③ [O] 국회의 의결을 거치지 않고 행정기관에 의하여 제정된 성문법규를 '명령'이라 하고 명령의 종류에는 위임명령과 집행명령이 있다.

지방자치법 제47조(지방의회의 의결사항)
① 지방의회는 다음 각 호의 사항을 의결한다.
  1. 조례의 제정·개정 및 폐지
  2. 예산의 심의·확정
  3. 결산의 승인
  4. 법령에 규정된 것을 제외한 사용료·수수료·분담금·지방세 또는 가입금의 부과와 징수
  5. 기금의 설치·운용
  6. 대통령령으로 정하는 중요 재산의 취득·처분
  7. 대통령령으로 정하는 공공시설의 설치·처분
  8. 법령과 조례에 규정된 것을 제외한 예산 외의 의무부담이나 권리의 포기
  9. 청원의 수리와 처리
  10. 외국 지방자치단체와의 교류·협력
  11. 그 밖에 법령에 따라 그 권한에 속하는 사항
② 지방자치단체는 제1항 각 호의 사항 외에 조례로 정하는 바에 따라 지방의회에서 의결되어야 할 사항을 따로 정할 수 있다.

정답 ④

024 성문법원에 관한 설명으로 가장 적절하지 않은 것은?

16 경찰승진 [Essential ★]

① 「헌법」은 기본적인 통치구조와 국가작용의 기본원칙을 정한 기본법이다.
② 「헌법」에 의하여 체결·공포된 조약과 일반적으로 승인된 국제법규는 국내법과 같은 효력을 지닌다.
③ 국회의 의결을 거치지 않고 행정기관에 의하여 제정된 성문법규를 명령이라고 한다.
④ 조리는 지방의회가 법령의 범위 안에서 제정하는 자치법규를 말한다.

> **해설**
>
> ④ [×] 조리(×) → 조례는 지방의회가 법령의 범위 안에서 제정하는 자치법규를 말한다.
> → 조리는 일반사회의 정의감에 비추어 반드시 그러할 것이라고 인정되는 사물의 본질적 법칙을 말하며, 사회통념, 사회적 타당성, 공서양속, 경험법칙이라는 명칭으로도 표현된다. 그리고 조리는 판례와 일반적인 견해는 조리의 법원성을 인정하고 있고, 경찰법의 해석의 기본원리로서 뿐만 아니라 성문법과 관습법 등 불문법이 모두 없는 경우에 최후의 보충적 법원으로서의 의미를 갖고, 오늘날에는 법의 일반원리가 성문화되어 가는 추세이다. 관습법이나 판례법에 속하지 않는 모든 행정법의 불문법 원리를 포괄하고 있으므로, 이러한 관점에서 포괄적인 제3의 불문법원으로서 행정법의 일반원칙이라는 관념을 사용하기도 한다. 그 내용으로 평등원칙, 비례원칙, 신의성실원칙, 신뢰보호원칙, 부당결부금지원칙 등이 거론되고 있다.
> ① [○] 「헌법」은 기본적인 통치구조와 국가작용의 기본원칙을 정한 기본법이다.
> ② [○] 「헌법」에 의하여 체결·공포된 조약과 일반적으로 승인된 국제법규는 국내법과 같은 효력을 지닌다.
> ③ [○] 국회의 의결을 거치지 않고 행정기관에 의하여 제정된 성문법규를 명령이라고 한다.
>
> 정답 ④

025 「경찰법」의 법원에 대한 설명 중 옳지 않은 것을 모두 고른 것은?

20 경찰승진, 실무종합 [Essential ★]

> ㉠ 경찰법의 법원은 일반적으로 성문법과 불문법원으로 나눌 수 있으며, 헌법·법률·조약과 국제법규, 조리와 규칙은 성문법원이다.
> ㉡ 국회의 의결을 거치지 않고 행정기관에 의하여 제정된 성문법규를 법규명령이라고 한다.
> ㉢ 국무총리는 직권으로 총리령을 발할 수 있으나, 행정각부의 장은 직권으로 부령을 발할 수 없다.
> ㉣ 지방의회가 법령의 범위 안에서 제정하는 자치법규를 규칙이라고 한다.

① ㉠㉡
② ㉠㉢
③ ㉠㉡㉣
④ ㉠㉢㉣

> **해설**
>
> ㉠, ㉢, ㉣ 3항목이 옳지 않다.
> ㉠ [×] 경찰법의 법원은 일반적으로 성문법과 불문법원으로 나눌 수 있으며, 헌법·법률·조약과 국제법규, 조리(×)와 규칙은 성문법원이다.

→ 헌법, 법률, 조약과 국제법규, 명령과 규칙은 성문법원이고, 관습법, 판례법, 조리는 불문법원이다.
ⓒ [×] 국무총리는 직권으로 총리령을 발할 수 있으나, 행정각부의 장은 직권으로 부령을 발할 수 없다.(×)

> **대한민국헌법 제95조**
> 국무총리 또는 행정각부의 장은 소관사무에 관하여 법률이나 대통령령의 위임 또는 직권으로 총리령 또는 부령을 발할 수 있다.

ⓔ [×] 지방의회가 법령의 범위 안에서 제정하는 자치법규를 규칙이라고 한다.
→ 지방의회가 법령의 범위 안에서 제정하는 자치법규는 조례이다.
ⓑ [○] 국회의 의결을 거치지 않고 행정기관에 의하여 제정된 성문법규를 법규명령이라고 한다.

정답 ④

026 「경찰법」의 법원(法源)에 관한 설명으로 가장 적절하지 않은 것은? 19 경찰 2차 [Core ★★]

① 행정입법이란 행정부가 제정하는 법을 의미하며, 행정조직 내부의 사무처리기준에 관한 법규명령과 국민을 구속하는 효력이 있는 행정규칙으로 구분된다.
② 법규명령은 특별한 규정이 없는 한 공포일로부터 20일 경과 후 효력이 발생하나, 행정규칙은 공포를 요하지 않는다.
③ 최후의 보충적 법원으로서 조리는 일반적·보편적 정의를 의미하는 바, 경찰관청의 행위가 형식상 적법하더라도 조리에 위반할 경우 위법이 될 수 있다.
④ 판례에 의할 때 운전면허 취소사유에 해당하는 음주운전을 적발한 경찰관의 소속 경찰서장이 사무착오로 위반자에게 운전면허정지처분을 한 상태에서 위반자의 주소지 관할 시도경찰청장이 위반자에게 운전면허취소처분을 한 경우 이는 법의 일반원칙인 조리에 반하여 허용될 수 없다.

해설

① [×] 행정입법이란 행정부가 제정하는 법을 의미하며, 행정조직 내부의 사무처리기준에 관한 법규명령과 국민을 구속하는 효력이 있는 행정규칙(×)으로 구분된다.
→ 행정입법이란 행정부가 제정하는 법을 의미하며, 행정입법을 총칭하여 '명령'이라고 한다. 행정조직 내부의 사무처리기준에 관한 행정명령(행정규칙)과 국민을 구속하는 효력이 있는 법규명령으로 크게 구분될 수 있다. 법규명령은 헌법대위명령, 법률대위명령, 법률종속명령으로 나뉘고, 법률종속명령를 다시 위임명령과 집행명령으로 구분할 수도 있다.

② [○] 법규명령은 특별한 규정이 없는 한 공포일로부터 20일 경과 후 효력이 발생하나, 행정규칙은 공포를 요하지 않는다.

> **법령 등 공포에 관한 법률 (약칭: 법령공포법) 제13조(시행일)**
> 대통령령, 총리령 및 부령은 특별한 규정이 없으면 공포한 날부터 20일이 경과함으로써 효력을 발생한다.

③ [○] 최후의 보충적 법원으로서 조리는 일반적·보편적 정의를 의미하는 바, 경찰관청의 행위가 형식상 적법하더라도 조리에 위반할 경우 위법이 될 수 있다.
④ [○] 판례에 의할 때 운전면허 취소사유에 해당하는 음주운전을 적발한 경찰관의 소속 경찰서장이 사무착오

로 위반자에게 운전면허정지처분을 한 상태에서 위반자의 주소지 관할 시도경찰청장이 위반자에게 운전면허취소처분을 한 경우 이는 법의 일반원칙인 조리에 반하여 허용될 수 없다.
→ 법의 일반원칙인 **신뢰보호의 원칙에 위배**되므로, 여기서 시도경찰청장의 운전면허취소처분은 위법이다.

> 대법원 2000. 2. 25. 선고 99두10520 판결 [자동차운전면허소처분취소]
> 운전면허 취소사유에 해당하는 음주운전을 적발한 경찰관의 소속 경찰서장이 사무착오로 위반자에게 운전면허정지처분을 한 상태에서 위반자의 주소지 관할 지방경찰청장이 위반자에게 운전면허취소처분을 한 것은 **선행처분에 대한 당사자의 신뢰 및 법적 안정성을 저해하는 것으로서 허용될 수 없다고 한 사례**

정답 ①

027 법규명령과 행정규칙에 대한 설명 중 가장 적절하지 않은 것은?   21 경찰승진 [Core ★★]

① 행정규칙에 따른 종래의 행정관행이 위법한 경우에는 행정청은 자기구속을 당하지 않는다.
② 법규명령이란 국회의 의결을 거치지 않고 행정기관에 의하여 제정된 성문법규를 말하며, 그 종류에는 위임명령과 집행명령이 있다.
③ 국민의 권리 제한 또는 의무 부과와 직접 관련되는 법률, 대통령령, 총리령 및 부령은 긴급히 시행하여야 할 특별한 사유가 있는 경우를 제외하고는 공포일로부터 적어도 30일이 경과한 날부터 시행되도록 하여야 한다.
④ 위임명령은 상위법령의 집행시 필요한 절차나 형식을 정하는 데 그쳐야 하며 새로운 법규사항을 정하여서는 안된다.

해설

④ [×] **위임명령(×)**은 상위법령의 집행시 필요한 절차나 형식을 정하는 데 그쳐야 하며 새로운 법규사항을 정하여서는 안된다.
→ **위임명령**은 개별적, 구체적으로 위임된 사항에 관하여 법률의 내용을 보충하고 구체화할 수 있으므로 위임의 범위 내에서 새로운 사항을 규정할 수 있다. 상위법령의 집행시 필요한 절차나 형식을 정하는 데 그쳐야 하는 법규명령은 **집행명령**이다.
① [○] 행정규칙에 따른 종래의 행정관행이 위법한 경우에는 행정청은 자기구속을 당하지 않는다.

> 대법원 2009. 6. 25. 선고 2008두13132 판결 [조합설립추진위원회승인처분취소]
> 위법한 행정처분이 수차례에 걸쳐 반복적으로 행하여졌다 하더라도 그러한 처분이 위법한 것인 때에는 행정청에 대하여 자기구속력을 갖게 된다고 할 수 없다.

② [○] 법규명령이란 국회의 의결을 거치지 않고 행정기관에 의하여 제정된 성문법규를 말하며, 그 종류에는 **위임명령과 집행명령**이 있다.
→ 법률종속명령인 법규명령을 위임여부에 따라 위임명령과 집행명령으로 나눌 수 있다.
③ [○] 국민의 권리 제한 또는 의무 부과와 직접 관련되는 법률, 대통령령, 총리령 및 부령은 긴급히 시행하여야 할 특별한 사유가 있는 경우를 제외하고는 공포일로부터 적어도 30일이 경과한 날부터 시행되도록 하여야 한다.

> **법령 등 공포에 관한 법률 (약칭: 법령공포법) 제13조의2(법령의 시행유예기간)**
> 국민의 권리 제한 또는 의무 부과와 직접 관련되는 법률, 대통령령, 총리령 및 부령은 긴급히 시행하여야 할 특별한 사유가 있는 경우를 제외하고는 공포일부터 적어도 30일이 경과한 날부터 시행되도록 하여야 한다.

정답 ④

028 경찰법의 법원(法源)에 대한 설명이다. 옳은 것은 모두 몇 개인가?

21 경찰간부 [Core ★★]

> ㉠ 경찰법의 법원은 일반적으로 성문법원과 불문법원으로 나눌 수 있으며 헌법, 법률 조약과 국제법규, 조리와 규칙은 성문법원이다.
> ㉡ 국회에서 의결을 거치지 않고 행정기관에 의하여 제정된 법규를 법규명령이라고 한다.
> ㉢ 조례와 규칙은 지방의회가 정한다.
> ㉣ 「헌법」은 국가의 기본적인 통치구조를 정한 기본법으로 행정의 조직이나 작용의 기본원칙을 정한 부분은 그 한도 내에서 경찰법의 법원이 된다.
> ㉤ 위임명령은 법규명령이고 집행명령은 행정규칙이다.
> ㉥ 헌법재판소의 위헌결정은 법원이나 기타 국가기관 및 지방자치단체를 기속(羈束)하므로 법원성이 인정된다.
> ㉦ 조리는 평등의 원칙, 비례의 원칙, 금반언의 원칙, 신의성실의 원칙, 신뢰보호의 원칙 등으로 구성되어 있으며 오늘날 법의 일반원칙은 성문화되어 가는 추세에 있다.

① 1개 ② 2개 ③ 3개 ④ 4개

㉡, ㉣, ㉥, ㉦ 4항목이 옳다.

㉡ [O] 국회에서 의결을 거치지 않고 행정기관에 의하여 제정된 법규를 법규명령이라고 한다.

㉣ [O] 「헌법」은 국가의 기본적인 통치구조를 정한 기본법으로 행정의 조직이나 작용의 기본원칙을 정한 부분은 그 한도 내에서 경찰법의 법원이 된다.

㉥ [O] 헌법재판소의 위헌결정은 법원이나 기타 국가기관 및 지방자치단체를 기속(羈束)하므로 법원성이 인정된다.

㉦ [O] 조리는 평등의 원칙, 비례의 원칙, 금반언의 원칙, 신의성실의 원칙, 신뢰보호의 원칙 등으로 구성되어 있으며 오늘날 법의 일반원칙은 성문화되어 가는 추세에 있다.

㉠ [X] 경찰법의 법원은 일반적으로 성문법원과 불문법원으로 나눌 수 있으며 헌법, 법률 조약과 국제법규, 조리(X)와 규칙은 성문법원이다.
→ 조리는 최후의 보충적 법원으로서 불문법원이다.

㉢ [X] 조례(X)와 규칙은 지방의회가 정한다.
→ 조례는 법령의 범위 내에서 지방의회가 제정하는 자치법규이고, 규칙은 법령과 조례의 범위 내에서 자치단체장이 제정하는 자치법규이다.

㉤ [X] 위임명령은 법규명령이고 집행명령은 행정규칙이다.(X)

→ **위임명령과 집행명령은 모두 법규명령에 해당된다.** 행정규칙(훈령)은 법규성이 없는 행정명령을 말한다. 법규명령은 제정형식에 따라 대통령령(시행령), 총리령(시행규칙), 부령(시행규칙)으로 구분하고, 내용에 따라(위임 여부에 따라) 위임명령과 집행명령으로 구분할 수 있다.

정답 ④

029 법규명령과 행정규칙에 관한 설명 중 가장 옳지 않은 것은?

19 경찰간부 [ESSential ★]

① 법규명령은 공포를 요하나 행정규칙은 공포를 요하지 않는다.
② 법규명령의 형식(부령)을 취하고 있지만, 그 내용이 행정규칙의 실질을 가지는 경우 판례는 당해 규범을 행정규칙으로 보고 있다.
③ 재량준칙의 제정은 행정청에게 재량권이 인정되는 경우에만 가능하며 행정청이 기속권만을 갖는 경우에는 인정되지 않는다.
④ 위임명령은 법규명령이고 집행명령은 행정규칙이다.

해설

④ [×] 위임명령은 법규명령이고 집행명령은 행정규칙이다.(×)
→ **위임명령과 집행명령은 모두 법규명령에 해당된다.** 행정규칙(훈령)은 법규성이 없는 행정명령을 말한다. 법규명령은 제정형식에 따라 대통령령(시행령), 총리령(시행규칙), 부령(시행규칙)으로 구분하고, 내용에 따라(위임 여부에 따라) 위임명령과 집행명령으로 구분할 수 있다.
① [○] 법규명령은 공포를 요하나 행정규칙은 공포를 요하지 않는다.
② [○] 법규명령의 형식(부령)을 취하고 있지만, 그 내용이 행정규칙의 실질을 가지는 경우 판례는 당해 규범을 **행정규칙으로 보고 있다.**
 cf. 판례는 대통령령인 시행령의 경우 예외를 인정하지만, 시행규칙(총리령과 부령)에 대해서는 실질성을 취한다.
③ [○] 재량준칙의 제정은 행정청에게 재량권이 인정되는 경우에만 가능하며 행정청이 기속권만을 갖는 경우에는 인정되지 않는다.

정답 ④

030 법규명령과 행정규칙에 대한 설명으로 가장 옳은 것은? (판례에 의함) 21 경찰간부 [Core★★]

① 법령규정이 특정 행정기관에 그 법령 내용의 구체적 사항을 정할 수 있는 권한을 부여하면서 그 권한 행사의 절차나 방법을 특정하고 있지 않아 수임행정기관이 행정규칙의 형식으로 그 내용을 구체적으로 정하고 있다면 그 행정규칙은 대외적 구속력이 있는 법규명령으로서의 효력을 가진다.
② 행정입법이란 행정부가 제정하는 법을 의미하며, 행정조직 내부의 사무처리기준에 관한 법규명령과 국민을 구속하는 효력이 있는 행정규칙으로 구분된다.
③ 법규명령의 제정에는 헌법·법률 또는 상위명령의 근거가 필요하지 않아 독자적인 행정입법 작용이 허용된다.
④ 법규명령은 특별한 규정이 없는 한 공포일로부터 30일이 경과해야 효력이 발생하나 행정규칙은 공포를 요하지 않는다.

해설

① [O] 법령규정이 특정 행정기관에 그 법령 내용의 구체적 사항을 정할 수 있는 권한을 부여하면서 그 권한 행사의 절차나 방법을 특정하고 있지 않아 **수임행정기관이 행정규칙의 형식으로 그 내용을 구체적으로 정하고 있다면 그 행정규칙은 대외적 구속력이 있는 법규명령으로서의 효력을 가진다.**
 → 법령보충적 행정규칙으로 볼 수 있으므로, 법규명령으로서의 효력이 있다고 본다.

② [×] 행정입법이란 행정부가 제정하는 법을 의미하며, 행정조직 내부의 사무처리기준에 관한 **법규명령(×)**과 국민을 구속하는 효력이 있는 **행정규칙(×)**으로 구분된다.
 → 행정조직 내부의 사무처리기준에 관한 것은 **행정규칙(훈령)**이고, 대외적 구속력이 있는 명령이 **법규명령**이다.

③ [×] 법규명령의 제정에는 헌법·법률 또는 상위명령의 근거가 필요하지 않아 독자적인 행정입법 작용이 허용된다.(×)
 → 법규명령의 제정에는 헌법이나 법률 또는 상위명령의 근거가 필요하다.

대한민국헌법
제75조 대통령은 법률에서 구체적으로 범위를 정하여 위임받은 사항과 법률을 집행하기 위하여 필요한 사항에 관하여 대통령령을 발할 수 있다. 제95조 국무총리 또는 행정각부의 장은 소관사무에 관하여 법률이나 대통령령의 위임 또는 직권으로 총리령 또는 부령을 발할 수 있다.

④ [×] 법규명령은 특별한 규정이 없는 한 공포일로부터 **30일(×)**이 경과해야 효력이 발생하나 **행정규칙은 공포를 요하지 않는다.**
 → 법규명령은 공포를 요한다. 대통령령, 총리령 및 부령은 특별한 규정이 없으면 공포한 날부터 **20일**이 경과함으로써 효력을 발생한다.(법령 등 공포에 관한 법률 제13조)

정답 ①

031 법규명령과 행정규칙에 대한 설명 중 적절하지 <u>않은</u> 것을 모두 고르시오. (다툼이 있는 경우 판례에 의함)

13 경찰승진 [Essential ★]

> ㉠ 법규명령은 행정권이 정립하는 일반·추상적인 규정으로서 법규성을 지닌 것을 말하고, 국민과 행정청을 동시에 구속하는 양면적 구속력을 가짐으로써 재판규범이 된다.
> ㉡ 법규명령을 공포를 요하나, 행정규칙은 공포를 요하지 않는다.
> ㉢ 법규명령의 형식(부령)을 취하고 있지만, 그 내용이 행정규칙의 실질을 가지는 경우 판례는 당해 규범을 행정규칙으로 보고 있다.
> ㉣ 위임명령은 법규명령이고 집행명령은 행정규칙이다.

① ㉠, ㉣   ② ㉢, ㉣   ③ ㉡   ④ ㉣

해설

㉣ 1항목이 적절하지 않다.

㉣ [×] 위임명령은 법규명령이고 집행명령은 행정규칙이다.
→ **위임명령과 집행명령은 모두 법규명령에 해당된다.** 행정규칙(훈령)은 법규성이 없는 행정명령을 말한다. 법규명령은 제정형식에 따라 대통령령(시행령), 총리령(시행규칙), 부령(시행규칙)으로 구분하고, 내용에 따라(위임 여부에 따라) 위임명령과 집행명령으로 구분할 수 있다.
→ 행정입법을 총칭하여 '명령'이라고 한다. **법규명령은 행정권이 정립하는 일반적이고 추상적인 규정으로서 국민을 구속할 수 있는 법규성을 지닌 것**을 말한다. 행정부에 대한 일반적·포괄적 위임은 인정될 수 없고, 또한 국회의 전속적 법률사항의 위임은 원칙적으로 금지되며, 법률에 의하여 위임된 사항을 전부 하위명령에 재위임하는 것 역시 금지된다.

㉠ [○] **법규명령은 행정권이 정립하는 일반·추상적인 규정으로서 법규성을 지닌 것을 말하고, 국민과 행정청을 동시에 구속하는 양면적 구속력을 가짐으로써 재판규범**이 된다.
→ 법규명령은 국민과 행정청을 동시에 구속하는 양면적 구속력을 가짐으로써 **재판규범성이 인정**된다.

㉡ [○] **법규명령을 공포를 요하나**, 행정규칙은 공포를 요하지 않는다.
→ 법규명령은 국민을 구속하는 대외적 효력을 가지므로 **당연히 공포가 효력의 필요요건이다.**

㉢ [○] **법규명령의 형식(부령)을 취하고 있지만, 그 내용이 행정규칙의 실질을 가지는 경우 판례는 당해 규범을 행정규칙으로 보고 있다.**
→ 판례는 대통령령인 시행령의 경우 내용뿐만 아니라, 형식을 중요하게 여겨 예외를 인정하지만, **시행규칙(총리령과 부령)에 대해서는 형식보다는 내용을 중요하게 보아 실질성을 취한다.**

명령(행정입법) : 법규명령 + 행정명령(행정규칙, 훈령)		
구분	법규명령	행정명령
법규성	인정	부정
대외적 구속력	인정	부정
형식	시행령, 시행규칙	훈령, 고시, 지침, 통첩, 예규 등
법적 근거	필요	불요
규정내용	국민의 권리의무에 관한 사항	행정사무처리 기준 등
공포	필요	불요
효력발생시기	특별한 규정이 없는 한 공포한 때로부터 20일 경과 후	도달주의
위반의 효과	위법	위법은 아니고 징계사유
재판규범성	인정	부정

> 법규명령은 법률우위의 원칙과 법률유보의 원칙 적용, 행정명령은 법률우위의 원칙은 적용되나 법률유보의 원칙은 적용 안 됨

정답 ④

032 훈령과 직무명령에 관한 다음 설명 중 적절하지 않은 것은 모두 몇 개인가?

12 경찰 3차 [Essential ★]

> ㉠ 훈령은 상급관청이 하급관청의 권한 행사를 일반적으로 감독하기 위해 발하는 명령이고, 기관의 구성원이 변경되면 그 효력에 영향이 있으나, 상급공무원이 하급 공무원에게 발하는 직무명령은 그 직무명령을 수명한 하급공무원이 변경되어도 효력에 영향이 없다.
> ㉡ 훈령의 실질적 요건으로는 훈령권이 있는 상급관청이 발한 것일 것, 하급관청의 권한 내의 사항에 관한 것일 것, 하급관청의 직무상 독립성이 보장되지 않은 사항일 것이 있다.
> ㉢ 훈령은 원칙적으로 일반적·추상적 사항에 대해서 발하지만, 개별적·구체적 사항에 대해서도 발해질 수 있다.
> ㉣ 직무명령은 상급공무원이 직무에 관하여 하급공무원에게 발하는 명령이며, 직무와 관련 없는 사생활에는 효력이 미치지 않는다.

① 1개 ② 2개 ③ 3개 ④ 4개

해설

㉠, ㉡ 2항목이 적절하지 않다.

㉠ [×] 훈령은 상급관청이 하급관청의 권한 행사를 일반적으로 감독하기 위해 발하는 명령이고, **기관의 구성원이 변경되면 그 효력에 영향이 있으나,**(×) 상급공무원이 하급 공무원에게 발하는 직무명령은 그 **직무명령을 수명한 하급공무원이 변경되어도 효력에 영향이 없다.**(×)
→ 훈령은 상급관청이 하급관청의 권한 행사를 일반적으로 감독하기 위해 발하는 명령이고, **기관의 구성원이 변경되면 그 효력에 영향이 없으나,** 상급공무원이 하급공무원에게 발하는 **직무명령은 그 직무명령을 수명한 하급공무원이 변경되면 그 효력을 상실한다.**

㉡ [×] 훈령의 **실질적 요건(×) → 형식적 요건**으로는 훈령권이 있는 상급관청이 발한 것일 것, **하급관청의 권한 내의 사항에 관한 것일 것, 하급관청의 직무상 독립성이 보장되지 않은 사항일 것이 있다.**

훈령의 형식적 요건	훈령의 실질적 요건
• 훈령권이 있는 상급관청이 발한 것일 것 • 하급관청의 **권한내의 사항**에 대한 것일 것 • 하급관청의 **직무상 독립된 범위에 속한 사항이 아닐 것**	• 내용이 법규에 저촉되지 않을 것 • 내용이 **공익**에 반하지 않을 것 • 내용이 **실현가능**하고 **명확**할 것

㉢ [O] 훈령은 원칙적으로 일반적·추상적 사항에 대해서 발하지만, 개별적·구체적 사항에 대해서도 발해질 수 있다.

㉣ [O] 직무명령은 상급공무원이 직무에 관하여 하급공무원에게 발하는 명령이며, 직무와 관련 없는 사생활에는 효력이 미치지 않는다.

정답 ②

033 훈령과 직무명령에 대한 다음 설명 중 바르지 못한 것은 모두 몇 개인가? 12 경찰간부 [ESSential ★]

> ㉠ 상급공무원이 하급공무원에게 발하는 명령이 훈령이다.
> ㉡ 일반적으로 훈령과 직무명령은 대내적으로 구속력을 가지지만, 대외적으로 효력이 없다.
> ㉢ 훈령과 직무명령을 발하려면 국민의 권리와 의무에 영향을 미치지 않아도 법률상 근거가 필요하다.
> ㉣ 혜화경찰서 소속 한국민 순경이 근무 중 서울시 경찰청 훈령과 경찰청 훈령이 경합하는 내용을 발견한 경우에는 경찰청 훈령에 따라 업무를 처리해야 한다.
> ㉤ 훈령으로써 하급관청을 지휘할 수 있다.
> ㉥ 상급관청이 하급관청에 대하여 개별적·구체적 지휘를 위하여 발하는 명령을 예규라 한다.

① 2개　　　② 3개　　　③ 4개　　　④ 5개

해설

㉠, ㉢, ㉣, ㉥ 4항목이 바르지 못하다.
㉠ [×] 상급공무원이 하급공무원에게 발하는 명령이 훈령(×)이다.
　→ 상급공무원이 하급공무원에게 발하는 명령은 직무명령이다.
㉢ [×] 훈령과 직무명령을 발하려면 국민의 권리와 의무에 영향을 미치지 않아도 법률상 근거가 필요하다.(×)
　→ 훈령과 직무명령은 원칙적으로 국민의 권리와 의무에 영향을 미치지 않으므로, 법률상 근거가 없어도 발할 수 있다.
㉣ [×] 혜화경찰서 소속 한국민 순경이 근무 중 서울시 경찰청 훈령과 경찰청 훈령이 경합하는 내용을 발견한 경우에는 경찰청 훈령에 따라 업무를 처리해야 한다.(×)
　→ 훈령이 경합하는 경우에는 주관 상급경찰관청 및 직근 상급경찰관청의 훈령(서울시 경찰청 훈령)을 따라야 한다.
㉥ [×] 상급관청이 하급관청에 대하여 개별적·구체적 지휘를 위하여 발하는 명령을 예규(×)라 한다.
　→ 상급관청이 하급관청에 대하여 개별적·구체적 지휘를 위하여 발하는 명령을 지시라고 한다.
㉡ [○] 일반적으로 훈령과 직무명령은 대내적으로 구속력을 가지지만, 대외적으로 효력이 없다.
㉤ [○] 훈령으로써 하급관청을 지휘할 수 있다.

정답 ③

034 다음 중 훈령에 대한 설명으로 옳은 것은 모두 몇 개인가? 16 경찰 2차 [Essential ★]

㉠ 훈령은 구체적인 법령의 근거 없이도 발할 수 있다.
㉡ 훈령의 내용은 하급관청의 직무상 독립된 범위에 속하는 사항이어야 한다.
㉢ 하급경찰관청의 법적 행위가 훈령에 위반하여 행해진 경우 원칙적으로 위법이 아니며, 그 행위의 효력에는 영향이 없다.
㉣ 훈령은 원칙적으로 일반적·추상적 사항에 대해서 발해져야 하지만, 개별적·구체적 사항에 대해서도 발해질 수 있다.

① 1개　　② 2개　　③ 3개　　④ 4개

해설

㉠, ㉢, ㉣ 3항목이 옳다.
㉠ [O] 훈령은 구체적인 법령의 근거 없이도 발할 수 있다.
㉢ [O] 하급경찰관청의 법적 행위가 훈령에 위반하여 행해진 경우 원칙적으로 위법이 아니며, 그 행위의 효력에는 영향이 없다.
㉣ [O] 훈령은 원칙적으로 일반적·추상적 사항에 대해서 발해져야 하지만, 개별적·구체적 사항에 대해서도 발해질 수 있다.
　→ 지시는 구체적이고 개별적인 훈령이고, 직무명령의 성격을 겸한 훈령은 구체적이고 개별적인 사항에 대해서도 발해질 수 있다.
㉡ [×] 훈령의 내용은 하급관청의 직무상 독립된 범위에 속하는 사항(×)이어야 한다.
　→ 훈령의 내용은 하급 경찰관청의 직무상 독립된 범위에 속하는 사항이 아니어야 한다.(×)

정답 ③

035 다음 훈령과 직무명령에 대한 설명 중 옳고 그름의 표시(O, x)가 바르게 된 것은?

18 법학특채 [ESSential ★]

> ㉠ 훈령은 원칙적으로 일반적·추상적 사항에 대해서 발하지만, 개별적·구체적 사항에 대해서도 발해질 수 있다.
> ㉡ 직무명령은 직무에 관하여 상관이 그 소속 하급 공무원에게 발하는 명령으로 직무와 직접 관련 없는 사생활에는 효력이 미치지 않는다.
> ㉢ 훈령의 실질적 요건으로 내용이 실현 가능하고 명확할 것, 내용이 적법하고 타당할 것, 공익에 반하지 않을 것이 있다.
> ㉣ 훈령과 직무명령을 발하기 위해서는 국민의 권리와 의무에 영향을 미치지 않는 경우에도 법률상의 근거가 필요하다.

① ㉠ O ㉡ × ㉢ O ㉣ O
② ㉠ × ㉡ O ㉢ O ㉣ ×
③ ㉠ O ㉡ O ㉢ O ㉣ ×
④ ㉠ O ㉡ O ㉢ O ㉣ O

해설

③ 지문이 바르게 된 연결이다.
㉠ [O] 훈령은 원칙적으로 일반적·추상적 사항에 대해서 발하지만, **개별적·구체적 사항에 대해서도 발해질 수 있다.**
㉡ [O] **직무명령**은 직무에 관하여 상관이 그 소속 하급 공무원에게 발하는 명령으로 **직무와 직접 관련 없는 사생활에는 효력이 미치지 않는다.**
㉢ [O] 훈령의 실질적 요건으로 내용이 **실현** 가능하고 **명확**할 것, 내용이 **적법**하고 타당할 것, 공익에 반하지 않을 것이 있다.
㉣ [×] 훈령과 직무명령을 발하기 위해서는 국민의 권리와 의무에 영향을 미치지 않는 경우에도 법률상의 근거가 필요하다.(×)
　→ 훈령과 직무명령은 원칙적으로 조직 내부에서의 효력만 가지고 대외적 효력을 가지지 않으므로 국민의 권리와 의무에 영향을 미치는 사항에 대해서는 발할 수 없다. 그러므로 처음부터 훈령과 직무명령을 발하기 위해서는 법률상 근거는 필요치 않다. 즉 법률유보의 원칙은 적용되지 않는다.

정답 ③

036 훈령과 직무명령에 관한 다음 설명으로 옳은 것은 모두 몇 개인가?

18 경찰간부 [ESSential ★]

> ㉠ 훈령의 내용은 하급관청의 직무상 독립된 범위에 속하는 사항이어야 한다.
> ㉡ 직무명령은 상관이 직무에 관하여 부하에게 발하는 명령이다.
> ㉢ 직무명령은 직무와 관련 없는 사생활에는 효력이 미치지 않는다.
> ㉣ 훈령은 원칙적으로 일반적·추상적 사항에 대하여 발해져야 하지만, 개별적·구체적 사항에 대해서도 발해질 수 있다.
> ㉤ 직무명령의 형식적 요건으로는 권한이 있는 상관이 발할 것, 부하공무원의 직무범위 내의 사항일 것, 부하공무원의 직무상 독립이 보장된 것이 아닐 것, 법정의 형식이나 절차가 있으면 이를 갖출 것이다.

① 1개 ② 2개 ③ 3개 ④ 4개

해설

㉡, ㉢, ㉣, ㉤ 4항목이 옳다.

㉡ [O] 직무명령은 **상관이 직무에 관하여 부하에게 발하는 명령**이다.

㉢ [O] 직무명령은 **직무와 관련 없는 사생활에는 효력이 미치지 않는다.**

㉣ [O] 훈령은 원칙적으로 일반적·추상적 사항에 대하여 발해져야 하지만, **개별적·구체적 사항에 대해서도 발해질 수 있다.**

㉤ [O] 직무명령의 **형식적 요건**으로는 권한이 있는 상관이 발할 것, 부하공무원의 **직무범위 내의 사항**일 것, 부하공무원의 **직무상 독립이 보장된 것이 아닐 것**, 법정의 형식이나 절차가 있으면 이를 갖출 것이다.

㉠ [X] 훈령의 내용은 하급관청의 직무상 독립된 범위에 속하는 사항이어야 한다.(X)
→ 훈령은 하급관청의 직무상 독립된 범위에 속하는 사항이 아니어야 한다. 즉 독립된 직무에 대해서 하급경찰관청에 훈령권을 행사하는 것은 독립성을 해치는 행위이기 때문이다. 이는 위법한 훈령권의 행사가 될 수 있다. 즉 훈령은 법률유보의 원칙에는 적용을 받지 않지만, 법률우위의 원칙에는 구속된다.

정답 ④

037 훈령과 직무명령에 관한 설명 중 옳지 않은 것을 모두 고른 것은? 19 경찰 2차 [Essential ★]

> ㉠ 직무명령은 직무와 관련 없는 사생활에는 그 효력이 미치지 않는다.
> ㉡ 훈령은 일반적·추상적 사항에 대하여만 발할 수 있으며, 개별적·구체적 사항에 대해서는 발할 수 없다.
> ㉢ 훈령을 발하기 위해서는 법령의 구체적 근거를 요하나, 직무명령은 법령의 구체적 근거가 없이도 발할 수 있다.
> ㉣ 훈령의 종류에는 '협의의 훈령', '지시', '예규', '일일명령' 등이 있으며, 이 중 예규는 반복적 경찰사무의 기준을 제시하기 위하여 발하는 명령을 의미한다.
> ㉤ 훈령은 직무명령을 겸할 수 있으나, 직무명령은 훈령의 성질을 가질 수 없다.

① ㉠㉢   ② ㉡㉢   ③ ㉢㉤   ④ ㉣㉤

해설

㉡, ㉢ 2항목이 옳지 않다.

㉡ [×] 훈령은 일반적·추상적 사항에 대하여만 발할 수 있으며, **개별적·구체적 사항에 대해서는 발할 수 없다.(×)**
→ 훈령은 일반적·추상적 사항에 대하여 발할 수 있지만, **개별적·구체적 사항에 대해서도 발할 수 있다.** 예를 들어, 지시는 상급경찰관청이 하급경찰관청에 대해 개별적·구체적으로 발하는 명령이다.

㉢ [×] **훈령을 발하기 위해서는 법령의 구체적 근거를 요하나,(×)** 직무명령은 법령의 구체적 근거가 없이도 발할 수 있다.
→ **훈령이나 직무명령을 발하기 위해서는 법령의 구체적 근거를 요하지 않는다.** 이는 법규가 아니므로 대외적 효력이 없는 것이 원칙이다.

㉠ [O] 직무명령은 **직무와 관련 없는 사생활에는 그 효력이 미치지 않는다.**

㉣ [O] 훈령의 종류에는 '협의의 훈령', '지시', '예규', '일일명령' 등이 있으며, 이 중 **예규는 반복적 경찰사무의 기준을 제시하기 위하여 발하는 명령을 의미한다.**

㉤ [O] **훈령은 직무명령을 겸할 수 있으나, 직무명령은 훈령의 성질을 가질 수 없다.**
→ 훈령은 직무명령을 겸할 수 있는데, **직무명령을 겸한 훈령은 개별성과 구체성을 띤다고 볼 수 있다.**

정답 ③

038 훈령과 직무명령에 대한 설명으로 옳지 않은 것은? 20 경찰간부 [ESSential ★]

① 상호 모순되는 둘 이상의 상급관청의 훈령이 경합할 경우 주관상급관청이 불명확한 때에는 직근상급행정관청의 훈령에 따른다.
② 훈령이란 상급관청이 하급관청의 권한행사를 지휘하기 위하여 발하는 명령으로 구성원의 변동이 있는 경우에도 효력에는 영향이 없다.
③ 훈령은 직무명령의 성격을 가지나 직무명령은 훈령의 성격을 갖지 못한다.
④ 훈령은 원칙적으로 일반적·추상적 사항에 대해서 발해야 하지만, 개별적·구체적 사항에 대해서도 발해질 수 있다.

> **해설**
> ① [×] 상호 모순되는 둘 이상의 상급관청의 훈령이 경합할 경우 **주관상급관청이 불명확한 때에는 직근상급행정관청의 훈령에 따른다.**(×)
>   → 상호 모순되는 둘 이상의 상급관청의 훈령이 경합할 경우 하급관청은 주관 상급관청에 따라야 한다. **주관상급관청이 불명확한 때에는 주관쟁의의 방법으로 해결하여야 한다.** 만일, 상급관청이 상하관계일 경우에는 행정조직의 계층제적 질서 존중에 따라 직근 상급관청의 훈령에 따라야 한다.
> ② [O] 훈령이란 상급관청이 하급관청의 권한행사를 지휘하기 위하여 발하는 명령으로 **구성원의 변동이 있는 경우에도 효력에는 영향이 없다.**
> ③ [O] 훈령은 직무명령의 성격을 가지나 **직무명령은 훈령의 성격을 갖지 못한다.**
> ④ [O] 훈령은 원칙적으로 일반적·추상적 사항에 대해서 발해야 하지만, **개별적·구체적 사항에 대해서도 발해질 수 있다.**

정답 ①

039 훈령과 직무명령에 대한 설명으로 가장 옳지 않은 것은? 21 경찰간부 [ESSential ★]

① 훈령은 원칙적으로 일반적·추상적 사항에 대해서 발해지지만, 개별적·구체적 사항에 대해서도 발해질 수 있다.
② 훈령과 직무명령 모두 법령의 구체적 근거가 없어도 발할 수 있다.
③ 훈령은 법규의 성질을 갖지 않기에 하급경찰관청의 법적 행위가 훈령에 위반하여 행해진 경우에도 위법이 아니며 행위자체의 효력에도 영향이 없다.
④ 훈령의 실질적 요건으로는 훈령이 법규에 저촉되지 않을 것, 공익에 반하지 않을 것, 실현 가능성이 있을 것, 훈령권이 있는 상급관청이 발할 것 등이 있다.

> **해설**
> ④ [×] 훈령의 **실질적** 요건으로는 훈령이 **법규**에 저촉되지 않을 것, **공익**에 반하지 않을 것, 실현 가능성이 있을 것, **훈령권이 있는 상급관청이 발할 것**(×) 등이 있다.
>   → **훈령권이 있는 상급관청이 발할 것**, 하급관청의 **직무범위 내에 관한 사항일 것**, 직무범위 내라도 **독립성이**

보장된 사항이 아닐 것 등은 **형식적 요건**에 해당된다.
① [O] 훈령은 원칙적으로 일반적·추상적 사항에 대해서 발해지지만, **개별적·구체적 사항에 대해서도 발해질 수 있다.**
② [O] 훈령과 직무명령 모두 법령의 구체적 근거가 없어도 발할 수 있다.
③ [O] 훈령은 법규의 성질을 갖지 않기에 하급경찰관청의 법적 행위가 훈령에 위반하여 행해진 경우에도 위법이 아니며 행위자체의 효력에도 영향이 없다.
　→ 훈령에 위반하여 행해진 경우에도 위법은 아니며, 행위자체의 효력에는 영향이 없다. 단지 내부적으로 징계사유가 되어 징계책임을 질뿐이다.

정답 ④

040 훈령과 직무명령에 관한 설명으로 가장 적절하지 <u>않은</u> 것은? (단, 다툼이 있는 경우 통설·판례에 의함)

22 법학특채 [Essential ★]

① 직무명령은 상관이 직무에 관하여 부하 공무원에게 발하는 명령으로 명령을 받은 당해 공무원만을 구속함에 따라 특별한 법적 근거 없이 발할 수 있다.
② 직무명령은 훈령의 성격을 가지지 못한다.
③ 직무명령과 훈령 모두 법규가 아니므로 대내외적 구속력이 없어 직무명령과 훈령을 위반한 경우 대내적으로도 징계책임을 지지 않는다.
④ 직무명령은 부하 공무원 개인을 구속함으로 수명 공무원의 변동이 있는 경우에는 당연히 효력을 상실하게 된다.

해설

③ [×] 직무명령과 훈령 모두 법규가 아니므로 대내외적 구속력이 없어 **직무명령과 훈령을 위반한 경우 대내적으로도 징계책임을 지지 않는다.**(×)
　→ 직무명령과 훈령 모두 법규가 아니므로 대외적 구속력이 없으므로 **직무명령과 훈령을 위반한 경우 대외적으로는 책임(형사사법책임)을 지지 않는다.** 하지만 대내적으로는 내부질서위반(명령권에 대한 불복)으로 징계책임을 진다.
① [O] **직무명령**은 상관이 직무에 관하여 부하 공무원에게 발하는 명령으로 **명령을 받은 당해 공무원만을 구속함에 따라 특별한 법적 근거 없이 발할 수 있다.**
② [O] 직무명령은 훈령의 성격을 가지지 못한다.
④ [O] 직무명령은 부하 공무원 개인을 구속함으로 수명 공무원의 변동이 있는 경우에는 당연히 효력을 상실하게 된다.

정답 ③

041 행정법의 일반원칙에 관한 설명 중 가장 적절하지 않은 것은? (다툼이 있는 경우 판례에 의함)

22 경찰 2차 [Core ★★]

① 폐기물처리업에 대하여 사전에 관할 관청으로부터 적정통보를 받고 막대한 비용을 들여 허가요건을 갖춘 다음 허가신청을 하였음에도 관할 관청으로부터 '다수 청소업자의 난립으로 안정적이고 효율적인 청소업무의 수행에 지장이 있다'는 이유로 불허가처분을 받은 경우, 그 처분은 신뢰보호원칙 위반으로 인한 위법한 처분에 해당된다.

② 지방자치단체장이 사업자에게 주택사업계획승인을 하면서 그 주택사업과는 아무런 관련이 없는 토지를 기부채납하도록 하는 부관을 주택사업계획승인에 붙인 경우, 그 부관은 부당 결부금지 원칙에 위반되어 위법하다.

③ 같은 정도의 비위를 저지른 자들 사이에 있어서도 그 직무의 특성, 비위의 성격 및 정도를 고려하여 징계종류의 선택과 양정을 차별적으로 취급하는 것은 합리적 차별로서 평등원칙에 반하지 아니한다.

④ 적법 및 위법을 불문하고 재량준칙에 따른 행정관행이 성립한 경우라면, 행정의 자기구속 원칙이 적용될 수 있다.

해설

④ [×] **적법 및 위법을 불문하고(×)** 재량준칙에 따른 행정관행이 성립한 경우라면, **행정의 자기구속 원칙이 적용될 수 있다.(×)**

대법원 2009. 6. 25. 선고 2008두13132 판결 [조합설립추진위원회승인처분취소]
재량준칙에 따른 행정관행이 성립된 경우라면, 평등의 원칙을 매개로 행정의 자기구속의 법리가 적용될 수 있다. 하지만 불법(위법)에서의 평등은 인정되지 않는다. 또한, 위법한 행정처분이 수차례 걸쳐 반복적으로 행해졌다 하더라도 그러한 행정처분이 위법한 것인 때에는 행정청에 대하여 자기구속력을 갖게 된다고 할 수 없다.

① [○] 폐기물처리업에 대하여 사전에 관할 관청으로부터 적정통보를 받고 막대한 비용을 들여 허가요건을 갖춘 다음 허가신청을 하였음에도 관할 관청으로부터 '다수 청소업자의 난립으로 안정적이고 효율적인 청소업무의 수행에 지장이 있다'는 이유로 불허가처분을 받은 경우, 그 처분은 **신뢰보호원칙 위반으로 인한 위법한 처분**에 해당된다.
→ **신뢰보호원칙**(공익 또는 제3자의 이익을 현저히 해할 우려가 있는 경우가 아닌 한 신뢰보호원칙에 반하는 **행위로** 위법하다.

대법원 1998. 5. 8. 선고 98두4061 판결 [폐기물처리업허가신청에대한불허가처분취소]
[1] 일반적으로 행정상의 법률관계 있어서 행정청의 행위에 대하여 신뢰보호의 원칙이 적용되기 위하여는, ① 행정청이 개인에 대하여 신뢰의 대상이 되는 공적인 견해표명을 하여야 하고, ② 행정청의 견해표명이 정당하다고 신뢰한 데에 대하여 그 개인에게 귀책사유가 없어야 하며, ③ 그 개인이 그 견해표명을 신뢰하고 이에 어떠한 행위를 하였어야 하고, ④ 행정청이 위 견해표명에 반하는 처분을 함으로써 그 견해표명을 신뢰한 개인의 이익이 침해되는 결과가 초래되어야 하며, 어떠한 행정처분이 이러한 요건을 충족할 때에는, 공익 또는 제3자의 정당한 이익을 현저히 해할 우려가 있는 경우가 아닌 한, 신뢰보호의 원칙에 반하는 행위로서 위법하게 된다.
[2] 폐기물처리업에 대하여 사전에 관할 관청으로부터 적정통보를 받고 막대한 비용을 들여 허가요건을 갖춘 다음 허가신청을 하였음에도 다수 청소업자의 난립으로 안정적이고 효율적인 청소업무의 수행에 지장이 있다는 이유로 한 불허가처분이 신뢰보호의 원칙 및 비례의 원칙에 반하는 것으로서 재량권을 남용한

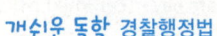

> **위법한 처분이라고 본 사례.**
> [3] 행정처분이 위법한 때에는 이를 취소함이 원칙이고 그 위법한 처분을 취소·변경함이 도리어 현저히 공공의 복리에 적합하지 않은 경우에 극히 예외적으로 위법한 행정처분의 취소를 허용하지 않는다는 사정판결을 할 수 있으므로 사정판결의 적용은 극히 엄격한 요건 아래 제한적으로 하여야 하고, 그 요건인 현저히 공공복리에 적합하지 아니한가의 여부를 판단함에 있어서는 위법·부당한 행정처분을 취소·변경하여야 할 필요와 그 취소·변경으로 인하여 발생할 수 있는 공공복리에 반하는 사태 등을 비교·교량하여 그 적용 여부를 판단하여야 한다.
> [4] 폐기물처리업에 대한 불허가처분의 취소가 현저히 공공복리에 적합하지 아니하는 때에 해당한다고 볼 수 없어 사정판결을 할 대상이 되지 아니한다고 인정한 사례.

② [O] 지방자치단체장이 사업자에게 주택사업계획승인을 하면서 그 주택사업과는 아무런 관련이 없는 토지를 기부채납하도록 하는 부관을 주택사업계획승인에 붙인 경우, 그 부관은 부당 결부금지 원칙에 위반되어 위법하다.

> 대법원 1997. 3. 11. 선고 96다49650 판결 [소유권이전등기말소]
> 지방자치단체장이 사업자에게 주택사업계획승인을 하면서 그 주택사업과는 아무런 관련이 없는 토지를 기부채납하도록 하는 부관을 주택사업계획승인에 붙인 경우, 그 부관은 부당결부금지의 원칙에 위반되어 위법하다.

③ [O] 같은 정도의 비위를 저지른 자들 사이에 있어서도 그 직무의 특성, 비위의 성격 및 정도를 고려하여 징계종류의 선택과 양정을 차별적으로 취급하는 것은 합리적 차별로서 평등원칙에 반하지 아니한다.

> 대법원 1999. 8. 20. 선고 99두2611 판결 [파면처분취소등]
> 같은 정도의 비위를 저지른 자들 사이에 있어서도 그 직무의 특성 등에 비추어, 개전의 정이 있는지 여부에 따라 징계의 종류의 선택과 양정에 있어서 차별적으로 취급하는 것은, 사안의 성질에 따른 합리적 차별로서 이를 자의적 취급이라고 할 수 없는 것이어서 평등원칙 내지 형평에 반하지 아니한다.

정답 ④

042 「행정기본법」상 신뢰보호의 원칙에 해당하는 것은? 〔23 경찰승진, 실무종합〕 [Core ★★]

① 행정청은 권한 행사의 기회가 있음에도 불구하고 장기간 권한을 행사하지 아니하여 국민이 그 권한이 행사되지 아니할 것으로 믿을 만한 정당한 사유가 있는 경우에는 그 권한을 행사해서는 아니 된다. 다만, 공익 또는 제3자의 이익을 현저히 해칠 우려가 있는 경우에 예외로 한다.
② 행정청은 합리적 이유없이 국민을 차별해서는 아니 된다.
③ 행정청의 행정작용은 행정목적을 달성하는 데 유효하고 적절해야 하며, 필요한 최소한도에 그칠 것이고, 행정작용으로 인한 국민의 이익 침해가 그 행정작용이 의도하는 공익보다 크지 아니해야 한다.
④ 행정청은 행정작용을 할 때 상대방에게 해당 행정작용과 실질적인 관련이 없는 의무를 부과해서는 아니 된다.

① [O] 행정청은 권한 행사의 기회가 있음에도 불구하고 장기간 권한을 행사하지 아니하여 국민이 그 권한이 행사되지 아니할 것으로 믿을 만한 정당한 사유가 있는 경우에는 그 권한을 행사해서는 아니 된다. 다만, 공익 또는 제3자의 이익을 현저히 해칠 우려가 있는 경우에 예외로 한다.(행정기본법 제12조제2항)
→ **신뢰보호의 원칙**

행정기본법 제12조(신뢰보호의 원칙)
① 행정청은 공익 또는 제3자의 이익을 현저히 해칠 우려가 있는 경우를 제외하고는 행정에 대한 국민의 정당하고 합리적인 신뢰를 보호하여야 한다. ② 행정청은 권한 행사의 기회가 있음에도 불구하고 장기간 권한을 행사하지 아니하여 국민이 그 권한이 행사되지 아니할 것으로 믿을 만한 정당한 사유가 있는 경우에는 그 권한을 행사해서는 아니 된다. 다만, 공익 또는 제3자의 이익을 현저히 해칠 우려가 있는 경우는 예외로 한다.

② [X] 행정청은 **합리적 이유없이 국민을 차별해서는 아니 된다.**(행정기본법 제9조)
→ **평등의 원칙**

행정기본법 제9조(평등의 원칙)
행정청은 **합리적 이유 없이 국민을 차별하여서는 아니 된다.**

③ [X] **행정청의 행정작용은 행정목적을 달성하는 데 유효하고 적절해야 하며, 필요한 최소한도에 그칠 것**이고, 행정작용으로 인한 **국민의 이익 침해가 그 행정작용이 의도하는 공익보다 크지 아니해야 한다.**(행정기본법 제10조)
→ **비례의 원칙**

행정기본법 제10조(비례의 원칙)
행정작용은 다음 각 호의 원칙에 따라야 한다. 1. 행정목적을 달성하는 데 **유효하고 적절할 것** 2. 행정목적을 달성하는 데 **필요한 최소한도에 그칠 것** 3. 행정작용으로 인한 **국민의 이익 침해가 그 행정작용이 의도하는 공익보다 크지 아니할 것**

④ [X] 행정청은 행정작용을 할 때 **상대방에게 해당 행정작용과 실질적인 관련이 없는 의무를 부과해서는 아니 된다.**(행정기본법 제13조)
→ **부당결부금지의 원칙**

행정기본법 제13조(부당결부금지의 원칙)
행정청은 행정작용을 할 때 상대방에게 해당 행정작용과 실질적인 관련이 없는 의무를 부과해서는 아니 된다.

참조. 행정기본법
제8조(법치행정의 원칙) 행정작용은 법률에 위반되어서는 아니 되며, 국민의 권리를 제한하거나 의무를 부과하는 경우와 그 밖에 국민생활에 중요한 영향을 미치는 경우에는 법률에 근거하여야 한다. **제11조(성실의무 및 권한남용금지의 원칙)** ① 행정청은 법령등에 따른 의무를 성실히 수행하여야 한다. ② 행정청은 행정권한을 남용하거나 그 권한의 범위를 넘어서는 아니 된다.

정답 ①

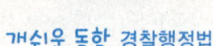

043 법령 등 시행일의 기간계산에 관한 설명으로 옳은 것을 모두 고른 것은?

21 행정사 변형 [Essential ★]

> ㉠ 법령 등을 공포한 날 부터 시행하는 경우에는 공포한 날을 시행일로 한다.
> ㉡ 법령 등을 공포한 날부터 일정기간이 경과한 날부터 시행하는 경우 법령을 공포한 날을 첫날에 산입하지 아니한다.
> ㉢ 법령 등을 공포한 날부터 일정기간이 경과한 날부터 시행하는 경우 그 기간의 말일이 토요일 또는 공휴일인 때에는 그 말일로 기간이 만료한다.
> ㉣ 대통령령은 특별한 규정이 없으면 공포한 날부터 10일이 경과함으로써 효력을 발생한다.

① ㉠,㉡   ② ㉠,㉣   ③ ㉢,㉣   ④ ㉠,㉡,㉢

해설

㉠, ㉡, ㉢ 3항목이 옳다.
㉠ [O] 법령 등을 공포한 날 부터 시행하는 경우에는 공포한 날을 시행일로 한다.(행정기본법 제7조제1호)
㉡ [O] 법령 등을 공포한 날부터 일정기간이 경과한 날부터 시행하는 경우 법령을 공포한 날을 첫날에 산입하지 아니한다.(행정기본법 제7조제2호)
㉢ [O] 법령 등을 공포한 날부터 일정기간이 경과한 날부터 시행하는 경우 그 기간의 말일이 토요일 또는 공휴일인 때에는 그 말일로 기간이 만료한다.(행정기본법 제7조제3호)
㉣ [X] 대통령령은 특별한 규정이 없으면 공포한 날부터 10일(X)이 경과함으로써 효력을 발생한다.
→ 대통령령, 총리령 및 부령은 특별한 규정이 없으면 공포한 날부터 20일이 경과함으로써 효력을 발생한다.(법령 등 공포에 관한 법률 제13조)

행정기본법 제7조(법령등 시행일의 기간 계산)
법령등(훈령·예규·고시·지침 등을 포함한다. 이하 이 조에서 같다)의 시행일을 정하거나 계산할 때에는 다음 각 호의 기준에 따른다. 1. 법령등을 공포한 날부터 시행하는 경우에는 공포한 날을 시행일로 한다. 2. 법령등을 공포한 날부터 일정 기간이 경과한 날부터 시행하는 경우 법령등을 공포한 날을 첫날에 산입하지 아니한다. 3. 법령등을 공포한 날부터 일정 기간이 경과한 날부터 시행하는 경우 그 기간의 말일이 토요일 또는 공휴일인 때에는 그 말일로 기간이 만료한다.

법령 등 공포에 관한 법률 (약칭: 법령공포법)
제13조(시행일) 대통령령, 총리령 및 부령은 특별한 규정이 없으면 공포한 날부터 20일이 경과함으로써 효력을 발생한다. 제13조의2(법령의 시행유예기간) 국민의 권리 제한 또는 의무 부과와 직접 관련되는 법률, 대통령령, 총리령 및 부령은 긴급히 시행하여야 할 특별한 사유가 있는 경우를 제외하고는 공포일부터 적어도 30일이 경과한 날부터 시행되도록 하여야 한다.

정답 ④

044 법률과 법규명령의 공포 및 효력발생시기에 관한 설명으로 가장 적절하지 않은 것은?

23 경찰승진, 실무종합 [Essential ★]

① 국회에서 의결된 법률안은 정부에 이송되어 15일 이내 대통령이 공포한다.
② 법률은 특별한 규정이 없는 한 공포한 날로부터 20일을 경과함으로써 효력을 발생한다.
③ 대통령령, 총리령 및 부령은 특별한 규정이 없으면 공포한 날부터 20일이 경과함으로써 효력을 발생한다.
④ 국민의 권리 제한 또는 의무 부과와 직접 관련되는 법률, 대통령령, 총리령 및 부령은 긴급히 시행하여야 할 특별한 사유가 있는 경우를 제외하고는 공포일로부터 적어도 20일이 경과한 날부터 시행하도록 하여야 한다.

해설

④ 국민의 권리 제한 또는 의무 부과와 직접 관련되는 법률, 대통령령, 총리령 및 부령은 긴급히 시행하여야 할 특별한 사유가 있는 경우를 제외하고는 공포일로부터 적어도 20일(×)이 경과한 날부터 시행하도록 하여야 한다.
  → 국민의 권리 제한 또는 의무 부과와 직접 관련되는 법률, 대통령령, 총리령 및 부령은 긴급히 시행하여야 할 특별한 사유가 있는 경우를 제외하고는 공포일부터 적어도 30일이 경과한 날부터 시행되도록 하여야 한다.(법령 등 공포에 관한 법률 제13조의2)
① [O] 국회에서 의결된 법률안은 정부에 이송되어 15일 이내 대통령이 공포한다.(대한민국헌법 제53조 제1항)
② [O] 법률은 특별한 규정이 없는 한 공포한 날로부터 20일을 경과함으로써 효력을 발생한다.(대한민국헌법 제53조 제7항)
③ [O] 대통령령, 총리령 및 부령은 특별한 규정이 없으면 공포한 날부터 20일이 경과함으로써 효력을 발생한다.(법령 등 공포에 관한 법률 제13조)

대한민국헌법 제53조
① 국회에서 의결된 법률안은 정부에 이송되어 15일 이내에 대통령이 공포한다.
② 법률안에 이의가 있을 때에는 대통령은 제1항의 기간내에 이의서를 붙여 국회로 환부하고, 그 재의를 요구할 수 있다. 국회의 폐회 중에도 또한 같다.
③ 대통령은 법률안의 일부에 대하여 또는 법률안을 수정하여 재의를 요구할 수 없다.
④ 재의의 요구가 있을 때에는 국회는 재의에 붙이고, 재적의원 과반수의 출석과 출석의원 3분의 2 이상의 찬성으로 전과 같은 의결을 하면 그 법률안은 법률로서 확정된다.
⑤ 대통령이 제항의 기간 내에 공포나 재의의 요구를 하지 아니한 때에도 그 법률안은 법률로서 확정된다.
⑥ 대통령은 제4항과 제5항의 규정에 의하여 확정된 법률을 지체없이 공포하여야 한다. 제5항에 의하여 법률이 확정된 후 또는 제4항에 의한 확정법률이 정부에 이송된 후 5일 이내에 대통령이 공포하지 아니할 때에는 국회의장이 이를 공포한다.
⑦ 법률은 특별한 규정이 없는 한 공포한 날로부터 20일을 경과함으로써 효력을 발생한다.

정답 ④

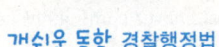

[심화학습]

045 행정법의 법원에 관한 설명 중 가장 잘못된 것은?

04 서울시 9급 [ESSential ★]

① 행정법에는 통일적인 법전이 없는 것이 특징이다.
② 행정관습법에는 성문법을 개폐하는 효력까지 인정하는 것이 통설과 판례의 입장이다.
③ 우리의 경우 판례에는 법적 구속력이 인정되지 않는다.
④ 헌법도 행정법의 법원이 된다.
⑤ 서울특별시 조례는 보건복지부령에 위반될 수 없다.

해설

② [×] 행정관습법에는 **성문법을 개폐하는 효력까지 인정하는 것이 통설과 판례의 입장**(×)이다.
→ 관습법은 성문법을 개폐하는 효력까지 갖는다는 견해(개폐적 효력설)가 있으나, **성문법이 없거나 미비한 경우에 한하여 보충적인 효력(보충적 효력설)만을 인정하는 것이 통설과 판례이다.**
① [○] 행정법에는 **통일적인 법전이 없는** 것이 특징이다.
③ [○] 우리의 경우 **판례에는 법적 구속력이 인정되지 않는다.**
→ cf. 판례의 사실상의 구속력은 인정된다.
④ [○] **헌법도 행정법의 법원**이 된다.
⑤ [○] 서울특별시 **조례는 보건복지부령에 위반될 수 없다.**
→ 조례는 법률이나 법규명령(보건복지부령)에 위반될 수 없다.

정답 ②

046 행정법의 법원(法源)에 관한 설명으로 옳지 않은 것은? (다툼이 있는 경우 판례에 의함)

09 국회직 변형 [Core ★★]

① 헌법에 의하여 체결·공포된 조약과 일반적으로 승인된 국제법규는 국내법과 같은 효력을 가진다.
② 실정법은 행정선례법의 존재를 명문으로 인정하고 있으며, 행정법의 일반원칙의 상당 부분은 헌법 원칙의 구체화이다.
③ 행정관습법은 성문법의 규정이 불비된 경우에 그것을 보충하는 효력을 가질 뿐이므로 성문법과 저촉되는 행정관습법은 인정될 수 없다.
④ 행정법의 일반원칙과 모든 제도는 포괄적으로 법률로 정해져 있다.

해설

④ [×] 행정법의 일반원칙과 모든 제도는 **포괄적으로 법률로 정해져 있다.**(×)
→ 행정법의 일반원칙은 **불문법으로서의 그 내용이 모두 법률로 정하여져 있는 것은 아니다.** 다만, 불문법인

행정법의 일반원칙을 성문화 또는 규범화하는 경우가 늘어나고 있다.(ex. 행정절차법 제4조: 신뢰보호원칙, 경찰관직무집행법 제1조제2항: 비례원칙)

행정절차법 제4조(신의성실 및 신뢰보호)
① 행정청은 직무를 수행할 때 신의(信義)에 따라 성실히 하여야 한다. ② 행정청은 법령등의 해석 또는 행정청의 관행이 일반적으로 국민들에게 받아들여졌을 때에는 공익 또는 제3자의 정당한 이익을 현저히 해칠 우려가 있는 경우를 제외하고는 새로운 해석 또는 관행에 따라 소급하여 불리하게 처리하여서는 아니 된다.

경찰관 직무집행법 제1조(목적)
① 이 법은 국민의 자유와 권리 및 모든 개인이 가지는 불가침의 기본적 인권을 보호하고 사회공공의 질서를 유지하기 위한 경찰관(경찰공무원만 해당한다. 이하 같다)의 직무 수행에 필요한 사항을 규정함을 목적으로 한다. ② 이 법에 규정된 경찰관의 직권은 그 직무 수행에 필요한 최소한도에서 행사되어야 하며 남용되어서는 아니 된다.

① [O] 헌법에 의하여 체결·공포된 조약과 일반적으로 승인된 국제법규는 국내법과 같은 효력을 가진다.(대한민국헌법 제6조제1항)

대한민국헌법 제6조
① 헌법에 의하여 체결·공포된 조약과 일반적으로 승인된 국제법규는 국내법과 같은 효력을 가진다. ② 외국인은 국제법과 조약이 정하는 바에 의하여 그 지위가 보장된다.

② [O] 실정법은 행정선례법의 존재를 명문으로 인정하고 있으며, 행정법의 일반원칙의 상당 부분은 헌법 원칙의 구체화이다.
→ 특히 국세기본법 제18조제3항 등에서 행정선례법의 존재를 인정하고 있다. 그리고 비례의 원칙이나 평등의 원칙 등 행정법의 일반원칙은 헌법상 원칙을 구체화한 것이라고 볼 수 있다.

국세기본법 제18조(세법 해석의 기준 및 소급과세의 금지)
① 세법을 해석·적용할 때에는 과세의 형평(衡平)과 해당 조항의 합목적성에 비추어 납세자의 재산권이 부당하게 침해되지 아니하도록 하여야 한다. ② 국세를 납부할 의무(세법에 징수의무자가 따로 규정되어 있는 국세의 경우에는 이를 징수하여 납부할 의무. 이하 같다)가 성립한 소득, 수익, 재산, 행위 또는 거래에 대해서는 그 성립 후의 새로운 세법에 따라 소급하여 과세하지 아니한다. ③ 세법의 해석이나 국세행정의 관행이 일반적으로 납세자에게 받아들여진 후에는 그 해석이나 관행에 의한 행위 또는 계산은 정당한 것으로 보며, 새로운 해석이나 관행에 의하여 소급하여 과세되지 아니한다. ④ 삭제 ⑤ 세법 외의 법률 중 국세의 부과·징수·감면 또는 그 절차에 관하여 규정하고 있는 조항은 제1항부터 제3항까지의 규정을 적용할 때에는 세법으로 본다.

③ [O] 행정관습법은 성문법의 규정이 불비된 경우에 그것을 보충하는 효력을 가질 뿐이므로 **성문법과 저촉되는 행정관습법은 인정될 수 없다.**
→ 관습법의 효력에 관해서는 보충적 효력설이 다수설·판례의 입장이다. 즉 관습법이 성문법을 개폐하는 효력까지는 인정하지 않는다.

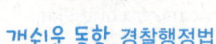

> 대법원 1983. 6. 14. 선고 80다3231 판결 [분묘이장]
>
> 가정의례에 관한 법률에 따라 제정된 가정의례준칙(1973.5.17 대통령령 제6680호) 제13조는 사망자의 배우자와 직계비속이 상제가 되고 주상은 장자가 되나 장자가 없는 경우에는 장손이 된다고 정하고 있으므로 원심인정의 관습이 관습법이라는 취지라면(원심판시의 취지로 보아 관습법이라고 보여지나 반드시 명확하지는 않다) **관습법의 제정법에 대한 열후적, 보충적 성격에 비추어 그와 같은 관습법의 효력을 인정하는 것은 관습법의 법원으로서의 효력을 정한 위 민법 제1조의 취지에 어긋나는 것이라고 할 것**이고 이를 사실인 관습으로 보는 취지라면 우선 그와 같은 관습을 인정할 수 있는 당사자의 주장과 입증이 있어야 할 것일 뿐만 아니라 사실인 관습의 성격과 효력에 비추어 이 관습이 사법자치가 인정되는 임의규정에 관한 것이어야만 비로소 이를 재판의 자료로 할 수 있을 따름이므로 이 점에 관하여도 아울러 심리판단하였어야 할 것이므로, 따라서 원심인정과 같은 관습을 재판의 자료로 하려면 그 관습이 관습법인지 또는 사실인 관습인지를 먼저 가려 그에 따라 그의 적용여부를 밝혔어야 할 것이다.

정답 ④

047 행정법의 법원(法源)에 관한 설명 중 가장 옳지 않은 것은? 10 경행특채 1차 변형 [Essential ★]

① 법률의 위헌결정은 법원을 기속하나, 국가기관 및 지방자치단체는 기속하지 못한다.
② 헌법에 의하여 체결, 공포된 조약과 일반적으로 승인된 국제법규는 국내법과 같은 효력을 가진다.
③ 행정절차법 제4조 제2항에서는 행정선례법의 존재를 인정하고 있다.
④ 법원조직법에는 상급법원의 재판에 있어서의 판단은 당해 사건에 관하여 하급심을 기속한다는 규정이 있다.

해설

① [×] 법률의 위헌결정은 법원을 기속하나, 국가기관 및 지방자치단체는 기속하지 못한다.(×)
→ 법률의 위헌결정은 법원과 그 밖의 국가기관 및 지방자치단체를 기속(羈束)한다.(헌법재판소법 제47조제1항)

헌법재판소법 제47조(위헌결정의 효력)
① 법률의 위헌결정은 법원과 그 밖의 국가기관 및 지방자치단체를 기속(羈束)한다.
② 위헌으로 결정된 법률 또는 법률의 조항은 그 결정이 있는 날부터 효력을 상실한다.
③ 제2항에도 불구하고 형벌에 관한 법률 또는 법률의 조항은 소급하여 그 효력을 상실한다. 다만, 해당 법률 또는 법률의 조항에 대하여 종전에 합헌으로 결정한 사건이 있는 경우에는 그 결정이 있는 날의 다음 날로 소급하여 효력을 상실한다.
④ 제3항의 경우에 위헌으로 결정된 법률 또는 법률의 조항에 근거한 유죄의 확정판결에 대하여는 **재심을 청구할 수 있다.**
⑤ 제4항의 재심에 대하여는 「형사소송법」을 준용한다.

② [○] 헌법에 의하여 체결, 공포된 조약과 일반적으로 승인된 국제법규는 국내법과 같은 효력을 가진다.(대한민국헌법 제6조제1항)

대한민국헌법 제6조
① 헌법에 의하여 체결·공포된 조약과 일반적으로 승인된 국제법규는 국내법과 같은 효력을 가진다.
② 외국인은 국제법과 조약이 정하는 바에 의하여 그 지위가 보장된다.

③ [○] 행정절차법 제4조 제2항에서는 행정선례법의 존재를 인정하고 있다.
→ 국세기본법(제18조 제3항)은 조세행정에 있어서 행정선례법의 존재를 명문으로 인정하고 있으며, **행정절**

차법(제4조 제2항)에서도 행정선례법의 존재를 인정하고 있다.
→ 행정청은 법령등의 해석 또는 행정청의 관행이 일반적으로 국민들에게 받아들여졌을 때에는 공익 또는 제3자의 정당한 이익을 현저히 해칠 우려가 있는 경우를 제외하고는 새로운 해석 또는 관행에 따라 소급하여 불리하게 처리하여서는 아니 된다.(**행정절차법 제4조제2항**), 세법의 해석이나 국세행정의 관행이 일반적으로 납세자에게 받아들여진 후에는 그 해석이나 관행에 의한 행위 또는 계산은 정당한 것으로 보며, 새로운 해석이나 관행에 의하여 소급하여 과세되지 아니한다.(**국세기본법 제18조제3항**)

④ [O] 법원조직법에는 **상급법원의 재판에 있어서의 판단은 당해 사건에 관하여 하급심을 기속한다**는 규정이 있다.

대한민국헌법 제6조
① 헌법에 의하여 체결·공포된 조약과 일반적으로 승인된 국제법규는 국내법과 같은 효력을 가진다. ② 외국인은 국제법과 조약이 정하는 바에 의하여 그 지위가 보장된다.

정답 ①

048 행정법의 법원(法源)에 대한 설명 중 옳은 것은?   07 국가직 [ESSential ★]

① 국세기본법은 조세행정에서 행정선례법의 존재를 인정하는 조항을 두고 있다.
② 대법원은 "유사사건에 관한 대법원 판례가 하급심 법원을 직접 기속한다."고 판시한 바 있다.
③ 일반적으로 승인된 국제법규라도 의회에 의한 입법절차를 거쳐야 행정법의 법원이 된다.
④ 성문법주의를 원칙으로 하기 때문에 조리(법의 일반원칙)는 행정법의 법원이 되지 못한다.

해설

① [O] 국세기본법은 조세행정에서 행정선례법의 존재를 인정하는 조항을 두고 있다.
→ 세법의 해석이나 국세행정의 관행이 일반적으로 납세자에게 받아들여진 후에는 그 해석이나 관행에 의한 행위 또는 계산은 정당한 것으로 보며, 새로운 해석이나 관행에 의하여 소급하여 과세되지 아니한다.(국세기본법 제18조제3항)

② [X] 대법원은 "**유사사건에 관한 대법원 판례가 하급심 법원을 직접 기속한다.**"(X)고 판시한 바 있다.

대법원 1996. 10. 25. 선고 96다31307 판결 [소유권이전등기]
대법원의 판례가 법률해석의 일반적인 기준을 제시한 경우에 유사한 사건을 재판하는 하급심법원의 법관은 판례의 견해를 존중하여 재판하여야 하는 것이나, **판례가 사안이 서로 다른 사건을 재판하는 하급심법원을 직접 기속하는 효력이 있는 것은 아니다.**

③ [X] 일반적으로 승인된 국제법규라도 **의회에 의한 입법절차를 거쳐야**(X) 행정법의 법원이 된다.
→ 일반적으로 승인된 국제법규는 별도의 **입법절차 없이도 국내법으로 수용되어 행정법의 법원이 된다는 것**이 통설·판례의 입장이다.

④ [X] 성문법주의를 원칙으로 하기 때문에 **조리(법의 일반원칙)는 행정법의 법원이 되지 못한다.**(X)
→ 조리란 일반사회의 정의감에 비추어 법령상 나타나 있지 않지만 일반적으로 통용되어야 할 것이라고 인정되는 사물의 본질적 법칙을 말하며 통상 도리, 정의, 형평이라는 것도 이에 해당한다. 그런데 **모든 행정현실을 성문법을 제정하여 규율한다는 것은 현실적으로 불가능하므로 이러한 조리는 보충적 법원으로서 기능을 한다.**

정답 ①

049 행정법의 법원(法源)에 관한 설명으로 가장 옳은 것은?

09 국회직 [Essential ★]

① 우리나라는 성문법주의를 취하고 있기 때문에 행정법의 일반원칙은 행정법의 법원이 되지 못한다.
② 헌법에 의하여 체결·공포된 조약은 별도의 시행법률이 없어도 국내에서 효력을 갖는다.
③ 행정규칙은 상위법령의 위임에 근거하여 행정권에 의해 정립되는 법형식이다.
④ 행정선례법이란 행정사무처리상의 관행이 관습법화된 것을 의미하므로 실정법에서는 행정선례법을 명문으로 인정하고 있지 않다.
⑤ 헌법재판소의 위헌판결은 법원으로서의 성격을 갖지 않는다.

해설

② [O] 헌법에 의하여 체결·공포된 조약은 별도의 시행법률이 없어도 국내에서 효력을 갖는다.
→ 헌법에 의하여 체결·공포된 조약은 국내법적 효력을 가지므로, 별도의 시행 법률이 없어도 국내에서 효력을 갖는다는 것이 통설의 입장이다.

① [×] 우리나라는 성문법주의를 취하고 있기 때문에 행정법의 일반원칙은 행정법의 법원이 되지 못한다.(×)
→ 조리 즉 법의 일반원칙을 최후의 보충적 법원으로 보는 것이 일반적인 견해이다. 즉 행정의 규율대상은 매우 복잡하므로 이를 일일이 성문법으로 규율한다는 것은 현실적으로 불가능하다. 따라서 불문법에 의해 보충될 수밖에 없고, 이와 관련하여 행정법의 일반원칙이 중요한 법원으로 작용한다.

③ [×] 행정규칙은 상위법령의 위임에 근거하여 행정권에 의해 정립되는 법형식이다.(×)
→ 행정규칙(훈령)은 상위법령의 위임과 관계없이 상급행정청의 포괄적 감독권에 근거하여 정립되는 법형식이다.

④ [×] 행정선례법이란 행정사무처리상의 관행이 관습법화된 것을 의미하므로 실정법에서는 행정선례법을 명문으로 인정하고 있지 않다.(×)
→ 실정법인 국세기본법(제18조)에는 행정선례법의 존재를 명문으로 인정하고 있다. 세법의 해석이나 국세행정의 관행이 일반적으로 납세자에게 받아들여진 후에는 그 해석이나 관행에 의한 행위 또는 계산은 정당한 것으로 보며, 새로운 해석이나 관행에 의하여 소급하여 과세되지 아니한다.(국세기본법 제18조제3항)

⑤ [×] 헌법재판소의 위헌판결은 법원으로서의 성격을 갖지 않는다.(×)
→ 헌법재판소의 위헌결정은 법원 기타 국가기관이나 지방자치단체에 기속력을 가지기 때문에 법원으로서의 성격을 갖는다. 법률의 위헌결정은 법원과 그 밖의 국가기관 및 지방자치단체를 기속(羈束)한다.(헌법재판소법 제47조제1항)

정답 ②

050 행정법의 법원에 관한 설명으로 옳지 않은 것은? (다툼이 있는 경우 판례에 의함)

12 지방직 [Core ★★]

① 헌법재판소에 의한 법률의 위헌결정은 국가기관과 지방자치단체를 기속한다는 헌법재판소법 제47조에 의해 법원으로서의 성격을 가진다.
② 대법원은 「남북 사이의 화해와 불가침 및 교류협력에 관한 합의서」를 조약이라고 판시하였다.
③ 대법원은 초·중·고등학교의 학교급식을 위해 지방자치단체에서 생산되는 우수농산물을 사용하여 식재료를 만드는 자에게 식재료 구입비의 일부를 지원하는 지방자치단체의 조례안이 「1994년 관세 및 무역에 관한 일반협정(GATT)」에 위반되어 무효라고 판시한 바 있다.
④ 헌법재판소는 「신행정수도의 건설을 위한 특별조치법」의 위헌확인사건에서 관습헌법은 성문헌법과 같은 헌법개정절차를 통해서 개정될 수 있다고 판시하였다.

해설

② [×] 대법원은 「남북 사이의 화해와 불가침 및 교류협력에 관한 합의서」를 **조약이라고 판시하였다.(×)**
→ 「남북 사이의 화해와 불가침 및 교류협력에 관한 합의서」는 국가 간의 조약이 아니므로 국내법과 동일한 효력이 없다.

> 대법원 1999. 7. 23. 선고 98두14525 판결 [북한주민접촉신청불허처분취소]
> 남북 사이의 화해와 불가침 및 교류협력에 관한 합의서는 남북관계가 '나라와 나라 사이의 관계가 아닌 통일을 지향하는 과정에서 잠정적으로 형성되는 특수관계'임을 전제로, 조국의 평화적 통일을 이룩해야 할 공동의 정치적 책무를 지는 남북한 당국이 특수관계인 남북관계에 관하여 채택한 합의문서로서, 남북한 당국이 각기 정치적인 책임을 지고 상호간에 그 성의 있는 이행을 약속한 것이기는 하나 법적 구속력이 있는 것은 아니어서 **이를 국가 간의 조약 또는 이에 준하는 것으로 볼 수 없고, 따라서 국내법과 동일한 효력이 인정되는 것도 아니다.**

① [○] 헌법재판소에 의한 법률의 위헌결정은 국가기관과 지방자치단체를 기속한다는 헌법재판소법 제47조에 의해 법원으로서의 성격을 가진다.
→ 헌법재판소의 위헌결정은 법원 기타 국가기관이나 지방자치단체에 기속력을 가지기 때문에 법원으로서의 성격을 갖는다. 법률의 위헌결정은 법원과 그 밖의 국가기관 및 지방자치단체를 기속(羈束)한다.(헌법재판소법 제47조제1항)를 두고 있으므로 헌법재판소의 위헌결정은 법원으로서의 성격을 갖는다.

③ [○] 대법원은 초·종·고등학교의 학교급식을 위해 지방자치단체에서 생산되는 우수농산물을 사용하여 식재료를 만드는 자에게 식재료 구입비의 일부를 지원하는 **지방자치단체의 조례안이 「1994년 관세 및 무역에 관한 일반협정(GATT)」에 위반되어 무효라고 판시한 바 있다.**

> 대법원 2005. 9. 9. 선고 2004추10 판결 [전라북도학교급식조례재의결무효확인]
> 학교급식을 위해 국내 우수농산물을 사용하는 자에게 식재료나 구입비의 일부를 지원하는 것 등을 내용으로 하는 **지방자치단체의 조례안이 '1994년 관세 및 무역에 관한 일반협정**'(General Agreement on Tariffs and Trade 1994)에 위반되어 그 효력이 없다.

④ [○] 헌법재판소는 「신행정수도의 건설을 위한 특별조치법」의 위헌확인사건에서 관습헌법은 성문헌법과 같은 헌법개정절차를 통해서 개정될 수 있다고 판시하였다.

> 대법원 2005. 9. 9. 선고 2004추10 판결 [전라북도학교급식조례재의결무효확인]
> 어느 법규범이 관습헌법으로 인정된다면 그 개정가능성을 가지게 된다. **관습헌법도 헌법의 일부로서 성문헌법의 경우와 동일한 효력을 가지기 때문에 그 법규범은 최소한 헌법 제130조에 의거한 헌법개정의 방법에 의하여만 개정될 수 있다.** 따라서 재적의원 3분의 2 이상의 찬성에 의한 국회의 의결을 얻은 다음(헌법 제130조 제1항) 국민투표에 붙여 국회의원 선거권자 과반수의 투표와 투표자 과반수의 찬성을 얻어야 한다(헌법 제130조 제3항).
> 이러한 형식적인 헌법개정 외에도, 관습헌법은 그것을 지탱하고 있는 국민적 합의성을 상실함에 의하여 법적 효력을 상실할 수 있다.

정답 ②

051 행정법의 법원에 대한 설명으로 옳지 않은 것은? (다툼이 있는 경우 판례에 의함)

11 지방직 [Essential ★]

① 헌법에 의하여 체결·공포된 조약과 일반적으로 승인된 국제법규는 국내법과 동일한 효력을 갖는다.
② 학교급식을 위해 국내 우수농산물을 사용하는 자에게 식재료나 구입비의 일부를 지원하는 것 등을 내용으로 하는 지방자치단체의 조례안은 「1994년 관세 및 무역에 관한 일반협정」에 위반되어 그 효력이 없다.
③ 사인(私人)은 반덤핑부과처분이 세계무역기구(WTO) 협정위반이라는 이유로 직접 국내 법원에 회원국 정부를 상대로 그 처분의 취소를 구하는 소를 제기할 수 있다.
④ 헌법에 의하여 체결·공포된 조약과 일반적으로 승인된 국제법규가 동일한 효력을 가진 국내의 법률, 명령과 충돌하는 경우에는 신법우위의 원칙 및 특별법우위의 원칙이 적용된다.

해설

③ [×] 사인(私人)은 반덤핑부과처분이 세계무역기구(WTO) 협정위반이라는 이유로 직접 국내 법원에 회원국 정부를 상대로 그 처분의 취소를 구하는 소를 제기할 수 있다.(×)

대법원 2005. 9. 9. 선고 2004추10 판결 [전라북도학교급식조례재의결무효확인]

협정은 국가와 국가 사이의 권리·의무관계를 설정하는 국제협정으로, 그 내용 및 성질에 비추어 이와 관련한 법적 분쟁은 위 WTO 분쟁해결기구에서 해결하는 것이 원칙이고, 사인(私人)에 대하여는 위 협정의 직접 효력이 미치지 아니한다고 보아야 할 것이므로, 위 협정에 따른 **회원국 정부의 반덤핑부과처분이 WTO 협정위반이라는 이유만으로 사인이 직접 국내 법원에 회원국 정부를 상대로 그 처분의 취소를 구하는 소를 제기하거나 위 협정위반을 처분의 독립된 취소사유로 주장할 수는 없다**

① [O] 헌법에 의하여 체결·공포된 조약과 일반적으로 승인된 국제법규는 국내법과 동일한 효력을 갖는다.
→ 헌법에 의하여 체결·공포된 조약과 일반적으로 승인된 국제법규는 국내법과 같은 효력을 가진다.(대한민국헌법 제6조제1항)

② [O] 학교급식을 위해 국내 우수농산물을 사용하는 자에게 식재료나 구입비의 일부를 지원하는 것 등을 내용으로 하는 지방자치단체의 조례안은 「1994년 관세 및 무역에 관한 일반협정」에 위반되어 그 효력이 없다.

대법원 2005. 9. 9. 선고 2004추10 판결 [전라북도학교급식조례재의결무효확인]

학교급식을 위해 국내 우수농산물을 사용하는 자에게 식재료나 구입비의 일부를 지원하는 것 등을 내용으로 하는 **지방자치단체의 조례안이 '1994년 관세 및 무역에 관한 일반협정'(General Agreement on Tariffs and Trade 1994)에 위반되어 그 효력이 없다.**

④ [O] 헌법에 의하여 체결·공포된 조약과 일반적으로 승인된 국제법규가 동일한 효력을 가진 국내의 법률, 명령과 충돌하는 경우에는 **신법우위의 원칙 및 특별법우위의 원칙이 적용된다.**
→ 조약과 일반적으로 승인된 국제법규는 국내법과 같은 효력을 가지는바, 이러한 법령과 기존의 국내 법령이 내용상 충돌하는 경우 어떻게 해결할 것인지가 문제된다. 이에 대해 **일반적 견해는 일반적인 법 충돌 시 해결방법인 신법우선의 법칙, 특별법우선의 법칙, 상위법우선의 법칙을 통하여 해결할 수 있다고 본다.**

정답 ③

제3절 행정법의 일반원칙

052 다음 중 재량권 행사의 기준을 정한 행정규칙인 재량준칙을 법규로 전환시켜주는 기능을 하는 행정법의 일반원칙은?

기출 연습문제 [Essential ★]

① 평등원칙
② 협력의 원칙
③ 부당결부금지의 원칙
④ 보충성의 원칙
⑤ 과잉금지의 원칙

해설

① [O] 평등원칙
→ 헌법재판소는 평등권을 매개로한 행정의 자기구속의 법리를 적용하여 재량준칙(재량기준적 행정규칙)에 대외적 구속력, 즉 법규성을 인정하고 있다.

> 헌법재판소 1990. 9. 3. 선고 90헌마13 전원재판부
> [전라남도교육위원회의1990학년도인사원칙(중등)에대한헌법소원]
> 행정규칙은 일반적으로 행정조직내부에서만 효력을 가지는 것이고 대외적인 구속력을 갖는 것은 아니지만, 행정규칙이 법령의 규정에 의하여 행정관청에 법령의 구체적 내용을 보충할 권한을 부여한 경우 또는 재량권행사의 준칙인 규칙이 정한 바에 따라 되풀이 시행되어 행정관행이 이룩되게 되어 평등의 원칙이나 신뢰보호의 원칙에 따라 행정기관이 그 상대방에 대한 관계에서 그 규칙에 따라야 할 자기구속을 당하게 되는 경우에는 대외적인 구속력을 가지게 된다.

② [×] 협력의 원칙(×)
③ [×] 부당결부금지의 원칙(×)
④ [×] 보충성의 원칙(×)
⑤ [×] 과잉금지의 원칙(×)

정답 ①

053 행정의 자기구속의 원칙에 관한 설명으로 가장 적절하지 <u>않은</u> 것은?

11 서울시 [Core ★★]

① 행정의 자기구속의 원칙은 평등원칙의 파생원칙이라고 보는 것이 일반적이다.
② 동 원리는 신뢰보호의 원칙에 근거한 것이라고 보는 견해도 있다.
③ 행정의 자기구속의 원칙은 행정청이 같은 사안이라면 이미 제3자에게 행한 결정과 동일한 결정을 상대방에게 하여야 한다는 원칙을 말한다.
④ 동 원칙은 법규명령의 법적 성질과 관련하여 주로 논의된다.
⑤ 동 원칙이 적용되기 위해서는 선례의 존재를 필요로 한다는 견해가 있다.

> **해설**
>
> ④ [×] 동 원칙은 법규명령의 법적 성질과 관련하여 주로 논의된다.(×)
>   → 행정의 자기구속의 법리는 본래 법규성이 없고 행정규칙에 불과한 재량준칙을 법규로 전환시키는 전환규범으로서의 역할을 수행하는 것으로서 행정규칙인 재량준칙의 대외적 구속력 인정 여부와 밀접한 관련이 있다.
> ① [○] 행정의 자기구속의 원칙은 평등원칙의 파생원칙이라고 보는 것이 일반적이다.
> ② [○] 동 원리는 신뢰보호의 원칙에 근거한 것이라고 보는 견해도 있다.
>   → 행정의 자기구속의 법리와 관련하여 신뢰보호의 원칙을 근거로 보는 견해와 평등의 원칙을 근거로 보는 견해, 신뢰보호의 원칙 및 평등의 원칙 모두를 근거로 보는 견해가 대립하고 있는데, 통설은 평등의 원칙을 그 근거로 보고 있다.
> ③ [○] 행정의 자기구속의 원칙은 행정청이 같은 사안이라면 이미 제3자에게 행한 결정과 동일한 결정을 상대방에게 하여야 한다는 원칙을 말한다.
>   → 자기구속의 원칙이란 행정청은 동일한 사안에 대해 제3자에게 한 것과 동일한 결정을 상대방에게 하도록 구속을 받는다는 의미이다. 즉, 행정청은 자기 스스로 정하여 시행하고 있는 기준을 합리적 이유 없이 차별(이탈)할 수 없다는 원칙이 자기구속의 법리이다.
> ⑤ [○] 동 원칙이 적용되기 위해서는 선례의 존재를 필요로 한다는 견해가 있다.
>   → 행정의 자기구속의 원칙이 적용되기 위한 요건으로는 ㉠ 재량행위의 영역일 것, ㉡ 동종의 사안일 것, ㉢ 동일한 행정청일 것, ㉣ 선례가 존재할 것 등이 있다. 이 중에서 ㉣의 선례의 존재에 대해서는 학설의 대립이 있으나, 선례필요설이 다수설의 입장이다.

정답 ④

054 다음은 행정법상의 일반원칙이 나타나고 있는 실정법의 규정을 나열한 것이다. 이 중에서 그 법리적 관련성이 가장 적은 것은?

기출 연습문제 [Core ★★]

① 규제의 대상과 수단은 규제의 목적을 실현하는 데 필요한 최소한의 범위 안에서 가장 효과적인 방법으로 객관성, 투명성 및 공정성이 확보되도록 설정되어야 한다.(행정규제기본법 제5조제3항)
② …… 경찰관의 직권은 그 직무수행에 필요한 최소한도 내에서 행사되어야 하며 이를 남용하여서는 아니된다.(경찰관직무집행법 제1조제2항)
③ …… 의무자가 이행하지 아니하는 경우 다른 수단으로써 그 이행을 확보하기 곤란하고 또한 그 불이행을 방치함이 심히 공익을 해할 것으로 인정될 때에는 ……(행정대집행법 제2조)
④ 제1항의 규정에 의한 조치(폐쇄조치)는 그 영업을 할 수 없게 함에 필요한 최소한의 범위에 그쳐야 한다.(식품위생법 제79조제4항)
⑤ 수급자에 대한 급여는 정당한 사유없이 이를 불리하게 변경할 수 없다.(국민기초생활보장법 제34조)

> **해설**
>
> ⑤ [×] 수급자에 대한 급여는 **정당한 사유없이 이를 불리하게 변경할 수 없다.**(국민기초생활보장법 제34조)
> → 국민기초생활 보장법 제34조에 의한 급여의 **불이익 변경금지는 급부의 적법성·존속성에 대한 상대방의 신뢰는 보호되어야 한다는 것으로서 이는 신뢰보호원칙과 관련이 깊다.**
> ① [○] 규제의 대상과 수단은 규제의 목적을 실현하는 데 필요한 최소한의 범위 안에서 가장 효과적인 방법으로 객관성, 투명성 및 공정성이 확보되도록 설정되어야 한다.(행정규제기본법 제5조제3항)
> → 최소침해의 원칙인 비례의 원칙과 관련이 있다.
> ② [○] …… 경찰관의 직권은 그 직무수행에 필요한 최소한도 내에서 행사되어야 하며 이를 남용하여서는 아니 된다.(경찰관직무집행법 제1조제2항)
> → 최소침해의 원칙인 비례의 원칙과 관련이 있다.
> ③ [○] …… 의무자가 이행하지 아니하는 경우 다른 수단으로써 그 이행을 확보하기 곤란하고 또한 그 불이행을 방치함이 심히 공익을 해할 것으로 인정될 때에는 ……(행정대집행법 제2조)
> → 최소침해의 원칙인 비례의 원칙과 관련이 있다.
> ④ [○] 제1항의 규정에 의한 조치(폐쇄조치)는 그 영업을 할 수 없게 함에 필요한 최소한의 범위에 그쳐야 한다.(식품위생법 제79조제4항)
> → 최소침해의 원칙인 비례의 원칙과 관련이 있다.
>
> **정답** ⑤

055 비례원칙에 대한 설명으로 옳지 않은 것은? (다툼이 있는 경우 판례에 의함)

기출 연습문제 [ESSential ★]

① 도로교통법 제148조의2 제1항 제1호의 '도로교통법 제44조 제1항을 2회 이상 위반한' 것에 구 도로교통법 제44조 제1항을 위반한 음주운전 전과도 포함된다고 해석하는 것은 비례원칙에 위반된다.
② 협의의 비례원칙인 상당성의 원칙은 재량권 행사의 적법성의 기준에 해당한다.
③ 침해행정인가 급부행정인가를 가리지 아니하고 행정의 전 영역에 적용된다.
④ 행정절차법은 행정지도의 원칙으로 비례원칙을 규정하고 있다.

> **해설**
>
> ① [×] 도로교통법 제148조의2 제1항 제1호의 '도로교통법 제44조 제1항을 2회 이상 위반한' 것에 구 도로교통법 제44조 제1항을 **위반한 음주운전 전과도 포함된다고 해석하는 것은 비례원칙에 위반된다.**(×)
> → 도로교통법 제148조의2 제1항 제1호의 '도로교통법 제44조 제1항을 2회 이상 위반한' 것에 구 도로교통법 제44조 제1항 위반 음주운전 전과도 포함된다고 해석하는 것이 **형벌불소급원칙이나 일사부재리원칙 또는 비례원칙에 위배되지 않는다.**(×)
>
> 대법원 2012. 11. 29. 선고 2012도10269 판결 [도로교통법위반(음주운전)·도로교통법위반(무면허운전)]
> 도로교통법(2011. 6. 8. 법률 제10790호로 개정되어 2011. 12. 9. 시행된 것) 제148조의2 제1항 제1호는 도로교통법 제44조 제1항을 2회 이상 위반한 사람으로서 다시 같은 조 제1항을 위반하여 술에 취한 상태에서 자동차 등을 운전한 사람에 대해 1년 이상 3년 이하의 징역이나 500만 원 이상 1,000만 원 이하의 벌금에 처하도록 규정하고 있는바, **도로교통법 제148조의2 제1항 제1호에서 정하고 있는 "도로교통법 제44조 제1항을 2**

회 이상 위반한" 것에 개정된 위 도로교통법이 시행된 2011. 12. 9. 이전에 구 도로교통법 제44조 제1항을 위반한 음주운전 전과까지 포함되는 것으로 해석하는 것이 형벌불소급의 원칙이나 일사부재리의 원칙 또는 비례의 원칙에 위배된다고 할 수 없다.

② [O] 협의의 비례원칙인 상당성의 원칙은 재량권 행사의 적법성의 기준에 해당한다.
→ 비례의 원칙 중 상당성의 원칙이란 특정 행정 목적 실현을 위해 선택된 수단이 공익의 증진보다 사익에 대한 침해가 더 큰 경우에는 허용되지 않는다는 것을 의미하는 것으로 협의의 비례원칙이라고도 불린다. 예컨대, 건축법에 위배 된 건축물이라고 하더라도 공익을 침해하지 않는 한 철거해서는 안 되는바, 판례는 협의의 비례원칙인 상당성의 원칙을 재량권 행사의 적법성 기준으로 보고 있다.

③ [O] 침해행정인가 급부행정인가를 가리지 아니하고 행정의 전 영역에 적용된다.
→ 비례의 원칙은 처음에 경찰권의 한계를 설정해 주는 법 원칙으로 출발하였으나, 현재는 행정의 모든 영역에 적용되는 법의 일반원칙이다. 즉, 비례의 원칙은 침해행정뿐 아니라 급부행정의 영역에서도 적용된다.

④ [O] 행정절차법은 행정지도의 원칙으로 비례원칙을 규정하고 있다.

행정절차법 제48조(행정지도의 원칙)
① 행정지도는 그 목적 달성에 필요한 최소한도에 그쳐야 하며, 행정지도의 상대방의 의사에 반하여 부당하게 강요하여서는 아니 된다.
② 행정기관은 행정지도의 상대방이 행정지도에 따르지 아니하였다는 것을 이유로 불이익한 조치를 하여서는 아니 된다.

정답 ①

056 다음은 법의 일반원칙에 관한 어떤 내용을 기술한 것이다. 옳은 것은? 기출 연습문제 [ESSential ★]

㉠ 행정기관이 행정권을 행사함에 있어서 실체적인 관련이 없는 반대급부를 부담시켜서는 안된다.
㉡ 주택사업계획을 승인하면서 학교부지 조성의 의무를 부과하는 경우에 그 타당성 여부를 검토하는데 원용될 수 있다.

① 비례의 원칙
② 부당결부금지의 원칙
③ 평등의 원칙
④ 신뢰보호의 원칙

해설

② [O] 부당결부금지의 원칙
→ 부당결부금지원칙이란 행정기관이 행정작용을 함에 있어서 그것과 실체적 관련성이 없는 반대급부와 결부시켜서는 안된다는 원칙을 말한다. 예컨대 인근공원에 미화사업을 할 것을 조건으로 하여 호텔건축허가를 하는 경우가 이에 해당한다.
① [×] 비례의 원칙(×)
③ [×] 평등의 원칙(×)
④ [×] 신뢰보호의 원칙(×)

정답 ②

057 주택사업승인을 하면서 그 주택사업과는 관련이 없는 토지를 기부채납하도록 하는 부관을 붙인 경우 위반한 행정법의 원칙은?

기출 연습문제 [Essential ★]

① 신뢰보호의 원칙
② 부당결부금지의 원칙
③ 평등의 원칙
④ 비례의 원칙
⑤ 자기구속의 법리

해설

② [○] 부당결부금지의 원칙

> 대법원 1997. 3. 11. 선고 96다49650 판결 [소유권이전등기말소]
> 지방자치단체장(인천시장)이 사업자(A)에게 주택사업계획승인을 하면서 그 주택사업과는 아무런 관련이 없는 토지를 기부채납하도록 하는 부관을 주택사업계획승인에 붙인 경우, 그 부관은 부당결부금지의 원칙에 위반되어 위법하지만, 지방자치단체장이 승인한 사업자의 주택사업계획은 상당히 큰 규모의 사업임에 반하여, 사업자가 기부채납한 토지 가액은 그 100분의 1 상당의 금액에 불과한 데다가, 사업자가 그 동안 그 부관에 대하여 아무런 이의를 제기하지 아니하다가 지방자치단체장이 업무착오로 기부채납한 토지에 대하여 보상협조요청서를 보내자 그 때서야 비로소 부관의 하자를 들고 나온 사정에 비추어 볼 때 **부관의 하자가 중대하고 명백하여 당연무효라고는 볼 수 없다고 한 사례.**

① [×] 신뢰보호의 원칙(×)
③ [×] 평등의 원칙(×)
④ [×] 비례의 원칙(×)
⑤ [×] 자기구속의 법리(×)

정답 ②

058 부당결부금지의 원칙에 관한 설명으로 옳지 않은 것은?

기출 연습문제 [Core ★★]

① 지방자치단체의 장이 사업자에게 주택건설사업계획승인을 하면서 이와는 아무런 관련이 없는 토지를 기부채납하도록 부관을 붙였다면 그 부관은 부당결부금지의 원칙에 위반되어 위법하다는 것이 판례의 입장이다.
② 부당결부금지의 원칙은 행정기관이 행정작용을 함에 있어서 그것과 실질적 관련성이 없는 반대급부를 결부시켜서는 안 된다는 원칙을 말한다.
③ 행정규제기본법은 부당결부금지의 원칙에 관하여 명시적으로 규정하고 있다.
④ 부당결부금지의 원칙은 공법상 계약에 있어서도 그 적용이 있다.

해설

③ [×] 행정규제기본법(×)은 부당결부금지의 원칙에 관하여 명시적으로 규정하고 있다.
→ 행정규제기본법은 부당결부금지의 원칙에 관하여 명시적으로 규정하고 있지 않다. 현재 행정기본법 제13조에 명시적 근거를 두고 있다.

> **행정기본법 제13조(부당결부금지의 원칙)**
> 행정청은 행정작용을 할 때 상대방에게 해당 행정작용과 실질적인 관련이 없는 의무를 부과해서는 아니 된다.

① [O] 지방자치단체의 장이 사업자에게 주택건설사업계획승인을 하면서 이와는 아무런 관련이 없는 토지를 기부채납하도록 부관을 붙였다면 그 부관은 부당결부금지의 원칙에 위반되어 위법하다는 것이 판례의 입장이다.

> **대법원 1997. 3. 11. 선고 96다49650 판결 [소유권이전등기말소]**
> 지방자치단체장이 사업자에게 주택사업계획승인을 하면서 그 주택사업과는 아무런 관련이 없는 토지를 기부채납하도록 하는 부관을 주택사업계획승인에 붙인 경우, 그 부관은 부당결부금지의 원칙에 위반되어 위법하지만, 지방자치단체장이 승인한 사업자의 주택사업계획은 상당히 큰 규모의 사업임에 반하여, 사업자가 기부채납한 토지 가액은 그 100분의 1 상당의 금액에 불과한 데다가, 사업자가 그 동안 그 부관에 대하여 아무런 이의를 제기하지 아니하다가 지방자치단체장이 업무착오로 기부채납한 토지에 대하여 보상협조요청서를 보내자 그 때서야 비로소 부관의 하자를 들고 나온 사정에 비추어 볼 때 부관의 하자가 중대하고 명백하여 당연무효라고는 볼 수 없다고 한 사례.

② [O] 부당결부금지의 원칙은 행정기관이 행정작용을 함에 있어서 그것과 실질적 관련성이 없는 반대급부를 결부시켜서는 안 된다는 원칙을 말한다.
→ 부당결부금지의 원칙이란 행정주체가 행정작용을 함에 있어서 상대방에게 이와 실질적인 관련이 없는 의무를 부과하거나 그 이행을 강제하여서는 아니 된다는 원칙을 말한다.

④ [O] 부당결부금지의 원칙은 공법상 계약에 있어서도 그 적용이 있다.
→ 행정주체가 공법상 계약을 체결하면서 계약상대방에게 반대급부의 의무를 지우는 경우에는 그 반대급부는 행정주체의 주된 급부와 실질적인 관련성을 가지고 있어야 하므로 부당결부금지의 원칙은 공법상 계약에 있어서도 그 적용이 있다.

정답 ③

059 행정상 신뢰보호원칙에 관한 설명으로 가장 옳지 않은 것은? 기출 연습문제 [Core ★★]

① 신뢰보호의 원칙이란 행정기관의 일정한 언동의 정당성 또는 존속성에 대한 사인의 보호가치 있는 신뢰는 보호해 주어야 한다는 원칙을 말한다.
② 신뢰보호의 원칙은 대륙법계의 관념이지만 영미법계의 보통법상 금반언의 법리와 같은 이념을 가지고 있다.
③ 국세기본법 제18조제3항, 행정절차법 제4조제2항 등이 신뢰보호의 원칙을 명문화하여 규정하고 있다.
④ 판례는 무효인 처분과 관련하여서도 신뢰보호의 원칙을 적용할 수 있다고 판시하였다.
⑤ 신뢰형성의 결정적 요인인 사실이 사후에 변경되고 관계자가 이를 인식하거나 인식할 수 있었던 경우에는 관계자는 신뢰의 이익을 원용할 수 없다.

> **해설**
> ④ [×] 판례는 무효인 처분과 관련하여서도 신뢰보호의 원칙을 적용할 수 있다고 판시하였다.(×)
> → 무효인 처분은 중대·명백한 흠(하자)이 있는 경우이므로 신뢰보호원칙이 적용되지 않는다는 것이 판례의 입장이다.

> 신뢰보호원칙이란 행정기관의 일정한 명시적·묵시적 언동의 정당성 또는 존속성에 대한 개인의 보호 가치 있는 신뢰를 보호해 주어야 한다는 원칙을 말한다. 또한 영미법상의 금반언(禁反言)의 법리(Estoppel)도 신뢰보호원칙과 대체로 같은 이념을 가진 것이라고 할 수 있다.(금반언의 법리는, 일방 당사자가 전에 주장한 바 있고 타방 당사자가 이를 신뢰한 경우 에, 그 일방 당사자가 종전의 그의 주장과 모순되는 주장을 하는 것은 금지된다는 원칙으로서, 법의 세계에 있어서의 fair play의 한 표현으로서 인정되고 있다.)

① [O] 신뢰보호의 원칙이란 행정기관의 일정한 언동의 정당성 또는 존속성에 대한 사인의 보호가치 있는 신뢰는 보호해 주어야 한다는 원칙을 말한다.
② [O] 신뢰보호의 원칙은 대륙법계의 관념이지만 영미법계의 보통법상 금반언의 법리와 같은 이념을 가지고 있다.
③ [O] 국세기본법 제18조제3항, 행정절차법 제4조제2항 등이 신뢰보호의 원칙을 명문화하여 규정하고 있다.

국세기본법 제18조(세법 해석의 기준 및 소급과세의 금지)
① 세법을 해석·적용할 때에는 과세의 형평(衡平)과 해당 조항의 합목적성에 비추어 납세자의 재산권이 부당하게 침해되지 아니하도록 하여야 한다.
② 국세를 납부할 의무(세법에 징수의무자가 따로 규정되어 있는 국세의 경우에는 이를 징수하여 납부할 의무. 이하 같다)가 성립한 소득, 수익, 재산, 행위 또는 거래에 대해서는 그 성립 후의 새로운 세법에 따라 소급하여 과세하지 아니한다.
③ 세법의 해석이나 국세행정의 관행이 일반적으로 납세자에게 받아들여진 후에는 그 해석이나 관행에 의한 행위 또는 계산은 정당한 것으로 보며, 새로운 해석이나 관행에 의하여 소급하여 과세되지 아니한다.
④ 삭제
⑤ 세법 외의 법률 중 국세의 부과·징수·감면 또는 그 절차에 관하여 규정하고 있는 조항은 제1항부터 제3항까지의 규정을 적용할 때에는 세법으로 본다.

행정절차법 제4조(신의성실 및 신뢰보호)
① 행정청은 직무를 수행할 때 신의(信義)에 따라 성실히 하여야 한다.
② 행정청은 법령등의 해석 또는 행정청의 관행이 일반적으로 국민들에게 받아들여졌을 때에는 공익 또는 제3자의 정당한 이익을 현저히 해칠 우려가 있는 경우를 제외하고는 새로운 해석 또는 관행에 따라 소급하여 불리하게 처리하여서는 아니 된다.

행정기본법 제12조(신뢰보호의 원칙)
① 행정청은 공익 또는 제3자의 이익을 현저히 해칠 우려가 있는 경우를 제외하고는 행정에 대한 국민의 정당하고 합리적인 신뢰를 보호하여야 한다.
② 행정청은 권한 행사의 기회가 있음에도 불구하고 장기간 권한을 행사하지 아니하여 국민이 그 권한이 행사되지 아니할 것으로 믿을 만한 정당한 사유가 있는 경우에는 그 권한을 행사해서는 아니 된다. 다만, 공익 또는 제3자의 이익을 현저히 해칠 우려가 있는 경우는 예외로 한다.

정답 ④

060 신뢰보호원칙에 대해 틀린 것은?

기출 연습문제 [Core ★★]

① 20세기 독일에서 발전하여 우리나라도 행정절차법에 규정하고 있다.
② 민법상의 신의칙에서 나왔다는 것이 통설이다.
③ 적용범위에는 수익적 행정행위의 철회나 취소, 확약, 실권의 법리, 행정계획보장 등이다.
④ 요건으로는 행정청의 선행행위의 존재, 보호가치 있는 신뢰, 이에 근거한 상대방의 처리행위의 존재, 인과관계의 존재, 선행행위에 위반한 행정작용의 존재이다.

해설

② [×] 민법상의 신의칙(×)에서 나왔다는 것이 통설이다.
  → 신의칙설, 사회국가원리설, 기본권설 등이 있으나 법적 안정성설이 통설이다. 통설인 법적 안정성설에 의하면 헌법상의 법치국가원리는 내용적으로 합법률성의 원칙과 법적 안정성의 원칙으로 구성되어 있는 바, 신뢰보호원칙은 후자에서 도출된다고 본다.
① [O] 20세기 독일에서 발전하여 우리나라도 행정절차법에 규정하고 있다.
  → 행정청은 법령등의 해석 또는 행정청의 관행이 일반적으로 국민들에게 받아들여졌을 때에는 공익 또는 제3자의 정당한 이익을 현저히 해칠 우려가 있는 경우를 제외하고는 새로운 해석 또는 관행에 따라 소급하여 불리하게 처리하여서는 아니 된다.(행정절차법 제4조제2항)
③ [O] 적용범위에는 수익적 행정행위의 철회나 취소, 확약, 실권의 법리, 행정계획보장 등이다.
④ [O] 요건으로는 행정청의 선행위의 존재, 보호가치 있는 신뢰, 이에 근거한 상대방의 처리행위의 존재, 인과관계의 존재, 선행행위에 위반한 행정작용의 존재이다.

정답 ②

---

061 다음 중 신뢰보호원칙과 관련 없는 것은?

기출 연습문제 [ESSential ★]

① 조직과실이론   ② 불가변력
③ 법적 안정성   ④ 보호가치있는 신뢰

해설

① [×] 조직과실이론(×)
  → 조직과실이론은 국가의 배상책임 범위를 넓히기 위한 이론으로 행정상 손해배상에 관한 이론 중 하나이다.
② [O] 불가변력
③ [O] 법적 안정성
④ [O] 보호가치있는 신뢰

> 참조. 대법원 1998. 11. 13. 선고 98두7343 판결 [토석채취불허가처분취소]
> 행정상의 법률관계에 있어서 행정청의 행위에 대하여 신뢰보호의 원칙이 적용되기 위하여는, 첫째 행정청이 개인에 대하여 신뢰의 대상이 되는 공적인 견해표명을 하여야 하고, 둘째 행정청의 견해표명이 정당하다고 신뢰한 데에 대하여 그 개인에게 귀책사유가 없어야 하며, 셋째 그 개인이 그 견해표명을 신뢰하고 이에 어떠한 행위를 하였어야 하고, 넷째 행정청이 위 견해표명에 반하는 처분을 함으로써 그 견해표명을 신뢰한 개인의 이익이 침해되는 결과가 초래되어야 하고, 어떠한 행정처분이 이러한 요건을 충족할 때에는, 공익 또는 제3자의 정당한 이익을 해할 우려가 있는 경우가 아닌 한, 신뢰보호의 원칙에 반하는 행위로서 위법하게 된다고 할 것이므로, 행정처분이 이러한 요건을 충족하는 경우라고 하더라도 행정청이 앞서 표명한 공적인 견해에 반하는 행정처분을 함으로써 달성하려는 공익이 행정청의 공적 견해표명을 신뢰한 개인이 그 행정처분으로 인하여 입게 되는 이익의 침해를 정당화할 수 있을 정도로 강한 경우에는 신뢰보호의 원칙을 들어 그 행정처분이 위법하다고는 할 수 없다.

정답 ①

062 행정법의 일반원칙에 대한 설명으로 가장 적절한 것은? (다툼이 있으면 판례에 의함)

13 경행특채 [Core ★★]

① 신뢰보호의 원칙에서 공적 견해나 의사는 반드시 명시적으로 표시되어야 한다.
② 헌법재판소의 위헌결정은 행정청이 개인에 대하여 신뢰의 대상이 되는 공적인 견해를 표명한 것 이므로 그 결정에 관련한 개인의 행위에 대하여는 신뢰보호의 원칙이 적용된다.
③ 재량권 행사의 준칙인 행정규칙이 그 정한 바에 따라 되풀이 시행되어 행정관행이 이루어지게 되면 평등의 원칙이나 신뢰보호의 원칙에 따라 행정기관은 그 상대방에 대한 관계에서 그 규칙에 따라야 할 자기구속을 받게 된다.
④ 행정청의 공적 견해표명이 있었는지의 여부를 판단하는 데 있어서는 행정조직상의 형식적인 권한분장만이 그 기준이 되며, 담당자의 조직상의 지위와 임무, 당해 언동을 하게 된 구체적인 경위 등은 상대방의 신뢰 여부를 판단하는 기준이 아니다.

해설

③ [○] 재량권 행사의 준칙인 행정규칙이 그 정한 바에 따라 되풀이 시행되어 행정관행이 이루어지게 되면 평등의 원칙이나 신뢰보호의 원칙에 따라 행정기관은 그 상대방에 대한 관계에서 그 규칙에 따라야 할 자기구속을 받게 된다.

헌법재판소 1990. 9. 3. 선고 90헌마13 전원재판부
[전라남도교육위원회의1990학년도인사원칙(중등)에대한헌법소원]

재량권 행사의 준칙인 규칙이 그 정한 바에 따라 되풀이 시행되어 행정관행이 이룩되게 되면 평등의 원칙이나 신뢰보호의 원칙에 따라 행정기관은 그 상대방에 대한 관계에서 그 규칙에 따라야 할 자기구속을 당하게 되는 경우에는 대외적인 구속력을 가지게 된다.

① [X] 신뢰보호의 원칙에서 공적 견해나 의사는 반드시 명시적으로 표시되어야 한다.(X)
→ 선행조치(공적인 견해표명)에는 명시적 의사표시뿐만 아니라 묵시적 의사표시도 포함된다

대법원 1984. 12. 26. 선고 81누266 판결 [법인세부과처분취소]

국세기본법 제18조 제2항에서 정한 일반적으로 납세자에게 받아들여진 국세행정의 관행이 있으려면 반드시 과세관청이 납세자에 대하여 불과세를 시사하는 명시적인 언동이 있어야만 하는 것은 아니고 묵시적인 언동 다시 말하면 비과세의 사실상태가 장기간에 걸쳐 계속되는 경우에 그것이 그 사항에 대하여 과세의 대상으로 삼지 아니하는 뜻의 과세관청의 묵시적인 의향표시로 볼 수 있는 경우 등에도 이를 인정할 수 있다.

② [X] 헌법재판소의 위헌결정은 행정청이 개인에 대하여 신뢰의 대상이 되는 공적인 견해를 표명한 것 이므로(X) 그 결정에 관련한 개인의 행위에 대하여는 신뢰보호의 원칙이 적용된다.(X)

대법원 2003. 6. 27. 선고 2002두6965 판결 [시정명령처분취소]

헌법재판소의 위헌결정은 행정청이 개인에 대하여 신뢰의 대상이 되는 공적인 견해를 표명한 것이라고 할 수 없으므로 그 결정에 관련한 개인의 행위에 대하여는 신뢰보호의 원칙이 적용되지 아니한다.

④ [X] 행정청의 공적 견해표명이 있었는지의 여부를 판단하는 데 있어서는 행정조직상의 형식적인 권한분장만이 그 기준이 되며, 담당자의 조직상의 지위와 임무, 당해 언동을 하게 된 구체적인 경위 등은 상대방의 신뢰 여부를 판단하는 기준이 아니다.(X)

대법원 1996. 1. 23. 선고 95누13746 판결 [재산세등부과처분취소]

과세관청의 공적 견해표명이 있었는지의 여부를 판단하는 데 있어 반드시 행정조직상의 형식적인 권한분장에 구애될 것은 아니고 담당자의 조직상의 지위와 임무, 당해 언동을 하게 된 구체적인 경위 및 그에 대한 납세자의 신뢰가능성에 비추어 실질에 의하여 판단하여야 한다.

정답 ③

[심화학습]

063 신뢰보호의 원칙에 대한 대법원 판례의 내용으로 옳지 않은 것은?   13 국가직 [Core ★★]

① 「개발이익환수에 관한 법률」에 정한 개발산업을 시행하기 전에, 행정청이 민원예비심사로서 관련부서 의견으로 '저촉사항 없음'이라고 기재한 것은 공적인 견해표명에 해당한다.
② 도시계획구역 내 생산녹지로 답(畓)인 토지에 대하여 종교회관 건립을 이용목적으로 하는 토지거래계약의 허가를 받으면서 담당공무원이 관련법규상 허용된다고 하여 이를 신뢰하고 건축준비를 하였으나 그 후 토지형질변경허가신청을 불허가한 것은 신뢰보호의 원칙에 위반된다.
③ 병무청 담당부서의 담당공무원에게 공적 견해의 표명을 구하는 정식의 서면질의 등을 하지 아니한 채 총무과 민원팀장에 불과한 공무원이 민원봉사차원에서 상담에 응하여 안내한 것을 신뢰한 경우, 신뢰보호의 원칙이 적용되지 않는다.
④ 교통사고가 일어난 지 1년 10개월이 지난 뒤 그 교통사고를 일으킨 택시에 대하여 운송사업면허를 취소한 경우, 택시운송사업자로서는 자동차운수사업법의 내용을 잘 알고 있어 교통사고를 낸 택시에 운송사업면허가 취소될 가능성을 예상할 수 있었으므로 별다른 행정조치가 없을것으로 자신이 믿고 있었다 하여도 신뢰의 이익을 주장할 수는 없다.

해설

① [X] 「개발이익환수에 관한 법률」에 정한 개발산업을 시행하기 전에, 행정청이 민원예비심사로서 관련부서 의견으로 '저촉사항 없음'이라고 기재한 것은 공적인 견해표명에 해당한다.(X)

대법원 2006. 6. 9. 선고 2004두46 판결 [개발부담금부과처분취소]
「개발이익환수에 관한 법률」에 정한 개발사업을 시행하기 전에, 행정청이 토지 지상에 예식장 등을 건축하는 것이 관계법령상 가능한지 여부를 질의하는 민원예비심사에 대하여 관련 부서 의견으로 「개발이익환수에 관한 법률」에 '저촉사항 없음'이라고 기재하였다고 하더라도 이후의 개발부담금부과처분에 관하여 신뢰보호의 원칙을 적용하기 위한 요건인, 개인에 대하여 신뢰의 대상이 되는 공적인 견해표명을 한 것이라고는 보기 어렵다.

② [O] 도시계획구역 내 생산녹지로 답(畓)인 토지에 대하여 종교회관 건립을 이용목적으로 하는 토지거래계약이 허가를 받으면서 담당공무원이 관련법규상 허용된다고 하여 이를 신뢰하고 건축준비를 하였으나 그 후 토지형질변경허가신청을 불허가한 것은 신뢰보호의 원칙에 위반된다.

대법원 1997. 9. 12. 선고 96누18380 판결 [토지형질변경행위불허가처분취소]
종교법인이 도시계획구역 내 생산녹지로 답인 토지에 대하여 종교회관 건립을 이용목적으로 하는 토지거래계약의 허가를 받으면서 담당공무원이 관련 법규상 허용된다 하여 이를 신뢰하고 건축준비를 하였으나 그 후 당해 지방자치단체장이 다른 사유를 들어 토지형질변경허가신청을 불허가 한 것이 신뢰보호원칙에 반한다고 한 사례.

③ [O] 병무청 담당부서의 담당공무원에게 공적 견해의 표명을 구하는 정식의 서면질의 등을 하지 아니한 채 총무과 민원팀장에 불과한 공무원이 민원봉사차원에서 상담에 응하여 안내한 것을 신뢰한 경우, 신뢰보호의 원칙이 적용되지 않는다.

> **대법원 2003. 12. 26. 선고 2003두1875 판결 [병역의무부과처분취소]**
> 병무청 담당부서의 담당공무원에게 공적 견해의 표명을 구하는 정식의 서면질의 등을 하지 아니한 채 총무과 민원팀장에 불과한 공무원이 민원봉사차원에서 상담에 응하여 안내한 것을 신뢰한 경우, 신뢰보호 원칙이 적용되지 아니한다고 한 사례

④ [O] 교통사고가 일어난 지 1년 10개월이 지난 뒤 그 교통사고를 일으킨 택시에 대하여 운송사업면허를 취소한 경우, 택시운송사업자로서는 자동차운수사업법의 내용을 잘 알고 있어 교통사고를 낸 택시에 운송사업면허가 취소될 가능성을 예상할 수 있었으므로 별다른 행정조치가 없을것으로 자신이 믿고 있었다 하여도 신뢰의 이익을 주장할 수는 없다.
→ 자동차운수사업법(현 여객자동차 운수사업법) 제31조 제1항 제5호 소정의 중대한 교통사고를 이유로 사고로부터 1년 10개월 후 사고택시에 대하여 한 운송사업면허의 취소는 신뢰보호원칙에 위반되지 않는 적법한 처분이다.

> **대법원 1989. 6. 27. 선고 88누6283 판결 [택시사업면허취소처분등취소]**
> 교통사고가 일어난 지 1년 10개월이 지난 뒤 그 교통사고를 일으킨 택시에 대하여 운송사업면허를 취소하였더라도 택시운송사업자로서는 자동차운수사업법의 내용을 잘 알고 있어 교통사고를 낸 택시에 대하여 운송사업면허가 취소될 가능성을 예상할 수도 있었을 터이니, 자신이 별다른 행정조치가 없을 것으로 믿고 있었다 하여 바로 신뢰의 이익을 주장할 수는 없으므로 그 교통사고가 자동차운수사업법 제31조 제1항 제5호 소정의 "중대한 교통사고로 인하여 많은 사상자를 발생하게 한 때"에 해당한다면 그 운송사업면허의 취소가 행정에 대한 국민의 신뢰를 저버리고 국민의 법생활의 안정을 해치는 것이어서 재량권의 범위를 일탈한 것이라고 보기는 어렵다.

정답 ①

064 신뢰보호의 원칙에 관한 다음 설명 중 가장 적절한 것은? (다툼이 있는 경우 판례에 의함)

12 경행특채 [Core ★★]

① 신뢰보호의 원칙은 판례를 통해 발전한 행정법의 원칙이지만, 현재는 실정법에도 명문규정을 두고 있다.
② 헌법재판소의 위헌결정은 신뢰보호원칙의 적용요건 중 하나인 공적 견해표명에 해당한다.
③ 판례에 의하면, 행정기관의 공적 견해표명 여부를 판단할 때는 반드시 행정조직상의 형식적인 권한분장에 의하여 담당자의 조직상 지위와 임무 등에 비추어 형식적으로 판단하여야 한다.
④ 판례에 의하면, 문화관광부장관(현 문화체육관광부장관)이 지방자치단체장에게 한 사업승인가능성에 대한 회신은 사업신청자인 민원인에 대한 공적 견해표명이다.

> **해설**
> ① [O] 신뢰보호의 원칙은 판례를 통해 발전한 행정법의 원칙이지만, 현재는 실정법에도 명문규정을 두고 있다.
> → 신뢰보호의 원칙이란 독일에서 '미망인사건' 판결에서 유래된 원칙인바, 오늘날은 실정법적 근거도 존재한다.
> → 세법의 해석이나 국세행정의 관행이 일반적으로 납세자에게 받아들여진 후에는 그 해석이나 관행에 의한 행위 또는 계산은 정당한 것으로 보며, 새로운 해석이나 관행에 의하여 소급하여 과세되지 아니한다.

(국세기본법 제18조제3항) 행정청은 법령등의 해석 또는 행정청의 관행이 일반적으로 국민들에게 받아들여졌을 때에는 공익 또는 제3자의 정당한 이익을 현저히 해칠 우려가 있는 경우를 제외하고는 새로운 해석 또는 관행에 따라 소급하여 불리하게 처리하여서는 아니 된다.(행정절차법 제4조제2항) 행정청은 공익 또는 제3자의 이익을 현저히 해칠 우려가 있는 경우를 제외하고는 행정에 대한 국민의 정당하고 합리적인 신뢰를 보호하여야 한다.(행정기본법 제12조제1항)

② [×] 헌법재판소의 위헌결정은 신뢰보호원칙의 적용요건 중 하나인 공적 견해표명에 해당한다.(×)

> 대법원 2003. 6. 27. 선고 2002두6965 판결 [시정명령처분취소]
> 헌법재판소의 위헌결정은 행정청이 개인에 대하여 신뢰의 대상이 되는 공적인 견해를 표명한 것이라고 할 수 없으므로 그 결정에 관련한 개인의 행위에 대하여는 신뢰보호의 원칙이 적용되지 아니한다.

③ [×] 판례에 의하면, 행정기관의 공적 견해표명 여부를 판단할 때는 반드시 행정조직상의 형식적인 권한분장에 의하여(×) 담당자의 조직상 지위와 임무 등에 비추어 형식적으로 판단하여야 한다.

> 대법원 1996. 1. 23. 선고 95누13746 판결 [재산세등부과처분취소]
> 과세관청의 공적 견해표명이 있었는지의 여부를 판단하는 데 있어 반드시 행정조직상의 형식적인 권한분장에 구애될 것은 아니고 담당자의 조직상의 지위와 임무, 당해 언동을 하게 된 구체적인 경위 및 그에 대한 납세자의 신뢰가능성에 비추어 실질에 의하여 판단하여야 한다.

④ [×] 판례에 의하면, 문화관광부장관(현 문화체육관광부장관)이 지방자치단체장에게 한 사업승인가능성에 대한 회신은 사업신청자인 민원인에 대한 공적 견해표명이다.(×)

→ 문화관광부장관(현 문화체육관광부장관)의 지방자치단체장에 대한 회신은 사인의 신뢰이익을 보호하기 위한 공적 견해표명에 해당되지 않는다.

> 대법원 2006. 4. 28. 선고 2005두6539 판결 [반려처분취소]
> 관광 숙박시설 지원 등에 관한 특별법(이하 '특별법'이라고 한다)의 유효기간인 2002. 12. 31. 이전까지 사업계획승인 신청을 한 경우에는 유효기간이 경과한 이후에도 특별법을 적용할 수 있다는 내용의 2002. 11. 13.자 회신은 문화관광부장관이 피고에게 한 것이어서 이를 원고에 대한 공적인 견해표명으로 보기 어렵고, 위 회신에 앞서 피고의 담당공무원이 원고에게 위와 같은 내용의 회신이 있을 것으로 예상되니 신청을 다소 늦게 하더라도 무방하다고 말했다고 하더라도 이는 위 회신이 있기 전에 담당공무원 자신의 추측을 이야기한 것에 불과하여 이 또한 피고의 공적인 견해표명으로 보기 어렵다.

정답 ①

065 신뢰보호의 원칙에 관한 설명으로 옳지 않은 것은? (다툼이 있는 경우 판례에 따름)

12 국회직 [Core ★★]

① 행정청의 확약 또는 공적인 의사표명이 그 자체에서 정한 유효기간을 경과하거나 사실적·법률적 사실상태가 변경되었다면 확약 또는 공적인 의사표명은 실효된다.
② 행정청이 공적인 견해표명에 반하는 처분을 함으로써 달성하려는 공익이 행정청의 공적 견해표명을 신뢰한 개인이 그 행정처분으로 인하여 입게 되는 이익의 침해를 정당화할 수 있을 정도로 강한 경우에는 신뢰보호의 원칙을 들어 그 행정처분이 위법하다고는 할 수 없다.
③ 헌법재판소의 위헌결정은 신뢰보호의 원칙의 적용요건 중의 하나인 '공적인 견해표명'에 해당한다.
④ 행정기관의 선행조치의 하자가 당사자의 사실은폐나 기타 사위의 방법에 의한 신청행위에 기인한 것이라면 당사자는 그 처분에 의한 이익이 위법하게 취득되었음을 알아 그 취소가능성도 예상하고 있었다고 할 것이므로 그 자신이 위 처분에 관한 신뢰이익을 원용할 수 없다.
⑤ 시의 도시계획과장과 도시계획국장이 도시계획사업의 준공과 동시에 사업부지에 편입한 토지에 대한 완충녹지지정을 해제함과 아울러 당초의 토지소유자들에게 환매하겠다는 약속을 했음에도, 이를 믿고 토지를 협의매매한 토지소유자의 완충녹지지정해제신청을 거부한 것은 행정상 신뢰보호의 원칙을 위반한 위법한 처분이다.

해설

③ [×] 헌법재판소의 위헌결정은 신뢰보호의 원칙의 적용요건 중의 하나인 '공적인 견해표명'에 해당한다.(×)

대법원 2003. 6. 27. 선고 2002두6965 판결 [시정명령처분취소]
헌법재판소의 위헌결정은 행정청이 개인에 대하여 신뢰의 대상이 되는 공적인 견해를 표명한 것이라고 할 수 없으므로 그 결정에 관련된 개인의 행위에 대하여는 신뢰보호의 원칙이 적용되지 아니한다.

① [○] 행정청의 확약 또는 공적인 의사표명이 그 자체에서 정한 유효기간을 경과하거나 사실적·법률적 사실상태가 변경되었다면 확약 또는 공적인 의사표명은 실효된다.

대법원 1996. 8. 20. 선고 95누10877 판결 [주택건설사업승인거부처분취소]
행정청이 상대방에게 장차 어떤 처분을 하겠다고 확약 또는 공적인 의사표명을 하였다고 하더라도 그 자체에서 상대방으로 하여금 언제까지 처분의 발령을 신청을 하도록 유효기간을 두었는데도 그 기간 내에 상대방의 신청이 없었다거나 확약 또는 공적인 의사표명이 있은 후에 사실적·법률적 상태가 변경되었다면 그와 같은 확약 또는 공적인 의사표명은 행정청의 별다른 의사표시를 기다리지 않고 실효된다.

② [○] 행정청이 공적인 견해표명에 반하는 처분을 함으로써 달성하려는 공익이 행정청의 공적 견해표명을 신뢰한 개인이 그 행정처분으로 인하여 입게 되는 이익의 침해를 정당화할 수 있을 정도로 강한 경우에는 신뢰보호의 원칙을 들어 그 행정처분이 위법하다고는 할 수 없다.
→ 신뢰보호 원칙과 공익이 충돌하는 경우에는 이익형량을 하여야 하므로 공적인 견해표명에 반하는 처분을 함으로써 달성하려는 공익이 상대방의 신뢰보호이익보다 더 큰 경우에는 선행조치에 반하는 처분을 하여 상대방의 신뢰이익이 침해되더라도 위법하다고 볼 수 없다는 것이 판례의 취지이다.

④ [○] 행정기관의 선행조치의 하자가 당사자의 사실은폐나 기타 사위의 방법에 의한 신청행위에 기인한 것이

라면 당사자는 그 처분에 의한 이익이 위법하게 취득되었음을 알아 그 취소가능성도 예상하고 있었다고 할 것이므로 그 자신이 위 처분에 관한 신뢰이익을 원용할 수 없다.

> 대법원 2006. 5. 25. 선고 2003두4669 판결 [공장등록취소처분취소]
> 수익적 행정처분의 하자가 당사자의 사실은폐나 기타 사위의 방법에 의한 신청행위에 기인한 것이라면 당사자는 처분에 의한 이익이 위법하게 취득되었음을 알아 취소가능성도 예상하고 있었다 할 것이므로, 그 자신이 처분에 관한 신뢰이익을 원용할 수 없음은 물론 행정청이 이를 고려하지 아니하였다고 하여도 재량권의 남용이 되지 않는다.

⑤ [O] 시의 도시계획과장과 도시계획국장이 도시계획사업의 준공과 동시에 사업부지에 편입한 토지에 대한 완충녹지지정을 해제함과 아울러 당초의 토지소유자들에게 환매하겠다는 약속을 했음에도, 이를 믿고 토지를 협의매매한 토지소유자의 완충녹지지정해제신청을 거부한 것은 행정상 신뢰보호의 원칙을 위반한 위법한 처분이다.

> 대법원 2008. 10. 9. 선고 2008두6127 판결 [도시계획시설변경입안의제안거부처분등취소]
> 시의 도시계획과장과 도시계획국장이 도시계획사업의 준공과 동시에 사업부지에 편입한 토지에 대한 완충녹지 지정을 해제함과 아울러 당초의 토지소유자들에게 환매하겠다는 약속을 했음에도, 이를 믿고 토지를 협의매매한 토지소유자의 완충녹지지정해제신청을 거부한 것은, 행정상 신뢰보호의 원칙을 위반하거나 재량권을 일탈·남용한 위법한 처분이다.

정답 ③

066 신뢰보호의 원칙에 대한 설명으로 옳지 않은 것은? (다툼이 있는 경우 판례에 의함)

12 지방직 [Essential ★]

① 신뢰보호의 이익과 공익 또는 제3자의 이익이 상호 충돌하는 경우에는 이들 상호 간에 이익형량을 하여야 한다.
② 행정청의 공적 견해표명이 있었는지의 여부를 판단하는 데 있어 반드시 행정조직상의 형식적인 권한분장에 구애될 것은 아니다.
③ 폐기물관리법령상의 폐기물처리업 사업계획에 대하여 적정통보를 한 것만으로도 그 사업부지토지에 대한 국토이용계획변경신청을 승인하여 주겠다는 취지의 공적인 견해표명을 한 것으로 볼 수 있다.
④ 사후에 선행조치가 변경될 것을 사인이 예상하였거나 중대한 과실로 알지 못한 경우에는 보호가치 있는 신뢰라고 할 수 없다.

③ [×] 폐기물관리법령상의 폐기물처리업 사업계획에 대하여 **적정통보를 한** 것만으로도 그 사업부지토지에 대한 국토이용계획변경신청을 **승인하여 주겠다는 취지의 공적인 견해표명을 한 것으로 볼 수 있다.**(×)
→ 폐기물처리업 사업계획에 대하여 적정통보를 한 것만으로 그 사업부지 토지에 대한 국토이용계획변경신청을 **승인하여 주겠다는 취지의 공적인 견해표명을 한 것으로 볼 수 없다.**

> 대법원 2005. 4. 28. 선고 2004두8828 판결 [국토이용계획변경승인거부처분취소]
> 폐기물관리법령에 의한 폐기물처리업 사업계획에 대한 적정통보와 국토이용관리법령에 의한 국토이용계획변경은 각기 그 제도적 취지와 결정단계에서 고려해야 할 사항들이 다르다는 이유로, **폐기물처리업 사업계획에 대하여 적정통보를 한 것만으로 그 사업부지 토지에 대한 국토이용계획변경신청을 승인하여 주겠다는 취지의 공적인 견해표명을 한 것으로 볼 수 없다**

① [O] 신뢰보호의 이익과 공익 또는 제3자의 이익이 상호 충돌하는 경우에는 이들 상호 간에 이익형량을 하여야 한다.
→ 신뢰보호의 이익과 공익 또는 제3자의 이익이 충돌하는 경우 양자의 이익을 비교·형량하여야 한다.

② [O] 행정청의 공적 견해표명이 있었는지의 여부를 판단하는 데 있어 **반드시 행정조직상의 형식적인 권한분장에 구애될 것은 아니다.**
→ 판례는 행정청의 공적인 견해표명이 있었는지의 여부를 판단함에 있어서는 반드시 **행정조직상의 형식적인 권한분배에 구애될 것은 아니고** 담당자의 조직상의 지위와 임무, 당해 언동을 하게 된 구체적인 경위 및 그에 대한 상대방의 신뢰가능성에 비추어 실질에 의해 판단하여야 하는 것으로 보고 있다.

> 대법원 1996. 1. 23. 선고 95누13746 판결 [재산세등부과처분취소]
> 과세관청의 공적 견해표명이 있었는지의 여부를 판단하는 데 있어 **반드시 행정조직상의 형식적인 권한분장에 구애될 것은 아니고** 담당자의 조직상의 지위와 임무, 당해 언동을 하게 된 구체적인 경위 및 그에 대한 납세자의 신뢰가능성에 비추어 실질에 의하여 판단하여야 한다.

④ [O] 사후에 선행조치가 변경될 것을 사인이 예상하였거나 중대한 과실로 알지 못한 경우에는 보호가치 있는 신뢰라고 할 수 없다.
→ 사후에 선행조치가 변경될 것을 사인(私人)이 예상하였거나 예상할 수 있었음에도 중대한 과실로 알지 못한 경우에는 보호가치 있는 신뢰라고 볼 수 없다.

정답 ③

067 다음의 신뢰보호원칙에 관한 판례 중 옳지 않은 것은?   10 경행특채 [Essential ★]

① 민원팀장에 불과한 공무원이 민원봉사 차원에서 상담에 응하여 안내한 것을 신뢰한 경우 신뢰보호의 원칙이 적용되지 않는다.
② 처분의 하자가 당사자의 사실은폐나 기타 사위의 방법에 의한 신청행위에 기인한 것이라면 당사자는 그 처분에 의한 이익이 위법하게 취득되었음을 알아 그 취소가능성도 예상하고 있었다고 할 것이므로, 그 자신이 위 처분에 관한 신뢰이익을 원용할 수 없다.
③ 국회에서 일정한 법률안을 심의하거나 의결한 적이 있다고 하더라도, 법률로 확정되지 아니한 이상 국가가 이해관계자들에게 위 법률안에 관련된 사항을 약속하였다고 볼 수 없으며, 이러한 사정만으로 어떠한 신뢰를 부여하였다고 볼 수도 없다.
④ 헌법재판소의 위헌결정은 행정청이 개인에 대하여 신뢰의 대상이 되는 공적인 표명을 한 것이라고 할 수 있어 그 결정에 관련한 개인의 행위에 대하여는 신뢰보호의 원칙이 적용된다.

④ [×] 헌법재판소의 **위헌결정**은 행정청이 개인에 대하여 신뢰의 대상이 되는 **공적인 표명을 한 것이라고 할 수 있어(×)** 그 결정에 관련한 개인의 행위에 대하여는 **신뢰보호의 원칙이 적용된다.(×)**

> 대법원 2003. 6. 27. 선고 2002두6965 판결 [시정명령처분취소]
> **헌법재판소의 위헌결정은 행정청이 개인에 대하여 신뢰의 대상이 되는 공적인 견해를 표명한 것이라고 할 수 없으므로 그 결정에 관련한 개인의 행위에 대하여는 신뢰보호의 원칙이 적용되지 아니한다.**

① [○] 민원팀장에 불과한 공무원이 민원봉사 차원에서 상담에 응하여 안내한 것을 신뢰한 경우 신뢰보호의 원칙이 적용되지 않는다.

> 대법원 2003. 12. 26. 선고 2003두1875 판결 [병역의무부과처분취소]
> 병무청 담당부서의 담당공무원에게 공적 견해의 표명을 구하는 정식의 서면질의 등을 하지 아니한 채 **총무과 민원팀장에 불과한 공무원이 민원봉사차원에서 상담에 응하여 안내한 것을 신뢰한 경우, 신뢰보호 원칙이 적용되지 아니한다**

② [○] 처분의 하자가 당사자의 사실은폐나 기타 사위의 방법에 의한 신청행위에 기인한 것이라면 당사자는 그 처분에 의한 이익이 위법하게 취득되었음을 알아 그 취소가능성도 예상하고 있었다고 할 것이므로, 그 자신이 위 처분에 관한 신뢰이익을 원용할 수 없다.

> 대법원 1992. 5. 8. 선고 91누13274 판결 [엘피지충전소허가처분취소]
> 충전소설치예정지로부터 100m 내에 있는 건물주의 동의를 모두 얻지 아니하였음에도 불구하고 이를 갖춘 양 허가신청을 하여 그 허가를 받아낸 것이므로, **처분의 하자가 당사자의 사실은폐 내지 사위의 방법에 의한 신청행위에 기인한 것이라 할 것이어서 그 처분에 의한 이익이 위법하게 취득되었음을 알아 그 취소가능성도 능히 예상하고 있었다고 보아야 할 것이다. 따라서 신뢰이익을 원용할 수 없다.**

③ [○] 국회에서 일정한 법률안을 심의하거나 의결한 적이 있다고 하더라도, **법률로 확정되지 아니한 이상 국가가 이해관계자들에게 위 법률안에 관련된 사항을 약속하였다고 볼 수 없으며, 이러한 사정만으로 어떠한 신뢰를 부여하였다고 볼 수도 없다.**

> 대법원 2008. 5. 29. 선고 2004다33469 판결 [손해배상(기)]
> 헌법 제53조에 따라서 국회가 의결한 법률안을 대통령이 공포하는 등의 절차를 거쳐서 법률이 확정되면 그 규정 내용에 따라서 국민의 권리·의무에 관한 새로운 법규가 형성될 수 있지만, 이와 같이 법률이 확정되기 전에는 기존 법규를 수정·변경하는 법적 효과가 발생할 수 없고, 다원적 의견이나 각가지 이익을 반영시킨 토론과정을 거쳐 다수결의 원리에 따라 통일적인 **국가의사를 형성하는 국회에서 일정한 법률안을 심의하거나 의결한 적이 있다고 하더라도, 그것이 법률로 확정되지 아니한 이상 국가가 이해관계자들에게 위 법률안에 관련된 사항을 약속하였다고 볼 수 없으며, 이러한 사정만으로 어떠한 신뢰를 부여하였다고 볼 수도 없다.**

정답 ④

068 다음 중 신뢰보호의 원칙에 관한 설명으로 옳지 않은 것은? (다툼이 있는 경우 판례에 따름)

12 서울교육행정 [ESSential ★]

① 공익 또는 제3자의 정당한 이익을 현저히 희생시키면서까지 신뢰보호의 원칙이 관철되어야 하는 것은 아니다.
② 공적인 견해표명의 여부를 판단함에 있어서 반드시 행정조직상의 형식적인 권한분장에 구애될 것은 아니다.
③ 개정된 법령에서 경과규정을 두지 않았다면 부진정소급적용은 원칙적으로 인정되지 않는다.
④ 선행조치가 사후에 변경될 것을 상대방이 예상했거나 중대한 과실로 알지 못한 경우 보호가치 있는 신뢰라 할 수 없다.

해설

③ [×] 개정된 법령에서 경과규정을 두지 않았다면 부진정소급적용은 원칙적으로 인정되지 않는다.(×)
→ 법령이 개정된 경우 변경 전에 이미 종결된 사항에 대해서는 변경 전 법을, 변경 후에 발생하는 사항에 대하여는 변경된 법을 적용한다. 다만, 법령 개정 전후로 발행할 수 있는 혼란을 예방하기 위하여 법령에 특별한 규정을 두는 경우가 있다. 예컨대 법을 2010년 2월 1일에 개정 시행하면서 "시험과목 변경에 관하여는 2012년 12월 31일까지 종전규정에 따른다."는 식의 규정을 둘 수 있는바, 이러한 규정을 경과규정이라고 한다. 그런데 부진정소급적용(계속 진행 중인 사실에 대해 신법을 적용하는 것)은 원칙적으로 허용되는 것이므로 경과규정("구법 시행 전에 시작되었으나 신법 시행시까지 계속 진행 중인 사실에 대해서는 신법을 적용한다."라는 규정)을 두지 않더라도 부진정소급적용은 인정된다.

① [○] 공익 또는 제3자의 정당한 이익을 현저히 희생시키면서까지 신뢰보호의 원칙이 관철되어야 하는 것은 아니다.
→ 공익 또는 제3자의 정당한 이익을 현저히 해할 우려가 있는 경우에는 신뢰보호원칙의 적용이 제한된다. 행정청은 공익 또는 제3자의 이익을 현저히 해칠 우려가 있는 경우를 제외하고는 행정에 대한 국민의 정당하고 합리적인 신뢰를 보호하여야 한다.(행정기본법 제12조제1항), 행정청은 권한 행사의 기회가 있음에도 불구하고 장기간 권한을 행사하지 아니하여 국민이 그 권한이 행사되지 아니할 것으로 믿을 만한 정당한 사유가 있는 경우에는 그 권한을 행사해서는 아니 된다. 다만, 공익 또는 제3자의 이익을 현저히 해칠 우려가 있는 경우는 예외로 한다.(행정기본법 제12조제2항)에도 이런 취지의 규정을 두고 있다.

② [○] 공적인 견해표명의 여부를 판단함에 있어서 반드시 행정조직상의 형식적인 권한분장에 구애될 것은 아니다.
→ 판례는 공적인 견해표명 여부를 판단함에 있어서 반드시 행정조직상의 형식적인 권한분장에 구애될 것은 아니고 담당자의 조직상의 지위와 임무, 견해를 표명하게 된 경위 및 그에 대한 납세자의 신뢰가능성을 고려하여 실질에 따라 판단하여야 한다고 본다.

④ [○] 선행조치가 사후에 변경될 것을 상대방이 예상했거나 중대한 과실로 알지 못한 경우 보호가치 있는 신뢰라 할 수 없다.
→ 사인의 사위(詐僞)나 사실은폐 등이 있는 경우 또는 사후에 선행조치가 변경될 것을 사인(私人)이 예상하였거나 예상할 수 있었음에도 중대한 과실로 알지 못한 경우에는 보호가치 있는 신뢰라고 볼 수 없다.

대법원 2002. 11. 8. 선고 2001두1512 판결 [건축선위반건축물시정지시취소]
귀책사유라 함은 행정청의 견해표명의 하자가 상대방 등 관계자의 사실은폐나 기타 사위의 방법에 의한 신청행위 등 부정행위에 기인한 것이거나 그러한 부정행위가 없다고 하더라도 하자가 있음을 알았거나 중대한 과실로 알지 못한 경우 등을 의미한다

정답 ③

069 행정법상 신뢰보호원칙의 성립요건에 관한 판례의 내용으로 옳지 않은 것은?

08 지방직 [Essential ★]

① 행정청의 공적인 견해표명 여부는 행정조직법상의 권한분장에 따라 판단하여야 한다.
② 행정기관의 공적인 견해나 의사는 묵시적으로 표시되어도 '공적인 견해의 표명'으로 인정될 수 있다.
③ 과세관청의 의사표시가 일반론적인 견해표명인 경우에는 신뢰보호원칙을 적용하지 않는다.
④ 토지거래계약의 허가를 통하여서나 그 과정에서 그 소속 공무원들을 통하여 토지형질변경이 가능하다는 견해표명은 건축을 위한 토지의 형질변경이 가능하다는 공적 견해표명을 한 것이라고 볼 여지가 많다.

해설

① [×] 행정청의 공적인 견해표명 여부는 행정조직법상의 권한분장에 따라 판단하여야 한다.(×)

> 대법원 1997. 9. 12. 선고 96누18380 판결 [토지형질변경행위불허가처분취소]
> 행정청의 공적 견해표명이 있었는지의 여부를 판단하는 데 있어 반드시 행정조직상의 형식적인 권한분장에 구애될 것은 아니고 담당자의 조직상의 지위와 임무, 당해 언동을 하게 된 구체적인 경위 및 그에 대한 상대방의 신뢰가능성에 비추어 실질에 의하여 판단하여야 한다.

② [O] 행정기관의 공적인 견해나 의사는 묵시적으로 표시되어도 '공적인 견해의 표명'으로 인정될 수 있다.

> 대법원 1995. 2. 3. 선고 94누11750 판결 [부가가치세부과처분취소]
> 일반적으로 조세법률관계에서 과세관청의 행위에 대하여 신의성실의 원칙이 적용되기 위하여는 과세관청이 납세자에게 신뢰의 대상이 되는 공적인 견해표명을 하여야 하고 또한 국세기본법 제18조 제3항에서 말하는 비과세관행이 성립하려면 상당한 기간에 걸쳐 과세를 하지 아니한 객관적 사실이 존재할 뿐만 아니라 과세관청 자신이 그 사항에 관하여 과세할 수 있음을 알면서도 어떤 특별한 사정 때문에 과세하지 않는다는 의사가 있어야 하며 위와 같은 공식적인 견해나 의사는 명시적 또는 묵시적으로 표시되어야 하지만 묵시적 표시가 있다고 하기 위하여는 단순한 과세누락과는 달리 과세관청이 상당기간의 불과세 상태에 대하여 과세하지 않겠다는 의사표시를 한 것으로 볼 수 있는 사정이 있어야 한다.

③ [O] 과세관청의 의사표시가 일반론적인 견해표명인 경우에는 신뢰보호원칙을 적용하지 않는다.
→ 상대방의 추상적 질의에 대한 일반론적인 견해표명은 신뢰보호원칙이 적용되는 행정청의 선행조치라고 볼 수 없다.

> 대법원 1993. 7. 27. 선고 90누10384 판결 [법인세등부과처분취소]
> 국세기본법 제15조, 제18조 제3항의 규정이 정하는 신의칙 내지 비과세의 관행이 성립되었다고 하려면 장기간에 걸쳐 어떤 사항에 대하여 과세하지 아니하였다는 객관적 사실이 존재할 뿐만 아니라 과세관청 자신이 그 사항에 대하여 과세할 수 있음을 알면서도 어떤 특별한 사정에 의하여 과세하지 않는다는 의사가 있고 이와같은 의사가 대외적으로 명시적 또는 묵시적으로 표시될 것임을 요한다고 해석되며, 특히 그 의사표시가 납세자의 추상적인 질의에 대한 일반론적인 견해표명에 불과한 경우에는 위 원칙의 적용을 부정하여야 할 것이다.

④ [O] 토지거래계약의 허가를 통하여서나 그 과정에서 그 소속 공무원들을 통하여 토지형질변경이 가능하다는 견해표명은 건축을 위한 토지의 형질변경이 가능하다는 공적 견해표명을 한 것이라고 볼 여지가 많다.
→ 행정청이 아닌 소속직원의 견해표명도 신뢰보호원칙의 적용대상이 되는 공적 견해표명이라는 것이 판례의 입장이다.

> 대법원 1997. 9. 12. 선고 96누18380 판결 [토지형질변경행위불허가처분취소]
> 도시계획구역 내 생산녹지로 답인 토지에 대하여 종교회관 건립을 이용목적으로 하는 토지거래계약의 허가를 받으면서 **담당공무원이 관련 법규상 허용된다 하여 이를 신뢰하고 건축준비를 하였으나 그 후 당해 지방자치단체장이 다른 사유를 들어 토지형질변경허가신청을 불허가 한 것이 신뢰보호원칙에 반한다.**
> 나아가 위 토지거래허가신청 과정에서 그 허가담당공무원으로부터 이용목적대로 토지를 이용하겠다는 각서까지 제출할 것을 요구받아 이를 제출한 원고로서는 피고측의 위와 같은 견해표명에 대하여 보다 고도의 신뢰를 갖게 되었다고 할 것이다.

정답 ①

070 다음 판례 중 옳지 않은 것은? 08 지방직 [Essential ★]

① 재량준칙이 되풀이 시행되어 행정관행이 이루어지게 되면, 평등의 원칙이나 신뢰보호의 원칙에 따라 행정기관은 그 상대방에 대한 관계에서 그 규칙에 따라야 할 자기구속을 당하게 되어 대외적인 구속력을 가지게 된다.
② 도시계획구역 내 생산녹지로 답(畓)인 토지에 대하여 종교회관 건립을 이용목적으로 하는 토지거래계약의 허가를 받으면서 담당공무원이 관련법규상 허용된다 하여 이를 신뢰하고 건축준비를 하였으나 그 후 다른 사유를 들어 토지형질변경허가신청을 불허가한 것은 신뢰보호원칙에 반하지 않는다.
③ 경찰관이 난동을 부리는 범인을 검거하기 위하여 가스총을 사용할 경우에는 최소한의 안전수칙을 준수함으로써 장비사용으로 인한 사고발생을 미리 막아야 할 주의의무가 있다.
④ 처분의 하자가 당사자의 사실은폐 내지 사위의 방법에 의한 신청에 기인한 경우라면 수익적 행정행위를 취소하는 것은 위법하지 않다.

해설

② [×] 도시계획구역 내 생산녹지로 답(畓)인 토지에 대하여 종교회관 건립을 이용목적으로 하는 토지거래계약의 허가를 받으면서 담당공무원이 관련법규상 허용된다 하여 이를 신뢰하고 건축준비를 하였으나 그 후 다른 사유를 들어 토지형질변경허가신청을 불허가한 것은 신뢰보호원칙에 반하지 않는다.(×)

> 대법원 1997. 9. 12. 선고 96누18380 판결 [토지형질변경행위불허가처분취소]
> 종교법인이 도시계획구역 내 생산녹지로 답인 토지에 대하여 종교회관 건립을 이용목적으로 하는 토지거래계약의 허가를 받으면서 **담당공무원이 관련 법규상 허용된다 하여 이를 신뢰하고 건축준비를 하였으나 그 후 당해 지방자치단체장이 다른 사유를 들어 토지형질변경허가신청을 불허가 한 것이 신뢰보호원칙에 반한다.**

① [○] 재량준칙이 되풀이 시행되어 행정관행이 이루어지게 되면, 평등의 원칙이나 신뢰보호의 원칙에 따라 행정기관은 그 상대방에 대한 관계에서 그 규칙에 따라야 할 자기구속을 당하게 되어 대외적인 구속력을 가지게 된다.

> 헌법재판소 1990. 9. 3. 선고 90헌마13 전원재판부
> [전라남도교육위원회의1990학년도인사원칙(중등)에대한헌법소원]
> 재량권 행사의 준칙인 규칙이 그 정한 바에 따라 되풀이 시행되어 행정관행이 이룩되게 되면 평등의 원칙이나 신뢰보호의 원칙에 따라 행정기관은 그 상대방에 대한 관계에서 그 규칙에 따라야 할 자기구속을 당하게 되는 경우에는 대외적인 구속력을 가지게 된다 할 것이다.

③ [O] 경찰관이 난동을 부리는 범인을 검거하기 위하여 가스총을 사용할 경우에는 최소한의 안전수칙을 준수함으로써 장비사용으로 인한 사고발생을 미리 막아야 할 주의의무가 있다.

> 대법원 2003. 3. 14. 선고 2002다57218 판결 [손해배상(기)]
> 경찰관은 범인의 체포 또는 도주의 방지, 타인 또는 경찰관의 생명·신체에 대한 방호, 공무집행에 대한 항거의 억제를 위하여 필요한 때에는 최소한의 범위 안에서 가스총을 사용할 수 있으나, 가스총은 통상의 용법대로 사용하는 경우 사람의 생명 또는 신체에 위해를 가할 수 있는 이른바 위해성 장비로서 그 탄환은 고무마개로 막혀 있어 사람에게 근접하여 발사하는 경우에는 고무마개가 가스와 함께 발사되어 인체에 위해를 가할 가능성이 있으므로, 이를 사용하는 경찰관으로서는 인체에 대한 위해를 방지하기 위하여 상대방과 근접한 거리에서 상대방의 얼굴을 향하여 이를 발사하지 않는 등 가스총 사용시 요구되는 최소한의 안전수칙을 준수함으로써 장비 사용으로 인한 사고 발생을 미리 막아야 할 주의의무가 있다고 할 것이다.

④ [O] 처분의 하자가 당사자의 사실은폐 내지 사위의 방법에 의한 신청에 기인한 경우라면 수익적 행정행위를 취소하는 것은 위법하지 않다.
→ 상대방에게 귀책사유가 있으므로 신뢰보호원칙이 적용되지 않는다.

> 대법원 2006. 5. 25. 선고 2003두4669 판결 [공장등록취소처분취소]
> 수익적 행정처분의 하자가 당사자의 사실은폐나 기타 사위의 방법에 의한 신청행위에 기인한 것이라면 당사자는 처분에 의한 이익이 위법하게 취득되었음을 알아 취소가능성도 예상하고 있었다 할 것이므로, 그 자신이 처분에 관한 신뢰이익을 원용할 수 없음은 물론 행정청이 이를 고려하지 아니하였다고 하여도 재량권의 남용이 되지 않는다.

정답 ②

---

071 신뢰보호원칙의 요건인 선행조치에 관한 설명으로 옳은 것은?   09 국회직 [Essential ★]

① 판례는 행정기관의 선행조치가 있었는지의 여부를 행정조직법상의 권한분장에 따라 엄격히 판단한다.
② 다수설에 따르면 선행조치는 행정행위 등 법률행위에 한정된다.
③ 판례는 선행조치를 공적인 견해표명에 한정하고 있다.
④ 비과세를 약속하는 과세관청의 선행조치는 명시적이어야 한다.
⑤ 행정기관이 하는 일반적·추상적 견해표명도 선행조치에 포함된다.

③ [O] 판례는 선행조치를 공적인 견해표명에 한정하고 있다.
→ 판례는 선행조치를 사적인 견해표명이 아닌 공적인 견해표명에 한정하고 있다.
① [×] 판례는 행정기관의 선행조치가 있었는지의 여부를 행정조직법상의 권한분장에 따라 엄격히 판단한다.

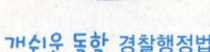

> **대법원 1996. 1. 23. 선고 95누13746 판결 [재산세등부과처분취소]**
> 과세관청의 공적 견해표명이 있었는지의 여부를 판단하는 데 있어 반드시 행정조직상의 형식적인 권한분장에 구애될 것은 아니고 담당자의 조직상의 지위와 임무, 당해 언동을 하게 된 구체적인 경위 및 그에 대한 납세자의 신뢰가능성에 비추어 실질에 의하여 판단하여야 한다.

② [×] 다수설에 따르면 선행조치는 행정행위 등 법률행위에 한정된다.(×)
→ 선행조치는 행정행위뿐만 아니라 행정지도 등 사실행위도 포함된다.
④ [×] 비과세를 약속하는 과세관청의 선행조치는 명시적이어야 한다.(×)
→ 명시적 의사표시뿐만 아니라 묵시적 의사표시도 선행조치에 포함된다.
⑤ [×] 행정기관이 하는 일반적·추상적 견해표명도 선행조치에 포함된다.(×)
→ 상대방의 추상적 질의에 대한 일반론적인 견해표명은 신뢰보호원칙이 적용되는 행정청의 선행조치라고 볼 수 없다.

> **대법원 1993. 7. 27. 선고 90누10384 판결 [법인세등부과처분취소]**
> 국세기본법 제15조, 제18조 제3항의 규정이 정하는 신의칙 내지 비과세의 관행이 성립되었다고 하려면 장기간에 걸쳐 어떤 사항에 대하여 과세하지 아니하였다는 객관적 사실이 존재할 뿐만 아니라 과세관청 자신이 그 사항에 대하여 과세할 수 있음을 알면서도 어떤 특별한 사정에 의하여 과세하지 않는다는 의사가 있고 이와같은 의사가 대외적으로 명시적 또는 묵시적으로 표시될 것임을 요한다고 해석되며, 특히 그 의사표시가 납세자의 추상적인 질의에 대한 일반론적인 견해표명에 불과한 경우에는 위 원칙의 적용을 부정하여야 할 것이다.

정답 ③

072 행정법의 일반원칙에 관한 판례의 태도로 옳지 않은 것은? 13 국가직 9급 [Essential ★]

① 대법원과 헌법재판소는 평등의 원칙과 신뢰보호의 원칙을 행정의 자기구속의 원칙의 근거로 삼고 있다.
② 지방자치단체장이 사업자에게 주택사업계획승인을 하면서 그 주택사업과는 아무런 관련이 없는 토지를 기부채납하도록 하는 부관을 주택사업계획승인에 붙인 경우, 그 부관은 부당결부금지의 원칙에 위반되어 위법이다.
③ 위법한 행정처분이 수차례에 걸쳐 반복적으로 행하여진 경우 행정의 자기구속의 원칙이 적용된다.
④ 건축물에 인접한 도로의 개설을 위한 도시계획사업시행허가처분은 건축물에 대한 건축허가처분과는 별개의 행정처분이므로 사업시행허가를 함에 있어 조건으로 내세운 기부채납의무를 이행하지 않았음을 이유로 한 건축물에 대한 준공거부처분은 건축법에 근거 없이 이루어진 것으로서 위법하다.

③ [×] 위법한 행정처분이 수차례에 걸쳐 반복적으로 행하여진 경우 행정의 자기구속의 원칙이 적용된다.(×)
→ 평등의 원칙이 자기구속의 원칙의 근거가 되는바, 평등의 원칙은 선행 작용이 위법한 경우에는 적용되지 않는다. 따라서 위법한 행정처분이 수차례 걸쳐 반복적으로 행하여진 경우라 하더라도 자기구속의 원칙이 적용될 수는 없다.

> 대법원 2009. 6. 25. 선고 2008두13132 판결 [조합설립추진위원회승인처분취소]
> 일반적으로 행정상의 법률관계 있어서 행정청의 행위에 대하여 신뢰보호의 원칙이 적용되기 위하여는 행정청이 개인에 대하여 **신뢰의 대상이 되는 공적인 견해표명을 하였다는 점이 전제되어야 한다.** 그리고 평등의 원칙은 본질적으로 같은 것을 자의적으로 다르게 취급함을 금지하는 것이고, **위법한 행정처분이 수차례에 걸쳐 반복적으로 행하여졌다 하더라도 그러한 처분이 위법한 것인 때에는 행정청에 대하여 자기구속력을 갖게 된다고 할 수 없다.**

① [O] **대법원과 헌법재판소는 평등의 원칙과 신뢰보호의 원칙을 행정의 자기구속의 원칙의 근거로 삼고 있다.**
→ 헌법재판소와 대법원은 자기구속의 원칙의 근거로 평등의 원칙과 신뢰보호원칙을 들고 있다. 한편, 일반적 견해는 자기구속의 원칙의 근거를 평등의 원칙에서 찾는다.

> 헌법재판소 1990. 9. 3. 선고 90헌마13 전원재판부
> [전라남도교육위원회의1990학년도인사원칙(중등)에대한헌법소원]
> 행정규칙이 법령의 규정에 의하여 행정관청에 법령의 구체적 내용을 보충할 권한을 부여한 경우, 또는 재량권행사의 준칙인 규칙이 그 정한 바에 따라 되풀이 시행되어 행정관행이 이룩되게 되면, **평등의 원칙이나 신뢰보호의 원칙에 따라 행정기관은 그 상대방에 대한 관계에서 그 규칙에 따라야 할 자기구속을 당하게 되고, 그러한 경우에는 대외적인 구속력을 가지게 된다** 할 것이다.

> 대법원 1997. 3. 11. 선고 96다49650 판결 [소유권이전등기말소]
> 재량준칙에 따른 행정관행이 이루어지게 되면 평등의 원칙이나 신뢰보호의 원칙에 따라 행정기관은 그 상대방에 대한 관계에서 그 규칙에 따라야 할 자기구속을 받게 되므로, **특별한 사정이 없는 한 재량준칙인 행정규칙을 위반하는 처분은 평등의 원칙이나 신뢰보호의 원칙에 위배되어 재량권을 일탈·남용한 위법한 처분이 된다.**

② [O] 지방자치단체장이 사업자에게 주택사업계획승인을 하면서 그 주택사업과는 아무런 관련이 없는 토지를 기부채납하도록 하는 부관을 주택사업계획승인에 붙인 경우, 그 부관은 부당결부금지의 원칙에 위반되어 위법이다.

> 대법원 1997. 3. 11. 선고 96다49650 판결 [소유권이전등기말소]
> 지방자치단체장이 사업자에게 주택사업계획승인을 하면서 그 주택사업과는 아무런 관련이 없는 토지를 기부채납하도록 하는 부관을 주택사업계획승인에 붙인 경우, 그 부관은 부당결부금지의 원칙에 위반되어 위법하다.

④ [O] 건축물에 인접한 도로의 개설을 위한 도시계획사업시행허가처분은 건축물에 대한 건축허가처분과는 별개의 행정처분이므로 사업시행허가를 함에 있어 조건으로 내세운 기부채납의무를 이행하지 않았음을 이유로 한 건축물에 대한 준공거부처분은 건축법에 근거 없이 이루어진 것으로서 위법하다.(대법원 1992. 11. 27. 선고 92누10364)
→ 부당결부금지원칙에 위반된다는 취지이다.

정답 ③

073 다음 사례에서 법원이 피고행정청의 처분이 재량을 남용하였다고 판단하면서 인용한 행정법의 일반원칙을 가장 잘 묶은 것은?

13 서울시 [Core ★★]

> 원판결이유에 의하면 원심은 원고가 원 판시와 같이 부산시 영도구청의 당직근무 대기 중 약 25분간 같은 근무조원 3명과 함께 시민과장실에서 심심풀이로 돈을 걸지 않고 점수따기 화투놀이를 한 사실을 확정한 다음 이것이 국가공무원법 제78조 제1·3호 규정의 징계사유에 해당한다 할지라도 당직 근무시간이 아닌 그 대기 중에 불과 약 25분간 심심풀이로 한 것이고 또 돈을 걸지 아니하고 점수따기를 한 데 불과하며 원고와 함께 화투놀이를 한 3명(지방공무원)은 부산시 소청심사위원회에서 견책에 처하기로 의결된 사실이 인정되는 점 등 제반 사정을 고려하면 피고가 원고에 대한 징계처분으로 파면을 택한 것은 재량의 범위를 벗어난 위법한 것이다.

① 평등의 원칙, 신뢰보호의 원칙
② 행정의 자기구속의 법리, 법률적합성의 원칙
③ 비례의 원칙, 평등의 원칙
④ 신뢰보호의 원칙, 부당결부금지의 원칙
⑤ 부당결부금지의 원칙, 비례의 원칙

해설

③ [O] 비례의 원칙, 평등의 원칙
→ 함께 화투놀이를 한 4명 중 3명에게는 가벼운 징계처분인 견책을 하고 1명에게만 파면처분을 한 것은 비례의 원칙과 평등원칙에 위반된 위법한 처분이다.

> 대법원 1972. 12. 26. 선고 72누194 판결 [행정처분취소, 파면처분취소]
> 국가공무원법 제78조 1, 3호 규정의 징계사유에 해당한다 할지라도 당직 근무시간이 아닌 그 대기중에 불과 약25분간 심심풀이로 한것이고 또 돈을 걸지 아니하고 점수따기를 한데 불과하며 원고와 함께 화투놀이를 한 3명(지방공무원)은 부산시 소청심사위원회에서 견책에 처하기로 의결된 사실이 인정되는 점등 제반 사정을 고려하면 피고가 원고에 대한 징계처분으로 파면을 택한 것은 당직근무 대기자의 실정이나 공평의 원칙상 그 재량의 범위를 벗어난 위법한 것이라고 하였는바, 이를 기록에 대조하여 검토하여 보면 정당하고 징계종류의 선택에 관한 법리를 오해한 위법 있다는 논지는 맞지 아니하여 이유없다.

① [×] 평등의 원칙, 신뢰보호의 원칙(×)
② [×] 행정의 자기구속의 법리(×), 법률적합성의 원칙(×)
④ [×] 신뢰보호의 원칙(×), 부당결부금지의 원칙(×)
⑤ [×] 부당결부금지의 원칙,(×) 비례의 원칙

정답 ③

074 다음은 행정규칙이 법규성을 가질 수 있는 경우에 관한 헌법재판소 결정 내용이다. 괄호 안에 들어갈 용어로 옳지 않은 것은?

11 국가직 [Core ★★]

> 행정규칙이 그 정한 바에 따라 되풀이 시행되어 행정관행이 이룩되게 되면, 평등의 원칙이나 (㉠)에 따라 행정기관은 그 (㉡)에 대한 관계에서 그 규칙에 따라야 할 (㉢)을(를) 당하게 되고, 그러한 경우에는 (㉣)을(를) 가지게 된다 할 것이다.

① ㉠ - 신뢰보호의 원칙
② ㉡ - 상대방
③ ㉢ - 법률에 의한 구속
④ ㉣ - 대외적인 구속력

해설

행정규칙이 법령의 규정에 의하여 행정관청에 법령의 구체적 내용을 보충할 권한을 부여한 경우, 또는 재량권 행사의 준칙인 규칙이 그 정한 바에 따라 되풀이 시행되어 행정관행이 이룩되게 되면, 평등의 원칙이나 (㉠ **신뢰보호의 원칙**)에 따라 행정기관은 그 (㉡ **상대방**)에 대한 관계에서 그 규칙에 따라야 할 (㉢ **자기구속**)을 당하게 되고, 그런한 경우에는 (㉣ **대외적인 구속력**)을 가지게 된다 할 것이다(헌재 1990. 9. 3. 90헌마13).

③ [×] ㉢ — 법률에 의한 구속(×) → 자기구속
① [○] ㉠ — 신뢰보호의 원칙
② [○] ㉡ — 상대방
④ [○] ㉣ — 대외적인 구속력

> 헌법재판소 1990. 9. 3. 선고 90헌마13 전원재판부
> [전라남도교육위원회의1990학년도인사원칙(중등)에대한헌법소원]
> 행정규칙이 법령의 규정에 의하여 행정관청에 법령의 구체적 내용을 보충할 권한을 부여한 경우, 또는 재량권 행사의 준칙인 규칙이 그 정한 바에 따라 되풀이 시행되어 행정관행이 이룩되게 되면 평등의 원칙이나 (㉠ **신뢰보호의 원칙**)에 따라 행정기관은 그 (㉡ **상대방**)에 대한 관계에서 그 규칙에 따라야 할 (㉢ **자기구속**)을 당하게 되는 경우에는 (㉣ **대외적인 구속력**)을 가지게 된다.

정답 ③

075 행정의 자기구속의 법리에 대한 설명으로 옳지 <u>않은</u> 것은?   11 사회복지직 [Essential ★]

① 헌법재판소 판례는 행정의 자기구속의 법리를 인정하고 있다.
② 행정의 자기구속의 법리는 주로 재량준칙과 관련하여 문제가 된다.
③ 행정의 자기구속의 법리를 적용함에 있어서 행정선례가 필요한지 여부에 대한 학설의 대립이 있다.
④ 행정의 자기구속의 법리는 평등의 원칙에만 적용된다는 것이 판례의 입장이다.

> **해설**
>
> ④ [×] 행정의 자기구속의 법리는 **평등의 원칙에만 적용된다는 것**(×)이 판례의 입장이다.
>
> > 헌법재판소 1990. 9. 3. 선고 90헌마13 전원재판부
> > [전라남도교육위원회의1990학년도인사원칙(중등)에대한헌법소원]
> > 재량권 행사의 준칙인 규칙이 그 정한 바에 따라 되풀이 시행되어 행정관행이 이룩되게 되면 **평등의 원칙이나 신뢰보호의 원칙**에 따라 행정기관은 그 상대방에 대한 관계에서 그 규칙에 따라야 할 자기구속을 당하게 되는 경우에는 대외적인 구속력을 가지게 된다.
>
> ① [○] 헌법재판소 판례는 행정의 **자기구속의 법리를 인정하고** 있다.
>   → 헌법재판소는 자기구속의 법리를 인정하고 있다.
> ② [○] 행정의 **자기구속의 법리는 주로 재량준칙과 관련하여 문제가 된다.**
>   → 자기구속의 원칙은 행정청의 재량이 인정되는 모든 경우에 인정될 수 있으나, 특히 재량준칙에서 중요한 의미를 가진다.
> ③ [○] 행정의 자기구속의 법리를 적용함에 있어서 **행정선례가 필요한지 여부에 대한 학설의 대립이 있다.**
>   → 자기구속의 원칙이 적용되기 위해서 선례가 필요한지에 대해 선례필요설과 선례불요설의 대립이 있으며, 다수설은 선례필요설을 취하고 있다.

정답 ④

076 〈보기〉의 대법원 판시내용과 가장 관련이 깊은 법 원칙은?   10 국회직 9급 [Essential ★]

> 원고가 운전한 오토바이는 이륜자동차로서 제2종 소형면허를 가진 사람만이 운전할 수 있는 것이고, 이륜자동차의 운전은 제1종 대형면허와는 아무런 관련이 없는 것이므로 오토바이를 음주운전하였음을 이유로 이륜자동차 이외의 다른 차종을 운전할 수 있는 제1종 대형면허를 취소한 피고의 이 사건처분은 위법하다.

① 필요성의 원칙
② 신뢰보호의 원칙
③ 부당결부금지의 원칙
④ 행정의 자기구속의 원칙
⑤ 상당성의 원칙

해설

③ [○] 부당결부금지의 원칙
→ 위 사례는 이륜자동차의 운전과는 아무런 관련이 없는 제1종 대형면허를 취소한 것이므로 이른바 부당결부금지의 원칙에 위반된다.

> 대법원 1992. 9. 22. 선고 91누8289 판결 [자동차운전면허취소처분취소]
> 한 사람이 여러 종류의 자동차운전면허를 취득하는 경우뿐 아니라 이를 취소 또는 정지함에 있어서도 서로 별개의 것으로 취급하는 것이 원칙이라 할 것이고 그 취소나 정지의 사유가 특정의 면허에 관한 것이 아니고 다른 면허와 공통된 것이거나 운전면허를 받은 사람에 관한 경우에는 여러 운전면허 전부를 취소 또는 정지할 수도 있다고 보는 것이 상당할 것이지만, 이륜자동차로서 제2종 소형면허를 가진 사람만이 운전할 수 있는 오토바이는 제1종 대형면허나 보통면허를 가지고서도 이를 운전할 수 없는 것이어서 이와 같은 이륜자동차의 운전은 제1종 대형면허나 보통면허와는 아무런 관련이 없는 것이므로 이륜자동차를 음주운전한 사유만 가지고서는 제1종 대형면허나 보통면허의 취소나 정지를 할 수 없다.

① [×] 필요성의 원칙(×)
② [×] 신뢰보호의 원칙(×)
④ [×] 행정의 자기구속의 원칙(×)
⑤ [×] 상당성의 원칙(×)

정답 ③

---

077 행정법의 일반원칙에 관한 설명으로 옳지 않은 것은?   10 지방직 [Essential ★]

① 우리나라 행정절차법은 신뢰보호의 원칙을 명문으로 규정하고 있다.
② 대법원은 승합차를 혈중알코올농도 0.1% 이상의 음주상태로 운전한 자에 대하여 제1종 보통운전면허 외에 제1종 대형운전면허까지 취소한 행정청의 처분이 부당결부금지원칙을 위반한 것으로 보았다.
③ 대법원은 실권의 법리를 신의성실의 원칙에 바탕을 둔 파생원칙으로 보았다.
④ 평등의 원칙은 행정작용에 있어서 특별히 합리적인 차별사유가 없는 한 국민을 공평하게 처우하여야 한다는 원칙으로 재량권행사의 한계원리로서 중요한 의미를 갖는다.

해설

② [×] 대법원은 승합차를 혈중알코올농도 0.1% 이상의 음주상태로 운전한 자에 대하여 제1종 보통운전면허 외에 제1종 대형운전면허까지 취소한 행정청의 처분이 부당결부금지원칙을 위반한 것으로 보았다.(×)
→ 판례는 제1종 보통면허로 운전할 수 있는 승합차를 음주운전한 경우 제1종 보통면허 외에 제1종 대형면허까지 취소한 것은 위법한 처분이 아니라고 하였다.

> 대법원 1997. 3. 11. 선고 96누15176 판결 [자동차운전면허취소처분취소]
> 제1종 보통 운전면허와 제1종 대형 운전면허의 소지자가 제1종 보통 운전면허로 운전할 수 있는 승합차를 음주운전하다가 적발되어 두 종류의 운전면허를 모두 취소당한 사안에서, 그 취소처분으로 생업에 막대한 지장을 초래하게 되어 가족의 생계조차도 어려워질 수 있다는 당사자의 불이익보다는 교통법규의 준수 또는 주취운전으로 인한 사고의 예방이라는 공익목적 실현의 필요성이 더욱 크고, 당해 처분 중 제1종 대형 운전면허의 취소가 재량권을 일탈한 것으로 본다면 상대방은 그 운전면허로 다시 승용 및 승합자동차를 운전할

> 수 있게 되어 주취운전에도 불구하고 아무런 불이익을 받지 않게 되어 현저히 형평을 잃은 결과가 초래된다는 이유로, 이와 달리 제1종 대형 운전면허 부분에 대한 운전면허취소처분이 재량권의 한계를 넘는 위법한 처분이라고 본 원심판결을 파기한 사례.

① [O] 우리나라 행정절차법은 신뢰보호의 원칙을 명문으로 규정하고 있다.
  → 행정청은 법령등의 해석 또는 행정청의 관행이 일반적으로 국민들에게 받아들여졌을 때에는 공익 또는 제3자의 정당한 이익을 현저히 해칠 우려가 있는 경우를 제외하고는 새로운 해석 또는 관행에 따라 소급하여 불리하게 처리하여서는 아니 된다.(행정절차법 제4조제2항)
  → 세법의 해석이나 국세행정의 관행이 일반적으로 납세자에게 받아들여진 후에는 그 해석이나 관행에 의한 행위 또는 계산은 정당한 것으로 보며, 새로운 해석이나 관행에 의하여 소급하여 과세되지 아니한다. (국세기본법 제18조제3항) 행정청은 공익 또는 제3자의 이익을 현저히 해칠 우려가 있는 경우를 제외하고는 행정에 대한 국민의 정당하고 합리적인 신뢰를 보호하여야 한다.(행정기본법 제12조제1항)

③ [O] 대법원은 실권의 법리를 신의성실의 원칙에 바탕을 둔 파생원칙으로 보았다.

> 대법원 1988. 4. 27. 선고 87누915 판결 [행정서사허가취소처분취소]
> 실권 또는 실효의 법리는 법의 일반원리인 신의성실의 원칙에 바탕을 둔 파생원칙인 것이므로 공법관계 가운데 관리관계는 물론이고 권력관계에도 적용되어야 함을 배제할 수는 없다 하겠으나 그것은 본래 권리행사의 기회가 있음에도 불구하고 권리자가 장기간에 걸쳐 그의 권리를 행사하지 아니하였기 때문에 의무자인 상대방은 이미 그의 권리를 행사하지 아니할 것으로 믿을만한 정당한 사유가 있게 되거나 행사하지 아니할 것으로 추인케 할 경우에 새삼스럽게 그 권리를 행사하는 것이 신의성실의 원칙에 반하는 결과가 될 때 그 권리행사를 허용하지 않는 것을 의미하는 것이다.

  → 참조. 일반적인 견해는 실권 또는 실효의 법리를 신뢰보호원칙에서 찾기도 한다.

④ [O] 평등의 원칙은 행정작용에 있어서 **특별히 합리적인 차별사유가 없는 한 국민을 공평하게 처우하여야 한다는 원칙으로 재량권행사의 한계원리로서 중요한 의미를 갖는다.**
  → 평등의 원칙이란 특별히 합리적인 사유가 존재하지 않는 이상 **행정기관은 행정작용을 함에 있어 그 상대방인 국민을 평등하게 대우해야 한다는 것을 의미하는 것으로 자의금지의 원칙이라고도 한다.** 평등원칙은 특히 행정청의 재량권을 통제하는 원칙으로서, 행정청이 재량처분을 함에 있어 이미 행해진 동종사안에서의 제3자에 대한 처분과 비교하여 불리한 처분을 하게 되면 평등원칙에 반하는 위법한 재량권행사가 되므로 행정청의 재량의 한계원리로서 중요한 의미를 가진다.

정답 ②

제4절 행정입법

078 다음 중 헌법상 인정되는 법규명령이 아닌 것은? 기출 연습문제 [Essential ★]

① 중앙선거관리위원회규칙 ② 감사원규칙
③ 대통령령 ④ 부령

해설

② [×] 감사원규칙(×)
→ 감사원규칙은 헌법에 근거한 것이 아니므로 법규명령으로 볼 것인지에 대하여 논란이 있다. 감사원규칙은 감사원법 제52조에 기하여 제정된 것이므로 행정입법은 국회입법원칙에 대한 예외를 이루는 것이므로 헌법상의 근거가 있는 경우에만 인정된다는 이유로 감사원규칙을 법규명령으로 보지 않는 견해도 있으나, 법규명령으로 보는 것이 다수설이다.
① [O] 중앙선거관리위원회규칙
③ [O] 대통령령
④ [O] 부령

정답 ②

079 행정입법에 관한 설명으로 가장 옳은 것은? 기출 연습문제

① 행정입법의 추세는 행정환경의 변화와 더불어 제한적 위임에서 포괄적 위임으로 변화하고 있으며, 우리 헌법도 포괄적 위임을 규정하고 있다.
② 판례에 의하면 법령에 위반되지 않는 범위 내에서 주민의 권리의무에 관한 사항을 조례로 제정할 수 있다.
③ 법규명령의 위헌여부를 심사할 권한은 대법원만이 가지고 있다.
④ 법규명령에 위반한 공무원은 징계책임의 대상이 되지만, 행정규칙을 위반한 공무원은 징계책임의 대상이 되지 않는다.

해설

② [O] 판례에 의하면 법령에 위반되지 않는 범위 내에서 주민의 권리의무에 관한 사항을 조례로 제정할 수 있다.

대법원 2017. 12. 5. 선고 2016추5162 판결 [조례안재의결무효확인]
법률에서 조례에 위임하는 방식에 관해서는 법률상 제한이 없다. 조례의 제정권자인 지방의회는 선거를 통해서 지역적인 민주적 정당성을 지니고 있는 주민의 대표기관이다. 헌법 제117조 제1항은 지방자치단체에 포괄적인 자치권을 보장하고 있다. 따라서 조례에 대한 법률의 위임은 법규명령에 대한 법률의 위임과 같이 반드시 구체적으로 범위를 정하여 할 필요가 없다. 법률이 주민의 권리의무에 관한 사항에 관하여 구체적으로

범위를 정하지 않은 채 조례로 정하도록 포괄적으로 위임한 경우에도 **지방자치단체는 법령에 위반되지 않는 범위 내에서 주민의 권리의무에 관한 사항을 조례로 제정할 수 있다.**

① [×] 행정입법의 추세는 행정환경의 변화와 더불어 제한적 위임에서 포괄적 위임으로 변화하고 있으며, 우리 헌법도 포괄적 위임을 규정하고 있다.(×)
  → 일반적·포괄적 위임은 법치주의의 실질을 부정하는 것으로서 허용되지 아니하며, 위임은 반드시 '**구체적으로 범위를 정하여**' 하여야만 한다.

대한민국헌법 제75조
대통령은 **법률에서 구체적으로 범위를 정하여 위임받은 사항**과 법률을 집행하기 위하여 필요한 사항에 관하여 대통령령을 발할 수 있다.

③ [×] 법규명령의 위헌여부를 심사할 권한은 **대법원만이 가지고 있다.**(×)
  → **대법원을 포함한 각급 법원이 가지고 있다.** 대한민국 헌법 제107조제2항은 "명령·규칙·처분이 헌법이나 법률에 위반되는 여부가 재판의 전제가 된 경우에는 대법원은 이를 최종적으로 심사할 권한을 가진다"고 규정함으로써 **구체적 규범통제제도를 채택하고 있고, 또한 대법원뿐만 아니라 각급 법원에서도 심사할 수 있다.**

대한민국헌법 제107조
① 법률이 헌법에 위반되는 여부가 재판의 전제가 된 경우에는 법원은 헌법재판소에 제청하여 그 심판에 의하여 재판한다.
② **명령·규칙 또는 처분이 헌법이나 법률에 위반되는 여부가 재판의 전제가 된 경우에는 대법원은 이를 최종적으로 심사할 권한을 가진다.**
③ 재판의 전심절차로서 행정심판을 할 수 있다. 행정심판의 절차는 법률로 정하되, 사법절차가 준용되어야 한다.

④ [×] 법규명령에 위반한 공무원은 징계책임의 대상이 되지만, **행정규칙을 위반한 공무원은 징계책임의 대상이 되지 않는다.**(×)
  → 행정규칙 즉 훈령을 위반한 공무원은 내부질서 위반으로 내부적으로는 징계사유가 되므로 징계책임의 대상이 된다.

참조. 행정입법의 필요성
① 행정의 양적·질적 확대에 따라 전문적·기술적 입법사항의 증대
② 행정현상의 급속한 변화에 기민하게 대응
③ 지방적 특수사정의 고려
④ 전시 기타 비상시에 대처하기 위한 광범한 수권의 필요성
⑤ 일정한 사항은 오히려 정치적으로 중립적인 입장에서 보다 객관적으로 규율할 수 있다.

정답 ②

080 법규명령에 대한 설명으로 <u>틀린</u> 것은? 기출 연습문제 [Core ★★]

① 법규명령 제정시 헌법상 근거가 있어야 한다는 견해도 있다.
② 법규명령 제정시 법률적 근거가 있어야 가능하다.
③ 위임명령은 법률에 포괄적 수권규정이 있을 경우 제정 가능하다.
④ 대통령은 법률대위명령권이 있다.

해설

③ [×] 위임명령은 법률에 포괄적 수권규정이 있을 경우 제정 가능하다.(×)
→ 위임명령은 개별적·구체적 위임을 받아야 한다. 즉 법률의 행정입법에 대한 위임은 구체적으로 범위를 정해 위임해야 하고 포괄적 위임이나 백지위임은 위법이다.
① [○] 법규명령 제정시 헌법상 근거가 있어야 한다는 견해도 있다.
→ 감사원규칙과 관련된 논란이 있다.
② [○] 법규명령 제정시 법률적 근거가 있어야 가능하다.
④ [○] 대통령은 법률대위명령권이 있다.
→ 긴급재정경제명령권(헌법 제76조제1항), 긴급명령권(헌법 제76조제2항)이 있다.

대한민국헌법 제76조
① 대통령은 내우·외환·천재·지변 또는 중대한 재정·경제상의 위기에 있어서 국가의 안전보장 또는 공공의 안녕질서를 유지하기 위하여 긴급한 조치가 필요하고 국회의 집회를 기다릴 여유가 없을 때에 한하여 최소한으로 필요한 재정·경제상의 처분을 하거나 이에 관하여 법률의 효력을 가지는 명령을 발할 수 있다.
② 대통령은 국가의 안위에 관계되는 중대한 교전상태에 있어서 국가를 보위하기 위하여 긴급한 조치가 필요하고 국회의 집회가 불가능한 때에 한하여 법률의 효력을 가지는 명령을 발할 수 있다.
③ 대통령은 제1항과 제2항의 처분 또는 명령을 한 때에는 지체없이 국회에 보고하여 그 승인을 얻어야 한다.
④ 제3항의 승인을 얻지 못한 때에는 그 처분 또는 명령은 그때부터 효력을 상실한다. 이 경우 그 명령에 의하여 개정 또는 폐지되었던 법률은 그 명령이 승인을 얻지 못한 때부터 당연히 효력을 회복한다.
⑤ 대통령은 제3항과 제4항의 사유를 지체없이 공포하여야 한다.

정답 ③

---

081 다음 중 법규명령에 위임할 수 있는 것은? 기출 연습문제 [Essential ★]

① 귀화　　　　　　　　　　② 조세
③ 행정기관법정주의　　　　④ 법령보충규칙

해설

④ [○] 법령보충규칙
① [×] 귀화(×) → 국회전속적 입법사항
② [×] 조세(×) → 국회전속적 입법사항
③ [×] 행정기관법정주의(×) → 국회전속적 입법사항
국회전속적 입법사항은 원칙적으로 법규명령에 대한 위임은 할 수 없다고 봐야 한다.

정답 ④

082 법규명령에 대한 설명으로 가장 적절한 것은? (다툼이 있으면 판례에 의함) 기출 연습문제 [Core ★★]

① 헌법 제107조 제2항이 규정한 명령·규칙에 대한 최종심사권은 대법원에게 있기 때문에 명령·규칙 그 자체에 의하여 직접 기본권이 침해되었을지라도 헌법소원심판을 청구하는 것은 불가능하다는 것이 헌법재판소의 입장이다.
② 조례에 대한 법률의 위임은 법규명령에 대한 법률의 위임과 같이 구체적으로 범위를 정하여 할 필요가 있으며 포괄적인 것으로는 부족하다.
③ 위법·무효인 시행령이나 시행규칙의 규정을 적용한 하자 있는 행정처분이 당연무효로 되려면 그 규정이 행정처분의 중요한 부분에 관한 것이어서 결과적으로 그에 따른 행정처분의 중요한 부분에 하자가 있는 것으로 귀착되고 또한 그 규정의 위법성이 객관적으로 명백하여 그에 따른 행정처분의 하자가 객관적으로 명백한 것으로 귀착되어야 한다.
④ 법규명령의 위임근거가 되는 법률에 대하여 위헌결정이 선고되더라도 그 위임에 근거하여 제정된 법규명령은 원칙적으로 효력을 상실하지 않는다.

③ [O] 위법·무효인 시행령이나 시행규칙의 규정을 적용한 하자 있는 행정처분이 당연무효로 되려면 그 규정이 행정처분의 중요한 부분에 관한 것이어서 결과적으로 그에 따른 행정처분의 중요한 부분에 하자가 있는 것으로 귀착되고 또한 그 규정의 위법성이 객관적으로 명백하여 그에 따른 행정처분의 하자가 객관적으로 명백한 것으로 귀착되어야 한다.

대법원 2007. 6. 14. 선고 2004두619 판결 [청소년유해매체물결정및고시처분무효확인]
하자 있는 행정처분이 당연무효로 되려면 그 하자가 법규의 중요한 부분을 위반한 중대한 것이어야 할 뿐 아니라 객관적으로 명백한 것이어야 하고, **행정청이 위헌이거나 위법하여 무효인 시행령을 적용하여 한 행정처분이 당연무효로 되려면 그 규정이 행정처분의 중요한 부분에 관한 것이어서 결과적으로 그에 따른 행정처분의 중요한 부분에 하자가 있는 것으로 귀착되고, 또한 그 규정의 위헌성 또는 위법성이 객관적으로 명백하여 그에 따른 행정처분의 하자가 객관적으로 명백한 것으로 귀착되어야 한다.**

① [X] 헌법 제107조 제2항이 규정한 명령·규칙에 대한 최종심사권은 대법원에게 있기 때문에 **명령·규칙 그 자체에 의하여 직접 기본권이 침해되었을지라도 헌법소원심판을 청구하는 것은 불가능하다는 것이 헌법재판소의 입장이다.**(×)

헌법재판소 1990. 10. 15. 선고 89헌마178 전원재판부 [법무사법시행규칙에대한헌법소원]
헌법 제107조 제2항이 규정한 명령·규칙에 대한 대법원의 최종심사권이란 구체적인 소송사건에서 명령·규칙의 위헌여부가 재판의 전제가 되었을 경우 법률의 경우와는 달리 헌법재판소에 제청할 것 없이 대법원이 최종적으로 심사할 수 있다는 의미이며, **명령·규칙 그 자체에 의하여 직접 기본권이 침해되었음을 이유로 하여 헌법소원심판을 청구하는 것은 위 헌법규정과는 아무런 상관이 없는 문제이다.**

② [X] 조례에 대한 법률의 위임은 법규명령에 대한 법률의 위임과 같이 구체적으로 범위를 정하여 할 필요가 있으며 포괄적인 것으로는 부족하다.(×)
→ 조례로 일정사항을 정하도록 위임한 경우에는 **법에 위반되지 않는 범위 내에서 포괄적 위임도 가능하다는 것이 판례의 입장이다.**

헌법재판소 2012. 11. 29. 선고 2012헌바97 전원재판부 [구도시계획법제98조제2항위헌소원]
조례의 제정권자인 지방의회는 선거를 통해서 그 지역적인 민주적 정당성을 지니고 있는 주민의 대표기관이고, 헌법이 지방자치단체에 대해 포괄적인 자치권을 보장하고 있는 취지로 볼 때 조례제정권에 대한 지나친 제약은 바람직하지 않으므로, **조례에 대한 법률의 위임은 반드시 구체적으로 범위를 정하여 할 필요가 없으며 포괄적으로도 가능하다고 할 것이다.**

④ [×] 법규명령의 위임근거가 되는 법률에 대하여 위헌결정이 선고되더라도 그 위임에 근거하여 제정된 법규명령은 원칙적으로 효력을 상실하지 않는다.(×)

> 대법원 2001. 6. 12. 선고 2000다18547 판결 [부당이득금]
> 법규명령의 위임근거가 되는 법률에 대하여 위헌결정이 선고되면 그 위임에 근거하여 제정된 법규명령도 원칙적으로 효력을 상실한다.

정답 ③

083 행정입법에 관한 판례의 내용으로 옳지 않은 것은?   기출 연습문제 [Core ★★]

① 집행명령의 경우 근거법령인 상위법령이 개정되었다 하더라도 개정법령과 성질상 모순·저촉되지 아니하고 개정법령의 시행에 필요한 사항을 규정하고 있는 이상 그 집행명령은 개정법령의 시행을 위한 새로운 집행명령이 제정·발효될 때까지 여전히 그 효력을 유지한다.
② 조례가 집행행위의 개입 없이 그 자체로서 직접 국민의 구체적인 권리·의무나 법적 이익에 영향을 미치는 등의 법률상 효과를 발생하는 경우 그 조례는 항고소송의 대상이 되는 행정처분에 해당한다.
③ 법률이 고시의 형식으로 입법위임을 할 때에는 전문적·기술적 사항이나 경미한 사항으로서 업무의 성질상 위임이 불가피한 사항으로 한정된다.
④ 법령의 제정 여부는 그 자체로서 국민의 구체적인 권리·의무에 직접적인 변동을 초래하는 것이기 때문에 법규명령의 입법부작위에 대하여 부작위위법확인소송으로 다툴 수 있다.

해설

④ [×] 법령의 제정 여부는 그 자체로서 국민의 구체적인 권리·의무에 직접적인 변동을 초래하는 것이기 때문에(×) 법규명령의 입법부작위에 대하여 부작위위법확인소송으로 다툴 수 있다.(×)
→ 추상적인 법령의 제정 여부는 그 자체로서 국민의 구체적인 권리·의무에 직접적 변동을 초래하는 것이 아니어서 행정 소송의 대상이 될 수 없다는 것이 판례의 입장이다.

> 대법원 1992. 5. 8. 선고 91누11261 판결 [행정입법부작위처분위법확인]
> 행정소송은 구체적 사건에 대한 법률상 분쟁을 법에 의하여 해결함으로써 법적 안정을 기하자는 것이므로 부작위위법확인소송의대상이 될 수 있는 것은 구체적 권리의무에 관한 분쟁이어야 하고 추상적인 법령에 관하여 제정의 여부 등은 그 자체로서 국민의 구체적인 권리의무에 직접적 변동을 초래하는 것이 아니어서 행정소송의 대상이 될 수 없다.

① [○] 집행명령의 경우 근거법령인 상위법령이 개정되었다 하더라도 개정법령과 성질상 모순·저촉되지 아니하고 개정법령의 시행에 필요한 사항을 규정하고 있는 이상 그 집행명령은 개정법령의 시행을 위한 새로운 집행명령이 제정·발효될 때까지 여전히 그 효력을 유지한다.

> 대법원 1989. 9. 12. 선고 88누6962 판결 [영업소설치신고수리]
> 상위법령의 시행에 필요한 세부적 사항을 정하기 위하여 행정관청이 일반적 직권에 의하여 제정하는 이른바 집행명령은 근거법령인 상위법령이 폐지되면 특별한 규정이 없는 이상 실효되는 것이나, 상위법령이 개정됨

에 그친 경우에는 개정법령과 성질상 모순, 저촉되지 아니하고 개정된 상위법령의 시행에 필요한 사항을 규정하고 있는 이상 그 집행명령은 상위법령의 개정에도 불구하고 당연히 실효되지 아니하고 개정법령의 시행을 위한 집행명령이 제정, 발효될 때까지는 여전히 그 효력을 유지한다.

② [O] 조례가 집행행위의 개입 없이 그 자체로서 직접 국민의 구체적인 권리·의무나 법적 이익에 영향을 미치는 등의 법률상 효과를 발생하는 경우 그 조례는 항고소송의 대상이 되는 행정처분에 해당한다.

> 대법원 1996. 9. 20. 선고 95누8003 판결 [조례무효확인]
> 조례가 집행행위의 개입 없이도 그 자체로서 직접 국민의 구체적인 권리의무나 법적 이익에 영향을 미치는 등의 법률상 효과를 발생하는 경우 그 조례는 항고소송의 대상이 되는 행정처분에 해당한다.

③ [O] 법률이 고시의 형식으로 입법위임을 할 때에는 **전문적·기술적 사항이나 경미한 사항으로서 업무의 성질상 위임이 불가피한 사항으로 한정된다.**

> 헌법재판소 2006. 12. 28. 선고 2005헌바59 전원재판부 [조세특례제한법제2조제3항위헌소원]
> 고시와 같은 형식으로 입법위임을 할 때에는 적어도 행정규제기본법 제4조 제2항 단서에서 정한 바와 같이 법령이 **전문적·기술적 사항이나 경미한 사항으로서 업무의 성질상 위임이 불가피한 사항에 한정된다** 할 것이고, 그러한 사항이라 하더라도 포괄위임금지의 원칙상 법률의 위임은 반드시 구체적·개별적으로 한정된 사항에 대하여 행하여져야 한다.

정답 ④

084 행정입법에 대한 사법적 통제에 관한 다음 설명 중 가장 적절한 것은? (다툼이 있는 경우 판례에 의함)

기출 연습문제 [Core ★★]

① 추상적 법령 제정의 여부 등은 그 자체로서 국민의 구체적인 권리·의무에 직접적인 변동을 초래하는 것이 아니어서 부작위위법확인소송이라는 행정소송의 대상이 될 수 없다.
② 행정입법에 대해서 헌법재판소는 헌법소원을 통하여 통제할 수 있으나 시행명령을 제정할 의무가 있음에도 명령제정을 거부하거나 입법부작위가 있는 경우에는 헌법소원의 대상이 되지 않는다.
③ 헌법이나 법률에 반하는 시행령 규정이 대법원에 의해 위헌 또는 위법하여 무효라고 선언하는 판결이 나오기 전이라도 하자의 중대성으로 인하여 그 시행령에 근거한 행정처분의 하자는 무효사유에 해당하는 것으로 취급된다.
④ 고시가 다른 집행행위의 매개 없이 그 자체로서 직접 국민의 구체적인 권리·의무나 법률관계를 규율하는 성격을 가질 때에도 항고소송의 대상이 되는 행정처분에 해당되지 않는다.

① [O] 추상적 법령 제정의 여부 등은 그 자체로서 국민의 구체적인 권리·의무에 직접적인 변동을 초래하는 것이 아니어서 **부작위위법확인소송이라는 행정소송의 대상이 될 수 없다.**

대법원 1992. 5. 8. 선고 91누11261 판결 [행정입법부작위처분위법확인]
행정소송은 구체적 사건에 대한 법률상 분쟁을 법에 의하여 해결함으로써 법적 안정을 기하자는 것이므로 부작위위법확인소송의대상이 될 수 있는 것은 구체적 권리의무에 관한 분쟁이어야 하고 **추상적인 법령에 관하여 제정의 여부 등은 그 자체로서 국민의 구체적인 권리의무에 직접적 변동을 초래하는 것이 아니어서 행정소송의 대상이 될 수 없다.**

② [×] 행정입법에 대해서 헌법재판소는 헌법소원을 통하여 통제할 수 있으나 시행명령을 제정할 의무가 있음에도 명령제정을 거부하거나 **입법부작위가 있는 경우에는 헌법소원의 대상이 되지 않는다.**(×)
→ **행정입법에 대해서는 헌법소원이 가능하며, 또한 행정입법의 부작위에 대해서도 헌법소원이 가능하다.** 입법부작위에 대한 헌법재판소의 재판관할권은 극히 한정적으로 인정할 수밖에 없다고 할 것인바, 생각건대 헌법에서 기본권보장을 위해 법령에 **명시적인 입법위임**을 하였음에도 입법자가 이를 이행하지 않을 때, 그리고 **헌법해석상** 특정인에게 구체적인 기본권이 생겨 이를 보장하기 위한 **국가의 행위의무 내지 보호의무가 발생하였음이 명백함에도** 불구하고 입법자가 전혀 아무런 입법조치를 취하고 있지 않은 경우가 여기에 해당될 것이며, 이때에는 입법부작위가 헌법소원의 대상이 된다고 봄이 상당할 것이다.(참조. 헌법재판소 1998. 7. 16. 선고 96헌마246 전원재판부〔위헌확인·각하〕)

대법원 1992. 5. 8. 선고 91누11261 판결 [행정입법부작위처분위법확인]
행정소송은 구체적 사건에 대한 법률상 분쟁을 법에 의하여 해결함으로써 법적 안정을 기하자는 것이므로 부작위위법확인소송의대상이 될 수 있는 것은 구체적 권리의무에 관한 분쟁이어야 하고 **추상적인 법령에 관하여 제정의 여부 등은 그 자체로서 국민의 구체적인 권리의무에 직접적 변동을 초래하는 것이 아니어서 행정소송의 대상이 될 수 없으므로** 이 사건 소는 부적법하다고 판단하였다.

③ [×] 헌법이나 법률에 반하는 시행령 규정이 대법원에 의해 위헌 또는 위법하여 무효라고 선언하는 판결이 **나오기 전이라도 하자의 중대성으로 인하여 그 시행령에 근거한 행정처분의 하자는 무효사유에 해당하는 것으로 취급된다.**(×)

대법원 2007. 6. 14. 선고 2004두619 판결 [청소년유해매체물결정및고시처분무효확인]
일반적으로 시행령이 헌법이나 법률에 위반된다는 사정은 **그 시행령의 규정을 위헌 또는 위법하여 무효라고 선언한 대법원의 판결이 선고되지 아니한 상태에서는 그 시행령 규정의 위헌 내지 위법 여부가 해석상 다툼의 여지가 없을 정도로 명백하였다고 인정되지 아니하는 이상 객관적으로 명백한 것이라 할 수 없으므로**, 이러한 **시행령에 근거한 행정처분의 하자는 취소사유에 해당할 뿐 무효사유가 된다고 볼 수는 없다.**

④ [×] 고시가 다른 집행행위의 매개 없이 그 자체로서 직접 국민의 구체적인 권리·의무나 법률관계를 규율하는 성격을 가질 때에도 항고소송의 대상이 되는 **행정처분에 해당되지 않는다.**(×)

대법원 2003. 10. 9.자 2003무23 결정 [집행정지]
항정신병 치료제의 요양급여에 관한 보건복지부 고시가 다른 집행행위의 매개 없이 그 자체로서 제약회사, 요양기관, 환자 및 국민건강보험공단 사이의 **법률관계를 직접 규율하는 성격을 가진다는 이유로 항고소송의 대상이 되는 행정처분에 해당한다**

정답 ①

085 행정규칙을 위반한 행정행위는?

① 위반해도 유효하다.
② 무효이다.
③ 취소사유이다.
④ 무효인 경우도 있고, 취소사유인 경우도 있다.

해설

① [O] 위반해도 유효하다.
→ 행정규칙은 원칙적으로 대외적 구속력이 없으므로 행정규칙에 위반하여도 대외적으로는 위법으로 되지 않는다. 그러므로 대외적인 효력은 그대로 유효하다.
② [×] 무효이다.(×)
③ [×] 취소사유이다.(×)
④ [×] 무효인 경우도 있고, 취소사유인 경우도 있다.(×)

정답 ①

086 행정규칙에 관한 설명 중 가장 옳지 않은 것은?

① 공무원이 행정규칙에 반하는 행정처분을 하는 경우 그 처분은 바로 위법한 처분이다.
② 대법원 판례는 형식적으로는 행정규칙인 경우에도 일정한 경우에는 대외적 법적 구속력을 인정한다.
③ 공무원이 행정규칙에 반하는 행정처분을 한 경우 그 공무원은 징계를 당할 수 있다.
④ 행정의 전문화, 기술화 경향에 힘입어 행정규칙의 필요성이 증가하고 있는 실정이다.

해설

① [×] 공무원이 행정규칙에 반하는 행정처분을 하는 경우 그 처분은 바로 위법한 처분이다.(×)
→ 공무원이 행정규칙에 반하는 행정처분을 한 경우, 행정규칙은 원칙적으로 대외적 구속력이 없으므로 처분의 효력은 그대로 유효하다. 물론 내부적으로는 징계사유에 해당되어 징계책임을 진다.
② [O] 대법원 판례는 형식적으로는 행정규칙인 경우에도 일정한 경우에는 대외적 법적 구속력을 인정한다.
③ [O] 공무원이 행정규칙에 반하는 행정처분을 한 경우 그 공무원은 징계를 당할 수 있다.
④ [O] 행정의 전문화, 기술화 경향에 힘입어 행정규칙의 필요성이 증가하고 있는 실정이다.

정답 ①

087 법규명령과 행정규칙에 관한 설명 중 틀린 것은?

기출 연습문제 [ESSential ★]

① 법규명령을 위반하면 무효가 되고, 행정규칙을 위반하면 취소가 된다.
② 법규명령은 법률의 근거를 요하나, 행정규칙은 법률의 근거를 요하지 않는다.
③ 법규명령은 공포를 요하나, 행정규칙은 공포를 요하지 않는다.
④ 법규명령은 국가와 국민사이를 구속하지만, 행정규칙은 행정조직 내부만을 구속한다.

해설

① [×] 법규명령을 위반하면 무효가 되고, 행정규칙을 위반하면 취소가 된다.
  → **법규명령은 법규성이 있으므로, 법규명령에 위반한 행정처분은 위법으로 된다. 다만 무효인가 취소사유인가는 중대·명백한 하자가 있는가에 따라 다르다. 그리고 행정규칙은 법규성이 없으므로, 행정규칙에 위반한 처분은 유효하다.**
② [O] **법규명령은 법률의 근거를 요하나**, 행정규칙은 법률의 근거를 요하지 않는다.
③ [O] **법규명령은 공포를 요하나**, 행정규칙은 공포를 요하지 않는다.
④ [O] **법규명령은 국가와 국민사이를 구속하지만**, 행정규칙은 행정조직 내부만을 구속한다.

정답 ①

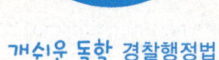

[심화학습]

088 다음 설명 중 옳은 것은? (다툼이 있는 경우 판례에 의함) 07 국가직 [Core ★★]

① 행정입법의 내용이 일반적·추상적·개괄적으로 되어 있다면 법관의 법 보충작용으로서의 해석을 통하여 그 의미가 구체화·명확화될 수 있다 할지라도 그 규정은 명확성의 원칙에 반한다.
② 법률유보원칙은 단순히 행정작용이 법률에 근거를 두기만 하면 충분한 것이 아니라 국가공동체와 그 구성원에게 기본적이고도 중요한 의미를 갖는 영역, 특히 국민의 기본권 실현과 관련된 영역에 있어서는 국민의 대표자인 입법자가 그 본질적 사항에 대해서 스스로 결정하여야 한다는 요구까지 내포하고 있다.
③ 처벌법규나 조세법규와 같이 국민의 기본권을 직접적으로 제한하거나 침해할 소지가 있는 영역에서는 구체성·명확성의 요구가 완화된다.
④ 조례에 대한 법률의 위임은 포괄적이어서는 안 되고 구체적으로 범위를 정하여 위임하지 않으면 위임의 한계를 벗어난 것이다.

해설

② [O] 법률유보원칙은 단순히 행정작용이 법률에 근거를 두기만 하면 충분한 것이 아니라 국가공동체와 그 구성원에게 기본적이고도 중요한 의미를 갖는 영역, 특히 국민의 **기본권실현과 관련된 영역**에 있어서는 국민의 대표자인 **입법자**가 그 **본질적 사항**에 대해서 **스스로 결정하여야 한다는 요구까지 내포하고 있다.**

> 헌법재판소 1999. 5. 27. 선고 98헌바70 전원재판부 [한국방송공사법제35조등위헌소원]
>
> 오늘날 법률유보원칙은 단순히 행정작용이 법률에 근거를 두기만 하면 충분한 것이 아니라, 국가공동체와 그 구성원에게 기본적이고도 중요한 의미를 갖는 영역, 특히 **국민의 기본권실현과 관련된 영역**에 있어서는 **국민의 대표자인 입법자가 그 본질적 사항에 대해서 스스로 결정하여야 한다는 요구까지 내포하고 있다(의회유보원칙).**

① [×] 행정입법의 내용이 일반적·추상적·개괄적으로 되어 있다면 법관의 법 보충작용으로서의 해석을 통하여 그 의미가 구체화·명확화될 수 있다 할지라도 그 규정은 명확성의 원칙에 반한다.(×)

> 대법원 2001. 4. 27. 선고 2000두9076 판결 [재산세등부과처분취소]
>
> 일반적, 추상적, 개괄적인 규정이라 할지라도 **법관의 법보충 작용으로서의 해석을 통하여 그 의미가 구체화·명확화될 수 있다면 그 규정이 명확성을 결여하여 과세요건명확주의에 반하는 것으로 볼 수는 없다.**

③ [×] 처벌법규나 조세법규와 같이 국민의 기본권을 직접적으로 제한하거나 침해할 소지가 있는 영역에서는 구체성·명확성의 요구가 완화된다.(×)

> 헌법재판소 2002. 8. 29. 선고 2000헌바50, 2002헌바56(병합) 전원재판부
> [구부가가치세법제17조제2항제1호위헌소원,부가가치세법제17조제2항제1의2호위헌소원]
>
> 처벌법규나 조세법규와 같이 국민의 기본권을 직접적으로 제한하거나 침해할 소지가 있는 영역에서는 **구체성·명확성의 요구가 강화되어** 그 위임의 요건과 범위가 일반적인 급부행정의 영역에서보다 더 엄격하게 제한되어야 한다

④ [×] 조례에 대한 법률의 위임은 **포괄적이어서는 안 되고 구체적으로 범위를 정하여 위임하지 않으면 위임의 한계를 벗어난 것이다.**(×)
→ 판례는 조례에 대해서는 포괄적 위임도 가능하다고 한다.

> 대법원 2000. 11. 24. 선고 2000추29 판결 [단양군공유재산관리조례중개정조례안에대한재의결]
> 지방자치법 제9조 제1항과 제15조 등의 관련 규정에 의하면 지방자치단체는 원칙적으로 그 고유사무인 자치사무와 법령에 의하여 위임된 단체위임사무에 관하여 이른바 자치조례를 제정할 수 있는 외에, 개별 법령에서 특별히 위임하고 있을 경우에는 그러한 사무에 속하지 아니하는 기관위임사무에 관하여도 그 위임의 범위 내에서 이른바 위임조례를 제정할 수 있지만, 조례가 규정하고 있는 사항이 그 근거 법령 등에 비추어 볼 때 자치사무나 단체위임사무에 관한 것이라면 이는 자치조례로서 지방자치법 제15조가 규정하고 있는 '법령의 범위 안'이라는 사항적 한계가 적용될 뿐, 위임조례와 같이 국가법에 적용되는 일반적인 위임입법의 한계가 적용될 여지는 없다.

정답 ②

089 법규명령에 대한 설명 중 옳은 것은?   13 서울시 [Essential ★]

① 판례는 구법의 위임에 의한 유효한 법규명령이 법개정에 따라 위임의 근거가 없어지게 되면 소급하여 법규명령이 무효가 된다고 한다.
② 판례는 법규명령의 위임근거가 되는 법률에 대하여 위헌결정이 선고되면 그 위임에 근거하여 제정된 법규명령도 원칙적으로 효력을 상실한다고 보았다.
③ 판례는 구법에 위임의 근거가 없어 무효였던 경우 사후에 법개정으로 위임의 근거가 부여되었다고 해도 유효한 법규명령이 될 수 없다고 한다.
④ 헌법재판소는 위임된 입법권의 전면적인 재위임 금지의 원칙에 따라 대강의 사항을 정하고, 그 중 특정사항의 범위를 정하여 하위의 법규명령에 위임한 것을 위헌으로 판단하였다.
⑤ 판례는 조례가 집행행위의 개입 없이도 그 자체로서 직접 국민의 구체적인 권리·의무나 법적 이익에 영향을 미치는 법률상의 효과가 발생하는 경우에도 그 조례는 항고소송의 대상이 되는 행정처분이 아니라고 하였다.

해설

② [O] 판례는 법규명령의 위임근거가 되는 법률에 대하여 위헌결정이 선고되면 그 위임에 근거하여 제정된 법규명령도 원칙적으로 효력을 상실한다고 보았다.

> 대법원 2001. 6. 12. 선고 2000다18547 판결 [부당이득금]
> 법규명령의 위임근거가 되는 법률에 대하여 위헌결정이 선고되면 그 위임에 근거하여 제정된 법규명령도 원칙적으로 효력을 상실한다.

① [×] 판례는 구법의 위임에 의한 유효한 법규명령이 법개정에 따라 위임의 근거가 없어지게 되면 소급하여 법규명령이 무효가 된다고 한다.(×)

③ [×] 판례는 구법에 위임의 근거가 없어 무효였던 경우 사후에 법개정으로 위임의 근거가 부여되었다고 해도 유효한 법규명령이 될 수 없다고 한다.(×)

> 대법원 1995. 6. 30. 선고 93추83 판결 [경상북도의회에서의증언·감정등에관한조례(안)무효확인청구의소]
> 일반적으로 법률의 위임에 의하여 효력을 갖는 법규명령의 경우, 구법에 위임의 근거가 없어 무효였더라도 사후에 법개정으로 위임의 근거가 부여되면 그 때부터는 유효한 법규명령이 되나, 반대로 구법의 위임에

의한 유효한 법규명령이 법개정으로 위임의 근거가 없어지게 되면 그 때부터 무효인 법규명령이 되므로, 어떤 법령의 위임 근거 유무에 따른 유효 여부를 심사하려면 법개정의 전·후에 걸쳐 모두 심사하여야만 그 법규명령의 시기에 따른 유효·무효를 판단할 수 있다.

④ [×] 헌법재판소는 위임된 입법권의 전면적인 재위임 금지의 원칙에 따라 대강의 사항을 정하고, 그 중 특정 사항의 범위를 정하여 하위의 법규명령에 위임한 것을 위헌으로 판단하였다.(×)

헌법재판소 1996. 2. 29. 선고 94헌마213 전원재판부 [풍속영업의규제에관한법률제2조제6호등위헌확인]
법률에서 위임받은 사항을 전혀 규정하지 않고 재위임하는 것은 위임금지의 법리에 반할 뿐 아니라 수권법의 내용변경을 초래하는 것이 되고, 부령의 제정·개정절차가 대통령령에 비하여 더욱 용이한 점을 고려할 때 재위임에 의한 부령의 경우에도 위임에 의한 대통령령에 가해지는 헌법상의 제한이 당연히 적용되어야 할 것이므로 법률에서 위임받은 사항을 전혀 규정하지 아니하고 그대로 재위임하는 것은 허용되지 않으며 위임받은 사항에 관하여 대강을 정하고 그중의 특정사항을 범위를 정하여 하위법령에 다시 위임하는 경우에만 재위임이 허용된다

⑤ [×] 판례는 조례가 집행행위의 개입 없이도 그 자체로서 직접 국민의 구체적인 권리·의무나 법적 이익에 영향을 미치는 법률상의 효과가 발생하는 경우에도 그 조례는 항고소송의 대상이 되는 행정처분이 아니라고 하였다.(×)

대법원 1995. 6. 30. 선고 93추83 판결 [경상북도의회에서의증언.감정등에관한조례(안)무효확인청구의소]
조례가 집행행위의 개입 없이도 그 자체로서 직접 국민의 구체적인 권리의무나 법적 이익에 영향을 미치는 등의 법률상 효과를 발생하는 경우 그 조례는 항고소송의 대상이 되는 행정처분에 해당한다.

정답 ②

090 법규명령에 관한 설명으로 옳지 않은 것은? (다툼이 있는 경우 판례에 따름) 13 국회직 [Core ★★]

① 헌법재판소는 국회입법에 의한 수권이 입법기관이 아닌 행정기관에게 법률 등으로 구체적인 범위를 정하여 위임한 사항에 관하여는 당해 행정기관에게 법정립의 권한이 부여된다고 보고 있다.
② 긴급명령이나 긴급재정·경제명령은 지체 없이 국회의 승인을 받아야 하며 승인을 얻지 못한 때에는 그 명령은 그때부터 효력을 상실한다.
③ 집행명령은 상위법령의 집행을 위하여 필요한 사항을 법률 또는 상위명령의 위임에 의해 직권으로 발하는 명령이다.
④ 헌법재판소는 헌법이 인정하고 있는 위임입법의 형식을 예시적인 것으로 보고 있다.
⑤ 자치조례에 대한 위임 등 자치법적 사항의 위임에 있어서는 포괄적 위임도 가능하다.

해설

③ [×] 집행명령(×)은 상위법령의 집행을 위하여 필요한 사항을 법률 또는 상위명령의 위임에 의해 직권으로 발하는 명령이다.
→ 집행명령은 새로운 입법사항을 규율하는 것이 아니고 법률의 집행을 위하여 필요한 세부적·기술적 사항에 관한 규율을 하는 것이므로 법률의 명시적 수권이 없이도 발할 수 있는 법규명령이다. 법률 또는 상위명령의 위임에 의해 발하는 법규명령은 위임명령이다. 즉 위임명령은 법률의 개별적 수권에 기하여만 발할 수 있다.

① [○] 헌법재판소는 국회입법에 의한 수권이 입법기관이 아닌 행정기관에게 법률 등으로 구체적인 범위를 정하여 위임한 사항에 관하여는 당해 행정기관에게 법정립의 권한이 부여된다고 보고 있다.

② [○] 긴급명령이나 긴급재정·경제명령은 지체 없이 국회의 승인을 받아야 하며 승인을 얻지 못한 때에는 그 명령은 그때부터 효력을 상실한다.
→ 긴급재정·경제명령: 대통령은 내우·외환·천재·지변 또는 중대한 재정·경제상의 위기에 있어서 국가의 안전보장 또는 공공의 안녕질서를 유지하기 위하여 긴급한 조치가 필요하고 국회의 집회를 기다릴 여유가 없을 때에 한하여 최소한으로 필요한 재정·경제상의 처분을 하거나 이에 관하여 법률의 효력을 가지는 명령을 발할 수 있다.(대한민국헌법 제76조제1항), 긴급명령: 대통령은 국가의 안위에 관계되는 중대한 교전상태에 있어서 국가를 보위하기 위하여 긴급한 조치가 필요하고 국회의 집회가 불가능한 때에 한하여 법률의 효력을 가지는 명령을 발할 수 있다.(대한민국헌법 제76조제2항) 대통령은 제1항과 제2항의 처분 또는 명령을 한 때에는 지체없이 국회에 보고하여 그 승인을 얻어야 한다.(대한민국헌법 제76조제3항) 제3항의 승인을 얻지 못한 때에는 그 처분 또는 명령은 그때부터 효력을 상실한다. 이 경우 그 명령에 의하여 개정 또는 폐지되었던 법률은 그 명령이 승인을 얻지 못한 때부터 당연히 효력을 회복한다.(대한민국헌법 제76조제4항)

④ [○] 헌법재판소는 헌법이 인정하고 있는 위임입법의 형식을 예시적인 것으로 보고 있다.

> 헌법재판소 2006. 12. 28. 선고 2005헌바59 전원재판부 [조세특례제한법제2조제3항위헌소원]
> 국회입법에 의한 수권이 입법기관이 아닌 행정기관에게 법률 등으로 구체적인 범위를 정하여 위임한 사항에 관하여는 당해 행정기관에게 법정립의 권한을 갖게 되고, 입법자가 규율의 형식도 선택할 수 있다 할 것이므로, 헌법이 인정하고 있는 위임입법의 형식은 예시적인 것으로 보아야 할 것이고, 그것은 법률이 행정규칙에 위임하더라도 그 행정규칙은 위임된 사항만을 규율할 수 있으므로, 국회입법의 원칙과 상치되지도 않는다.

⑤ [○] 자치조례에 대한 위임 등 자치법적 사항의 위임에 있어서는 포괄적 위임도 가능하다.
→ 판례는 조례에 대해서는 포괄적 위임도 가능하고, 자치조례의 경우 위임조례와 달리 일반적인 위임입법의 한계는 적용되지 않는다고 한다.

> 헌법재판소 2006. 12. 28. 선고 2005헌바59 전원재판부 [조세특례제한법제2조제3항위헌소원]
> 조례가 규정하고 있는 사항이 그 근거 법령 등에 비추어 볼 때 자치사무나 단체위임사무에 관한 것이라면 이는 자치조례로서 지방자치법 제15조가 규정하고 있는 '법령의 범위 안'이라는 사항적 한계가 적용될 뿐, 위임조례와 같이 국가법에 적용되는 일반적인 위임입법의 한계가 적용될 여지는 없다.

정답 ③

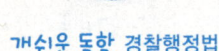

091 법규명령에 관한 다음 설명 중 타당하지 않은 것은?

11 경북교육행정 [Essential ★]

① 위임명령이란 법률 또는 상위명령의 개별적·구체적 위임에 의하여 일정한 새로운 법규사항을 규정할 수 있는 법규명령이다.
② 법률종속적 법규명령은 어떠한 경우에도 새로운 법률사항을 정할 수 없다.
③ 법규명령이란 일반적으로 행정권이 정립하는 일반적·추상적 규정으로서 법규의 성질을 가지는 것을 말한다.
④ 위임의 구체성의 요구 정도는 규제대상의 종류와 성격에 따라 달라지는데, 기본권침해영역에서는 급부영역에서보다 그 구체성의 요구가 강화된다.
⑤ 법규명령이 그 성립·발효요건을 갖추지 못한 때에는 하자 있는 것으로 된다.

해설

② [×] 법률종속적 법규명령은 **어떠한 경우에도 새로운 법률사항을 정할 수 없다.**(×)
→ 법률종속적 법규명령 중 위임명령의 경우 **상위법령의 구체적 위임이 있으면 새로운 법규사항을 정할 수 있다.**

① [O] 위임명령이란 **법률 또는 상위명령의 개별적·구체적 위임에 의하여 일정한 새로운 법규사항을 규정할 수 있는 법규명령이다.**
→ 위임명령은 상위법에서 구체적 위임이 있는 경우에 제정하는 법규명령으로서, 그 범위 내에서 새로운 법규사항을 규정할 수 있다.

③ [O] 법규명령이란 일반적으로 **행정권이 정립하는 일반적·추상적 규정으로서 법규의 성질을 가지는 것을 말한다.**
→ 행정권이 정립하는 일반적·추상적 규정으로서 법규의 성질을 가지는 것을 법규명령이라고 하며, 법규의 성질을 가지지 않는 것을 행정규칙이라고 한다.

④ [O] 위임의 구체성의 요구 정도는 규제대상의 종류와 성격에 따라 달라지는데, **기본권침해영역에서는 급부영역에서보다 그 구체성의 요구가 강화된다.**

> 헌법재판소 1991. 2. 11. 선고 90헌가27 전원재판부 [교육법제8조의2에관한위헌심판]
> 위임의 구체성·명확성의 요구 정도는 규제대상의 종류와 성격에 따라서 달라진다. **기본권침해영역에서는 급부행정영역에서 보다는 구체성의 요구가 강화되고**, 다양한 사실관계를 규율하거나 사실관계가 수시로 변화될 것이 예상될 때에는 위임의 명확성의 요건이 완화되어야 한다.

⑤ [O] 법규명령이 그 **성립·발효요건을 갖추지 못한 때에는 하자 있는 것으로 된다.**
→ 법규명령이 그 요건을 구비하지 못한 경우는 하자 있는 법규명령이 된다.

보충. 수권의 범위·근거에 의한 분류

1) **비상명령(헌법대위명령)**
이것은 비상사태의 수습을 위하여 행정권이 발하는, 헌법적 효력을 가지는 독자적 명령을 말한다. 우리나라 헌법의 경우 제4·5공화국 헌법에서는 대통령에 의한 헌법적 효력을 가지는 긴급조치 또는 비상조치에 관하여 규정하고 있었으나, 현행헌법에서는 인정되지 않는다.

2) **법률대위명령**
법률대위명령이란 헌법에 의하여 발동되는 것으로서 법률적 효력을 가지는 것을 말한다(긴급재정경제명령권, 긴급명령권).

3) **법률종속명령**
법률종속명령이란 법률의 명시적 수권에 기하여(위임명령) 또는 법률의 집행을 위해(집행명령) 발하는 명령으로서, 법률보다 하위적 효력을 가지는 법규명령을 말한다.

정답 ②

092 법규명령에 관한 설명으로 옳은 것은?

09 국회직 [Core ★★]

① 집행명령은 상위법령에 위임의 근거가 없는 경우에는 무효이다.
② 위임명령이 상위법령에 위반한 경우에도 위임의 근거가 있다면 유효이다.
③ 헌법재판소는 헌법이 인정하고 있는 위임입법의 형식은 한정적이어서 입법자가 규율의 형식을 선택할 수 없다고 판시하였다.
④ 위임명령의 무효를 구하는 무효확인소송은 인정되지 않음이 원칙이다.
⑤ 법률에 위반하는 시행령에 근거한 처분은 이후 그 시행령이 대법원에 의하여 위법무효라고 판결 되었다면 특별한 사유가 없는 한 당연무효로 보아야 한다.

해설

④ [○] 위임명령의 무효를 구하는 무효확인소송은 인정되지 않음이 원칙이다.
→ 무효확인소송의 대상은 처분 등인바, 일반·추상적인 법령은 처분성이 인정되지 않으므로 원칙적으로 무효확인소송의 대상이 되지 않는다.

① [×] 집행명령은 상위법령에 위임의 근거가 없는 경우에는 무효이다.(×)
→ 집행명령은 위임명령과 달리 상위법의 개별적 근거가 필요 없으므로 상위법령에 위임의 근거가 없더라도 유효하다.

② [×] 위임명령이 상위법령에 위반한 경우에도 위임의 근거가 있다면 유효이다.(×)
→ 위임명령이 상위법령을 위반한 경우 상위법우선의 원칙에 따라 위임명령은 무효가 된다.

③ [×] 헌법재판소는 헌법이 인정하고 있는 위임입법의 형식은 한정적이어서 입법자가 규율의 형식을 선택할 수 없다고 판시하였다.(×)
→ 헌법재판소는 헌법이 인정하고 있는 위임입법의 형식(대통령령·총리령 등)은 예시적인 것으로 보아 고시형식의 법규명령도 인정하고 있다.

> 헌법재판소 2006. 12. 28. 선고 2005헌바59 전원재판부 [조세특례제한법제2조제3항위헌소원]
> 헌법이 인정하고 있는 위임입법의 형식은 예시적인 것으로 보아야 할 것이고, 그것은 법률이 행정규칙에 위임하더라도 그 행정규칙은 위임된 사항만을 규율할 수 있으므로, 국회입법의 원칙과 상치되지도 않는다. 다만 행정규칙은 법규명령과 같은 엄격한 제정 및 개정절차를 요하지 아니하므로, 재산권 등과 같은 기본권을 제한하는 작용을 하는 법률이 입법위임을 할 때에는 대통령령, 총리령, 부령 등 법규명령에 위임함이 바람직하고, 고시와 같은 형식으로 입법위임을 할 때에는 적어도 행정규제기본법 제4조 제2항 단서에서 정한 바와 같이 법령이 전문적·기술적 사항이나 경미한 사항으로서 업무의 성질상 위임이 불가피한 사항에 한정된다 할 것이고, 그러한 사항이라 하더라도 포괄위임금지의 원칙상 법률의 위임은 반드시 구체적·개별적으로 한정된 사항에 대하여 행하여져야 한다.

⑤ [×] 법률에 위반하는 시행령에 근거한 처분은 이후 그 시행령이 대법원에 의하여 위법무효라고 판결 되었다면 특별한 사유가 없는 한 당연무효로 보아야 한다.(×)

> 대법원 2007. 6. 14. 선고 2004두619 판결 [청소년유해매체물결정및고시처분무효확인]
> 일반적으로 시행령이 헌법이나 법률에 위반된다는 사정은 그 시행령의 규정을 위헌 또는 위법하여 무효라고 선언한 대법원의 판결이 선고되지 아니한 상태에서는 그 시행령 규정의 위헌 내지 위법 여부가 해석상 다툼의 여지가 없을 정도로 명백하였다고 인정되지 아니하는 이상 객관적으로 명백한 것이라 할 수 없으므로, 이러한 시행령에 근거한 행정처분의 하자는 취소사유에 해당할 뿐 무효사유가 되지 아니한다.

정답 ④

093 법규명령에 대한 설명으로 옳지 않은 것은? (다툼이 있는 경우 판례에 의함) 12 지방직 [Essential ★]

① 행정소송의 대상은 구체적인 권리·의무에 관한 분쟁이어야 하므로 구체적인 권리·의무에 관한 분쟁을 떠나서 법령 자체의 무효확인을 구하는 청구는 행정소송의 대상이 아닌 사항에 대한 것으로서 부적법하다.
② 자치조례의 경우에도 위임조례와 같이 국가법에 적용되는 일반적인 위임입법의 한계가 적용된다.
③ 집행명령은 새로운 법규사항을 규정하지 않으므로 법령의 수권 없이 제정될 수 있다.
④ 법률에서 위임받은 사항을 전혀 규정하지 아니하고 그대로 하위의 법규명령에 재위임하는 것은 허용되지 않으며, 위임받은 사항에 관하여 대강을 정하고 그중의 특정사항을 범위를 정하여 하위의 법규명령에 다시 위임하는 경우에만 재위임이 허용된다.

② [×] 자치조례의 경우에도 위임조례와 같이 국가법에 적용되는 일반적인 위임입법의 한계가 적용된다.(×)
→ 자치조례의 경우 위임조례와는 달리 일반적인 위임입법의 한계는 적용되지 않는다고 보는 것이 판례의 입장이다.

대법원 2000. 11. 24. 선고 2000추29 판결 [단양군공유재산관리조례중개정조례안에대한재의결]

지방자치법 제9조 제1항과 제15조 등의 관련 규정에 의하면 지방자치단체는 원칙적으로 그 고유사무인 자치사무와 법령에 의하여 위임된 단체위임사무에 관하여 이른바 자치조례를 제정할 수 있는 외에, 개별 법령에서 특별히 위임하고 있을 경우에는 그러한 사무에 속하지 아니하는 기관위임사무에 관하여도 그 위임의 범위 내에서 이른바 위임조례를 제정할 수 있지만, 조례가 규정하고 있는 사항이 그 근거 법령 등에 비추어 볼 때 자치사무나 단체위임사무에 관한 것이라면 이는 자치조례로서 지방자치법 제15조가 규정하고 있는 '법령의 범위 안'이라는 사항적 한계가 적용될 뿐, 위임조례와 같이 국가법에 적용되는 일반적인 위임입법의 한계가 적용될 여지는 없다.

① [○] 행정소송의 대상은 구체적인 권리·의무에 관한 분쟁이어야 하므로 구체적인 권리·의무에 관한 분쟁을 떠나서 법령 자체의 무효확인을 구하는 청구는 행정소송의 대상이 아닌 사항에 대한 것으로서 부적법하다.
→ 행정소송의 대상은 구체적인 권리·의무에 관한 분쟁이어야 하므로 구체적인 권리·의무에 관한 분쟁이 아닌 법규범의 무효확인 또는 문서의 진위 등 사실관계와 확인을 무효등 확인소송으로 청구하는 것은 부적법하다.

③ [○] 집행명령은 새로운 법규사항을 규정하지 않으므로 법령의 수권 없이 제정될 수 있다.
→ 집행명령은 새로운 법규사항을 정하는 것이 아니라 법률 또는 상위명령에서 정해진 내용을 실현하기 위한 규정에 불과하므로 법률 또는 상위명령에 개별적 수권규정이 없더라도 직권으로 발할 수 있다.

④ [○] 법률에서 위임받은 사항을 전혀 규정하지 아니하고 그대로 하위의 법규명령에 재위임하는 것은 허용되지 않으며, 위임받은 사항에 관하여 대강을 정하고 그중의 특정사항을 범위를 정하여 하위의 법규명령에 다시 위임하는 경우에만 재위임이 허용된다.

헌법재판소 1996. 2. 29. 선고 94헌마213 전원재판부 [풍속영업의규제에관한법률제2조제6호등위헌확인]

입법권을 백지위임하는 것과 같은 일반적이고 포괄적인 위임은 의회입법과 법치주의를 부인하는 것이 되어 행정권의 부당한 자의와 기본권행사에 대한 무제한적 침해를 초래할 것이기 때문에 법률로 대통령령에 위임을 하는 경우라도 적어도 법률의 규정에 의하여 대통령령으로 규정될 내용 및 범위의 기본사항을 구체적으로 규정함으로써 누구라도 당해 법률로부터 대통령령에 규정될 내용의 대강을 예측할 수 있도록 하여야 할 것인바, 헌법 제75조에서 규정하는 "구체적으로 범위를 정하여"는 위와 같은 의미로 해석된다.
법률에서 위임받은 사항을 전혀 규정하지 아니하고 그대로 재위임하는 것은 허용되지 않으며 위임받은 사

> 항에 관하여 대강을 정하고 그 중의 특정사항을 범위를 정하여 하위법령에 다시 위임하는 경우에만 재위임이 허용된다.

정답 ②

094 행정입법에 대한 설명으로 옳지 않은 것은? 11 사회복지직 [Essential ★]

① 집행명령은 법률 또는 상위명령에서 정해진 대로 내용을 실현하기 위한 세칙규정이므로 법률 또는 상위명령의 개별수권 없이 발할 수 없다.
② 헌법재판소는 법규명령이 재판의 전제가 됨이 없이 직접 개인의 기본권을 침해하는 경우에는 헌법소원의 대상이 된다고 하였다.
③ 법령에서 전문적·기술적 사항이나 경미한 사항으로 업무의 성질상 위임이 불가피한 사항에 관하여 구체적으로 범위를 정하여 위임한 경우에는 고시 등으로 정할 수 있다.
④ 입법내용의 전문화·기술화 및 행정현실 변화에 대한 법률의 적응성 결여 등으로 그 필요성이 제기되어 왔다.

> ① [×] 집행명령은 법률 또는 상위명령에서 정해진 대로 내용을 실현하기 위한 세칙규정이므로 법률 또는 상위명령의 개별수권 없이 발할 수 없다.(×)
>   → 집행명령은 위임명령과 달리 새로운 국민의 권리·의무에 관한 사항을 규정하는 것이 아니므로 법률 또는 상위법령의 개별적 수권이 없더라도 발할 수 있다.
> ② [O] 헌법재판소는 법규명령이 재판의 전제가 됨이 없이 **직접 개인의 기본권을 침해하는 경우에는 헌법소원의 대상이 된다고 하였다.**
>
>> 헌법재판소 1990. 10. 15. 선고 89헌마178 전원재판부 [법무사법시행규칙에대한헌법소원]
>> 헌법재판소법 제68조 제1항이 규정하고 있는 헌법소원심판의 대상으로서의 "공권력"이란 입법·사법·행정 등 모든 공권력을 말하는 것이므로 입법부에서 제정한 법률, 행정부에서 제정한 시행령이나 시행규칙 및 사법부에서 제정한 규칙 등은 그것들이 별도의 집행행위를 기다리지 않고 직접 **기본권을 침해하는 것일 때에는 모두 헌법소원심판의 대상이 될 수 있는 것이다.**
>
> ③ [O] 법령에서 전문적·기술적 사항이나 경미한 사항으로 업무의 성질상 위임이 불가피한 사항에 관하여 구체적으로 범위를 정하여 위임한 경우에는 고시 등으로 정할 수 있다.
>   → 규제는 법률에 직접 규정하되, 규제의 세부적인 내용은 법률 또는 상위법령(上位法令)에서 구체적으로 범위를 정하여 위임한 바에 따라 대통령령·총리령·부령 또는 조례·규칙으로 정할 수 있다. 다만, **법령에서 전문적·기술적 사항이나 경미한 사항으로서 업무의 성질상 위임이 불가피한 사항에 관하여 구체적으로 범위를 정하여 위임한 경우에는 고시 등으로 정할 수 있다.**(행정규제기본법 제4조제2항)
> ④ [O] **입법내용의 전문화·기술화 및 행정현실 변화에 대한 법률의 적응성 결여 등으로 그 필요성이 제기되어 왔다.**(행정규제기본법 제4조제2항)
>   → 전문적·기술적인 입법사항의 증대, 행정현상의 급격한 변화에 대응하는 입법의 필요 등에서 행정입법의 필요성은 증가하고 있다.

> **행정규제기본법 제4조(규제 법정주의)**
> ① 규제는 법률에 근거하여야 하며, 그 내용은 알기 쉬운 용어로 구체적이고 명확하게 규정되어야 한다.
> ② 규제는 **법률에 직접 규정하되, 규제의 세부적인 내용은 법률 또는 상위법령(上位法令)에서 구체적으로 범위를 정하여 위임한 바에 따라 대통령령·총리령·부령 또는 조례·규칙으로 정할 수 있다.** 다만, 법령에서 전문적·기술적 사항이나 경미한 사항으로서 업무의 성질상 위임이 불가피한 사항에 관하여 구체적으로 범위를 정하여 위임한 경우에는 고시 등으로 정할 수 있다.
> ③ 행정기관은 법률에 근거하지 아니한 규제로 국민의 권리를 제한하거나 의무를 부과할 수 없다.

정답 ①

095 법규명령에 관한 설명으로 옳지 <u>않은</u> 것은?   12 국회직 [Essential ★]

① 법률이 공법적 단체 등의 정관에 자치법적 사항을 위임한 경우에는 헌법 제75조가 정하는 포괄적인 위임입법의 금지는 원칙적으로 적용되지 않는다.
② 집행명령은 상위법령의 개정에 의하여 당연히 실효된다.
③ 입법자는 법률에서 구체적으로 범위를 정하기만 한다면 대통령령뿐만 아니라 부령에 입법사항을 위임할 수 있다.
④ 병의 복무기간은 국방의무의 본질적 내용에 관한 것이어서 반드시 법률로 정하여야 할 입법사항에 속한다.
⑤ 위임입법의 한계인 예측가능성은 법률에서 이미 하위법규에 규정될 내용 및 범위의 기본사항이 구체적으로 규정되어 있어서 누구라도 당해 법률로부터 하위법규에 규정될 내용의 대강을 예측할 수 있으면 족하다.

② [×] 집행명령은 **상위법령의 개정에 의하여 당연히 실효된다.**(×)

> 대법원 1989. 9. 12. 선고 88누6962 판결 [영업소설치신고수리]
> 상위법령의 시행에 필요한 세부적 사항을 정하기 위하여 행정관청이 일반적 직권에 의하여 제정하는 이른바 **집행명령은 근거법령인 상위법령이 폐지되면 특별한 규정이 없는 이상 실효되는 것**이나, **상위법령이 개정됨에 그친 경우**에는 개정법령과 성질상 모순, 저촉되지 아니하고 개정된 상위법령의 시행에 필요한 사항을 규정하고 있는 이상 그 집행명령은 상위법령의 개정에도 불구하고 당연히 실효되지 아니하고 개정법령의 시행을 위한 집행명령이 제정, 발효될 때까지는 **여전히 그 효력을 유지한다.**

① [○] 법률이 공법적 단체 등의 정관에 자치법적 사항을 위임한 경우에는 헌법 제75조가 정하는 포괄적인 위임입법의 금지는 원칙적으로 적용되지 않는다.

> 대법원 2007. 10. 12. 선고 2006두14476 판결 [주택재개발사업시행인가처분취소]
> 법률이 공법적 단체 등의 정관에 자치법적 사항을 위임한 경우에는 헌법 제75조가 정하는 포괄적인 위임입법의 금지는 원칙적으로 적용되지 않는다고 봄이 상당하고, 그렇다 하더라도 그 사항이 국민의 권리·의무에 관련되는 것일 경우에는 적어도 국민의 권리·의무에 관한 기본적이고 본질적인 사항은 국회가 정하여야 한다.

③ [○] 입법자는 법률에서 구체적으로 범위를 정하기만 한다면 대통령령뿐만 아니라 부령에 입법사항을 위임할 수 있다.

→ 대통령은 법률에서 구체적으로 범위를 정하여 위임받은 사항과 법률을 집행하기 위하여 필요한 사항에 관하여 **대통령령을 발할 수 있다.**(대한민국헌법 제75조) 국무총리 또는 행정각부의 장은 소관사무에 관하여 법률이나 대통령령의 위임 또는 직권으로 **총리령 또는 부령을 발할 수 있다.**(대한민국헌법 제95조)

④ [O] 병의 복무기간은 국방의무의 본질적 내용에 관한 것이어서 반드시 법률로 정하여야 할 입법사항에 속한다.

> 대법원 1985. 2. 28. 선고 85초13 판결 [재판권쟁의에대한재정신청]
> **병의 복무기간은 국방의무의 본질적 내용에 관한 것이어서 이는 반드시 법률로 정하여야 할 입법사항에 속한다**고 풀이할 것인바 육군본부 방위병소집복무해제규정(육군규정 104-1) 제23조가 질병휴가, 청원휴가, 각종사고(군무이탈, 구속, 영창, 징역, 유계결근), 1일 24시간 이상 지각, 조퇴한 날, 전속 및 보직변경에 따른 출발일자부터 일보변경 전일까지의 기간 등을 복무에서 제외한다고 규정하여 병역법 제25조 제3항이 규정하지 아니한 구속 등의 사유를 복무기간에 산입하지 않도록 규정한 것은 병역법에 위반하여 무효라고 할 것이다.

⑤ [O] 위임입법의 한계인 예측가능성은 법률에서 이미 하위법규에 규정될 내용 및 범위의 기본사항이 구체적으로 규정되어 있어서 누구라도 당해 법률로부터 하위법규에 규정될 내용의 대강을 예측할 수 있으면 족하다.

> 대법원 2002. 8. 23. 선고 2001두5651 판결 [건축허가취소처분취소]
> 위임명령은 법률이나 상위명령에서 구체적으로 범위를 정한 개별적인 위임이 있을 때에 가능하고, 여기에서 구체적인 위임의 범위는 규제하고자 하는 대상의 종류와 성격에 따라 달라지는 것이어서 일률적 기준을 정할 수는 없지만, 적어도 **위임명령에 규정될 내용 및 범위의 기본사항이 구체적으로 규정되어 있어서 누구라도 당해 법률이나 상위명령으로부터 위임명령에 규정될 내용의 대강을 예측할 수 있어야 한다.**

정답 ②

096 행정입법에 관한 설명으로 옳지 않은 것은? (다툼이 있는 경우 판례에 의함)

11 국회직 9급 [Essential ★]

① 법률이 공법적 단체 등의 정관에 자치법적 사항을 위임하는 경우에는 포괄적 위임도 허용된다.
② 집행명령은 법규명령이지만 국민의 권리와 의무에 관한 새로운 사항을 규율할 수는 없다.
③ 법규명령이 위법한 경우에도 법규명령 자체에 대한 행정소송은 원칙적으로 허용되지 않는다.
④ 집행명령은 상위법을 집행하기 위한 것이므로 상위법령의 수권이 원칙적으로 요구된다.
⑤ 훈령형식의 행정입법이라도 상위법령의 위임에 의하여 법령보충적 기능을 하는 경우에는 대외적 구속력을 가질 수 있다.

해설

④ [×] 집행명령은 상위법을 집행하기 위한 것이므로 상위법령의 수권이 원칙적으로 요구된다.(×)
→ 집행명령은 상위법령의 개별적 수권(위임) 없이 제정되는 것이므로 그 성격상 국민의 권리와 의무에 관한 새로운 사항을 규율할 수는 없다. 물론 국민의 권리의무에 관한 사항을 규율하고 있으므로 법규명령의 일종이다.

① [O] 법률이 공법적 단체 등의 정관에 자치법적 사항을 위임하는 경우에는 포괄적 위임도 허용된다.

> 대법원 2007. 10. 12. 선고 2006두14476 판결 [주택재개발사업시행인가처분취소]
> 법률이 공법적 단체 등의 정관에 자치법적 사항을 위임한 경우에는 헌법 제75조가 정하는 포괄적인 위임입법의 금지는 원칙적으로 적용되지 않는다고 봄이 상당하다.

② [O] 집행명령은 법규명령이지만 국민의 권리와 의무에 관한 새로운 사항을 규율할 수는 없다.
→ 집행명령은 법률을 시행하기 위한 절차적 사항을 규율하는 법규명령이므로 국민의 권리와 의무에 관한 새로운 사항을 규율할 수는 없다

③ [O] 법규명령이 위법한 경우에도 법규명령 자체에 대한 행정소송은 원칙적으로 허용되지 않는다.
→ 항고소송의 대상은 처분으로서 구체성이 있어야 하는데, 법규명령은 추상적 성격을 가지므로 그 자체를 원칙적으로 행정소송으로 다툴 수는 없다. 다만, 법규명령에 따른 처분이 있을 때 그 처분을 다투면서 처분의 전제가 된 법규명령의 위헌·위법성을 다툴 수는 있다.(구체적 규범통제) 한편 예외적으로 법규명령이 처분성을 가지는 경우(두밀분교폐지조례와 같은 처분적 법규명령)에는 항고소송으로 다툴 수 있다.

⑤ [O] 훈령형식의 행정입법이라도 상위법령의 위임에 의하여 법령보충적 기능을 하는 경우에는 대외적 구속력을 가질 수 있다.
→ 이른바 법령보충규칙으로서 상위법과 결합하여 대외적 구속력을 가질 수 있다.

정답 ④

097 다음 중 행정입법에 관한 설명으로 옳은 것은?

10 서울교육행정 [Core ★★]

① 집행명령은 포괄적으로 조직법적 수권을 받은 것이므로, 새로운 법규사항과 벌칙을 정할 수 있다.
② 위임명령이 구법에 위임의 근거가 없어 무효였다면, 사후에 법개정으로 위임의 근거가 부여된다고 하여 유효한 위임명령이 될 수는 없고, 새로운 입법에 의해서만 가능하다.
③ 위임명령권을 전면적으로 재위임하는 것은 불가하나, 세부적·보충적 재위임은 가능하다는 것이 헌법재판소의 입장이다.
④ 처벌규정은 죄형법정주의의 엄격한 적용을 받는 의회법률사항이므로, 위임은 불가하다는 것이 통설·판례의 태도이다.

해설

③ [O] 위임명령권을 전면적으로 재위임하는 것은 불가하나, 세부적·보충적 재위임은 가능하다는 것이 헌법재판소의 입장이다.

> 헌법재판소 1996. 2. 29. 선고 94헌마213 전원재판부 [풍속영업의규제에관한법률제2조제6호등위헌확인]
> 법률에서 위임받은 사항을 전혀 규정하지 아니하고 그대로 재위임하는 것은 허용되지 않으며 위임받은 사항에 관하여 대강을 정하고 그 중의 특정사항을 범위를 정하여 하위법령에 다시 위임하는 경우에만 재위임이 허용된다.

① [X] 집행명령은 포괄적으로 조직법적 수권을 받은 것이므로, 새로운 법규사항과 벌칙을 정할 수 있다.(X)
→ 집행명령은 상위법령을 집행하기 위해 필요한 세부적·구체적 사항만을 정하는 것으로서, 상위법령의 범위 내에서 그 시행에 필요한 구체적인 절차와 형식(서식) 등을 규정할 수 있을 뿐이고 새로운 법규사항은 정할 수 없다.

② [X] 위임명령이 구법에 위임의 근거가 없어 무효였다면, 사후에 법개정으로 위임의 근거가 부여된다고 하여 유효한 위임명령이 될 수는 없고, 새로운 입법에 의해서만 가능하다.(X)

> 대법원 1995. 6. 30. 선고 93추83 판결 [경상북도의회에서의증언.감정등에관한조례(안)무효확인청구의소]
> 일반적으로 법률의 위임에 의하여 효력을 갖는 법규명령의 경우, 구법에 위임의 근거가 없어 무효였더라도 사후에 법개정으로 위임의 근거가 부여되면 그 때부터는 유효한 법규명령이 되나, 반대로 구법의 위임에 의한 유효한 법규명령이 법개정으로 위임의 근거가 없어지게 되면 그 때부터 무효인 법규명령이 되므로, 어떤 법령의 위임 근거 유무에 따른 유효 여부를 심사하려면 법개정의 전·후에 걸쳐 모두 심사하여야만 그 법규명령의 시기에 따른 유효·무효를 판단할 수 있다.

④ [X] 처벌규정은 죄형법정주의의 엄격한 적용을 받는 의회법률사항이므로, 위임은 불가하다는 것이 통설·판례의 태도이다.(X)
→ 일정한 요건 하에 위임입법에 허용된다.

> 헌법재판소 1996. 2. 29. 선고 94헌마213 전원재판부 [풍속영업의규제에관한법률제2조제6호등위헌확인]
> 형벌법규에 대하여도 특히 긴급한 필요가 있거나 미리 법률로써 자세히 정할 수 없는 부득이한 사정이 있는 경우에 한하여 수권법률(위임법률)이 구성요건의 점에서는 처벌대상인 행위가 어떠한 것인지 이를 예측할 수 있을 정도로 구체적으로 정하고, 형벌의 점에서는 형벌의 종류 및 그 상한과 폭을 명확히 규정하는 것을 전제로 위임입법이 허용되고 있으므로 법시행령 제2조 제5호가 위 위임입법의 한계를 준수하고 있다면 노래연습장을 법률이 아닌 대통령령에 의하여 풍속영업법의 적용대상에 포함시켜 일정한 경우에 형벌을 과한다고 하여도 죄형법정주의에 반한다고 할 수는 없는 것이다.

정답 ③

098 '행정입법에 대한 통제'에 대한 설명으로 옳지 않은 것은?

12 국가직 9급 [Core★★]

① 법규명령이 그 자체로서 처분적 효과를 발생하는 때에는 이를 항고소송으로 다투는 것이 가능하다.
② 명령·규칙의 위헌·위법심사는 그 위헌 또는 위법의 여부가 재판의 전제가 된 경우에 가능하다.
③ 판례는 행정입법의 부작위에 대하여 이를 항고소송으로 다툴 수 있다고 본다.
④ 명령·규칙에 대한 헌법소원도 가능하다는 것이 헌법재판소 결정례의 입장이다.

해설

③ [X] 판례는 행정입법의 부작위에 대하여 **이를 항고소송으로 다툴 수 있다고 본다.(×)**
→ 추상적인 법령의 제정 여부 등은 부작위위법확인소송의 대상이 될 수 없다.

헌법재판소 1990. 10. 15. 선고 89헌마178 전원재판부 [법무사법시행규칙에대한헌법소원]
행정소송은 구체적 사건에 대한 법률상 분쟁을 법에 의하여 해결함으로써 법적 안정을 기하자는 것이므로 부작위위법확인소송의대상이 될 수 있는 것은 구체적 권리의무에 관한 분쟁이어야 하고 **추상적인 법령에 관하여 제정의 여부** 등은 그 자체로서 국민의 구체적인 권리의무에 직접적 변동을 초래하는 것이 아니어서 **행정소송의 대상이 될 수 없으므로** 이 사건 소는 부적법하다고 판단하였다.

① [O] 법규명령이 그 자체로서 처분적 효과를 발생하는 때에는 이를 항고소송으로 다투는 것이 가능하다.
→ **법규명령이 처분성을 가지는 경우 그러한 명령의 취소를 법원에 청구할 수 있다.**

② [O] 명령·규칙의 위헌·위법심사는 그 위헌 또는 위법의 여부가 재판의 전제가 된 경우에 가능하다.
→ **명령·규칙 또는 처분이 헌법이나 법률에 위반되는 여부가 재판의 전제가 된 경우에는 대법원은 이를 최종적으로 심사할 권한을 가진다.**(대한민국헌법 제107조제2항)

대한민국헌법 제107조
① 법률이 헌법에 위반되는 여부가 재판의 전제가 된 경우에는 법원은 헌법재판소에 제청하여 그 심판에 의하여 재판한다.
② **명령·규칙 또는 처분이 헌법이나 법률에 위반되는 여부가 재판의 전제가 된 경우에는 대법원은 이를 최종적으로 심사할 권한을 가진다.**
③ 재판의 전심절차로서 행정심판을 할 수 있다. 행정심판의 절차는 법률로 정하되, 사법절차가 준용되어야 한다.

④ [O] **명령·규칙에 대한 헌법소원도 가능하다는 것이 헌법재판소 결정례의 입장이다.**
→ 구 법무사법 시행규칙 제3조제1항 "법원행정처장은 법무사를 보충할 필요가 있다고 인정되는 경우에는 대법원장의 승인을 얻어 법무사시험을 실시할 수 있다."에 대한 헌법소원 사건에서 동 규칙은 헌법소원의 대상이 된다고 판시하면서) **법규명령 등이 별도의 집행행위를 기다리지 않고 직접 기본권을 침해하는 것인 때에는 헌법소원심판의 대상이 될 수 있다.**

헌법재판소 1990. 10. 15. 선고 89헌마178 전원재판부 [법무사법시행규칙에대한헌법소원]
행정부에서 제정한 **시행령이나 시행규칙 및 사법부에서 제정한 규칙 등은 그것들이 별도의 집행행위를 기다리지 않고 직접 기본권을 침해하는 것일 때에는 모두 헌법소원심판의 대상이 될 수 있는 것이다.**

정답 ③

PART 02 경찰의 작용(일반)

제1절 경찰권발동의 근거
제2절 행정행위, 경찰처분
제3절 경찰의 실효성 확보수단

제1절 경찰권발동의 근거

법치행정의 3가지 측면

099 법과 경찰활동과의 관계에서 경찰행정작용은 다음 3가지 차원에서 법에 구속된다고 한다. 다음 빈칸에 적합한 순서로 연결된 것은?   02 경찰 2차 [Essential ★] 총론 Chapter 4. 158

> ㉠ ( ) : 경찰활동은 법률의 규정에 위반해서는 안 된다는 원칙이다.
> ㉡ ( ) : 경찰활동은 법률에 정해진 범위 내에서 행해져야 한다.
> ㉢ ( ) : 경찰활동은 법률에 수권하는 규정이 없으면 자기의 판단에 따라 독창적으로 행위할 수 없다.

① 제약규범 – 조직규범 – 근거규범
② 조직규범 – 제약규범 – 근거규범
③ 조직규범 – 근거규범 – 제약규범
④ 근거규범 – 제약규범 – 조직규범

해설

① 지문이 적합한 순서로 연결되었다.
㉠ (제약규범) : 경찰활동은 **법률의 규정에 위반해서는 안 된다**는 원칙이다.
㉡ (조직규범) : 경찰활동은 **법률에 정해진 범위 내에서 행해져야** 한다.
㉢ (근거규범) : 경찰활동은 **법률에 수권하는 규정이 없으면 자기의 판단에 따라 독창적으로 행위할 수 없다.**

> **Ⅰ) 조직규범(사물관할)**
> 경찰활동은 조직규범인 경찰법 제3조에서 정한 범위 내의 활동이어야 한다. 경찰조직법상의 직무범위내의 행위를 하지 않았다면(경찰이 재판을 하였거나 세금을 부과한 경우) 그것은 경찰의 직무행위로 볼 수 없고 그 효과도 국가에 귀속되지 않는다.
> **Ⅱ) 제약규범(법률의 우위)**
> 어떠한 경찰활동도 경찰활동을 제약하는 법률의 규정, 즉 제약규범에 위반해서는 안된다.
> **Ⅲ) 근거규범(법률의 유보)**
> 법률에 일정한 행위를 일정한 요건 하에 수행하도록 수권하는 근거규정, 즉 수권규정이 없으면 경찰기관은 자기의 판단에 따라 독창적으로 행위를 할 수 없다.

정답 ①

100 경찰의 활동이 경찰법 제3조에서 정한 직무범위 외의 것이라면, 그것은 경찰의 직무행위로 볼 수 없고 그 효과도 국가에 귀속되지 않는다는 내용과 관계가 깊은 것은?

04 경찰, 05 경찰 [Essential ★] 총론 Chapter 4. 159

① 근거규범
② 제약규범
③ 법률의 우위
④ 조직규범

해설

④ [O] 조직규범
→ 모든 경찰기관의 활동은 법률(경찰법 제3조)에 정해진 권한의 범위 내에서 행해야 한다. 경찰관의 행위는 조직법에 근거가 있을 때 비로소 경찰기관의 행위가 되어 경찰작용으로 인정된다. 즉, 경찰의 활동이 경찰법 제3조에서 정한 직무범위 외의 것이라면, 그것은 경찰의 직무행위로 볼 수 없고 그 효과도 국가에 귀속되지 않는다. 경찰관의 행위는 조직법에 근거가 있을 때 비로소 경찰기관의 행위가 되며, 경찰작용으로 인정되는 것이다.

① [X] 근거규범
→ 법률에 일정한 행위를 일정한 요건 하에 수행하도록 수권하는 근거규정, 즉 '근거규범'이 있어야 한다. 경찰기관은 이러한 수권규정이 없을 경우, 자기판단에 따라 독창적으로 행위를 할 수 없다는 이론이다. 단, 순수한 서비스활동(지리안내, 정보제공, 청소년선도 등)은 개별적 수권규범을 요구하지 않고 경찰기관이 권력적 수단으로 활동하는 경우에만 법률의 수권이 필요하다(권력행정유보설). 이를 '적극적 법률적합성'이라고 하며, 이때의 법률의 개념은 원칙적으로 국회에서 제정한 법률, 예외적으로 법률의 위임에 따른 법규명령을 포함한다.

② [X] 제약규범
③ [X] 법률의 우위

국가경찰과 자치경찰의 조직 및 운영에 관한 법률 (약칭: 경찰법) 제3조(경찰의 임무)
1. 국민의 생명·신체 및 재산의 보호
2. 범죄의 예방·진압 및 수사
3. 범죄피해자 보호
4. 경비·요인경호 및 대간첩·대테러 작전 수행
5. 공공안녕에 대한 위험의 예방과 대응을 위한 정보의 수집·작성 및 배포
6. 교통의 단속과 위해의 방지
7. 외국 정부기관 및 국제기구와의 국제협력
8. 그 밖에 공공의 안녕과 질서유지

정답 ④

101. 다음 중 법과 경찰활동의 관계에 대한 설명으로 가장 적절하지 않은 것은? 11 경찰 [Essential ★]

총론 Chapter 4. 162

① 어떠한 경찰활동도 경찰활동을 제약하는 법률의 규정에 위반해서는 안 된다는 것을 법률우위의 원칙이라 한다.
② 법률에 일정한 행위를 일정한 요건 하에 수행하도록 수권하는 근거규정이 없으면 경찰기관은 자기의 판단에 따라 독창적으로 행위를 할 수 없다는 것을 법률유보의 원칙이라 한다.
③ 경찰기관의 활동은 조직규범으로서의 법률에 정해진 범위 내에서 행해져야 한다.
④ 경찰행정의 성문법원으로는 헌법, 법률, 국제조약, 명령, 행정규칙, 조리가 있다.

해설

④ [×] 경찰행정의 성문법원으로는 헌법, 법률, 국제조약, 명령, 행정규칙, 조리(×)가 있다.
→ 경찰행정의 **성문법원으로는 헌법, 법률, 국제조약, 명령, 행정규칙, 조례가 있다.**
→ **조리는 법의 일반원칙으로 성문법원이 아니라 불문법원에 해당한다.** 또한 행정규칙(훈령)에 대해서는 법원성 인정 여부에 대하여 견해가 대립되는데, 이는 경찰법의 법원에서 경찰규칙(훈령)의 법원성 인정여부에 그 실익이 있다. 통설과 판례는 법규성은 인정하지 않으나 법원성은 인정하는 것이 지배적인 견해이다. 다만 예외적으로 '평등원칙'을 매개로 한 자기구속의 법리에 의해 행정규칙의 대외적 효력이 인정될 수 있으므로, 이때는 법규에 준하는 성질을 가진다.(준법규성)

① [○] 어떠한 경찰활동도 경찰활동을 제약하는 **법률의 규정에 위반해서는 안 된다는 것을 법률우위의 원칙**이라 한다.
② [○] 법률에 일정한 행위를 일정한 요건 하에 수행하도록 **수권하는 근거규정이 없으면 경찰기관은 자기의 판단에 따라 독창적으로 행위를 할 수 없다는 것을 법률유보의 원칙**이라 한다.
③ [○] 경찰기관의 활동은 **조직규범으로서의 법률에 정해진 범위 내에서 행해져야** 한다.

정답 ④

102 법치행정에 관한 설명으로 옳지 않은 것은?

18 교육행정직 [Core ★★]

① 지방의회의원에 대하여 유급보좌인력을 두는 것은 지방의회의 조례로 규정할 사항이다.
② 법률유보의 원칙은 행정권의 발동에 있어서 조직규범 외에 작용규범이 요구된다는 것을 의미한다.
③ 법률우위의 원칙은 행정의 모든 영역에 적용된다.
④ 법률우위의 원칙이란 국가의 행정은 합헌적 절차에 따라 제정된 법률에 위반되어서는 아니 된다는 것을 말한다.

해설

① [×] 지방의회의원에 대하여 유급보좌인력을 두는 것은 지방의회의 조례로 규정할 사항이다.(×)

> 대법원 2013. 1. 16. 선고 2012추84 판결 [예산안재의결무효확인의소]
> 지방의회의원에 대하여 유급보좌인력을 두는 것은 지방의회의원의 신분·지위 및 그 처우에 관한 현행 법령상의 제도에 중대한 변경을 초래하는 것으로서, 이는 개별 지방의회의 조례로써 규정할 사항이 아니라 국회의 법률로써 규정하여야 할 입법사항이다.

② [O] 법률유보의 원칙은 행정권의 발동에 있어서 조직규범 외에 작용규범이 요구된다는 것을 의미한다.
→ 법률유보의 원칙이란 일정한 행정권의 발동에는 법률의 근거가 요구된다는 원칙을 의미하는바, 행정권의 발동에는 조직법적 근거가 반드시 필요하므로 법률유보원칙에서 말하는 법적 근거는 조직규범이 아니라 작용규범(수권규범, 권한규범, 근거규범)을 의미한다.

③ [O] 법률우위의 원칙은 행정의 모든 영역에 적용된다.
→ 법률우위의 원칙은 행정의 전 영역에 적용된다.(행정기본법 제8조 앞부분) 하지만, 법률유보의 원칙의 적용범위에 대해서는 논란이 있다.(판례는 중요사항유보설: 의회유보설)

> 행정기본법 제8조(법치행정의 원칙)
> 행정작용은 법률에 위반되어서는 아니 되며, 국민의 권리를 제한하거나 의무를 부과하는 경우와 그 밖에 국민생활에 중요한 영향을 미치는 경우에는 법률에 근거하여야 한다.

④ [O] 법률우위의 원칙이란 국가의 행정은 합헌적 절차에 따라 제정된 법률에 위반되어서는 아니 된다는 것을 말한다.
→ 법률우위의 원칙이란 모든 행정작용은 합헌적 절차에 따라 제정된 법률에 위반되어서는 안 된다는 원칙을 말하는 것으로 행정의 법률에의 구속성을 의미한다. 특히 실질적 법치주의에 따라 법률의 내용 그 자체도 헌법상의 기본권보장 정신에 합치해야 하므로 법률의 내용까지 합헌적일 것이 요구된다.

정답 ①

103 법치행정의 원리에 대한 설명으로 가장 옳은 것은? 19 서울시 7급 [Core★★]

① 법우위의 원칙에서 법은 형식적 법률뿐 아니라 법규명령과 관습법 등을 포함하는 넓은 의미의 법이다.
② 법치행정원리의 현대적 의미는 실질적 법치주의에서 형식적 법치주의로의 전환이다.
③ 법률유보원칙에서 '법률의 유보'라고 하는 경우의 '법률'에는 국회에서 법률제정의 절차에 따라 만들어진 형식적 의미의 법률뿐만 아니라 국회의 의결을 거치지 않은 명령이나 불문법원으로서의 관습이나 판례법도 포함된다.
④ 법률유보의 원칙은 행정권의 발동에 이어서 조직규범의 근거가 필요하다는 것을 말한다.

해설

① [O] 법우위의 원칙에서 **법은 형식적 법률뿐 아니라 법규명령과 관습법 등을 포함하는 넓은 의미의 법이다.**
  → 법률의 우위라고 하는 경우에 있어서 법률은 헌법, 형식적 의미의 법률, 법규명령과 행정법의 일반원칙, 관습법 등 불문법을 포함한 모든 법규범을 의미한다. 이런 의미에서 **법률우위 대신에 법우위의 원칙이라고 표현하기도 한다.**

② [×] 법치행정원리의 현대적 의미는 **실질적 법치주의에서 형식적 법치주의로의 전환이다.**(×)
  → 법치행정원리의 현대적 의미는 **형식적 법치주의에서 실질적 법치주의 원리로 발전되었다.**
  → 형식적 법치주의는 '법'에 의한 행정이라는 형식적 의미만 강조할 뿐 법의 내용과 가치는 고려하지 않는 형해화(껍데기만 남은)된 법치를 말한다. 실질적 법치주의 개념에 따르면 법이라는 형식뿐만 아니라 법의 내용까지도 강조하는바, 법의 내용이 인권보장 등 헌법의 기본가치들을 포함하고 있어야 한다.

③ [×] 법률유보원칙에서 '법률의 유보'라고 하는 경우의 '법률'에는 국회에서 법률제정의 절차에 따라 만들어진 형식적 의미의 법률뿐만 아니라 **국회의 의결을 거치지 않은 명령이나 불문법원으로서의 관습이나 판례법도 포함된다.**(×)
  → 법률의 유보에 있어서 법률은 원칙적으로 국회에서 법률제정의 절차에 따라 만들어진 형식적 의미의 법률을 의미한다. 따라서 **국회의 의결을 거치지 않은 명령이나 불문법원으로서의 관습법 등은 법률유보에서 말하는 법률에 포함되지 않는다.**

④ [×] **법률유보의 원칙은 행정권의 발동에 이어서 조직규범의 근거가 필요하다는 것을 말한다.**
  → 법률유보의 원칙이란 일정한 행정권의 발동에는 법률의 근거가 있어야 한다는 원칙을 의미한다. 통상 행정권의 발동에 법률의 근거가 필요하다고 하면, 작용법적 근거를 말한다.(조직법적 근거는 당연히 있어야 한다.)

정답 ①

104 행정의 법률적합성 원칙(법치행정의 원칙)에 관한 설명 중 가장 적절한 것은? (다툼이 있는 경우 판례에 의함)

22 경찰 2차 [Core ★★] 총론 Chapter 4. 160

① 법치행정의 원칙에 관한 전통적 견해는 '법률의 지배', '법률의 우위', '법률의 유보'를 내용으로 한다.
② '법률의 우위'에서의 법률에는 형식적 의미의 법률뿐만 아니라 그 밖에 성문법과 불문법이 포함된다.
③ 법규명령에는 위임명령과 집행명령이 있으며, 모두 국민의 권리·의무에 관한 사항을 규정할 수 있다.
④ 법령의 구체적 위임 없이 최루액의 혼합·살수 방법 등을 규정한 경찰청장의「살수차운용지침」(2014. 4. 3.)은 법률유보의 원칙에 위배되는 측면이 있으나, 그 지침에 따라 살수한 경찰관의 행위는 집회를 해산하기 위한 불가피한 조치라는 점에서 반드시 위헌·위법이라 할 수 없다.

해설

② [O] '법률의 우위'에서의 법률에는 형식적 의미의 법률뿐만 아니라 그 밖에 성문법과 불문법이 포함된다.
→ 법률의 우위에서의 법률의 의미는 국회에서 제정되는 형식적 법률뿐만 아니라, 넓게 그 밖의 성문법과 불문법을 포함한다. 그리고 법률의 유보에서 이때의 법률의 개념은 원칙적으로 국회에서 제정한 법률, 예외적으로 법률의 위임에 따른 법규명령을 포함한다.

① [X] 법치행정의 원칙에 관한 전통적 견해는 '법률의 지배'(X), '법률의 우위', '법률의 유보'를 내용으로 한다.
→ O.Mayer로 대표되는 전통적 법치주의 입장은 법률의 법규창조력, 법률의 우위(제약규범), 법률의 유보(근거규범)로 체계화하였다.

③ [X] 법규명령에는 위임명령과 집행명령이 있으며, 모두(X) 국민의 권리·의무에 관한 사항을 규정할 수 있다.
→ 법규명령은 여러 기준에 따라 구분될 수 있다. 통상 제정주체에 따라 대통령령과 총리령 및 부령으로 구분되고, 법규명령을 법률의 위임여부에 따라 위임명령과 집행명령으로 구분하기도 한다. 여기서 위임명령은 법률이나 상위의 명령에서 구체적 위임에 의해 일정한 새로운 법규사항을 규정할 수 있는 법규명령(보충명령)이고, 집행명령은 상위법령을 집행하기 위해 필요한 구체적인 절차, 형식만을 규정할 수 있고, 상위법령에 규정이 없는 새로운 국민의 권리·의무에 관한 사항은 규정할 수 없다는 점에서 서로 다르다.
→ 참조. 논란이 될 수 있는 지문이다. 모두 법규명령이므로 국민의 권리의무에 관한 사항은 규정할 수 있으나, 새로운 사항을 보충하여 규정할 수 없다는 것이 집행명령이다.

④ [X] 법령의 구체적 위임 없이 최루액의 혼합·살수 방법 등을 규정한 경찰청장의「살수차운용지침」(2014. 4. 3.)은 법률유보의 원칙에 위배되는 측면이 있으나, 그 지침에 따라 살수한 경찰관의 행위는 집회를 해산하기 위한 불가피한 조치라는 점에서 반드시 위헌·위법이라 할 수 없다.(X)
→ 서울종로경찰서장의 최루액 혼합살수행위 위헌확인 재판에서 살수차운영지침(경찰청 훈령)은 법률유보의 원칙에 위배되고, 최루액을 물에 혼합한 용액을 살수차를 이용하여 청구인들에게 살수한 행위는 위헌이라고 판시하였다.

헌법재판소 2018. 5. 31.자 2015헌마476 전원재판부 결정 [물포 발포행위 등 위헌확인]
'경찰관 직무집행법'이나 이 사건 대통령령 등 법령의 구체적 위임 없이 국민의 생명과 신체에 심각한 위험을 초래할 수 있는 살수차를 이용한 혼합살수 방식을 규정하고 있는 이 사건 지침은 법률유보원칙에 위배된다. 따라서 이 사건 지침만을 근거로 한 이 사건 혼합살수행위 역시 법률유보원칙에 위배하여 청구인들의 신체의 자유와 집회의 자유를 침해한 공권력 행사로 헌법에 위반된다.

> **O.Mayer 법치주의**
> ① **법률의 법규창조력(法律의 法規創造力)**
>   국민의 권리·의무에 영향을 미치거나 그 범위를 확정하는 성문의 일반·추상적 규범이라고 일단 정의할 수 있는 법규는 입법권의 전속적 권한인 법률의 제정을 통해서만 창조될 수 있고, 행정권 스스로는 입법권의 수권이 없는 한 독자적으로 법규를 창조할 수 없다는 것을 말한다.
> ② **법률의 우위(法律의 優位) : 모든 행정영역에 적용**
>   법률의 형식으로 표현된 국가의사는 다른 모든 국가작용(행정·사법작용)보다 우위에 있는 것으로서, 특히 행정권의 행사가 법률에 저촉되거나 위반되어서는 안 된다는 것을 의미한다. 이 원칙은 법치주의의 최소한으로서 그 불가결의 요소를 이루는 것이다. 과거 형식적 법치주의 하에서는 내용적으로 위헌적인 법률의 우위도 인정되었던 것이나, 현재에는 위헌법률심사제도가 채택되어 합헌적 법률의 우위만이 인정됨은 물론이다.
> ③ **법률의 유보(法律의 留保) : 일정한 행정영역에 적용**
>   행정권의 발동은 개별적인 법률의 근거(법률의 수권)를 요한다는 원칙이다. 다만, 이러한 법률유보의 범위에 대해서는 현재 다양한 견해가 제시되어 있다.

정답 ②

105 개인의 자유를 침해하거나 의무를 부과하는 행정은 반드시 법률의 근거가 있어야 한다는 원칙을 전제할 때, 법률의 근거 없이도 가능한 것을 모두 고른 것은? (다툼이 있는 경우 판례에 의함)

22 경찰 2차 [Core ★★] 총론 Chapter 4. 161

> ㉠ 경찰관의 학교 앞 등교지도
> ㉡ 주민을 상대로 한 교통정책홍보
> ㉢ 기초생활수급자에 대한 생계비지원
> ㉣ 공무원에 대해 특정종교를 금지하는 훈령
> ㉤ 자살을 시도하는 사람에 대한 경찰관서 보호
> ㉥ 붕괴위험시설에 대한 예방적 출입금지

① ㉠㉡㉢   ② ㉠㉡㉤   ③ ㉠㉢㉤   ④ ㉡㉢㉣㉥

해설

㉠, ㉡, ㉢ 3항목이 법률의 근거 없이도 가능하다.
㉠ [X] 경찰관의 학교 앞 등교지도(X)
㉡ [X] 주민을 상대로 한 교통정책홍보(X)
㉢ [X] 기초생활수급자에 대한 생계비지원(X)
㉣ [O] 공무원에 대해 특정종교를 금지하는 훈령
㉤ [O] 자살을 시도하는 사람에 대한 경찰관서 보호
㉥ [O] 붕괴위험시설에 대한 예방적 출입금지

> 법치행정에 따를 때, 국민의 권리나 이익을 침해하거나(침해행정유보설), 국민의 의사에 반하여 명령하거나 강제를 하는 경우(권력행정유보설)에는 반드시 법률에 근거를 두어야 한다. 하지만, **비권력적인 계몽이나 지도, 홍보활동, 순수한 서비스활동(지리안내, 정보제공, 청소년선도 등)은 개별적 수권규범(근거조항)을 요구하지는 않는다.**

1) **침해행정유보설(侵害行政留保說)**
   자유주의적 이념에 기초하여 **국민의 자유와 권리를 제한, 침해**하거나 새로운 의무를 부과하는 행정작용은 반드시 법률의 근거를 요한다는 것이다.
2) **권력행정유보설(權力行政留保說)**
   행정작용의 침익성·수익성 여부를 가리지 않고 **행정권의 일방적 의사에 의해 국민의 권리·의무를 결정하게 되는 모든 권력적 행정작용은 법률의 근거를 요한다**는 것이다.
3) 그 외에 현대국가의 국가적 급부활동의 중요성으로 인한 침해행정뿐 아니라 급부행정에 있어서도 법률유보원칙의 적용이 필요하다는 급부행정유보설(給付行政留保說)·국민주권사상과 의회민주주의사상에 그 기초를 둔 전부유보설(全部留保說)·헌법의 법치국가원칙, 민주주의원칙, 기본권보장원리와 관련하여 볼 때 각 행정부문의 본질적 사항에 관한 규율은 법률에 유보하여야 한다는 본질성설, 중요사항유보설(本質性說, 重要事項留保說), 원칙적으로 침해유보설의 입장을 취하면서 I) 특별권력관계에 법률유보의 적용을 인정, ii) 급부행정의 영역에 있어서는 법률유보가 필수적인 것은 아니라고 본다는 신침해유보설(新侵害留保說) 등이 있다.

정답 ①

106 오늘날 법률유보의 원칙은 단순히 행정작용이 법률에 근거를 두기만 하면 충분한 것이 아니라, 국가공동체와 그 구성원에게 기본적이고도 중요한 의미를 갖는 영역, 특히 국민의 기본권 실현과 관련된 영역에 있어서는 국민의 대표자인 입법자가 그 본질적 사항에 대해서 스스로 결정하여야 한다는 요구까지 내포하고 있다는 헌법재판소 결정과 가장 관계가 깊은 것은?

14 서울시 변형 [Core ★★]

① 법률우위원칙 ② 의회유보원칙
③ 침해유보원칙 ④ 과잉금지원칙

해설

② [○] 의회유보원칙
→ 법률의 유보 중 의회유보원칙에 관한 내용이다. 판례는 의회유보원칙을 채택하고 있다.

헌법재판소 1999. 5. 27. 선고 98헌바70 전원재판부 [한국방송공사법제35조등위헌소원]
국민의 기본권실현에 관련된 영역에 있어서는 행정에 맡길 것이 아니라 국민의 대표자인 입법자 스스로 그 본질적 사항에 대하여 결정하여야 한다는 원칙을 말한다.

① [×] 법률우위원칙(×)
③ [×] 침해유보원칙(×)
④ [×] 과잉금지원칙(×)

정답 ②

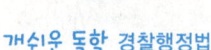

일반조항

107 다음에서 경찰관직무집행법 제2조의 직무범위에 관한 규정 중 제7호의「그 밖의 공공의 안녕과 질서유지」규정을 이른바 일반조항으로 볼 때, 다음 설명 중 틀린 것은?

01 경찰 2차 [ESSential ★] 총론 Chapter 4. 337

① 경찰권 발동에 관한 개별적 수권조항이 없는 경우 2차적·보충적 수권조항이다.
② 경찰권의 조리상의 한계이론은 주로 일반조항과 관련되어 보충적으로 적용한다.
③ 개괄조항의 확대해석 등 이에 근거하여 권한을 남용하였다면 사법심사의 대상이 된다.
④ 독일에서는 일반적 수권조항을 부정하는 것이 판례의 입장이다.

해설

④ [×] 독일에서는 일반적 수권조항을 부정하는 것이 판례의 입장이다.(×)
→ 독일에서는 전통적으로 일반조항을 인정하는 것이 학설과 판례를 통하여 확립되었다.
→ 참조. 독일은 '경찰이 필요한 조치를 취할 수 있다'라는 명문규정을 두고 있는 것이 우리나라와는 다른 점이다.
① [○] 경찰권 발동에 관한 개별적 수권조항이 없는 경우 2차적·보충적 수권조항이다.
② [○] 경찰권의 조리상의 한계이론은 주로 일반조항과 관련되어 보충적으로 적용한다.
③ [○] 개괄조항의 확대해석 등 이에 근거하여 권한을 남용하였다면 사법심사의 대상이 된다.

정답 ④

108 경찰관직무집행법 제2조 제7호 "그 밖의 공공의 안녕과 질서유지"의 일반조항 인정여부에 대한 긍정설의 입장 설명 중 틀린 것은?

09 경찰 1차 변형 [ESSential ★] 총론 Chapter 4. 338

① 경찰관직무집행법 제2조 제7호는 경찰의 직무범위를 규정한 것으로 본질적으로 조직법적 성질이다.
② 경찰권의 성질상 입법기관이 미리 경찰권의 발동사태를 상정해서 모든 요건을 법률에 규정하는 것은 불가능하기 때문에 일반조항이 필요하다.
③ 일반조항은 개별수권규정에 의한 조치로도 대응할 수 없는 경우에 보충적으로 적용한다.
④ 일반조항으로 인한 경찰권 발동의 남용가능성은 조리상의 한계 등으로 충분히 통제가 가능하다.

해설

① [×] 경찰관직무집행법 제2조 제7호는 경찰의 직무범위를 규정한 것으로 본질적으로 조직법적 성질이다.
→ 부정설, 부정설은 법치주의의 엄격한 적용을 강조한다. 경찰관직무집행법 제2조제7호는 경찰권의 발동근거에 관한 개괄조항은 아니고, 그것은 다만 경찰의 직무범위만을 정한 것으로 본질적으로는 조직법적 성질

의 규정이라고 주장하는 견해는 부정설의 입장이다.

> **경찰관 직무집행법행정기본법 제2조(직무의 범위)**
> 경찰관은 다음 각 호의 직무를 수행한다.
> 1. 국민의 생명·신체 및 재산의 보호
> 2. 범죄의 예방·진압 및 수사
> 2의2. 범죄피해자 보호
> 3. 경비, 주요 인사(人士) 경호 및 대간첩·대테러 작전 수행
> 4. 공공안녕에 대한 위험의 예방과 대응을 위한 정보의 수집·작성 및 배포
> 5. 교통 단속과 교통 위해(危害)의 방지
> 6. 외국 정부기관 및 국제기구와의 국제협력
> 7. 그 밖에 공공의 안녕과 질서 유지

② [O] 경찰권의 성질상 입법기관이 미리 경찰권의 발동사태를 상정해서 모든 **요건을 법률에 규정하는 것은 불가능하기 때문에 일반조항이 필요**하다.
→ 긍정설

③ [O] 일반조항은 개별수권규정에 의한 조치로도 대응할 수 없는 경우에 **보충적으로 적용**한다.
→ 긍정설

④ [O] 일반조항으로 인한 경찰권 발동의 남용가능성은 조리상의 한계 등으로 **충분히 통제가** 가능하다.
→ 긍정설

정답 ①

109 「경찰관 직무집행법」 제2조 제7호의 개괄적 수권조항 인정 여부에 있어 찬성 측의 논거로 가장 적절하지 <u>않은</u> 것은?

16 경찰 2차 [Essential ★] 총론 Chapter 4. 339

① 경찰권의 성질상 경찰권의 발동사태를 상정해서 경찰권 발동의 요건·한계를 입법기관이 일일이 규정한다는 것은 불가능하다.
② 개괄적 수권조항은 개별조항이 없는 경우에만 보충적으로 적용하면 된다.
③ 개괄적 수권조항으로 인한 경찰권 남용의 가능성은 조리 상의 한계 등으로 충분히 통제가 가능하다.
④ 「경찰관 직무집행법」 제2조 제7호는 단지 경찰의 직무범위만을 정한 것으로서 본질적으로는 조직법적 성질의 규정이다.

해설

④ [X] 「경찰관 직무집행법」 제2조 제7호는 **단지 경찰의 직무범위만을 정한 것으로서 본질적으로는 조직법적 성질의 규정이다.**
→ **부정설**, 「경찰관 직무집행법」 제2조 제7호의 개괄적 수권조항 인정 여부에 있어 **반대 측의 논거에 해당**한다.

① [O] 경찰권의 성질상 경찰권의 발동사태를 상정해서 경찰권 발동의 요건·한계를 **입법기관이 일일이 규정한다는 것은 불가능하다.**
→ 긍정설

② [O] 개괄적 수권조항은 개별조항이 없는 경우에만 **보충적으로 적용하면 된다.**
→ 긍정설

③ [O] 개괄적 수권조항으로 인한 경찰권 남용의 가능성은 조리 상의 한계 등으로 **충분히 통제가 가능하다.**
→ 긍정설

일반조항에 관한 견해

경찰관직무집행법 제3조(불심검문)부터 제10조의4(무기의 사용)에 관한 규정이 경찰권발동의 요건·내용·효과 등에 관하여 구체적으로 규정(개별적 조항)하고 있으나, 일반적 수권조항의 존재여부에 대해서는 견해가 다양하다.

① **긍정론(판례) : 일반적 수권조항설(권한에 관한 일반조항)**
  ㉠ 우리나라의 경우에도 일반조항이 있다고 보고, 개별적인 근거규정이 없을 때에는 이 조항에 근거하여 경찰권을 발동할 수 있다는 주장이다.
  ㉡ 경찰권의 성질상 입법기관이 미리 경찰권의 발동사태를 상정하여 모든 요건을 법률에 규정한다는 것은 불가능하다.
  ㉢ 일반조항으로 인한 경찰권 발동의 남용가능성은 조리상 한계 등으로 충분히 통제될 수 있다.
  ㉣ 경찰권발동의 조리상의 한계이론을 논하는 것 자체가 일반조항을 전제로 한다.
  ㉤ 독일에서는 전통적으로 일반조항을 인정하는 것이 학설과 판례를 통하여 확립되었다.

② **부정설 : 일반적 직무조항설(임무에 관한 일반조항)**
  ㉠ 우리나라는 일반조항이 없다는 견해로서, 경찰작용은 특히 국민의 자유와 권리에 대하여 긴장 가능성이 크고, 개인의 기본권을 보장하면서도 공공의 안녕·질서에 대한 위험방지 및 제거라는 경찰의 기본적 경찰작용을 위하여 한계를 명확히 규정할 필요가 있다. 이는 법치주의의 엄격한 적용을 강조한다.
  ㉡ 헌법(제37조 제2항)은 질서유지를 위한 국민의 자유와 권리의 제한은 법률로써만 할 수 있도록 하고 있어, 경찰권의 발동은 반드시 법률의 근거가 필요하다. 당연히 그 법률은 경찰작용의 근거로서의 개별적인 경찰작용법이어야 하고, 포괄적이고 일반적 수권은 허용하지 않는다.
  ㉢ 경찰관직무집행법 제2조 제7호는 경찰권의 발동근거에 관한 개괄조항은 아니고, 그것은 다만 경찰의 직무범위만을 정한 것으로 본질적으로는 조직법적 성질의 규정이다.
  ㉣ 우리의 경우, 독일과 같은 '경찰이 필요한 조치를 취할 수 있다'는 명문규정이 없다.

③ **절충설(입법필요설)**
우리 실정법상 일반조항의 필요성과 허용성을 인정하면서도, 경찰관직무집행법의 규정은 권한규정은 아니라 단순한 임무규정으로 보고, 입법을 통해 일반적 수권조항을 도입할 필요가 있다고 주장하는 견해이다.

정답 ④

경찰권발동의 한계

110 다음 경찰권발동의 한계에 대하여 설명한 것으로 잘못된 것은?

01 경찰 3차 [ESSential ★] 총론 Chapter 4. 340

① 경찰권은 법률유보의 원칙상 일정한 법적 근거에 의해서만 발동된다.
② 법률에 의한 위임은 구체적 범위를 정한 개별적 수권이어야 한다.
③ 경찰비례의 원칙에 대한 위반은 위법이 되지 아니한다.
④ 법률이 경찰권에 위임하는 재량은 기속재량이다.

해설

③ [×] 경찰비례의 원칙에 대한 위반은 위법이 되지 아니한다.(×)
→ **경찰권발동의 조건과 정도를 벗어난 경찰권행사는 이미 공권력행사로서의 정당성을 상실하고 그 자체가 위법이 된다.** 위법한 경찰권발동에 대하여서는 국민은 복종할 의무가 없으며, 좀 더 적극적으로는 정당방위가 가능하며 이로 인해 손해를 입은 국민은 손해배상 또는 원상회복을 청구할 수 있으며, 징계를 청원한다든지 행정쟁송 또는 직권에 의한 취소가 가능하다.
① [○] 경찰권은 법률유보의 원칙상 **일정한 법적 근거에 의해서만 발동**된다.
② [○] 법률에 의한 위임은 **구체적 범위를 정한 개별적 수권**이어야 한다.
④ [○] 법률이 경찰권에 위임하는 재량은 **기속재량**이다.
→ 법규가 어떤 행위를 명확하게 규정하여 행정청이 단순히 집행하게 하는 것을 기속행위라고 하며, 불명확한 개념을 사용하여 행정청의 판단여지를 남겨 놓는 상태를 재량행위라고 한다. 재량행위는 전통적으로 기속재량행위와 자유재량행위로 구분되는데, **기속재량행위란 법의 해석판단에 관한 재량**이고, 자유재량행위란 무엇이 공익에 적합한가의 판단재량이다. 경찰의 임무는 위험의 방지이고, 위험은 사람·동물·자연력에 의해 언제·어디서·어떻게 발생할 것인가가 예측이 어렵기 때문에 경찰의 발동에는 독자적 판단에 의해 경찰권을 발동할 수 있는 재량의 여지가 많다. **경찰에서의 재량은 자유재량이 아니라 법의 해석판단에 관한 기속재량이다.** 여기서 재량판단이 잘못되면 의무에 어긋난 개입으로 위법한 개입이 된다.

정답 ③

111 경찰권 발동의 조리상 한계에 대한 설명으로 가장 적절하지 않은 것은?

19 경찰 1차 [ESSential ★] 총론 Chapter 4. 341

① 경찰비례의 원칙이란 경찰작용에 있어 목적 실현을 위한 수단과 당해 목적 사이에 합리적인 비례관계가 있어야 한다는 원칙이다.
② 경찰비례의 원칙의 내용 중 상당성의 원칙은 경찰권 발동에 따른 이익보다 사인의 피해가 더 큰 경우 경찰권을 발동해서는 안 된다는 원칙으로서 최소침해원칙이라고도 한다.
③ 경찰책임의 원칙이란 경찰권은 경찰위반상태에 책임이 있는 자에게만 발동되어야 한다는 원칙이다.
④ 경찰책임 원칙의 예외로서 긴급한 필요가 있는 경우 경찰책임 있는 자가 아닌 제3자에 대한 경찰권 발동이 허용되는 경우가 있다.

해설

② [×] 경찰비례의 원칙의 내용 중 상당성의 원칙은 경찰권 발동에 따른 **이익보다 사인의 피해가 더 큰 경우 경찰권을 발동해서는 안 된다는 원칙**으로서 **최소침해원칙(×)**이라고도 한다.
→ 경찰비례의 원칙은 적합성의 원칙, 필요성의 원칙, 상당성의 원칙으로 구성되어 있다. 이는 통상 단계적으로 적용되고, 이 중 어느 하나라도 위반하면 위법이다. 특히, **상당성의 원칙을 수인가능성의 원칙 또는 협의의 비례원칙이라고도 한다. 최소침해의 원칙은 필요성의 원칙을 말한다.**

> ① **적합성** - 행정기관이 취한 행정작용은 달성하고자 하는 목적에 적합해야 하는 것을 의미한다.
> ② **필요성** - 목적달성을 위한 행정작용은 여러 적합한 수단 중에서도 그 상대방과 일반국민에 대하여 가장 적은 침해를 가져오는 것이어야 한다는 것을 의미한다.
> ③ **상당성**
>   ㉠ 행정작용으로 인한 공익과 침해되는 사익 간에 상당한 비례관계를 유지한다.
>   ㉡ "경찰은 참새를 잡기 위해 대포를 쏘아서는 안 된다"는 말은 상당성의 원칙을 잘 표현하고 있다.
> ➕ 적합성, 필요성, 상당성 세 가지 내용이 모두 충족되어야 적법한 경찰작용이다.

① [○] 경찰비례의 원칙이란 **경찰작용에 있어 목적 실현을 위한 수단과 당해 목적 사이에 합리적인 비례관계가 있어야 한다는** 원칙이다.
③ [○] 경찰책임의 원칙이란 경찰권은 **경찰위반상태에 책임이 있는 자에게만 발동되어야 한다는 원칙이다.**
④ [○] 경찰책임 원칙의 예외로서 긴급한 필요가 있는 경우 경찰책임 있는 자가 아닌 제3자에 대한 경찰권 발동이 허용되는 경우가 있다.

정답 ②

112 경찰비례의 원칙에 대한 설명으로 가장 적절하지 않은 것은?

20 경찰 2차 [Essential ★]
총론 Chapter 4. 342

① 독일에서 경찰법상의 판례를 중심으로 발달하여 왔고 오늘날에는 행정법의 모든 영역에서 적용되는 원칙으로 이해되고 있다.
② 최소침해의 원칙은 협의의 비례원칙이라고도 불린다.
③ 「경찰관직무집행법」제1조 제2항이 명문으로 규정하고 있을 뿐만 아니라 「헌법」제37조 제2항으로 부터도 도출된다.
④ 적합성, 필요성, 상당성의 원칙으로 이루어져 있다.

해설

② [×] 최소침해의 원칙은 협의의 비례원칙이라고도 불린다.
→ **필요성의 원칙은 최소침해의 원칙**, **상당성의 원칙을 협의의 비례원칙 또는 수인가능성의 원칙**이라고 한다.

① [O] 독일에서 **경찰법상의 판례를 중심으로 발달**하여 왔고 오늘날에는 행정법의 모든 영역에서 적용되는 원칙으로 이해되고 있다.

③ [O] 「경찰관직무집행법」제1조 제2항이 명문으로 규정하고 있을 뿐만 아니라 「헌법」제37조 제2항으로 부터도 도출된다.
→ 경찰비례의 원칙은 경찰작용에 있어 **목적실현을 위한 수단과 당해 목적 사이에 합리적인 비례관계가 있어야 한다**는 것으로 「경찰관 직무집행법」에 명시적으로 규정되어 있다.

대한민국헌법 제37조
① 국민의 자유와 권리는 헌법에 열거되지 아니한 이유로 경시되지 아니한다. ② 국민의 모든 자유와 권리는 국가안전보장·질서유지 또는 공공복리를 위하여 필요한 경우에 한하여 법률로써 제한할 수 있으며, 제한하는 경우에도 자유와 권리의 본질적인 내용을 침해할 수 없다.

경찰관 직무집행법 제1조(목적)
① 이 법은 국민의 자유와 권리 및 모든 개인이 가지는 불가침의 기본적 인권을 보호하고 사회공공의 질서를 유지하기 위한 경찰관(경찰공무원만 해당한다. 이하 같다)의 직무 수행에 필요한 사항을 규정함을 목적으로 한다. ② 이 법에 규정된 경찰관의 직권은 그 직무 수행에 필요한 최소한도에서 행사되어야 하며 남용되어서는 아니 된다.

④ [O] 적합성, 필요성, 상당성의 원칙으로 이루어져 있다.
→ 경찰비례의 원칙은 적합성의 원칙, 필요성의 원칙, 상당성의 원칙을 그 내용으로 하고 어느 하나라도 위반하면 위법이다. 또한 비례외 원칙을 위반하면 **위법**으로 경찰권이 남용으로 행정소송이 대상이 되며, 국가배상책임이 성립할 수 있다.

정답 ②

113 경찰책임의 원칙에 관한 설명으로 가장 적절한 것은?

14 경찰승진, 실무종합 [Core ★★]

총론 Chapter 4. 343

① 자기 자신 이외의 자의 행위에 대해서는 일체 책임을 지지 않는다.
② 고의·과실이 없는 경우에는 언제나 경찰책임을 지지 않는다.
③ 경찰이 경찰긴급권에 의하여 예외적으로 경찰책임이 없는 자에게 경찰권을 발동한 경우, 긴급한 상황에 의한 것이므로 그로 인하여 제3자가 손실을 받더라도 보상할 필요가 없다.
④ 다수인의 행위 또는 다수인이 지배하는 물건의 상태로 인하여 하나의 질서위반상태가 발생한 경우, 일부 또는 전체에 대하여 경찰권 발동이 가능하다.

해설

④ [O] 다수인의 행위 또는 다수인이 지배하는 물건의 상태로 인하여 하나의 질서위반상태가 발생한 경우, 일부 또는 전체에 대하여 경찰권 발동이 가능하다.
① [X] 자기 자신 이외의 자의 행위에 대해서는 일체 책임을 지지 않는다.(X)
→ 지배자책임을 질 때가 있다. 즉 자기 지배 하의 다른 사람이 경찰장해를 일으켰을 때는 자기 자신이 책임을 진다. 이때에도 책임의 성질은 대위책임이 아닌 자기책임이라고 본다.
② [X] 고의·과실이 없는 경우에는 언제나 경찰책임을 지지 않는다.(X)
→ 경찰책임은 고의·과실과는 무관하게 현실적으로 경찰위반상태(장해)에 있으면 책임을 진다.
③ [X] 경찰이 경찰긴급권에 의하여 예외적으로 경찰책임이 없는 자에게 경찰권을 발동한 경우, 긴급한 상황에 의한 것이므로 그로 인하여 제3자가 손실을 받더라도 보상할 필요가 없다.(X)
→ 반드시 손실보상이 이루어져야 한다. 즉 경찰책임과 무관한 제3자인 경찰비책임자에 대한 경찰권발동이므로 당연히 손실보상이 행해져야 한다.

경찰책임은 사회공공의 질서를 유지함에 있어서 장해의 상태가 존재하는 한 작위·부작위를 가리지 않고, 소멸시효와도 무관하다. 그리고 경찰긴급권(경찰비책임자에 대한 경찰권 발동)은 경찰책임의 원칙에 부합되지 않는 경찰권의 예외에 해당된다고 볼 수 있다.

정답 ④

114. 경찰책임의 원칙에 대한 다음 설명 중 가장 옳지 않은 것은?

17 경찰간부 [ESSential ★]
총론 Chapter 4. 344

① 경찰책임은 그 위해의 발생에 대한 고의·과실, 위법성의 유무, 위험에 대한 인식 여부 등을 묻지 않는다.
② 모든 자연인은 경찰책임자가 될 수 있으므로 행위능력, 불법행위능력, 형사책임능력, 국적 여부 등은 문제되지 않는다.
③ 사법인뿐만 아니라 권리능력 없는 사단도 경찰책임자가 될 수 있다.
④ 긴급한 필요가 있는 경우 예외적으로 경찰책임자가 아닌 자에 대해서 법령상 근거 없이 경찰권을 발동할 수 있다.

해설

④ [×] 긴급한 필요가 있는 경우 예외적으로 경찰책임자가 아닌 자에 대해서 **법령상 근거 없이 경찰권을 발동할 수 있다.**(×)
→ 예외적으로 경찰비책임자에 대한 경찰권의 발동이므로, **실정법상 근거가 있어야 한다.** 그 예로 소방기본법의 화재현장에 있는 자에 대한 소방작업 동원(제24조), 수상에서의 수색·구조 등에 관한 법률(수상구조법)의 수난구호를 위한 종사명령(제29조), 재난 및 안전관리기본법상 응급조치종사명령(제45조) 등이고, 그에 따른 불응에 대해서는 경범죄처벌법상 공무원의 원조불응(제3조 제1항제29호)에 해당되어 통고처분의 대상이 되기도 하고, 해당 관계법령에 따라서는 벌칙이나 과태료를 부과하는 경우도 있다.
① [O] 경찰책임은 그 위해의 발생에 대한 고의·과실, 위법성의 유무, 위험에 대한 인식 여부 등을 묻지 않는다.
② [O] 모든 자연인은 경찰책임자가 될 수 있으므로 행위능력, 불법행위능력, 형사책임능력, 국적 여부 등은 문제되지 않는다.
③ [O] 사법인뿐만 아니라 권리능력 없는 사단도 경찰책임자가 될 수 있다.

소방기본법 제24조(소방활동 종사 명령)

① 소방본부장, 소방서장 또는 소방대장은 화재, 재난·재해, 그 밖의 위급한 상황이 발생한 현장에서 소방활동을 위하여 필요할 때에는 그 관할구역에 사는 사람 또는 그 현장에 있는 사람으로 하여금 사람을 구출하는 일 또는 불을 끄거나 불이 번지지 아니하도록 하는 일을 하게 할 수 있다. 이 경우 소방본부장, 소방서장 또는 소방대장은 소방활동에 필요한 보호장구를 지급하는 등 안전을 위한 조치를 하여야 한다.
② 삭제
③ 제1항에 따른 명령에 따라 소방활동에 종사한 사람은 시·도지사로부터 소방활동의 비용을 지급받을 수 있다. 다만, 다음 각 호의 어느 하나에 해당하는 사람의 경우에는 그러하지 아니하다.
  1. 소방대상물에 화재, 재난·재해, 그 밖의 위급한 상황이 발생한 경우 그 관계인
  2. 고의 또는 과실로 화재 또는 구조·구급 활동이 필요한 상황을 발생시킨 사람
  3. 화재 또는 구조·구급 현장에서 물건을 가져간 사람

수상에서의 수색·구조 등에 관한 법률 (약칭: 수상구조법) 제29조(수난구호를 위한 종사명령 등)

① 구조본부의 장 및 소방관서의 장은 수난구호를 위하여 부득이하다고 인정할 때에는 필요한 범위에서 사람 또는 단체를 수난구호업무에 종사하게 하거나 선박, 자동차, 항공기, 다른 사람의 토지·건물 또는 그 밖의 물건 등을 일시적으로 사용할 수 있다. 다만, 노약자, 정신적 장애인, 신체장애인, 그 밖에 대통령령으로 정하는 사람에 대하여는 제외한다.
② 제1항에 따라 수난구호업무에의 종사명령을 받은 자는 구조본부의 장 및 소방관서의 장의 지휘를 받아 수난구호업무에 종사하여야 한다.
③ 국가 또는 지방자치단체는 제1항에 따라 수난구호 업무에 종사한 사람이 부상(신체에 장애를 입은 경우를 포함한다)을 입거나 사망(부상으로 인하여 사망한 경우를 포함한다)한 경우에는 그 부상자 또는 유족에게 보

상금을 지급하여야 한다. 다만, 다른 법령에 따라 국가 또는 지방자치단체의 부담에 의한 같은 종류의 보상금을 지급받은 사람에 대하여는 그 보상금에 상당하는 금액은 지급하지 아니한다.
④ 구조본부의 장 또는 소방관서의 장은 제1항에 따라 수난구호 업무에 종사한 사람이 「의사상자 등 예우 및 지원에 관한 법률」의 적용대상자인 경우에는 같은 법에 따른 보상을 받을 수 있도록 적극 지원하여야 한다.
⑤ 제3항 본문에 따른 보상금은 국가 또는 지방자치단체의 부담으로 하며, 그 기준 및 절차 등에 필요한 사항은 대통령령으로 정한다. 이 경우 특별한 사정이 없는 한 「의사상자 등 예우 및 지원에 관한 법률」의 보상기준을 준수하여야 한다.
⑥ 제3항에 따라 보상금을 지급받고자 하는 자는 해양수산부령으로 정하는 바에 따라 관할 지방자치단체의 장에게 신청하여야 한다.
⑦ 국가 또는 지방자치단체는 제1항에 따라 수난구호업무에 종사한 사람이 신체상의 부상을 입은 때에는 대통령령으로 정하는 바에 따라 치료를 실시하여야 한다.

재난 및 안전관리 기본법 (약칭: 재난안전법) 제45조(응급부담)
시장·군수·구청장과 지역통제단장(대통령령으로 정하는 권한을 행사하는 경우에만 해당한다)은 그 관할 구역에서 재난이 발생하거나 발생할 우려가 있어 응급조치를 하여야 할 급박한 사정이 있으면 해당 재난현장에 있는 사람이나 인근에 거주하는 사람에게 응급조치에 종사하게 하거나 대통령령으로 정하는 바에 따라 다른 사람의 토지·건축물·인공구조물, 그 밖의 소유물을 일시 사용할 수 있으며, 장애물을 변경하거나 제거할 수 있다.

경범죄 처벌법 제3조(경범죄의 종류)
① 다음 각 호의 어느 하나에 해당하는 사람은 10만원 이하의 벌금, 구류 또는 과료(科料)의 형으로 처벌한다.
29. (공무원 원조불응) 눈·비·바람·해일·지진 등으로 인한 재해, 화재·교통사고·범죄, 그 밖의 급작스러운 사고가 발생하였을 때에 현장에 있으면서도 정당한 이유 없이 관계 공무원 또는 이를 돕는 사람의 현장출입에 관한 지시에 따르지 아니하거나 공무원이 도움을 요청하여도 도움을 주지 아니한 사람

정답 ④

115 경찰책임의 원칙에 관한 설명으로 가장 적절하지 않은 것은?

19 경찰 2차 [Essential ★]
총론 Chapter 4. 345

① 경찰책임의 원칙이란 경찰위반상태에 책임 있는 자에게만 경찰권이 발동되어야 한다는 원칙을 의미한다.
② 경찰책임의 예외로서 경찰긴급권은 급박성, 보충성 등의 요건이 충족되는 경우 경찰책임자가 아닌 제3자에게 경찰권 발동이 인정되는 경우를 의미한다. 법적근거는 요하지 않으나 제3자의 승낙이 있는 경우에 한하여 경찰긴급권의 발동이 허용된다. 다만 이 경우에도 생명·건강 등 제3자의 중대한 법익에 대한 침해는 허용되지 않는다.
③ 경찰책임의 종류에는 행위책임, 상태책임, 복합적 책임이 있다. 먼저 행위책임은 사람의 행위로 인해 경찰위반상태가 발생한 경우를 의미하며, 상태책임은 물건 또는 동물의 소유자·점유자·관리자가 그 지배범위 안에 속하는 물건·동물로 인해 경찰위반상태가 발생한 경우를 의미한다. 마지막으로 복합적 책임은 다수인의 행위책임, 다수의 상태책임 또는 행위·상태책임이 중복되는 경우를 의미한다.
④ 경찰책임은 사회 공공의 안녕과 질서에 대한 객관적 위험상황이 존재하면 인정되며, 자연인·법인, 고의·과실, 위법성 유무, 의사·행위·책임능력의 유무 등을 불문한다.

해설

② [×] 경찰책임의 예외로서 **경찰긴급권은 급박성, 보충성 등의 요건이 충족되는 경우 경찰책임자가 아닌 제3자에게 경찰권 발동이 인정되는 경우**를 의미한다. **법적근거는 요하지 않으나(×)** 제3자의 승낙이 있는 경우에 한하여 경찰긴급권의 발동이 허용된다. 다만 이 경우에도 생명·건강 등 제3자의 중대한 법익에 대한 침해는 허용되지 않는다.
  → 경찰위해가 존재하는 경우, 경찰이 스스로의 인력으로 또는 경찰책임자에 대한 명령·강제를 통하여 경찰위해를 제거할 수 있음은 당연하다. 하지만, 급박하고 불가피한 경우에는 **법령상 근거에 의해** 경찰책임이 없는 자(비책임자, 제3자)에 대하여도 필요한 경우 경찰권의 발동으로서의 위해의 방지 내지는 제거의 명령을 할 수 있다고 본다.
① [O] 경찰책임의 원칙이란 **경찰위반상태에 책임 있는 자에게만 경찰권이 발동되어야 한다는 원칙**을 의미한다.
③ [O] 경찰책임의 종류에는 행위책임, 상태책임, 복합적 책임이 있다. 먼저 **행위책임은 사람의 행위로 인해 경찰위반상태가 발생한 경우**를 의미하며, **상태책임은 물건 또는 동물의 소유자·점유자·관리자가 그 지배범위 안에 속하는 물건·동물로 인해 경찰위반상태가 발생한 경우**를 의미한다. 마지막으로 복합적 책임은 다수인의 행위책임, 다수의 상태책임 또는 행위·상태책임이 중복되는 경우를 의미한다.
④ [O] 경찰책임은 사회 공공의 안녕과 질서에 대한 객관적 위험상황이 존재하면 인정되며, 자연인·법인, 고의·과실, 위법성 유무, 의사·행위·책임능력의 유무 등을 불문한다.

정답 ②

116 경찰책임의 원칙에 대한 설명 중 가장 적절하지 <u>않은</u> 것은?

19 법학특채 [ESSential ★]
총론 Chapter 4. 346

① 민법상 행위능력이 없는 경우에도 경찰책임이 인정될 수 있다.
② 경찰위반의 상태는 개별 법규를 위반하지 않았더라도 인정될 수 있다.
③ 경찰권 발동이 경찰책임의 원칙에 위배되면 그것은 위법행위로서 무효 또는 취소사유가 된다.
④ 경찰긴급권에 의하여 예외적으로 경찰책임이 없는 자에게 경찰권을 발동하기 위해서는 자연법적 근거에 의해 발동해야 한다.

해설

④ [×] 경찰긴급권에 의하여 예외적으로 경찰책임이 없는 자에게 경찰권을 발동하기 위해서는 **자연법적 근거(×)**에 의해 발동해야 한다.
  → **자연법적 근거로는 부족하고 경찰긴급권에 의하여 예외적으로 경찰책임이 없는 자에게 경찰권을 발동하기 위해서는 실정법적 근거가 있어야 한다.** 개별조항이 있는 경우에는 당연한데, 일반적 수권조항에 근거하여 위험방지를 위한 경찰긴급권을 행사할 수 있는가에 대해서는 논란의 여지가 있으나, 긍정설에 의하면 이 또한 인정한다.
① [O] 민법상 행위능력이 없는 경우에도 경찰책임이 인정될 수 있다.
② [O] 경찰위반의 상태는 개별 법규를 위반하지 않았더라도 인정될 수 있다.
③ [O] 경찰권 발동이 **경찰책임의 원칙에 위배되면 그것은 위법행위로서 무효 또는 취소사유가 된다.**

정답 ④

117. 경찰책임의 원칙에 대한 설명 중 옳지 않은 것은?

20 경찰간부 [Essential ★]
총론 Chapter 4. 347

① 경찰책임의 주체는 모든 자연인이 될 수 있다. 또한 권리능력 유무에 관계없이 모든 사법인(私法人)도 경찰책임자가 될 수 있다.
② 경찰이 경찰긴급권에 의하여 예외적으로 경찰책임이 없는 자에게 경찰권을 발동함으로써 제3자에게 손실을 입히는 경우에는 그 손실을 보상하여야 한다.
③ 다수인의 행위 또는 다수인이 지배하는 물건의 상태로 인하여 하나의 질서위반상태가 발생한 경우, 일부 또는 전체에 대하여 경찰권 발동이 가능하다.
④ 타인을 보호 감독할 지위에 있는 자가 피지배자의 행위로 발생한 경찰위반에 대하여 경찰책임을 지는 경우, 자기의 지배범위 내에서 발생한 데에 대한 대위책임이다.

해설

④ [×] 타인을 보호 감독할 지위에 있는 자가 피지배자의 행위로 발생한 경찰위반에 대하여 경찰책임을 지는 경우, 자기의 지배범위 내에서 발생한 데에 대한 **대위책임**(×)이다.
→ 타인을 보호·감독할 지위에 있는 자(친권자·사용주 등)가 그 범위 내에서 지배자로서 피지배자의 행위로 인하여 발생한 경찰위반상태에 대하여 지는 지배자 책임은 그 본질이 대위책임이 아닌 **자기책임의 성질을 가진다.**
① [○] 경찰책임의 주체는 모든 자연인이 될 수 있다. 또한 권리능력 유무에 관계없이 모든 사법인(私法人)도 경찰책임자가 될 수 있다.
② [○] 경찰이 **경찰긴급권**에 의하여 예외적으로 경찰책임이 없는 자에게 경찰권을 발동함으로써 제3자에게 손실을 입히는 경우에는 그 손실을 보상하여야 한다.
③ [○] 다수인의 행위 또는 다수인이 지배하는 물건의 상태로 인하여 하나의 질서위반상태가 발생한 경우, **일부 또는 전체에 대하여 경찰권 발동이 가능하다.**

정답 ④

118. 다음 〈보기〉의 내용 중 공통된 행정의 법 원칙은 무엇인가?

22 경찰 1차 [Essential ★]
총론 Chapter 4. 348

- 「행정기본법」 제12조 제1항 "행정청은 공익 또는 제3자의 이익을 현저히 해칠 우려가 있는 경우를 제외하고는 행정에 대한 국민의 정당하고 합리적인 신뢰를 보호하여야 한다."
- 「행정절차법」 제4조 제2항 "행정청은 법령 등의 해석 또는 행정청의 관행이 일반적으로 국민들에게 받아들여졌을 때에는 공익 또는 제3자의 정당한 이익을 현저히 해칠 우려가 있는 경우를 제외하고는 새로운 해석 또는 관행에 따라 소급하여 불리하게 처리하여서는 아니 된다."

① 비례의 원칙
② 평등의 원칙
③ 신뢰보호의 원칙
④ 부당결부금지의 원칙

③ [O] 신뢰보호의 원칙
- 「행정기본법」 제12조 제1항 "행정청은 공익 또는 제3자의 이익을 현저히 해칠 우려가 있는 경우를 제외하고는 행정에 대한 국민의 정당하고 합리적인 신뢰를 보호하여야 한다."
- 「행정절차법」 제4조 제2항 "행정청은 법령 등의 해석 또는 행정청의 관행이 일반적으로 국민들에게 받아들여졌을 때에는 공익 또는 제3자의 정당한 이익을 현저히 해칠 우려가 있는 경우를 제외하고는 새로운 해석 또는 관행에 따라 소급하여 불리하게 처리하여서는 아니 된다."

① [X] 비례의 원칙(×)
② [X] 평등의 원칙(×)
④ [X] 부당결부금지의 원칙(×)

신뢰보호의 원칙(금반언의 법리)이란 사인이 행정기관의 어떤 적극적 또는 소극적 언동의 정당성·존속성에 대해 준 신뢰가 보호할 가치있는 이익인 경우에 그 신뢰를 보호해 주는 원칙을 말한다. 통설과 판례는 대체로 법적 안정성의 견지에서 신뢰보호원칙을 인정하고 있다. 그리고 신뢰보호의 일반적 요건은 i) 행정기관이 일정한 조치를 취하여 국민이 이를 믿게 한 선행조치가 있어야 하고, ii) 선행조치의 정당성·존속성에 대한 관계인의 신뢰가 보호가치있는 것이어야 하고, iii) 선행조치에 대한 신뢰에 입각하여 사인이 어떤 처리(건축의 개시, 재산의 처분 등)를 한 경우에 그 처리를 보호하기 위한 것이고, iv) 선행조치에 반하는 행정청의 후행처분이 있거나 또는 행정청이 선행조치에 의해 신뢰를 준 행위를 하지 않음으로써 그것을 신뢰한 상대방 및 관계인의 권익이 침해되어야 하고, v) 선행조치와 이를 믿은 관계인의 신뢰사이에 인과관계가 있어야 한다.

정답 ③

119 경찰권 발동의 조리상 한계에 대한 설명으로 가장 적절하지 않은 것은? 22 경찰간부 [Core ★★]

총론 Chapter 4. 349

① 경찰공공의 원칙이란 경찰권은 공공의 안녕·질서유지에 관계없는 사적관계에 대해서 발동되어서는 안된다는 원칙을 의미한다.
② 경찰비례의 원칙 중 필요성의 원칙은 협의의 비례원칙이라고도 불리며 경찰기관의 조치는 그 목적을 달성하는데 적합하여야 한다는 원칙이다.
③ 경찰책임의 원칙이란 경찰권은 원칙적으로 경찰위반상태를 야기한 자, 즉 공공의 안녕·질서의 위험에 대하여 행위책임 또는 상태책임을 질 자에게만 발동될 수 있다는 원칙이다.
④ 경찰평등의 원칙이란 경찰권은 그 대상이 되는 모든 사람에게 차별 없이 평등하게 행사되어야 한다는 것을 의미한다.

② [X] 경찰비례의 원칙 중 필요성의 원칙은 협의의 비례원칙(×)이라고도 불리며 경찰기관의 조치는 그 목적을 달성하는데 적합하여야 한다는 원칙(×)이다.
→ 경찰비례의 원칙 중 필요성의 원칙은 최소침해의 원칙이라고 한다. 상당성의 원칙을 협의의 비례원칙 또는 수인가능성의 원칙이라고도 불린다. 경찰기관의 조치는 그 목적을 달성하는데 적합하여야 한다는 원칙은 적합성의 원칙과 관계가 있다.

① [O] 경찰공공의 원칙이란 경찰권은 공공의 안녕·질서유지에 관계없는 사적관계에 대해서 발동되어서는 안 된다는 원칙을 의미한다.
③ [O] 경찰책임의 원칙이란 경찰권은 원칙적으로 경찰위반상태를 야기한 자, 즉 공공의 안녕·질서의 위험에 대하여 행위책임 또는 상태책임을 질 자에게만 발동될 수 있다는 원칙이다.
④ [O] 경찰평등의 원칙이란 경찰권은 그 대상이 되는 모든 사람에게 차별 없이 평등하게 행사되어야 한다는 것을 의미한다.

정답 ②

120 경찰비례의 원칙에 대한 설명으로 가장 적절하지 않은 것은? 22 경찰승진, 실무종합 [Essential ★]

총론 Chapter 4. 350

① 행정영역에서 적용되는 원칙으로서, 일반적 수권조항에 근거하여 경찰권을 발동하는 경우는 물론, 개별적 수권조항에 근거하여 경찰권을 발동하는 경우에도 적용된다.
② 경찰행정관청의 특정행위가 공적 목적 달성을 위해 적합하고, 국민에게 가장 피해가 적으며, 달성되는 공익이 침해되는 사익보다 더 커야 적법한 행정작용이 될 수 있다.
③ 상당성의 원칙(협의의 비례원칙)은 경찰기관의 어떤 조치가 경찰목적 달성을 위해 필요한 경우라고 하여도 그 조치에 따른 불이익이 그 조치로 인해 발생하는 이익보다 큰 경우에는 경찰권을 발동해서는 안된다는 원칙이다.
④ 경찰비례의 원칙은 법률에 명문의 규정은 존재하지 않지만 이를 위반한 경찰작용은 위법한 것으로 평가되어 행정소송의 대상이 되며, 국가배상청구의 대상이 될 수 있다.

해설

④ [X] 경찰비례의 원칙은 **법률에 명문의 규정은 존재하지 않지만(X)** 이를 위반한 경찰작용은 위법한 것으로 평가되어 행정소송의 대상이 되며, 국가배상청구의 대상이 될 수 있다.
→ 경찰비례의 원칙은 대표적으로 **경찰관직무집행법 제1조제2항**(이 법에 규정된 경찰관의 직권은 그 직무수행에 필요한 최소한도에서 행사되어야 하며 남용되어서는 아니 된다.)에 명시적 근거가 있다. 이 외에도 헌법 제37조제2항(국민의 모든 자유와 권리는 국가안전보장·질서유지 또는 공공복리를 위하여 필요한 경우에 한하여 법률로써 제한할 수 있으며, 제한하는 경우에도 자유와 권리의 본질적인 내용을 침해할 수 없다.)이나 행정기본법 제10조, 또한 경찰법 제5조에도 그 근거를 두고 있다고 볼 수 있다. 즉 경찰비례원칙의 위반이 경찰권의 남용이다.

행정기본법 제10조(비례의 원칙)
행정작용은 다음 각 호의 원칙에 따라야 한다.
1. 행정목적을 달성하는 데 유효하고 적절할 것
2. 행정목적을 달성하는 데 필요한 최소한도에 그칠 것
3. 행정작용으로 인한 국민의 이익 침해가 그 행정작용이 의도하는 공익보다 크지 아니할 것

국가경찰과 자치경찰의 조직 및 운영에 관한 법률 (약칭: 경찰법) 제5조(권한남용의 금지)
경찰은 그 직무를 수행할 때 헌법과 법률에 따라 국민의 자유와 권리 및 모든 개인이 가지는 불가침의 기본적 인권을 보호하고, 국민 전체에 대한 봉사자로서 공정·중립을 지켜야 하며, 부여된 권한을 남용하여서는 아니 된다.

① [O] 행정영역에서 적용되는 원칙으로서, 일반적 수권조항에 근거하여 경찰권을 발동하는 경우는 물론, 개별적 수권조항에 근거하여 경찰권을 발동하는 경우에도 적용된다.
② [O] 경찰행정관청의 특정행위가 공적 목적 달성을 위해 적합하고, 국민에게 가장 피해가 적으며, 달성되는 공익이 침해되는 사익보다 더 커야 적법한 행정작용이 될 수 있다.
③ [O] 상당성의 원칙(협의의 비례원칙)은 경찰기관의 어떤 조치가 경찰목적 달성을 위해 필요한 경우라고 하여도 그 조치에 따른 불이익이 그 조치로 인해 발생하는 이익보다 큰 경우에는 경찰권을 발동해서는 안된다는 원칙이다.

정답 ④

121 경찰권의 한계에 대한 설명이다. 가장 적절하지 않은 것은? 예상문제 [Core ★★] 총론 Chapter 4, 352

① 경찰법규는 원칙적으로 법률, 예외적으로 법규명령의 형식으로 존재한다. 따라서 경찰권의 근거인 경찰법규는 다른 한편으로는 경찰권의 한계가 된다. 이 점에서 법규상의 한계는 경찰권의 발동에 대한 제1단계적 제약을 의미한다.
② 경찰권 행사의 법규상의 한계는 경찰법규가 경찰권 발동의 요건을 불확정 개념으로 규정하고 있기 때문에 그 요건이 충족된 경우에도 경찰권의 행사와 관련해서는 행정편의주의가 적용되어 법규에 의한 제약이 형식적인 것에 불과한 경우가 많게 된다. 따라서 경찰권 발동에 대한 제2단계적 제약으로 조리상의 한계는 매우 중요하다.
③ 경찰비례의 원칙은 경찰권 발동의 조건과 정도에 관한 원칙, 경찰공공의 원칙은 사생활자유의 관한 원칙, 경찰책임의 원칙은 경찰권 발동의 대상에 관한 원칙이라고 다르게 표현할 수 있다. 특히, 경찰비례의 원칙은 일반조항에 근거하여 경찰권을 발동하는 경우에만 적용되어야 하고 개별적 수권조항에 근거하여 경찰권을 발동하는 경우에는 적용하여서는 안된다.
④ 보충성의 원칙상 사법상문제에 대해서는 법적 보호가 적시에 이루어지지 않고, 경찰의 원조없이는 법을 실현시키는 것이 무효화되거나 사실상 어려워질 경우에만 경찰이 개입할 수 있고, 경찰무기의 사용에 있어서 다른 수단으로는 경찰목적을 달성할 수 없어야 하고, 대집행에 있어서 다른 수단으로는 그 이행확보가 곤란할 것을 요하고, 경비경찰의 법집행은 공공의 안녕과 질서유지를 목적으로 하는 공권력에 의한 활동이므로, 다른 사회의 일반적인 방법으로 통제 불가능할 때 최후수단으로 개입해야 한다.

해설

③ [X] 경찰비례의 원칙은 경찰권 발동의 조건과 정도에 관한 원칙, 경찰공공의 원칙은 사생활자유의 관한 원칙, 경찰책임의 원칙은 경찰권 발동의 대상에 관한 원칙이라고 다르게 표현할 수 있다. 특히, 경찰비례의 원칙은 일반조항에 근거하여 경찰권을 발동하는 경우에만 적용되어야 하고 개별적 수권조항에 근거하여 경찰권을 발동하는 경우에는 적용하여서는 안된다.(X)
→ 경찰비례의 원칙은 경찰권의 한계 중 조리상 한계의 한 내용을 이루는 것으로서 경찰관 직무집행법 제1조 제2항은 「경찰권은 그 목적을 위하여 필요한 최소한도 내에서 행사되어야 하며, 이를 남용하여서는 아니된다」고 명문으로 규정한 실정법상의 원칙이기도 하다. 경찰비례의 원칙은 일반조항에 근거하여 경찰권을 발동하는 경우에는 물론 개별적 수권조항에 근거하여 경찰권을 발동하는 경우에도 적용된다.

① [O] 경찰법규는 원칙적으로 법률, 예외적으로 법규명령의 형식으로 존재한다. 따라서 **경찰권의 근거인 경찰법규는 다른 한편으로는 경찰권의 한계가 된다. 이 점에서 법규상의 한계는 경찰권의 발동에 대한 제1단계적 제약을 의미한다.**
② [O] 경찰권 행사의 법규상의 한계는 경찰법규가 경찰권 발동의 요건을 불확정 개념으로 규정하고 있기 때문에 그 요건이 충족된 경우에도 경찰권의 행사와 관련해서는 행정편의주의가 적용되어 법규에 의한 제약이 형식적인 것에 불과한 경우가 많게 된다. 따라서 **경찰권 발동에 대한 제2단계적 제약으로 조리상의 한계는 매우 중요하다.**
④ [O] 보충성의 원칙상 사법상문제에 대해서는 법적 보호가 적시에 이루어지지 않고, 경찰의 원조없이는 법을 실현시키는 것이 무효화되거나 사실상 어려워질 경우에만 경찰이 개입할 수 있고, 경찰무기의 사용에 있어서 다른 수단으로는 경찰목적을 달성할 수 없어야 하고, 대집행에 있어서 다른 수단으로는 그 이행확보가 곤란할 것을 요하고, 경비경찰의 법집행은 공공의 안녕과 질서유지를 목적으로 하는 공권력에 의한 활동이므로, **다른 사회의 일반적인 방법으로 통제 불가능할 때 최후수단으로 개입해야 한다.**

정답 ③

122 다음은 비례원칙에 대한 설명이다. 적절하지 <u>않은</u> 것은 모두 몇 개인가? 예상문제 [Essential ★]

총론 Chapter 4. 353

㉠ 비례원칙이란 일반적으로 행정작용에 있어 목적 실현을 위한 수단과 당해 목적 사이에 합리적인 비례관계가 있어야 한다는 것을 말한다.
㉡ 비례원칙의 내용으로는 적합성의 원칙, 필요성의 원칙, 상당성의 원칙이 있다.
㉢ 경찰작용은 적합성, 필요성, 상당성의 원칙 중 적어도 하나는 충족해야 한다.
㉣ 비례원칙의 실정법적인 근거로는 헌법 제37조 제2항과 경찰관직무집행법 제1조 제2항 등이 있다.
㉤ 비례원칙에 위반한 국가작용에 대해서 국가손해배상책임이 성립되지 않는다.

① 1개 ② 2개 ③ 3개 ④ 4개

해설

㉢, ㉤ 2항목이 적절하지 않다.
㉢ [×] 경찰작용은 적합성, 필요성, 상당성의 원칙 중 적어도 하나는 충족해야 한다.(×)
→ 경찰작용이 비례의 원칙을 충족하기 위해서는 적합성, 필요성, 상당성의 원칙(수인가능성의 원칙)을 모두 필요로 한다.
㉤ [×] 비례원칙에 위반한 국가작용에 대해서 국가손해배상책임이 성립되지 않는다.(×)
→ 비례원칙에 위반한 국가작용은 경찰권의 남용으로 위법한 공권력의 행사로서 당연히 국가손해배상책임이 인정된다.
㉠ [O] 비례원칙이란 일반적으로 행정작용에 있어 목적 실현을 위한 수단과 당해 목적 사이에 **합리적인 비례관계가 있어야 한다는 것을 말한다.**
㉡ [O] 비례원칙의 내용으로는 **적합성의 원칙, 필요성의 원칙, 상당성의 원칙**이 있다.
㉣ [O] 비례원칙의 실정법적인 근거로는 **헌법 제37조 제2항과 경찰관직무집행법 제1조 제2항** 등이 있다.

정답 ②

123 경찰행정법상의 일반원칙에 관한 설명으로 올바른 것은? (다툼이 있는 경우 판례에 의함)

예상문제 [Core ★★] 총론 Chapter 4. 354

> ㉠ 비례원칙의 실정법적 근거는「헌법」제37조 제2항과「경찰관직무집행법」제1조 제2항을 들 수 있으며, 경찰작용이 비례원칙에 위배되지 않기 위해서는 세부 원칙인 적합성, 필요성, 상당성의 원칙 가운데 적어도 하나는 충족해야 한다.
> ㉡ 신뢰보호원칙이란 행정기관의 일정한 언동의 정당성 또는 존속성에 대한 개인의 보호가치 있는 신뢰는 보호해주어야 한다는 것으로서, 현행「공공기관의 정보공개에 관한 법률」이 일반법적 근거가 될 수 있다.
> ㉢ 일반적인 견해는 신뢰보호의 원칙상 행정의 자기구속의 원칙은 구속의 근거가 되는 행정관행이 적법은 물론이고 위법한 경우에도 적용되어야 한다고 한다.
> ㉣ 대법원은 운전면허 취소사유에 해당하는 음주운전을 적발한 경찰관의 소속경찰서장이 사무착오로 위반자에게 운전면허정지처분을 한 상태에서 위반자의 주소지 관할 지방경찰청장이 위반자에게 운전면허취소처분을 한 것은 신뢰보호원칙에 위배된다고 판시하였다.

① 1개 ② 2개 ③ 3개 ④ 4개

해설

㉣ [O] 대법원은 운전면허 취소사유에 해당하는 음주운전을 적발한 경찰관의 소속경찰서장이 사무착오로 위반자에게 운전면허정지처분을 한 상태에서 위반자의 주소지 관할 지방경찰청장이 위반자에게 운전면허취소처분을 한 것은 **신뢰보호원칙에 위배된다고 판시하였다.**

대법원 2000. 2. 25. 선고 99두10520 판결 [자동차운전면허취소처분취소]
운전면허 취소사유에 해당하는 음주운전을 적발한 경찰관의 소속 경찰서장이 사무착오로 위반자에게 운전면허정지처분을 한 상태에서 위반자의 주소지 관할 지방경찰청장이 위반자에게 운전면허취소처분을 한 것은 **선행처분에 대한 당사자의 신뢰 및 법적 안정성을 저해하는 것으로서 허용될 수 없다고 한 사례**

㉠ [X] 비례원칙의 실정법적 근거는「헌법」제37조 제2항과「경찰관직무집행법」제1조 제2항을 들 수 있으며, 경찰작용이 비례원칙에 위배되지 않기 위해서는 세부 원칙인 적합성, 필요성, 상당성의 원칙 가운데 **적어도 하나는 충족해야 한다.(X)**
→ 비례의 원칙은 적합성(수단의 적합성), 필요성(침해의 최소성), 상당성(법익의 균형성)으로 구성되어 있다. **이 가운데 어느 하나라도 위반한 경우에는 비례의 원칙에 위배된다.**

㉡ [X] 신뢰보호원칙이란 행정기관의 일정한 언동의 정당성 또는 존속성에 대한 개인의 보호가치 있는 신뢰는 보호해주어야 한다는 것으로서, 현행 「**공공기관의 정보공개에 관한 법률」(X)**이 일반법적 근거가 될 수 있다.
→ 현행「**행정기본법」이 일반법적 근거가 될 수 있다.** 그리고 **행정절차법(제4조)에도 그 근거를 두고 있다.**

㉢ [X] 일반적인 견해는 신뢰보호의 원칙상 행정의 자기구속의 원칙은 구속의 근거가 되는 행정관행이 적법은 물론이고 **위법한 경우에도 적용되어야 한다고 한다.(X)**
→ 행정의 자기구속의 법리는 **적법한 관행에 인정될 수 있을 뿐이다.**

1) 신뢰보호의 원칙
㉠ 신뢰보호의 원칙(금반언의 법리)이란 사인이 행정기관의 어떤 적극적 또는 소극적 언동의 정당성·존속성에 대해 준 신뢰가 보호할 가치있는 이익인 경우에 그 신뢰를 보호해 주는 원칙을 말한다. 통설과 판례는 대체로 법적 안정성의 견지에서 신뢰보호원칙을 인정하고 있다.

ⓒ 신뢰보호의 일반적 요건은 i) 행정기관이 일정한 조치를 취하여 국민이 이를 믿게 한 선행조치가 있어야 하고, ii) 선행조치의 정당성·존속성에 대한 관계인의 신뢰가 보호가치있는 것이어야 하고, iii) 선행조치에 대한 신뢰에 입각하여 사인이 어떤 처리(건축의 개시, 재산의 처분 등)를 한 경우에 그 처리를 보호하기 위한 것이고, iv) 선행조치에 반하는 행정의 후행처분이 있거나 또는 행정청이 선행조치에 의해 신뢰를 준 행위를 하지 않음으로써 그것을 신뢰한 상대방 및 관계인의 권익이 침해되어야 하고, v) 선행조치와 이를 믿은 관계인의 신뢰사이에 인과관계가 있어야 한다.

2) **행정의 자기구속의 법리**
행정의 자기구속의 법리와 관련하여 「불법에 있어서의 평등」은 인정되지 않는다. 즉, 행정의 자기구속의 법리는 행정규칙 등이 적법한 경우에만 적용되어야 할 것이며, 위법한 경우에는 적용되지 않는다.

행정기본법 제2장 행정의 법 원칙

제8조(법치행정의 원칙)
행정작용은 법률에 위반되어서는 아니 되며, 국민의 권리를 제한하거나 의무를 부과하는 경우와 그 밖에 국민생활에 중요한 영향을 미치는 경우에는 법률에 근거하여야 한다.

제9조(평등의 원칙)
행정청은 합리적 이유 없이 국민을 차별하여서는 아니 된다.

제10조(비례의 원칙)
행정작용은 다음 각 호의 원칙에 따라야 한다.
1. 행정목적을 달성하는 데 유효하고 적절할 것
2. 행정목적을 달성하는 데 필요한 최소한도에 그칠 것
3. 행정작용으로 인한 국민의 이익 침해가 그 행정작용이 의도하는 공익보다 크지 아니할 것

제11조(성실의무 및 권한남용금지의 원칙)
① 행정청은 법령등에 따른 의무를 성실히 수행하여야 한다.
② 행정청은 행정권한을 남용하거나 그 권한의 범위를 넘어서는 아니 된다.

제12조(신뢰보호의 원칙)
① 행정청은 공익 또는 제3자의 이익을 현저히 해칠 우려가 있는 경우를 제외하고는 행정에 대한 국민의 정당하고 합리적인 신뢰를 보호하여야 한다.
② 행정청은 권한 행사의 기회가 있음에도 불구하고 장기간 권한을 행사하지 아니하여 국민이 그 권한이 행사되지 아니할 것으로 믿을 만한 정당한 사유가 있는 경우에는 그 권한을 행사해서는 아니 된다. 다만, 공익 또는 제3자의 이익을 현저히 해칠 우려가 있는 경우는 예외로 한다.

제13조(부당결부금지의 원칙)
행정청은 행정작용을 할 때 상대방에게 해당 행정작용과 실질적인 관련이 없는 의무를 부과해서는 아니 된다.

행정절차법 제4조(신의성실 및 신뢰보호)
① 행정청은 직무를 수행할 때 신의(信義)에 따라 성실히 하여야 한다.
② 행정청은 법령등의 해석 또는 행정청의 관행이 일반적으로 국민들에게 받아들여졌을 때에는 공익 또는 제3자의 정당한 이익을 현저히 해칠 우려가 있는 경우를 제외하고는 새로운 해석 또는 관행에 따라 소급하여 불리하게 처리하여서는 아니 된다.

정답 ①

124 「행정기본법」상 비례의 원칙에 해당하는 것은?

23 경찰승진, 실무종합 변형 [Core ★★]

① 행정청은 권한 행사의 기회가 있음에도 불구하고 장기간 권한을 행사하지 아니하여 국민이 그 권한이 행사되지 아니할 것으로 믿을 만한 정당한 사유가 있는 경우에는 그 권한을 행사해서는 아니 된다. 다만, 공익 또는 제3자의 이익을 현저히 해칠 우려가 있는 경우에 예외로 한다.

② 행정청은 합리적 이유없이 국민을 차별해서는 아니 된다.

③ 행정청의 행정작용은 행정목적을 달성하는 데 유효하고 적절해야 하며, 필요한 최소한도에 그칠 것이고, 행정작용으로 인한 국민의 이익 침해가 그 행정작용이 의도하는 공익보다 크지 아니해야 한다.

④ 행정청은 행정작용을 할 때 상대방에게 해당 행정작용과 실질적인 관련이 없는 의무를 부과해서는 아니 된다.

해설

③ [O] 행정청의 행정작용은 행정목적을 달성하는 데 **유효하고 적절**해야 하며, **필요한 최소한도**에 그칠 것이고, 행정작용으로 인한 **국민의 이익 침해**가 그 행정작용이 의도하는 공익보다 크지 아니해야 한다.(행정기본법 제10조)
→ 비례의 원칙

① [X] 행정청은 권한 행사의 기회가 있음에도 불구하고 장기간 권한을 행사하지 아니하여 국민이 그 권한이 행사되지 아니할 것으로 믿을 만한 정당한 사유가 있는 경우에는 그 권한을 행사해서는 아니 된다. 다만, 공익 또는 제3자의 이익을 현저히 해칠 우려가 있는 경우에 예외로 한다.(행정기본법 제12조제2항)
→ 신뢰보호의 원칙

② [X] 행정청은 **합리적 이유없이 국민을 차별해서는 아니 된다.**(행정기본법 제9조)
→ 평등의 원칙

④ [X] 행정청은 행정작용을 할 때 **상대방에게 해당 행정작용과 실질적인 관련이 없는 의무를 부과해서는 아니 된다.**(행정기본법 제13조)
→ 부당결부금지의 원칙

정답 ③

경찰개입청구권

125 파출소 직원 甲은 주민 乙로부터 집에 간첩이 있으니 출동하여 달라는 요청을 받았으나 신고의 신빙성을 의심하여 출동하지 않았다. 乙의 집에는 모친 丙이 있었는데 乙이 신고하러간 사이에 간첩으로부터 살해당하고 말았다. 그 후 乙은 국가를 상대로 丙의 사망에 대하여 손해배상청구소송을 제기하였고, 법원에 의하여 인용되었다. 위 사례와 가장관계가 깊은 것은?

02 경찰 [Essential ★] 총론 Chapter 4. 330

① 비례의 원칙
② 경찰재량의 0으로의 수축이론
③ 반사적 이익이론
④ 불확정개념

해설

② [○] 경찰재량의 0으로의 수축이론
→ 개인의 법익보호를 위하여 경찰이 활동할 권한 또는 의무가 있는가에 관련해 복지국가적 행정을 요구하는 시대적 요청에 따라 경찰행정 분야에서도 각 개인에게 경찰의 개입을 청구할 수 있는 권리, 즉 경찰개입청구권을 인정하는 경찰재량의 0으로 수축이론과 반사적 이익의 보호이익화가 논의되고 있다. 참고로 재량의 0으로의 수축이론을 재량의 1로의 수축이론이라고도 한다. 0은 재량이 없다는 것을 강조하고, 재량의 1로의 수축은 오직 하나의 결정만이 정당하다는 것을 말한다. 재량은 '독자적 판단' 또는 '선택의 자유'를 뜻하고, 0이나 1은 선택의 자유가 없다는 점에서 같은 의미를 가진다. 선택의 자유를 가지기 위해서는 최소한 2이상이 있어야 한다. 2이상은 되어야 하나는 버리고 하나는 선택할 수 있기 때문이다.
① [×] 비례의 원칙(×)
③ [×] 반사적 이익이론(×)
④ [×] 불확정개념(×)

정답 ②

126 오늘날 복지국가적 행정을 요구하고 있는 시대적 요청에 따라 경찰행정 분야에서도 각 개인이 경찰권의 발동을 요청할 수 있는 권리인 경찰개입청구권을 인정하기에 이르렀다. 다음 중이와 가장 관련이 깊은 것은?

02 경찰 [Essential ★] 총론 Chapter 4. 331

① 비례의 원칙
② 재량의 0으로의 수축이론
③ 참새를 잡는데 대포를 쏠 수 없다는 법언
④ 상당성의 원칙

② [○] 재량의 0으로의 수축이론
→ 경찰개입청구권(警察介入請求權)은 재량권의 0(또는 1)으로의 수축이론과 관계가 깊다.

① [×] 비례의 원칙(×)

③ [×] 참새를 잡는데 대포를 쏠 수 없다는 법언(×)

④ [×] 상당성의 원칙(×)

* 재량의 0으로의 수축(기속행위화) : 급박성, 중대성, 보충성
  공공의 안녕·질서에 대한 위해가 중대하며, 급박한 경우에도 경찰에 여전히 경찰권을 발동할 수도 안할 수도 있는 재량권이 남아 있다고 볼 수는 없다. 경찰에게는 이러한 경우 결정재량은 사라지고 오직 하나의 결정(경찰권의 발동)만이 의무에 합당한 재량권행사로 인정되는데, 이것을 '재량의 0 또는 1로의 수축이론'이라고 한다. 재량권이 0으로 수축되는 경우 당해 재량행위는 내용적으로 기속행위로 전환되고 경찰권의 개입의무는 거의 예외없이 발생한다고 볼 수 있다. 예컨대, **무장공비에 의해 생명을 위협받고 있는 청년의 가족이 인근 파출소에 구원을 요청했음에도 불구하고 경찰이 출동하지 않음으로 인해 그 청년이 희생된 사건에서 국가는 배상책임을 인정한 바 있다.** 이러한 요건은 점차 완화되어 비둘기 사육으로 인한 생활상의 불편, 과도한 교통소음, 수인하기 어려운 교회의 종소리, 개인차고 앞의 불법주차에 대한 경찰권에 재량의 0으로의 수축이론을 적용한 바 있다.

정답 ②

127 다음 중 처음으로 독일에서 국민에게 경찰개입청구권을 인정하는 판결로 재량권 0으로 수축이론이 확립된 판례는?

03 경찰 [Essential ★] 총론 Chapter 4. 332

① 띠톱판결 ② 크로이츠베르크판결
③ 미란다판결 ④ 브랑코판결

① [○] 띠톱판결
→ 경찰권의 행사를 이유로 한 손해배상책임을 인정하여 오다가 국민에게 경찰개입청구권을 인정하는 판결로는 1960년 8월 18일 이른바 '띠톱판결'이 효시를 이루며, 특히 동 판결은 반사적 이익이론의 극복과 재량권의 0으로의 수축법리를 모두 수용하고 있다.

② [×] 크로이츠베르크판결(×)

③ [×] 미란다판결(×)

④ [×] 브랑코판결(×)

정답 ①

128 다음 설명 중 경찰개입청구권과 관련 없는 것은?

05 경찰 [ESSential ★] 총론 Chapter 4. 333

> ㉠ 크로이츠베르크 판결
> ㉡ 김신조 무장공비 침투사건 판결
> ㉢ 띠톱판결
> ㉣ 미란다 판결
> ㉤ Escobedo 판결

① 2개　　② 3개　　③ 4개　　④ 5개

해설

㉠, ㉣, ㉤ 3항목이 관련 없다.

㉠ [×] **크로이츠베르크 판결(×)**
→ Kreuzberg판결은 독일의 프로이센 고등행정법원이 베를린의 **크로이츠베르크 언덕에 위치한 전승 기념비 조망을 확보하기 위해 주변에 대한 건축물의 높이를 제한한 베를린 경찰청장의 명령에 대하여 심미적인 이유로 내려진 명령은 복지증진을 목적으로 한 것이기에 무효라고 한 판결**로서, **경찰의 임무가 위험방지라는 소극적인 임무에 한정한다는 사상이 법해석상 확정되는 계기를 마련한 판결**이다.

㉣ [×] **미란다 판결(×)**
→ Miranda판결은 **변호인선임권·접견교통권 및 진술거부권을 고지하지 않은 상태에서 이루어진 자백의 증거능력을 부정하여 자백의 임의성과 관계없이 채취과정에 위법이 있는 자백을 배제하게 되는 계기가 된 판결**이다.

㉤ [×] **Escobedo 판결(×)**
→ Escobedo판결은 **변호인과 접견교통권을 침해하여 획득한 자백은 증거능력이 없다**고 한 판결이다.

㉡ [○] 김신조 무장공비 침투사건 판결
→ 일명 '김신조 판결'은 무장공비에 의해 생명을 위협받고 있는 청년의 가족이 인근 파출소에 구원을 요청했음에도 불구하고 경찰이 출동하지 않음으로 인해 그 청년이 희생된 사건에 대한 판결이다. 이 판결은 재량의 1, 0으로의 수축이론을 적용하여 경찰개입청구권을 인정한 최초의 판결(소수설)이라는 견해와 부작위의 위법을 인정하여 국가배상을 인정한 판결이라는 견해가 있다.

㉢ [○] 띠톱판결
→ 띠톱판결은 1960년 독일 연방행정재판소에서 주거지역에 설치된 **석탄제조 및 하역 업소에서 사용되는 띠톱에서 배출되는 먼지와 소음으로 피해를 받고 있던 인근주민이 행정청에 건축경찰법상의 금지처분을 발할 것을 청구한 사안**이었다. 먼저 경찰개입의 결과 개인이 이익을 받는다고 하여도, 경찰관계법규는 오직 공익만을 위한 것이므로 그 이익은 반사적 이익으로 보았으나, 경찰법규의 목적은 공익의 보호·증진과 동시에 국민 개개인의 이익도 보호하려는 것으로 해석함으로써 사인은 경찰당국에 대하여 원칙적으로 규제 등의 조치를 취할 것을 청구할 수 있다고 판단하였다. 다음에 경찰의 개입의 결정은 원칙적으로 재량처분이나 일정 상황 하에서는 오직 하나의 결정, 즉 개입여부결정이 의무에 합당한 재량권의 행사로 되며, 이러한 경우에는 **개인은 경찰당국에 당해 조치를 취할 것을 청구할 수 있는 권리를 가진다**고 판시하였다.

정답 ②

129 다음 설명과 가장 관련이 깊은 것은 무엇인가? 15 경찰승진, 실무종합 [ESSential ★] 총론 Chapter 4. 334

> 오늘날 복지국가적 행정을 요구하고 있는 시대적 상황에 따라 경찰행정 분야에서도 각 개인이 경찰권의 발동을 요청할 수 있는 권리인 경찰개입청구권을 인정하기에 이르렀다.

① 재량권의 0으로의 수축 이론
② 비례의 원칙
③ 상당성의 원칙
④ 보충성의 원칙

해설

① [○] 재량권의 0으로의 수축 이론
→ 개인에게 경찰개입을 청구할 수 있는 권리가 발생하기 위해서는 최소 2가지 요건이 필요한데, 그 하나가 기속행위성이다. 즉 법규에서 경찰행정청에게 의무를 부과하는 규정을 두어야 하고, 또 다른 하나가 법규의 사익보호성이 인정되어야 한다. 재량권이 0으로 수축되었다는 것은 재량권이 사라지고 기속행위로 전환되었다는 것을 의미한다.
② [×] 비례의 원칙(×)
③ [×] 상당성의 원칙(×)
④ [×] 보충성의 원칙(×)

정답 ①

130 경찰개입청구권에 대한 설명으로 가장 적절하지 않은 것은? 14 경찰승진, 실무종합 [ESSential ★] 총론 Chapter 4. 335

① 독일에서 경찰개입청구권을 인정한 판결의 효시로 띠톱판결이 있다.
② 경찰권 행사로 국민이 받는 이익이 반사적 이익인 경우에도 인정된다.
③ 경찰재량이 0으로 수축되는 경우를 전제로 함이 보통이다.
④ 오늘날 사회적 법치국가에서는 경찰개입청구권이 인정될 여지가 점점 확대되어가고 있는 경향이다.

해설

② [×] 경찰권 행사로 국민이 받는 이익이 반사적 이익인 경우에도 인정된다.(×)
→ 개인에게 권리가 인정되기 위해서는 법규에서 그 개인적 이익을 보호하고 있어야 한다. 반사적 이익은 법률상 보호되는 이익이 아니므로 반사적 이익이 침해되었다고 해서 개인에게 그 이익을 보호할 수 있는 권리가 생기는 것은 아니다.
① [○] 독일에서 경찰개입청구권을 인정한 판결의 효시로 띠톱판결이 있다.
③ [○] 경찰재량이 0으로 수축되는 경우를 전제로 함이 보통이다.
④ [○] 오늘날 사회적 법치국가에서는 경찰개입청구권이 인정될 여지가 점점 확대되어가고 있는 경향이다.

정답 ②

131 경찰권 발동의 근거와 한계에 관한 설명으로 가장 옳은 것은?

11 경찰승진, 실무종합 [Core ★★]
총론 Chapter 4. 336

① 「경찰관 직무집행법」 제2조 제7호는 경찰권 발동권한을 포괄적으로 수권하는 규정이지만, 개별적 수권규정이 없는 때에 한하여 제2차적·보충적으로 적용된다는 것이 판례의 견해다.
② 띠톱판결은 경찰법상의 일반수권조항의 해석에 있어 무하자 재량행사청구권을 인정하고 재량권 확대이론에 의거하여 원고의 청구를 인용한 판결로서 경찰개입청구권을 인정한 판결의 효시로 평가된다.
③ 경찰권은 공공의 안녕과 질서의 유지에 관계없는 사적관계에 발동되어서는 안 된다는 것은 경찰소극목적의 원칙이다.
④ 편의주의 원칙은 범죄수사에 있어서의 수사법정주의 원칙의 개념으로 경찰위반의 상태가 있는 경우에는 반드시 경찰권을 발동해야 하는 것은 아니고, 발동의 여부 또는 어떠한 수단의 선택에 있어서 당해 경찰관청의 의무에 합당한 재량에 따른다는 원칙이다.

해설

② [O] 띠톱판결은 경찰법상의 일반수권조항의 해석에 있어 **무하자 재량행사청구권을 인정하고 재량권 확대이론에 의거하여 원고의 청구를 인용한 판결로서 경찰개입청구권을 인정한 판결의 효시로 평가**된다.
  → 띠톱판결은 먼저 경찰개입의 결과 개인이 이익을 받는다고 하여도, 경찰관계 법규는 오직 공익만을 위한 것이므로, 그 이익은 반사적 이익으로 보았으나, 경찰법규의 목적은 공익의 보호·증진과 동시에 국민 개개인의 이익도 보호하려는 것이라고 해석함으로써, 사인은 경찰당국에 대하여 원칙적으로 규제 등의 조치를 취할 것을 청구할 수 있다고 판단한 다음, 경찰의 개입 여부의 결정은 원칙적으로 재량처분이나, 일정 상황하에서는 오직 하나의 결정, 즉 개입결정만이 의무에 합당한 재량권의 행사로 되며, 이러한 경우에는 개인은 경찰당국에 당해 조치를 취할 것을 청구할 수 있는 권리를 가진다고 판시하였다. 즉 **띠톱사건에서는 경찰법상의 일반수권조항의 해석에 있어 먼저 인근주민의 무하자 재량행사청구권을 인정하고, 이어서 재량권의 0으로의 수축이론에 의거하여 원고의 청구를 인용하였다.**
① [X] 「경찰관 직무집행법」 제2조 제7호는 경찰권 발동권한을 포괄적으로 수권하는 규정이지만, **개별적 수권규정이 없는 때에 한하여 제2차적·보충적으로 적용된다는 것**(X)이 판례의 견해다.
  → 판례는 경찰관직무집행법 제2조제7호(그 밖에 공공의 안녕과 질서유지)를 **경찰권발동의 일반적 근거조항으로 인정하고 있다.**
③ [X] 경찰권은 공공의 안녕과 질서의 유지에 관계없는 사적관계에 발동되어서는 안 된다는 것은 **경찰소극목적의 원칙**이다.
  → **경찰공공의 원칙에 관한 내용이다.**
④ [X] **편의주의 원칙은 범죄수사에 있어서의 수사법정주의 원칙의 개념으로 경찰위반의 상태가 있는 경우에는 반드시 경찰권을 발동해야 하는 것은 아니고, 발동의 여부 또는 어떠한 수단의 선택에 있어서 당해 경찰관청의 의무에 합당한 재량에 따른다는 원칙이다.**(X)
  → 편의주의(행정경찰)와 법정주의(사법경찰)는 반대되는 개념이고, **범죄가 발생한 경우 법에서 규정한대로 수사를 해야 하는 것이 원칙이다.**

정답 ②

[심화학습]

132 공권에 대한 설명으로 옳지 않은 것은?

11 사회복지직 [Core ★★]

① 처분의 근거법규가 공익뿐만 아니라 개인의 이익도 아울러 보호하고 있는 경우에 공권이 인정될 수 있다.
② 재량권이 영으로 수축하는 경우 행정개입청구권은 무하자재량행사청구권으로 전환된다.
③ 반사적 이익의 공권화 경향에 따라 행정개입청구권의 성립요건이 그만큼 완화되고 있다.
④ 제3자와 소권(訴權)의 포기에 관한 계약을 체결하더라도 그 계약은 무효이다.

해설

② [×] 재량권이 영으로 수축하는 경우 **행정개입청구권은 무하자재량행사청구권으로 전환된다.**(×)
→ 재량권이 영으로 수축되면 **재량행위에 인정되는 무하자재량행사청구권은 특정처분을 요구할 수 있는 실체적 권리인 행정개입청구권으로 전환된다.**

① [○] 처분의 근거법규가 **공익뿐만 아니라 개인의 이익도 아울러 보호하고 있는 경우에 공권이 인정될 수 있다.**
→ 공권은 행정법규가 공익뿐만 아니라 개인의 이익(사익)도 아울러 보호하고 있는 경우에 성립될 수 있다.

③ [○] 반사적 이익의 공권화 경향에 따라 **행정개입청구권의 성립요건이 그만큼 완화되고 있다.**
→ 법령의 목적이 공익만을 보호하는 것이라면 그 법령으로 인해 국민이 이익을 보는 것이 있더라도 그러한 이익은 반사적 이익에 해당한다. 그런데 최근에는 종래에 공익만을 보호하는 것으로 해석하던 법령 등에 대해 공익과 더불어 사익도 보호하는 것으로 보는 경향이 점점 증가하고 있는데 이러한 현상이 반사적 이익의 공권화 경향에 해당한다. 행정개입청구권도 개인적 공권인바, 반사적 이익의 공권화 경향에 따라 행정개입청구권도 보다 더 쉽게 인정되고 있으므로 행정개입청권의 성립요건이 그만큼 완화되고 있다고 할 수 있다.

④ [○] 제3자와 소권(訴權)의 포기에 관한 계약을 체결하더라도 그 계약은 무효이다.
→ 공권은 공익적 견지에서 부여된 것이므로 이를 포기할 수 없는 경우가 많으며, 이러한 경우에는 포기의 의사를 표시하더라도 무효이다. 포기가 허용되지 않는 공권으로는 **소권(訴權), 선거권** 등을 들 수 있다.

대법원 1998. 8. 21. 선고 98두8919 판결 [도매시장법인지정취소에대한처분취소]

피고가 1995. 11. 15. 원고에 대하여 피고가 개설한 서울 동대문구 용두동 소재 농수산물도매시장(이하 "청량리시장"이라고 한다)의 도매시장법인으로 다시 지정함에 있어서 그 지정조건 제2호로 '지정기간 중이라도 개설자가 농수산물 유통정책의 방침에 따라 도매시장법인 이전 및 지정취소 또는 폐쇄 지시에도 일체 소송이나 손실보상을 청구할 수 없다.'라는 부관을 붙였으나, 그 중 **부제소특약에 관한 부분은 당사자가 임의로 처분할 수 없는 공법상의 권리관계를 대상으로 하여 사인의 국가에 대한 공권인 소권을 당사자의 합의로 포기하는 것으로서 허용될 수 없다고 할 것**이므로(대법원 1961. 11. 2. 선고 4293행상60 판결 참조), 이러한 약정이 **유효함을 전제로 한 논지는 이유 없다.**

정답 ②

133 행정법상 개인적 공권에 대한 논의로 옳지 않은 것은?

13 국가직 7급 [Superlative ★★★]

① 판례에 따르면 환경영향평가대상지역 밖의 주민이라 할지라도 수인한도를 넘는 환경피해를 받거나 받을 우려가 있는 경우에는 환경상 이익에 대한 침해나 우려를 입증함으로써 공유수면매립면허처분을 다툴 수 있다.
② 오늘날 공권의 성립요건 가운데 '의사력(법상의 힘)의 존재'를 요구하는 것이 새로운 경향이다.
③ 판례에 따르면 처분의 직접적 근거규정은 물론 관련 규정에 의거해서도 공권의 성립요건 충족 여부를 판단한다.
④ 판례에 따르면 불가쟁력이 발생한 행정행위에 대해 그것의 변경을 구할 국민의 신청권은 특별한 사정이 없는 한 인정되지 않고 있다.

해설

② [×] 오늘날 공권의 성립요건 가운데 '의사력(법상의 힘)의 존재'를 요구하는 것이 새로운 경향이다.(×)
→ 예전에는 개인적 공권이 성립하기 위해서는 개인이 행정주체에 대해 행정의무의 준수를 관철시킬 수 있는 법적인 가능성, 즉 재판청구가능성 : 의사력(법상의 힘)이 제도적으로 보장되어야 한다고 보아 재판청구가능성을 공권의 성립요건으로 보았다. 그러나 오늘날의 통설적 견해는 재판청구가능성 : 의사력(법상의 힘)은 공권의 성립요건으로서 더 이상 요구되지 않는다(공권성립의 2요소론)고 본다. 즉, 재판청구권이 헌법상 보장되어 있고, 행정소송사항에 대해 개괄주의를 취하고 있기 때문에 ㉠ 강행법규에 의한 행정청에 의무부과, ㉡ 관련법규의 사익보호성이라는 두 가지 요건만 충족되면 개인적 공권이 성립한다고 보는 것이 일반적 견해이다.

① [○] 판례에 따르면 환경영향평가대상지역 밖의 주민이라 할지라도 수인한도를 넘는 환경피해를 받거나 받을 우려가 있는 경우에는 환경상 이익에 대한 침해나 우려를 입증함으로써 공유수면매립면허처분을 다툴 수 있다.

> 대법원 2006. 3. 16. 선고 2006두330 전원합의체 판결 [정부조치계획취소등]
> 환경영향평가 대상지역 밖의 주민이라 할지라도 공유수면매립면허처분 등으로 인하여 그 처분 전과 비교하여 수인한도를 넘는 환경피해를 받거나 받을 우려가 있는 경우에는, 공유수면매립면허처분 등으로 인하여 환경상 이익에 대한 침해 또는 침해우려가 있다는 것을 입증함으로써 그 처분 등의 무효확인을 구할 원고적격을 인정받을 수 있다.

③ [○] 판례에 따르면 처분의 직접적 근거규정은 물론 관련 규정에 의거해서도 공권의 성립요건 충족 여부를 판단한다.

> 대법원 2008. 10. 9. 선고 2008두4008 판결 [건축허가무효확인청구]
> 법률상 보호되는 이익이라 함은 당해 처분의 근거 법규 및 관련 법규에 의하여 보호되는 개별적·직접적·구체적 이익이 있는 경우를 말하고, 공익보호의 결과로 국민 일반이 공통적으로 가지는 일반적·간접적·추상적 이익이 생기는 경우에는 법률상 보호되는 이익이 있다고 할 수 없다

④ [○] 판례에 따르면 불가쟁력이 발생한 행정행위에 대해 그것의 변경을 구할 국민의 신청권은 특별한 사정이 없는 한 인정되지 않고 있다.

> 대법원 2007. 4. 26. 선고 2005두11104 판결 [주택건설사업계획승인처분일부무효등]
> 제소기간이 이미 도과하여 불가쟁력이 생긴 행정처분에 대하여는 개별 법규에서 그 변경을 요구할 신청권을 규정하고 있거나 관계 법령의 해석상 그러한 신청권이 인정될 수 있는 등 특별한 사정이 없는 한 국민에게 그 행정처분의 변경을 구할 신청권이 있다 할 수 없다.

정답 ②

134 다음 설명 중 옳지 <u>않은</u> 것은? (다툼이 있는 경우 판례에 의함)   12 지방직 [Superlative ★★★]

① 과태료는 행정청의 과태료 부과처분이나 법원의 과태료 재판이 확정된 후 5년간 징수하지 않거나 집행하지 아니하면 시효로 인하여 소멸한다.
② 수리를 요하는 신고를 거부한 경우에는 행정소송을 제기할 수 있다.
③ 특정한 사익의 보호가 필요한 경우에도 헌법상의 기본권 규정만으로는 특정한 개인의 이익보호를 위한 공권을 도출할 수 없다.
④ 거부처분은 행정소송법상의 집행정지의 대상이 되지 아니한다.

해설

③ [×] 특정한 사익의 보호가 필요한 경우에도 **헌법상의 기본권 규정만으로는 특정한 개인의 이익보호를 위한 공권을 도출할 수 없다.**(×)
→ 구속된 피고인 등의 타인 접견권은 **헌법상 기본권인 인간의 존엄과 가치 및 행복추구권으로부터 도출될 수 있는 것으로서 법률에 의하여 비로소 인정되는 권리가 아니다.** 판례는 헌법 제10조에서 접견권을 인정한 바 있으며 또한 표현의 자유로부터 개인의 정보공개청구권을 인정하는 등 **헌법상 기본권규정으로부터 개인적 공권을 인정한 바 있다.**

대한민국헌법 제10조
모든 국민은 인간으로서의 존엄과 가치를 가지며, 행복을 추구할 권리를 가진다. 국가는 개인이 가지는 불가침의 기본적 인권을 확인하고 이를 보장할 의무를 진다.

대법원 1992. 5. 8. 선고 91부8 판결 [위헌심판제청]
원래 만나고 싶은 사람을 만날 수 있다는 것은 인간이 가지는 가장 기본적인 자유 중 하나로서, 이는 헌법 제10조가 보장하고 있는 인간으로서의 존엄과 가치 및 행복추구권 가운데 포함되는 헌법상의 기본권이라고 할 것이다. 그리고 구속된 피고인이나 피의자도 이러한 기본권의 주체가 됨은 물론이다. 오히려 구속에 의하여 외부와 격리된 피고인이나 피의자의 경우에는 다른 사람과 만남으로써 외부와의 접촉을 유지할 수 있다는 것이 더욱 큰 의미를 가지게 되는 것이다. 또한 무죄추정의 원칙을 규정한 헌법 제27조 제4항(형사피고인은 유죄의 판결이 확정될 때까지는 무죄로 추정된다.)의 규정도 구속된 피고인 또는 피의자의 타인과의 접견권은 위와 같은 헌법상의 기본권을 확인하는 것일 뿐 형사소송법의 규정에 의하여 피고인 또는 피의자의 제3자와의 접견권이 비로소 창설되는 것은 아니다.

① [○] 과태료는 행정청의 과태료 부과처분이나 법원의 과태료 재판이 확정된 후 5년간 징수하지 않거나 집행하지 아니하면 **시효로 인하여 소멸한다.**(질서위반행위규제법 제15조제1항)

질서위반행위규제법 제15조(과태료의 시효)
① 과태료는 행정청의 과태료 부과처분이나 법원의 과태료 재판이 확정된 후 5년간 징수하지 아니하거나 집행하지 아니하면 시효로 인하여 소멸한다. ② 제1항에 따른 소멸시효의 중단·정지 등에 관하여는 「국세기본법」 제28조를 준용한다.

② [○] **수리를 요하는 신고를 거부한 경우에는 행정소송을 제기할 수 있다.**
→ 수리를 요하는 신고(행위요건적 공법행위)로서 행한 신고의 경우 신고만으로 완전한 법적 효과가 발생하지 않고, 행정청이 수리를 하여야 완전한 법적 효과가 발생하므로, **행정청의 수리 또는 수리의 거부는 행정소송법상의 처분개념에 해당한다.**

④ [○] 거부처분은 행정소송법상의 집행정지의 대상이 되지 아니한다.
→ 거부처분은 집행정지의 대상이 될 수 없다.

> **대법원 1995. 6. 21.자 95두26 결정 [점검필증교부거부처분효력정지]**
>
> 신청에 대한 거부처분의 효력을 정지하더라도 거부처분이 없었던 것과 같은 상태, 즉 거부처분이 있기 전의 신청시의 상태로 되돌아가는 데에 불과하고 행정청에게 신청에 따른 처분을 하여야 할 의무가 생기는 것이 아니므로, 거부처분의 효력정지는 그 거부처분으로 인하여 신청인에게 생길 손해를 방지하는 데 아무런 보탬이 되지 아니하여 그 효력정지를 구할 이익이 없다.

정답 ③

135 개인적 공권에 대한 설명으로 옳은 것은? (다툼이 있는 경우 판례에 의함) 12 국가직 [Superlative ★★★]

① 근로자가 퇴직급여를 청구할 수 있는 권리와 같은 이른바 사회적 기본권은 헌법 규정에 의하여 바로 도출되는 개인적 공권이라 할 수 없다.
② 개인적 공권은 명확한 법규의 존재를 전제로 하는 것이므로 성문법에 근거하지 않으면 성립할 수 없다.
③ 개인적 공권은 공법상 계약을 통해서는 성립할 수 없다.
④ 개인적 공권은 강행적인 행정법규에 의하여 행정청을 기속함으로써 비로소 성립하는 것일 뿐 개인의 사익보호성은 성립요건이 아니라는 것이 일반적인 견해이다.

해설

① [○] 근로자가 **퇴직급여를 청구할 수 있는 권리와 같은 이른바 사회적 기본권은 헌법 규정에 의하여 바로 도출되는 개인적 공권이라 할 수 없다.**
  → 헌법상의 기본권 중 사회적 기본권은 법률에 의해 구체화되기 전까지는 그 내용이 추상적 권리성을 가지는 것이므로 행정법상 개인적 공권이 되기는 어렵다.

> **대법원 1995. 6. 21.자 95두26 결정 [점검필증교부거부처분효력정지]**
>
> 헌법 제32조 제1항(모든 국민은 근로의 권리를 가진다. 국가는 사회적·경제적 방법으로 근로자의 고용의 증진과 적정임금의 보장에 노력하여야 하며, 법률이 정하는 바에 의하여 최저임금제를 시행하여야 한다.)이 규정하는 근로의 권리는 사회적 기본권으로서 국가에 대하여 직접 일자리를 청구하거나 일자리에 갈음하는 생계비의 지급청구권을 의미하는 것이 아니라 고용증진을 위한 사회적·경제적 정책을 요구할 수 있는 권리에 그치며, 근로의 권리로부터 국가에 대한 직접적인 직장존속청구권이 도출되는 것도 아니다. 나아가 **근로자가 퇴직급여를 청구할 수 있는 권리도 헌법상 바로 도출되는 것이 아니라** 퇴직급여법 등 관련 법률이 구체적으로 정하는 바에 따라 비로소 인정될 수 있는 것이므로 계속근로기간 1년 미만인 근로자가 퇴직급여를 청구할 수 있는 권리가 헌법 제32조 제1항에 의하여 보장된다고 보기는 어렵다.

② [×] 개인적 공권은 명확한 법규의 존재를 전제로 하는 것이므로 **성문법에 근거하지 않으면 성립할 수 없다.**(×)
  → 개인적 공권은 **관행어업권과 같이 불문법인 관습법에 의해 성립되는 경우도 있고, 검사임용신청권과 같이 조리상 인정되는 경우도 있다.**

> **대법원 1991. 2. 12. 선고 90누5825 판결 [검사임용거부처분취소]**
>
> **법령상 검사임용신청 및 그 처리의 제도에 관한 명문규정이 없다고 하여도** 조리상 임용권자는 임용신청자들에게 전형의 결과에 대한 응답, 즉 임용여부의 응답을 해줄 의무가 있다고 보아야하고 원고로서는 그 임용신청에 대하여 임용여부의 응답을 받을 권리가 있다고 할 것이며, 응답할 것인지의 여부조차도 임용권자의 편의재량사항이라고는 할 수 없다

③ [×] 개인적 공권은 공법상 계약을 통해서는 성립할 수 없다.(×)
→ 개인적 공권은 공법상 계약을 통해서도 성립할 수 있다.
④ [×] 개인적 공권은 강행적인 행정법규에 의하여 행정청을 기속함으로써 비로소 성립하는 것일 뿐 개인의 사익보호성은 성립요건이 아니라는 것이 일반적인 견해이다.(×)
→ 개인적 공권이 성립하기 위해서는 관련 법규가 행정청에 대해 의무를 부과하고, 사익보호를 목적으로 하여야 한다.(기속행위 + 사익보호)

정답 ①

136 개인적 공권에 관한 설명으로 옳지 않은 것은?
09 국가직 [Superlative ★★★]

① 개인적 공권은 공익적 성질을 가지므로 임의로 포기할 수 없는 것이 원칙이다.
② 개인적 공권은 일반적으로 일신전속적 성질을 가지므로 대행이나 위임이 제한되는 경우가 많다.
③ 무하자재량행사청구권은 기속규범에서는 인정되지 않고 재량규범에서 인정된다.
④ 무하자재량행사청구권은 위법한 처분의 배제를 구하는 실체적 권리이다.

해설

④ [×] 무하자재량행사청구권은 위법한 처분의 배제를 구하는 실체적 권리이다.(×)
→ 무하자재량행사청구권은 실체적 권리가 아니라 형식적 권리(특정처분을 해 줄 것을 요구할 수 있는 권리가 아니라 하자가 없는 재량권 행사를 해 줄 것을 요청할 수 있는 권리에 그친다는 의미)에 불과하다는 것이 다수설의 태도이다.
① [○] 개인적 공권은 공익적 성질을 가지므로 임의로 포기할 수 없는 것이 원칙이다.
→ 개인적 공권은 사권과 달리 공익과 관련된 것이므로 사인이 임의로 포기할 수 없는 것이 원칙이다. 예컨대 소권, 선거권과 같은 공권은 임의로 포기할 수 없다.
② [○] 개인적 공권은 일반적으로 일신전속적 성질을 가지므로 대행이나 위임이 제한되는 경우가 많다.
→ 개인적 공권은 일신전속성을 가지므로 대행이나 위임이 제한되는 경우가 많다. 예컨대, 선거권의 대행 또는 위임이 금지되는 경우가 이에 해당한다.
③ [○] 무하자재량행사청구권은 기속규범에서는 인정되지 않고 재량규범에서 인정된다.
→ 무하자재량행사청구권이란 행정청에 재량이 부여되어 있는 경우에, 행정청에 대하여 재량권을 하자 없이 행사하여 줄 것을 요구할 수 있는 권리를 말하는 것이므로 그 개념상 재량행위를 규정하고 있는 규범에서는 인정될 수 있으나 기속행위를 규정하고 있는 규범에서는 인정될 수 없다. 한편, 재량영역이라 하더라도 이른바 무하자재량행사청구권은 인정될 수 있으며, 재량이 0으로 수축되는 경우에는 행정개입청구권도 인정될 수 있다.

정답 ④

제2절 행정행위, 경찰처분

행정행위 일반

137 다음 중 법률행위적 행정행위가 <u>아닌</u> 것은? 04 인천시 9급 [Core ★★]

① 하명 ② 인가 ③ 허가
④ 확인 ⑤ 특허

해설

④ [×] 확인(×)
① [○] 하명
② [○] 인가
③ [○] 허가
⑤ [○] 특허

행정행위의 개념은 실정법상의 개념이 아니고 학문상의 개념이다. 우리나라에서 강학상의 행정행위에 해당하는 행정기관의 행위를 실정법상으로는 **인가, 허가, 면허, 특허, 결정, 재결** 등의 여러 가지 명칭으로 불리우고 있다. 한편, **법률행위적 행정행위란 행정주체의 의사표시를 구성요소로 하고, 그 의사와 내용에 따라 법적 효과를 발생하는 행정행위**를 말하며, **준법률행위적 행정행위는 의사표시 이외의 정신작용을 구성요소로 하고, 그 법적 효과는 행정청의 의사와 관계없이 법이 정하는 바에 따라 발생하는 행정행위**를 말한다.

정답 ④

138 다음 중 허가에 대한 설명으로 맞는 것은? 04 서울시 9급 [Core ★★]

① 허가는 형성적 행위라고 보는 것이 종래의 통설이다.
② 절대적 금지도 허가의 대상이 된다.
③ 대물적 허가는 그 효과를 타인에게 이전될 수 있다.
④ 허가는 직접 법령에 의하여 행하여지는 경우도 있다.
⑤ 허가의 대상은 사실행위에 한정된다.

해설

③ [○] 대물적 허가는 그 효과를 타인에게 이전될 수 있다.
① [×] 허가는 형성적 행위(×)라고 보는 것이 종래의 통설이다.
  → 허가는 명령적 행위로 보는 것이 통설이다.
② [×] 절대적 금지도 허가의 대상이 된다.(×)
  → 청소년의 흡연금지와 같은 절대적 금지는 허가의 대상이 되지 않는다.

④ [×] 허가는 직접 법령에 의하여 행하여지는 경우도 있다.(×)
  → 허가는 항상 구체적 처분형식에 의하여 이루어지며, 직접 법령에 의하여 이루어지는 법규허가는 인정되지 않는다.
⑤ [×] 허가의 대상은 사실행위에 한정된다.(×)
  → 허가의 대상은 법률행위인 경우도 있고 사실행위가 대상이 되는 경우도 있다.

> 행정법상 사실행위란 일정한 법률효과의 발생을 목적으로 하는 것이 아니라, 직접적으로는 사실상의 결과만을 가져오는 행정주체의 행위형식의 전체를 말한다.
> **권력적 사실행위와 비권력적 사실행위**
> 1) **권력적 사실행위** : 공권력의 행사로써 행하는 사실행위를 말한다.(예 행정상 강제집행, 행정상 즉시강제, 권력적 행정조사)
> 2) **비권력적 사실행위** : 공권력을 수반하지 않는 사실행위를 말한다.(예 금전출납, 쓰레기수거, 학교수업, 행정지도, 비권력적 행정조사 등)

정답 ③

139 행정행위의 내용에 관한 설명 중 옳은 것은? 기출 연습문제 [Core ★★]

① 허가는 금지에 대한 해제로서 상대적 금지는 물론 절대적 금지에 대해서도 인정된다.
② 허가를 요하는 행위를 허가 없이 한 경우 당해 무허가행위는 법적 효력을 발생하지 않는 것이 원칙이다.
③ 허가의 대상은 법률행위에 한한다.
④ 인가의 대상인 기본적 법률행위가 무효인 경우에는 행정청의 인가가 있더라도 당해 법률행위는 여전히 효력이 없다.

해설

④ [○] 인가의 대상인 기본적 법률행위가 무효인 경우에는 행정청의 인가가 있더라도 당해 법률행위는 여전히 효력이 없다.
① [×] 허가는 금지에 대한 해제로서 상대적 금지는 물론 절대적 금지에 대해서도 인정된다.(×)
  → 절대적 금지에 대해서는 허가가 인정되지 않는다.
② [×] 허가를 요하는 행위를 허가 없이 한 경우 당해 무허가행위는 법적 효력을 발생하지 않는 것이 원칙이다.(×)
  → 무허가행위라도 특별한 규정이 없는 한 그 행위 자체의 사법적 효력은 원칙적으로 유효하다.
③ [×] 허가의 대상은 법률행위에 한한다.(×)
  → 허가의 대상은 사실행위일 때도 있고, 법률행위가 대상이 되는 경우도 있다.

정답 ④

140 허가에 대한 설명으로 가장 적절하지 않은 것은? (다툼이 있으면 판례에 의함)

기출 연습문제 [Core ★★]

① 법령에 의해 개인의 자유가 제한되고 있는 경우에 그 제한을 해제하여 자유를 적법하게 행사할 수 있도록 회복하여 주는 행정행위이다.
② 허가 등의 행정처분은 원칙적으로 처분시의 법령과 허가기준에 의하여 처리되어야 하고 허가신청 당시의 기준에 따라야 하는 것은 아니다.
③ 석유판매업허가는 소위 대인적 허가의 성질을 갖는 것이어서 양도인의 귀책사유는 양수인에게 그 효력이 미치지 않는다.
④ 국토 및 자연의 유지와 환경의 보전 등 중대한 공익상 필요가 있다고 인정될 때에는 허가를 거부할 수 있다.

해설

③ [×] 석유판매업허가는 소위 대인적 허가의 성질을 갖는 것이어서 **양도인의 귀책사유는 양수인에게 그 효력이 미치지 않는다.**(×)
→ 석유판매업허가는 대물적 허가로 양도가 가능하며, 이 경우 **양수인은 양도인의 지위를 승계하게 되므로 석유판매업이 양도된 경우, 양도인의 귀책사유로 양수인에게 제재를 가할 수 있다.**

대법원 1986. 7. 22. 선고 86누203 판결 [석유판매업허가취소처분취소]

석유판매업(주유소)허가는 소위 대물적 허가의 성질을 갖는 것이어서 그 사업의 양도도 가능하고 이 경우 양수인은 양도인의 지위를 승계하게 됨에 따라 양도인의 위 허가에 따른 권리의무가 양수인에게 이전되는 것이므로 만약 양도인에게 그 허가를 취소할 위법사유가 있다면 허가관청은 이를 이유로 양수인에게 응분의 제재조치를 취할 수 있다할 것이고, **양수인이 그 양수후 허가관청으로부터 석유판매업허가를 다시 받았다** 하더라도 이는 석유판매업의 양수도를 전제로 한 것이어서 이로써 양도인의 지위승계가 부정되는 것은 아니라 할 것이다.

① [○] 법령에 의해 **개인의 자유가 제한되고 있는 경우에 그 제한을 해제하여 자유를 적법하게 행사할 수 있도록 회복하여 주는 행정행위**이다.
→ 허가란 질서유지·위험예방 등을 위해 법률로써 개인의 자유를 일반적·잠정적으로 제한한 후 행정청이 일정한 요건이 구비된 경우에 그 제한을 해제하여 본래의 자유를 회복시켜 주는 행정행위를 말한다.
② [○] **허가 등의 행정처분은 원칙적으로 처분시의 법령과 허가기준에 의하여 처리되어야 하고 허가신청 당시의 기준에 따라야 하는 것은 아니다.**
→ 신청 후 허가기준이 변경된 경우에는 원칙적으로 신청시가 아닌 처분시의 법령과 기준에 의해 처리되어야 한다.

대법원 1996. 8. 20. 선고 95누10877 판결 [주택건설사업승인거부처분취소]

허가 등의 행정처분은 **원칙적으로 처분시의 법령과 허가기준에 의하여 처리되어야 하고** 허가신청 당시의 기준에 따라야 하는 것은 아니며 비록 허가신청 후 허가기준이 변경되었다 하더라도 그 허가관청이 허가신청을 수리하고도 정당한 이유 없이 그 처리를 늦추어 그 사이에 허가기준이 변경된 것이 아닌 이상 변경된 허가기준에 따라서 처분을 하여야 할 것이다.

④ [○] 국토 및 자연의 유지와 환경의 보전 등 중대한 공익상 필요가 있다고 인정될 때에는 **허가를 거부할 수 있다.**

> **대법원 1997. 9. 12. 선고 97누1228 판결 [산림형질변경허가신청반려처분취소]**
> 산림훼손행위는 국토의 유지와 환경의 보전에 직접적으로 영향을 미치는 행위이므로 법령이 규정하는 산림훼손 금지 또는 제한지역에 해당하는 경우는 물론 금지 또는 제한지역에 해당하지 않더라도 **허가관청은 산림훼손허가신청 대상토지의 현상과 위치 및 주위의 상황 등을 고려하여 국토 및 자연의 유지와 환경의 보전 등 중대한 공익상 필요가 있다고 인정될 때에는 허가를 거부할 수 있고**, 그 경우 법규에 명문의 근거가 없더라도 거부처분을 할 수 있으며,

정답 ③

141 전통적 견해에서 허가를 내용으로 옳지 않은 것은?
11 국가직 9급 [Core ★★]

① 허가는 일반적 금지를 해제하여 본래의 자유를 회복시켜 주는 명령적 행위라고 할 수 있다.
② 허가는 근거법상의 금지를 해제하는 효과만 있을 뿐, 타법에 의한 금지까지 해제하는 효과가 있는 것은 아니다.
③ 이미 허가한 영업시설과 동종의 영업허가를 함으로써 기존업자의 영업이익에 피해가 발생한 경우 기존업자는 동종의 신규영업허가의 취소소송을 제기할 수 있는 원고적격이 인정된다.
④ 허가를 받지 않고 행한 영업행위는 행정상 강제집행이나 처벌의 대상은 되지만, 행위 자체의 법률적 효력은 영향을 받지 않는 것이 원칙이다.

해설

③ [×] 이미 허가한 영업시설과 동종의 영업허가를 함으로써 기존업자의 영업이익에 피해가 발생한 경우 **기존업자는 동종의 신규영업허가의 취소소송을 제기할 수 있는 원고적격이 인정된다.**(×)
→ 허가로 인해 상대방이 사실상 독점적 이익을 얻는 경우가 있더라도 이와 같은 **영업상 이익은 원칙적으로 법률상 이익이 아닌 반사적 이익에 불과하다.** 따라서 기존업자는 신규영업허가처분에 대해 취소소송을 제기할 수 있는 원고적격이 원칙적으로 없다.
① [○] 허가는 **일반적 금지를 해제하여 본래의 자유를 회복시켜 주는 명령적 행위**라고 할 수 있다.
→ 전통적 견해와 판례는 허가를 명령적 행위로 본다. 한편 허가는 형성적 성질도 가진다고 보는 견해도 있다.
② [○] 허가는 근거법상의 금지를 해제하는 효과만 있을 뿐, **타법에 의한 금지까지 해제하는 효과가 있는 것은 아니다.**
→ 허가는 그 근거가 된 법령에 의한 금지를 해제할 뿐이고 다른 법률에 의한 금지까지 해제하지는 않는 것이 원칙이다. 예컨대, 공무원인 자가 음식점 영업허가를 받는다 하더라도 그 허가는 식품위생법상의 금지를 해제할 뿐이지 국가공무원법상의 영리업무금지까지 해제해 주는 것은 아니다.
④ [○] 허가를 받지 않고 행한 영업행위는 행정상 강제집행이나 처벌의 대상은 되지만, 행위 자체의 **법률적 효력은 영향을 받지 않는 것이 원칙이다.**
→ 허가받아야 할 일을 허가받지 않고 행한 경우 허가를 받지 않고 한 행위의 법률상 효력은 유효함이 원칙이다. 다만, 행정상 강제집행이나 행정벌의 대상은 될 수 있다.

정답 ③

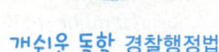

142 허가 자체의 존속기간과 허가조건의 존속기간에 대한 설명으로 옳지 <u>않은</u> 것은? (다툼이 있는 경우 판례에 의함)

11 지방직 9급 [Core ★★]

① 행정행위가 그 내용상 장기간에 걸쳐 계속될 것이 예상되는데, 유효기간이 허가 또는 특허된 사업의 성질상 부당하게 단기로 정해진 경우에는 그 유효기간을 허가조건의 존속기간으로 보아야 한다.
② 허가조건의 존속기간 내에 적법한 갱신신청이 있었음에도 갱신 가부의 결정이 없으면 주된 행정행위는 효력이 상실된다.
③ 연장신청이 없는 상태에서 허가기간이 만료하였다면 그 허가의 효력은 상실된다.
④ 허가의 갱신으로 갱신 전의 허가는 동일성을 유지하면서 효력을 유지한다.

해설

② [×] 허가조건의 존속기간 내에 적법한 갱신신청이 있었음에도 갱신 가부의 결정이 없으면 주된 행정행위는 효력이 상실된다.(×)
→ 허가조건의 존속기간 내에 적법한 갱신신청이 있었음에도 갱신 가부의 결정이 없는 경우에는 유효기간이 지나도 주된 행정행위는 효력이 상실되지 않는다.
① [○] 행정행위가 그 내용상 장기간에 걸쳐 계속될 것이 예상되는데, 유효기간이 허가 또는 특허된 사업의 성질상 부당하게 단기로 정해진 경우에는 그 유효기간을 허가조건의 존속기간으로 보아야 한다.

대법원 2007. 10. 11. 선고 2005두12404 판결 [보전임지전용허가취소처분무효확인]
일반적으로 행정처분에 효력기간이 정하여져 있는 경우에는 그 기간의 경과로 그 행정처분의 효력은 상실되고, 다만 허가에 붙은 기한이 그 허가된 사업의 성질상 부당하게 짧은 경우에는 이를 그 허가 자체의 존속기간이 아니라 그 허가조건의 존속기간으로 보아 그 기한이 도래함으로써 그 조건의 개정을 고려한다는 뜻으로 해석할 수는 있지만, 그와 같은 경우라 하더라도 그 허가기간이 연장되기 위하여는 그 종기가 도래하기 전에 그 허가기간의 연장에 관한 신청이 있어야 하며, 만일 그러한 연장신청이 없는 상태에서 허가기간이 만료하였다면 그 허가의 효력은 상실된다.

③ [○] 연장신청이 없는 상태에서 허가기간이 만료하였다면 그 허가의 효력은 상실된다.
→ 허가 자체의 존속기간으로 보든 허가조건의 존속기간으로 보든 연장신청이 없는 상태에서 허가기간이 만료하였다면 그 허가의 효력은 상실된다는 것이 일반적 견해이다.
④ [○] 허가의 갱신으로 갱신 전의 허가는 동일성을 유지하면서 효력을 유지한다.
→ 허가의 갱신은 신규 허가가 아니라 종전 허가가 동일성을 유지한 채로 지속되는 것에 불과하다.

정답 ②

143 강학상 허가에 관한 설명으로 옳지 않은 것은?

기출 연습문제 [Core ★★]

① 허가의 요건은 법령으로 규정되어야 하며, 법령의 근거 없이 행정권이 독자적으로 허가요건을 추가하는 것은 허용되지 아니한다.
② 허가의 신청 후 행정처분 전에 법령의 개정으로 허가기준에 변경이 있는 경우에는 원칙적으로 변경된 허가기준에 따라서 처분을 하여야 한다.
③ 산림형질변경허가와 같이 재량행위성이 인정되는 허가의 경우 중대한 공익상 필요가 있다고 인정되는 때에는 그 허가를 거부할 수 있으며, 다만 그 경우 별도로 명문의 근거가 있어야 한다.
④ 허가는 그 근거법령상의 금지를 해제할 뿐 타법에 의한 금지까지 해제하는 것은 아니다.

해설

③ [×] 산림형질변경허가와 같이 재량행위성이 인정되는 허가의 경우 중대한 공익상 필요가 있다고 인정되는 때에는 그 허가를 거부할 수 있으며, 다만 그 경우 별도로 명문의 근거가 있어야 한다.(×)
→ 산림형질변경허가(산림훼손허가)는 재량행위로서 법규상 명문의 근거가 없더라도 중대한 공익상의 필요가 있다고 인정될 때에는 허가를 거부할 수 있다는 것이 판례의 입장이다.

> 대법원 1997. 9. 12. 선고 97누1228 판결 [산림형질변경허가신청반려처분취소]
> 산림훼손행위는 국토의 유지와 환경의 보전에 직접적으로 영향을 미치는 행위이므로 법령이 규정하는 산림훼손 금지 또는 제한지역에 해당하는 경우는 물론 금지 또는 제한지역에 해당하지 않더라도 허가관청은 산림훼손허가신청 대상토지의 현상과 위치 및 주위의 상황 등을 고려하여 국토 및 자연의 유지와 환경의 보전 등 중대한 공익상 필요가 있다고 인정될 때에는 허가를 거부할 수 있고, 그 경우 법규에 명문의 근거가 없더라도 거부처분을 할 수 있다.

① [O] 허가의 요건은 법령으로 규정되어야 하며, 법령의 근거 없이 행정권이 독자적으로 허가요건을 추가하는 것은 허용되지 아니한다.
→ 허가가 기속행위인 경우 허가요건의 추가는 기본권의 제한과 직결되므로 법령에 근거가 있어야 한다. 따라서 법령의 근거 없이 행정권이 독자적으로 허가요건을 추가하는 것은 원칙적으로 허용되지 않는다.

> 대법원 1981. 1. 27. 선고 79누433 판결 [제분업허가처분취소]
> 영업의 자유는 헌법상 국민에게 보장된 자유의 범위내에 포함되는 것이어서 질서유지와 공공복리를 위하여 필요한 경우에 한하여 법률로써 영업의 자유를 예외적으로 제한할 수 있음에 불과한 것이라고 할 것인 바, 양곡관리법등 관계법령에 논지주장과 같은 사유로서 양곡 가공시설물 설치장소에 대한 거리를 제한할 수 있는 규정을 한 조문이 없으므로 그 제한거리를 규정한 서울특별시의 예규가 헌법상 보장된 이 영업의 자유를 제한할 수도 없을 것이다.

② [O] 허가의 신청 후 행정처분 전에 법령의 개정으로 허가기준에 변경이 있는 경우에는 원칙적으로 변경된 허가기준에 따라서 처분을 하여야 한다.
→ 신청 후 허가기준이 변경된 경우에는 원칙적으로 신청시가 아닌 처분시의 법령과 기준에 의해 처리되어야 한다.

> 대법원 1996. 8. 20. 선고 95누10877 판결 [주택건설사업승인거부처분취소]
> 허가 등의 행정처분은 원칙적으로 처분시의 법령과 허가기준에 의하여 처리되어야 하고 허가신청 당시의 기준에 따라야 하는 것은 아니며 비록 허가신청 후 허가기준이 변경되었다 하더라도 그 허가관청이 허가신청을 수리하고도 정당한 이유 없이 그 처리를 늦추어 그 사이에 허가기준이 변경된 것이 아닌 이상 변경된 허가기준에 따라서 처분을 하여야 할 것이다.

④ [O] 허가는 그 근거법령상의 금지를 해제할 뿐 타법에 의한 금지까지 해제하는 것은 아니다.

→ 허가는 그 근거가 된 법령에 의한 금지를 해제할 뿐이고, 다른 법률에 의한 금지까지 해제하지는 않는 것이 원칙이다.

> **대법원 1991. 4. 12. 선고 91도218 판결 [건축법위반]**
> 도로법 제50조 제1항에 의하여 접도구역으로 지정된 지역 안에 있는 건물에 관하여 같은 법조 제4, 5항에 의하여 도로관리청으로부터 개축허가를 받은 경우 건축법 제5조 제1항에 의한 건축허가를 다시 받아야 한다. 도로법과 건축법에서 각 규정하고 있는 건축허가는 그 허가권자의 허가를 받도록 한 목적, 허가의 기준, 허가 후의 감독에 있어서 같지 아니하므로 도로법 제50조 제1항에 의하여 접도구역으로 지정된 지역 안에 있는 건물에 관하여 같은 법조 제4, 5항에 의하여 **도로관리청인 도지사로부터 개축허가를 받았다고 하더라도 건축법 제5조 제1항에 의하여 시장 또는 군수의 허가를 다시 받아야 한다.**

정답 ③

144 다음 중 성질이 다른 하나는?   기출 연습문제 [Essential ★]

① 어업허가   ② 운전면허   ③ 버스노선허가   ④ 귀화허가

해설
② [O] 운전면허: 학문상의 허가 - 일반적으로 금지되는 행위를 특정한 경우에 해제하는 것
① [×] 어업허가(×): 학문상의 특허 - 특정인에게 일정한 권리나 법률관계를 설정하는 것
③ [×] 버스노선허가(×): 학문상의 특허
④ [×] 귀화허가(×): 학문상의 특허

정답 ②

145 일반처분으로 볼 수 있는 것은?   08 선거관리위원회 9급 [Core ★★]

① 운전면허   ② 주차금지구역의 지정
③ 공유수면매립면허   ④ 건축허가

해설
② [O] 주차금지구역의 지정
→ 주차금지구역의 지정은 물건의 규율을 내용으로 하는 행정행위로서 직접적으로는 물건의 성질·상태를 규율하며, 이를 통하여 사람에 대해서는 간접적인 법적 효과를 미치는 행정행위로 물적 행정행위로서의 **일반처분**에 해당한다.
① [×] 운전면허(×)
→ 일반처분은 일반적·구체적 처분으로서 불특정 다수를 그 대상으로 한다. 그런데 운전면허, 공유수면매립면허, 건축허가는 특정 상대방을 그 대상으로 하는 처분으로 개별적·구체적 처분이다.
③ [×] 공유수면매립면허(×)
④ [×] 건축허가(×)

정답 ②

146 다음과 같은 규율 내용의 법적 성격은?

09 지방직 9급 변형 [ESSential ★]

> 2021년 영국에서 개최된 G7 정상회담 당시, 영국정부는 회담기간 중 행사장 주변지역에서의 모든 옥외집회를 금지하였다.

① 개별적·구체적 규율
② 개별적·추상적 규율
③ 일반적·구체적 규율
④ 일반적·추상적 규율

해설

③ [O] 일반적·구체적 규율
→ 행사장 주변지역에서의 모든 옥외집회를 금지하였다. 이른바 일반처분에 해당하는 것으로서 **일반처분**은 일반적·구체적 규율로서의 성격을 가진다.
① [×] 개별적(×)·구체적 규율
② [×] 개별적·추상적 규율(×)
④ [×] 일반적·추상적 규율(×)

정답 ③

147 다음 중 일반처분에 해당하는 것으로 볼 수 있는 것은?

04 국회직 8급 [ESSential ★]

① 음식점영업허가
② 건물철거명령
③ 교통표지판의 명령
④ 어업면허
⑤ 사립대학 설립인가

해설

③ [O] 교통표지판의 명령
→ 도로의 교통표지판은 불특정 다수의 대상을 구체적으로 규율하므로 이른바 **일반처분**에 해당한다.
① [×] 음식점영업허가(×)
② [×] 건물철거명령(×)
④ [×] 어업면허(×)
⑤ [×] 사립대학 설립인가(×)

정답 ③

148 행정행위의 개념에 관한 설명으로 옳지 않은 것은?

기출 연습문제 [Core ★★]

① 상급자가 특정공무원에 대하여 발하는 직무명령은 행정행위에 해당한다.
② 특정장소에의 통행금지와 같은 불특정 다수인에 대한 규율행위는 행정행위에 해당한다.
③ 도로상의 교통표지판과 같이 직접 물건의 특성을 규율하는 행위는 행정행위에 해당한다.
④ 기계적으로 부과되는 납세고지서와 같은 자동화된 행정결정은 행정행위에 해당한다.

해설

① [×] 상급자가 특정공무원에 대하여 발하는 **직무명령은 행정행위에 해당한다.**(×)
 → 상급자가 특정공무원에 대하여 발하는 직무명령은 내부적 행위에 불과한 것으로 행정행위에 해당하지 않는다.
② [O] 특정장소에의 통행금지와 같은 **불특정 다수인에 대한 규율행위는 행정행위에 해당한다.**
 → 특정장소에의 통행금지와 같은 불특정 다수인에 대한 규율행위는 '대인적 일반처분'으로서 행정행위에 해당한다.
③ [O] 도로상의 교통표지판과 같이 **직접 물건의 특성을 규율하는 행위는 행정행위에 해당한다.**
 → 도로상의 교통표지판과 같이 직접 물건의 특성을 규율하는 행위는 '물적 행정행위로서 일반처분'이며 행정행위에 해당한다.
④ [O] 기계적으로 부과되는 납세고지서와 같은 **자동화된 행정결정은 행정행위에 해당한다.**
 → 컴퓨터 등을 이용해 행정업무를 자동화하여 수행하는 이른바 **자동화된 행정결정도 행정행위**라는 것이 일반적 견해이다.

행정행위 개념징표

1) 행정청의 행위
2) 구체적 사실에 대한 규율행위
 ① 행정행위는 구체적 사실을 규율하는 행위이다. 따라서 일반적·추상적인 행정입법이나 조례·규칙 등은 그것이 특정범위의 사람을 대상으로 하는 경우라 할지라도 행정행위는 아니다.
 ② 구체적 사실을 규율하는 행위인 한, 불특정·다수인을 대상으로 하는 일반처분은 행정행위에 속한다.
3) 외부에 대하여 직접적인 법적 효과를 발생하는 행위
 ① 행정행위는 법적 행위, 즉 법적 효과를 발생·변경·소멸시키는 행위이다. 따라서 직접적으로는 법적 효과를 발생시키지 않는 사실행위는 행정행위가 아니다.
 ② 행정기관 내부에서만 결정되었을 뿐, 밖으로 표시되지 않은 행위(내부행위)도 행정행위가 아니다.
 ③ 그리고 특별행정법관계(특별권력관계)에 있어서의 그 구성원에 대한 처분에 대해서는 원칙적으로 행정행위의 성격을 인정하는 것이 현재 학설·판례의 입장이다.
4) 권력적 단독행위인 공법행위
 ① 사법행위(예 국유잡종재산의 대부·매각)나 공법상 법률행위(예 공법상 계약·합동행위)는 행정행위가 아니다.
 ② 행정행위의 성립에 있어서 신청·동의 등의 상대방의 협력이 필요한 것이라도 당해 법률관계의 내용이 일방적으로 결정되는 것인 한 행정행위에 속한다.(예 쌍방적 행정행위)

정답 ①

기속행위, 재량행위

149 행정행위를 기속행위와 재량행위로 구별하는 필요성을 가장 옳게 서술한 것은?

04 서울시 9급 [Core ★★]

① 행정행위에 대한 사법심사의 한계를 설정하기 위하여
② 공익과 사익의 구별을 분명히 하기 위하여
③ 행정소송과 민사소송의 구분을 명확하게 하기 위하여
④ 행정행위를 가능하면 엄격하게 통제하기 위하여
⑤ 행정청에 보다 자율성을 가지는 범위를 확대해 주기 위하여

해설

① [O] 행정행위에 대한 사법심사의 한계를 설정하기 위하여
  → 기속행위와 재량행위의 구별실익은 재판한계, 개인적 공권의 성립여부, 부관과의 관계 등이다. 기속행위에 대한 사법심사는 전면적, 재량행위에 대한 사법심사의 범위는 재량의 한계를 벗어난 경우로 제한된다.
  → 존속력(확정력) 중에서 불가변력과의 관계에 대해서는 과거에는 구별실익을 찾는 견해도 있었으나, 지금은 불가변력과의 관계에서는 구별실익이 없다는 것이 통설이다.
② [×] 공익과 사익의 구별을 분명히 하기 위하여(×)
③ [×] 행정소송과 민사소송의 구분을 명확하게 하기 위하여(×)
④ [×] 행정행위를 가능하면 엄격하게 통제하기 위하여(×)
⑤ [×] 행정청에 보다 자율성을 가지는 범위를 확대해 주기 위하여(×)

기속행위와 재량행위

1) 개념
현실행정에 있어서는 법규가 어떤 행위를 명확하게 규정하여 행정청이 단순히 집행하게 하는 것을 기속행위라고 하며, 불명확한 개념을 사용하여 행정청의 판단여지를 남겨 놓는 상태를 재량행위라고 할 수 있다. 재량행위는 전통적으로 기속재량행위와 자유재량행위로 구분되는데, 기속재량행위란 법의 해석판단에 관한 재량이고, 자유재량행위란 무엇이 공익에 적합한가의 판단재량이다.

2) 구별의 실익
① 사법심사의 대상여부
  기속행위(기속재량행위)를 위반한 행위는 위법의 문제가 되어 행정소송 등 사법심사의 대상이 되지만, 자유재량행위의 판단과오는 단순한 당(當)·부당(不當)의 문제가 되어 원칙적으로 행정심판의 대상은 될지언정 위법한 것으로 되어 사법심사의 대상이 되지는 않는다고 본다.
② 부관(附款)과의 관계
  법규가 행정청의 행위에 대하여 재량을 부여한 경우에는 그 범위 안에서 부관을 붙일 수 있으나, 기속행위는 특별한 규정이 없는 한 부관을 붙일 수 없다.
③ 공권의 성립여부
  개인에게 공법상의 권리(공권)가 발생하기 위해서는 최소한 법규가 공익 이외에 사익을 보호하는 취지를 담고 있어야 하며, 그 관계법규에 의한 경찰권의 발동이 기속행위에 해당하여야 한다. 즉 강행법규에 의한 사익보호성과 의무부과성을 담고 있어야 한다. 그럼으로, 원칙적으로 재량행위에서는 공권이 성립되지 않고 기속행위일 때는 공권이 성립될 수 있다. 물론, '재량이 0으로 수축한 경우'에는 재량행위는 기속행위로 전환되므로 이때는 개인에게 경찰개입청구권과 같은 공권이 생기기도 한다.

④ **불가변력과의 관계**
원칙적으로 기속행위는 불가변력(실질적 존속력)이 있으나, 재량행위는 불가변력이 없음으로 사정변경에 의하여 취소·철회할 수 있다. 그러나 재량행위라고 하여 자유로이 취소·변경할 수 있는 것은 아니기 때문에 양자의 구별실익이 없다는 견해도 있다.

3) **구별기준**
일반적으로 재량행위는 행정행위의 성질·효과에 따라 개인에게 권리·이익을 부여하는 행위로, 기속행위는 그것을 제한하거나 박탈하는 행위를 말한다.

정답 ①

150 기속행위와 재량행위에 관한 설명으로 옳지 않은 것은?
09 국가직 9급 [Essential ★]

① 기속행위에 부관을 붙이면 무효라는 것이 판례의 입장이다.
② 재량행위가 그 한계를 넘거나 남용이 있더라도 법원은 이를 취소할 수 없다.
③ 재량행위라고 할지라도 재량권이 영으로 수축하는 경우에는 행정개입청구권이 성립할 수 있다.
④ 기속행위와 재량행위는 법원의 심사방식이 다르다는 것이 판례의 입장이다.

해설

② [×] 재량행위가 그 한계를 넘거나 남용이 있더라도 **법원은 이를 취소할 수 없다.(×)**

> **행정소송법 제27조(재량처분의 취소)**
> 행정청의 재량에 속하는 처분이라도 재량권의 한계를 넘거나 그 남용이 있는 때에는 법원은 이를 취소할 수 있다.

① [O] 기속행위에 부관을 붙이면 무효라는 것이 판례의 입장이다.

> **대법원 1995. 6. 13. 선고 94다56883 판결 [소유권이전등기말소]**
> 건축허가를 하면서 일정 토지를 기부채납하도록 하는 내용의 허가조건은 부관을 붙일 수 없는 기속행위 내지 기속적 재량행위인 건축허가에 붙인부담이거나 또는 법령상 아무런 근거가 없는 부관이어서 무효이다.

③ [O] 재량행위라고 할지라도 **재량권이 영으로 수축하는 경우에는 행정개입청구권이 성립할 수 있다.**
→ 재량행위의 경우에는 원칙적으로 행정개입청구권이 인정되지 않지만, **예외적으로 재량권이 영(0)으로 수축되는 경우에는 행정개입청구권이 성립된다.**

④ [O] 기속행위와 재량행위는 **법원의 심사방식이 다르다는 것이 판례의 입장이다.**
→ 기속행위의 경우 법원이 일정한 결론을 도출한 후 행정청의 결론과 비교하는 방식에 의해 위법성을 심사하지만, 재량행위의 경우 일정한 결론을 도출함이 없이 당해 행위에 재량권의 일탈·남용이 있는지 여부만을 심사하게 되므로 기속행위와 재량행위는 사법심사방식이 다르다고 할 수 있다.

> **대법원 2007. 5. 31. 선고 2005두1329 판결 [도로점용허가거부처분취소등]**
> 행정행위를 기속행위와 재량행위로 구분하는 경우 양자에 대한 사법심사는, **전자(기속행위)의 경우** 그 법규에 대한 원칙적인 기속성으로 인하여 법원이 사실인정과 관련 법규의 해석·적용을 통하여 일정한 **결론을 도출한 후** 그 결론에 비추어 행정청이 한 판단의 적법 여부를 독자의 입장에서 판정하는 방식에 의하게 되나, **후자(재량행위)**의 경우 행정청의 재량에 기한 공익판단의 여지를 감안하여 **법원은 독자의 결론을 도출함이**

> **없이** 당해 행위에 재량권의 일탈·남용이 있는지 여부만을 심사하게 되고 이러한 재량권의 일탈·남용 여부에 대한 심사는 사실오인, 비례·평등의 원칙 위배 등을 그 판단 대상으로 한다

정답 ②

151 기속행위와 재량행위에 대한 설명으로 옳지 않은 것은?

기출 연습문제 [Core ★★]

① 판례는 자유재량에 대한 사법심사에 있어서는 법원이 일정한 결론을 도출한 후 그 결론에 비추어 행정청이 한 판단의 적법 여부를 독자의 입장에서 판정하는 방식에 의하게 된다고 보고 있다.
② 판례는 일반적으로 기속행위에는 부관을 붙일 수 없다는 입장이다.
③ 판례는 공무원 임용을 위한 면접전형에서 임용신청자의 능력이나 적격성 등에 관한 판단이 면접위원의 자유재량에 속한다고 보고 있다.
④ 행정청의 재량에 속하는 처분이라도 재량권의 한계를 넘거나 그 남용이 있는 때에는 법원은 이를 취소할 수 있다.

해설

① [×] 판례는 자유재량에 대한 사법심사에 있어서는 법원이 일정한 결론을 도출한 후 그 결론에 비추어 행정청이 한 판단의 적법 여부를 독자의 입장에서 판정하는 방식에 의하게 된다고 보고 있다.(×)

> 대법원 2001. 2. 9. 선고 98두17593 판결 [건축물용도변경신청거부처분취소]
> 재량행위 내지 자유재량행위의 경우 **행정청의 재량에 기한 공익판단의 여지를 감안하여 법원은 독자의 결론을 도출함이 없이 당해 행위에 재량권의 일탈·남용이 있는지 여부만을 심사하게 되고**, 이러한 재량권의 일탈·남용 여부에 대한 심사는 사실오인, 비례·평등의 원칙 위배, 당해 행위의 목적 위반이나 동기의 부정 유무 등을 그 판단 대상으로 한다.

② [○] 판례는 일반적으로 기속행위에는 부관을 붙일 수 없다는 입장이다.
→ 판례는 재량행위에는 법령의 근거가 없어도 부관을 붙일 수 있으나, 기속행위에는 법령에 근거 없는 한 부관을 붙일 수 없고 붙였다 하더라도 무효라고 한다.

③ [○] 판례는 공무원 임용을 위한 면접전형에서 임용신청자의 능력이나 적격성 등에 관한 판단이 면접위원의 자유재량에 속한다고 보고 있다.

> 대법원 1997. 11. 28. 선고 97누11911 판결 [검사임용거부처분취소]
> 공무원 임용을 위한 면접전형에 있어서 임용신청자의 능력이나 적격성 등에 관한 판단은 면접위원의 고도의 교양과 학식, 경험에 기초한 자율적 판단에 의존하는 것으로서 오로지 면접위원의 자유재량에 속하고, 그와 같은 판단이 현저하게 재량권을 일탈 내지 남용한 것이 아니라면 이를 위법하다고 할 수 없다.

④ [○] 행정청의 재량에 속하는 처분이라도 재량권의 한계를 넘거나 그 남용이 있는 때에는 **법원은 이를 취소할 수 있다.**

> 행정소송법 제27조(재량처분의 취소)
> 행정청의 재량에 속하는 처분이라도 재량권의 한계를 넘거나 그 남용이 있는 때에는 법원은 이를 취소할 수 있다.

정답 ①

152 재량권의 한계에 대한 설명으로 옳은 것은? 11 사회복지직 9급 [Core★★]

① 법률에서 정한 액수 이상의 과태료를 부과한 처분은 부당한 처분이다.
② 재량의 범위를 넘지는 않았지만 평등원칙에 위반한 처분은 부당한 처분이다.
③ 재량권을 수권한 법률상의 목적을 위반한 처분은 위법한 처분이다.
④ 고려해야 할 구체적 사정을 고려하지 않고 재량권을 행사한 처분은 부당한 처분이다.

해설

③ [O] 재량권을 수권한 **법률상의 목적을 위반한 처분은 위법한 처분이다.**
→ 재량권을 부여한 법의 목적을 위반한 처분은 재량의 남용이라고 볼 수 있어 위법한 처분이 된다.

① [×] 법률에서 정한 액수 이상의 과태료를 부과한 처분은 부당한 처분이다.(×)
→ 법률에서 정한 액수 이상의 과태료를 부과한 것은 법률의 외적 한계를 넘은 것으로 재량의 일탈에 해당되며 **재량을 일탈한 처분은 부당한 처분이 아닌 위법한 처분이다.** 참고로 부당(不當)은 재량행위가 위법한 것은 아니지만, 합목적성과 관련하여 최적 또는 최선의 행위라고 보기 어려운 것을 의미한다.

② [×] 재량의 범위를 넘지는 않았지만 평등원칙에 위반한 처분은 부당한 처분이다.(×)
→ 법률의 외적 한계는 넘지 않았으나 재량권을 부여한 법의 목적이나 평등의 원칙·비례의 원칙 등 내적 한계에 위배되는 경우의 재량권행사는 **재량권의 남용에 해당하며 역시 부당한 처분이 아닌 위법한 처분에 해당한다.**

④ [×] 고려해야 할 구체적 사정을 고려하지 않고 재량권을 행사한 처분은 부당한 처분이다.(×)
→ 재량을 행사할 때 고려해야 할 사항을 충분히 고려하지 않은 경우를 재량의 해태라고 하며, 이 또한 부당한 처분이 아니라 위법한 처분이 된다.

정답 ③

153 다음은 학원의 설립운영 및 과외교습에 관한 법률의 일부를 발췌한 것이다. 수원에서 학원을 운영하고 있는 A가 아래 법률에 따른 행정처분의 대상이 된 경우에 수원교육장이 취할 수 있는 행정적 조치로서 잘못된 것은?

04 경기교육행정 [Core ★★]

> 제17조(행정처분) 교육감은 학원이 다음 각호의 어느 하나에 해당하는 경우에는 1년 이내의 기간을 정하여 교습과정의 전부 또는 일부에 대한 교습의 정지를 명할 수 있다. 다만 제1호에 해당하는 경우에는 그 등록을 말소하여야 한다.
> 1. 허위 기타 부정한 방법으로 제6조의 규정에 의한 등록을 한 경우
> 2. 제8조의 규정에 의한 시설기준에 미달하게 된 경우
> 3. 학습자의 모집함에 있어서 과대 또는 허위의 광고를 한 경우
>   단, 경기도교육감은 수원교육청 교육장에게 행정처분 권한을 위임하였다.

① A의 위법사항이 위 법률 제17조 제1호에 해당되는 경우, 수원교육장은 등록말소처분을 하여야 한다.
② A의 위법사항이 위 법률 제17조 제2호에 해당되는 경우, 수원교육장은 A의 위반사유의 중대성을 감안하여 2년 동안 교습의 정지를 명할 수 있다.
③ A가 운영하는 학원 열람실 면적이 법정기준인 60제곱미터에 0.5제곱미터 정도 부족하여 위 법률 제17조 제2호에 해당되는 경우, 수원교육장이 등록말소처분을 하는 것은 재량권의 일탈, 남용이 된다.
④ A의 위법사항이 위 법률 제17조 제3호에 해당되는 경우, 수원교육장은 교습과정의 일부에 대하여 1개월의 교습정지를 명할 수 있다.

해설

② [×] A의 위법사항이 위 법률 제17조 제2호에 해당되는 경우, 수원교육장은 A의 위반사유의 중대성을 감안하여 2년 동안 교습의 정지를 명할 수 있다.(×)
  → 제17조의 규정에는 1년 이내의 교습정지를 명할 수 있다고 규정하고 있음에도 불구하고, 2년 기간 동안 교습의 정지를 명하는 것은 재량권의 일탈(유월)에 해당되어 위법이다. 즉 재량권의 일탈(외적 범위)과 남용(내적 범위)은 부당을 넘어 위법이다.
① [O] A의 위법사항이 위 법률 제17조 제1호에 해당되는 경우, 수원교육장은 등록말소처분을 하여야 한다.
③ [O] A가 운영하는 학원 열람실 면적이 법정기준인 60제곱미터에 0.5제곱미터 정도 부족하여 위 법률 제17조 제2호에 해당되는 경우, 수원교육장이 등록말소처분을 하는 것은 재량권의 일탈, 남용이 된다.
④ [O] A의 위법사항이 위 법률 제17조 제3호에 해당되는 경우, 수원교육장은 교습과정의 일부에 대하여 1개월의 교습정지를 명할 수 있다.

정답 ②

154. 경찰재량에 관한 설명 중 가장 적절하지 않은 것은? (다툼이 있는 경우 판례에 의함)

22 경찰 2차 [Core ★★] 총론 Chapter 4. 356

① 「도로교통법」상 교통단속임무를 수행하는 경찰공무원을 폭행한 사람의 운전면허를 취소하는 것은 행정청이 재량여지가 없으므로 재량권의 일탈·남용과는 관련이 없다.
② 재량을 선택재량과 결정재량으로 나눌 경우, 경찰공무원의 비위에 대해 징계처분을 하는 결정과 그 공무원의 건강 등 제반사정을 고려하여 징계처분을 하지 않는 결정 사이에서 선택권을 갖는 것을 결정재량이라 한다.
③ 재량의 일탈·남용뿐만 아니라 단순히 재량권 행사에서 합리성을 결하는 등 재량을 그르친 경우에도 행정심판의 대상이 된다.
④ 재량권의 일탈이란 재량권의 내적 한계(재량권이 부여된 내재적 목적)를 벗어난 것을 말하며, 재량권의 남용이란 재량권의 외적한계(법적·객관적 한계)를 벗어난 것을 의미한다.

해설

④ [×] **재량권의 일탈(×)**이란 재량권의 내적 한계(재량권이 부여된 내재적 목적)를 벗어난 것을 말하며, **재량권의 남용(×)**이란 재량권의 외적한계(법적·객관적 한계)를 벗어난 것을 의미한다.
→ 서로 반대로 설명하고 있다. **재량권의 남용**이란 재량권의 내적 한계(재량권이 부여된 내재적 목적)를 벗어난 것을 말하며, **재량권의 일탈**이란 재량권의 외적한계(법적·객관적 한계)를 벗어난 것을 의미한다.
→ 판례는 일탈과 남용을 딱히 구분하고 있지는 않는 것 같다.

> **행정소송법 제27조(재량처분의 취소)**
> 행정청의 재량에 속하는 처분이라도 **재량권의 한계를 넘거나 그 남용이 있는 때**에는 법원은 이를 취소할 수 있다.

① [O] 「도로교통법」상 교통단속임무를 수행하는 경찰공무원을 폭행한 사람의 운전면허를 취소하는 것은 행정청이 재량여지가 없으므로 재량권의 일탈·남용과는 관련이 없다.
→ 이와 경우는 경찰행정청에게 재량권(선택권)이 없기 때문에 경찰행정청은 법에 규정된 대로 기계적으로 법을 집행만 할 뿐인 경우에 해당된다.

> **도로교통법 제93조(운전면허의 취소·정지)**
> ① 시·도경찰청장은 운전면허(연습운전면허는 제외한다. 이하 이 조에서 같다)를 받은 사람이 다음 각 호의 어느 하나에 해당하면 행정안전부령으로 정하는 기준에 따라 운전면허(운전자가 받은 모든 범위의 운전면허를 포함한다. 이하 이 조에서 같다)를 취소하거나 1년 이내의 범위에서 운전면허의 효력을 정지시킬 수 있다. 다만, 제2호, 제3호, 제7호, 제8호, 제8호의2, 제9호(정기 적성검사 기간이 지난 경우는 제외한다), 제14호, 제16호, 제17호, 제20호의 규정에 해당하는 경우에는 운전면허를 취소하여야 하고(제8호의2에 해당하는 경우 취소하여야 하는 운전면허의 범위는 운전자가 거짓이나 그 밖의 부정한 수단으로 받은 그 운전면허로 한정한다), 제18호의 규정에 해당하는 경우에는 정당한 사유가 없으면 관계 행정기관의 장의 요청에 따라 운전면허를 취소하거나 1년 이내의 범위에서 정지하여야 한다.
> 14. 이 법에 따른 교통단속 임무를 수행하는 경찰공무원등 및 시·군공무원을 폭행한 경우

② [O] 재량을 선택재량과 결정재량으로 나눌 경우, 경찰공무원의 비위에 대해 징계처분을 하는 결정과 그 공무원의 건강 등 제반사정을 고려하여 징계처분을 하지 않는 결정 사이에서 선택권을 갖는 것을 결정재량이라 한다.
→ 재량은 해당 행위를 할 것인가에 대한 선택의 자유를 의미하는 결정재량과 법적으로 허용된 범위에서 어떤 수단을 선택할 것인가에 대한 독자적 판단의 자유인 선택재량으로 구분할 수 있는데, 위와 같은

경우는 결정재량에 해당된다.
③ [O] 재량의 일탈·남용뿐만 아니라 단순히 재량권 행사에서 합리성을 결하는 등 재량을 그르친 경우에도 행정심판의 대상이 된다.
→ 재량행위를 위반하면 통상 부당한 행위가 되어 행정심판의 대상이 된다. 하지만, 재량권의 일탈과 남용은 위법한 행위가 되므로 행정심판뿐만 아니라 행정소송의 대상이 되기도 한다. 즉 **행정심판의 대상은 위법, 부당한 행위가 모두 해당되고, 행정소송의 대상은 원칙적으로 위법한 행위가 된다.**

대법원 2000. 3. 24. 선고 98두8766 판결 [농지전용불허가처분취소]

입법목적 등을 달리하는 법률들이 일정한 행위에 관한 요건을 각기 정하고 있는 경우 어느 법률이 다른 법률에 우선하여 배타적으로 적용된다고 풀이되지 아니하는 한 그 행위에 관하여 각 법률의 규정에 따른 허가를 받아야 할 것인바, 이러한 경우 그 중 **하나의 허가에 관한 관계 법령 등에서 다른 법령상의 허가에 관한 규정을 원용하고 있는 경우나 그 행위가 다른 법령에 의하여 절대적으로 금지되고 있어 그것이 객관적으로 불가능한 것이 명백한 경우** 등에는 그러한 요건을 고려하여 허가 여부를 결정할 수 있다.

대법원 2001. 2. 9. 선고 98두17593 판결 [건축물용도변경신청거부처분취소]

어느 행정행위가 기속행위인지 재량행위인지 나아가 재량행위라고 할지라도 기속재량행위인지 또는 자유재량에 속하는 것인지의 여부는 이를 **일률적으로 규정지을 수는 없는 것이고, 당해 처분의 근거가 된 규정의 형식이나 체재 또는 문언에 따라 개별적으로 판단하여야 한다.**

대법원 1995. 9. 15. 선고 95누8362 판결 [자동차운전면허취소처분취소]

술에 취한 상태에 있다고 인정할 만한 상당한 이유가 있음에도 불구하고 **경찰공무원의 측정에 응하지 아니한 때에는 필요적으로 운전면허를 취소하도록 되어 있어 처분청이 그 취소 여부를 선택할 수 있는 재량의 여지가 없음이**「도로교통법」상 명백하므로, 동법 요건에 해당하였음을 이유로 한 운전면허취소처분에 있어서 재량권의 일탈 또는 남용의 문제는 생길 수 없다.

대법원 2010. 2. 25. 선고 2009두19960 판결 [건축허가불허가처분취소]

재량행위에 대한 사법심사에 있어서는 행정청의 재량에 기한 공익판단의 여지를 감안하여 법원은 독자적 결론을 도출함이 없이 당해 행위에 재량권이 일탈, 남용이 있는지 여부만을 심사하게 되고 이러한 재량권의 일탈, 남용 여부에 대한 심사는 사실오인, 비례, 평등의 원칙 위배, 근거법령의 목적에 반하는가 등을 그 판단 대상으로 한다.

정답 ④

155 판례상 재량행위에 해당하는 것만을 모두 고르면? 22 서울시, 지방직 9급 [ESSential ★]

㉠ 「여객자동차 운수사업법」상 개인택시운송사업면허
㉡ 구 수도권대기환경특별법상 대기오염물질 총량관리사업장 설치허가
㉢ 국가공무원법상 휴직사유 소멸을 이유로 한 신청에 대한 복직명령
㉣ 출입국관리법상 체류자격변경허가

① ㉠, ㉣   ② ㉡, ㉢   ③ ㉠, ㉡, ㉣   ④ ㉠, ㉡, ㉢, ㉣

해설

㉠, ㉡, ㉣ 3항목이 해당한다.

㉠ [O] 「여객자동차 운수사업법」상 개인택시운송사업면허

> 대법원 1996. 10. 11. 선고 96누6172 판결 [개인택시운송사업면허배제처분취소]
> 자동차운수사업법에 의한 개인택시운송사업면허는 특정인에게 권리나 이익을 부여하는 행정행위로서 법령에 특별한 규정이 없는 한 **재량행위이고**, 그 면허를 위하여 필요한 기준을 정하는 것도 역시 행정청의 재량에 속하는 것이므로, 그 설정된 기준이 객관적으로 합리적이 아니라거나 타당하지 않다고 볼 만한 다른 특별한 사정이 없는 이상 행정청의 의사는 가능한 한 존중되어야 한다.

㉡ [O] 구 수도권대기환경특별법상 대기오염물질 총량관리사업장 설치허가

> 대법원 2013. 5. 9. 선고 2012두22799 판결 [대기배출시설설치불허가처분등취소]
> 구 수도권대기환경특별법 제14조 제1항에서 정한 대기오염물질 총량관리사업장 설치의 허가 또는 변경허가는 특정인에게 인구가 밀집되고 대기오염이 심각하다고 인정되는 수도권 대기관리권역에서 총량관리대상 오염물질을 일정량을 초과하여 배출할 수 있는 특정한 권리를 설정하여 주는 행위로서 **그 처분의 여부 및 내용의 결정은 행정청의 재량에 속한다.**

㉣ [O] 출입국관리법상 체류자격변경허가

> 대법원 2016. 7. 14. 선고 2015두48846 판결 [체류기간연장등불허가처분취소]
> 출입국관리법상 체류자격 변경허가는 설권적 처분(특허)의 성격을 가지며 **허가권자는 허가 여부를 결정할 재량을 가진다.**

㉢ [X] 국가공무원법상 휴직사유 소멸을 이유로 한 신청에 대한 복직명령(×)

> 대법원 2014. 6. 12. 선고 2012두4852 판결 [복직반려처분취소]
> 육아휴직 중 국가공무원법 제73조 제2항에서 정한 복직 요건인 '휴직사유가 없어진 때'에 해당하는지를 판단하는 기준 및 위 조항에 따른 **복직명령의 법적 성질은 기속행위이다.**

정답 ③

156 행정행위에 대한 설명으로 옳지 않은 것은? (다툼이 있는 경우 판례에 의함) 22 소방직 [Core ★★]

① 재량에 의한 행정처분이 그 재량권의 한계를 벗어난 것이어서 위법하다는 점은 그 행정처분의 효력을 다투는 자가 이를 주장·입증하여야 하고, 처분청이 그 재량권의 행사가 정당한 것이었다는 점까지 주장·입증할 필요는 없다.

② 행정청이 제재처분 양정을 하면서 처분 상대방에게 법령에서 정한 임의적 감경사유가 있는 경우, 그 감경사유까지 고려하고도 감경하지 않은 채 개별처분기준에서 정한 상한으로 처분을 한 경우에는 재량권을 일탈·남용하였다고 보아야 한다.

③ 허가신청 후 허가기준이 변경된 경우에는 원칙적으로 처분시의 기준인 변경된 허가기준에 따라서 처분하여야 한다.

④ 학교법인의 임원이 교비회계자금을 법인회계로 부당전출하였고, 업무집행에 있어서 직무를 태만히 하여 학교법인이 이를 시정하기 위한 노력을 하였으나 결과적으로 대부분의 시정요구사항이 이행되지 아니하였던 점 등을 고려하면, 교육부장관의 임원승인취소처분은 재량권을 일탈·남용한 것으로 볼 수 없다.

해설

② [×] 행정청이 제재처분 양정을 하면서 처분 상대방에게 법령에서 정한 임의적 감경사유가 있는 경우, 그 **감경사유까지 고려하고도 감경하지 않은 채 개별처분기준에서 정한 상한으로 처분을 한 경우에는 재량권을 일탈·남용하였다고 보아야 한다.**(×)

> **대법원 2020. 6. 25. 선고 2019두52980 판결 [요양기관 업무정지처분 취소청구]**
>
> 행정청이 제재처분 양정을 하면서 공익과 사익의 형량을 전혀 하지 않았거나 이익형량의 고려대상에 마땅히 포함하여야 할 사항을 누락한 경우 또는 이익형량을 하였으나 정당성·객관성이 결여된 경우에는 제재처분은 재량권을 일탈·남용한 것이라고 보아야 한다. 처분상대방에게 **법령에서 정한 임의적 감경사유가 있는 경우에, 행정청이 감경사유까지 고려하고도 감경하지 않은 채 개별처분기준에서 정한 상한으로 처분을 한 경우에는 재량권을 일탈·남용하였다고 단정할 수는 없으나,** 행정청이 감경사유를 전혀 고려하지 않았거나 감경사유에 해당하지 않는다고 오인하여 개별처분기준에서 정한 상한으로 처분을 한 경우에는 마땅히 고려대상에 포함하여야 할 사항을 누락하였거나 고려대상에 관한 사실을 오인한 경우에 해당하여 재량권을 일탈·남용한 것이라고 보아야 한다.

① [O] 재량에 의한 행정처분이 그 재량권의 한계를 벗어난 것이어서 **위법하다는 점은 그 행정처분의 효력을 다투는 자가 이를 주장·입증하여야 하고, 처분청이 그 재량권의 행사가 정당한 것이었다는 점까지 주장·입증할 필요는 없다.**

> **대법원 1987. 12. 8. 선고 87누861 판결 [공유수면점용료부과처분]**
>
> 자유재량에 의한 행정처분이 그 재량권의 한계를 벗어난 것이어서 위법하다는 점은 그 행정처분의 효력을 다투는 자가 이를 주장·입증하여야 하고 처분청이 그 재량권의 행사가 정당한 것이었다는 점까지 주장.입증할 필요는 없다.

③ [O] 허가신청 후 허가기준이 변경된 경우에는 **원칙적으로 처분시의 기준인 변경된 허가기준에 따라서 처분하여야 한다.**

> **대법원 1996. 8. 20. 선고 95누10877 판결 [주택건설사업승인거부처분취소]**
>
> 허가 등의 행정처분은 원칙적으로 처분시의 법령과 허가기준에 의하여 처리되어야 하고 허가신청 당시의 기준에 따라야 하는 것은 아니며, 비록 **허가신청 후 허가기준이 변경되었다 하더라도 그 허가관청이 허가신청을 수리하고도 정당한 이유 없이 그 처리를 늦추어 그 사이에 허가기준이 변경된 것이 아닌 이상** 변경된

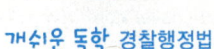

허가기준에 따라서 처분을 하여야 한다.

④ [O] 학교법인의 임원이 교비회계자금을 법인회계로 부당전출하였고, 업무집행에 있어서 직무를 태만히 하여 학교법인이 이를 시정하기 위한 노력을 하였으나 결과적으로 대부분의 시정요구사항이 이행되지 아니하였던 점 등을 고려하면, 교육부장관의 임원승인취소처분은 재량권을 일탈·남용한 것으로 볼 수 없다.

대법원 2007. 7. 19. 선고 2006두19297 전원합의체 판결 [임원취임승인취소처분]
학교법인의 교비회계자금을 법인회계로 부당전출한 행위의 위법성 정도와 임원들의 이에 대한 가공의 정도, 학교법인이 사실상 행정청의 시정 요구 대부분을 이행하지 아니하였던 사정 등을 참작하여, 임원취임승인취소처분이 재량권을 일탈·남용하였다고 볼 수 없다

정답 ②

157 기속행위와 재량행위에 대한 판례의 입장으로 옳지 않은 것은?

21 국가직 [Essential ★]

① 「여객자동차 운수사업법」에 의한 개인택시운송사업면허는 특정인에게 권리나 이익을 부여하는 행정행위로서 법령에 특별한 규정이 없는 한 재량행위이다.
② 공유수면 점용허가는 특정인에게 공유수면이용권이라는 독점적 권리를 설정하여 주는 처분으로서 그 처분의 여부 및 내용의 결정은 원칙적으로 행정청의 재량에 속한다.
③ 「국토의 계획 및 이용에 관한 법률」상 토지의 형질변경허가는 그 금지요건이 불확정개념으로 규정되어 있으므로, 동법상 지정된 도시지역 안에서 토지의 형질변경행위를 수반하는 건축법상의 건축허가는 재량행위이다.
④ 귀화허가는 강학상 허가에 해당하므로, 귀화신청인이 귀화요건을 갖추어서 귀화허가를 신청한 경우에 법무부장관은 귀화허가를 해주어야 한다.

해설

④ [X] 귀화허가는 강학상 허가에 해당하므로, 귀화신청인이 귀화요건을 갖추어서 귀화허가를 신청한 경우에 법무부장관은 귀화허가를 해주어야 한다.(X)

대법원 2010. 7. 15. 선고 2009두19069 판결 [국적신청불허가처분취소]
법무부장관이 법률에 정한 귀화요건을 갖춘 귀화신청인에게 귀화를 허가할 것인지 여부에 관하여 재량권을 가진다.

① [O] 「여객자동차 운수사업법」에 의한 개인택시운송사업면허는 특정인에게 권리나 이익을 부여하는 행정행위로서 법령에 특별한 규정이 없는 한 재량행위이다.

대법원 1996. 10. 11. 선고 96누6172 판결 [개인택시운송사업면허배제처분취소]
자동차운수사업법에 의한 개인택시운송사업면허는 특정인에게 권리나 이익을 부여하는 행정행위로서 법령에 특별한 규정이 없는 한 재량행위이고, 그 면허를 위하여 필요한 기준을 정하는 것도 역시 행정청의 재량에 속하는 것이므로, 그 설정된 기준이 객관적으로 합리적이 아니라거나 타당하지 않다고 볼 만한 다른 특별한 사정이 없는 이상 행정청의 의사는 가능한 한 존중되어야 한다.

② [O] 공유수면 점용허가는 특정인에게 공유수면이용권이라는 독점적 권리를 설정하여 주는 처분으로서 그 처분의 여부 및 내용의 결정은 원칙적으로 행정청의 재량에 속한다.

> 대법원 2017. 4. 28. 선고 2017두30139 판결 [공유수면점용·사용허가신청반려처분취소청구]
> 공유수면 관리 및 매립에 관한 법률에 따른 공유수면의 점용·사용허가는 특정인에게 공유수면 이용권이라는 독점적 권리를 설정하여 주는 처분으로서 처분 여부 및 내용의 결정은 원칙적으로 행정청의 재량에 속하고, 이와 같은 재량처분에 있어서는 재량권 행사의 기초가 되는 사실인정에 오류가 있거나 그에 대한 법령적용에 잘못이 없는 한 처분이 위법하다고 할 수 없다.

③ [O] 「국토의 계획 및 이용에 관한 법률」상 토지의 형질변경허가는 그 금지요건이 불확정개념으로 규정되어 있으므로, 동법상 지정된 도시지역 안에서 토지의 형질변경행위를 수반하는 건축법상의 건축허가는 재량행위이다.

> 대법원 2017. 4. 28. 선고 2017두30139 판결 [공유수면점용·사용허가신청반려처분취소청구]
> 국토의계획및이용에관한법률 제56조 제1항 제2호의 규정에 의한 토지의 형질변경허가는 그 금지요건이 불확정개념으로 규정되어 있어 그 금지요건에 해당하는지 여부를 판단함에 있어서 행정청에게 재량권이 부여되어 있다고 할 것이므로, 같은 법에 의하여 지정된 도시지역 안에서 토지의 형질변경행위를 수반하는 건축허가는 결국 재량행위에 속한다.

정답 ④

158 기속행위와 재량행위에 대한 설명으로 옳지 않은 것은? (다툼이 있는 경우 판례에 의함)

20 국가직 [ESSential ★]

① 재량행위는 요건이 충족되어도 공익과의 이익형량을 통하여 법에 정해진 효과를 부여하지 않을 수 있다.
② 기속행위의 경우 법원이 사실인정과 관련법규의 해석·적용을 통하여 일정한 결론을 도출한 후 그 결론에 비추어 행정청이 한 판단의 적법 여부를 독자의 입장에서 판정한다.
③ 의제되는 인·허가가 재량행위인 경우에는 주된 인·허가가 기속행위인 경우에도 인·허가가 의제되는 한도 내에서 재량행위로 보아야 한다.
④ 사실의 존부에 대한 판단에도 재량권이 인정될 수 있으므로, 사실을 오인하여 재량권을 행사한 경우라도 처분이 위법한 것은 아니다.

해설

④ [X] 사실의 존부에 대한 판단에도 재량권이 인정될 수 있으므로, 사실을 오인하여 재량권을 행사한 경우라도 처분이 위법한 것은 아니다.(X)

> 대법원 2001. 7. 27. 선고 99두8589 판결 [온천조성사업시행허가처분취소]
> 재량행위에 대한 법원의 사법심사는 당해 행위가 사실오인, 비례·평등의 원칙 위배, 당해 행위의 목적 위반이나 부정한 동기 등에 근거하여 이루어짐으로써 재량권의 일탈·남용이 있는지 여부만을 심사하게 되는 것이나, 법원의 심사결과 행정청의 재량행위가 사실오인 등에 근거한 것이라고 인정되는 경우에는 이는 재량권을 일탈·남용한 것으로서 위법하여 그 취소를 면치 못한다 할 것이다.

→ 예를 들어 공무원에게 비리가 있다고 하여 징계처분을 하였으나 당해 행위를 비리로 볼 수 없는 경우 재량처분의 전제가 되는 요건사실의 인정에 오인이 있으므로 그 처분은 위법하다.

① [O] 재량행위는 요건이 충족되어도 공익과의 이익형량을 통하여 법에 정해진 효과를 부여하지 않을 수 있다.
② [O] 기속행위의 경우 법원이 사실인정과 관련법규의 해석·적용을 통하여 일정한 결론을 도출한 후 그 결론

> 에 비추어 행정청이 한 판단의 적법 여부를 독자의 입장에서 판정한다.
> ③ [O] 의제되는 인·허가가 재량행위인 경우에는 주된 인·허가가 기속행위인 경우에도 인·허가가 의제되는 한도 내에서 재량행위로 보아야 한다.

정답 ④

159 재량권의 한계에 대한 설명으로 옳은 것은?

15 국가직 9급 [ESSential ★]

① 재량권의 일탈이란 재량권의 내적 한계를 벗어난 것을 말하고, 재량권의 남용이란 재량권의 외적 한계를 벗어난 것을 말한다.
② 판례는 재량권의 일탈과 재량권의 남용을 명확히 구분하고 있다.
③ 재량권의 불행사에는 재량권을 충분히 행사하지 아니한 경우는 포함되지 않는다.
④ 개인의 신체, 생명 등 중요한 법익에 급박하고 현저한 침해의 우려가 있는 경우 재량권이 0으로 수축된다.

해설

> ④ [O] 개인의 신체, 생명 등 중요한 법익에 급박하고 현저한 침해의 우려가 있는 경우 재량권이 0으로 수축된다.
> → 재량행위의 경우 행정청에게 선택 또는 결정의 자유가 인정되나 예외적인 경우에는 재량행위임에도 불구하고 행정청이 하나의 결정만을 하여야 하는 특별한 경우가 발생하는데, 이를 재량권의 0, 1으로의 수축이론이라고 한다. 재량권이 0으로 수축되기 위해서는 일정한 요건이 갖추어져야 하는데 개인의 신체, 생명 등 중요한 법익에 급박하고 현저한 침해의 우려가 있을 것이 그 대표적인 요건이다.(ex. 1968년 1월 21일 김신조 무장공비 사건)
> ① [X] 재량권의 일탈이란 재량권의 내적 한계(X)를 벗어난 것을 말하고, 재량권의 남용이란 재량권의 외적 한계를 벗어난 것을 말한다.(X)
> → 재량의 일탈 또는 유월이란, 재량권의 외적 한계를 넘어 재량권이 행사된 경우를 말한다. 이에 반하여 재량의 남용은 재량권의 외적 한계는 넘지 않았으나 재량권을 부여한 법의 목적이나 평등의 원칙·비례의 원칙 등 내적 한계에 위배되는 경우의 재량권행사를 말한다.
> ② [X] 판례는 재량권의 일탈과 재량권의 남용을 명확하게 구분하고 있다.(X)
> → 판례는 재량의 일탈과 남용을 명확하게 구분하지 않고 있다.
> ③ [X] 재량권의 불행사에는 재량권을 충분히 행사하지 아니한 경우는 포함되지 않는다.(X)
> → 재량권의 불행사에는 행정기관이 재량행위를 기속행위로 오인하여 재량권을 행사하지 않은 경우뿐만 아니라 재량권을 행사할 때 고려해야 할 사항을 충분히 고려하지 않은 경우(재량의 해태)까지 포함된다는 견해가 지배적이다.

정답 ④

경찰하명, 경찰허가

160 행정청이 행하는 구체적 사실에 관한 법 집행으로서 공권력의 행사 또는 그 거부와 그밖에 이에 준하는 행정작용에 해당하는 것은 모두 몇 개인가? (다툼이 있는 경우 판례에 의함)

22년 경찰 2차 [Core ★★] 총론 Chapter 4, 355

> ㉠ 도로점용허가
> ㉡ 주민등록번호 변경신청 거부
> ㉢ 교통경찰관의 수신호
> ㉣ 교통신호등에 의한 신호
> ㉤ 경찰청장의 횡단보도 설치 기본계획 수립

① 1개 ② 2개 ③ 3개 ④ 4개

해설

㉠, ㉡, ㉢, ㉣ 4항목이 해당한다.

㉠ [O] 도로점용허가: 특허처분
㉡ [O] 주민등록번호 변경신청 거부: 거부처분
㉢ [O] 교통경찰관의 수신호 : 하명처분
㉣ [O] 교통신호등에 의한 신호 : 하명처분
㉤ [×] 경찰청장의 횡단보도 설치 기본계획 수립(×)
 → 경찰청장의 횡단보도 설치 기본계획 수립은 처분성 부정한다. 횡단보도 설치는 국민에게 영향을 미치나, 기본계획 수립 자체가 국민의 권리나 의무에 영향을 주는 것은 당장 아니기에 행정쟁송의 대상이 되는 처분(성)은 아니다.

(행정) "처분"이란 행정청이 구체적 사실에 관하여 행하는 법 집행으로서 공권력의 행사 또는 그 거부와 그밖에 이에 준하는 행정작용을 말한다.(행정기본법 제2조제4호) 또는 (경찰) "처분"이란 (경찰)행정청이 법 아래에서 구체적 사실에 관한 법집행 행위로서 하는 대외적인 공권력의 발동으로서의 단독적 공법행위를 말한다. 즉 경찰처분(실정법상개념)은 경찰행정행위로도 불리며, 행정행위(학문상개념)를 원용한 개념이고, 경찰처분은 일반통치권에 근거하여 발동되며, 그리고 법률행위적 행정행위 중 명령적 행정행위에 속한다.

정답 ④

161 행정행위에 대한 설명으로 옳지 않은 것은?

21 경찰간부 [Essential ★] 총론 Chapter 4. 357

① 경찰하명이란 일반통치권에 기인하여 경찰목적을 달성하기 위해 국민에 대하여 작위·부작위·급부·수인 등 의무의 일체를 명하는 법률행위적 행정행위를 말하며, 경찰관의 수신호나 교통신호 등의 신호도 의무를 부과하는 행위로서 경찰하명에 해당한다.
② 부작위 하명의 유형으로는 절대적 금지와 상대적 금지가 있으며, 청소년에게 술이나 담배 판매금지는 절대적 금지이고, 유흥업소의 영업금지는 상대적 금지에 해당한다.
③ 법률행위적 행정행위는 명령적 행정행위(하명·허가·면제 등)와 형성적 행정행위(특허·인가·대리)로 구분할 수 있고, 준법률행위적 행정행위는 확인, 공증, 통지, 수리 등으로 구분할 수 있다.
④ 경찰하명에 위반하여 이루어진 행위는 원칙적으로 그 법적 효력에는 아무런 영향을 받지 않는다. 그러나 영업정지 명령에 위반하여 영업을 계속하였을 경우는 당해 영업에 대한 거래행위의 효력이 부인된다.

> **해설**
>
> ④ [×] 경찰하명에 위반하여 이루어진 행위는 원칙적으로 그 법적 효력에는 아무런 영향을 받지 않는다. 그러나 영업정지 명령에 위반하여 영업을 계속하였을 경우는 당해 영업에 대한 거래행위의 효력이 부인된다.(×)
> → 경찰하명 자체의 효력으로서 하명에 위반한 법률행위의 효과까지 부인되는 것은 아니다. 그러므로 영업정지명령에 위반하여 영업을 계속하였을 경우 당해 영업에 관한 거래행위의 효력까지 부인되지는 않는다. 하지만, 제재로써 경찰의무를 불이행한 경우는 경찰강제가 행하여지고, 경찰의무를 위반한 경우는 경찰벌이 가하여진다.
> ① [○] **경찰하명**이란 일반통치권에 기인하여 경찰목적을 달성하기 위해 국민에 대하여 **작위·부작위·급부·수인** 등 의무의 일체를 명하는 법률행위적 행정행위를 말하며, **경찰관의 수신호나 교통신호 등의 신호도 의무**를 부과하는 행위로서 경찰하명에 해당한다.
> ② [○] **부작위 하명의 유형**으로는 절대적 금지와 상대적 금지가 있으며, **청소년에게 술이나 담배 판매금지는 절대적 금지**이고, 유흥업소의 영업금지는 **상대적 금지**에 해당한다.
> ③ [○] 법률행위적 행정행위는 **명령적 행정행위**(하명·허가·면제 등)와 **형성적 행정행위**(특허·인가·대리)로 구분할 수 있고, **준법률행위적 행정행위**는 확인, 공증, 통지, 수리 등으로 구분할 수 있다.

정답 ④

162 경찰관이 교차로에서 차량소통을 원활히 하기 위하여 신호에 관계없이 수신호 하는 것의 법적 성질은?

① 경찰허가 ② 경찰면제 ③ 행정지도 ④ 경찰하명

> **해설**
>
> ④ [○] 경찰하명
> ① [×] 경찰허가(×)
> ② [×] 경찰면제(×)
> ③ [×] 행정지도(×)
>
> 경찰하명이란 사회공공의 안녕과 질서유지라는 경찰목적을 위해 개인의 자연적 자유를 제한하고 의무를 부과하는 것을 내용으로 하는 **명령적 행정행위**를 말하는데, 하명의 형식은 **문서**에 의하는 것이 원칙이지만 위와 같이 신속을 요하거나 사안이 경미한 경우에는 **구술이나 행동 등 여러 가지 표시를 통해서도 가능**하다. 신호기와 수신호는 경찰하명인 동시에 교통규제에 해당한다.

정답 ④

163 시·도경찰청장이 도로에서의 위험방지 등을 위하여 주차금지구역을 지정하는 행위의 법적 성질은 무엇인가?

① 경찰강제 ② 즉시강제 ③ 대물적 하명 ④ 대인적 하명

> **해설**
>
> ③ [○] 대물적 하명
> ① [×] 경찰강제(×)
> ② [×] 즉시강제(×)
> ④ [×] 대인적 하명(×)
>
> 운전자도 간접적으로는 영향을 받겠지만, 위는 직접 **일정한 장소를 직접 대상으로 하므로 당연히 대물적 경찰하명에 해당한다.** 한편, 경찰하명이란 경찰목적(사회공공의 안녕과 질서유지)을 위하여 일반통치권에 의거하여 개인에게 특정한 **작위, 부작위, 급부, 수인**의무를 과하는 경찰처분을 말한다. 경찰하명을 대상에 의해 분류하면 대인적 하명(ex. 야간통행금지), 대물적 하명(ex. 주·정차금지), 혼합적 하명(ex. 총포·도검·화약류 등 영업금지)으로 구분할 수 있다.

정답 ③

164. 경찰허가 행위에 대한 설명으로 옳지 <u>않은</u> 것은? 01 경찰 2차 [Essential ★] 총론 Chapter 4. 360

① 원칙적으로 자유재량이다.
② 금지되었던 자연적 자유를 회복한다.
③ 상대방의 출원이 없이도 가능하다.
④ 무허가 행위일지라도 사법상의 법률행위의 효력에는 영향이 없다.

해설

① [×] 원칙적으로 **자유재량이다.**(×)
  → 경찰허가는 원칙적으로 기속행위이다. 재량이 있는 경우에도 자유재량이 아니고 기속재량으로 보아야 한다.(통설)
② [O] 금지되었던 **자연적 자유를 회복**한다.
③ [O] 상대방의 **출원이 없이도 가능**하다.
  → 경찰허가는 상대방의 출원에 의하여 행하여지는 것이 보통이지만 출원에 의하지 아니하는 경우도 있다. 일반적으로 출원(신청)은 그 대상이 특정인일 때, 허가청의 직권에 의한 경우는 불특정 다수인을 그 대상으로 할 때일 경우이다.
④ [O] 무허가 행위일지라도 **사법상의 법률행위의 효력에는 영향이 없다.**
  → 무허가행위는 강제집행이나 경찰벌의 대상은 되지만 행위자체가 무효로 되는 것은 아니다.

정답 ①

165. 다음 경찰허가에 대하여 바르게 서술한 것은? 02 101단 1차 [Essential ★] 총론 Chapter 6. 361

① 경찰허가를 대상에 따라 구분하면 대인적 허가, 대물적 허가 두 종류가 있다.
② 총포류 제조허가는 대물적 허가의 예이다.
③ 경찰허가는 반드시 출원에 의한다.
④ 경찰허가는 일반적·상대적 경찰금지를 특정한 경우에 해제하여 적법하게 일정한 행위를 할 수 있도록 하는 것인데, 이는 적법요건이다.

해설

④ [O] 경찰허가는 **일반적·상대적 경찰금지를 특정한 경우에 해제하여 적법하게 일정한 행위를 할 수 있도록 하는 것인데, 이는 적법요건이다.**
  → 허가는 행위의 **적법요건일 뿐이며 유효(효력)요건이 아니다.**

적법요건과 유효(효력) 요건
① **적법요건**: 요건 구비하면 적법, 요건 구비하지 않으면 위법
② **유효(효력)요건**: 요건 구비하면 유효, 요건 구비하지 않으면 무효

① [×] 경찰허가를 대상에 따라 구분하면 대인적 허가, 대물적 허가 **두 종류(×)**가 있다.
  → **대인·대물·혼합적 허가로 구분**된다.
② [×] 총포류 제조허가는 대물적 허가의 예이다. → **총포류 제조허가는 혼합적 허가**

	③ [×] 경찰허가는 **반드시(×)** 출원에 의한다. → **출원(신청) 또는 직권에 의한 허가**
대인적 허가	⊙ 개인의 경력이나 자격과 같이 인적인 요소(주관적 요소)를 기준으로 하는 허가이다. ⓒ 의사면허, 운전면허, 총포류 소지허가, 마약류 취급면허 등 ⓒ 대인적 허가는 타인에게 이전될 수 없다.
대물적 허가	⊙ 신청인이 갖추고 있는 물적 설비, 지리적 환경, 기타 객관적 환경에 의하여 행해지는 허가이다. ⓒ 차량검사 합격, 건축허가 등. ⓒ 대물적 허가는 타인에게 이전할 수 있다.
혼합적 허가	⊙ 신청자의 자격과 동시에 시설물의 적합성과 안전성 등이 허가절차에 고려되는 허가이다. ⓒ **총포·화약의 제조·판매허가, 풍속영업의 허가, 사행행위업업허가, 자동차운전 학원의 허가** 등. ⓒ 이전성이 제한된다.

정답 ④

166
"A파출소 경장 甲은 가스총을 소지하려고 할 경우 어떻게 해야 하는가"라는 민원을 받았다. 올바른 것은?

02 경찰 2차 [Essential ★] 총론 Chapter 6. 362

① 지방경찰청에 신고하세요. ② 지방경찰청에서 허가 받으세요.
③ 관할경찰서에 가서 허가 받으세요. ④ 관할경찰서에 신고하세요.

해설

③ [O] **관할경찰서에 가서 허가** 받으세요
→ 우리나라는 민유총포소지허가제를 채택하고 있다. **총포를 소지하려면 원칙적으로 지방경찰청장의 허가를 받아야 한다.** 권한의 위임으로 엽총, **가스발사총**, 공기총, 마취총, 도살총, 산업용총, 구난구명총, 도검, 화약류, 분사기, 전자충격기, 석궁은 **경찰서장의 허가를 받아야 하고**, 그 외의 총포는 지방경찰청장의 허가를 받아야 한다.

① [×] 지방경찰청에 신고하세요.
② [×] 지방경찰청에서 허가 받으세요.
④ [×] 관할경찰서에 신고하세요.

총포·도검·화약류 등의 안전관리에 관한 법률 (약칭: 총포화약법)
제12조(총포·도검·화약류·분사기·전자충격기·석궁의 소지허가) ① 제10조 각 호의 어느 하나에 해당하지 아니하는 자가 총포·도검·화약류·분사기·전자충격기·석궁을 소지하려는 경우에는 행정안전부령으로 정하는 바에 따라 다음 각 호의 구분에 따라 허가를 받아야 한다. 다만, 제1호 및 제2호의 총포 소지허가를 받으려는 경우에는 신청인의 정신질환 또는 성격장애 등을 확인할 수 있도록 행정안전부령으로 정하는 서류를 허가관청에 제출하여야 한다. 1. **총포(제2호에서 정하는 것은 제외한다): 주소지를 관할하는 시·도경찰청장** 2. 총포 중 엽총·**가스발사총**·공기총·마취총·도살총·산업용총·구난구명총 또는 그 부품: **주소지를 관할하는 경찰서장** 3. 도검·화약류·분사기·전자충격기 및 석궁: 주소지를 관할하는 경찰서장

정답 ③

167 경찰허가에 대한 설명 중 틀린 것은? 07 경찰 2차 [Essential ★] 총론 Chapter 6. 363

① 상대방의 출원 없이도 가능한 경우가 있다.
② 허가의 효과는 금지되었던 자연적 자유의 회복이다.
③ 경찰허가는 일반적으로 기속행위 내지 기속재량행위이다.
④ 무허가 행위는 무효이나, 처벌대상이 된다.

해설

④ [×] 무허가 행위는 무효(×)이나, 처벌대상이 된다.
→ 허가는 적법요건이지 효력요건은 아니다. 그러므로 무허가 행위는 처벌의 대상은 될지언정 사법상 거래는 원칙상 유효하다.
① [○] 상대방의 출원 없이도 가능한 경우가 있다.
→ 허가는 특정인을 대상으로 출원을 요하는 쌍방적 행위이나 불특정다수를 대상으로 하는 허가는 직권에 의한 허가가 예외적으로 행해진다.
② [○] 허가의 효과는 금지되었던 자연적 자유의 회복이다.
③ [○] 경찰허가는 일반적으로 기속행위 내지 기속재량행위이다.

정답 ④

168 경찰상 목적을 위해 일반적·상대적 금지를 특정한 경우에 해제하여 적법하게 특정행위를 할 수 있도록 자연적 자유를 회복시켜주는 경찰처분은? 02 경찰 1차 [Essential ★] 총론 Chapter 6. 364

① 경찰면제   ② 경찰하명   ③ 경찰금지   ④ 경찰허가

해설

④ [○] 경찰허가
→ 위는 경찰허가에 대한 설명이다. 경찰허가는 국가의 일반통치권에 의거하여 일반적·상대적 경찰금지(부작위하명)를 특정한 경우에 해제함으로써 일정한 행위를 적법하게 행할 수 있도록 개인의 자연적 자유를 회복시켜 주는 경찰처분을 말한다. 경찰허가는 법률행위적 행정행위 중 명령적 행위에 속하고, 기속행위 내지 기속재량행위이며, 효력요건이 아니라 적법요건이다.
① [×] 경찰면제

의의	① 법령에 의하여 과하여진 **경찰상의 작위·급부·수인의 의무를 특정한 경우에 해제**하여 주는 경찰상의 행정행위 ② 병역면제, 체납처분의 집행면제, 조세면제 등
성질	**법률행위적 행정행위 중에서 명령적 행위**
허가와 비교	공통점	경찰허가와 면제 모두 **의무의 해제**라는 공통점이 있다.
	차이점	경찰허가가 **부작위 의무를 해제**하는 것인데 반하여, 경찰면제는 경찰상의 작위·급부·수인의 의무를 해제하는 행위라는 점에서 차이가 있다.

② [×] 경찰하명
→ 경찰하명이란 일반통치권에 기인하여 **경찰목적을 달성하기 위해** 국민에 대하여 작위·부작위·수인·급부 등 의무의 일체를 명하는 행위를 말한다. 경찰관의 수신호나 교통신호등의 신호도 의무를 부과하는 행위로서 경찰하명에 해당한다.

③ [×] 경찰금지

부작위하명	의 의	㉠ 소극적으로 어떤 행위를 하지 아니할 의무를 명하는 **경찰하명**을 말한다. ㉡ **부작위하명을 경찰금지**라고도 한다. (야간통행금지, 영업정지)
	유 형	절대적 금지	㉠ 예외가 허용될 수 없는 금지. ㉡ 청소년의 음주·흡연금지, 인신매매금지 등.
		상대적 금지	㉠ 예외가 허용되는 금지. ㉡ 건축금지, 주차금지구역의 지정, 유흥업소 영업금지 등.

정답 ④

169 경찰허가에 대한 다음 기술 중 잘못된 것은?

04 경찰 2차 [ESSential ★] 총론 Chapter 6, 365

① 법령에 의한 일반적·상대적 금지를 특정한 경우에 해제하여 적법하게 일정한 행위를 할 수 있게 하는 행정행위이다.
② 허가는 언제나 상대방의 출원이 있어야 하는 것은 아니다.
③ 허가는 행위의 적법요건이며 유효요건이다.
④ 대물적 허가의 효과는 이전성이 있다.

해설

③ [×] 허가는 행위의 적법요건이며 **유효요건(×)**이다.
→ **허가는 행위의 적법요건일 뿐이며 유효(효력)요건이 아니다.** 경찰허가는 적법요건으로 경찰허가를 받지 아니하고 한 행위는 유효요건이 아닌 적법요건이므로 그 무허가행위는 유효하나, 다만 허가를 득하지 아니한 불법한 행위에 대하여는 처벌을 받는다.

① [○] 법령에 의한 **일반적·상대적 금지를 특정한 경우에 해제하여 적법하게 일정한 행위를 할 수 있게 하는 행정행위이다.**
→ 경찰허가란 **경찰행정상 위해 방지**를 위하여 일반적·상대적으로 금지(절대적 금지는 허가대상이 아니다)되어 있는 행위를 특정한 경우 해제하여 일정한 행위를 적법하게 할 수 있도록 개인의 자연적 자유를 회복시켜 주는 처분을 말한다.

② [○] 허가는 언제나 상대방의 출원이 있어야 하는 것은 아니다.
→ 경찰허가는 쌍방적 행정행위가 원칙이므로 원칙적으로 당사자의 신청(출원)을 필요로 하나 신청(출원)없는 경찰허가도 있을 수 있으며, 직권에 의한 허가로 그 예가 '야간통행금지의 해제'이다.

④ [○] 대물적 허가의 효과는 이전성이 있다.
→ 대물적 허가는 타인에게 이전할 수 있다.

정답 ③

170 다음에서 경찰허가의 내용으로 틀린 것은?

09 경찰 1차 [Core ★★] 총론 Chapter 6, 366

> ㉠ 경찰허가는 상대방의 출원에 의하여 행하여지는 게 보통이지만 출원에 의하지 않는 경우도 있다.
> ㉡ 경찰허가는 특정행위를 사실상 적법하게 할 수 있도록 하는 적법요건이자 유효요건이다.
> ㉢ 상대적 금지는 허가대상이나, 절대적 금지는 허가대상이 아니다.
> ㉣ 의사면허, 총포류제조·판매의 허가, 자동차운전학원의 허가, 마약취급면허는 대인적 허가이다.
> ㉤ 판례에 의하면 허가여부의 결정기준은 특별한 사정이 없는 한 원칙적으로 신청당시의 법령에 의한다.
> ㉥ 기한부 허가의 경우 그 기간의 도래하기 전에 상대방이 신청할 경우 경찰상 장애 발생의 새로운 사유가 없는 한 반드시 허가해야 한다.

① 2개   ② 3개   ③ 4개   ④ 5개

해설

㉡, ㉣, ㉤, ㉥ 4항목이 틀리다.

㉡ [×] 경찰허가는 특정행위를 사실상 적법하게 할 수 있도록 하는 적법요건이자 **유효요건이다.**(×)
→ 허가는 특정행위를 사실상 적법하게 할 수 있도록 하는 적법요건일 뿐이다.

㉣ [×] 의사면허, **총포류제조·판매의 허가, 자동차운전학원의 허가, 마약취급면허**(×)는 대인적 허가이다.
→ 의사면허 : 대인적 허가, **총포류제조·판매의 허가, 자동차운전학원의 허가, 마약취급면허(다툼 있음)** : 혼합적 허가

㉤ [×] 판례에 의하면 허가여부의 결정기준은 특별한 사정이 없는 한 원칙적으로 **신청당시**(×)의 법령에 의한다.
→ 판례에 의하면 허가여부의 결정기준은 특별한 사정이 없는 한 원칙적으로 **처분당시의 법령에 의한다.**

㉥ [×] 기한부 허가의 경우 그 기간의 도래하기 전에 상대방이 신청할 경우 경찰상 장애 발생의 새로운 사유가 없는 한 **반드시 허가해야 한다.**(×)
→ 기한부 허가의 경우 그 기간이 도래하기 전에 상대방이 신청할 경우 경찰상 장애 발생의 새로운 사유가 없는 한 허가하여야 할 것이다(기속행위로서의 허가). 다만, 사행행위허가와 관련하여서는 판례입장은 반드시 허가해야 하는 것은 아니고 재량행위로 보기도 한다.

㉠ [○] 경찰허가는 상대방의 출원에 의하여 행하여지는 게 보통이지만 **출원에 의하지 않는 경우도 있다.**

㉢ [○] 상대적 금지는 허가대상이나, **절대적 금지는 허가대상이 아니다.**

참조. 이 문제는 복원이 정확하다면, 논란의 여지가 있다. 왜냐하면, 기한부 허가의 경우 그 기간이 도래하기 전에 상대방이 신청할 경우 경찰상 장애 발생의 새로운 사유가 없는 한 허가하여야 할 것이다(기속행위로서의 허가). 하지만, 경우에 따라서는 반드시 허가를 해야 하는 것은 아니기 때문이다.

> **대법원 1992. 10. 23. 선고 92누4543 판결 [투전기업소허가갱신불허처분취소]**
> 사행행위를 단속함을 목적으로 제정된 (구)복표발행·현상기타사행행위단속법의 규정에 비추어 보면 사행행위의 허가는 그것이 비록 갱신허가라고 하더라도 종전 허가에 붙여진 기한의 연장에 불과하며 관련 **법령의 변동이나 위법한 사유가 새로 발생하는 등 사정의 변화가 없는 한 반드시 갱신하여야 하는 것은 아니고**, 위 법조 소정의 허가요건이나 그밖에 다른 법령에 저촉되는가의 여부 및 공익 등을 고려하여 허가 여부를 결정하여야 한다고 봄이 상당하다.

정답 ③

171 경찰하명과 경찰허가에 대한 설명 중 **틀린** 것을 모두 고르면?

07 경찰 [Core ★★]
총론 Chapter 6. 367

> ㉠ 경찰하명은 경찰목적을 위하여 일정한 작위, 부작위, 수인, 급부를 명하는 행위로 준법률적 행정행위에 해당한다.
> ㉡ 청소년 관람불가 판정을 받은 영화를 상영하고 있는 극장에 경찰관이 내부확인을 위하여 출입할 때, 상대방이 받게 되는 하명은 수인하명에 해당한다.
> ㉢ 경찰하명의 효과는 원칙적으로 그 수명자에게만 발생하는 것이나, 대물적 하명의 경우에는 그 대상인 물건에 대한 법적 지위를 승계한 자에게도 그 효과가 미친다.
> ㉣ 경찰허가는 특정행위를 사실상 적법하게 할 수 있도록 하는 것으로 적법요건이자 유효요건이다.
> ㉤ 경찰허가는 상대방의 출원에 의하여 행하여지는 것이 보통이지만 출원에 의하지 아니하는 경우도 있다.
> ㉥ 건축허가를 하면서 2월 이내에 공사에 착수하지 않으면 효력은 상실한다는 부관은 해제조건이다.
> ㉦ 의사면허, 운전면허와 같이 사람의 경력·기능·건강 기타 신청인의 개인적 사정을 심사하여 행하여지는 허가는 대인적 허가이다.

① 5개   ② 4개   ③ 3개   ④ 2개

해설

㉠, ㉣ 2항목이 틀리다.

㉠ [×] 경찰하명은 경찰목적을 위하여 일정한 작위, 부작위, 수인, 급부를 명하는 행위로 **준법률적 행정 행위에 해당한다.**(×)
→ **경찰하명은 법률행위적 행정행위 중 명령적 행위에 속한다.** 한편, 법률행위적 행정행위는 그 법적 효과가 행정청의 효과의사의 내용에 따라 발생하는 데 대하여, 준법률행위적 행정행위는 행정청의 단순한 정신작용의 표현에 의하여 그 효과는 법령이 정하는 바에 따라 부여되는 행위이다.

법률행위적 행정행위	명령적 행정행위	하명·허가·면제
	형성적 행정행위	특허·대리·인가
준법률행위적 행정행위		확인·공증·통지·수리

㉣ [×] 경찰허가는 특정행위를 사실상 적법하게 할 수 있도록 하는 것으로 적법요건이자 **유효요건이다.**(×)
→ **경찰허가는 유효요건(효력요건)이 아니라 일정한 행위에 대한 적법요건일 뿐이므로** 무허가행위의 사법상 법률행위의 효력에 아무런 영향을 미치지 않는다. 다만, 허가를 요하는 행위를 허가없이 한 경우에는 경찰벌에 의한 제재의 대상이 되거나 강제집행의 대상이 될 뿐이다.

㉡ [O] 청소년 관람불가 판정을 받은 영화를 상영하고 있는 극장에 경찰관이 내부확인을 위하여 출입할 때, 상대방이 받게 되는 하명은 수인하명에 해당한다.
→ 경찰권 발동으로 인하여 **자신의 신체·재산에 가하여지는 사실상의 침해를 수인할 의무를 부과하는 하명**을 말한다. 경찰관이 범죄의 예방·제지를 위하여 극장에 출입할 때 상대방이 출입을 허용하고 조사에 응하는 것을 말하며, 이때 상대방은 실력행사를 감수하고 이에 저항하지 아니할 공법상의 의무가 발생한다. 이에 위반하면 공무집행방해죄가 성립할 수 있다.

㉢ [O] 경찰하명의 효과는 원칙적으로 그 수명자에게만 발생하는 것이나, 대물적 하명의 경우에는 그 대상인

물건에 대한 법적 지위를 승계한 자에게도 그 효과가 미친다.
ⓜ [O] 경찰허가는 상대방의 출원에 의하여 행하여지는 것이 보통이지만 출원에 의하지 아니하는 경우도 있다.
ⓑ [O] 건축허가를 하면서 2월 이내에 공사에 착수하지 않으면 효력은 상실한다는 부관은 해제조건이다.
ⓢ [O] 의사면허, 운전면허와 같이 사람의 경력·기능·건강 기타 신청인의 개인적 사정을 심사하여 행하여지는 허가는 대인적 허가이다.

정답 ④

172 경찰하명에 대한 다음 설명 중 가장 옳지 않은 것은? 16 경찰간부 [Essential ★] 총론 Chapter 6. 368

① 하명이란 법령에 의한 일반적·상대적 금지를 특정한 경우에 해제함으로써 일정한 행위를 적법하게 행할 수 있도록 자연의 자유를 회복시켜 주는 행정행위를 말한다.
② 작위, 부작위, 급부, 수인하명이 있으며, 그 효과는 원칙적으로 수명자에게만 발생한다.
③ 청소년 대상 주류 판매금지, 불량(부패)식품 판매금지 등은 부작위하명에 해당한다.
④ 위법한 하명으로 인하여 권리·이익이 침해된 자는 행정심판 또는 행정소송을 제기하여 하명의 취소 등을 구하거나, 손해배상소송을 제기하여 손해배상을 청구할 수 있다.

해설

① [X] 하명(X)이란 법령에 의한 일반적·상대적 금지를 특정한 경우에 해제함으로써 일정한 행위를 적법하게 행할 수 있도록 자연의 자유를 회복시켜 주는 행정행위를 말한다.
→ 법령에 의한 일반적·상대적 금지를 특정한 경우에 해제함으로써 일정한 행위를 적법하게 행할 수 있도록 자연의 자유를 회복시켜 주는 행정행위는 허가에 대한 내용이다. 경찰하명이란 경찰목적을 위하여 국가의 일반통치권에 의거하여 개인에게 특정한 작위·부작위·수인 또는 급부의 의무를 명함으로써 개인의 자연적 자유를 제한하는 경찰처분이다.
② [O] 작위, 부작위, 급부, 수인하명이 있으며, 그 효과는 원칙적으로 수명자에게만 발생한다.

작위하명		적극적으로 어떠한 행위를 하도록 의무를 명하는 경찰하명을 말한다.
부작위하명	의 의	ⓘ 소극적으로 어떤 행위를 하지 아니할 의무를 명하는 경찰하명을 말한다. ⓛ 부작위하명을 경찰금지라고도 한다. (야간통행금지, 영업정지)
	유 형	절대적 금지	ⓘ 예외가 허용될 수 없는 금지. ⓛ 청소년의 음주·흡연금지, 인신매매금지 등.
		상대적 금지	ⓘ 예외가 허용되는 금지. ⓛ 건축금지, 주차금지구역의 지정, 유흥업소 영업금지 등.
수인하명		경찰권 발동으로 인하여 자신의 신체·재산에 가하여지는 사실상의 침해를 수인할 의무를 부과하는 하명을 말한다.
급부하명		금전 또는 물품의 급부 의무를 과하는 하명

③ [O] 청소년 대상 주류 판매금지, 불량(부패)식품 판매금지 등은 부작위하명에 해당한다.
④ [O] 위법한 하명으로 인하여 권리·이익이 침해된 자는 행정심판 또는 행정소송을 제기하여 하명의 취소 등을 구하거나, 손해배상소송을 제기하여 손해배상을 청구할 수 있다.

적법한 하명	㉠ 수명자는 **수인의무**가 있다. ㉡ **적법한 경찰하명으로 인하여** 손실이 발생했다고 하더라도 **원칙적으로** 손실보상을 청구할 수 없다. ㉢ 다만, 예외적으로 경찰상 적법한 행위로 수명자 또는 책임없는 **제3자에게 '특별한 희생'을 가한 경우**에 사유재산권 보장과 공평이념에 배치될 때에는 그에 대한 손실보상청구가 인정된다.
위법한 하명	㉠ **손해배상이나**, 행정심판, 행정소송 등에 의하여 구제받을 수 있다. ㉡ **공무원의 형사책임**, 징계책임, 정당방위 등에 의해 구제받을 수 있다.

정답 ①

173 경찰하명에 대한 설명으로 가장 적절하지 않은 것은? 19 경찰 1차 [Essential ★] 총론 Chapter 6. 369

① 경찰하명이란 경찰목적을 달성하기 위해 상대방에게 일정한 작위·부작위·수인·급부의 의무를 명하는 행정행위이다.
② 경찰하명 위반 시에는 경찰상 강제집행의 대상이 되거나 경찰벌이 과해질 수 있으나, 하명을 위반한 행위의 법적 효력에는 원칙적으로 영향을 미치지 않는다.
③ 경찰하명의 상대방인 수명자는 수인의무를 지므로 경찰하명이 위법하더라도 손해배상을 청구할 수 없다.
④ 경찰하명이 있는 경우, 상대방은 행정주체에 대하여만 의무를 이행할 책임이 있고, 그 이외의 제3자에 대하여 법상 의무를 부담하는 것은 아니다.

해설

③ [X] 경찰하명의 상대방인 수명자는 수인의무를 지므로 경찰하명이 **위법하더라도 손해배상을 청구할 수 없다.(X)**
   → 위법한 경찰하명에는 따를 의무가 없다. 수인의무는 적법한 경찰권 행사에 대해 지는 것이지 수인의 한도를 초과하는 경우까지 참아야 하는 것은 아니다. **정당한 법집행이라고 할 수 없고, 특히 위법한 경찰권 행사는 정당한 법집행이라고 할 수 없고 이에 의한 침해는 손해배상책임을 진다.**
① [O] 경찰하명이란 경찰목적을 달성하기 위해 상대방에게 일정한 **작위·부작위·수인·급부의 의무를 명하는 행정행위이다.**
② [O] 경찰하명 위반 시에는 경찰상 강제집행의 대상이 되거나 경찰벌이 과해질 수 있으나, **하명을 위반한 행위의 법적 효력에는 원칙적으로 영향을 미치지 않는다.**
   → 경찰하명에 위반하여 이루어진 행위는 원칙적으로 그 **법적 효력에는 아무런 영향이 없다.**
④ [O] 경찰하명이 있는 경우, 상대방은 행정주체에 대하여만 의무를 이행할 책임이 있고, 그 이외의 제3자에 대하여 법상 의무를 부담하는 것은 아니다.
   → 하명에 의해 발생하는 의무는 행정주체에 대한 의무이지, 제3자에 대한 의무가 아니다.

정답 ③

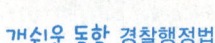

174 다음 중 경찰허가에 대한 설명으로 가장 타당하지 않은 것은?

12 경찰간부 [Essential ★]
총론 Chapter 6. 370

① 경찰허가는 일반적·상대적 금지사항을 특정한 경우에 해제하여 자연적 자유를 회복시키는 것이다.
② 경찰허가는 항상 구체적인 처분의 형식으로 행해지며 법규허가는 성질상 불가능하다.
③ 경찰허가는 일정한 시험에 합격한 자에 한하여 부여하는 경우가 있고 수수료를 징수하기도 한다.
④ 경찰허가는 반드시 상대방의 출원에 의하여 서면으로 행하여지고 요식행위를 필요로 한다.

해설

④ [×] 경찰허가는 반드시 상대방의 출원에 의하여 서면으로 행하여지고 요식행위를 필요로 한다.(×)
→ 경찰허가는 원칙적으로 상대방의 출원을 요하는 쌍방적 행정행위이다. 하지만 통상 불특정 다수를 대상으로 할 때에는 직권으로 행하기도 한다. 그리고 경찰허가는 보통 서면으로 행하여지나 법령에 특별한 규정이 없는 한 반드시 요식행위는 아니며, 구두나 서면으로 행하여질 수 있다.
① [○] 경찰허가는 일반적·상대적 금지사항을 특정한 경우에 해제하여 자연적 자유를 회복시키는 것이다.
→ 상대적 금지만 허가의 대상이 되고, 절대적 금지는 허가의 대상이 될 수 없다.
② [○] 경찰허가는 항상 구체적인 처분의 형식으로 행해지며 법규허가는 성질상 불가능하다.
③ [○] 경찰허가는 일정한 시험에 합격한 자에 한하여 부여하는 경우가 있고 수수료를 징수하기도 한다.

정답 ④

175 허가에 대한 다음 설명 중 가장 적절한 것은?(다툼이 있는 경우 판례에 의함)

18 경찰 3차 [Essential ★] 총론 Chapter 6. 371

① 허가는 허가가 유보된 상대적 금지에 인정되며, 절대적 금지의 경우에는 인정되지 않는다.
② 허가는 행위의 유효요건일 뿐, 적법요건은 아니다.
③ 판례에 의하면 허가여부의 결정기준은 특별한 사정이 없는 한 원칙적으로 신청 당시의 법령에 의한다.
④ 허가는 법령에 의하여 과하여진 작위·급부·수인의무를 특정한 경우에 해제하여 주는 경찰상의 행정행위이다.

해설

① [○] 허가는 허가가 유보된 상대적 금지에 인정되며, 절대적 금지의 경우에는 인정되지 않는다.
→ 상대적 금지만 허가의 대상이 되며, 절대적 금지는 허가의 대상이 될 수 없다.
② [×] 허가는 행위의 유효요건(×)일 뿐, 적법요건은 아니다.
→ 허가는 행위의 적법요건이지 유효요건이 아니다.

③ [×] 판례에 의하면 허가여부의 결정기준은 특별한 사정이 없는 한 원칙적으로 신청 당시의 법령(×)에 의한다.
→ 신청 시가 아니라 허가 처분 시의 법령을 기준(학설·판례)으로 판단한다. 즉 신청을 한 때와 허가처분을 할 때 사이에 법령의 변경이 있는 경우 행정청이 허가신청을 수리하고도 정당한 이유 없이 처리를 늦추어 그 사이에 법령 및 그 허가기준이 변경된 것이 아닌 한, 새로운 법령 및 허가기준에 따른다고 한다.

행정기본법

제14조(법 적용의 기준)
① 새로운 법령등은 법령등에 특별한 규정이 있는 경우를 제외하고는 그 법령등의 효력 발생 전에 완성되거나 종결된 사실관계 또는 법률관계에 대해서는 적용되지 아니한다.
② 당사자의 신청에 따른 처분은 법령등에 특별한 규정이 있거나 처분 당시의 법령등을 적용하기 곤란한 특별한 사정이 있는 경우를 제외하고는 처분 당시의 법령등에 따른다.
③ 법령등을 위반한 행위의 성립과 이에 대한 제재처분은 법령등에 특별한 규정이 있는 경우를 제외하고는 법령등을 위반한 행위 당시의 법령등에 따른다. 다만, 법령등을 위반한 행위 후 법령등의 변경에 의하여 그 행위가 법령등을 위반한 행위에 해당하지 아니하거나 제재처분 기준이 가벼워진 경우로서 해당 법령등에 특별한 규정이 없는 경우에는 변경된 법령등을 적용한다.

제15조(처분의 효력)
처분은 권한이 있는 기관이 취소 또는 철회하거나 기간의 경과 등으로 소멸되기 전까지는 유효한 것으로 통용된다. 다만, 무효인 처분은 처음부터 그 효력이 발생하지 아니한다.

④ [×] 허가는 법령에 의하여 과하여진 작위·급부·수인의무(×)를 특정한 경우에 해제하여 주는 경찰상의 행정행위이다.
→ 허가는 법령에 의한 일반적·상대적 금지를 특정한 경우에 해제함으로써, 일정한 행위를 적법하게 행할 수 있도록 자연의 자유를 회복시켜 주는 행정행위를 말한다.

정답 ①

176 허가에 대한 설명으로 가장 적절한 것은?

19 경찰승진, 실무종합 [Essential ★] 총론 Chapter 6, 372

① 허가란 법령에 의하여 과하여진 작위·급부·수인의무를 특정한 경우에 해제하여 주는 행정행위이다.
② 허가는 행위의 '적법요건'이지만 '유효요건'은 아니므로, 무허가행위는 행정상 강제집행 또는 행정벌의 대상은 되지만, 행위 자체의 법적 효력은 영향을 받지 않는 것이 원칙이다.
③ 허가는 허가가 유보된 상대적 금지뿐만 아니라 절대적 금지의 경우에도 인정된다.
④ 허가는 상대방의 신청에 의하여 행하여지는 것으로 신청에 의하지 않고는 행하여질 수 없다.

② [○] 허가는 행위의 '적법요건'이지만 '유효요건'은 아니므로, 무허가행위는 행정상 강제집행 또는 행정벌의 대상은 되지만, 행위 자체의 법적 효력은 영향을 받지 않는 것이 원칙이다.
→ 경찰허가는 일정한 사실행위를 적법하게 할 수 있도록 하는데 지나지 않으므로 허가를 받았다고 하여 사법상의 법률행위의 효력에 영향을 미치는 것은 아니다. 무허가 행위의 사법상 법률행위가 무효가 되는 것도 아니다. (무허가로 유흥주점영업을 한 경우 손님들과 체결된 계약은 유효) 허가는 행위의 적법요건일 뿐이며 유효(효력)요건이 아니다.

① [X] 허가란 법령에 의하여 과하여진 작위·급부·수인의무(X)를 특정한 경우에 해제하여 주는 행정행위이다.
→ 허가란 법령에 의하여 과하여진 금지(부작위 의무)를 특정한 경우에 해제하여 주는 행정행위이다. 작위·급부·수인의무를 대상으로 하는 것은 면제처분이다.

③ [X] 허가는 허가가 유보된 상대적 금지뿐만 아니라 절대적 금지의 경우에도 인정된다.(X)
→ 허가는 허가가 유보된 상대적 금지만을 대상으로 한다. 절대적 금지는 허가의 대상이 아니다.

④ [X] 허가는 상대방의 신청에 의하여 행하여지는 것으로 신청에 의하지 않고는 행하여질 수 없다.(X)
→ 허가는 상대방의 신청(출원)에 의하여 행하여지는 것이 보통이지만, 예외적으로 허가관청에 직권으로 행하는 경우도 있다. 또한 반드시 허가내용이 신청내용과 일치될 필요는 없으며, 신청내용의 일부를 변경하거나 부관을 붙여 허가하는 것도 가능하다.

정답 ②

177 강학상 경찰허가에 관한 설명 중 가장 적절한 것은? (다툼이 있는 경우 판례에 의함)

22 경찰 2차 [Core ★★] 총론 Chapter 6. 373

① 특별한 규정이 없는 한, 허가를 받게 되면 다른 법령상의 제한들도 모두 해제되는 것이 원칙이다.
② 특별한 규정이 없는 한, 허가는 법령이 부과한 작위의무, 부작위 의무 및 급부의무를 모두 해제하는 것이다.
③ 강학상 허가와 강학상 특허는 당사자의 신청이 없어도 가능하다는 점에서 공통점이 있다.
④ 일반적으로 영업허가를 받지 아니한 상태에서 행한 사법상법률행위는 유효하다.

해설

④ [O] 일반적으로 영업허가를 받지 아니한 상태에서 행한 **사법상법률행위는 유효**하다.
→ 무허가 행위의 **사법상 법률행위가 무효**가 되는 것도 아니다.

① [X] 특별한 규정이 없는 한, 허가를 받게 되면 다른 법령상의 제한들도 모두 해제되는 것이 원칙이다.(X)
→ 경찰허가는 경찰법규상의 경찰금지만을 해제하여 줄뿐이며, 다른 행정목적을 위하여 존재하는 법률상 제한까지 해제하여 주는 것은 아니다.

② [X] 특별한 규정이 없는 한, 허가는 법령이 부과한 작위의무, 부작위 의무 및 급부의무를 모두 해제하는 것이다.
→ 허가는 부작위 의무를 특정한 경우 해제시켜 자연적 자유를 회복시켜 주는 처분이다. 작위, 수인 및 급부의무를 특정한 경우 해제하는 것은 면제처분이다.

③ [X] 강학상 허가와 강학상 특허는 당사자의 신청이 없어도 가능하다는 점(X)에서 공통점이 있다.
→ 강학상 허가는 원칙적 신청 예외적 직권으로 행할 수 있으나, 강학상 특허는 당사자의 신청이 반드시 있어야 한다.
→ 강학상(講學上)이란 학문상이라는 용어와 동일한 뜻으로 사용된다. 이에 대칭되는 용어가 판례상이다. 강학상 또는 학문상이라는 것은 학자들이 법률을 해석하면서 나온 이론이다.

행정기본법 [시행일: 2023. 3. 24.]
제24조(인허가의제의 기준)
① 이 절에서 "인허가의제"란 하나의 인허가(이하 "주된 인허가"라 한다)를 받으면 법률로 정하는 바에 따라 그와 관련된 여러 인허가(이하 "관련 인허가"라 한다)를 받은 것으로 보는 것을 말한다.
② 인허가의제를 받으려면 주된 인허가를 신청할 때 관련 인허가에 필요한 서류를 함께 제출하여야 한다. 다만,

> 불가피한 사유로 함께 제출할 수 없는 경우에는 주된 인허가 행정청이 별도로 정하는 기한까지 제출할 수 있다.
> ③ 주된 인허가 행정청은 주된 인허가를 하기 전에 관련 인허가에 관하여 미리 관련 인허가 행정청과 협의하여야 한다.
> ④ 관련 인허가 행정청은 제3항에 따른 협의를 요청받으면 그 요청을 받은 날부터 20일 이내(제5항 단서에 따른 절차에 걸리는 기간은 제외한다)에 의견을 제출하여야 한다. 이 경우 전단에서 정한 기간(민원 처리 관련 법령에 따라 의견을 제출하여야 하는 기간을 연장한 경우에는 그 연장한 기간을 말한다) 내에 협의 여부에 관하여 의견을 제출하지 아니하면 협의가 된 것으로 본다.
> ⑤ 제3항에 따라 협의를 요청받은 관련 인허가 행정청은 해당 법령을 위반하여 협의에 응해서는 아니 된다. 다만, 관련 인허가에 필요한 심의, 의견 청취 등 절차에 관하여는 법률에 인허가의제 시에도 해당 절차를 거친다는 명시적인 규정이 있는 경우에만 이를 거친다.
>
> 제25조(인허가의제의 효과)
> ① 제24조제3항·제4항에 따라 **협의가 된 사항에 대해서는 주된 인허가를 받았을 때 관련 인허가를 받은 것**으로 본다.
> ② 인허가의제의 효과는 주된 인허가의 해당 법률에 규정된 관련 인허가에 한정된다.

정답 ④

178 甲은 강학상 허가에 해당하는 식품위생법상 영업허가를 신청하였다. 이에 대한 설명으로 옳은 것은? (다툼이 있는 경우 판례에 의함)   19 지방직 [Core ★★]

① 甲이 공무원인 경우 허가를 받으면 이는 식품위생법상의 금지를 해제할 뿐만 아니라 국가공무원 법상의 영리업무금지까지 해제하여 주는 효과가 있다.
② 甲이 허가를 신청한 이후 관계법령이 개정되어 허가요건을 충족하지 못하게 된 경우, 행정청이 허가신청을 수리하고도 정당한 이유 없이 그 처리를 늦추어 그사이에 허가기준이 변경된 것이 아닌 이상 甲에게는 불허가처분을 하여야 한다.
③ 甲에게 허가가 부여된 이후 乙에게 또 다른 신규허가가 행해진 경우, 甲에게는 특별한 규정이 없더라도 乙에 대한 신규허가를 다툴 수 있는 원고적격이 인정되는 것이 원칙이다.
④ 甲에 대해 허가가 거부되었음에도 불구하고 甲이 영업을 한 경우, 당해 영업행위는 사법(私法)상 효력이 없는 것이 원칙이다.

해설

② [O] 甲이 허가를 신청한 이후 관계법령이 개정되어 허가요건을 충족하지 못하게 된 경우, 행정청이 허가신청을 수리하고도 **정당한 이유 없이** 그 처리를 늦추어 그사이에 허가기준이 변경된 것이 아닌 이상 甲에게는 **불허가처분을 하여야 한다.**
→ 甲이 허가를 신청한 이후 관계법령이 개정되어 허가요건을 충 속하지 못하게 된 경우라면, **특별한 사정이 없는 한** 행정청은 처분 당시의 법령에 따라야 하므로 甲에게 불허가처분을 하여야 한다.

대법원 1996. 8. 20. 선고 95누10877 판결 [주택건설사업승인거부처분취소]
허가 등의 행정처분은 **원칙적으로 처분시의 법령과 허가기준에 의하여 처리되어야 하고** 허가신청 당시의 기준에 따라야 하는 것은 아니며, 비록 허가신청 후 허가기준이 변경되었다 하더라도 그 허가관청이 허가신청을 수리하고도 정당한 이유 없이 그 처리를 늦추어 그 사이에 허가기준이 변경된 것이 아닌 이상 변경된 허가기준에 따라서 처분을 하여야 한다.
주택건설사업계획승인신청을 수리한 행정청이 그 처리기간을 넘겨 나중에 결정·고시된 도시계획(최고고도지구)을 이유로 승인을 거부하였더라도, 정당한 이유 없이 처리를 지연한 것이 아니어서 적법하다.

① [×] 甲이 공무원인 경우 허가를 받으면 이는 식품위생법상의 금지를 해제할 뿐만 아니라 국가공무원 법상의 영리업무금지까지 해제하여 주는 효과가 있다.(×)
  → 허가는 그 근거가 된 법령에 의한 금지를 해제할 뿐이고 다른 법률에 의한 금지까지 해제하지는 않는 것이 원칙이다. 그러므로 공무원인 甲이 음식점영업허가를 받는다 하더라도 그 허가는 식품위생법상의 금지를 해제할 뿐이지 국가공무원법상의 영리업무금지까지 해제해 주는 것은 아니다.

③ [×] 甲에게 허가가 부여된 이후 乙에게 또 다른 신규허가가 행해진 경우, 甲에게는 특별한 규정이 없더라도 乙에 대한 신규허가를 다툴 수 있는 원고적격이 인정되는 것이 원칙이다.(×)
  → 경업자소송에서, 기존업자가 허가업자인 경우 기존업자가 누리는 영업상 이익은 원칙적으로 반사적 이익에 불과하므로 기존허가업자는 신규영업허가에 대해 취소소송을 제기할 수 있는 원고적격이 없다. 甲은 허가업자이므로 甲은 특별한 규정이 없는 한 乙에 대한 신규허가를 다툴 수 있는 원고적격이 인정되지 않는다. 공중목욕장업 경영허가는 강학상 허가로서 이로 인한 영업상의 이익은 반사적 이익에 불과하다.

> 대법원 1963. 8. 31. 선고 63누101 판결 [공중목욕장영업허가취소]
> 원고에 대한 공중목욕장업 경영 허가는 경찰금지의 해제로 인한 영업자유의 회복이라고 볼 것이므로 이 영업의 자유는 법률이 직접 공중목욕장업 피 허가자의 이익을 보호함을 목적으로 한 경우에 해당되는 것이 아니고 법률이 공중위생이라는 공공의 복리를 보호하는 결과로서 영업의 자유가 제한되므로 인하여 간접적으로 관계자인 영업자유의 제한이 해제된 피 허가자에게 이익을 부여하게 되는 경우에 해당되는 것이고 거리의 제한과 같은 위의 시행세칙이나 도지사의 지시가 모두 무효인 이상 원고가 이 사건 허가처분에 의하여 목욕장업에 의한 이익이 사실상 감소된다하여도 이 불이익은 본건 허가처분의 단순한 사실상의 반사적 결과에 불과하고 이로 말미암아 원고의 권리를 침해하는 것이라고는 할 수 없음으로 원고는 피고의 피고 보조참가인에 대한 이 사건 목욕장업허가처분에 대하여 그 취소를 소구할 수 있는 법률상 이익이 없다.

④ [×] 甲에 대해 허가가 거부되었음에도 불구하고 甲이 영업을 한 경우, 당해 영업행위는 사법(私法)상 효력이 없는 것이 원칙이다.(×)
  → 허가받아야 할 일을 허가받지 않고 행한 경우 허가를 받지 않고 한 사법(私法)상 행위의 법률상 효력은 유효함이 원칙이다. 그러므로 甲에 대해 허가가 거부되었음에도 불구하고 甲이 영업을 한 경우라도, 그 영업행위는 사법(私法)상으로는 유효하다.

정답 ②

179 판례상 행정행위에 관한 설명으로 옳지 않은 것은?

19 소방직 [Core ★★]

① 출입국관리법상 체류자격 변경허가는 설권적 처분의 성격을 가지므로, 허가권자는 허가 여부를 결정할 수 있는 재량을 가진다.
② 유기장 영업허가는 유기장영업권을 설정하는 설권행위이다.
③ 한의사면허는 경찰금지를 해제하는 명령적 행위에 해당한다.
④ 개인택시운송사업면허는 특정인에게 권리나 이익을 부여하는 재량행위이다.

해설

② [×] 유기장 영업허가는 유기장영업권을 설정하는 설권행위이다.(×)
→ 학문상의 허가에 해당한다. 구 유기장법상 유기장의 영업허가는 대물적 허가다.

대법원 1990. 7. 13. 선고 90누2284 판결 [전자오락실영업허가취소처분취소]
구 유기장법(1981.4.13. 법률 제3441호로 개정되기 전의 것)상 유기장의 영업허가는 대물적 허가로서 영업 장소의 소재지와 유기시설 등이 영업허가의 요소를 이루는 것이므로, 영업장소에 설치되어 있던 유기시설이 모두 철거되어 허가를 받은 영업상의 기능을 더 이상 수행할 수 없게 된 경우에는, 이미 당초의 영업허가는 허가의 대상이 멸실된 경우와 마찬가지로 그 효력이 당연히 소멸되는 것이고, 또 유기장의 영업허가는 신청에 의하여 행하여지는 처분으로서 허가를 받은 자가 영업을 폐업할 경우에는 그 효력이 당연히 소멸되는 것이니, 이와 같은 경우 허가행정청의 허가취소처분은 허가가 실효되었음을 확인하는 것에 지나지 않는다고 보아야 할 것이므로, 유기장의 영업허가를 받은 자가 영업장소를 명도하고 유기시설을 모두 철거하여 매각함으로써 유기장업을 폐업하였다면 영업허가취소처분의 취소를 청구할 소의 이익이 없는 것이라고 볼 수 있다.

① [○] 출입국관리법상 체류자격 변경허가는 설권적 처분의 성격을 가지므로, 허가권자는 허가여부를 결정할 수 있는 재량을 가진다.

대법원 2016. 7. 14. 선고 2015두48846 판결 [체류기간연장등불허가처분취소]
출입국관리법 제10조, 제24조 제1항, 구 출입국관리법 시행령(2014. 10. 28. 대통령령 제25669호로 개정되기 전의 것) 제12조 [별표 1] 제8호, 제26호 (가)목, (라)목, 출입국관리법 시행규칙 제18조의2 [별표 1]의 문언, 내용 및 형식, 체계 등에 비추어 보면, 체류자격 변경허가는 신청인에게 당초의 체류자격과 다른 체류자격에 해당하는 활동을 할 수 있는 권한을 부여하는 일종의 설권적 처분의 성격을 가지므로, 허가권자는 신청인이 관계 법령에서 정한 요건을 충족하였더라도, 신청인의 적격성, 체류 목적, 공익상의 영향 등을 참작하여 허가 여부를 결정할 수 있는 재량을 가진다. 다만 재량을 행사할 때 판단의 기초가 된 사실인정에 중대한 오류가 있는 경우 또는 비례·평등의 원칙을 위반하거나 사회통념상 현저하게 타당성을 잃는 등의 사유가 있다면 이는 재량권의 일탈·남용으로서 위법하다.

③ [○] 한의사면허는 경찰금지를 해제하는 명령적 행위에 해당한다.

대법원 2016. 7. 14. 선고 2015두48846 판결 [체류기간연장등불허가처분취소]
출입국관리법 제10조, 제24조 제1항, 구 출입국관리법 시행령(2014. 10. 28. 대통령령 제25669호로 개정되기 전의 것) 제12조 [별표 1] 제8호, 제26호 (가)목, (라)목, 출입국관리법 시행규칙 제18조의2 [별표 1]의 문언, 내용 및 형식, 체계 등에 비추어 보면, 체류자격 변경허가는 신청인에게 당초의 체류자격과 다른 체류자격에 해당하는 활동을 할 수 있는 권한을 부여하는 일종의 설권적 처분의 성격을 가지므로, 허가권자는 신청인이 관계 법령에서 정한 요건을 충족하였더라도, 신청인의 적격성, 체류 목적, 공익상의 영향 등을 참작하여 허가 여부를 결정할 수 있는 재량을 가진다. 다만 재량을 행사할 때 판단의 기초가 된 사실인정에 중대한 오류가 있는 경우 또는 비례·평등의 원칙을 위반하거나 사회통념상 현저하게 타당성을 잃는 등의 사유가 있다면 이는 재량권의 일탈·남용으로서 위법하다.

④ [○] 개인택시운송사업면허는 특정인에게 권리나 이익을 부여하는 재량행위이다.

> 대법원 2009. 11. 26. 선고 2008두16087 판결 [개인택시운송사업면허거부취소]
> 여객자동차 운수사업법에 의한 개인택시운송사업의 면허는 특정인에게 권리나 이익을 부여하는 행정청의 **재량행위**이고, 위 법과 그 시행규칙의 범위 내에서 면허를 위하여 필요한 기준을 정하는 것 역시 행정청의 재량에 속하는 것이므로, 그 설정된 기준이 객관적으로 합리적이 아니라거나 타당하지 않다고 볼 만한 다른 특별한 사정이 없는 이상 행정청의 의사는 가능한 한 존중되어야 하는바, 행정청이 개인택시운송사업의 면허를 하면서, **택시 운전경력이 버스 등 다른 차종의 운전경력보다 개인택시의 운전업무에 더 유용할 수 있다는 점 등을 고려하여 택시의 운전경력을 다소 우대하는 것이 객관적으로 합리적이 아니라거나 타당하지 않다고 볼 수 없다.**

정답 ②

180 허가를 설명한 것이다. 다음 중 가장 적절하지 <u>않은</u> 것은? (다툼이 있으면 판례에 의함)

15 경행특채 [ESSential ★]

① 특별한 규정이 없는 한 관계법상의 금지가 해제될 뿐이고, 타법상의 제한까지 해제되는 것은 아니다.
② 대물적 허가의 성질을 갖는 석유판매업이 양도된 경우, 양도인에게 허가를 취소할 위법사유가 있다면 이를 이유로 양수인에게 제재조치를 취할 수 있다.
③ 신청 후 허가기준이 변경된 경우에는 원칙적으로 처분시가 아닌 신청시의 법령과 기준에 의해 처리되어야 한다.
④ 허가의 요건은 법령으로 규정되어야 하며, 법령의 근거 없이 행정권이 독자적으로 허가요건을 추가하는 것은 허용되지 아니한다.

해설

③ [×] 신청 후 허가기준이 변경된 경우에는 원칙적으로 처분시가 아닌 신청시의 법령과 기준에 의해 처리되어야 한다.(×)
→ 당사자의 신청에 따른 처분은 법령등에 특별한 규정이 있거나 처분 당시의 법령등을 적용하기 곤란한 특별한 사정이 있는 경우를 제외하고는 처분 당시의 법령등에 따른다.(행정기본법 제14조제2항)

> 대법원 1996. 8. 20. 선고 95누10877 판결 [주택건설사업승인거부처분취소]
> 허가 등의 행정처분은 원칙적으로 처분시의 법령과 허가기준에 의하여 처리되어야 하고 허가신청 당시의 기준에 따라야 하는 것은 아니며, 비록 허가신청 후 허가기준이 변경되었다 하더라도 그 허가관청이 허가신청을 수리하고도 정당한 이유 없이 그 처리를 늦추어 그 사이에 허가기준이 변경된 것이 아닌 이상 변경된 허가기준에 따라서 처분을 하여야 한다.

① [○] 특별한 규정이 없는 한 관계법상의 금지가 해제될 뿐이고, 타법상의 제한까지 해제되는 것은 아니다.
→ 허가는 그 근거가 된 법령에 의한 금지를 해제할 뿐이고 다른 법률에 의한 금지까지 해제하지는 않는다.
② [○] 대물적 허가의 성질을 갖는 석유판매업이 양도된 경우, 양도인에게 허가를 취소할 위법사유가 있다면 이를 이유로 양수인에게 제재조치를 취할 수 있다.

> 대법원 1986. 7. 22. 선고 86누203 판결 [석유판매업허가취소처분취소]
> 석유사업법 제12조 제3항, 제9조 제1항, 제12조 제4항 등을 종합하면 석유판매업(주유소)허가는 소위 대물적 허가의 성질을 갖는 것이어서 그 사업의 양도도 가능하고 이 경우 양수인은 양도인의 지위를 승계하게 됨에 따라 양도인의 위 허가에 따른 권리의무가 양수인에게 이전되는 것이므로 만약 양도인에게 그 허가를 취소할 위법사유가 있다면 허가관청은 이를 이유로 양수인에게 응분의 제재조치를 취할 수 있다 할 것이고, 양수인이 그 양수후 허가관청으로부터 석유판매업허가를 다시 받았다 하더라도 이는 석유판매업의 양도를 전제로 한 것이어서 이로써 양도인의 지위승계가 부정되는 것은 아니므로 양도인의 귀책사유는 양수인에게 그 효력이 미친다.

④ [O] 허가의 요건은 **법령으로 규정되어야 하며, 법령의 근거 없이 행정권이 독자적으로 허가요건을 추가하는 것은 허용되지 아니한다.**
→ 허가는 일반적으로 기속행위로서 허가요건의 추가는 기본권의 제한과 관계되므로 법령에 근거가 있어야 한다. 따라서 법령의 근거 없이 행정권이 독자적으로 허가요건을 추가하는 것은 원칙적으로 허용되지 않는다.

정답 ③

181 강학상 예외적 승인에 해당하지 않는 것은?   15 국가직 변형 [Essential ★]

① 치료목적의 마약류사용허가
② 재단법인의 정관변경허가
③ 개발제한구역 내의 용도변경허가
④ 카지노 사행행위 영업허가
⑤ 학교환경위생정화구역 내 유흥음식점허가

해설

예외적 허가(승인)란 일정행위가 사회적으로 유해하거나 바람직하지 않은 것으로서 법령상 금지하는 것이 원칙이나 일정한 경우에 예외적으로 그 금지를 해제하여 해당 행위를 적법하게 해주는 행위를 말한다.

② [×] 재단법인의 정관변경허가(×) - 강학상 인가
> 대법원 1996. 5. 16. 선고 95누4810 전원합의체 판결 [법인정관변경허가처분무효확인]
> 민법 제45조와 제46조에서 말하는 **재단법인의 정관변경 "허가"는 법률상의 표현이 허가로 되어 있기는 하나, 그 성질에 있어 법률행위의 효력을 보충해 주는 것이지 일반적 금지를 해제하는 것이 아니므로, 그 법적 성격은 인가라고 보아야 한다.**

① [O] 치료목적의 마약류사용허가 - 예외적 허가(승인)
③ [O] 개발제한구역 내의 용도변경허가 - 예외적 허가(승인)
④ [O] 카지노 사행행위 영업허가 - 예외적 허가(승인)
⑤ [O] 학교환경위생정화구역 내 유흥음식점허가 - 예외적 허가(승인)

정답 ②

182. 아래 ㉠부터 ㉣까지의 행정행위 중 강학상 특허에 해당하는 것(○)과 아닌 것(×)의 표시가 바르게 된 것은? (다툼이 있는 경우 판례에 의함)

18 경행특채 [Core ★★]

> ㉠ 「도시 및 주거환경정비법」에 따른 주택재건축사업조합의 설립인가
> ㉡ 출입국관리법에 따른 체류자격 변경허가
> ㉢ 도로법에 따른 도로점용허가
> ㉣ 국적법에 따른 귀화허가

① ㉠(○) ㉡(○) ㉢(○) ㉣(○)
② ㉠(×) ㉡(×) ㉢(○) ㉣(○)
③ ㉠(○) ㉡(×) ㉢(×) ㉣(×)
④ ㉠(○) ㉡(○) ㉢(○) ㉣(×)

해설

① 이 지문이 바르게 된 연결이다.

㉠ [○] 「도시 및 주거환경정비법」에 따른 주택재건축사업조합의 설립인가 - 강학상 특허

> 대법원 2009. 9. 24. 선고 2008다60568 판결 [재건축결의부존재확인]
> 행정청이 도시 및 주거환경정비법 등 관련 법령에 근거하여 행하는 조합설립인가처분은 단순히 사인들의 조합설립행위에 대한 보충행위로서의 성질을 갖는 것에 그치는 것이 아니라 법령상 요건을 갖출 경우 도시 및 주거환경정비법상 주택재건축사업을 시행할 수 있는 권한을 갖는 행정주체(공법인)로서의 지위를 부여하는 일종의 설권적 처분의 성격을 갖는다고 보아야 한다.

㉡ [○] 출입국관리법에 따른 체류자격 변경허가 - 강학상 특허

> 대법원 2016. 7. 14. 선고 2015두48846 판결 [체류기간연장등불허가처분취소]
> 출입국관리법 제10조, 제24조 제1항, 구 출입국관리법 시행령(2014. 10. 28. 대통령령 제25669호로 개정되기 전의 것) 제12조 [별표 1] 제8호, 제26조 (가)목, (라)목, 출입국관리법 시행규칙 제18조의2 [별표 1]의 문언, 내용 및 형식, 체계 등에 비추어 보면, **체류자격 변경허가는 신청인에게 당초의 체류자격과 다른 체류자격에 해당하는 활동을 할 수 있는 권한을 부여하는 일종의 설권적 처분의 성격을 가진다.**

㉢ [○] 도로법에 따른 도로점용허가 - 강학상 특허

> 대법원 2002. 10. 25. 선고 2002두5795 판결 [도로점용허가신청반려처분취소]
> 도로법 제40조 제1항에 의한 도로점용은 일반공중의 교통에 사용되는 도로에 대하여 이러한 일반사용과는 별도로 도로의 특정부분을 유형적·고정적으로 특정한 목적을 위하여 사용하는 이른바 특별사용을 뜻하는 것이고, 이러한 **도로점용의 허가는 특정인에게 일정한 내용의 공물사용권을 설정하는 설권행위로서, 공물관리자가 신청인의 적격성, 사용목적 및 공익상의 영향 등을 참작하여 허가를 할 것인지의 여부를 결정하는 재량행위이다.**

㉣ [○] 국적법에 따른 귀화허가 - 강학상 특허

> 대법원 2010. 7. 15. 선고 2009두19069 판결 [국적신청불허가처분취소]
> 국적은 국민의 자격을 결정짓는 것이고, 이를 취득한 사람은 국가의 주권자가 되는 동시에 국가의 속인적 통치권의 대상이 되므로, **귀화허가는 외국인에게 대한민국 국적을 부여함으로써 국민으로서의 법적 지위를 포괄적으로 설정하는 행위에 해당한다.** 한편 국적법 등 관계 법령 어디에도 외국인에게 대한민국의 국적을 취득할 권리를 부여하였다고 볼 만한 규정이 없다. 이와 같은 귀화허가의 근거 규정의 형식과 문언, 귀화허가의 내용과 특성 등을 고려하여 보면, **법무부장관은 귀화신청인이 법률이 정하는 귀화요건을 갖추었다고 하더라도 귀화를 허가할 것인지 여부에 관하여 재량권을 가진다.**

정답 ①

183 다음 〈보기〉 중 강학상 특허인 것을 모두 고른 것은? (단, 다툼이 있는 경우 판례에 의함)

17 사회복지직 [Core ★★]

> ㉠ 공유수면매립면허
> ㉡ 재건축조합설립인가
> ㉢ 운전면허
> ㉣ 「여객자동차 운수사업법」에 따른 개인택시운송사업면허
> ㉤ 귀화허가
> ㉥ 재단법인의 정관변경허가
> ㉦ 사립학교 법인임원취임에 대한 승인

① ㉠, ㉢
② ㉡, ㉣, ㉦
③ ㉠, ㉡, ㉤, ㉥
④ ㉠, ㉡, ㉣, ㉤

해설

㉠, ㉡, ㉣, ㉤ 4항목이다.

특허는 특정인에 대하여 새로운 권리능력 또는 포괄적 법률관계를 설정하는 행위로서 자연적 자유를 회복시키는 허가와 구별되는바, 이러한 이유로 **특허를 설권행위라고 부르기도 한다.**

㉠ [O] 공유수면매립면허 – 특허

> 대법원 1989. 9. 12. 선고 88누9206 판결 [공유수면매립면허효력회복신청서반려처분취소]
> 공유수면매립면허는 설권행위인 특허의 성질을 갖는 것이므로 원칙적으로 행정청의 자유재량에 속하며, 일단 실효된 공유수면매립면허의 효력을 회복시키는 행위도 특단의 사정이 없는 한 새로운 면허부여와 같이 면허관청의 자유재량에 속한다고 할 것이므로 공유수면매립법(1986.12.31. 개정)부칙 제4항의 규정에 의하여 위 법시행전에 같은 법 제25조 제1항의 규정에 의하여 효력이 상실된 매립면허의 효력을 회복시키는 처분도 특단의 사정이 없는 한 **면허관청의 자유재량에 속하는 행위라고 봄이 타당하다.**

㉡ [O] 재건축조합설립인가 – 특허

> 대법원 2009. 9. 24. 선고 2008다60568 판결 [재건축결의부존재확인]
> 행정청이 도시 및 주거환경정비법 등 관련 법령에 근거하여 행하는 조합설립인가처분은 단순히 사인들의 조합설립행위에 대한 보충행위로서의 성질을 갖는 것에 그치는 것이 아니라 **법령상 요건을 갖출 경우 도시 및 주거환경정비법상 주택재건축사업을 시행할 수 있는 권한을 갖는 행정주체(공법인)로서의 지위를 부여하는 일종의 설권적 처분의 성격을 갖는다고 보아야 한다.**

㉣ [O] 「여객자동차 운수사업법」에 따른 개인택시운송사업면허 – 특허

> 대법원 1996. 10. 11. 선고 96누6172 판결 [개인택시운송사업면허배제처분취소]
> 자동차운수사업법에 의한 개인택시운송사업면허는 특정인에게 권리나 이익을 부여하는 행정행위로서 법령에 특별한 규정이 없는 한 **재량행위**이고, 그 면허를 위하여 필요한 기준을 정하는 것도 역시 행정청의 재량에 속하는 것이므로, 그 설정된 기준이 객관적으로 합리적이 아니라거나 타당하지 않다고 볼 만한 다른 특별한 사정이 없는 이상 **행정청의 의사는 가능한 한 존중되어야 한다.**

㉤ [O] 귀화허가 – 특허

대법원 2010. 7. 15. 선고 2009두19069 판결 [국적신청불허가처분취소]

국적은 국민의 자격을 결정짓는 것이고, 이를 취득한 사람은 국가의 주권자가 되는 동시에 국가의 속인적 통치권의 대상이 되므로, 귀화허가는 외국인에게 대한민국 국적을 부여함으로써 국민으로서의 법적 지위를 포괄적으로 설정하는 행위에 해당한다. 한편 국적법 등 관계 법령 어디에도 외국인에게 대한민국의 국적을 취득할 권리를 부여하였다고 볼 만한 규정이 없다. 이와 같은 **귀화허가의 근거 규정의 형식과 문언, 귀화허가의 내용과 특성 등을 고려하여 보면, 법무부장관은 귀화신청인이 법률이 정하는 귀화요건을 갖추었다고 하더라도 귀화를 허가할 것인지 여부에 관하여 재량권을 가진다.**

ⓒ [×] 운전면허 – 허가

ⓗ [×] 재단법인의 정관변경허가 – 인가

대법원 1996. 5. 16. 선고 95누4810 전원합의체 판결 [법인정관변경허가처분무효확인]

민법 제45조와 제46조에서 말하는 재단법인의 정관변경 "허가"는 법률상의 표현이 허가로 되어 있기는 하나, **그 성질에 있어 법률행위의 효력을 보충해 주는 것이지 일반적 금지를 해제하는 것이 아니므로, 그 법적 성격은 인가라고 보아야 한다.**

ⓐ [×] 사립학교 법인임원취임에 대한 승인 – 인가

대법원 2007. 12. 27. 선고 2005두9651 판결 [임원취임승인취소처분등취소]

구 사립학교법(2005. 12. 29. 법률 제7802호로 개정되기 전의 것) 제20조 제1항, 제2항은 학교법인의 이사장·이사·감사 등의 임원은 이사회의 선임을 거쳐 관할청의 승인을 받아 취임하도록 규정하고 있는바, 관할청의 임원취임승인행위는 학교법인의 임원선임행위의 법률상 효력을 완성케 하는 보충적 법률행위이다. 따라서 관할청이 학교법인의 임원취임승인신청에 대하여 이를 반려하거나 거부하는 경우 학교법인에 의하여 임원으로 선임된 사람은 학교법인의 임원으로 취임할 수 없게 되는 불이익을 입게 되는바, **이와 같은 불이익은 간접적이거나 사실상의 불이익이 아니라 직접적이고도 구체적인 법률상의 불이익이라 할 것이므로 학교법인에 의하여 임원으로 선임된 사람에게는 관할청의 임원취임승인신청 반려처분을 다툴 수 있는 원고적격이 있다.**

정답 ④

184 경찰작용에 관한 설명으로 가장 적절하지 않은 것은? 23 경찰승진, 실무종합 [ESSential ★]

① 행정목적을 위하여 국가의 일반통치권에 의거 개인에게 특정한 작위·부작위·수인 또는 급부의 의무를 명하는 행정행위, 개인에게 특정의무를 명하는 명령적 행정행위를 하명이라고 한다.
② 법령에 의한 일반적·절대적 금지를 특정한 경우에 해제하여 적법하게 일정한 행위를 할 수 있게 하는 행정행위를 허가라고 한다.
③ 부관은 조건·기한·부담·철회권의 유보 등과 같이 주된 처분에 부가되는 종된 규율로서, 주된 처분의 효과를 제한하거나 의무를 부과함으로써 국민의 권리·의무에 영향을 미치는 효과가 있다.
④ 행정지도는 일정한 행정목적을 달성하기 위해 상대방인 국민에게 임의적인 협력을 요청하는 비권력적 사실행위를 말한다.

해설

② [X] 법령에 의한 일반적·**절대적 금지(X)**를 특정한 경우에 해제하여 적법하게 일정한 행위를 할 수 있게 하는 행정행위를 허가라고 한다.
→ 허가의 대상은 **일반적이고 상대적 금지를 대상으로 하고**, 성질상 **절대적 금지는 허가의 대상이 될 수 없다.** 법령에 의한 일반적·상대적 금지를 특정한 경우에 해제하여 적법하게 일정한 행위를 할 수 있게 하는 행정행위를 허가라고 한다.

① [O] 행정목적을 위하여 국가의 일반통치권에 의거 개인에게 특정한 작위·부작위·수인 또는 급부의 의무를 명하는 행정행위, 개인에게 특정의무를 명하는 명령적 행정행위를 하명이라고 한다.
→ 하명은 의무를 발생시키는 명령적 행정행위를 말한다.

③ [O] 부관은 조건·기한·부담·철회권의 유보 등과 같이 주된 처분에 부가되는 종된 규율로서, 주된 처분의 효과를 제한하거나 의무를 부과함으로써 국민의 권리·의무에 영향을 미치는 효과가 있다.
→ 부관은 주된 행정행위에 부가된 종된 의사표시를 말하고, 이는 행정의 탄력성과 융통성을 부여하는데 그 의의가 있다.

④ [O] 행정지도는 일정한 행정목적을 달성하기 위해 상대방인 국민에게 임의적인 협력을 요청하는 비권력적 사실행위를 말한다.
→ 경찰방문과 같은 행정지도는 상대방의 자발적인 협력과 임의적 동의를 필요로 하는 비권력적 사실행위이다.

정답 ②

그 밖의 행정행위

185 인가에 관한 설명으로 가장 옳지 <u>않은</u> 것은? 기출 연습문제 [Core ★★]

① 법령에 의한 일반적인가도 가능하다.
② 기본 법률행위가 무효인 경우 인가가 있어도 그 법률행위가 유효로 되는 것은 아니다.
③ 법률행위를 대상으로 한다.
④ 신청을 전제로 한다.
⑤ 무인가 행위는 원칙적으로 무효이다.

해설

① [×] 법령에 의한 일반적 인가도 가능하다.(×)
→ 인가는 항상 구체적 처분의 형식으로 이루어지며, 법규인가는 인정되지 않는다. 이 점에서는 허가와 같다. 인가는 제3자의 법률행위를 보충하여 그 법률적 효력을 완성시켜주는 행정행위를 말한다.(ex. 공법인설립인가, 사립대설립인가, 공공조합정관승인, 외국인토지취득허가, 하천사용권양도인가, 지방채기채승인, 토지거래허가(판례))

② [O] 기본 법률행위가 무효인 경우 인가가 있어도 그 법률행위가 유효로 되는 것은 아니다.
→ 사후에 인가가 있어도 기본행위의 하자를 치유해 주지는 않는다.

③ [O] 법률행위를 대상으로 한다.

④ [O] 신청을 전제로 한다.
→ 인가는 항상 신청에 의하여 행하여지는 쌍방적 행정행위이며, 법률의 명시적 근거가 없는 한 수정인가 불가하다.

⑤ [O] 무인가 행위는 원칙적으로 무효이다.
→ 인가는 법률행위의 효력요건이므로 무인가행위는 처벌의 대상은 되지 않으나, 원칙적으로 무효이다. 이 점에서 허가는 적법요건으로 무허가행위는 처벌의 대상이 되나, 원칙적으로 무효는 되지 아니하는 것과 다르다.

정답 ①

186 다음 중 인가에 대한 설명 중 틀린 것은?

기출 연습문제 [ESSential ★]

① 인가는 사실행위에도 할 수 있다.
② 인가는 상대방의 행위를 보충하여 법적 효력을 갖게 한다.
③ 인가는 보충적 행위이므로 원행정처분에 하자가 있어 무효이면 인가도 무효이다.
④ 인가는 형성적 효력을 갖는다.

해설

① [×] 인가는 사실행위에도 할 수 있다.(×)
→ 인가는 당해 행위의 유효요건이므로, 그 대상은 법률행위에 한정되지만, 그에는 공법적 행위(공공조합의 정관변경)와 사법적 행위(비영리법인설립·지방채기채)가 모두 포함된다.

② [○] 인가는 상대방의 행위를 보충하여 법적 효력을 갖게 한다.
→ 인가는 제3자의 법률행위를 보충하여 그 법률적 효력을 완성시켜주는 행정행위를 말한다.

③ [○] 인가는 보충적 행위이므로 원행정처분에 하자가 있어 무효이면 인가도 무효이다.
→ 기본적 법률행위가 불성립 또는 무효인 경우는 인가가 있어도 그 법률행위가 유효로 되는 것은 아니며, 또한 유효하게 성립된 기본적 법률행위가 사후에 실효되면 인가도 당연히 효력을 상실한다. 그러므로 인가는 기본행위의 하자 치유효는 없다. 기본행위의 하자를 이유로 인가행위의 효력을 다툴 수 없다.

> 대법원 1994. 10. 14. 선고 93누22753 판결 [주택개량사업관리처분계획인가처분취소]
> 기본행위가 적법유효하고 보충행위인 인가처분 자체에만 하자가 있다면 그 인가처분의 무효나 취소를 주장할 수 있다고 할 것이지만, 인가처분에 하자가 없다면 기본행위에 하자가 있다 하더라도 따로 그 기본행위의 하자를 다투는 것은 별론으로 하고 기본행위의 무효를 내세워 바로 그에 대한 피고 행정청의 인가처분의 취소 또는 무효확인을 소구할 법률상의 이익이 있다고 할 수 없다.

④ [○] 인가는 형성적 효력을 갖는다.
→ 인가는 법률행위적 행정행위 중 형성적 행정행위에 해당된다고 보는 것이 일반적이다.

정답 ①

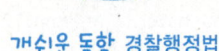

187 행정행위에 관한 설명으로 옳지 않은 것은? 기출 연습문제 [Core ★★]

① 일반적으로 학문상 허가를 통해서 얻게 되는 일정한 영업상 이익의 성질은 반사적 이익에 해당한다고 본다.
② 소위 예외적 허가는 통상의 허가와 달리 원칙적으로 재량행위의 성질을 갖는다고 본다.
③ 인가의 대상은 법률행위에 한하며, 사실행위는 인가의 대상이 될 수 없다.
④ 하자 있는 기본행위에 대하여 행정청의 인가가 있더라도 당해 기본행위의 하자가 치유되어 유효한 것으로 되는 것은 아니다.
⑤ 하자 있는 기본행위에 대하여 행정청의 인가처분이 행해졌다면 기본행위의 하자를 이유로 인가처분에 대한 취소소송을 제기할 수 있다는 것이 판례의 입장이다.

해설

⑤ [×] 하자 있는 기본행위에 대하여 행정청의 인가처분이 행해졌다면 **기본행위의 하자를 이유로 인가처분에 대한 취소소송을 제기할 수 있다는 것이 판례의 입장이다.**(×)
→ 기본행위에 하자가 있는 경우 기본행위를 다투어야 하며, 인가행위를 다툴 수는 없다는 것이 학설과 판례의 입장이다.

> 대법원 1996. 5. 16. 선고 95누4810 전원합의체 판결 [법인정관변경허가처분무효확인]
> 기본행위인 정관변경 결의가 유효한 것으로 될 수 없으므로 기본행위인 정관변경 결의가 적법 유효하고 보충행위인 인가처분 자체에만 하자가 있다면 그 인가처분의 무효나 취소를 주장할 수 있지만, 인가처분에 하자가 없다면 **기본행위에 하자가 있다 하더라도 따로 그 기본행위의 하자를 다투는 것은 별론으로 하고 기본행위의 무효를 내세워 바로 그에 대한 행정청의 인가처분의 취소 또는 무효확인을 소구할 법률상의 이익이 없다.**

① [O] 일반적으로 학문상 허가를 통해서 얻게 되는 일정한 영업상 이익의 성질은 반사적 이익에 해당한다고 본다.
→ 강학상 허가를 통해서 얻는 영업상의 이익은 반사적 이익이라는 것이 일반적 견해이다.
② [O] 소위 **예외적 허가**는 통상의 허가와 달리 원칙적으로 재량행위의 성질을 갖는다고 본다.
→ 예외적 허가는 보통의 허가와는 달리 재량행위라는 것이 일반적 견해이다. 예외적 허가(승인)이란 일정 행위가 유해하거나 사회적으로 바람직하지 아니한 것으로서 법령상 원칙적으로 금지되어 있으나, 예외적인 경우에는 이러한 금지를 해제하여 당해 행위를 적법하게 할 수 있게 하여 주는 행위를 말한다.(ex. 카지노 영업허가, 그린벨트(개발제한구역) 내의 건축허가·산림훼손허가, 치료목적의 아편사용허가, 학교환경위생정화구역내에서의 일정행위의 허가 등) 한편 판례는 유기장영업허가를 허가로 보면서, 재량행위로 파악하고 있다.
③ [O] 인가의 대상은 **법률행위**에 한하며, 사실행위는 인가의 대상이 될 수 없다.
④ [O] 하자 있는 기본행위에 대하여 행정청의 인가가 있더라도 당해 기본행위의 하자가 치유되어 유효한 것으로 되는 것은 아니다.
→ 인가는 기본행위의 하자를 치유하지 않으므로 기본행위가 무효인 경우 인가가 행해진 경우라도 기본행위는 아무런 효력이 발생하지 않는다.

정답 ⑤

188 다음 중 허가와 인가에 대한 설명으로 옳은 것을 모두 고르면?

기출 연습문제 [Core ★★]

㉠ 허가는 원칙적으로 신청을 요하나 신청이 없는 허가 또는 수정허가가 가능한 반면, 인가는 반드시 신청을 요하고 신청이 없는 인가나 수정인가는 불가능하다.
㉡ 허가를 받지 않은 경우 강제집행 등의 대상이 되지 않지만, 인가를 받지 않은 경우 원칙적으로 행정벌의 대상이 된다.
㉢ 허가의 대상은 사실행위와 법률행위지만, 인가의 대상은 법률행위만이다.
㉣ 허가는 공법적 효과가 발생하지만, 인가는 공법적·사법적 효과가 발생한다.
㉤ 허가는 형성적 행정행위의 일종이며, 인가는 명령적 행정행위다.

① ㉠, ㉡, ㉢
② ㉠, ㉢, ㉣
③ ㉡, ㉢, ㉣
④ ㉡, ㉣, ㉤
⑤ ㉢, ㉣, ㉤

해설

㉠, ㉢, ㉣ 3항목이 옳다.

㉠ [O] 허가는 원칙적으로 신청을 요하나 신청이 없는 허가 또는 수정허가가 가능한 반면, 인가는 반드시 신청을 요하고 신청이 없는 인가나 수정인가는 불가능하다.
㉢ [O] 허가의 대상은 사실행위와 법률행위지만, 인가의 대상은 법률행위만이다.
㉣ [O] 허가는 공법적 효과가 발생하지만, 인가는 공법적·사법적 효과가 발생한다.
㉡ [X] 허가를 받지 않은 경우 강제집행 등의 대상이 되지 않지만(×), 인가를 받지 않은 경우 원칙적으로 행정벌의 대상(×)이 된다.
→ 허가를 받지 않은 경우 행정벌이나 강제집행의 대상이 되지만, 인가를 받지 않은 경우 원칙적으로 행정벌, 강제집행의 대상이 되지 않는다.
㉤ [X] 허가는 형성적 행정행위(×)의 일종이며, 인가는 명령적 행정행위(×)다.
→ 허가는 명령적 행정행위, 인가는 형성적 행정행위다.

구분	허가	인가
의의	일반적·상대적 금지의 해제(자연적 자유의 회복)	제3자의 법률행위를 보충하여 그 법률효과 완성
법적 성질	• 기속행위성 강함. • 명령적 행위(형성적 행위로 보는 견해있음)	• 재량행위 또는 기속행위 • 형성적 행위
신청	• 원칙적으로 신청을 요함. 단, 신청이 없는 경우도 가능(예:통행금지해제) • 수정허가 가능	• 반드시 신청을 요함. • 수정인가 원칙적으로 불가능
상대방	특정인 또는 불특정 다수인(통행금지해제)의 경우에도 행해짐.	특정인에 대해서만 가능
방향성	상대방을 위한 행위	제3자를 위한 행위
대상	법률행위, 사실행위	법률행위만 가능
위반행위의 효과	• 위반행위의 효력은 원칙적 유효 • 행정벌이나 강제집행의 대상이 됨.	• 인가받지 아니한 행위는 무효 • 원칙적으로 행정벌, 강제집행 등의 대상이 안 됨
법적 효과	공법적 효과가 발생함.	공법적(공공조합설립)·사법적(토지거래계약) 효과가 발생함.

정답 ②

189 공증에 관한 다음 설명 중 가장 옳지 않은 것은?

04 국회직 8급 [Core ★★]

① 공증은 일정한 사실이나 법률관계의 존재여부를 공적으로 증명하는 판단표시행위라는 점에서 인식표시행위인 확인과 구분된다.
② 공증은 반증에 의하지 아니하고는 번복될 수 없는 공적증거력을 발생한다.
③ 공증은 일정한 형식이 요구되는 요식행위로 행하여지는 것이 보통이다.
④ 공증은 기속행위 내지 기속재량행위라는 것이 통설이다.

해설

① [×] 공증(×)은 일정한 사실이나 법률관계의 존재여부를 공적으로 증명하는 판단표시행위라는 점에서 인식표시행위인 확인(×)과 구분된다.
→ 공증은 인식표시행위, 확인은 일정한 사실이나 법률관계의 존재여부를 공적으로 증명하는 판단표시행위이다.
② [○] 공증은 반증에 의하지 아니하고는 번복될 수 없는 공적증거력을 발생한다.
③ [○] 공증은 일정한 형식이 요구되는 요식행위로 행하여지는 것이 보통이다.
④ [○] 공증은 기속행위 내지 기속재량행위라는 것이 통설이다.

- 공증이란 특정한 사실 또는 법률관계의 존부(存否)를 공적으로 증명하는 행정행위를 말하며, 의문 또는 다툼이 없는 사항을 대상으로 한다. 인식표시행위이고 기속행위이며, 원칙적으로 요식행위이다. 공증의 공통적 효과는 공적 증거력을 발생하는 데 있다. 그러나 이러한 공증의 증거력은 그 증명된 것에 대한 반증(反證)이 있을 때까지는 일응 진실한 것으로 추정되는 효력을 가지는 데 그친다. 따라서 그에 대한 반증이 있는 때에는 행정청의 취소를 기다리지 아니하고 그 증거력을 다투어 이를 번복할 수 있다.
- 확인은 특정한 사실 또는 법률관계에 관하여 의문이 있는 경우에 공권적으로 그 존부(存否) 또는 정부(正否)를 판단하는 행위를 말한다. 확인은 판단표시행위이며, 법원의 판결과 그 성질이 비슷하므로 준사법적 행위라고 부르기도 한다. 확인은 판단작용이므로, 일정한 사실 또는 법률관계의 존재 또는 정당성이 객관적으로 확정되는 경우에는 행정청은 확인을 하여야 하는 기속행위이다.

정답 ①

190 다음 중 연결이 틀린 것은?

04 대구 지방직 9급 [Essential ★]

① 행정심판재결 : 확인
② 대집행계고 : 통지
③ 주민등록초본발급 : 공증
④ 당선자결정 : 공증

해설

④ [×] 당선자결정 : 공증(×)
→ 당선자결정은 확인에 해당한다.
① [○] 행정심판재결 : 확인
② [○] 대집행계고 : 통지
③ [○] 주민등록초본발급 : 공증

1) 조직법상의 확인 : 당선인의 결정, 국가시험합격자의 결정
2) 급부행정법상의 확인 : 도로·하천구역결정, 발명권특허, 교과서검인정(헌재는 특허로 봄)
3) 재정법상의 확인 : 소득금액의 결정
4) 쟁송법상의 확인 : 행정심판의 재결, 이의신청의 결정
5) 군정법상의 확인 : 신체검사

정답 ④

191 〈보기〉에서 서로 연결이 바르게 된 것만으로 짝지어진 것은?
04 경기교육행정 9급 [Core ★★]

㉠ 조세의 부과처분 - 통지　　㉡ 조세의 납부독촉 - 하명
㉢ 발명권 특허 - 확인　　　　㉣ 특허출원의 공고 - 확인
㉤ 합격증명서 발급 - 공증　　㉥ 국가시험 합격자 결정 - 통지

① ㉠, ㉢, ㉥　　　　　　② ㉡, ㉤
③ ㉢, ㉤　　　　　　　　④ ㉡, ㉣, ㉥

해설

㉢, ㉤ 2항목이 바르다.
㉢ [○] 발명권 특허 - 확인
㉤ [○] 합격증명서 발급 - 공증
㉠ [×] 조세의 부과처분 - 통지(×) → 하명
㉡ [×] 조세의 납부독촉 - 하명(×) → 통지
㉣ [×] 특허출원의 공고 - 확인(×) → 통지
㉥ [×] 국가시험 합격자 결정 - 통지(×) → 확인

1) 공증행위
 • 부동산등기부 및 외국인등록원부와 같은 등기부·등록부에의 등기·등록
 • 선거인명부, 토지대장, 가옥대장, 광업원부와 같은 각종의 명부·장부 등에의 등재
 • 회의록 등에의 기재
 • 당선증서, 합격증서와 같은 각종의 증명서발급
 • 영수증·특허증 등의 교부
 • 여권 등의 발급
 • 검인·직인의 압날
2) 통지행위
 특허출원의 공고, 귀화고시, 토지수용에 있어서 사업인정의고시, 토지세목공고, 의회소집공고, 대집행의 계고, 납세독촉

정답 ③

192. ㉠,㉡에 보충할 수 있는 준법률행위적 행정행위는 무엇인가?

04 서울시 9급 [Essential ★]

> 대통령후보자 甲에 대한 선거관리위원회의 당선인 결정은 (㉠) 행위이며, 당선증 교부는 (㉡) 행위라 고 할 수 있다.

① ㉠ 확인 ㉡ 수리
② ㉠ 공증 ㉡ 통지
③ ㉠ 통지 ㉡ 공증
④ ㉠ 확인 ㉡ 통지
⑤ ㉠ 확인 ㉡ 공증

해설

⑤ [O] ㉠ 확인   ㉡ 공증
→ 대통령후보자 甲에 대한 선거관리위원회의 당선인 결정은 (㉠ 확인) 행위이며, 당선증 교부는 (㉡ 공증) 행위라 고 할 수 있다.
→ 당선인 결정의 법적 성질은 확인행위이고, 당선인에 대한 당선증의 교부는 공증행위에 해당된다.
① [×] ㉠ 확인   ㉡ 수리(×)
② [×] ㉠ 공증(×) ㉡ 통지(×)
③ [×] ㉠ 통지(×) ㉡ 공증
④ [×] ㉠ 확인(×) ㉡ 통지(×)

정답 ⑤

193. 행정작용과 그 성격에 대하여 연결한 것 중 옳은 것을 모두 고르면? (다툼이 있는 경우 판례에 의함)

11 사회복지직 9급 [Core ★★]

> ㉠ 공유수면매립면허 - 특허
> ㉡ 개인택시운송사업면허 - 특허
> ㉢ 건축물에 대한 준공검사처분 - 허가
> ㉣ 한의사면허 - 특허
> ㉤ 의료유사업자 자격증 갱신발급행위 - 인가

① ㉠, ㉡
② ㉡, ㉢
③ ㉢, ㉣
④ ㉠, ㉤

해설

㉠, ㉡ 2항목이 옳다.
㉠ [O] 공유수면매립면허 - 특허

대법원 1989. 9. 12. 선고 88누9206 판결 [공유수면매립면허효력회복신청서반려처분취소]
　　공유수면매립면허는 설권행위인 특허의 성질을 갖는 것이므로 원칙적으로 행정청의 자유재량에 속하며, 일단 실효된 공유수면매립면허의 효력을 회복시키는 행위도 특단의 사정이 없는 한 새로운 면허부여와 같이 면허관청의 자유재량에 속한다고 할 것이므로 공유수면매립법(1986.12.31. 개정)부칙 제4항의 규정에 의하여 위 법시행전에 같은 법 제25조 제1항의 규정에 의하여 효력이 상실된 매립면허의 효력을 회복시키는 처분도 특단의 사정이 없는 한 **면허관청의 자유재량에 속하는 행위라고 봄이 타당하다.**

ⓒ [O] 개인택시운송사업면허 – 특허
　　대법원 1996. 10. 11. 선고 96누6172 판결 [개인택시운송사업면허배제처분취소]
　　자동차운수사업법에 의한 개인택시운송사업면허는 특정인에게 권리나 이익을 부여하는 행정행위로서 법령에 특별한 규정이 없는 한 재량행위이고, 그 면허를 위하여 필요한 기준을 정하는 것도 역시 행정청의 재량에 속하는 것이므로, 그 설정된 기준이 객관적으로 합리적이 아니라거나 타당하지 않다고 볼 만한 다른 특별한 사정이 없는 이상 행정청의 의사는 가능한 한 존중되어야 한다.

ⓒ [X] 건축물에 대한 준공검사처분 – 허가(X) → 확인
　　대법원 1992. 4. 10. 선고 91누5358 판결 [준공신청서반려처분취소]
　　준공검사처분은 건축허가를 받아 건축한 건물이 건축허가사항대로 건축행정목적에 적합한가의 여부를 확인하고, 준공검사필증을 교부하여 줌으로써 허가받은 자로 하여금 건축한 건물을 사용, 수익할 수 있게 하는 법률효과를 발생시키는 것이므로 허가관청은 특단의 사정이 없는 한 건축허가내용대로 완공된 건축물의 준공을 거부할 수 없다

ⓔ [X] 한의사면허 – 특허(X) → 허가
　　대법원 1998. 3. 10. 선고 97누4289 판결 [한약조제시험무효확인]
　　한의사 면허는 경찰금지를 해제하는 명령적 행위(강학상 허가)에 해당하고, 한약조제시험을 통하여 약사에게 한약조제권을 인정함으로써 한의사인 원고들의 영업상 이익이 감소되었다고 하더라도 이러한 이익은 사실상의 이익에 불과하고 약사법이나 의료법 등의 법률에 의하여 보호되는 이익이라고는 볼 수 없으므로, 이 사건 소는 **원고적격이 없는 자들이 제기한 소로서 부적법하다.**

ⓜ [X] 의료유사업자 자격증 갱신발급행위 – 인가(X) → 공증
　　대법원 1977. 5. 24. 선고 76누295 판결 [의료유사업자증취소처분취소]
　　의료법 부칙 제7조, 제59조(1675.12.31 법률 2862호로 개정전의 것), 동법시행규칙 제59조 및 1973.11.9자 보건사회부 공고 58호에 의거한 서울특별시장 또는 도지사의 의료유사업자 자격증 갱신발급행위는 유사의료업자의 자격을 부여 내지 확인하는 것이 아니라 특정한 사실 또는 법률관계의 존부를 공적으로 증명하는 소위 공증행위에 속하는 행정행위라 할 것이다.

정답 ①

194 다음 행정행위 중 강학상 특허에 해당하는 것은? (다툼이 있는 경우 판례에 의함)

22 경찰 1차 [Essential ★] 총론 Chapter 6. 375

① 자동차운전면허
② 재단법인의 정관변경 허가
③ 한의사 면허
④ 국유재산 등의 관리청이 행정재산의 사용·수익에 대하여 하는 허가

해설

④ [○] 국유재산 등의 관리청이 행정재산의 사용·수익에 대하여 하는 허가: 특허(여기서는 권리의 설정행위로 강학상 설권행위로 특허)

특허	특정인에게 새로운 권리 및 능력을 설정하는 행위.
	귀화허가
	공무원 임명
	개인택시운송사업면허
	출입국관리법상 체류자격 변경허가(일종의 설권적 행위의 성격을 가지므로 허가권자는 신청인이 관계 법령에서 정한 요건을 충족하였더라도 신청인의 적격성, 체류 목적, 공익상의 영향 등을 참작하여 허가 여부를 결정할 수 있는 재량권을 가진다)
	개발촉진지구 안에서 시행되는 지역개발사업에 관한 지정권자의 실시계획승인처분 등은 강학상 특허에 해당된다.

① [×] 자동차운전면허: 허가
③ [×] 한의사 면허: 허가

허가	일반적·상대적 금지를 특정한 경우에 해제하여 적법하게 행위할 수 있는 자연적 자유를 회복시켜 주는 행정행위.

② [×] 재단법인의 정관변경 허가: 인가

인가	행정주체가 타당사자의 법률적 행위를 보충하여 그 법률상 효력을 완성시켜 주는 행위.
	재단법인의 정관변경 허가
	사립학교 법인 이사의 선임행위(감독청의 취임승인)등은 보충행위로서 인가행위

통지	특정인 또는 불특정인 다수에 대하여 특정한 사실을 알리는 행위.
	귀화의 고시나 특허출원의 공고
	대집행의 통지는 통지행위

확인	특정한 사실 또는 법률관계에 의문이 있는 경우에 공권적으로 그 존부 등을 판단하는 행위.
	선거에 있어서의 당선인 결정
	합격자 결정
	행정심판의 재결
	신체검사
	부동산등기부에의 등기 : 확인(대법원은 등기의 공신력을 인정하고 있지 않다. 등기소업무는 신청에 필요한 서류가 제출되었는지, 제출된 서류가 필요한 형식을 갖추고 있는지 만을 검토하므로 실제 권리관계에 부합하는 신청인지를 심사할 권한이 없다. 등기부 기재와 관계없이 실제 권리관리관계에 따라 판단한다) 등은 확인행위에 해당된다.

정답 ④

195 다음 준법률적 행정행위 중 통지행위에 해당하는 것만을 모두 고른 것은? (다툼이 있는 경우 판례에 의함)

20 경행특채 [ESSential ★]

㉠ 특허출원의 공고
㉡ 부동산등기부에의 등기
㉢ 귀화의 고시
㉣ 선거에 있어 당선인 결정
㉤ 대집행의 계고

① ㉠, ㉡, ㉢   ② ㉢, ㉣, ㉤   ③ ㉠, ㉢, ㉤   ④ ㉡, ㉢, ㉣

해설

㉠, ㉢, ㉤ 3항목이 해당한다.

준법률행위적 행정행위인 **통지**란 행정청이 특정인 또는 불특정 다수인에 대해 특정한 사실 또는 의사를 알리는 행위를 말하는 것으로서 일정한 법적 효과를 발생시키는 것을 의미한다.

㉠ [O] 특허출원의 공고 - 통지
㉢ [O] 귀화의 고시 - 통지
㉤ [O] 대집행의 계고 - 통지
㉡ [X] 부동산등기부에의 등기 - 공증
  → 특정한 사실 또는 법률관계의 존재를 공적으로 증명하는 행위를 말하는 것으로, 부동산등기부에의 등기는 이에 해당한다.
㉣ [X] 선거에 있어 당선인 결정 - 확인
  → 특정한 사실 또는 법률관계의 존재 여부 또는 정당성 여부에 관해 의문이나 다툼이 있는 경우 행정청이 공적인 권위로서 행하는 판단의 표시행위를 말한다. 선거에 있어 당선인 결정은 확인에 해당한다.

정답 ③

196 행정작용과 그 성격을 연결한 것으로 옳지 <u>않은</u> 것을 모두 고르면?

16 서울시 [ESSential ★]

㉠ 특허출원의 공고 - 확인
㉡ 운전면허 - 허가
㉢ 국가시험합격자 결정 - 통지
㉣ 한의사면허 - 특허
㉤ 선거 당선인 결정 - 확인

① ㉠, ㉡, ㉣   ② ㉠, ㉢, ㉣   ③ ㉠, ㉢, ㉤   ④ ㉢, ㉣, ㉤

해설

㉠, ㉢, ㉣ 3항목이 옳지 않다.

㉠ [X] 특허출원의 공고 - 확인(X) → 통지
㉢ [X] 국가시험합격자 결정 - 통지(X) → 확인
㉣ [X] 한의사면허 - 특허 → (대인적) 허가

ⓒ [O] 운전면허 – (대인적) 허가
ⓜ [O] 선거 당선인 결정 – 확인

1) 귀화허가, 공무원 임명, 개인택시운송사업면허, 출입국관리법상 체류자격 변경허가(일종의 설권적 행위의 성격을 가지므로 허가권자는 신청인이 관계 법령에서 정한 요건을 충족하였더라도 신청인의 적격성, 체류 목적, 공익상의 영향 등을 참작하여 허가 여부를 결정할 수 있는 재량권을 가진다), 개발촉진지구 안에서 시행되는 지역개발사업에 관한 지정권자의 실시계획승인처분 등은 강학상 특허
2) 재단법인의 정관변경 허가, 사립학교 법인 이사의 선임행위(감독청의 취임승인)등은 보충행위로서 인가행위
3) 귀화의 고시, 특허출원의 공고, 대집행의 통지는 통지행위
4) 선거에 있어서의 당선인 결정, 합격자 결정, 행정심판의 재결, 신체검사 등은 확인행위

정답 ②

197 행정심판의 재결은 다음 행위 중 어느 것에 해당하는가?   15 교육행정직 [Core ★★]

① 공증행위   ② 통지행위   ③ 수리행위   ④ 확인행위

해설

④ [O] 확인행위
→ 확인행위는 특정한 사실 또는 법률관계의 존재 여부 또는 정당성 여부에 관해 의문이나 다툼이 있는 경우 행정청이 공적인 권위로서 행하는 판단의 표시행위를 말한다. 행정심판의 재결은 누구의 주장이 옳은지를 판단하는 행위로서 학문상의 '확인행위'에 해당한다.
  ex. 발명의 특허, 국가유공자등록결정, 장애등급결정, 민주화운동관련자결정, 국가시험합격자의 결정
① [×] 공증행위
② [×] 통지행위
③ [×] 수리행위도

1. 법률행위적 행정행위
   1) 하명 : 위반차량에 대한 정지명령, 조세의무부과처분 등
   2) 허가 : 의사면허, 한의사면허, 공중목욕탕영업허가, 산림형질변경허가, 운전면허 등
   3) 면제 : 작위·급부·수인 등의 의무 해제 등
   4) 특허 : 어업면허, 하천점용허가, 귀화허가, 공유수면매립면허, 광업허가, 개인택시운송사업면허, 버스운송사업면허, 보세구역의 설치·운영에 관한 특허, 공증인 인가처분, 공무원임용 등
   5) 인가 : 사립대학설립인가, 학교법인의 임원에 대한 감독청의 취임승인, 재단법인의 정관변경허가, 공공조합의 정관변경 허가, 특허기업의 사업양도허가 등
   6) 대리 : 행려병자의 유류품처분, 조세체납처분으로서의 공매처분 등

2. 준법률행위적 행정행위
   1) 확인 : 도로구역의 결정, 행정심판의 재결, 발명의 특허, 교과서의 검정, 국가유공자등록결정, 장애등급결정, 민주화운동 관련자결정, 국가시험합격자의 결정, 당선인의 결정, 조세 부과를 위한 소득금액의 결정, 건축물에 대한 준공검사처분 등
   2) 공증 : 의료유사업자 자격증 갱신발급행위, 선거인명부의 등록, 당선증서의 발급, 합격증서의 발급, 여권 등의 발급
   3) 통지 : 특허출원의 공고, 귀화의 고시, 토지수용에 있어 사업인정고시, 대집행의 계고, 납세의 독촉 등
   4) 수리 : 사직원의 수리, 행정심판청구서의 수리 등

정답 ④

부관

198 다음 중 행정행위의 부관의 일종으로 볼 수 <u>없는</u> 것은? 04 국회직 8급 [Core ★★]

① 정지조건
② 부담
③ 철회권의 유보
④ 기간
⑤ 법률효과의 일부배제

해설

④ [×] 기간(×)
→ 기한은 행정행위 부관의 일종이나, 기간은 어느 일정한 시기부터 다른 어느 일정한 시기까지의 시간적 간격을 말하고 의사표시가 아니므로 부관이 아니다. 이외에도 법정부관도 통설은 부관의 일종으로 보지 않는다.

① [○] 정지조건
→ 조건은 행정행위의 효력의 발생이나 소멸을 장래의 불확실한 사실에 의존시키는 부관을 뜻한다. 조건이 성취되어야 행정행위가 효력을 발생하는 조건을 정지조건이라 하고, 조건이 성취되면 행정행위의 효력이 상실되는 조건을 해제조건이라 한다.

② [○] 부담
→ 부담이란 행정행위의 주된 내용에 부가하여 그 행정행위의 상대방에게 작위, 부작위, 급부, 수인 등의 의무를 부과하는 부관이다. 부담은 다른 부관과는 달리 그 자체가 행정행위이다. 그렇기 때문에 부담은 독립적으로 항고소송의 대상이 될 수 있다. 그러나, 부담은 주된 행정행위에 부가된 부관이므로 부담의 효력은 주된 행정행위의 효력에 의존한다. 수익적 행정처분에 있어서는 법령에 특별한 근거규정이 없다고 하더라도 그 부관으로서 부담을 붙일 수 있고, 그와 같은 부담은 행정청이 행정처분을 하면서 일방적으로 부가할 수도 있지만 부담을 부가하기 이전에 상대방과 협의하여 부담의 내용을 협약의 형식으로 미리 정한 다음 행정처분을 하면서 이를 부가할 수도 있다.

③ [○] 철회권의 유보
→ 장래에 일정한 사유가 발생하는 경우에는 행정행위를 철회하여 그의 효력을 소멸시킬 수 있는 권한을 유보해 놓은 부관을 말한다.

⑤ [○] 법률효과의 일부배제
→ 부관 가운데는 주된 행정행위에서 법률등으로 정해져 원래 발생하는 법적효과 두고, 행정청이 법적효과의 그 일부를 배재하는 규정을 붙이는 경우를 말하는 것이다. 이를 두고 부관으로 인정할지 논쟁이 있는데 법원에서는 법률효과의 일부배제를 부관의 일종으로 보고 있다. 이때 (법률)효과의 일부배재하는 부관은 법류에 특별한 근거가 있는 경우에만 가능하다. ex. 버스노선의 지정, 야간만의 도로점용허가 등

> **대법원 1991. 12. 13. 선고 90누8503 판결 [공유수면매립빈지국유화처분취소]**
> 행정행위의 부관은 부담의 경우를 제외하고는 독립하여 행정소송의 대상이 될 수 없는 것인바, 행정청이 한 공유수면매립준공인가 중 매립지 일부에 대하여 한 국가귀속처분은 매립준공인가를 함에 있어서 매립의 면허를 받은 자의 매립지에 대한 소유권취득을 규정한 공유수면매립법 제14조의 효과 **일부를 배제하는 부관을 붙인 것이므로** 이러한 행정행위의 부관에 대하여는 독립하여 행정소송의 대상으로 삼을 수 없다.

정답 ④

199. 다음 중 행정행위에 관한 부관에 속하지 않는 것은?
기출 연습문제 [Essential ★]

① 부담
② 철회권의 유보
③ 법정부관
④ 해제조건
⑤ 기한

해설

③ [×] 법정부관(×)
→ 통설에 의하면 법정부관은 학문상의 부관이 아니라고 한다.
① [O] 부담
② [O] 철회권의 유보
④ [O] 해제조건
⑤ [O] 기한

정답 ③

200. 행정행위의 부관에 관한 설명으로 옳은 것은?
04 경기 교육행정직 [Core ★★]

① 부관은 행정의 탄력성을 보장하며 법령의 불비를 보충하는 기능이 있지만, 형평성을 보장하거나 이해관계를 조정하는 기능은 기대하기 어렵다.
② 영업허가에 일정한 시설의무를 덧붙이는 것은 부담의 일종이다.
③ 판례는 모든 부관은 독립하여 행정쟁송의 대상이 될 수 있다고 한다.
④ 행정행위의 효력을 장래 발생이 확실한 사실에 의존케 하는 정지조건부 행정행위는 그 조건이 성취되었을 때는 효력이 발생한다.

해설

② [O] 영업허가에 일정한 시설의무를 덧붙이는 것은 부담의 일종이다.
① [×] 부관은 행정의 탄력성을 보장하며 법령의 불비를 보충하는 기능이 있지만, 형평성을 보장하거나 이해관계를 조정하는 기능은 기대하기 어렵다.(×)
→ 부관은 형평성 보장 및 이해관계의 조정기능도 있다.

순기능	역기능
• 행정의 탄력성을 보장한다. • 행정의 형평성 보장에 기여할 수 있다. • 국민이 행정에 대해 예측할 수 있게 해준다.	• 행정목적과 무관한 의무를 부과할 수 있다. • 국민의 법적 지위가 불안정해질 수 있다.

③ [×] 판례는 모든 부관(×)은 독립하여 행정쟁송의 대상이 될 수 있다고 한다.
→ 판례는 부관 중에서 부담에 대해서만 독립쟁송이 가능하다고 한다.
④ [×] 행정행위의 효력을 장래 발생이 확실한 사실(×)에 의존케 하는 정지조건부 행정행위는 그 조건이 성취되었을 때는 효력이 발생한다.
→ 조건부행정행위(정지조건 + 해제조건부 행정행위)는 행정행위의 효력을 불확실한 장래의 사실에 의존케

하는 행정청의 의사표시를 말한다.

정답 ②

201 다음 중 부담인 것은?

04 대구 지방직 [Core ★★]

① 버스노선지정
② 택시운송사업 허가를 하면서 운행은 격일제로 제한한다.
③ 영업허가를 하면서 직원들의 정기건강진단을 요건으로 한다.
④ 도로점용허가를 해주면서 야간에만 사용하도록 제한한다.

해설

③ [O] 영업허가를 하면서 직원들의 정기건강진단을 요건으로 한다.
① [X] 버스노선지정(×) – 법률효과의 일부배제
② [X] 택시운송사업 허가를 하면서 운행은 격일제로 제한한다.(×) – 법률효과의 일부배제
④ [X] 도로점용허가를 해주면서 야간에만 사용하도록 제한한다.(×) – 법률효과의 일부배제

부담은 행정행위의 주된 내용에 부가하여 그 상대방에게 일정한 의무를 명하는 행정청의 의사표시로서, 주로 수익적 행정행위에 붙여지며, 그 예가 가장 많다. 조건과 부담의 구별이 모호한 경우에는 상대방에 유리한 부담으로 추정해야 한다.

정답 ③

202 부관을 붙이기 곤란한 것은?

기출 연습문제 [Core ★★]

① 영업허가
② 귀화허가
③ 건축허가
④ 도로점용허가
⑤ 개인택시 운송사업면허

해설

② [X] 귀화허가(×)
→ 귀화허가 및 공무원임명과 같은 포괄적 신분설정행위에 대해서는 부관을 붙일 수 없다.
① [O] 영업허가
③ [O] 건축허가
④ [O] 도로점용허가
⑤ [O] 개인택시 운송사업면허

정답 ②

203 다음 중 독립쟁송이 가능한 것은?

04 인천시 9급 [Essential ★]

① 법률효과의 일부배제
② 조건
③ 기한
④ 부담
⑤ 정지조건

해설

④ [O] 부담
① [×] 법률효과의 일부배제(×)
② [×] 조건(×)
③ [×] 기한(×)
⑤ [×] 정지조건(×)

부담은 그 존속이 본체인 행정행위에 의존되어 있으나, 다른 부관과는 달리 그 자체가 행정행위로서의 성질을 가지므로 다음과 같은 성질을 가진다.
① 부담부 행정행위는 부담 의무의 이행과 관계없이 처음부터 완전한 효력을 발생한다. ← 정지조건부 행정행위와 구별
② 부담의 불이행의 경우도 본체인 행정행위의 효력이 당연히 소멸되는 것은 아니다. ← 해제조건부 행정행위와 구별
③ 부담자체로 행정벌 또는 강제집행의 대상이 된다.
④ 사후에 부담을 붙이는 것도 가능하다.
⑤ 부담만에 대한 독립쟁송도 가능하다.

정답 ④

204 행정행위의 부관에 대한 설명으로 옳지 <u>않은</u> 것은? (다툼이 있을 경우 판례에 의함)

기출 연습문제 [Core ★★]

① 행정청은 법적 근거가 있는 경우에 한하여 재량행위에 부관을 붙일 수 있는 것은 아니다.
② 행정청은 철회권이 유보되어 있는 경우에도 행정행위의 철회에 관한 일반원칙을 준수하여야 한다.
③ 행정청은 부담의 불이행을 이유로 행정행위를 철회할 수 있다.
④ 행정청은 부관의 부종성에 의하여 행정행위의 발급 이후에는 사후적으로 부관을 붙이거나 부관의 내용을 변경할 수 없다.

해설

④ [×] 행정청은 부관의 부종성에 의하여 행정행위의 발급 이후에는 사후적으로 부관을 붙이거나 부관의 내용을 변경할 수 없다.(×)
→ 행정행위 당시에 부담이 부가되어 있는 상태에서 사후에 이를 변경할 수 있는지에 대해 판례는 원칙적으로 법률에 명문의 규정이 있는 경우, 변경이 미리 유보된 경우, 상대방의 동의가 있는 경우에 허용되지만

사정변경이 있는 경우에도 예외적으로 허용된다고 본다.
① [O] 행정청은 법적 근거가 있는 경우에 한하여 재량행위에 부관을 붙일 수 있는 것이 아니다.
→ 판례는 재량행위에는 법령의 근거가 없어도 부관을 붙일 수 있다고 본다.
② [O] 행정청은 철회권이 유보되어 있는 경우에도 행정행위의 철회에 관한 일반원칙을 준수하여야 한다.
→ 철회권의 유보가 있더라도 철회의 행사에 대해서는 행정행위의 제한에 관한 일반원리가 적용된다.
③ [O] 행정청은 부담의 불이행을 이유로 행정행위를 철회할 수 있다.
→ 상대방이 부담을 통해 부과된 의무를 이행하지 않을 때 행정청은 주된 행정행위를 철회할 수 있다.

> 대법원 1989. 10. 24. 선고 89누2431 판결 [토지형질변경허가취소처분취소]
> 부담부 행정처분에 있어서 처분의 상대방이 부담(의무)을 이행하지 아니한 경우에 처분행정청으로서는 이를 들어 당해 처분을 취소(철회)할 수 있는 것이다.

정답 ④

205 다음 행정행위의 부관에 대한 설명 중 옳지 <u>않은</u> 것으로만 묶은 것은? 10 국가직 9급 [Core ★★]

㉠ 부담과 조건의 구별이 애매한 경우 조건으로 보는 것보다 부담으로 해석하는 것이 상대방에게 유리하다.
㉡ 부담부 행정행위의 경우에는 부담을 이행해야 주된 행정행위의 효력이 발생한다.
㉢ 숙박영업허가를 함에 있어 윤락행위를 알선하면 허가를 취소한다는 부관을 붙인 경우에는 철회권의 유보이다.
㉣ 법률행위적 행정행위에는 부관을 붙일 수 있는 것이 원칙이므로 귀화허가 및 공무원의 임명행위 등과 같은 신분설정행위에는 부관을 붙일 수 있다.
㉤ 조건과 부담은 독립하여 행정쟁송의 대상이 될 수 없다.
㉥ 행정처분과 부관 사이에 실체적 관련성이 없는 경우, 공법상 제한을 회피하고자 사법상 계약을 체결하는 형식을 취한 것은 위법하다.

① ㉠, ㉡, ㉣
② ㉡, ㉣, ㉤
③ ㉡, ㉢, ㉣, ㉥
④ ㉢, ㉣, ㉤, ㉥

해설

㉡, ㉣, ㉤ 3항목이 옳지 않다.
㉡ [×] 부담부 행정행위의 경우에는 부담을 이행해야 주된 행정행위의 효력이 발생한다.(×)
→ 부담부 행정행위는 처음부터 행정행위의 효력이 발생한다. 이에 대해 정지조건부 행정행위의 경우 조건이 성취된 시점부터 행정행위의 효력이 발생한다는 점에서 구별된다.
㉣ [×] 법률행위적 행정행위에는 부관을 붙일 수 있는 것이 원칙이므로 귀화허가 및 공무원의 임명행위 등과 같은 신분설정행위에는 부관을 붙일 수 있다.(×)
→ 귀화허가와 공무원임명행위 등과 같은 포괄적 신분설정행위는 그 성질상 부관을 붙이기가 곤란하다는 것이 일반적 견해이다.
㉤ [×] 조건과 부담(×)은 독립하여 행정쟁송의 대상이 될 수 없다.
→ 부관 중 부담만이 독립하여 행정쟁송의 대상이 된다는 것이 통설 및 판례의 입장이다.

㉠ [O] 부담과 조건의 구별이 애매한 경우 조건으로 보는 것보다 부담으로 해석하는 것이 상대방에게 유리하다.

㉢ [O] 숙박영업허가를 함에 있어 윤락행위를 알선하면 허가를 취소한다는 부관을 붙인 경우에는 철회권의 유보이다.

㉥ [O] 행정처분과 부관 사이에 실체적 관련성이 없는 경우, 공법상 제한을 회피하고자 사법상 계약을 체결하는 형식을 취한 것은 위법하다.

> 대법원 2009. 12. 10. 선고 2007다63966 판결 [약정금]
> 행정처분과 부관 사이에 실제적 관련성이 있다고 볼 수 없는 경우 공무원이 위와 같은 공법상의 제한을 회피할 목적으로 행정처분의 상대방과 사이에 사법상 계약을 체결하는 형식을 취하였다면 이는 법치행정의 원리에 반하는 것으로서 위법하다고 보지 않을 수 없다.

정답 ②

206 행정행위의 부관에 관한 설명으로 옳지 <u>않은</u> 것은?   기출 연습문제 [Core ★★]

① 조건과 부담의 구분이 불명확한 경우에는 국민에게 유리한 부담으로 해석하여야 한다.
② 사후부관은 법령의 규정 또는 상대방의 동의가 있는 경우에는 가능하다.
③ 철회권이 유보되어 있다는 사유만으로 철회를 할 수 있다는 것이 판례의 입장이다.
④ 부관은 법률행위적 행정행위 중에서도 재량행위에만 붙일 수 있고 기속행위에는 붙일 수 없다는 것이 통설적 견해이다.
⑤ 부담은 다른 부관과 달리 행정행위의 불가분적 요소가 아니라는 점에서 독립하여 쟁송을 제기할 수 있다는 것이 판례의 입장이다.

해설

③ [×] 철회권이 유보되어 있다는 사유만으로 철회를 할 수 있다(×)는 것이 판례의 입장이다.
→ 철회권을 유보하였더라도 **공익상의 필요가 있는 경우에만 철회권을 행사할 수 있다.** 취소(철회)권을 유보한 경우에 있어서도 무조건적으로 취소권을 행사할 수 있는 것이 아니고, 취소를 필요로 할 만한 공익상의 필요가 있는 경우에 한하여 취소권을 행사할 수 있다.

① [O] 조건과 부담의 구분이 불명확한 경우에는 국민에게 유리한 부담으로 해석하여야 한다.
→ 조건과 부담의 구분이 불명확한 경우 국민에게 유리한 부담으로 봐야 한다는 것이 일반적 견해이다.

② [O] 사후부관은 법령의 규정 또는 상대방의 동의가 있는 경우에는 가능하다.
→ 사후부관은 법령에 근거가 있거나, 사후부관이 미리 유보되어 있는 경우, 상대방의 동의가 있을 때는 허용된다.

④ [O] 부관은 법률행위적 행정행위 중에서도 재량행위에만 붙일 수 있고 기속행위에는 붙일 수 없다는 것이 통설적 견해이다.
→ 종래의 다수설에 따르면 법률행위적 행정행위의 경우 재량행위에는 법령에 근거가 없더라도 부관을 붙일 수 있으나, 기속행위에는 법령에 근거가 없는 한 부관을 붙일 수 없다고 보고 있다.

⑤ [O] 부담은 다른 부관과 달리 행정행위의 불가분적 요소가 아니라는 점에서 **독립하여 쟁송을 제기할 수 있다**는 것이 판례의 입장이다.
→ 부담은 주된 행정행위와 독립하여 쟁송을 제기할 수 있다는 것이 통설 및 판례의 입장이다.

정답 ③

207 부관에 대한 판례의 내용으로 옳지 <u>않은</u> 것은?

기출 연습문제 [Core ★★]

① 행정행위의 부관 중에서도 부담의 경우에는 그 존속이 본체인 행정행위의 존재를 전제로 하는 것일 뿐이므로 부담 그 자체가 행정쟁송의 대상이 될 수 있다.

② 기부채납받은 행정재산에 대한 사용·수익허가에서 공유재산의 관리청이 정한 사용·수익허가의 기간은 그 허가의 효력을 제한하기 위한 행정행위의 부관으로서 독립하여 행정소송을 제기할 수 있다.

③ 어업면허처분을 함에 있어 면허의 유효기간을 1년으로 정한 경우, 그 유효기간만의 취소를 구하는 청구는 허용될 수 없다.

④ 행정처분이 발하여진 후 새로운 부담을 부가하거나 이미 부가되어 있는 부담의 범위 또는 내용 등을 변경하는 이른바 사후부담은, 법률에 명문의 규정이 있거나 그것이 미리 유보되어 있는 경우 또는 상대방의 동의가 있는 경우에 허용되는 것이 원칙이다.

해설

② [×] 기부채납받은 행정재산에 대한 사용·수익허가에서 **공유재산의 관리청이 정한 사용·수익허가의 기간은 그 허가의 효력을 제한하기 위한 행정행위의 부관으로서 독립하여 행정소송을 제기할 수 있다.**(×)

> 대법원 2001. 6. 15. 선고 99두509 판결 [무상사용허가일부거부처분취소]
> 행정행위의 부관은 부담인 경우를 제외하고는 독립하여 행정소송의 대상이 될 수 없는바, 기부채납받은 행정재산에 대한 사용·수익허가에서 **공유재산의 관리청이 정한 사용·수익허가의 기간은 그 허가의 효력을 제한하기 위한 행정행위의 부관으로서 이러한 사용·수익허가의 기간에 대해서는 독립하여 행정소송을 제기할 수 없다.**

① [○] 행정행위의 부관 중에서도 **부담의 경우에는 그 존속이 본체인 행정행위의 존재를 전제로 하는 것일 뿐이므로 부담 그 자체가 행정쟁송의 대상이 될 수 있다.**

> 대법원 1992. 1. 21. 선고 91누1264 판결 [수도대금부과처분취소]
> 행정행위의 부관은 행정행위의 일반적인 효력이나 효과를 제한하기 위하여 의사표시의 주된 내용에 부가되는 종된 의사표시이지 그 자체로서 직접 법적 효과를 발생하는 독립된 처분이 아니므로 현행 행정쟁송제도 아래서는 부관 그 자체만을 독립된 쟁송의 대상으로 할 수 없는 것이 원칙이나 행정행위의 부관 중에서도 행정행위에 부수하여 그 **행정행위의 상대방에게 일정한 의무를 부과하는 행정청의 의사표시인 부담의 경우에는 다른 부관과는 달리 행정행위의 불가분적인 요소가 아니고 그 존속이 본체인 행정행위의 존재를 전제로 하는 것일 뿐이므로 부담 그 자체로서 행정쟁송의 대상이 될 수 있다.**

③ [○] 어업면허처분을 함에 있어 면허의 유효기간을 1년으로 정한 경우, 그 유효기간만의 취소를 구하는 청구는 허용될 수 없다.
  → 판례에 따르면 **부담을 제외한 부관은 독립하여 소송의 대상이 될 수 없는데,** 사안의 부관은 기한에 해당하므로 독립하여 소송의 대상이 될 수 없다.

> 대법원 1986. 8. 19. 선고 86누202 판결 [행정처분취소]
> 어업면허처분을 함에 있어 그 면허의 유효기간을 1년으로 정한 경우, 위 면허의 유효기간은 행정청이 위 어업면허처분의 효력을 제한하기 위한 행정행위의 부관이라 할 것이고 이러한 행정행위의 부관은 독립하여 행정소송의 대상이 될 수 없는 것이므로 위 어업면허처분중 그 면허유효기간만의 취소를 구하는 청구는 허용될 수 없다.

④ [○] 행정처분이 발하여진 후 새로운 부담을 부가하거나 이미 부가되어 있는 부담의 범위 또는 내용 등을 변경하는 이른바 **사후부담은, 법률에 명문의 규정이 있거나 그것이 미리 유보되어 있는 경우 또는 상대방의 동의가 있는 경우에 허용되는 것이 원칙이다.**

> 대법원 1997. 5. 30. 선고 97누2627 판결 [토지굴착등허가처분중부담무효확인]
>
> 행정처분에 이미 부담이 부가되어 있는 상태에서 그 의무의 범위 또는 내용 등을 변경하는 부관의 사후변경은, **법률에 명문의 규정이 있거나 그 변경이 미리 유보되어 있는 경우 또는 상대방의 동의가 있는 경우에 한하여 허용되는 것이 원칙이지만,** 사정변경으로 인하여 당초에 부담을 부가한 목적을 달성할 수 없게 된 경우에도 그 목적달성에 필요한 범위 내에서 예외적으로 허용된다.

정답 ②

208 행정행위의 부관에 관한 판례의 내용으로 가장 적절한 것은?   11 경행특채 [Core ★★]

① 다른 부관과 달리 부담에 대해서는 독립하여 쟁송을 제기할 수 없다.
② 사정변경에 의한 부관의 사후변경은 부가된 부담의 목적달성에 필요한 범위 내일지라도 절대 허용되지 않는다.
③ 재량행위라 하더라도 법령상의 근거가 없다면 부관을 붙일 수 없다.
④ 지방자치단체장이 사업자에게 주택사업계획승인(인가)을 하면서 그 주택사업과는 아무런 관련이 없는 토지를 기부채납하도록 하는 부관을 주택사업계획승인에 붙인 경우, 그 부관은 부당결부금지의 원칙에 위반되어 위법하다.

해설

④ [O] 지방자치단체장이 사업자에게 주택사업계획승인(인가)을 하면서 그 주택사업과는 아무런 관련이 없는 토지를 기부채납하도록 하는 부관을 주택사업계획승인에 붙인 경우, 그 부관은 부당결부금지의 원칙에 위반되어 위법하다.

> 대법원 1997. 3. 11. 선고 96다49650 판결 [소유권이전등기말소]
>
> 인천시장은 원고에게 주택사업계획승인을 하게 됨을 기화로 **그 주택사업과는 아무런 관련이 없는 토지인 위 2,791㎡를 기부채납하도록 하는 부관을 위 주택사업계획승인에 붙인 사실이 인정되므로, 위 부관은 부당결부금지의 원칙에 위반되어 위법하다고** 할 것이다.

① [X] 다른 부관과 달리 **부담에 대해서는 독립하여 쟁송을 제기할 수 없다.**(X)

> 대법원 1992. 1. 21. 선고 91누1264 판결 [수도대금부과처분취소]
>
> 행정행위의 부관 중에서도 행정행위에 부수하여 그 행정행위의 상대방에게 일정한 의무를 부과하는 행정청의 의사표시인 **부담인 경우에는 다른 부관과는 달리 행정행위의 불가분적인 요소가 아니고 그 존속이 본체인 행정행위의 존재를 전제로 하는 것일 뿐이므로 부담 그 자체로서 행정쟁송의 대상이 될 수 있다.**

② [X] 사정변경에 의한 **부관의 사후변경은 부가된 부담의 목적달성에 필요한 범위 내일지라도 절대 허용되지 않는다.**(X)

> 대법원 1997. 5. 30. 선고 97누2627 판결 [토지굴착등허가처분중부담무효확인]
>
> 본체인 행정처분에 이미 부담이 부가되어 있는 상태에서 그 의무의 범위 또는 내용 등을 변경하는 부관의 사후변경은, **법률에 명문의 규정이 있거나 그 변경이 미리 유보되어 있는 경우 또는 상대방의 동의가 있는 경우에 한하여 허용되는 것이 원칙이지만,** 사정변경으로 인하여 당초에 부담을 부가한 목적을 달성할 수 없게 된 경우에도 그 목적달성에 필요한 범위 내에서 예외적으로 허용된다.

③ [X] 재량행위라 하더라도 **법령상의 근거가 없다면 부관을 붙일 수 없다.**(X)

> 대법원 1982. 12. 28. 선고 80다731,80다732 판결 [소유권이전등기(독립당사자참가)]
> 공유수면매립면허와 같은 재량적 행정행위에는 법률상의 근거가 없다고 하더라도 부관을 붙일 수 있다.

정답 ④

209 부관에 관한 설명 중 옳은 것은?

기출 연습문제 [Core ★★]

① 정지조건부 허가의 경우 조건이 성취되지 않아도 허가의 대상이 되는 행위를 할 수 있다.
② 판례는 허가의 갱신기간(허가조건의 존속기간)이 지난 후에 허가의 갱신을 신청한 경우에도 종전의 허가처분을 전제로 하여 기득의 지위를 고려하여야 한다고 본다.
③ 허가기간만의 취소를 구하는 소송에 대하여는 각하판결을 하여야 한다는 것이 판례의 입장이다.
④ 일반적으로 조건이 부담보다 상대방에게 유리하다.
⑤ 부담불이행은 후행행위 발령의 거부사유가 될 수 없다.

해설

③ [O] 허가기간만의 취소를 구하는 소송에 대하여는 각하판결을 하여야 한다는 것이 판례의 입장이다.
→ 부관 중 부담만이 주된 행정행위와 독립하여 항고소송의 대상이 되므로 허가기간에 대해서 독립하여 행정소송을 제기하는 경우 부적법 각하판결을 하여야 한다.

① [X] 정지조건부 허가의 경우 조건이 성취되지 않아도(X) 허가의 대상이 되는 행위를 할 수 있다.
→ 정지조건부 허가의 경우 조건이 성취되어야 비로소 주된 행정행위의 효력이 발생하므로 조건이 성취되지 않으면 허가의 대상이 되는 행위를 할 수 없다.

② [X] 판례는 허가의 갱신기간(허가조건의 존속기간)이 지난 후에 허가의 갱신을 신청한 경우에도 종전의 허가처분을 전제로 하여 기득의 지위를 고려하여야 한다고 본다.(X)
→ 판례의 취지는 종전 허가의 기한이 경과한 후의 갱신신청에 따른 허가는 갱신허가가 아니라 신규허가이므로 허가요건의 적합 여부를 새로이 판단하여 허가 여부를 결정해야 한다는 입장이다.

> 대법원 1995. 11. 10. 선고 94누11866 판결 [옥외광고물등표시허가연장거부처분취소]
> 종전의 허가가 기한의 도래로 실효한 이상 원고가 종전 허가의 유효기간이 지나서 신청한 이 사건 기간연장신청은 그에 대한 종전의 허가처분을 전제로 하여 단순히 그 유효기간을 연장하여 주는 행정처분을 구하는 것이라기 보다는 종전의 허가처분과는 별도의 새로운 허가를 내용으로 하는 행정처분을 구하는 것이라고 보아야 할 것이어서, 이러한 경우 허가권자는 이를 새로운 허가신청으로 보아 법의 관계 규정에 의하여 허가요건의 적합 여부를 새로이 판단하여 그 허가 여부를 결정하여야 할 것이다.

④ [X] 일반적으로 조건이 부담보다 상대방에게 유리하다.(X)
→ 정지조건부 행정행위의 경우 조건의 성취가 있어야 비로소 행정행위의 효력이 발생하는 데 비해 부담부 행정행위의 경우에는 처음부터 행정행위의 효력이 발생하는 점, 정지조건부 행정행위의 경우 조건의 성취 없이 영업을 하면 무허가영업이 되는 데 비해 부담부 행정행위의 경우 부담의 이행 없이 영업을 하여도 무허가영업이 아니라는 점 등을 고려할 때 일반적으로 부담이 조건보다 상대방에게 유리하다고 볼 수 있다.

⑤ [X] 부담불이행은 후행행위 발령의 거부사유가 될 수 없다.(X)
→ 부담으로 부과된 의무를 불이행하는 경우 행정청은 그 후의 단계적인 조치를 거부하는 것도 가능하다.

정답 ③

210. 다음 중 2부제 운행을 부관으로 하여 택시영업허가를 한 경우, 이 행정행위는 어디에 해당하는가?

04 경찰 1차 [Core ★★] 총론 Chapter 6. 376

① 법률효과의 일부배제
② 부담부 행정행위
③ 조건부 행정행위
④ 기한부 행정행위

해설

① [O] 법률효과의 일부배제
→ 법률효과의 일부배제란 행정행위의 주된 내용에 부가하여 법령에서 일반적으로 그 행위에 부여하고 있는 **법률효과의 일부의 발생을 배제시키는 행정행위의 부관**을 말한다. 따라서 법령에 근거가 있을 때만 붙일 수 있다. 예: 택시영업허가를 하면서 격일제 운행을 부관으로 정하거나 개인택시 운송사업 면허를 하면서 **부제운행을 부관으로 정한 경우**, 버스의 노선지정, 야간에만 영업할 것을 조건으로 한 시장개설허가, 운동장 사용을 허가하면서 일부분의 사용을 금지시키는 것 등이 있다.

행정기본법 제17조(부관)
① 행정청은 처분에 재량이 있는 경우에는 부관(조건, 기한, 부담, 철회권의 유보 등을 말한다. 이하 이 조에서 같다)을 붙일 수 있다.
② 행정청은 처분에 재량이 없는 경우에는 법률에 근거가 있는 경우에 부관을 붙일 수 있다.
③ 행정청은 부관을 붙일 수 있는 처분이 다음 각 호의 어느 하나에 해당하는 경우에는 그 처분을 한 후에도 부관을 새로 붙이거나 종전의 부관을 변경할 수 있다.
 1. 법률에 근거가 있는 경우
 2. 당사자의 동의가 있는 경우
 3. 사정이 변경되어 부관을 새로 붙이거나 종전의 부관을 변경하지 아니하면 해당 처분의 목적을 달성할 수 없다고 인정되는 경우
④ 부관은 다음 각 호의 요건에 적합하여야 한다.
 1. 해당 처분의 목적에 위배되지 아니할 것
 2. 해당 처분과 실질적인 관련이 있을 것
 3. 해당 처분의 목적을 달성하기 위하여 필요한 최소한의 범위일 것

② [×] 부담부 행정행위
③ [×] 조건부 행정행위
④ [×] 기한부 행정행위

정답 ①

211. 경찰허가의 부관에 대한 설명으로 가장 적절하지 않은 것은?

15 지능특채 [Core ★★]
총론 Chapter 6. 377

① 경찰허가의 효과의 소멸을 장래의 도래가 불확실한 사실에 의존시키는 부관은 '정지조건'이다.
② 경찰허가의 효과의 발생 또는 소멸을 장래의 도래가 확실한 사실에 의존시키는 부관은 '기한'이다.
③ 철회권이 유보된 경우라도 철회권의 행사를 위해서는 철회에 관한 일반적 요건이 구비되어야 한다.
④ 상대방이 신청한 것과 다르게 경찰허가의 내용을 정하는 부관을 수정부담이라 하고, 화물차량의 A도로 통행허가 신청에 대하여 B도로 통행을 허가한 경우가 이에 해당한다.

해설

① [×] 경찰허가의 효과의 소멸을 장래의 도래가 불확실한 사실에 의존시키는 부관은 '정지조건'(×)이다.
→ 조건은 경찰허가의 효과를 장래 불확실한 사실에 의존케 하는 부관을 말한다. 경찰허가의 효과의 발생을 장래 도래가 불확실한 사실에 의존시키는 부관은 정지조건, **경찰허가의 효과의 소멸을 장래 도래가 불확실한 사실에 의존시키는 부관은 해제조건이다.**

정지조건	㉠ 행정행위의 **효력발생**을 장래 도래가 불확실한 사실에 의존시키는 부관. ㉡ 시설완성을 조건으로 호텔영업허가, 도로확장을 조건으로 자동차운수사업면허 등.
해제조건	㉠ 행정행위의 **효력소멸**을 장래 도래가 불확실한 사실에 의존시키는 부관. ㉡ 2개월 이내에 공사에 착수하지 않으면 효력을 상실한다는 건축허가 등.

② [O] 경찰허가의 효과의 발생 또는 소멸을 장래의 도래가 확실한 사실에 의존시키는 부관은 '기한'이다.

의의		행정행위의 **효력발생이나 소멸을 장래의 도래가** 확실한 사실**에 의존케 하는 경찰관청의 의사표시**를 말한다. 그 장래의 사실이 반드시 도래한다는 점에서 조건과 다르다.
유형	시기	행정행위 효력발생을 장래 도래가 확실한 사실에 의존시키는 부관.
	종기	행정행위 효력소멸을 장래 도래가 확실한 사실에 의존시키는 부관.
특징		㉠ **시기가 도래**하면 행정행위의 효력은 당연히 발생하며, 종기가 도래하면 행정행위의 효력은 당연히 소멸한다(기한은 행정행위효력의 존속기간). ㉡ 다만, 장기계속성이 예정되는 행위에 부당하게 짧은 종기가 붙여진 경우 그것은 존속기간이 아니라 갱신기간으로 보아야 한다.

③ [O] 철회권이 유보된 경우라도 철회권의 행사를 위해서는 철회에 관한 **일반적 요건이 구비되어야 한다.**
→ 철회권이 유보되어 있는 경우에도 **철회권 행사를 위해서는 철회에 관한 일반적 요건이 구비되어야 한다.** 즉, 철회권의 유보사유가 발생하더라도 아무런 제한 없이 철회할 수 있는 것은 아니다.

④ [O] 상대방이 신청한 것과 다르게 경찰허가의 내용을 정하는 부관을 수정부담이라 하고, 화물차량의 A도로 통행허가 신청에 대하여 B도로 통행을 허가한 경우가 이에 해당한다.
→ 상대방이 신청한 것과 다르게 경찰허가의 내용을 정하는 부관으로, 상대방이 수정된 내용에 동의하여야 효력이 발생한다.

정답 ①

212. 행정행위의 부관에 관한 설명으로 옳지 <u>않은</u> 것은?

15 교육행정직 [Essential ★]

① 법률효과의 일부배제는 법률에 근거가 있어야 한다.
② 부관은 주된 행정행위와 실질적 관련성이 있어야 한다.
③ 부담을 불이행하면 주된 행정행위의 효력이 당연히 소멸한다.
④ 장래의 도래가 불확실한 사실에 행정행위의 효력발생을 의존시키는 조건을 정지조건이라 한다.

해설

③ [×] 부담을 불이행하면 주된 행정행위의 효력이 당연히 소멸한다.(×)
→ 부관의 부종성으로 인해 부담을 불이행한 경우라도 주된 행정행위는 당연히 그 효력이 소멸하는 것은 아니며, 행정청은 부담의 불이행을 이유로 행정행위를 철회할 수 있다.

① [○] 법률효과의 일부배제는 법률에 근거가 있어야 한다.
→ 법률효과의 일부배제는 법령 자체가 인정한 일반적인 효과를 행정청이 일부배제하는 것이므로 법률에 특별한 근거가 있는 경우에만 이러한 부관을 붙일 수 있다는 것이 일반적 견해이다.

② [○] 부관은 주된 행정행위와 실질적 관련성이 있어야 한다.
→ 부관은 주된 행정행위에 부가되는 것이어서 종속적인 지위를 가지므로 주된 행정행위에 의존하고 영향을 받게 되는바, 이를 '부관의 부종성'이라고 한다. 따라서 부관은 주된 행정행위와 실질적 관련성이 있는 경우에만 인정될 수 있다.

행정기본법 제17조(부관)
④ 부관은 다음 각 호의 요건에 적합하여야 한다. 1. 해당 처분의 목적에 위배되지 아니할 것 2. 해당 처분과 실질적인 관련이 있을 것 3. 해당 처분의 목적을 달성하기 위하여 필요한 최소한의 범위일 것

④ [○] 장래의 도래가 불확실한 사실에 행정행위의 효력발생을 의존시키는 조건을 정지조건이라 한다.
→ 행정행위의 효과의 발생을 장래의 '불확실한 사실'에 의존시키는 부관을 '정지조건'이라고 한다. 이에 반해 행정행위의 효과의 발생을 장래의 '확실한 사실'에 의존시키는 부관을 '시기'라고 한다.

정답 ③

213 행정행위의 부관에 대한 설명으로 옳지 않은 것은? (다툼이 있는 경우 판례에 의함)

15 사회복지직 [ESSential ★]

① 해제조건부 행정행위는 조건사실의 성취에 의하여 당연히 효력이 소멸된다.
② 정지조건은 독립하여 취소소송의 대상이 되지 못하는 데 반하여, 부담은 독립하여 취소소송의 대상이 될 수 있다.
③ 부담과 조건의 구분이 명확하지 않을 경우, 조건이 당사자에게 부담보다 유리하기 때문에 원칙적으로 조건으로 추정해야 한다.
④ 철회권 유보의 경우 유보된 사유가 발생하였더라도 철회권을 행사함에 있어서는 이익형량에 따른 제한을 받게 된다.

해설

③ [×] 부담과 조건의 구분이 명확하지 않을 경우, 조건이 당사자에게 부담보다 유리하기 때문에 원칙적으로 조건으로 추정해야 한다.(×)
→ 행정청의 의사가 불분명한 경우 최소침해의 원칙에 따라 상대방에게 유리한 부담으로 보아야 한다.
① [O] 해제조건부 행정행위는 조건사실의 성취에 의하여 당연히 효력이 소멸된다.
② [O] 정지조건은 독립하여 취소소송의 대상이 되지 못하는 데 반하여, 부담은 독립하여 취소소송의 대상이 될 수 있다.
④ [O] 철회권 유보의 경우 유보된 사유가 발생하였더라도 철회권을 행사함에 있어서는 이익형량에 따른 제한을 받게 된다.

정답 ③

214 경찰허가의 효과를 제한 또는 보충하기 위하여 주된 의사표시에 부가된 종된 의사표시를 부관이라고 한다. 부관에 대한 설명으로 옳지 <u>않은</u> 것은? 21 경찰간부 [Core ★★] 총론 Chapter 6. 378

① 법정부관의 경우 처분의 효과제한이 직접 법규에 의해서 부여되는 부관으로서 이는 행정행위의 부관과는 구별되는 개념으로 원칙적으로 부관의 개념에 속하지 않는다.
② 부담은 그 자체가 하나의 행정행위이다. 즉, 하명으로서의 성격을 지니기 때문에 분리가 가능하지만, 그 자체가 독립적으로 행정쟁송 및 경찰강제의 대상이 될 수 없다.
③ 부담과 정지조건의 구별이 불분명한 경우에는 최소침해의 원칙에 따라 부담으로 보아야 한다.
④ 수정부담은 새로운 의무를 부가하는 것이 아니라 상대방이 신청한 것과는 다르게 행정행위의 내용을 정하는 부관을 말하며 상대방의 동의가 있어야 효력이 발생한다.

해설

② [×] 부담은 그 자체가 하나의 행정행위이다. 즉, 하명으로서의 성격을 지니기 때문에 분리가 가능하지만, 그 자체가 **독립적으로 행정쟁송 및 경찰강제의 대상이 될 수 없다.**(×)
→ 부관은 원칙적으로 부종성을 가지므로 독립하여 행정쟁송의 대상이 아니라고 보나, **부담은 독립적 행정행위의 성질을 가지므로 독립하여 행정쟁송의 대상으로 삼을 수 있다.** 즉 부담은 다른 부관과는 달라서, 주된 행정행위와 불가분적 관계에 있는 것이 아니고 그 존속이 주된 행정행위의 존재를 전제로 할 뿐이며, 그 자체가 독립한 하나의 행정행위(하명)로서 기능하기 때문에, 주된 행정행위와는 별개로 독립된 쟁송대상이 될 수 있다. 한편,

특징	㉠ 부담은 본체인 행정행위 부수해서 상대방에게 일정한 의무를 과할 뿐이며, **부담이 붙여져도 행정행위의 효력은 처음부터 완전히 발생한다.** ㉡ **부담불이행시 당연히 주된** 행정행위의 효력이 소멸되는 것은 아니다. ㉢ 부담은 주된 행정행위와 독립된 행위로서 부담을 이행하지 않는 경우 행정청은 **부담의 내용을 강제집행할 수 있다.** ㉣ 부담은 그 자체가 하나의 독립된 행정행위의 성질을 가지므로, **부담만의 독립쟁송이 가능하다.**

① [O] **법정부관의 경우 처분의 효과제한이 직접 법규에 의해서 부여되는 부관으로서 이는 행정행위의 부관과는 구별되는 개념으로 원칙적으로 부관의 개념에 속하지 않는다.**
→ 부관은 행정청 스스로의 의사에 의해 붙여야 하므로 법에 의해 이미 붙여진 **법정부관은 우리가 말하는 본래의 부관이 아니다.**
③ [O] 부담과 정지조건의 구별이 불분명한 경우에는 최소침해의 원칙에 따라 부담으로 보아야 한다.
→ 정지조건은 조건의 성취에 의해 효력이 발생하나, **부담은 처음부터 완전히 효력이 발생한다.** 조건인지 부담인지가 불분명한 경우에는 상대방에게 유리한 부담으로 해석한다.
④ [O] 수정부담은 새로운 의무를 부가하는 것이 아니라 상대방이 신청한 것과는 다르게 행정행위의 내용을 정하는 부관을 말하며 상대방의 동의가 있어야 효력이 발생한다.
→ 상대방이 **신청한 것과 다르게 경찰허가의 내용을 정하는 부관으로, 상대방이 수정된 내용에 동의하여야 효력이 발생한다.** 화물차량의 A도로 통행허가 신청에 대하여 B도로 통행을 허가한 경우가 이에 해당한다.

정답 ②

215 경찰작용에 관한 설명으로 가장 적절한 것은?

23 경찰승진, 실무종합 변형 [Essential ★]

① 행정목적을 위하여 국가의 일반통치권에 의거 개인에게 특정한 작위·부작위·수인 또는 급부의 의무를 명하는 행정행위, 개인에게 특정의무를 명하는 명령적 행정행위를 명령이라고 한다.

② 법령에 의한 일반적·절대적 금지를 특정한 경우에 해제하여 적법하게 일정한 행위를 할 수 있게 하는 행정행위를 허가라고 한다.

③ 부관은 조건·기한·부담·철회권의 유보 등과 같이 주된 처분에 부가되는 종된 규율로서, 주된 처분의 효과를 제한하거나 의무를 부과함으로써 국민의 권리·의무에 영향을 미치는 효과가 있다.

④ 행정지도는 일정한 행정목적을 달성하기 위해 상대방인 국민에게 필요적인 협력을 요청하는 비권력적 사실행위를 말한다.

해설

③ [O] 부관은 조건·기한·부담·철회권의 유보 등과 같이 주된 처분에 부가되는 종된 규율로서, **주된 처분의 효과를 제한하거나 의무를 부과함으로써 국민의 권리·의무에 영향을 미치는 효과가 있다.**

① [×] 행정목적을 위하여 국가의 일반통치권에 의거 개인에게 특정한 **작위·부작위·수인** 또는 **급부**의 의무를 명하는 행정행위, 개인에게 특정의무를 명하는 **명령적 행정행위**를 **명령(×)**이라고 한다.
→ **하명(下命)**을 말한다. (경찰)행정법에서 명령은 행정입법을 총칭해서 부르는 말이다.

② [×] 법령에 의한 일반적·**절대적 금지(×)**를 특정한 경우에 해제하여 적법하게 일정한 행위를 할 수 있게 하는 행정행위를 허가라고 한다.
→ 허가의 대상은 일반적·상대적 금지를 대상으로 하고, **성질상 절대적 금지는 허가의 대상이 될 수 없다.**

④ [×] 행정지도는 일정한 행정목적을 달성하기 위해 상대방인 국민에게 **필요적인 협력(×)**을 요청하는 비권력적 사실행위를 말한다.
→ 행정지도는 상대방의 **임의적인 협력**을 구하는 비권력적 사실행위이다.

정답 ③

행정행위의 특성

216 행정행위의 특성에 대한 설명 중 옳지 않은 것은? 04 국가직 9급 [Core★★]

① 행정행위의 발동에 있어서는 원칙적으로 법적 근거가 있어야 할 뿐만 아니라 또한 그에 적합하여야 한다.
② 행정행위는 중대하고 명백한 하자로 인하여 당연 무효가 되는 경우를 제외하고는 권한 있는 기관에 의해 폐지·변경될 때까지는 일단 유효성의 추정을 받아 행정청, 상대방 및 제3의 국가기관을 구속한다.
③ 행정행위는 설혹 하자가 있다 하더라도 당연 무효가 된 경우를 제외하고는 일정한 기간이 경과된 후에는 당해 행정행위의 효력을 다툴 수 없다.
④ 상대방 또는 제3자가 행정행위에 의해 부과된 의무를 이행하지 않을 때에는 법률에 특별한 규정이 없더라도 행정행위에 특성상 당연히 자력으로 행정행위에 내용을 강제할 수 있는 힘을 가진다.

해설

④ [×] 상대방 또는 제3자가 행정행위에 의해 부과된 의무를 이행하지 않을 때에는 법률에 특별한 규정이 없더라도 행정행위에 특성상 당연히 자력으로 행정행위에 내용을 강제할 수 있는 힘을 가진다.(×)
→ 현대적·실질적 법치주의 하에서는 행정상 강제집행을 위해서는 의무를 명한 근거법규와는 별도의 법률상의 근거가 있어야 한다.
① [O] 행정행위의 발동에 있어서는 원칙적으로 법적 근거가 있어야 할 뿐만 아니라 또한 그에 적합하여야 한다.
  – 법률의 유보와 법률의 우위
② [O] 행정행위는 중대하고 명백한 하자로 인하여 당연 무효가 되는 경우를 제외하고는 권한 있는 기관에 의해 폐지·변경될 때까지는 일단 유효성의 추정을 받아 행정청, 상대방 및 제3의 국가기관을 구속한다.
  – 공정력의 의의
③ [O] 행정행위는 설혹 하자가 있다 하더라도 당연 무효가 된 경우를 제외하고는 일정한 기간이 경과된 후에는 당해 행정행위의 효력을 다툴 수 없다. – 불가쟁력에 관한 내용

정답 ④

217 다음은 행정법관계의 특질 가운데 어느 하나를 설명한 것이다. ( ) 안에 공통적으로 들어갈 말은?

04 경기 교육행정직 [ESSential ★]

> ( )은 행정행위의 성질상 행정청이 당해 행정행위를 취소 또는 변경할 수 없는 힘을 말하며, 행정심판의 재결과 같은 준사법적 행정행위에 인정된다.
> ( )이 있는 행정행위일지라도 상대방은 불복기간 내에 행정쟁송수단을 통하여 당해 행정행위의 효력을 다툴 수 있다.

① 자력집행력
② 불가쟁력
③ 불가변력
④ 공정력

해설

③ [O] 불가변력
→ (불가변력)은 행정행위의 성질상 행정청이 당해 행정행위를 취소 또는 변경할 수 없는 힘을 말하며, 행정심판의 재결과 같은 준사법적 행정행위에 인정된다.
(불가변력)이 있는 행정행위일지라도 상대방은 불복기간내에 행정쟁송수단을 통하여 당해 행정행위의 효력을 다툴 수 있다.

① [×] 자력집행력(×)
② [×] 불가쟁력(×)
④ [×] 공정력(×)

확정력(존속력)

㉠ 불가쟁력(형식적 확정력) : 모든 행정행위를 대상
행정행위에 대한 쟁송제기기간이 경과하거나 쟁송수단을 모두 거친 경우에는 상대방 또는 이해관계인은 더 이상 행정행위의 효력을 다툴 수 없게 되는 것을 불가쟁력이라 한다. 불가쟁력이 발생하더라도 행정행위의 하자가 치유되어 위법성이 제거되는 것은 아니므로 상대방은 별도로 국가배상청구를 할 수 있다. 한편, 불가쟁력이 발생한 행정행위에 대하여 행정쟁송이 제기되면 부적법한 소(訴)로서 각하된다.

㉡ 불가변력(실질적 확정력) : 일정한 행정행위를 대상
행정행위는 그 하자 또는 후발적 사정을 이유로 행정청이 직권으로 취소·철회할 수 있지만, 예외적으로 행정행위 중에는 그 성질상 행정청이 직권으로 취소·철회할 수 없는 제한을 받는데 이를 불가변력이라 한다. 수익적 행정행위 및 합격자나 당선인의 결정, 행정심판의 재결 등 확인행위가 이에 해당한다.

㉢ 양자의 관계
불가쟁력과 불가변력은 상호독립적이며, 서로 영향을 미치지 않는다. 따라서 불가쟁력이 발생한 경우에도 불가변력이 발생하지 않는 한 행정청은 직권으로 취소·변경을 할 수 있고, **불가변력이 발생한 경우에도 불가쟁력이 발생하지 않는 한 상대방은 행정쟁송의 제기를 통하여 다툴 수 있다.**

정답 ③

218. 행정행위의 공정력과 선결문제에 대한 설명으로 가장 적절하지 않은 것은? (다툼이 있으면 판례에 의함)

13 경행특채 [Core ★★]

① 미리 그 행정처분의 취소판결이 있어야만, 그 행정처분의 위법임을 이유로 한 손해배상의 청구를 할 수 있다.
② 소방시설 등의 설치 또는 유지·관리에 대한 명령이 행정처분으로서 하자가 있어 무효인 경우에는 명령에 따른 의무위반이 생기지 아니하므로 행정형벌을 부과할 수 없다.
③ 과세처분의 하자가 단지 취소할 수 있는 정도에 불과할 때에는 취소되지 않는 한 그로 인한 조세의 납부가 부당이득이 된다고 할 수 없다.
④ 연령미달의 결격자인 피고인이 소외인의 이름으로 운전면허시험에 응시, 합격하여 교부받은 운전면허는 취소되지 않는 한 유효하다.

해설

공정력은 잠정적이고 절차적인 효력으로 행정행위가 행하여지면 비록 법정 요건을 갖추지 못한 흠이 있는 경우라도 그 흠이 중대·명백하여 절대(당연) 무효로 인정되는 경우를 제외하고는, 권한있는 기관에 의하여 취소되기까지는 일응 구속력 있는 것으로 통용되는 힘을 의미한다.

① [×] 미리 그 행정처분의 취소판결이 있어야만, 그 행정처분의 위법임을 이유로 한 손해배상의 청구를 할 수 있다.(×)

→ 행정처분의 취소판결이 있어야만 그 행정처분이 위법임을 이유로 손해배상청구를 할 수 있는 것은 아니다.

대법원 1972. 4. 28. 선고 72다337 판결 [손해배상]

계고처분 행정처분이 위법임을 이유로 배상을 청구하는 취의로 인정될 수 있는 본건에 있어 미리 그 행정처분의 취소판결이 있어야만 그 행정처분의 위법임을 이유로 피고에게 배상을 청구할 수 있는 것은 아니라고 해석함이 상당할 것임에도 불구하고 행정처분의 취소가 있어 그 효력이 상실되어야만 배상을 청구할수 있는 법리인 것 같이 판단한 원판결에는 배상청구와 행정처분 취소판결과의 관계에 관한 법리를 오해한 위법이 있다.

② [○] 소방시설 등의 설치 또는 유지·관리에 대한 명령이 행정처분으로서 하자가 있어 무효인 경우에는 명령에 따른 의무위반이 생기지 아니하므로 행정형벌을 부과할 수 없다.

대법원 2011. 11. 10. 선고 2011도11109 판결 [소방시설설치유지및안전관리에관한법률위반]

소방시설 설치유지 및 안전관리에 관한 법률 제9조에 의한 소방시설 등의 설치 또는 유지·관리에 대한 명령을 정당한 사유 없이 위반한 자는 같은 법 제48조의2 제1호에 의하여 행정형벌에 처해지는데, 위 명령이 행정처분으로서 하자가 있어 무효인 경우에는 명령에 따른 의무위반이 생기지 아니하므로 행정형벌을 부과할 수 없다.

③ [○] 과세처분의 하자가 단지 취소할 수 있는 정도에 불과할 때에는 취소되지 않는 한 그로 인한 조세의 납부가 부당이득이 된다고 할 수 없다.

대법원 1994. 11. 11. 선고 94다28000 판결 [부당이득금]

행정처분이 아무리 위법하다고 하여도 그 하자가 중대하고 명백하여 당연무효라고 보아야 할 사유가 있는 경우를 제외하고는 아무도 그 하자를 이유로 무단히 그 효과를 부정하지 못하는 것으로, 이러한 행정행위의 공정력은 판결의 기판력과 같은 효력은 아니지만 그 공정력의 객관적 범위에 속하는 행정행위의 하자가 취소사유에 불과한 때에는 그 처분이 취소되지 않는 한 처분의 효력을 부정하여 그로 인한 이득을 법률상 원인 없는 이득이라고 말할 수 없는 것이다.

④ [○] 연령미달의 결격자인 피고인이 소외인의 이름으로 운전면허시험에 응시, 합격하여 교부받은 운전면허는 취소되지 않는 한 유효하다.

→ 운전면허에 취소사유가 있다 하더라도 취소되지 않는 한 효력이 있으므로 무면허운전죄가 성립하는 것은 아니다.(처분이 취소사유인 경우)

> 대법원 1982. 6. 8. 선고 80도2646 판결 [도로교통법위반]
> 연령미달의 결격자인 피고인이 소외인의 이름으로 운전면허시험에 응시, 합격하여 교부받은 운전면허는 당연무효가 아니고 도로교통법 제65조 제3호의 사유에 해당함에 불과하여 취소되지 않는 한 유효하므로 피고인의 운전행위는 무면허운전에 해당하지 아니한다.

정답 ①

219 행정행위의 효력에 대한 설명으로 옳은 것은?

12 사회복지직 9급 [Core ★★]

① 무효인 행정행위에는 불가쟁력은 인정되지만 공정력은 인정되지 않는다.
② 행정상 손해배상소송에 있어 수소법원이 배상책임의 요건인 행정행위의 위법 여부를 스스로 심리 할 수 있다.
③ 행정처분에 대한 법정의 불복기간이 지나면 직권으로도 취소할 수 없다.
④ 공정력은 입증책임의 분배와 직접적인 관련이 있다.

해설

② [O] 행정상 손해배상소송에 있어 수소법원이 배상책임의 요건인 행정행위의 위법 여부를 스스로 심리 할 수 있다.
→ 손해배상청구소송에서는 행정행위의 효력을 부인하는 것이 문제되는 것이 아니라 위법성 여부가 문제되는 것에 불과하므로 수소법원(민사법원)도 행정행위의 위법성 여부를 직접 심리·판단할 수 있다.
① [X] 무효인 행정행위에는 불가쟁력은 인정되지만(X) 공정력은 인정되지 않는다.
→ 무효인 행정행위에는 불가쟁력이나 공정력이 인정되지 않는다.
③ [X] 행정처분에 대한 법정의 불복기간이 지나면 직권으로도 취소할 수 없다.(X)
→ 불가쟁력이 발생한 행정행위라도 불가변력이 발생하는 것은 아니므로 처분청이 처분을 직권취소하는 것은 가능하다.
④ [X] 공정력은 입증책임의 분배와 직접적인 관련이 있다.(X)
→ 오늘날 지배적인 견해는 공정력과 입증책임은 무관하다고 본다.(입증책임무관설) 과거에는 공정력을 행정행위가 무효가 아니라면 권한 있는 기관에 의해 취소되기 전까지 적법한 것으로 추정되는 효력으로 이해하는 견해가 있었다. 이 견해는 공정력으로 인해 처분의 적법성이 추정되므로 취소소송에서 처분의 위법성을 주장하는 원고가 처분의 위법성을 입증하여야 한다고 보았다. 그러나 오늘날은 공정력을 권한 있는 기관에 의해 취소되기 전까지 잠정적으로 유효한 것으로 통용되는 효력으로 이해하므로 공정력과 입증책임은 무관하다는 것이 통설의 입장이다.

정답 ②

220. 행정행위의 공정력과 선결문제에 관한 판례의 태도로 옳지 않은 것은? 08 국가직 9급 [Essential ★]

① 연령미달의 결격자인 피고인이 형의 이름으로 운전면허시험에 응시, 합격하여 교부받은 운전면허는 비록 위법하나 취소되지 않는 한 유효하므로 피고인의 운전행위는 무면허운전에 해당하지 아니한다.

② 위법한 행정대집행이 완료되면 그 처분의 무효 확인 또는 취소를 구할 소익은 없다 하더라도, 미리 그 행정처분의 취소판결이 있어야만 그 행정처분의 위법임을 이유로 한 손해배상청구를 할 수 있다.

③ 부정한 방법으로 받은 수입승인서를 함께 제출하여 수입면허를 받았다고 하더라도, 그 수입면허가 당연 무효인 것으로 인정되지 않는 한 관세법 소정의 무면허수입죄가 성립될 수 없는 것이다.

④ 과세처분이 당연 무효라고 볼 수 없는 한 과세처분에 취소할 수 있는 위법사유가 있다 하더라도 그 과세처분은 행정행위의 공정력 또는 집행력에 의하여 그것이 적법하게 취소되기 전까지는 유효하다 할 것이므로 민사소송절차에서 그 과세처분의 효력을 부인할 수 없다.

해설

② [×] 위법한 행정대집행이 완료되면 그 처분의 무효 확인 또는 취소를 구할 소익은 없다 하더라도, 미리 그 행정처분의 취소판결이 있어야만 그 행정처분의 위법임을 이유로 한 손해배상청구를 할 수 있다.(×)
→ 손해배상청구는 판례상 민사소송으로 다루고 있으며, 민사법원은 행정행위의 공정력과의 관계에서 처분이 무효가 아닌 한 처분의 효력을 부인할 수는 없지만 위법성은 심사할 수는 있다고 본다. 또한 손해배상청구는 처분이 취소될 필요는 없고 처분의 위법성만 인정되면 되므로 처분의 취소판결이 없더라도 처분의 위법성을 이유로 손해배상청구는 할 수 있다.

① [○] 연령미달의 결격자인 피고인이 형의 이름으로 운전면허시험에 응시, 합격하여 교부받은 운전면허는 비록 위법하나 취소되지 않는 한 유효하므로 피고인의 운전행위는 무면허운전에 해당하지 아니한다.

> 대법원 1982. 6. 8. 선고 80도2646 판결 [도로교통법위반]
> 연령미달의 결격자인 피고인이 소외인의 이름으로 운전면허시험에 응시, 합격하여 교부받은 운전면허는 당연무효가 아니고 도로교통법 제65조 제3호의 사유에 해당함에 불과하여 취소되지 않는 한 유효하므로 피고인의 운전행위는 무면허운전에 해당하지 아니한다.

③ [○] 부정한 방법으로 받은 수입승인서를 함께 제출하여 수입면허를 받았다고 하더라도, 그 수입면허가 당연 무효인 것으로 인정되지 않는 한 관세법 소정의 무면허수입죄가 성립될 수 없는 것이다.

> 대법원 1989. 3. 28. 선고 89도149 판결 [특정범죄가중처벌등에관한법률위반]
> 물품을 수입하고자 하는 자가 일단 세관장에게 수입신고를 하여 그 면허를 받고 물품을 통관한 경우에는, 세관장의 수입면허가 중대하고도 명백한 하자가 있는 행정행위이어서 당연무효가 아닌 한 관세법 제181조 소정의 무면허수입죄가 성립될 수 없다.

④ [○] 과세처분이 당연 무효라고 볼 수 없는 한 과세처분에 취소할 수 있는 위법사유가 있다 하더라도 그 과세처분은 행정행위의 공정력 또는 집행력에 의하여 그것이 적법하게 취소되기 전까지는 유효하다 할 것이므로 민사소송절차에서 그 과세처분의 효력을 부인할 수 없다.

> 대법원 1999. 8. 20. 선고 99다20179 판결 [사해행위취소등]
> 과세처분이 당연무효라고 볼 수 없는 한 과세처분에 취소할 수 있는 위법사유가 있다 하더라도 그 **과세처분은 행정행위의 공정력 또는 집행력에 의하여 그것이 적법하게 취소되기 전까지는 유효하다 할 것이므로, 민사소송절차에서 그 과세처분의 효력을 부인할 수 없다.** 부동산에 대한 실질적인 소유자가 아닌 명의수탁자에 대하여 행해진 양도소득세 부과처분은 위법하지만 그 하자가 중대·명백하다고 할 수 없어 무효라고는 볼 수 없고 단지 취소할 수 있음에 불과하다.

정답 ②

221 행정행위의 공정력에 대한 설명으로 옳은 것은? (단, 다툼이 있는 경우 판례에 의함)

기출 연습문제 [Essential ★]

① 경우에 따라서 공정력은 무효인 행정행위에도 인정된다.
② 통설은 공정력의 이론적 근거를 행정권에 선험적인 우월적 지위가 인정된다는 데에 둔다.
③ 운전면허취소처분을 받은 후 자동차를 운전하였으나 위 취소처분이 행정쟁송절차에 의하여 취소된 경우, 행정행위에 인정되는 공정력에도 불구하고 무면허운전이 성립되지 않는다.
④ 철거명령의 위법을 전제로 지방자치단체에 손해배상을 청구한 소송에서, 미리 당해 행정처분의 취소판결이 있어야만 그 행정처분이 위법임을 이유로 한 손해배상청구를 인정한다.

해설

③ [O] 운전면허취소처분을 받은 후 자동차를 운전하였으나 위 취소처분이 행정쟁송절차에 의하여 취소된 경우, 행정행위에 인정되는 공정력에도 불구하고 무면허운전이 성립되지 않는다.
→ 운전면허취소처분이 쟁송절차에 의하여 취소된 경우, 쟁송취소는 소급효가 있으므로 운전면허취소처분은 처분 시부터 그 효력이 없었던 것으로 된다. 따라서 비록 운전면허취소처분 후 운전을 하였더라도 무면허운전이 성립되지 않는다.

① [×] 경우에 따라서 공정력은 무효인 행정행위에도 인정된다.(×)
→ 무효인 행정행위에는 공정력이 인정되지 않는다.

② [×] 통설은 공정력의 이론적 근거를 행정권에 선험적인 우월적 지위가 인정된다는 데에 둔다.(×)
→ 통설은 공정력의 이론적 근거로 법적 안정설(입법정책설, 행정정책설)을 들고 있다. 행정행위에는 행전천의 우월적 지위가 인정되지만 이는 행정권에 선험(先驗)적인 우월성이 있기 때문이 아니라, 행정의 실효성 확보를 위해 법이 특별히 인정한 것에 불과하다.

④ [×] 철거명령의 위법을 전제로 지방자치단체에 손해배상을 청구한 소송에서, 미리 당해 행정처분의 취소판결이 있어야만 그 행정처분이 위법임을 이유로 한 손해배상청구를 인정한다.(×)

> 대법원 1972. 4. 28. 선고 72다337 판결 [손해배상]
> 위법한 행정대집행이 완료되면 그 처분의 무효확인 또는 취소를 구할 소의 이익은 없다 하더라도, **미리 그 행정처분의 취소판결이 있어야만, 그 행정처분의 위법임을 이유로 한 손해배상 청구를 할 수 있는 것은 아니다.**

정답 ③

222 행정행위의 효력에 관한 설명 중 옳은 것으로만 묶은 것은?

기출 연습문제 [Essential ★]

㉠ 중대하고 명백한 하자 있는 행정행위에는 공정력이 인정되지 않는다.
㉡ 판례는 연령을 속여서 발급받은 운전면허라 하더라도 당연 무효는 아니고 취소되지 않는 한 효력이 있다고 보아 무면허운전에 해당하지 않는다고 본다.
㉢ 불가쟁력이 발생한 행정행위에 대해 처분청은 이를 직권취소하거나 철회할 수 없다.
㉣ 불가변력이 발생한 행정행위는 당연히 불가쟁력을 가진다.

① ㉠㉡   ② ㉠㉢   ③ ㉡㉣   ④ ㉢㉣

해설

㉠, ㉡ 2항목이 옳다.
㉠ [O] 중대하고 명백한 하자 있는 행정행위에는 공정력이 인정되지 않는다.
㉡ [O] 판례는 연령을 속여서 발급받은 운전면허라 하더라도 당연 무효는 아니고 취소되지 않는 한 효력이 있다고 보아 무면허운전에 해당하지 않는다고 본다.
㉢ [X] 불가쟁력이 발생한 행정행위에 대해 처분청은 이를 직권취소하거나 철회할 수 없다.(×)
→ 불가쟁력이 발생한 행정행위도 불가변력이 발생하지 않는 이상 권한 있는 행정청은 이를 (직권) 취소하거나 철회할 수 있다.
㉣ [X] 불가변력이 발생한 행정행위는 당연히 불가쟁력을 가진다.(×)
→ 불가변력이 있는 행위가 당연히 불가쟁력을 가지는 것은 아니다. 따라서 불가변력이 있는 행정행위도 쟁송 제기기간이 경과하기 전에는 쟁송을 제기하여 그 효력을 다툴 수 있다.

정답 ①

223. 행정행위의 불가쟁력과 관련한 설명으로 옳지 않은 것은? (다툼이 있는 경우 판례에 의함)

08 지방직 9급 [Essential ★]

① 위법한 침익적 행정행위에 불가쟁력이 발생한 경우에는 처분행정청이라 할지라도 직권으로 취소하거나 철회할 수 없다.
② 무효인 행정행위에는 불가쟁력이 발생하지 않는다.
③ 불가쟁력이 발생한 행정행위라도 관계법령에서 해석상 그러한 신청권이 인정될 수 있는 경우에는 해당 처분의 변경에 대한 신청권이 인정된다고 볼 수 있다.
④ 불가쟁력이 발생한 행정행위에서 해당 처분이 취소되지 않아도 국가는 손해를 배상할 책임이 있다.

해설

① [×] 위법한 침익적 행정행위에 불가쟁력이 발생한 경우에는 처분행정청이라 할지라도 직권으로 취소하거나 철회할 수 없다.(×)
→ 불가쟁력이 발생하더라도 확인 등 일정한 행위가 아니라면 불가변력이 발생하는 것은 아니다. 따라서 처분청은 직권으로 취소하거나 철회할 수 있다.

② [○] 무효인 행정행위에는 불가쟁력이 발생하지 않는다.
→ 하자가 중대·명백하여 무효인 행정행위는 불가쟁력이 발생하지 않는다.

③ [○] 불가쟁력이 발생한 행정행위라도 관계법령에서 해석상 그러한 신청권이 인정될 수 있는 경우에는 해당 처분의 변경에 대한 신청권이 인정된다고 볼 수 있다.
→ 개별 법규에서 그 변경을 요구할 신청권을 규정하고 있거나 관계법령의 해석상 그러한 신청권이 인정될 수 있는 등의 사정이 있으면 변경을 구할 신청권이 있다

> 대법원 2007. 4. 26. 선고 2005두11104 판결 [주택건설사업계획승인처분일부무효등]
> 제소기간이 이미 도과하여 불가쟁력이 생긴 행정처분에 대하여는 개별 법규에서 그 변경을 요구할 신청권을 규정하고 있거나 관계 법령의 해석상 그러한 신청권이 인정될 수 있는 등 특별한 사정이 없는 한 국민에게 그 행정처분의 변경을 구할 신청권이 있다 할 수 없다.

④ [○] 불가쟁력이 발생한 행정행위에서 해당 처분이 취소되지 않아도 국가는 손해를 배상할 책임이 있다.
→ 불가쟁력이 발생하였다고 하여 행정행위의 위법성이 치유되는 것은 아니므로 국가는 손해를 배상할 책임이 있다.

정답 ①

224 행정행위의 효력에 관한 설명으로 옳지 않은 것은?

09 국가직 9급 [ESSential ★]

① 행정행위는 그 내용에 따라 일정한 법적 효과가 발생하고 관계행정청 및 상대방과 관계인을 구속하는 힘을 가진다.
② 행정행위는 비록 흠이 있더라도 중대하고 명백하여 당연 무효가 아닌 한 권한 있는 기관에 의해 취소될 때까지 잠정적으로 유효하게 통용되는 힘을 가진다.
③ 행정행위에 비록 흠이 있더라도 쟁송제기기간이 경과하면 행정청은 행정행위를 취소할 수 없다.
④ 행정행위가 발해지면 일정한 경우에 행정청 자신도 직권으로 자유로이 이를 취소 또는 철회할 수 없다.

해설

③ [×] 행정행위에 **비록 흠이 있더라도 쟁송제기기간이 경과하면 행정청은 행정행위를 취소할 수 없다.**
  → 불가쟁력은 처분의 상대방을 구속하고 불가변력은 처분청을 구속한다. 행정행위의 쟁송기간이 경과하면 불가쟁력이 발생한다. 따라서 행위의 상대방은 쟁송을 제기할 수 없다. 하지만, **불가쟁력이 발생하였더라도 불가변력이 발생하는 것은 아니므로 불가쟁력이 발생한 행정행위에 대해 행정청은 직권취소할 수는 있다.**

① [O] 행정행위는 그 내용에 따라 일정한 법적 효과가 발생하고 관계행정청 및 상대방과 관계인을 구속하는 힘을 가진다.
  → 행정행위는 그 내용에 따라 일정한 법적 효과가 발생하며 관계행정청 및 상대방과 관계인을 구속하는 힘을 가진다. 이러한 힘을 구속력이라 한다.

② [O] 행정행위는 비록 흠이 있더라도 **중대하고 명백하여 당연 무효가 아닌 한 권한 있는 기관에 의해 취소될 때까지 잠정적으로 유효하게 통용되는 힘을 가진다.**
  → 행정행위는 비록 흠이 있더라도 중대하고 명백하여 당연 무효가 아닌 한 권한 있는 기관에 의해 취소될 때까지 잠정적으로 유효하게 통용되는 힘을 가진다. 이를 공정력이라 한다.

④ [O] 행정행위가 발해지면 **일정한 경우에 행정청 자신도 직권으로 자유로이 이를 취소 또는 철회할 수 없다.**
  → 행정행위가 발해지면 일정한 경우에 행정청 자신도 직권으로 자유로이 이를 취소 또는 철회할 수 없는 힘을 가진다. 이러한 힘을 불가변력이라고 한다.

정답 ③

행정행위의 하자

225 무효라고 보기 힘든 것은?   기출 연습문제 [Core ★★]

① 사기로 한 행위
② 징계사유서 없는 징계처분
③ 문서로 하지 않은 행정심판의 재결
④ 소청심사절차에서 청구인에게 진술의 기회를 부여하지 아니한 재결

> **해설**
>
> 행정행위가 그 성립·발효요건을 결여하여 적법, 유효하게 성립하지 못한 경우를 하자있는 행정행위라 한다. 효과 면에서는 **무효원인인 하자와 취소원인인 하자**로 나누어진다.
>
> ① [×] 사기로 한 행위 - 취소사유
> ② [○] 징계사유서 없는 징계처분 - 무효사유
> ③ [○] 문서로 하지 않은 행정심판의 재결 - 무효사유
> ④ [○] 소청심사절차에서 청구인에게 진술의 기회를 부여하지 아니한 재결 - 무효사유
>
> 1) 무효인 행정행위
>   무효인 행정행위는 외관상으로는 행정행위로서 존재하나 처음부터 전혀 법적 효과를 발생하지 않는 행위로서, 다른 행정청이나 법원은 물론이고 사인도 그 독자적 판단과 책임하에서 그 무효임을 단정할 수 있는 행위를 말한다. 일반적인 견해는 하자(위법)가 중대하고 명백한 경우를 말한다.
> 2) 취소할 수 있는 행정행위
>   취소할 수 있는 행정행위는 그 성립에 흠이 있음에도 불구하고 일단은 유효한 행위로 통용되는 것으로서, 다른 국가기관 또는 국민은 그에 기속되고, 행정쟁송 또는 직권에 의하여 취소됨으로써 비로소 그 효력을 상실하는 행위를 말한다.

정답 ①

226 행정행위의 하자에 관한 설명으로 옳지 않은 것은?   04 경기 교육행정직 [Core ★★]

① 수원시장이 법령상 반드시 필요한 수원교육장과의 사전협의절차를 거치지 않고 학교주변에 유흥주점을 허가했다면, 그 행위는 행정상 하자가 있다고 볼 수 있다.
② 하자의 치유는 엄격한 법치행정 관점에서 허용될 수 없지만, 예외적으로 행정행위의 무용한 반복을 피하기 위한 합목적적 견지에서 인정될 수 있다.
③ 행정대집행은 4단계의 행위가 독립적으로 행해지므로, 선행행위의 하자는 후행행위에 승계되지 않는다.
④ 판례는 직위해제처분과 면직처분사이의 하자의 승계를 부정하고 있다.

> **해설**
>
> ③ [×] 행정대집행은 4단계의 행위가 독립적으로 행해지므로, 선행행위의 하자는 후행행위에 승계되지 않는다.
> → 선행행위가 당연무효인 경우에는 선행행위의 하자는 후행행위에 승계된다. 하지만, 선행행위에 취소사유가 있는 때에 선행행위와 후행행위가 상호 독립하여 별개의 효과를 목적으로 하는 경우에는 하자가 승계되지 않고, 선행행위와 후행행위가 상호 결합하여 하나의 효과를 목적으로 하는 경우에는 하자가 승계된다고 봄이 일반적이다.(행정대집행의 4단계 행위)
>
> > **대법원 1993. 11. 9. 선고 93누14271 판결 [건물철거대집행계고처분취소]**
> > 대집행의 계고·대집행영장에 의한 통지·대집행의 실행·대집행에 요한 비용의 납부명령 등은, 타인이 대신하여 행할 수 있는 행정의무의 이행을 의무자의 비용부담하에 확보하고자 하는, 동일한 행정목적을 달성하기 위하여 단계적인 일련의 절차로 연속하여 행하여지는 것으로서, 서로 결합하여 하나의 법률효과를 발생시키는 것이므로, 선행처분인 계고처분이 하자가 있는 위법한 처분이라면, 비록 하자가 중대하고도 명백한 것이 아니어서 당연무효의 처분이라고 볼 수 없고 대집행의 실행이 이미 사실행위로서 완료되어 계고처분의 취소를 구할 법률상 이익이 없게 되었으며, 또 대집행비용납부명령 자체에는 아무런 하자가 없다 하더라도, 후행처분인 대집행비용납부명령의 취소를 청구하는 소송에서 청구원인으로 선행처분인 계고처분이 위법한 것이기 때문에 그 계고처분을 전제로 행하여진 대집행비용납부명령도 위법한 것이라는 주장을 할 수 있다.
>
> ① [○] 수원시장이 법령상 반드시 필요한 수원교육장과의 사전협의절차를 거치지 않고 학교주변에 유흥주점을 허가했다면, 그 행위는 행정상 하자가 있다고 볼 수 있다.
> ② [○] 하자의 치유는 엄격한 법치행정 관점에서 허용될 수 없지만, 예외적으로 행정행위의 무용한 반복을 피하기 위한 합목적적 견지에서 인정될 수 있다.
> ④ [○] 판례는 직위해제처분과 면직처분사이의 하자의 승계를 부정하고 있다.
>
> 정답 ③

227 행정행위의 하자에 관한 설명이다. 틀린 것은?

기출 연습문제 [Essential ★]

① 선행행위에 무효사유인 흠이 있으면 그 흠은 후행행위에 승계된다.
② 무효인 행정행위에 대해서는 쟁송제기간에 상관없이 무효확인소송의 제기가 가능하다.
③ 판례는 직위해제처분과 직권면직처분사이에는 흠의 승계를 인정하고 있다.
④ 무효와 취소의 구별기준에 관하여는 중대·명백설이 다수설이고 판례의 입장이다.

> **해설**
>
> ③ [×] 판례는 직위해제처분과 직권면직처분사이에는 흠의 승계를 인정(×)하고 있다.
> → 판례는 직위해제처분과 직권면직처분사이에 하자의 승계를 부정하고 있다.
> ① [○] 선행행위에 무효사유인 흠이 있으면 그 흠은 후행행위에 승계된다.
> ② [○] 무효인 행정행위에 대해서는 쟁송제기간에 상관없이 무효확인소송의 제기가 가능하다.
> ④ [○] 무효와 취소의 구별기준에 관하여는 중대·명백설이 다수설이고 판례의 입장이다.
>
> 정답 ③

228 행정행위의 하자에 대한 설명으로 옳지 <u>않은</u> 것은? (다툼이 있는 경우 판례에 의함)

기출 연습문제 [Core ★★]

① 하자 있는 행정행위의 치유는 행정행위의 성질이나 법치주의의 관점에서 볼 때 원칙적으로 허용될 수 없다.
② 무효선언을 구하는 의미에서 제기된 취소소송도 제소기간 제한 등의 소송요건을 갖추어야 한다.
③ 행정청이 법률에 근거하여 행정처분을 한 후에 헌법재판소가 그 법률을 위헌으로 결정하였다면 그 행정처분은 당연 무효가 된다.
④ 보충역편입처분과 공익근무요원소집처분은 양자가 별개의 법률효과를 목표로 하는 것이므로 선행 처분에 대한 하자는 후행처분에 승계되지 않는다.

해설

③ [×] 행정청이 법률에 근거하여 행정처분을 한 후에 헌법재판소가 <u>그 법률을 위헌으로 결정하였다면 그 행정처분은 당연 무효가 된다.(×)</u>

> 대법원 1994. 10. 28. 선고 92누9463 판결 [압류처분등무효확인]
>
> 법률에 근거하여 행정처분이 발하여진 후에 헌법재판소가 그 행정처분의 근거가 된 법률을 위헌으로 결정하였다면 결과적으로 위 행정처분은 법률의 근거가 없이 행하여진 것과 마찬가지가 되어 하자가 있는 것이 된다고 할 것이다. 그러나 하자 있는 행정처분이 당연무효가 되기 위하여는 그 하자가 중대할 뿐만 아니라 명백한 것이어야 하는데, <u>일반적으로 법률이 헌법에 위반된다는 사정이 헌법재판소의 위헌결정이 있기 전에는 객관적으로 명백한 것이라고 할 수는 없으므로 헌법재판소의 위헌결정 전에 행정처분의 근거되는 당해 법률이 헌법에 위반된다는 사유는 특별한 사정이 없는 한 그 행정처분의 취소소송의 전제가 될 수 있을 뿐 당연무효사유는 아니라고 봄이 상당하다.</u>

① [O] 하자 있는 행정행위의 치유는 행정행위의 성질이나 법치주의의 관점에서 볼 때 원칙적으로 허용될 수 없다.

> 대법원 1992. 5. 8. 선고 91누13274 판결 [엘피지충전소허가처분취소]
>
> 하자 있는 행정행위의 치유는 행정행위의 성질이나 법치주의의 관점에서 볼 때 원칙적으로 허용될 수 없는 것이고 예외적으로 행정행위의 무용한 반복을 피하고 당사자의 법적 안정성을 위해 이를 허용하는 때에도 국민의 권리나 이익을 침해하지 않는 범위에서 구체적 사정에 따라 합목적적으로 인정하여야 할 것이다.

② [O] 무효선언을 구하는 의미에서 제기된 취소소송도 제소기간 제한 등의 소송요건을 갖추어야 한다.

> 대법원 1984. 5. 29. 선고 84누175 판결 [납세의무자지정처분무효확인]
>
> 행정처분의 당연무효를 선언하는 의미에서 그 취소를 청구하는 행정소송을 제기하는 경우에도 소원의 전치와 제소기간의 준수등 취소소송의 제소요건을 갖추어야 한다.

④ [O] 보충역편입처분과 공익근무요원소집처분은 양자가 별개의 법률효과를 목표로 하는 것이므로 선행 처분에 대한 하자는 후행처분에 승계되지 않는다.

> 대법원 2002. 12. 10. 선고 2001두5422 판결 [공익근무요원소집처분취소]
>
> 구 병역법(1999. 12. 28. 법률 제6058호로 개정되기 전의 것) 제2조 제1항 제2호, 제9호, 제5조, 제11조, 제12조, 제14조, 제26조, 제29조, 제55조, 제56조의 각 규정에 의하면, 보충역편입처분 등의 병역처분은 구체적인 병역의무부과를 위한 전제로서 징병검사 결과 신체등위와 학력·연령 등 자질을 감안하여 역종을 부과하는 처분임에 반하여, 공익근무요원소집처분은 보충역편입처분을 받은 공익근무요원소집대상자에게 기초적 군사훈련과 구체적인 복무기관 및 복무분야를 정한 공익근무요원으로서의 복무를 명하는 구체적인 행정처분이므로, 위 두 처분은 후자의 처분이 전자의 처분을 전제로 하는 것이기는 하나 각각 단계적으로 별개의 법률

효과를 발생하는 독립된 행정처분이라고 할 것이므로, 따라서 보충역편입처분의 기초가 되는 신체등위 판정에 잘못이 있다는 이유로 이를 다투기 위하여는 신체등위 판정을 기초로 한 보충역편입처분에 대하여 쟁송을 제기하여야 할 것이며, 그 처분을 다투지 아니하여 이미 불가쟁력이 생겨 그 효력을 다툴 수 없게 된 경우에는, 병역처분변경신청에 의하는 경우는 별론으로 하고, 보충역편입처분에 하자가 있다고 할지라도 그것이 당연무효라고 볼만한 특단의 사정이 없는 한 그 위법을 이유로 공익근무요원소집처분의 효력을 다툴 수 없다.

정답 ③

229 흠 있는 행정행위의 치유에 대한 설명으로 옳은 것은? (다툼이 있는 경우 판례에 의함)

08 지방직 7급 [Core ★★]

① 흠의 치유는 행정행위의 무용한 반복을 피함으로써 행정경제를 도모하기 위해서 허용될 수 있으며, 다른 국민의 권리나 이익을 침해하지 않는 범위 내에서 인정된다.
② 행정행위의 흠이 치유되면 당해 행정행위는 치유시부터 흠이 없는 적법한 행정행위로서 효력이 발생한다.
③ 행정청이 청문서 도달기간과 같은 청문절차의 이행을 다소 위반한 경우 상대방이 이의를 제기하지 않고 청문일에 출석하여 의견을 진술하고 변명하는 등 방어의 기회를 충분히 가진다 하더라도 그 흠은 치유되지 않는다.
④ 무효인 행정행위도 치유가 인정된다.

해설

① [○] 흠의 치유는 행정행위의 무용한 반복을 피함으로써 행정경제를 도모하기 위해서 허용될 수 있으며, 다른 국민의 권리나 이익을 침해하지 않는 범위 내에서 인정된다.

대법원 1983. 7. 26. 선고 82누420 판결 [법인세등부과처분취소]
하자있는 행정행위의 치유나 전환은 행정행위의 성질이나 법치주의의 관점에서 볼 때 원칙적으로 허용될 수 없는 것이지만, **행정행위의 무용한 반복을 피하고 당사자의 법적 안정성을 위해 이를 허용하는 때에도 국민의 권리와 이익을 침해하지 않는 범위에서 구체적 사정에 따라 합목적적으로 인정해야 할 것이다.**

② [×] 행정행위의 흠이 치유되면 당해 행정행위는 치유시부터(×) 흠이 없는 적법한 행정행위로서 효력이 발생한다.
→ 행정행위의 흠(하자)이 치유되면 당해 행정행위는 **치유시가 아니라 처음부터 하자가 없는 적법한 행정행위로서 그 효력이 발생한다. 즉, 하자의 치유는 소급효가 있다.**

③ [×] 행정청이 청문서 도달기간과 같은 청문절차의 이행을 다소 위반한 경우 **상대방이 이의를 제기하지 않고 청문일에 출석하여 의견을 진술하고 변명하는 등 방어의 기회를 충분히 가진다 하더라도 그 흠은 치유되지 않는다.**(×)

대법원 1992. 10. 23. 선고 92누2844 판결 [영업허가취소처분취소]
행정청이 식품위생법상의 청문절차를 이행함에 있어 소정의 청문서 도달기간을 지키지 아니하였다면 이는 청문의 절차적 요건을 준수하지 아니한 것이므로 이를 바탕으로 한 행정처분은 일단 위법하다고 보아야 할 것이지만 이러한 청문제도의 취지는 처분으로 말미암아 받게 될 영업자에게 미리 변명과 유리한 자료를 제출할 기회를 부여함으로써 부당한 권리침해를 예방하려는 데에 있는 것임을 고려하여 볼 때, 가령 **행정청이 청문서 도달기간을 다소 어겼다하더라도 영업자가 이에 대하여 이의하지 아니한 채 스스로 청문일에 출석**

> 하여 그 의견을 진술하고 변명하는 등 방어의 기회를 충분히 가졌다면 청문서 도달기간을 준수하지 아니한 하자는 치유되었다고 봄이 상당하다.

④ [×] 무효인 행정행위도 치유가 인정된다.(×)
→ 무효인 행정행위에 대해서는 하자치유를 부정하는 것이 판례의 입장이다.

> 대법원 1989. 12. 12. 선고 88누8869 판결 [파면처분무효확인]
> 징계처분이 중대하고 명백한 흠 때문에 당연무효의 것이라면 징계처분을 받은 자가 이를 용인하였다 하여 그 흠이 치료되는 것은 아니다.

정답 ①

230 다음 중 판례의 입장으로 옳은 것은?

기출 연습문제 [Core ★★]

① 토지수용에 있어 사업인정은 항고소송의 대상이 되지 않는다.
② 행정대집행에서 영장에 의한 통지는 단순한 사실상의 관념의 통지에 해당하므로 이로써 법적 효력이 발생하지는 않는다.
③ 하자의 치유는 법치주의 관점에서 볼 때 원칙적으로 부정하는 것이 옳지만 당사자의 권리구제에 영향을 주지 않는 범위 내에서는 허용될 수 있다.
④ 행정지도는 국가배상책임의 대상이 되는 공무원의 직무에 해당하지 않는다.

해설

③ [○] 하자의 치유는 법치주의 관점에서 볼 때 원칙적으로 부정하는 것이 옳지만 **당사자의 권리구제에 영향을 주지 않는 범위 내에서는 허용될 수 있다.**

> 대법원 1992. 5. 8. 선고 91누13274 판결 [엘피지충전소허가처분취소]
> 하자 있는 행정행위의 치유는 행정행위의 성질이나 법치주의의 관점에서 볼 때 원칙적으로 허용될 수 없는 것이고 **예외적으로 행정행위의 무용한 반복을 피하고 당사자의 법적 안정성을 위해 이를 허용하는 때에도 국민의 권리나 이익을 침해하지 않는 범위에서 구체적 사정에 따라 합목적적으로 인정하여야 할 것이다.**

① [×] 토지수용에 있어 사업인정은 항고소송의 대상이 되지 않는다.(×)

> 대법원 1994. 11. 11. 선고 93누19375 판결 [토지수용재결처분취소]
> **토지수용법 제14조의 규정에 의한 사업인정은 그후 일정한 절차를 거칠 것을 조건으로 하여 일정한 내용의 수용권을 설정해 주는 행정처분의 성격을 띠는 것으로서 그 사업인정을 받음으로써 수용할 목적물의 범위가 확정되고 수용권으로 하여금 목적물에 관한 현재 및 장래의 권리자에게 대항할 수 있는 일종의 공법상의 권리로서의 효력을 발생시킨다.**

② [×] 행정대집행에서 **영장에 의한 통지는 단순한 사실상의 관념의 통지에 해당하므로 이로써 법적 효력이 발생하지는 않는다.**(×)
→ 대집행에 있어서 **영장에 의한 통지는 준법률행위적 행정행위인 통지로서 일정한 법적 효과가 발생한다.** 대집행의 일시를 영장에 적시하여 통지하면 적시된 날에 후속 처분인 대집행실행을 할 수 있다. 그러므로 행정대집행 영장 통지에 대해서도 취소소송이 가능하다.

④ [×] 행정지도는 국가배상책임의 대상이 되는 공무원의 직무에 해당하지 않는다.(×)

> 대법원 1998. 7. 10. 선고 96다38971 판결 [손해배상(기)]
> 국가배상법이 정한 배상청구의 요건인 '공무원의 직무'에는 권력적 작용만이 아니라 행정지도와 같은 비권력적 작용도 포함되며 단지 행정주체가 사경제주체로서 하는 활동만 제외된다.

정답 ③

231 판례가 하자의 승계를 인정한 것을 모두 고르면?

기출 연습문제 [Core ★★]

㉠ 개별공시지가결정과 과세처분
㉡ 표준지공시지가결정과 수용재결처분
㉢ 도식계획사업의 실시계획인가고시와 수용재결처분
㉣ 보충역편입처분과 공익근무요원소집처분
㉤ 건물철거명령과 대집행계고처분
㉥ 대집행절차상 계고처분과 대집행영장발부통보처분

① ㉠, ㉡, ㉥   ② ㉠, ㉢, ㉥   ③ ㉠, ㉣, ㉤   ④ ㉡, ㉢, ㉣

해설

㉠, ㉤, ㉥ 3항목이 인정한다.
㉠ [O] 개별공시지가결정과 과세처분 – 하자의 승계 긍정
㉤ [O] 건물철거명령과 대집행계고처분 – 하자의 승계 긍정
㉥ [O] 대집행절차상 계고처분과 대집행영장발부통보처분 – 하자의 승계 긍정
㉡ [X] 표준지공시지가결정과 수용재결처분(X) – 하자의 승계 부정
㉢ [X] 도식계획사업의 실시계획인가고시와 수용재결처분(X) – 하자의 승계 부정
㉣ [X] 보충역편입처분과 공익근무요원소집처분(X) – 하자의 승계 부정

하자(위법성)의 승계는 둘 이상의 행정행위가 연속적으로 이루어지는 경우에, 선행행위의 하자를 후행행위의 위법사유로 주장할 수 있는지 문제된다. 이러한 논의의 전제는
첫째 **선행행위와 후행행위는 모두 항고소송의 대상이 되는 처분**일 것,
둘째 **선행행위에 (당연무효가 아닌) 취소사유인 하자가 존재하지만 후행행위에는 하자가 존재하지 않을 것**,
셋째 **선행행위의 하자를 더 이상 다툴 수 없을 것,**(불가쟁력 발생)
넷째 **후행행위에는 아무런 하자가 없을 것**이 필요하다.
왜냐하면 후행행위에 별도의 하자가 있을 때에는 그것을 다투면 되기 때문이다.
통설과 판례의 입장은 선행행위가 후행행위와 서로 결합하여 하나의 법률효과를 완성하는 경우에는 하자의 승계가 인정된다고 한다. (조세체납처분에서의 독촉·압류·매각·충당(청산)의 각 행위 사이, 행정대집행에 있어서의 계고·통지·실행·비용징수의 각 행위 사이, 국립보건원장의 안경사시험합격무효처분과 보건복지부장관의 안경사면허취소처분, 개별공시지가처분과 양도소득세 부과처분(수인한도론) ⇒ 별개의 법률효과를 목적으로 하나 하자의 승계를 긍정하는 예외적인 판례이다.)
선행행위와 후행행위가 서로 독립하여 별개의 법률효과를 목적으로 하는 경우에는 하자의 승계가 인정되지 않는 것이 원칙이다. (경찰관 직위해제처분과 면직처분, 대학원에서의 수강거부처분과 수료처분, 과세처분과 체납처분, 표준지공시지가결정과 그에 기한 과세처분, 건물철거명령과 대집행계고처분 등)

정답 ①

232. 대법원 판례가 행정행위의 하자의 승계를 인정한 사례는?

기출 연습문제 [Core ★★]

① 과세처분과 체납처분
② 도시계획결정과 수용재결처분
③ 직위해제처분과 면직처분
④ 대집행의 계고처분과 대집행비용징수처분
⑤ 변상판정과 변상명령

해설

④ [○] 대집행의 계고처분과 대집행비용징수처분 - 하자의 승계 긍정

대법원 1993. 11. 9. 선고 93누14271 판결 [건물철거대집행계고처분취소]

대집행의 계고·대집행영장에 의한 통지·대집행의·실행·대집행에 요한 비용의 납부명령 등은, 타인이 대신하여 행할 수 있는 행정의무의 이행을 의무자의 비용부담하에 확보하고자 하는, 동일한 행정목적을 달성하기 위하여 단계적인 일련의 절차로 연속하여 행하여지는 것으로서, 서로 결합하여 하나의 법률효과를 발생시키는 것이므로, 선행처분인 계고처분이 하자가 있는 위법한 처분이라면, 비록 하자가 중대하고도 명백한 것이 아니어서 당연무효의 처분이라고 볼 수 없고 대집행의 실행이 이미 사실행위로서 완료되어 계고처분의 취소를 구할 법률상 이익이 없게 되었으며, 또 대집행비용납부명령 자체에는 아무런 하자가 없다 하더라도, 후행처분인 대집행비용납부명령의 취소를 청구하는 소송에서 청구원인으로 선행처분인 계고처분이 위법한 것이기 때문에 그 계고처분을 전제로 행하여진 대집행비용납부명령도 위법한 것이라는 주장을 할 수 있다.

① [×] 과세처분과 체납처분(×) - 하자의 승계 부정

대법원 1988. 6. 28. 선고 87누1009 판결 [부동산소유권이전청구채권압류처분등무효확인]

조세의 부과처분과 압류 등의 체납처분은 별개의 행정처분으로서 독립성을 가지므로 부과처분에 하자가 있더라도 그 부과처분이 취소되지 아니하는 한 그 부과처분에 의한 체납처분은 위법이라고 할 수는 없지만, 체납처분은 부과처분의 집행을 위한 절차에 불과하므로 그 부과처분에 중대하고도 명백한 하자가 있어 무효인 경우에는 그 부과처분의 집행을 위한 체납처분도 무효라 할 것이나, 그 부과처분의 무효확인청구를 기각하는 판결이 확정된 경우에는 사실심변론종결 이전의 사유를 들어 그 부과처분의 무효를 주장하고 이로써 압류처분의 무효를 다툴 수는 없다.

② [×] 도시계획결정과 수용재결처분(×) - 하자의 승계 부정

대법원 1990. 1. 23. 선고 87누947 판결 [토지수용재결처분취소등]

도시계획의 수립에 있어서 도시계획법 제16조의2 소정의 공청회를 열지 아니하고 공공용지의취득및손실보상에관한특례법 제8조 소정의 이주대책을 수립하지 아니하였더라도 이는 절차상의 위법으로서 취소사유에 불과하고 그 하자가 도시계획결정 또는 도시계획사업시행인가를 무효라고 할 수 있을 정도로 중대하고 명백하다고는 할 수 없으므로 이러한 위법을 선행처분인 도시계획결정이나 사업시행인가 단계에서 다투지 아니하였다면 그 쟁소기간이 이미 도과한 후인 수용재결단계에 있어서는 도시계획수립 행위의 위와 같은 위법을 들어 재결처분의 취소를 구할 수는 없다고 할 것이다.

③ [×] 직위해제처분과 면직처분(×) - 하자의 승계 부정

대법원 1984. 9. 11. 선고 84누191 판결 [직권면직처분취소]

구 경찰공무원법 제50조 제1항에 의한 직위해제처분과 같은 제3항에 의한 면직처분은 후자가 전자의 처분을 전제로 한 것이기는 하나 각각 단계적으로 별개의 법률효과를 발생하는 행정처분이어서 선행직위 해제처분의 위법사유가 면직처분에는 승계되지 아니한다 할 것이므로 선행된 직위해제 처분의 위법사유를 들어 면직처분의 효력을 다툴 수는 없다.

⑤ [×] 변상판정과 변상명령(×) - 하자의 승계 부정

대법원 1963. 7. 25. 선고 63누65 판결 [판정취소청구]

변상제정이 위법이라는 이유로 변상명령의 취소를 구할 수는 없다.

정답 ④

233. 다음 중 하자의 승계가 **부정**되는 경우는?(다툼이 있으면 판례에 의함)

10 경찰 2차 [Core ★★]
총론 Chapter 6. 374

① 대집행절차에 있어서 선행처분인 계고처분의 하자와 후행처분인 대집행영장발부통보처분 간의 경우
② 개별공시지가결정의 위법과 이를 기초로 한 과세처분 간의 경우
③ 안경사시험합격무효처분의 하자와 안경사면허취소처분 간의 경우
④ 대학원에서의 수강거부처분의 하자와 수료처분 간의 경우

해설

④ [×] 대학원에서의 수강거부처분의 하자와 수료처분 간의 경우
① [○] 대집행절차에 있어서 선행처분인 계고처분의 하자와 후행처분인 대집행영장발부통보처분 간의 경우
② [○] 개별공시지가결정의 위법과 이를 기초로 한 과세처분 간의 경우
③ [○] 안경사시험합격무효처분의 하자와 안경사면허취소처분 간의 경우

의의	둘 이상의 행정행위가 연속하여 행하여지는 경우 **불가쟁력이 발생한 선행행위의 하자를 이유로 하자 없는 후행행위를 다툴 수 있는가의 문제**이다.
논의의 전제	① 선행행위와 후행행위가 모두 **항고소송의 대상**이 되는 처분일 것 ② 선행행위가 무효사유가 아닌 **취소사유**에 불과할 것 ③ 선행행위에 **불가쟁력**이 발생하였을 것 ④ 후행행위에는 하자가 없고 **선행행위에만 하자가 있을 것**
판례 인정	선행행위가 후행행위와 서로 결합하여 하나의 법률효과를 완성하는 경우에는 하자의 승계가 인정 ① 대집행에 있어서 계고·통지·실행·비용납부명령 사이 ② 개별공시지가결정과 과세처분 ③ 독촉절차와 체납처분(압류 → 매각 → 청산) 사이 ④ 과세체납처분절차상 압류와 매각처분 사이 ⑤ 안경사국가시험합격무효처분과 안경사 면허취소처분 사이
판례 부정	선행행위와 후행행위가 서로 독립하여 별개의 법률효과를 목적으로 하는 경우에는 하자의 승계가 인정되지 않는 것이 원칙 ① 과세처분과 체납처분 ② 건물철거명령과 대집행계고처분 ③ 직위해제처분과 면직처분 ④ 표준공시지가결정과 과세처분 ⑤ 사업인정과 토지수용재결처분 ⑥ 수강거부처분과 수료처분

정답 ④

취소와 철회

234 행정행위의 취소 및 철회에 관한 설명으로 옳지 않은 것은? 04 경기 교육행정직 [Essential ★]

① 행정행위의 취소는 그 성립에 흠이 있음에도 불구하고 일단 유효하게 성립한 행정행위의 효력을 상실시키는 행위이다.
② 행정행위의 철회는 적법하게 성립한 행정행위를 후발적 사유로 장래에 향하여 그 효력을 소멸시키는 행위이다.
③ 직권취소의 목적과 본질을 고려할 때 부당한 행정행위도 직권취소의 대상이 될 수 있다.
④ 법률에 특별한 규정이 없는 한 상급 감독청이 철회권을 갖지만 예외적으로 처분청도 철회권을 갖는다.

> **해설**
> ④ [×] 법률에 특별한 규정이 없는 한 상급 감독청이 철회권을 갖지만 예외적으로 처분청도 철회권을 갖는다. (×)
>   → 감독청은 처분청에 대하여 철회를 명할 수는 있으나, 법률에 특별한 규정이 없는 한 감독청의 철회권을 인정하는 것은 대집행적 성격을 가지므로 인정되지 않는다.
> ① [○] 행정행위의 취소는 그 성립에 흠이 있음에도 불구하고 **일단 유효하게 성립한 행정행위의 효력을 상실시키는 행위이다.**
> ② [○] 행정행위의 철회는 **적법하게 성립한 행정행위를 후발적 사유로 장래에 향하여 그 효력을 소멸시키는 행위이다.**
> ③ [○] 직권취소의 목적과 본질을 고려할 때 **부당한 행정행위도 직권취소의 대상이 될 수 있다.**

정답 ④

235 다음 중 철회할 수 없는 것은? 기출 연습문제 [Essential ★]

① 행위당시의 흠 ② 부담의 불이행
③ 사정변경 ④ 철회권의 유보
⑤ 사익보다 공익 중시

> **해설**
> ① [×] 행위당시의 흠 (×)
>   → 행위당시의 흠은 성립상의 흠(하자)이 있음을 이유로 하는 것이므로, 이는 강학상의 취소사유에 해당한다.
> ② [○] 부담의 불이행
> ③ [○] 사정변경
> ④ [○] 철회권의 유보
> ⑤ [○] 사익보다 공익 중시

정답 ①

236 행정행위의 취소와 철회에 대한 설명으로 가장 적절하지 않은 것은? (다툼이 있으면 판례에 의함)

13 경행특채 [Essential ★]

① 외형상 하나의 행정처분이라 하더라도 가분성이 있거나 그 처분대상의 일부가 특정될 수 있다면 그 일부만의 취소도 가능하다.
② 행정행위를 한 처분청은 그 행위에 하자가 있더라도 별도의 법적 근거가 없으면 스스로 이를 취소할 수 없다.
③ 철회는 적법요건을 구비하여 완전히 효력을 발하고 있는 행정행위를 사후적으로 그 행위의 효력의 전부 또는 일부를 장래에 향해 소멸시키는 행정처분이다.
④ 행정청은 종전 처분과 양립할 수 없는 처분을 함으로써 묵시적으로 종전 처분을 취소할 수도 있다.

해설

② [×] 행정행위를 한 처분청은 그 행위에 하자가 있더라도 **별도의 법적 근거가 없으면 스스로 이를 취소할 수 없다.**(×)

> 대법원 1995. 6. 9. 선고 95누1194 판결 [징집처분취소]
> 행정행위를 한 처분청은 비록 그 처분 당시에 별다른 하자가 없었고, 또 그 처분 후에 **이를 취소할 별도의 법적 근거가 없다** 하더라도 원래의 처분을 존속시킬 필요가 없게 된 사정변경이 생겼거나 또는 중대한 공익상의 필요가 발생한 경우에는 그 효력을 상실케 하는 별개의 행정행위로 이를 취소할 수 있다.

① [○] 외형상 하나의 행정처분이라 하더라도 **가분성이 있거나 그 처분대상의 일부가 특정될 수 있다면 그 일부만의 취소도 가능하다.**

> 대법원 1986. 12. 9. 선고 86누276 판결 [보조금취소처분의취소]
> 국고보조조림결정에서 정한 조건에 일부만 위반 했음에도 그 조림결정 전부를 취소한 것이 위법하다.

> 대법원 1995. 11. 16. 선고 95누8850 전원합의체 판결 [자동차운전면허취소처분취소]
> 외형상 하나의 행정처분이라 하더라도 가분성이 있거나 그 처분대상의 일부가 특정될 수 있다면 그 일부만의 취소도 가능하고 그 일부의 취소는 당해 취소부분에 관하여 효력이 생긴다고 할 것인바, 이는 한 사람이 여러 종류의 자동차 운전면허를 취득한 경우 그 각 운전면허를 취소하거나 그 운전면허의 효력을 정지함에 있어서도 마찬가지이다.

③ [○] 철회는 적법요건을 구비하여 완전히 효력을 발하고 있는 행정행위를 사후적으로 그 행위의 효력의 전부 또는 일부를 장래에 향해 소멸시키는 행정처분이다.
→ 행정행위의 철회란 아무런 하자 없이 성립한 행정행위에 대해 그 효력을 존속시킬 수 없는 새로운 사정이 발생하였음을 이유로 장래에 향하여 그의 효력을 소멸시키는 행정행위를 말한다.

④ [○] 행정청은 종전 처분과 양립할 수 없는 처분을 함으로써 묵시적으로 종전 처분을 취소할 수도 있다.
→ 행정행위의 취소는 명시적으로 할 수도 있으나, 종전 처분과 양립할 수 없는 처분을 함으로써 묵시적으로 종전 처분을 취소할 수도 있다.

> 대법원 1999. 12. 28. 선고 98두1895 판결 [토지형질변경불허가처분취소]
> 행정행위의 취소라 함은 일단 유효하게 성립한 행정처분이 위법 또는 부당함을 이유로 소급하여 그 효력을 소멸시키는 별도의 행정처분을 말하며, **행정청은 종전 처분과 양립할 수 없는 처분을 함으로써 묵시적으로 종전 처분을 취소할 수도 있다.**

정답 ②

237 행정행위의 직권취소에 대한 설명으로 옳지 않은 것은? (다툼이 있는 경우 판례에 의함)

기출 연습문제 [Core ★★]

① 행정처분에 하자가 있는 경우에는 법령에 특별히 취소사유로 규정하고 있지 아니하여도 행정청은 그가 행한 위법한 행정처분을 취소할 수 있다.
② 행정행위에 하자가 있으나 하자가 이미 치유되었거나 다른 적법한 행위로 전환된 경우에는 취소의 대상이 되지 않는다.
③ 처분청은 행정행위에 불가쟁력이 발생된 경우라도 취소할 수 있다.
④ 과세관청이 과세부과취소처분을 다시 취소하면 원부과처분의 효력은 자동적으로 소생된다.

해설

취소에는 직권취소와 쟁송취소가 있다. **직권취소는 일단 유효하게 성립한 행정행위를 그 성립상의 하자를 이유로 권한있는 행정기관(주로 처분청)이 직권으로 그 효력을 소멸시키는 행정행위를 말하고, 쟁송취소는 위법, 부당 행정행위로 인하여 권익이 침해된 자에 의한 쟁송제기에 의하여 권한있는 기관이 그 행위의 효력을 소멸시키는 행위를 말하는데,** 이에는 행정심판(재결청)과 행정소송(법원)으로 구분된다.

④ [×] 과세관청이 과세부과취소처분을 **다시 취소하면 원부과처분의 효력은 자동적으로 소생된다.**(×)
→ 과세관청이 **부과의 취소를 다시 취소함으로써 원부과처분을 소생시킬 수 없다.**

대법원 1995. 3. 10. 선고 94누7027 판결 [상속세부과처분취소등]
부과의 취소에 위법사유가 있다고 하더라도 당연무효가 아닌 한 일단 유효하게 성립하여 부과처분을 확정적으로 상실시키는 것이라고 할 것이다. **과세관청은 부과의 취소를 다시 취소함으로써 원부과처분을 소생시킬 수는 없고 납세의무자에게 종전의 과세대상에 대한 납부의무를 지우려면 다시 법률에서 정한 부과절차에 좇아 동일한 내용의 새로운 처분을 하는 수밖에 없다.**

① [○] 행정처분에 하자가 있는 경우에는 법령에 특별히 취소사유로 규정하고 있지 아니하여도 행정청은 그가 행한 위법한 행정처분을 취소할 수 있다.
→ 처분청은 취소에 관한 별도의 법적 근거가 없더라도 행정행위를 취소할 수 있다.

대법원 1999. 12. 28. 선고 98두1895 판결 [토지형질변경불허가처분취소]
행정처분을 한 처분청은 그 행위에 **하자가 있는 경우에는 원칙적으로 별도의 법적 근거가 없더라도 스스로 이를 직권으로 취소할 수 있다.**

② [○] 행정행위에 하자가 있으나 하자가 이미 치유되었거나 다른 적법한 행위로 전환된 경우에는 취소의 대상이 되지 않는다.
→ 하자 있는 행정행위가 치유 또는 전환되어 적법한 행위로 된 경우에는 **취소대상이 아니다.**

③ [○] 처분청은 행정행위에 불가쟁력이 발생된 경우라도 취소할 수 있다.
→ 불가쟁력이 발생한 행정행위라고 불가변력이 발생하지 않는 한 처분청이 취소할 수 있다.

정답 ④

238. 행정행위의 직권취소에 대한 설명으로 옳은 것은? (다툼이 있는 경우 판례에 의함)

08 지방직 7급 [Essential ★]

① 변상금부과처분 취소소송이 진행 중인 경우에는 부과권자는 위법한 처분을 직권취소할 수 없다.
② 공장의 용도뿐만 아니라 공장 외의 용도로도 활용할 내심의 의사가 있었다면 이는 공장등록취소 사유가 된다.
③ 행정절차법상 위법한 수익적 행정처분의 직권취소의 기간은 그 위법을 안 날로부터 1년이다.
④ 행정행위를 한 처분청은 그 행위에 하자가 있는 경우에는 별도의 법적 근거가 없더라도 스스로 이를 취소할 수 있다.

해설

④ [○] 행정행위를 한 처분청은 그 행위에 하자가 있는 경우에는 별도의 법적 근거가 없더라도 스스로 이를 취소할 수 있다.
→ 처분청은 그 행위에 하자가 있는 경우에는 별도의 법적 근거가 없더라도 처분을 취소할 수 있다는 것이 판례의 입장이다.

① [×] 변상금부과처분 취소소송이 진행 중인 경우에는 부과권자는 위법한 처분을 직권취소할 수 없다.(×)
→ 쟁송이 진행 중인 경우라 하더라도 행정청은 처분을 직권취소할 수 있다.(×)

> 대법원 2006. 2. 10. 선고 2003두5686 판결 [변상금부과처분취소]
> 변상금 부과처분에 대한 취소소송이 진행중이라도 그 부과권자로서는 위법한 처분을 스스로 취소하고 그 하자를 보완하여 다시 적법한 부과처분을 할 수도 있는 것이어서 그 권리행사에 법률상의 장애사유가 있는 경우에 해당한다고 할 수 없으므로, 그 처분에 대한 취소소송이 진행되는 동안에도 그 부과권의 소멸시효가 진행된다.

② [×] 공장의 용도뿐만 아니라 공장 외의 용도로도 활용할 내심의 의사가 있었다면 이는 공장등록취소 사유가 된다.(×)

> 대법원 2006. 5. 25. 선고 2003두4669 판결 [공장등록취소처분취소]
> 공장을 공장의 용도뿐만 아니라 공장 외의 용도로도 활용할 내심의 의사가 있었다고 하더라도 그와 같은 사유만으로는 이 사건 공장등록이 하자 있는 행정행위로서 취소사유가 있다고 할 수 없고, 다만 위와 같은 내심의 의사가 현실화되어 원고가 공장을 공장 외의 용도로 실제로 활용하는 경우 법과 시행령이 규정하고 있는 공장등록취소사유가 될 수 있을 뿐이므로, 이 사건 공장등록이 하자 있는 행정행위로서 취소할 수 있음을 전제로 한 위 처분사유는 결국 위법하다고 할 것이다.

③ [×] 행정절차법상 위법한 수익적 행정처분의 직권취소의 기간은 그 위법을 안 날로부터 1년이다.(×)
→ 직권취소의 경우 행정절차법상 취소권행사의 법정기간의 제한은 없다. 다만, 일정한 요건을 갖춘 경우 상대방의 신뢰보호를 위해 실권의 법리에 따라 취소권행사가 제한될 수는 있을 것이다.

정답 ④

239 행정행위의 철회에 관한 설명으로 옳은 것은?

기출 연습문제 [Essential ★]

① 철회권은 법적 근거가 있는 경우에 한하여 인정된다는 것이 다수설·판례의 입장이다.
② 명문의 근거규정이 없어도 처분청뿐만 아니라 감독청도 철회권을 가진다.
③ 대법원은 외형상 하나의 행정처분이라고 하더라도 가분성이 있는 경우 그 일부만의 철회도 가능하다고 본다.
④ 철회권은 처분청과 감독청이 가지고, 철회는 처음으로 돌아가서 행정행위의 효력을 상실시킨다.

해설

③ [O] 대법원은 외형상 하나의 행정처분이라고 하더라도 가분성이 있는 경우 그 일부만의 철회도 가능하다고 본다.

> 대법원 2006. 2. 10. 선고 2003두5686 판결 [변상금부과처분취소]
> 외형상 하나의 행정처분이라 하더라도 **가분성이 있거나 그 처분대상의 일부가 특정될 수 있는 경우**, 일부 취소도 가능하다.

① [×] 철회권은 법적 근거가 있는 경우에 한하여(×) 인정된다는 것이 다수설·판례의 입장이다.
→ 침익적 행정행위의 철회의 경우는 상대방에게 수익적 효과를 발생시키므로 별도의 법적 근거를 요하지 않지만, 수익적 행정행위의 철회의 경우는 국민의 권익을 소멸시키는 침익적 성질을 가지는 것이므로 철회사유가 존재하는 경우 법률의 근거없이 철회권을 행사할 수 있는가에 대하여 학설이 대립한다. 통설과 판례는 철회에 대한 별도의 명문의 규정이 없어도 처분청이 행정행위를 할 수 있는 권한 중에 철회권이 포함된다고 한다. 즉 철회는 행정행위를 존속시키기 어려운 처분 후의 새로운 사정과 관련하여 고려되는 것이고, 행정의 법률적합성이나 공익적합성, 새로운 사정에의 적응 요청 등을 근거로 한다.

② [×] 명문의 근거규정이 없어도 처분청뿐만 아니라 감독청도 철회권을 가진다.(×)
→ 행정행위의 철회는 처분청만이 할 수 있으며, 감독청은 법률에 근거가 없는 한 직접 철회할 수는 없다는 것이 통설의 입장이다.

④ [×] 철회권은 처분청과 감독청이 가지고,(×) 철회는 처음으로 돌아가서 행정행위의 효력을 상실시킨다.
→ 철회권은 처분청만이 가진다. 감독청은 처분청에 대하여 철회를 명할 수는 있으나, 법률에 특별한 규정이 없는 한 감독청의 철회권을 인정하는 것은 대집행적 성격을 가지므로 인정되지 않는다. 또한 철회는 장래를 향하여 행정행위의 효력을 상실시키므로 원칙적으로 소급효는 없다.

정답 ③

240 행정행위의 실효사유에 해당되지 않는 것은?

기출 연습문제 [Essential ★]

① 행정행위의 대상소멸
② 행정행위의 목적달성
③ 사기 등 부정행위
④ 해제조건의 성취
⑤ 행정행위의 종기도래

> **해설**
>
> ③ [×] 사기 등 부정행위(×) - 취소사유
> ① [○] 행정행위의 대상소멸 - 실효사유
> ② [○] 행정행위의 목적달성 - 실효사유
> ④ [○] 해제조건의 성취 - 실효사유
> ⑤ [○] 행정행위의 종기도래 - 실효사유
>
> 하자없이 성립·발효된 행정행위가 이후 일정한 사정변경을 이유로 장래에 대하여 당연히 그 효력이 상실되는 것을 행정행위의 **실효**라 한다. 실효사유로는 자진폐업을 들 수 있다. 신청에 의한 허가처분을 자진폐업한 경우 허가는 당연히 실효된다.
>
> 대법원 1981. 7. 14. 선고 80누593 판결 [청량음료제조업허가취소처분취소]
> 청량음료 제조업허가는 신청에 의한 처분이고, 이와 같이 신청에 의한 허가처분을 받은 원고가 그 영업을 폐업한 경우에는 그 영업허가는 당연 실효되고, 이런 경우 허가행정청의 허가취소처분은 허가의 실효됨을 확인하는 것에 불과하므로 원고는 그 허가취소처분의 취소를 구할 소의 이익이 없다고 할 것이다.

정답 ③

제3절 경찰의 실효성 확보수단

1. 경찰강제

[심화학습]

경찰상 강제집행

241 경찰강제 중 경찰상 강제집행에 관한 설명으로 가장 옳은 것은 무엇인가?

14 경찰간부 [Core ★★] 총론 Chapter 6. 379

① 대집행의 절차는 [대집행영장에 의한 통지 → 대집행의 계고 → 대집행의 실행 → 비용의 징수] 순으로 진행된다.
② 집행벌이란 대체적 작위의무의 불이행이 있는 경우에 그 의무의 이행을 직접적으로 강제하기 위하여 과하는 금전벌을 말한다.
③ 직접강제란 경찰법상의 의무의 불이행이 있는 경우에 의무자의 신체·재산 등에 직접적으로 실력을 가함으로써 의무의 이행과 동일한 상태를 실현하는 작용을 말한다.
④ 강제징수란 경찰법상의 금전급부의 의무를 이행하지 아니한 경우에 경찰기관이 의무자의 재산에 실력을 가하여 의무가 이행된 것과 같은 상태를 실현하는 작용을 말하며, 이에 관한 일반법으로는 국세기본법이 있다.

해설

③ [O] 직접강제란 경찰법상의 의무의 불이행이 있는 경우에 **의무자의 신체·재산 등에 직접적으로 실력을 가함으로써 의무의 이행과 동일한 상태를 실현하는 작용**을 말한다.
→ 경찰법상의 의무불이행에 대한 최후 수단으로 **경찰의무자가 의무를 이행하지 않을 경우에 경찰관이 직접 의무자의 신체 또는 재산에 실력을 가하여 필요한 상태를 실현**하는 작용을 말한다.

① [X] 대집행의 절차는 [대집행영장에 의한 통지 → 대집행의 계고(X) → 대집행의 실행 → 비용의 징수] 순으로 진행된다.
→ 대집행의 절차는 **대집행의 계고→대집행영장에 의한 통지→대집행의 실행→ 비용징수의 순으로 진행**된다.

② [X] 집행벌이란 **대체적 작위의무(X)**의 불이행이 있는 경우에 그 의무의 이행을 직접적으로 강제하기 위하여 과하는 금전벌을 말한다.
→ 집행벌은 **비대체적 작위의무 또는 부작위의무를 이행치 아니하는 경우에 그 의무자에게 심리적 압박을 가하여 의무의 이행을 간접적으로 강제하기 위하여 과하는 금전적 부담 또는 강제금**을 말한다.

④ [X] 강제징수란 경찰법상의 금전급부의 의무를 이행하지 아니한 경우에 경찰기관이 의무자의 재산에 실력을 가하여 의무가 이행된 것과 같은 상태를 실현하는 작용을 말하며, 이에 관한 일반법으로는 **국세기본법(X)**이 있다.
→ 강제징수란 경찰법상의 금전급부의 의무를 이행하지 아니한 경우에 경찰기관이 의무자의 재산에 실력을 가하여 의무가 이행된 것과 같은 상태를 실현하는 작용을 말하며, 이에 관한 일반법으로는 **국세징수법**이 있다.

> **행정기본법 제30조(행정상 강제)** [시행일: 2023. 3. 24.]
> ① 행정청은 행정목적을 달성하기 위하여 필요한 경우에는 법률로 정하는 바에 따라 필요한 최소한의 범위에서 다음 각 호의 어느 하나에 해당하는 조치를 할 수 있다.
>   1. 행정대집행: 의무자가 행정상 의무(법령등에서 직접 부과하거나 행정청이 법령등에 따라 부과한 의무를 말한다. 이하 이 절에서 같다)로서 타인이 대신하여 행할 수 있는 의무를 이행하지 아니하는 경우 법률로 정하는 다른 수단으로는 그 이행을 확보하기 곤란하고 그 불이행을 방치하면 공익을 크게 해칠 것으로 인정될 때에 행정청이 의무자가 하여야 할 행위를 스스로 하거나 제3자에게 하게 하고 그 비용을 의무자로부터 징수하는 것
>   2. 이행강제금의 부과: 의무자가 행정상 의무를 이행하지 아니하는 경우 행정청이 적절한 이행기간을 부여하고, 그 기한까지 행정상 의무를 이행하지 아니하면 금전급부의무를 부과하는 것
>   3. **직접강제**: 의무자가 행정상 의무를 이행하지 아니하는 경우 행정청이 의무자의 신체나 재산에 실력을 행사하여 그 행정상 의무의 이행이 있었던 것과 같은 상태를 실현하는 것
>   4. **강제징수**: 의무자가 행정상 의무 중 금전급부의무를 이행하지 아니하는 경우 행정청이 의무자의 재산에 실력을 행사하여 그 행정상 의무가 실현된 것과 같은 상태를 실현하는 것
>   5. 즉시강제: 현재의 급박한 행정상의 장해를 제거하기 위한 경우로서 다음 각 목의 어느 하나에 해당하는 경우에 행정청이 곧바로 국민의 신체 또는 재산에 실력을 행사하여 행정목적을 달성하는 것
>   가. 행정청이 미리 행정상 의무 이행을 명할 시간적 여유가 없는 경우
>   나. 그 성질상 행정상 의무의 이행을 명하는 것만으로는 행정목적 달성이 곤란한 경우
> ② 행정상 강제 조치에 관하여 이 법에서 정한 사항 외에 필요한 사항은 따로 법률로 정한다.
> ③ 형사(刑事), 행형(行刑) 및 보안처분 관계 법령에 따라 행하는 사항이나 외국인의 출입국·난민인정·귀화·국적회복에 관한 사항에 관하여는 이 절을 적용하지 아니한다.

정답 ③

242 다음 설명과 관련이 있는 강제집행 수단으로 가장 적절한 것은?

16 경찰승진 [Essential ★]
총론 Chapter 6. 380

> 의무의 불이행이 있는 경우 직접 의무자의 신체·재산에 실력을 가하여 의무의 이행이 있었던 것과 같은 상태를 실현하는 작용으로 의무이행 확보를 위한 최후의 수단

① 직접강제 ② 강제징수
③ 집행벌   ④ 대집행

해설

① [○] 직접강제
→ 의무의 불이행이 있는 경우 직접 의무자의 신체·재산에 실력을 가하여 의무의 이행이 있었던 것과 같은 상태를 실현하는 작용으로 의무이행 확보를 위한 최후의 수단은 직접강제를 말한다. 즉 직접강제란 의무자가 의무를 이행하지 아니하는 경우에 직접적으로 의무자의 신체 또는 재산에 실력을 가함으로써 의무의 이행이 있었던 것과 같은 상태를 실현하는 경찰상 강제집행을 말한다. 이는 **다른 수단이 없는 경우에만 제2차적·최후적 수단으로 활용하여야 한다.**

② [×] 강제징수
→ 경찰상 강제징수란 경찰행정법상의 금전급부의무가 이행되지 아니한 경우에, 의무자의 재산에 실력을 가

함으로써 그 의무가 이행된 것과 동일한 상태를 실현하는 경찰상 강제집행을 말한다.
- ③ [×] 집행벌
  → 집행벌은 비대체적 작위의무 또는 부작위의무를 이행하지 않는 경우에 **의무의 이행을 강제하기 위한 심리적 압박수단으로 과하는 금전적 부담 또는 강제금**을 말한다. 직접적 의무이행확보수단이 아니라 **간접적·심리적 의무이행확보수단**이다.
- ④ [×] 대집행
  → 대집행이라 함은 경찰행정법상의 대체적 작위의무의 불이행의 경우에 당해 경찰행정청이 스스로 행하거나 또는 제3자로 하여금 이를 행하게 하고 그에 관한 비용을 의무자로부터 징수하는 경찰상 강제집행을 말한다.

정답 ①

243 경찰상 강제집행의 수단에 관한 설명으로 가장 적절하지 않은 것은?

16 경찰승진, 실무종합 [Core ★★] 총론 Chapter 6. 381

① 경찰상 의무를 이행하지 않는 경우에 그 이행을 강제하기 위해 과하는 금전벌을 집행벌이라고 한다.
② 대체적 작위의무의 불이행이 있는 경우 행정청이 의무자의 작위의무를 스스로 행하거나 또는 제3자로 하여금 이를 행하게 하고 그 비용을 의무자로부터 징수하는 것을 대집행이라고 한다.
③ 경찰상 의무위반에 대한 최후수단으로서 직접 의무자의 신체나 재산에 실력을 가하여 의무의 이행이 있었던 것과 동일한 상태를 실현하는 작용을 경찰하명이라고 한다.
④ 국민이 국가 또는 공공단체에 대해 부담하고 있는 공법상의 금전급부의무를 이행하지 않는 경우에 행정청이 강제적으로 의무가 이행된 것과 동일한 상태를 실현하는 작용을 강제징수라고 한다.

해설

- ③ [×] 경찰상 의무위반에 대한 최후수단으로서 직접 의무자의 신체나 재산에 실력을 가하여 의무의 이행이 있었던 것과 동일한 상태를 실현하는 작용을 **경찰하명(×)**이라고 한다.
  → **직접강제에 대한 내용이다.** 이는 의무자가 의무를 이행하지 아니하는 경우에 직접적으로 의무자의 신체 또는 재산에 실력을 가함으로써 의무의 이행이 있었던 것과 같은 상태를 실현하는 경찰상 강제집행을 말하고, 이는 다른 수단이 없는 경우에만 제2차적·최후적 수단으로 활용하여야 한다.

행정기본법 제32조(직접강제) [시행일: 2023. 3. 24.]
① 직접강제는 행정대집행이나 이행강제금 부과의 방법으로는 행정상 의무 이행을 확보할 수 없거나 그 실현이 불가능한 경우에 실시하여야 한다.
② 직접강제를 실시하기 위하여 현장에 파견되는 집행책임자는 그가 집행책임자임을 표시하는 증표를 보여 주어야 한다.
③ 직접강제의 계고 및 통지에 관하여는 제31조제3항 및 제4항을 준용한다.

- ① [○] 경찰상 의무를 이행하지 않는 경우에 그 이행을 강제하기 위해 과하는 금전벌을 집행벌이라고 한다.
  → 집행벌은 비대체적 작위의무(예방접종의무) 또는 부작위의무를 이행하지 않는 경우에 **의무의 이행을 강**

제하기 위한 심리적 압박수단으로 과하는 금전적 부담 또는 강제금을 말한다.
② [O] 대체적 작위의무의 불이행이 있는 경우 행정청이 의무자의 작위의무를 스스로 행하거나 또는 제3자로 하여금 이를 행하게 하고 그 비용을 의무자로부터 징수하는 것을 대집행이라고 한다.
→ 대집행이란 경찰법상의 대체적 작위의무를 이행하지 않을 경우에 그 당해 경찰관청이 스스로 행하거나 또는 제3자로 하여금 의무자가 하여야 할 행위를 하게 함으로써 의무의 이행이 있는 것과 같은 상태를 실현시킨 후, 그 비용을 의무자로부터 징수하는 경찰상의 강제집행이다.
④ [O] 국민이 국가 또는 공공단체에 대해 부담하고 있는 공법상의 금전급부의무를 이행하지 않는 경우에 행정청이 강제적으로 의무가 이행된 것과 동일한 상태를 실현하는 작용을 강제징수라고 한다.
→ 경찰상 강제징수란 경찰법상의 금전급부의 의무를 이행하지 아니하는 경우에 경찰기관이 의무자의 재산에 실력을 가하여 의무가 이행된 것과 같은 상태를 실현하는 것을 말한다. 일반법으로 국세징수법이 있다.

정답 ③

244 경찰상 강제집행의 수단에 대한 설명으로 가장 적절하지 않은 것은?

20 경찰승진, 실무종합 [Core ★★] 총론 Chapter 6. 382

① 직접강제란 의무의 불이행이 있는 경우 직접 의무자의 신체·재산에 실력을 가하여 의무의 이행이 있었던 것과 같은 상태를 실현하는 작용을 말한다.
② 강제징수의 일반법으로서「국세징수법」이 있다.
③ 집행벌은 반복적으로 부과하는 것도 가능하다.
④ 대집행이란 비대체적 작위의무의 불이행이 있는 경우 행정청이 의무자의 작위의무를 스스로 행하거나 또는 제3자로 하여금 이를 행하게 하고 그 비용을 의무자로부터 징수하는 것을 말한다.

해설

④ [X] 대집행이란 비대체적 작위의무(X)의 불이행이 있는 경우 행정청이 의무자의 작위의무를 스스로 행하거나 또는 제3자로 하여금 이를 행하게 하고 그 비용을 의무자로부터 징수하는 것을 말한다.
→ 대집행은 대체성이 있는 대체적 작위의무를 불이행한 경우 다른 사람이 대신 의무를 이행하고 그 비용을 의무자로부터 징수하는 의무이행 확보수단을 말한다.
① [O] 직접강제란 의무의 불이행이 있는 경우 직접 의무자의 신체·재산에 실력을 가하여 의무의 이행이 있었던 것과 같은 상태를 실현하는 작용을 말한다.
→ 경찰법상의 의무불이행에 대한 최후 수단으로 경찰의무자가 의무를 이행하지 않을 경우에 경찰관이 직접 의무자의 신체 또는 재산에 실력을 가하여 필요한 상태를 실현하는 작용을 말한다.
② [O] 강제징수의 일반법으로서「국세징수법」이 있다.
③ [O] 집행벌은 반복적으로 부과하는 것도 가능하다.
→ 집행벌은 경찰벌과 병과가능하고 의무이행될 때까지 반복 부과가능하다. 일사부재리원칙이 적용되지 않는다.

행정기본법 제31조(이행강제금의 부과) [시행일: 2023. 3. 24.]
① 이행강제금 부과의 근거가 되는 법률에는 이행강제금에 관한 다음 각 호의 사항을 명확하게 규정하여야 한다. 다만, 제4호 또는 제5호를 규정할 경우 입법목적이나 입법취지를 훼손할 우려가 크다고 인정되는 경우로서 대통령령으로 정하는 경우는 제외한다.

> 1. 부과·징수 주체
> 2. 부과 요건
> 3. 부과 금액
> 4. 부과 금액 산정기준
> 5. 연간 부과 횟수나 횟수의 상한
>
> ② 행정청은 다음 각 호의 사항을 고려하여 이행강제금의 부과 금액을 가중하거나 감경할 수 있다.
> 1. 의무 불이행의 동기, 목적 및 결과
> 2. 의무 불이행의 정도 및 상습성
> 3. 그 밖에 행정목적을 달성하는 데 필요하다고 인정되는 사유
>
> ③ 행정청은 이행강제금을 부과하기 전에 미리 의무자에게 적절한 이행기간을 정하여 그 기한까지 행정상 의무를 이행하지 아니하면 이행강제금을 부과한다는 뜻을 문서로 계고(戒告)하여야 한다.
> ④ 행정청은 의무자가 제3항에 따른 계고에서 정한 기한까지 행정상 의무를 이행하지 아니한 경우 이행강제금의 부과 금액·사유·시기를 문서로 명확하게 적어 의무자에게 통지하여야 한다.
> ⑤ **행정청은 의무자가 행정상 의무를 이행할 때까지 이행강제금을 반복하여 부과할 수 있다. 다만, 의무자가 의무를 이행하면 새로운 이행강제금의 부과를 즉시 중지하되, 이미 부과한 이행강제금은 징수하여야 한다.**
> ⑥ 행정청은 이행강제금을 부과받은 자가 납부기한까지 이행강제금을 내지 아니하면 국세강제징수의 예 또는 「지방행정제재·부과금의 징수 등에 관한 법률」에 따라 징수한다.

정답 ④

245 경찰상 강제집행 및 그 수단에 대한 설명으로 가장 적절하지 않은 것은?

21 경찰 1차 [Essential ★] 총론 Chapter 6. 383

① 경찰상 강제집행은 경찰하명에 의한 의무의 존재 및 그 불이행을 전제로 한다는 점에서 의무불이행을 전제로 하지 않는 경찰상 즉시강제와 구별된다.
② 경찰상 강제집행은 장래에 향하여 의무이행을 강제한다는 점에서 과거의 의무위반에 대한 제재인 경찰벌과 구별된다.
③ 강제징수란 의무자가 관련 법령상의 대체적 작위의무를 이행하지 않을 경우, 당해 경찰관청이 스스로 행하거나 또는 제3자로 하여금 의무자가 하여야 할 행위를 하게 함으로써 의무의 이행이 있는 것과 같은 상태를 실현시킨 후 그 비용을 의무자로부터 징수하는 것이다.
④ 대집행의 근거가 되는 일반법으로는 「행정대집행법」이 있다.

해설

③ [X] 강제징수(X)란 의무자가 관련 법령상의 대체적 작위의무를 이행하지 않을 경우, 당해 경찰관청이 스스로 행하거나 또는 제3자로 하여금 의무자가 하여야 할 행위를 하게 함으로써 의무의 이행이 있는 것과 같은 상태를 실현시킨 후 그 비용을 의무자로부터 징수하는 것이다.
→ 경찰상 강제집행 중 대집행을 말한다. 경찰상 강제징수는 경찰행정법상의 금전급부의무가 이행되지 아니한 경우에, 의무자의 재산에 실력을 가함으로써 그 의무가 이행된 것과 동일한 상태를 실현하는 경찰상 강제집행을 말한다. 이에 대한 일반법으로 국세징수법이 있다.

① [O] 경찰상 강제집행은 경찰하명에 의한 의무의 존재 및 그 불이행을 전제로 한다는 점에서 의무불이행을 전제로 하지 않는 경찰상 즉시강제와 구별된다.

→ 경찰상 즉시강제는 행정상의 의무존재와 의무불이행을 전제로 하지 않는다는 점에서 강제집행과 구별된다. 그리고 즉시강제는 행정상 필요한 상태를 실현하기 위한 목적을 갖는 점에서 정보나 자료의 수집을 목적으로 하는 행정조사와도 구별된다.

② [O] 경찰상 강제집행은 장래에 향하여 의무이행을 강제한다는 점에서 과거의 의무위반에 대한 제재인 경찰벌과 구별된다.
→ 경찰벌은 과거의 의무위반에 대하여 과하는 제재이지만, 집행벌은 의무불이행이 있는 경우 장래에 있어서 그 이행을 강제하기 위한 금전부담으로 강제집행이라는 점에서 구별된다.

④ [O] 대집행의 근거가 되는 일반법으로는 「행정대집행법」이 있다.

정답 ③

246 경찰상 강제집행의 수단에 대한 설명이다. 다음 중 옳은 것은?

21 경찰간부 [ESSential ★]
총론 Chapter 6, 384

① 대집행의 절차는 계고 → 통지 → 비용의 징수 → 실행 순이다.
② 집행벌은 경찰벌과 병과해서 행할 수 없다.
③ 강제징수 절차는 독촉 → 체납처분(압류-매각-청산) → 체납처분의 중지 → 결손처분 순으로 진행한다.
④ 강제집행과 즉시강제는 선행의무 불이행을 전제하지 않는다.

해설

③ [O] 강제징수 절차는 독촉 → 체납처분(압류-매각-청산) → 체납처분의 중지 → 결손처분 순으로 진행한다.

의 의	경찰상 강제징수란 경찰법상의 급전급부의 의무를 이행하지 아니하는 경우에 경찰기관이 의무자의 재산에 실력을 가하여 의무가 이행된 것과 같은 상태를 실현하는 것을 말한다.
근 거	일반법으로 국세징수법이 있다.
절 차	독촉 ▶ 체납처분(재산압류→압류재산 매각→청산) ▶ 체납처분의 중지 ▶ 결손처분

① [X] 대집행의 절차는 계고 → 통지 → 비용의 징수 → 실행(X) 순이다.
→ 대집행은 대집행의 계고 → 대집행영장의 통지 → 대집행의 실행 → 비용징수의 순으로 행해진다.

② [X] 집행벌은 경찰벌과 병과해서 행할 수 없다.(X)
→ 장래 의무이행을 확보하기 위한 이행강제금인 집행벌과 과거의 의무위반에 대한 제재로서 과하는 경찰벌은 그 성질과 목적을 달리 하기 때문에 병과할 수 있다.

④ [X] 강제집행(X)과 즉시강제는 선행의무 불이행을 전제하지 않는다.
→ 강제집행은 하명에 따른 의무불이행을 전제하고, 즉시강제는 이를 전제하지 않는다. 경찰상 즉시강제란 목전의 급박한 경찰상 장해를 제거해야 할 필요가 있는 경우에 미리 의무를 명할 시간적 여유가 없거나, 또는 그 성질상 의무를 명해서는 그 목적을 달성하기 곤란한 때에 직접 국민의 신체 또는 재산에 실력을 가하여 경찰상 필요한 상태를 실현하는 작용을 말한다.

정답 ③

247 경찰상 의무이행 확보수단에 대한 설명으로 가장 적절한 것은?

21 경찰승진 [Core ★★]
총론 Chapter 6. 385

① 경찰상 강제집행은 경찰하명에 따른 경찰의무의 불이행이 있는 경우에 상대방의 신체 또는 재산이나 주거 등에 실력을 행사하여 경찰상 필요한 상태를 실현하는 작용으로 간접적 의무이행 확보 수단이다.
② 강제징수란 국민이 국가 또는 공공단체에 대해 부담하고 있는 공법상의 금전급부의무를 이행하지 않는 경우에 행정청이 강제적으로 의무가 이행된 것과 동일한 상태를 실현하는 작용으로 새로운 의무이행확보 수단이다.
③ 집행벌은 의무이행을 위한 강제집행이라는 점에서 의무위반에 대한 제재인 경찰벌과 구별되며, 경찰벌과 병과해서 행할 수 있고, 의무이행이 될 때까지 반복적으로 부과하는 것도 가능하다.
④ 해산명령 불이행에 따른 해산조치, 불법영업소의 폐쇄조치, 감염병 환자의 즉각적인 강제격리는 모두 즉시강제에 해당한다.

해설

③ [O] 집행벌은 의무이행을 위한 강제집행이라는 점에서 의무위반에 대한 제재인 경찰벌과 구별되며, 경찰벌과 병과해서 행할 수 있고, 의무이행이 될 때까지 반복적으로 부과하는 것도 가능하다.
→ 집행벌은 기간을 정하여 의무이행을 명하고 의무불이행이 있으면 이행강제금을 부과하는 것을 반복할 수 있는 의무이행확보수단이다. 새로운 의무불이행에 대해 부과하는 것이므로 일사부재리의 원칙에도 반하지 않는다.

① [×] 경찰상 강제집행은 경찰하명에 따른 경찰의무의 불이행이 있는 경우에 상대방의 신체 또는 재산이나 주거 등에 실력을 행사하여 경찰상 필요한 상태를 실현하는 작용으로 간접적 의무이행 확보 수단(×)이다.
→ 강제집행은 직접적 수단으로 봐야 한다. 물론 간접적인 성질의 집행벌도 있긴 하지만 전체적으로는 경찰위반상태에 있는 장해를 직접 제거하는 것을 목적으로 하므로 직접적 수단으로 보는 것이 옳다.

② [×] 강제징수란 국민이 국가 또는 공공단체에 대해 부담하고 있는 공법상의 금전급부의무를 이행하지 않는 경우에 행정청이 강제적으로 의무가 이행된 것과 동일한 상태를 실현하는 작용으로 새로운 의무이행확보 수단(×)이다.
→ 강제징수는 전통적인 의무이행확보수단이다. 이에 비하여 과징금은 새로운 의무이행확보수단이라고 볼 수 있다.

④ [×] 해산명령 불이행에 따른 해산조치, 불법영업소의 폐쇄조치,(×) 감염병 환자의 즉각적인 강제격리는 모두 즉시강제에 해당한다.
→ 해산명령에 따른 의무불이행자에 대한 강제해산조치나 불법영업소의 폐쇄조치는 경찰상 강제집행 중 직접강제에 해당된다.

근거	일반법에는 없으며, 개별법에서 극히 예외적으로 인정하고 있다. ㉠ 식품위생법: 영업소의 폐쇄조치 ㉡ 도로교통법: 연도공작물의 위험방지조치 ㉢ 집회 및 시위에 관한 법률: 해산명령 후의 **집회자 해산** ㉣ 출입국관리법: 외국인의 보호조치·강제퇴거

정답 ③

248 「행정기본법」상 행정상 강제에 관한 설명 중 가장 적절하지 않은 것은? 22 법학특채 [Essential ★]

총론 Chapter 6. 386

① 행정대집행은 의무자가 행정상 의무를 이행하지 아니하는 경우 행정청이 의무자의 신체나 재산에 실력을 행사하여 그 행정상 의무의 이행이 있었던 것과 같은 상태를 실현하는 것이다.

② 이행강제금의 부과는 의무자가 행정상 의무를 이행하지 아니하는 경우 행정청이 적절한 이행기간을 부여하고, 그 기한까지 행정상 의무를 이행하지 아니하면 금전급부의무를 부과하는 것이다.

③ 즉시강제는 현재의 급박한 행정상의 장해를 제거하기 위하여 행정청이 미리 행정상 의무 이행을 명할 시간적 여유가 없는 경우 또는 그 성질상 행정상 의무의 이행을 명하는 것만으로는 행정목적 달성이 곤란한 경우에 행정청이 곧바로 국민의 신체 또는 재산에 실력을 행사하여 행정목적을 달성하는 것이다.

④ 강제징수는 의무자가 행정상 의무 중 금전급부의무를 이행하지 아니하는 경우 행정청이 의무자의 재산에 실력을 행사하여 그 행정상 의무가 실현된 것과 같은 상태를 실현하는 것이다.

해설

① [×] **행정대집행(×)**은 의무자가 행정상 의무를 이행하지 아니하는 경우 행정청이 의무자의 신체나 재산에 실력을 행사하여 그 행정상 의무의 이행이 있었던 것과 같은 상태를 실현하는 것이다.
→ 의무자가 행정상 의무를 이행하지 아니하는 경우 행정청이 의무자의 신체나 재산에 실력을 행사하여 그 행정상 의무의 이행이 있었던 것과 같은 상태를 실현하는 것은 직접강제에 대한 내용이다.

② [O] 이행강제금의 부과는 의무자가 행정상 의무를 이행하지 아니하는 경우 행정청이 적절한 이행기간을 부여하고, 그 기한까지 **행정상 의무를 이행하지 아니하면 금전급부의무를 부과**하는 것이다.
→ 의무의 이행을 강제하기 위한 심리적 압박수단으로 과하는 금전적 부담 또는 강제금을 말한다.

③ [O] **즉시강제는 현재의 급박한 행정상의 장해를 제거하기 위하여 행정청이 미리 행정상 의무 이행을 명할 시간적 여유가 없는 경우 또는 그 성질상 행정상 의무의 이행을 명하는 것만으로는 행정목적 달성이 곤란한 경우에 행정청이 곧바로 국민의 신체 또는 재산에 실력을 행사하여 행정목적을 달성하는 것이다.**

④ [O] 강제징수는 의무자가 행정상 의무 중 금전급부의무를 이행하지 아니하는 경우 **행정청이 의무자의 재산에 실력을 행사하여 그 행정상 의무가 실현된 것과 같은 상태를 실현하는 것이다.**

행정기본법 제30조(행정상 강제) [시행일: 2023. 3. 24.]
① 행정청은 행정목적을 달성하기 위하여 필요한 경우에는 법률로 정하는 바에 따라 필요한 최소한의 범위에서 다음 각 호의 어느 하나에 해당하는 조치를 할 수 있다.
  1. **행정대집행**: 의무자가 행정상 의무(법령등에서 직접 부과하거나 행정청이 법령등에 따라 부과한 의무를 말한다. 이하 이 절에서 같다)로서 타인이 대신하여 행할 수 있는 의무를 이행하지 아니하는 경우 법률로 정하는 다른 수단으로는 그 이행을 확보하기 곤란하고 그 불이행을 방치하면 공익을 크게 해칠 것으로 인정될 때에 행정청이 의무자가 하여야 할 행위를 스스로 하거나 제3자에게 하게 하고 그 비용을 의무자로부터 징수하는 것
  2. **이행강제금의 부과**: 의무자가 행정상 의무를 이행하지 아니하는 경우 행정청이 적절한 이행기간을 부여하고, 그 기한까지 행정상 의무를 이행하지 아니하면 금전급부의무를 부과하는 것
  3. **직접강제**: 의무자가 행정상 의무를 이행하지 아니하는 경우 행정청이 의무자의 신체나 재산에 실력을

행사하여 그 행정상 의무의 이행이 있었던 것과 같은 상태를 실현하는 것
4. **강제징수**: 의무자가 행정상 의무 중 금전급부의무를 이행하지 아니하는 경우 행정청이 의무자의 재산에 실력을 행사하여 그 행정상 의무가 실현된 것과 같은 상태를 실현하는 것
5. **즉시강제**: 현재의 급박한 행정상의 장해를 제거하기 위한 경우로서 다음 각 목의 어느 하나에 해당하는 경우에 행정청이 곧바로 국민의 신체 또는 재산에 실력을 행사하여 행정목적을 달성하는 것
   가. 행정청이 미리 행정상 의무 이행을 명할 시간적 여유가 없는 경우
   나. 그 성질상 행정상 의무의 이행을 명하는 것만으로는 행정목적 달성이 곤란한 경우
② 행정상 강제 조치에 관하여 이 법에서 정한 사항 외에 필요한 사항은 따로 법률로 정한다.
③ 형사(刑事), 행형(行刑) 및 보안처분 관계 법령에 따라 행하는 사항이나 외국인의 출입국·난민인정·귀화·국적회복에 관한 사항에 관하여는 이 절을 적용하지 아니한다.

정답 ①

249 행정의 실효성 확보수단에 관한 설명 중 가장 적절한 것은? (다툼이 있는 경우 판례에 의함)

22 경찰 2차 [Core ★★] 총론 Chapter 6. 387

① 통고처분은 형식적 의미의 행정이며 실질적 의미의 사법이다.
② 작위의무를 부과한 행정처분의 법적 근거가 있다면 행정대집행은 별도의 법적 근거를 요하지 아니하며, 즉시강제는 법률의 근거가 없더라도 일반긴급권에 기초하여 행사할 수 있다.
③ 행정대집행과 행정상 즉시강제는 제3자에 의해 집행될 수 없고 행정청이 직접 행사해야 한다.
④ 「관세법」상 통고처분 여부는 관세청장의 재량에 맡겨져 있지만, 「경범죄처벌법」 및 「도로교통법」상 통고처분은 재량의 여지가 없다.

해설

① [○] 통고처분은 형식적 의미의 행정이며 실질적 의미의 사법이다.
 → 정식재판에 갈음하여 행정청이 과료·벌금에 해당하는 금액의 납부를 명하는 **준사법적 행정작용이다**. 통고처분시 납부하는 범칙금은 행정제재금의 성질을 가진다.
② [×] 작위의무를 부과한 행정처분의 법적 근거가 있다면 행정대집행은 **별도의 법적 근거를 요하지 아니하며,**(×) 즉시강제는 **법률의 근거가 없더라도 일반긴급권에 기초하여 행사할 수 있다.**(×)
 → 현재 실질적 법치주의 하에서는 의무를 부과하는 처분과 불이행에 따른 의무이행확보는 별개의 처분으로 보기 때문에 **각각에 대해 법률의 근거가 있어야 한다.** 그리고 **즉시강제의 경우에도 국가의 긴급권에 기초하여 행사할 수는 없고 이때에도 개별적 근거가 있어야 한다.**
③ [×] 행정대집행과 **행정상 즉시강제는 제3자에 의해 집행될 수 없고**(×) 행정청이 **직접**(×) 행사해야 한다.
 → 즉시강제와는 달리, **행정대집행의 경우에는 행정청 스스로 또는 제3자에게 집행하게 할 수 있다.**
④ [×] 「관세법」상 통고처분 여부는 관세청장의 재량에 맡겨져 있지만, 「경범죄처벌법」 및 「도로교통법」상 통고처분은 **재량의 여지가 없다.**(×)
 → 「경범죄처벌법」 및 「도로교통법」상 통고처분 또한 관계 행정청에게 재량권을 부여하고 있다.

경범죄 처벌법 제7조(통고처분)

① 경찰서장, 해양경찰서장, 제주특별자치도지사 또는 철도특별사법경찰대장은 범칙자로 인정되는 사람에 대하여 그 이유를 명백히 나타낸 서면으로 범칙금을 부과하고 이를 납부할 것을 **통고할 수 있다.** 다만, 다음 각 호의 어느 하나에 해당하는 사람에게는 통고하지 아니한다.
   1. 통고처분서 받기를 거부한 사람
   2. 주거 또는 신원이 확실하지 아니한 사람
   3. 그 밖에 통고처분을 하기가 매우 어려운 사람
② 제1항에 따라 통고할 범칙금의 액수는 범칙행위의 종류에 따라 대통령령으로 정한다.
③ 제주특별자치도지사, 철도특별사법경찰대장은 제1항에 따라 통고처분을 한 경우에는 관할 경찰서장에게 그 사실을 통보하여야 한다.

도로교통법 제163조(통고처분)

① 경찰서장이나 제주특별자치도지사(제주특별자치도지사의 경우에는 제6조제1항·제2항, 제61조제2항에 따라 준용되는 제15조제3항, 제39조제6항, 제60조, 제62조, 제64조부터 제66조까지, 제73조제2항제2호부터 제5호까지 및 제95조제1항의 위반행위는 제외한다)는 범칙자로 인정하는 사람에 대하여는 이유를 분명하게 밝힌 범칙금 납부통고서로 범칙금을 낼 것을 **통고할 수 있다.** 다만, 다음 각 호의 어느 하나에 해당하는 사람에 대하여는 그러하지 아니하다.
   1. 성명이나 **주**소가 확실하지 아니한 사람
   2. **달**아날 우려가 있는 사람
   3. **범**칙금 납부통고서 받기를 거부한 사람
② 제주특별자치도지사가 제1항에 따라 통고처분을 한 경우에는 관할 경찰서장에게 그 사실을 통보하여야 한다.

정답 ①

경찰상 즉시강제

250 즉시강제에 대한 설명으로 가장 적절하지 않은 것은? 　14 경찰승진 [ESSential ★] 총론 Chapter 6. 388

① 행정상 즉시강제는 이른바 권력적 사실행위로서 행정쟁송의 대상인 '처분 등'에 해당한다고 할 수 있다.
② 즉시강제는 성질상 단기간 내에 종료되어 행정처분과 같이 취소·변경을 구할 법률상의 이익이 존재하지 않는 것이 대부분이어서, 행정소송에 의한 구제는 즉시강제의 성질상 적합하지 아니하다.
③ 행정상 즉시강제는 권력적 사실작용이라는 점에서 행정상 강제집행과 같으므로 반드시 선행의무 및 그 불이행을 전제로 한다.
④ 위법한 즉시강제에 대하여는 「형법」상 정당방위가 인정될 수 있으므로 이 경우 저항행위는 공무집행방해죄가 성립하지 않는다.

해설

③ [×] 행정상 즉시강제는 권력적 사실작용이라는 점에서 행정상 강제집행과 같으므로 **반드시 선행의무 및 그 불이행을 전제로 한다.**(×)
→ 즉시강제는 성질상 목전(目前)의 급박한 상황에서의 의무이행확보수단이다. 그러므로 하명과 하명에 따른 의무불이행을 전제하지 않는다.
① [○] 행정상 즉시강제는 이른바 권력적 사실행위로서 **행정쟁송의 대상인 '처분 등'에 해당**한다고 할 수 있다.
② [○] 즉시강제는 성질상 단기간 내에 종료되어 **행정처분과 같이 취소·변경을 구할 법률상의 이익이 존재하지 않는** 것이 대부분이어서, 행정소송에 의한 구제는 즉시강제의 성질상 적합하지 아니하다.
→ 즉시강제는 성질상 단시간 내에 종료되는 것이 보통이므로 이미 종료된 상태라면 소의 이익이 존재하지 않는다.
④ [○] **위법한 즉시강제에 대하여는 「형법」상 정당방위가 인정될 수 있으므로** 이 경우 저항행위는 공무집행방해죄가 성립하지 않는다.

행정기본법 [시행일: 2023. 3. 24.]
제30조(행정상 강제)
　5. **즉시강제**: 현재의 급박한 행정상의 장해를 제거하기 위한 경우로서 다음 각 목의 어느 하나에 해당하는 경우에 행정청이 곧바로 국민의 신체 또는 재산에 실력을 행사하여 행정목적을 달성하는 것
　　가. 행정청이 미리 행정상 의무 이행을 명할 시간적 여유가 없는 경우
　　나. 그 성질상 행정상 의무의 이행을 명하는 것만으로는 행정목적 달성이 곤란한 경우
② 행정상 강제 조치에 관하여 이 법에서 정한 사항 외에 필요한 사항은 따로 법률로 정한다.
③ 형사(刑事), 행형(行刑) 및 보안처분 관계 법령에 따라 행하는 사항이나 외국인의 출입국·난민인정·귀화·국적회복에 관한 사항에 관하여는 이 절을 적용하지 아니한다.
제33조(즉시강제)
① 즉시강제는 다른 수단으로는 행정목적을 달성할 수 없는 경우에만 허용되며, 이 경우에도 최소한으로만 실시하여야 한다.
② 즉시강제를 실시하기 위하여 현장에 파견되는 집행책임자는 그가 집행책임자임을 표시하는 증표를 보여 주어야 하며, 즉시강제의 이유와 내용을 고지하여야 한다.

정답 ③

251 다음 중 「경찰관 직무집행법」상 규정된 즉시강제에 해당하는 것은 모두 몇 개인가?

16 경찰 2차 [Core ★★] 총론 Chapter 6, 389

> ㉠ 불심검문   ㉡ 범죄의 예방 및 제지   ㉢ 무기의 사용
> ㉣ 보호조치   ㉤ 위험방지를 위한 출입

① 2개   ② 3개   ③ 4개   ④ 5개

해설

㉡, ㉢, ㉣, ㉤ 4항목 또는 ㉠, ㉡, ㉢, ㉣, ㉤ 5항목이 해당한다.

㉠ [O, ×] 불심검문 : 경찰상 대인적 강제수단
→ 불심검문에 대해서는 경찰상 즉시강제로 보기도 하고 경찰상 조사로 보기도 한다. 당시 ③과 ④ 모두 정답에 해당된다고 보고 복수정답으로 처리되었다.

㉡ [O] 범죄의 예방 및 제지 : 경찰상 대인적 강제수단
㉢ [O] 무기의 사용 : 경찰상 대인적 강제수단
㉣ [O] 보호조치 : 경찰상 대인적 강제수단
㉤ [O] 위험방지를 위한 출입 : 경찰상 대가택적 강제수단

대인적 즉시강제	① 불심검문 ② 보호조치 ③ 범죄예방 및 제지 ④ 경찰장구의 사용 ⑤ 분사기 등의 사용 ⑥ 무기의 사용
대물적 즉시강제	임시영치
대가택적 즉시강제	위험방지를 위한 출입
대인·대물·대가택적 즉시강제	위험발생의 방지조치

정답 ③ or ④

252 다음 즉시강제에 대한 설명 중 가장 적절하지 않은 것은? 19 법학특채 [Core ★★] 총론 Chapter 6. 390

① 즉시강제는 권력적 사실행위로서 행정쟁송의 대상인 '처분 등'에 해당하나 대부분의 즉시강제가 단시간에 종료되는 성질상 취소·변경을 구하는 행정쟁송에 의한 구제는 적합하지 않다.
② 위법한 즉시강제에 의해 수인한도를 넘는 특별한 희생을 받은 경우 손실보상 청구가 가능하며, 이러한 내용은 개정된 「경찰관 직무집행법」 제11조의2에서 명시적으로 규정하고 있다.
③ 즉시강제는 법치국가의 예외적인 권력작용이므로 그 발동에는 법적 근거가 필요하며 경찰상 즉시강제의 경우에는 「경찰관 직무집행법」이 일반법의 지위를 가진다.
④ 즉시강제는 직접 개인의 신체·재산에 실력을 행사하여 행정상 필요한 상태를 실현한다는 점에서 직접강제와 유사하나, 의무불이행을 전제로 하지 않는다는 점에서 차이가 있다.

해설

② [×] **위법한(×)** 즉시강제에 의해 수인한도를 넘는 특별한 희생을 받은 경우 손실보상 청구가 가능하며, 이러한 내용은 개정된 「경찰관 직무집행법」 제11조의2에서 명시적으로 규정하고 있다.
→ 손실보상은 **적법한 경찰권 행사시 수인한도를 넘는 특별한 희생이 있을 때 그 손실을 보상해 주는 손해전보제도이고**, 손해배상은 위법한 경찰권 행사에 대해 그 손해를 배상해 주는 손해전보제도이다. 한편, 위법한 경찰권 행사에 대해서는 「국가배상법」에 따라 국가를 상대로 손해배상 청구가 가능하다.

경찰관 직무집행법 제11조의2(손실보상)
① 국가는 경찰관의 **적법한 직무집행으로 인하여 다음 각 호의 어느 하나에 해당하는 손실을 입은 자에 대하여 정당한 보상을 하여야 한다.**

① [O] 즉시강제는 권력적 사실행위로서 행정쟁송의 대상인 '처분 등'에 해당하나 대부분의 **즉시강제가 단시간에 종료되는 성질상 취소·변경을 구하는 행정쟁송에 의한 구제는 적합하지 않다.**
→ 즉시강제는 권력적 사실행위로서 그로 인해 침해를 받은 개인은 행정쟁송을 제기할 수 있는 것이 원칙이다. 다만, **즉시강제는 성질상 단시간 내에 종료되는 것이 보통이므로 이미 종료된 상태라면 소의 이익이 존재하지 않아 행정쟁송을 통해 구제받기는 어렵다.**

③ [O] 즉시강제는 법치국가의 예외적인 권력작용이므로 그 발동에는 법적 근거가 필요하며 경찰상 즉시강제의 경우에는 「경찰관 직무집행법」이 일반법의 지위를 가진다.
→ 경찰상 즉시강제는 일종의 침해행정이므로 그의 발동에는 **실정법적 근거가 필요**한데, 이를 법규상 한계라 한다. **일반법인 경찰관직무집행법**과 개별법인 식품위생법, 소방기본법, 마약류관리에 관한 법률 등이 있

④ [O] 즉시강제는 직접 개인의 신체·재산에 실력을 행사하여 행정상 필요한 상태를 실현한다는 점에서 직접강제와 유사하나, 의무불이행을 전제로 하지 않는다는 점에서 차이가 있다.
→ 즉시강제는 행정상의 의무존재와 의무불이행을 전제로 하지 않는다. 직접강제는 대체적 작위의무, 비대체적 작위의무, 부작위의무 및 수인의무 등 일체의 의무불이행에 대해서 할 수 있다.

정답 ②

253 경찰상 즉시강제에 대한 설명으로 가장 적절하지 <u>않은</u> 것은?

20 경찰 1차 [Core ★★]
총론 Chapter 6, 391

① 경찰상 즉시강제는 권력적 사실행위인 처분이기 때문에 행정쟁송이 가능하다.
② 즉시강제의 절차적 한계에 있어서 영장주의의 적용 여부에 대하여 영장필요설이 통설과 판례이다.
③ 경찰상 즉시강제 시 필요 이상으로 실력을 행사하여 경찰책임자 이외의 자에게 유형력을 행사하는 것은 위법이 된다.
④ 적법한 즉시강제에 대한 구제로 손실보상을 청구할 수 있으며, 일정한 요건하에서 「형법」상 위법성조각사유에 해당하는 긴급피난도 가능하다.

해설

② [×] 즉시강제의 절차적 한계에 있어서 영장주의의 적용 여부에 대하여 **영장필요설이 통설과 판례이다.(×)**
→ 즉시강제에 대해 절차상 영장이 필요한 지 여부에 대해서는 필요하다는 견해와 필요없다는 견해 그리고 원칙적으로 필요하지만 성질상 예외를 인정할 수밖에 없다는 절충설 등이 대립한다. **통설과 판례(대법원)는 절충설을 취한다. 하지만 헌법재판소는 불요설을 취하고 있다.**

> 헌법재판소 2002. 10. 31. 선고 2000헌가12 전원재판부
> [음반·비디오물및게임물에관한법률제24조제3항제4호중게임물에관한규정부분위헌제청]
> 「음반·비디오물 및 게임물에 관한 법률」(현 영화 및 비디오물의 진흥에 관한 법률) 관련 사건에서 영장없는 수거와 관련하여, 행정상 즉시강제는 상대방의 임의이행을 기다릴 시간적 여유가 없을 때 하명(下命) 없이 바로 실력을 행사하는 것으로서, 그 본질상 급박성을 요건으로 하고 있어 법관의 영장을 기다려서는 그 목적을 달성할 수 없다고 할 것이므로, 원칙적으로 영장주의가 적용되지 않는다고 보았다

① [○] 경찰상 즉시강제는 권력적 사실행위인 처분이기 때문에 **행정쟁송이 가능하다.**
→ 즉시강제는 권력적 사실행위로서 그로 인해 침해를 받은 개인은 행정쟁송을 제기할 수 있는 것이 원칙이다.

③ [○] 경찰상 즉시강제 시 **필요 이상으로 실력을 행사하여 경찰책임자 이외의 자에게 유형력을 행사하는 것은 위법이 된다.**
→ 즉시강제를 규정한 법령의 목적달성을 위해 **구체적 상황에 따른 최소한의 강제력 행사가 가능하다.** 단, 필요 이상의 실력행사는 위법임은 물론 국가배상법상 배상책임이 발생한다.

④ [○] 적법한 즉시강제에 대한 구제로 손실보상을 청구할 수 있으며, 일정한 요건하에서 「형법」상 위법성조각사유에 해당하는 긴급피난도 가능하다.
→ 적법한 즉시강제로 인한 피해가 특별한 희생에 해당한다면 **손실보상청구가 가능하다.** 일정한 요건 하에서 **형법상 위법성 조각사유에 해당하는 긴급피난도 가능하다.**

정답 ②

254. 행정상 즉시강제에 해당하는 것을 모두 고른 것은? (다툼이 있는 경우 판례에 의함)

22 경찰 1차 [Essential ★] 총론 Chapter 6. 392

> ㉠ 「경찰관 직무집행법」 제6조 범죄의 예방을 위한 제지
> ㉡ 「경찰관 직무집행법」 제4조 제1항 제1호에서 규정하는 술에 취한 상태로 인하여 자기 또는 타인의 생명·신체와 재산에 위해를 미칠 우려가 있는 피구호자에 대한 보호조치
> ㉢ 「행정대집행법」 제2조 대집행
> ㉣ 「국세징수법」 제24조 강제징수

① ㉠㉢ ② ㉡㉢ ③ ㉠㉡ ④ ㉡㉣

해설

㉠, ㉡ 2항목이 해당한다.

㉠ [○] 「경찰관 직무집행법」 제6조 범죄의 예방을 위한 제지: 대인적 즉시강제

경찰관 직무집행법 제6조(범죄의 예방과 제지)
제6조(범죄의 예방과 제지) 경찰관은 범죄행위가 목전(目前)에 행하여지려고 하고 있다고 인정될 때에는 이를 예방하기 위하여 관계인에게 필요한 경고를 하고, 그 행위로 인하여 사람의 생명·신체에 위해를 끼치거나 재산에 중대한 손해를 끼칠 우려가 있는 긴급한 경우에는 그 행위를 제지할 수 있다.

㉡ [○] 「경찰관 직무집행법」 제4조 제1항 제1호에서 규정하는 술에 취한 상태로 인하여 자기 또는 타인의 생명·신체와 재산에 위해를 미칠 우려가 있는 피구호자에 대한 보호조치 : 대인적 즉시강제

경찰관 직무집행법 제4조(보호조치 등)
① 경찰관은 수상한 행동이나 그 밖의 주위 사정을 합리적으로 판단해 볼 때 다음 각 호의 어느 하나에 해당하는 것이 명백하고 응급구호가 필요하다고 믿을 만한 상당한 이유가 있는 사람(이하 "구호대상자"라 한다)을 발견하였을 때에는 보건의료기관이나 공공구호기관에 긴급구호를 요청하거나 경찰관서에 보호하는 등 적절한 조치를 할 수 있다.
1. 정신착란을 일으키거나 술에 취하여 자신 또는 다른 사람의 생명·신체·재산에 위해를 끼칠 우려가 있는 사람

㉢ [×] 「행정대집행법」 제2조 대집행: 경찰상 강제집행

행정대집행법 제2조(대집행과 그 비용징수)
법률(법률의 위임에 의한 명령, 지방자치단체의 조례를 포함한다. 이하 같다)에 의하여 직접명령되었거나 또는 법률에 의거한 행정청의 명령에 의한 행위로서 타인이 대신하여 행할 수 있는 행위를 의무자가 이행하지 아니하는 경우 다른 수단으로써 그 이행을 확보하기 곤란하고 또한 그 불이행을 방치함이 심히 공익을 해할 것으로 인정될 때에는 당해 행정청은 스스로 의무자가 하여야 할 행위를 하거나 또는 제삼자로 하여금 이를 하게 하여 그 비용을 의무자로부터 징수할 수 있다.

㉣ [×] 「국세징수법」 제24조 강제징수: 경찰상 강제집행

국세징수법 제24조(강제징수)
관할 세무서장(체납기간 및 체납금액을 고려하여 대통령령으로 정하는 체납자의 경우에는 지방국세청장을 포함한다. 이하 이 장에서 같다)은 납세자가 제10조에 따른 독촉 또는 제9조제2항에 따른 납부기한 전 징수의 고지를 받고 지정된 기한까지 국세 또는 체납액을 완납하지 아니한 경우 재산의 압류(교부청구·참가압류를 포함한다), 압류재산의 매각·추심 및 청산의 절차에 따라 강제징수를 한다.

정답 ③

255 「경찰관 직무집행법」상 즉시강제에 해당하는 것은 모두 몇 개인가? (다툼이 있는 경우 판례에 의함)

22 경찰 2차 [Core ★★] 총론 Chapter 6. 393

> ㉠ 주택가에서 흉기를 들고 난동을 부리며 경찰관의 중지명령에 항거하는 사람에 대해 전자충격기를 사용하여 강제로 제압하는 것
> ㉡ 음주운전 등 교통법규 위반자에 대해 운전면허를 취소하는 것
> ㉢ 불법집회로 인한 공공시설의 안전에 대한 위해를 억제하기 위해 최루탄을 사용하는 것
> ㉣ 위험물의 폭발로 인해 매우 긴급한 경우에 위해를 입을 우려가 있는 사람을 억류하거나 피난시키는 것
> ㉤ 지정된 기한까지 체납액을 완납하지 않은 국세체납자의 재산을 압류하는 것
> ㉥ 무허가건물의 철거 명령을 받고도 이를 불이행하는 사람의 불법건축물을 철거하는 것

① 3개   ② 4개   ③ 5개   ④ 6개

해설

㉠, ㉢, ㉣ 3항목이 해당한다.

㉠ [O] 주택가에서 흉기를 들고 난동을 부리며 경찰관의 중지명령에 항거하는 사람에 대해 **전자충격기를 사용하여 강제로 제압**하는 것: **범죄의 예방과 제지(즉시강제)**

㉢ [O] 불법집회로 인한 공공시설의 안전에 대한 위해를 억제하기 위해 **최루탄을 사용**하는 것: **경찰장비사용(즉시강제)**

㉣ [O] 위험물의 폭발로 인해 매우 긴급한 경우에 **위해를 입을 우려가 있는 사람을 억류하거나 피난시키는 것**: **위험발생의 방지(즉시강제)**

㉡ [X] 음주운전 등 교통법규 위반자에 대해 **운전면허를 취소**하는 것: **허가의 취소**

㉤ [X] 지정된 기한까지 체납액을 완납하지 않은 **국세체납자의 재산을 압류**하는 것: **경찰상 강제집행(강제징수)**

㉥ [X] 무허가건물의 철거 명령을 받고도 이를 불이행하는 사람의 **불법건축물을 철거**하는 것: **경찰상 강제집행(직접강제)**

즉시강제 수단
① **대인적 즉시강제**: 불심검문(경찰조사라는 견해 있다.), 보호조치, 위험발생방지조치, 범죄의 예방·제지 조치, 무기사용, 경찰장구의 사용, 분사기 등의 사용
② **대물적 즉시강제**: 물건 등의 임시영치, 위험발생 방지조치 등
③ **대가택적 즉시강제**: 위험방지를 위한 가택출입·검색 등

정답 ①

경찰상 조사

256 행정조사에 관한 설명 중 가장 적절한 것은? (다툼이 있는 경우 판례에 의함)

22 경찰 2차 [Core ★★] 총론 Chapter 6. 394

① 「행정조사기본법」상 조사대상자의 자발적 협조를 얻어 조사를 실시하는 경우에는 법령의 근거를 요하지 아니하며 조직법상의 권한 범위 밖에서도 가능하다.
② 조사대상자의 자발적 협조로 조사가 이루어지는 경우일지라도 행정의 적법성 및 공공성 등을 높이기 위해서 조사목적 등을 반드시 서면으로 통보하여야 한다.
③ 경찰작용은 행정작용의 일환이므로 경찰의 수사에도 「행정조사기본법」이 적용되는 것이 원칙이다.
④ 행정조사는 행정기관이 향후 행정작용에 필요한 자료 및 정보를 얻기 위한 준비적·보조적 작용이다.

해설

④ [O] 행정조사는 행정기관이 향후 행정작용에 필요한 자료 및 정보를 얻기 위한 준비적·보조적 작용이다.
→ 행정(경찰)상 조사는 종래 행정(경찰)상 즉시강제에 포함하여 고찰하였던 것이나, 즉시강제는 그 자체 행정(경찰)목적의 완결적 실현을 위하여 급박한 경우에 행해지는 직접적 권력작용인 데 비해, **경찰조사는 행정(경찰)목적의 궁극적 실현을 위한 준비적·전제적·보조적 작용으로서 반드시 시간적으로 급박한 경우에만 사용되는 것은 아니라는 점에서 차이가 있다.**

① [×] 「행정조사기본법」상 조사대상자의 자발적 협조를 얻어 조사를 실시하는 경우에는 법령의 근거를 요하지 아니하며(×) 조직법상의 권한 범위 밖에서도 가능하다.(×)
→ 자발적 협조를 얻어 조사를 실시하는 경우에도(임의조사) 조직법상의 권한 범위 내에서 가능하다고 보아야 한다. 사항적 한계를 벗어나면 권한 밖의 행위로 권한초과행위로 위법이다.

② [×] 조사대상자의 자발적 협조로 조사가 이루어지는 경우일지라도 행정의 적법성 및 공공성 등을 높이기 위해서 조사목적 등을 반드시 서면으로 통보하여야 한다.(×)
→ 조사대상자의 자발적 협조로 조사가 이루어지는 경우에는 예외적으로 구두통보도 가능하다.

③ [×] 경찰작용은 행정작용의 일환이므로 경찰의 수사에도 「행정조사기본법」(×)이 적용되는 것이 원칙이다.
→ 경찰의 수사에는 특별한 규정으로 「형사소송법」에 의한 조사가 행해져야 한다.

행정조사기본법

제2조(정의)
이 법에서 사용하는 용어의 정의는 다음과 같다.
  1. "행정조사"란 행정기관이 정책을 결정하거나 직무를 수행하는 데 필요한 정보나 자료를 수집하기 위하여 현장조사·문서열람·시료채취 등을 하거나 조사대상자에게 보고요구·자료제출요구 및 출석·진술요구를 행하는 활동을 말한다.
  2. "행정기관"이란 법령 및 조례·규칙(이하 "법령등"이라 한다)에 따라 행정권한이 있는 기관과 그 권한을 위임 또는 위탁받은 법인·단체 또는 그 기관이나 개인을 말한다.
제3조(적용범위)
① 행정조사에 관하여 다른 법률에 특별한 규정이 있는 경우를 제외하고는 이 법으로 정하는 바에 따른다.
제17조(조사의 사전통지)
① 행정조사를 실시하고자 하는 행정기관의 장은 제9조에 따른 출석요구서, 제10조에 따른 보고요구서·자료제

출요구서 및 제11조에 따른 현장출입조사서(이하 "출석요구서등"이라 한다)를 조사개시 7일 전까지 조사대상자에게 서면으로 통지하여야 한다. 다만, 다음 각 호의 어느 하나에 해당하는 경우에는 행정조사의 개시와 동시에 출석요구서등을 조사대상자에게 제시하거나 행정조사의 목적 등을 조사대상자에게 **구두로 통지할 수 있다.**
3. 제5조 단서에 따라 조사대상자의 자발적인 협조를 얻어 실시하는 행정조사의 경우

정답 ④

257 행정조사에 대한 설명으로 옳지 않은 것은?
20 소방직 [ESSential ★]

① 행정조사는 법령 등의 준수를 유도하기보다는 법령 등의 위반에 대한 처벌에 중점을 두어야 한다.
② 행정조사는 조사대상자의 자발적 협조를 얻어서 실시하는 경우에는 개별법령의 근거규정이 없어도 할 수 있다.
③ 행정기관의 장은 법령 등에서 규정하고 있는 조사사항을 조사대상자로 하여금 스스로 신고하도록 하는 자율신고제도를 운영할 수 있다.
④ 조사원이 조사목적을 달성하기 위하여 시료채취를 하는 경우에는 그 시료의 소유자 및 관리자의 정상적인 경제활동을 방해하지 아니하는 범위 안에서 최소한도로 하여야 한다.

해설

① [×] 행정조사는 법령 등의 준수를 유도하기보다는 법령 등의 위반에 대한 처벌에 중점을 두어야 한다.(×)
→ 행정조사는 법령 등의 위반에 대한 처벌보다는 법령 등을 준수하도록 유도하는 데 중점을 두어야 한다.(행정조사기본법 제4조제4항)
② [○] 행정조사는 조사대상자의 자발적 협조를 얻어서 실시하는 경우에는 개별법령의 근거규정이 없어도 할 수 있다.
→ 행정기관은 법령 등에서 행정조사를 규정하고 있는 경우에 한하여 행정조사를 실시할 수 있다. 다만, **조사대상자의 자발적인 협조를 얻어 실시하는 행정조사의 경우에는 그러하지 아니하다.**(행정조사기본법 제5조)
③ [○] 행정기관의 장은 법령 등에서 규정하고 있는 조사사항을 **조사대상자로 하여금 스스로 신고하도록 하는 자율신고제도를 운영할 수 있다.**(행정조사기본법 제25조제1항) – **자율신고제도**
④ [○] 조사원이 조사목적을 달성하기 위하여 시료채취를 하는 경우에는 그 시료의 소유자 및 관리자의 정상적인 경제활동을 방해하지 아니하는 범위 안에서 최소한도로 하여야 한다.(행정조사기본법 제12조제1항)

정답 ①

258 행정조사기본법상 행정조사의 기본원칙에 대한 설명으로 옳지 <u>않은</u> 것은? (단, 다툼이 있는 경우 판례에 의함)

21 군무원 [ESSential ★]

① 행정조사는 조사목적을 달성하는 데 필요한 최소한의 범위 안에서 실시하여야 하며, 다른 목적 등을 위하여 조사권을 남용하여서는 아니 된다.
② 행정기관은 유사하거나 동일한 사안에 대하여는 공동조사 등을 실시함으로써 행정조사가 중복되지 아니하도록 하여야 한다.
③ 행정조사는 법령 등의 위반에 대한 처벌에 중점을 두되 법령 등을 준수하도록 유도하여야 한다.
④ 행정기관은 행정조사를 통하여 알게 된 정보를 다른 법률에 따라 내부에서 이용하거나 다른 기관에 제공하는 경우를 제외하고는 원래의 조사목적 이외의 용도로 이용하거나 타인에게 제공하여서는 아니 된다.

해설

③ [×] 행정조사는 법령 등의 위반에 대한 처벌에 중점을 두되 법령 등을 준수하도록 유도하여야 한다.(×)
→ 행정조사는 법령등의 위반에 대한 처벌보다는 법령등을 준수하도록 유도하는 데 중점을 두어야 한다.(행정조사기본법 제4조제4항)
① [O] 행정조사는 조사목적을 달성하는 데 필요한 최소한의 범위 안에서 실시하여야 하며, 다른 목적 등을 위하여 **조사권을 남용하여서는 아니 된다**.(행정조사기본법 제4조제1항)
② [O] 행정기관은 유사하거나 **동일한 사안에 대하여는 공동조사** 등을 실시함으로써 행정조사가 중복되지 아니하도록 하여야 한다.(행정조사기본법 제4조제3항)
④ [O] 행정기관은 행정조사를 통하여 알게 된 정보를 다른 법률에 따라 내부에서 이용하거나 다른 기관에 제공하는 경우를 제외하고는 **원래의 조사목적 이외의 용도로 이용하거나 타인에게 제공하여서는 아니 된다**. (행정조사기본법 제4조제6항)

정답 ③

259 현행 행정조사기본법상의 행정조사에 대한 설명으로 옳지 않은 것은? 08 지방직 [Superlative ★★★]

① 금융감독기관의 감독·검사·조사에 대하여는 행정조사기본법이 적용될 여지가 없다.
② 행정조사는 법령 등의 위반에 대한 처벌보다는 법령 등을 준수하도록 유도하는 데 중점을 두어야 한다.
③ 조사대상자의 자발적인 협조를 얻어 실시하는 행정조사의 경우에는 법령의 근거가 없어도 가능하다.
④ 조사원이 조사목적의 달성을 위하여 시료채취를 하는 경우 이로 인하여 조사대상자에게 손실을 입힌 때에는 법령이 정하는 절차와 방법에 따라 그 손실을 보상하여야 한다.

해설

① [×] 금융감독기관의 감독·검사·조사에 대하여는 행정조사기본법이 적용될 여지가 없다.(×)
→ 다음 각 호의 어느 하나에 해당하는 사항에 대하여는 이 법을 적용하지 아니한다. 금융감독기관의 감독·검사·조사 및 감리에 관한 사항(행정조사기본법 제3조제2항제6호) 제2항에도 불구하고 제4조(행정조사의 기본원칙), 제5조(행정조사의 근거) 및 제28조(정보통신수단을 통한 행정조사)는 제2항 각 호의 사항에 대하여 적용한다.(행정조사기본법 제3조제3항)

② [○] 행정조사는 법령 등의 위반에 대한 처벌보다는 법령 등을 준수하도록 유도하는 데 중점을 두어야 한다.(행정조사기본법 제4조제4항)

③ [○] 조사대상자의 자발적인 협조를 얻어 실시하는 행정조사의 경우에는 법령의 근거가 없어도 가능하다.
→ 행정기관은 법령등에서 행정조사를 규정하고 있는 경우에 한하여 행정조사를 실시할 수 있다. 다만, 조사대상자의 자발적인 협조를 얻어 실시하는 행정조사의 경우에는 그러하지 아니하다.(행정조사기본법 제5조)

④ [○] 조사원이 조사목적의 달성을 위하여 시료채취를 하는 경우 이로 인하여 조사대상자에게 손실을 입힌 때에는 법령이 정하는 절차와 방법에 따라 그 손실을 보상하여야 한다.
→ 행정기관의 장은 제1항에 따른 시료채취로 조사대상자에게 손실을 입힌 때에는 대통령령으로 정하는 절차와 방법에 따라 그 손실을 보상하여야 한다.(행정조사기본법 제12조제2항)

행정조사기본법
제5조(행정조사의 근거) 행정기관은 법령등에서 행정조사를 규정하고 있는 경우에 한하여 행정조사를 실시할 수 있다. 다만, **조사대상자의 자발적인 협조를 얻어 실시하는 행정조사의 경우에는 그러하지 아니하다.** 제12조(시료채취) ① 조사원이 조사목적의 달성을 위하여 시료채취를 하는 경우에는 그 시료의 소유자 및 관리자의 정상적인 경제활동을 방해하지 아니하는 범위 안에서 최소한도로 하여야 한다. ② 행정기관의 장은 제1항에 따른 시료채취로 조사대상자에게 손실을 입힌 때에는 대통령령으로 정하는 절차와 방법에 따라 그 손실을 보상하여야 한다.

정답 ①

2. 경찰벌

260 경찰벌에 대한 설명 중 맞는 것을 모두 고른 것은?

14 경찰간부 [Core ★★] 총론 Chapter 6. 395

> ㉠ 경찰벌에는 경찰형벌과 경찰질서벌이 있는 바, 전자는 사형, 징역, 금고, 자격상실, 자격정지, 벌금, 구류, 과료, 몰수 등이 있으며, 후자는 과태료가 있다.
> ㉡ 경찰형벌은 경찰법상 의무위반에 대하여 형벌을 가하는 경찰벌로서 「경찰관 직무집행법」이 적용되며, 그 과벌 절차는 「비송사건절차법」이 적용된다.
> ㉢ 「지방자치법」은 기본권보호를 위하여 조례에 의한 과태료의 부과를 금지하고 있으며, 오직 「경찰관 직무집행법」에 의한 과태료 부과를 규정하고 있다.
> ㉣ 경찰벌과 징계벌의 차이에 대하여 전자는 일반사회 질서유지를 목적으로 하지만, 후자는 경찰내부의 질서유지를 목적으로 한다.
> ㉤ 경찰벌과 징계벌은 양자가 일반통치권과 특별행정법관계 등의 권력기초가 다르므로 일사부재리의 원칙상 양자를 병과해서는 안 된다.

① ㉡, ㉤   ② ㉡, ㉢   ③ ㉤, ㉣   ④ ㉠, ㉣

해설

㉠, ㉣ 2항목이 맞다.

㉠ [O] 경찰벌에는 경찰형벌과 경찰질서벌이 있는 바, **전자는 사형, 징역, 금고, 자격상실, 자격정지, 벌금, 구류, 과료, 몰수 등이 있으며, 후자는 과태료가 있다.**

경찰형벌	① 경찰법상의 의무위반에 대한 제재로서 **형법상의 사형·징역·금고·자격상실·자격정지·벌금·구류·과료·몰수를 과하는 경찰벌**을 말한다. ② 경찰형벌에 대해서는 특별한 규정이 있는 경우를 제외하고는 **형법총칙의 규정이 적용**되며, 그 과벌절차는 형사소송법에 의한다.
경찰질서벌	① 경찰법상의 의무위반에 대한 제재로서 형법에 형명이 없는 **과태료가 과해지는 경찰벌이다.** ② 경찰질서벌에 대하여서는 **형법총칙이 적용되지 않고**, 그 과벌절차는 특별한 규정이 없는 한 질서위반행위규제법에 의한다.

㉣ [O] 경찰벌과 징계벌의 차이에 대하여 **전자는 일반사회 질서유지를 목적으로 하지만, 후자는 경찰내부의 질서유지를 목적으로 한다.**

경찰벌과 징계벌	구분	경찰벌	징계벌
	권력의 기초	일반통치권	특별권력
	목적	**사회질서유지**	**내부질서유지**
	대상	일반국민	공무원

㉡ [X] 경찰형벌은 경찰법상 의무위반에 대하여 형벌을 가하는 경찰벌로서 「경찰관 직무집행법」(X)이 적용되며, 그 과벌 절차는 「비송사건절차법」(X)이 적용된다.
→ 경찰형벌은 경찰법상 의무위반에 대하여 형벌상 형벌을 가하는 경찰벌로서, 「경찰관 직무집행법」이 적용되는 것이 아니라 「형법」이 적용되며, 그 과벌 절차는 원칙적으로 「형사소송법」이 적용되고 예외적으로 즉결심판에 관한 절차법 등이 적용된다.

㉢ [X] 「지방자치법」은 기본권보호를 위하여 조례에 의한 과태료의 부과를 금지하고 있으며,(X) 오직 「경찰관 직무집행법」에 의한 과태료 부과를 규정하고 있다.(X)

→ 「지방자치법」에서는 조례위반 행위에 대해 조례로써 1천만원 이하의 과태료를 부과할 수 있도록 하고 있다. 또한 과태료에 관한 규정은 여러 개별법에 존재하고 과태료의 부과는 통상 「질서위반행위규제법」에 따른다.

ⓓ [×] 경찰벌과 징계벌은 양자가 일반통치권과 특별행정법관계 등의 권력기초가 다르므로 일사부재리의 원칙상 양자를 병과해서는 안 된다.(×)
→ 경찰벌과 징계벌은 각각 일반통치권과 특별권력에 기초하고 목적이나 대상 등이 다르므로 병과하더라도 일사부재리의 원칙에 반하지 않는다.

경찰벌이란 경찰법상의 의무위반, 즉 과거의 비행에 대하여 일반통치권에 근거하여 과하는 제재로서의 벌을 말하고, 경찰벌은 권력적 사실행위이며 부담적 경찰작용이다. 또한 경찰벌은 직접적으로는 과거의 의무위반에 대하여 제재를 가함으로써 행정법규의 실효성을 확보함을 목적으로 하며, 간접적으로는 이를 통해 의무자에게 심리적 압박을 가하여 의무자의 경찰법상의 의무의 이행을 확보하는 기능도 아울러 가진다.

정답 ④

261 행정벌에 대한 설명으로 옳지 않은 것은? (다툼이 있는 경우 판례에 의함) 14 지방직 [essential ★]

① 어떤 행정법규 위반행위에 대해 과태료를 과할 것인지 행정형벌을 과할 것인지는 기본적으로 입법재량에 속한다.
② 지방공무원이 자치사무를 수행하던 중 도로법을 위반한 경우 지방자치단체는 도로법의 양벌규정에 따라 처벌대상이 된다.
③ 도로교통법에 따른 경찰서장의 통고처분에 대하여 항고소송을 제기할 수 있다.
④ 질서위반행위규제법상 고의 또는 과실이 없는 질서위반행위는 과태료를 부과하지 아니한다.

해설

③ [×] 도로교통법에 따른 경찰서장의 통고처분에 대하여 항고소송을 제기할 수 있다.(×)
→ 통고처분은 일종의 처분이지만 이의가 있어도 행정쟁송을 제기할 수는 없다. 왜냐하면 통고처분을 받은 자가 정해진 기간 내에 이행치 않으면 통고처분은 그 효력을 상실하게 되고, 당해 행정청은 불이행자를 고발함으로써 형사소송절차로 이행하게 되는 특별한 구제절차가 규정되어 있기 때문이다. 그러므로 통고권자의 고발없이는 공소제기를 할 수 없다.

대법원 1995. 6. 29. 선고 95누4674 판결 [범칙금부과처분취소]
도로교통법 제118조에서 규정하는 경찰서장의 통고처분은 행정소송의 대상이되는 행정처분이 아니므로 그 처분의 취소를 구하는 소송은 부적법하고, 도로교통법상의 통고처분을 받은 자가 그 처분에 대하여 이의가 있는 경우에는 통고처분에 따른 범칙금의 납부를 이행하지 아니함으로써 경찰서장의 즉결심판청구에 의하여 법원의 심판을 받을 수 있게 될 뿐이다.

① [○] 어떤 행정법규 위반행위에 대해 과태료를 과할 것인지 행정형벌을 과할 것인지는 기본적으로 입법재량에 속한다.

> 헌법재판소 1994. 4. 28. 선고 91헌바14 전원재판부 [합헌·각하] [집회및시위에관한법률제2조등에대한헌법소원]
> 어떤 행정법규 위반행위에 대하여 이를 단지 간접적으로 행정상의 질서에 장해를 줄 위험성이 있음에 불과한 경우로 보아 행정질서벌인 과태료를 과할 것인가 아니면 직접적으로 행정목적과 공익을 침해한 행위로 보아 행정형벌을 과할 것인가, 그리고 행정형벌을 과할 경우 그 법정형의 형종과 형량을 어떻게 정할 것인가는 당해 위반행위가 위의 어느 경우에 해당하는가에 대한 법적 판단을 그르친 것이 아닌한 그 처벌내용은 기본적으로 입법권자가 제반사정을 고려하여 결정할 입법재량에 속하는 문제라고 할 수 있다.

② [O] 지방공무원이 자치사무를 수행하던 중 도로법을 위반한 경우 지방자치단체는 도로법의 양벌규정에 따라 처벌대상이 된다.

> 대법원 2009. 6. 11. 선고 2008도6530 판결 [자동차관리법위반]
> 국가가 본래 그의 사무의 일부를 지방자치단체의 장에게 위임하여 처리하게 하는 기관위임사무의 경우 지방자치단체는 국가기관의 일부로 볼 수 있고, **지방자치단체가 그 고유의 자치사무를 처리하는 경우 지방자치단체는 국가기관의 일부가 아니라 국가기관과는 별도의 독립한 공법인으로서 양벌규정에 의한 처벌대상이 되는 법인에 해당한다.**

④ [O] 질서위반행위규제법상 고의 또는 과실이 없는 질서위반행위는 과태료를 부과하지 아니한다.(질서위반행위규제법 제7조)

정답 ③

262. 행정벌에 대한 설명으로 옳지 않은 것은? (다툼이 있는 경우 판례에 의함) 19 국가직 [Essential ★]

① 과실범을 처벌한다는 명문의 규정이 없더라도 행정형벌법규의 해석에 의하여 과실행위도 처벌한다는 뜻이 도출되는 경우에는 과실범도 처벌될 수 있다.
② 통고처분에 따른 범칙금을 납부한 후에 동일한 사건에 대하여 다시 형사처벌을 하는 것이 일사부재리의 원칙에 반하는 것은 아니다.
③ 과태료는 행정질서벌에 해당할 뿐 형벌이라고 할 수 없어 죄형법정주의의 규율대상에 해당하지 아니한다.
④ 과태료를 부과하는 근거법령이 개정되어 행위시의 법률에 의하면 과태료 부과대상이었지만 재판시의 법률에 의하면 부과대상이 아니게 된 때에는 특별한 사정이 없는 한 과태료를 부과할 수 없다.

해설

② [X] 통고처분에 따른 범칙금을 납부한 후에 동일한 사건에 대하여 다시 형사처벌을 하는 것이 일사부재리의 원칙에 반하는 것은 아니다.(X)
→ 통고처분을 받은 자가 통고된 내용에 따라 이행한 경우에는 확정판결과 동일한 효력이 발생하여 처벌절차는 종료되고 일사부재리의 원칙이 적용되어 다시 형사소추를 할 수 없다.

> 대법원 2002. 11. 22. 선고 2001도849 판결 [교통사고처리특례법위반]
> 도로교통법 제119조 제3항은 그 법 제118조에 의하여 범칙금 납부통고서를 받은 사람이 그 범칙금을 납부한 경우 그 범칙행위에 대하여 다시 벌받지 아니한다고 규정하고 있는바, 이는 범칙금의 납부에 확정재판의 효력에 준하는 효력을 인정하는 취지로 해석할 것이다. 범칙자가 경찰서장으로부터 범칙행위를 하였음을 이유로 범칙금의 통고를 받고 납부기간 내에 그 범칙금을 납부한 경우 범칙금의 납부에 확정판결에 준하는 효력이 인정됨에 따라 다시 벌받지 아니하게 되는 행위사실은 범칙금 통고의 이유에 기재된 당해 범칙행위

자체 및 그 범칙행위와 동일성이 인정되는 범칙행위에 한정된다고 해석함이 상당하다고 할 것이므로 범칙행위와 같은 때, 곳에서 이루어진 행위라 하더라도 범칙행위의 동일성을 벗어난 형사범죄행위에 대하여는 범칙금의 납부에 따라 확정판결의 효력에 준하는 효력이 미치지 아니한다고 할 것이다.

① [O] 과실범을 처벌한다는 명문의 규정이 없더라도 행정형벌법규의 해석에 의하여 과실행위도 처벌한다는 뜻이 도출되는 경우에는 과실범도 처벌될 수 있다.
→ 행정범의 경우에는 과실행위를 벌한다는 명문의 규정이 없는 경우에도 그 법률규정 중에 과실행위를 벌한다는 명백한 취지를 알 수 있는 경우에는 과실행위에 행정형벌을 부과할 수 있다.

> **대법원 1993. 9. 10. 선고 92도1136 판결 [대기환경보전법위반]**
> 구 대기환경보전법(1992.12.8. 법률 제4535호로 개정되기 전의 것)의 **입법목적이나 제반 관계규정의 취지** 등을 고려하면, 법정의 배출허용기준을 초과하는 배출가스를 배출하면서 자동차를 운행하는 행위를 처벌하는 위 법 제57조 제6호의 규정은 자동차의 운행자가 그 자동차에서 배출되는 배출가스가 소정의 운행 자동차 배출허용기준을 초과한다는 점을 실제로 인식하면서 운행한 고의범의 경우는 물론 과실로 인하여 그러한 내용을 인식하지 못한 과실범의 경우도 함께 처벌하는 규정이다.

③ [O] 과태료는 행정질서벌에 해당할 뿐 형벌이라고 할 수 없어 죄형법정주의의 규율대상에 해당하지 아니한다.
→ 헌법재판소에 따르면 죄형법정주의는 '범죄와 형벌'을 법률로 규정하도록 하는 원칙이므로 행정형벌은 죄형법정주의의 규율대상이지만, 행정질서벌인 과태료 부과는 죄형법정주의의 규율대상이 아니다. 하지만, 질서위반행위규제법에서는 과태료 법정주의를 취하고 있다.

> **헌법재판소 1998. 5. 28. 선고 96헌바83 전원재판부 [부동산등기특별조치법제11조위헌소원]**
> 죄형법정주의는 무엇이 범죄이며 그에 대한 형벌이 어떠한 것인가는 국민의 대표로 구성된 입법부가 제정한 법률로써 정하여야 한다는 원칙인데, 부동산등기특별조치법 제11조 제1항 본문 중 제2조 제1항에 관한 부분이 정하고 있는 **과태료는 행정상의 질서유지를 위한 행정질서벌에 해당할 뿐 형벌이라고 할 수 없어 죄형법정주의의 규율대상에 해당하지 아니한다.**

④ [O] 과태료를 부과하는 근거법령이 개정되어 행위시의 법률에 의하면 과태료 부과대상이었지만 재판시의 법률에 의하면 부과대상이 아니게 된 때에는 특별한 사정이 없는 한 과태료를 부과할 수 없다.
→ 질서위반행위 후 법률이 변경되어 그 행위가 질서위반행위에 해당하지 아니하게 되거나 과태료가 변경되기 전의 법률보다 가볍게 된 때에는 법률에 특별한 규정이 없는 한 변경된 법률을 적용한다.(질서위반행위규제법 제3조제2항)

정답 ②

263 행정벌에 대한 설명으로 옳지 않은 것은? (다툼이 있는 경우 판례에 의함) 22 소방직 [Essential ★]

① 지방자치단체 소속 공무원이 지방자치단체 고유의 자치사무를 처리하면서 위반행위를 한 경우 지방자치단체도 양벌규정에 따라 처벌대상이 되는 법인에 해당한다.
② 지방국세청장이 조세범칙행위에 대하여 고발을 한 후에 동일한 조세범칙행위에 대하여 통고처분을 하는 경우, 이러한 통고처분은 법적 권한 소멸 후 이루어진 것으로 특별한 사정이 없는 한 효력이 없고 조세범칙행위자가 이를 이행하였더라도 일사부재리의 원칙이 적용될 수 없다.
③ 경찰서장이 범칙행위에 대하여 통고처분을 하더라도 통고처분에서 정한 납부기간까지는 검사가 공소를 제기할 수 있다.
④ 하나의 행위가 둘 이상의 질서위반행위에 해당하는 경우에는 각 질서위반행위에 대하여 정한 과태료 중 가장 중한 과태료를 부과한다.

해설

③ [×] 경찰서장이 범칙행위에 대하여 통고처분을 하더라도 통고처분에서 정한 납부기간까지는 검사가 공소를 제기할 수 있다.(×)

대법원 2020. 4. 29. 선고 2017도13409 판결 [야간건조물침입절도, 병역법위반, 사기, 점유이탈물횡령, 절도]
경찰서장이 범칙행위에 대하여 통고처분을 하였는데 통고처분에서 정한 범칙금 납부기간이 경과하지 아니한 경우, 원칙적으로 즉결심판을 청구할 수 없고, 검사도 동일한 범칙행위에 대하여 공소를 제기할 수 없다.

① [○] 지방자치단체 소속 공무원이 지방자치단체 고유의 자치사무를 처리하면서 위반행위를 한 경우 지방자치단체도 양벌규정에 따라 처벌대상이 되는 법인에 해당한다.
→ 지방자치단체가 자치사무를 처리하는 경우에는 양벌규정에 따라 처벌대상이 되는 법인에 해당한다.

참조. 대법원 2009. 6. 11. 선고 2008도6530 판결 [자동차관리법위반]
지방자치단체 소속 공무원이 지정항만순찰 등의 업무를 위해 관할관청의 승인 없이 개조한 승합차를 운행함으로써 구 자동차관리법(2007. 10. 17. 법률 제8658호로 개정되기 전의 것)을 위반한 사안에서, 지방자치법, 구 항만법(2007. 8. 3. 법률 제8628호로 개정되기 전의 것), 구 항만법 시행령(2007. 12. 31. 대통령령 20506호로 개정되기 전의 것) 등에 비추어 위 항만순찰 등의 업무가 지방자치단체의 장이 국가로부터 위임받은 기관위임사무에 해당하여, 해당 지방자치단체가 구 자동차관리법 제83조의 양벌규정에 따른 처벌대상이 될 수 없다.

② [○] 지방국세청장이 조세범칙행위에 대하여 고발을 한 후에 동일한 조세범칙행위에 대하여 통고처분을 하는 경우, 이러한 통고처분은 법적 권한 소멸 후 이루어진 것으로 특별한 사정이 없는 한 효력이 없고 조세범칙행위자가 이를 이행하였더라도 일사부재리의 원칙이 적용될 수 없다.
→ 통고처분을 받은 자가 통고된 내용에 따라 이행한 경우에는 확정판결과 동일한 효력이 발생하여 처벌절차는 종료되고 일사부재리의 원칙이 적용되어 다시 형사소추를 할 수 없다. 그러나 통고처분이 애초에 무효라면 그 통고처분을 이행하였다고 하여도 확정판결과 동일한 효력이 발생할 수 없으므로 동일한 범칙행위에 대해 형사소추가 가능하다.

대법원 2016. 9. 28. 선고 2014도10748 판결 [석유및석유대체연료사업법위반·조세범처벌법위반]
지방국세청장 또는 세무서장이 조세범칙행위에 대하여 고발을 한 후에 동일한 조세범칙행위에 대하여 통고처분을 하였다 하더라도, 이는 법적 권한 소멸 후에 이루어진 것으로서 특별한 사정이 없는 한 그 효력이 없고, 설령 조세범칙행위자가 이러한 통고처분을 이행하였다 하더라도 조세범 처벌절차법 제15조 제3항에서 정한 일사부재리의 원칙이 적용될 수 없다.

④ 하나의 행위가 둘 이상의 질서위반행위에 해당하는 경우에는 각 질서위반행위에 대하여 정한 과태료 중 가장 중한 과태료를 부과한다.
→ 하나의 행위가 2 이상의 질서위반행위에 해당하는 경우에는 각 질서위반행위에 대하여 정한 과태료 중 가장 중한 과태료를 부과한다.(질서위반행위규제법 제13조제1항)

정답 ③

264 「질서위반행위규제법」에 대한 내용으로 가장 적절한 것은?

18 경찰 2차 [Essential ★]
총론 Chapter 6. 396

① 18세가 되지 아니한 자의 질서위반행위는 과태료를 부과하지 아니한다. 다만, 다른 법률에 특별한 규정이 있는 경우에는 그러하지 아니하다.
② 행정청이 질서위반행위에 대하여 과태료를 부과하고자 하는 때에는 미리 당사자에게 대통령령으로 정하는 사항을 통지하고, 7일 이상의 기간을 정하여 의견을 제출할 기회를 주어야 한다. 이 경우 지정된 기일까지 의견 제출이 없는 경우에는 의견이 없는 것으로 본다.
③ 과태료는 행정청의 과태료 부과처분이나 법원의 과태료 재판이 확정된 후 3년간 징수하지 아니하거나 집행하지 아니하면 시효로 인하여 소멸한다.
④ 고의 또는 과실이 없는 질서위반행위는 과태료를 부과하지 아니한다.

해설

④ [○] 고의 또는 과실이 없는 질서위반행위는 과태료를 부과하지 아니한다.(질서위반행위규제법 제7조)
① [×] 18세가 되지 아니한 자(×)의 질서위반행위는 과태료를 부과하지 아니한다. 다만, 다른 법률에 특별한 규정이 있는 경우에는 그러하지 아니하다.
→ 14세가 되지 아니한 자의 질서위반행위는 과태료를 부과하지 아니한다. 다만, 다른 법률에 특별한규정이 있는 경우에는 그러하지 아니하다.(질서위반행위규제법 제9조)
② [×] 행정청이 질서위반행위에 대하여 과태료를 부과하고자 하는 때에는 미리 당사자에게 대통령령으로 정하는 사항을 통지하고, 7일(×) 이상의 기간을 정하여 의견을 제출할 기회를 주어야 한다. 이 경우 지정된 기일까지 의견 제출이 없는 경우에는 의견이 없는 것으로 본다.
→ 행정청이 질서위반행위에 대하여 과태료를 부과하고자 하는 때에는 미리 당사자에게 대통령령으로 정하는 사항을 통지하고, 10일 이상의 기간을 정하여 의견을 제출할 기회를 주어야 한다. 이 경우 지정된 기일까지 의견 제출이 없는 경우에는 의견이 없는 것으로 본다.(질서위반행위규제법 제16조제1항)
③ [×] 과태료는 행정청의 과태료 부과처분이나 법원의 과태료 재판이 확정된 후 3년(×)간 징수하지 아니하거나 집행하지 아니하면 시효로 인하여 소멸한다.
→ 과태료는 행정청의 과태료 부과처분이나 법원의 과태료 재판이 확정된 후 5년간 징수하지 아니하거나 집행하지 아니하면 시효로 인하여 소멸한다.(질서위반행위규제법 제15조 제1항)

정답 ④

265 「질서위반행위규제법」에 관한 설명 중 가장 적절하지 않은 것은?

22 경찰 1차 [ESSential ★]
총론 Chapter 6, 397

① 행정청의 과태료 처분이나 법원의 과태료 재판이 확정된 후 법률이 변경되어 그 행위가 질서위반행위에 해당하지 아니하게 된 때에는 변경된 법률에 특별한 규정이 없는 한 과태료의 징수 또는 집행을 면제한다.
② 고의 또는 과실이 없는 질서위반행위는 과태료를 부과하지 아니한다.
③ 자신의 행위가 위법하지 아니한 것으로 오인하고 행한 질서위반행위는 그 오인에 정당한 이유가 있는 때에도 과태료를 부과한다.
④ 과태료는 행정청의 과태료 부과처분이나 법원의 과태료 재판이 확정된 후 5년간 징수하지 아니하거나 집행하지 아니하면 시효로 인하여 소멸한다.

해설

③ [×] 자신의 행위가 위법하지 아니한 것으로 오인하고 행한 질서위반행위는 그 오인에 정당한 이유가 있는 때에도 과태료를 부과한다.(×)
→ 자신의 행위가 위법하지 아니한 것으로 오인하고 행한 질서위반행위는 **그 오인에 정당한 이유가 있는 때에 한하여 과태료를 부과하지 아니한다.**(질서위반행위규제법 제8조)

① [○] 행정청의 과태료 처분이나 법원의 과태료 재판이 확정된 후 **법률이 변경되어 그 행위가 질서위반행위에 해당하지 아니하게 된 때에는 변경된 법률에 특별한 규정이 없는 한 과태료의 징수 또는 집행을 면제한다.**(질서위반행위규제법 제3조제3항)

② [○] **고의 또는 과실이 없는 질서위반행위는 과태료를 부과하지 아니한다.**(질서위반행위규제법 제8조)

④ [○] **과태료는 행정청의 과태료 부과처분이나 법원의 과태료 재판이 확정된 후 5년간 징수하지 아니하거나 집행하지 아니하면 시효로 인하여 소멸한다.**(질서위반행위규제법 제15조제1항)

질서위반행위규제법

제3조(법 적용의 시간적 범위)
① 질서위반행위의 성립과 과태료 처분은 **행위 시의 법률**에 따른다.
② 질서위반행위 후 법률이 변경되어 그 행위가 질서위반행위에 해당하지 아니하게 되거나 과태료가 변경되기 전의 법률보다 **가볍게 된 때에는 법률에 특별한 규정이 없는 한 변경된 법률을 적용한다.**
③ 행정청의 과태료 처분이나 법원의 과태료 재판이 확정된 후 법률이 변경되어 그 행위가 질서위반행위에 해당하지 아니하게 된 때에는 변경된 법률에 특별한 규정이 없는 한 과태료의 징수 또는 집행을 면제한다.

제8조(위법성의 착오)
자신의 행위가 위법하지 아니한 것으로 오인하고 행한 질서위반행위는 그 오인에 정당한 이유가 있는 때에 한하여 과태료를 부과하지 아니한다.

정답 ③

266 「질서위반행위 규제법」에 관한 내용으로 가장 적절하지 않은 것은?

22 법학특채 [Essential ★]

총론 Chapter 6. 398

① 법률에 규정되지 않은 행위는 질서위반행위의 과태료 대상이 될 수 없다.
② 행정청의 과태료 처분이나 법원의 과태료 재판이 확정된 후 법률이 변경되어 그 행위가 질서위반행위에 해당하지 아니하게 된 때에는 변경된 법률에 특별한 규정이 없는 한 과태료의 징수 또는 집행을 면제한다.
③ 행정청은 당사자가 동법 제24조의3 제1항 각 호의 어느 하나에 해당하여 과태료(체납된 과태료와 가산금, 중가산금 및 체납처분비를 포함한다)를 납부하기가 곤란하다고 인정되면 1년의 범위에서 대통령령으로 정하는 바에 따라 과태료의 분할납부나 납부기일의 연기를 결정할 수 있다.
④ 심신(心神)장애로 인하여 행위의 옳고 그름을 판단할 능력이 미약하거나 그 판단에 따른 행위를 할 능력이 미약한 자의 질서위반행위는 과태료를 부과하지 아니한다.

해설

④ [×] 심신(心神)장애로 인하여 행위의 옳고 그름을 판단할 능력이 **미약하거나(×)** 그 판단에 따른 행위를 할 **능력이 미약한 자(×)**의 질서위반행위는 과태료를 부과하지 아니한다.
→ 심신(心神)장애로 인하여 행위의 **옳고 그름을 판단할 능력이 없거나 그 판단에 따른 행위를 할 능력이 없는 자의 질서위반행위는 과태료를 부과하지 아니한다.**(질서위반행위규제법 제10조제1항). 하지만 심신장애로 인하여 제1항에 따른 **능력이 미약한 자의 질서위반행위는 과태료를 감경한다.**(질서위반행위규제법 제10조제2항)

① [○] 법률에 규정되지 않은 행위는 질서위반행위의 과태료 대상이 될 수 없다.(질서위반행위규제법 제6조)
② [○] 행정청의 과태료 처분이나 법원의 과태료 재판이 확정된 후 법률이 변경되어 그 행위가 질서위반행위에 해당하지 아니하게 된 때에는 **변경된 법률에 특별한 규정이 없는 한 과태료의 징수 또는 집행을 면제한다.**(질서위반행위규제법 제3조제3항)
③ [○] 행정청은 당사자가 동법 제24조의3 제1항 각 호의 어느 하나에 해당하여 과태료(체납된 과태료와 가산금, 중가산금 및 체납처분비를 포함한다)를 납부하기가 곤란하다고 인정되면 **1년의 범위에서 대통령령으로 정하는 바에 따라 과태료의 분할납부나 납부기일의 연기를 결정할 수 있다.**(질서위반행위규제법 제24조의3 제1항)

질서위반행위규제법
제6조(질서위반행위 법정주의) 법률에 따르지 아니하고는 어떤 행위도 질서위반행위로 과태료를 부과하지 아니한다. 제10조(심신장애) ① 심신(心神)장애로 인하여 행위의 옳고 그름을 판단할 능력이 없거나 그 판단에 따른 행위를 할 능력이 없는 자의 질서위반행위는 과태료를 부과하지 아니한다. ② 심신장애로 인하여 제1항에 따른 능력이 미약한 자의 질서위반행위는 과태료를 감경한다. ③ 스스로 심신장애 상태를 일으켜 질서위반행위를 한 자에 대하여는 제1항 및 제2항을 적용하지 아니한다. 제24조의3(과태료의 징수유예 등) ① 행정청은 당사자가 다음 각 호의 어느 하나에 해당하여 과태료(체납된 과태료와 가산금, 중가산금 및 체납처분비를 포함한다. 이하 이 조에서 같다)를 납부하기가 곤란하다고 인정되면 1년의 범위에서 대통령령으로 정하는 바에 따라 과태료의 분할납부나 납부기일의 연기(이하 "징수유예등"이라 한다)를 결정할 수 있다.

> 1. 「국민기초생활 보장법」에 따른 수급권자
> 2. 「국민기초생활 보장법」에 따른 차상위계층 중 다음 각 목의 대상자
>   가. 「의료급여법」에 따른 수급권자
>   나. 「한부모가족지원법」에 따른 지원대상자
>   다. 자활사업 참여자
> 3. 「장애인복지법」 제2조제2항에 따른 장애인
> 4. 본인 외에는 가족을 부양할 사람이 없는 사람
> 5. 불의의 재난으로 피해를 당한 사람
> 6. 납부의무자 또는 그 동거 가족이 질병이나 중상해로 1개월 이상의 장기 치료를 받아야 하는 경우
> 7. 「채무자 회생 및 파산에 관한 법률」에 따른 개인회생절차개시결정자
> 8. 「고용보험법」에 따른 실업급여수급자
> 9. 그 밖에 제1호부터 제8호까지에 준하는 것으로서 대통령령으로 정하는 부득이한 사유가 있는 경우
>
> ② 제1항에 따라 징수유예등을 받으려는 당사자는 대통령령으로 정하는 바에 따라 이를 행정청에 신청할 수 있다.
> ③ 행정청은 제1항에 따라 징수유예등을 하는 경우 그 유예하는 금액에 상당하는 담보의 제공이나 제공된 담보의 변경을 요구할 수 있고, 그 밖에 담보보전에 필요한 명령을 할 수 있다.
> ④ 행정청은 제1항에 따른 징수유예의 기간 중에는 그 유예 과태료 징수금에 대하여 가산금, 중가산금의 징수 또는 체납처분(교부청구는 제외한다)을 할 수 없다.
> ⑤ 행정청은 다음 각 호의 어느 하나에 해당하는 경우 그 징수유예등을 취소하고, 유예된 과태료 징수금을 한꺼번에 징수할 수 있다. 이 경우 그 사실을 당사자에게 통지하여야 한다.
>   1. 과태료 징수금을 지정된 기한까지 납부하지 아니하였을 때
>   2. 담보의 제공이나 변경, 그 밖에 담보보전에 필요한 행정청의 명령에 따르지 아니하였을 때
>   3. 재산상황이나 그 밖의 사정의 변화로 유예할 필요가 없다고 인정될 때
>   4. 제1호부터 제3호까지에 준하는 대통령령으로 정하는 사유에 해당되어 유예한 기한까지 과태료 징수금의 전액을 징수할 수 없다고 인정될 때
> ⑥ 과태료 징수유예등의 방식과 절차, 그 밖에 징수유예등에 관하여 필요한 사항은 대통령령으로 정한다.

정답 ④

267 범칙금통고처분에 대한 설명 중 틀린 것은?

02 경찰 1차 [Essential ★] 총론 Chapter 6. 400

① 경미한 위반사건의 즉결심판회부의 번잡성을 회피하기 위한 것
② 즉결심판과 동일한 효과
③ 범칙금통고처분을 거부하면 통고처분을 하지 않는다.
④ 달아날 위험은 없으나 주소가 확실치 않을 때에는 범칙금통고처분을 할 수 있다.

해설

④ [×] 달아날 위험은 없으나 **주소가 확실치 않을 때에는 범칙금통고처분을 할 수 있다.**(×)
  → 경찰서장, 해양경찰서장, 제주특별자치도지사 또는 철도특별사법경찰대장은 범칙자로 인정되는 사람에 대하여 그 이유를 명백히 나타낸 서면으로 범칙금을 부과하고 이를 납부할 것을 통고할 수 있다. 다만, **다음 각 호의 어느 하나에 해당하는 사람에게는 통고하지 아니한다. 주거 또는 신원이 확실하지 아니한 사람**(경범죄 처벌법 제7조제1항제2호)
① [○] 경미한 위반사건의 **즉결심판회부의 번잡성을 회피하기 위한 것**
  → 통고처분은 절차의 **간이 · 신속을 주안점으로 한다.**

② [O] 즉결심판과 동일한 효과
→ 통고처분을 받은 자가 그 통고에 따라 이행한 때에는 확정판결과 동일한 효력인 불가변력이 발생하게 되어, **일사부재리의 원칙이 적용되므로 다시 소추하지 못한다.**
③ [O] 범칙금통고처분을 거부하면 통고처분을 하지 않는다.
→ 경찰서장, 해양경찰서장, 제주특별자치도지사 또는 철도특별사법경찰대장은 범칙자로 인정되는 사람에 대하여 그 이유를 명백히 나타낸 서면으로 범칙금을 부과하고 이를 납부할 것을 통고할 수 있다. 다만, **다음 각 호의 어느 하나에 해당하는 사람에게는 통고하지 아니한다. 통고처분서 받기를 거부한 사람**(경범죄 처벌법 제7조제1항제1호)

> **경범죄 처벌법 제7조(통고처분)**
> ① 경찰서장, 해양경찰서장, 제주특별자치도지사 또는 철도특별사법경찰대장은 범칙자로 인정되는 사람에 대하여 그 이유를 명백히 나타낸 서면으로 범칙금을 부과하고 이를 납부할 것을 통고할 수 있다. 다만, **다음 각 호의 어느 하나에 해당하는 사람에게는 통고하지 아니한다.**
> 1. **통고처분서 받기를 거부한 사람**
> 2. **주거 또는 신원이 확실하지 아니한 사람**
> 3. 그 밖에 통고처분을 하기가 매우 어려운 사람
> ② 제1항에 따라 통고할 범칙금의 액수는 범칙행위의 종류에 따라 대통령령으로 정한다.
> ③ 제주특별자치도지사, 철도특별사법경찰대장은 제1항에 따라 통고처분을 한 경우에는 관할 경찰서장에게 그 사실을 통보하여야 한다.

정답 ④

268 다음 중 통고처분제도에 대하여 바르게 설명하지 못한 것은?

02 경찰 1차 [Essential ★]
총론 Chapter 6. 401

① 통고처분을 받기를 거부하는 사람은 즉결심판의 대상이다.
② 통고처분은 주소나 신원이 불확실해도 행할 수 있다.
③ 통고처분의 법적 성질은 준사법적 행정행위이다.
④ 통고처분시 납부해야하는 금전은 행정제재금적 성질을 갖는다.

> **해설**
> ② [X] 통고처분은 **주소나 신원이 불확실해도 행할 수 있다.(X)**
> → 경찰서장, 해양경찰서장, 제주특별자치도지사 또는 철도특별사법경찰대장은 범칙자로 인정되는 사람에 대하여 그 이유를 명백히 나타낸 서면으로 범칙금을 부과하고 이를 납부할 것을 통고할 수 있다. 다만, **다음 각 호의 어느 하나에 해당하는 사람에게는 통고하지 아니한다. 주거 또는 신원이 확실하지 아니한 사람**(경범죄 처벌법 제7조제1항제2호)
> ① [O] 통고처분을 받기를 거부하는 사람은 즉결심판의 대상이다.
> → 경찰서장, 해양경찰서장 및 제주특별자치도지사는 다음 각 호의 어느 하나에 해당하는 사람에 대하여는 지체 없이 즉결심판을 청구하여야 한다. 다만, 즉결심판이 청구되기 전까지 통고받은 범칙금에 그 금액의 100분의 50을 더한 금액을 납부한 사람에 대하여는 그러하지 아니한다. 제7조제1항 각 호의 어느 하나에 해당하는 사람(경범죄 처벌법 제9조제1항제1호) **통고처분서 받기를 거부한 사람**(경범죄 처벌법 제7조제1항제1호)
> ③ [O] 통고처분의 법적 성질은 **준사법적 행정행위이다.**

→ 정식재판에 갈음하여 행정청이 과료·벌금에 해당하는 금액의 납부를 명하는 **준사법적 행정작용이다.**
④ [O] 통고처분시 납부해야하는 금전은 행정제재금적 성질을 갖는다.

> **경범죄 처벌법 제9조(통고처분 불이행자 등의 처리)**
> ① 경찰서장, 해양경찰서장 및 제주특별자치도지사는 다음 각 호의 어느 하나에 해당하는 사람에 대하여는 지체 없이 즉결심판을 청구하여야 한다. 다만, 즉결심판이 청구되기 전까지 통고받은 범칙금에 그 금액의 100분의 50을 더한 금액을 납부한 사람에 대하여는 그러하지 아니하다.
>   1. 제7조제1항 각 호의 어느 하나에 해당하는 사람
>   2. 제8조제2항에 따른 납부기간에 범칙금을 납부하지 아니한 사람
> ② 제1항제2호에 따라 즉결심판이 청구된 피고인이 통고받은 범칙금에 그 금액의 100분의 50을 더한 금액을 납부하고 그 증명서류를 즉결심판 선고 전까지 제출하였을 때에는 경찰서장, 해양경찰서장 및 제주특별자치도지사는 그 피고인에 대한 즉결심판 청구를 취소하여야 한다.
> ③ 제1항 단서 또는 제2항에 따라 범칙금을 납부한 사람은 그 범칙행위에 대하여 다시 처벌받지 아니한다.
> ④ 철도특별사법경찰대장은 제1항 각 호의 어느 하나에 해당하는 사람이 있는 경우에는 즉시 관할 경찰서장 또는 해양경찰서장에게 그 사실을 통보하고 관련 서류를 넘겨야 한다. 이 경우 통보를 받은 경찰서장 또는 해양경찰서장은 제1항부터 제3항까지의 규정에 따라 이를 처리하여야 한다.

정답 ②

269 다음 중 통고처분에 대한 설명으로 옳지 않은 것은?

① 경미한 교통법규 위반자에게 경찰관이 직접 범칙금을 납부할 것을 통고하는 제도이다.
② 행정권의 작용에 의해 재산적 제재를 가하는 조치이다.
③ 성명 또는 주소가 확실치 아니한 사람에게도 통고처분을 할 수 있다.
④ 범칙금납부통고는 즉결심판을 받은 것과 동일한 효과를 부여한다.

> **해설**
>
> ③ [X] 성명 또는 주소가 확실치 아니한 사람에게도 **통고처분을 할 수 있다.**(X)
>   → 경찰서장, 해양경찰서장, 제주특별자치도지사 또는 철도특별사법경찰대장은 범칙자로 인정되는 사람에 대하여 그 이유를 명백히 나타낸 서면으로 범칙금을 부과하고 이를 납부할 것을 통고할 수 있다. 다만, **다음 각 호의 어느 하나에 해당하는 사람에게는 통고하지 아니한다. 주거 또는 신원이 확실하지 아니한 사람**(경범죄 처벌법 제7조제1항제2호).
> ① [O] 경미한 교통법규 위반자에게 경찰관이 직접 범칙금을 납부할 것을 통고하는 제도이다.
> ② [O] 행정권의 작용에 의해 재산적 제재를 가하는 조치이다.
>   → 벌금, 과료, 몰수 등 재산형이 통고처분의 대상이 된다.
> ④ [O] 범칙금납부통고는 즉결심판을 받은 것과 동일한 효과를 부여한다.

정답 ③

270 다음 중 통고처분에 대한 설명이 아닌 것은?
06 경찰 1차 [Essential ★] 총론 Chapter 6. 403

① 행정권의 작용에 의해 제재를 가하는 조치이다.
② 경미한 교통법규위반자에게 경찰관이 직접 범칙금을 납부할 것을 통고하는 제도이다.
③ 범칙금을 납부한 자에 대해서 동일사건으로 다시 소추하지 않는다.
④ 통고처분 받기를 거부하는 사람에게도 통고처분을 할 수 있다.

해설

④ [×] 통고처분 받기를 거부하는 사람에게도 **통고처분을 할 수 있다.**(×)
→ 경찰서장, 해양경찰서장, 제주특별자치도지사 또는 철도특별사법경찰대장은 범칙자로 인정되는 사람에 대하여 그 이유를 명백히 나타낸 서면으로 범칙금을 부과하고 이를 납부할 것을 통고할 수 있다. 다만, **다음 각 호의 어느 하나에 해당하는 사람에게는 통고하지 아니한다. 통고처분서 받기를 거부한 사람**(경범죄 처벌법 제7조제1항제1호)

① [O] **행정권의 작용에 의해 제재를 가하는 조치**이다.
② [O] **경미한 교통법규위반자에게 경찰관이 직접 범칙금을 납부할 것을 통고하는 제도**이다.
③ [O] **범칙금을 납부한 자에 대해서 동일사건으로 다시 소추하지 않는다.**
→ 통고처분을 받은 범칙자가 **소정기간 내에 통고처분의 내용을 이행**하면 확정판결과 동일한 **효력이 발생하며,** 일사부재리원칙이 적용된다. 따라서, 범칙금을 납부한 사람은 그 범칙행위에 대하여 다시 벌받지 아니한다.

정답 ④

271 다음 즉결심판에 대한 설명 중 옳은 것은?
02 경찰 1차 [Essential ★] 총론 Chapter 6. 404

① 20만원 이하의 벌금 또는 구류나 과료에 처할 범죄사건에 대한 심판절차로 법원조직법에 규정한 절차에 의한다.
② 범증이 불분명하거나 죄질이 경미한 범죄사건을 신속하게 심판하며, 피고인의 편의와 소송경제를 도모하는 기능을 한다.
③ 관할 경찰서장 또는 해양경찰서장이 청구하는데 특징이 있으며, 이는 검사의 기소독점주의에 대한 예외가 된다.
④ 즉결심판을 받은 자가 정식재판을 청구하고자 하는 경우 선고일로부터 14일 이내에 정식재판청구서를 제출하면 된다.

해설

③ [O] 관할 경찰서장 또는 해양경찰서장이 청구하는데 특징이 있으며, 이는 **검사의 기소독점주의에 대한 예외가 된다.**
→ 즉결심판은 관할 경찰서장 또는 관할 해양경찰서장이 관할 법원에 이를 청구한다.(즉결심판에 관한절차법 제3조제1항) 따라서 **이는 기소독점주의의 예외이다.**

① [×] 20만원 이하의 벌금 또는 구류나 과료에 처할 범죄사건에 대한 심판절차로 **법원조직법에 규정한 절차에**

의한다.
→ 지방법원, 지원 또는 시·군법원의 판사(이하 "判事"라 한다)는 즉결심판절차에 의하여 피고인에게 20만원 이하의 벌금, 구류 또는 과료에 처할 수 있다.(즉결심판에 관한 절차법 제2조)

② [×] 범증이 불분명(×)하거나 죄질이 경미한 범죄사건을 신속하게 심판하며, 피고인의 편의와 소송경제를 도모하는 기능을 한다.
→ 범증이 분명하거나 경미한 범죄사건으로 장시간 소송절차에 얽매이는 국민의 불편을 없애고 한편으로는 소송경비의 절약을 위한 것이다.

④ [×] 즉결심판을 받은 자가 정식재판을 청구하고자 하는 경우 선고일로부터 14일(×) 이내에 정식재판청구서를 제출하면 된다.
→ 즉결심판에 불복이 있는 경우는 즉결심판의 선고·고지를 받은 날부터 7일 이내에 즉결심판을 청구하였던 관할 경찰서에 정식재판청구서를 제출하면 된다. 이때 정식재판청구서를 제출받은 경찰서장은 지체없이 판사에게 송부하여야 한다.(즉결심판에 관한 절차법 제14조제1항)

즉결심판에 관한 절차법 (약칭: 즉결심판법)

제2조(즉결심판의 대상)
지방법원, 지원 또는 시·군법원의 판사(이하 "判事"라 한다)는 즉결심판절차에 의하여 피고인에게 20만원 이하의 벌금, 구류 또는 과료에 처할 수 있다.

제3조(즉결심판청구)
① 즉결심판은 관할경찰서장 또는 관할해양경찰서장(이하 "경찰서장"이라 한다)이 관할법원에 이를 청구한다.
② 즉결심판을 청구함에는 즉결심판청구서를 제출하여야 하며, 즉결심판청구서에는 피고인의 성명 기타 피고인을 특정할 수 있는 사항, 죄명, 범죄사실과 적용법조를 기재하여야 한다.
③ 즉결심판을 청구할 때에는 사전에 피고인에게 즉결심판의 절차를 이해하는 데 필요한 사항을 서면 또는 구두로 알려주어야 한다

제14조(정식재판의 청구)
① 정식재판을 청구하고자 하는 피고인은 즉결심판의 선고·고지를 받은 날부터 7일 이내에 정식재판청구서를 경찰서장에게 제출하여야 한다. 정식재판청구서를 받은 경찰서장은 지체없이 판사에게 이를 송부하여야 한다.
② 경찰서장은 제11조제5항의 경우에 그 선고·고지를 한 날부터 7일 이내에 정식재판을 청구할 수 있다. 이 경우 경찰서장은 관할지방검찰청 또는 지청의 검사(이하 "檢事"라 한다)의 승인을 얻어 정식재판청구서를 판사에게 제출하여야 한다.
③ 판사는 정식재판청구서를 받은 날부터 7일 이내에 경찰서장에게 정식재판청구서를 첨부한 사건기록과 증거물을 송부하고, 경찰서장은 지체없이 관할지방검찰청 또는 지청의 장에게 이를 송부하여야 하며, 그 검찰청 또는 지청의 장은 지체없이 관할법원에 이를 송부하여야 한다.
④ 형사소송법 제340조 내지 제342조, 제344조 내지 제352조, 제354조, 제454조, 제455조의 규정은 정식재판의 청구 또는 그 포기·취하에 이를 준용한다.

정답 ③

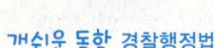

3. 새로운 의무이행 확보수단

272 경찰상 의무이행 확보수단을 전통적 수단과 새로운 수단으로 구분할 때, 전통적 수단에 해당하지 <u>않는</u> 것은?
20 경찰간부 [Essential ★] 총론 Chapter 6. 399

① 대집행 ② 집행벌 ③ 과징금 ④ 강제징수

해설

과징금, 가산금, 부당이득세, 공급거부, 명단공표, 관허사업제한, 국외여행제한 등이 새로운 의무이행확보수단으로 여겨진다.
③ [×] 과징금
① [O] 대집행
② [O] 집행벌
④ [O] 강제징수

전통적 수단	경찰강제	강제집행	**대집행, 집행벌**, 직접강제, **강제징수**
		즉시강제	대인적 즉시강제, 대물적 즉시강제, 대가택적 즉시강제
		경찰조사	
	경찰벌	경찰형벌	형벌부과
		경찰질서벌	과태료 부과
새로운 수단	**과징금,** 공급거부, 명단공표, 관허사업의 제한		
직접적 이행확보수단	경찰강제 중 대집행, 직접강제, 강제징수, 경찰상 즉시강제		
간접적 이행확보수단	경찰강제 중 집행벌, 경찰벌, 새로운 의무이행 확보수단		

정답 ③

273 과징금에 관한 설명 중 옳지 <u>않은</u> 것은? (다툼이 있으면 판례에 의함) 13 국회직 [Superlative ★★★]

① 과징금 부과처분의 기준을 정하는 경우에 여러 요소를 종합적으로 고려하여 사안에 따라 적정한 과징금의 액수를 정하여야 할 것이므로 그 수액은 최고한도액이 아니라 정액이다.
② 영업정지에 갈음하는 과징금을 변형된 과징금이라 하며 변형된 과징금제도는 일반 공중의 이용편의를 도모하기 위한 것이다.
③ 변형된 과징금의 경우 영업정지에 갈음하는 과징금을 부과할 것인가 영업정지처분을 내릴 것인가는 통상 행정청의 재량에 속한다.
④ 과징금은 형사처벌이 아니므로 이론상으로는 동일한 위반행위에 대하여 벌금과 과징금을 병과 하는 것도 가능하다.
⑤ 위법한 과징금의 부과행위는 행정소송을 통하여 취소 등을 구할 수 있다.

① [×] 과징금 부과처분의 기준을 정하는 경우에 여러 요소를 종합적으로 고려하여 사안에 따라 적정한 과징금의 액수를 정하여야 할 것이므로 그 수액은 **최고한도액이 아니라 정액이다.**

> **대법원 2001. 3. 9. 선고 99두5207 판결 [과징금부과처분취소]**
> 구 청소년보호법(1999. 2. 5. 법률 제5817호로 개정되기 전의 것) 제49조 제1항, 제2항에 따른 같은법시행령(1999. 6. 30. 대통령령 제16461호로 개정되기 전의 것) 제40조 [별표 6]의 위반행위의종별에따른과징금처분기준은 법규명령이기는 하나 모법의 위임규정의 내용과 취지 및 헌법상의 과잉금지의 원칙과 평등의 원칙 등에 비추어 같은 유형의 위반행위라 하더라도 그 규모나 기간·사회적 비난 정도·위반행위로 인하여 다른 법률에 의하여 처벌받은 다른 사정·행위자의 개인적 사정 및 위반행위로 얻은 불법이익의 규모 등 여러 요소를 종합적으로 고려하여 사안에 따라 적정한 과징금의 액수를 정하여야 할 것이므로 그 수액은 **정액이 아니라 최고한도액이다.**

② [○] 영업정지에 갈음하는 과징금을 변형된 과징금이라 하며 변형된 과징금제도는 일반 공중의 이용편의를 도모하기 위한 것이다.
→ 변형된 과징금이란 의무위반행위가 그 사업의 인·허가 등의 철회·정지사유에 해당하지만 공중의 일상생활에 필요불가결한 사업인 경우 사업 자체는 존속시키면서도 그 사업 활동으로 인한 수익을 박탈하기 위해 부과하는 행정제재금을 말한다. 이러한 변형된 과징금은 공공성이 강한 사업에 대해 영업정지 등의 처분이 있게 되면 일반 공중의 불편을 가져올 수 있으므로 영업정지처분을 대신하여 과징금을 부과하는 데 그 취지가 있다.

③ [○] 변형된 과징금의 경우 영업정지에 갈음하는 과징금을 부과할 것인가 영업정지처분을 내릴 것인가는 통상 행정청의 재량에 속한다.
→ 영업정지처분에 대신하는 과징금이 규정되어 있는 경우 과징금을 부과할 것인지, 아니면 영업정지처분을 할 것인지는 통상 행정청의 재량에 속한다.

④ [○] 과징금은 형사처벌이 아니므로 이론상으로는 동일한 위반행위에 대하여 벌금과 과징금을 병과 하는 것도 가능하다.

> **헌법재판소 2003. 7. 24. 선고 2001헌가25 전원재판부 [위헌제청]**
> 과징금은 그 취지와 기능, 부과의 주체와 절차 등을 종합할 때 부당내부거래 억지라는 행정목적을 실현하기 위하여 그 위반행위에 대하여 제재를 가하는 행정상의 제재금으로서의 기본적 성격에 부당이득환수적 요소도 부가되어 있는 것이라 할 것이고, 이를 두고 **헌법 제13조 제1항에서 금지하는 국가형벌권 행사로서의 '처벌'에 해당한다고는 할 수 없으므로,** 공정거래법에서 **형사처벌과 아울러 과징금의 병과를 예정하고 있더라도 이중처벌금지원칙에 위반된다고 볼 수 없다.**

⑤ [○] 위법한 과징금의 부과행위는 행정소송을 통하여 취소 등을 구할 수 있다.
→ 과징금부과는 항고소송의 대상이 되는 행정처분에 해당하므로 위법한 과징금부과처분에 대해서는 항고소송을 제기하여 다툴 수 있다.

정답 ①

274 과징금에 대한 설명으로 옳지 않은 것은?

12 국가직 [Core ★★]

① 과징금에 대하여 규정하고 있는 대표적 법률로「독점규제 및 공정거래에 관한 법률」이 있다.
② 대법원 판례는 과징금부과처분이 법이 정한 한도액을 초과하여 위법할 경우 법원은 그 초과된 부분을 취소할 수 있다고 보았다.
③ 헌법재판소 결정에 따르면 과징금은 국가형벌권 행사로서의 처벌이 아니므로, 법에서 형사처벌과 아울러 과징금의 부과처분을 규정하고 있더라도 이중처벌금지원칙에 반하지 아니한다.
④ 대법원 판례에 따르면 과징금채무는 대체적 급부가 가능한 의무이므로 과징금을 부과받은 자가 사망한 경우 그 상속인에게 포괄승계된다.

해설

② [×] 대법원 판례는 과징금부과처분이 법이 정한 한도액을 초과하여 위법할 경우 법원은 그 초과된 부분을 취소할 수 있다고 보았다.(×)

대법원 1998. 4. 10. 선고 98두2270 판결 [과징금부과처분취소]

자동차운수사업면허조건 등을 위반한 사업자에 대하여 행정청이 행정제재수단으로 사업 정지를 명할 것인지, 과징금을 부과할 것인지, 과징금을 부과키로 한다면 그 금액은 얼마로 할 것인지에 관하여 재량권이 부여되었다 할 것이므로 과징금부과처분이 법이 정한 한도액을 초과하여 위법할 경우 법원으로서는 그 전부를 취소할 수밖에 없고, 그 한도액을 초과한 부분이나 법원이 적정하다고 인정되는 부분을 초과한 부분만을 취소할 수 없다(금 1,000,000원을 부과한 당해 처분 중 금 100,000원을 초과하는 부분은 재량권 일탈·남용으로 위법하다며 그 일부분만을 취소한 원심판결을 파기한 사례)

헌법재판소 2003. 7. 24. 선고 2001헌가25 전원재판부 [위헌제청]

과징금은 그 취지와 기능, 부과의 주체와 절차 등을 종합할 때 부당내부거래 억지라는 행정목적을 실현하기 위하여 그 위반행위에 대하여 제재를 가하는 행정상의 제재금으로서의 기본적 성격에 부당이득환수적 요소도 부가되어 있는 것이라 할 것이고, 이를 두고 헌법 제13조 제1항에서 금지하는 국가형벌권 행사로서의 '처벌'에 해당한다고는 할 수 없으므로, 공정거래법에서 형사처벌과 아울러 과징금의 병과를 예정하고 있더라도 이중처벌금지원칙에 위반된다고 볼 수 없다.

① [○] 과징금에 대하여 규정하고 있는 대표적 법률로「독점규제 및 공정거래에 관한 법률」이 있다.
→「독점규제 및 공정거래에 관한 법률」에서 처음으로 과징금제도를 도입하였다.

③ [○] 헌법재판소 결정에 따르면 과징금은 국가형벌권 행사로서의 처벌이 아니므로, 법에서 형사처벌과 아울러 과징금의 부과처분을 규정하고 있더라도 이중처벌금지원칙에 반하지 아니한다.

헌법재판소 2003. 7. 24. 선고 2001헌가25 전원재판부 [위헌제청]

공정거래법에서 형사처벌과 아울러 과징금의 병과를 예정하고 있더라도 이중처벌금지원칙에 위반된다고 볼 수 없으며, 이 과징금 부과처분에 대하여 공정력과 집행력을 인정한다고 하여 이를 확정판결 전의 형벌집행과 같은 것으로 보아 무죄추정의 원칙에 위반된다고도 할 수 없다.

④ [○] 대법원 판례에 따르면 과징금채무는 대체적 급부가 가능한 의무이므로 과징금을 부과받은 자가 사망한 경우 그 상속인에게 포괄승계된다.

대법원 1999. 5. 14. 선고 99두35 판결 [과징금부과처분취소]

부동산실권리자명의등기에관한법률 제5조에 의하여 부과된 과징금 채무는 대체적 급부가 가능한 의무이므로 위 과징금을 부과받은 자가 사망한 경우 그 상속인에게 포괄승계된다.

정답 ②

275 행정상 실효성 확보수단에 대한 설명으로 옳은 것은?
10 국가직 [Essential ★]

① 통고처분은 행정심판이나 행정소송의 대상으로서의 처분성을 가진다는 것이 판례의 입장이다.
② 행정청은 당사자가 납부기한까지 과태료를 납부하지 아니한 때에는 납부기한을 경과한 날부터 체납된 과태료에 대하여 100분의 15에 상당하는 가산금을 징수한다.
③ 과징금을 부과할 것인지 영업정지처분을 내릴 것인지는 통상 행정청의 재량에 속하는 것으로 본다.
④ 행정법상 의무를 위반하거나 불이행한 자에 대하여 각종 인·허가를 거부할 수 있게 함으로써 행정법상 의무의 준수 또는 이행을 확보하는 직접적 강제수단을 관허사업의 제한이라 한다.

해설

③ [O] 과징금을 부과할 것인지 영업정지처분을 내릴 것인지는 **통상 행정청의 재량에 속하는 것으로 본다.**
→ 영업정지처분에 대신하는 과징금, 즉 이른바 변형적 과징금의 경우 과징금을 부과할 것인지 아니면 영업정지처분을 할 것인지는 통상 행정청의 재량에 속한다.
① [X] 통고처분은 행정심판이나 행정소송의 대상으로서의 처분성을 가진다는 것이 판례의 입장이다.(X)
→ 통고처분은 항고소송의 대상이 되는 처분이 아니라는 것이 판례의 입장이다.
② [X] 행정청은 당사자가 납부기한까지 과태료를 납부하지 아니한 때에는 납부기한을 경과한 날부터 체납된 과태료에 대하여 100분의 15(X)에 상당하는 가산금을 징수한다.
→ 행정청은 당사자가 납부기한까지 과태료를 납부하지 아니한 때에는 납부기한을 경과한 날부터 체납된 과태료에 대하여 100분의 3에 상당하는 가산금을 징수한다.(질서위반행위규제법 제24조제1항)
④ [X] 행정법상 의무를 위반하거나 불이행한 자에 대하여 각종 인·허가를 거부할 수 있게 함으로써 행정법상 의무의 준수 또는 이행을 확보하는 직접적 강제수단(X)을 관허사업의 제한이라 한다.
→ 명단의 공표, 관허사업의 제한 등 행정의 실효성 확보수단 중 이른바 새로운 실효성 확보수단은 **간접적 강제수단**에 해당한다.

정답 ③

276 다음 글의 ( ) 안에 들어갈 행정상 의무이행 확보수단은?
07 국가직 [Essential ★]

국토교통부장관 또는 시·도지사는 여객자동차운수사업자가 여객자동차운수사업법을 위반하여 사업정지처분을 하여야 하는 경우로서 그 사업정지처분이 당해 여객자동차운수사업의 이용자에게 심히 불편을 주거나 기타 공익을 해할 우려가 있는 때에는 그 사업정지처분에 갈음하여 5천만원 이하의 (   )을(를) 부과할 수 있다.

① 가산금　　② 부당이득세　　③ 과징금　　④ 이행강제금

> **해설**

③ [O] 과징금
→ 국토교통부장관 또는 시·도지사는 여객자동차운수사업자가 여객자동차운수사업법을 위반하여 사업정지처분을 하여야 하는 경우로서 그 사업정지처분이 당해 여객자동차운수사업의 이용자에게 심히 불편을 주거나 기타 공익을 해할 우려가 있는 때에는 그 사업정지처분에 갈음하여 5천만원 이하의 (과징금)을(를) 부과할 수 있다.(여객자동차 운수사업법 제88조제1항)
→ 변형된 과징금에 대한 내용이다. 의무위반행위가 그 사업의 인·허가 등의 철회·정지사유에 해당하지만 공중의 일상생활에 필요불가결한 사업(대중교통 등)인 경우 사업 자체는 존속시키면서도 그 사업 활동으로 인한 수익을 박탈하기 위해 부과하는 행정제재금을 변형된 과징금이라고 한다.

① [X] **가산금(X)** – 세금이나 공공요금을 납부 기한까지 내지 않은 경우, 본래의 금액에 일정한 비율로 덧붙여 매겨지는 금액

② [X] **부당이득세(X)** – 물가안정에 관한 법률이나 기타 법률에 의하여 정부가 결정·지정·승인·인가하는 물품의 가격, 거래단계별·지역별 기타의 구분에 따라 국세청장이 따로 정하는 가격을 초과하여 거래를 함으로써 부당한 이익을 얻은 자에게 부과하는 조세이다. 부당이득세는 조세수입에 목적을 두지 않고 불공정거래를 시정하는데 목적을 둔다.

④ [X] **이행강제금(X)** – 행정상의 의무이행을 강제하기 위하여 일정 기한까지 이행하지 않으면 금전적 부담을 과한다는 뜻을 미리 계고하여 의무자에게 심리적 압박을 가함으로써 의무이행을 간접적으로 강제하는 수단

정답 ③

---

277 과징금제도에 관한 설명으로 옳지 <u>않은</u> 것은? (다툼이 있는 경우 판례에 따름)

09 국회직 8급 [Core ★★]

① 위반행위에 대한 확정판결을 받지 않고도 과징금을 강제 징수하는 것은 무죄추정의 원칙에 반하지 않는다.
② 위반행위로 인한 수익을 정확히 계산할 수 없는 경우에도 과징금제도가 인정되고 있다.
③ 과징금의 원래 취지는 위반행위의 경제적 인센티브를 제거하고자 하는 것이다.
④ 변형과징금의 1차적 목적은 영업정지처분을 받는 자에 대한 최소 침해의 수단을 찾는 것이다.
⑤ 하나의 위반행위에 대하여 과징금과 벌금을 병과 하는 것은 이중처벌금지의 원칙에 반하지 않는다.

> **해설**

④ [X] 변형과징금의 1차적 목적은 영업정지처분을 받는 자에 대한 **최소 침해의 수단을 찾는 것이다.**(X)
→ 변형된 과징금의 목적은 공중의 일상생활에 필요불가결한 사업에 대해서 영업정지처분을 하는 것이 이용자의 불편을 주거나 기타 공익을 해할 우려가 있는 것을 방지하기 위한 것인지 **위반자에 대한 최소 침해를 목적으로 하는 것이 아니다.**

① [O] 위반행위에 대한 확정판결을 받지 않고도 과징금을 강제 징수하는 것은 무죄추정의 원칙에 반하지 않는다.
→ 무죄추정의 원칙은 누구든지 법원의 확정판결이 있기 전까지는 형사적으로 유죄가 아닌 무죄로 추정된다는 원칙을 말한다. 하지만, 과징금부과처분은 형벌이 아닌 행정처분에 불과한 것이므로 과징금부과처

분에 대하여 공정력과 집행력을 인정한다고 하여 이를 확정판결 전의 형벌집행과 같은 것으로 보아 무죄추정의 원칙에 위반된다고 할 수 없다.

② [O] 위반행위로 인한 수익을 정확히 계산할 수 없는 경우에도 과징금제도가 인정되고 있다.
  → 과징금은 불법적인 이익박탈을 목적으로 하는 것이므로 보통 매출액의 몇 % 이하의 범위에서 부과한다. 다만, 매출액을 산정하기 곤란한 경우에는 일정액수 이하의 범위 안에서 과징금을 부과하기도 한다.
③ [O] 과징금의 원래 취지는 위반행위의 경제적 인센티브를 제거하고자 하는 것이다.
  → 과징금의 원래 취지는 위반행위로 얻게 되는 경제적 수익의 박탈을 목적으로 한다.
⑤ [O] 하나의 위반행위에 대하여 과징금과 벌금을 병과 하는 것은 이중처벌금지의 원칙에 반하지 않는다.
  → 판례의 입장은 과징금은 범죄에 대한 국가의 형벌권의 실행으로서 과벌이 아니므로 과징금과 벌금을 병과 하는 것은 이중처벌금지의 원칙에 반하지 않는다고 한다.

정답 ④

278 행정의 실효성 확보수단인 의무위반사실의 공표에 관한 설명 중 옳지 않은 것은?

10 국회직 변형 [ESSential ★]

① 위반사실의 공표에 관한 현행 법률상의 규정으로는 공직자윤리법 제8조의2 제2항 제3호, 식품위생법 제84조 등을 들 수 있다.
② 위반사실의 공표는 비례원칙과 부당결부금지의 원칙 등 행정법의 일반원칙의 준수하에 이루어져야 한다.
③ 위반사실의 공표가 행정청의 처분에 해당하는 경우에는 취소심판, 취소소송 등 취소쟁송으로 공표의 취소를 구할 수 있다.
④ 판례에 따르면, 위법한 공표에 의하여 명예·신용 등이 침해된 경우에는 행정상 손해배상청구소송을 제기하여 그 손해배상을 구할 수 없다.

해설

④ [X] 판례에 따르면, 위법한 공표에 의하여 명예·신용 등이 침해된 경우에는 행정상 손해배상청구소송을 제기하여 그 손해배상을 구할 수 없다.(X)
  → 공표 역시 비권력적인 공행정작용이므로 위법한 공표에 의해 명예·신용 등이 침해된 경우에는 행정상 손해배상을 청구할 수 있다.
① [O] 위반사실의 공표에 관한 현행 법률상의 규정으로는 공직자윤리법 제8조의2 제2항 제3호, 식품위생법 제84조 등을 들 수 있다.
  → 명단의 공표에 관에 규정하는 일반법은 없으며, 개별법상으로는 독점규제 및 공정거래에 관한 법률 제24조, 식품위생법 제84조, 공직윤리법 제8조의2 등을 들 수 있다.
② [O] 위반사실의 공표는 비례원칙과 부당결부금지의 원칙 등 행정법의 일반원칙의 준수하에 이루어져야 한다.
  → 명단의 공표는 법률에 근거하여 행해져야 하고, 개별법에 규정된 한계를 준수하여야 하며, 또한 비례원칙 등 행정법의 일반원칙을 준수하여야 한다.
③ [O] 위반사실의 공표가 행정청의 처분에 해당하는 경우에는 취소심판, 취소소송 등 취소쟁송으로 공표의 취소를 구할 수 있다.

→ 명단의 공표가 처분에 해당하는 가에 대해서는 견해의 대립이 있고, 이미 끝난 명단공표에 대해 취소소송을 제기할 이익이 있는 가에 대해서도 논란이 있다. 당연히 **처분에 해당**하고 명단공표가 계속 중인 경우에는 소의 이익이 있으므로 취소쟁송으로 다툴 수 있다고 봐야 한다.

정답 ④

279 명단 또는 사실의 공표 등 행정상 공표제도에 관한 설명으로 옳지 않은 것은? (다툼이 있는 경우 판례에 의함)

10 지방직 [Core ★★]

① 행정상 공표는 의무위반자의 명예나 신용의 침해를 위협함으로써 직접적으로 행정법상 의무이행을 확보하는 수단이다.
② 행정상 공표는 사생활의 비밀과 자유, 국민의 알권리 등 다른 기본권과 충돌하는 경우에는 이익 형량에 의하여 제한할 수 있다.
③ 헌법재판소는 청소년 성매수자의 신상공개제도가 이중처벌금지원칙, 과잉금지원칙, 평등원칙, 적법절차원칙 등에 위반되지 않는다는 입장이다.
④ 대법원은 국세청장이 부동산투기자의 명단을 언론사에 공표함으로써 명예를 훼손한 사건에서 손해배상책임을 인정하였다.

해설

① [×] 행정상 공표는 의무위반자의 명예나 신용의 침해를 위협함으로써 **직접적(×)**으로 행정법상 의무이행을 확보하는 수단이다.
→ **명단공표**는 **간접적**으로 행정법상 의무이행을 확보하는 수단이다. 과징금, 명단공표 등 새로운 행정의 실효성 확보수단은 간접적인 수단이다.

② [O] 행정상 공표는 사생활의 비밀과 자유, 국민의 알권리 등 다른 기본권과 충돌하는 경우에는 이익 형량에 의하여 제한할 수 있다.

> 대법원 1998. 7. 14. 선고 96다17257 판결 [손해배상(기)]
> 민주주의 국가에서는 여론의 자유로운 형성과 전달에 의하여 다수의견을 집약시켜 민주적 정치질서를 생성·유지시켜 나가는 것이므로 표현의 자유, 특히 공익사항에 대한 표현의 자유는 중요한 헌법상의 권리로서 최대한 보장을 받아야 하지만, 그에 못지 않게 개인의 명예나 사생활의 자유와 비밀 등 사적 법익도 보호되어야 할 것이므로, 인격권으로서의 개인의 명예의 보호와 표현의 자유의 보장이라는 두 법익이 충돌하였을 때 그 조정을 어떻게 할 것인지는 구체적인 경우에 **사회적인 여러 가지 이익을 비교하여 표현의 자유로 얻어지는 이익, 가치와 인격권의 보호에 의하여 달성되는 가치를 형량하여 그 규제의 폭과 방법을 정하여야 한다.**

③ [O] 헌법재판소는 청소년 성매수자의 신상공개제도가 이중처벌금지원칙, 과잉금지원칙, 평등원칙, 적법절차원칙 등에 위반되지 않는다는 입장이다.
→ 청소년 성매수자에 대한 신상공개를 규정한 구「청소년의 성보호에 관한 법률」제20조 제2항 제1호는 **이중처벌금지원칙, 과잉금지원칙, 평등원칙, 적법절차원칙에 위반되지 않는다.**

> 헌법재판소 2003. 6. 26. 선고 2002헌가14 전원재판부
> [청소년의성보호에관한법률제20조제2항제1호등위헌제청]
>
> 법 제20조 제1항은 "청소년의 성을 사는 행위 등의 범죄방지를 위한 계도"가 신상공개제도의 주된 목적임을 명시하고 있는바, 이 제도가 당사자에게 일종의 수치심과 불명예를 줄 수 있다고 하여도, 이는 어디까지나 신상공개제도가 추구하는 입법목적에 부수적인 것이지 주된 것은 아니다. 또한, 공개되는 신상과 범죄사실은 이미 공개재판에서 확정된 유죄판결의 일부로서, 개인의 신상 내지 사생활에 관한 새로운 내용이 아니고, 공익목적을 위하여 이를 공개하는 과정에서 부수적으로 수치심 등이 발생된다고 하여 이것을 기존의 형벌 외에 또 다른 형벌로서 수치형이나 명예형에 해당한다고 볼 수는 없다. 그렇다면, **신상공개제도는 헌법 제13조의 이중처벌금지 원칙에 위배되지 않는다.**
> 청소년 성매수자의 일반적 인격권과 사생활의 비밀의 자유가 제한되는 정도가 청소년 성보호라는 공익적 요청에 비해 크다고 할 수 없으므로 결국 **법 제20조 제2항 제1호의 신상공개는 해당 범죄인들의 일반적 인격권, 사생활의 비밀의 자유를 과잉금지의 원칙에 위배하여 침해한 것이라 할 수 없다.**
> 신상공개제도로 인하여 기본권 제한상의 차별을 초래하나, 그 입법목적과 이를 달성하려는 수단간에 비례성을 벗어난 차별이라고 보기 어렵고, 달리 평등권을 침해한 것이라고 볼 수 없다.
> 법 제20조 제2항 제1호의 신상공개제도는 법률이 정한 형식적 절차에 따라 이루어지며 그 절차의 내용도 합리성과 정당성을 갖춘 것이라고 볼 것이므로 절차적 적법절차원칙에 위반되는 것이라 할 수 없다.

④ [O] 대법원은 국세청장이 부동산투기자의 명단을 언론사에 공표함으로써 명예를 훼손한 사건에서 손해배상책임을 인정하였다.

> 헌법재판소 2003. 6. 26. 선고 2002헌가14 전원재판부
> [청소년의성보호에관한법률제20조제2항제1호등위헌제청]
>
> 법 제20조 제1항은 "청소년의 성을 사는 행위 등의 범죄방지를 위한 계도"가 신상공개제도의 주된 목적임을 명시하고 있는바, 이 제도가 당사자에게 일종의 수치심과 불명예를 줄 수 있다고 하여도, 이는 어디까지나 신상공개제도가 추구하는 입법목적에 부수적인 것이지 주된 것은 아니다. 또한, 공개되는 신상과 범죄사실은 이미 공개재판에서 확정된 유죄판결의 일부로서, 개인의 신상 내지 사생활에 관한 새로운 내용이 아니고, 공익목적을 위하여 이를 공개하는 과정에서 부수적으로 수치심 등이 발생된다고 하여 이것을 기존의 형벌 외에 또 다른 형벌로서 수치형이나 명예형에 해당한다고 볼 수는 없다. 그렇다면, **신상공개제도는 헌법 제13조의 이중처벌금지 원칙에 위배되지 않는다.**
> 청소년 성매수자의 일반적 인격권과 사생활의 비밀의 자유가 제한되는 정도가 청소년 성보호라는 공익적 요청에 비해 크다고 할 수 없으므로 결국 **법 제20조 제2항 제1호의 신상공개는 해당 범죄인들의 일반적 인격권, 사생활의 비밀의 자유를 과잉금지의 원칙에 위배하여 침해한 것이라 할 수 없다.**
> 신상공개제도로 인하여 기본권 제한상의 차별을 초래하나, 그 입법목적과 이를 달성하려는 수단간에 비례성을 벗어난 차별이라고 보기 어렵고, 달리 평등권을 침해한 것이라고 볼 수 없다.
> 법 제20조 제2항 제1호의 신상공개제도는 법률이 정한 형식적 절차에 따라 이루어지며 그 절차의 내용도 합리성과 정당성을 갖춘 것이라고 볼 것이므로 절차적 적법절차원칙에 위반되는 것이라 할 수 없다.

정답 ①

[심화학습]

1. 경찰상 강제집행

280 행정상 강제집행에 관한 설명으로 가장 옳지 <u>않은</u> 것은? 09 지방직 [Essential ★]

① 사업장의 폐쇄, 외국인의 강제퇴거는 직접강제의 예에 해당한다.
② 행정법상의 의무를 명할 수 있는 명령권의 근거가 되는 법은 동시에 행정강제의 근거가 될 수 있다.
③ 행정상 강제집행수단으로는 대집행과 강제징수가 일반적으로 인정되고, 직접강제와 집행벌은 예외적으로 인정된다.
④ 허가권자는 건축법상의 이행강제금 부과처분을 받은 자가 이행강제금을 납부기한까지 내지 아니하면 지방세 체납처분의 예에 따라 징수한다.

> **해설**
>
> ② [×] 행정법상의 의무를 명할 수 있는 명령권의 근거가 되는 법은 **동시에 행정강제의 근거가 될 수 있다.**(×)
> → 하명의 근거와는 **별도로 강제집행의 근거가 있어야만 강제집행이 가능하다는 것이 일반적 견해이다.**
>
> ① [○] **사업장의 폐쇄, 외국인의 강제퇴거는 직접강제의 예에** 해당한다.
> → 영업소 강제폐쇄와 외국인의 강제퇴거는 직접강제의 대표적인 예이다.
>
> ③ [○] 행정상 강제집행수단으로는 대집행과 강제징수가 일반적으로 인정되고, 직접강제와 집행벌은 예외적으로 인정된다.
> → 직접강제와 집행벌(이행강제금)에 관해서는 일반법이 없고 개별법만 존재하므로 개별법에 근거가 있는 예외적인 경우만 인정된다. 행정기본법 제31조(이행강제금의 부과), 제31조(이행강제금의 부과)의 일반적인 사항을 규율하고 있으나, **구체적인 사항은 개별법으로 정하고 있기 때문에 기본법으로서 역할은 하나, 아직까지 일반적인 지위는 미흡하다.**
>
> ④ [○] 허가권자는 **건축법상의 이행강제금 부과처분을 받은 자가 이행강제금을 납부기한까지 내지 아니하면 지방세 체납처분의 예에 따라 징수한다.**
> → 허가권자는 제4항에 따라 이행강제금 부과처분을 받은 자가 이행강제금을 납부기한까지 내지 아니하면 「지방행정제재·부과금의 징수 등에 관한 법률」에 따라 징수한다.(건축법 제80조제7항)

정답 ②

281 행정의 실효성 확보수단에 관한 다음 설명 중 가장 적절한 것은? 12 경행특채 [ESSential ★]

① 대집행의 절차로는 '계고, 대집행영장에 의한 통지, 직접강제, 비용의 징수' 순으로 진행된다.
② 행정벌에는 행정형벌과 행정질서벌이 있으며, 행정질서벌의 종류로는 과태료와 과징금이 있다.
③ 행정상 강제집행에는 대집행, 강제징수, 집행벌(이행강제금), 직접강제가 있다.
④ 공무원에 대한 징계처분은 행정벌에 속한다.

> **해설**
>
> ③ [○] 행정상 강제집행에는 대집행, 강제징수, 집행벌(이행강제금), 직접강제가 있다.
>   → 행정상 강제집행은 통상 대집행, 집행벌(이행강제금), 직접강제, 강제징수로 구분한다.
> ① [×] 대집행의 절차로는 '계고, 대집행영장에 의한 통지, 직접강제,(×) 비용의 징수' 순으로 진행된다.
>   → 대집행의 절차는 '계고→통지→대집행의 실행→비용징수'의 순서로 진행된다.
> ② [×] 행정벌에는 행정형벌과 행정질서벌이 있으며, 행정질서벌의 종류로는 과태료와 과징금(×)이 있다.
>   → 과징금은 행정질서벌(과태료)이 아니라 새로운 의무이행 확보수단에 해당한다.
> ④ [×] 공무원에 대한 징계처분은 행정벌에 속한다.(×)
>   → 징계벌은 특별행정법관계의 내부질서를 유지하기 위하여 특별권력에 근거하여 그 내부 질서위반자에 대하여 과하는 제재이다. 하지만, 행정벌은 일반권력관계에서 의무위반자에 대해 일반통치권에 근거하여 과하는 제재라는 점에서 양자는 구별되므로, 병과가 가능하다.

정답 ③

---

282 행정상 대집행에 대한 설명으로 옳지 <u>않은</u> 것은? (다툼이 있는 경우 판례에 의함) 13 지방직 [Core ★★]

① 계고처분과 대집행비용납부명령 사이에는 하자의 승계가 인정되지 않는다.
② 의무의 불이행만으로 대집행이 가능한 것은 아니며 의무의 불이행을 방치하는 것이 심히 공익을 해한다고 인정되는 경우에 비로소 대집행이 허용된다.
③ 행정상 대집행의 대상이 되기 위해서는 불이행된 의무가 대체적 작위의무이어야 한다. 따라서 건물의 인도의무와 같이 비대체적 작위의무는 행정상 대집행의 대상이 되지 못한다.
④ 행정대집행법상의 건물철거의무는 제1차 철거명령 및 계고처분으로써 발생하였고 제2차, 제3차 계고처분은 새로운 철거의무를 부과한 것이 아니고, 다만 대집행기한의 연기통지에 불과하여 행정처분이 아니다.

해설

① [×] 계고처분과 대집행비용납부명령 사이에는 **하자의 승계가 인정되지 않는다.**(×)
→ 계고처분과 대집행비용납부명령 사이에는 하자가 승계된다.

> **대법원 1993. 11. 9. 선고 93누14271 판결 [건물철거대집행계고처분취소]**
> 대집행의 계고·대집행영장에 의한 통지·대집행의·실행·대집행에 요한 비용의 납부명령 등은, 타인이 대신하여 행할 수 있는 행정의무의 이행을 의무자의 비용부담하에 확보하고자 하는, 동일한 행정목적을 달성하기 위하여 단계적인 일련의 절차로 연속하여 행하여지는 것으로서, 서로 결합하여 하나의 법률효과를 발생시키는 것이므로, 선행처분인 계고처분이 하자가 있는 위법한 처분이라면, 비록 하자가 중대하고도 명백한 것이 아니어서 당연무효의 처분이라고 볼 수 없고 대집행의 실행이 이미 사실행위로서 완료되어 계고처분의 취소를 구할 법률상 이익이 없게 되었으며, 또 대집행비용납부명령 자체에는 아무런 하자가 없다 하더라도, 후행처분인 대집행비용납부명령의 취소를 청구하는 소송에서 청구원인으로 선행처분인 계고처분이 위법한 것이기 때문에 그 계고처분을 전제로 행하여진 대집행비용납부명령도 위법한 것이라는 주장을 할 수 있다.

② [O] 의무의 불이행만으로 대집행이 가능한 것은 아니며 **의무의 불이행을 방치하는 것이 심히 공익을 해한다**고 인정되는 경우에 비로소 대집행이 허용된다.
→ 대집행을 하기 위해서는 공법상의 대체적 작위의무의 불이행이 있는 것만으로는 부족하고 의무의 불이행을 방치함이 심히 공익을 해할 것으로 인정되어야 한다.
→ 법률(법률의 위임에 의한 명령, 지방자치단체의 조례를 포함한다. 이하 같다)에 의하여 직접명령되었거나 또는 법률에 의거한 행정청의 명령에 의한 행위로서 타인이 대신하여 행할 수 있는 행위를 의무자가 이행하지 아니하는 경우 다른 수단으로써 그 이행을 확보하기 곤란하고 또한 그 불이행을 방치함이 심히 공익을 해할 것으로 인정될 때에는 당해 행정청은 스스로 의무자가 하여야 할 행위를 하거나 또는 제삼자로 하여금 이를 하게 하여 그 비용을 의무자로부터 징수할 수 있다.(행정대집행법 제2조)

③ [O] 행정상 대집행의 대상이 되기 위해서는 **불이행된 의무가 대체적 작위의무이어야 한다.** 따라서 건물의 인도의무와 같이 비대체적 작위의무는 행정상 대집행의 대상이 되지 못한다.
→ 토지·건물의 점유이전(명도)의무는 토지·건물을 점유하고 있는 사람의 퇴거를 필요로 하는데, 이는 대체적 작위의무라고 할 수 없으므로 대집행의 대상이 될 수 없다.

④ [O] 행정대집행법상의 건물철거의무는 제1차 철거명령 및 계고처분으로써 발생하였고 제2차, 제3차 계고처분은 새로운 철거의무를 부과한 것이 아니고, 다만 대집행기한의 연기통지에 불과하여 행정처분이 아니다.
→ 계고처분 자체도 행정소송의 대상이 되나, 2차·3차의 계고처분은 새로운 철거의무를 부과한 것이 아니므로 행정처분이 아니다.

> **대법원 1994. 10. 28. 선고 94누5144 판결 [건축물자진철거계고처분취소]**
> 건물의 소유자에게 위법건축물을 일정기간까지 철거할 것을 명함과 아울러 불이행할 때에는 대집행한다는 내용의 철거대집행 계고처분을 고지한 후 원고들이 불응하자 다시 제2차, 제3차 계고서를 발송하여 일정기간까지의 자진철거를 촉구하고 불이행하면 대집행을 한다는 뜻을 고지하였다면 **행정대집행법상의 건물철거의무는 제1차 철거명령 및 계고처분으로써 발생하였고 제2차, 제3차의 계고처분은 위 원고에게 새로운 철거의무를 부과한 것이 아니고 다만 대집행기한의 연기통지에 불과하므로 행정처분이 아니다.**

정답 ①

283 대집행에 대한 설명으로 옳지 않은 것은? (다툼이 있는 경우 판례에 의함) 13 국가직 [Core ★★]

① 행정청의 위임을 받아 대집행을 실행하는 제3자는 대집행의 주체가 아니다.
② 구 「공공용지의 취득 및 손실보상에 관한 특례법」에 따른 토지 등의 협의 취득시 건물소유자가 철거의무를 부담하겠다는 약정을 한 경우, 그 철거의무는 행정대집행법상 대집행의 대상이 되는 대체적 작위의무이다.
③ 토지의 명도의무는 특별한 사정이 없는 한 행정대집행법에 의한 대집행의 대상이 될 수 없다.
④ 행정청이 대집행계고를 함에 있어서는 의무자가 스스로 이행하지 아니하는 경우에 대집행할 행위의 내용 및 범위가 구체적으로 특정되어야 한다.

해설

② [X] 구 「공공용지의 취득 및 손실보상에 관한 특례법」에 따른 토지 등의 협의 취득시 건물소유자가 철거의무를 부담하겠다는 약정을 한 경우, **그 철거의무는 행정대집행법상 대집행의 대상이 되는 대체적 작위의무이다.**(X)
→ 철거의무는 **사법상 의무이므로 행정대집행법에 의한 대집행의 대상이 되지 않는다.**

> 대법원 2006. 10. 13. 선고 2006두7096 판결 [건물철거대집행계고처분취소]
> **행정대집행법상 대집행의 대상이 되는 대체적 작위의무는 공법상 의무**이어야 할 것인데, 구 공특법에 따른 토지 등의 협의취득은 공공사업에 필요한 토지 등을 그 소유자와의 협의에 의하여 취득하는 것으로서 공공기관이 사경제주체로서 행하는 사법상 매매 내지 사법상 계약의 실질을 가지는 것이므로, **그 협의취득시 건물소유자가 매매대상 건물에 대한 철거의무를 부담하겠다는 취지의 약정을 하였다고 하더라도 이러한 철거의무는 공법상의 의무가 될 수 없고, 이 경우에도 행정대집행법을 준용하여 대집행을 허용하는 별도의 규정이 없는 한 위와 같은 철거의무는 행정대집행법에 의한 대집행의 대상이 되지 않는다고 할 것이다.**

① [O] 행정청의 위임을 받아 대집행을 실행하는 제3자는 대집행의 주체가 아니다.
→ 대집행을 현실적으로 수행하는 자가 반드시 당해 행정청이어야 하는 것은 아니며 **경우에 따라서는 행정청이 제3자에게 대집행을 위탁할 수도 있다.** 그런데 대집행실행은 전형적인 공권력의 행사이므로 행정기관만이 이를 행할 수 있는 것으로 보아야 하기 때문에 대집행을 실행하는 제3자는 대집행의 주체가 아니라 행정보조자의 지위를 갖는다고 보아야 한다는 것이 일반적 견해이다.

③ [O] 토지의 명도의무는 특별한 사정이 없는 한 행정대집행법에 의한 대집행의 대상이 될 수 없다.

> 대법원 2005. 8. 19. 선고 2004다2809 판결 [가처분이의]
> 명도의무는 그것을 강제적으로 실현하면서 직접적인 실력행사가 필요한 것이지 대체적 작위의무라고 볼 수 없으므로 특별한 사정이 없는 한 행정대집행법에 의한 대집행의 대상이 될 수 있는 것이 아니다.

④ [O] 행정청이 대집행계고를 함에 있어서는 **의무자가 스스로 이행하지 아니하는 경우에 대집행할 행위의 내용 및 범위가 구체적으로 특정되어야 한다.**

> 대법원 1996. 10. 11. 선고 96누8086 판결 [불법건축물원상복구계고처분취소]
> 행정청이 행정대집행법 제3조 제1항에 의한 대집행계고를 함에 있어서는 의무자가 스스로 이행하지 아니하는 경우에 대집행할 행위의 내용 및 범위가 구체적으로 특정되어야 하나, **그 행위의 내용 및 범위는 반드시 대집행계고서에 의하여서만 특정되어야 하는 것이 아니고,** 계고처분 전후에 송달된 문서나 기타 사정을 종합하여 행위의 내용이 특정되거나 실제건물의 위치, 구조, 평수 등을 계고서의 표시와 대조·검토하여 대집행의무자가 그 이행의무의 범위를 알 수 있을 정도로 하면 족하다.

정답 ②

284 행정대집행에 관한 설명 중 옳지 않은 것은? (다툼이 있으면 판례에 의함)   13 국회직 [Core ★★]

① 부작위의무의 이행을 확보하기 위하여 활용하는 대표적인 행정작용의 실효성 확보수단에 해당한다.
② 대집행의 주체는 당사자에 의해 불이행되고 있는 의무를 부과한 행정청이다.
③ 법령이나 조례에 의해 직접 명령되었거나 법령에 근거한 처분에 의한 행위를 대상으로 한다.
④ 계고와 대집행영장에 의한 통지 사이에는 행정행위 하자의 승계를 허용하는 것이 판례의 태도이다.
⑤ 토지나 가옥의 인도의무 불이행은 대집행의 대상에 해당하지 않는다고 보는 것이 판례의 태도이다.

해설

① [×] 부작위의무의 이행을 확보하기 위하여 활용하는 대표적인 행정작용의 실효성 확보수단에 해당한다.(×)
→ 대집행의 대상이 되는 의무는 대체적 작위의무이다.

② [O] 대집행의 주체는 **당사자에 의해 불이행되고 있는 의무를 부과한 행정청**이다.
→ 대집행을 결정하고 이를 실행할 수 있는 권한을 가진 대집행의 주체는 대집행의 대상이 되는 의무를 부과한 행정청, 즉 당해 행정청이다.

③ [O] 법령이나 조례에 의해 직접 명령되었거나 법령에 근거한 처분에 의한 행위를 대상으로 한다.
→ 행정대집행법 제2조는 '법률(법률의 위임에 의한 명령, 지방자치단체의 조례를 포함한다. 이하 같다)에 의하여 직접 명령되었거나 또는 법률에 의거한 행정청의 명령'에 따른 의무를 불이행하는 경우 대집행을 하도록 되어 있으므로 법령이나 조례에 의해 직접 명령되었거나 법령에 근거한 처분에 의한 의무가 모두 그 대상이 된다.
→ 법률(법률의 위임에 의한 명령, 지방자치단체의 조례를 포함한다. 이하 같다)에 의하여 직접명령되었거나 또는 법률에 의거한 행정청의 명령에 의한 행위로서 타인이 대신하여 할 수 있는 행위를 의무자가 이행하지 아니하는 경우 다른 수단으로써 그 이행을 확보하기 곤란하고 또한 그 불이행을 방치함이 심히 공익을 해할 것으로 인정될 때에는 당해 행정청은 스스로 의무자가 하여야 할 행위를 하거나 또는 제삼자로 하여금 이를 하게 하여 그 비용을 의무자로부터 징수할 수 있다.(행정대집행법 제2조)

④ [O] 계고와 대집행영장에 의한 통지 사이에는 행정행위 하자의 승계를 허용하는 것이 판례의 태도이다.
→ 대집행절차인 계고·영장에 의한 통지·실행·비용징수의 각 행위 사이에는 하자의 승계를 인정하는 것이 판례의 입장이다.

⑤ [O] 토지나 가옥의 인도의무 불이행은 대집행의 대상에 해당하지 않는다고 보는 것이 판례의 태도이다.
→ 구 토지수용법상 피수용자 등이 기업자에 대하여 부담하는 수용대상 토지의 인도의무는 행정대집행법에 의한 대집행의 대상이 되지 않는다.

> 대법원 2005. 8. 19. 선고 2004다2809 판결 [가처분이의]
> 피수용자 등이 기업자에 대하여 부담하는 수용대상 토지의 인도의무에 관한 구 토지수용법(2002. 2. 4. 법률 제6656호 공익사업을 위한 토지 등의 취득 및 보상에 관한 법률 부칙 제2조로 폐지) 제63조, 제64조, 제77조 규정에서의 '인도'에는 명도도 포함되는 것으로 보아야 하고, 이러한 **명도의무는 그것을 강제적으로 실현하면서 직접적인 실력행사가 필요한 것이지 대체적 작위의무라고 볼 수 없으므로 특별한 사정이 없는 한 행정대집행법에 의한 대집행의 대상이 될 수 있는 것이 아니다.**

정답 ①

285 행정상 대집행에 관한 설명으로 옳지 <u>않은</u> 것은? 13 서울시 [Essential ★]

① 대체적 작위의무의 불이행이 그 대상이다.
② 대집행의 소요비용은 행정청이 스스로 부담한다.
③ 의무자는 대집행의 실행행위에 대해서 수인의무를 진다.
④ 대집행의 실행행위는 권력적 사실행위로서의 성질을 갖는다.
⑤ 대집행의 주체는 당해 행정청이 되나, 대집행의 실행행위는 행정청에 의한 경우 이외에 제3자에 의해서도 가능하다.

해설

② [X] 대집행의 소요비용은 **행정청이 스스로 부담한다.**(X)
→ **대집행에 소요된 비용은 의무자가 부담한다.** 행정청은 납기일을 정하여 실제에 요한 비용액에 대해 의무자에게 문서로써 납부를 명하고, 의무자가 납부하지 않을 때에는 국세징수법의 예에 의하여 강제 징수할 수 있다.

① [O] 대체적 작위의무의 불이행이 그 대상이다.

③ [O] 의무자는 대집행의 실행행위에 대해서 수인의무를 진다.
→ 대집행을 실행하는 경우 의무자인 상대방은 이를 수인하여야 할 수인의무를 진다.

④ [O] 대집행의 실행행위는 **권력적 사실행위**로서의 성질을 갖는다.
→ 대집행의 실행이란 당해 행정청 스스로 의무자가 해야 할 행위를 하거나 제3자로 하여금 그 의무를 이행시키는 물리력의 행사를 의미하며, 이는 수인하명(건물철거행위를 참고 받아들여야 하는 의무를 부과)과 사실행위(철거행위)가 결합된 합성행위의 성질을 가지는 권력적 사실행위로서 행정처분에 해당한다.

⑤ [O] 대집행의 주체는 당해 행정청이 되나, 대집행의 실행행위는 행정청에 의한 경우 이외에 제3자에 의해서도 가능하다.
→ 대집행을 현실적으로 수행하는 자가 반드시 당해 행정청이어야 하는 것은 아니다. 때에 따라서는 제3자에게 대집행을 위탁할 수도 있다.

정답 ②

286 행정의 실효성 확보수단에 대한 설명으로 옳지 않은 것은? (다툼이 있는 경우 판례에 의함)

13 지방직 [Core ★★]

① 행정대집행법 절차에 따라 국세징수법의 예에 의하여 대집행비용을 징수할 수 있음에도 민사소송 절차에 의하여 그 비용의 상환을 청구할 수 있다.
② 이행강제금은 대체적 작위의무의 위반에 대하여도 부과될 수 있다.
③ 계고처분시 대집행할 행위의 내용 및 범위는 반드시 대집행계고서에 의하여서만 특정되어야 하는 것은 아니다.
④ 이행강제금과 행정벌은 병과 하여도 헌법상 이중처벌금지의 원칙에 위반되지 않는다.

해설

① [×] 행정대집행법 절차에 따라 국세징수법의 예에 의하여 대집행비용을 징수할 수 있음에도 민사소송 절차에 의하여 **그 비용의 상환을 청구할 수 있다.**(×)

> 대법원 2011. 9. 8. 선고 2010다48240 판결 [손해배상(기)]
> 대한주택공사가 법령에 의하여 대집행권한을 위탁받아 공무인 대집행을 실시하기 위하여 지출한 비용을 행정대집행법 절차에 따라 징수할 수 있음에도 **민사소송절차에 의하여 그 비용의 상환을 청구한 사안에서, 위 청구가 부적법하다.**

② [○] 이행강제금은 대체적 작위의무의 위반에 대하여도 부과될 수 있다.

> 헌법재판소 2004. 2. 26. 선고 2001헌바80,84,102,103,2002헌바26(병합) 전원재판부
> [개발제한구역의지정및관리에관한특별조치법제11조제1항등위헌소원]
> 전통적으로 행정대집행은 대체적 작위의무에 대한 강제집행수단으로, 이행강제금은 부작위의무나 비대체적 작위의무에 대한 강제집행수단으로 이해되어 왔으나, 이는 이행강제금제도의 본질에서 오는 제약은 아니며, **이행강제금은 대체적 작위의무의 위반에 대하여도 부과될 수 있다.**

③ [○] 계고처분시 대집행할 행위의 내용 및 범위는 반드시 대집행계고서에 의하여서만 특정되어야 하는 것은 아니다.

> 대법원 1996. 10. 11. 선고 96누8086 판결 [불법건축물원상복구계고처분취소]
> 행정청이 행정대집행법 제3조 제1항에 의한 대집행계고를 함에 있어서는 의무자가 스스로 이행하지 아니하는 경우에 대집행할 행위의 내용 및 범위가 구체적으로 특정되어야 하나, **그 행위의 내용 및 범위는 반드시 대집행계고서에 의하여서만 특정되어야 하는 것이 아니고**, 계고처분 전후에 송달된 문서나 기타 사정을 종합하여 행위의 내용이 특정되거나 실제건물의 위치, 구조, 평수 등을 계고서의 표시와 대조·검토하여 대집행의무자가 그 이행의무의 범위를 알 수 있을 정도로 하면 족하다.

④ [○] 이행강제금과 행정벌은 병과 하여도 헌법상 이중처벌금지의 원칙에 위반되지 않는다.
→ 이행강제금(집행벌)과 행정벌은 목적에서 차이가 있으므로 양자를 병과 하더라도 헌법에서 금지하는 이중처벌이 아니다.

> 헌법재판소 2004. 2. 26. 선고 2001헌바80,84,102,103,2002헌바26(병합) 전원재판부
> [개발제한구역의지정및관리에관한특별조치법제11조제1항등위헌소원]
> 건축법 제78조에 의한 무허가 건축행위에 대한 형사처벌과 건축법 제83조 제1항에 의한 시정명령 위반에 대한 이행강제금의 부과는 그 처벌 내지 제재대상이 되는 기본적 사실관계로서의 행위를 달리하며, 또한 그 보호법익과 목적에서도 차이가 있으므로 헌법 제13조 제1항이 금지하는 이중처벌에 해당한다고 할 수 없다.

정답 ①

287 행정상 강제집행에 대한 설명으로 옳지 <u>않은</u> 것은? (다툼이 있는 경우 판례에 의함)

13 지방직 [Core ★★]

① 제3자가 아무런 권원 없이 국유재산에 설치한 시설물에 대해 해당 국유재산에 대한 사용청구권을 가진 사인은 일정한 경우에는 국가를 대위하여 민사소송으로 해당 시설물의 철거를 구할 수 있다.
② 대집행계고처분을 하기 위해서는 법령에 의하여 직접 의무가 부가되거나 법령에 근거한 행정청의 명령에 의한 의무자의 대체적 작위의무 위반행위가 있어야 한다.
③ 철거명령과 계고를 각각 따로 하지 않고, 일정한 기간 내에 위법건축물의 자진철거를 명함과 동시에 그 소정기간 내에 자진철거를 아니하면 대집행할 뜻을 미리 계고하는 것과 같이 1장의 문서로 철거명령과 계고를 행하는 것은 허용되지 아니한다.
④ 철거명령과 대집행 절차를 이루는 행위는 별개의 법적 효과를 가져오는 행위이므로 철거명령의 흠은 대집행 절차를 이루는 각 행위에 승계되지 아니한다.

해설

③ [×] 철거명령과 계고를 각각 따로 하지 않고, 일정한 기간 내에 위법건축물의 자진철거를 명함과 동시에 그 소정기간 내에 자진철거를 아니하면 대집행할 뜻을 **미리 계고하는 것과 같이 1장의 문서로 철거명령과 계고를 행하는 것은 허용되지 아니한다.(×)**

> 대법원 1992. 6. 12. 선고 91누13564 판결 [건물철거대집행계고처분취소]
>
> 계고서라는 명칭의 1장의 문서로서 일정기간 내에 위법건축물의 자진철거를 명함과 동시에 그 소정기한 내에 자진철거를 하지 아니할 때에는 **대집행할 뜻을 미리 계고한 경우, 철거명령 및 계고처분의 적법하다.**

① [O] 제3자가 아무런 권원 없이 국유재산에 설치한 시설물에 대해 **해당 국유재산에 대한 사용청구권을 가진 사인은 일정한 경우에는 국가를 대위하여 민사소송으로 해당 시설물의 철거를 구할 수 있다.**

> 대법원 2009. 6. 11. 선고 2009다1122 판결 [가건물철거및토지인도]
>
> 아무런 권원 없이 국유재산에 설치한 시설물에 대하여 행정청이 행정대집행을 실시하지 않는 경우, **그 국유재산에 대한 사용청구권을 가지고 있는 자가 국가를 대위하여 민사소송으로 그 시설물의 철거를 구할 수 있다.**

② [O] 대집행계고처분을 하기 위해서는 **법령에 의하여 직접 의무가 부가되거나 법령에 근거한 행정청의 명령에 의한 의무자의 대체적 작위의무 위반행위가 있어야 한다.**

> 대법원 2010. 6. 24. 선고 2010두1231 판결 [행정대집행계고처분취소]
>
> 행정대집행법 제2조는 대집행의 대상이 되는 의무를 '법률(법률의 위임에 의한 명령, 지방자치단체의 조례를 포함한다)에 의하여 직접 명령되었거나 또는 법률에 의거한 행정청의 명령에 의한 행위로서 타인이 대신하여 행할 수 있는 행위'라고 규정하고 있으므로, **대집행계고처분을 하기 위하여는 법령에 의하여 직접 명령되거나 법령에 근거한 행정청의 명령에 의한 의무자의 대체적 작위의무 위반행위가 있어야 한다.**

④ [O] 철거명령과 대집행 절차를 이루는 행위는 **별개의 법적 효과를 가져오는 행위이므로 철거명령의 흠은 대집행 절차를 이루는 각 행위에 승계되지 아니한다.**
→ 건물철거명령과 계고는 독립하여 별개의 효과를 가져오는 처분으로서 양 행위 간에는 하자가 승계되지 않는다.

정답 ③

288 행정대집행에 대한 설명으로 옳지 않은 것은? 12 지방직 [ESSential ★]

① 위법한 행정처분에 의해 부과된 대체적 작위의무의 불이행에 대해서는 대집행을 할 수 없다.
② 대집행의 주체는 당해 행정청이다.
③ 대집행의 계고는 문서에 의한 것이어야 하고, 구두에 의한 계고는 무효가 된다.
④ 대집행영장에 의한 통지는 그 자체가 독립하여 취소소송의 대상이 된다.

해설

① [×] 위법한 행정처분에 의해 부과된 대체적 작위의무의 불이행에 대해서는 대집행을 할 수 없다.(×)
  → 공정력에 의해 위법한 행정처분에 의해 부과된 대체적 작위의무도 당해 행정처분이 취소되지 않는 한 그 효력이 있으므로 대집행의 대상이 된다.
② [○] 대집행의 주체는 당해 행정청이다.
  → 대집행의 주체는 처분청, 즉 대집행의 대상이 되는 의무를 부과한 당해 행정청이다.
③ [○] 대집행의 계고는 문서에 의한 것이어야 하고, 구두에 의한 계고는 무효가 된다.
④ [○] 대집행영장에 의한 통지는 그 자체가 독립하여 취소소송의 대상이 된다.
  → 대집행영장에 의한 통지는 준법률행위적 행정행위인 통지로서 항고소송의 대상이 되는 처분에 해당한다.

정답 ①

289 행정대집행에 관한 설명으로 옳지 않은 것은? (다툼이 있는 경우 판례에 의함)

09 국가직 [ESSential ★]

① 조례는 행정대집행법상의 대체적 작위의무 부과의 근거가 되는 법령에 해당하지 않는다.
② 건축물철거 대집행계고처분에 있어 2차 계고를 행한 경우에 2차 계고는 행정처분이 아니다.
③ 대집행계고에 있어 그 내용과 범위는 대집행계고서에 의해서만 특정되어야 하는 것은 아니다.
④ 대집행계고처분의 취소소송의 변론이 종결되기 전에 대집행의 실행이 완료된 경우에는 그 계고처분의 취소를 구할 소의 이익이 없다.

해설

① [×] 조례는 행정대집행법상의 대체적 작위의무 부과의 근거가 되는 법령에 해당하지 않는다.(×)
→ 조례 역시 행정대집행법상의 대체적 작위의무 부과의 근거가 되는 법령에 해당한다.
→ **법률(법률의 위임에 의한 명령, 지방자치단체의 조례를 포함한다. 이하 같다)**에 의하여 직접명령되었거나 또는 법률에 의거한 행정청의 명령에 의한 행위로서 타인이 대신하여 행할 수 있는 행위를 의무자가 이행하지 아니하는 경우 다른 수단으로써 그 이행을 확보하기 곤란하고 또한 그 불이행을 방치함이 심히 공익을 해할 것으로 인정될 때에는 당해 행정청은 스스로 의무자가 하여야 할 행위를 하거나 또는 제삼자로 하여금 이를 하게 하여 그 비용을 의무자로부터 징수할 수 있다.(행정대집행법 제2조)

② [○] 건축물철거 대집행계고처분에 있어 2차 계고를 행한 경우에 2차 계고는 행정처분이 아니다.
→ 2차·3차의 계고처분은 대집행기한의 연기 통지에 불과하므로 행정처분이 아니라는 것이 판례의 입장이다.

대법원 1994. 10. 28. 선고 94누5144 판결 [건축물자진철거계고처분취소]
건물의 소유자에게 위법건축물을 일정기간까지 철거할 것을 명함과 아울러 불이행할 때에는 대집행한다는 내용의 철거대집행 계고처분을 고지한 후 이에 불응하자 **다시 제2차, 제3차 계고서를 발송하여 일정기간까지의 자진철거를 촉구하고 불이행하면 대집행을 한다는 뜻을 고지하였다면 행정대집행법상의 건물철거의무는 제1차 철거명령 및 계고처분으로서 발생하였고 제2차, 제3차의 계고처분은 새로운 철거의무를 부과한 것이 아니고 다만 대집행기한의 연기통지에 불과하므로 행정처분이 아니다.**

③ [○] 대집행계고에 있어 그 내용과 범위는 대집행계고서에 의해서만 특정되어야 하는 것은 아니다.

대법원 1996. 10. 11. 선고 96누8086 판결 [불법건축물원상복구계고처분취소]
행정청이 행정대집행법 제3조 제1항에 의한 **대집행계고를 함에 있어서는 의무자가 스스로 이행하지 아니하는 경우에 대집행할 행위의 내용 및 범위가 구체적으로 특정되어야 하나, 그 행위의 내용 및 범위는 반드시 대집행계고서에 의하여서만 특정되어야 하는 것이 아니고, 계고처분 전후에 송달된 문서나 기타 사정을 종합하여 행위의 내용이 특정되거나 실제건물의 위치, 구조, 평수 등을 계고서의 표시와 대조·검토하여 대집행의무자가 그 이행의무의 범위를 알 수 있을 정도로 하면 족하다.**

④ [○] 대집행계고처분의 취소소송의 변론이 종결되기 전에 대집행의 실행이 완료된 경우에는 그 계고처분의 취소를 구할 소의 이익이 없다.

대법원 1967. 10. 23. 선고 67누115 판결 [계고처분취소]
이미 그 대집행이 사실행위로서 실행이 완료된 이후에 있어서는 그 행위의 위법을 이유로 하는 손해배상 또는 원상회복의 청구를 하는 것은 몰라도, **그 처분의 취소를 구함은, 권리보호의 이익이 없는 것이다.**

정답 ①

290. 행정상 강제집행에 관한 설명으로 옳지 않은 것은?

09 국가직 [Essential ★]

① 대집행의 계고는 반드시 문서로써 하여야 하며, 국유지로부터의 퇴거의무는 대집행의 대상이 된다.
② 이행강제금은 일정한 금액의 부과라는 심리적 압박에 의하여 장래에 향하여 행정상 의무이행을 확보하려는 강제집행수단의 일종이다.
③ 직접강제는 행정법상의 의무불이행이 있는 경우에 직접 의무자의 신체나 재산에 실력을 가하여 의무의 이행이 있었던 것과 같은 상태를 실현하는 작용이다.
④ 행정상 강제징수는 금전지급의무의 이행을 강제하기 위한 수단으로, 국세징수법상의 강제징수절차는 독촉 및 체납처분으로 이루어진다.

해설

① [×] 대집행의 계고는 반드시 문서로써 하여야 하며, **국유지로부터의 퇴거의무는 대집행의 대상이 된다.**(×)
→ 계고는 문서로 하여야 하며 구술로 한 계고는 무효이다. **퇴거의무는 대체적 작위의무에 해당하는 것이 아니므로 대집행의 대상이 되지 않는다.**

> 대법원 1998. 10. 23. 선고 97누157 판결 [시설물철거대집행계고처분취소]
> 도시공원시설인 매점의 관리청이 그 공동점유자 중의 1인에 대하여 소정의 기간 내에 위 매점으로부터 퇴거하고 이에 부수하여 그 판매 시설 및 상품을 반출하지 아니할 때에는 이를 대집행하겠다는 내용의 계고처분은 그 주된 목적이 매점의 원형을 보존하기 위하여 점유자가 설치한 불법 시설물을 철거하고자 하는 것이 아니라, 매점에 대한 점유자의 점유를 배제하고 그 점유이전을 받는 데 있다고 할 것인데, **이러한 의무는 그것을 강제적으로 실현함에 있어 직접적인 실력행사가 필요한 것이지 대체적 작위의무에 해당하는 것은 아니어서 직접강제의 방법에 의하는 것은 별론으로 하고 행정대집행법에 의한 대집행의 대상이 되는 것은 아니다.**

② [O] 이행강제금은 일정한 금액의 부과라는 심리적 압박에 의하여 장래에 향하여 행정상 의무이행을 확보하려는 강제집행수단의 일종이다.
→ 이행강제금이란 행정법상 의무의 불이행시 그 의무를 강제하기 위하여 일정기한까지 이행하지 않으면 일정한 금액을 부과한다는 뜻을 미리 계고하여 의무자에게 심리적 압박을 가함으로써 의무이행을 강제하는 것을 의미한다.

③ [O] 직접강제는 **행정법상의 의무불이행이 있는 경우에 직접 의무자의 신체나 재산에 실력을 가하여 의무의 이행이 있었던 것과 같은 상태를 실현하는 작용**이다.
→ 직접강제란 행정법상의 의무불이행이 있는 경우에 행정기관이 직접 의무자의 신체(**외국인의 강제퇴거**)·재산(**영업소의 폐쇄**)에 실력을 행사하여 의무자가 스스로 의무를 이행한 것과 같은 상태를 실현하는 작용을 말한다.

④ [O] 행정상 강제징수는 **금전지급의무의 이행을 강제하기 위한 수단으로, 국세징수법상의 강제징수절차는 독촉 및 체납처분으로 이루어진다.**
→ 국세징수법상의 강제징수절차는 독촉과 체납처분절차(**압류, 매각, 청산**)로 진행된다. 행정상의 강제징수란 국민이 국가 등 행정주체에 대해 부담하고 있는 행정법상의 금전급부의무를 불이행하고 있는 경우에 행정청이 의무자의 재산에 실력을 가하여 의무의 이행이 있었던 것과 같은 상태를 실현하는 행정작용을 말한다.

정답 ①

291 행정대집행법 제2조의 대집행에 대한 설명으로 옳지 않은 것은? (다툼이 있는 경우 판례에 의함)

11 국가직 7급 [ESSential ★]

① 계고처분에 기한 대집행의 실행이 완료되었다면, 대집행의 실행행위에 대해 취소를 구할 법률상 이익은 없다.
② 위법건축물의 소유자가 그 건축물에 대한 철거명령 및 계고처분에 불응하자 다시 행한 제2차·제3차 계고처분은 새로운 철거의무를 부과한 것이다.
③ 부작위의무 위반의 경우, 그 위반의 결과를 시정하기 위한 작위의무가 그 부작위의무로부터 당연히 도출되지는 않는다.
④ 대집행비용의 납부명령은 독립하여 항고소송의 대상이 된다.

해설

② [×] 위법건축물의 소유자가 그 건축물에 대한 철거명령 및 계고처분에 불응하자 **다시 행한 제2차·제3차 계고처분은 새로운 철거의무를 부과한 것이다.(×)**
→ 판례는 계고처분 자체도 행정소송의 대상이 되나, 2차·3차의 계고처분은 새로운 철거의무를 부과한 것이 아니므로 행정처분이 아니라고 한다.

> **대법원 1994. 10. 28. 선고 94누5144 판결 [건축물자진철거계고처분취소]**
> 건물의 소유자에게 위법건축물을 일정기간까지 철거할 것을 명함과 아울러 불이행할 때에는 대집행한다는 내용의 철거대집행 계고처분을 고지한 후 이에 불응하자 **다시 제2차, 제3차 계고서를 발송하여 일정기간까지의 자진철거를 촉구하고 불이행하면 대집행을 한다는 뜻을 고지하였다면** 행정대집행법상의 건물철거의무는 제1차 철거명령 및 계고처분으로서 발생하였고 **제2차, 제3차의 계고처분은 새로운 철거의무를 부과한 것이 아니고 다만 대집행기한의 연기통지에 불과하므로 행정처분이 아니다.**

① [O] 계고처분에 기한 대집행의 실행이 완료되었다면, 대집행의 실행행위에 대해 취소를 구할 법률상 이익은 없다.
→ 판례는 손해배상청구 등의 실익은 있어도 이미 완료된 실행행위에 대해 취소를 구하는 실익은 없다고 본다.

③ [O] 부작위의무 위반의 경우, 그 위반의 결과를 시정하기 위한 작위의무가 그 부작위의무로부터 당연히 도출되지는 않는다.
→ 부작위의무 위반의 경우 위반의 결과를 시정하기 위한 작위의무가 부작위의무로 부터 당연히 도출되는 것이 아니라 작위의무를 명하는 별도의 법률적 근거가 있어야 한다. 작위의무로 전환하기 위해서는 별도의 명문규정이 있어야 한다.

> **대법원 1996. 6. 28. 선고 96누4374 판결 [유치원시설물철거대집행계고처분취소]**
> 단순한 부작위의무의 위반, 즉 관계 법령에 정하고 있는 절대적 금지나 허가를 유보한 상대적 금지를 위반한 경우에는 당해 법령에서 그 위반자에 대하여 위반에 의하여 생긴 유형적 결과의 시정을 명하는 행정처분의 권한을 인정하는 규정(예컨대, 건축법 제69조, 도로법 제74조, 하천법 제67조, 도시공원법 제20조, 옥외광고물등관리법 제10조 등)을 두고 있지 아니한 이상, **법치주의의 원리에 비추어 볼 때 위와 같은 부작위의무로부터 그 의무를 위반함으로써 생긴 결과를 시정하기 위한 작위의무를 당연히 끌어낼 수는 없다.**

④ [O] 대집행비용의 납부명령은 독립하여 항고소송의 대상이 된다.
→ 대집행의 각 단계의 행위(계고 ⇨ 통지 ⇨ 실행 ⇨ 비용징수)는 모두 행정쟁송의 대상인 처분에 속한다.

> **참조. 대법원 1996. 10. 11. 선고 96누8086 판결 [불법건축물원상복구계고처분취소]**
> 건축법에 위반하여 건축한 것이어서 철거의무가 있는 건물이라 하더라도 그 철거의무를 대집행하기 위한 계고처분을 하려면 다른 방법으로는 이행의 확보가 어렵고 불이행을 방치함이 심히 공익을 해하는 것으로 인정될 때에 한하여 허용되고 이러한 요건의 주장·입증책임은 처분 행정청에 있다.

정답 ②

292 행정상 강제집행에 대한 판례의 입장으로 옳은 것은?

10 국가직 [Core ★★]

① 대집행계고처분 취소소송의 변론이 종결되기 전에 대집행의 실행이 완료된 경우라도 그 계고처분의 취소 또는 무효 확인을 구할 법률상 이익이 있다.
② 행정청이 대집행의 계고를 함에 있어서 의무자가 이행하여야 할 행위와 그 의무불이행시 대집행 할 행위의 내용과 범위가 특정되어야 하지만, 그것은 반드시 대집행계고서에 의하여서만 특정되어야 하는 것은 아니다.
③ 대집행영장의 통지는 대집행을 실행하겠다는 단순한 사실의 통지에 불과하여 행정처분이라고 보기 어려우므로 이에 대해서는 취소소송을 제기할 수 없다.
④ 의무를 부과하는 처분을 할 때에 이미 대집행 요건이 충족될 것이 확실하고 또한 그 급속한 실시를 요하는 긴급한 필요가 있는 경우에라도 대집행계고는 의무를 명하는 처분과 결합될 수는 없다.

해설

② [○] 행정청이 대집행의 계고를 함에 있어서 의무자가 이행하여야 할 행위와 그 의무불이행시 대집행 할 행위의 내용과 범위가 특정되어야 하지만, 그것은 반드시 대집행계고서에 의하여서만 특정되어야 하는 것은 아니다.

대법원 1996. 10. 11. 선고 96누8086 판결 [불법건축물원상복구계고처분취소]
행정청이 행정대집행법 제3조 제1항에 의한 **대집행계고를 함에 있어서는 의무자가 스스로 이행하지 아니하는 경우에 대집행할 행위의 내용 및 범위가 구체적으로 특정되어야 하나, 그 행위의 내용 및 범위는 반드시 대집행계고서에 의하여서만 특정되어야 하는 것이 아니다.**

① [×] 대집행계고처분 취소소송의 변론이 종결되기 전에 대집행의 실행이 완료된 경우라도 그 계고처분의 취소 또는 무효 확인을 구할 법률상 이익이 있다.(×)

대법원 1967. 10. 23. 선고 67누115 판결 [계고처분취소]
행정대집행법 제2조에 의하여 의무자에게 명령된 행위에 관하여, 동법 제3조의 계고와 대집행영장에 의한 통지 절차를 거쳐서 **이미 그 대집행이 사실행위로서 실행이 완료된 이후에 있어서는 그 행위의 위법을 이유로 하는 손해배상 또는 원상회복의 청구를 하는 것은 몰라도, 그 처분의 취소를 구함은, 권리보호의 이익이 없는 것이다.**

③ [×] 대집행영장의 통지는 **대집행을 실행하겠다는 단순한 사실의 통지에 불과하여 행정처분이라고 보기 어려우므로 이에 대해서는 취소소송을 제기할 수 없다.(×)**
→ 대집행영장의 통지는 **준법률행위적 행정행위로서 항고소송의 대상이 되는 행정처분이다.**

④ [×] 의무를 부과하는 처분을 할 때에 이미 대집행 요건이 충족될 것이 확실하고 또한 그 급속한 실시를 요하는 긴급한 필요가 있는 경우에라도 **대집행계고는 의무를 명하는 처분과 결합될 수는 없다.(×)**
→ **의무를 명하는 처분과 계고는 결합될 수도 있다는** 입장이다.

대법원 1992. 6. 12. 선고 91누13564 판결 [건물철거대집행계고처분취소]
계고서라는 명칭의 1장의 문서로서 일정기간 내에 위법건축물의 자진철거를 명함과 동시에 그 소정기한내에 자진철거를 하지 아니할 때에는 대집행할 뜻을 미리 계고한 경우라도 위 건축법에 의한 철거명령과 행정대집행법에 의한 계고처분은 독립하여 있는 것으로서 각 그 요건이 충족되었다고 볼것이고, 이 경우 철거명령에서 주어진 일정기간이 자진철거에 필요한 상당한 기간이라면 그 기간속에는 계고시에 필요한 '상당한 이행기간'도 포함되어 있다고 보아야 할 것이다.

정답 ②

293 행정의 실효성 확보수단에 관한 설명으로 옳지 않은 것은?   07 국가직 [ESSential ★]

① 일반적으로 대집행의 절차는 계고, 대집행영장에 의한 통지, 대집행의 실행, 비용징수의 단계를 거치게 된다.
② 운행정지처분의 이유가 된 사실 관계로 이미 형사처벌을 받은 바 있다고 하여도 운행정지처분을 내리는 것이 일사부재리의 원칙에 반하는 것은 아니다.
③ 통고처분은 행정처분이 아니라는 것이 통설 및 판례의 입장이다.
④ 건물의 철거명령이 무효가 아닌 단순위법인 경우, 그 철거명령과 대집행의 계고(戒告) 사이에는 행정행위의 하자승계가 인정된다.

해설

④ [×] 건물의 철거명령이 무효가 아닌 단순위법인 경우, 그 철거명령과 대집행의 계고(戒告) 사이에는 행정행위의 하자승계가 인정된다.(×)
→ 건물철거명령과 계고는 **독립하여 별개의 효과를 가져오는 처분**으로서 양 행위 간에는 하자가 승계되지 않는다.

① [○] 일반적으로 대집행의 절차는 **계고**, 대집행영장에 의한 **통지**, 대집행의 **실행**, 비용징수의 단계를 거치게 된다.

② [○] 운행정지처분의 이유가 된 사실 관계로 이미 형사처벌을 받은 바 있다고 하여도 운행정지처분을 내리는 것이 **일사부재리의 원칙**에 반하는 것은 아니다.
→ 행정처분과 형사처벌은 별개의 제도로서 형사처벌을 받은 경우라도 행정처분을 할 수 있다.

> 대법원 1983. 6. 14. 선고 82누439 판결 [자동차운행정지처분무효확인]
> 운행정지처분의 사유가 된 사실관계로 자동차 운송사업자가 이미 형사처벌을 받은바 있다 하여 피고(서울특별시장)의 자동차운수사업법 제31조를 근거로 한 운행정지처분이 **일사부재리의 원칙에 위반된다** 할 수 없다.

③ [○] 통고처분은 행정처분이 아니라는 것이 통설 및 판례의 입장이다.
→ 통고처분은 항고소송의 대상이 되는 행정처분이 아니라는 것이 통설 및 판례의 입장이다.

정답 ④

294 이행강제금에 관한 설명으로 옳지 않은 것은? (다툼이 있는 경우 판례에 따름)

13 국회직 변형 [Core ★★]

① 대체적 작위의무의 불이행에 대해서도 이행강제금 부과가 허용된다.
② 건축법상 이행강제금 납부의 최초 독촉은 행정처분에 해당하지 않는다.
③ 행정법상 의무를 이행하지 않는다는 사유로 이행강제금을 부과한 뒤 다시 같은 사유로 반복하여 이행강제금을 부과할 수 있다.
④ 공무원이 위법건축물임을 알지 못하여 공사 도중에 시정명령이 내려지지 않아 건축물이 완공되었다 하더라도 위법건축물 완공 후에도 시정명령을 할 수 있고 그 불이행에 대하여 이행강제금을 부과할 수 있다.

해설

② [×] 건축법상 이행강제금 납부의 **최초 독촉은 행정처분에 해당하지 않는다.**(×)

대법원 2009. 12. 24. 선고 2009두14507 판결 [이행강제금부과처분취소]
건축법상 이행강제금 납부의 **최초 독촉이 항고소송의 대상이 되는 행정처분에 해당한다.**

① [O] 대체적 작위의무의 불이행에 대해서도 이행강제금 부과가 허용된다.
→ 이행강제금은 주로 비대체적 작위의무 또는 부작위의무의 불이행에 대한 강제수단이나 **대체적 작위의무의 불이행에 대해서도 이행강제금 부과가 가능하다**는 것이 판례의 입장이다.

③ [O] 행정법상 의무를 이행하지 않는다는 사유로 이행강제금을 부과한 뒤 다시 같은 사유로 반복하여 이행강제금을 부과할 수 있다.
→ 이행강제금(집행벌)은 처벌이 아니므로 의무의 이행이 있기까지 반복적으로 부과할 수 있다. 또한 **이행강제금(집행벌)과 형사처벌은 목적 등에서 차이가 있으므로 양자를 병과 하더라도 헌법에서 금지하는 이중처벌에 해당하지 않는다.**

④ [O] 공무원이 위법건축물임을 알지 못하여 공사 도중에 시정명령이 내려지지 않아 건축물이 완공되었다 하더라도 위법건축물 완공 후에도 시정명령을 할 수 있고 그 불이행에 대하여 이행강제금을 부과할 수 있다.

대법원 2002. 8. 16.자 2002마1022 결정 [건축법위반]
이행강제금은 국민의 자유와 권리를 제한한다는 의미에서 행정상 간접강제의 일종인 이른바 침익적 행정행위에 속하기는 하나, **위법건축물의 방치를 막고자 행정청이 시정조치를 명하였음에도 건축주 등이 이를 이행하지 아니한 경우에 행정명령의 실효성을 확보하기 위하여 시정명령 이행시까지 지속적으로 부과함으로써 건축물의 안전과 기능, 미관을 향상시켜 공공복리의 증진을 도모하기 위한 것이므로 그 목적의 정당성이 인정된다** 할 것이고, 공무원들이 위법건축물임을 알지 못하여 공사 도중에 시정명령이 내려지지 않아 위법건축물이 완공되었다 하더라도, **공공복리의 증진이라는 위 목적의 달성을 위해서는 완공 후에라도 위법건축물임을 알게 된 이상 시정명령을 할 수 있다고 보아야 할 것이며, 만약 완공 후에는 시정명령을 할 수 없다면 위법건축물을 축조한 자가 일단 건물이 완공되었다는 이유만으로 그 시정을 거부할 수 있는 결과를 초래하게 될 것이므로,** 공사기간 중에 위법건축물임을 알지 못하여 시정명령을 하지 않고 있다가 완공 후에 이러한 사실을 알고 시정명령을 하였다고 하여 부당하다고 볼 수는 없고, 시정명령을 내릴 수 있는 시점을 공사 도중이나 특정 시점까지만 할 수 있다고 정해두지 아니하였다고 하여 그 침해의 필요성이 없음에도 국민의 자유와 권리를 침해하고 있다거나, 국민의 자유와 권리에 대한 본질적인 내용을 침해한 것이라고 볼 수는 없다 할 것이므로, 건축법 제83조 제1항 및 제69조 제1항에서 시정명령을 내리도록 규정하면서 그 발령시기를 규정하지 아니한 것이 헌법 제37조 제2항에 위반된다고도 볼 수 없다.

정답 ②

295 다음은 농지법 조문의 일부이다. 이 규정에서 살펴볼 수 있는 행정상 강제집행수단으로 옳은 것은?

13 지방직 9급 [Essential ★]

> 시장·군수 또는 구청장은 제11조 제1항(제12조 제2항에 따른 경우를 포함한다)에 따라 처분명령을 받은 후 제11조 제2항에 따라 매수를 청구하여 협의 중인 경우 등 대통령령으로 정하는 정당한 사유 없이 지정기간까지 그 처분명령을 이행하지 아니한 자에게 해당 농지의 토지가액의 100분의 20에 해당하는 이행강제금을 부과한다.

① 대집행 ② 집행벌 ③ 강제징수 ④ 직접강제

해설

② [O] 집행벌
→ 이행강제금을 집행벌이라고도 한다. 행정법상 현재 의무의 불이행시 그 의무를 강제하기 위하여 일정기한까지 이행하지 않으면 일정한 금액을 부과한다는 뜻을 미리 계고하여 의무자에게 심리적 압박을 가함으로써 의무이행을 강제하는 것을 말한다.

농지법 제63조(이행강제금)
① 시장(구를 두지 아니한 시의 시장을 말한다. 이하 이 조에서 같다)·군수 또는 구청장은 다음 각 호의 어느 하나에 해당하는 자에게 해당 「감정평가 및 감정평가사에 관한 법률」에 따른 감정평가법인등이 감정평가한 감정가격 또는 「부동산 가격공시에 관한 법률」 제10조에 따른 개별공시지가(해당 토지의 개별공시지가가 없는 경우에는 같은 법 제8조에 따른 표준지공시지가를 기준으로 산정한 금액을 말한다) 중 더 높은 가액의 100분의 25에 해당하는 이행강제금을 부과한다. 〈개정 2021. 8. 17.〉
1. 제11조제1항(제12조제2항에 따른 경우를 포함한다)에 따라 처분명령을 받은 후 제11조제2항에 따라 매수를 청구하여 협의 중인 경우 등 대통령령으로 정하는 정당한 사유 없이 지정기간까지 그 처분명령을 이행하지 아니한 자

① [×] 대집행(×)
③ [×] 강제징수(×)
④ [×] 직접강제(×)

정답 ②

296 다음 중 비대체적 작위의무 또는 부작위의무의 이행을 강제하는 데 적합한 행정강제 수단은?

13 서울시 [Essential ★]

① 행정형벌 ② 행정질서벌
③ 징계벌 ④ 대집행
⑤ 이행강제금

> **해설**

⑤ [○] 이행강제금
→ 이행강제금은 주로 비대체적 작위의무 또는 부작위의무위반에 대한 강제집행수단으로 적합하다. 판례는 대체적 작위의무위반에 대해서도 부과할 수 있다고 한다.
① [×] 행정형벌(×)
→ 행정형벌이란 행정법상의 의무위반에 대하여 형법에 정해져 있는 벌(사형·징역·금고·자격상실·자격정지·벌금·구류·과료 및 몰수)을 과하는 것을 말한다.
② [×] 행정질서벌(×)
→ 행정질서벌이란 행정법상의 의무위반에 대하여 형법상의 벌이 아닌 과태료를 과하는 경우를 말한다.
③ [×] 징계벌(×)
→ 징계벌은 특별권력관계에서 내부질서유지를 위하여 특별권력에 근거 구성원에게 과해지는 징계책임으로 내려지는 벌을 말한다.
④ [×] 대집행(×)
→ 행정대집행은 대체적 작위의무의 불이행이 있는 경우에 행해지는 행정상 강제집행의 일종이다.

정답 ⑤

297 이행강제금(집행벌)에 관한 설명으로 옳지 <u>않은</u> 것은?   10 국가직 [ESSential ★]

① 이행강제금은 처벌이 아니므로 반복하여 부과·징수할 수 있다.
② 판례에 의하면 이행강제금은 비대체적 작위의무에 대한 불이행을 제재하기 위한 것이기 때문에 대체적 작위의무의 불이행에 대해서는 인정할 수 없다고 본다.
③ 건축법상 허가권자는 이행강제금 부과처분을 받은 자가 이행강제금을 납부기한까지 내지 아니하면 지방세 체납처분의 예에 따라 징수한다.
④ 판례에 의하면 건축법상 이행강제금 납부의무는 일신전속적인 성질로 본다.

> **해설**

② [×] 판례에 의하면 이행강제금은 비대체적 작위의무에 대한 불이행을 제재하기 위한 것이기 때문에 대체적 작위의무의 불이행에 대해서는 인정할 수 없다고 본다.(×)

헌법재판소 2004. 2. 26. 선고 2001헌바80,84,102,103,2002헌바26(병합) 전원재판부
[개발제한구역의지정및관리에관한특별조치법제11조제1항등위헌소원]
전통적으로 행정대집행은 대체적 작위의무에 대한 강제집행수단으++로, 이행강제금은 부작위의무나 비대체적 작위의무에 대한 강제집행수단으로 이해되어 왔으나, 이는 이행강제금제도의 본질에서 오는 제약은 아니며, 이행강제금은 대체적 작위의무의 위반에 대하여도 부과될 수 있다.

① [○] 이행강제금은 처벌이 아니므로 반복하여 부과·징수할 수 있다.
→ 이행강제금은 반복하여 부과·징수할 수 있다는 점에서 행정벌과 구별된다.
③ [○] 건축법상 허가권자는 이행강제금 부과처분을 받은 자가 이행강제금을 납부기한까지 내지 아니하면 지방세 체납처분의 예에 따라 징수한다.
→ 허가권자는 제4항에 따라 이행강제금 부과처분을 받은 자가 이행강제금을 납부기한까지 내지 아니하면 「지방행정제재·부과금의 징수 등에 관한 법률」에 따라 징수한다.(건축법 제80조제7항)

④ [O] 판례에 의하면 건축법상 이행강제금 납부의무는 일신전속적인 성질로 본다.

> 대법원 2006. 12. 8.자 2006마470 결정 [건축법위반이의]
> 구 건축법(2005. 11. 8. 법률 제7696호로 개정되기 전의 것)상의 이행강제금은 구 건축법의 위반행위에 대하여 시정명령을 받은 후 시정기간 내에 당해 시정명령을 이행하지 아니한 건축주 등에 대하여 부과되는 간접강제의 일종으로서 그 이행강제금 납부의무는 상속인 기타의 사람에게 승계될 수 없는 일신전속적인 성질의 것이므로 이미 사망한 사람에게 이행강제금을 부과하는 내용의 처분이나 결정은 당연무효이다.

정답 ②

298 행정의 실효성 확보수단의 명칭과 예의 연결이 옳은 것은? 11 서울시 [ESSential ★]

① 대집행 : 출입을 제한하기 위한 시설물의 설치 등 영업소폐쇄조치
② 집행벌 : 건축법상 이행강제금
③ 행정질서벌 : 과징금
④ 행정질서벌 : 과료

해설

② [O] 집행벌 : 건축법상 이행강제금
→ 이행강제금을 집행벌이라고도 부른다.
① [X] 대집행(X) : 출입을 제한하기 위한 시설물의 설치 등 영업소폐쇄조치
→ 영업소 강제폐쇄조치는 직접강제이다.
③ [X] 행정질서벌 : 과징금(X)
→ 과징금은 새로운 실효성 확보수단으로, 행정질서벌인 과태료와는 구별된다.
④ [X] 행정질서벌 : 과료(X)
→ 과료는 행정형벌의 일종이다.

정답 ②

299 허가업의 식품접객업자가 행정청의 영업소폐쇄명령을 받은 후에 계속하여 영업을 하는 경우 행정청이 사용할 수 있는 행정의 실효성 확보수단은? 07 국가직 [ESSential ★]

① 집행벌
② 행정상 강제징수
③ 직접강제
④ 행정상 즉시강제

③ [O] 직접강제
→ 하명, 영업소 폐쇄명령에 불응하는 경우 영업소 폐쇄조치를 할 수 있다. 이러한 영업소 강제폐쇄조치는 행정상 강제집행 중 직접강제에 해당한다. 참고로 하명(영업소폐쇄명령)을 전제로 하므로 행정상 즉시강

제는 해당사항이 없다.
① [×] 집행벌(×)
② [×] 행정상 강제징수(×)
④ [×] 행정상 즉시강제(×)

정답 ③

300 행정상 강제징수에 관한 설명으로 옳지 않은 것은?
08 중앙선관위 [Core ★★]

① 행정상 강제징수란 사인이 국가 또는 지방자치단체 등에 대해 부담하고 있는 공법상 금전급부의무를 이행하지 아니한 경우에 행정청이 강제적으로 그 의무가 이행된 것과 같은 상태를 실현하는 작용이다.
② 국세징수법은 공법상 금전급부의무의 강제집행에 관한 일반법으로 기능하고 있다.
③ 행정상 강제징수에 대하여 불복이 있을 때에는 개별법령에 특별규정이 없는 한 국세기본법·행정심판법·행정소송법 등이 정한 바에 따라 행정상 쟁송을 제기할 수 있다.
④ 과세관청이 체납처분으로서 행하는 압류재산에 대한 공매는 그 법적 성격을 사법상 매매계약으로 보는 것이 판례의 일관된 입장이다.

해설

④ [×] 과세관청이 체납처분으로서 행하는 **압류재산에 대한 공매는 그 법적 성격을 사법상 매매계약으로 보는 것이 판례의 일관된 입장이다.**(×)

> 대법원 1984. 9. 25. 선고 84누201 판결 [공매처분취소처분취소]
> **과세관청이 체납처분으로서 행하는 공매는 우월한 공권력의 행사로서 행정소송의 대상이 되는 공법상의 행정처분**이며 공매에 의하여 재산을 매수한 자는 그 공매처분이 취소된 경우에 그 취소처분의 위법을 주장하여 행정소송을 제기할 법률상 이익이 있다.

① [○] 행정상 강제징수란 사인이 국가 또는 지방자치단체 등에 대해 **부담하고 있는 공법상 금전급부의무를 이행하지 아니한 경우에 행정청이 강제적으로 그 의무가 이행된 것과 같은 상태를 실현하는 작용**이다.
→ 강제징수는 공법상 금전급부의무를 불이행하는 경우 행정청이 강제적으로 그 의무가 이행된 것과 같은 상태를 실현하는 작용을 말한다.

② [○] **국세징수법은 공법상 금전급부의무의 강제집행에 관한 일반법으로 기능하고 있다.**
→ 국세징수법은 국세를 징수하기 위한 법이지만 개별법에서 금전급부의무를 불이행하는 국세체납처분의 예에 따라 징수하도록 하고 있으므로 국세징수법은 공법상 금전급부의무의 강제집행에 관한 일반법으로 기능하고 있다.

③ [○] 행정상 강제징수에 대하여 불복이 있을 때에는 개별법령에 특별규정이 없는 한 국세기본법·행정심판법·행정소송법 등이 정한 바에 따라 행정상 쟁송을 제기할 수 있다.
→ 강제징수와 관련된 행위, 예컨대 독촉 등은 행정쟁송의 대상이 되는 **처분의 성격을 가지므로 행정소송** 등을 제기하여 구제받을 수 있다.

정답 ④

301 행정상 강제집행에 대한 설명으로 가장 적절한 것은? (다툼이 있으면 판례에 의함)

11 경행특채 [Essential ★]

① 행정상 강제집행의 수단에 대집행, 직접강제, 공법상 계약 등이 있다.
② 조세의 부과처분이 무효인 경우 체납처분도 무효이다.
③ 행정상 강제징수의 일반법으로 경찰관직무집행법이 있다.
④ 집행벌(이행강제금)과 형벌은 병행하여 부과될 수 없다.

해설

② [O] 조세의 부과처분이 무효인 경우 체납처분도 무효이다.
→ 조세부과처분과 체납처분 사이에는 하자의 승계를 인정하지 않으나, 조세부과처분이 무효인 경우에는 당연히 체납처분도 무효라고 봐야 한다.

대법원 1987. 9. 22. 선고 87누383 판결 [부동산압류처분무효확인]

조세의 부과처분과 압류 등의 체납처분은 별개의 행정처분으로서 독립성을 가지므로 부과처분에 하자가 있더라도 그 부과처분이 취소되지 아니하는 한 그 부과처분에 의한 체납처분은 위법이라고 할 수는 없지만, 체납처분은 부과처분의 집행을 위한 절차에 불과하므로 그 부과처분에 중대하고도 명백한 하자가 있어 무효인 경우에는 그 부과처분의 집행을 위한 체납처분도 무효라 할 것이다.

① [×] 행정상 강제집행의 수단에 대집행, 직접강제, 공법상 계약(×) 등이 있다.
→ 행정상 강제집행의 수단에는 대집행, 이행강제금(집행벌), 직접강제, 행정상 강제징수가 있다.

③ [×] 행정상 강제징수의 일반법으로 경찰관직무집행법(×)이 있다.
→ 행정상 강제징수는 국세징수법에 의한 국세징수와 그 밖에 각 법률이 정하는 바에 의하나, 실제로는 각 단행법이 국세징수법의 예에 의하도록 하고 있으므로 국세징수법은 행정상 강제징수에 관하여 실질적으로 일반법적 지위를 가진다.

④ [×] 집행벌(이행강제금)과 형벌은 병행하여 부과될 수 없다.(×)

헌법재판소 2004. 2. 26. 선고 2001헌바80,84,102,103,2002헌바26(병합) 전원재판부 [개발제한구역의지정및관리에관한특별조치법제11조제1항등위헌소원]

건축법 제78조에 의한 무허가 건축행위에 대한 형사처벌과 건축법 제83조 제1항에 의한 시정명령 위반에 대한 이행강제금의 부과는 그 처벌 내지 제재대상이 되는 기본적 사실관계로서의 행위를 달리하며, 또한 그 보호법익과 목적에서도 차이가 있으므로 헌법 제13조 제1항이 금지하는 이중처벌에 해당한다고 할 수 없다.

정답 ②

2. 경찰상 즉시강제

302 직접강제와 즉시강제를 구분하는 전통적 견해에 의할 때 성질이 <u>다른</u> 하나는?

13 국가직 [Core ★★]

① 출입국관리법상의 외국인 등록의무를 위반한 사람에 대한 강제퇴거
② 소방기본법상의 소방 활동에 방해가 되는 물건 등에 대한 강제처분
③ 식품위생법상의 위해식품에 대한 압류
④ 「마약류 관리에 관한 법률」상의 승인을 받지 못한 마약류에 대한 폐기

해설

① [×] 출입국관리법상의 외국인 등록의무를 위반한 사람에 대한 강제퇴거 - 직접강제
→ 경찰상 강제집행 중 직접강제는 하명에 의한 의무불이행을 전제한다는 점에서 **의무불이행을 전제하지 않는 즉시강제와는 구별된다**는 것이 전통적 견해이다. 직접강제는 강제집행의 일종으로 의무를 부과한 후 그러한 의무를 불이행한 자에 대해서 행하는 조치라는 점에서 **구체적인 의무의 불이행을 전제로 하지 않고 즉시 행하여지는 행정상 즉시강제**와 구별된다.
→ 출입국관리법상의 외국인 등록의무를 위반한 사람에 대한 강제퇴거와 식품위생법상의 영업소 폐쇄명령을 받은 후에도 계속하여 영업을 하는 경우에 행하는 영업소 폐쇄조치는 직접강제에 해당한다.
② [○] 소방기본법상의 소방 활동에 방해가 되는 물건 등에 대한 강제처분 - 대물적 즉시강제
③ [○] 식품위생법상의 위해식품에 대한 압류 - 대물적 즉시강제
④ [○] 「마약류 관리에 관한 법률」상의 승인을 받지 못한 마약류에 대한 폐기 - 대물적 즉시강제

정답 ①

303 행정상 실효성 확보수단에 대한 설명으로 가장 적합하지 <u>않은</u> 것은? 13 경행특채 [Superlative ★★★]

① 행정상 강제집행의 수단은 대집행, 집행벌, 직접강제, 행정상 강제징수 등이 있다.
② 즉시강제에서 영장주의가 적용되는가의 여부에 대하여 판례는 국민의 권익보호를 위하여 예외 없이 영장주의가 적용되어야 한다는 영장필요설의 입장을 취하고 있다.
③ 불법게임물에 대한 폐기처분에 대하여 판례는 이를 행정상 즉시강제로 보고 있다.
④ 술에 취한 상태로 인하여 자기 또는 타인의 생명·신체와 재산에 위해를 미칠 우려가 있는 피구호자에 대한 보호조치는 경찰행정상 즉시강제에 해당한다는 것이 판례의 입장이다.

해설

② [×] 즉시강제에서 영장주의가 적용되는가의 여부에 대하여 판례는 국민의 권익보호를 위하여 예외 없이 영장주의가 적용되어야 한다는 영장필요설의 입장을 취하고 있다.(×)
→ 즉시강제에서 영장주의가 적용되는가의 여부에 대하여 대법원은 원칙적으로는 영장이 필요하나 예외적으

로 영장이 필요 없다는 절충설의 입장을 취하고 있다. 하지만, 헌법재판소는 본질상 급박성을 요건으로 하고 있어 법관의 영장을 기다려서는 그 목적을 달성할 수 없다고 할 것이므로, 원칙적으로 영장주의가 적용되지 않는다고 한다.

> **대법원 1997. 6. 13. 선고 96다56115 판결 [손해배상(기)]**
>
> 사전영장주의는 인신보호를 위한 헌법상의 기속원리이기 때문에 인신의 자유를 제한하는 모든 국가작용의 영역에서 존중되어야 할 것이지만, 헌법 제12조 제3항 단서도 사전영장주의의 예외를 인정하고 있는 것처럼 사전영장주의를 고수하다가는 도저히 행정목적을 달성할 수 없는 지극히 예외적인 경우에는 형사절차에서와 같은 예외가 인정된다고 할 것이므로 **구법 제11조 소정의 동행보호규정은 재범의 위험성이 현저한 자를 상대로 긴급히 보호할 필요가 있는 경우에 한하여 단기간의 동행보호를 허용한 것으로서 그 요건을 엄격히 해석하는 한, 동 규정 자체가 사전영장주의를 규정한 헌법규정에 반한다고 볼 수는 없다.**

① [○] 행정상 강제집행의 수단은 대집행, 집행벌, 직접강제, 행정상 강제징수 등이 있다.
→ 행정상 강제집행의 종류로는 대집행, 이행강제금(집행벌), 직접강제, 강제징수가 있다.

③ [○] 불법게임물에 대한 폐기처분에 대하여 판례는 이를 행정상 즉시강제로 보고 있다.

> **헌법재판소 2002. 10. 31. 선고 2000헌가12 전원재판부**
> [음반·비디오물및게임물에관한법률제24조제3항제4호중게임물에관한규정부분위헌제청]
>
> 법률조항의 입법목적은 등급분류를 받지 아니하거나 등급분류를 받은 게임물과 다른 내용의 게임물(이하 "불법게임물"이라 한다)의 유통을 방지함으로써 게임물의 등급분류제를 정착시키고, 나아가 불법게임물로 인한 사행성의 조장을 억제하여 건전한 사회기풍을 조성하기 위한 것으로서 그 입법목적의 정당성이 인정되고, 이 사건 법률조항에서 불법게임물을 즉시 수거·폐기할 수 있도록 하는 행정상 즉시강제의 근거를 규정한 것은 위와 같은 입법목적을 달성하기 위한 적절한 수단의 하나가 될 수 있다. 행정상 즉시강제는 상대방의 임의이행을 기다릴 시간적 여유가 없을 때 하명 없이 바로 실력을 행사하는 것으로서, 그 본질상 급박성을 요건으로 하고 있어 **법관의 영장을 기다려서는 그 목적을 달성할 수 없다고 할 것이므로, 원칙적으로 영장주의가 적용되지 않는다고 보아야 할 것이다.**

④ [○] 술에 취한 상태로 인하여 자기 또는 타인의 생명·신체와 재산에 위해를 미칠 우려가 있는 피구호자에 대한 보호조치는 경찰행정상 즉시강제에 해당한다는 것이 판례의 입장이다.

> **대법원 2012. 12. 13. 선고 2012도11162 판결**
> [공용물건손상·도로교통법위반(무면허운전)·공무집행방해·상해·도로교통법위반(음주측정거부)]
>
> 경찰관직무집행법 제4조 제1항 제1호(이하 '이 사건 조항'이라 한다)에서 규정하는 **술에 취한 상태로 인하여 자기 또는 타인의 생명·신체와 재산에 위해를 미칠 우려가 있는 피구호자에 대한 보호조치는 경찰 행정상 즉시강제에 해당하므로**, 그 조치가 불가피한 최소한도 내에서만 행사되도록 발동·행사 요건을 신중하고 엄격하게 해석하여야 한다.

정답 ②

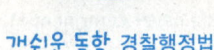

304 다음 중 즉시강제에 해당하는 것은 모두 몇 개인가?

12 지방직 7급 [Core ★★]

㉠ 수도법상의 단수처분
㉡ 세금납부의무 불이행에 따른 영업의 인허가의 거부·정지
㉢ 경찰관직무집행법에 의하여 행한 보호조치
㉣ 소방기본법에 의한 물건의 파기
㉤ 마약중독자의 격리 및 치료를 위한 치료보호
㉥ 국세체납자에 대한 체납처분
㉦ 건축법상의 이행강제금의 부과
㉧ 대기환경보전법상의 배출부과금의 부과

① 1개　　　② 2개　　　③ 3개　　　④ 4개

해설

㉢, ㉣, ㉤ 3항목이 해당한다.
㉢ [O] 경찰관직무집행법에 의하여 행한 보호조치 - 대인적 즉시강제
㉣ [O] 소방기본법에 의한 물건의 파기 - 대물적 즉시강제
㉤ [O] 마약중독자의 격리 및 치료를 위한 치료보호 - 대인적 즉시강제
㉠ [X] 수도법상의 단수처분 - 새로운 실효성확보수단
㉡ [X] 세금납부의무 불이행에 따른 영업의 인허가의 거부·정지 - 새로운 실효성확보수단
㉥ [X] 국세체납자에 대한 체납처분 - 강제징수절차
㉦ [X] 건축법상의 이행강제금의 부과 - 행정상 강제집행
㉧ [X] 대기환경보전법상의 배출부과금의 부과 - 새로운 실효성확보수단

즉시강제란 급박한 위험 또는 장해를 제거하기 위하여 미리 의무를 명할 시간적 여유가 없거나, 그 성질상 의무를 명해서는 목적을 달성할 수 없는 경우에 직접 개인의 신체 또는 재산에 실력을 가함으로써 행정상 필요한 상태를 실현하는 행정작용을 말한다.

정답 ③

305. 행정상 즉시강제에 해당하지 않는 것은?

11 지방직 9급 [ESSential ★]

① 행정대집행법에 의한 무허가 건물의 강제철거
② 소방기본법에 의한 강제처분
③ 경찰관직무집행법에 의한 범죄의 예방과 제지
④ 「재난 및 안전관리 기본법」에 의한 응급조치

해설

① [X] 행정대집행법에 의한 무허가 건물의 강제철거 - 행정상 강제집행
  → 행정대집행법에 의한 무허가 건물의 강제철거는 **행정상 강제집행 중 대집행(대체적 작위의무)에 해당한다.**
② [O] 소방기본법에 의한 강제처분 - 즉시강제
③ [O] 경찰관직무집행법에 의한 범죄의 예방과 제지 - 즉시강제
④ [O] 「재난 및 안전관리 기본법」에 의한 응급조치 - 즉시강제

정답 ①

306. 행정상 즉시강제수단이라 할 수 없는 것은?

08 관세사 [ESSential ★]

① 공무집행방해에 대한 무기사용
② 정신착란자에 대한 보호조치
③ 자연재해시의 위험발생방지조치
④ 불법건축에 대한 시정명령
⑤ 소방대상물에 대한 강제처분

해설

④ [X] 불법건축에 대한 시정명령
  → 불법건축에 대한 시정명령은 행정행위 중 (작위)하명에 해당한다. 하명에 의한 의무를 상대방이 이행하지 않는 경우에는 그 실효성을 확보하기 위해 행정상 강제집행이 행해진다.
① [O] 공무집행방해에 대한 무기사용
② [O] 정신착란자에 대한 **보호조치**
③ [O] 자연재해시의 위험발생방지조치
⑤ [O] 소방대상물에 대한 강제처분

정답 ④

307
행정의 실효성 확보를 위한 조치들 가운데 항고소송을 통하여 불복할 수 없는 것만으로 묶은 것은? (다툼이 있는 경우 판례에 의함) 11 국회직 9급 [Core ★★]

> ㉠ 불법 주차된 차량의 견인조치
> ㉡ 건축법상 이행강제금 부과처분
> ㉢ 경찰서장의 통고처분
> ㉣ 계속적 성질을 갖는 행정상 즉시강제
> ㉤ 체납처분으로서 공매처분

① ㉠, ㉢
② ㉠, ㉣
③ ㉠, ㉡, ㉢
④ ㉡, ㉣, ㉤
⑤ ㉢, ㉣, ㉤

해설

㉠, ㉢ 2항목이 불복할 수 없다.

㉠ [O] 불법 주차된 차량의 견인조치
→ 권력적 사실행위인 즉시강제로 항고소송의 대상이 되는 처분으로서의 성격을 가지나, 단기간에 종료되는 성질을 가지므로 소의 실익이 없으므로 항고소송으로 다툴 수 없다.

㉢ [O] 경찰서장의 통고처분
→ 통고처분은 준사법적 행정처분이나, 형사소송절차로 이행되는 특별한 절차가 있으므로 행정소송(항고소송)의 대상이 되지 않는다.

㉡ [×] 건축법상 이행강제금 부과처분
→ 건축법상 이행강제금 부과처분은 행정처분으로 항고소송의 대상이다.

㉣ [×] 계속적 성질을 갖는 행정상 즉시강제
→ 감염병환자의 강제입원 등 계속적 성질을 갖는 즉시강제는 처분성이 인정되고 소송으로 다툴 소의 실익도 있으므로 항고소송으로 다툴 수 있다.

㉤ [×] 체납처분으로서 공매처분
→ 공매처분은 사법상 계약이 아니라 행정처분에 해당하므로 항고소송의 대상이 된다.

정답 ①

308
행정상 즉시강제에 해당하지 <u>않는</u> 것은? 12 지방직 [Essential ★]

① 「감염병의 예방 및 관리에 관한 법률」상의 감염병환자의 강제입원
② 경찰관직무집행법상의 보호조치
③ 건축법상의 이행강제금의 부과
④ 도로교통법상의 위법 인공구조물에 대한 제거

> **해설**
> ③ [×] 건축법상의 이행강제금의 부과
> → 이행강제금(집행법)은 행정상 강제집행의 일종이다.
> ① [○] 「감염병의 예방 및 관리에 관한 법률」상의 감염병환자의 강제입원
> ② [○] 경찰관직무집행법상의 보호조치
> ④ [○] 도로교통법상의 위법 인공구조물에 대한 제거

정답 ③

309 행정상 즉시강제에 관한 설명으로 옳은 것은? 11 서울시 [Core ★★]

① 행정상 즉시강제는 법적 근거를 필요로 하지 않는다.
② 행정상 즉시강제는 의무불이행을 전제로 한다.
③ 절차적 한계와 관련하여 영장주의가 적용되는지 여부가 논의되고 있다.
④ 행정상 즉시강제는 어떠한 경우에도 이를 다툴 소의 이익이 없으므로 항고소송을 제기할 수 없다.
⑤ 행정상 즉시강제는 처분성이 인정되지 않기 때문에 항고소송을 제기할 수 없고, 손해배상청구만 가능하다.

> **해설**
> ③ [○] 절차적 한계와 관련하여 영장주의가 적용되는지 여부가 논의되고 있다.
> → 행정상 즉시강제에 영장주의가 적용되는지 여부에 대하여 논란이 있는데, 대법원은 절충설의 입장을 취하고 헌법재판소는 급박성을 본질로 하는 즉시강제에는 원칙적으로 영장주의가 적용되지 않는다는 입장이다.
> ① [×] 행정상 즉시강제는 법적 근거를 필요로 하지 않는다.(×)
> → 법치주의가 확립된 오늘날에는 행정상 즉시강제는 전형적인 침해적 작용이므로 엄격한 실정법적 근거를 요한다는 것이 일반적 견해이다.
> ② [×] 행정상 즉시강제는 의무불이행을 전제로 한다.(×)
> → 행정상 즉시강제는 의무의 불이행을 전제로 하지 않는다는 점에서 행정상 강제집행과 구별된다.
> ④ [×] 행정상 즉시강제는 어떠한 경우에도 이를 다툴 소의 이익이 없으므로 항고소송을 제기할 수 없다.(×)
> → 행정상 즉시강제는 권력적 사실행위로서 항고소송의 대상이 되는 행정처분이지만, 성질상 행정상 즉시강제는 대부분 단기간에 종료되므로 소(訴)의 이익이 결여되어 항고쟁송을 제기할 수 없는 경우가 많다. 다만, 계속적 성질을 갖는 전염병환자의 강제격리, 정신질환자의 강제입원 등의 경우에는 항고쟁송(취소소송·취소심판)으로 다툴 소의 이익이 있는 경우도 있다.
> ⑤ [×] 행정상 즉시강제는 처분성이 인정되지 않기 때문에 항고소송을 제기할 수 없고,(×) 손해배상청구만 가능하다.
> → 권력적 사실행위로서 항고소송의 대상이 되는 행정처분이다.

정답 ③

310 다음은 행정상 즉시강제에 관한 사례이다. 보기 중 가장 적절하지 않은 것은? (다툼이 있는 경우 판례에 의함)

12 경행특채 [Superlative ★★★]

> A구 구청장은 2000. 5. 1. 그 소속 공무원으로 하여금 甲이 운영하는 불법 사행성게임장을 단속하게 하여, 그곳에 있던 甲소유의 '릴식트로리' 기판 7대를 '등급분류를 받지 아니하거나 등급분류를 받은 게임물과 다른 내용의 게임물'이라는 이유로 「음반·비디오 및 게임물에 관한 법률」 제24조 제3항 제4호에 근거하여 수거하였다. 당시 단속공무원 乙 등은 영장을 제시하지 않았으나 권한을 표시하는 증표를 甲에게 제시하고 수거증을 교부하였으며, 사전통지나 의견 제출의 기회는 부여하지 않았다.

① 행정상 즉시강제는 그 본질상 행정목적 달성을 위하여 불가피한 한도 내에서 예외적으로 허용된다.
② 단속을 실시하는 중에 영장이 없다는 이유로 甲이 저항하자 단속공무원 乙 등이 과도하게 실력행사를 하며 甲에게 손해를 가하였다면 국가배상의 문제가 발생할 소지가 있다.
③ 단속하기 전 甲에게 사전통지나 의견 제출의 기회를 부여하지 않았다고 하여 적법절차원칙에 위반되는 것으로는 볼 수 없다.
④ 행정상 즉시강제에도 원칙적으로 영장주의가 적용되므로 단속공무원 乙 등이 영장 없이 단속한 행위는 바로 위법한 것이 된다.

해설

④ [×] 행정상 즉시강제에도 원칙적으로 영장주의가 적용되므로 단속공무원 乙 등이 영장 없이 단속한 행위는 **바로 위법한 것이 된다.**(×)

> 헌법재판소 2002. 10. 31. 선고 2000헌가12 전원재판부
> [음반·비디오물및게임물에관한법률제24조제3항제4호중게임물에관한규정부분위헌제청]
> 이 사건 법률조항은 앞에서 본바와 같이 급박한 상황에 대처하기 위한 것으로서 그 불가피성과 정당성이 충분히 인정되는 경우이므로, **이 사건 법률조항이 영장 없는 수거를 인정한다고 하더라도 이를 두고 헌법상 영장주의에 위배되는 것으로는 볼 수 없다.**

① [O] 행정상 즉시강제는 그 본질상 행정목적 달성을 위하여 불가피한 한도 내에서 예외적으로 허용된다.
> 법치국가적 요청인 예측가능성과 법적 안정성에 반하고, 기본권 침해의 소지가 큰 권력작용인 행정상 즉시강제는 어디까지나 예외적인 강제수단이라고 할 것이다.

② [O] 단속을 실시하는 중에 영장이 없다는 이유로 甲이 저항하자 단속공무원 乙 등이 **과도하게 실력행사를** 하며 **甲에게 손해를 가하였다면 국가배상의 문제가 발생할 소지가 있다.**
→ 단속공무원이 과도하게 실력행사를 하였다면 비례원칙을 위반한 위법한 실력행사로 볼 수 있고, 이로 인해 상대방이 손해를 입었다면 국가배상책임이 인정될 수도 있다.

③ [O] 단속하기 전 甲에게 사전통지나 의견 제출의 기회를 부여하지 않았다고 하여 **적법절차원칙에 위반되는 것으로는 볼 수 없다.**
> 이 사건 법률조항은 수거에 앞서 청문이나 의견제출 등 절차보장에 관한 규정을 두고 있지 않으나, **행정상 즉시강제는 목전에 급박한 장해에 대하여 바로 실력을 가하는 작용이라는 특성에 비추어 사전적(事前的) 절차와 친하기 어렵다는 점을 고려하면, 이를 이유로 적법절차의 원칙에 위반되는 것으로는 볼 수 없다.**

정답 ④

3. 경찰상 조사

311 다음 중 행정조사기본법상의 행정조사의 방법으로 옳지 <u>않은</u> 것은? 13 서울시 [Essential ★]

① 출석 및 진술요구
② 보고요구와 자료제출의 요구
③ 현장조사
④ 시료채취
⑤ 국민의 신체나 재산에 대한 실력행사

> **해설**
>
> ⑤ [×] 국민의 신체나 재산에 대한 실력행사(×)
> → 행정조사기본법상 국민의 신체나 재산에 대한 실력행사에 대해서는 특별한 규정이 없다. "행정조사"란 행정기관이 정책을 결정하거나 직무를 수행하는 데 필요한 정보나 자료를 수집하기 위하여 **현장조사 · 문서열람 · 시료채취** 등을 하거나 조사대상자에게 **보고요구 · 자료제출요구** 및 출석 · 진술요구를 행하는 활동을 말한다.(행정조사기본법 제2조제1호)
> ① [○] 출석 및 진술요구
> ② [○] 보고요구와 자료제출의 요구
> ③ [○] 현장조사
> ④ [○] 시료채취
>
> **행정조사기본법 제2조(정의)**
> 이 법에서 사용하는 용어의 정의는 다음과 같다.
> 1. "행정조사"란 행정기관이 정책을 결정하거나 직무를 수행하는 데 필요한 정보나 자료를 수집하기 위하여 현장조사 · 문서열람 · 시료채취 등을 하거나 조사대상자에게 보고요구 · 자료제출요구 및 출석 · 진술요구를 행하는 활동을 말한다.
> 2. "행정기관"이란 법령 및 조례 · 규칙(이하 "법령등"이라 한다)에 따라 행정권한이 있는 기관과 그 권한을 위임 또는 위탁받은 법인 · 단체 또는 그 기관이나 개인을 말한다.
> 3. "조사원"이란 행정조사업무를 수행하는 행정기관의 공무원 · 직원 또는 개인을 말한다.
> 4. "조사대상자"란 행정조사의 대상이 되는 법인 · 단체 또는 그 기관이나 개인을 말한다.

정답 ⑤

312 행정조사기본법에 관한 설명으로 옳지 <u>않은</u> 것은? 12 지방직 [Superlative ★★★]

① 근로기준법상 근로감독관의 직무에 관한 사항에 대하여는 행정조사기본법이 적용된다.
② 금융감독기관의 감독 · 검사 · 조사 및 감리에 관한 사항에 대하여는 행정조사기본법을 적용하지 아니한다.
③ 행정조사란 행정기관이 정책을 결정하거나 직무를 수행하는 데 필요한 정보나 자료를 수집하기 위하여 현장조사 · 문서열람 · 시료채취 등을 하거나 조사대상자에게 보고요구 · 자료제출요구 및 출석 · 진술요구를 행하는 활동을 말한다.
④ 행정기관은 유사하거나 동일한 사안에 대하여는 공동조사 등을 실시함으로써 행정조사가 중복되지 아니하도록 하여야 한다.

해설

① [×] 근로기준법상 근로감독관의 직무에 관한 사항에 대하여는 행정조사기본법이 적용된다.(×)
→ 다음 각 호의 어느 하나에 해당하는 사항에 대하여는 이 법을 적용하지 아니한다.「근로기준법」제101조에 따른 근로감독관의 직무에 관한 사항(행정조사기본법 제3조제2항제4호)

② [O] 금융감독기관의 감독·검사·조사 및 감리에 관한 사항에 대하여는 행정조사기본법을 적용하지 아니한다.(행정조사기본법 제3조제2항제6호)

③ [O] 행정조사란 행정기관이 정책을 결정하거나 직무를 수행하는 데 필요한 정보나 자료를 수집하기 위하여 **현장조사·문서열람·시료채취** 등을 하거나 조사대상자에게 보고요구·자료제출요구 및 출석·진술요구를 행하는 활동을 말한다.(행정조사기본법 제2조제1호)

④ [O] 행정기관은 유사하거나 동일한 사안에 대하여는 공동조사 등을 실시함으로써 행정조사가 중복되지 아니하도록 하여야 한다.(행정조사기본법 제4조제3항)

행정조사기본법

제3조(적용범위)
① 행정조사에 관하여 다른 법률에 특별한 규정이 있는 경우를 제외하고는 이 법으로 정하는 바에 따른다.
② 다음 각 호의 어느 하나에 해당하는 사항에 대하여는 이 법을 적용하지 아니한다.
  1. 행정조사를 한다는 사실이나 조사내용이 공개될 경우 국가의 존립을 위태롭게 하거나 국가의 중대한 이익을 현저히 해칠 우려가 있는 국가안전보장·통일 및 외교에 관한 사항
  2. 국방 및 안전에 관한 사항 중 다음 각 목의 어느 하나에 해당하는 사항
    가.군사시설·군사기밀보호 또는 방위사업에 관한 사항
    나.「병역법」·「예비군법」·「민방위기본법」·「비상대비에 관한 법률」에 따른 징집·소집·동원 및 훈련에 관한 사항
  3.「공공기관의 정보공개에 관한 법률」제4조제3항의 정보에 관한 사항
  4.「근로기준법」제101조에 따른 근로감독관의 직무에 관한 사항
  5. 조세·형사·행형 및 보안처분에 관한 사항
  6. **금융감독기관의 감독·검사·조사 및 감리에 관한 사항**
  7.「독점규제 및 공정거래에 관한 법률」,「표시·광고의 공정화에 관한 법률」,「하도급거래 공정화에 관한 법률」,「가맹사업거래의 공정화에 관한 법률」,「방문판매 등에 관한 법률」,「전자상거래 등에서의 소비자보호에 관한 법률」,「약관의 규제에 관한 법률」및「할부거래에 관한 법률」에 따른 공정거래위원회의 법률위반행위 조사에 관한 사항
③ 제2항에도 불구하고 제4조(행정조사의 기본원칙), 제5조(행정조사의 근거) 및 제28조(정보통신수단을 통한 행정조사)는 제2항 각 호의 사항에 대하여 적용한다.
 	
제4조(행정조사의 기본원칙)
① 행정조사는 조사목적을 달성하는데 필요한 **최소한의 범위 안에서 실시하여야 하며, 다른 목적 등을 위하여 조사권을 남용하여서는 아니 된다.**
② 행정기관은 조사목적에 적합하도록 조사대상자를 선정하여 행정조사를 실시하여야 한다.
③ 행정기관은 **유사하거나 동일한 사안에 대하여는 공동조사 등을 실시함으로써 행정조사가 중복되지 아니하도록 하여야 한다.**
④ 행정조사는 법령등의 위반에 대한 **처벌보다는 법령등을 준수하도록 유도**하는 데 중점을 두어야 한다.
⑤ 다른 법률에 따르지 아니하고는 행정조사의 대상자 또는 행정조사의 내용을 공표하거나 직무상 알게 된 **비밀을 누설하여서는 아니된다.**
⑥ 행정기관은 행정조사를 통하여 알게 된 정보를 다른 법률에 따라 내부에서 이용하거나 다른 기관에 제공하는 경우를 제외하고는 원래의 **조사목적 이외의 용도로 이용하거나 타인에게 제공하여서는 아니 된다.**

정답 ①

313 행정조사에 대한 설명으로 옳지 않은 것은? (다툼이 있는 경우 판례에 의함) 12 지방직 [Core ★★]

① 일반적으로 행정조사 그 자체는 법적 효과를 가져오지 않는 사실행위에 해당한다.
② 행정기관의 장은 조사대상자가 신고한 내용이 거짓의 신고라고 인정할 만한 근거가 있거나 신고내용을 신뢰할 수 없는 경우를 제외하고는 그 신고내용을 행정조사에 갈음하여야 한다.
③ 위법한 행정조사에 기초하여 내려진 행정처분은 위법한 처분이다.
④ 권력적 성격을 가지는 행정조사의 경우에는 근거된 법규의 범위 내에서만 가능하다.

해설

② [×] 행정기관의 장은 조사대상자가 신고한 내용이 거짓의 신고라고 인정할 만한 근거가 있거나 신고내용을 신뢰할 수 없는 경우를 제외하고는 그 신고내용을 행정조사에 갈음하여야 한다.(×)
→ 행정기관의 장은 조사대상자가 제1항에 따라 신고한 내용이 거짓의 신고라고 인정할 만한 근거가 있거나 신고내용을 신뢰할 수 없는 경우를 제외하고는 그 신고내용을 행정조사에 갈음할 수 있다.(행정조사기본법 제25조제2항)

① [O] 일반적으로 행정조사 그 자체는 법적 효과를 가져오지 않는 사실행위에 해당한다.
→ 일반적으로 행정조사는 비권력적 사실행위로서 행정조사 그 자체는 법적 효과를 가져오지 않는다고 본다. 때로는 행정조사가 행정행위 형식(서류제출명령)을 취하는 경우도 있다.

③ [O] 위법한 행정조사에 기초하여 내려진 행정처분은 위법한 처분이다.

> 대법원 2006. 6. 2. 선고 2004두12070 판결 [부가가치세부과처분취소]
> 납세자에 대한 부가가치세부과처분이, 종전의 부가가치세 경정조사와 같은 세목 및 같은 과세기간에 대하여 중복하여 실시된 위법한 세무조사에 기초하여 이루어진 것이어서 위법하다.

④ [O] 권력적 성격을 가지는 행정조사의 경우에는 근거된 법규의 범위 내에서만 가능하다.
→ 권력적 조사는 당연히 법률에 근거가 있어야 하고, 근거된 규정의 범위 내 행해져야 한다.

> 행정조사기본법 제25조(자율신고제도)
> ① 행정기관의 장은 법령등에서 규정하고 있는 조사사항을 조사대상자로 하여금 스스로 신고하도록 하는 제도를 운영할 수 있다.
> ② 행정기관의 장은 조사대상자가 제1항에 따라 신고한 내용이 거짓의 신고라고 인정할 만한 근거가 있거나 신고내용을 신뢰할 수 없는 경우를 제외하고는 그 신고내용을 행정조사에 갈음할 수 있다.

정답 ②

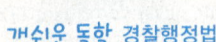

314 행정조사기본법에 대한 설명으로 옳은 것은?   10 지방직 [Core★★]

① 행정조사에 현장조사, 문서열람, 시료채취, 보고요구, 자료제출요구, 진술요구는 포함되지만 출석요구는 포함되지 않는다.
② 행정조사는 법령 등의 위반에 대한 처벌보다는 법령 등을 준수하도록 유도하는 것에 중점을 두어야 한다.
③ 조세에 관한 사항도 행정조사의 대상에 해당한다.
④ 조사대상자는 행정기관의 장이 승인하지 않는 한 조사원의 교체신청을 할 수 없다.

해설

② [O] 행정조사는 법령 등의 위반에 대한 **처벌보다는 법령 등을 준수하도록 유도하는 것에 중점을 두어야 한다.**(행정조사기본법 제4조제4항)
① [×] 행정조사에 현장조사, 문서열람, 시료채취, 보고요구, 자료제출요구, 진술요구는 포함되지만 **출석요구는 포함되지 않는다.**(×)
→ "행정조사"란 행정기관이 정책을 결정하거나 직무를 수행하는 데 필요한 정보나 자료를 수집하기 위하여 **현장조사·문서열람·시료채취** 등을 하거나 조사대상자에게 **보고요구·자료제출요구** 및 **출석·진술요구**를 행하는 활동을 말한다.(행정조사기본법 제2조제1호)
③ [×] 조세에 관한 사항도 **행정조사의 대상에 해당한다.**(×)
→ 다음 각 호의 어느 하나에 해당하는 사항에 대하여는 **이 법을 적용하지 아니한다.** 조세·형사·행형 및 보안처분에 관한 사항(행정조사기본법 제3조제5호)
④ [×] 조사대상자는 **행정기관의 장이 승인하지 않는 한 조사원의 교체신청을 할 수 없다.**(×)
→ 조사대상자는 조사원에게 공정한 행정조사를 기대하기 어려운 사정이 있다고 판단되는 경우에는 **행정기관의 장에게 당해 조사원의 교체를 신청할 수 있다.**(행정조사기본법 제22조제1항)

행정조사기본법 제22조(조사원 교체신청)
① 조사대상자는 조사원에게 공정한 행정조사를 기대하기 어려운 사정이 있다고 판단되는 경우에는 행정기관의 장에게 당해 조사원의 교체를 신청할 수 있다.
② 제1항에 따른 교체신청은 그 이유를 명시한 서면으로 행정기관의 장에게 하여야 한다.
③ 제1항에 따른 교체신청을 받은 행정기관의 장은 즉시 이를 심사하여야 한다.
④ 행정기관의 장은 제1항에 따른 교체신청이 타당하다고 인정되는 경우에는 다른 조사원으로 하여금 행정조사를 하게 하여야 한다.
⑤ 행정기관의 장은 제1항에 따른 교체신청이 조사를 지연할 목적으로 한 것이거나 그 밖에 교체신청에 타당한 이유가 없다고 인정되는 때에는 그 신청을 기각하고 그 취지를 신청인에게 통지하여야 한다.

정답 ②

315 행정조사기본법상 행정조사의 원칙으로 옳지 않은 것은?

08 관세사 [Essential ★]

① 최소침해원칙
② 중복조사의 제한
③ 내용공표금지
④ 타용도이용금지
⑤ 처벌조사중심주의

해설

⑤ [×] 처벌조사중심주의(×)
→ 행정조사는 법령등의 위반에 대한 **처벌보다는 법령등을 준수하도록 유도하는 데 중점을 두어야 한다.**
(행정조사기본법 제4조제4항)

① [○] 최소침해원칙
→ 행정조사는 조사목적을 달성하는데 **필요한 최소한의 범위 안에서 실시하여야 하며,** 다른 목적 등을 위하여 조사권을 남용하여서는 아니 된다.(행정조사기본법 제4조제1항)

② [○] 중복조사의 제한
→ 행정기관은 유사하거나 동일한 사안에 대하여는 공동조사 등을 실시함으로써 **행정조사가 중복되지 아니하도록 하여야 한다.**(행정조사기본법 제4조제2항)

③ [○] 내용공표금지
→ 다른 법률에 따르지 아니하고는 행정조사의 대상자 또는 행정조사의 **내용을 공표하거나 직무상 알게 된 비밀을 누설하여서는 아니된다.**(행정조사기본법 제4조제5항)

④ [○] 타용도이용금지
→ 행정기관은 행정조사를 통하여 알게 된 정보를 다른 법률에 따라 내부에서 이용하거나 다른 기관에 제공하는 경우를 제외하고는 **원래의 조사목적 이외의 용도로 이용하거나 타인에게 제공하여서는 아니 된다.**
(행정조사기본법 제4조제6항)

정답 ⑤

316 행정조사기본법상의 행정조사에 대한 설명으로 옳지 않은 것은?

10 경행특채 [Essential ★]

① 행정조사는 법령 등 또는 행정조사운영계획으로 정하는 바에 따라 정기적으로 실시함을 원칙으로 한다.
② 조사대상자가 조사에 응할 것인지에 대한 응답을 하지 아니하는 경우에는 법령 등에 특별한 규정이 없는 한 그 조사를 거부한 것으로 본다.
③ 원칙적으로 행정조사를 실시하고자 하는 행정기관의 장은 출석요구서, 보고요구서·자료제출요구서 및 현장출입조사서를 조사개시 7일 전까지 조사대상자에게 서면으로 통지하여야 한다.
④ 행정기관은 유사하거나 동일한 사안에 대하여는 가급적 공동조사 등을 실시하지 않도록 노력해야 한다.

> **해설**
>
> ④ [×] 행정기관은 유사하거나 동일한 사안에 대하여는 **가급적 공동조사 등을 실시하지 않도록 노력해야 한다.**(×)
> → 행정기관은 유사하거나 동일한 사안에 대하여는 **공동조사 등을 실시함으로써 행정조사가 중복되지 아니하도록 하여야 한다.**(행정조사기본법 제4조제3항)
>
> ① [○] 행정조사는 법령 등 또는 행정조사운영계획으로 정하는 바에 따라 정기적으로 실시함을 원칙으로 한다.
> → 행정조사는 법령등 또는 행정조사운영계획으로 정하는 바에 따라 정기적으로 실시함을 원칙으로 한다. 다만, 다음 각 호 중 어느 하나에 해당하는 경우에는 수시조사를 할 수 있다.(행정조사기본법 제7조)
>
> ② [○] 조사대상자가 조사에 응할 것인지에 대한 응답을 하지 아니하는 경우에는 법령 등에 특별한 규정이 없는 한 그 조사를 거부한 것으로 본다.(행정조사기본법 제20조제2항)
>
> ③ [○] 원칙적으로 행정조사를 실시하고자 하는 행정기관의 장은 출석요구서, 보고요구서·자료제출요구서 및 현장출입조사서를 조사개시 7일 전까지 조사대상자에게 서면으로 통지하여야 한다.
> → 행정조사를 실시하고자 하는 행정기관의 장은 제9조에 따른 출석요구서, 제10조에 따른 보고요구서·자료제출요구서 및 제11조에 따른 현장출입조사서(이하 "출석요구서등"이라 한다)를 **조사개시 7일 전까지 조사대상자에게 서면으로 통지하여야 한다.** 다만, 다음 각 호의 어느 하나에 해당하는 경우에는 행정조사의 개시와 동시에 출석요구서등을 조사대상자에게 제시하거나 행정조사의 목적 등을 조사대상자에게 구두로 통지할 수 있다.(행정조사기본법 제17조제1항)
>
> **행정조사기본법**
>
> **제7조(조사의 주기)**
> 행정조사는 법령등 또는 행정조사운영계획으로 정하는 바에 따라 정기적으로 실시함을 원칙으로 한다. 다만, 다음 각 호 중 어느 하나에 해당하는 경우에는 수시조사를 할 수 있다.
> 1. 법률에서 수시조사를 규정하고 있는 경우
> 2. 법령등의 위반에 대하여 혐의가 있는 경우
> 3. 다른 행정기관으로부터 법령등의 위반에 관한 혐의를 통보 또는 이첩받은 경우
> 4. 법령등의 위반에 대한 신고를 받거나 민원이 접수된 경우
> 5. 그 밖에 행정조사의 필요성이 인정되는 사항으로서 대통령령으로 정하는 경우
>
> **제17조(조사의 사전통지)**
> ① 행정조사를 실시하고자 하는 행정기관의 장은 제9조에 따른 출석요구서, 제10조에 따른 보고요구서·자료제출요구서 및 제11조에 따른 현장출입조사서(이하 "출석요구서등"이라 한다)를 **조사개시 7일 전까지 조사대상자에게 서면으로 통지하여야 한다.** 다만, 다음 각 호의 어느 하나에 해당하는 경우에는 행정조사의 개시와 동시에 출석요구서등을 조사대상자에게 제시하거나 행정조사의 목적 등을 조사대상자에게 구두로 통지할 수 있다.
> 1. 행정조사를 실시하기 전에 관련 사항을 미리 통지하는 때에는 증거인멸 등으로 행정조사의 목적을 달성할 수 없다고 판단되는 경우
> 2. 「통계법」 제3조제2호에 따른 지정통계의 작성을 위하여 조사하는 경우
> 3. 제5조 단서에 따라 조사대상자의 자발적인 협조를 얻어 실시하는 행정조사의 경우
> ② 행정기관의 장이 출석요구서등을 조사대상자에게 발송하는 경우 출석요구서등의 내용이 외부에 공개되지 아니하도록 필요한 조치를 하여야 한다.

정답 ④

317 괄호 안에 들어갈 말이 순서대로 바르게 나열된 것은?

11 경행특채 [Core ★★]

> ㉠ 금전의 급부를 목적으로 하는 국가의 권리로서 시효에 관하여 다른 법률에 규정이 없는 것은 (　) 동안 행사하지 아니하면 시효로 인하여 소멸한다(국가재정법 제96조 제1항).
> ㉡ 행정기관의 장은 법령 등에 특별한 규정이 있는 경우를 제외하고는 행정조사의 결과를 확정한 날부터 (　) 이내에 그 결과를 조사대상자에게 통지하여야 한다(행정조사기본법 제24조).

① 3년, 5일　　② 3년, 7일　　③ 5년, 5일　　④ 5년, 7일

해설

④ [O] 5년, 7일
→ ㉠ 금전의 급부를 목적으로 하는 국가의 권리로서 시효에 관하여 다른 법률에 규정이 없는 것은 (**5년**) 동안 행사하지 아니하면 **시효로 인하여 소멸한다**(국가재정법 제96조 제1항).
㉡ 행정기관의 장은 법령 등에 특별한 규정이 있는 경우를 제외하고는 행정조사의 결과를 확정한 날부터 (**7일**) 이내에 그 결과를 조사대상자에게 통지하여야 한다(행정조사기본법 제24조).
① [×] 3년(×), 5일(×)
② [×] 3년(×), 7일
③ [×] 5년(×), 5일(×)

국가재정법 제96조(금전채권·채무의 소멸시효)
① 금전의 급부를 목적으로 하는 국가의 권리로서 시효에 관하여 **다른 법률에 규정이 없는 것은 5년 동안 행사하지 아니하면 시효로 인하여 소멸한다.**
② 국가에 대한 권리로서 금전의 급부를 목적으로 하는 것도 또한 제1항과 같다.
③ 금전의 급부를 목적으로 하는 국가의 권리의 경우 소멸시효의 중단·정지 그 밖의 사항에 관하여 다른 법률의 규정이 없는 때에는 「민법」의 규정을 적용한다. 국가에 대한 권리로서 금전의 급부를 목적으로 하는 것도 또한 같다.
④ 법령의 규정에 따라 국가가 행하는 납입의 고지는 시효중단의 효력이 있다.

행정조사기본법 제24조(조사결과의 통지)
행정기관의 장은 법령등에 특별한 규정이 있는 경우를 제외하고는 **행정조사의 결과를 확정한 날부터 7일 이내에 그 결과를 조사대상자에게 통지하여야 한다.**

정답 ④

318 행정조사기본법에서 규정하고 있는 내용으로 옳은 것은?

09 국가직 [Essential ★]

① 행정기관은 법령 등에서 행정조사를 규정하고 있는 경우에 한하여 행정조사를 실시할 수 있다.
② 현장조사는 조사대상자가 동의한 경우에도 해가 뜨기 전이나 해가 진 뒤에는 할 수 없다.
③ 행정조사를 실시하고자 하는 행정기관의 장은 출석요구서 등을 조사개시 3일 전까지 조사대상자에게 서면으로 통지하여야 한다.

④ 행정기관은 유사하거나 동일한 사안에 대하여는 공동조사 등을 실시함으로써 행정조사가 중복되지 아니하도록 하여야 한다.

> **해설**
>
> ④ [O] 행정기관은 유사하거나 동일한 사안에 대하여는 공동조사 등을 실시함으로써 행정조사가 중복되지 아니하도록 하여야 한다.(행정조사기본법 제4조제3항)
>
> ① [×] 행정기관은 법령 등에서 행정조사를 규정하고 있는 경우에 한하여(×) 행정조사를 실시할 수 있다.
> → 행정기관은 법령등에서 행정조사를 규정하고 있는 경우에 한하여 행정조사를 실시할 수 있다. 다만, 조사대상자의 자발적인 협조를 얻어 실시하는 행정조사의 경우에는 그러하지 아니하다.(행정조사기본법 제5조)
>
> ② [×] 현장조사는 조사대상자가 동의한 경우에도 해가 뜨기 전이나 해가 진 뒤에는 할 수 없다.(×)
> → 제1항에 따른 현장조사는 해가 뜨기 전이나 해가 진 뒤에는 할 수 없다. 다만, 다음 각 호의 어느 하나에 해당하는 경우에는 그러하지 아니하다. 조사대상자(대리인 및 관리책임이 있는 자를 포함한다)가 동의한 경우(행정조사기본법 제11조제2항제1호)
>
> ③ [×] 행정조사를 실시하고자 하는 행정기관의 장은 출석요구서 등을 조사개시 3일 전(×)까지 조사대상자에게 서면으로 통지하여야 한다.
> → 행정조사를 실시하고자 하는 행정기관의 장은 제9조에 따른 출석요구서, 제10조에 따른 보고요구서·자료제출요구서 및 제11조에 따른 현장출입조사서(이하 "출석요구서등"이라 한다)를 조사개시 7일 전까지 조사대상자에게 서면으로 통지하여야 한다. 다만, 다음 각 호의 어느 하나에 해당하는 경우에는 행정조사의 개시와 동시에 출석요구서등을 조사대상자에게 제시하거나 행정조사의 목적 등을 조사대상자에게 구두로 통지할 수 있다.(행정조사기본법 제17조제1항)
>
> **행정조사기본법 제11조(현장조사)**
> ① 조사원이 가택·사무실 또는 사업장 등에 출입하여 현장조사를 실시하는 경우에는 행정기관의 장은 다음 각 호의 사항이 기재된 현장출입조사서 또는 법령등에서 현장조사시 제시하도록 규정하고 있는 문서를 조사대상자에게 발송하여야 한다.
> 1. 조사목적
> 2. 조사기간과 장소
> 3. 조사원의 성명과 직위
> 4. 조사범위와 내용
> 5. 제출자료
> 6. 조사거부에 대한 제재(근거 법령 및 조항 포함)
> 7. 그 밖에 당해 행정조사와 관련하여 필요한 사항
> ② 제1항에 따른 현장조사는 해가 뜨기 전이나 해가 진 뒤에는 할 수 없다. 다만, 다음 각 호의 어느 하나에 해당하는 경우에는 그러하지 아니하다.
> 1. 조사대상자(대리인 및 관리책임이 있는 자를 포함한다)가 동의한 경우
> 2. 사무실 또는 사업장 등의 업무시간에 행정조사를 실시하는 경우
> 3. 해가 뜬 후부터 해가 지기 전까지 행정조사를 실시하는 경우에는 조사목적의 달성이 불가능하거나 증거인멸로 인하여 조사대상자의 법령등의 위반 여부를 확인할 수 없는 경우
> ③ 제1항 및 제2항에 따라 현장조사를 하는 조사원은 그 권한을 나타내는 증표를 지니고 이를 조사대상자에게 내보여야 한다.

정답 ④

4. 경찰벌(질서위반행위규제법)

319 행정벌에 관한 설명으로 옳지 <u>않은</u> 것은? 09 국가직 [Core ★★]

① 행정형벌에는 특별한 규정이 있는 경우를 제외하고는 형법총칙이 적용된다.
② 행정질서벌인 과태료의 과벌절차는 현행법상 특별한 규정이 없는 한 비송사건절차법이 정하는 바에 의한다.
③ 행정형벌은 형사소송법이 정하는 절차에 따라 법원이 과벌하는 것이 원칙이다.
④ 통고처분은 현행법상 조세범, 관세범, 출입국사범, 교통사범 등에 대하여 형사소송절차에 대신하여 벌금 또는 과료에 상당하는 금액의 납부를 명하는 것이다.

> **해설**
>
> ② [×] 행정질서벌인 과태료의 과벌절차는 현행법상 특별한 규정이 없는 한 **비송사건절차법이 정하는 바에 의한다.**(×)
>   → 행정질서벌인 과태료에 관해서는 다른 법률에 우선하여 **질서위반행위규제법**에 따른다.
> ① [O] 행정형벌에는 **특별한 규정**이 있는 경우를 제외하고는 **형법총칙**이 적용된다.
>   → 행정형벌은 행정법을 위반한 자에 대해 형법상의 형벌을 부과하는 것이므로 개별법에 특별한 규정이 있는 경우를 제외하고는 형법총칙이 적용된다.
> ③ [O] 행정형벌은 **형사소송법**이 정하는 절차에 따라 **법원이 과벌**하는 것이 원칙이다.
>   → 행정형벌은 행정법을 위반한 자에 대해 형법상의 형벌을 부과하는 것이므로 그 부과절차에 대해서는 형사소송법에 정한 절차에 따라 법원이 부과하는 것이 원칙이다.
> ④ [O] 통고처분은 현행법상 조세범, 관세범, 출입국사범, 교통사범 등에 대하여 형사소송절차에 대신하여 벌금 또는 과료에 상당하는 금액의 납부를 명하는 것이다.
>   → 통고처분은 행정형벌의 예외적 과벌절차로서 일정한 범죄에 대하여 형사소송절차에 대신하여 벌금 또는 과료에 상당하는 금액의 납부를 명하는 것을 말한다.

정답 ②

320 행정벌에 대한 설명으로 옳은 것은? (다툼이 있는 경우 판례에 의함)   12 지방직 [Core ★★]

① 통고처분을 할 것인지의 여부는 권한행정청의 재량에 속하지 않는다.
② 행정질서벌은 형사벌과 그 성격을 같이하므로 행정질서벌을 받고 난 후 형사처벌을 받는 것은 일사부재리의 원칙에 반한다.
③ 지방자치단체는 그 고유의 자치사무를 처리하는 경우 양벌규정에 의한 처벌대상이 되는 법인에 해당하지 않는다.
④ 헌법재판소는 행정형벌과 행정질서벌의 구별을 기본적으로 입법자가 제반사정을 고려하여 결정할 입법재량으로 본다.

해설

④ [○] 헌법재판소는 행정형벌과 행정질서벌의 구별을 기본적으로 입법자가 제반사정을 고려하여 결정할 입법재량으로 본다.

> 헌법재판소 1994. 4. 28. 선고 91헌바14 전원재판부 〔합헌·각하〕
> [집회및시위에관한법률제2조등에대한헌법소원]
> 어떤 형정법규 위반행위에 대하여, 이를 단지 간접적으로 행정상의 질서에 장해를 줄 위험성이 있음에 불과한 경우(단순한 의무태만 내지 의무위반)로 보아 행정질서벌인 과태료를 과할 것인가, 아니면 직접적으로 행정목적과 공익을 침해한 행위로 보아 행정형벌을 과할 것인가, 그리고 행정형벌을 과할 경우 그 법정형의 형종과 형량을 어떻게 정할 것인가는, 당해 위반행위가 위의 어느 경우에 해당하는가에 대한 법적 판단을 그르친 것이 아닌 한 그 처벌내용은 기본적으로 입법권자가 제반 사정을 고려하여 결정할 그 입법재량에 속하는 문제라고 할 수 있다.

① [×] 통고처분을 할 것인지의 여부는 권한행정청의 재량에 속하지 않는다.(×)

> 대법원 2007. 5. 11. 선고 2006도1993 판결 [관세법위반]
> 관세법 제284조 제1항, 제311조, 제312조, 제318조의 규정에 의하면, 관세청장 또는 세관장은 관세범에 대하여 통고처분을 할 수 있고, 범죄의 정상이 징역형에 처하여질 것으로 인정되는 때에는 즉시 고발하여야 하며, 관세범인이 통고를 이행할 수 있는 자금능력이 없다고 인정되거나 주소 및 거소의 불명 기타의 사유로 인하여 통고를 하기 곤란하다고 인정되는 때에도 즉시 고발하여야 하는바, 이들 규정을 종합하여 보면, 통고처분을 할 것인지의 여부는 관세청장 또는 세관장의 재량에 맡겨져 있고, 따라서 관세청장 또는 세관장이 관세범에 대하여 통고처분을 하지 아니한 채 고발하였다는 것만으로는 그 고발 및 이에 기한 공소의 제기가 부적법하게 되는 것은 아니다.

② [×] 행정질서벌은 형사벌과 그 성격을 같이하므로 행정질서벌을 받고 난 후 형사처벌을 받는 것은 일사부재리의 원칙에 반한다.(×)

> 대법원 1996. 4. 12. 선고 96도158 판결 [자동차관리법위반]
> 행정법상의 질서벌인 과태료의 부과처분과 형사처벌은 그 성질이나 목적을 달리하는 별개의 것이므로 행정법상의 질서벌인 과태료를 납부한 후에 형사처벌을 한다고 하여 이를 일사부재리의 원칙에 반하는 것이라고 할 수는 없으며, 자동차의 임시운행허가를 받은 자가 그 허가 목적 및 기간의 범위 안에서 운행하지 아니한 경우에 과태료를 부과하는 것은 당해 자동차가 무등록 자동차인지 여부와는 관계없이, 이미 등록된 자동차의 등록번호표 또는 봉인이 멸실되거나 식별하기 어렵게 되어 임시운행허가를 받은 경우까지를 포함하여, 허가받은 목적과 기간의 범위를 벗어나 운행하는 행위 전반에 대하여 행정질서벌로써 제재를 가하고자 하는 취지라고 해석되므로, 만일 임시운행허가기간을 넘어 운행한 자가 등록된 차량에 관하여 그러한 행위를 한 경우라면 과태료의 제재만을 받게 되겠지만, 무등록 차량에 관하여 그러한 행위를 한 경우라면 과태료와 별도로 형사처벌의 대상이 된다.

③ [×] 지방자치단체는 그 고유의 자치사무를 처리하는 경우 양벌규정에 의한 처벌대상이 되는 법인에 해당하지 않는다. (×)

> **대법원 2009. 6. 11. 선고 2008도6530 판결 [자동차관리법위반]**
> 국가가 본래 그의 사무의 일부를 지방자치단체의 장에게 위임하여 처리하게 하는 기관위임사무의 경우 지방자치단체는 국가기관의 일부로 볼 수 있고, 지방자치단체가 그 고유의 자치사무를 처리하는 경우 지방자치단체는 국가기관의 일부가 아니라 국가기관과는 별도의 독립한 공법인으로서 양벌규정에 의한 처벌대상이 되는 법인에 해당한다. 또한, 법령상 지방자치단체의 장이 처리하도록 하고 있는 사무가 자치사무인지, 기관위임사무에 해당하는지 여부를 판단하는 때에는 그에 관한 법령의 규정 형식과 취지를 우선 고려하여야 하며, 그 외에도 그 사무의 성질이 전국적으로 통일적인 처리가 요구되는 사무인지 여부나 그에 관한 경비부담과 최종적인 책임귀속의 주체 등도 아울러 고려하여 판단하여야 한다.

정답 ④

321
의료법 제87조의2는 면허증을 대여한 자에 대하여 5년 이하의 징역 또는 2천만 원 이하의 벌금에 처하는 것으로 규정하고 있다. 이에 대한 설명으로 옳지 않은 것은?

12 국가직 [ESSential ★]

① 행정벌 가운데 행정형벌을 규정한 것이다.
② 형사소송절차에 의하여 과벌된다.
③ 행정행위의 실효성을 확보함에 있어서 간접적인 의무이행 확보수단이 된다.
④ 대여행위가 있기만 하면 고의 또는 과실이 없는 자도 처벌의 대상이 된다.

해설

④ [×] 대여행위가 있기만 하면 고의 또는 과실이 없는 자도 처벌의 대상이 된다. (×)
→ 행정형벌을 부과하기 위해서는 행위자의 고의 또는 과실이 있어야 한다.

① [○] 행정벌 가운데 행정형벌을 규정한 것이다.
→ 의료법은 행정법의 일종이다. 이러한 의료법을 위반한 경우 징역 또는 벌금이라는 형법상의 벌을 부과하도록 되어 있으므로 의료법 제87조의2(벌칙)는 행정형벌을 규정한 것이다.

② [○] 형사소송절차에 의하여 과벌된다.
→ 행정형벌은 형법상의 벌을 과하는 것이므로 원칙적으로 형법총칙이 적용되며, 과벌절차는 원칙적으로 형사소송절차에 의한다.

③ [○] 행정행위의 실효성을 확보함에 있어서 간접적인 의무이행 확보수단이 된다.
→ 행정벌의 직접 목적은 과거의 의무위반에 대하여 제재를 부과하는 것이지만 그 존재 자체가 의무자에게 심리적 압박을 가하여 의무위반을 예방하는 효과를 가진다는 점에서 간접적으로 행정법규의 실효성을 확보하는 수단으로서의 기능을 한다.

정답 ④

322 행정강제와 행정벌에 관한 다음의 설명 중 옳은 항목을 모두 고른 것은?

07 국가직 변형 [Core ★★]

㉠ 행정대집행은 대체적 작위의무의 불이행에 대한 강제집행수단이다.
㉡ 행정벌은 형사벌의 경우와는 달리 죄형법정주의가 적용되지 아니한다.
㉢ 행정질서벌인 과태료를 부과하기 위해서는 고의 또는 과실이 있어야 한다.
㉣ 무허가건축행위에 대한 형사처벌과 무허가건물철거명령의 불이행에 대한 이행강제금의 부과는 이중처벌에 해당하기 때문에 허용될 수 없다.
㉤ 과태료의 부과처분은 항고소송의 대상이 되는 처분이다.

① ㉠, ㉡   ② ㉠, ㉢   ③ ㉠, ㉢, ㉣   ④ ㉠, ㉡, ㉤

해설

㉠, ㉢ 2항목이 옳다.

㉠ [O] 행정대집행은 대체적 작위의무의 불이행에 대한 강제집행수단이다.
→ 행정대집행은 대체적 작위의무의 불이행을 그 대상으로 하는 행정상 강제집행수단이다.

㉢ [O] 행정질서벌인 과태료를 부과하기 위해서는 고의 또는 과실이 있어야 한다.
→ 고의 또는 과실이 없는 질서위반행위는 과태료를 부과하지 아니한다.(질서위반행위규제법 제7조)

질서위반행위규제법 제7조(고의 또는 과실)
고의 또는 과실이 없는 질서위반행위는 과태료를 부과하지 아니한다.

㉡ [X] 행정벌은 형사벌의 경우와는 달리 죄형법정주의가 적용되지 아니한다.(×)
→ 죄형법정주의는 범죄와 형벌은 법률로 정하여야 한다는 것으로 행정벌 중 행정형벌도 형벌이므로 죄형법정주의가 적용된다.

㉣ [X] 무허가건축행위에 대한 형사처벌과 무허가건물철거명령의 불이행에 대한 이행강제금의 부과는 이중처벌에 해당하기 때문에 허용될 수 없다.(×)

헌법재판소 2004. 2. 26. 선고 2001헌바80,84,102,103,2002헌바26(병합) 전원재판부 [개발제한구역의지정및관리에관한특별조치법제11조제1항등위헌소원]
건축법 제79조에 의한 형사처벌의 대상이 되는 범죄의 구성요건은 허가권자의 허가 없이 건축행위 또는 건축물의 용도변경행위를 한 것이고, 건축법 제83조 제1항에 의한 이행강제금은 위법건축물에 대한 시정명령을 받고도 건축주 등이 이를 시정하지 아니할 때 부과하는 것이므로, 양자는 처벌 내지 제재대상이 되는 기본적 사실관계로서의 행위를 달리할 뿐만 아니라 그 보호법익과 목적에서도 차이가 있고, 또한 무허가 건축행위에 대한 형사처벌시에 위법건축물에 대한 시정명령의 위반행위까지 평가되었다고 할 수 없으므로, 시정명령 위반행위가 무허가 건축행위의 불가벌적 사후행위라고 할 수도 없어 위 이행강제금을 부과하는 것은 이중처벌에 해당한다고 할 수 없다.

㉤ [X] 과태료의 부과처분은 항고소송의 대상이 되는 처분이다.(×)
→ 과태료는 행정질서벌의 일종으로 과태료 부과는 항고소송의 대상이 되는 행정처분이 아니다.

정답 ②

323 행정범 및 행정형벌에 관한 설명으로 옳지 않은 것은? (다툼이 있는 경우 판례에 의함)

12 지방직 9급 [Essential ★]

① 행정범의 경우에는 과실행위를 벌한다는 명문의 규정이 없는 경우에도 그 법률 규정 중에 과실 행위를 벌한다는 명백한 취지를 알 수 있는 경우에는 과실행위에 행정형벌을 부과할 수 있다.
② 행정범의 경우에는 법인의 대표자 또는 종업원 등의 행위자뿐 아니라 법인도 아울러 처벌하는 규정을 두는 경우가 있다.
③ 종업원의 위반행위에 대해 사업주도 처벌하는 경우, 사업주가 지는 책임은 무과실책임이다.
④ 통고처분에 의해 범칙금이 부과되는 경우, 부과된 금액을 납부하면 동일한 사건에 대하여 다시 처벌받지 아니한다.

해설

③ [×] 종업원의 위반행위에 대해 사업주도 처벌하는 경우, 사업주가 지는 책임은 **무과실책임이다.**(×)
→ 미성년자·행위무능력자 또는 종업원의 위반행위에 대한 법정대리인이나 사업주의 책임은 주의·감독의무를 태만히 한 데 대한 책임으로써 **자기책임인 동시에 과실책임의 성질을 가진다.**

① [○] 행정범의 경우에는 과실행위를 벌한다는 명문의 규정이 없는 경우에도 그 법률 규정 중에 **과실 행위를 벌한다는 명백한 취지를 알 수 있는 경우에는 과실행위에 행정형벌을 부과할 수 있다.**

대법원 1993. 9. 10. 선고 92도1136 판결 [대기환경보전법위반]
구 대기환경보전법(1992.12.8. 법률 제4535호로 개정되기 전의 것)의 입법목적이나 제반 관계규정의 취지 등을 고려하면, 법정의 배출허용기준을 초과하는 배출가스를 배출하면서 자동차를 운행하는 행위를 처벌하는 위 법 제57조 제6호의 규정은 자동차의 운행자가 그 자동차에서 배출되는 배출가스가 소정의 운행 자동차 배출허용기준을 초과한다는 점을 실제로 인식하면서 운행한 **고의범의 경우는 물론 과실로 인하여 그러한 내용을 인식하지 못한 과실범의 경우도 함께 처벌하는 규정이다.**

② [○] 행정범의 경우에는 법인의 대표자 또는 종업원 등의 행위자뿐 아니라 법인도 아울러 처벌하는 규정을 두는 경우가 있다.
→ 행정범의 경우 법인의 대표자, 사용인, 기타 종업원이 법인의 사무에 관하여 행정법상의 의무에 위반된 행위를 한 때에는 그 행위자를 벌하는 외에 법인도 처벌한다는 **양벌규정을 두는 경우가 많다.**

④ [○] 통고처분에 의해 범칙금이 부과되는 경우, 부과된 금액을 납부하면 동일한 사건에 대하여 다시 처벌받지 아니한다.
→ 통고처분을 받은 자가 통고된 내용에 따라 **이행한 경우에는 확정판결과 동일한 효력(불가변력)이 발생**하여 처벌절차는 종료되고 일사부재리의 원칙이 적용되어 다시 형사소추를 할 수 없다.

정답 ③

324 통고처분에 대한 설명으로 옳지 않은 것은?   12 국가직 [ESSential ★]

① 통고처분은 행정소송법상 처분에 해당하며, 행정소송의 대상이 된다는 것이 판례의 입장이다.
② 조세범, 출입국사범, 교통사범 등의 경우에 인정되고 있다.
③ 통고처분을 이행하면 일사부재리의 원칙이 적용되어 동일 사건에 대하여 다시 처벌받지 아니한다.
④ 관세법상 통고처분과 관련하여 통고처분을 할 것인지의 여부는 행정청의 재량에 맡겨져 있다는 것이 판례의 입장이다.

해설

① [×] 통고처분은 행정소송법상 처분에 해당하며, **행정소송의 대상이 된다는 것이 판례의 입장이다.**(×)
→ 통고처분은 준사법적 행정처분의 성질을 가지나, **불복시 형사소송절차로 진행되는 특별한 구제절차를 가지므로 행정소송의 대상이 되지 않는다.**

> **대법원 1995. 6. 29. 선고 95누4674 판결 [범칙금부과처분취소]**
> 도로교통법 제118조에서 규정하는 경찰서장의 **통고처분은 행정소송의 대상이되는 행정처분이 아니므로 그 처분의 취소를 구하는 소송은 부적법하고,** 도로교통법상의 통고처분을 받은 자가 그 처분에 대하여 이의가 있는 경우에는 통고처분에 따른 범칙금의 납부를 이행하지 아니함으로써 경찰서장의 즉결심판청구에 의하여 법원의 심판을 받을 수 있게 될 뿐이다.

② [O] 조세범, 출입국사범, 교통사범 등의 경우에 인정되고 있다.
→ 통고처분은 모든 범죄에 대해 인정되는 것은 아니고, 현행법상 조세범, 관세범, 교통사범, 출입국관리사범, 경범죄사범 등에 인정되고 있다.

③ [O] 통고처분을 이행하면 **일사부재리의 원칙이 적용되어 동일 사건에 대하여 다시 처벌받지 아니한다.**
→ 통고처분을 받은 자가 통고된 내용에 따라 이행한 경우에는 확정판결과 동일한 효력(불가변력)이 발생하여 처벌절차는 종료되고 일사부재리의 원칙이 적용되어 다시 처벌받지 않는다.

④ [O] 관세법상 통고처분과 관련하여 통고처분을 할 것인지의 여부는 행정청의 재량에 맡겨져 있다는 것이 판례의 입장이다.

> **대법원 2007. 5. 11. 선고 2006도1993 판결 [관세법위반]**
> **통고처분을 할 것인지의 여부는 관세청장 또는 세관장의 재량에 맡겨져 있고,** 따라서 관세청장 또는 세관장이 관세범에 대하여 통고처분을 하지 아니한 채 고발하였다는 것만으로는 그 고발 및 이에 기한 공소의 제기가 부적법하게 되는 것은 아니다.

정답 ①

325 다음 글이 설명하고 있는 것은?

11 국가직 [ESSential ★]

> 경미한 교통법규 위반자로 하여금 형사처벌절차에 수반되는 심리적 불안, 시간과 비용의 소모, 명예와 신용의 훼손 등의 여러 불이익을 당하지 않고 범칙금 납부로써 위반행위에 대한 제재를 신속·간편하게 종결할 수 있게 하여 주며, 교통법규 위반행위가 홍수를 이루고 있는 현실에서 행정공무원에 의한 전문적이고 신속한 사건처리를 가능하게 하고, 검찰 및 법원의 과중한 업무 부담을 덜어 준다.

① 행정질서벌
② 통고처분
③ 과징금
④ 즉결심판

해설

② [O] 통고처분

> 헌법재판소 2003. 10. 30. 선고 2002헌마275 전원재판부 [통고처분취소]
> 도로교통법상의 통고처분은 처분을 받은 당사자의 임의의 승복을 발효요건으로 하고 있으며, 행정공무원에 의하여 발하여 지는 것이지만, 통고처분에 따르지 않고자 하는 당사자에게는 정식재판의 절차가 보장되어 있다. **통고처분 제도는 경미한 교통법규 위반자로 하여금 형사처벌절차에 수반되는 심리적 불안, 시간과 비용의 소모, 명예와 신용의 훼손 등의 여러 불이익을 당하지 않고 범칙금 납부로써 위반행위에 대한 제재를 신속·간편하게 종결할 수 있게 하여주며, 교통법규 위반행위가 홍수를 이루고 있는 현실에서 행정공무원에 의한 전문적이고 신속한 사건처리를 가능하게 하고, 검찰 및 법원의 과중한 업무 부담을 덜어 준다.** 또한 통고처분제도는 형벌의 비범죄화 정신에 접근하는 제도이다. 이러한 점들을 종합할 때, 통고처분 제도의 근거규정인 도로교통법 제118조 본문이 적법절차원칙이나 사법권을 법원에 둔 권력분립원칙에 위배된다거나, 재판청구권을 침해하는 것이라 할 수 없다.

① [X] 행정질서벌(X)
→ **행정질서벌인 과태료는 행정법규 위반의 정도가 비교적 경미하여 간접적으로 행정 목적 달성에 장애를 줄 위험성이 있는 정도의 단순한 의무태만에 대해 과하는 일종의 금전벌이다. 행정형벌은 직접적으로 행정 목적이나 사회법익을 침해하는 경우에 과한다는 점에서 과태료와 차이가 있다.** 과태료는 형벌이 아니므로 「형법」 총칙의 규정이 자동적으로 적용되지는 않는다. 또한 과태료를 부과받더라도 전과로 되지 않으며 다른 형벌과 누범관계가 생기지 않는다.

③ [X] 과징금(X)
→ 과징금 제도는 현행법상 다양한 유형으로 규정되어 있어 그 개념을 일의적으로 정리하는 것은 쉽지 않다. **현행법상 과징금은 크게 경제적 이익 환수 과징금, 영업정지 대체 과징금, 순수한 금전적 제재로서의 과징금으로 유형을 구분할 수 있다. 과징금은 금전적 제재 수단이라는** 점에서 벌금이나 과태료와 유사하다. 그러나 과징금은 행정기관이 부과한다는 점에서 사법기관(司法機關)이 결정하는 벌금과 구별되고, 과태료가 행정청에 대한 협조의무 위반에 대해 부과하거나 경미한 형사사범에 대한 비범죄화 차원에서 부과되는 반면, 과징금은 일반적으로 법규 위반으로 얻어진 경제적 이익을 환수하거나 영업정지처분을 갈음하여 금전적 제재를 부과한다는 점에서 차이가 있다.

④ [X] 즉결심판(X)
→ 즉결심판이란 판사가 죄질이 경미한 범죄사건에 대하여 형사소송법에 규정된 통상의 공판절차에 의하지 않고 간단하고 신속한 절차에 의하여 형을 선고하는 절차를 말한다.

정답 ②

326 통고처분에 대한 설명으로 옳은 것은?

11 지방직 7급 [ESSential ★]

① 조세범처벌절차법상 통고처분을 받은 자는 30일 이내에 통고된 내용을 이행하여야 한다.
② 통고처분은 행정질서벌에도 인정된다.
③ 통고처분이 행하여지더라도 공소시효의 진행은 중단되지 않는다.
④ 통고처분을 받은 자가 그 통고에 따라 이행한 경우에는 다시 소추할 수 없다.

해설

④ [O] 통고처분을 받은 자가 그 통고에 따라 이행한 경우에는 다시 소추할 수 없다.
→ 통고된 내용을 이행하면 확정판결과 동일한 효력인 불가변력이 발생하여 일사부재리의 원칙상 다시 소추할 수 없다.

① [×] 조세범처벌절차법상 통고처분을 받은 자는 30일 이내에 통고된 내용을 이행하여야 한다.(×)
→ 지방국세청장 또는 세무서장은 제15조제1항에 따라 통고처분을 받은 자가 통고서를 송달받은 날부터 15일 이내에 통고대로 이행하지 아니한 경우에는 고발하여야 한다. 다만, 15일이 지났더라도 고발되기 전에 통고대로 이행하였을 때에는 그러하지 아니 하다.(조세범 처벌절차법 제17조제2항)

② [×] 통고처분은 행정질서벌에도 인정된다.(×)
→ 통고처분은 행정형벌의 예외적 과벌절차이다. 즉 행정형벌은 원칙적으로 형사소송법 절차에 따르나, 예외적으로는 즉결심판이나 통고처분에 의해 과벌된다.

③ [×] 통고처분이 행하여지더라도 공소시효의 진행은 중단되지 않는다.(×)
→ 통고처분이 행해지면 공소시효가 중단된다. 예를 들어, 제15조 제1항에 따른 통고처분이 있는 경우에는 공소시효의 진행이 중단된다.(조세범 처벌절차법 제16조)

조세범 처벌절차법

제16조(공소시효의 정지)
제15조제1항에 따른 통고처분이 있는 경우에는 통고일부터 고발일까지의 기간 동안 공소시효는 정지된다.

제17조(고발)
① 지방국세청장 또는 세무서장은 다음 각 호의 어느 하나에 해당하는 경우에는 통고처분을 거치지 아니하고 그 대상자를 즉시 고발하여야 한다.
  1. 정상(情狀)에 따라 징역형에 처할 것으로 판단되는 경우
  2. 제15조제1항에 따른 통고대로 이행할 자금이나 납부 능력이 없다고 인정되는 경우
  3. 거소가 분명하지 아니하거나 서류의 수령을 거부하여 통고처분을 할 수 없는 경우
  4. 도주하거나 증거를 인멸할 우려가 있는 경우
② 지방국세청장 또는 세무서장은 제15조제1항에 따라 통고처분을 받은 자가 통고서를 송달받은 날부터 15일 이내에 통고대로 이행하지 아니한 경우에는 고발하여야 한다. 다만, 15일이 지났더라도 고발되기 전에 통고대로 이행하였을 때에는 그러하지 아니 하다.

정답 ④

327 통고처분에 관한 설명으로 옳지 않은 것은?

08 중앙선관위 9급 [Core ★★]

① 통고처분은 조세범·관세범·출입국사범·교통사범 등 행정형벌의 예외적인 과벌절차이다.
② 행정청이 벌금·과료에 상당하는 금액의 납부를 통고하며 당사자가 법정기간 내에 통고된 내용을 이행한 때에는 처벌절차는 종료된다.
③ 통고처분에 따른 범칙금을 납부하지 않은 경우에는 고발 등의 절차를 거쳐 형사소송절차로 이행되는 것이 일반적이다.
④ 통고처분은 행정쟁송의 대상이 되는 처분에 해당하므로 행정소송을 제기하여 다툴 수 있다고 보는 것이 판례의 입장이다.

해설

④ [×] 통고처분은 행정쟁송의 대상이 되는 처분에 해당하므로 행정소송을 제기하여 다툴 수 있다고 보는 것이 판례의 입장이다.(×)
→ 통고처분은 불복하는 경우 행정청의 고발에 의해 형사소송절차로 진행되는 특별한 구제절차가 있으므로 항고소송의 대상인 행정처분이 아니라는 것이 통설과 판례의 입장이다.

> **헌법재판소 1998. 5. 28. 선고 96헌바4 전원재판부 [관세법제38조제3항제2호위헌소원]**
> 통고처분은 상대방의 임의의 승복을 그 발효요건으로 하기 때문에 그 자체만으로는 통고이행을 강제하거나 상대방에게 아무런 권리의무를 형성하지 않으므로 행정심판이나 행정소송의 대상으로서의 처분성을 부여할 수 없고, 통고처분에 대하여 이의가 있으면 통고내용을 이행하지 않음으로써 고발되어 형사재판절차에서 통고처분의 위법·부당함을 얼마든지 다툴 수 있기 때문에 관세법 제38조 제3항 제2호가 법관에 의한 재판받을 권리를 침해한다든가 적법절차의 원칙에 저촉된다고 볼 수 없다.

① [O] 통고처분은 조세범·관세범·출입국사범·교통사범 등 행정형벌의 예외적인 과벌절차이다.
② [O] 행정청이 벌금·과료에 상당하는 금액의 납부를 통고하며 당사자가 법정기간 내에 통고된 내용을 이행한 때에는 처벌절차는 종료된다.
③ [O] 통고처분에 따른 범칙금을 납부하지 않은 경우에는 고발 등의 절차를 거쳐 형사소송절차로 이행되는 것이 일반적이다.

정답 ④

328 통고처분에 관한 설명으로 옳지 않은 것은?

08 국가직 [Core ★★]

① 통고처분을 받은 자가 통고처분의 내용을 이행하지 아니하면 권한행정청은 일정기간 내에 고발할 수 있고, 그에 따라 형사소송절차로 이행하게 된다.
② 헌법재판소는 통고처분에 대해 행정심판이나 행정소송의 대상에서 제외하고 있는 관세법 제38조 제3항 제2호가 법관에 의해 재판을 받을 권리를 침해한다든가 적법절차의 원칙을 위반하지 않는다고 보았다.
③ 범칙자가 범칙금을 납부하면 과형절차는 종료되고, 범칙자는 다시 형사소추되지 아니한다.
④ 법률의 규정에 의하여 통고처분을 할 수 있음에도 불구하고 법률이 정한 즉시고발사유의 존재를 이유로 통고처분을 하지 않고 고발하였다면 그 고발 및 이에 기한 공소의 제기는 부적법한 것이다.

해설

④ [×] 법률의 규정에 의하여 **통고처분을 할 수 있음에도 불구하고 법률이 정한 즉시고발사유의 존재를 이유로 통고처분을 하지 않고 고발하였다면 그 고발 및 이에 기한 공소의 제기는 부적법한 것이다.**(×)

> 대법원 2007. 5. 11. 선고 2006도1993 판결 [관세법위반]
> 통고처분을 할 것인지의 여부는 관세청장 또는 세관장의 재량에 맡겨져 있고, **따라서 관세청장 또는 세관장이 관세범에 대하여 통고처분을 하지 아니한 채 고발하였다는 것만으로는 그 고발 및 이에 기한 공소의 제기가 부적법하게 되는 것은 아니다.**

① [○] 통고처분을 받은 자가 통고처분의 내용을 이행하지 아니하면 권한행정청은 일정기간 내에 고발할 수 있고, 그에 따라 형사소송절차로 이행하게 된다.
→ 통고처분의 대표적 예인 조세범 처벌절차의 경우 통고처분을 불이행하면 세무서장 등이 검찰에 고발할 수 있고 검사의 공소제기에 의해 형사소송절차로 이행되게 된다.

② [○] 헌법재판소는 통고처분에 대해 행정심판이나 행정소송의 대상에서 제외하고 있는 관세법 제38조 제3항 제2호가 법관에 의해 재판을 받을 권리를 침해한다든가 적법절차의 원칙을 위반하지 않는다고 보았다.

> 헌법재판소 1998. 5. 28. 선고 96헌바4 전원재판부 [관세법제38조제3항제2호위헌소원]
> 통고처분은 상대방의 임의의 승복을 그 발효요건으로 하기 때문에 그 자체만으로는 통고이행을 강제하거나 상대방에게 아무런 권리의무를 형성하지 않으므로 행정심판이나 행정소송의 대상으로서의 처분성을 부여할 수 없고, **통고처분에 대하여 이의가 있으면 통고내용을 이행하지 않음으로써 고발되어 형사재판절차에서 통고처분의 위법·부당함을 얼마든지 다툴 수 있기 때문에 관세법 제38조 제3항 제2호가 법관에 의한 재판받을 권리를 침해한다든가 적법절차의 원칙에 저촉된다고 볼 수 없다.**

③ [○] 범칙자가 범칙금을 납부하면 과형절차는 종료되고, 범칙자는 다시 형사소추되지 아니한다.

정답 ④

329 질서위반행위규제법상 행정질서벌에 대한 설명으로 옳지 않은 것은?

13 국가직 [Core ★★]

① 행정청의 과태료 처분이나 법원의 과태료 재판이 확정된 후 법률이 변경되어 그 행위가 질서위반 행위에 해당하지 아니하게 되더라도 변경된 법률에 특별한 규정이 없는 한 과태료의 징수 또는 집행은 면제되지 않는다.
② 행정청이 질서위반행위에 대하여 과태료를 부과하고자 하는 때에는 미리 당사자에게 대통령령으로 정하는 사항을 통지하고, 10일 이상의 기간을 정하여 의견을 제출할 기회를 주어야 한다.
③ 행정청의 과태료부과처분을 받은 자가 그 통지를 받은 날부터 60일 이내에 해당 행정청에 서면으로 이의를 제기하면 행정청의 과태료부과처분은 그 효력을 상실한다.
④ 판례에 따르면, 질서위반행위를 한 자가 자신의 책임 없는 사유로 위반행위에 이르렀다고 주장하는 경우 법원은 그 내용을 살펴 행위자에게 고의나 과실이 있는지 여부를 따져보아야 한다.

해설

① [×] 행정청의 과태료 처분이나 법원의 과태료 재판이 확정된 후 법률이 변경되어 그 행위가 질서위반 행위에 해당하지 아니하게 **되더라도 변경된 법률에 특별한 규정이 없는 한 과태료의 징수 또는 집행은 면제되지 않는다.(×)**
→ 행정청의 과태료 처분이나 법원의 과태료 재판이 확정된 후 법률이 변경되어 그 행위가 질서위반행위에 해당하지 아니하게 된 때에는 변경된 법률에 특별한 규정이 없는 한 과태료의 징수 또는 집행을 면제한다.
(질서위반행위규제법 제3조제3항)

② [O] 행정청이 질서위반행위에 대하여 과태료를 부과하고자 하는 때에는 **미리 당사자에게 대통령령으로 정하는 사항을 통지하고, 10일 이상의 기간을 정하여 의견을 제출할 기회를 주어야 한다.**
→ 행정청이 질서위반행위에 대하여 과태료를 부과하고자 하는 때에는 미리 당사자(제11조제2항에 따른 고용주등을 포함한다. 이하 같다)에게 대통령령으로 정하는 사항을 통지하고, **10일 이상의 기간을 정하여 의견을 제출할 기회를 주어야 한다.** 이 경우 지정된 기일까지 의견 제출이 없는 경우에는 의견이 없는 것으로 본다.(질서위반행위규제법 제16조제1항)

③ [O] 행정청의 과태료부과처분을 받은 자가 **그 통지를 받은 날부터 60일 이내에 해당 행정청에 서면으로 이의를 제기하면 행정청의 과태료부과처분은 그 효력을 상실한다.**
→ 행정청의 과태료 부과에 불복하는 당사자는 제17조제1항에 따른 **과태료 부과 통지를 받은 날부터 60일 이내에 해당 행정청에 서면으로 이의제기를 할 수 있다.**(질서위반행위규제법 제20조제1항) 제1항에 따른 이의제기가 있는 경우에는 행정청의 과태료 부과처분은 그 효력을 상실한다.(질서위반행위규제법 제20조제2항)

④ [O] 판례에 따르면, 질서위반행위를 한 자가 자신의 책임 없는 사유로 위반행위에 이르렀다고 주장하는 경우 **법원은 그 내용을 살펴 행위자에게 고의나 과실이 있는지 여부를 따져보아야 한다.**

> **대법원 2011. 7. 14.자 2011마364 결정 [국토의계획및이용에관한법률위반이의]**
> 질서위반행위규제법은 과태료의 부과대상인 질서위반행위에 대하여도 책임주의 원칙을 채택하여 제7조에서 "고의 또는 과실이 없는 질서위반행위는 과태료를 부과하지 아니한다."라고 규정하고 있으므로, **질서위반행위를 한 자가 자신의 책임 없는 사유로 위반행위에 이르렀다고 주장하는 경우 법원으로서는 그 내용을 살펴 행위자에게 고의나 과실이 인정되는지 여부를 따져보아야 한다** .

경찰행정법

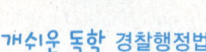

> **질서위반행위규제법**
>
> **제3조(법 적용의 시간적 범위)**
> ① 질서위반행위의 성립과 과태료 처분은 **행위 시의 법률**에 따른다.
> ② 질서위반행위 후 법률이 변경되어 그 행위가 질서위반행위에 해당하지 아니하게 되거나 과태료가 변경되기 전의 법률보다 **가볍게 된 때에는 법률에 특별한 규정이 없는 한 변경된 법률**을 적용한다.
> ③ 행정청의 과태료 처분이나 법원의 과태료 재판이 확정된 후 법률이 변경되어 그 행위가 **질서위반행위에 해당하지 아니하게 된 때에는 변경된 법률에 특별한 규정이 없는 한 과태료의 징수 또는 집행을 면제한다.**
>
> **제16조(사전통지 및 의견 제출 등)**
> ① 행정청이 질서위반행위에 대하여 과태료를 부과하고자 하는 때에는 미리 당사자(제11조제2항에 따른 고용주 등을 포함한다. 이하 같다)에게 대통령령으로 정하는 사항을 통지하고, **10일 이상의 기간을 정하여 의견을 제출할 기회를 주어야 한다.** 이 경우 지정된 기일까지 의견 제출이 없는 경우에는 의견이 없는 것으로 본다.
> ② 당사자는 의견 제출 기한 이내에 대통령령으로 정하는 방법에 따라 행정청에 의견을 진술하거나 필요한 자료를 제출할 수 있다.
> ③ 행정청은 제2항에 따라 당사자가 제출한 의견에 상당한 이유가 있는 경우에는 과태료를 부과하지 아니하거나 통지한 내용을 변경할 수 있다.
>
> **제20조(이의제기)**
> ① 행정청의 과태료 부과에 불복하는 당사자는 제17조제1항에 따른 **과태료 부과 통지를 받은 날부터 60일 이내에 해당 행정청에 서면으로 이의제기를 할 수 있다.**
> ② 제1항에 따른 이의제기가 있는 경우에는 **행정청의 과태료 부과처분은 그 효력을 상실한다.**
> ③ 당사자는 행정청으로부터 제21조제3항에 따른 통지를 받기 전까지는 행정청에 대하여 서면으로 이의제기를 철회할 수 있다.

정답 ①

330 다음은 질서위반행위규제법에 대한 설명이다. 틀린 것을 모두 고른 것은?

13 경행특채 [Core ★★]

> ㉠ 하나의 행위가 2 이상의 질서위반행위에 해당하는 경우에는 각 질서위반행위에 대하여 정한 과태료 중 가장 중한 과태료를 부과한다.
> ㉡ 고의 또는 과실이 없는 질서위반행위는 과태료를 부과하지 아니한다.
> ㉢ 법인에 대해서는 과태료를 부과할 수 없다.
> ㉣ 신분에 의하여 성립하는 질서위반행위에 신분이 없는 자가 가담한 경우, 신분이 없는 자에 대하여는 질서위반행위가 성립하지 않는다.
> ㉤ 행정청의 과태료부과처분에 대해서는 소멸시효가 적용되지 않는다.

① ㉠, ㉡, ㉤   ② ㉡, ㉢, ㉤   ③ ㉠, ㉣, ㉤   ④ ㉢, ㉣, ㉤

해설

㉢, ㉣, ㉤ 3항목이 틀리다.
㉢ [×] 법인에 대해서는 과태료를 부과할 수 없다.(×)
→ 법인의 대표자, 법인 또는 개인의 대리인·사용인 및 그 밖의 종업원이 업무에 관하여 법인 또는 그 개인에게 부과된 법률상의 의무를 위반한 때에는 **법인 또는 그 개인에게 과태료를 부과한다.**(질서위반행위규

제법 제11조제1항)
㉢ [×] 신분에 의하여 성립하는 **질서위반행위에 신분이 없는 자가 가담한 경우, 신분이 없는 자에 대하여는 질서위반행위가 성립하지 않는다.**(×)
→ 신분에 의하여 성립하는 질서위반행위에 신분이 없는 자가 가담한 때에는 **신분이 없는 자에 대하여도 질서위반행위가 성립한다.**(질서위반행위규제법 제12조제2항)
㉣ [×] 행정청의 과태료부과처분에 대해서는 **소멸시효가 적용되지 않는다.**(×)
→ 과태료는 행정청의 과태료 부과처분이나 법원의 과태료 **재판이 확정된 후 5년간 징수하지 아니하거나 집행하지 아니하면 시효로 인하여 소멸한다.**(질서위반행위규제법 제15조)
㉠ [O] 하나의 행위가 2 이상의 질서위반행위에 해당하는 경우에는 각 질서위반행위에 대하여 정한 과태료 중 **가장 중한 과태료를 부과한다.**
→ 하나의 행위가 2 이상의 질서위반행위에 해당하는 경우에는 각 질서위반행위에 대하여 정한 과태료 중 가장 중한 과태료를 부과한다.(질서위반행위규제법 제13조제1항)
㉡ [O] 고의 또는 과실이 없는 질서위반행위는 과태료를 부과하지 아니한다.(질서위반행위규제법 제7조)

질서위반행위규제법

제11조(법인의 처리 등)
① **법인의 대표자, 법인 또는 개인의 대리인·사용인 및 그 밖의 종업원이 업무에 관하여 법인 또는 그 개인에게 부과된 법률상의 의무를 위반한 때에는 법인 또는 그 개인에게 과태료를 부과한다.**
② 제7조부터 제10조까지의 규정은 「도로교통법」 제56조제1항에 따른 고용주등을 같은 법 제160조제3항에 따라 과태료를 부과하는 경우에는 적용하지 아니한다.

제12조(다수인의 질서위반행위 가담)
① 2인 이상이 질서위반행위에 가담한 때에는 각자가 **질서위반행위를 한 것으로 본다.**
② 신분에 의하여 성립하는 질서위반행위에 신분이 없는 자가 가담한 때에는 **신분이 없는 자에 대하여도 질서위반행위가 성립한다.**
③ **신분에 의하여 과태료를 감경 또는 가중하거나 과태료를 부과하지 아니하는 때에는 그 신분의 효과는 신분이 없는 자에게는 미치지 아니한다.**

제13조(수개의 질서위반행위의 처리)
① 하나의 행위가 2 이상의 질서위반행위에 해당하는 경우에는 각 질서위반행위에 대하여 정한 과태료 중 **가장 중한 과태료를 부과한다.**
② 제1항의 경우를 제외하고 2 이상의 질서위반행위가 경합하는 경우에는 각 질서위반행위에 대하여 정한 과태료를 각각 부과한다. 다만, 다른 법령(지방자치단체의 조례를 포함한다. 이하 같다)에 특별한 규정이 있는 경우에는 그 법령으로 정하는 바에 따른다.

제15조(과태료의 시효)
① 과태료는 행정청의 과태료 부과처분이나 법원의 과태료 재판이 **확정된 후 5년간 징수하지 아니하거나 집행하지 아니하면 시효로 인하여 소멸한다.**
② 제1항에 따른 소멸시효의 중단·정지 등에 관하여는 「국세기본법」 제28조를 준용한다.

정답 ④

331 질서위반행위규제법상의 과태료에 관한 설명 중 옳지 않은 것은?

10 국회직 [ESSential ★]

① 과태료의 부과·징수, 재판 및 집행 등에 관한 다른 법률의 규정은 질서위반행위규제법에 우선하여 적용한다.
② 행정청의 과태료부과처분에 대해 이의를 제기하면 그 처분은 효력을 상실한다.
③ 과태료를 부과하고자 하는 때에는, 10일 이상의 기간을 정하여 의견 제출을 할 기회를 부여하여야 한다.
④ 질서위반행위는 고의 또는 과실이 있어야만 과태료를 부과할 수 있다.
⑤ 행정청은 질서위반행위가 종료된 날부터 5년이 경과하면 과태료를 부과할 수 없다.

해설

① [×] 과태료의 부과·징수, 재판 및 집행 등에 관한 다른 법률의 규정은 **질서위반행위규제법에 우선하여 적용한다.**(×)
→ 과태료의 부과·징수, 재판 및 집행 등의 절차에 관한 다른 법률의 규정 중 **이 법의 규정에 저촉되는 것은 이 법으로 정하는 바에 따른다.**(질서위반행위규제법 제5조)

② [○] 행정청의 **과태료부과처분에 대해 이의를 제기하면 그 처분은 효력을 상실한다.**(질서위반행위규제법 제20조)

③ [○] 과태료를 부과하고자 하는 때에는, **10일 이상의 기간을 정하여 의견 제출을 할 기회를 부여하여야 한다.**
→ 행정청이 질서위반행위에 대하여 과태료를 부과하고자 하는 때에는 미리 당사자(제11조제2항에 따른 고용주등을 포함한다. 이하 같다)에게 대통령령으로 정하는 사항을 통지하고, **10일 이상의 기간을 정하여 의견을 제출할 기회를 주어야 한다.** 이 경우 지정된 기일까지 의견 제출이 없는 경우에는 의견이 없는 것으로 본다.(질서위반행위규제법 제16조제1항)

④ [○] 질서위반행위는 고의 또는 과실이 있어야만 과태료를 부과할 수 있다.
→ 고의 또는 과실이 없는 질서위반행위는 과태료를 부과하지 아니한다.(질서위반행위규제법 제7조)

⑤ [○] 행정청은 질서위반행위가 종료된 날부터 5년이 경과하면 과태료를 부과할 수 없다.
→ 행정청은 질서위반행위가 종료된 날(다수인이 질서위반행위에 가담한 경우에는 최종행위가 종료된 날을 말한다)부터 5년이 경과한 경우에는 해당 질서위반행위에 대하여 과태료를 부과할 수 없다.(질서위반행위규제법 제19조제1항)

질서위반행위규제법

제5조(다른 법률과의 관계)
과태료의 부과·징수, 재판 및 집행 등의 절차에 관한 다른 법률의 규정 중 이 법의 규정에 저촉되는 것은 이 법으로 정하는 바에 따른다.

제19조(과태료 부과의 제척기간)
① 행정청은 **질서위반행위가 종료된 날**(다수인이 질서위반행위에 가담한 경우에는 최종행위가 종료된 날을 말한다)부터 5년이 경과한 경우에는 해당 질서위반행위에 대하여 과태료를 부과할 수 없다.
② 제1항에도 불구하고 행정청은 제36조 또는 제44조에 따른 법원의 결정이 있는 경우에는 그 **결정이 확정된 날부터 1년이 경과하기 전까지는 과태료를 정정부과 하는 등 해당 결정에 따라 필요한 처분을 할 수 있다.**

정답 ①

332 다음은 현행 질서위반행위규제법의 일부이다. 괄호 안에 공통적으로 들어갈 용어는?

11 국가직 [Core ★★]

> '질서위반행위'란 법률(지방자치단체의 조례를 포함)상의 의무를 위반하여 (　)을(를) 부과하는 행위를 말한다. 다만, 다음 각 목의 어느 하나에 해당하는 행위를 제외한다.
> 　가. 대통령으로 정하는 사법(私法)상·소송법상 의무를 위반하여 (　)을(를) 부과하는 행위
> 　나. 대통령으로 정하는 법률에 따른 징계사유에 해당하여 (　)을(를) 부과하는 행위

① 가산금　　　② 과태료　　　③ 부당이득세　　　④ 이행강제금

② [○] 과태료
→ '질서위반행위'란 법률(지방자치단체의 조례를 포함)상의 의무를 위반하여 (**과태료**)을(를) 부과하는 행위를 말한다. 다만, 다음 각 목의 어느 하나에 해당하는 행위를 제외한다.(질서위반행위규제법 제2조)
　가. 대통령으로 정하는 사법(私法)상·소송법상 의무를 위반하여 (**과태료**)을(를) 부과하는 행위
　나. 대통령으로 정하는 법률에 따른 징계사유에 해당하여 (**과태료**)을(를) 부과하는 행위

① [×] 가산금(×)
→ "**가산금**"이란 지방세를 납부기한까지 납부하지 아니할 때에 이 법 또는 지방세관계법에 따라 고지세액에 가산하여 징수하는 금액과 납부기한이 지난 후 일정기한까지 납부하지 아니할 때에 그 금액에 다시 가산하여 징수하는 금액을 말한다.(지방세기본법 제2조제24호)

③ [×] 부당이득세(×)
→ 물가안정에 관한 법률이나 기타 법률에 의하여 정부가 결정·지정·승인·인가하는 물품의 가격, 거래단계별·지역별 기타의 구분에 따라 국세청장이 따로 정하는 가격을 초과하여 거래를 함으로써 부당한 이익을 얻은 자에게 부과하는 조세이다. 부당이득세는 조세수입에 목적을 두지 않고 불공정거래를 시정하는데 목적을 둔다.

④ [×] 이행강제금(×)
→ **이행강제금**은 공의무가 이행되지 않은 경우, 의무자에게 강제금을 부과함으로써 심리적 압박을 가하여 의무이행을 간접적으로 확보하는 행정상 강제집행이다. 이행강제금은 의무이행이 확보될 때까지 반복하여 부과할 수 있다.

질서위반행위규제법 제2조(정의)
이 법에서 사용하는 용어의 뜻은 다음과 같다.
1. "질서위반행위"란 법률(지방자치단체의 조례를 포함한다. 이하 같다)상의 의무를 위반하여 **과태료**를 부과하는 행위를 말한다. 다만, 다음 각 목의 어느 하나에 해당하는 행위를 제외한다.
　가. 대통령령으로 정하는 사법(私法)상·소송법상 의무를 위반하여 **과태료**를 부과하는 행위
　나. 대통령령으로 정하는 법률에 따른 징계사유에 해당하여 **과태료**를 부과하는 행위
2. "행정청"이란 행정에 관한 의사를 결정하여 표시하는 국가 또는 지방자치단체의 기관, 그 밖의 법령 또는 자치법규에 따라 행정권한을 가지고 있거나 위임 또는 위탁받은 공공단체나 그 기관 또는 사인(私人)을 말한다.
3. "당사자"란 질서위반행위를 한 자연인 또는 법인(법인이 아닌 사단 또는 재단으로서 대표자 또는 관리인이 있는 것을 포함한다. 이하 같다)을 말한다.

정답 ②

333 행정질서벌(과태료)에 관한 다음 설명 중 가장 적절한 것은? (다툼이 있는 경우 판례에 의함)

12 경행특채 [Core ★★]

① 행정질서벌인 과태료에 관한 일반법이 없으므로 형법총칙이 적용된다.
② 대법원은 행정형벌과 행정질서벌은 그 성질이나 목적을 달리하는 별개의 것이므로 행정질서벌인 과태료를 납부한 후에 형사처벌을 한다고 하여 이를 일사부재리의 원칙에 반하는 것이라고 할 수는 없다고 보고 있다.
③ 헌법재판소는 행정형벌과 행정질서벌은 서로 다른 성질의 행정벌이므로 동일 법규위반행위에 대하여 형벌을 부과하면서 행정질서벌인 과태료까지 부과하였다고 하더라도 이중처벌금지의 기본정신에 배치되는 것은 아니라고 보고 있다.
④ 행정질서벌 부과의 근거는 국가의 법령에 의하여야 하므로 지방자치단체의 조례에 근거하여 과태료를 부과할 수 없다.

해설

② [○] 대법원은 행정형벌과 행정질서벌은 그 성질이나 목적을 달리하는 별개의 것이므로 행정질서벌인 과태료를 납부한 후에 형사처벌을 한다고 하여 이를 일사부재리의 원칙에 반하는 것이라고 할 수는 없다고 보고 있다.

> 대법원 1996. 4. 12. 선고 96도158 판결 [자동차관리법위반]
> 행정법상의 질서벌인 과태료의 부과처분과 형사처벌은 그 **성질이나 목적을 달리하는 별개의 것이므로** 행정법상의 질서벌인 과태료를 납부한 후에 형사처벌을 한다고 하여 이를 일사부재리의 원칙에 반하는 것이라고 할 수는 없다.

① [×] 행정질서벌인 과태료에 관한 일반법이 없으므로 형법총칙이 적용된다.(×)
→ 질서위반행위규제법이 행정질서벌의 일반법에 해당하므로 행정질서벌인 과태료 부과에 대해서는 질서위반행위규제법이 적용된다.

④ [×] 행정질서벌 부과의 근거는 국가의 법령에 의하여야 하므로 지방자치단체의 조례에 근거하여 과태료를 부과할 수 없다.(×)
→ 지방자치단체는 조례를 위반한 행위에 대하여 조례로써 1천만원 이하의 과태료를 정할 수 있다.(지방자치법 제34조제1항)

> 지방자치법 제34조(조례 위반에 대한 과태료)
> ① 지방자치단체는 조례를 위반한 행위에 대하여 조례로써 1천만원 이하의 과태료를 정할 수 있다.
> ② 제1항에 따른 과태료는 해당 지방자치단체의 장이나 그 관할 구역의 지방자치단체의 장이 부과·징수한다.

③ [×] 헌법재판소는 행정형벌과 행정질서벌은 서로 다른 성질의 행정벌이므로 동일 법규위반행위에 대하여 형벌을 부과하면서 행정질서벌인 과태료까지 부과하였다고 하더라도 이중처벌금지의 기본정신에 배치되는 것은 아니라고 보고 있다.(×)

> 헌법재판소 1994. 6. 30. 선고 92헌바38 전원재판부 [합헌] [구건축법제56조의2제1항위헌소원]
> 행정질서벌로서의 과태료는 행정상 의무의 위반에 대하여 국가가 일반통치권에 기하여 과하는 제재로서 형벌(특히 행정형벌)과 목적·기능이 중복되는 면이 없지 않으므로, 동일한 행위를 대상으로 하여 형벌을 부과하면서 아울러 행정질서벌로서의 과태료까지 부과한다면 그것은 이중처벌금지의 기본정신에 배치되어 국가 입법권의 남용으로 인정될 여지가 있음을 부정할 수 없다.

정답 ②

PART 03

경찰관 직무집행법상 경찰작용

제1절 표준적 직무집행
제2절 그 밖의 경찰작용

제1절 표준적 직무집행

334 경찰관직무집행법에 관한 다음 설명 중 가장 적절하지 않은 것은?

12 경찰 1차 [Essential ★]
총론 Chapter 7. 415

① 경찰관직무집행법은 직무의 범위에 국민의 생명·신체 및 재산의 보호에 관한 규정을 명문으로 두고 있다.
② 경찰관직무집행법에 규정된 경찰관의 의무에 위반하거나 직권을 남용하여 다른 사람에게 해를 끼친 자는 1년 이하의 징역이나 금고에 처한다.
③ 미아, 병자, 부상자 등으로서 적당한 보호자가 없으며 응급구호를 요한다고 인정되는 자는 보호조치를 할 수 있다. 다만, 당해인이 이를 거절하는 경우에는 예외로 한다.
④ 경찰장구라 함은 경찰관이 휴대하여 범인검거와 범죄진압 등 직무수행에 사용하는 무기, 수갑, 포승, 경찰봉, 방패 등을 말한다.

해설

④ [×] 경찰장구라 함은 경찰관이 휴대하여 범인검거와 범죄진압 등 직무수행에 사용하는 **무기**,(×) 수갑, 포승, 경찰봉, 방패 등을 말한다.
→ "경찰장구"란 경찰관이 휴대하여 범인 검거와 범죄 진압 등의 직무 수행에 사용하는 **수갑, 포승(捕繩), 경찰봉, 방패 등을 말한다.**(경찰관 직무집행법 제10조의2제2항)
→ "무기"란 사람의 생명이나 신체에 위해를 끼칠 수 있도록 제작된 권총·소총·도검 등을 말한다.(경찰관 직무집행법 제10조의4제2항) 무기는 경찰장비 중 무기를 별도로 규정하고 있다.
① [○] 경찰관직무집행법은 직무의 범위에 **국민의 생명·신체 및 재산의 보호에 관한 규정**을 명문으로 두고 있다.(경찰관 직무집행법 제2조제1호)
② [○] 경찰관직무집행법에 규정된 경찰관의 **의무에 위반하거나 직권을 남용하여 다른 사람에게 해를 끼친 자는 1년 이하의 징역이나 금고에 처한다.**(경찰관 직무집행법 제12조)
③ [○] 미아, 병자, 부상자 등으로서 적당한 보호자가 없으며 응급구호를 요한다고 인정되는 자는 **보호조치를 할 수 있다. 다만, 당해인이 이를 거절하는 경우에는 예외로 한다.**(경찰관 직무집행법 제4조제1항제3호)

경찰관 직무집행법
제2조(직무의 범위) 경찰관은 다음 각 호의 직무를 수행한다. 1. **국민의 생명·신체 및 재산의 보호** 2. **범죄**의 예방·진압 및 수사 2의2. 범죄**피해자** 보호 3. **경**비, 주요 인사(人士) 경호 및 **대간첩·대테러** 작전 수행 4. 공공안녕에 대한 위험의 예방과 대응을 위한 **정보**의 수집·작성 및 배포 5. **교통** 단속과 교통 위해(危害)의 방지 6. **외국** 정부기관 및 국제기구와의 국제협력 7. 그 밖에 공공의 **안녕과 질서 유지** **제4조(보호조치 등)** ① 경찰관은 수상한 행동이나 그 밖의 주위 사정을 합리적으로 판단해 볼 때 다음 각 호의 어느 하나에 해당하는 것이 명백하고 응급구호가 필요하다고 믿을 만한 상당한 이유가 있는 사람(이하 "구호대상자"라 한다)을 발

견하였을 때에는 보건의료기관이나 공공구호기관에 긴급구호를 요청하거나 경찰관서에 보호하는 등 적절한 조치를 할 수 있다.
1. **정**신착란을 일으키거나 술에 취하여 자신 또는 다른 사람의 생명·신체·재산에 위해를 끼칠 우려가 있는 사람
2. **자**살을 시도하는 사람
3. **미**아, **병**자, **부**상자 등으로서 적당한 보호자가 없으며 응급구호가 필요하다고 인정되는 사람. **다만, 본인이 구호를 거절하는 경우는 제외한다.**

③ 경찰관은 제1항의 조치를 하는 경우에 구호대상자가 휴대하고 있는 무기·흉기 등 위험을 일으킬 수 있는 것으로 인정되는 물건을 경찰관서에 **임시로 영치(領置)하여 놓을 수 있다.**

④ 경찰관은 제1항의 조치를 하였을 때에는 지체 없이 구호대상자의 가족, 친지 또는 그 밖의 연고자에게 그 **사실을 알려야 하며, 연고자가 발견되지 아니할 때에는 구호대상자를 적당한 공공보건의료기관이나 공공구호기관에 즉시 인계하여야 한다.**

⑤ 경찰관은 제4항에 따라 **구호대상자를 공공보건의료기관이나 공공구호기관에 인계하였을 때에는 즉시 그 사실을 소속 경찰서장이나 해양경찰서장에게 보고하여야 한다.**

⑥ 제5항에 따라 보고를 받은 소속 경찰서장이나 해양경찰서장은 대통령령으로 정하는 바에 따라 구호대상자를 인계한 사실을 지체 없이 해당 공공보건의료기관 또는 공공구호기관의 장 및 그 감독행정청에 통보하여야 한다.

⑦ 제1항에 따라 **구호대상자를 경찰관서에서 보호하는 기간은 24시간을 초과할 수 없고, 제3항에 따라 물건을 경찰관서에 임시로 영치하는 기간은 10일을 초과할 수 없다.**

제10조의2(경찰장구의 사용)

① 경찰관은 다음 각 호의 직무를 수행하기 위하여 필요하다고 인정되는 상당한 이유가 있을 때에는 그 사태를 합리적으로 판단하여 **필요한 한도에서 경찰장구를 사용할 수 있다.**
1. **현행범**이나 **사형·무기 또는 장기 3년 이상의 징역이나 금고에 해당하는 죄를 범한 범인의 체포 또는 도주 방지**
2. **자신이나 다른 사람의 생명·신체의 방어 및 보호**
3. **공무집행**에 대한 항거(抗拒) 제지

② 제1항에서 "경찰장구"란 경찰관이 휴대하여 범인 검거와 범죄 진압 등의 직무 수행에 사용하는 수갑, 포승(捕繩), 경찰봉, 방패 등을 말한다.

제10조의4(무기의 사용)

① 경찰관은 범인의 체포, 범인의 도주 방지, 자신이나 다른 사람의 생명·신체의 방어 및 보호, 공무집행에 대한 항거의 제지를 위하여 필요하다고 인정되는 상당한 이유가 있을 때에는 그 사태를 합리적으로 판단하여 필요한 한도에서 **무기를 사용할 수 있다.** 다만, 다음 각 호의 어느 하나에 해당할 때를 제외하고는 사람에게 위해를 끼쳐서는 아니 된다.
1. 「형법」에 규정된 **정당방위와 긴급피난**에 해당할 때
2. 다음 각 목의 어느 하나에 해당하는 때에 그 행위를 방지하거나 그 행위자를 체포하기 위하여 무기를 사용하지 아니하고는 다른 수단이 없다고 인정되는 상당한 이유가 있을 때
    가. **사형·무기 또는 장기 3년 이상의 징역이나 금고에 해당하는 죄를 범하거나 범하였다고 의심할 만한 충분한 이유가 있는 사람이 경찰관의 직무집행에 항거하거나 도주**하려고 할 때
    나. 체포·구속영장과 압수·수색**영장을 집행**하는 과정에서 경찰관의 직무집행에 항거하거나 도주하려고 할 때
    다. 제3자가 가목 또는 나목에 해당하는 사람을 도주시키려고 경찰관에게 항거할 때
    라. 범인이나 소요를 일으킨 사람이 무기·흉기 등 위험한 물건을 지니고 경찰관으로부터 **3회 이상** 물건을 버리라는 명령이나 항복하라는 명령을 받고도 따르지 아니하면서 계속 항거할 때
3. 대간첩 작전 수행 과정에서 **무장간첩**이 항복하라는 경찰관의 명령을 받고도 따르지 아니할 때

② 제1항에서 "무기"란 사람의 생명이나 신체에 위해를 끼칠 수 있도록 제작된 권총·소총·도검 등을 말한다.
③ 대간첩·대테러 작전 등 국가안전에 관련되는 작전을 수행할 때에는 개인화기(個人火器) 외에 공용화기(共用火器)를 사용할 수 있다.

제12조(벌칙)
이 법에 규정된 경찰관의 의무를 위반하거나 직권을 남용하여 다른 사람에게 해를 끼친 사람은 1년 이하의 징역이나 금고에 처한다.

정답 ④

335 「경찰관직무집행법」상 다음 설명 중 적절하지 않은 것은 모두 몇 개인가? 12 경찰 3차 [Essential ★]
총론 Chapter 7. 416

㉠ 경찰관직무집행법 제2조 제7호는 그 밖의 공공의 안녕과 위해의 방지를 직무범위로 규정하고 있다.
㉡ 경찰서 및 지방해양경찰관서에 법률이 정한 절차에 따라 체포·구속되거나 신체의 자유를 제한하는 판결 또는 처분을 받은 자를 수용하기 위해 유치장을 둔다라고 규정하고 있다.
㉢ 경찰관이 불심검문을 하기 위해 질문하거나 동행을 요구할 경우 경찰관은 당해인에게 구두로 소속과 성명만을 밝히면 된다.
㉣ 경찰관은 현행범인인 경우와 사형·무기 또는 장기 3년 이상의 징역이나 금고에 해당하는 죄를 범한 범인의 체포·도주의 방지, 자기 또는 타인의 생명·신체에 대한 방호, 공무집행에 대한 항거의 억제를 위하여 필요하다고 인정되는 상당한 이유가 있을 때에는 그 사태를 합리적으로 판단하여 필요한 한도 내에서 경찰장구를 사용할 수 있다.

① 1개 ② 2개 ③ 3개 ④ 4개

해설

㉠, ㉢ 2항목이 적절하지 않다.
㉠ [×] 경찰관직무집행법 제2조 제7호는 그 밖의 공공의 안녕과 **위해의 방지(×)**를 직무범위로 규정하고 있다.
  → 그 밖에 공공의 안녕과 질서 유지(경찰관 직무집행법 제2조제7호)
㉢ [×] 경찰관이 불심검문을 하기 위해 질문하거나 동행을 요구할 경우 경찰관은 당해인에게 **구두로 소속과 성명만을 밝히면 된다.**(×)
  → 경찰관은 제1항이나 제2항에 따라 질문을 하거나 동행을 요구할 경우 자신의 신분을 표시하는 증표를 제시하면서 소속과 성명을 밝히고 질문이나 동행의 목적과 이유를 설명하여야 하며, 동행을 요구하는 경우에는 동행 장소를 밝혀야 한다.(경찰관 직무집행법 제3조제4항)
㉡ [○] **경찰서 및 해양경찰서에 법률이 정한 절차에 따라 체포·구속되거나 신체의 자유를 제한하는 판결 또는 처분을 받은 자를 수용하기 위해 유치장을 둔다**라고 규정하고 있다.(경찰관 직무집행법 제9조)
㉣ [○] 경찰관은 현행범인인 경우와 **사형·무기 또는 장기 3년 이상의 징역이나 금고에 해당하는 죄를 범한 범인의 체포·도주의 방지, 자기 또는 타인의 생명·신체에 대한 방호, 공무집행에 대한 항거의 억제를 위하여 필요하다고 인정되는 상당한 이유가 있을 때에는 그 사태를 합리적으로 판단하여 필요한 한도 내에서 경찰장구를 사용할 수 있다.**(경찰관 직무집행법 제10조의2제1항제1호제2호제3호)

경찰관 직무집행법

제3조(불심검문)
① 경찰관은 다음 각 호의 어느 하나에 해당하는 사람을 정지시켜 질문할 수 있다.
  1. 수상한 행동이나 그 밖의 주위 사정을 합리적으로 판단하여 볼 때 어떠한 **죄를 범하였거나 범하려 하고 있다고 의심할 만한 상당한 이유가 있는 사람**
  2. 이미 행하여진 범죄나 행하여지려고 하는 범죄행위에 관한 사실을 안다고 인정되는 사람
② 경찰관은 제1항에 따라 같은 항 각 호의 사람을 정지시킨 장소에서 질문을 하는 것이 **그 사람에게 불리하거나 교통에 방해가 된다고 인정될 때에는 질문을 하기 위하여 가까운 경찰서·지구대·파출소 또는 출장소**(지방해양경찰서를 포함하며, 이하 "경찰관서"라 한다)로 동행할 것을 요구할 수 있다. 이 경우 동행을 요구받은 사람은 그 요구를 거절할 수 있다.
③ 경찰관은 제1항 각 호의 어느 하나에 해당하는 사람에게 질문을 할 때에 그 사람이 **흉기를 가지고 있는지를 조사할 수 있다.**
④ **경찰관은 제1항이나 제2항에 따라 질문을 하거나 동행을 요구할 경우 자신의 신분을 표시하는 증표를 제시하면서 소속과 성명을 밝히고 질문이나 동행의 목적과 이유를 설명하여야 하며, 동행을 요구하는 경우에는 동행 장소를 밝혀야 한다.**
⑤ 경찰관은 제2항에 따라 동행한 사람의 **가족이나 친지 등에게 동행한 경찰관의 신분, 동행 장소, 동행 목적과 이유를 알리거나 본인으로 하여금 즉시 연락할 수 있는 기회를 주어야 하며, 변호인의 도움을 받을 권리가 있음을 알려야 한다.**
⑥ 경찰관은 제2항에 따라 동행한 사람을 **6시간을** 초과하여 경찰관서에 머물게 할 수 없다.
⑦ 제1항부터 제3항까지의 규정에 따라 **질문을 받거나 동행을 요구받은 사람은 형사소송에 관한 법률에 따르지 아니하고는 신체를 구속당하지 아니하며, 그 의사에 반하여 답변을 강요당하지 아니한다.**

제9조(유치장)
법률에서 정한 절차에 따라 체포·구속된 사람 또는 신체의 자유를 제한하는 판결이나 처분을 받은 사람을 수용하기 위하여 경찰서와 해양경찰서에 유치장을 둔다.

정답 ②

336 다음 중 「위해성 경찰장비의 사용기준 등에 관한 규정」상 경찰장구는 모두 몇 개인가?

12 경찰 3차 [ESSential ★] 총론 Chapter 7. 417

| ㉠ 수갑 | ㉡ 가스분사기 | ㉢ 기관총 | ㉣ 경찰봉 |
| ㉤ 유탄발사기 | ㉥ 전자충격기 | ㉦ 석궁 | ㉧ 다목적발사기 |

① 2개　　　② 3개　　　③ 4개　　　④ 5개

해설

㉠, ㉣, ㉥ 3항목이다.
- ㉠ [O] **수갑**: 경찰장구(위해성 경찰장비의 사용기준 등에 관한 규정 제2조제1호)
- ㉣ [O] **경찰봉**: 경찰장구(위해성 경찰장비의 사용기준 등에 관한 규정 제2조제1호)
- ㉥ [O] **전자충격기**: 경찰장구(위해성 경찰장비의 사용기준 등에 관한 규정 제2조제1호)
- ㉡ [X] 가스분사기: 분사기·최루탄등(위해성 경찰장비의 사용기준 등에 관한 규정 제2조제3호)
- ㉢ [X] 기관총: 무기(위해성 경찰장비의 사용기준 등에 관한 규정 제2조제2호)
- ㉤ [X] 유탄발사기: 무기(위해성 경찰장비의 사용기준 등에 관한 규정 제2조제2호)
- ㉦ [X] 석궁: 기타장비(위해성 경찰장비의 사용기준 등에 관한 규정 제2조제4호)
- ㉧ [X] 다목적발사기: 기타장비(위해성 경찰장비의 사용기준 등에 관한 규정 제2조제4호)

위해성 경찰장비의 사용기준 등에 관한 규정 (약칭: 위해성경찰장비규정) 제2조(위해성 경찰장비의 종류)

「경찰관 직무집행법」(이하 "법"이라 한다) 제10조제1항 단서에 따른 사람의 생명이나 신체에 위해를 끼칠 수 있는 경찰장비(이하 "위해성 경찰장비"라 한다)의 종류는 다음 각 호와 같다.
1. 경찰장구 : **수갑**·**포**승(捕繩)·호송용**포**승·**경찰봉**·호신용**경**봉·**전자충격기**·**방**패 및 전자**방**패
2. 무기 : 권총·소총·**기관총**(기관단총을 포함한다. 이하 같다)·산탄총·**유탄발사기**·박격포·3인치포·함포·크레모아·수류탄·폭약류 및 도검
3. 분사기·최루탄등 : 근접분사기·**가스분사기**·가스발사총(고무탄 발사겸용을 포함한다. 이하 같다) 및 최루탄(그 발사장치를 포함한다. 이하 같다)
4. 기타장비 : 가스**차**·살수**차**·특수진압**차**·**물**포·**석궁**·**다목적발사기** 및 **도**주차량차단장비

참조. 대법원 2019. 1. 17. 선고 2015다236196 판결 [손해배상(기)]

위해성 경찰장비인 살수차와 물포는 필요한 최소한의 범위에서만 사용되어야 하고, 특히 인명 또는 신체에 위해를 가할 가능성이 더욱 커지는 직사살수는 타인의 법익이나 공공의 안녕질서에 직접적이고 명백한 위험이 현존하는 경우에 한해서만 사용이 가능하다고 보아야 한다.
또한 위해성 경찰장비인 살수차와 물포는 집회나 시위 참가자들을 해산하기 위한 목적의 경찰장비이고 경찰관이 직사살수의 방법으로 집회나 시위 참가자들을 해산시키는 것은 집회의 자유나 신체의 자유를 침해할 우려가 있으므로 적법절차의 원칙을 준수하여야 한다. 따라서 경찰관이 직사살수의 방법으로 집회나 시위 참가자들을 해산시키려면, 먼저 집회 및 시위에 관한 법률 제20조 제1항 각호에서 정한 해산 사유를 구체적으로 고지하는 적법한 절차에 따른 해산명령을 시행한 후에 직사살수의 방법을 사용할 수 있다고 보아야 한다. 경찰청 훈령인 '물포운용지침'에서도 '직사살수'의 사용요건 중 하나로서 '도로 등을 무단점거하여 일반인의 통행 또는 교통소통을 방해하고 경찰의 해산명령에 따르지 아니하는 경우'라고 규정하여, 사전에 적법한 '해산명령'이 있어야 함을 요구하고 있다.

정답 ②

337 「경찰관직무집행법」상 다음 설명 중 가장 적절하지 않은 것은?

13 경찰 1차 [ESSential ★]

① 경찰관서의 장은 대간첩작전수행 또는 소요사태의 진압을 위하여 필요하다고 인정되는 상당한 이유가 있을 때에는 대간첩작전지역 또는 경찰관서·무기고 등 국가중요시설에 대한 접근 또는 통행을 제한하거나 금지할 수 있다.
② 경찰관은 범죄행위가 목전에 행하여지려고 하고 있다고 인정될 때에는 이를 예방하기 위하여 관계인에게 필요한 경고를 발하고, 그 행위로 인하여 생명·신체에 위해를 미치거나 재산에 중대한 손해를 끼칠 우려가 있어 긴급을 요하는 경우에는 그 행위를 제지할 수 있다.
③ 경찰관은 직무수행에 필요하다고 인정되는 상당한 이유가 있을 때에는 국가기관 또는 공사단체 등에 대하여 직무수행에 관련된 사실을 조회할 수 있다. 다만, 긴급을 요할 때에는 사실을 확인 후 당해 기관 또는 단체의 장에게 추후 통보를 하여야한다.
④ 경찰관은 미아를 인수할 보호자의 여부, 유실물을 인수할 권리자의 여부 또는 사고로 인한 사상자를 확인하기 위하거나 행정처분을 위한 교통사고조사상의 사실을 확인하기 위하여 필요한 때에는 관계인에게 출석을 요하는 사유·일시 및 장소를 명확히 한 출석요구서에 의하여 경찰관서에 출석할 것을 요구할 수 있다.

해설

③ [X] 경찰관(X)은 직무수행에 필요하다고 인정되는 상당한 이유가 있을 때에는 국가기관 또는 공사단체 등에 대하여 직무수행에 관련된 사실을 조회할 수 있다. 다만, 긴급을 요할 때에는 사실을 확인 후 당해 기관 또는 단체의 장에게 추후 통보를 하여야한다.(X)
→ 경찰관서의 장은 직무수행에 필요하다고 인정되는 상당한 이유가 있을 때에는 국가기관이나 공사(公私)단체 등에 직무 수행에 관련된 사실을 조회할 수 있다. 다만, 긴급한 경우에는 소속 경찰관으로 하여금 현장에 나가 해당 기관 또는 단체의 장의 협조를 받아 그 사실을 확인하게 할 수 있다.(경찰관 직무집행법 제8조제1항)

① [O] 경찰관서의 장은 대간첩작전수행 또는 소요사태의 진압을 위하여 필요하다고 인정되는 상당한 이유가 있을 때에는 대간첩작전지역 또는 경찰관서·무기고 등 국가중요시설에 대한 접근 또는 통행을 제한하거나 금지할 수 있다.(경찰관 직무집행법 제5조제2항)
② [O] 경찰관은 범죄행위가 목전에 행하여지려고 하고 있다고 인정될 때에는 이를 예방하기 위하여 관계인에게 필요한 경고를 발하고, 그 행위로 인하여 생명·신체에 위해를 미치거나 재산에 중대한 손해를 끼칠 우려가 있어 긴급을 요하는 경우에는 그 행위를 제지할 수 있다.(경찰관 직무집행법 제6조)
④ [O] 경찰관은 미아를 인수할 보호자의 여부, 유실물을 인수할 권리자의 여부 또는 사고로 인한 사상자를 확인하기 위하거나 행정처분을 위한 교통사고조사상의 사실을 확인하기 위하여 필요한 때에는 관계인에게 출석을 요하는 사유·일시 및 장소를 명확히 한 출석요구서에 의하여 경찰관서에 출석할 것을 요구할 수 있다.(경찰관 직무집행법 제8조제2항제1호제2호제3호제4호)

경찰관 직무집행법

제5조(위험 발생의 방지 등)
① 경찰관은 사람의 생명 또는 신체에 위해를 끼치거나 재산에 중대한 손해를 끼칠 우려가 있는 천재(天災), 사변(事變), 인공구조물의 파손이나 붕괴, 교통사고, 위험물의 폭발, 위험한 동물 등의 출현, 극도의 혼잡, 그 밖의 위험한 사태가 있을 때에는 다음 각 호의 조치를 할 수 있다.
  1. 그 장소에 **모**인 사람, 사물(事物)의 관**리**자, 그 밖의 관**계**인에게 필요한 **경고**를 하는 것
  2. 매우 긴급한 경우에는 **위해**를 입을 우려가 있는 사람을 필요한 한도에서 **억류하거나 피난**시키는 것
  3. 그 장소에 **있**는 사람, 사물의 관리자, 그 밖의 관**계**인에게 **위해를 방지**하기 위하여 필요하다고 인정되는 조치를 하게 하거나 직접 그 조치를 하는 것
② 경찰관서의 장은 대간첩 작전의 수행이나 소요(騷擾) 사태의 진압을 위하여 필요하다고 인정되는 상당한 이유가 있을 때에는 대간첩 작전지역이나 경찰관서·무기고 등 국가중요시설에 대한 접근 또는 통행을 제한하거나 금지할 수 있다.
③ 경찰관은 제1항의 조치를 하였을 때에는 **지체 없이** 그 사실을 소속 경찰관서의 장에게 **보고**하여야 한다.
④ 제2항의 조치를 하거나 제3항의 보고를 받은 경찰관서의 장은 관계 기관의 협조를 구하는 등 적절한 조치를 하여야 한다.

제6조(범죄의 예방과 제지)
경찰관은 범죄행위가 목전(目前)에 행하여지려고 하고 있다고 인정될 때에는 이를 예방하기 위하여 관계인에게 필요한 경고를 하고, 그 행위로 인하여 사람의 생명·신체에 위해를 끼치거나 재산에 중대한 손해를 끼칠 우려가 있는 긴급한 경우에는 그 행위를 제지할 수 있다.

제8조(사실의 확인 등)
① 경찰서의 장은 직무 수행에 필요하다고 인정되는 상당한 이유가 있을 때에는 국가기관이나 공사(公私) 단체 등에 직무 수행에 관련된 사실을 조회할 수 있다. 다만, 긴급한 경우에는 소속 경찰관으로 하여금 현장에 나가 해당 기관 또는 단체의 장의 협조를 받아 그 사실을 확인하게 할 수 있다.
② 경찰관은 다음 각 호의 직무를 수행하기 위하여 필요하면 관계인에게 출석하여야 하는 사유·일시 및 장소를 명확히 적은 출석 요구서를 보내 경찰관서에 출석할 것을 요구할 수 있다.
  1. 미아를 인수할 보호자 확인
  2. 유실물을 인수할 권리자 확인
  3. 사고로 인한 사상자(死傷者) 확인
  4. 행정처분을 위한 교통사고 조사에 필요한 사실 확인

정답 ③

338 「경찰관직무집행법」 제10조의4(무기의 사용)에 대한 다음 설명 중 가장 적절하지 않은 것은?

13 경찰 1차 [ESSential ★] 총론 Chapter 7. 419

① 경찰관은 범인의 체포·도주의 방지, 자기 또는 타인의 생명·신체에 대한 방호, 공무집행에 대한 항거의 억제를 위하여 필요하다고 인정되는 상당한 이유가 있을 때에는 그 사태를 합리적으로 판단하여 필요한 한도 내에서 무기를 사용할 수 있다.
② 범인 또는 소요행위자가 무기·흉기 등 위험한 물건을 소지하고 경찰관으로부터 3회 이상의 투기명령 또는 투항명령을 받고도 이에 불응하면서 계속 항거하여 이를 방지 또는 체포하기 위하여 무기를 사용하지 아니하고는 다른 수단이 없다고 인정되는 상당한 이유가 있을 때 무기를 사용할 수 있다.
③ 대간첩작전수행에 있어 무장간첩이 경찰관의 투항명령을 받고도 이에 불응하는 경우에 무기를 사용할 수 있다.
④ 무기라 함은 생명 또는 신체에 위해를 가할 수 있도록 제작된 권총·소총·도검·경찰봉·최루탄 등을 말한다.

해설

④ [X] 무기라 함은 생명 또는 신체에 위해를 가할 수 있도록 제작된 권총·소총·도검·**경찰봉·최루탄**(X) 등을 말한다.
  → "**무기**"란 사람의 생명이나 신체에 위해를 끼칠 수 있도록 제작된 **권총·소총·도검 등을 말한다.**(경찰관 직무집행법 제10조의4제2항) 경찰봉은 경찰장구에 해당하고, 최루탄은 분사기·최루탄에 해당한다.
① [O] 경찰관은 **범인의 체포·도주의 방지, 자기 또는 타인의 생명·신체에 대한 방호, 공무집행에 대한 항거의 억제를 위하여** 필요하다고 인정되는 **상당한 이유가** 있을 때에는 **그 사태를 합리적으로 판단하여 필요한 한도 내에서 무기를 사용할 수 있다.**(경찰관 직무집행법 제10조의4제1항)
② [O] 범인 또는 소요행위자가 무기·흉기 등 위험한 물건을 소지하고 **경찰관으로부터 3회 이상의 투기명령 또는 투항명령을 받고도 이에 불응**하면서 계속 항거하여 이를 방지 또는 체포하기 위하여 무기를 사용하지 아니하고는 다른 수단이 없다고 인정되는 상당한 이유가 있을때 무기를 사용할 수 있다.(경찰관 직무집행법 제10조의4제1항, 제1항제2호라목)
③ [O] **대간첩작전수행**에 있어 무장간첩이 경찰관의 투항명령을 받고도 이에 불응하는 경우에 무기를 사용할 수 있다.(경찰관 직무집행법 제10조의4제1항제3호)

경찰관 직무집행법 제10조의3(분사기 등의 사용)
경찰관은 다음 각 호의 직무를 수행하기 위하여 부득이한 경우에는 현장책임자가 판단하여 필요한 최소한의 범위에서 분사기(「총포·도검·화약류 등의 안전관리에 관한 법률」에 따른 분사기를 말하며, 그에 사용하는 최루 등의 작용제를 포함한다. 이하 같다) 또는 **최루탄**을 사용할 수 있다.
  1. 범인의 **체포** 또는 범인의 **도주 방지**
  2. **불법집회·시위**로 인한 자신이나 다른 사람의 생명·신체와 재산 및 공공시설 안전에 대한 현저한 위해의 발생 억제

정답 ④

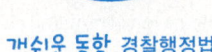

339 「경찰관직무집행법」에 대한 설명 중 가장 적절하지 않은 것은?

13 경찰 2차 [Essential ★]
총론 Chapter 7. 420

① 흥행장·여관·음식점·역 기타 다수인이 출입하는 장소의 관리자 또는 이에 준하는 관계인은 그 영업 또는 공개시간 내에 경찰관이 범죄의 예방 또는 생명·신체와 재산에 대한 위해예방을 목적으로 그 장소에 출입할 것을 요구한 때에는 정당한 이유 없이 이를 거절할 수 없다.

② 경찰관은 범인의 체포·도주의 방지 또는 불법집회·시위로 인하여 자기 또는 타인의 생명·신체와 재산 및 공공시설안전에 대한 현저한 위해의 발생을 억제하기 위하여 부득이한 경우 현장책임자의 판단으로 필요한 최소한의 범위 안에서 분사기(총포·도검·화약류 등 안전관리법의 규정에 의한 분사기와 최루 등의 작용제) 또는 최루탄을 사용할 수 있다.

③ 경찰서 및 지구대, 해양경찰서에 법률이 정한 절차에 따라 체포·구속되거나 신체의 자유를 제한하는 판결 또는 처분을 받은 자를 수용하기 위하여 유치장을 둔다.

④ 경찰관은 범죄행위가 목전에 행하여지려고 하고 있다고 인정될 때에는 이를 예방하기 위하여 관계인에게 필요한 경고를 발하고, 그 행위로 인하여 인명·신체에 위해를 미치거나 재산에 중대한 손해를 끼칠 우려가 있어 긴급을 요하는 경우에는 그 행위를 제지할 수 있다.

해설

③ [×] 경찰서 및 지구대,(×) 해양경찰서에 법률이 정한 절차에 따라 체포·구속되거나 신체의 자유를 제한하는 판결 또는 처분을 받은 자를 수용하기 위하여 유치장을 둔다.
→ 법률에서 정한 절차에 따라 체포·구속된 사람 또는 신체의 자유를 제한하는 판결이나 처분을 받은 사람을 수용하기 위하여 경찰서와 해양경찰서에 유치장을 둔다.(경찰관 직무집행법 제9조) 지구대나 파출소에는 유치장을 두지 않는다.

① [O] 흥행장·여관·음식점·역 기타 다수인이 출입하는 장소의 관리자 또는 이에 준하는 관계인은 그 영업 또는 공개시간 내에 경찰관이 범죄의 예방 또는 생명·신체와 재산에 대한 위해예방을 목적으로 그 장소에 출입할 것을 요구한 때에는 정당한 이유 없이 이를 거절할 수 없다.(경찰관 직무집행법 제7조제2항)

② [O] 경찰관은 범인의 체포·도주의 방지 또는 불법집회·시위로 인하여 자기 또는 타인의 생명·신체와 재산 및 공공시설안전에 대한 현저한 위해의 발생을 억제하기 위하여 부득이한 경우 현장책임자의 판단으로 필요한 최소한의 범위 안에서 분사기(총포·도검·화약류 등 안전관리법의 규정에 의한 분사기와 최루 등의 작용제) 또는 최루탄을 사용할 수 있다.(경찰관 직무집행법 제10조의3제1호, 제2호)

④ [O] 경찰관은 범죄행위가 목전에 행하여지려고 하고 있다고 인정될 때에는 이를 예방하기 위하여 관계인에게 필요한 경고를 발하고, 그 행위로 인하여 인명·신체에 위해를 미치거나 재산에 중대한 손해를 끼칠 우려가 있어 긴급을 요하는 경우에는 그 행위를 제지할 수 있다.(경찰관 직무집행법 제6조)

경찰관 직무집행법 제7조(위험 방지를 위한 출입)

① 경찰관은 제5조제1항·제2항 및 제6조에 따른 위험한 사태가 발생하여 사람의 생명·신체 또는 재산에 대한 위해가 임박한 때에 그 위해를 방지하거나 피해자를 구조하기 위하여 부득이하다고 인정하면 합리적으로 판단하여 필요한 한도에서 다른 사람의 토지·건물·배 또는 차에 출입할 수 있다.

② 흥행장(興行場), 여관, 음식점, 역, 그 밖에 많은 사람이 출입하는 장소의 관리자나 그에 준하는 관계인은 경찰관이 범죄나 사람의 생명·신체·재산에 대한 위해를 예방하기 위하여 해당 장소의 영업시간이나 해당 장소가 일반인에게 공개된 시간에 그 장소에 출입하겠다고 요구하면 정당한 이유 없이 그 요구를 거절할

수 없다.
③ 경찰관은 **대간첩 작전** 수행에 필요할 때에는 작전지역에서 제2항에 따른 장소를 검색할 수 있다.
④ 경찰관은 제1항부터 제3항까지의 규정에 따라 필요한 장소에 출입할 때에는 **그 신분을 표시하는 증표를 제시**하여야 하며, 함부로 관계인이 하는 정당한 업무를 방해해서는 아니 된다.

정답 ③

340 「경찰관직무집행법」상 불심검문에 대한 설명 중 가장 적절하지 않은 것은?

13 경찰 2차 [Essential ★] 총론 Chapter 7. 421

① 경찰관은 수상한 거동 기타 주위의 사정을 합리적으로 판단하여 어떠한 죄를 범하였거나 범하려 하고 있다고 의심할 만한 상당한 이유가 있는 자 또는 이미 행하여진 범죄나 행하여지려고 하는 범죄행위에 관하여 그 사실을 안다고 인정되는 자를 정지시켜 질문할 수 있다.
② 그 장소에서 위 ①번의 질문을 하는 것이 당해인에게 불리하거나 교통의 방해가 된다고 인정되는 때에는 질문하기 위하여 부근의 경찰서·지구대·파출소 또는 출장소(지방해양경찰관서를 포함)에 동행할 것을 요구할 수 있다. 이 경우 당해인은 경찰관의 동행요구를 거절할 수 없다.
③ 경찰관은 위 ①번에 규정된 자에 대하여 질문을 할 때에 흉기의 소지여부를 조사할 수 있다.
④ 위 ①번의 경우에 당해인은 형사소송에 관한 법률에 의하지 아니하고는 신체를 구속당하지 아니하며, 그 의사에 반하여 답변을 강요당하지 아니한다.

해설

② [×] 그 장소에서 위 ①번의 질문을 하는 것이 당해인에게 불리하거나 교통의 방해가 된다고 인정되는 때에는 질문하기 위하여 부근의 경찰서·지구대·파출소 또는 출장소(지방해양경찰관서를 포함)에 동행할 것을 요구할 수 있다. 이 경우 당해인은 경찰관의 동행요구를 거절할 수 없다.(×)
→ 경찰관은 제1항에 따라 같은 항 각 호의 사람을 정지시킨 장소에서 질문을 하는 것이 그 사람에게 불리하거나 교통에 방해가 된다고 인정될 때에는 질문을 하기 위하여 가까운 경찰서·지구대·파출소 또는 출장소(지방해양경찰관서를 포함하며, 이하 "경찰관서"라 한다)로 동행할 것을 요구할 수 있다. 이 경우 동행을 요구받은 사람은 그 요구를 **거절할 수 있다.**(경찰관 직무집행법 제3조제2항)
① [○] 경찰관은 수상한 거동 기타 주위의 사정을 합리적으로 판단하여 **어떠한 죄를 범하였거나 범하려** 하고 있다고 의심할 만한 상당한 이유가 있는 자 또는 이미 행하여진 범죄나 행하여지려고 하는 범죄행위에 관하여 그 사실을 안다고 인정되는 자를 정지시켜 질문할 수 있다.(경찰관 직무집행법 제3조제1항제1호, 제2호)
③ [○] 경찰관은 위 ①번에 규정된 자에 대하여 질문을 할 때에 **흉기의 소지여부를 조사할 수 있다.**(경찰관 직무집행법 제3조제3항)
④ [○] 위 ①번의 경우에 당해인은 **형사소송에 관한 법률에 의하지 아니하고는 신체를 구속당하지 아니하며,** 그 의사에 반하여 답변을 강요당하지 아니한다.(경찰관 직무집행법 제3조제7항)

정답 ②

341 다음은 「경찰관직무집행법」 제4조 보호조치를 설명한 것이다. 가장 적절한 것은?

14 경찰 1차 [Essential ★] 총론 Chapter 7. 422

① 경찰관은 수상한 거동 기타 주위의 사정을 합리적으로 판단하여 보호조치대상자에 해당함이 명백하며 응급의 구호를 요한다고 믿을 만한 상당한 이유가 있는 자를 발견한 때에는 보건의료기관 또는 공공구호기관에 긴급구호를 요청하거나 경찰서에 보호하는 등 적당한 조치를 하여야 한다.
② 경찰관이 보호조치를 한 때에는 지체 없이 이를 피구호자의 가족·친지 기타 연고자에게 그 사실을 통지하여야 하며, 연고자가 발견되지 아니할 때에는 피보호자를 적당한 공중보건 의료기관이나 공공구호기관에 즉시 인계하여야 한다.
③ 경찰관서에서의 보호조치는 12시간을 초과할 수 없다.
④ 미아·병자·부상자 등으로서 적당한 보호자가 없으며 응급의 구호를 요한다고 인정되면 당해인이 거절하더라도 보호조치가 가능하다.

해설

② [O] 경찰관이 보호조치를 한 때에는 **지체 없이 이를 피구호자의 가족·친지 기타 연고자에게 그 사실을 통지**하여야 하며, 연고자가 발견되지 아니할 때에는 **피보호자를 적당한 공중보건 의료기관이나 공공구호기관에 즉시 인계**하여야 한다.(경찰관 직무집행법 제4조제4항)

① [X] 경찰관은 수상한 거동 기타 주위의 사정을 합리적으로 판단하여 보호조치대상자에 해당함이 명백하며 응급의 구호를 요한다고 믿을 만한 상당한 이유가 있는 자를 발견한 때에는 보건의료기관 또는 공공구호기관에 긴급구호를 요청하거나 경찰서에 보호하는 등 **적당한 조치를 하여야 한다.(X)**
→ 경찰관은 수상한 행동이나 그 밖의 주위 사정을 합리적으로 판단해 볼 때 다음 각 호의 어느 하나에 해당하는 것이 명백하고 응급구호가 필요하다고 믿을 만한 상당한 이유가 있는 사람(이하 "구호대상자"라 한다)을 발견하였을 때에는 보건의료기관이나 공공구호기관에 긴급구호를 요청하거나 경찰관서에 보호하는 등 적절한 조치를 할 수 있다.(경찰관 직무집행법 제4조제1항)

③ [X] 경찰관서에서의 보호조치는 **12시간(X)**을 초과할 수 없다.
→ 제1항에 따라 구호대상자를 경찰관서에서 보호하는 기간은 24시간을 초과할 수 없고, 제3항에 따라 물건을 경찰관서에 임시로 영치하는 기간은 10일을 초과할 수 없다.(경찰관 직무집행법 제4조제7항)

④ [X] 미아·병자·부상자 등으로서 적당한 보호자가 없으며 응급의 구호를 요한다고 인정되면 **당해인이 거절하더라도 보호조치가 가능하다.(X)**
→ 미아, 병자, 부상자 등으로서 적당한 보호자가 없으며 응급구호가 필요하다고 인정되는 사람. **다만, 본인이 구호를 거절하는 경우는 제외한다.**(경찰관 직무집행법 제4조제1항제3호)

정답 ②

342 「위해성 경찰장비의 사용기준 등에 관한 규정」상 다음 보기를 경찰장구, 무기, 분사기·최루탄 등 기타 장비로 옳게 구분한 것은?

14 경찰 2차 [Essential ★] 총론 Chapter 7. 423

⊙ 살수차　　⊙ 산탄총　　⊙ 포승　　⊙ 전자충격기
⊙ 가스발사총　⊙ 석궁　　⊙ 가스차　⊙ 경찰봉

① 경찰장구 3개, 무기 2개, 분사기·최루탄 등 2개, 기타장비 1개
② 경찰장구 2개, 무기 1개, 분사기·최루탄 등 2개, 기타장비 3개
③ 경찰장구 3개, 무기 1개, 분사기·최루탄 등 1개, 기타장비 3개
④ 경찰장구 2개, 무기 3개, 분사기·최루탄 등 1개, 기타장비 2개

해설

③ 지문이 옳게 구분한 연결이다.
⊙ 살수차: 기타장비(위해성 경찰장비의 사용기준 등에 관한 규정 제2조제4호)
⊙ 산탄총: 무기(위해성 경찰장비의 사용기준 등에 관한 규정 제2조제2호)
⊙ 포승: 경찰장구(위해성 경찰장비의 사용기준 등에 관한 규정 제2조제1호)
⊙ 전자충격기: 경찰장구(위해성 경찰장비의 사용기준 등에 관한 규정 제2조제1호)
⊙ 가스발사총: 분사기, 최루탄등(위해성 경찰장비의 사용기준 등에 관한 규정 제2조제3호)
⊙ 석궁: 기타장비(위해성 경찰장비의 사용기준 등에 관한 규정 제2조제4호)
⊙ 가스차: 기타장비(위해성 경찰장비의 사용기준 등에 관한 규정 제2조제4호)
⊙ 경찰봉: 경찰장구(위해성 경찰장비의 사용기준 등에 관한 규정 제2조제1호)

헌법재판소 2018. 5. 31.자 2015헌마476 전원재판부 결정 [물포 발포행위 등 위헌확인]

[판시사항]
가. 피청구인이 2015. 5. 1. 22:13경부터 23:20경까지 사이에 최루액을 물에 혼합한 용액을 살수차를 이용하여 청구인들에게 살수한 행위(이하 '이 사건 혼합살수행위'라 한다)가 법률유보원칙에 위배되어 청구인들의 신체의 자유와 집회의 자유를 침해하는지 여부(적극)
나. 이 사건 혼합살수행위의 근거 규정인 '살수차 운용지침'(2014. 4. 3.) 제2장 중 최루액 혼합살수에 관한 부분(이하 '이 사건 지침'이라 한다)이 청구인들의 기본권 침해의 직접성이 있는지 여부(소극)

[결정요지]
가. 집회나 시위 해산을 위한 살수차 사용은 집회의 자유 및 신체의 자유에 대한 중대한 제한을 초래하므로 살수차 사용요건이나 기준은 법률에 근거를 두어야 하고, 살수차와 같은 위해성 경찰장비는 본래의 사용방법에 따라 지정된 용도로 사용되어야 하며 다른 용도나 방법으로 사용하기 위해서는 반드시 법령에 근거가 있어야 한다. 혼합살수방법은 법령에 열거되지 않은 새로운 위해성 경찰장비에 해당하고 이 사건 지침에 혼합살수의 근거 규정을 둘 수 있도록 위임하고 있는 법령이 없으므로, 이 사건 지침은 법률유보원칙에 위배되고 이 사건 지침만을 근거로 한 이 사건 혼합살수행위 역시 법률유보원칙에 위배된다. 따라서 이 사건 혼합살수행위는 청구인들의 신체의 자유와 집회의 자유를 침해한다.
나. 청구인들의 기본권 침해 상황은 이 사건 지침으로 인한 것이 아니라 행정기관의 구체적인 집행행위인 혼합살수행위로 인하여 발생한 것이므로, 이 사건 지침으로 인한 기본권 침해의 직접성을 인정할 수 없다.

정답 ③

343 「경찰관 직무집행법」에 관한 다음 설명 중 옳지 않은 것은 모두 몇 개인가?

14 경찰 2차 변형 [ESSential ★] 총론 Chapter 7. 424

> ㉠ 이 법은 국민의 자유와 권리 및 모든 개인이 가지는 불가침의 기본적 인권을 보호하고 사회공공의 질서를 유지하기 위한 경찰관(경찰공무원만 해당)의 직무 수행에 필요한 사항을 규정함을 목적으로 한다.
> ㉡ 제2조 제3호에는 경비, 주요 인사 경호 및 대간첩·대테러 작전 수행을 직무범위로 규정하고 있다.
> ㉢ 경찰공무원은 직무수행을 위하여 필요하면 무기를 휴대할 수 있다고 규정하고 있다.
> ㉣ 경찰관서의 장은 대간첩 작전의 수행이나 소요 사태의 진압을 위하여 필요하다고 인정되는 상당한 이유가 있을 때에는 대간첩 작전지역이나 경찰관서·무기고 등 국가중요시설에 대한 접근 또는 통행을 제한하거나 금지하여야 한다.
> ㉤ 이 법에 규정된 경찰관의 직권은 그 직무 수행에 필요한 최소한도에서 행사되어야 하며 남용되어서는 아니 된다는 비례의 원칙을 규정하고 있다.

① 1개 ② 2개 ③ 3개 ④ 4개

해설

㉢, ㉣ 2항목이 옳지 않다.

- ㉢ [×] 경찰공무원은 직무수행을 위하여 필요하면 무기를 휴대할 수 있다고 규정하고 있다.(×)
  → "경찰공무원은 직무 수행을 위하여 필요하면 무기를 휴대할 수 있다."고 규정하여 무기휴대의 근거가 되는 것은 경찰관직무집행법이 아니라 **경찰공무원법(제26조)**이다.

  > **경찰공무원법 제26조(복제 및 무기 휴대)**
  > ① 경찰공무원은 **제복을 착용**하여야 한다.
  > ② **경찰공무원은 직무 수행을 위하여 필요하면 무기를 휴대할 수 있다.**
  > ③ 경찰공무원의 **복제(服制)에 관한 사항은 행정안전부령 또는 해양수산부령**으로 정한다.

- ㉣ [×] 경찰관서의 장은 대간첩 작전의 수행이나 소요 사태의 진압을 위하여 필요하다고 인정되는 상당한 이유가 있을 때에는 대간첩 작전지역이나 경찰관서·무기고 등 국가중요시설에 대한 접근 또는 통행을 제한하거나 금지하여야 한다.(×)
  → 경찰관서의 장은 대간첩 작전의 수행이나 소요(騷擾) 사태의 진압을 위하여 필요하다고 인정되는 상당한 이유가 있을 때에는 대간첩 작전지역이나 경찰관서·무기고 등 국가중요시설에 대한 접근 또는 통행을 제한하거나 금지할 수 있다.(경찰관 직무집행법 제5조제2항)

- ㉠ [○] 이 법은 국민의 자유와 권리 및 모든 개인이 가지는 불가침의 **기본적 인권을 보호**하고 사회공공의 질서를 유지하기 위한 경찰관(경찰공무원만 해당)의 직무 수행에 필요한 사항을 규정함을 목적으로 한다.(경찰관 직무집행법 제1조제1항)

- ㉡ [○] 제2조 제3호에는 경비, 주요 인사 경호 및 대간첩·대테러 작전 수행을 **직무범위로 규정**하고 있다.

- ㉤ [○] 이 법에 규정된 경찰관의 직권은 그 직무 수행에 필요한 최소한도에서 행사되어야 하며 남용되어서는 아니 된다는 **비례의 원칙을 규정**하고 있다.(경찰관 직무집행법 제1조제2항)

> **경찰관 직무집행법**
>
> 제1조(목적)
> ① 이 법은 국민의 자유와 권리 및 모든 개인이 가지는 불가침의 기본적 인권을 보호하고 사회공공의 질서를 유지하기 위한 경찰관(경찰공무원만 해당한다. 이하 같다)의 직무 수행에 필요한 사항을 규정함을 목적으로 한다.
> ② 이 법에 규정된 경찰관의 직권은 그 직무 수행에 필요한 최소한도에서 행사되어야 하며 남용되어서는 아니 된다.
>
> 제2조(직무의 범위) 경찰관은 다음 각 호의 직무를 수행한다.
> 3. 경비, 주요 인사(人士) 경호 및 대간첩·대테러 작전 수행

정답 ②

344 「경찰관직무집행법」상 다음 설명 중 가장 적절하지 않은 것은?

15 경찰 1차 [ESSential ★]
총론 Chapter 7. 425

① 경찰관서의 장은 대간첩 작전의 수행이나 소요사태의 진압을 위하여 필요하다고 인정되는 상당한 이유가 있을 때에는 대간첩 작전지역이나 경찰관서·무기고 등 국가중요시설에 대한 접근 또는 통행을 제한하거나 금지할 수 있다.
② 경찰관은 범죄행위가 목전에 행하여지려고 하고 있다고 인정될 때에는 이를 예방하기 위하여 관계인에게 필요한 경고를 하고, 그 행위로 인하여 사람의 생명·신체에 위해를 끼치거나 재산에 중대한 손해를 끼칠 우려가 있는 긴급한 경우에는 그 행위를 제지할 수 있다.
③ 법률에서 정한 절차에 따라 체포·구속된 사람 또는 신체의 자유를 제한하는 판결이나 처분을 받은 사람을 수용하기 위하여 경찰서와 해양경찰서에 유치장을 둔다.
④ 경찰관 직무의 범위에 아직까지 외국 정부기관 및 국제기구와의 국제 협력은 규정되어 있지 않다.

> **해설**
>
> ④ [×] 경찰관 직무의 범위에 아직까지 **외국 정부기관 및 국제기구와의 국제 협력은 규정되어 있지 않다.**(×)
> → '외국정부기관 및 국제기구와의 협력'(경찰관 직무집행법 제2조제6호) 경찰관의 직무범위에 규정되어 있다.
> ① [○] **경찰관서의 장은 대간첩 작전의 수행이나 소요사태의 진압을 위하여** 필요하다고 인정되는 상당한 이유가 있을 때에는 대간첩 작전지역이나 경찰관서·무기고 등 국가중요시설에 대한 **접근 또는 통행을 제한하거나 금지할 수 있다.**(경찰관 직무집행법 제5조제2항)
> ② [○] 경찰관은 범죄행위가 목전에 행하여지려고 하고 있다고 인정될 때에는 이를 예방하기 위하여 관계인에게 필요한 경고를 하고, 그 행위로 인하여 사람의 생명·신체에 위해를 끼치거나 재산에 중대한 손해를 끼칠 우려가 있는 긴급한 경우에는 그 행위를 제지할 수 있다.(경찰관 직무집행법 제6조)
> ③ [○] 법률에서 정한 절차에 따라 체포·구속된 사람 또는 신체의 자유를 제한하는 판결이나 처분을 받은 사람을 수용하기 위하여 **경찰서와 해양경찰서에 유치장을 둔다.**(경찰관 직무집행법 제9조)

정답 ④

345 「경찰관직무집행법」상 경찰관의 무기사용 시 상대방에게 위해를 주어서는 아니 되는 경우로 가장 적절한 것은?

15 경찰 1차 [Essential ★] 총론 Chapter 7, 426

① 자기 또는 타인의 생명·신체에 대한 방호
② 무장간첩이 투항명령을 받고도 불응하는 때
③ 「형법」상 정당방위·긴급피난에 해당하는 때
④ 무기를 소지한 자가 3회 이상 투기·투항명령에 불응하며 항거하는 때

해설

① [O] 자기 또는 타인의 생명·신체에 대한 방호
→ 경찰관은 범인의 체포, 범인의 도주 방지, **자신이나 다른 사람의 생명·신체의 방어 및 보호**, 공무집행에 대한 항거의 제지를 위하여 필요하다고 인정되는 상당한 이유가 있을 때에는 그 사태를 합리적으로 판단하여 필요한 한도에서 **무기를 사용할 수 있다. 다만, 다음 각 호의 어느 하나에 해당할 때를 제외하고는 사람에게 위해를 끼쳐서는 아니 된다.**(경찰관 직무집행법 제10의4제1항)
② [×] 무장**간첩**이 투항명령을 받고도 불응하는 때(경찰관 직무집행법 제10의4제1항제3호)
③ [×] 「형법」상 **정**당방위·**긴**급피난에 해당하는 때(경찰관 직무집행법 제10의4제1항제1호)
④ [×] 무기를 소지한 자가 **3회** 이상 투기·투항명령에 불응하며 항거하는 때(경찰관 직무집행법 제10의4제1항제2호라목)

정답 ①

346 「경찰관 직무집행법」에 관한 다음 설명 중 옳은 것은 모두 몇 개인가? 15 경찰 2차 [Essential ★]

총론 Chapter 7. 428

> ㉠ 유치장에 관한 규정을 두고 있다.
> ㉡ "경찰장비"란 무기, 경찰장구, 최루제와 그 발사장치, 살수차, 감식기구, 해안 감시기구, 통신기기, 차량·선박·항공기 등 경찰이 직무를 수행할 때 필요한 장치와 기구를 말한다.
> ㉢ 손실보상청구권은 손실이 있음을 안 날부터 2년, 손실이 발생한 날부터 5년간 행사하지 아니하면 시효의 완성으로 소멸한다.
> ㉣ "경찰장구"란 경찰관이 휴대하여 범인 검거와 범죄 진압 등의 직무 수행에 사용하는 수갑, 포승, 경찰봉, 방패 등을 말한다.

① 1개 ② 2개 ③ 3개 ④ 4개

해설

㉠, ㉡, ㉣ 3항목이 옳다.

㉠ [O] 유치장에 관한 규정을 두고 있다.(경찰관 직무집행법 제9조)

㉡ [O] "경찰장비"란 무기, 경찰장구, 최루제와 그 발사장치, 살수차, 감식기구, 해안 감시기구, 통신기기, 차량·선박·항공기 등 경찰이 직무를 수행할 때 필요한 장치와 기구를 말한다.(경찰관 직무집행법 제10조제2항)

㉣ [O] "경찰장구"란 경찰관이 휴대하여 범인 검거와 범죄 진압 등의 직무 수행에 사용하는 수갑, 포승, 경찰봉, 방패 등을 말한다.(경찰관 직무집행법 제10조의2제2항)

㉢ [×] 손실보상청구권은 손실이 있음을 안 날부터 2년(×), 손실이 발생한 날부터 5년간 행사하지 아니하면 시효의 완성으로 소멸한다.
→ 제1항에 따른 보상을 청구할 수 있는 권리는 손실이 있음을 안 날부터 3년, 손실이 발생한 날부터 5년간 행사하지 아니하면 시효의 완성으로 소멸한다.(경찰관 직무집행법 제11조의2제2항) 경찰관 직무집행법상 손실보상청구권은 **손실이 있음을 안 날부터 3년, 손실이 발생한 날부터 5년간** 행사하지 아니하면 시효의 완성으로 소멸한다.

경찰관 직무집행법 제10조(경찰장비의 사용 등)

① 경찰관은 직무수행 중 경찰장비를 **사용할 수 있다.** 다만, 사람의 생명이나 신체에 위해를 끼칠 수 있는 경찰장비(이하 이 조에서 "위해성 경찰장비"라 한다)를 **사용할 때에는 필요한 안전교육과 안전검사를 받은 후 사용하여야 한다.**
② 제1항 본문에서 "경찰장비"란 무기, 경찰장구(警察裝具), 최루제(催淚劑)와 그 발사장치, 살수차, 감식기구(鑑識機具), 해안 감시기구, 통신기기, 차량·선박·항공기 등 경찰이 직무를 수행할 때 필요한 장치와 기구를 말한다.
③ 경찰관은 경찰장비를 함부로 개조하거나 경찰장비에 임의의 장비를 부착하여 일반적인 사용법과 달리 사용함으로써 다른 사람의 생명·신체에 위해를 끼쳐서는 아니 된다.
④ 위해성 경찰장비는 **필요한 최소한도**에서 사용하여야 한다.
⑤ 경찰청장은 위해성 경찰장비를 새로 도입하려는 경우에는 대통령령으로 정하는 바에 따라 안전성 검사를 실시하여 그 안전성 검사의 결과보고서를 국회 소관 상임위원회에 제출하여야 한다. 이 경우 안전성 검사에는 외부 전문가를 참여시켜야 한다.
⑥ 위해성 경찰장비의 종류 및 그 사용기준, 안전교육·안전검사의 기준 등은 **대통령령으로 정한다.**

정답 ③

347 「경찰관 직무집행법」상 불심검문에 관한 다음 설명 중 가장 적절하지 않은 것은?

15 경찰 2차 [ESSential ★] 총론 Chapter 7. 429

① 경찰관은 불심검문 시 그 장소에서 질문을 하는 것이 그 사람에게 불리하거나 교통에 방해가 된다고 인정될 때에는 질문을 하기 위하여 가까운 경찰관서로 동행할 것을 요구할 수 있다. 이 경우 동행을 요구받은 사람은 그 요구를 거절할 수 있다.
② 경찰관은 질문을 하거나 동행을 요구할 경우 자신의 신분을 표시하는 증표를 제시하면서 소속과 성명을 밝히고 질문이나 동행의 목적과 이유를 설명하여야 하며, 동행을 요구하는 경우에는 동행 장소를 밝혀야 한다.
③ 질문을 받거나 동행을 요구받은 사람은 형사소송에 관한 법률에 따르지 아니하고는 신체를 구속당하지 아니하며, 그 의사에 반하여 답변을 강요당하지 아니한다.
④ 경찰관은 동행한 사람의 가족이나 친지 등에게 동행한 경찰관의 신분, 동행 장소, 동행 목적과 이유를 알리거나 본인으로 하여금 즉시 연락할 수 있는 기회를 주어야 하나, 변호인의 도움을 받을 권리가 있음을 알릴 필요는 없다.

해설

④ [×] 경찰관은 **동행한 사람의 가족이나 친지 등에게 동행한 경찰관의 신분, 동행 장소, 동행 목적과 이유를 알리거나 본인으로 하여금 즉시 연락할 수 있는 기회를 주어야 하나, 변호인의 도움을 받을 권리가 있음을 알릴 필요는 없다.**(×)
→ 경찰관은 제2항에 따라 동행한 사람의 가족이나 친지 등에게 동행한 경찰관의 신분, 동행 장소, 동행 목적과 이유를 알리거나 본인으로 하여금 즉시 연락할 수 있는 기회를 주어야 하며, 변호인의 도움을 받을 권리가 있음을 알려야 한다.(경찰관 직무집행법 제3조제5항)

① [○] 경찰관은 불심검문 시 그 장소에서 질문을 하는 것이 그 사람에게 **불리하거나 교통에 방해가 된다고 인정될 때에는 질문을 하기 위하여 가까운 경찰관서로 동행할 것을 요구할 수 있다. 이 경우 동행을 요구받은 사람은 그 요구를 거절할 수 있다.**(경찰관 직무집행법 제3조제2항)

② [○] 경찰관은 질문을 하거나 동행을 요구할 경우 **자신의 신분을 표시하는 증표를 제시하면서 소속과 성명을 밝히고 질문이나 동행의 목적과 이유를 설명하여야 하며, 동행을 요구하는 경우에는 동행 장소를 밝혀야 한다.**(경찰관 직무집행법 제3조제4항)

③ [○] 질문을 받거나 동행을 요구받은 사람은 **형사소송에 관한 법률에 따르지 아니하고는 신체를 구속당하지 아니하며, 그 의사에 반하여 답변을 강요당하지 아니한다.**(경찰관 직무집행법 제3조제7항)

정답 ④

348 「경찰관 직무집행법」상 다음 ( ) 안에 들어갈 숫자의 합은?

15 경찰 3차 [Essential ★]
총론 Chapter 7. 430

> ㉠ 불심검문을 위하여 가까운 경찰관서로 검문대상자를 동행한 경우, 그 검문대상자로 하여금 ( )시간을 초과하여 경찰관서에 머물게 할 수 없다.
> ㉡ 경찰관은 보호조치를 하는 경우에 구호대상자가 휴대하고 있는 무기·흉기 등 위험을 일으킬 수 있는 것으로 인정되는 물건을 경찰관서에 임시로 영치하여 놓을 수 있다. 이때 경찰관서에 임시로 영치하는 기간은 ( )일을 초과할 수 없다.
> ㉢ 손실보상을 청구할 수 있는 권리는 손실이 있음을 안 날부터 ( )년, 손실이 발생한 날로 부터 5년간 행사하지 아니하면 시효의 완성으로 소멸한다.
> ㉣ 이 법에 규정된 경찰관의 의무를 위반하거나 직권을 남용하여 다른 사람에게 해를 끼친 사람은 ( )년 이하의 징역이나 금고에 처한다.

① 20 ② 21 ③ 22 ④ 23

해설

6 + 10 + 3 + 1 = 20

㉠ 불심검문을 위하여 가까운 경찰관서로 검문대상자를 동행한 경우, 그 검문대상자로 하여금 (6)시간을 초과하여 경찰관서에 머물게 할 수 없다.(경찰관 직무집행법 제3조제6항)
㉡ 경찰관은 보호조치를 하는 경우에 구호대상자가 휴대하고 있는 무기·흉기 등 위험을 일으킬 수 있는 것으로 인정되는 물건을 경찰관서에 임시로 영치하여 놓을 수 있다. 이 때 경찰관서에 임시로 영치하는 기간은 (10)일을 초과할 수 없다.(경찰관 직무집행법 제3조제7항)
㉢ 손실보상을 청구할 수 있는 권리는 손실이 있음을 안 날부터 (3)년, 손실이 발생한 날로부터 5년간 행사하지 아니하면 시효의 완성으로 소멸한다.(경찰관 직무집행법 제11조의2제2항)
㉣ 이 법에 규정된 경찰관의 의무를 위반하거나 직권을 남용하여 다른 사람에게 해를 끼친 사람은 (1)년 이하의 징역이나 금고에 처한다.(경찰관 직무집행법 제12조)

정답 ①

349 「경찰관 직무집행법」상 불심검문에 대한 설명으로 틀린 것은 모두 몇 개인가?

15 경찰 3차 [ESSential ★] 종론 Chapter 7. 431

> ㉠ 경찰관은 수상한 행동이나 그 밖의 주위 사정을 합리적으로 판단하여 볼 때 어떠한 죄를 범하였거나 범하려 하고 있다고 의심할 만한 상당한 이유가 있는 사람을 정지시켜 질문하여야 한다.
> ㉡ 경찰관은 이미 행하여진 범죄나 행하여지려고 하는 범죄행위에 관한 사실을 안다고 인정되는 사람을 정지시켜 질문 할 수 있다.
> ㉢ 경찰관은 불심검문 대상자를 정지시킨 장소에서 질문을 하는 것이 그 사람에게 불리하거나 교통에 방해가 된다고 인정될 때에는 질문을 하기 위하여 가까운 경찰관서로 동행할 것을 요구할 수 있다. 이 경우 동행을 요구받은 사람은 그 요구를 거절할 수 없다.
> ㉣ 경찰관은 불심검문 대상자에게 질문을 할 때에 그 사람이 흉기를 가지고 있는지를 조사하여야 한다.

① 1개　　② 2개　　③ 3개　　④ 4개

해설

㉠, ㉢, ㉣ 3항목이 틀리다.

- ㉠ [×] 경찰관은 수상한 행동이나 그 밖의 주위 사정을 합리적으로 판단하여 볼 때 어떠한 죄를 범하였거나 범하려 하고 있다고 의심할 만한 상당한 이유가 있는 사람을 정지시켜 **질문하여야 한다.**(×)
  → 경찰관은 수상한 행동이나 그 밖의 주위 사정을 합리적으로 판단하여 볼 때 어떠한 죄를 범하였거나 범하려 하고 있다고 의심할 만한 상당한 이유가 있는 사람을 **정지시켜 질문 할 수 있다.**(경찰관 직무집행법 제3조제1항제1호)
- ㉢ [×] 경찰관은 불심검문 대상자를 정지시킨 장소에서 질문을 하는 것이 그 사람에게 **불리하거나 교통에 방해가 된다고 인정될 때**에는 질문을 하기 위하여 가까운 경찰관서로 동행할 것을 요구할 수 있다. 이 경우 **동행을 요구받은 사람은 그 요구를 거절할 수 없다.**(×)
  → 경찰관은 불심검문 대상자를 정지시킨 장소에서 질문을 하는 것이 그 사람에게 **불리하거나 교통에 방해가 된다고 인정될 때**에는 질문을 하기 위하여 가까운 경찰관서로 동행할 것을 요구할 수 있다. 이 경우 동행을 요구받은 사람은 **그 요구를 거절할 수 있다.**(경찰관 직무집행법 제3조제2항)
- ㉣ [×] 경찰관은 불심검문 대상자에게 질문을 할 때에 그 사람이 **흉기를 가지고 있는지를 조사하여야 한다.**(×)
  → 경찰관은 불심검문 대상자에게 질문을 할 때에 그 사람이 흉기를 가지고 있는지를 조사할 수 있다. (경찰관 직무집행법 제3조제3항)
- ㉡ [○] 경찰관은 이미 행하여진 범죄나 행하여지려고 하는 범죄행위에 관한 사실을 안다고 인정되는 사람을 정지시켜 질문 할 수 있다.(경찰관 직무집행법 제3조제1항제2호)

정답 ③

350 「경찰관 직무집행법」상 경찰장구의 사용 기준으로 가장 적절하지 않은 것은?

15 경찰 3차 [Essential ★] 총론 Chapter 7. 432

① 현행범이나 사형·무기 또는 장기 3년 이상의 징역이나 금고에 해당하는 죄를 범한 범인의 체포 또는 도주 방지
② 불법집회·시위로 인한 자신이나 다른 사람의 생명·신체와 재산 및 공공시설 안전에 대한 현저한 위해의 발생 억제
③ 자신이나 다른 사람의 생명·신체의 방어 및 보호
④ 공무집행에 대한 항거 제지

해설

② [X] **불법집회·시위로 인한 자신이나 다른 사람의 생명·신체와 재산 및 공공시설 안전에 대한 현저한 위해의 발생 억제**(경찰관 직무집행법 제10조의3제2호) 경찰장구 사용요건이 아니라, 분사기 등의 사용요건에 해당한다.
① [O] 현행범이나 **사형·무기** 또는 **장기 3년** 이상의 징역이나 금고에 해당하는 죄를 범한 범인의 체포 또는 도주 방지(경찰관 직무집행법 제10조의2제1항제1호)
③ [O] **자신이나 다른 사람의 생명·신체의 방어 및 보호**(경찰관 직무집행법 제10조의2제1항제2호)
④ [O] **공무집행에 대한 항거 제지**(경찰관 직무집행법 제10조의2제1항제3호)

정답 ②

351 「경찰관 직무집행법」에 대한 다음의 설명 중 틀린 것은 모두 몇 개인가?

15 경찰간부 [ESSential ★] 총론 Chapter 7. 433

> ㉠ 경찰청장은 경찰관의 직무수행을 위하여 외국 정부기관, 국제기구 등과 자료교환, 국제협력 활동 등을 해야 한다.
> ㉡ 「경찰관 직무집행법」 제1조는 국가경찰의 민주적인 관리·운영과 효율적인 임무수행을 위하여 국가경찰의 직무 범위와 그 밖에 필요한 사항을 규정함을 목적으로 한다.
> ㉢ 경찰청장은 위해성 경찰장비를 새로 도입하려는 경우 안전성 검사를 실시하여 그 안전성 검사의 결과보고서를 국회의장에게 제출하여야 한다.
> ㉣ 경찰관의 직권은 그 직무 수행에 필요한 최소한도에서 행사되어야 하며 남용되어서는 안 된다.

① 1개   ② 2개   ③ 3개   ④ 4개

해설

㉠, ㉡, ㉢ 3항목이 틀리다.

- ㉠ [×] **경찰청장**은 경찰관의 직무수행을 위하여 외국 정부기관, 국제기구 등과 자료교환, 국제협력 활동 등을 **해야 한다.**(×)
  → 경찰청장 또는 해양경찰청장은 이 법에 따른 경찰관의 직무수행을 위하여 외국 정부기관, 국제기구 등과 자료 교환, 국제협력 활동 등을 할 수 있다.(경찰관 직무집행법 제8조의3)

- ㉡ [×] 「경찰관 직무집행법」 제1조는 **국가경찰의 민주적인 관리·운영과 효율적인 임무수행을 위하여 국가경찰의 직무 범위와 그 밖에 필요한 사항을 규정함을 목적으로 한다.**(×)
  → 「경찰관 직무집행법」 제1조는 이 법은 국민의 자유와 권리 및 모든 개인이 가지는 불가침의 기본적 인권을 보호하고 사회공공의 질서를 유지하기 위한 경찰관(경찰공무원만 해당한다. 이하 같다)의 직무 수행에 필요한 사항을 규정함을 목적으로 한다. 한편, 「경찰법」(제1조)에서는 이 법은 경찰의 민주적인 관리·운영과 효율적인 임무수행을 위하여 경찰의 기본조직 및 직무 범위와 그밖에 필요한 사항을 규정함을 목적으로 하고 있다.

- ㉢ [×] **경찰청장**은 위해성 경찰장비를 새로 도입하려는 경우 **안전성 검사**를 실시하여 그 안전성 검사의 결과보고서를 **국회의장에게** 제출하여야 한다.(×)
  → 경찰청장은 위해성 경찰장비를 새로 도입하려는 경우 안전성 검사를 실시하여 그 안전성 검사의 결과보고서를 국회 소관 상임위원회에 제출하여야 한다.(경찰관 직무집행법 제10조제5항)

- ㉣ [O] 경찰관의 직권은 그 직무 수행에 **필요한 최소한도에서 행사되어야 하며 남용되어서는 안 된다.**(경찰관 직무집행법 제1조제2항)

경찰관 직무집행법 제8조의3(국제협력)
경찰청장 또는 해양경찰청장은 이 법에 따른 경찰관의 직무수행을 위하여 외국 정부기관, 국제기구 등과 자료 교환, 국제협력 활동 등을 할 수 있다.

국가경찰과 자치경찰의 조직 및 운영에 관한 법률 (약칭: 경찰법) 제1조(목적)
이 법은 경찰의 **민주적인 관리·운영과 효율적인 임무수행**을 위하여 **경찰의 기본조직 및 직무 범위와 그 밖에 필요한 사항을 규정함을 목적으로 한다.**

정답 ③

351 「경찰관 직무집행법」상 경찰장비에 대한 다음의 설명 중 옳은 것은 모두 몇 개인가?

15 경찰간부 [Core ★★] 총론 Chapter 7. 434

> ㉠ 「경찰관 직무집행법」상 위해성 경찰장비는 필요한 최소한도 내에서 사용해야 하며, 그 종류·사용기준·안전교육·안전검사의 기준 등은 대통령령인 「경찰관 직무집행법 시행령」으로 정한다.
> ㉡ 경찰장비란 무기, 경찰장구, 최루제와 그 발사장치, 살수차, 감식기구, 해안 감시기구, 통신기기, 차량·선박·항공기 등 경찰이 직무를 수행할 때 필요한 장치와 기구를 말한다.
> ㉢ 경찰장구, 살수차, 분사기, 최루탄, 무기 등의 경찰장비를 사용하는 경우에 그 책임자는 사용일시, 사용장소, 현장책임자, 종류, 수량 등을 기록하여 보관하여야 한다.
> ㉣ 위해성 경찰장비의 안전성 검사에는 반드시 외부의 전문가를 참여시켜야 한다.

① 1개 ② 2개 ③ 3개 ④ 4개

해설

㉡, ㉣ 2항목이 옳다.

㉡ [O] 경찰장비란 무기, 경찰장구, 최루제와 그 발사장치, 살수차, 감식기구, 해안 감시기구, 통신기기, 차량·선박·항공기 등 경찰이 직무를 수행할 때 필요한 장치와 기구를 말한다.(경찰관 직무집행법 제10조제2항)

㉣ [O] 위해성 경찰장비의 안전성 검사에는 반드시 외부의 전문가를 참여시켜야 한다.(경찰관 직무집행법 제10조제5항)

㉠ [X] 「경찰관 직무집행법」상 위해성 경찰장비는 필요한 최소한도 내에서 사용해야 하며, <u>그 종류·사용기준·안전교육·안전검사의 기준 등은 대통령령인 「경찰관 직무집행법 시행령」으로 정한다.(X)</u>
→ 위해성 경찰장비는 필요한 최소한도에서 사용하여야 한다.(경찰관 직무집행법 제10조제4항)「경찰관 직무집행법」제10조에 따라 경찰공무원이 직무를 수행할 때 사용할 수 있는 사람의 생명이나 신체에 위해를 끼칠 수 있는 경찰장비의 종류·사용기준 및 안전관리 등에 관한 사항을 규정함을 목적으로 한다.(위해성 경찰장비의 사용기준 등에 관한 규정 제1조)

㉢ [X] <u>경찰장구,(X)</u> 살수차, 분사기, 최루탄, 무기 등의 경찰장비를 사용하는 경우에 그 책임자는 사용일시, 사용장소, 현장책임자, 종류, 수량 등을 기록하여 보관하여야 한다.
→ 제10조제2항에 따른 살수차, 제10조의3에 따른 분사기, 최루탄 또는 제10조의4에 따른 무기를 사용하는 경우 그 책임자는 사용 일시·장소·대상, 현장책임자, 종류, 수량 등을 기록하여 보관하여야 한다.(경찰관 직무집행법 제11조) 여기에 경찰장구는 해당사항이 없다.

경찰관 직무집행법 제11조(사용기록의 보관)
제10조제2항에 따른 살수차, 제10조의3에 따른 분사기, 최루탄 또는 제10조의4에 따른 무기를 사용하는 경우 그 책임자는 사용 일시·장소·대상, 현장책임자, 종류, 수량 등을 기록하여 보관하여야 한다.

위해성 경찰장비의 사용기준 등에 관한 규정 (약칭: 위해성경찰장비규정) 제1조(목적)
이 영은 「경찰관 직무집행법」 제10조에 따라 경찰공무원이 직무를 수행할 때 사용할 수 있는 사람의 생명이나 신체에 위해를 끼칠 수 있는 경찰장비의 종류·사용기준 및 안전관리 등에 관한 사항을 규정함을 목적으로 한다.

정답 ②

352 경찰장구인 전자충격기(일명 테이저건)에 대한 설명으로 가장 적절하지 않은 것은?

15 경찰승진 [ESSential ★] 총론 Chapter 7. 435

① 전극침을 발사하는 경우, 전면은 가슴 이하(허리 벨트선 상단과 심장 아래 쪽 사이)를 조준하고, 후면은 주로 근육이 분포되어 있고 상대적으로 넓은 등을 조준하는 것이 바람직하다.
② 전극침은 상대방의 얼굴을 향해 발사하여서는 안 된다.
③ 공무집행에 대한 항거를 제압하는 수단으로 사용할 수 없다.
④ 14세 미만의 자 및 임산부에 대하여 사용해서는 안 된다.

> **해설**
>
> ③ [×] 공무집행에 대한 항거를 제압하는 수단으로 **사용할 수 없다.**(×)
> → 경찰관은 다음 각 호의 직무를 수행하기 위하여 필요하다고 인정되는 상당한 이유가 있을 때에는 그 사태를 합리적으로 판단하여 필요한 한도에서 경찰장구를 사용할 수 있다. **3. 공무집행에 대한 항거(抗拒) 제지**(경찰관 직무집행법 제10조의2제1항제3호)
> ① [○] 전극침을 발사하는 경우, **전면은 가슴 이하**(허리 벨트선 상단과 심장 아래 쪽 사이)를 조준하고, **후면은 주로 근육이 분포되어 있고 상대적으로 넓은 등**을 조준하는 것이 바람직하다.
> ② [○] 전극침은 **상대방의 얼굴을 향해 발사하여서는 안 된다.**(위해성 경찰장비의 사용기준 등에 관한 규정 제8조제2항)
> ④ [○] **14세 미만의 자 및 임산부**에 대하여 사용해서는 안 된다.(위해성 경찰장비의 사용기준 등에 관한 규정 제8조제1항)
>
> **위해성 경찰장비의 사용기준 등에 관한 규정 (약칭: 위해성경찰장비규정) 제8조(전자충격기등의 사용제한)**
> ① 경찰관은 14세미만의 자 또는 임산부에 대하여 전자충격기 또는 전자방패를 사용하여서는 아니된다.
> ② 경찰관은 전극침(電極針) 발사장치가 있는 전자충격기를 사용하는 경우 상대방의 얼굴을 향하여 전극침을 발사하여서는 아니된다.

정답 ③

353 경찰장구인 전자충격기(테이저)에 관한 설명으로 가장 적절하지 않은 것은?

16 경찰승진 [ESSential ★] 총론 Chapter 7. 436

① 임산부에 대하여 사용하여서는 아니 된다.
② 전극침은 상대방의 얼굴을 향하여 발사하여서는 아니 된다.
③ 14세 미만의 자에 대하여 사용하여서는 아니 된다.
④ 전자충격기(테이저)를 사용할 때에는 3회 이상의 투기명령을 한 뒤, 대상자를 제압해야만 한다.

해설

④ [×] 전자충격기(테이저)를 사용할 때에는 3회 이상의 투기명령을 한 뒤, 대상자를 제압해야만 한다.(×)
→ 전자충격기(테이저)는 경찰장구로서 사용할 때에는 3회 이상의 투기명령을 요한다는 요건은 없다.

① [○] 임산부에 대하여 사용하여서는 아니 된다.
→ 경찰관은 14세미만의 자 또는 임산부에 대하여 전자충격기 또는 전자방패를 사용하여서는 아니된다. (위해성 경찰장비의 사용기준 등에 관한 규정 제8조제1항)

② [○] 전극침은 상대방의 얼굴을 향하여 발사하여서는 아니 된다.
→ 경찰관은 전극침(電極針) 발사장치가 있는 전자충격기를 사용하는 경우 상대방의 얼굴을 향하여 전극침을 발사하여서는 아니된다.(위해성 경찰장비의 사용기준 등에 관한 규정 제8조제2항)

③ [○] 14세 미만의 자에 대하여 사용하여서는 아니 된다.(위해성 경찰장비의 사용기준 등에 관한 규정 제8조제1항)

참조. 경찰장비관리규칙 제79조(전자충격기)
① 전자충격기는 물품관리관의 책임 하에 집중관리함을 원칙으로 하나, 운용부서에 대여하여 그 부서장의 책임 하에 관리·운용하게 할 수 있다.
② 경찰관이 직무수행을 위하여 전자충격기를 사용할 경우에는 다음 각 호의 안전수칙을 준수하여야 한다.
  1. 사용 전 배터리 충전여부를 확인한다.
  2. 전극침이 발사되는 전자충격기의 경우 안면을 향해 발사해서는 아니된다.
  3. 14세미만의 자 또는 임산부에 대하여 사용하여서는 아니된다.

정답 ④

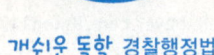

354 「경찰관 직무집행법」상 경찰장비에 관한 다음 설명 중 가장 적절하지 않은 것은?

16 경찰 1차 [Essential ★] 총론 Chapter 7. 437

① 경찰관은 직무수행 중 경찰장비를 사용할 수 있다. 다만, 사람의 생명이나 신체에 위해를 끼칠 수 있는 경찰장비(위해성 경찰장비)를 사용할 때에는 필요한 안전교육과 안전검사를 받은 후 사용하여야 한다.
② 경찰청장은 위해성 경찰장비를 새로 도입하려는 경우에는 대통령령으로 정하는 바에 따라 안전성 검사를 실시하여 그 안전성 검사의 결과보고서를 국회 소관 상임위원회에 제출하여야 한다. 이 경우 안전성 검사에는 외부 전문가를 참여시킬 수 있다.
③ 경찰관이 휴대하여 범인 검거와 범죄 진압 등의 직무 수행에 사용하는 수갑, 포승, 경찰봉, 방패는 "경찰장구"에 해당한다.
④ 경찰관은 현행범이나 사형·무기 또는 장기 3년 이상의 징역이나 금고에 해당하는 죄를 범한범인의 체포 또는 도주 방지를 위한 직무를 수행하기 위해서 필요하다고 인정되는 상당한 이유가 있을 때에는 그 사태를 합리적으로 판단하여 필요한 한도에서 경찰장구를 사용할 수 있다.

해설

② [×] **경찰청장**은 위해성 경찰장비를 새로 도입하려는 경우에는 대통령령으로 정하는 바에 따라 안전성 검사를 실시하여 그 안전성 검사의 결과보고서를 **국회 소관 상임위원회에 제출하여야** 한다. 이 경우 **안전성 검사에는 외부 전문가를 참여시킬 수 있다.**(×)
→ 경찰청장은 위해성 경찰장비를 새로 도입하려는 경우에는 대통령령으로 정하는 바에 따라 안전성 검사를 실시하여 그 안전성 검사의 결과보고서를 국회 소관 상임위원회에 제출하여야 한다. 이 경우 안전성 검사에는 외부 전문가를 참여시켜야 한다.(경찰관 직무집행법 제10조제5항)
① [○] 경찰관은 직무수행 중 **경찰장비를 사용할 수 있다.** 다만, 사람의 생명이나 신체에 위해를 끼칠 수 있는 경찰장비(위해성 경찰장비)를 사용할 때에는 **필요한 안전교육과 안전검사를 받은 후 사용하여야 한다.** (경찰관 직무집행법 제10조제1항)
③ [○] 경찰관이 휴대하여 범인 검거와 범죄 진압 등의 직무 수행에 사용하는 **수갑, 포승, 경찰봉, 방패**는 **"경찰장구"에 해당한다.**(경찰관 직무집행법 제10조의2제2항)
④ [○] 경찰관은 **현행범이나 사형·무기 또는 장기 3년 이상의 징역이나 금고에 해당하는 죄를 범한범인의 체포 또는 도주 방지**를 위한 직무를 수행하기 위해서 필요하다고 인정되는 상당한 이유가 있을 때에는 그 사태를 합리적으로 판단하여 필요한 한도에서 **경찰장구를 사용할 수 있다.**(경찰관 직무집행법 제10조의2제1항 제1호)

정답 ②

355 「위해성 경찰장비의 사용기준 등에 관한 규정」에 대한 설명으로 가장 적절하지 <u>않은</u> 것은?

16 경찰 1차 [ESSential ★] 총론 Chapter 7. 438

① 경찰관은 불법집회시위로 인하여 발생할 수 있는 타인 또는 경찰관의 생명신체의 위해와 재산공공시설의 위험을 방지하기 위하여 필요한 때에는 최소한의 범위 안에서 경찰봉 또는 호신용경봉을 사용할 수 있다.
② 경찰관은 14세 이하의 자 또는 임산부에 대하여 전자충격기 또는 전자방패를 사용하여서는 아니 된다.
③ 경찰관은 전극침 발사장치가 있는 전자충격기를 사용하는 경우 상대방의 얼굴을 향하여 전극침을 발사하여서는 아니 된다.
④ 경찰관은 최루탄발사기로 최루탄을 발사하는 경우 30도 이상의 발사각을 유지하여야 하고, 가스차·살수차 또는 특수진압차의 최루탄 발사대로 최루탄을 발사하는 경우에는 15도 이상의 발사각을 유지 하여야 한다.

해설

② [×] 경찰관은 **14세 이하의 자(×)** 또는 임산부에 대하여 전자충격기 또는 전자방패를 사용하여서는 아니 된다.
→ 경찰관은 14세미만의 자 또는 임산부에 대하여 전자충격기 또는 전자방패를 사용하여서는 아니된다.
(위해성 경찰장비의 사용기준 등에 관한 규정 제8조제1항)
① [O] 경찰관은 **불법집회시위로** 인하여 발생할 수 있는 타인 또는 경찰관의 생명신체의 위해와 재산공공시설의 위험을 방지하기 위하여 필요한 때에는 최소한의 범위 안에서 경찰봉 또는 호신용경봉을 사용할 수 있다.(위해성 경찰장비의 사용기준 등에 관한 규정 제6조)
③ [O] 경찰관은 전극침 발사장치가 있는 전자충격기를 사용하는 경우 **상대방의 얼굴을 향하여 전극침을 발사하여서는 아니 된다.**(위해성 경찰장비의 사용기준 등에 관한 규정 제8조제2항)
④ [O] 경찰관은 **최루탄발사기로** 최루탄을 발사하는 경우 30도 이상의 발사각을 유지하여야 하고, **가스차·살수차 또는 특수진압차의 최루탄 발사대로** 최루탄을 발사하는 경우에는 15도 이상의 발사각을 유지 하여야 한다.(위해성 경찰장비의 사용기준 등에 관한 규정 제12조제2항)

위해성 경찰장비의 사용기준 등에 관한 규정 (약칭: 위해성경찰장비규정)
제6조(불법집회등에서의 경찰봉·호신용경봉의 사용기준)
경찰관은 불법집회·시위로 인하여 발생할 수 있는 타인 또는 경찰관의 생명·신체의 위해와 재산·공공시설의 위험을 방지하기 위하여 필요한 때에는 최소한의 범위안에서 경찰봉 또는 호신용경봉을 사용할 수 있다.

제12조(가스발사총등의 사용제한)
① 경찰관은 **범인의 체포 또는 도주방지, 타인 또는 경찰관의 생명·신체에 대한 방호, 공무집행에 대한 항거의 억제를** 위하여 필요한 때에는 최소한의 범위안에서 가스발사총을 사용할 수 있다. 이 경우 경찰관은 **1미터** 이내의 거리에서 상대방의 얼굴을 향하여 이를 발사하여서는 아니된다.
② 경찰관은 최루탄발사기로 최루탄을 발사하는 경우 30도이상의 발사각을 유지하여야 하고, 가스차·살수차 또는 특수진압차의 최루탄발사대로 최루탄을 발사하는 경우에는 15도이상의 발사각을 유지하여야 한다.

정답 ②

356 「경찰관 직무집행법」상 명시된 경찰관의 경찰장구·분사기·최루탄·무기 등의 사용 관련 규정에 대한 설명으로 가장 적절하지 않은 것은? 16 경찰 2차 [Essential ★] 총론 Chapter 7. 439

① 경찰장구는 사형·무기 또는 장기 3년 이상의 징역이나 금고에 해당하는 죄를 범한 범인의 체포 또는 도주 방지를 위해서 사용할 수 있다.
② 분사기 및 최루탄은 공무집행에 대한 항거의 제지를 위해서 사용할 수 있다.
③ "무기"라 함은 인명 또는 신체에 위해를 가할 수 있도록 제작된 권총·소총·도검 등을 말한다.
④ 살수차·분사기·최루탄·무기를 사용한 경우 그 책임자는 사용일시·장소·대상, 현장책임자, 종류, 수량 등을 기록하여 보관하여야 한다.

해설

② [×] 분사기 및 최루탄은 공무집행에 대한 항거의 제지(×)를 위해서 사용할 수 있다.
→ 명시적인 사용요건으로 공무집행에 대한 항거의 제거를 위한 분사기·최루탄 사용요건은 없다.
① [○] 경찰장구는 사형·무기 또는 장기 3년 이상의 징역이나 금고에 해당하는 죄를 범한 범인의 체포 또는 도주 방지를 위해서 사용할 수 있다.(경찰관 직무집행법 제10조의2제1항제1호)
③ [○] "무기"라 함은 인명 또는 신체에 위해를 가할 수 있도록 제작된 권총·소총·도검 등을 말한다.(경찰관 직무집행법 제10조의4제2항)
④ [○] 살수차·분사기·최루탄·무기를 사용한 경우 그 책임자는 사용일시·장소·대상, 현장책임자, 종류, 수량 등을 기록하여 보관하여야 한다.(경찰관 직무집행법 제11조)

정답 ②

357 다음은 「경찰관 직무집행법」 제5조 위험발생의 방지조치를 설명한 것이다. 빈칸의 내용을 가장 적절하게 연결한 것은?

16 경찰승진 [ESSential ★] 총론 Chapter 7. 440

> 경찰관은 사람의 생명 또는 신체에 위해를 끼치거나 재산에 중대한 손해를 끼칠 우려가 있는 천재, 사변, 인공구조물의 파손이나 붕괴, 교통사고, 위험물의 폭발, 위험한 동물 등의 출현, 극도의 혼잡, 그 밖의 위험한 사태가 있을 때에는 다음 각 호의 조치를 할 수 있다.
> 1. 그 장소에 모인 사람, 사물의 관리자, 그 밖의 관계인에게 필요한 (㉠)을(를) 하는 것
> 2. 매우 긴급한 경우에는 위해를 입을 우려가 있는 사람을 필요한 한도에서 (㉡)시키는 것
> 3. 그 장소에 있는 사람, 사물의 관리자, 그 밖의 관계인에게 위해를 방지하기 위하여 필요하다고 인정되는 조치를 하게 하거나 (㉢)을(를) 하는 것

① ㉠ - 경고   ㉡ - 제지   ㉢ - 억류하거나 피난
② ㉠ - 경고   ㉡ - 억류하거나 피난 ㉢ - 직접조치
③ ㉠ - 직접조치 ㉡ - 제지   ㉢ - 억류하거나 피난
④ ㉠ - 직접조치 ㉡ - 억류하거나 피난 ㉢ - 경고

해설

② 지문이 적절한 연결이다. 경찰관 직무집행법 제5조제1항제1호, 제2호, 제3호
1. 그 장소에 모인 사람, 사물의 관리자, 그 밖의 관계인에게 필요한 (㉠)을(를) 하는 것 : 경고
   → 그 장소에 모인 사람, 사물(事物)의 관리자, 그 밖의 관계인에게 필요한 **경고**를 하는 것(경찰관 직무집행법 제5조제1항제1호)
2. 매우 긴급한 경우에는 위해를 입을 우려가 있는 사람을 필요한 한도에서 (㉡)시키는 것 : 억류하거나 피난
   → 매우 긴급한 경우에는 위해를 입을 우려가 있는 사람을 필요한 한도에서 **억류하거나 피난**시키는 것 (경찰관 직무집행법 제5조제1항제2호)
3. 그 장소에 있는 사람, 사물의 관리자, 그 밖의 관계인에게 위해를 방지하기 위하여 필요하다고 인정되는 조치를 하게 하거나 (㉢)을(를) 하는 것 : 직접조치
   → 그 장소에 있는 사람, 사물의 관리자, 그 밖의 관계인에게 위해를 방지하기 위하여 필요하다고 인정되는 조치를 하게 하거나 **직접 그 조치**를 하는 것(경찰관 직무집행법 제5조제1항제3호)

정답 ②

358 「위해성 경찰장비의 사용기준 등에 관한 규정」에 대한 설명으로 가장 적절하지 않은 것은?

17 경찰 1차 [Essential ★] 총론 Chapter 7. 441

① 경찰관은 총기 또는 폭발물을 가지고 대항하는 경우를 제외하고는 14세 미만의 자 또는 임산부에 대하여 권총 또는 소총을 발사하여서는 아니 된다.
② 가스차·살수차·특수진압차·물포·석궁·다목적발사기 및 도주차량차단장비는 '기타장비'에 포함된다.
③ 근접분사기·가스분사기·가스발사총(고무탄 발사겸용은 제외) 및 최루탄(그 발사장치를 포함)은 '분사기·최루탄등'에 포함된다.
④ 권총·소총·기관총(기관단총을 포함)·산탄총·유탄발사기·박격포·3인치포·함포·크레모아·수류탄·폭약류 및 도검은 '무기'에 포함된다.

해설

③ [×] 근접분사기·가스분사기·가스발사총(고무탄 발사겸용은 제외)(×) 및 최루탄(그 발사장치를 포함)은 '분사기·최루탄등'에 포함된다.
→ 분사기·최루탄등 : 근접분사기·가스분사기·가스발사총(고무탄 발사겸용을 포함한다. 이하 같다) 및 최루탄(그 발사장치를 포함한다. 이하 같다)(위해성 경찰장비의 사용기준 등에 관한 규정 제2조제3호)
① [O] 경찰관은 총기 또는 폭발물을 가지고 대항하는 경우를 제외하고는 14세 미만의 자 또는 임산부에 대하여 권총 또는 소총을 발사하여서는 아니 된다.(위해성 경찰장비의 사용기준 등에 관한 규정 제10조제2항)
② [O] 가스차·살수차·특수진압차·물포·석궁·다목적발사기 및 도주차량차단장비는 '기타장비'에 포함된다.(위해성 경찰장비의 사용기준 등에 관한 규정 제2조제4호)
④ [O] 권총·소총·기관총(기관단총을 포함)·산탄총·유탄발사기·박격포·3인치포·함포·크레모아·수류탄·폭약류 및 도검은 '무기'에 포함된다.(위해성 경찰장비의 사용기준 등에 관한 규정 제2조제2호)

> 위해성 경찰장비의 사용기준 등에 관한 규정 (약칭: 위해성경찰장비규정) 제10조(권총 또는 소총의 사용제한)
> ① 경찰관은 법 제10조의4의 규정에 의하여 권총 또는 소총을 사용하는 경우에 있어서 범죄와 무관한 다중의 생명·신체에 위해를 가할 우려가 있는 때에는 이를 사용하여서는 아니된다. 다만, 권총 또는 소총을 사용하지 아니하고는 타인 또는 경찰관의 생명·신체에 대한 중대한 위험을 방지할 수 없다고 인정되는 때에는 필요한 최소한의 범위안에서 이를 사용할 수 있다.
> ② 경찰관은 총기 또는 폭발물을 가지고 대항하는 경우를 제외하고는 14세미만의 자 또는 임산부에 대하여 권총 또는 소총을 발사하여서는 아니된다.

정답 ③

358 「경찰관 직무집행법」상 불심검문에 대한 다음 설명 중 옳지 않은 것은 모두 몇 개인가?

17 경찰간부 [Essential ★] 총론 Chapter 7. 443

> ㉠ 경찰관은 거동불심자를 정지시켜 질문을 할 때에 그 사람이 흉기를 가지고 있는지 여부를 조사할 수 있다.
> ㉡ 경찰관은 거동불심자를 정지시켜 질문을 할 때에 미리 진술거부권이 있음을 상대방에게 고지하여야 한다.
> ㉢ 경찰관은 불심검문 시 거동불심자를 정지시킨 장소에서 질문하는 것이 그 사람에게 불리하거나 교통에 방해가 된다고 인정될 때에는 질문을 하기 위하여 가까운 경찰관서로 동행할 것을 요구할 수 있다.
> ㉣ 거동불심자에 대한 동행요구시 당해인은 그 요구를 거절할 수 있으나, 이러한 내용이 「경찰관 직무집행법」에 규정되어 있는 것은 아니다.
> ㉤ 경찰관은 동행한 사람의 가족이나 친지 등에게 동행한 경찰관의 신분, 동행 장소, 동행 목적과 이유를 알리거나 본인으로 하여금 즉시 연락할 수 있는 기회를 주어야 하지만, 변호인의도움을 받을 권리가 있음을 알릴 필요는 없다.

① 1개　　　② 2개　　　③ 3개　　　④ 4개

해설

㉡, ㉣, ㉤ 3항목이 옳지 않다.

㉡ [×] 경찰관은 거동불심자를 정지시켜 질문을 할 때에 **미리 진술거부권이 있음을 상대방에게 고지하여야 한다.**(×)
  → 피의자로서 질문하는 것이 아니기에, 경찰관은 거동불심자를 정지시켜 질문을 할 때에 **미리 진술거부권이 있음을 상대방에게 고지하여야 하는 규정은 없다.**

㉣ [×] 거동불심자에 대한 동행요구시 당해인은 그 요구를 거절할 수 있으나, 이러한 내용이 **「경찰관 직무집행법」에 규정되어 있는 것은 아니다.**(×)
  → 경찰관은 제1항에 따라 같은 항 각 호의 사람을 정지시킨 장소에서 질문을 하는 것이 그 사람에게 불리하거나 교통에 방해가 된다고 인정될 때에는 질문을 하기 위하여 가까운 경찰서·지구대·파출소 또는 출장소(지방해양경찰관서를 포함하며, 이하 "경찰관서"라 한다)로 동행할 것을 요구할 수 있다. 이 경우 동행을 요구받은 사람은 그 요구를 거절할 수 있다.(경찰관 직무집행법 제3조제2항)

㉤ [×] 경찰관은 동행한 사람의 가족이나 친지 등에게 동행한 경찰관의 신분, 동행 장소, 동행 목적과 이유를 알리거나 본인으로 하여금 즉시 연락할 수 있는 기회를 주어야 하지만, **변호인의도움을 받을 권리가 있음을 알릴 필요는 없다.**(×)
  → 경찰관은 제2항에 따라 동행한 사람의 가족이나 친지 등에게 동행한 경찰관의 신분, 동행 장소, 동행 목적과 이유를 알리거나 본인으로 하여금 즉시 연락할 수 있는 기회를 주어야 하며, 변호인의 도움을 받을 권리가 있음을 알려야 한다.(경찰관 직무집행법 제3조제5항)

㉠ [○] 경찰관은 거동불심자를 정지시켜 질문을 할 때에 그 사람이 **흉기를 가지고 있는지 여부를 조사할 수 있다.**(경찰관 직무집행법 제3조제3항)

㉢ [○] 경찰관은 불심검문 시 거동불심자를 정지시킨 장소에서 질문하는 것이 그 사람에게 **불리하거나 교통에** 방해가 된다고 인정될 때에는 질문을 하기 위하여 가까운 경찰관서로 동행할 것을 요구할 수 있다.(경찰관 직무집행법 제3조제2항)

정답 ③

359 「경찰관 직무집행법」에 대한 다음 설명 중 옳은 것은 모두 몇 개인가?

17 경찰간부 [Essential ★] 총론 Chapter 7. 444

> ㉠ 미아·병자·부상자 등으로서 적당한 보호자가 없으며 응급의 구호를 요한다고 인정되는 경우 당해인이 이를 거절하는 때에도 보호조치를 할 수 있다.
> ㉡ 위험발생의 방지를 위한 조치수단 중 긴급을 요할 때 '억류 또는 피난조치를 할 수 있는 대상자'로 규정된 자는 그 장소에 모인 사람, 사물의 관리자, 그 밖의 관계인이다.
> ㉢ 법 제10조의4에 따른 무기를 사용하는 경우 그 책임자는 사용 일시, 장소, 대상, 현장책임자, 종류, 수량 등을 기록하여 보관하여야 한다.
> ㉣ 이 법에 규정된 경찰관의 의무를 위반하거나 직권을 남용하여 다른 사람에게 해를 끼친 사람은 1년 이하의 징역이나 금고에 처한다.
> ㉤ 손실보상을 청구할 수 있는 권리는 손실이 있음을 안 날로 부터 2년, 손실이 발생한 날로부터 5년간 행사하지 아니하면 시효의 완성으로 소멸한다.

① 1개 ② 2개 ③ 3개 ④ 4개

해설

㉢, ㉣ 2항목이 옳다.

㉢ [O] 법 제10조의4에 따른 무기를 사용하는 경우 그 책임자는 사용 일시, 장소, 대상, 현장책임자, 종류, 수량 등을 기록하여 보관하여야 한다.(경찰관 직무집행법 제11조)

㉣ [O] 이 법에 규정된 경찰관의 의무를 위반하거나 직권을 남용하여 다른 사람에게 해를 끼친 사람은 1년 이하의 징역이나 금고에 처한다.(경찰관 직무집행법 제12조)

㉠ [X] 미아·병자·부상자 등으로서 적당한 보호자가 없으며 응급의 구호를 요한다고 인정되는 경우 당해인이 이를 거절하는 때에도 보호조치를 할 수 있다.(X)
→ 미아, 병자, 부상자 등으로서 적당한 보호자가 없으며 응급구호가 필요하다고 인정되는 사람. 다만, 본인이 구호를 거절하는 경우는 제외한다.(경찰관 직무집행법 제4조제1항제3호) 임의보호대상자다

㉡ [X] 위험발생의 방지를 위한 조치수단 중 긴급을 요할 때 '억류 또는 피난조치를 할 수 있는 대상자'로 규정된 자는 그 장소에 모인 사람, 사물의 관리자, 그 밖의 관계인이다.(X)
→ 매우 긴급한 경우에는 위해를 입을 우려가 있는 사람을 필요한 한도에서 억류하거나 피난시키는 것(경찰관 직무집행법 제5조제1항제2호)
→ 그 장소에 모인 사람, 사물(事物)의 관리자, 그 밖의 관계인에게 필요한 경고를 하는 것(경찰관 직무집행법 제5조제1항제1호)

㉤ [X] 손실보상을 청구할 수 있는 권리는 손실이 있음을 안 날로 부터 2년, 손실이 발생한 날로부터 5년간 행사하지 아니하면 시효의 완성으로 소멸한다.
→ 제1항에 따른 보상을 청구할 수 있는 권리는 손실이 있음을 안 날부터 3년, 손실이 발생한 날부터 5년간 행사하지 아니하면 시효의 완성으로 소멸한다.경찰관 직무집행법 제11조의2제2항)

정답 ② 2개

360 대통령령인 「위해성 경찰장비의 사용기준 등에 관한 규정」에 대한 다음 설명 중 옳지 않은 것은?

17 경찰간부

① 경찰관은 전극침 발사장치가 있는 전자충격기를 사용하는 경우 상대방의 얼굴을 향하여 전극침을 발사하여서는 아니 된다.
② 경찰관은 총기 또는 폭발물을 가지고 대항하는 경우를 제외하고는 14세 미만의 자 또는 임산부에 대하여 권총 또는 소총을 발사하여서는 아니 된다.
③ 경찰관은 가스발사총을 사용할 경우 1미터 이내의 거리에서 상대방의 얼굴을 향하여 이를 발사하여서는 아니 된다.
④ 경찰관은 최루탄발사기로 최루탄을 발사하는 경우 15도 이상의 발사각을 유지하여야 하고, 가스차·살수차 또는 특수 진압차의 최루탄발사대로 최루탄을 발사하는 경우에는 30도 이상의 발사각을 유지하여야 한다.

해설

④ [×] 경찰관은 **최루탄발사기**로 최루탄을 발사하는 경우 **15도(×)** 이상의 발사각을 유지하여야 하고, 가스차·살수차 또는 특수 진압차의 **최루탄발사대**로 최루탄을 발사하는 경우에는 **30도(×)** 이상의 발사각을 유지하여야 한다.
→ 경찰관은 최루탄발사기로 최루탄을 발사하는 경우 30도이상의 발사각을 유지하여야 하고, 가스차·살수차 또는 특수진압차의 최루탄발사대로 최루탄을 발사하는 경우에는 15도이상의 발사각을 유지하여야 한다. (위해성 경찰장비의 사용기준 등에 관한 규정 제12조제2항)

① [O] 경찰관은 전극침 발사장치가 있는 전자충격기를 사용하는 경우 **상대방의 얼굴을 향하여 전극침을 발사하여서는 아니 된다.**(위해성 경찰장비의 사용기준 등에 관한 규정 제8조제2항)

② [O] 경찰관은 **총기 또는 폭발물**을 가지고 대항하는 경우를 제외하고는 **14세 미만의 자 또는 임산부**에 대하여 권총 또는 소총을 발사하여서는 아니 된다.(위해성 경찰장비의 사용기준 등에 관한 규정 제10조제2항)

③ [O] 경찰관은 가스발사총을 사용할 경우 **1미터 이내의 거리에서 상대방의 얼굴을 향하여** 이를 발사하여서는 아니 된다.(위해성 경찰장비의 사용기준 등에 관한 규정 제12조제1항)

정답 ④

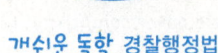

361 「위해성 경찰장비의 사용기준 등에 관한 규정」에 대한 내용으로 가장 적절하지 않은 것은?

18 경찰 1차 [Essential ★] 총론 Chapter 7. 446

① 경찰관은 범인·주취자 또는 정신착란자의 자살 또는 자해기도를 방지하기 위하여 필요한 때에는 수갑·포승 또는 호송용 포승을 사용할 수 있다.
② 경찰관은 총기 또는 폭발물을 가지고 대항하는 경우를 제외하고는 14세 미만의 자 또는 임산부에 대하여 권총 또는 소총을 발사하여서는 아니 된다.
③ 경찰관은 최루탄발사기로 최루탄을 발사하는 경우 30도 이상의 발사각을 유지하여야 하고, 가스차·살수차 또는 특수진압차의 최루탄발사대로 최루탄을 발사하는 경우에는 15도 이상의 발사각을 유지하여야 한다.
④ 경찰청장은 신규 도입 장비에 대한 안전성 검사를 실시한 후 3개월 이내에 안전성 검사 결과보고서를 국무회의에 제출하여야 한다.

해설

④ [X] **경찰청장**은 신규 도입 장비에 대한 안전성 검사를 실시한 후 **3개월** 이내에 안전성 검사 결과보고서를 **국무회의(X)** 에 제출하여야 한다.
→ **경찰청장**은 신규 도입 장비에 대한 안전성 검사를 실시한 후 **3개월** 이내에 다음 각 호의 내용이 포함된 안전성 검사 결과보고서를 **국회 소관 상임위원회**에 제출하여야 한다.(위해성 경찰장비의 사용기준 등에 관한 규정 제18조의2제4항)

① [O] 경찰관은 **범인·주취자 또는 정신착란자의 자살 또는 자해기도를 방지하기** 위하여 필요 한 때에는 수갑·포승 또는 호송용 포승을 사용할 수 있다.(위해성 경찰장비의 사용기준 등에 관한 규정 제5조)

② [O] 경찰관은 **총기 또는 폭발물을 가지고 대항하는 경우**를 제외하고는 **14세 미만의 자 또는 임산부**에 대하여 권총 또는 소총을 발사하여서는 아니 된다.(위해성 경찰장비의 사용기준 등에 관한 규정 제10조제2항)

③ [O] 경찰관은 **최루탄발사기**로 최루탄을 발사하는 경우 **30도 이상**의 발사각을 유지하여야 하고, 가스차·살수차 또는 특수진압차의 **최루탄발사대**로 최루탄을 발사하는 경우에는 **15도 이상**의 발사각을 유지하여야 한다.(위해성 경찰장비의 사용기준 등에 관한 규정 제12조제2항)

위해성 경찰장비의 사용기준 등에 관한 규정 (약칭: 위해성경찰장비규정)

제5조(자살방지등을 위한 수갑등의 사용기준 및 사용보고)
경찰관은 범인·술에 취한 사람 또는 정신착란자의 자살 또는 자해기도를 방지하기 위하여 필요한 때에는 수갑·포승 또는 호송용포승을 사용할 수 있다. 이 경우 경찰관은 소속 국가경찰관서의 장(경찰청장·해양경찰청장·시·도경찰청장·지방해양경찰청장·경찰서장 또는 해양경찰서장 기타 경무관·총경·경정 또는 경감을 장으로 하는 국가경찰관서의 장을 말한다.이하 같다)에게 그 사실을 보고해야 한다.

제18조의2(신규 도입 장비의 안전성 검사)
① 경찰청장은 위해성 경찰장비를 새로 도입하려는 경우에는 법 제10조제5항에 따라 안전성 검사를 실시하여 새로 도입하려는 장비(이하 이 조에서 "신규 도입 장비"라 한다)가 사람의 생명이나 신체에 미치는 영향을 평가하여야 한다.
② 제1항에 따른 안전성 검사는 신규 도입 장비와 관련된 분야의 외부 전문가가 신규 도입 장비의 주요 특성이나 작동원리에 기초하여 제시하는 검사방법 및 기준에 따라 실시하되, 신규 도입 장비에 대하여 일반적으로 인정되는 합리적인 검사방법이나 기준이 있을 경우 그 검사방법이나 기준에 따라 안전성 검사를 실시할 수 있다.
③ 법 제10조제5항 후단에 따라 안전성 검사에 참여한 **외부 전문가는 안전성 검사가 끝난 후 30일 이내**에 신규 도입 장비의 안전성 여부에 대한 의견을 경찰청장에게 제출하여야 한다.
④ **경찰청장은 신규 도입 장비에 대한 안전성 검사를 실시한 후 3개월 이내에 다음 각 호의 내용이 포함된 안전성 검사 결과보고서를 국회 소관 상임위원회에 제출하여야 한다.**

1. 신규 도입 장비의 주요 특성 및 기본적인 작동 원리
2. 안전성 검사의 방법 및 기준
3. 안전성 검사에 참여한 외부 전문가의 의견
4. 안전성 검사 결과 및 종합 의견

정답 ④

362 「경찰관 직무집행법」에 대한 내용으로 가장 적절하지 않은 것은? 18 경찰 2차 [ESSential ★]

총론 Chapter 7. 448

① 「경찰관 직무집행법」 제2조는 직무의 범위에서 '범죄피해자 보호'를 규정하고 있다.
② 법률에서 정한 절차에 따라 체포·구속된 사람 또는 신체의 자유를 제한하는 판결이나 처분을 받은 사람을 수용하기 위하여 경찰서와 해양경찰서에 유치장을 둔다.
③ 경찰관은 '현행범이나 사형·무기 또는 장기 3년 이상의 징역이나 금고에 해당하는 죄를 범한 범인의 체포 또는 도주 방지', '자신이나 다른 사람의 생명·신체의 방어 및 보호', '공무집행에 대한 항거 제지'의 직무를 수행하기 위하여 필요하다고 인정되는 상당한 이유가 있을 때에는 그 사태를 합리적으로 판단하여 필요한 한도에서 경찰장구를 사용할 수 있다.
④ 경찰청장은 위해성 경찰장비를 새로 도입하려는 경우에는 대통령령으로 정하는 바에 따라 안전성 검사를 실시하여 그 안전성 검사의 결과보고서를 경찰위원회에 제출하여야 한다. 이 경우 안전성 검사에는 외부 전문가를 참여시켜야 한다.

해설

④ [×] **경찰청장**은 위해성 경찰장비를 새로 도입하려는 경우에는 대통령령으로 정하는 바에 따라 안전성 검사를 실시하여 그 안전성 검사의 결과보고서를 **경찰위원회(×)**에 제출하여야 한다. 이 경우 **안전성 검사에는 외부 전문가를 참여시켜야 한다.**
→ 경찰청장은 위해성 경찰장비를 새로 도입하려는 경우에는 대통령령으로 정하는 바에 따라 안전성 검사를 실시하여 그 안전성 검사의 결과보고서를 국회 소관 상임위원회에 제출하여야 한다. 이 경우 안전성 검사에는 외부 전문가를 참여시켜야 한다.(경찰관 직무집행법 제10조제5항)
① [O] 「경찰관 직무집행법」 제2조는 직무의 범위에서 **범죄피해자 보호**를 규정하고 있다.(경찰관 직무집행법 제2조제2의2호)
② [O] 법률에서 정한 절차에 따라 체포·구속된 사람 또는 신체의 자유를 제한하는 판결이나 처분을 받은 사람을 수용하기 위하여 **경찰서와 해양경찰서에 유치장을 둔다.**(경찰관 직무집행법 제9조)
③ [O] 경찰관은 '**현행범이나 사형·무기 또는 장기 3년 이상의 징역이나 금고에 해당하는 죄를 범한 범인의 체포 또는 도주 방지**', '**자신이나 다른 사람의 생명·신체의 방어 및 보호**', '**공무집행에 대한 항거 제지**'의 직무를 수행하기 위하여 필요하다고 인정되는 상당한 이유가 있을 때에는 그 사태를 합리적으로 판단하여 필요한 한도에서 **경찰장구를 사용할 수 있다.**(경찰관 직무집행법 제10조의2제1항제1호, 제2호, 제3호)

정답 ④

363 「경찰관 직무집행법」상 보호조치에 대한 설명으로 가장 적절한 것은? 18 경찰 3차 [ESSential ★]

총론 Chapter 7. 450

① 긴급구호를 요청받은 보건의료기관 또는 공공구호기관은 정당한 이유 없이 긴급구호를 거절할 수 없다고 명시되어 있다.
② 긴급구호나 보호조치의 경우 24시간 이내에 피구호자의 가족들에게 연락해 주어야 한다.
③ 자살기도자에 대하여는 경찰관서에 6시간 이내 보호가 가능하다.
④ 임시영치 기간은 10일을 초과할 수 없으며, 법적 성질은 대인적 즉시강제이다.

해설

① [○] 긴급구호를 요청받은 보건의료기관 또는 공공구호기관은 정당한 이유 없이 긴급구호를 거절할 수 없다고 명시되어 있다.(경찰관 직무집행법 제4조제2항)
② [×] 긴급구호나 보호조치의 경우 **24시간 이내(×)**에 피구호자의 가족들에게 연락해 주어야 한다.
→ 경찰관은 제1항의 조치를 하였을 때에는 지체 없이 구호대상자의 가족, 친지 또는 그 밖의 연고자에게 그 사실을 알려야 하며, 연고자가 발견되지 아니할 때에는 구호대상자를 적당한 공공보건의료기관이나 공공구호기관에 즉시 인계하여야 한다.(경찰관 직무집행법 제4조제4항)
③ [×] 자살기도자에 대하여는 경찰관서에 **6시간(×)** 이내 보호가 가능하다.
→ 제1항에 따라 구호대상자를 경찰관서에서 보호하는 기간은 24시간을 초과할 수 없고,(경찰관 직무집행법 제4조제7항)
④ [×] 임시영치 기간은 **10일을 초과할 수 없으며,** 법적 성질은 **대인적 즉시강제(×)**이다.
→ 제3항에 따라 물건을 경찰관서에 임시로 영치하는 기간은 10일을 초과할 수 없다.(경찰관 직무집행법 제4조제7항)

정답 ①

364 「경찰관 직무집행법」상 불심검문에 대한 설명으로 가장 적절한 것은? 19 경찰 1차 [Essential ★]

① 경찰관은 상대방의 신원확인이 불가능하거나 교통에 방해된다고 인정될 때에는 임의동행을 요구할 수 있다.
② 경찰관은 임의동행한 사람의 가족이나 친지 등에게 동행한 경찰관의 신분, 동행 장소, 동행 목적과 이유를 알리거나 본인으로 하여금 즉시 연락할 수 있는 기회를 주어야 하며, 변호인의 도움을 받을 권리가 있음을 알려야 한다.
③ 경찰관은 질문을 하거나 임의동행을 요구할 경우 자신의 신분을 표시하는 증표를 제시하면서 소속과 성명을 밝혀야 한다. 이때 증표는 경찰공무원증뿐만 아니라 흉장도 포함된다.
④ 경찰관이 불심검문 시 흉기조사뿐 아니라, 흉기 이외의 일반소지품 조사도 할 수 있다고 규정하고 있다.

해설

② [○] 경찰관은 임의동행한 사람의 가족이나 친지 등에게 동행한 경찰관의 신분, 동행 장소, 동행 목적과 이유를 알리거나 본인으로 하여금 즉시 연락할 수 있는 기회를 주어야 하며, 변호인의 도움을 받을 권리가 있음을 알려야 한다.(경찰관 직무집행법 제3조제5항)

① [×] 경찰관은 상대방의 신원확인이 불가능하거나(×) 교통에 방해된다고 인정될 때에는 임의동행을 요구할 수 있다.
→ 경찰관은 제1항에 따라 같은 항 각 호의 사람을 정지시킨 장소에서 질문을 하는 것이 그 사람에게 불리하거나 교통에 방해가 된다고 인정될 때에는 질문을 하기 위하여 가까운 경찰서·지구대·파출소 또는 출장소(지방해양경찰관서를 포함하며, 이하 "경찰관서"라 한다)로 동행할 것을 요구할 수 있다.(경찰관 직무집행법 제3조제2항)

③ [×] 경찰관은 질문을 하거나 임의동행을 요구할 경우 자신의 신분을 표시하는 증표를 제시하면서 소속과 성명을 밝혀야 한다. 이때 증표는 경찰공무원증뿐만 아니라 흉장도 포함된다.(×)(경찰관 직무집행법 제3조제4항)
→ 경찰관은 제1항이나 제2항에 따라 질문을 하거나 동행을 요구할 경우 자신의 신분을 표시하는 증표를 제시하면서 소속과 성명을 밝히고 질문이나 동행의 목적과 이유를 설명하여야 하며, 법 제3조제4항 및 법 제7조제4항의 신분을 표시하는 증표는 경찰공무원의 공무원증으로 한다(경찰관 직무집행법 시행령 제5조).

④ [×] 경찰관이 불심검문 시 흉기조사뿐 아니라, 흉기 이외의 일반소지품 조사도 할 수 있다(×)고 규정하고 있다.
→ 경찰관은 제1항 각 호의 어느 하나에 해당하는 사람에게 질문을 할 때에 그 사람이 흉기를 가지고 있는지를 조사할 수 있다.(경찰관 직무집행법 제3조제3항) 흉기소지 여부를 조사할 수 있다고 규정하고 있다. 그러므로 흉기 이외의 일반소지품까지 조사할 수는 없고, 이 범위를 일탈하면 위법이다.

경찰관 직무집행법 시행령 제5조(신분을 표시하는 증표)
법 제3조제4항 및 법 제7조제4항의 신분을 표시하는 증표는 경찰공무원의 공무원증으로 한다.

정답 ②

365 「경찰관 직무집행법」에 대한 설명 중 옳지 <u>않은</u> 것을 모두 고른 것은? 19 법학특채 [Core ★★]

총론 Chapter 7. 452

> ㉠ 경찰관은 이미 행하여진 범죄나 행하여지려고 하는 범죄행위에 관한 사실을 안다고 인정되는 사람을 정지시켜 질문할 수 있다.
> ㉡ 경찰관은 불심검문을 할 때 그 사람이 흉기를 가지고 있는지 조사할 수 있고, 휴대하고 있는 흉기가 위험을 일으킬 수 있는 것으로 인정되면 10일을 초과하지 않는 기간 안에 경찰관서에 임시로 영치할 수 있다.
> ㉢ 경찰관이 구호대상자를 경찰관서에 보호하는 경우 보호 기간은 12시간을 초과할 수 없다.
> ㉣ 경찰관은 보호조치를 한 경우 지체 없이 가족, 친지 등에게 그 사실을 알려야 한다.
> ㉤ 경찰관이 범죄예방을 위해 음식점에 출입하겠다고 요구하는 경우, 음식점이 영업시간이라면 음식점 주인은 정당한 이유 없이 그 요구를 거절할 수 없다.
> ㉥ 경찰관은 직무 수행에 필요하다고 인정되는 상당한 이유가 있을 때에는 국가기관이나 공사(公私) 단체 등에 직무 수행에 관련된 사실을 조회할 수 있다.

① ㉠㉡㉢   ② ㉡㉣㉤   ③ ㉡㉢㉥   ④ ㉢㉤㉥

해설

㉡, ㉢, ㉥ 3항목이 옳지 않다.

㉡ [×] 경찰관은 불심검문을 할 때 그 사람이 흉기를 가지고 있는지 조사할 수 있고, 휴대하고 있는 흉기가 위험을 일으킬 수 있는 것으로 인정되면 10일을 초과하지 않는 기간 안에 경찰관서에 임시로 영치할 수 있다.(×)
→ 경찰관은 제1항 각 호의 어느 하나에 해당하는 사람에게 질문을 할 때에 그 사람이 흉기를 가지고 있는지를 조사할 수 있다.(경찰관 직무집행법 제3조제3항) 이때 **임시영치와는 관계없다. 임시영치는 경찰관은 제1항의 조치를 하는 경우에 구호대상자가 휴대하고 있는 무기·흉기 등 위험을 일으킬 수 있는 것으로 인정되는 물건을 경찰관서에 임시로 영치(領置)하여 놓을 수 있다.**(경찰관 직무집행법 제4조제3항)

㉢ [×] 경찰관이 구호대상자를 경찰관서에 보호하는 경우 보호 기간은 **12시간(×)** 을 초과할 수 없다.
→ 제1항에 따라 **구호대상자를 경찰관서에서 보호하는 기간은 24시간을 초과할 수 없고, 제3항에 따라 물건을 경찰관서에 임시로 영치하는 기간은 10일을 초과할 수 없다.**(경찰관 직무집행법 제4조제7항)

㉥ [×] **경찰관(×)** 은 직무 수행에 필요하다고 인정되는 상당한 이유가 있을 때에는 국가기관이나 공사(公私) 단체 등에 직무 수행에 관련된 사실을 조회할 수 있다.
→ **경찰서의 장은** 직무 수행에 필요하다고 인정되는 상당한 이유가 있을 때에는 국가기관이나 공사(公私) 단체 등에 직무 수행에 관련된 사실을 조회할 수 있다. 다만, 긴급한 경우에는 소속 경찰관으로 하여금 현장에 나가 해당 기관 또는 단체의 장의 협조를 받아 그 사실을 확인하게 할 수 있다.(경찰관 직무집행법 제8조제1항)

㉠ [O] 경찰관은 이미 행하여진 범죄나 행하여지려고 하는 범죄행위에 관한 사실을 안다고 인정되는 사람을 정지시켜 질문할 수 있다.(경찰관 직무집행법 제3조제1항)

㉣ [O] 경찰관은 보호조치를 한 경우 지체 없이 가족, 친지 등에게 그 사실을 알려야 한다.
→ 경찰관은 제1항의 조치를 하였을 때에는 **지체 없이 구호대상자의 가족, 친지 또는 그 밖의 연고자에게 그 사실을 알려야 하며,** 연고자가 발견되지 아니할 때에는 구호대상자를 적당한 공공보건의료기관이나 공공구호기관에 즉시 인계하여야 한다.(경찰관 직무집행법 제4조제4항)

㉤ [O] 경찰관이 범죄예방을 위해 **음식점에** 출입하겠다고 요구하는 경우, 음식점이 **영업시간**이라면 음식점 주인은 정당한 이유 없이 그 요구를 거절할 수 없다.

> → 흥행장(興行場), 여관, 음식점, 역, 그 밖에 많은 사람이 출입하는 장소의 관리자나 그에 준하는 관계인은 경찰관이 범죄나 사람의 생명·신체·재산에 대한 위해를 예방하기 위하여 해당 장소의 영업시간이나 해당 장소가 일반인에게 공개된 시간에 그 장소에 출입하겠다고 요구하면 정당한 이유 없이 그 요구를 거절할 수 없다.(경찰관 직무집행법 제7조제2항)

정답 ③

366 경찰장비에 대한 설명 중 가장 적절하지 않은 것은?

19 법학특채 [ESSential ★] 총론 Chapter 7. 453

① 위해성 경찰장비의 종류에는 경찰장구·무기·분사기 기타 장비 등이 있다.
② 최루탄발사기로 최루탄을 발사하는 경우 30도 이상의 발사각을 유지해야 하고, 특수진압차의 최루탄발사대로 최루탄을 발사하는 경우에는 15도 이상의 발사각을 유지해야 한다.
③ 「경찰관 직무집행법」상 경찰관은 범인을 체포하기 위해 부득이한 경우 현장책임자 판단 하에 필요한 최소 범위 내에서 분사기 또는 최루탄을 사용할 수 있다.
④ 경찰청장은 위해성 경찰장비를 새로 도입하려는 경우에는 대통령령으로 정하는 바에 따라 안전성 검사를 실시하여 그 안전성 검사의 결과보고서를 행정안전부장관에게 제출해야 한다.

해설

④ [X] 경찰청장은 위해성 경찰장비를 새로 도입하려는 경우에는 대통령령으로 정하는 바에 따라 안전성 검사를 실시하여 그 안전성 검사의 결과보고서를 행정안전부장관(X)에게 제출해야 한다.
→ 경찰청장은 위해성 경찰장비를 새로 도입하려는 경우에는 대통령령으로 정하는 바에 따라 안전성 검사를 실시하여 그 안전성 검사의 결과보고서를 국회 소관 상임위원회에 제출하여야 한다. 이 경우 안전성 검사에는 외부 전문가를 참여시켜야 한다.(경찰관 직무집행법 제10조제5항)
→ 법 제10조제5항 후단에 따라 안전성 검사에 참여한 외부 전문가는 안전성 검사가 끝난 후 30일 이내에 신규 도입 장비의 안전성 여부에 대한 의견을 경찰청장에게 제출하여야 한다.(위해성 경찰장비의 사용기준 등에 관한 규정 제18조의2제3항) 경찰청장은 신규 도입 장비에 대한 안전성 검사를 실시한 후 3개월 이내에 다음 각 호의 내용이 포함된 안전성 검사 결과보고서를 국회 소관 상임위원회에 제출하여야 한다.(위해성 경찰장비의 사용기준 등에 관한 규정 제18조의2제4항)
① [O] 위해성 경찰장비의 종류에는 경찰장구·무기·분사기 기타 장비 등이 있다.
→ **경찰장구**: 수갑·포승(捕繩)·호송용포승·경찰봉·호신용경봉·전자충격기·**방패** 및 전자방패, **무기**: 권총·소총·기관총(기관단총을 포함한다. 이하 같다)·산탄총·유탄발사기·박격포·3인치포·함포·크레모아·수류탄·폭약류 및 도검, **분사기·최루탄등**: 근접분사기·가스분사기·가스발사총(고무탄 발사겸용을 포함한다. 이하 같다) 및 최루탄(그 발사장치를 포함한다. 이하 같다), **기타장비**: 가스차·살수차·특수진압차·물포·석궁·다목적발사기 및 도주차량차단장비(위해성 경찰장비의 사용기준 등에 관한 규정 제2조 제1호, 제2호, 제3호, 제4호)
② [O] 최루탄발사기로 최루탄을 발사하는 경우 30도 이상의 발사각을 유지해야 하고, 특수진압차의 최루탄발사대로 최루탄을 발사하는 경우에는 15도 이상의 발사각을 유지해야 한다.(위해성 경찰장비의 사용기준 등에 관한 규정 제12조제2항)
③ [O] 「경찰관 직무집행법」상 경찰관은 범인을 체포하기 위해 부득이한 경우 현장책임자 판단 하에 필요한 최소 범위 내에서 분사기 또는 최루탄을 사용할 수 있다.(경찰관 직무집행법 제10조의3제1호)

정답 ④

367 「위해성 경찰장비의 사용기준 등에 관한 규정」에 대한 설명 중 가장 옳은 것은?

19 경찰간부 [Essential ★] 총론 Chapter 7. 454

① 경찰관은 최루탄발사기로 최루탄을 발사하는 경우 15도 이상의 발사각을 유지하여야 하고, 가스차·살수차 또는 특수진압차의 최루탄발사대로 최루탄을 발사하는 경우에는 30도 이상의 발사각을 유지하여야 한다.

② 경찰관은 14세 이하의 자 또는 임산부에 대하여 전자충격기 또는 전자방패를 사용하여서는 아니 된다.

③ 분사기·최루탄 등에는 근접분사기·가스분사기·가스발사총(고무탄 발사겸용은 제외) 및 최루탄(그 발사장치를 포함)이 있다.

④ 경찰관은 범인의 체포 또는 도주방지, 타인 또는 경찰관의 생명·신체에 대한 방호, 공무집행에 대한 항거의 억제를 위하여 필요한 때에는 최소한의 범위 안에서 가스발사총을 사용할 수 있다. 이 경우 경찰관은 1미터 이내의 거리에서 상대방의 얼굴을 향하여 이를 발사하여서는 아니 된다.

해설

④ [O] 경찰관은 범인의 체포 또는 도주방지, 타인 또는 경찰관의 생명·신체에 대한 방호, 공무집행에 대한 항거의 억제를 위하여 필요한 때에는 최소한의 범위 안에서 가스발사총을 사용할 수 있다. 이 경우 경찰관은 **1미터 이내의 거리에서 상대방의 얼굴을 향하여 이를 발사하여서는 아니 된다.**(위해성 경찰장비의 사용기준 등에 관한 규정 제12조제1항)

① [×] 경찰관은 최루탄발사기로 최루탄을 발사하는 경우 15도(×) 이상의 발사각을 유지하여야 하고, 가스차·살수차 또는 특수진압차의 최루탄발사대로 최루탄을 발사하는 경우에는 30도(×) 이상의 발사각을 유지하여야 한다.
→ 경찰관은 **최루탄발사기로 최루탄을 발사하는 경우 30도이상**의 발사각을 유지하여야 하고, 가스차·살수차 또는 특수진압차의 **최루탄발사대로 최루탄을 발사하는 경우에는 15도이상**의 발사각을 유지하여야 한다.(위해성 경찰장비의 사용기준 등에 관한 규정 제12조제2항)

② [×] 경찰관은 14세 이하의 자(×) 또는 임산부에 대하여 전자충격기 또는 전자방패를 사용하여서는 아니 된다.
→ 경찰관은 **14세미만의 자 또는 임산부에 대하여 전자충격기 또는 전자방패를 사용하여서는 아니된다.** (위해성 경찰장비의 사용기준 등에 관한 규정 제8조제1항)

③ [×] 분사기·최루탄 등에는 근접분사기·가스분사기·가스발사총(**고무탄 발사겸용은 제외(×)**) 및 최루탄(그 발사장치를 포함)이 있다.
→ 분사기·최루탄등 : 근접분사기·가스분사기·가스발사총(**고무탄 발사겸용을 포함한다. 이하 같다**) 및 최루탄(그 발사장치를 포함한다. 이하 같다)(위해성 경찰장비의 사용기준 등에 관한 규정 제2조제3호)

정답 ④

368 「경찰관 직무집행법」에 대한 내용으로 옳지 않은 것은 모두 몇 개인가? 20 경찰 1차 [Core ★★]

총론 Chapter 7. 456

㉠ 일반적 수권조항의 존재를 부정하는 학자들에 따르면 「경찰관 직무집행법」 제2조 제7호는 경찰의 직무범위만을 정한 것으로서 본질적으로 조직법적 성질의 규정에 해당한다고 주장한다.
㉡ 경찰관은 수상한 행동이나 그 밖의 주위 사정을 합리적으로 판단해 볼 때 보호조치대상자에 해당하는 것이 명백하고 응급구호가 필요하다고 믿을 만한 상당한 이유가 있는 사람을 발견하였을 때에는 보건의료기관이나 공공구호기관에 긴급구호를 요청하거나 경찰관서에 보호하는 등 적절한 조치를 하여야 한다.
㉢ 구호대상자를 경찰관서에서 보호하는 기간은 24시간을 초과할 수 없고, 물건을 경찰관서에 임시로 영치하는 기간은 10일을 초과할 수 없다.
㉣ 경찰관은 '현행범이나 사형·무기 또는 장기 3년 이상의 징역이나 금고에 해당하는 죄를 범한 범인의 체포 또는 도주 방지', '자신이나 다른 사람의 생명·신체 및 재산의 보호', '공무집행에 대한 항거 제지'의 직무를 수행하기 위하여 필요하다고 인정되는 상당한 이유가 있을 때에는 그 사태를 합리적으로 판단하여 필요한 한도 내에서 경찰장구를 사용할 수 있다.
㉤ 경찰청장 또는 시도경찰청장은 손실보상심의위원회의 심의·의결에 따라 보상금을 지급하고, 거짓 또는 부정한 방법으로 보상금을 받은 사람에 대하여는 해당 보상금을 환수할 수 있다.

① 1개   ② 2개   ③ 3개   ④ 4개

㉡, ㉤ 2항목이 옳지 않다.
㉡ [×] 경찰관은 수상한 행동이나 그 밖의 주위 사정을 합리적으로 판단해 볼 때 보호조치대상자에 해당하는 것이 명백하고 응급구호가 필요하다고 믿을 만한 상당한 이유가 있는 사람을 발견하였을 때에는 보건의료기관이나 공공구호기관에 긴급구호를 요청하거나 경찰관서에 보호하는 등 적절한 조치를 하여야 한다.(×)
→ 경찰관은 수상한 행동이나 그 밖의 주위 사정을 합리적으로 판단해 볼 때 다음 각 호의 어느 하나에 해당하는 것이 명백하고 응급구호가 필요하다고 믿을 만한 상당한 이유가 있는 사람(이하 "구호대상자"라 한다)을 발견하였을 때에는 보건의료기관이나 공공구호기관에 긴급구호를 요청하거나 경찰관서에 보호하는 등 적절한 조치를 할 수 있다.(경찰관 직무집행법 제4조제1항)
㉤ [×] 경찰청장 또는 시도경찰청장은 손실보상심의위원회의 심의·의결에 따라 보상금을 지급하고, 거짓 또는 부정한 방법으로 보상금을 받은 사람에 대하여는 해당 보상금을 환수할 수 있다.(×)
→ 경찰청장 또는 시·도경찰청장은 제3항의 손실보상심의위원회의 심의·의결에 따라 보상금을 지급하고, 거짓 또는 부정한 방법으로 보상금을 받은 사람에 대하여는 해당 보상금을 환수하여야 한다.(경찰관 직무집행법 제11조의2제4항)
㉠ [○] 일반적 수권조항의 존재를 부정하는 학자들에 따르면 「경찰관 직무집행법」 제2조 제7호는 경찰의 직무범위만을 정한 것으로서 본질적으로 조직법적 성질의 규정에 해당한다고 주장한다.
→ 경찰관직무집행법 제2조 제7호는 발동근거에 대한 개괄적 조항은 아니고 단지 직무범위만을 정한 것으로 본질적으로는 조직법적 성질의 규정이다.

ⓒ [O] 구호대상자를 경찰관서에서 보호하는 기간은 24시간을 초과할 수 없고, 물건을 경찰관서에 임시로 영치하는 기간은 10일을 초과할 수 없다.(경찰관 직무집행법 제4조제7항)

ⓔ [O] 경찰관은 '현행범이나 사형·무기 또는 장기 3년 이상의 징역이나 금고에 해당하는 죄를 범한 범인의 체포 또는 도주 방지', '자신이나 다른 사람의 생명·신체 및 재산의 보호', '공무집행에 대한 항거 제지'의 직무를 수행하기 위하여 필요하다고 인정되는 상당한 이유가 있을 때에는 그 사태를 합리적으로 판단하여 필요한 한도 내에서 경찰장구를 사용할 수 있다.(경찰관 직무집행법 제10조의2제1항제1호, 제2호, 제3호)

정답 ②

369 「경찰관 직무집행법」 제4조의 보호조치에 대한 설명으로 가장 적절하지 않은 것은?

20 경찰 2차 [ESSential ★] 총론 Chapter 7. 457

① 경찰관은 정신착란을 일으키거나 술에 취하여 자신 또는 다른 사람의 생명·신체·재산에 위해를 끼칠 우려가 있음이 명백하고 응급구호가 필요하다고 믿을 만한 상당한 이유가 있는 사람을 발견하였을 때 보건의료기관이나 공공구호기관에 긴급구호를 요청하거나 경찰관서에 보호할 수 있다.

② 미아, 병자, 부상자 등으로서 적당한 보호자가 없으며 응급구호가 필요하다고 인정되는 사람이 구호를 거절하지 않는 경우 경찰관은 보호조치를 할 수 있다.

③ 경찰관은 보호조치를 하였을 때에는 지체 없이 구호대상자의 가족, 친지 또는 그 밖의 연고자에게 그 사실을 알려야 하며, 구호대상자를 경찰관서에서 보호하는 기간은 6시간을 초과할 수 없다.

④ 경찰관은 보호조치를 하는 경우에 구호대상자가 휴대하고 있는 무기·흉기 등 위험을 일으킬 수 있는 것으로 인정되는 물건을 경찰관서에 임시로 영치할 수 있다.

해설

③ [O] 경찰관은 보호조치를 하였을 때에는 지체 없이 구호대상자의 가족, 친지 또는 그 밖의 연고자에게 그 사실을 알려야 하며, 구호대상자를 경찰관서에서 보호하는 기간은 6시간(×)을 초과할 수 없다.
→ 경찰관은 제1항의 조치를 하였을 때에는 지체 없이 구호대상자의 가족, 친지 또는 그 밖의 연고자에게 그 사실을 알려야 하며, 연고자가 발견되지 아니할 때에는 구호대상자를 적당한 공공보건의료기관이나 공공구호기관에 즉시 인계하여야 한다.(경찰관 직무집행법 제4조제4항) 제1항에 따라 **구호대상자를 경찰관서에서 보호하는 기간은 24시간을 초과할 수 없고, 제3항에 따라 물건을 경찰관서에 임시로 영치하는 기간은 10일을 초과할 수 없다.**(경찰관 직무집행법 제4조제7항)

① [O] 경찰관은 정신착란을 일으키거나 술에 취하여 자신 또는 다른 사람의 생명·신체·재산에 위해를 끼칠 우려가 있음이 명백하고 응급구호가 필요하다고 믿을 만한 상당한 이유가 있는 사람을 발견하였을 때 보건의료기관이나 공공구호기관에 긴급구호를 요청하거나 경찰관서에 **보호할 수 있다.**(경찰관 직무집행법 제4조제1항제1호)

② [O] 미아, 병자, 부상자 등으로서 적당한 보호자가 없으며 응급구호가 필요하다고 인정되는 사람이 **구호를 거절하지 않는 경우 경찰관은 보호조치를 할 수 있다.**
→ 미아, 병자, 부상자 등으로서 적당한 보호자가 없으며 응급구호가 필요하다고 인정되는 사람. 다만, 본인이 구호를 거절하는 경우는 제외한다.(경찰관 직무집행법 제4조제1항제3호)

④ [O] 경찰관은 보호조치를 하는 경우에 구호대상자가 휴대하고 있는 무기·흉기 등 위험을 일으킬 수 있는 것으로 인정되는 물건을 경찰관서에 임시로 영치할 수 있다.(경찰관 직무집행법 제4조제3항)

정답 ③

370 「경찰관 직무집행법」상 '경찰장비'에 대한 설명으로 옳지 않은 것은? 20 경찰간부 [Essential ★]

총론 Chapter 7. 458

① 경찰관은 직무수행 중 경찰장비를 사용할 수 있다. 다만, 사람의 생명이나 신체에 위해를 끼칠 수 있는 경찰장비를 사용할 때에는 필요한 안전교육과 안전검사를 받은 후 사용하여야 한다.
② "경찰장구"란 무기, 최루제와 그 발사장치, 살수차, 감식기구, 해안 감시기구, 통신기기, 차량·선박·항공기 등 경찰이 직무를 수행할 때 필요한 장치와 기구를 말한다.
③ 경찰청장은 사람의 생명이나 신체에 위해를 끼칠 수 있는 경찰장비를 새로 도입하려는 경우에는 대통령령으로 정하는 바에 따라 안전성 검사를 실시하여 그 안전성 검사의 결과보고서를 국회 소관 상임위원회에 제출하여야 한다. 이 경우 안전성 검사에는 외부 전문가를 참여시켜야 한다.
④ 경찰관은 경찰장비를 함부로 개조하거나 경찰장비에 임의의 장비를 부착하여 일반적인 사용법과 달리 사용함으로써 다른 사람의 생명·신체에 위해를 끼쳐서는 아니 된다.

해설

② [X] "경찰장구"(X)란 무기, 최루제와 그 발사장치, 살수차, 감식기구, 해안 감시기구, 통신기기, 차량·선박·항공기 등 경찰이 직무를 수행할 때 필요한 장치와 기구를 말한다.
→ 제1항 본문에서 "경찰장비"란 무기, 경찰장구(警察裝具), 최루제(催淚劑)와 그 발사장치, 살수차, 감식기구(鑑識機具), 해안 감시기구, 통신기기, 차량·선박·항공기 등 경찰이 직무를 수행할 때 필요한 장치와 기구를 말한다.(경찰관 직무집행법 제10조제2항)
① [O] 경찰관은 직무수행 중 경찰장비를 사용할 수 있다. 다만, 사람의 생명이나 신체에 위해를 끼칠 수 있는 경찰장비를 사용할 때에는 필요한 안전교육과 안전검사를 받은 후 사용하여야 한다.(경찰관 직무집행법 제10조제1항)
③ [O] 경찰청장은 사람의 생명이나 신체에 위해를 끼칠 수 있는 경찰장비를 새로 도입하려는 경우에는 대통령령으로 정하는 바에 따라 안전성 검사를 실시하여 그 안전성 검사의 결과보고서를 국회 소관 상임위원회에 제출하여야 한다. 이 경우 안전성 검사에는 외부 전문가를 참여시켜야 한다.(경찰관 직무집행법 제10조제5항)
④ [O] 경찰관은 경찰장비를 함부로 개조하거나 경찰장비에 임의의 장비를 부착하여 일반적인 사용법과 달리 사용함으로써 다른 사람의 생명·신체에 위해를 끼쳐서는 아니 된다.(경찰관 직무집행법 제10조제3항)

정답 ②

371 「경찰관 직무집행법」 및 「위해성 경찰장비의 사용기준 등에 관한 규정」상 경찰장비의 사용에 대한 설명으로 가장 적절한 것은?

① 경찰관은 범인의 체포 또는 도주의 방지, 자신이나 다른 사람의 생명·신체의 방어 및 보호, 공무집행에 대한 항거의 제지를 위하여 필요한 상당한 이유가 있는 경우 경찰장구를 사용할 수 있다.
② 경찰관은 불법집회·시위 또는 소요사태로 인하여 발생할 수 있는 타인 또는 경찰관의 생명·신체의 위해와 재산·공공시설의 위험을 억제하기 위하여 부득이한 경우에는 시도경찰청장의 명령에 따라 필요한 최소한의 범위에서 가스차를 사용할 수 있다.
③ 제11조(사용기록의 보관)에 따라 살수차, 분사기, 전자충격기 및 전자방패, 무기를 사용하는 경우 그 책임자는 사용 일시·장소·대상, 현장책임자, 종류, 수량 등을 기록하여 보관하여야 한다.
④ 경찰관은 범인·주취자 또는 정신착란자의 자살 또는 자해기도를 방지하기 위하여 필요한 때에는 수갑·포승 또는 호송용 포승을 사용할 수 있다. 이 경우 경찰관은 소속 국가경찰관서의 장에게 그 사실을 보고하여야 한다.

해설

④ [O] 경찰관은 범인·주취자 또는 정신착란자의 자살 또는 자해기도를 방지하기 위하여 필요한 때에는 수갑·포승 또는 호송용 포승을 사용할 수 있다. 이 경우 경찰관은 소속 국가경찰관서의 장에게 그 사실을 보고하여야 한다.
→ 경찰관은 범인·술에 취한 사람 또는 정신착란자의 자살 또는 자해기도를 방지하기 위하여 필요한 때에는 수갑·포승 또는 호송용포승을 사용할 수 있다. 이 경우 경찰관은 소속 국가경찰관서의 장(경찰청장·해양경찰청장·시·도경찰청장·지방해양경찰청장·경찰서장 또는 해양경찰서장 기타 경무관·총경·경정 또는 경감을 장으로 하는 국가경찰관서의 장을 말한다.이하 같다)에게 그 사실을 보고해야 한다.(위해성 경찰장비의 사용기준 등에 관한 규정 제5조)

① [X] 경찰관은 범인의 체포 또는 도주의 방지(X), 자신이나 다른 사람의 생명·신체의 방어 및 보호, 공무집행에 대한 항거의 제지를 위하여 필요한 상당한 이유가 있는 경우 경찰장구를 사용할 수 있다.
→ 경찰관은 다음 각 호의 직무를 수행하기 위하여 필요하다고 인정되는 상당한 이유가 있을 때에는 그 사태를 합리적으로 판단하여 필요한 한도에서 경찰장구를 사용할 수 있다. 현행범이나 사형·무기 또는 장기 3년 이상의 징역이나 금고에 해당하는 죄를 범한 범인의 체포 또는 도주 방지, 자신이나 다른 사람의 생명·신체의 방어 및 보호, 공무집행에 대한 항거(抗拒) 제지(경찰관 직무집행법 제10조의2제1호, 제2호, 제3호)

② [X] 경찰관은 불법집회·시위 또는 소요사태로 인하여 발생할 수 있는 타인 또는 경찰관의 생명·신체의 위해와 재산·공공시설의 위험을 억제하기 위하여 부득이한 경우에는 시도경찰청장의 명령(X)에 따라 필요한 최소한의 범위에서 가스차를 사용할 수 있다.
→ 경찰관은 불법집회·시위 또는 소요사태로 인하여 발생할 수 있는 타인 또는 경찰관의 생명·신체의 위해와 재산·공공시설의 위험을 억제하기 위하여 부득이한 경우에는 현장책임자의 판단에 의하여 필요한 최소한의 범위에서 가스차를 사용할 수 있다.(위해성 경찰장비의 사용기준 등에 관한 규정 제13조제1항)

③ [X] 제11조(사용기록의 보관)에 따라 살수차, 분사기, 전자충격기 및 전자방패(X), 무기를 사용하는 경우 그 책임자는 사용 일시·장소·대상, 현장책임자, 종류, 수량 등을 기록하여 보관하여야 한다.
→ 제10조제2항에 따른 살수차, 제10조의3에 따른 분사기, 최루탄 또는 제10조의4에 따른 무기를 사용하는 경우 그 책임자는 사용 일시·장소·대상, 현장책임자, 종류, 수량 등을 기록하여 보관하여야 한다.(경찰

> 직무집행법 제11조)
>
> 위해성 경찰장비의 사용기준 등에 관한 규정 (약칭: 위해성경찰장비규정)
> **제13조(가스차·특수진압차·물포의 사용기준)**
> ① 경찰관은 불법집회·시위 또는 소요사태로 인하여 발생할 수 있는 타인 또는 경찰관의 생명·신체의 위해와 재산·공공시설의 위험을 억제하기 위하여 부득이한 경우에는 현장책임자의 판단에 의하여 필요한 최소한의 범위에서 가스차를 사용할 수 있다.
> ② 경찰관은 소요사태의 진압, 대간첩·대테러작전의 수행을 위하여 부득이한 경우에는 필요한 최소한의 범위안에서 특수진압차를 사용할 수 있다.
> ③ 경찰관은 불법해상시위를 해산시키거나 선박운항정지(정선)명령에 불응하고 도주하는 선박을 정지시키기 위하여 부득이한 경우에는 현장책임자의 판단에 의하여 필요한 최소한의 범위안에서 경비함정의 물포를 사용할 수 있다. 다만, 사람을 향하여 직접 물포를 발사해서는 안 된다.

정답 ④

372 「경찰관 직무집행법」에서 보호조치 등에 대한 설명으로 가장 적절한 것은?

21 경찰 2차 [ESSential ★] 총론 Chapter 7. 462

① 「경찰관 직무집행법」 제4조 제1항에 따라 긴급구호를 요청받은 보건의료기관이나 공공구호기관은 정당한 이유 없이 긴급구호를 거절할 수 없다. 만약, 긴급구호를 요청받은 응급의료종사자가 정당한 이유 없이 거절한 경우 「경찰관 직무집행법」에 따라 처벌한다.
② 경찰관은 「경찰관 직무집행법」 제4조 제1항의 조치를 하였을 때에는 지체 없이 구호대상자의 가족, 친지 또는 그 밖의 연고자에게 그 사실을 알려야 하며, 연고자가 발견되지 아니할 때에는 구호대상자를 적당한 관할경찰관서에 즉시 인계하여야 한다.
③ 경찰관은 「경찰관 직무집행법」 제4조 제1항의 조치를 하는 경우에, 구호대상자가 휴대하고 있는 무기·흉기 등 위험을 일으킬 수 있는 것으로 인정되는 물건을 경찰관서에 임시로 영치하여 놓을 수 있다. 물건을 경찰관서에 임시로 영치하는 기간은 10일을 초과할 수 없다.
④ 미아, 병자, 부상자 등으로서 적당한 보호자가 없으며 응급구호가 필요한 경우 본인이 구호를 거절하더라도 보호조치할 수 있다.

> **해설**
>
> ③ [O] 경찰관은 「경찰관 직무집행법」 제4조 제1항의 조치를 하는 경우에, 구호대상자가 휴대하고 있는 무기·흉기 등 위험을 일으킬 수 있는 것으로 인정되는 물건을 경찰관서에 임시로 영치하여 놓을 수 있다.(경찰관 직무집행법 제4조제3항) 물건을 경찰관서에 임시로 영치하는 기간은 10일을 초과할 수 없다.(경찰관 직무집 행법 제4조제7항)
> ① [X] 「경찰관 직무집행법」 제4조 제1항에 따라 긴급구호를 요청받은 보건의료기관이나 공공구호기관은 정당한 이유 없이 긴급구호를 거절할 수 없다. 만약, 긴급구호를 요청받은 응급의료종사자가 정당한 이유 없이 거절한 경우 **경찰관 직무집행법**(X)에 따라 처벌한다.

→ 「경찰관 직무집행법」 제4조 제1항에 따라 긴급구호를 요청받은 보건의료기관이나 공공구호기관은 **정당한 이유 없이 긴급구호를 거절할 수 없다.**(경찰관 직무집행법 제4조제2항) 만약, 긴급구호를 요청받은 응급의료종사자가 **정당한 이유 없이 거절한 경우에는 「응급의료에 관한 법률」에 의해 처벌한다.**

② [×] 경찰관은 「경찰관 직무집행법」 제4조 제1항의 조치를 하였을 때에는 지체 없이 구호대상자의 가족, 친지 또는 그 밖의 연고자에게 그 사실을 알려야 하며, 연고자가 발견되지 아니할 때에는 구호대상자를 적당한 **관할경찰관서(×)**에 즉시 인계하여야 한다.
→ 경찰관은 제1항의 조치를 하였을 때에는 **지체 없이 구호대상자의 가족, 친지 또는 그 밖의 연고자에게 그 사실을 알려야 하며,** 연고자가 발견되지 아니할 때에는 구호대상자를 **적당한 공공보건의료기관이나 공공구호기관에 즉시 인계하여야 한다.**(경찰관 직무집행법 제4조제4항)

④ [×] 미아, 병자, 부상자 등으로서 적당한 보호자가 없으며 응급구호가 필요한 경우 **본인이 구호를 거절하더라도 보호조치할 수 있다.(×)**
→ 미아, 병자, 부상자 등으로서 적당한 보호자가 없으며 응급구호가 필요하다고 인정되는 사람. 다만, **본인이 구호를 거절하는 경우는 제외한다.**(경찰관 직무집행법 제4조제1항제3호)

응급의료에 관한 법률 (약칭: 응급의료법)
제6조(응급의료의 거부금지 등) ② 응급의료종사자는 업무 중에 응급의료를 요청받거나 응급환자를 발견하면 즉시 응급의료를 하여야 하며 정당한 사유 없이 이를 거부하거나 기피하지 못한다. **제60조(벌칙)** ③ 다음 각 호의 어느 하나에 해당하는 사람은 3년 이하의 징역 또는 3천만원 이하의 벌금에 처한다.   1. 제6조제2항을 위반하여 응급의료를 거부 또는 기피한 응급의료종사자

정답 ③

373 다음은 「위해성 경찰장비의 사용기준 등에 관한 규정」에 대한 설명이다. 적절한 것만을 고른 것은 모두 몇 개인가?
21 경찰 1차 [Core ★★] 총론 Chapter 7. 463

> ㉠ 경찰관은 소요사태로 인해 타인의 법익이나 공공의 안녕질서에 대한 직접적인 위험이 명백하게 초래되어 살수차 외의 경찰장비로는 그 위험을 제거·완화시키는 것이 현저히 곤란한 경우에는 시도경찰청장의 명령에 따라 살수차를 배치·사용할 수 있다.
> ㉡ 경찰관은 총기 또는 폭발물을 가지고 대항하는 경우를 제외하고는 14세 미만의 자 또는 임산부에 대하여 권총 또는 소총을 발사하여서는 아니된다.
> ㉢ 「경찰관 직무집행법」 제10조 제5항 후단에 따라 안전성 검사에 참여한 외부 전문가는 안전성 검사가 끝난 후 3개월 이내에 신규 도입 장비의 안전성 여부에 대한 의견을 경찰청장에게 제출하여야 한다.
> ㉣ 국가경찰관서의 장(경찰청장·해양경찰청장·시도경찰청장·지방해양경찰청장·경찰서장 또는 해양경찰서장 기타 경무관·총경·경정 또는 경감을 장으로 하는 국가경찰관서의 장을 말한다)은 폐기대상인 위해성 경찰장비 또는 성능이 저하된 위해성 경찰장비를 개조할 수 있으며, 소속경찰관으로 하여금 이를 본래의 용법에 준하여 사용하게 할 수 있다.
> ㉤ 「위해성 경찰장비의 사용기준 등에 관한 규정」 제2조 제2호부터 제4호까지의 위해성 경찰장비(제4호의 경우에는 가스차만 해당한다)를 사용하는 경우 그 현장책임자 또는 사용자는 사용보고서를 작성하여 직근상급 감독자에게 보고하고, 직근상급 감독자는 이를 3년간 보관하여야 한다.

① 1개 ② 2개 ③ 3개 ④ 4개

해설

㉠, ㉡, ㉣ 3항목이 적절하다.
㉠ [O] 경찰관은 소요사태로 인해 타인의 법익이나 공공의 안녕질서에 대한 직접적인 위험이 명백하게 초래되어 살수차 외의 경찰장비로는 그 위험을 제거·완화시키는 것이 현저히 곤란한 경우에는 시도경찰청장의 명령에 따라 살수차를 배치·사용할 수 있다.(위해성 경찰장비의 사용기준 등에 관한 규정 제13조의2제1항 제1호)
㉡ [O] 경찰관은 총기 또는 폭발물을 가지고 대항하는 경우를 제외하고는 14세 미만의 자 또는 임산부에 대하여 권총 또는 소총을 발사하여서는 아니된다.(위해성 경찰장비의 사용기준 등에 관한 규정 제10조제2항)
㉣ [O] 국가경찰관서의 장(경찰청장·해양경찰청장·시도경찰청장·지방해양경찰청장·경찰서장 또는 해양경찰서장 기타 경무관·총경·경정 또는 경감을 장으로 하는 국가경찰관서의 장을 말한다)은 폐기대상인 위해성 경찰장비 또는 성능이 저하된 위해성 경찰장비를 개조할 수 있으며, 소속경찰관으로 하여금 이를 본래의 용법에 준하여 사용하게 할 수 있다.(위해성 경찰장비의 사용기준 등에 관한 규정 제19조)
㉢ [X] 「경찰관 직무집행법」 제10조 제5항 후단에 따라 안전성 검사에 참여한 외부 전문가는 안전성 검사가 끝난 후 3개월(×) 이내에 신규 도입 장비의 안전성 여부에 대한 의견을 경찰청장에게 제출하여야 한다.
→ 법 제10조제5항 후단에 따라 안전성 검사에 참여한 외부 전문가는 안전성 검사가 끝난 후 30일 이내에 신규 도입 장비의 안전성 여부에 대한 의견을 경찰청장에게 제출하여야 한다.(위해성 경찰장비의 사용기준 등에 관한 규정 제18조의2제3항)
㉤ [X] 「위해성 경찰장비의 사용기준 등에 관한 규정」 제2조 제2호부터 제4호까지의 위해성 경찰장비(제4호의

경우에는 가스차만 해당한다(×))를 사용하는 경우 그 현장책임자 또는 사용자는 사용보고서를 작성하여 직근상급 감독자에게 보고하고, 직근상급 감독자는 이를 3년간 보관하여야 한다.
→ 제2조제2호부터 제4호까지의 **위해성 경찰장비(제4호의 경우에는 살수차만 해당한다)**를 사용하는 경우 그 **현장책임자 또는 사용자**는 별지 서식의 사용보고서를 작성하여 직근상급 감독자에게 보고하고, **직근상급 감독자는 이를 3년간 보관하여야 한다.**(위해성 경찰장비의 사용기준 등에 관한 규정 제20조의제1항)

위해성 경찰장비의 사용기준 등에 관한 규정 (약칭: 위해성경찰장비규정)

제13조의2(살수차의 사용기준)
① 경찰관은 다음 각 호의 어느 하나에 해당하여 살수차 외의 경찰장비로는 그 위험을 제거·완화시키는 것이 현저히 곤란한 경우에는 **시·도경찰청장의 명령**에 따라 살수차를 배치·사용할 수 있다.
  1. 소요사태로 인해 타인의 법익이나 공공의 안녕질서에 대한 직접적인 위험이 명백하게 초래되는 경우
  2. 「통합방위법」 제21조제4항에 따라 지정된 **국가중요시설**에 대한 직접적인 공격행위로 인해 해당 시설이 파괴되거나 기능이 정지되는 등 급박한 위험이 발생하는 경우
② 경찰관은 제1항에 따라 살수차를 사용하는 경우 별표 3의 살수거리별 수압기준에 따라 살수해야 한다. 이 경우 사람의 생명 또는 신체에 치명적인 위해를 가하지 않도록 필요한 최소한의 범위에서 살수해야 한다.
③ 경찰관은 제2항에 따라 살수하는 것으로 제1항 각 호의 어느 하나에 해당하는 위험을 제거·완화시키는 것이 곤란하다고 판단하는 경우에는 **시·도경찰청장의 명령에 따라 필요한 최소한의 범위에서 최루액을 혼합하여 살수할 수 있다.** 이 경우 최루액의 혼합 살수 절차 및 방법은 경찰청장이 정한다.

제19조(위해성 경찰장비의 개조 등)
국가경찰관서의 장은 폐기대상인 위해성 경찰장비 또는 성능이 저하된 위해성 경찰장비를 개조할 수 있으며, 소속경찰관으로 하여금 이를 본래의 용법에 준하여 사용하게 할 수 있다.

제20조(사용기록의 보관 등)
① 제2조제2호부터 제4호까지의 위해성 경찰장비(제4호의 경우에는 살수차만 해당한다)를 사용하는 경우 그 **현장책임자 또는 사용자**는 별지 서식의 사용보고서를 작성하여 직근상급 감독자에게 보고하고, 직근상급 감독자는 이를 3년간 보관하여야 한다.
② 제1항의 규정에 의하여 제2조제2호의 무기 사용보고를 받은 직근상급 감독자는 지체없이 지휘계통을 거쳐 경찰청장 또는 해양경찰청장에게 보고하여야 한다.

정답 ③

---

374 「경찰관 직무집행법」 제4조 '보호조치 등'에 대한 설명으로 가장 적절한 것은?

21 경찰승진 [Essential ★] 총론 Chapter 7. 464

① 경찰관은 자살기도자를 발견하여 경찰관서에 보호할 경우 지체 없이 구호대상자의 가족, 친지 또는 그 밖의 연고자에게 그 사실을 알려야 하며, 연고자가 발견되지 아니할 때에는 구호대상자의 의사와 상관없이 공공보건의료기관이나 공공구호기관에 인계할 수 있다.
② 경찰관은 보호조치 등을 하는 경우에 구호대상자가 휴대하고 있는 무기·흉기 등 위험을 일으킬 수 있는 것으로 인정되는 물건을 경찰관서에 임시로 영치(領置)하여 놓을 수 있고, 그 기간은 10일을 초과할 수 없다.
③ 긴급구호요청을 받은 응급의료종사자가 정당한 이유 없이 긴급구호요청을 거절할 경우, 「경찰관 직무집행법」에 따라 3년 이하의 징역 또는 3천만원 이하의 벌금에 처한다.
④ 보호조치는 경찰관서에서 일시 보호하여 구호의 방법을 강구하는 것으로 경찰관의 재량행위에 해당하기 때문에 국가배상책임이 인정되는 경우는 없다.

② [O] 경찰관은 보호조치 등을 하는 경우에 구호대상자가 **휴대하고 있는 무기·흉기 등 위험을 일으킬 수 있는 것으로 인정되는 물건**을 경찰관서에 임시로 영치(領置)하여 놓을 수 있고,(경찰관 직무집행법 제4조제3항) 그 기간은 10일을 초과할 수 없다.(경찰관 직무집행법 제4조제7항)

① [×] 경찰관은 자살기도자를 발견하여 경찰관서에 보호할 경우 지체 없이 구호대상자의 가족, 친지 또는 그 밖의 연고자에게 그 사실을 알려야 하며, 연고자가 발견되지 아니할 때에는 구호대상자의 의사와 상관없이 **공공보건의료기관이나 공공구호기관에 인계할 수 있다.(×)**
→ 경찰관은 수상한 행동이나 그 밖의 주위 사정을 합리적으로 판단해 볼 때 다음 각 호의 어느 하나에 해당하는 것이 명백하고 응급구호가 필요하다고 믿을 만한 상당한 이유가 있는 사람(이하 "구호대상자"라 한다)을 발견하였을 때에는 보건의료기관이나 공공구호기관에 긴급구호를 요청하거나 경찰관서에 보호하는 등 적절한 조치를 할 수 있다. **자살을 시도하는 사람**(경찰관 직무집행법 제4조제1항제2호) 경찰관은 제1항의 조치를 하였을 때에는 지체 없이 구호대상자의 가족, 친지 또는 그 밖의 연고자에게 그 사실을 알려야 하며, **연고자가 발견되지 아니할 때에는 구호대상자를 적당한 공공보건의료기관이나 공공구호기관에 즉시 인계하여야 한다.**(경찰관 직무집행법 제4조제4항) 자살기도자와 정신착란을 일으키거나 술에 취하여 자신 또는 다른 사람의 생명·신체·재산에 위해를 끼칠 우려가 있는 사람(강제보호 대상자)은 **본인의 의사에 관계없이 인계하여야 한다.**

③ [×] 긴급구호요청을 받은 응급의료종사자가 정당한 이유 없이 긴급구호요청을 거절할 경우, **「경찰관 직무집행법」**에 따라 3년 이하의 징역 또는 3천만원 이하의 벌금에 처한다.
→ 긴급구호요청을 받은 응급의료종사자가 정당한 이유 없이 긴급구호요청을 거절할 경우, 처벌할 수 있는 근거는 **「경찰관직무집행법」에 그 처벌근거가 없고, 「응급의료에 관한 법률」에 의해 처벌한다.**(3년 이하의 징역 또는 3천만원 이하의 벌금)
→ 응급의료종사자는 업무 중에 응급의료를 요청받거나 응급환자를 발견하면 즉시 응급의료를 하여야 하며 정당한 사유 없이 이를 거부하거나 기피하지 못한다.(응급의료에 관한 법률 제6조제2항) 다음 각 호의 어느 하나에 해당하는 사람은 3년 이하의 징역 또는 3천만원 이하의 벌금에 처한다. 제6조제2항을 위반하여 응급의료를 거부 또는 기피한 응급의료종사자(응급의료에 관한 법률 제60조제3항제1호)

④ [×] 보호조치는 경찰관서에서 일시 보호하여 구호의 방법을 강구하는 것으로 경찰관의 재량행위에 해당하기 때문에 **국가배상책임이 인정되는 경우는 없다.(×)**
→ 보호조치는 경찰관의 재량적 판단에 따라 경찰관서에 일시적으로 보호하는 조치를 말한다. **여기서의 재량은 기속재량(의무에 합당한 재량)으로 재량판단을 그르치면 위법으로 국가가 책임을 질 때도 있다.**

대법원 1996. 10. 25. 선고 95다45927 판결 [손해배상(기)]

[1] 긴급구호권한과 같은 경찰관의 조치권한은 일반적으로 경찰관의 전문적 판단에 기한 합리적인 재량에 위임되어 있는 것이나, 그렇다고 하더라도 구체적 상황하에서 경찰관에게 그러한 조치권한을 부여한 취지와 목적에 비추어 볼 때 그 불행사가 현저하게 불합리하다고 인정되는 경우에는, 그러한 불행사는 법령에 위반하는 행위에 해당하게 되어 국가배상법상의 다른 요건이 충족되는 한, 국가는 그로 인하여 피해를 입은 자에 대하여 국가배상책임을 부담한다.

[2] 정신질환자의 평소 행동에 포함된 범죄 내용이 경미하거나 범죄라고 볼 수 없는 비정상적 행동에 그치고 그 거동 기타 주위의 사정을 합리적으로 판단하여 보더라도 정신질환자에 의한 집주인 살인범행에 앞서 그 구체적 위험이 객관적으로 존재하고 있었다고 보기 어려운 경우, 경찰관이 그때그때의 상황에 따라 그 정신질환자를 훈방하거나 일시 정신병원에 입원시키는 등 경찰관직무집행법의 규정에 의한 긴급구호조치를 취하였고, 정신질환자가 퇴원하자 정신병원에서의 장기 입원치료를 받는 데 도움이 되도록 생활보호대상자 지정의뢰를 하는 등 그 나름대로의 조치를 취한 이상, 더 나아가 경찰관들이 정신질환자의 살인범행 가능성을 막을 수 있을 만한 다른 조치를 취하지 아니하였거나 입건·수사하지 아니하였다고 하여 이를 법령에 위반하는 행위에 해당한다고 볼 수 없다는 이유로, 사법경찰관리의 수사 미개시 및 긴급구호권 불행사를 이유로 제기한 국가배상청구를 배척한 사례.

정답 ②

375 「위해성 경찰장비의 사용기준 등에 관한 규정」에 관한 설명 중 가장 적절하지 않은 것은?

22 경찰 1차 [ESSential ★] 총론 Chapter 7. 465

① 권총·소총·기관총·함포·크레모아·수류탄·가스발사총은 무기에 해당한다.
② 경찰관은 14세 미만의 자 또는 임산부에 대하여 전자충격기 또는 전자방패를 사용하여서는 아니된다.
③ 경찰관은 전극침(電極針) 발사장치가 있는 전자충격기를 사용하는 경우 상대방의 얼굴을 향하여 전극침을 발사하여서는 아니된다.
④ 경찰관(경찰공무원으로 한정한다)은 체포·구속영장을 집행하거나 신체의 자유를 제한하는 판결 또는 처분을 받은 자를 법률이 정한 절차에 따라 호송하거나 수용하기 위하여 필요한 때에는 최소한의 범위안에서 수갑·포승 또는 호송용포승을 사용할 수 있다.

해설

① [X] 권총·소총·기관총·함포·크레모아·수류탄·**가스발사총(X)**은 무기에 해당한다.
→ **무기**: 권총·소총·기관총(기관단총을 포함한다. 이하 같다)·산탄총·유탄발사기·박격포·3인치포·**함포**·크레모아·수류탄·폭약류 및 도검(위해성 경찰장비의 사용기준 등에 관한 규정 제2조제2호)
→ **분사기·최루탄등**: 근접분사기·가스분사기·**가스발사총(고무탄 발사겸용을 포함한다. 이하 같다)** 및 최루탄(그 발사장치를 포함한다. 이하 같다)(위해성 경찰장비의 사용기준 등에 관한 규정 제2조제3호)
② [O] 경찰관은 **14세 미만의 자 또는 임산부**에 대하여 전자충격기 또는 전자방패를 사용하여서는 아니된다. (위해성 경찰장비의 사용기준 등에 관한 규정 제8조제1항)
③ [O] 경찰관은 전극침(電極針) 발사장치가 있는 전자충격기를 사용하는 경우 **상대방의 얼굴을 향하여 전극침을 발사하여서는 아니된다.**(위해성 경찰장비의 사용기준 등에 관한 규정 제8조제2항)
④ [O] 경찰관(경찰공무원으로 한정한다)은 체포·구속영장을 집행하거나 신체의 자유를 제한하는 판결 또는 처분을 받은 자를 법률이 정한 절차에 따라 호송하거나 수용하기 위하여 필요한 때에는 최소한의 범위안에서 수갑·포승 또는 호송용포승을 사용할 수 있다.

위해성 경찰장비의 사용기준 등에 관한 규정 (약칭: 위해성경찰장비규정)
제4조(영장집행등에 따른 수갑등의 사용기준)
경찰관(경찰공무원으로 한정한다. 이하 같다)은 체포·구속영장을 집행하거나 신체의 자유를 제한하는 판결 또는 처분을 받은 자를 법률이 정한 절차에 따라 호송하거나 수용하기 위하여 필요한 때에는 최소한의 범위안에서 수갑·포승 또는 호송용포승을 사용할 수 있다.

정답 ①

376 다음 설명으로 가장 적절하지 않은 것은? (다툼이 있는 경우 판례에 의함)

22 경찰승진, 실무종합 [Essential ★] 총론 Chapter 7. 468

① 「경찰관 직무집행법 시행령」상 경찰관의 적법한 직무집행으로 인하여 발생한 손실을 보상받으려는 사람은 보상금 지급 청구서에 손실내용과 손실금액을 증명할 수 있는 서류를 첨부하여 손실보상청구 사건 발생지를 관할하는 국가경찰관서의 장에게 제출하여야 한다.

② 「경찰관 직무집행법」에 따라 경찰관은 미아, 병자, 부상자 등으로서 적당한 보호자가 없으며 응급구호가 필요하다고 인정되는 사람은 본인이 구호를 거절하는 경우에도 보호조치를 할 수 있다.

③ 「경찰관 직무집행법」에 따라 경찰관이 불심검문을 하던 중 정지시킨 장소에서 질문하는 것이 불심자에게 불리하거나 교통에 방해가 된다고 인정될 때에는 질문을 하기 위하여 경찰관서로 동행할 것을 요구할 수 있다.

④ 「경찰관 직무집행법」상 '제지'는 행정상 즉시강제에 해당하며, 필요한 최소한도 내에서 행해져야 하므로 해당 집회 참가가 불법 행위라도, 집회 장소와 시간적·장소적으로 근접하지 않은 경우에는 이를 제지할 수 없다.

해설

② [×] 「경찰관 직무집행법」에 따라 경찰관은 **미아, 병자,** 부상자 등으로서 적당한 보호자가 없으며 응급구호가 필요하다고 인정되는 사람은 **본인이 구호를 거절하는 경우에도** 보호조치를 할 수 있다.(×)
→ 미아, 병자, 부상자 등으로서 적당한 보호자가 없으며 응급구호가 필요하다고 인정되는 사람. 다만, 본인이 구호를 거절하는 경우는 제외한다.(경찰관 직무집행법 제4조제1항제3호)

① [O] 「경찰관 직무집행법 시행령」상 경찰관의 **적법한 직무집행으로 인하여 발생한 손실을 보상받으려는 사람은** 보상금 지급 청구서에 손실내용과 손실금액을 증명할 수 있는 서류를 첨부하여 손실보상청구 사건 발생지를 관할하는 국가경찰관서의 장에게 제출하여야 한다.(경찰관 직무집행법 시행령 제10조제1항)

③ [O] 「경찰관 직무집행법」에 따라 경찰관이 불심검문을 하던 중 정지시킨 장소에서 질문하는 것이 불심자에게 **불리하거나 교통에 방해가 된다고 인정될 때에는** 질문을 하기 위하여 경찰관서로 동행할 것을 요구할 수 있다.(경찰관 직무집행법 제3조제2항)

④ [O] 「경찰관 직무집행법」상 '제지'는 행정상 즉시강제에 해당하며, 필요한 최소한도 내에서 행해져야 하므로 해당 집회 참가가 불법 행위라도, 집회 장소와 시간적·장소적으로 근접하지 않은 경우에는 이를 제지할 수 없다.

대법원 2008. 11. 13. 선고 2007도9794 판결 [폭력행위등처벌에관한법률위반(집단·흉기등상해)(인정된죄명:상해)·특수공무집행방해치상(인정된죄명:공무집행방해·상해)·공용물건손상]
구 집회 및 시위에 관한 법률(2007. 5. 11. 법률 제8424호로 개정되기 전의 것)에 의하여 금지되어 그 주최 또는 참가행위가 형사처벌의 대상이 되는 **위법한 집회·시위가 장차 특정지역에서 개최될 것이 예상된다고 하더라도,** 이와 시간적·장소적으로 근접하지 않은 다른 지역에서 그 집회·시위에 참가하기 위하여 출발 또는 이동하는 행위를 함부로 제지하는 것은 경찰관직무집행법 제6조 제1항의 행정상 즉시강제인 경찰관의 제지의 범위를 명백히 넘어 허용될 수 없다. 따라서 이러한 제지 행위는 공무집행방해죄의 보호대상이 되는 공무원의 적법한 직무집행이 아니다.

정답 ②

377 「경찰관 직무집행법」에 대한 설명으로 가장 적절하지 않은 것은?

22 경찰승진, 실무종합 [Essential ★] 총론 Chapter 7. 469

① 국민의 자유와 권리 및 모든 개인이 가지는 불가침의 기본적 인권을 보호하고 사회공공의 질서를 유지하기 위한 경찰관의 직무수행에 필요한 사항을 규정함을 목적으로 한다.
② 경찰관은 범죄행위가 목전에 행하여 지려고 하고 있다고 인정될 때에는 이를 예방하기 위하여 관계인에게 필요한 경고를 할 수 있다.
③ 경찰관이 위험방지를 위한 출입할 때에는 그 신분을 표시하는 증표의 제시의무는 없다.
④ 경찰관은 위험한 사태가 발생하여 사람의 생명·신체 또는 재산에 대한 위해가 임박한 때에 그 위해를 방지하거나 피해자를 구조하기 위하여 부득이하다고 인정하면 합리적으로 판단하여 필요한 한도에서 다른 사람의 토지·건물·배 또는 차에 출입할 수 있다.

해설

③ [×] 경찰관이 위험방지를 위한 출입할 때에는 그 신분을 표시하는 증표의 제시의무는 없다.(×)
→ 경찰관은 제1항부터 제3항까지의 규정에 따라 필요한 장소에 출입할 때에는 그 신분을 표시하는 증표를 제시하여야 하며, 함부로 관계인이 하는 정당한 업무를 방해해서는 아니 된다.(경찰관 직무집행법 제7조 제1항)

① [O] 국민의 자유와 권리 및 모든 개인이 가지는 불가침의 기본적 인권을 보호하고 사회공공의 질서를 유지하기 위한 경찰관의 직무수행에 필요한 사항을 규정함을 목적으로 한다.(경찰관 직무집행법 제1조제1항)

② [O] 경찰관은 범죄행위가 목전에 행하여 지려고 하고 있다고 인정될 때에는 이를 예방하기 위하여 관계인에게 필요한 경고를 할 수 있다.
→ 경찰관은 범죄행위가 목전(目前)에 행하여지려고 하고 있다고 인정될 때에는 이를 예방하기 위하여 관계인에게 필요한 경고를 하고, 그 행위로 인하여 사람의 생명·신체에 위해를 끼치거나 재산에 중대한 손해를 끼칠 우려가 있는 긴급한 경우에는 그 행위를 제지할 수 있다.(경찰관 직무집행법 제6조)

④ [O] 경찰관은 위험한 사태가 발생하여 사람의 생명·신체 또는 재산에 대한 위해가 임박한 때에 그 위해를 방지하거나 피해자를 구조하기 위하여 부득이하다고 인정하면 합리적으로 판단하여 필요한 한도에서 다른 사람의 토지·건물·배 또는 차에 출입할 수 있다.(경찰관 직무집행법 제7조제1항)

정답 ③

378. 경찰장비에 대한 설명이다. 아래 ㉠부터 ㉢까지의 설명 중 옳고 그름의 표시(○, ×)가 바르게 된 것은?

㉠ 「경찰관 직무집행법」상 경찰청장은 위해성 경찰장비를 새로 도입하려는 경우에는 대통령령으로 정하는 바에 따라 안전성 검사를 실시하여 그 안전성 검사의 결과보고서를 행정안전부장관에게 제출하여야 한다.

㉡ 「위해성 경찰장비의 사용기준 등에 관한 규정」상 경찰관은 14세 미만의 자 또는 65세 이상의 고령자에 대하여 전자충격기를 사용하여서는 아니 된다.

㉢ 「경찰관 직무집행법」상 경찰관은 범인의 체포 또는 범인의 도주 방지를 위하여 부득이한 경우에는 현장책임자가 판단하여 필요한 최소한의 범위에서 「총포·도검·화약류 등의 안전관리에 관한 법률」에 따른 분사기를 사용할 수 있다.

㉣ 「경찰관 직무집행법」상 경찰관은 범인의 체포, 범인의 도주방지, 자신이나 다른 사람의 생명·신체의 방어 및 보호, 공무집행에 대한 항거의 제지를 위하여 필요하다고 인정 상당한 이유가 있을 때에는 그 사태를 합리적으로 판단하여 필요한 한도에서 무기를 사용할 수 있다.

① ㉠ (×) ㉡ (○) ㉢ (○) ㉣ (×)
② ㉠ (○) ㉡ (×) ㉢ (○) ㉣ (×)
③ ㉠ (×) ㉡ (×) ㉢ (×) ㉣ (○)
④ ㉠ (×) ㉡ (×) ㉢ (○) ㉣ (○)

해설

④ 지문이 바르게 된 연결이다.

㉠ [×] 「경찰관 직무집행법」상 경찰청장은 위해성 경찰장비를 새로 도입하려는 경우에는 대통령령으로 정하는 바에 따라 안전성 검사를 실시하여 그 안전성 검사의 결과보고서를 **행정안전부장관(×)**에게 제출하여야 한다.
→ 경찰청장은 위해성 경찰장비를 새로 도입하려는 경우에는 **대통령령으로 정하는 바에 따라 안전성 검사를 실시하여** 그 **안전성 검사의 결과보고서를 국회 소관 상임위원회에 제출하여야 한다. 이 경우 안전성 검사에는 외부 전문가를 참여시켜야 한다.**(경찰관 직무집행법 제10조제5항)

㉡ [×] 「위해성 경찰장비의 사용기준 등에 관한 규정」상 경찰관은 14세 미만의 자 **또는 65세 이상의 고령자(×)**에 대하여 전자충격기를 사용하여서는 아니 된다.
→ 경찰관은 **14세미만의 자 또는 임산부에 대하여 전자충격기 또는 전자방패를 사용하여서는 아니된다.** (위해성 경찰장비의 사용기준 등에 관한 규정 제8조제1항)

㉢ [○] 「경찰관 직무집행법」상 경찰관은 **범인의 체포 또는 범인의 도주 방지**를 위하여 부득이한 경우에는 **현장책임자가 판단하여 필요한 최소한의 범위**에서 「총포·도검·화약류 등의 안전관리에 관한 법률」에 따른 분사기를 사용할 수 있다.(경찰관 직무집행법 제10조의3제1호)

㉣ [○] 「경찰관 직무집행법」상 경찰관은 **범인의 체포, 범인의 도주방지, 자신이나 다른 사람의 생명·신체의 방어 및 보호, 공무집행에 대한 항거의 제지**를 위하여 필요하다고 인정 상당한 이유가 있을 때에는 그 사태를 합리적으로 판단하여 필요한 한도에서 무기를 사용할 수 있다.(경찰관 직무집행법 제10조의4제1항)

정답 ④

379 「경찰관 직무집행법」 제4조(보호조치 등)에 관한 설명으로 괄호 안의 내용을 가장 적절하게 연결한 것은?

23 경찰승진, 실무종합 [Essential ★]

> 경찰관이 보호조치 등을 하였을 때에는 (㉠) 구호대상자의 가족, 친지 또는 그 밖의 연고자에게 그 사실을 알려야 하며, 연고자가 발견되지 아니할 때에는 구호대상자를 적당한 공공보건의료기관이나 공공구호기관에 즉시 인계하여야 한다. 구호대상자를 경찰관서에서 보호하는 기간은 (㉡)시간을 초과할 수 없고, 물건을 경찰관서에 임시로 영치하는 기간은 (㉢)일을 초과할 수 없다.

① ㉠-24시간 이내에 ㉡-12 ㉢-20
② ㉠-지체없이 ㉡-24 ㉢-10
③ ㉠-24시간 이내에 ㉡-24 ㉢-10
④ ㉠-지체없이 ㉡-12 ㉢-20

해설

② [O] ㉠-지체없이 ㉡-24 ㉢-10
① [×] ㉠-24시간 이내에(×) ㉡-12(×) ㉢-20(×)
③ [×] ㉠-24시간 이내에(×) ㉡-24 ㉢-10
④ [×] ㉠-지체없이 ㉡-12(×) ㉢-20(×)

경찰관이 보호조치 등을 하였을 때에는 (㉠ **지체 없이**) 구호대상자의 가족, 친지 또는 그 밖의 연고자에게 그 사실을 **알려야 하며**, 연고자가 발견되지 아니할 때에는 구호대상자를 적당한 공공보건의료기관이나 공공구호기관에 **즉시 인계하여야 한다**.(경찰관 직무집행법 제4조제4항) 구호대상자를 경찰관서에서 **보호**하는 기간은 (㉡ **24**)시간을 초과할 수 없고, 물건을 경찰관서에 **임시로 영치**하는 기간은 (㉢ **10**)일을 초과할 수 없다.(경찰관 직무집행법 제4조제7항)

정답 ②

380 「경찰관 직무집행법」 제5조(위험 발생의 방지 등)에 관한 내용 중 가장 적절하지 <u>않은</u> 것은?

23 경찰승진, 실무종합 [Core ★★]

① 경찰관은 위험 발생의 방지 등에 관한 조치 중 매우 긴급한 경우에 위해를 입을 우려가 있는 사람을 필요한 한도에서 억류하거나 피난시킬 수 있다.
② 경찰관은 위험 발생의 방지 등에 관한 조치를 하였을 때에는 지체없이 그 사실을 소속 경찰관서의 장에게 보고하여야 한다.
③ 경찰관서의 장은 대간첩 작전의 수행이나 소요 사태의 진압을 위하여 필요하다고 인정되는 상당한 이유가 있을 때에는 대간첩작전지역이나 경찰관서·무기고 등 다중이용시설에 대한 접근 또는 통행을 제한하거나 금지할 수 있다.

④ 경찰관은 위험한 동물 등의 출현으로 인해 사람의 생명 또는 신체에 위해를 끼치거나 재산에 중대한 손해를 끼칠 우려가 있는 경우 위험 발생 방지 등의 조치를 할 수 있다.

해설

③ [×] 경찰관서의 장은 대간첩 작전의 수행이나 소요 사태의 진압을 위하여 필요하다고 인정되는 상당한 이유가 있을 때에는 대간첩작전지역이나 경찰관서·무기고 등 다중이용시설(×)에 대한 접근 또는 통행을 제한하거나 금지할 수 있다.
→ 경찰관서의 장은 대간첩 작전의 수행이나 소요(騷擾) 사태의 진압을 위하여 필요하다고 인정되는 상당한 이유가 있을 때에는 대간첩 작전지역이나 경찰관서·무기고 등 국가중요시설에 대한 접근 또는 통행을 제한하거나 금지할 수 있다.(경찰관 직무집행법 제5조제2항)

① [○] 경찰관은 위험 발생의 방지 등에 관한 조치 중 매우 긴급한 경우에 위해를 입을 우려가 있는 사람을 필요한 한도에서 억류하거나 피난시킬 수 있다.(경찰관 직무집행법 제5조제1항제2호)

② [○] 경찰관은 위험 발생의 방지 등에 관한 조치를 하였을 때에는 지체없이 그 사실을 소속 경찰관서의 장에게 보고하여야 한다.(경찰관 직무집행법 제5조제3항)

④ [○] 경찰관은 위험한 동물 등의 출현으로 인해 사람의 생명 또는 신체에 위해를 끼치거나 재산에 중대한 손해를 끼칠 우려가 있는 경우 위험 발생 방지 등의 조치를 할 수 있다.
→ 경찰관은 사람의 생명 또는 신체에 위해를 끼치거나 재산에 중대한 손해를 끼칠 우려가 있는 천재(天災), 사변(事變), 인공구조물의 파손이나 붕괴, 교통사고, 위험물의 폭발, 위험한 동물 등의 출현, 극도의 혼잡, 그 밖의 위험한 사태가 있을 때에는 다음 각 호의 조치를 할 수 있다.(경찰관 직무집행법 제5조제1항)

정답 ③

381 「경찰관 직무집행법」 제6조(범죄예방과 제지) 및 제7조(위험방지를 위한 출입)에 관한 내용 중 가장 적절하지 않은 것은? (다툼이 있는 경우 판례에 의함) 23 경찰승진, 실무종합 [ESSential ★]

① 경찰관의 제지 조치가 적법한지는 제지 조치 당시의 구체적 상황을 기초로 판단하여야 하고 사후적으로 순수한 객관적 기준에서 판단할 것은 아니다.
② 경찰관은 위험방지를 위해 필요한 장소에 출입할 때에는 그 신분을 표시하는 증표를 제시하여야 하며, 함부로 관계인이 하는 정당한 업무를 방해해서는 아니 된다.
③ 경찰관의 경고나 제지는 범죄의 예방을 위하여 범죄행위에 관한 실행의 착수 전에 행하여질 수 있을 뿐만 아니라, 이후 범죄행위가 계속되는 중에 그 진압을 위하여도 당연히 행하여질 수 있다고 보아야 한다.
④ 경찰관은 범죄행위가 목전(目前)에 행하여지려고 하고 있다고 인정될 경우 이를 예방하기 위하여 관계인에게 필요한 제지를 하여야 한다.

해설

④ [×] 경찰관은 범죄행위가 목전(目前)에 행하여지려고 하고 있다고 인정될 경우 이를 예방하기 위하여 관계인에게 필요한 **제지(×)**를 하여야 한다.
→ 경찰관은 범죄행위가 목전(目前)에 행하여지려고 하고 있다고 인정될 때에는 이를 예방하기 위하여 관계인에게 필요한 **경고**를 하고, 그 행위로 인하여 사람의 생명·신체에 위해를 끼치거나 재산에 중대한 손해를 끼칠 우려가 있는 긴급한 경우에는 그 행위를 제지할 수 있다.(경찰관 직무집행법 제6조)

① [○] 경찰관의 제지 조치가 적법한지는 **제지 조치 당시의 구체적 상황을 기초로 판단하여야 하고 사후적으로 순수한 객관적 기준에서 판단할 것은 아니다.**

> 대법원 2021. 10. 14. 선고 2018도2993 판결 [공무집행방해, 일반교통방해, 집회및시위에관한법률위반]
> 공무집행방해죄는 공무원의 적법한 공무집행이 전제되어야 하고, 공무집행이 적법하기 위해서는 그 행위가 공무원의 추상적 직무 권한에 속할 뿐만 아니라 구체적으로 그 권한 내에 있어야 하며, 직무행위로서 중요한 방식을 갖추어야 한다. **추상적인 권한에 속하는 공무원의 어떠한 공무집행이 적법한지는 행위 당시의 구체적 상황에 기초를 두고 객관적·합리적으로 판단해야 하고, 사후적으로 순수한 객관적 기준에서 판단할 것은 아니다.**

② [○] 경찰관은 위험방지를 위해 필요한 장소에 출입할 때에는 그 신분을 표시하는 증표를 제시하여야 하며, 함부로 관계인이 하는 정당한 업무를 방해해서는 아니 된다.
→ 경찰관은 제1항부터 제3항까지의 규정에 따라 필요한 장소에 출입할 때에는 **그 신분을 표시하는 증표를 제시하여야 하며, 함부로 관계인이 하는 정당한 업무를 방해해서는 아니 된다.**(경찰관 직무집행법 제7조 제4항)

③ [○] 경찰관의 경고나 제지는 범죄의 예방을 위하여 범죄행위에 관한 실행의 착수 전에 행하여질 수 있을 뿐만 아니라, 이후 범죄행위가 계속되는 중에 그 진압을 위하여도 당연히 행하여질 수 있다고 보아야 한다.

> 대법원 2021. 10. 14. 선고 2018도2993 판결 [공무집행방해, 일반교통방해, 집회및시위에관한법률위반]
> 구 경찰관 직무집행법(2014. 5. 20. 법률 제12600호로 개정되기 전의 것) 제6조 제1항은 "경찰관은 범죄행위가 목전에 행하여지려고 하고 있다고 인정될 때에는 이를 예방하기 위하여 관계인에게 필요한 경고를 발하고, 그 행위로 인하여 인명·신체에 위해를 미치거나 재산에 중대한 손해를 끼칠 우려가 있어 긴급을 요하는 경우에는 그 행위를 제지할 수 있다."라고 정하고 있다. **위 조항 중 경찰관의 제지에 관한 부분은 범죄의 예방을 위한 경찰 행정상 즉시강제**, 즉 눈앞의 급박한 경찰상 장해를 제거하여야 할 필요가 있고 의무를 명할 시간적 여유가 없거나 의무를 명하는 방법으로는 그 목적을 달성하기 어려운 상황에서 의무불이행을 전제로 하지 않고 경찰이 직접 실력을 행사하여 경찰상 필요한 상태를 실현하는 권력적 사실행위에 관한 근거조항이다.

정답 ④

제2절 그 밖의 경찰작용

382 다음 설명 중 가장 적절하지 않은 것은? (다툼이 있는 경우 판례에 의함) 12 경찰 1차 [Essential ★]

총론 Chapter 7. 473

① 경찰관이 범인을 제압하는 과정에서 총기를 사용하여 범인을 사망에 이르게 한 사안에서, 경찰관이 총기사용에 이르게 된 동기나 목적, 경위 등을 고려하여 형사사건에서 무죄판결이 확정되었다면 당해 경찰관의 과실의 내용과 그로 인하여 발생한 결과의 중대함은 상호 인과관계를 인정할 수 없으므로 민사상 불법행위책임을 인정할 수 없다.
② 수사관이 동행에 앞서 피의자에게 동행을 거부할 수 있음을 알려 주었거나 동행한 피의자가 언제든지 자유로이 동행과정에서 이탈 또는 동행장소로부터 퇴거할 수 있었음이 인정되는 등 오로지 피의자의 자발적인 의사에 의하여 수사관서 등에의 동행이 이루어졌음이 객관적인 사정에 의하여 명백하게 입증된 경우에 한하여 임의동행의 적법성이 인정되는 것으로 봄이 상당하다.
③ 식품위생법상의 일반음식점 영업허가를 받은 업소라고 하더라도 실제의 영업형태 중에서는 주간에는 주로 음식류를 조리·판매하고 야간에는 주로 주류를 조리·판매하는 형태도 있을 수 있는데, 이러한 경우 음식류의 조리·판매보다는 주로 주류를 조리·판매하는 야간의 영업형태에 있어서의 그 업소는 청소년보호법의 입법취지에 비추어 볼 때 청소년보호법상의 청소년고용금지업소에 해당한다.
④ 유흥주점 운영자가 업소에 들어온 미성년자의 신분을 의심하여 주문받은 술을 들고 룸에 들어가 신분증의 제시를 요구하고 밖으로 데리고 나온 사안에서, 미성년자가 실제 주류를 마시거나 마실 수 있는 상태에 이르지 않았으므로 술값의 선불지급 여부 등과 무관하게 주류 판매에 관한 청소년보호법위반죄가 성립하지 않는다.

> **해설**
>
> ① [×] 경찰관이 범인을 제압하는 과정에서 총기를 사용하여 범인을 사망에 이르게 한 사안에서, 경찰관이 총기사용에 이르게 된 동기나 목적, 경위 등을 고려하여 형사사건에서 무죄판결이 확정되었다면 당해 경찰관의 과실의 내용과 그로 인하여 **발생한 결과의 중대함은 상호 인과관계를 인정할 수 없으므로 민사상 불법행위책임을 인정할 수 없다.**(×)
>
> | 대법원 2008. 2. 1. 선고 2006다6713 판결 [손해배상(기)] |
> | --- |
> | [1] 경찰관은 범인의 체포, 도주의 방지, 자기 또는 타인의 생명·신체에 대한 방호, 공무집행에 대한 항거의 억제를 위하여 무기를 사용할 수 있으나, 이 경우에도 무기는 목적 달성에 필요하다고 인정되는 상당한 이유가 있을 때 그 사태를 합리적으로 판단하여 필요한 한도 내에서 사용하여야 하는바(경찰관직무집행법 제10조의4), 경찰관의 무기 사용이 이러한 요건을 충족하는지 여부는 범죄의 종류, 죄질, 피해법익의 경중, 위해의 급박성, 저항의 강약, 범인과 경찰관의 수, 무기의 종류, 무기 사용의 태양, 주변의 상황 등을 고려하여 사회통념상 상당하다고 평가되는지 여부에 따라 판단하여야 하고, 특히 사람에게 위해를 가할 위험성이 큰 권총의 사용에 있어서는 그 요건을 더욱 엄격하게 판단하여야 한다. |

[2] 불법행위에 따른 형사책임은 사회의 법질서를 위반한 행위에 대한 책임을 묻는 것으로서 행위자에 대한 공적인 제재(형벌)를 그 내용으로 함에 비하여, 민사책임은 타인의 법익을 침해한 데 대하여 행위자의 개인적 책임을 묻는 것으로서 피해자에게 발생한 손해의 전보를 그 내용으로 하는 것이고, 손해배상제도는 손해의 공평·타당한 부담을 그 지도원리로 하는 것이므로, **형사상 범죄를 구성하지 아니하는 침해행위라고 하더라도 그것이 민사상 불법행위를 구성하는지 여부는 형사책임과 별개의 관점에서 검토하여야 한다.**
[3] 경찰관이 범인을 제압하는 과정에서 총기를 사용하여 범인을 사망에 이르게 한 사안에서, 경찰관이 총기사용에 이르게 된 동기나 목적, 경위 등을 고려하여 형사사건에서 무죄판결이 확정되었더라도 당해 경찰관의 과실의 내용과 그로 인하여 발생한 결과의 중대함에 비추어 민사상 불법행위책임을 인정한 사례.

② [O] 수사관이 동행에 앞서 피의자에게 동행을 거부할 수 있음을 알려 주었거나 동행한 피의자가 언제든지 자유로이 동행과정에서 이탈 또는 동행장소로부터 퇴거할 수 있었음이 인정되는 등 **오로지 피의자의 자발적인 의사에 의하여 수사관서 등에의 동행이 이루어졌음이 객관적인 사정에 의하여 명백하게 입증된 경우에 한하여 임의동행의 적법성이 인정되는 것으로 봄이 상당하다.**

대법원 2006. 7. 6. 선고 2005도6810 판결 [도주]

[1] 형사소송법 제199조 제1항은 "수사에 관하여 그 목적을 달성하기 위하여 필요한 조사를 할 수 있다. 다만, 강제처분은 이 법률에 특별한 규정이 있는 경우에 한하며, 필요한 최소한도의 범위 안에서만 하여야 한다."고 규정하여 임의수사의 원칙을 명시하고 있는바, 수사관이 수사과정에서 당사자의 동의를 받는 형식으로 피의자를 수사관서 등에 동행하는 것은, 상대방의 신체의 자유가 현실적으로 제한되어 실질적으로 체포와 유사한 상태에 놓이게 됨에도, 영장에 의하지 아니하고 그 밖에 강제성을 띤 동행을 억제할 방법도 없어서 제도적으로는 물론 현실적으로도 임의성이 보장되지 않을 뿐만 아니라, 아직 정식의 체포·구속단계 이전이라는 이유로 상대방에게 헌법 및 형사소송법이 체포·구속된 피의자에게 부여하는 각종의 권리보장 장치가 제공되지 않는 등 형사소송법의 원리에 반하는 결과를 초래할 가능성이 크므로, **수사관이 동행에 앞서 피의자에게 동행을 거부할 수 있음을 알려 주었거나 동행한 피의자가 언제든지 자유로이 동행과정에서 이탈 또는 동행장소로부터 퇴거할 수 있었음이 인정되는 등 오로지 피의자의 자발적인 의사에 의하여 수사관서 등에의 동행이 이루어졌음이 객관적인 사정에 의하여 명백하게 입증된 경우에 한하여, 그 적법성이 인정되는 것으로 봄이 상당하다.** 형사소송법 제200조 제1항에 의하여 검사 또는 사법경찰관이 피의자에 대하여 임의적 출석을 요구할 수는 있겠으나, 그 경우에도 수사관이 단순히 출석을 요구함에 그치지 않고 일정 장소로의 동행을 요구하여 실행한다면 위에서 본 법리가 적용되어야 하고, 한편 행정경찰 목적의 경찰활동으로 행하여지는 경찰관직무집행법 제3조 제2항 소정의 질문을 위한 동행요구도 형사소송법의 규율을 받는 수사로 이어지는 경우에는 역시 위에서 본 법리가 적용되어야 한다.
[2] 사법경찰관이 피고인을 수사관서까지 동행한 것이 사실상의 강제연행, 즉 불법 체포에 해당하고, 불법체포로부터 6시간 상당이 경과한 후에 이루어진 긴급체포 또한 위법하므로 피고인이 불법체포된 자로서 형법 제145조 제1항에 정한 '법률에 의하여 체포 또는 구금된 자'가 아니어서 도주죄의 주체가 될 수 없다고 한 사례.

③ [O] 식품위생법상의 일반음식점 영업허가를 받은 업소라고 하더라도 실제의 영업형태 중에서는 주간에는 주로 음식류를 조리·판매하고 야간에는 주로 주류를 조리·판매하는 형태도 있을 수 있는데, 이러한 경우 **음식류의 조리·판매보다는 주로 주류를 조리·판매하는 야간의 영업형태에 있어서의 그 업소는 청소년보호법의 입법취지에 비추어 볼 때 청소년보호법상의 청소년고용금지업소에 해당한다.**(대법원 2004. 2. 12., 선고, 2003도6282, 판결)

④ [O] 유흥주점 운영자가 업소에 들어온 미성년자의 신분을 의심하여 주문받은 술을 들고 룸에 들어가 신분증의 제시를 요구하고 밖으로 데리고 나온 사안에서, **미성년자가 실제 주류를 마시거나 마실 수 있는 상태에 이르지 않았으므로 술값의 선불지급 여부 등과 무관하게 주류판매에 관한 청소년보호법위반죄가 성립하지 않는다.**(대법원 2008. 7. 24., 선고, 2008도3211, 판결)

정답 ①

383 다음 상황에 대한 설명으로 가장 적절하지 않은 것은? (다툼이 있는 경우 판례에 의함)

21 경찰 1차 [Core ★★] 총론 Chapter 7. 474

> 甲은 음주 후 자신의 처(처는 술을 마시지 않음)와 동승한 채 화물차를 운전하여 가다가 음주단속을 당하게 되자 경찰관이 갖고 있던 경찰용 불 봉을 충격하고 그대로 도주하였다. 단속현장에서 약 3km 떨어진 지점까지 교통사고를 내지 않고 운전하며 진행하던 중 다른 차량에 막혀 더 이상 진행하지 못하게 되자 스스로 차량을 세운 후 운전석에서 내려 도주하려 하였으나, 결국 甲은 경찰관에게 제지되어 체포의 절차에 따르지 않고 甲과 그의 처의 의사에 반하여 지구대로 보호조치되었다. 이후 2회에 걸친 경찰관의 음주측정요구를 거부하였다는 이유로 甲은 「도로교통법」 위반(음주측정거부) 혐의로 기소되었다.

① 경찰관이 甲에 대하여 「경찰관 직무집행법」 제4조에 따른 보호조치를 하고자 하였다면, 당시 옆에 있었던 처에게 甲을 인계하였어야 했고, 특별한 사정이 없는 한 지구대에서 甲을 보호하는 것은 허용되지 않는다.
② 甲은 음주측정거부에 관한 「도로교통법」 위반죄로 처벌될 수 없다.
③ 구 「도로교통법」 제44조 제2항 및 제148조의2 제2호 규정들이 음주측정을 위한 강제처분의 근거가 될 수 있으므로, 위와 같은 음주측정을 위하여 운전자를 강제로 연행하기 위해서는 수사상 강제처분에 관한 「형사소송법」상 절차에 따를 필요가 없다.
④ 경찰관이 甲에 대하여 행한 음주측정요구는 「형법」 제136조에 따른 공무집행방해죄의 보호 대상이 될 수 없다.

해설

③ [×] 구 「도로교통법」 제44조 제2항 및 제148조의2 제2호 규정들이 음주측정을 위한 강제처분의 근거가 될 수 있으므로, 위와 같은 음주측정을 위하여 운전자를 강제로 연행하기 위해서는 수사상 강제처분에 관한 「형사소송법」상 절차에 따를 필요가 없다.(×)
→ 도로교통법상 규정들이 음주측정을 위한 강제처분의 근거가 될 수 없으므로 위와 같은 음주측정을 위하여 운전자를 강제로 연행하기 위해서는 수사상 강제처분에 관한 형사소송법상 절차에 따라야 하고, 이러한 절차를 무시한 채 이루어진 강제연행은 위법한 체포에 해당한다.

① [○] 경찰관이 甲에 대하여 「경찰관 직무집행법」 제4조에 따른 보호조치를 하고자 하였다면, 당시 옆에 있었던 처에게 甲을 인계하였어야 했고, 특별한 사정이 없는 한 지구대에서 甲을 보호하는 것은 허용되지 않는다.
→ 보호조치 요건이 갖추어지지 않았음에도, 경찰관이 실제로는 범죄수사를 목적으로 피의자에 해당하는 사람을 이 사건 조항의 피구호자로 삼아 그의 의사에 반하여 경찰관서에 데려간 행위는, 달리 현행범체포나 임의동행 등의 적법 요건을 갖추었다고 볼 사정이 없다면, 위법한 체포에 해당한다고 보아야 한다.
→ 피구호자의 가족 등에게 피구호자를 인계할 수 있다면 특별한 사정이 없는 한 경찰관서에서 피구호자를 보호하는 것은 허용되지 않는다.

② [○] 甲은 음주측정거부에 관한 「도로교통법」 위반죄로 처벌될 수 없다.
→ 운전자가 주취운전을 하였다고 인정할 만한 상당한 이유가 있다 하더라도 운전자에게 경찰공무원의 이와 같은 위법한 음주측정요구까지 응할 의무가 있다고 보아 이를 강제하는 것은 부당하므로 그에 불응하였다고 하여 음주측정거부에 관한 도로교통법 위반죄로 처벌할 수 없다.

④ [○] 경찰관이 甲에 대하여 행한 음주측정요구는 「형법」 제136조에 따른 공무집행방해죄의 보호 대상이 될 수 없다.
→ 공무집행방해죄는 공무원의 직무집행이 적법한 경우에 한하여 성립하는 것이고, 여기서 적법한 공무집행이라고 함은 그 행위가 공무원의 추상적 권한에 속할 뿐만 아니라 구체적 직무집행에 관한 법률상 요건과 방식을 갖춘 것을 말하는 것이므로, 이러한 적법성이 결여된 직무행위를 하는 공무원에게 대항하여 폭행이나 협박을 가하였다고 하더라도 이를 공무집행방해죄로 다스릴 수는 없다.

대법원 2012. 12. 13. 선고 2012도11162 판결
[공용물건손상·도로교통법위반(무면허운전)·공무집행방해·상해·도로교통법위반(음주측정거부)]

판시사항
[1] 경찰관직무집행법 제4조 제1항에서 정한 '술에 취한 상태'의 의미 및 위 조항에 따른 경찰관의 보호조치를 필요로 하는 피구호자에 해당하는지 판단하는 기준
[2] 경찰관직무집행법 제4조 제1항에 따른 보호조치 요건이 갖추어지지 않았음에도 경찰관이 범죄수사를 목적으로 피의자에 해당하는 사람을 위 조항의 피구호자로 삼아 의사에 반하여 경찰관서에 데려간 경우, 위법한 체포에 해당하는지 여부
[3] 음주측정을 위하여 운전자를 강제로 연행할 때 준수하여야 하는 절차를 위반한 경우 위법한 체포에 해당하는지 여부(적극) 및 위법한 체포 상태에서 이루어진 음주측정요구에 불응한 행위를 음주측정거부에 관한 도로교통법 위반죄로 처벌할 수 있는지 여부(소극)
[4] 화물차 운전자인 피고인이 경찰의 음주단속에 불응하고 도주하였다가 다른 차량에 막혀 더 이상 진행하지 못하게 되자 운전석에서 내려 다시 도주하려다 경찰관에게 검거되어 지구대로 보호조치된 후 음주측정요구를 거부하였다고 하여 도로교통법 위반(음주측정거부)으로 기소된 사안에서, 제반 사정을 종합할 때 피고인을 지구대로 데려간 행위를 적법한 보호조치라고 할 수 없고, 그와 같이 위법한 체포 상태에서 이루어진 음주측정요구에 불응하였다고 하여 음주측정거부에 관한 도로교통법 위반죄로 처벌할 수는 없는데도, 이와 달리 보아 유죄를 선고한 원심판결에 법리오해 등 위법이 있다고 한 사례

판결요지
[1] 경찰관직무집행법 제4조 제1항 제1호(이하 '이 사건 조항'이라 한다)에서 규정하는 술에 취한 상태로 인하여 자기 또는 타인의 생명·신체와 재산에 위해를 미칠 우려가 있는 피구호자에 대한 보호조치는 경찰 행정상 즉시강제에 해당하므로, 그 조치가 불가피한 최소한도 내에서만 행사되도록 발동·행사 요건을 신중하고 엄격하게 해석하여야 한다. 따라서 이 사건 조항의 '술에 취한 상태'란 피구호자가 술에 만취하여 정상적인 판단능력이나 의사능력을 상실할 정도에 이른 것을 말하고, 이 사건 조항에 따른 보호조치를 필요로 하는 피구호자에 해당하는지는 구체적인 상황을 고려하여 경찰관 평균인을 기준으로 판단하되, 그 판단은 보호조치의 취지와 목적에 비추어 현저하게 불합리하여서는 아니 되며, 피구호자의 가족 등에게 피구호자를 인계할 수 있다면 특별한 사정이 없는 한 경찰관서에서 피구호자를 보호하는 것은 허용되지 않는다.
[2] 경찰관직무집행법 제4조 제1항 제1호(이하 '이 사건 조항'이라 한다)의 보호조치 요건이 갖추어지지 않았음에도, 경찰관이 실제로는 범죄수사를 목적으로 피의자에 해당하는 사람을 이 사건 조항의 피구호자로 삼아 그의 의사에 반하여 경찰관서에 데려간 행위는, 달리 현행범체포나 임의동행 등의 적법 요건을 갖추었다고 볼 사정이 없다면, 위법한 체포에 해당한다고 보아야 한다.
[3] 교통안전과 위험방지를 위한 필요가 없음에도 주취운전을 하였다고 인정할 만한 상당한 이유가 있다는 이유만으로 이루어지는 음주측정은 이미 행하여진 주취운전이라는 범죄행위에 대한 증거 수집을 위한 수사절차로서 의미를 가지는데, 도로교통법상 규정들이 음주측정을 위한 강제처분의 근거가 될 수 없으므로 위와 같은 음주측정을 위하여 운전자를 강제로 연행하기 위해서는 수사상 강제처분에 관한 형사소송법상 절차에 따라야 하고, 이러한 절차를 무시한 채 이루어진 강제연행은 위법한 체포에 해당한다. 이와 같은 위법한 체포 상태에서 음주측정요구가 이루어진 경우, 음주측정요구를 위한 위법한 체포와 그에 이은 음주측정요구는 주취운전이라는 범죄행위에 대한 증거 수집을 위하여 연속하여 이루어진 것으로서 개별적으로 적법 여부를 평가하는 것은 적절하지 않으므로 일련의 과정을 전체적으로 보아 위법한 음주측정요구가 있었던 것으로 볼 수밖에 없고, 운전자가 주취운전을 하였다고 인정할 만한 상당한 이유가 있다 하더라도 운전자에게 경찰공무원의 이와 같은 위법한 음주측정요구까지 응할 의무가 있다고 보아 이를 강제하는 것은 부당하므로 그에 불응하였다고 하여 음주측정거부에 관한 도로교통법 위반죄로 처벌할 수 없다.
[4] 화물차 운전자인 피고인이 경찰의 음주단속에 불응하고 도주하였다가 다른 차량에 막혀 더 이상 진행하지 못하게 되자 운전석에서 내려 다시 도주하려다 경찰관에게 검거되어 지구대로 보호조치된 후 2회에 걸쳐 음주측

정요구를 거부하였다고 하여 도로교통법 위반(음주측정거부)으로 기소된 사안에서, 당시 피고인이 술에 취한 상태이기는 하였으나 술에 만취하여 정상적인 판단능력이나 의사능력을 상실할 정도에 있었다고 보기 어려운 점, 당시 상황에 비추어 평균적인 경찰관으로서는 **피고인이 경찰관직무집행법 제4조 제1항 제1호(이하 '이 사건 조항'이라 한다)의 보호조치를 필요로 하는 상태에 있었다고 판단하지 않았을 것으로 보이는 점,** 경찰관이 피고인에 대하여 이 사건 조항에 따른 보호조치를 하고자 하였다면, 당시 옆에 있었던 피고인 처(妻)에게 피고인을 인계하였어야 하는데도, 피고인 처의 의사에 반하여 지구대로 데려간 점 등 제반 사정을 종합할 때, 경찰관이 피고인과 피고인 처의 의사에 반하여 피고인을 지구대로 데려간 행위를 적법한 보호조치라고 할 수 없고, 나아가 달리 적법 요건을 갖추었다고 볼 자료가 없는 이상 경찰관이 피고인을 지구대로 데려간 행위는 위법한 체포에 해당하므로, 그와 같이 위법한 체포 상태에서 이루어진 경찰관의 음주측정요구도 위법하다고 볼 수밖에 없어 그에 불응하였다고 하여 피고인을 음주측정거부에 관한 도로교통법 위반죄로 처벌할 수는 없는데, 이와 달리 보아 유죄를 선고한 원심판결에 이 사건 조항의 보호조치에 관한 법리를 오해하여 위법한 체포상태에서의 도로교통법 위반(음주측정거부)죄 성립에 관한 판단을 그르친 위법이 있다고 한 사례.

정답 ③

384 다음은 「경찰관 직무집행법」상 범죄의 예방과 제지에 관한 사례이다. 이와 관련한 설명 중 가장 적절한 것은? (다툼이 있는 경우 판례에 의함) 22 경찰 2차 [Core ★★] 총론 Chapter 7. 475

> 甲은 평소 집에서 심한 고성과 욕설, 시끄러운 음악 소리 등으로 이웃 주민들로부터 수회에 걸쳐 112신고가 있어 왔던 사람이다.
> 사건 당일에도 甲이 자정에 가까운 한밤중에 집 안에서 음악을 크게 켜놓고 심한 고성을 지른다는 112신고를 받고 경찰관이 출동하였다. 출동한 경찰관이 인터폰으로 甲에게 문을 열어달라고 하였으나, 甲은 심한 욕설을 할 뿐 출입문을 열어주지 않은 채, 소란행위를 멈추지 않았다. 이에 경찰관들이 甲을 만나기 위해 甲의 집으로 통하는 전기를 일시적으로 차단하여 甲이 집 밖으로 나오도록 유도하였다.

① 「경찰관 직무집행법」상 경찰관의 제지에 관한 부분은 눈앞의 급박한 경찰상 장해를 제거하여야 할 필요가 있고 의무를 명할 시간적 여유가 없거나 의무를 명하는 방법으로는 그 목적을 달성하기 어려운 상황에서 의무이행을 전제로 하지 않고 경찰이 직접 실력을 행사하여 경찰상 필요한 상태를 실현하는 비권력적 사실행위에 관한 근거조항이다.
② 甲의 행위는 「경범죄처벌법」상 '인근소란 등'에 해당하고 이로 인하여 인근 주민들이 잠을 이루지 못할 수 있으며 출동한 경찰관들을 만나지 않고 소란행위를 지속하고 있으므로, 甲의 행위를 제지하는 것은 경찰관의 직무상 권한이자 의무로 볼 수 있다.
③ 「경찰관 직무집행법」상 경찰관의 제지 조치의 위법 여부는 사후적으로 순수한 객관적 기준에서 판단해야 하고 제지 조치 당시의 구체적 상황을 기초로 판단하는 것은 아니다.
④ 경찰관의 조치는 사람의 생명·신체에 위해를 끼치거나 재산에 중대한 손해를 끼칠 우려가 있는 긴급한 경우로 보기는 어려워 즉시강제가 아니라 직접강제의 요건에 부합한다.

② [O] 甲의 행위는 「경범죄처벌법」상 '인근소란 등'에 해당하고 이로 인하여 인근 주민들이 잠을 이루지 못할 수 있으며 출동한 경찰관들을 만나지 않고 소란행위를 지속하고 있으므로, **甲의 행위를 제지하는 것은 경찰관의 직무상 권한이자 의무로 볼 수 있다.**
- → 피고인이 자정에 가까운 한밤중에 음악을 크게 켜놓거나 소리를 지른 것은 경범죄 처벌법 제3조 제1항 제21호에서 금지하는 인근소란행위에 해당하고, 그로 인하여 인근 주민들이 잠을 이루지 못하게 될 수 있으며, 갑과 을이 112신고를 받고 출동하여 눈앞에서 벌어지고 있는 **범죄행위를 막고 주민들의 피해를 예방하기 위해 피고인을 만나려 하였으나 피고인은 문조차 열어주지 않고 소란행위를 멈추지 않았던 상황**이라면 피고인의 행위를 제지하고 수사하는 것은 경찰관의 직무상 권한이자 의무라고 볼 수 있다.

① [X] 「경찰관 직무집행법」상 경찰관의 제지에 관한 부분은 눈앞의 급박한 경찰상 장해를 제거하여야 할 필요가 있고 의무를 명할 시간적 여유가 없거나 의무를 명하는 방법으로는 그 목적을 달성하기 어려운 상황에서 의무이행을 전제로 하지 않고 경찰이 직접 실력을 행사하여 경찰상 필요한 상태를 실현하는 비권력적 사실행위(X)에 관한 근거조항이다.
- → 눈앞의 급박한 경찰상 장해를 제거할 필요가 있고 의무를 명할 시간적 여유가 없거나 의무를 명하는 방법으로는 그 목적을 달성하기 어려운 상황에서 의무불이행을 전제로 하지 않고 경찰이 직접 실력을 행사하여 경찰상 필요한 상태를 실현하는 권력적 사실행위에 관한 근거조항이다.

③ [X] 「경찰관 직무집행법」상 경찰관의 제지 조치의 위법 여부는 사후적으로 순수한 객관적 기준에서 판단해야 하고 제지 조치 당시의 구체적 상황을 기초로 판단하는 것은 아니다.(X)
- → 경찰관의 제지 조치가 적법한지는 제지 조치 당시의 구체적 상황을 기초로 판단하여야 하고 사후적으로 순수한 객관적 기준에서 판단할 것은 아니다.

④ [X] 경찰관의 조치는 사람의 생명·신체에 위해를 끼치거나 재산에 중대한 손해를 끼칠 우려가 있는 긴급한 경우로 보기는 어려워 즉시강제가 아니라 직접강제의 요건에 부합한다.(X)
- → 피고인의 집으로 통하는 전기를 일시적으로 차단한 것은 피고인을 집 밖으로 나오도록 유도한 것으로서, 피고인의 범죄행위를 진압·예방하고 수사하기 위해 필요하고도 적절한 조치로 보이고, 경찰관 직무집행법 제1조의 목적에 맞게 제2조의 직무 범위 내에서 제6조에서 정한 즉시강제의 요건을 충족한 적법한 직무집행으로 볼 여지가 있다.

대법원 2018. 12. 13. 선고 2016도19417 판결 [특수공무집행방해]

판시사항
[1] 경찰관 직무집행법 제6조에 따른 경찰관의 제지 조치가 적법한 직무집행으로 평가되기 위한 요건 및 경찰관의 제지 조치가 적법한지 판단하는 기준
[2] 주거지에서 음악 소리를 크게 내거나 큰 소리로 떠들어 이웃을 시끄럽게 하는 행위가 경범죄 처벌법상 경범죄에 해당하는지 여부(적극) / 경찰관이 경찰 직무집행법에 따라 경범죄에 해당하는 행위를 예방·진압·수사하고, 필요한 경우 제지할 수 있는지 여부(적극)
[3] 피고인은 평소 집에서 심한 고성과 욕설, 시끄러운 음악 소리 등으로 이웃 주민들로부터 수회에 걸쳐 112신고가 있어 왔던 사람인데, 피고인의 집이 소란스럽다는 112신고를 받고 출동한 경찰관 갑, 을이 인터폰으로 문을 열어달라고 하였으나 욕설을 하였고, 경찰관들이 피고인을 만나기 위해 전기차단기를 내리자 화가 나 식칼을 들고 나와 욕설을 하면서 경찰관들을 향해 찌를 듯이 협박함으로써 갑, 을의 112신고 업무 처리에 관한 직무집행을 방해하였다고 하여 특수공무집행방해로 기소된 사안에서, 공소사실을 무죄로 판단한 원심판결에 필요한 심리를 다하지 않은 채 논리와 경험의 법칙에 반하여 자유심증주의의 한계를 벗어나거나 경찰관 직무집행법의 해석과 적용, 공무집행의 적법성 등에 관한 법리를 오해한 잘못이 있다고 한 사례

판결요지
[1] 경찰관 직무집행법은 경찰관이 국민의 자유와 권리를 보호하고 사회공공의 질서를 유지하기 위하여 직무수행에 필요한 사항을 정하면서 경찰관의 직권은 직무 수행에 필요한 최소한도에서 행사되어야 한다고 정하고 있다(제1조). 경찰관 직무집행법 제2조는 경찰관 직무의 범위로 국민의 생명·신체·재산의 보호(제1호), 범죄의 예방·진압·수사(제2호), 범죄피해자 보호(제2호의2), 공공의 안녕과 질서 유지(제7호)를 포함하고 있다.
경찰관 직무집행법 제6조는 "경찰관은 범죄행위가 목전에 행하여지려고 하고 있다고 인정될 때에는 이를 예방하기 위하여 관계인에게 필요한 경고를 하고, 그 행위로 인하여 사람의 생명·신체에 위해를 끼치거나 재산에

중대한 손해를 끼칠 우려가 있어 긴급한 경우에는 그 행위를 제지할 수 있다."라고 정하고 있다. 위 조항 중 경찰관의 제지에 관한 부분은 범죄 예방을 위한 경찰 행정상 즉시강제, 즉 눈앞의 급박한 경찰상 장해를 제거할 필요가 있고 의무를 명할 시간적 여유가 없거나 의무를 명하는 방법으로는 그 목적을 달성하기 어려운 상황에서 의무 불이행을 전제로 하지 않고 경찰이 직접 실력을 행사하여 경찰상 필요한 상태를 실현하는 **권력적 사실행위에 관한 근거조항이다.** 경찰관 직무집행법 제6조에 따른 경찰관의 제지 조치가 적법한 직무집행으로 평가되기 위해서는, 형사처벌의 대상이 되는 행위가 눈앞에서 막 이루어지려고 하는 것이 객관적으로 인정될 수 있는 상황이고, 그 행위를 당장 제지하지 않으면 곧 인명·신체에 위해를 미치거나 재산에 중대한 손해를 끼칠 우려가 있는 상황이어서, 직접 제지하는 방법 외에는 위와 같은 결과를 막을 수 없는 절박한 사태이어야 한다. 다만 **경찰관의 제지 조치가 적법한지는 제지 조치 당시의 구체적 상황을 기초로 판단하여야 하고 사후적으로 순수한 객관적 기준에서 판단할 것은 아니다.**

[2] 주거지에서 음악 소리를 크게 내거나 큰 소리로 떠들어 이웃을 시끄럽게 하는 행위는 경범죄 처벌법 제3조 제1항 제21호에서 경범죄로 정한 '인근소란 등'에 해당한다. 경찰관은 경찰관 직무집행법에 따라 경범죄에 해당하는 행위를 예방·진압·수사하고, 필요한 경우 제지할 수 있다.

[3] 피고인은 평소 집에서 심한 고성과 욕설, 시끄러운 음악 소리 등으로 이웃 주민들로부터 수회에 걸쳐 112신고가 있어 왔던 사람인데, 피고인의 집이 소란스럽다는 112신고를 받고 출동한 경찰관 갑, 을이 인터폰으로 문을 열어달라고 하였으나 욕설을 하였고, 경찰관들이 피고인을 만나기 위해 전기차단기를 내리자 화가 나 식칼(전체 길이 약 37cm, 칼날 길이 약 24cm)을 들고 나와 욕설을 하면서 경찰관들을 향해 찌를 듯이 협박함으로써 갑, 을의 112신고 업무 처리에 관한 직무집행을 방해하였다고 하여 특수공무집행방해로 기소된 사안에서, **피고인이 자정에 가까운 한밤중에 음악을 크게 켜놓거나 소리를 지른 것은 경범죄 처벌법 제3조 제1항 제21호에서 금지하는 인근소란행위에 해당하고, 그로 인하여 인근 주민들이 잠을 이루지 못하게 될 수 있으며, 갑과 을이 112신고를 받고 출동하여 눈앞에서 벌어지고 있는 범죄행위를 막고 주민들의 피해를 예방하기 위해 피고인을 만나려 하였으나 피고인은 문조차 열어주지 않고 소란행위를 멈추지 않았던 상황이라면 피고인의 행위를 제지하고 수사하는 것은 경찰관의 직무상 권한이자 의무라고 볼 수 있으므로,** 위와 같은 상황에서 갑과 을이 피고인의 집으로 통하는 전기를 일시적으로 차단한 것은 피고인을 집 밖으로 나오도록 유도한 것으로서, 피고인의 범죄행위를 진압·예방하고 수사하기 위해 필요하고도 적절한 조치로 보이고, 경찰관 직무집행법 제1조의 목적에 맞게 제2조의 직무 범위 내에서 제6조에서 정한 즉시강제의 요건을 충족한 적법한 직무집행으로 볼 여지가 있다는 이유로, 이와 달리 보아 공소사실을 무죄로 판단한 원심판결에 필요한 심리를 다하지 않은 채 논리와 경험의 법칙에 반하여 자유심증주의의 한계를 벗어나거나 경찰관 직무집행법의 해석과 적용, 공무집행의 적법성 등에 관한 법리를 오해한 잘못이 있다고 한 사례.

정답 ②

385 「경찰 물리력 행사의 기준과 방법에 관한 규칙」에 대한 설명으로 가장 적절하지 않은 것은?

20 경찰 1차 [Superlative ★★★] 총론 Chapter 7. 476

① 경찰관이 물리력 사용 시 준수하여야 할 기본원칙, 물리력 사용의 정도, 각 물리력 수단의 사용 한계 및 유의사항을 규정함으로써 국민과 경찰관의 생명·신체를 보호하고 인권을 보장하며 경찰 법집행의 정당성을 확보하는 데에 그 목적이 있다.
② 경찰관은 성별, 장애, 인종, 종교 및 성정체성 등에 대한 선입견을 가지고 차별적으로 물리력을 사용하여서는 아니 된다.
③ 경찰관은 이미 경찰목적을 달성하여 더 이상 물리력을 사용할 필요가 없는 경우에는 물리력 사용을 즉시 중단하여야 한다.
④ 대상자가 경찰관의 지시, 통제를 따르지 않고 비협조적이지만 경찰관 또는 제3자에 대해 직접적인 위해를 가하지 않는 경우에 경찰봉이나 방패 등으로 대상자의 신체 중요 부위 또는 급소 부위를 가격할 수 있다.

해설

④ [×] 대상자가 경찰관의 지시, 통제를 따르지 않고 비협조적이지만 경찰관 또는 제3자에 대해 직접적인 위해를 가하지 않는 경우(경찰 물리력 행사의 기준과 방법에 관한 규칙 2.1.2 소극적저항)에 **경찰봉이나 방패 등으로 대상자의 신체 중요 부위 또는 급소 부위를 가격**(경찰 물리력 행사의 기준과 방법에 관한 규칙 2.2.5 **고위험 물리력**)(×)할 수 있다.

경찰 물리력 행사의 기준과 방법에 관한 규칙
2.1. 대상자 행위 2.1.2. 소극적 저항 　대상자가 경찰관의 지시, 통제를 따르지 않고 비협조적이지만 경찰관 또는 제3자에 대해 직접적인 위해를 가하지 않는 상태를 말한다. 　경찰관이 정당한 이동 명령을 발하였음에도 가만히 서있거나 앉아 있는 등 전혀 움직이지 않는 상태, 일부러 몸의 힘을 모두 빼거나, 고정된 물체를 꽉 잡고 버팀으로써 움직이지 않으려는 상태 등이 이에 해당한다.
2.2. 경찰관 대응 수준 2.2.2. 접촉 통제 　'소극적 저항' 이상의 상태인 대상자에 대해 사용할 수 있는 물리력 수준으로서, 대상자 신체 접촉을 통해 경찰목적 달성을 강제하지만 신체적 부상을 야기할 가능성은 극히 낮은 물리력을 말한다. 그 종류는 다음과 같다. 　가. 신체 일부 잡기·밀기·잡아끌기, 쥐기·누르기·비틀기 　나. 경찰봉 양 끝 또는 방패를 잡고 대상자의 신체에 안전하게 밀착한 상태에서 대상자를 특정 방향으로 밀거나 잡아당기기
2.1. 대상자 행위 2.1.5. 치명적 공격 　대상자가 경찰관 또는 제3자에 대해 사망 또는 심각한 부상을 초래할 수 있는 행위를 하는 상태를 말한다. 　총기류(공기총·엽총·사제권총 등), 흉기(칼·도끼·낫 등), 둔기(망치·쇠파이프 등)를 이용하여 경찰관, 제3자에 대해 위력을 행사하고 있거나 위해 발생이 임박한 경우, 경찰관이나 제3자의 목을 세게 조르거나 무차별 폭행하는 등 생명·신체에 대해 중대한 위해가 발생할 정도의 위험한 폭력을 행사하는 경우가 이에 해당한다.
2.2. 경찰관 대응 수준 2.2.5. 고위험 물리력 　가. '**치명적 공격**' 상태의 대상자로 인해 경찰관 또는 제3자의 생명·신체에 급박하고 중대한 위해가 초래될 가능성이 있는 경우 최후의 수단으로 사용할 수 있는 물리력 수준으로서, 대상자의 사망 또는 심각

> 한 부상을 초래할 수 있는 물리력을 말한다.
> 나. 경찰관은 대상자의 '치명적 공격' 상황에서도 현장상황이 급박하지 않은 경우에는 낮은 수준의 물리력을 우선적으로 사용하여 상황을 종결시킬 수 있도록 노력하여야 한다.
> 다. '고위험 물리력'의 종류는 다음과 같다.
>   1) 권총 등 총기류 사용
>   2) 경찰봉, 방패, 신체적 물리력으로 대상자의 신체 중요 부위 또는 급소 부위 가격, 대상자의 목을 강하게 조르거나 신체를 강한 힘으로 압박하는 행위

① [O] 경찰관이 물리력 사용 시 준수하여야 할 기본원칙, 물리력 사용의 정도, 각 물리력 수단의 사용 한계 및 유의사항을 규정함으로써 국민과 경찰관의 생명·신체를 보호하고 인권을 보장하며 경찰 법집행의 정당성을 확보하는 데에 그 목적이 있다.(경찰 물리력 행사의 기준과 방법에 관한 규칙 1.1.)

② [O] 경찰관은 성별, 장애, 인종, 종교 및 성정체성 등에 대한 선입견을 가지고 차별적으로 물리력을 사용하여서는 아니 된다.(경찰 물리력 행사의 기준과 방법에 관한 규칙 1.4.2)

③ [O] 경찰관은 이미 경찰목적을 달성하여 더 이상 물리력을 사용할 필요가 없는 경우에는 물리력 사용을 즉시 중단하여야 한다.(경찰 물리력 행사의 기준과 방법에 관한 규칙 1.4.4)

경찰 물리력 행사의 기준과 방법에 관한 규칙

1. 대상자 행위
대상자가 경찰관 또는 제3자에 대해 보일 수 있는 행위는 그 위해의 정도에 따라 ① 순응 ② 소극적 저항 ③ 적극적 저항 ④ 폭력적 공격 ⑤ 치명적 공격 등 다섯 단계로 구별한다.

1) 순응
대상자가 경찰관의 지시, 통제에 따르는 상태를 말한다. 다만. 대상자가 경찰관의 요구에 즉각 응하지 않고 약간의 시간만 지체하는 경우는 '순응'으로 본다.

2) 소극적 저항
대상자가 경찰관의 지시, 통제를 따르지 않고 비협조적이지만 경찰관 또는 제3자에 대해 직접적인 위해를 가하지 않는 상태를 말한다.
경찰관이 정당한 이동 명령을 발하였음에도 가만히 서있거나 앉아 있는 등 전혀 움직이지 않는 상태, 일부러 몸의 힘을 모두 빼거나, 고정된 물체를 꽉 잡고 버팀으로써 움직이지 않으려는 상태 등이 이에 해당한다.

3) 적극적 저항
대상자가 자신에 대한 경찰관의 체포·연행 등 정당한 공무집행을 방해하지만 경찰관 또는 제3자에 대해 위해 수준이 낮은 행위만을 하는 상태를 말한다.
대상자가 자신을 체포·연행하려는 경찰관으로부터 물리적으로 이탈하거나 도주하려는 행위, 체포·연행을 위해 팔을 잡으려는 경찰관의 손을 뿌리치거나, 경찰관을 밀고 잡아끄는 행위, 경찰관에게 침을 뱉거나 경찰관을 밀치는 행위 등이 이에 해당한다.

4) 폭력적 공격
대상자가 경찰관 또는 제3자에 대해 신체적 위해를 가하는 상태를 말한다.
대상자가 경찰관에게 폭력을 행사하려는 자세를 취하여 그 행사가 임박한 상태, 주먹·발 등을 사용해서 경찰관에 대해 신체적 위해를 초래하고 있거나 임박한 상태, 강한 힘으로 경찰관을 밀거나 잡아당기는 등 완력을 사용해 체포에서 벗어나려고 하는 상태 등이 이에 해당한다.

5) 치명적 공격
대상자가 경찰관 또는 제3자에 대해 사망 또는 심각한 부상을 초래할 수 있는 행위를 하는 상태를 말한다. 총기류(공기총·엽총·사제권총 등), 흉기(칼·도끼·낫 등), 둔기(망치·쇠파이프 등)를 이용하여 경찰관, 제3자에 대해 위력을 행사하고 있거나 위해 발생이 임박한 경우, 경찰관이나 제3자의 목을 세게 조르거나 무차별 폭행하는 등 생명·신체에 대해 중대한 위해가 발생할 정도의 위험한 폭력을 행사하는 경우가 이에 해당한다.

2. 경찰관 대응 수준
대상자 행위에 따른 경찰관의 대응 수준은 ① 협조적 통제, ② 접촉 통제 ③ 저위험 물리력 ④ 중위험 물리력 ⑤ 고위험 물리력 등 다섯 단계로 구별한다.

1) 협조적 통제
순응이상의 상태인 대상자에 대해 사용할 수 있는 물리력 수준으로서, **대상자의 협조를 유도하거나 협조에 따른 물리력**을 말한다. 그 종류는 다음과 같다.
가. 현장 임장 나. 언어적 통제 다. 체포 등을 위한 수갑 사용 라. 안내·체포 등에 수반한 신체적 물리력

2) 접촉 통제
소극적 저항이상의 상태인 대상자에 대해 사용할 수 있는 물리력 수준으로서, 대상자 신체 접촉을 통해 경찰목적 달성을 강제하지만 **신체적 부상을 야기할 가능성은 극히 낮은 물리력**을 말한다. 그 종류는 다음과 같다.
가. **신체 일부 잡기·밀기·잡아끌기, 쥐기·누르기·비틀기**
나. 경찰봉 양 끝 또는 방패를 잡고 대상자의 신체에 안전하게 밀착한 상태에서 **대상자를 특정 방향으로 밀거나 잡아당기기**

3) 저위험 물리력
적극적 저항이상의 상태인 대상자에 대해 사용할 수 있는 물리력 수준으로서, **대상자가 통증을 느낄 수 있으나 신체적 부상을 당할 가능성은 낮은 물리력**을 말한다. 그 종류는 다음과 같다.
가. **목을 압박하여 제압하거나 관절을 꺾는 방법, 팔·다리를 이용해 움직이지 못하도록 조르는 방법**, 다리를 걸거나 들쳐 매는 등 균형을 무너뜨려 **넘어뜨리는 방법**, 대상자가 넘어진 상태에서 **움직이지 못하게 위에서 눌러 제압하는 방법**
나. **분사기 사용**(다른 저위험 물리력 이하의 수단으로 제압이 어렵고, 경찰관이나 대상자의 부상 등의 방지를 위해 필요한 경우)

4) 중위험 물리력
폭력적 공격이상의 상태의 대상자에 대해 사용할 수 있는 물리력 수준으로서, **대상자에게 신체적 부상을 입힐 수 있으나 생명·신체에 대한 중대한 위해 발생 가능성은 낮은 물리력**을 말한다. 그 종류는 다음과 같다.
가. **손바닥, 주먹, 발 등 신체부위를 이용한 가격**
나. **경찰봉으로 중요부위가 아닌 신체 부위를 찌르거나 가격**
다. 방패로 강하게 압박하거나 세게 미는 행위
라. **전자충격기 사용**

5) 고위험 물리력
가. **치명적 공격**상태의 대상자로 인해 경찰관 또는 제3자의 생명·신체에 급박하고 중대한 위해가 초래될 가능성이 있는 경우 최후의 수단으로 사용할 수 있는 물리력 수준으로서, **대상자의 사망 또는 심각한 부상을 초래할 수 있는 물리력**을 말한다.
나. 경찰관은 대상자의 '치명적 공격' 상황에서도 현장상황이 급박하지 않은 경우에는 낮은 수준의 물리력을 우선적으로 사용하여 상황을 종결시킬 수 있도록 노력하여야 한다.
다. '고위험 물리력'의 종류는 다음과 같다.
  (가) **권총 등 총기류 사용**
  (나) 경찰봉, 방패, 신체적 물리력으로 **대상자의 신체 중요 부위 또는 급소 부위 가격**, 대상자의 **목을 강하게 조르거나 신체를 강한 힘으로 압박하는 행위**

정답 ④

386 「경찰 물리력 행사의 기준과 방법에 관한 규칙」 제2장에 따른 대상자 행위에 대한 설명이다. 각 단계와 내용의 연결이 가장 적절하지 않은 것은? 22 경찰 1차 [Superlative ★★★] 총론 Chapter 7. 477

① 소극적 저항 – 대상자가 경찰관의 지시, 통제를 따르지 않고 비협조적이지만 경찰관 또는 제3자에 대해 직접적인 위해를 가하지 않는 상태
② 적극적 저항 – 대상자가 자신에 대한 경찰관의 체포·연행 등 정당한 공무집행을 방해하지만 경찰관 또는 제3자에 대해 위해 수준이 낮은 행위만을 하는 상태
③ 폭력적 공격 – 대상자가 경찰관 또는 제3자에 대해 신체적 위해를 가하는 상태
④ 치명적 공격 – 대상자가 경찰관에게 폭력을 행사하려는 자세를 취하여 그 행사가 임박한 상태, 주먹·발 등을 사용해서 경찰관에 대해 신체적 위해를 초래하고 있는 상태

해설

④ [X] **치명적 공격(X)** – 대상자가 경찰관에게 **폭력**을 행사하려는 자세를 취하여 그 행사가 임박한 상태, 주먹·발 등을 사용해서 경찰관에 대해 신체적 위해를 초래하고 있는 상태
→ **폭력적 공격** – 대상자가 경찰관에게 **폭력**을 행사하려는 자세를 취하여 그 행사가 임박한 상태, 주먹·발 등을 사용해서 경찰관에 대해 신체적 위해를 초래하고 있거나 임박한 상태, 강한 힘으로 경찰관을 밀거나 잡아당기는 등 완력을 사용해 체포에서 벗어나려고 하는 상태 등이 이에 해당한다.
→ **치명적 공격** – 대상자가 **경찰관 또는 제3자에 대해 사망 또는 심각한 부상을 초래할 수 있는 행위를 하는 상태**를 말한다.

① [O] **소극적 저항** – 대상자가 **경찰관의 지시, 통제를 따르지 않고 비협조적이지만 경찰관 또는 제3자에 대해 직접적인 위해를 가하지 않는 상태**(경찰 물리력 행사의 기준과 방법에 관한 규칙 2.1.2.)

② [O] **적극적 저항** – 대상자가 자신에 대한 경찰관의 체포·연행 등 **정당한 공무집행을 방해**하지만 경찰관 또는 제3자에 대해 위해 수준이 낮은 행위만을 하는 상태(경찰 물리력 행사의 기준과 방법에 관한 규칙 2.1.3.)

③ [O] **폭력적 공격** – 대상자가 **경찰관 또는 제3자에 대해 신체적 위해를 가하는 상태**(경찰 물리력 행사의 기준과 방법에 관한 규칙 2.1.4.)

경찰 물리력 행사의 기준과 방법에 관한 규칙
이 규칙은 경찰관이 물리력 사용 시 준수하여야 할 기본원칙, 물리력 사용의 정도, 각 물리력 수단의 사용 한계 및 유의사항을 규정함으로써 국민과 경찰관의 생명·신체를 보호하고 **인권을 보장**하며 경찰 법집행의 **정당성**을 확보하는 데에 그 목적이 있다(제1조).

1) 경찰 물리력의 정의
  경찰 물리력이란 범죄의 예방과 제지, 범인 체포 또는 도주 방지, 자신이나 다른 사람의 생명·신체 방어 및 보호, 공무집행에 대한 항거 제지 등 경찰목적을 달성하기 위해 경찰권발동의 대상자(이하 '대상자')에 대해 행해지는 일체의 신체적, 도구적 접촉(경찰관의 현장 임장, 언어적 통제 등 직접적인 신체 접촉 전 단계의 행위들도 포함한다)을 말한다.

2) 경찰 물리력 사용 3대 원칙
  경찰관은 경찰목적을 실현함에 있어 적합하고 필요하며 상당한 수단을 선택함으로써 그 목적과 수단 사이에 합리적인 비례관계가 유지되도록 하여야 하며, 특히 물리력을 사용할 필요가 있는 경우 다음 원칙을 준수하여야 한다.

> **(1) 객관적 합리성의 원칙**
> 경찰관은 자신이 처해있는 사실과 상황에 비추어 **합리적인 현장 경찰관의 관점**에서 **가장 적절한 물리력**을 사용하여야 하며, 이를 위해 범죄의 종류, 피해의 경중, 위해의 급박성, 저항의 강약, 대상자와 경찰관의 수, 대상자가 소지한 무기의 종류 및 무기 사용의 태양, 대상자의 신체 및 건강 상태, 도주여부, 현장 주변의 상황 등을 **종합적으로 고려**하여야 한다.
> **(2) 대상자 행위와 물리력 간 상응의 원칙**
> 경찰관은 대상자의 행위에 따른 위해의 수준을 계속 평가·판단하여 **필요최소한의 수준**으로 물리력을 높이거나 낮추어서 사용하여야 한다.
> **(3) 위해감소노력 우선의 원칙**
> 경찰관은 현장상황이 안전하고 시간적 여유가 있는 경우에는 대상자가 야기하는 위해 수준을 떨어뜨려 **보다 덜 위험한 물리력**을 통해 상황을 종결시킬 수 있도록 노력하여야 한다. 다만, 이러한 노력이 오히려 상황을 악화시킬 가능성이 있거나 급박한 경우에는 이 원칙을 적용하지 않을 수 있다.
>
> **3) 경찰 물리력 사용 시 유의사항**
> (1) 경찰관은 **경찰청이 공인한 물리력 수단**을 사용하여야 한다.
> (2) 경찰관은 **성별, 장애, 인종, 종교 및 성정체성** 등에 대한 선입견을 가지고 **차별적으로 물리력을 사용하여서는 아니 된다.**
> (3) 경찰관은 대상자의 **신체 및 건강상태, 장애유형** 등을 고려하여 물리력을 사용하여야 한다.
> (4) 경찰관은 이미 경찰목적을 달성하여 **더 이상 물리력을 사용할 필요가 없는 경우**에는 물리력 사용을 즉시 **중단하여야 한다.**
> (5) 경찰관은 대상자를 **징벌하거나 복수할 목적으로** 물리력을 **사용하여서는 아니 된다.**
> (6) 경찰관은 오직 상황의 **빠른 종결**이나, 직무수행의 **편의를 위한 목적**으로 물리력을 **사용하여서는 아니 된다.**

정답 ④

387 「경찰관의 정보수집 및 처리 등에 관한 규정」상 경찰관이 정보수집을 위해 상시적으로 출입해서는 안되며, 정보활동을 위해 필요한 경우에 한정하여 일시적으로 출입할 수 있는 장소에 포함되지 <u>않는</u> 곳은? 22 경찰간부 [Superlative ★★★] 총론 Chapter 7. 471

① 언론·교육·종교·시민사회 단체 등 민간단체
② 민간기업
③ 정당의 사무소
④ 공기업

> **해설**
> ④ [×] 공기업
> ① [○] 언론·교육·종교·시민사회 단체 등 민간단체(경찰관의 정보수집 및 처리 등에 관한 규정 제5조제1호)
> ② [○] 민간기업(경찰관의 정보수집 및 처리 등에 관한 규정 제5조제2호)
> ③ [○] 정당의 사무소(경찰관의 정보수집 및 처리 등에 관한 규정 제5조제3호)

경찰관의 정보수집 및 처리 등에 관한 규정 제5조(정보 수집 등을 위한 출입의 한계)
경찰관은 다음 각 호의 장소에 상시적으로 출입해서는 안 되며, 정보활동을 위해 필요한 경우에 한정하여 일시적으로만 출입해야 한다. 1. 언론·교육·종교·시민사회 단체 등 민간단체 2. 민간기업 3. 정당의 사무소

정답 ④

388 「경찰관 직무집행법」 및 「경찰관의 정보수집 및 처리 등에 관한 규정(대통령령)」상 경찰관이 정보활동을 위해 필요한 경우에 한정하여 일시적으로만 출입 가능한 곳은 모두 몇 개인가?

22 경찰 2차 [Core ★★] 총론 Chapter 7. 472

㉠ 언론기관　　　　　㉡ 종교시설　　　　　㉢ 민간기업
㉣ 정당의 사무소　　 ㉤ 시민사회 단체

① 2개　　　② 3개　　　③ 4개　　　④ 5개

해설

㉠, ㉡, ㉢, ㉣, ㉤ 5항목이 출입 가능하다.
㉠ [O] **언론**기관(경찰관의 정보수집 및 처리 등에 관한 규정 제5조제1호)
㉡ [O] **종교**시설(경찰관의 정보수집 및 처리 등에 관한 규정 제5조제1호)
㉢ [O] **민간기업**(경찰관의 정보수집 및 처리 등에 관한 규정 제5조제2호)
㉣ [O] **정당**의 사무소(경찰관의 정보수집 및 처리 등에 관한 규정 제5조제3호)
㉤ [O] **시민사회** 단체(경찰관의 정보수집 및 처리 등에 관한 규정 제5조제1호)

정답 ④

389 「범인검거 등 공로자 보상에 관한 규정」에 대한 내용으로 가장 적절하지 않은 것은?

18 경찰 1차 [Superlative ★★★] 총론 Chapter 7. 447

① 사형, 무기징역 또는 무기금고, 장기 10년 이상의 징역 또는 금고에 해당하는 범죄에 대한 보상금 지급기준 금액은 100만원이다.
② 장기 10년 미만의 징역 또는 금고에 해당하는 범죄에 대한 보상금 지급기준 금액과 벌금형 범죄에 대한 보상금 지급기준 금액의 합은 25만원이다.
③ 동일한 사람에게 지급결정일을 기준으로 연간(1월 1일부터 12월 31일까지를 말한다) 5회를 초과하여 보상금을 지급할 수 없다.
④ 보상금 지급 심사·의결을 거쳐 지급이 이루어진 이후에는 동일한 사건에 대하여 보상금을 지급할 수 없다.

해설

② [×] **장기 10년 미만의 징역 또는 금고에 해당하는 범죄**에 대한 보상금 지급기준 금액과 벌금형 범죄에 대한 보상금 지급기준 금액의 합은 **25만원(×)**이다.
  → **장기 10년 미만의 징역 또는 금고에 해당하는 범죄: 50만원**(범인검거 등 공로자 보상에 관한 규정 제6조제1항제2호)
① [○] **사형, 무기징역 또는 무기금고, 장기 10년 이상의 징역 또는 금고에 해당하는 범죄**에 대한 보상금 지급기준 금액은 **100만원**이다.(범인검거 등 공로자 보상에 관한 규정 제6조제1항제1호)
③ [○] 동일한 사람에게 지급결정일을 기준으로 연간(1월 1일부터 12월 31일까지를 말한다) **5회를 초과**하여 보상금을 지급할 수 없다.(범인검거 등 공로자 보상에 관한 규정 제6조제5항)
④ [○] 보상금 지급 심사·의결을 거쳐 **지급이 이루어진 이후에는 동일한 사건**에 대하여 보상금을 지급할 수 없다.(범인검거 등 공로자 보상에 관한 규정 제9조)

범인검거 등 공로자 보상에 관한 규정 제6조(보상금의 지급 기준)
① 시행령 제20조에 따른 보상금 지급기준 금액은 다음 각 호와 같다.
  1. 사형, 무기징역 또는 무기금고, 장기 10년 이상의 징역 또는 금고에 해당하는 범죄: 100만원
  2. 장기 10년 미만의 징역 또는 금고에 해당하는 범죄: 50만원
  3. 장기 5년 미만의 징역 또는 금고, 장기 10년 이상의 자격정지 또는 벌금형: 30만원
② 연쇄 살인, 사이버 테러 등과 같이 피해 규모가 심각하고 사회적 파장이 큰 범죄의 지급기준 금액은 별표에 따른다.
③ 위원회는 제1항 및 제2항에 따른 보상금 지급기준에서 시행령 제21조제2항 각 호의 사항을 고려하여 그 금액을 조정하거나 지급하지 아니할 수 있다.
④ 경찰청장 또는 경찰청장의 승인을 받은 지방경찰청장이 미리 보상금액을 정하여 수배할 경우에는 제1항 및 제2항에 따른 보상금 지급기준에도 불구하고 예산의 범위에서 금액을 따로 결정할 수 있다.
⑤ 동일한 사람에게 지급결정일을 기준으로 연간(1월 1일부터 12월 31일까지를 말한다) 5회를 초과하여 보상금을 지급할 수 없다.

제9조(보상금 이중 지급의 제한)
보상금 지급 심사·의결을 거쳐 지급이 이루어진 이후에는 동일한 사건에 대하여 보상금을 지급할 수 없다.

정답 ②

PART 04

행정절차, 정보공개

제1절 행정절차법
제2절 공공기관의 정보공개에 관한 법률
제3절 개인정보보호법

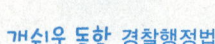

390 「행정절차법」상 행정지도에 대한 설명으로 가장 적절하지 않은 것은? 19 경찰 1차 [Core ★★]

총론 Chapter 7. 478

① 반드시 문서의 형식으로 하여야만 한다.
② 임의성 원칙을 명문화하고 있다.
③ 행정기관이 그 소관 사무의 범위에서 일정한 행정목적을 실현하기 위하여 특정인에게 일정한 행위를 하거나 하지 아니하도록 지도, 권고, 조언 등을 하는 행정작용을 말한다.
④ 행정지도의 상대방은 해당 행정지도의 방식·내용 등에 관하여 행정기관에 의견제출을 할 수 있다.

해설

① [×] 반드시 문서의 형식(×)으로 하여야만 한다.
→ 행정지도가 말로 이루어지는 경우에 상대방이 제1항의 사항을 적은 서면의 교부를 요구하면 그 행정지도를 하는 자는 직무 수행에 특별한 지장이 없으면 이를 교부하여야 한다.(행정절차법 제49조제2항)
② [O] **임의성** 원칙을 명문화하고 있다.
→ 행정지도의 상대방의 의사에 반하여 부당하게 강요하여서는 아니 된다.(행정절차법 제48조제1항)
③ [O] 행정기관이 그 소관 사무의 범위에서 일정한 **행정목적**을 실현하기 위하여 특정인에게 일정한 **행위를 하거나 하지 아니하도록 지도, 권고, 조언** 등을 하는 행정작용을 말한다.(행정절차법 제2조제3호)
④ [O] 행정지도의 상대방은 해당 행정지도의 방식·내용 등에 관하여 행정기관에 **의견제출**을 할 수 있다. (행정절차법 제50조)

행정절차법
제2조(정의) 이 법에서 사용하는 용어의 뜻은 다음과 같다. 1. "행정청"이란 다음 각 목의 자를 말한다. 　가. 행정에 관한 의사를 결정하여 표시하는 국가 또는 지방자치단체의 기관 　나. 그 밖에 법령 또는 자치법규(이하 "법령등"이라 한다)에 따라 행정권한을 가지고 있거나 위임 또는 위탁받은 공공단체 또는 그 기관이나 사인(私人) 2. "처분"이란 행정청이 행하는 구체적 사실에 관한 법 집행으로서의 공권력의 행사 또는 그 거부와 그 밖에 이에 준하는 행정작용(行政作用)을 말한다. 3. **"행정지도"란 행정기관이 그 소관 사무의 범위에서 일정한 행정목적을 실현하기 위하여 특정인에게 일정한 행위를 하거나 하지 아니하도록 지도, 권고, 조언 등을 하는 행정작용을 말한다.** 4. "당사자등"이란 다음 각 목의 자를 말한다. 　가. 행정청의 처분에 대하여 직접 그 상대가 되는 당사자 　나. 행정청이 직권으로 또는 신청에 따라 행정절차에 참여하게 한 이해관계인 5. "청문"이란 행정청이 어떠한 처분을 하기 전에 당사자등의 의견을 직접 듣고 증거를 조사하는 절차를 말한다. 6. "공청회"란 행정청이 공개적인 토론을 통하여 어떠한 행정작용에 대하여 당사자등, 전문지식과 경험을 가진 사람, 그 밖의 일반인으로부터 의견을 널리 수렴하는 절차를 말한다. 7. "의견제출"이란 행정청이 어떠한 행정작용을 하기 전에 당사자등이 의견을 제시하는 절차로서 청문이나 공청회에 해당하지 아니하는 절차를 말한다. 8. "전자문서"란 컴퓨터 등 정보처리능력을 가진 장치에 의하여 전자적인 형태로 작성되어 송신·수신 또는 저장된 정보를 말한다.

> 9. "정보통신망"이란 전기통신설비를 활용하거나 전기통신설비와 컴퓨터 및 컴퓨터 이용기술을 활용하여 정보를 수집·가공·저장·검색·송신 또는 수신하는 정보통신체제를 말한다.
>
> **제48조(행정지도의 원칙)**
> ① 행정지도는 그 목적 달성에 필요한 최소한도에 그쳐야 하며, **행정지도의 상대방의 의사에 반하여 부당하게 강요하여서는 아니 된다.**
> ② 행정기관은 행정지도의 상대방이 행정지도에 따르지 아니하였다는 것을 이유로 불이익한 조치를 하여서는 아니 된다.
>
> **제49조(행정지도의 방식)**
> ① 행정지도를 하는 자는 그 상대방에게 그 행정지도의 취지 및 내용과 신분을 밝혀야 한다.
> ② **행정지도가 말로 이루어지는 경우에 상대방이 제1항의 사항을 적은 서면의 교부를 요구하면 그 행정지도를 하는 자는 직무 수행에 특별한 지장이 없으면 이를 교부하여야 한다.**
>
> **제50조(의견제출)**
> 행정지도의 상대방은 해당 행정지도의 방식·내용 등에 관하여 행정기관에 의견제출을 할 수 있다.
>
> **제51조(다수인을 대상으로 하는 행정지도)**
> 행정기관이 같은 행정목적을 실현하기 위하여 많은 상대방에게 행정지도를 하려는 경우에는 특별한 사정이 없으면 행정지도에 공통적인 내용이 되는 사항을 공표하여야 한다.

정답 ①

391 「행정절차법」상 의견청취절차에 대한 설명으로 가장 적절하지 <u>않은</u> 것은?

14 경찰승진 [Core ★★] 총론 Chapter 7, 479

① 행정청이 당사자에게 의무를 부과하거나 권익을 제한하는 처분을 할 때 다른 법령에 특별한 규정이 없으면 청문을 거쳐야 한다.
② 행정청이 당사자에게 의무를 부과하거나 권익을 제한하는 처분을 할 때 청문을 실시하거나 공청회를 개최하는 경우 외에는 당사자 등에게 의견제출의 기회를 주어야 한다.
③ 청문은 행정청이 소속 직원 또는 대통령령으로 정하는 자격을 가진 사람 중에서 선정하는 사람이 주재하되, 행정청은 청문 주재자의 선정이 공정하게 이루어지도록 노력하여야 한다.
④ 행정청이 처분을 할 때에 당사자 등이 제출한 의견이 상당한 이유가 있다고 인정하는 경우에는 이를 반영하여야 한다.

해설

① [×] 행정청이 당사자에게 의무를 부과하거나 권익을 제한하는 처분을 할 때 다른 법령에 특별한 규정이 없으면 청문을 거쳐야 한다.(×)
→ 행정청이 처분을 할 때 다음 각 호의 어느 하나에 해당하는 경우에는 청문을 한다.(행정절차법 제22조 제1항)
  1. 다른 법령등에서 청문을 하도록 규정하고 있는 경우
  2. 행정청이 필요하다고 인정하는 경우

3. 다음 각 목의 처분을 하는 경우
   가. 인허가 등의 취소
   나. 신분·자격의 박탈
   다. 법인이나 조합 등의 설립허가의 취소

② [O] 행정청이 당사자에게 의무를 부과하거나 권익을 제한하는 처분을 할 때 청문을 실시하거나 공청회를 개최하는 경우 외에는 당사자 등에게 의견제출의 기회를 주어야 한다.(행정절차법 제22조제3항)

③ [O] 청문은 행정청이 소속 직원 또는 대통령령으로 정하는 자격을 가진 사람 중에서 선정하는 사람이 주재하되, 행정청은 청문 주재자의 선정이 공정하게 이루어지도록 노력하여야 한다.(행정절차법 제28조제1항)

④ [O] 행정청이 처분을 할 때에 당사자 등이 제출한 의견이 **상당한 이유가 있다고 인정하는 경우에는** 이를 **반영하여야** 한다.(행정절차법 제27조의2제1항)

행정절차법

제22조(의견청취)
① 행정청이 처분을 할 때 다음 각 호의 어느 하나에 해당하는 경우에는 청문을 한다.
   1. 다른 법령등에서 청문을 하도록 규정하고 있는 경우
   2. 행정청이 필요하다고 인정하는 경우
   3. 다음 각 목의 처분을 하는 경우
      가. 인허가 등의 취소
      나. 신분·자격의 박탈
      다. 법인이나 조합 등의 설립허가의 취소
② 행정청이 처분을 할 때 다음 각 호의 어느 하나에 해당하는 경우에는 공청회를 개최한다.
   1. 다른 법령등에서 공청회를 개최하도록 규정하고 있는 경우
   2. 해당 처분의 영향이 광범위하여 널리 의견을 수렴할 필요가 있다고 행정청이 인정하는 경우
   3. 국민생활에 큰 영향을 미치는 처분으로서 대통령령으로 정하는 처분에 대하여 대통령령으로 정하는 수 이상의 당사자등이 공청회 개최를 요구하는 경우
③ 행정청이 당사자에게 의무를 부과하거나 권익을 제한하는 처분을 할 때 제1항 또는 제2항의 경우 외에는 당사자등에게 의견제출의 기회를 주어야 한다
④ 행정청은 청문이 시작되는 날부터 7일 전까지 청문 주재자에게 청문과 관련한 필요한 자료를 미리 통지하여야 한다.
⑤ 청문 주재자는 독립하여 공정하게 직무를 수행하며, 그 직무 수행을 이유로 본인의 의사에 반하여 신분상 어떠한 불이익도 받지 아니한다.
⑥ 제1항 또는 제2항에 따라 선정된 청문 주재자는 「형법」이나 그 밖의 다른 법률에 따른 벌칙을 적용할 때에는 공무원으로 본다.
⑦ 제1항부터 제5항까지에서 규정한 사항 외에 청문 주재자의 선정 등에 필요한 사항은 대통령령으로 정한다.

제27조의2(제출 의견의 반영 등)
① 행정청은 처분을 할 때에 당사자등이 제출한 의견이 상당한 이유가 있다고 인정하는 경우에는 이를 반영하여야 한다.
② 행정청은 당사자등이 제출한 의견을 반영하지 아니하고 처분을 한 경우 당사자등이 처분이 있음을 안 날부터 90일 이내에 그 이유의 설명을 요청하면 서면으로 그 이유를 알려야 한다. 다만, 당사자등이 동의하면 말, 정보통신망 또는 그 밖의 방법으로 알릴 수 있다.

제28조(청문 주재자)
① 행정청은 소속 직원 또는 대통령령으로 정하는 자격을 가진 사람 중에서 청문 주재자를 공정하게 선정하여야 한다.
② 행정청은 다음 각 호의 어느 하나에 해당하는 처분을 하려는 경우에는 청문 주재자를 2명 이상으로 선정할 수 있다. 이 경우 선정된 청문 주재자 중 1명이 청문 주재자를 대표한다.

1. 다수 국민의 이해가 상충되는 처분
2. 다수 국민에게 불편이나 부담을 주는 처분
3. 그 밖에 전문적이고 공정한 청문을 위하여 행정청이 청문 주재자를 2명 이상으로 선정할 필요가 있다고 인정하는 처분

③ 행정청은 청문이 시작되는 날부터 7일 전까지 청문 주재자에게 청문과 관련한 필요한 자료를 미리 통지하여야 한다.
④ 청문 주재자는 독립하여 공정하게 직무를 수행하며, 그 직무 수행을 이유로 본인의 의사에 반하여 신분상 어떠한 불이익도 받지 아니한다.
⑤ 제1항 또는 제2항에 따라 선정된 청문 주재자는 「형법」이나 그 밖의 다른 법률에 따른 벌칙을 적용할 때에는 공무원으로 본다.
⑥ 제1항부터 제5항까지에서 규정한 사항 외에 청문 주재자의 선정 등에 필요한 사항은 대통령령으로 정한다.

정답 ①

392. 「행정절차법」상 행정지도에 관한 설명으로 틀린 것은?

① 행정지도는 임의성에 기반하므로 과잉금지원칙과 무관하다.
② 행정지도를 하는 자는 그 상대방에게 그 행정지도의 취지 및 내용과 신분을 밝혀야 한다.
③ 행정지도의 상대방은 해당 행정지도의 방식·내용 등에 관하여 행정기관에 의견제출을 할 수 있다.
④ 행정기관은 행정지도의 상대방이 행정지도에 따르지 아니하였다는 것을 이유로 불이익한 조치를 하여서는 아니 된다.

해설

① [X] 행정지도는 임의성에 기반하므로 과잉금지원칙과 무관하다.(X)
→ 행정지도는 그 목적 달성에 필요한 최소한도에 그쳐야 하며(비례의 원칙, 과잉금지 원칙), 행정지도의 상대방의 의사에 반하여 부당하게 강요하여서는 아니 된다.(임의성의 원칙)(행정절차법 제48조제1항)
② [O] 행정지도를 하는 자는 그 상대방에게 그 행정지도의 취지 및 내용과 신분을 밝혀야 한다.(행정절차법 제49조제1항)
③ [O] 행정지도의 상대방은 해당 행정지도의 방식·내용 등에 관하여 행정기관에 의견제출을 할 수 있다.(행정절차법 제50조)
④ [O] 행정기관은 행정지도의 상대방이 행정지도에 따르지 아니하였다는 것을 이유로 불이익한 조치를 하여서는 아니 된다.(불이익처분의 금지)(행정절차법 제48조제2항)

정답 ①

393 「행정절차법」상 행정지도에 관한 설명 중 가장 적절하지 않은 것은?

① 행정지도는 그 목적 달성에 필요한 최소한도에 그쳐야 하며, 행정지도의 상대방의 의사에 반하여 부당하게 강요하여서는 아니 된다.
② 행정기관은 행정지도의 상대방이 행정지도에 따르지 아니하였다는 것을 이유로 불이익한 조치를 하여서는 아니 된다.
③ 행정지도가 말로 이루어지는 경우에 상대방이 행정지도의 취지 및 내용과 신분의 사항을 적은 서면의 교부를 요구하면 그 행정지도를 하는 자는 직무 수행에 특별한 지장이 없으면 이를 교부하여야 한다.
④ 행정지도의 상대방은 해당 행정지도의 방식·내용 등에 관하여 행정기관에 의견제출을 할 수 없다.

해설

④ [×] 행정지도의 상대방은 해당 행정지도의 방식·내용 등에 관하여 행정기관에 의견제출을 할 수 없다.(×)
→ 행정지도의 상대방은 해당 행정지도의 방식·내용 등에 관하여 행정기관에 의견제출을 할 수 있다.(행정절차법 제50조)
① [O] 행정지도는 그 목적 달성에 필요한 최소한도에 그쳐야 하며, 행정지도의 상대방의 의사에 반하여 부당하게 강요하여서는 아니 된다.(행정절차법 제48조제1항)
② [O] 행정기관은 행정지도의 상대방이 행정지도에 따르지 아니하였다는 것을 이유로 불이익한 조치를 하여서는 아니 된다.(행정절차법 제48조제2항)
③ [O] 행정지도가 말로 이루어지는 경우에 상대방이 행정지도의 취지 및 내용과 신분의 사항을 적은 서면의 교부를 요구하면 그 행정지도를 하는 자는 직무 수행에 특별한 지장이 없으면 이를 교부하여야 한다.(행정절차법 제49조제2항)

정답 ④

[심화학습]

제1절 행정절차법

394 행정지도에 대한 설명으로 옳지 <u>않은</u> 것은? 21 군무원 [Core ★★]

① 행정지도가 그의 한계를 일탈하지 아니하였다면, 그로 인하여 상대방에게 어떤 손해가 발생하였다 하더라도 행정기관은 그에 대한 손해배상책임이 없다.
② 위법한 건축물에 대한 단전 및 전화통화 단절조치 요청행위는 처분성이 인정되는 행정지도이다.
③ 상대방이 행정지도에 따르지 아니하였다는 것을 직접적인 이유로 하는 불이익한 조치는 위법한 행위가 된다.
④ 국가배상법이 정한 배상청구의 요건인 공무원의 직무에는 행정지도도 포함된다.

해설

② [×] 위법한 건축물에 대한 단전 및 전화통화 단절조치 요청행위는 처분성이 인정되는 행정지도이다.(×)

> 대법원 1996. 3. 22. 선고 96누433 판결 [시정명령처분등취소]
> 위법 건축물에 대한 전기·전화공급을 하지 말아 줄 것을 요청한 행위는 권고적 성격의 행위에 불과한 것으로서 전기·전화공급자나 특정인의 법률상 지위에 직접적인 변동을 가져오는 것은 아니므로 이를 항고소송의 대상이 되는 행정처분이라고 볼 수 없다.

① [○] 행정지도가 그의 한계를 일탈하지 아니하였다면, 그로 인하여 상대방에게 어떤 손해가 발생하였다 하더라도 행정기관은 그에 대한 손해배상책임이 없다.

> 대법원 2008. 9. 25. 선고 2006다18228 판결 [손해배상(기)]
> 한계를 일탈한 위법한 행정지도로 인하여 상대방이 손해를 입은 경우 행정기관에게 손해를 배상할 책임이 있으나, 한계를 일탈하지 않은 행정지도로 인하여 상대방에게 손해가 발생한 경우라면 행정기관은 손해배상책임을 지지 않는다.

③ [○] 상대방이 행정지도에 따르지 아니하였다는 것을 직접적인 이유로 하는 불이익한 조치는 위법한 행위가 된다.
→ 행정기관은 행정지도의 상대방이 행정지도에 따르지 아니하였다는 것을 이유로 불이익한 조치를 하여서는 아니 된다.(행정절차법 제48조제2항)

④ [○] 국가배상법이 정한 배상청구의 요건인 공무원의 직무에는 행정지도도 포함된다.

> 대법원 1998. 7. 10. 선고 96다38971 판결 [손해배상(기)]
> 국가배상법이 정한 배상청구의 요건인 '공무원의 직무'에는 권력적 작용만이 아니라 행정지도와 같은 비권력적 작용도 포함되며 단지 행정주체가 사경제주체로서 하는 활동만 제외된다. 행정지도로서 행한 공탁행위로 인해 사인에게 피해를 입힌 경우 행정상 손해배상책임이 있다.

정답 ②

395 행정지도에 관한 설명으로 옳지 않은 것은? (다툼이 있는 경우 판례에 의함) 21 소방직 [Core ★★]

① 행정지도란 행정기관이 그 소관 사무의 범위에서 일정한 행정목적을 실현하기 위하여 특정인에게 일정한 행위를 하거나 하지 아니하도록 지도, 권고, 조언 등을 하는 행정작용을 말한다.
② 행정지도 중 규제적·구속적 행정지도의 경우에는 법적 근거가 필요하다는 견해가 있다.
③ 교육인적자원부장관(현 교육부장관)의 (구)공립대학총장들에 대한 학칙시정요구는 고등교육법령에 따른 것으로, 그 법적 성격은 대학총장의 임의적인 협력을 통하여 사실상의 효과를 발생시키는 행정지도의 일종으로 헌법소원의 대상이 되는 공권력의 행사로 볼 수 없다.
④ 행정지도가 강제성을 띠지 않은 비권력적 작용으로서 행정지도의 한계를 일탈하지 아니하였다면, 그로 인해 상대방에게 어떤 손해가 발생하였다고 해도 행정기관은 그에 대한 손해배상책임이 없다.

해설

③ [×] 교육인적자원부장관(현 교육부장관)의 (구)공립대학총장들에 대한 학칙시정요구는 고등교육법령에 따른 것으로, 그 법적 성격은 대학총장의 임의적인 협력을 통하여 사실상의 효과를 발생시키는 행정지도의 일종으로 헌법소원의 대상이 되는 공권력의 행사로 볼 수 없다.(×)
→ 판례는 교육인적자원부장관(현 교육부장관)의 (구)공립대학총장들에 대한 학칙시정요구는 헌법소원의 대상이 되는 공권력 행사에 해당한다고 한다.

헌법재판소 2003. 6. 26. 선고 2002헌마337, 2003헌마7·8(병합) 전원재판부 [학칙시정요구등위헌확인]

교육인적자원부장관의 대학총장들에 대한 이 사건 학칙시정요구는 고등교육법 제6조 제2항, 동법시행령 제4조 제3항에 따른 것으로서 그 법적 성격은 **대학총장의 임의적인 협력을 통하여 사실상의 효과를 발생시키는 행정지도의 일종이지만**, 그에 따르지 않을 경우 일정한 불이익조치를 예정하고 있어 사실상 상대방에게 그에 따를 의무를 부과하는 것과 다를 바 없으므로 **단순한 행정지도로서의 한계를 넘어 규제적·구속적 성격을 상당히 강하게 갖는 것으로서 헌법소원의 대상이 되는 공권력의 행사라고 볼 수 있다.**

① [O] 행정지도란 행정기관이 그 소관 사무의 범위에서 일정한 행정목적을 실현하기 위하여 **특정인에게 일정한 행위를 하거나 하지 아니하도록 지도, 권고, 조언 등을 하는 행정작용을 말한다.**(행정절차법 제2조제3호)
② [O] 행정지도 중 규제적·구속적 행정지도의 경우에는 법적 근거가 필요하다는 견해가 있다.
→ 행정지도에 따를 것인지 여부가 상대방인 국민의 임의적 결정에 달려 있으므로 행정지도에는 법률의 근거가 없어도 된다는 것이 다수설(법적 근거 불요설)이나, 원칙상 행정지도에는 법적 근거가 필요 없으나 행정지도 중에서 규제적·구속적 행정지도에는 법률의 근거가 필요하다는 견해가 있다.(제한적 법적 근거 필요설)
④ [O] 행정지도가 강제성을 띠지 않은 비권력적 작용으로서 행정지도의 한계를 일탈하지 아니하였다면, 그로 인해 상대방에게 어떤 손해가 발생하였다고 해도 행정기관은 그에 대한 손해배상책임이 없다.

대법원 2008. 9. 25. 선고 2006다18228 판결 [손해배상(기)]

행정지도가 강제성을 띠지 않은 비권력적 작용으로서 **행정지도의 한계를 일탈하지 아니하였다면**, 그로 인하여 상대방에게 어떤 손해가 발생하였다 하더라도 행정기관은 그에 대한 손해배상책임이 없다.

정답 ③

396 행정지도에 대한 설명으로 가장 적절한 것은? (다툼이 있는 경우 판례에 의함)

20 경행특채 [ESSential ★]

① 행정절차법상 행정지도는 의견제출과 사전통지절차에 대해 규정하고 있다.
② 행정절차법상 행정지도를 하는 자는 상대방이 서면의 교부를 요구하는 경우 그 행정지도의 내용과 신분을 적으면 되고 취지를 적을 필요는 없다.
③ 국가배상법상 직무행위에는 비권력적 사실행위가 포함되지 않으므로 행정지도는 직무행위에 포함되지 않는다.
④ 행정지도의 한계를 일탈하지 아니하였다면 그로 인하여 상대방에게 어떤 손해가 발생하였다 하더라도 행정기관은 그에 대한 손해배상책임이 없다.

해설

④ [O] 행정지도의 한계를 일탈하지 아니하였다면 그로 인하여 상대방에게 어떤 손해가 발생하였다 하더라도 행정기관은 그에 대한 손해배상책임이 없다.

> 대법원 2008. 9. 25. 선고 2006다18228 판결 [손해배상(기)]
> 행정지도가 강제성을 띠지 않은 비권력적 작용으로서 **행정지도의 한계를 일탈하지 아니하였다면**, 그로 인하여 상대방에게 어떤 손해가 발생하였다 하더라도 행정기관은 그에 대한 손해배상책임이 없다.

① [×] 행정절차법상 행정지도는 의견제출과 **사전통지절차에 대해 규정하고 있다.**(×)
→ **행정절차법은 행정지도의 의견제출은 규정하고 있으나 사전통지에 대해서는 명문규정이 없다.** 행정지도의 상대방은 해당 행정지도의 방식·내용 등에 관하여 행정기관에 의견제출을 할 수 있다.(행정절차법 제50조)

② [×] 행정절차법상 행정지도를 하는 자는 상대방이 서면의 교부를 요구하는 경우 그 행정지도의 내용과 신분을 적으면 되고 **취지를 적을 필요는 없다.**(×)
→ **행정지도를 하는 자는 그 상대방에게 그 행정지도의 취지 및 내용과 신분을 밝혀야 한다.**(행정절차법 제49조제1항) 행정지도가 말로 이루어지는 경우에 상대방이 제1항의 사항을 적은 서면의 교부를 요구하면 그 행정지도를 하는 자는 직무 수행에 특별한 지장이 없으면 이를 교부하여야 한다.(행정절차법 제49조 제2항)

③ [×] 국가배상법상 직무행위에는 **비권력적 사실행위가 포함되지 않으므로 행정지도는 직무행위에 포함되지 않는다.**(×)

> 대법원 1998. 7. 10. 선고 96다38971 판결 [손해배상(기)]
> 국가배상법이 정한 배상청구의 요건인 '**공무원의 직무**'에는 권력적 작용만이 아니라 행정지도와 같은 비권력적 작용도 포함되며 단지 행정주체가 사경제주체로서 하는 활동만 제외된다. 행정지도로서 행한 공탁행위로 인해 사인에게 피해를 입힌 경우 행성상 손해배상책임이 있다.

정답 ④

397 행정지도에 대한 내용으로 옳지 않은 것은?   20 소방직 [ESSential ★]

① 행정기관은 상대방이 행정지도에 따르지 아니하였다는 이유로 불이익조치를 하여서는 아니 된다.
② 행정절차에 소요되는 비용은 원칙적으로 행정청이 부담하도록 규정되어 있다.
③ 행정지도의 상대방은 당해 행정지도의 방식·내용 등에 관하여 행정기관에 의견을 제출할 수 없다.
④ 행정지도는 그 목적달성에 필요한 최소한도에 그쳐야 한다.

해설

③ [×] 행정지도의 상대방은 당해 행정지도의 방식·내용 등에 관하여 행정기관에 의견을 제출할 수 없다.(×)
→ 행정지도의 상대방은 해당 행정지도의 방식·내용 등에 관하여 행정기관에 의견제출을 할 수 있다. (행정절차법 제50조)

① [○] 행정기관은 상대방이 행정지도에 따르지 아니하였다는 이유로 불이익조치를 하여서는 아니 된다. (행정절차법 제48조제2항)

② [○] 행정절차에 소요되는 비용은 원칙적으로 행정청이 부담하도록 규정되어 있다.

> **행정절차법 제54조(비용의 부담)**
> 행정절차에 드는 비용은 행정청이 부담한다. 다만, 당사자등이 자기를 위하여 스스로 지출한 비용은 그러하지 아니하다.

④ [○] 행정지도는 그 목적달성에 필요한 최소한도에 그쳐야 한다.
→ 행정지도는 그 목적 달성에 필요한 최소한도에 그쳐야 하며, 행정지도의 상대방의 의사에 반하여 부당하게 강요하여서는 아니 된다.(행정절차법 제48조제1항)

정답 ③

398 다음 설명 중 옳지 않은 것은? (다툼이 있는 경우 판례에 의함)   20 소방직 [ESSential ★]

① 일정한 행정목적을 실현하기 위하여 상대방인 국민에게 임의적인 협력을 요청하는 비권력적 사실행위를 행정지도라 한다.
② 행정지도를 하는 자는 그 상대방에게 그 행정지도의 취지 및 내용을 밝혀야 하지만 신분은 생략할 수 있다.
③ 상대방의 의사에 반하여 부당하게 강요하는 행정지도는 위법하다.
④ 행정지도에는 법률의 근거가 필요하지 않다는 것이 판례의 태도이다.

해설

② [×] 행정지도를 하는 자는 그 상대방에게 그 행정지도의 취지 및 내용을 밝혀야 하지만 신분은 생략할 수 있다.(×)
→ 행정지도를 하는 자는 그 상대방에게 그 행정지도의 취지 및 내용과 신분을 밝혀야 한다.(행정절차법 제49

조제1항)
① [O] 일정한 행정목적을 실현하기 위하여 상대방인 국민에게 임의적인 협력을 요청하는 비권력적 사실행위를 행정지도라 한다.
  → "행정지도"란 행정기관이 그 소관 사무의 범위에서 **일정한 행정목적을 실현하기 위하여 특정인에게 일정한 행위를 하거나 하지 아니하도록 지도, 권고, 조언 등을 하는 행정작용**을 말한다.(행정절차법 제2조 제3호)
③ [O] 상대방의 의사에 반하여 부당하게 강요하는 행정지도는 위법하다.
  → 행정지도는 그 목적 달성에 필요한 최소한도에 그쳐야 하며, **행정지도의 상대방의 의사에 반하여 부당하게 강요하여서는 아니 된다.**(행정절차법 제48조제1항)
④ [O] 행정지도에는 **법률의 근거가 필요하지 않다는 것이 판례의 태도이다.**
  → 행정지도는 비권력적 사실행위로서 개별법률의 근거가 없더라도 행해질 수 있다는 것이 판례 및 통설이다.

정답 ②

399 행정지도에 대한 설명으로 가장 적절한 것은? (다툼이 있는 경우 판례에 의함) 18 경행특채 [Core ★★]

① 행정지도는 그 목적달성에 필요한 최대한도의 조치를 할 수 있으나, 다만 행정지도의 상대방의 의사에 반하여 부당하게 강요하여서는 아니 된다.
② 행정지도가 말로 이루어지는 경우에 상대방이 서면의 교부를 요구하면 그 행정지도를 하는 자는 반드시 이를 교부하여야 한다.
③ 교육인적자원부장관(현 교육부장관)의 학칙시정요구는 대학총장의 임의적인 협력을 통하여 사실상의 효과를 발생시키는 행정지도의 일종이며, 설령 단순한 행정지도로서의 한계를 넘어 규제적·구속적 성격을 갖는다 하더라도 공권력의 행사로 볼 수 없다.
④ 행정기관이 같은 행정목적을 실현하기 위하여 많은 상대방에게 행정지도를 하려는 경우에는 특별한 사정이 없으면 행정지도에 공통적인 내용이 되는 사항을 공표하여야 한다.

해설

④ [O] 행정기관이 같은 행정목적을 실현하기 위하여 **많은 상대방에게 행정지도를 하려는 경우에는 특별한 사정이 없으면 행정지도에 공통적인 내용이 되는 사항을 공표하여야 한다.**(행정절차법 제51조)
① [X] 행정지도는 그 목적달성에 **필요한 최대한도의 조치를 할 수 있으나,**(X) 다만 행정지도의 상대방의 의사에 반하여 부당하게 강요하여서는 아니 된다.
  → 행정지도는 그 목적 달성에 **필요한 최소한도에 그쳐야 하며,** 행정지도의 상대방의 의사에 반하여 부당하게 강요하여서는 아니 된다.(행정절차법 제48조제1항)
② [X] 행정지도가 말로 이루어지는 경우에 상대방이 서면의 교부를 요구하면 그 행정지도를 하는 자는 **반드시 이를 교부하여야 한다.**(X)
  → 행정지도가 말로 이루어지는 경우에 상대방이 제1항의 사항을 적은 서면의 교부를 요구하면 그 행정지도를 하는 자는 **직무 수행에 특별한 지장이 없으면 이를 교부하여야 한다.**(행정절차법 제49조제2항)
③ [X] 교육인적자원부장관(현 교육부장관)의 **학칙시정요구는** 대학총장의 임의적인 협력을 통하여 사실상의 효과를 발생시키는 행정지도의 일종이며, 설령 단순한 행정지도로서의 한계를 넘어 규제적·구속적 성격을

> 갖는다 하더라도 공권력의 행사로 볼 수 없다.(×)
>
> 헌법재판소 2003. 6. 26. 선고 2002헌마337, 2003헌마7·8(병합) 전원재판부 [학칙시정요구등위헌확인]
>
> 교육인적자원부장관의 대학총장들에 대한 이 사건 학칙시정요구는 고등교육법 제6조 제2항, 동법시행령 제4조 제3항에 따른 것으로서 그 법적 성격은 **대학총장의 임의적인 협력을 통하여 사실상의 효과를 발생시키는 행정지도의 일종이지만**, 그에 따르지 않을 경우 일정한 불이익조치를 예정하고 있어 사실상 상대방에게 그에 따를 의무를 부과하는 것과 다를 바 없으므로 **단순한 행정지도로서의 한계를 넘어 규제적·구속적 성격을 상당히 강하게 갖는 것으로서 헌법소원의 대상이 되는 공권력의 행사라고 볼 수 있다.**

정답 ④

400. 다음은 행정절차법상 기간과 관련된 규정을 정리한 것이다. ㉠~㉣에 들어갈 기간을 바르게 나열한 것은?

17 지방직 [Superlative ★★★]

- 행정청은 공청회를 개최하려는 경우에는 공청회 개최 (㉠)일 전까지 제목, 일시 및 장소 등을 당사자 등에게 통지하고 관보, 공보, 인터넷 홈페이지 또는 일간신문 등에 공고하는 등의 방법으로 널리 알려야 한다.
- 입법예고기간은 예고할 때 정하되, 특별한 사정이 없으면 (㉡)일 [자치법규는 (㉢)일] 이상으로 한다.
- 행정예고기간은 예고내용의 성격 등을 고려하여 정하되, (㉣)일 이상으로 한다.

	㉠	㉡	㉢	㉣
①	10	40	30	30
②	14	30	20	20
③	14	40	20	20
④	15	30	20	30

해설

	㉠	㉡	㉢	㉣
③ [○]	14	40	20	20
① [×]	10(×)	40	30(×)	30(×)
② [×]	14	30(×)	20	20
④ [×]	15(×)	30(×)	20	30(×)

- 행정청은 공청회를 개최하려는 경우에는 공청회 개최 (㉠ **14**)일 전까지 제목, 일시 및 장소 등을 당사자 등에게 통지하고 관보, 공보, 인터넷 홈페이지 또는 일간신문 등에 공고하는 등의 방법으로 널리 알려야 한다.(행정절차법 제38조)
- 입법예고기간은 예고할 때 정하되, 특별한 사정이 없으면 (㉡ **40**)일 [자치법규는 (㉢ **20**)일] 이상으로 한다.(행정절차법 제43조)
- 행정예고기간은 예고내용의 성격 등을 고려하여 정하되, (㉣ **20**)일 이상으로 한다.(행정절차법 제46조제3항)

행정절차법

제38조(공청회 개최의 알림)
행정청은 공청회를 개최하려는 경우에는 공청회 개최 **14일** 전까지 다음 각 호의 사항을 당사자등에게 통지하고 관보, 공보, 인터넷 홈페이지 또는 일간신문 등에 공고하는 등의 방법으로 널리 알려야 한다. 다만, 공청회 개최를 알린 후 예정대로 개최하지 못하여 새로 일시 및 장소 등을 정한 경우에는 공청회 개최 **7일** 전까지 알려야 한다.
  1. 제목
  2. 일시 및 장소
  3. 주요 내용
  4. 발표자에 관한 사항
  5. 발표신청 방법 및 신청기한
  6. 정보통신망을 통한 의견제출
  7. 그 밖에 공청회 개최에 필요한 사항

제43조(예고기간)
입법예고기간은 예고할 때 정하되, 특별한 사정이 없으면 **40일(자치법규는 20일)** 이상으로 한다.

제46조(행정예고)
① 행정청은 정책, 제도 및 계획(이하 "정책등"이라 한다)을 수립·시행하거나 변경하려는 경우에는 이를 예고하여야 한다. 다만, 다음 각 호의 어느 하나에 해당하는 경우에는 예고를 하지 아니할 수 있다.
  1. 신속하게 국민의 권리를 보호하여야 하거나 예측이 어려운 특별한 사정이 발생하는 등 긴급한 사유로 예고가 현저히 곤란한 경우
  2. 법령등의 단순한 집행을 위한 경우
  3. 정책등의 내용이 국민의 권리·의무 또는 일상생활과 관련이 없는 경우
  4. 정책등의 예고가 공공의 안전 또는 복리를 현저히 해칠 우려가 상당한 경우
② 제1항에도 불구하고 법령등의 입법을 포함하는 행정예고는 입법예고로 갈음할 수 있다.
③ 행정예고기간은 예고 내용의 성격 등을 고려하여 정하되, **20일** 이상으로 한다.
④ 제3항에도 불구하고 행정목적을 달성하기 위하여 긴급한 필요가 있는 경우에는 행정예고기간을 단축할 수 있다. 이 경우 단축된 행정예고기간은 **10일** 이상으로 한다.

정답 ③

401 행정절차법상 행정절차에 대한 설명으로 옳은 것은?

20 소방직 [ESSential ★]

① 행정청은 필요하다고 인정하는 경우에 한하여 청문을 할 수 있다.
② 행정청은 해당 처분의 영향이 광범위하여 널리 의견을 수렴할 필요가 있다고 인정하는 경우에 청문을 실시할 수 있다.
③ 행정청이 당사자에게 의무를 부과하거나 권익을 제한하는 처분을 함에 있어 청문이나 공청회를 거치지 않은 경우에는 당사자에게 의견제출의 기회를 주어야 한다.
④ 행정청이 처분을 할 때에는 긴급히 처분을 할 경우를 제외하고는 모든 경우에 있어 당사자에게 그 근거와 이유를 제시하여야 한다.

해설

③ [O] 행정청이 당사자에게 의무를 부과하거나 권익을 제한하는 처분을 함에 있어 **청문이나 공청회를 거치지 않은 경우에는 당사자에게 의견제출의 기회를 주어야 한다.**
→ 행정청이 당사자에게 의무를 부과하거나 권익을 제한하는 처분을 할 때 제1항 또는 제2항의 경우 외에는 당사자등에게 의견제출의 기회를 주어야 한다.(행정절차법 제22조제3항)

① [X] 행정청은 필요하다고 인정하는 경우에 한하여 청문을 할 수 있다.(X)
→ 행정청이 처분을 할 때 다음 각 호의 어느 하나에 해당하는 경우에는 **청문을 한다. 다른 법령등에서 청문을 하도록 규정하고 있는 경우**(행정절차법 제22조제1항제1호), 행정청이 필요하다고 인정하는 경우(행정절차법 제22조제1항제2호) **다음 각 목의 처분을 하는 경우 인허가 등의 취소**(행정절차법 제22조제1항제3호가목), **신분·자격의 박탈**(행정절차법 제22조제1항제3호나목), **법인이나 조합 등의 설립허가의 취소**(행정절차법 제22조제1항제3호다목)

② [X] 행정청은 해당 처분의 영향이 광범위하여 널리 의견을 수렴할 필요가 있다고 인정하는 경우에 **청문을 실시할 수 있다.**(X)
→ 행정청이 처분을 할 때 다음 각 호의 어느 하나에 해당하는 경우에는 **공청회를 개최한다.** 해당 처분의 영향이 광범위하여 널리 의견을 수렴할 필요가 있다고 행정청이 인정하는 경우(행정절차법 제22조제2항제2호)

④ [X] 행정청이 처분을 할 때에는 긴급히 처분을 할 경우를 제외하고는 모든 경우에 있어 당사자에게 그 근거와 이유를 제시하여야 한다.(X)
→ 행정청은 처분을 할 때에는 다음 각 호의 어느 하나에 해당하는 경우를 제외하고는 당사자에게 그 근거와 이유를 제시하여야 한다. **신청 내용을 모두 그대로 인정하는 처분인 경우**(행정절차법 제23조제1항제1호), **단순·반복적인 처분 또는 경미한 처분으로서 당사자가 그 이유를 명백히 알 수 있는 경우**(행정절차법 제23조제1항제2호), **긴급히 처분을 할 필요가 있는 경우**(행정절차법 제23조제1항제3호)

> **행정절차법 제23조(처분의 이유 제시)**
> ① 행정청은 처분을 할 때에는 다음 각 호의 어느 하나에 해당하는 경우를 제외하고는 당사자에게 그 근거와 이유를 제시하여야 한다.
>   1. 신청 내용을 모두 그대로 인정하는 처분인 경우
>   2. 단순·반복적인 처분 또는 경미한 처분으로서 당사자가 그 이유를 명백히 알 수 있는 경우
>   3. **긴급히 처분을 할 필요가 있는 경우**
> ② 행정청은 제1항제2호 및 제3호의 경우에 처분 후 당사자가 요청하는 경우에는 그 근거와 이유를 제시하여야 한다.

정답 ③

402 행정절차법상 처분에 관한 규정 중 가장 적절하지 않은 것은?

14 경행특채 [ESSential ★]

① 행정청은 당사자의 신청내용을 모두 그대로 인정하는 처분을 하는 경우에도 당사자에게 그 근거와 이유를 제시하여야 한다.
② 행정청이 처분을 할 때에는 당사자에게 그 처분에 관하여 행정심판 및 행정소송을 제기할 수 있는지 여부, 그 밖에 불복을 할 수 있는지 여부, 청구절차 및 청구기간, 그 밖에 필요한 사항을 알려야 한다.
③ 행정청은 신청인의 편의를 위하여 처분의 처리기간을 종류별로 미리 정하여 공표하여야 한다.
④ 처분기준을 공표하는 것이 해당 처분의 성질상 현저히 곤란하거나 공공의 안전 또는 복리를 현저히 해치는 것으로 인정될 만한 상당한 이유가 있는 경우에는 처분기준을 공표하지 아니할 수 있다.

해설

① [×] 행정청은 당사자의 신청내용을 모두 그대로 인정하는 처분을 하는 경우에도(×) 당사자에게 그 근거와 이유를 제시하여야 한다.
→ 신청 내용을 모두 그대로 인정하는 처분인 경우에는 처분의 근거와 이유를 제시할 필요가 없다.
→ 행정청은 처분을 할 때에는 다음 각 호의 어느 하나에 해당하는 경우를 제외하고는 당사자에게 그 근거와 이유를 제시하여야 한다. 신청 내용을 모두 그대로 인정하는 처분인 경우(행정절차법 제23조제1항제1호)

② [○] 행정청이 처분을 할 때에는 당사자에게 그 처분에 관하여 행정심판 및 행정소송을 제기할 수 있는지 여부, 그 밖에 불복을 할 수 있는지 여부, 청구절차 및 청구기간, 그 밖에 필요한 사항을 알려야 한다.(행정절차법 제26조)

③ [○] 행정청은 신청인의 편의를 위하여 처분의 처리기간을 종류별로 미리 정하여 공표하여야 한다.(행정절차법 제19조제1항)

④ [○] 처분기준을 공표하는 것이 해당 처분의 성질상 현저히 곤란하거나 공공의 안전 또는 복리를 현저히 해치는 것으로 인정될 만한 상당한 이유가 있는 경우에는 처분기준을 공표하지 아니할 수 있다.(행정절차법 제20조제3항)

행정절차법

제19조(처리기간의 설정·공표)
① 행정청은 신청인의 편의를 위하여 처분의 처리기간을 종류별로 미리 정하여 공표하여야 한다.
② 행정청은 부득이한 사유로 제1항에 따른 처리기간 내에 처분을 처리하기 곤란한 경우에는 해당 처분의 처리기간의 범위에서 한 번만 그 기간을 연장할 수 있다.
③ 행정청은 제2항에 따라 처리기간을 연장할 때에는 처리기간의 연장 사유와 처리 예정 기한을 지체 없이 신청인에게 통지하여야 한다.
④ 행정청이 정당한 처리기간 내에 처리하지 아니하였을 때에는 신청인은 해당 행정청 또는 그 감독 행정청에 신속한 처리를 요청할 수 있다.
⑤ 제1항에 따른 처리기간에 산입하지 아니하는 기간에 관하여는 대통령령으로 정한다.

제20조(처분기준의 설정·공표)
① 행정청은 필요한 처분기준을 해당 처분의 성질에 비추어 되도록 구체적으로 정하여 공표하여야 한다. 처분기준을 변경하는 경우에도 또한 같다.
② 「행정기본법」 제24조에 따른 인허가의제의 경우 관련 인허가 행정청은 관련 인허가의 처분기준을 주된 인허가 행정청에 제출하여야 하고, 주된 인허가 행정청은 제출받은 관련 인허가의 처분기준을 통합하여 공표하여

> 야 한다. 처분기준을 변경하는 경우에도 또한 같다.
> ③ 제1항에 따른 **처분기준을 공표하는 것이 해당 처분의 성질상 현저히 곤란하거나 공공의 안전 또는 복리를 현저히 해치는 것으로 인정될 만한 상당한 이유가 있는 경우에는 처분기준을 공표하지 아니할 수 있다.**
> ④ 당사자등은 공표된 처분기준이 명확하지 아니한 경우 해당 행정청에 그 해석 또는 설명을 요청할 수 있다. 이 경우 해당 행정청은 특별한 사정이 없으면 그 요청에 따라야 한다.
> [시행일: 2023. 3. 24.] 제20조제2항, 제20조제3항, 제20조제4항
>
> **제26조(고지)**
> 행정청이 처분을 할 때에는 당사자에게 그 처분에 관하여 행정심판 및 행정소송을 제기할 수 있는지 여부, 그 밖에 불복을 할 수 있는지 여부, 청구절차 및 청구기간, 그 밖에 필요한 사항을 알려야 한다.

정답 ①

403 행정법상 신고에 대한 설명으로 가장 적절한 것은? (다툼이 있으면 판례에 의함)

13 경행특채 [Core ★★]

① 행정소송법 제40조에서 명문으로 규정하고 있다.
② 사업양도·양수에 따른 허가관청의 지위승계신고의 수리에 있어, 그 수리 대상인 사업양도·양수가 무효인 때에는 수리를 하였다 하더라도 그 수리는 유효한 대상이 없는 것으로서 당연히 무효이다.
③ 주민등록은 단순히 주민의 거주관계를 파악하고 인구의 동태를 명확히 하는 것으로서, 주민등록의 신고는 행정청에 도달하기만 하면 신고로서의 효력이 발생한다.
④ 수리를 요하지 않는 신고의 경우, 담당공무원이 법령에 규정되지 아니한 사유를 들어 신고를 반려하였다면 신고의 효력발생시기는 담당공무원이 반려의 의사를 표시한 때이다.

해설

① [×] **행정소송법(×)** 제40조에서 명문으로 규정하고 있다.
→ 행정법상 신고에 대한 내용은 **행정소송법이 아니라 행정절차법 제40조에서 규정하고 있다.**
② [O] 사업양도·양수에 따른 허가관청의 지위승계신고의 수리에 있어, 그 수리 대상인 사업양도·양수가 무효인 때에는 수리를 하였다 하더라도 그 수리는 유효한 대상이 없는 것으로서 당연히 무효이다.

> 대법원 2005. 12. 23. 선고 2005두3554 판결 [채석허가수허가자변경신고수리처분취소]
> 사업양도·양수에 따른 허가관청의 지위승계신고의 수리는 적법한 사업의 양도·양수가 있었음을 전제로 하는 것이므로 그 수리대상인 사업양도·양수가 존재하지 아니하거나 무효인 때에는 수리를 하였다 하더라도 그 수리는 유효한 대상이 없는 것으로서 당연히 무효라 할 것이다.

③ [O] 주민등록은 단순히 주민의 거주관계를 파악하고 인구의 동태를 명확히 하는 것으로서, 주민등록의 신고는 행정청에 도달하기만 하면 신고로서의 효력이 발생한다.

> 대법원 2009. 1. 30. 선고 2006다17850 판결 [배당이의]
> 주민등록은 단순히 주민의 거주관계를 파악하고 인구의 동태를 명확히 하는 것 외에도 주민등록에 따라 공법관계상의 여러 가지 법률상 효과가 나타나게 되는 것으로서, **주민등록의 신고는 행정청에 도달하기만 하면 신고로서의 효력이 발생하는 것이 아니라 행정청이 수리한 경우에 비로소 신고의 효력이 발생한다.** 따라서

주민등록 신고서를 행정청에 제출하였다가 행정청이 이를 수리하기 전에 신고서의 내용을 수정하여 위와 같이 수정된 전입신고서가 수리되었다면 수정된 사항에 따라서 주민등록 신고가 이루어진 것으로 보는 것이 타당하다.

④ [O] 수리를 요하지 않는 신고의 경우, 담당공무원이 법령에 규정되지 아니한 사유를 들어 신고를 반려하였다면 신고의 **효력발생시기는 담당공무원이 반려의 의사를 표시한 때이다.**
→ 판례는 자기완결적 신고의 경우 적법한 신고가 있으면 행정청의 수리 여부와 무관하게 신고서가 접수기관에 도달한 때 신고의무가 이행된 것으로 본다. 따라서 적법한 신고가 있는 후라면 행정청이 수리를 하지 않았더라도 신고의 대상이 되는 행위를 한 것이 행정벌의 대상이 되지 않는다.

대법원 2002. 3. 12. 선고 2000다73612 판결 [손해배상(기)]
수산제조업을 하고자 하는 사람이 **형식적 요건을 모두 갖춘 수산제조업 신고서를 제출한 경우에는 담당공무원이 관계 법령에 규정되지 아니한 사유를 들어 그 신고를 수리하지 아니하고 반려하였다고 하더라도 그 신고서가 제출된 때에 신고가 있었다고 볼 것**이나, 담당 공무원이 관계 법령에 규정되지 아니한 서류를 요구하여 신고서를 제출하지 못하였다는 사정만으로는 신고가 있었던 것으로 볼 수 없다.

행정절차법 제40조(신고)
① 법령등에서 행정청에 일정한 사항을 통지함으로써 의무가 끝나는 신고를 규정하고 있는 경우 신고를 관장하는 행정청은 신고에 필요한 구비서류, 접수기관, 그 밖에 법령등에 따른 신고에 필요한 사항을 게시(인터넷 등을 통한 게시를 포함한다)하거나 이에 대한 편람을 갖추어 두고 누구나 열람할 수 있도록 하여야 한다.
② 제1항에 따른 신고가 다음 각 호의 요건을 갖춘 경우에는 신고서가 접수기관에 도달된 때에 신고 의무가 이행된 것으로 본다.
  1. 신고서의 기재사항에 흠이 없을 것
  2. 필요한 구비서류가 첨부되어 있을 것
  3. 그 밖에 법령등에 규정된 형식상의 요건에 적합할 것
③ 행정청은 제2항 각 호의 요건을 갖추지 못한 신고서가 제출된 경우에는 지체 없이 상당한 기간을 정하여 신고인에게 보완을 요구하여야 한다.
④ 행정청은 신고인이 제3항에 따른 기간 내에 보완을 하지 아니하였을 때에는 그 이유를 구체적으로 밝혀 해당 신고서를 되돌려 보내야 한다.

정답 ①

404 행정법상 신고에 관한 설명 중 옳지 않은 것은? (다툼이 있으면 판례에 의함) 13 국회직 [Core★★]

① 행정절차법 제40조는 자기완결적 신고를 규정하고 있다.
② 판례는 수리를 요하는 신고의 경우 법령상의 신고요건을 충족하지 못하는 경우 행정청은 당해 신고의 수리를 거부할 수 있다고 한다.
③ 판례는 인·허가의제 효과를 수반하는 건축신고는 특별한 사정이 없는 한 수리를 요하는 신고로 보는 것이 옳다고 한다.
④ 판례는 건축대장상의 건축주명의변경에 대한 신고의 수리거부행위에 대하여 처분성을 인정한다.
⑤ 판례는 자기완결적 신고에서 부적법한 신고에 대하여 행정청이 일단 수리하였다면, 그 후의 영업 행위는 무신고영업행위에는 해당하지 않는다고 한다.

> **해설**

⑤ [×] 판례는 자기완결적 신고에서 **부적법한 신고**에 대하여 행정청이 일단 수리하였다면, 그 후의 영업 행위는 **무신고영업행위에는 해당하지 않는다**고 한다.
→ 자기완결적 신고의 경우 적법한 신고를 한 경우라면 신고의 수리 여부와 무관하게 신고의 효력은 발생하나, **부적법한 신고를 한 경우라면 신고의 수리가 있었더라도 신고의 효과는 발생하지 않으므로 신고 후의 영업행위는 무신고영업행위에 해당한다.**

대법원 1998. 4. 24. 선고 97도3121 판결 [체육시설의설치·이용에관한법률위반]
당구장과 같은 신고체육시설업을 하고자 하는 자는 체육시설업의 종류별로 같은법시행규칙이 정하는 해당 시설을 갖추어 소정의 양식에 따라 신고서를 제출하는 방식으로 시·도지사에 신고하도록 규정하고 있으므로, **소정의 시설을 갖추지 못한 체육시설업의 신고는 부적법한 것으로 그 수리가 거부될 수밖에 없고 그러한 상태에서 신고체육시설업의 영업행위를 계속하는 것은 무신고 영업행위에 해당할 것이지만**, 이에 반하여 **적법한 요건을 갖춘 신고의 경우에는 행정청의 수리처분 등 별단의 조치를 기다릴 필요 없이 그 접수시에 신고로서의 효력이 발생하는** 것이므로 그 수리가 거부되었다고 하여 무신고 영업이 되는 것은 아니다.

① [○] **행정절차법 제40조**는 자기완결적 신고를 규정하고 있다.
→ 일반적인 견해는 행정절차법 제40조는 행정청에 대하여 일정한 사항을 통지함으로써 의무가 끝나는 신고의 경우 접수기관에 도달함으로써 신고의무가 이행된 것으로 본다고 규정하고 있는바, 이는 수리를 요하는 신고가 아닌 자기완결적 신고를 규정하고 있다고 본다.

② [○] 판례는 수리를 요하는 신고의 경우 법령상의 신고요건을 충족하지 못하는 경우 행정청은 당해 **신고의 수리를 거부할 수 있다**고 한다.
→ 수리를 요하는 신고에서 신고의 수리는 원칙적으로 기속행위로 보아야 하므로 법령이 정한 요건을 구비한 적법한 신고가 있으면 행정청은 원칙적으로 수리하여야 하며 법령에 없는 사유를 내세워 수리를 거부할 수는 없으나, **법령상 요건을 구비하지 못하였거나 중대한 공익상 필요가 있는 경우에는 수리를 거부할 수 있다.**

대법원 2010. 9. 9. 선고 2008두22631 판결 [납골당설치신고불가처분취소]
설치기준에 부합하는 한, 수리하여야 하나, **보건위생상의 위해를 방지하거나 국토의 효율적 이용 및 공공복리의 증진 등 중대한 공익상 필요가 있는 경우에는 그 수리를 거부할 수 있다.**

③ [○] 판례는 인·허가의제 효과를 수반하는 건축신고는 특별한 사정이 없는 한 수리를 요하는 신고로 보는 것이 옳다고 한다.
→ 건축법 제14조 제2항에 의한 **인·허가의제 효과를 수반하는 건축신고는 일반적인 건축신고와는 달리 행정청이 그 실체적 요건에 관한 심사를 한 후 수리하여야 하는 이른바 '수리를 요하는 신고'에 해당한다.**

대법원 2011. 1. 20. 선고 2010두14954 전원합의체 판결 [건축(신축)신고불가취소]
인·허가의제 효과를 수반하는 건축신고는 일반적인 건축신고와는 달리, 특별한 사정이 없는 한 행정청이 그 실체적 요건에 관한 심사를 한 후 수리하여야 하는 이른바 '수리를 요하는 신고'로 보는 것이 옳다.

④ [○] 판례는 건축대장상의 건축주명의변경에 대한 신고의 수리거부행위에 대하여 처분성을 인정한다.
→ 건축물 양수인의 건축대장상의 건축주명의변경신고는 행위요건적 신고(수리를 요하는 신고)이다.

대법원 1992. 3. 31. 선고 91누4911 판결 [건축주명의변경신고수리거부처분취소]
법령의 각 규정내용에 비추어 보면 같은법시행규칙 제3조의2의 규정은 단순히 행정관청의 사무집행의 편의를 위한 것에 지나지 않는 것이 아니라, **허가대상건축물의 양수인에게 건축주의 명의변경을 신고할 수 있는 공법상의 권리를 인정함과 아울러 행정관청에게는 그 신고를 수리할 의무를 지게 한 것으로 봄이 상당하므로**, 허가대상건축물의 양수인이 위 규칙에 규정되어 있는 형식적 요건을 갖추어 시장군수에게 적법하게 건축주의 명의변경을 신고한 때에는 시장, 군수는 그 신고를 수리하여야지 실체적인 이유를 내세워 그 신고의 수리를 거부할 수는 없다고 할 것이다.
이 사건 건축주명의변경신고 수리거부행위는 원고의 권리의무에 직접 영향을 미치는 것으로서 취소소송의 대상이 되는 처분이라고 하지 않을 수 없다.

정답 ⑤

405 행정법상 신고에 대한 판례의 태도로 옳지 <u>않은</u> 것은?

13 국가직 [Core ★★]

① 납골당설치신고는 수리를 요하는 신고라 할 것이므로, 행정청의 수리처분이 있어야만 납골당을 설치할 수 있다.
② 전입신고자가 거주의 목적 이외에 다른 이해관계에 관한 의도를 가지고 있는지 여부, 전입신고를 수리함으로써 당해 지방자치단체에 미치는 영향 등과 같은 사유는 주민등록전입신고의 수리 여부를 심사하는 단계에서는 고려대상이 될 수 없다.
③ 부가가치세법상의 사업자등록은 과세관청으로 하여금 부가가치세의 납세의무자를 파악하고 그 과세자료를 확보케 하려는 데 입법취지가 있는 것으로서, 이는 단순한 사업사실의 신고로 사업자가 소관 세무서장에게 소정의 사업자등록신청서를 제출함으로써 성립되는 것이다.
④ 수리를 요하는 신고의 경우 행정청은 형식적 심사를 하는 것으로 족하다.

해설

④ [×] 수리를 요하는 신고의 경우 행정청은 형식적 심사를 하는 것으로 족하다.(×)
→ 수리를 요하는 신고는 형식적 요건 외에 실질적 요건을 신고의 요건으로 요구하는 경우도 있다.

> **대법원 2007. 1. 11. 선고 2006두14537 판결 [노인주거복지시설설치신고반려처분취소]**
> 구 노인복지법에 의한 유료노인복지주택의 설치신고를 받은 행정관청으로서는 그 유료노인복지주택의 시설 및 운영기준이 위 법령에 부합하는지와 아울러 그 유료노인복지주택이 적법한 입소대상자에게 분양되었는지와 설치신고 당시 부적격자들이 입소하고 있지는 않은지 여부까지 심사하여 그 신고의 수리 여부를 결정할 수 있다.

① [O] 납골당설치신고는 수리를 요하는 신고라 할 것이므로, 행정청의 수리처분이 있어야만 납골당을 설치할 수 있다.

> **대법원 2011. 9. 8. 선고 2009두6766 판결 [납골당설치신고수리처분이행통지취소]**
> 납골당설치 신고는 이른바 '수리를 요하는 신고'라 할 것이므로, 납골당설치 신고가 구 장사법 관련 규정의 모든 요건에 맞는 신고라 하더라도 신고인은 곧바로 납골당을 설치할 수는 없고, 이에 대한 행정청의 수리처분이 있어야만 신고한 대로 납골당을 설치할 수 있다. 한편 수리란 신고를 유효한 것으로 판단하고 법령에 의하여 처리할 의사로 이를 수령하는 수동적 행위이므로 수리행위에 신고필증 교부 등 행위가 꼭 필요한 것은 아니다.

② [O] 전입신고자가 거주의 목적 이외에 다른 이해관계에 관한 의도를 가지고 있는지 여부, 전입신고를 수리함으로써 당해 지방자치단체에 미치는 영향 등과 같은 사유는 **주민등록전입신고의 수리 여부를 심사하는 단계에서는 고려대상이 될 수 없다.**

> **대법원 2009. 6. 18. 선고 2008두10997 전원합의체 판결 [주민등록전입신고수리거부처분취소]**
> 전입신고를 받은 시장·군수 또는 구청장의 심사 대상은 전입신고자가 30일 이상 생활의 근거로 거주할 목적으로 거주지를 옮기는지 여부만으로 제한된다고 보아야 한다. 따라서 전입신고자가 거주의 목적 이외에 다른 이해관계에 관한 의도를 가지고 있는지 여부, 무허가 건축물의 관리, 전입신고를 수리함으로써 당해 지방자치단체에 미치는 영향 등과 같은 사유는 주민등록법이 아닌 다른 법률에 의하여 규율되어야 하고, **주민등록전입신고의 수리 여부를 심사하는 단계에서는 고려 대상이 될 수 없다.**

③ [O] 부가가치세법상의 사업자등록은 과세관청으로 하여금 부가가치세의 납세의무자를 파악하고 그 과세자료를 확보케 하려는 데 입법취지가 있는 것으로서, **이는 단순한 사업사실의 신고로 사업자가 소관 세무서장에게 소정의 사업자등록신청서를 제출함으로써 성립되는 것이다.**

> 대법원 2011. 1. 27. 선고 2008두2200 판결 [사업자등록명의변경처분취소]
> 부가가치세법상의 사업자등록은 과세관청으로 하여금 부가가치세의 납세의무자를 파악하고 그 과세자료를 확보하게 하려는 데 제도의 취지가 있는바, **이는 단순한 사업사실의 신고로서 사업자가 관할세무서장에게 소정의 사업자등록신청서를 제출함으로써 성립하는 것이고, 사업자등록증의 교부는 이와 같은 등록사실을 증명하는 증서의 교부행위에 불과한 것이다.**

정답 ④

406 신고에 관한 현행 행정절차법의 내용으로 옳지 않은 것은?

10 지방직 변형 [ESSential ★]

① 법령 등에서 행정청에 대하여 일정한 사항을 통지함으로써 의무가 끝나는 신고를 규정하고 있는 경우 신고를 관장하는 행정청은 신고에 필요한 구비서류와 접수기관 기타 법령 등에 의한 신고에 필요한 사항을 게시하거나 이에 대한 편람을 비치하여 누구나 열람할 수 있도록 하여야 한다.
② 법령 등에서 행정청에 대하여 일정한 사항을 통지함으로써 의무가 끝나는 신고는 그 기재사항에 흠이 없고, 필요한 구비서류가 첨부되어 있으며, 기타 법령 등에 규정된 형식상의 요건에 적합할 때에는 신고서가 접수기관에 도달된 때에 신고의 의무가 이행된 것으로 본다.
③ 행정절차법에서는 행정청은 수리를 요하는 신고의 경우, 그 수리를 거부할 수 있다고 한다.
④ 형식적인 흠이 있는 신고의 경우 지체 없이 상당한 기간을 정하여 보완을 요구하여야 하며, 신고인이 상당한 기간 내에 보완을 하지 아니한 때에는 그 이유를 명시하여 신고서를 되돌려 보내야 한다.

해설

③ [×] 행정절차법에서는 행정청은 수리를 요하는 신고의 경우, **그 수리를 거부할 수 있다고 한다.**(×)
→ 수리를 요하는 신고의 경우 수리를 거부할 수 있는지에 대해 '**행정절차법**'은 명문규정을 두고 있지 않다.
① [○] 법령 등에서 행정청에 대하여 일정한 사항을 통지함으로써 의무가 끝나는 신고를 규정하고 있는 경우 신고를 관장하는 행정청은 신고에 필요한 구비서류와 접수기관 기타 법령 등에 의한 **신고에 필요한 사항을 게시하거나 이에 대한 편람을 비치하여 누구나 열람할 수 있도록 하여야 한다.**(행정절차법 제40조제1항)
② [○] 법령 등에서 행정청에 대하여 일정한 사항을 통지함으로써 의무가 끝나는 **신고는 그 기재사항에 흠이 없고, 필요한 구비서류가 첨부되어 있으며, 기타 법령 등에 규정된 형식상의 요건에 적합할 때에는 신고서가 접수기관에 도달된 때에 신고의 의무가 이행된 것으로 본다.**(행정절차법 제40조제2항제1호, 제2호, 제3호)
④ [○] 형식적인 흠이 있는 신고의 경우 **지체 없이 상당한 기간을 정하여 보완을 요구하여야 하며, 신고인이 상당한 기간 내에 보완을 하지 아니한 때에는 그 이유를 명시하여 신고서를 되돌려 보내야 한다.**
→ 행정청은 제2항 각 호의 요건을 갖추지 못한 신고서가 제출된 경우에는 지체 없이 상당한 기간을 정하여 신고인에게 보완을 요구하여야 한다.(행정절차법 제40조제3항) 행정청은 신고인이 제3항에 따른 기간 내에 보완을 하지 아니하였을 때에는 그 이유를 구체적으로 밝혀 해당 신고서를 되돌려 보내야 한다. (행정절차법 제40조제4항)

정답 ③

407 행정법상 신고에 대한 설명으로 옳지 않은 것은?

11 국가직 변형 [Core ★★]

① 수리를 요하지 않는 신고의 경우 행정청이 접수를 거부하는 때에도 이는 단순한 사실행위에 불과하므로 이에 대한 다툼은 불필요한 것이다.
② 「체육시설의 설치·이용에 관한 법률」 제20조에 의한 신고는 적법하게 요건을 갖추어 신고하였다면 도지사의 수리행위가 있어야만 신고가 있었다고 볼 것은 아니다.
③ 수리를 요건으로 하는 신고에 있어서 행정청은 수리의사표시를 한 후에도 적법성의 하자를 이유로 수리취소처분을 할 수 있다.
④ 수리를 요하는 신고란 사인이 행정청에 대하여 일정한 사항을 통지하고 행정청이 이를 수리함으로써 법적 효과가 발생하는 신고를 말하며 실정법상 등록으로 표현되는 경우가 있다.

해설

① [×] 수리를 요하지 않는 신고의 경우 행정청이 접수를 거부하는 때에도 **이는 단순한 사실행위에 불과하므로 이에 대한 다툼은 불필요한 것이다.(×)**
→ 수리를 요하지 않는 신고(자기완결적 신고)의 경우, 이러한 신고의 접수를 거부하더라도 이는 행정행위로서의 수리거부가 아니라 단순한 사실행위에 불과한 것으로 보는 것이 과거의 판례 입장이었다. 그러나 대법원은 전원합의체 판결을 통하여 자기완결적 신고의 일종인 일반적인 **건축신고의 수리거부에 대해 항고소송의 대상인 처분으로 본 바 있다.**

> 대법원 2010. 11. 18. 선고 2008두167 전원합의체 판결 [건축신고불허(또는반려)처분취소]
> 건축주 등으로서는 신고제하에서도 건축신고가 반려될 경우 당해 건축물의 건축을 개시하면 시정명령, 이행강제금, 벌금의 대상이 되거나 당해 건축물을 사용하여 행할 행위의 허가가 거부될 우려가 있어 불안정한 지위에 놓이게 된다. 따라서 건축신고 반려행위가 이루어진 단계에서 당사자로 하여금 반려행위의 적법성을 다투어 그 법적 불안을 해소한 다음 건축행위에 나아가도록 함으로써 장차 있을지도 모르는 위험에서 미리 벗어날 수 있도록 길을 열어 주고, 위법한 건축물의 양산과 그 철거를 둘러싼 분쟁을 조기에 근본적으로 해결할 수 있게 하는 것이 법치행정의 원리에 부합한다. 그러므로 이 사건 **건축신고 반려행위는 항고소송의 대상이 된다고 보는 것이 옳다.**

② [○] 「체육시설의 설치·이용에 관한 법률」 제20조에 의한 신고는 **적법하게 요건을 갖추어 신고하였다면 도지사의 수리행위가 있어야만 신고가 있었다고 볼 것은 아니다.**

> 대법원 1993. 7. 6.자 93마635 결정 [과태료처분에대한이의]
> 행정청에 대한 신고는 일정한 법률사실 또는 법률관계에 관하여 관계행정청에 일방적으로 통고를 하는 것을 뜻하는 것으로서 법에 별도의 규정이 있거나 다른 특별한 사정이 없는 한 행정청에 대한 통고로서 그치는 것이고 그에 대한 행정청의 반사적 결정을 기다릴 필요가 없는 것이므로, **체육시설의설치·이용에관한법률 제18조에 의한 변경신고서는 그 신고 자체가 위법하거나 그 신고에 무효사유가 없는 한 이것이 도지사에게 제출하여 접수된 때에 신고가 있었다고 볼 것이고, 도지사의 수리행위가 있어야만 신고가 있었다고 볼 것은 아니다.**

③ [○] 수리를 요건으로 하는 신고에 있어서 행정청은 수리의사표시를 한 후에도 **적법성의 하자를 이유로 수리취소처분을 할 수 있다.**
→ 수리를 요하는 신고의 경우 수리는 행정행위로서 수리행위에 하자가 있는 경우 행정청은 직권취소할 수 있다.

④ [○] 수리를 요하는 신고란 사인이 행정청에 대하여 일정한 사항을 통지하고 행정청이 이를 수리함으로써 법적 효과가 발생하는 신고를 말하며 실정법상 등록으로 표현되는 경우가 있다.

→ 법령 등에서 행정청에 대하여 일정한 사항을 통지하고 행정청이 이를 수리함으로써 법적 효과가 발생하는 신고를 수리를 요하는 신고라고 하며 실정법상 등록이라고 표현하기도 한다.

대법원 1989. 12. 26. 선고 87누308 전원합의체판결 [사회단체등록신청반려취소등]
사회단체등록에관한법률에 의한 등록신청의 법적 성질은 사인의 공법행위로서의 신고이고 등록은 당해 **신고를 수리하는 것을 의미하는 준법률행위적 행정행위라 할 것**이나 법 제4조 제1항의 형식요건의 불비가 없는데도 불구하고 등록의 거부처분을 당한 신고인은 우선 법 제10조 소정의 행정벌의 제재를 벗어나기 위하여 또한 법의 정당한 적용을 청구하는 의미에서도 위와 같은 거부처분에 대한 취소청구를 할 이익이 있는 것이다.

정답 ①

제2절 공공기관의 정보공개에 관한 법률

408 정보공개제도에 관한 다음 설명 중 가장 적절하지 않은 것은? 　12 경찰 2차 변형 [Core ★★]

총론 Chapter 9. 604

① 공공기관은 정보공개의 청구를 받은 날부터 10일 이내에 공개여부를 결정하여야 한다. 부득이한 사유로 규정된 기간 내에 공개여부를 결정할 수 없을 때에는 그 기간의 만료일 다음 날부터 기산하여 10일의 범위 내에서 공개여부 결정기간을 연장할 수 있다.
② 공공기관은 공개 청구된 공개 대상 정보의 전부 또는 일부가 제3자와 관련이 있다고 인정할 때에는 그 사실을 제3자에게 지체 없이 통지하여야 하며, 필요한 경우에는 그의 의견을 들을 수 있다.
③ 공개청구된 사실을 통지받은 제3자는 통지받은 날부터 3일 이내에 당해 공공기관에 대하여 자신과 관련된 정보를 공개하지 아니할 것을 요청할 수 있다.
④ 비공개결정에 대해 청구인은 이의신청 또는 행정심판을 청구할 수 있고, 직접 행정소송을 제기할 수 있다. 이때, 청구인이 행정심판을 청구하기 위해서는 반드시 이의신청절차를 거쳐야 한다.

해설

④ [×] 비공개결정에 대해 청구인은 이의신청 또는 행정심판을 청구할 수 있고, 직접 행정소송을 제기할 수 있다. 이때, 청구인이 행정심판을 청구하기 위해서는 **반드시 이의신청절차를 거쳐야 한다.(×)**
→ **비공개결정에 대해 청구인은 이의신청**[청구인이 정보공개와 관련한 공공기관의 비공개 결정 또는 부분 공개 결정에 대하여 불복이 있거나 정보공개 청구 후 20일이 경과하도록 정보공개 결정이 없는 때에는 공공기관으로부터 정보공개 여부의 결정 통지를 받은 날 또는 정보공개 청구 후 **20일이 경과한 날부터 30일 이내에 해당 공공기관에 문서로 이의신청**을 할 수 있다.(공공기관의 정보공개에 관한 법률 제18조 제1항)]**또는 행정심판**[청구인이 정보공개와 관련한 공공기관의 결정에 대하여 불복이 있거나 정보공개 청구 후 20일이 경과하도록 정보공개 결정이 없는 때에는「행정심판법」에서 정하는 바에 따라 행정심판을 청구할 수 있다. 이 경우 국가기관 및 지방자치단체 외의 공공기관의 결정에 대한 감독행정기관은 관계 중앙행정기관의 장 또는 지방자치단체의 장으로 한다.(공공기관의 정보공개에 관한 법률 제19조제1항)]을 청구할 수 있고, **직접 행정소송**[청구인이 정보공개와 관련한 공공기관의 결정에 대하여 불복이 있거나 정보공개 청구 후 20일이 경과하도록 정보공개 결정이 없는 때에는「행정소송법」에서 정하는 바에 따라 행정소송을 제기할 수 있다.(공공기관의 정보공개에 관한 법률 제20조제1항)]을 제기할 수도 있다. 이때, 청구인이 행정심판을 청구하기 위해서는 **이의신청절차를 거치지 아니하고 행정심판을 청구할 수 있다.**(공공기관의 정보공개에 관한 법률 제19조제2항)
① [O] 공공기관은 정보공개의 청구를 받은 **날부터 10일 이내에 공개여부를 결정**하여야 한다. 부득이한 사유로 규정된 기간 내에 공개여부를 결정할 수 없을 때에는 그 기간의 **만료일 다음 날부터 기산하여 10일의 범위 내에서 공개여부 결정기간을 연장**할 수 있다.(공공기관의 정보공개에 관한 법률 제11조제2항)
② [O] 공공기관은 공개 청구된 공개 대상 정보의 전부 또는 일부가 **제3자와 관련이 있다고 인정할 때에는 그 사실을 제3자에게 지체 없이 통지**하여야 하며, 필요한 경우에는 **그의 의견을 들을 수 있다.**(공공기관의 정보공개에 관한 법률 제11조제3항)

③ [O] 공개청구된 사실을 통지받은 제3자는 통지받은 날부터 3일 이내에 당해 공공기관에 대하여 자신과 관련된 정보를 공개하지 아니할 것을 요청할 수 있다.(공공기관의 정보공개에 관한 법률 제21조제1항)

공공기관의 정보공개에 관한 법률 (약칭: 정보공개법)

제11조(정보공개 여부의 결정)
① 공공기관은 제10조에 따라 정보공개의 청구를 받으면 그 청구를 받은 날부터 10일 이내에 공개 여부를 결정하여야 한다.
② 공공기관은 부득이한 사유로 제1항에 따른 기간 이내에 공개 여부를 결정할 수 없을 때에는 그 기간이 끝나는 날의 다음 날부터 기산(起算)하여 10일의 범위에서 공개 여부 결정기간을 연장할 수 있다. 이 경우 공공기관은 연장된 사실과 연장 사유를 청구인에게 지체 없이 문서로 통지하여야 한다.
③ 공공기관은 공개 청구된 공개 대상 정보의 전부 또는 일부가 제3자와 관련이 있다고 인정할 때에는 그 사실을 제3자에게 지체 없이 통지하여야 하며, 필요한 경우에는 그의 의견을 들을 수 있다.
④ 공공기관은 다른 공공기관이 보유·관리하는 정보의 공개 청구를 받았을 때에는 지체 없이 이를 소관 기관으로 이송하여야 하며, 이송한 후에는 지체 없이 소관 기관 및 이송 사유 등을 분명히 밝혀 청구인에게 문서로 통지하여야 한다.
⑤ 공공기관은 정보공개 청구가 다음 각 호의 어느 하나에 해당하는 경우로서「민원 처리에 관한 법률」에 따른 민원으로 처리할 수 있는 경우에는 민원으로 처리할 수 있다.
  1. 공개 청구된 정보가 공공기관이 보유·관리하지 아니하는 정보인 경우
  2. 공개 청구의 내용이 진정·질의 등으로 이 법에 따른 정보공개 청구로 보기 어려운 경우

제19조(행정심판)
① 청구인이 정보공개와 관련한 공공기관의 결정에 대하여 **불복이 있거나 정보공개 청구 후 20일이 경과하도록 정보공개 결정이 없는 때에는「행정심판법」에서 정하는 바에 따라 행정심판을 청구할 수 있다.** 이 경우 국가기관 및 지방자치단체 외의 공공기관의 결정에 대한 감독행정기관은 관계 중앙행정기관의 장 또는 지방자치단체의 장으로 한다.
② **청구인은 제18조에 따른 이의신청 절차를 거치지 아니하고 행정심판을 청구할 수 있다.**
③ 행정심판위원회의 위원 중 정보공개 여부의 결정에 관한 행정심판에 관여하는 위원은 **재직 중은 물론 퇴직 후에도 그 직무상 알게 된 비밀을 누설하여서는 아니 된다.**
④ 제3항의 위원은「형법」이나 그 밖의 법률에 따른 벌칙을 적용할 때에는 공무원으로 본다.

제21조(제3자의 비공개 요청 등)
① 제11조제3항에 따라 공개 청구된 사실을 통지받은 제3자는 그 통지를 받은 날부터 3일 이내에 해당 공공기관에 대하여 자신과 관련된 정보를 공개하지 아니할 것을 요청할 수 있다.
② 제1항에 따른 비공개 요청에도 불구하고 공공기관이 공개 결정을 할 때에는 공개 결정 이유와 공개 실시일을 분명히 밝혀 지체 없이 문서로 통지하여야 하며, 제3자는 해당 공공기관에 문서로 이의신청을 하거나 행정심판 또는 행정소송을 제기할 수 있다. 이 경우 이의신청은 통지를 받은 날부터 7일 이내에 하여야 한다.
③ 공공기관은 제2항에 따른 공개 결정일과 공개 실시일 사이에 최소한 30일의 간격을 두어야 한다.

정답 ④

409 「공공기관의 정보공개에 관한 법률」에 대한 다음 설명 중 옳은 것은 모두 몇 개인가?

13 경찰 1차 변형 [Core ★★] 총론 Chapter 9. 605

> ㉠ 모든 국민은 정보의 공개를 청구할 권리를 가지며, 외국인의 정보공개 청구에 관하여는 대통령령으로 정한다.
> ㉡ 공공기관은 정보공개의 청구가 있는 때에는 청구를 받은 날로부터 10일 이내에 공개 여부를 결정하여야 하고, 10일 이내의 범위에서 공개여부 결정기간을 연장할 수 있다.
> ㉢ 정보의 공개 및 우송 등의 소요되는 비용은 공공기관의 비용으로 부담한다.
> ㉣ 정보공개위원회는 위원장 1인과 부위원장 2인을 포함한 9인의 위원으로 구성한다.
> ㉤ 정보공개위원회의 위원(공무원 위원 제외)의 임기는 2년으로 하되, 연임할 수 없다.

① 1개 ② 2개 ③ 3개 ④ 없음

해설

㉠ 1항목이 옳다.

㉠ [O] **모든 국민은 정보의 공개를 청구할 권리를 가지며,**(공공기관의 정보공개에 관한 법률 제5조제1항) **외국인의 정보공개 청구에 관하여는 대통령령으로 정한다.**(공공기관의 정보공개에 관한 법률 제5조제2항)

㉡ [X] 공공기관은 정보공개의 청구가 있는 때에는 청구를 받은 날로부터 10일 이내에 공개 여부를 결정하여야 하고, **10일 이내의 범위(X)** 에서 공개여부 결정기간을 연장할 수 있다.
→ 공공기관은 제10조에 따라 정보공개의 청구를 받으면 그 청구를 받은 날부터 10일 이내에 공개 여부를 결정하여야 한다.(공공기관의 정보공개에 관한 법률 제11조제1항) 공공기관은 부득이한 사유로 제1항에 따른 기간 이내에 공개 여부를 결정할 수 없을 때에는 **그 기간이 끝나는 날의 다음 날부터 기산(起算)하여 10일의 범위** 에서 공개 여부 결정기간을 연장할 수 있다. 이 경우 공공기관은 연장된 사실과 연장 사유를 청구인에게 지체 없이 문서로 통지하여야 한다.(공공기관의 정보공개에 관한 법률 제11조제2항)

㉢ [X] 정보의 공개 및 우송 등의 소요되는 비용은 **공공기관의 비용(X)** 으로 부담한다.
→ 정보의 공개 및 우송 등에 드는 비용은 실비(實費)의 범위에서 **청구인** 이 부담한다.(공공기관의 정보공개에 관한 법률 제17조제1항)

㉣ [X] 정보공개위원회는 위원장 1인과 **부위원장 2인을 포함한 9인의 위원으로 구성한다.(X)**
→ 위원회는 성별을 고려하여 **위원장과 부위원장 각 1명을 포함한 11명의 위원으로 구성한다.**(공공기관의 정보공개에 관한 법률 제23조제1항)

㉤ [X] 정보공개위원회의 위원(공무원 위원 제외)의 임기는 2년으로 하되, **연임할 수 없다.(X)**
→ 위원장·부위원장 및 위원(대통령령으로 정하는 관계 중앙행정기관의 차관급 공무원이나 고위공무원단에 속하는 일반직공무원 제2항제1호의 위원은 제외한다)의 임기는 2년으로 하며, 연임할 수 있다.(공공기관의 정보공개에 관한 법률 제23조제3항)

공공기관의 정보공개에 관한 법률 (약칭: 정보공개법)

제5조(정보공개 청구권자)
① 모든 국민은 정보의 공개를 청구할 권리를 가진다.
② 외국인의 정보공개 청구에 관하여는 대통령령으로 정한다.

제17조(비용 부담)
① 정보의 공개 및 우송 등에 드는 비용은 실비(實費)의 범위에서 청구인이 부담한다.
② 공개를 청구하는 정보의 사용 목적이 **공공복리의 유지·증진을 위하여 필요하다고 인정되는 경우에는 제1항** 에 따른 비용을 감면할 수 있다.

> ③ 제1항에 따른 비용 및 그 징수 등에 필요한 사항은 국회규칙·대법원규칙·헌법재판소규칙·중앙선거관리위원회규칙 및 대통령령으로 정한다.
>
> **제23조(위원회의 구성 등)**
> ① 위원회는 **성별을 고려하여 위원장과 부위원장 각 1명을 포함한 11명의 위원으로 구성한다.**
> ② 위원회의 위원은 다음 각 호의 사람이 된다. 이 경우 **위원장을 포함한 7명은 공무원이 아닌 사람으로 위촉하여야 한다.**
>   1. 대통령령으로 정하는 관계 중앙행정기관의 차관급 공무원이나 고위공무원단에 속하는 일반직공무원
>   2. 정보공개에 관하여 학식과 경험이 풍부한 사람으로서 국무총리가 위촉하는 사람
>   3. 시민단체(「비영리민간단체 지원법」 제2조에 따른 비영리민간단체를 말한다)에서 추천한 사람으로서 국무총리가 위촉하는 사람
> ③ **위원장·부위원장 및 위원(제2항제1호의 위원은 제외한다)의 임기는 2년으로 하며, 연임할 수 있다.**
> ④ 위원장·부위원장 및 위원은 정보공개 업무와 관련하여 알게 된 정보를 누설하거나 그 정보를 이용하여 본인 또는 타인에게 이익 또는 불이익을 주는 행위를 하여서는 아니 된다.
> ⑤ 위원장·부위원장 및 위원 중 공무원이 아닌 사람은 「형법」이나 그 밖의 법률에 따른 벌칙을 적용할 때에는 공무원으로 본다.
> ⑥ 위원회의 구성과 의결 절차 등 위원회 운영에 필요한 사항은 대통령령으로 정한다.

정답 ①

410 「공공기관의 정보공개에 관한 법률」에 관한 다음 설명 중 가장 적절하지 않은 것은?

15 경찰 2차 [ESSential ★] 총론 Chapter 9. 606

① 모든 국민은 정보의 공개를 청구할 권리를 가진다.
② 공공기관이 보유·관리하는 정보는 국민의 알권리 보장 등을 위하여 이 법에서 정하는 바에 따라 적극적으로 공개하여야 한다.
③ 공공기관은 정보공개의 청구를 받으면 그 청구를 받은 날부터 10일 이내에 공개 여부를 결정하여야 한다.
④ 정보의 공개 및 우송 등에 드는 비용은 실비의 범위에서 공공기관이 부담한다.

해설

④ [×] 정보의 공개 및 우송 등에 드는 비용은 실비의 범위에서 **공공기관(×)**이 부담한다.
  → 정보의 공개 및 우송 등에 드는 비용은 실비(實費)의 범위에서 **청구인이 부담한다.**(공공기관의 정보공개에 관한 법률 제17조제1항)
① [○] **모든 국민**은 정보의 공개를 청구할 권리를 가진다.(공공기관의 정보공개에 관한 법률 제5조제1항)
② [○] 공공기관이 보유·관리하는 정보는 국민의 알권리 보장 등을 위하여 이 법에서 정하는 바에 따라 **적극적으로 공개하여야 한다.**(공공기관의 정보공개에 관한 법률 제3조)
③ [○] 공공기관은 정보공개의 청구를 받으면 그 **청구를 받은 날부터 10일 이내에 공개 여부를 결정하여야 한다.**(공공기관의 정보공개에 관한 법률 제11조제1항)

공공기관의 정보공개에 관한 법률 (약칭: 정보공개법) 제3조(정보공개의 원칙)
공공기관이 보유·관리하는 정보는 국민의 알권리 보장 등을 위하여 이 법에서 정하는 바에 따라 적극적으로 공개하여야 한다.

정답 ④

411 「공공기관의 정보공개에 관한 법률」에 대한 설명으로 틀린 것은 모두 몇 개인가?

15 경찰 3차 [Core ★★] 총론 Chapter 9. 607

> ㉠ 공공기관이 보유·관리하는 정보는 국민의 알권리 보장 등을 위하여 이 법에서 정하는 바에 따라 적극적으로 공개하여야 한다.
> ㉡ 모든 국민은 정보의 공개를 청구할 권리를 가진다. 외국인의 정보공개 청구에 관하여는 대통령령으로 정한다.
> ㉢ 청구인이 정보공개와 관련한 공공기관의 비공개 결정 또는 부분 공개 결정에 대하여 불복이 있거나 정보공개 청구 후 20일이 경과하도록 정보공개 결정이 없는 때에는 공공기관으로부터 정보공개 여부의 결정 통지를 받은 날 또는 정보공개 청구 후 20일이 경과한 날부터 30일 이내에 해당 공공기관에 문서로 이의신청을 할 수 있다.
> ㉣ 정보공개위원회는 위원장과 부위원장 각 1명을 포함한 7명의 위원으로 구성한다. 이 경우 위원장을 포함한 5명은 공무원이 아닌 사람으로 위촉할 수 있다.
> ㉤ 행정안전부장관은 정보공개위원회가 정보공개제도의 효율적 운영을 위하여 필요하다고 요청하면 공공기관(국회·법원·헌법재판소 및 중앙선거관리위원회를 포함한다)의 정보공개제도 운영실태를 평가할 수 있다.

① 1개　　② 2개　　③ 3개　　④ 4개

해설

㉣, ㉤ 2항목이 틀리다.

㉣ [×] 정보공개위원회는 **위원장과 부위원장 각 1명을 포함한 7명의 위원으로 구성한다.**(×) 이 경우 **위원장을 포함한 5명은 공무원이 아닌 사람으로 위촉할 수 있다.**(×)
→ 위원회는 성별을 고려하여 **위원장과 부위원장 각 1명을 포함한 11명의 위원으로 구성한다.**(공공기관의 정보공개에 관한 법률 제23조제1항) 위원회의 위원은 다음 각 호의 사람이 된다. 이 경우 **위원장을 포함한 7명은 공무원이 아닌 사람으로 위촉하여야 한다.**(공공기관의 정보공개에 관한 법률 제23조제2항)

㉤ [×] **행정안전부장관은** 정보공개위원회가 정보공개제도의 효율적 운영을 위하여 필요하다고 요청하면 공공기관(**국회·법원·헌법재판소 및 중앙선거관리위원회를 포함한다**)(×)의 정보공개제도 운영실태를 평가할 수 있다.
→ 행정안전부장관은 위원회가 정보공개제도의 효율적 운영을 위하여 필요하다고 요청하면 공공기관(**국회·법원·헌법재판소 및 중앙선거관리위원회는 제외한다**)의 정보공개제도 운영실태를 평가할 수 있다.(공공기관의 정보공개에 관한 법률 제24조제2항)

㉠ [○] 공공기관이 보유·관리하는 정보는 국민의 알권리 보장 등을 위하여 이 법에서 정하는 바에 따라 **적극적으로 공개하여야 한다.**(공공기관의 정보공개에 관한 법률 제3조)

㉡ [○] **모든 국민은 정보의 공개를 청구할 권리를 가진다.**(공공기관의 정보공개에 관한 법률 제5조제1항) **외국인의 정보공개 청구에 관하여는 대통령령으로 정한다.**(공공기관의 정보공개에 관한 법률 제5조제2항)

㉢ [○] 청구인이 정보공개와 관련한 **공공기관의 비공개 결정 또는 부분 공개 결정에 대하여 불복이 있거나 정보공개 청구 후 20일이 경과하도록** 정보공개 결정이 없는 때에는 공공기관으로부터 정보공개 여부의 결정 통지를 받은 날 또는 정보공개 청구 후 **20일이 경과한 날부터 30일 이내에 해당 공공기관에 문서로 이의신청을 할 수 있다.**(공공기관의 정보공개에 관한 법률 제18조제1항)

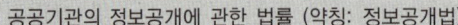

> **공공기관의 정보공개에 관한 법률 (약칭: 정보공개법)**
>
> **제18조(이의신청)**
> ① 청구인이 정보공개와 관련한 공공기관의 비공개 결정 또는 부분 공개 결정에 대하여 불복이 있거나 정보공개 청구 후 20일이 경과하도록 정보공개 결정이 없는 때에는 공공기관으로부터 정보공개 여부의 결정 통지를 받은 날 또는 정보공개 청구 후 20일이 경과한 날부터 30일 이내에 해당 공공기관에 문서로 이의신청을 할 수 있다.
> ② 국가기관등은 제1항에 따른 이의신청이 있는 경우에는 심의회를 개최하여야 한다. 다만, 다음 각 호의 어느 하나에 해당하는 경우에는 심의회를 개최하지 아니할 수 있으며 개최하지 아니하는 사유를 청구인에게 문서로 통지하여야 한다.
>   1. 심의회의 심의를 이미 거친 사항
>   2. 단순·반복적인 청구
>   3. 법령에 따라 비밀로 규정된 정보에 대한 청구
> ③ 공공기관은 이의신청을 받은 날부터 7일 이내에 그 이의신청에 대하여 결정하고 그 결과를 청구인에게 지체 없이 문서로 통지하여야 한다. 다만, 부득이한 사유로 정하여진 기간 이내에 결정할 수 없을 때에는 그 기간이 끝나는 날의 다음 날부터 기산하여 7일의 범위에서 연장할 수 있으며, 연장 사유를 청구인에게 통지하여야 한다.
> ④ 공공기관은 이의신청을 각하(却下) 또는 기각(棄却)하는 결정을 한 경우에는 청구인에게 행정심판 또는 행정소송을 제기할 수 있다는 사실을 제3항에 따른 결과 통지와 함께 알려야 한다.
>
> **제24조(제도 총괄 등)**
> ① **행정안전부장관**은 이 법에 따른 정보공개제도의 정책 수립 및 제도 개선 사항 등에 관한 **기획·총괄 업무를 관장한다.**
> ② **행정안전부장관은 위원회가 정보공개제도의 효율적 운영을 위하여 필요하다고 요청하면 공공기관(국회·법원·헌법재판소 및 중앙선거관리위원회는 제외한다)의 정보공개제도 운영실태를 평가할 수 있다.**
> ③ 행정안전부장관은 제2항에 따른 평가를 실시한 경우에는 그 결과를 위원회를 거쳐 국무회의에 보고한 후 공개하여야 하며, 위원회가 개선이 필요하다고 권고한 사항에 대해서는 해당 공공기관에 시정 요구 등의 조치를 하여야 한다.
> ④ 행정안전부장관은 정보공개에 관하여 필요할 경우에 공공기관(국회·법원·헌법재판소 및 중앙선거관리위원회는 제외한다)의 장에게 정보공개 처리 실태의 개선을 권고할 수 있다. 이 경우 권고를 받은 공공기관은 이를 이행하기 위하여 성실하게 노력하여야 하며, 그 조치 결과를 행정안전부장관에게 알려야 한다.
> ⑤ 국회·법원·헌법재판소·중앙선거관리위원회·중앙행정기관 및 지방자치단체는 그 소속 기관 및 소관 공공기관에 대하여 정보공개에 관한 의견을 제시하거나 지도·점검을 할 수 있다.

정답 ②

413 「공공기관의 정보공개에 관한 법률」에 대한 설명으로 가장 적절하지 않은 것은?

① 공공기관이 보유·관리하는 정보는 국민의 알권리 보장 등을 위하여 이 법에서 정하는 바에 따라 적극적으로 공개하여야 한다.
② 청구인이 정보공개와 관련한 공공기관의 결정에 대하여 불복이 있거나 정보공개 청구 후 20일이 경과하도록 정보공개 결정이 없는 때에는 「행정심판법」에서 정하는 바에 따라 행정심판을 청구할 수 있다.
③ 공공기관은 청구인의 정보공개청구가 있을 때에는 청구를 받은 날부터 10일 이내에 공개 여부를 결정하여야 한다.
④ 공공기관은 이의신청을 받은 날부터 7일 이내에 그 이의신청에 대하여 결정하고 그 결과를 청구인에게 지체 없이 문서로 통지하여야 한다. 다만, 부득이한 사유로 정하여진 기간 이내에 결정할 수 없을 때에는 그 기간이 끝나는 날부터 기산하여 7일의 범위에서 연장할 수 있으며, 연장 사유를 청구인에게 통지하여야 한다.

해설

④ [×] 공공기관은 이의신청을 받은 날부터 7일 이내에 그 이의신청에 대하여 결정하고 그 결과를 청구인에게 지체 없이 문서로 통지하여야 한다. 다만, 부득이한 사유로 정하여진 기간 이내에 결정할 수 없을 때에는 그 기간이 끝나는 날부터 기산하여(×) 7일의 범위에서 연장할 수 있으며, 연장 사유를 청구인에게 통지하여야 한다.
→ 공공기관은 이의신청을 받은 날부터 7일 이내에 그 이의신청에 대하여 결정하고 그 결과를 청구인에게 지체 없이 문서로 통지하여야 한다. 다만, 부득이한 사유로 정하여진 기간 이내에 결정할 수 없을 때에는 그 기간이 끝나는 날의 다음 날부터 기산하여 7일의 범위에서 연장할 수 있으며, 연장 사유를 청구인에게 통지하여야 한다.(공공기관의 정보공개에 관한 법률 제18조제3항)
① [O] 공공기관이 보유·관리하는 정보는 국민의 알권리 보장 등을 위하여 이 법에서 정하는 바에 따라 적극적으로 공개하여야 한다.(공공기관의 정보공개에 관한 법률 제3조)
② [O] 청구인이 정보공개와 관련한 공공기관의 결정에 대하여 불복이 있거나 정보공개 청구 후 20일이 경과하도록 정보공개 결정이 없는 때에는 「행정심판법」에서 정하는 바에 따라 행정심판을 청구할 수 있다.(공공기관의 정보공개에 관한 법률 제19조제1항)
③ [O] 공공기관은 청구인의 정보공개청구가 있을 때에는 청구를 받은 날부터 10일 이내에 공개 여부를 결정하여야 한다.(공공기관의 정보공개에 관한 법률 제11조제1항)

정답 ④

414 「공공기관의 정보공개에 관한 법률」상 정보공개의 절차에 관한 설명 중 가장 적절한 것은?

22 경찰 1차 [Core ★★] 총론 Chapter 9. 611

① 정보의 공개를 청구하는 자는 해당 정보를 보유하거나 관리하고 있는 공공기관에 정보공개 청구서를 제출하여 정보의 공개를 청구할 수 있으나, 말로써 정보의 공개를 청구할 수 없다.
② 공공기관은 부득이한 사유로「공공기관의 정보공개에 관한 법률」제11조 제1항에 따른 기간 이내에 공개 여부를 결정할 수 없을 때에는 그 기간이 끝난 날부터 기산하여 10일의 범위에 공개여부 결정기간을 연장할 수 있다. 이 경우 공공기관은 연장된 사실과 연장 사유를 청구인에게 지체 없이 구두로 통지하여야 한다.
③ 공공기관은 전자적 형태로 보유·관리하는 정보에 대하여 청구인이 전자적 형태로 공개하여 줄 것을 요청하는 경우에는 그 정보의 성질상 현저히 곤란한 경우를 제외하고는 청구인의 요청에 따라야 한다.
④ 정보의 공개 및 우송 등에 드는 비용은 실비의 범위에서 공공기관이 부담한다.

해설

③ [O] 공공기관은 전자적 형태로 보유·관리하는 정보에 대하여 **청구인이 전자적 형태로 공개하여 줄 것을 요청하는 경우에는 그 정보의 성질상 현저히 곤란한 경우를 제외하고는 청구인의 요청에 따라야 한다.**(공공기관의 정보공개에 관한 법률 제15조제1항)
① [×] 정보의 공개를 청구하는 자는 해당 정보를 보유하거나 관리하고 있는 공공기관에 정보공개 청구서를 제출하여 정보의 공개를 청구할 수 있으나, **말로써 정보의 공개를 청구할 수 없다.**(×)
  → 정보의 공개를 청구하는 자(이하 "청구인"이라 한다)는 해당 정보를 보유하거나 관리하고 있는 공공기관에 다음 각 호의 사항을 적은 **정보공개 청구서를 제출하거나 말로써 정보의 공개를 청구할 수 있다.**(공공기관의 정보공개에 관한 법률 제10조제1항)
② [×] 공공기관은 부득이한 사유로「공공기관의 정보공개에 관한 법률」제11조 제1항에 따른 기간 이내에 공개 여부를 결정할 수 없을 때에는 **그 기간이 끝난 날부터(×)** 기산하여 10일의 범위에 공개여부 결정기간을 연장할 수 있다. 이 경우 공공기관은 연장된 사실과 연장 사유를 청구인에게 지체 없이 구두로 통지하여야 한다.
  → 공공기관은 부득이한 사유로 제1항에 따른 기간 이내에 공개 여부를 결정할 수 없을 때에는 **그 기간이 끝나는 날의 다음 날부터 기산(起算)하여 10일의 범위에서 공개 여부 결정기간을 연장할 수 있다.** 이 경우 공공기관은 연장된 사실과 연장 사유를 청구인에게 지체 없이 문서로 통지하여야 한다.(공공기관의 정보공개에 관한 법률 제11조제2항)
④ [×] 정보의 공개 및 우송 등에 드는 비용은 실비의 범위에서 **공공기관이 부담한다.**(×)
  → 정보의 공개 및 우송 등에 드는 비용은 실비(實費)의 범위에서 **청구인이 부담한다.**(공공기관의 정보공개에 관한 법률 제17조제1항)

공공기관의 정보공개에 관한 법률 (약칭: 정보공개법)
제10조(정보공개의 청구방법)
① 정보의 공개를 청구하는 자(이하 "청구인"이라 한다)는 해당 정보를 보유하거나 관리하고 있는 공공기관에 다음 각 호의 사항을 적은 **정보공개 청구서를 제출하거나 말로써 정보의 공개를 청구할 수 있다.**

> 1. 청구인의 성명·생년월일·주소 및 연락처(전화번호·전자우편주소 등을 말한다. 이하 이 조에서 같다). 다만, 청구인이 법인 또는 단체인 경우에는 그 명칭, 대표자의 성명, 사업자등록번호 또는 이에 준하는 번호, 주된 사무소의 소재지 및 연락처를 말한다.
> 2. 청구인의 주민등록번호(본인임을 확인하고 공개 여부를 결정할 필요가 있는 정보를 청구하는 경우로 한정한다)
> 3. 공개를 청구하는 정보의 내용 및 공개방법
>
> ② 제1항에 따라 청구인이 말로써 정보의 공개를 청구할 때에는 담당 공무원 또는 담당 임직원(이하 "담당공무원 등"이라 한다)의 앞에서 진술하여야 하고, **담당공무원등은 정보공개 청구조서를 작성하여 이에 청구인과 함께 기명날인하거나 서명하여야 한다.**
> ③ 제1항과 제2항에서 규정한 사항 외에 정보공개의 청구방법 등에 관하여 필요한 사항은 국회규칙·대법원규칙·헌법재판소규칙·중앙선거관리위원회규칙 및 대통령령으로 정한다.
>
> **제15조(정보의 전자적 공개)**
> ① 공공기관은 전자적 형태로 보유·관리하는 정보에 대하여 청구인이 전자적 형태로 공개하여 줄 것을 요청하는 경우에는 그 정보의 성질상 현저히 곤란한 경우를 제외하고는 청구인의 요청에 따라야 한다.
> ② 공공기관은 전자적 형태로 보유·관리하지 아니하는 정보에 대하여 청구인이 전자적 형태로 공개하여 줄 것을 요청한 경우에는 정상적인 업무수행에 현저한 지장을 초래하거나 그 정보의 성질이 훼손될 우려가 없으면 그 정보를 전자적 형태로 변환하여 공개할 수 있다.
> ③ 정보의 전자적 형태의 공개 등에 필요한 사항은 국회규칙·대법원규칙·헌법재판소규칙·중앙선거관리위원회규칙 및 대통령령으로 정한다.

정답 ③

415 「공공기관의 정보공개에 관한 법률」상 정보공개의 절차상 내용으로 가장 적절하지 않은 것은?

23 경찰승진, 실무종합 [Essential ★]

① 공공기관은 비공개대상 정보에 해당하는 정보가 기간의 경과 등으로 인하여 비공개의 필요성이 없어진 경우에는 그 정보를 공개대상으로 하여야 한다.
② 정보의 공개를 청구하는 자는 해당 정보를 보유하거나 관리하고 있는 공공기관에 정보공개청구서를 제출하거나 말로써 정보의 공개를 청구할 수 있다.
③ 공공기관은 부득이한 사유로 정보공개의 청구를 받은 날부터 10일 이내에 공개 여부를 결정할 수 없을 때에는 그 기간이 끝나는 날부터 기산(起算)하여 10일의 범위에서 공개 여부결정기간을 연장할 수 있다. 이 경우 공공기관은 연장된 사실과 연장사유를 청구인에게 지체 없이 문서로 통지하여야 한다.
④ 청구인이 공개청구한 정보가 비공개대상 정보에 해당하는 부분과 공개가능한 부분이 혼합되어 있는 경우 공개청구의 취지에 어긋나지 아니하는 범위에서 두 부분을 분리할 수 있는 경우에는 비공개 대상 정보에 해당하는 부분을 제외하고 공개하여야 한다.

해설

③ [×] 공공기관은 부득이한 사유로 정보공개의 청구를 받은 날부터 10일 이내에 공개 여부를 결정할 수 없을 때에는 <u>그 기간이 끝나는 날(×)</u>부터 기산(起算)하여 10일의 범위에서 공개 여부결정기간을 연장할 수 있다. 이 경우 공공기관은 연장된 사실과 연장사유를 청구인에게 지체 없이 문서로 통지하여야 한다.

→ 공공기관은 제10조에 따라 정보공개의 청구를 받으면 그 청구를 받은 날부터 **10일** 이내에 공개 여부를 결정하여야 한다.(공공기관의 정보공개에 관한 법률 제11조제1항) 공공기관은 부득이한 사유로 제1항에 따른 기간 이내에 공개 여부를 결정할 수 없을 때에는 그 기간이 끝나는 날의 다음 날부터 기산(起算)하여 **10일**의 범위에서 공개 여부 결정기간을 연장할 수 있다. 이 경우 공공기관은 연장된 사실과 연장 사유를 청구인에게 지체 없이 문서로 통지하여야 한다.(공공기관의 정보공개에 관한 법률 제11조제2항)

① [O] 공공기관은 비공개대상 정보에 해당하는 정보가 기간의 경과 등으로 인하여 **비공개의 필요성이 없어진 경우에는 그 정보를 공개대상으로 하여야 한다**.(공공기관의 정보공개에 관한 법률 제9조제2항)

② [O] 정보의 공개를 청구하는 자는 해당 정보를 보유하거나 관리하고 있는 공공기관에 **정보공개청구서를 제출하거나 말로써 정보의 공개를 청구할 수 있다**.(공공기관의 정보공개에 관한 법률 제10조제1항)

④ [O] 청구인이 공개청구한 정보가 비공개대상 정보에 해당하는 부분과 공개가능한 부분이 혼합되어 있는 경우 공개청구의 취지에 어긋나지 아니하는 범위에서 두 부분을 분리할 수 있는 경우에는 비공개 대상 정보에 해당하는 부분을 제외하고 공개하여야 한다.(공공기관의 정보공개에 관한 법률 제14조)

공공기관의 정보공개에 관한 법률 (약칭: 정보공개법) 제9조(비공개 대상 정보)

① 공공기관이 보유·관리하는 정보는 공개 대상이 된다. 다만, 다음 각 호의 어느 하나에 해당하는 정보는 공개하지 아니할 수 있다.
  1. 다른 법률 또는 법률에서 위임한 명령(국회규칙·대법원규칙·헌법재판소규칙·중앙선거관리위원회규칙·대통령령 및 조례로 한정한다)에 따라 비밀이나 비공개 사항으로 규정된 정보
  2. 국가안전보장·국방·통일·외교관계 등에 관한 사항으로서 공개될 경우 국가의 중대한 이익을 현저히 해칠 우려가 있다고 인정되는 정보
  3. 공개될 경우 국민의 생명·신체 및 재산의 보호에 현저한 지장을 초래할 우려가 있다고 인정되는 정보
  4. 진행 중인 재판에 관련된 정보와 범죄의 예방, 수사, 공소의 제기 및 유지, 형의 집행, 교정(矯正), 보안처분에 관한 사항으로서 공개될 경우 그 직무수행을 현저히 곤란하게 하거나 형사피고인의 공정한 재판을 받을 권리를 침해한다고 인정할 만한 상당한 이유가 있는 정보
  5. 감사·감독·검사·시험·규제·입찰계약·기술개발·인사관리에 관한 사항이나 의사결정 과정 또는 내부검토 과정에 있는 사항 등으로서 공개될 경우 업무의 공정한 수행이나 연구·개발에 현저한 지장을 초래한다고 인정할 만한 상당한 이유가 있는 정보. 다만, 의사결정 과정 또는 내부검토 과정을 이유로 비공개할 경우에는 제13조제5항에 따라 통지를 할 때 의사결정 과정 또는 내부검토 과정의 단계 및 종료 예정일을 함께 안내하여야 하며, 의사결정 과정 및 내부검토 과정이 종료되면 제10조에 따른 청구인에게 이를 통지하여야 한다.
  6. 해당 정보에 포함되어 있는 성명·주민등록번호 등「개인정보 보호법」제2조제1호에 따른 개인정보로서 공개될 경우 사생활의 비밀 또는 자유를 침해할 우려가 있다고 인정되는 정보. 다만, 다음 각 목에 열거한 사항은 제외한다.
    가. 법령에서 정하는 바에 따라 열람할 수 있는 정보
    나. 공공기관이 공표를 목적으로 작성하거나 취득한 정보로서 사생활의 비밀 또는 자유를 부당하게 침해하지 아니하는 정보
    다. 공공기관이 작성하거나 취득한 정보로서 공개하는 것이 공익이나 개인의 권리 구제를 위하여 필요하다고 인정되는 정보
    라. 직무를 수행한 공무원의 성명·직위
    마. 공개하는 것이 공익을 위하여 필요한 경우로서 법령에 따라 국가 또는 지방자치단체가 업무의 일부를 위탁 또는 위촉한 개인의 성명·직업
  7. 법인·단체 또는 개인(이하 "법인등"이라 한다)의 경영상·영업상 비밀에 관한 사항으로서 공개될 경우 법인등의 정당한 이익을 현저히 해칠 우려가 있다고 인정되는 정보. 다만, 다음 각 목에 열거한 정보는 제외한다.
    가. 사업활동에 의하여 발생하는 위해(危害)로부터 사람의 생명·신체 또는 건강을 보호하기 위하여 공개할 필요가 있는 정보
    나. 위법·부당한 사업활동으로부터 국민의 재산 또는 생활을 보호하기 위하여 공개할 필요가 있는 정보
  8. 공개될 경우 부동산 투기, 매점매석 등으로 특정인에게 이익 또는 불이익을 줄 우려가 있다고 인정되는 정보

② 공공기관은 제1항 각 호의 어느 하나에 해당하는 정보가 기간의 경과 등으로 인하여 비공개의 필요성이 없어진 경우에는 그 정보를 공개 대상으로 하여야 한다.
③ 공공기관은 제1항 각 호의 범위에서 해당 공공기관의 업무 성격을 고려하여 비공개 대상 정보의 범위에 관한 세부 기준(이하 "비공개 세부 기준"이라 한다)을 수립하고 이를 정보통신망을 활용한 정보공개시스템 등을 통하여 공개하여야 한다.
④ 공공기관(국회·법원·헌법재판소 및 중앙선거관리위원회는 제외한다)은 제3항에 따라 수립된 비공개 세부 기준이 제1항 각 호의 비공개 요건에 부합하는지 3년마다 점검하고 필요한 경우 비공개 세부 기준을 개선하여 그 점검 및 개선 결과를 행정안전부장관에게 제출하여야 한다.

공공기관의 정보공개에 관한 법률 (약칭: 정보공개법) 제14조(부분 공개)
공개 청구한 정보가 제9조제1항 각 호의 어느 하나에 해당하는 부분과 공개 가능한 부분이 혼합되어 있는 경우로서 공개 청구의 취지에 어긋나지 아니하는 범위에서 두 부분을 분리할 수 있는 경우에는 제9조제1항 각 호의 어느 하나에 해당하는 부분을 제외하고 공개하여야 한다.

정답 ③

416 다음은 「공공기관의 정보공개에 관한 법률」상 이의신청에 대한 설명이다. ㉠부터 ㉤까지에 들어갈 숫자를 모두 합한 값은?

예상문제 [Core ★★] 총론 Chapter 9. 610

- 청구인이 정보공개와 관련한 공공기관의 비공개 결정 또는 부분 공개 결정에 대하여 불복이 있거나 정보공개 청구 후 (㉠)일이 경과 하도록 정보공개결정이 없는 때에는 공공기관으로부터 정보공개 여부의 결정 통지를 받은 날 또는 정보공개 청구 후 (㉡)일이 경과 한 날부터 (㉢)일 이내에 해당 공공기관에 문서로 이의신청을 할 수 있다.
- 공공기관은 이의신청을 받은 날부터 (㉣)일 이내에 그 이의신청에 대하여 결정하고 그 결과를 청구인에게 지체 없이 문서로 통지하여야 한다. 다만, 부득이한 사유로 정하여진 기간 이내에 결정할 수 없을 때에는 그 기간이 끝나는 날의 다음 날부터 기산하여 (㉤)일의 범위에서 연장할 수 있으며, 연장사유를 청구인에게 통지하여야 한다.

① 84   ② 90   ③ 94   ④ 100

해설

㉠ 20 + ㉡ 20 + ㉢ 30 + ㉣ 7 + ㉤ 7 = 84

- 청구인이 정보공개와 관련한 **공공기관의 비공개 결정 또는 부분 공개 결정에 대하여 불복이 있거나 정보공개 청구 후 (㉠ 20)일이 경과 하도록 정보공개결정이 없는 때에는 공공기관으로부터 정보공개 여부의 결정 통지를 받은 날 또는 정보공개 청구 후 (㉡ 20)일이 경과 한 날부터 (㉢ 30)일 이내에 해당 공공기관에 문서로 이의신청을 할 수 있다.**(공공기관의 정보공개에 관한 법률 제18조제1항)
- 공공기관은 **이의신청을 받은 날부터 (㉣ 7)일 이내에 그 이의신청에 대하여 결정하고 그 결과를 청구인에게 지체 없이 문서로 통지하여야 한다. 다만, 부득이한 사유로 정하여진 기간 이내에 결정할 수 없을 때에는 그 기간이 끝나는 날의 다음 날부터 기산하여 (㉤ 7)일의 범위에서 연장할 수 있으며, 연장사유를 청구인에게 통지하여야 한다.**(공공기관의 정보공개에 관한 법률 제18조제3항)

정답 ①

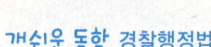

[심화학습]

417 「공공기관의 정보공개에 관한 법률」상 정보공개에 관한 설명으로 옳지 <u>않은</u> 것은?

12 지방직 [Core ★★]

① 수용자 자비부담물품의 판매수익금과 관련한 수익금 총액, 수용자신문구독현황과 관련한 각 신문별 구독신청자 수 등에 관한 정보 등에 관한 정보는 비공개대상정보에 해당하지 않는다.
② 정보공개청구인이 공공기관에 대해 정보공개를 청구하였다가 거부처분을 받은 경우 취소소송을 제기할 원고적격이 인정된다.
③ 공공기관은 공개 청구된 공개대상정보의 전부 또는 일부가 제3자와 관련이 있다고 인정되는 때에는 그 사실을 제3자에게 지체 없이 통지하여야 한다.
④ 공개 청구된 사실을 통지받은 제3자가 당해 공공기관에 공개하지 아니할 것을 요청하는 때에는 공공기관은 비공개결정을 하여야 한다.

해설

④ [×] 공개 청구된 사실을 통지받은 제3자가 당해 공공기관에 공개하지 아니할 것을 요청하는 때에는 공공기관은 비공개결정을 하여야 한다.(×)
→ 제3자의 비공개 요청이 있더라도 당해 공공기관은 공개할 수 있다.
→ 제11조제3항에 따라 공개 청구된 사실을 통지받은 제3자는 그 통지를 받은 날부터 3일 이내에 해당 공공기관에 대하여 자신과 관련된 정보를 공개하지 아니할 것을 요청할 수 있다.(공공기관의 정보공개에 관한 법률 제21조제1항) 제1항에 따른 비공개 요청에도 불구하고 공공기관이 공개 결정을 할 때에는 공개 결정 이유와 공개 실시일을 분명히 밝혀 지체 없이 문서로 통지하여야 하며, 제3자는 해당 공공기관에 문서로 이의신청을 하거나 행정심판 또는 행정소송을 제기할 수 있다. 이 경우 이의신청은 통지를 받은 날부터 7일 이내에 하여야 한다.(공공기관의 정보공개에 관한 법률 제21조제2항)

① [O] **수용자 자비부담물품의 판매수익금과 관련한 수익금 총액**, 수용자신문구독현황과 관련한 각 신문별 구독신청자 수 등에 관한 정보 등에 관한 정보는 **비공개대상정보에 해당하지 않는다.**
→ 수용자 자비부담물품의 판매수익금과 관련한 수익금 총액, 교도소장에게 배당한 수익금액, 수용자신문구독현황과 관련한 각 신문별 구독신청자 수 등에 관한 정보는 형의 집행교정에 관한 사항으로서 공개될 경우 직무수행을 현저히 곤란하게 하는 정보에 해당하기 어렵다.

대법원 2004. 12. 9. 선고 2003두12707 판결 [정보공개거부처분취소]
수용자자비부담물품의 판매수익금과 관련하여 교도소장이 재단법인 교정협회로 송금한 수익금 총액과 교도소장에게 배당된 수익금액 및 사용내역, 교도소직원회 수지에 관한 결산결과와 사업계획 및 예산서, 수용자 외부병원 이송진료와 관련한 이송진료자 수, 이송진료자의 진료내역별(치료, 검사, 수술) 현황, 이송진료자의 진료비 지급(예산지급, 자비부담) 현황, 이송진료자의 진료비총액 대비 예산지급액, 이송진료자의 병명별 현황, 수용자신문구독현황과 관련한 각 신문별 구독신청자 수 등에 관한 정보는 구 공공기관의정보공개에관한 법률(2004. 1. 29. 법률 제7127호로 전문 개정되기 전의 것) 제7조 제1항 제4호에서 **비공개대상으로 규정한 '형의 집행, 교정에 관한 사항으로서 공개될 경우 그 직무수행을 현저히 곤란하게 하는 정보'에 해당하기 어렵다**

② [○] 정보공개청구인이 **공공기관에 대해 정보공개를 청구하였다가 거부처분을 받은 경우 취소소송을 제기할 원고적격이 인정된다**.

> 대법원 2004. 8. 20. 선고 2003두8302 판결 [사본공개거부처분취소]
> 정보공개청구권은 법률상 보호되는 구체적인 권리이므로 청구인이 공공기관에 대하여 **정보공개를 청구하였다가 거부처분을 받은 것 자체가 법률상 이익의 침해에 해당한다.**

③ [○] 공공기관은 공개 청구된 공개대상정보의 전부 또는 일부가 제3자와 관련이 있다고 인정되는 때에는 **그 사실을 제3자에게 지체 없이 통지하여야 한다.**
→ 공공기관은 공개 청구된 공개 대상 정보의 전부 또는 일부가 제3자와 관련이 있다고 인정할 때에는 그 **사실을 제3자에게 지체 없이 통지하여야 하며**, 필요한 경우에는 그의 의견을 들을 수 있다.(공공기관의 정보공개에 관한 법률 제11조제3항)

정답 ④

418 행정정보공개제도에 대한 설명으로 옳은 것은?   12 지방직 [Essential ★]

① 개인정보는 절대적 비공개대상정보이다.
② 외국인은 정보공개를 청구할 수 없다.
③ 정보공개의 청구는 반드시 문서로 하여야 한다.
④ 공공기관은 정보의 비공개결정을 한 때에는 그 사실을 청구인에게 지체 없이 문서로 통지하여야 한다.

해설

④ [○] 공공기관은 정보의 비공개결정을 한 때에는 그 사실을 청구인에게 지체 없이 문서로 통지하여야 한다.
→ **공공기관은 제11조에 따라 정보의 비공개 결정을 한 경우에는 그 사실을 청구인에게 지체 없이 문서로 통지하여야 한다. 이 경우 제9조제1항 각 호 중 어느 규정에 해당하는 비공개 대상 정보인지를 포함한 비공개 이유와 불복(不服)의 방법 및 절차를 구체적으로 밝혀야 한다.**(공공기관의 정보공개에 관한 법률 제13조제5항)

① [×] 개인정보는 **절대적 비공개대상정보이다.**(×)
→ **개인관련정보가 절대적 비공개정보가 되는 것은 아니다. 공개의 이익과 형량 하여 공개 여부를 결정하여야 한다.**
→ 공공기관이 보유·관리하는 정보는 공개 대상이 된다. 다만, 다음 각 호의 어느 하나에 해당하는 정보는 공개하지 아니할 수 있다. 해당 정보에 포함되어 있는 성명·주민등록번호 등「개인정보 보호법」제2조 제1호에 따른 **개인정보로서 공개될 경우 사생활의 비밀 또는 자유를 침해할 우려가 있다고 인정되는 정보. 다만, 다음 각 목에 열거한 사항은 제외한다.**(공공기관의 정보공개에 관한 법률 제9조제1항제6호)

② [×] 외국인은 **정보공개를 청구할 수 없다.**(×)
→ **외국인의 정보공개 청구에 관하여는 대통령령으로 정한다.**(공공기관의 정보공개에 관한 법률 제5조제2항)

> 공공기관의 정보공개에 관한 법률 시행령 제3조(외국인의 정보공개 청구)
> 법 제5조제2항에 따라 정보공개를 청구할 수 있는 외국인은 다음 각 호의 어느 하나에 해당하는 자로 한다.
> 1. 국내에 일정한 주소를 두고 거주하거나 학술·연구를 위하여 일시적으로 체류하는 사람
> 2. 국내에 사무소를 두고 있는 법인 또는 단체

③ [×] 정보공개의 청구는 **반드시 문서로 하여야 한다.**(×)

→ 정보의 공개를 청구하는 자(이하 "청구인"이라 한다)는 해당 정보를 보유하거나 관리하고 있는 공공기관에 다음 각 호의 사항을 적은 **정보공개 청구서를 제출하거나 말로써 정보의 공개를 청구할 수 있다.**(공공기관의 정보공개에 관한 법률 제10조제1항)

> **공공기관의 정보공개에 관한 법률 시행령 제13조(정보공개 여부 결정의 통지)**
> ① 공공기관은 제11조에 따라 정보의 공개를 결정한 경우에는 공개의 일시 및 장소 등을 분명히 밝혀 청구인에게 통지하여야 한다.
> ② 공공기관은 청구인이 사본 또는 복제물의 교부를 원하는 경우에는 이를 교부하여야 한다.
> ③ 공공기관은 공개 대상 정보의 양이 너무 많아 정상적인 업무수행에 현저한 지장을 초래할 우려가 있는 경우에는 해당 정보를 일정 기간별로 나누어 제공하거나 사본·복제물의 교부 또는 열람과 병행하여 제공할 수 있다.
> ④ 공공기관은 제1항에 따라 정보를 공개하는 경우에 그 정보의 원본이 더럽혀지거나 파손될 우려가 있거나 그 밖에 상당한 이유가 있다고 인정할 때에는 그 정보의 사본·복제물을 공개할 수 있다.
> ⑤ 공공기관은 제11조에 따라 정보의 비공개 결정을 한 경우에는 그 사실을 청구인에게 지체 없이 문서로 통지하여야 한다. 이 경우 제9조제1항 각 호 중 어느 규정에 해당하는 비공개 대상 정보인지를 포함한 비공개 이유와 불복(不服)의 방법 및 절차를 구체적으로 밝혀야 한다.

정답 ④

419 공공기관의 정보공개에 대한 설명으로 가장 옳지 않은 것은? 10 국가직 [Core ★★]

① 정보공개청구는 시민단체의 정보공개청구와 같이 개인적인 이해관계가 없는 공익을 위한 경우에도 인정된다.
② 공개를 거부한 정보에 비공개대상정보에 해당하는 부분과 공개가 가능한 부분이 혼합되어 있는 경우라면 법원은 정보공개거부처분 전부를 취소해야 한다.
③ 공개거부결정에 대하여 「공공기관의 정보공개에 관한 법률」상의 이의신청을 거치지 아니하고 직접 행정소송을 제기할 수 있다.
④ 판례에 의하면 공개대상정보는 공공기관이 직무상 작성 또는 취득하여 관리하고 있는 문서에 한정되는 것이기는 하나, 그 문서가 반드시 원본일 필요는 없다.

해설

② [×] 공개를 거부한 정보에 비공개대상정보에 해당하는 부분과 공개가 가능한 부분이 혼합되어 있는 경우라면 **법원은 정보공개거부처분 전부를 취소해야 한다.(×)**

> **대법원 2003. 3. 11. 선고 2001두6425 판결 [행정정보비공개결정처분취소]**
> 법원이 행정청의 정보공개거부처분의 위법 여부를 심리한 결과 공개를 거부한 정보에 비공개대상정보에 해당하는 부분과 공개가 가능한 부분이 혼합되어 있고 공개청구의 취지에 어긋나지 아니하는 범위 안에서 두 부분을 분리할 수 있음을 인정할 수 있을 때에는, 위 **정보 중 공개가 가능한 부분을 특정하고 판결의 주문에 행정청의 위 거부처분 중 공개가 가능한 정보에 관한 부분만을 취소한다고 표시하여야 한다.**

① [○] 정보공개청구는 시민단체의 정보공개청구와 같이 **개인적인 이해관계가 없는 공익을 위한 경우에도 인정된다.**

→ 공공기관의 정보공개에 관한 법률의 해석상 개인적인 이해관계가 없는 공익을 위한 경우에도 정보공개청구권이 인정된다. 즉 정보공개청구권은 자기와 직접적인 이해관계가 있는 특정사안에 관한 개별적 정보공개청구권과 자기와 직접적인 이해관계가 없는 사안에 관한 일반적 정보공개청구권으로 구분될 수 있다. 「공공기관의 정보공개에 관한 법률」상의 정보공개청구권은 일반적 정보공개청구권을 포함하는 권리이다.

③ [O] 공개거부결정에 대하여 「공공기관의 정보공개에 관한 법률」상의 이의신청을 거치지 아니하고 직접 행정소송을 제기할 수 있다.
→ 이의신청은 임의적 절차에 불과하므로 청구인은 이의신청절차를 거치지 아니하고 행정심판을 청구하거나 행정소송을 제기할 수 있다.

> 공공기관의 정보공개에 관한 법률 (약칭: 정보공개법) 제20조(행정소송)
> ① 청구인이 정보공개와 관련한 공공기관의 결정에 대하여 불복이 있거나 정보공개 청구 후 20일이 경과하도록 정보공개 결정이 없는 때에는 「행정소송법」에서 정하는 바에 따라 행정소송을 제기할 수 있다.
> ② 재판장은 필요하다고 인정하면 당사자를 참여시키지 아니하고 제출된 공개 청구 정보를 비공개로 열람·심사할 수 있다.
> ③ 재판장은 행정소송의 대상이 제9조제1항제2호에 따른 정보 중 국가안전보장·국방 또는 외교관계에 관한 정보의 비공개 또는 부분 공개 결정처분인 경우에 공공기관이 그 정보에 대한 비밀 지정의 절차, 비밀의 등급·종류 및 성질과 이를 비밀로 취급하게 된 실질적인 이유 및 공개를 하지 아니하는 사유 등을 입증하면 해당 정보를 제출하지 아니하게 할 수 있다.

④ [O] 판례에 의하면 공개대상정보는 공공기관이 직무상 작성 또는 취득하여 관리하고 있는 문서에 한정되는 것이기는 하나, 그 문서가 반드시 원본일 필요는 없다.

> 대법원 2006. 5. 25. 선고 2006두3049 판결 [사건기록등사불허가처분취소]
> 공공기관의 정보공개에 관한 법률상 공개청구의 대상이 되는 정보란 공공기관이 직무상 작성 또는 취득하여 현재 보유·관리하고 있는 문서에 한정되는 것이기는 하나, 그 **문서가 반드시 원본일 필요는 없다.**

정답 ②

420 공공기관의 정보공개와 관련된 설명으로 옳은 것은?

11 국가직 [ESSential ★]

① 판례에 의하면 사립 대학교는 국비의 지원을 받는 범위 내에서만 정보공개의무를 지는 공공기관의 성격을 가진다.
② 판례에 의하면 국가정보원이 직원에게 지급하는 현금급여 및 월초수당에 관한 정보는 공개대상이다.
③ 판례에 의하면 '한국증권업협회'는 정보공개의무를 지는 '특별법에 의하여 설립된 특수법인'에 해당한다.
④ 공공기관은 전자적 형태로 보유·관리하지 않는 정보에 대하여 청구인이 전자적 형태로 공개하여 줄 것을 요청한 경우 특별한 사정이 없으면 그 정보를 전자적 형태로 변환하여 공개할 수 있다.

④ [O] 공공기관은 전자적 형태로 보유·관리하지 않는 정보에 대하여 **청구인이 전자적 형태로 공개하여 줄 것을 요청한 경우 특별한 사정이 없으면 그 정보를 전자적 형태로 변환하여 공개할 수 있다.**
→ 공공기관은 전자적 형태로 보유·관리하는 정보에 대하여 청구인이 전자적 형태로 공개하여 줄 것을 요청하는 경우에는 그 정보의 성질상 현저히 곤란한 경우를 제외하고는 청구인의 요청에 따라야 한다.(공공기관의 정보공개에 관한 법률 제15조제1항) 공공기관은 전자적 형태로 보유·관리하지 아니하는 정보에 대하여 청구인이 전자적 형태로 공개하여 줄 것을 요청한 경우에는 정상적인 업무수행에 현저한 지장을 초래하거나 그 정보의 성질이 훼손될 우려가 없으면 그 정보를 전자적 형태로 변환하여 공개할 수 있다.
(공공기관의 정보공개에 관한 법률 제15조제2항)

① [×] 판례에 의하면 사립 대학교는 국비의 지원을 받는 범위 내에서만 정보공개의무를 지는 **공공기관의 성격을 가진다.**(×)
→ 사립 대학교는 공공기관의 정보공개에 관한 법률상의 공공기관이다.

> 대법원 2006. 8. 24. 선고 2004두2783 판결 [정보공개거부처분취소]
> 사립대학교가 국비의 지원을 받는 범위 내에서만 공공기관의 성격을 가진다고 볼 수 없다.

② [×] 판례에 의하면 **국가정보원이 직원에게 지급하는 현금급여 및 월초수당에 관한 정보는 공개대상이다.**(×)

> 대법원 2010. 12. 23. 선고 2010두14800 판결 [정보비공개결정처분취소]
> 국가정보원이 직원에게 지급하는 현금급여 및 월초수당에 관한 정보는 국가정보원법 제12조에 의하여 비공개 사항으로 규정된 정보로서 공공기관의 정보공개에 관한 법률 제9조 제1항 제1호의 비공개대상정보인 '다른 법률에 의하여 비공개 사항으로 규정된 정보'에 해당한다고 보아야 하고, 위 현금급여 및 월초수당이 근로의 대가로서의 성격을 가진다거나 정보공개청구인이 해당 직원의 배우자라고 하여 달리 볼 것은 아니다.

③ [×] 판례에 의하면 '한국증권업협회'는 정보공개의무를 지는 '**특별법에 의하여 설립된 특수법인**'에 해당한다.(×)
→ 한국증권업협회는 공공기관의 정보공개에 관한 법률상의 공공기관이 아니다.

> 대법원 2010. 4. 29. 선고 2008두5643 판결 [정보비공개결정취소]
> '한국증권업협회(현 금융투자협회)'는 증권회사 상호간의 업무질서를 유지하고 유가증권의 공정한 매매거래 및 투자자보호를 위하여 일정 규모 이상인 증권회사 등으로 구성된 회원조직으로서, 증권거래법 또는 그 법에 의한 명령에 대하여 특별한 규정이 있는 것을 제외하고 민법 중 사단법인에 관한 규정을 준용 받는 점, 그 업무가 국가기관 등에 준할 정도로 공동체 전체의 이익에 중요한 역할이나 기능에 해당하는 공공성을 갖는다고 볼 수 없는 점 등에 비추어, **공공기관의 정보공개에 관한 법률 시행령 제2조 제4호의 '특별법에 의하여 설립된 특수법인'에 해당한다고 보기 어렵다.**

정답 ④

421 「공공기관의 정보공개에 관한 법률」상 제3자의 비공개요청 등에 대한 설명으로 옳은 것은?

11 사회복지직 [Core ★★]

① 공공기관은 공개 청구된 공개대상정보의 전부 또는 일부가 제3자와 관련이 있다고 인정할 때에는 그 사실을 제3자에게 7일 이내에 통지하여야 한다.
② 제3자의 비공개요청에도 불구하고 공공기관이 공개결정을 할 때에는 공개결정이유와 공개 실시 일을 분명히 밝혀 지체 없이 문서로 통지하여야 한다.
③ 자신과 관련된 정보에 대한 제3자의 비공개요청에도 불구하고 공공기관이 공개결정을 하는 때에는 제3자는 당해 공공기관에 문서 또는 말로 이의신청을 하거나 행정심판 또는 행정소송을 제기 할 수 있다.
④ 공공기관인 제3자의 비공개요청에도 불구하고 공개결정을 하는 때에는 공개결정일과 공개실시일의 사이에 최소한 20일의 간격을 두어야 한다.

해설

② [○] 제3자의 비공개요청에도 불구하고 공공기관이 공개결정을 할 때에는 공개결정이유와 공개 실시 일을 분명히 밝혀 **지체 없이 문서로 통지하여야** 한다.
  → 제1항에 따른 비공개 요청에도 불구하고 공공기관이 공개 결정을 할 때에는 공개 결정 이유와 공개 실시 일을 분명히 밝혀 **지체 없이 문서로 통지하여야** 하며, 제3자는 해당 공공기관에 문서로 이의신청을 하거나 행정심판 또는 행정소송을 제기할 수 있다. 이 경우 이의신청은 통지를 받은 날부터 7일 이내에 하여야 한다.(공공기관의 정보공개에 관한 법률 제13조제2항)

① [×] 공공기관은 공개 청구된 공개대상정보의 전부 또는 일부가 제3자와 관련이 있다고 인정할 때에는 그 사실을 제3자에게 **7일 이내(×)**에 통지하여야 한다.
  → 공공기관은 공개 청구된 공개 대상 정보의 전부 또는 일부가 제3자와 관련이 있다고 인정할 때에는 그 사실을 제3자에게 **지체 없이** 통지하여야 하며, 필요한 경우에는 그의 의견을 들을 수 있다.(공공기관의 정보공개에 관한 법률 제11조제3항)

③ [×] 자신과 관련된 정보에 대한 제3자의 비공개요청에도 불구하고 공공기관이 공개결정을 하는 때에는 제3자는 당해 공공기관에 문서 **또는 말로(×)** 이의신청을 하거나 행정심판 또는 행정소송을 제기 할 수 있다.
  → 제1항에 따른 비공개 요청에도 불구하고 공공기관이 공개 결정을 할 때에는 공개 결정 이유와 공개 실시 일을 분명히 밝혀 지체 없이 문서로 통지하여야 하며, 제3자는 해당 공공기관에 **문서로 이의신청**을 하거나 행정심판 또는 행정소송을 제기할 수 있다. 이 경우 이의신청은 통지를 받은 날부터 7일 이내에 하여야 한다.(공공기관의 정보공개에 관한 법률 제13조제2항)

④ [×] 공공기관인 제3자의 비공개요청에도 불구하고 공개결정을 하는 때에는 공개결정일과 공개실시일의 사이에 최소한 **20일의 간격(×)**을 두어야 한다.
  → 공공기관은 제2항에 따른 공개 결정일과 공개 실시일 사이에 최소한 **30일의 간격**을 두어야 한다.(공공기관의 정보공개에 관한 법률 제21조제3항)

정답 ②

422 다음 중 정보공개제도에 관한 설명으로 옳지 <u>않은</u> 것은?   10 서울시 변형 [Essential ★]

> ㉠ 구법에는 정보공개를 청구한 날부터 20일 이내에 공공기관이 공개 여부를 결정하지 아니한 때에는 비공개의 결정이 있는 것으로 본다는 규정이 있었으나 삭제되었다.
> ㉡ 국내에 일정한 주소를 두고 거주하는 외국인도 정보공개를 청구할 수 있다.
> ㉢ 정보의 공개 및 우송 등에 드는 비용은 실비의 범위에서 행정청의 부담으로 한다.
> ㉣ 공공기관은 정보공개와 관련한 결정에 대해 이의신청을 받은 날부터 10일 이내에 그 이의신청에 대하여 결정하고 그 결과를 청구인에게 지체 없이 문서로 통지하여야 한다.
> ㉤ 직무를 수행한 공무원의 성명·직위는 비공개대상정보에 해당한다.

① ㉠ ㉡ ㉢   ② ㉠ ㉢ ㉣   ③ ㉠ ㉡ ㉤
④ ㉡ ㉣ ㉤   ⑤ ㉢ ㉣ ㉤

해설

㉢, ㉣, ㉤ 3항목이 옳지 않다.

㉢ [×] 정보의 공개 및 우송 등에 드는 비용은 실비의 범위에서 **행정청의 부담으로 한다.(×)**
→ 정보의 공개 및 우송 등에 드는 비용은 실비(實費)의 범위에서 **청구인이 부담한다.**(공공기관의 정보공개에 관한 법률 제17조제1항)

㉣ [×] 공공기관은 정보공개와 관련한 결정에 대해 이의신청을 받은 날부터 **10일 이내(×)**에 그 이의신청에 대하여 결정하고 그 결과를 청구인에게 **지체 없이 문서로 통지하여야** 한다.
→ 공공기관은 **이의신청을 받은 날부터 7일 이내**에 그 이의신청에 대하여 결정하고 그 결과를 청구인에게 지체 없이 문서로 통지하여야 한다. 다만, 부득이한 사유로 정하여진 기간 이내에 결정할 수 없을 때에는 그 기간이 끝나는 날의 다음 날부터 기산하여 7일의 범위에서 연장할 수 있으며, 연장 사유를 청구인에게 통지하여야 한다.(공공기관의 정보공개에 관한 법률 제18조제3항)

㉤ [×] 직무를 수행한 공무원의 성명·직위는 **비공개대상정보에 해당한다.(×)**
→ 공공기관이 보유·관리하는 **정보는 공개 대상**이 된다. 다만, 다음 각 호의 어느 하나에 해당하는 정보는 **공개하지 아니할 수 있다.** 해당 정보에 포함되어 있는 성명·주민등록번호 등 「개인정보 보호법」 제2조제1호에 따른 개인정보로서 공개될 경우 사생활의 비밀 또는 자유를 침해할 우려가 있다고 인정되는 정보. 다만, 다음 각 목에 열거한 사항은 제외한다. **직무를 수행한 공무원의 성명·직위**(공공기관의 정보공개에 관한 법률 제9조제1항제6호라목)

㉠ [○] 구법에는 정보공개를 청구한 날부터 20일 이내에 공공기관이 공개 여부를 결정하지 아니한 때에는 비공개의 결정이 있는 것으로 본다는 **규정이 있었으나 삭제되었다.**
→ 구법에는 간주거부조항 정보공개를 청구한 날부터 20일 이내에 공공기관이 공개여부를 결정하지 아니한 때에는 비공개의 결정이 있는 것으로 본다.(공공기관의 정보공개에 관한 법률 제11조제5항)이 있었으나, 현재는 법 개정에 따라 삭제되었다.

㉡ [○] **국내에 일정한 주소를 두고 거주하는 외국인도 정보공개를 청구할 수 있다.**
→ 법 제5조제2항에 따라 정보공개를 청구할 수 있는 외국인은 다음 각 호의 어느 하나에 해당하는 자로 한다. 국내에 일정한 주소를 두고 거주하거나 학술·연구를 위하여 일시적으로 체류하는 사람(공공기관의 정보공개에 관한 법률 시행령 제3조제2호)

정답 ⑤

423 「공공기관의 정보공개에 관한 법률」상의 정보공개청구절차에 관한 내용으로 옳은 것은?

09 국가직 [ESSential ★]

① 정보의 공개를 청구하는 자는 당해 정보를 보유하거나 관리하고 있는 공공기관에 대하여 공개를 청구하는 정보의 내용 및 공개방법을 적은 정보공개청구서를 제출하거나 말로써 정보의 공개를 청구할 수 있으며, 정보공개청구권자의 인적사항은 익명을 원칙으로 한다.
② 공공기관은 공개 청구된 공개대상정보의 전부 또는 일부가 제3자와 관련이 있다고 인정할 때에는 그 사실을 제3자에게 지체 없이 통지하여야 하며, 필요한 경우에는 그의 의견을 들을 수 있다.
③ 공공기관은 전자적 형태로 보유·관리하는 정보에 대하여 청구인이 전자적 형태로 공개하여 줄 것을 요청하더라도 이를 출력한 형태로 공개하는 것이 원칙이다.
④ 「공공기관의 정보공개에 관한 법률」에는 부분공개제도가 채택되어 있지 않아, 비공개대상정보에 해당하는 부분과 공개가 가능한 부분을 분리할 수 있는 경우에도 부분공개는 허용되지 않는다.

해설

② [O] 공공기관은 공개 청구된 공개대상정보의 전부 또는 일부가 제3자와 관련이 있다고 인정할 때에는 그 사실을 제3자에게 지체 없이 통지하여야 하며, 필요한 경우에는 그의 의견을 들을 수 있다.(공공기관의 정보공개에 관한 법률 제11조제3항)

① [×] 정보의 공개를 청구하는 자는 당해 정보를 보유하거나 관리하고 있는 공공기관에 대하여 공개를 청구하는 정보의 내용 및 공개방법을 적은 정보공개청구서를 제출하거나 말로써 정보의 공개를 청구할 수 있으며, 정보공개청구권자의 인적사항은 익명을 원칙으로 한다.(×)
→ 정보의 공개를 청구하는 자(이하 "청구인"이라 한다)는 해당 정보를 보유하거나 관리하고 있는 공공기관에 다음 각 호의 사항을 적은 정보공개 청구서를 제출하거나 말로써 정보의 공개를 청구할 수 있다. 청구인의 성명·생년월일·주소 및 연락처(전화번호·전자우편주소 등을 말한다. 이하 이 조에서 같다). 다만, 청구인이 법인 또는 단체인 경우에는 그 명칭, 대표자의 성명, 사업자등록번호 또는 이에 준하는 번호, 주된 사무소의 소재지 및 연락처를 말한다.(공공기관의 정보공개에 관한 법률 제10조제1항제1호) 청구인의 주민등록번호(본인임을 확인하고 공개 여부를 결정할 필요가 있는 정보를 청구하는 경우로 한정한다)(공공기관의 정보공개에 관한 법률 제10조제1항제2호)

③ [×] 공공기관은 전자적 형태로 보유·관리하는 정보에 대하여 청구인이 전자적 형태로 공개하여 줄 것을 요청하더라도 이를 출력한 형태로 공개하는 것이 원칙이다.(×)
→ 공공기관은 전자적 형태로 보유·관리하는 정보에 대하여 청구인이 전자적 형태로 공개하여 줄 것을 요청하는 경우에는 그 정보의 성질상 현저히 곤란한 경우를 제외하고는 청구인의 요청에 따라야 한다.(공공기관의 정보공개에 관한 법률 제15조제1항)

④ [×] 「공공기관의 정보공개에 관한 법률」에는 부분공개제도가 채택되어 있지 않아, 비공개대상정보에 해당하는 부분과 공개가 가능한 부분을 분리할 수 있는 경우에도 부분공개는 허용되지 않는다.(×)
→ 공개 청구한 정보가 제9조제1항 각 호의 어느 하나에 해당하는 부분과 공개 가능한 부분이 혼합되어 있는 경우로서 공개 청구의 취지에 어긋나지 아니하는 범위에서 두 부분을 분리할 수 있는 경우에는 제9조제1항 각 호의 어느 하나에 해당하는 부분을 제외하고 공개하여야 한다.(공공기관의 정보공개에 관한 법률 제14조)

정답 ②

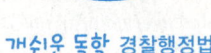

424 「공공기관의 정보공개에 관한 법률」상 정보공개절차에 대한 설명으로 가장 적절한 것은?

11 경행특채 [Essential ★]

① 정보의 공개를 청구하는 자는 말로써 청구할 수는 없고, 반드시 서면으로 해야 한다.
② 공공기관은 정보공개의 청구를 받은 날부터 15일 이내에 공개 여부를 결정하여야 한다.
③ 일반국민에게 알리기 위하여 작성된 각종 홍보자료는 공공기관이 말로 처리할 수는 없다.
④ 정보의 공개 및 우송 등에 드는 비용은 실비의 범위 안에서 청구인의 부담으로 한다.

해설

④ [O] 정보의 공개 및 우송 등에 드는 비용은 실비의 범위 안에서 **청구인의 부담으로 한다**.(공공기관의 정보공개에 관한 법률 제17조제1항)

① [X] 정보의 공개를 청구하는 자는 **말로써 청구할 수는 없고, 반드시 서면으로 해야 한다.**(X)
→ 정보의 공개를 청구하는 자(이하 "청구인"이라 한다)는 해당 정보를 보유하거나 관리하고 있는 공공기관에 다음 각 호의 사항을 적은 **정보공개 청구서를 제출하거나 말로써 정보의 공개를 청구할 수 있다.**(공공기관의 정보공개에 관한 법률 제10조제1항)

② [X] 공공기관은 정보공개의 청구를 받은 날부터 **15일 이내**(X)에 공개 여부를 결정하여야 한다.
→ 공공기관은 제10조에 따라 정보공개의 청구를 받으면 그 **청구를 받은 날부터 10일 이내**에 공개 여부를 결정하여야 한다.(공공기관의 정보공개에 관한 법률 제11조제1항)

③ [X] 일반국민에게 알리기 위하여 작성된 **각종 홍보자료는 공공기관이 말로 처리할 수는 없다.**(X)
→ 다음 각 호의 어느 하나에 해당하는 정보로서 즉시 또는 말로 처리가 가능한 정보에 대해서는 제11조에 따른 절차를 거치지 아니하고 공개하여야 한다. **일반국민에게 알리기 위하여 작성된 각종 홍보자료**(공공기관의 정보공개에 관한 법률 제16조제2호)

공공기관의 정보공개에 관한 법률 (약칭: 정보공개법) 제16조(즉시 처리가 가능한 정보의 공개)
다음 각 호의 어느 하나에 해당하는 정보로서 즉시 또는 말로 처리가 가능한 정보에 대해서는 제11조에 따른 절차를 거치지 아니하고 공개하여야 한다.
1. 법령 등에 따라 공개를 목적으로 작성된 정보
2. **일반국민에게 알리기 위하여 작성된 각종 홍보자료**
3. 공개하기로 결정된 정보로서 공개에 오랜 시간이 걸리지 아니하는 정보
4. 그 밖에 공공기관의 장이 정하는 정보

정답 ④

425 행정정보공개에 관한 설명 중 옳지 않은 것은?

09 국가직 [Essential ★]

① 정보공개를 청구하는 자는 정보를 보유·관리하고 있는 공공기관에 일정사항을 적은 정보공개청구서를 제출하거나 말로써 정보의 공개를 청구할 수 있다.
② 청구인이 정보공개와 관련한 공공기관의 결정에 대하여 불복이 있는 때에는 결정통지를 받은 날부터 30일 이내에 해당 공공기관에 문서로 이의를 신청할 수 있다.
③ 정보공개를 요구받은 공공기관은 법률 제 몇 호의 비공개사유에 해당하는지를 주장·입증하여야 하며, 개괄적 사유만을 들어 공개를 거부할 수 없다.
④ 공공기관은 공개 청구된 공개대상정보의 전부 또는 일부가 제3자와 관련이 있다고 인정할 때에는 그 사실을 지체 없이 통지하여야 하며, 이 경우 제3자로부터 비공개요청이 있는 때에는 당해 정보를 공개하여서는 아니 된다.

해설

④ [×] 공공기관은 공개 청구된 공개대상정보의 전부 또는 일부가 **제3자와 관련이 있다고 인정할 때에는 그 사실을 지체 없이 통지하여야 하며,** 이 경우 제3자로부터 비공개요청이 있는 때에는 당해 정보를 공개하여서는 아니 된다.(×)
→ 공공기관은 공개 청구된 공개 대상 정보의 전부 또는 일부가 **제3자와 관련이 있다고 인정할 때에는 그 사실을 제3자에게 지체 없이 통지하여야 하며,** 필요한 경우에는 그의 의견을 들을 수 있다.(공공기관의 정보공개에 관한 법률 제11조제3항) 제11조제3항에 따라 공개 청구된 사실을 통지받은 **제3자는 그 통지를 받은 날부터 3일 이내에 해당 공공기관에 대하여 자신과 관련된 정보를 공개하지 아니할 것을 요청할 수 있다.**(공공기관의 정보공개에 관한 법률 제21조제1항) 제1항에 따른 비공개 요청에도 불구하고 공공기관이 공개 결정을 할 때에는 공개 결정 이유와 공개 실시일을 분명히 밝혀 지체 없이 문서로 통지하여야 하며, 제3자는 해당 공공기관에 문서로 이의신청을 하거나 행정심판 또는 행정소송을 제기할 수 있다. 이 경우 이의신청은 통지를 받은 날부터 7일 이내에 하여야 한다.(공공기관의 정보공개에 관한 법률 제21조제2항)

① [○] 정보공개를 청구하는 자는 정보를 보유·관리하고 있는 공공기관에 일정사항을 적은 **정보공개청구서를 제출하거나 말로써 정보의 공개를 청구할 수 있다.**
→ 정보의 공개를 청구하는 자(이하 "청구인"이라 한다)는 해당 정보를 보유하거나 관리하고 있는 공공기관에 다음 각 호의 사항을 적은 **정보공개 청구서를 제출하거나 말로써 정보의 공개를 청구할 수 있다.**(공공기관의 정보공개에 관한 법률 제10조제1항)

② [○] 청구인이 정보공개와 관련한 공공기관의 결정에 대하여 불복이 있는 때에는 결정통지를 받은 날부터 30일 이내에 해당 공공기관에 문서로 이의를 신청할 수 있다.
→ 청구인이 정보공개와 관련한 공공기관의 비공개 결정 또는 부분 공개 결정에 대하여 불복이 있거나 **정보공개 청구 후 20일이 경과하도록 정보공개 결정이 없는 때에는 공공기관으로부터 정보공개 여부의 결정 통지를 받은 날 또는 정보공개 청구 후 20일이 경과한 날부터 30일 이내에 해당 공공기관에 문서로 이의 신청을 할 수 있다.**(공공기관의 정보공개에 관한 법률 제18조제1항)

③ [○] 정보공개를 요구받은 공공기관은 법률 제 몇 호의 **비공개사유에 해당하는지를 주장·입증하여야 하며, 개괄적 사유만을 들어 공개를 거부할 수 없다.**

> 대법원 2003. 12. 11. 선고 2001두8827 판결 [정보공개청구거부처분취소]
> 정보공개를 요구받은 공공기관이 공공기관의정보공개에관한법률 제7조 제1항 몇 호 소정의 비공개사유에 해당하는지를 **주장·입증하지 아니한 채 개괄적인 사유만을 들어 그 공개를 거부할 수 없다.**

정답 ④

426 공공기관에 대한 정보공개청구가 받아들여지지 않았을 때의 불복구제에 대한 설명으로 옳지 않은 것은? (다툼이 있는 경우 판례에 의함)　　　　　　　　　　　　　　　12 국가직 [Essential ★]

① 행정심판을 거치지 않고 바로 항고소송을 제기할 수 없다.
② 사립 대학교에 정보공개를 청구하였다가 거부되면 사립 대학교 총장을 피고로 하여 취소소송을 제기할 수 있다.
③ 이의신청을 거치지 아니하여도 행정심판을 제기할 수 있다.
④ 정보공개청구에 대한 거부에 대하여 취소소송을 제기하는 때에는 거부당하였다는 것만으로 취소를 구할 법률상 이익이 인정된다.

해설

① [×] 행정심판을 거치지 않고 바로 항고소송을 제기할 수 없다.(×)
→ 이의신청과 행정심판은 임의절차이므로, 이들을 거치지 않고 행정소송을 제기할 수 있다.
→ 청구인은 제18조에 따른 **이의신청 절차를 거치지 아니하고 행정심판을 청구할 수 있다.**(공공기관의 정보공개에 관한 법률 제19조제2항) **청구인이 정보공개와 관련한 공공기관의 결정에 대하여 불복이 있거나 정보공개 청구 후 20일이 경과하도록 정보공개 결정이 없는 때에는 「행정소송법」에서 정하는 바에 따라 행정소송을 제기할 수 있다.**(공공기관의 정보공개에 관한 법률 제20조제1항)

② [O] 사립 대학교에 정보공개를 청구하였다가 거부되면 사립 대학교 총장을 피고로 하여 취소소송을 제기할 수 있다.
→ 국가기관, 지방자치단체(출연 및 출자기관 포함), 「유아교육법」, 「초·중등교육법」, 「고등교육법」에 따른 각급 학교 또는 그 밖의 다른 법률에 따라 설치된 학교 등은 공공기관의 정보공개에 관한 법률상 정보공개대상인 공공기관에 해당된다. 사립 대학교에 정보공개를 청구하였다가 거부되면 사립 대학교 총장을 피고로 하여 취소소송을 제기할 수 있다고 한다.

> 대법원 2006. 8. 24. 선고 2004두2783 판결 [정보공개거부처분취소]
> 정보공개법의 목적, 규정 내용 및 취지에 비추어 보면, 정보공개청구의 목적에 특별한 제한이 있다고 할 수 없으므로, 오로지 피고를 괴롭힐 목적으로 정보공개를 구하고 있다는 등의 특별한 사정이 없는 한, **정보공개의 청구가 신의칙에 반하거나 권리남용에 해당한다고 볼 수 없다**

③ [O] 이의신청을 거치지 아니하여도 행정심판을 제기할 수 있다.
→ 청구인은 제18조에 따른 이의신청 절차를 거치지 아니하고 행정심판을 청구할 수 있다.(공공기관의 정보공개에 관한 법률 제19조제2항)

④ [O] 정보공개청구에 대한 거부에 대하여 취소소송을 제기하는 때에는 거부당하였다는 것만으로 취소를 구할 법률상 이익이 인정된다.

> 대법원 2004. 8. 20. 선고 2003두8302 판결 [사본공개거부처분취소]
> 정보공개청구권은 법률상 보호되는 구체적인 권리이므로 **청구인이 공공기관에 대하여 정보공개를 청구하였다가 거부처분을 받은 것 자체가 법률상 이익의 침해에 해당한다.**

> 공공기관의 정보공개에 관한 법률 (약칭: 정보공개법) **제20조(행정소송)**
> ① 청구인이 정보공개와 관련한 공공기관의 결정에 대하여 불복이 있거나 정보공개 청구 후 20일이 경과하도록 정보공개 결정이 없는 때에는 「행정소송법」에서 정하는 바에 따라 행정소송을 제기할 수 있다.
> ② 재판장은 필요하다고 인정하면 당사자를 참여시키지 아니하고 제출된 공개 청구 정보를 비공개로 열람·심사할 수 있다.

③ 재판장은 행정소송의 대상이 제9조제1항제2호에 따른 정보 중 국가안전보장·국방 또는 외교관계에 관한 정보의 비공개 또는 부분 공개 결정처분인 경우에 공공기관이 그 정보에 대한 비밀 지정의 절차, 비밀의 등급·종류 및 성질과 이를 비밀로 취급하게 된 실질적인 이유 및 공개를 하지 아니하는 사유 등을 입증하면 해당 정보를 제출하지 아니하게 할 수 있다.

정답 ①

427 「공공기관의 정보공개에 관한 법률」의 내용으로 옳지 않은 것은? 11 지방직 [ESSential ★]

① 공공기관은 이의신청을 받은 날부터 7일 이내에 그 이의신청에 대하여 결정하고 그 결과를 청구인에게 지체 없이 문서로 통지하여야 한다.
② 교정에 관한 사항으로서 공개될 경우 그 직무수행을 현저히 곤란하게 하는 정보는 비공개대상정보에 해당한다.
③ '정보'란 공공기관이 직무상 작성 또는 취득하여 관리하고 있는 문서·도면·사진·필름·테이프·슬라이드 및 그 밖에 이에 준하는 매체 등에 기록된 사항을 말한다.
④ 정보공개와 관련한 공공기관의 처분에 대하여 행정소송을 제기하는 경우에는 이의신청을 반드시 거쳐야 한다.

해설

④ [×] 정보공개와 관련한 공공기관의 처분에 대하여 행정소송을 제기하는 경우에는 이의신청을 **반드시 거쳐야 한다.**(×)
  → 이의신청과 행정심판은 임의적이고 선택적 절차이다.
  → 청구인이 정보공개와 관련한 공공기관의 결정에 대하여 불복이 있거나 정보공개 청구 후 20일이 경과하도록 정보공개 결정이 없는 때에는 「행정소송법」에서 정하는 바에 따라 행정소송을 제기할 수 있다.
① [○] 공공기관은 이의신청을 받은 날부터 7일 이내에 그 이의신청에 대하여 결정하고 그 결과를 청구인에게 지체 없이 문서로 통지하여야 한다.
  → 공공기관은 이의신청을 받은 날부터 7일 이내에 그 이의신청에 대하여 결정하고 그 결과를 청구인에게 **지체 없이 문서로 통지하여야 한다.** 다만, 부득이한 사유로 정하여진 기간 이내에 결정할 수 없을 때에는 그 기간이 끝나는 날의 다음 날부터 기산하여 7일의 범위에서 연장할 수 있으며, 연장 사유를 청구인에게 통지하여야 한다.(공공기관의 정보공개에 관한 법률 제18조제3항)
② [○] 교정에 관한 사항으로서 공개될 경우 그 직무수행을 현저히 곤란하게 하는 정보는 비공개대상정보에 해당한다.
  → 공공기관이 보유·관리하는 정보는 공개 대상이 된다. 다만, 다음 각 호의 어느 하나에 해당하는 정보는 공개하지 아니할 수 있다. 진행 중인 재판에 관련된 정보와 범죄의 예방, 수사, 공소의 제기 및 유지, 형의 집행, **교정(矯正)**, 보안처분에 관한 사항으로서 공개될 경우 그 직무수행을 현저히 곤란하게 하거나 형사피고인의 공정한 재판을 받을 권리를 침해한다고 인정할 만한 상당한 이유가 있는 정보(공공기관의 정보공개에 관한 법률 제9조제1항제4호)
③ [○] '정보'란 공공기관이 직무상 작성 또는 취득하여 관리하고 있는 문서·도면·사진·필름·테이프·슬라이드 및 그 밖에 이에 준하는 매체 등에 기록된 사항을 말한다.
  → "정보"란 공공기관이 직무상 작성 또는 취득하여 관리하고 있는 문서(전자문서를 포함한다. 이하 같다) 및 전자매체를 비롯한 모든 형태의 매체 등에 기록된 사항을 말한다.(공공기관의 정보공개에 관한 법률

제2조제1호)

정답 ④

428 공공기관에 대한 정보공개청구가 받아들여지지 않았을 때, 그 구제제도에 대한 설명으로 옳은 것은?
08 중앙선관위 [ESSential ★]

① 고등교육법에 의하여 설치된 사립학교기관의 정보는 「공공기관의 정보공개에 관한 법률」의 적용 대상이 아니므로 정보공개청구가 거부되어도 불복할 수 없다.
② 대법원 판례에 의하면 국민의 정보공개청구권은 추상적인 권리라 할 것이므로, 공개거부처분을 받은 청구인은 법률상 특별한 규정이 없는 한 행정소송을 통하여 그 공개거부처분의 취소를 구할 법률상의 이익이 없다.
③ 행정심판을 거치지 않고 바로 행정소송을 제기할 수 있다.
④ 이의신청을 거치지 아니하면 행정심판을 제기할 수 없다.

> **해설**
>
> ③ [○] 행정심판을 거치지 않고 바로 행정소송을 제기할 수 있다.
>   → 정보공개신청 결정에 대해 불복하는 경우에는 이의신청 또는 행정심판을 선택적으로 선택하여 행정소송을 제기할 수도 있고, 처음부터 행정소송을 제기할 수도 있다
>
> ① [×] 고등교육법에 의하여 설치된 사립학교기관의 정보는 「공공기관의 정보공개에 관한 법률」의 적용 대상이 아니므로 정보공개청구가 거부되어도 불복할 수 없다.(×)
>   → 공공기관의 정보공개에 관한 법률 제2조 및 공공기관의 정보공개에 관한 법률 시행령 제2조(「유아교육법」,「초·중등교육법」,「고등교육법」에 따른 각급 학교 또는 그 밖의 다른 법률에 따라 설치된 학교)상 사립 대학교는 「공공기관의 정보공개에 관한 법률」상의 공공기관에 해당한다.
>
> ② [×] 대법원 판례에 의하면 국민의 정보공개청구권은 추상적인 권리라 할 것이므로, 공개거부처분을 받은 청구인은 법률상 특별한 규정이 없는 한 행정소송을 통하여 그 공개거부처분의 취소를 구할 법률상의 이익이 없다.(×)
>
>   대법원 2004. 8. 20. 선고 2003두8302 판결 [사본공개거부처분취소]
>   정보공개청구권은 법률상 보호되는 구체적인 권리이므로 청구인이 공공기관에 대하여 정보공개를 청구하였다가 거부처분을 받은 것 자체가 법률상 이익의 침해에 해당한다.
>
> ④ [×] 이의신청을 거치지 아니하면 행정심판을 제기할 수 없다.(×)
>   → 청구인은 제18조에 따른 이의신청 절차를 거치지 아니하고 행정심판을 청구할 수 있다.(공공기관의 정보공개에 관한 법률 제19조제2항)

정답 ③

429 「공공기관의 정보공개에 관한 법률」에서 규정하고 있는 내용으로 옳지 않은 것은?

08 국가직 [Core ★★]

① 청구인은 말로도 정보의 공개를 청구할 수 있다.
② 공공기관은 정보의 공개에 관한 사무를 신속하고 원활하게 수행하기 위하여 정보공개 장소를 확보하고 공개에 필요한 시설을 갖추어야 한다.
③ 공개 청구된 공개대상정보의 전부 또는 일부가 제3자와 관련이 있다고 인정할 때에는 공공기관은 그 사실을 제3자에게 지체 없이 통지하여야 하며, 필요한 경우에는 그의 의견을 들을 수 있다.
④ 정보공개에 관한 정책의 수립 및 제도개선에 관한 사항을 심의·조정하기 위하여 대통령 소속하에 정보공개위원회를 둔다.

해설

④ [×] 정보공개에 관한 정책의 수립 및 제도개선에 관한 사항을 심의·조정하기 위하여 **대통령 소속(×)**하에 정보공개위원회를 둔다.
→ **다음 각 호의 사항을 심의·조정하기 위하여 국무총리 소속으로 정보공개위원회(이하 "위원회"라 한다)를 둔다.** 정보공개에 관한 정책 수립 및 제도 개선에 관한 사항(공공기관의 정보공개에 관한 법률 제22조 제1호)

① [○] 청구인은 말로도 정보의 공개를 청구할 수 있다.
→ 정보의 공개를 청구하는 자(이하 "청구인"이라 한다)는 해당 정보를 보유하거나 관리하고 있는 공공기관에 다음 각 호의 사항을 적은 **정보공개 청구서를 제출하거나 말로써 정보의 공개를 청구할 수 있다.**(공공기관의 정보공개에 관한 법률 제10조제1항)

② [○] 공공기관은 정보의 공개에 관한 사무를 신속하고 원활하게 수행하기 위하여 **정보공개 장소를 확보하고 공개에 필요한 시설을 갖추어야 한다.**(공공기관의 정보공개에 관한 법률 제8조제2항)

③ [○] 공개 청구된 공개대상정보의 전부 또는 일부가 제3자와 관련이 있다고 인정할 때에는 공공기관은 그 사실을 제3자에게 지체 없이 통지하여야 하며, 필요한 경우에는 그의 의견을 들을 수 있다.(공공기관의 정보공개에 관한 법률 제11조제3항)

공공기관의 정보공개에 관한 법률 (약칭: 정보공개법)

제8조(정보목록의 작성·비치 등)
① 공공기관은 그 기관이 보유·관리하는 정보에 대하여 국민이 쉽게 알 수 있도록 정보목록을 작성하여 갖추어 두고, 그 목록을 정보통신망을 활용한 정보공개시스템 등을 통하여 공개하여야 한다. 다만, 정보목록 중 제9조제1항에 따라 공개하지 아니할 수 있는 정보가 포함되어 있는 경우에는 해당 부분을 갖추어 두지 아니하거나 공개하지 아니할 수 있다.
② 공공기관은 정보의 공개에 관한 사무를 신속하고 원활하게 수행하기 위하여 정보공개 장소를 확보하고 공개에 필요한 시설을 갖추어야 한다.

제22조(정보공개위원회의 설치)
다음 각 호의 사항을 심의·조정하기 위하여 국무총리 소속으로 정보공개위원회(이하 "위원회"라 한다)를 둔다.
1. 정보공개에 관한 정책 수립 및 제도 개선에 관한 사항
2. 정보공개에 관한 기준 수립에 관한 사항
3. 제12조에 따른 심의회 심의결과의 조사·분석 및 심의기준 개선 관련 의견제시에 관한 사항
4. 제24조제2항 및 제3항에 따른 공공기관의 정보공개 운영실태 평가 및 그 결과 처리에 관한 사항
5. 정보공개와 관련된 불합리한 제도·법령 및 그 운영에 대한 조사 및 개선권고에 관한 사항
6. 그 밖에 정보공개에 관하여 대통령령으로 정하는 사항

정답 ④

430 다음 중 정보공개에 대한 설명으로 가장 옳지 <u>않은</u> 것은? (단, 다툼이 있는 경우 판례에 의함)

02 군무원 [Core ★★]

① 자연인은 물론 법인과 법인격 없는 사단·재단도 공공기관이 보유·관리하는 정보의 공개를 청구할 수 있다.
② 국내에 일정한 주소를 두고 거주하는 외국인은 정보공개청구권을 가진다.
③ 이미 다른 사람에게 공개되어 널리 알려져 있거나 인터넷을 통해 공개되어 인터넷검색 등을 통하여 쉽게 검색할 수 있는 경우에는 공개청구의 대상이 될 수 없다.
④ 정보란 공공기관이 직무상 작성 또는 취득하여 관리하고 있는 문서(전자문서를 포함한다) 및 전자매체를 비롯한 모든 매체 등에 기록된 사항을 말한다.

해설

③ [×] 이미 다른 사람에게 공개되어 널리 알려져 있거나 인터넷을 통해 공개되어 인터넷검색 등을 통하여 쉽게 검색할 수 있는 경우에는 **공개청구의 대상이 될 수 없다.**(×)

> 대법원 2008. 11. 27. 선고 2005두15694 판결 [정보공개거부처분취소등]
> 정보공개청구의 대상이 이미 널리 알려진 사항이라 하더라도 그 공개의 방법만을 제한할 수 있도록 규정하고 있을 뿐 공개 자체를 제한하고 있지는 아니하므로, **공개청구의 대상이 되는 정보가 이미 다른 사람에게 공개하여 널리 알려져 있다거나 인터넷이나 관보 등을 통하여 공개하여 인터넷검색이나 도서관에서의 열람 등을 통하여 쉽게 알 수 있다는 사정만으로는 소의 이익이 없다거나 비공개결정이 정당화될 수는 없다.**

① [O] 자연인은 물론 법인과 법인격 없는 사단·재단도 공공기관이 보유·관리하는 정보의 공개를 청구할 수 있다.
→ 모든 국민은 정보의 공개를 청구할 권리를 가진다.(공공기관의 정보공개에 관한 법률 제5조제1항) 여기서 국민에는 자연인뿐만 아니라 법인, 법인격 없는(권리능력 없는) 사단·재단도 포함(설립목적을 불문)된다는 것이 판례의 입장이며, 또한 이해관계 유무를 불문하므로 시민단체 등에 의한 행정감시목적의 정보공개청구도 가능하다.

> 대법원 2003. 12. 12. 선고 2003두8050 판결 [사본공개거부처분취소]
> 공공기관의정보공개에관한법률 제6조 제1항은 "모든 국민은 정보의 공개를 청구할 권리를 가진다."고 규정하고 있는데, 여기에서 말하는 국민에는 **자연인은 물론 법인, 권리능력 없는 사단·재단도 포함되고, 법인, 권리능력 없는 사단·재단 등의 경우에는 설립목적을 불문하며,** 한편 정보공개청구권은 법률상 보호되는 **구체적인 권리이므로 청구인이 공공기관에 대하여 정보공개를 청구하였다가 거부처분을 받은 것 자체가 법률상 이익의 침해에 해당한다.**

② [O] 국내에 일정한 주소를 두고 거주하는 외국인은 정보공개청구권을 가진다.
→ 외국인의 정보공개 청구에 관하여는 대통령령으로 정한다.(공공기관의 정보공개에 관한 법률 제5조제2항) 법 제5조제2항에 따라 정보공개를 청구할 수 있는 외국인은 다음 각 호의 어느 하나에 해당하는 자로 한다. **국내에 일정한 주소를 두고 거주하거나 학술·연구를 위하여 일시적으로 체류하는 사람**(공공기관의 정보공개에 관한 법률 시행령 제3조제1호)

④ [O] 정보란 공공기관이 직무상 작성 또는 취득하여 관리하고 있는 문서(전자문서를 포함한다) 및 전자매체를 비롯한 모든 매체 등에 기록된 사항을 말한다.(공공기관의 정보공개에 관한 법률 제2조제1호)

> 대법원 2013. 1. 24. 선고 2010두18918 판결 [정보공개거부처분취소]
> 공공기관의 정보공개에 관한 법률(이하 '정보공개법'이라고 한다)에서 말하는 공개대상 정보는 정보 그 자체가 아닌 정보공개법 제2조 제1호에서 예시하고 있는 매체 등에 기록된 사항을 의미한다.

정답 ③

431 「공공기관의 정보공개에 관한 법률」상 정보공개에 대한 설명으로 옳지 않은 것은? (다툼이 있는 경우 판례에 의함)

21 지방직 [Essential ★]

① 정보의 공개 및 우송 등에 드는 비용은 실비의 범위에서 청구인이 부담한다.
② 공공기관은 공개청구된 정보가 공공기관이 보유·관리하지 아니하는 정보인 경우로서 「민원처리에 관한 법률」에 따른 민원으로 처리할 수 있는 경우에는 민원으로 처리할 수 있다.
③ 청구인이 공공기관에 대하여 정보공개를 청구하였다가 거부처분을 받은 것 자체가 법률상 이익의 침해에 해당한다.
④ 오로지 공공기관의 담당공무원을 괴롭힐 목적으로 정보공개청구를 하는 경우에도 정보공개청구권의 행사는 허용되어야 한다.

해설

④ [×] 오로지 공공기관의 담당공무원을 괴롭힐 목적으로 정보공개청구를 하는 경우에도 정보공개청구권의 행사는 허용되어야 한다.(×)

> 대법원 2014. 12. 24. 선고 2014두9349 판결 [정보비공개결정처분취소]
> 국민의 정보공개청구가 권리의 남용에 해당하는 것이 명백한 경우, 정보공개청구권의 행사를 허용해야 하는 것은 아니다.
> 일반적인 정보공개청구권의 의미와 성질, 정보공개법의 규정 내용과 입법 목적, 정보공개법이 정보공개청구권의 행사와 관련하여 정보의 사용 목적이나 정보에 접근하려는 이유에 관한 어떠한 제한을 두고 있지 아니한 점 등을 고려하면, 국민의 정보공개청구는 정보공개법 제9조에 정한 비공개 대상 정보에 해당하지 아니하는 한 원칙적으로 폭넓게 허용되어야 하지만, 실제로는 해당 정보를 취득 또는 활용할 의사가 전혀 없이 정보공개 제도를 이용하여 사회통념상 용인될 수 없는 부당한 이득을 얻으려 하거나, **오로지 공공기관의 담당공무원을 괴롭힐 목적으로 정보공개청구를 하는 경우처럼 권리의 남용에 해당하는 것이 명백한 경우에는 정보공개청구권의 행사를 허용하지 아니하는 것이 옳다.**

① [○] 정보의 공개 및 우송 등에 드는 비용은 실비의 범위에서 **청구인이 부담한다.**(공공기관의 정보공개에 관한 법률 제17조제1항)

② [○] 공공기관은 공개청구된 정보가 공공기관이 보유·관리하지 아니하는 정보인 경우로서 「민원처리에 관한 법률」에 따른 민원으로 처리할 수 있는 경우에는 민원으로 처리할 수 있다.
→ 공공기관은 정보공개 청구가 다음 각 호의 어느 하나에 해당하는 경우로서 「민원 처리에 관한 법률」에 따른 민원으로 처리할 수 있는 경우에는 민원으로 처리할 수 있다. 공개 청구된 정보가 공공기관이 보유·관리하지 아니하는 정보인 경우(공공기관의 정보공개에 관한 법률 제11조제5항제1호)

③ [○] 청구인이 공공기관에 대하여 정보공개를 청구하였다가 거부처분을 받은 것 자체가 법률상 이익의 침해에 해당한다.

> 대법원 2004. 8. 20. 선고 2003두8302 판결 [사본공개거부처분취소]
> 정보공개청구권은 법률상 보호되는 구체적인 권리이므로 청구인이 공공기관에 대하여 정보공개를 청구하였다가 거부처분을 받은 것 자체가 법률상 이익의 침해에 해당한다.

정답 ④

432 정보공개에 대한 판례의 입장으로 옳지 않은 것은?

21 국가직 [ESSential ★]

① 국민의 알권리의 내용에는 일반 국민 누구나 국가에 대하여 보유·관리하고 있는 정보의 공개를 청구할 수 있는 이른바 일반적인 정보공개청구권이 포함된다.
② 정보공개청구권은 법률상 보호되는 구체적인 권리이므로 청구인이 공공기관에 대하여 정보공개를 청구하였다가 거부처분을 받은 것 자체가 법률상 이익의 침해에 해당한다.
③ 「공공기관의 정보공개에 관한 법률」상 공개청구의 대상이 되는 정보란 공공기관이 직무상 작성 또는 취득하여 현재 보유·관리하고 있는 원본인 문서만을 의미한다.
④ 정보공개가 신청된 정보를 공공기관이 보유·관리하고 있지 아니한 경우에는 특별한 사정이 없는 한 정보공개거부처분의 취소를 구할 법률상의 이익이 없다.

해설

③ [×] 「공공기관의 정보공개에 관한 법률」상 공개청구의 대상이 되는 정보란 공공기관이 직무상 작성 또는 취득하여 현재 보유·관리하고 있는 **원본인 문서만을 의미한다.**(×)

> 대법원 2006. 5. 25. 선고 2006두3049 판결 [사건기록등사불허가처분취소]
> 공공기관의 정보공개에 관한 법률상 공개청구의 대상이 되는 정보란 공공기관이 직무상 작성 또는 취득하여 현재 보유·관리하고 있는 문서에 한정되는 것이기는 하나, **그 문서가 반드시 원본일 필요는 없다.**

① [O] 국민의 알권리의 내용에는 일반 국민 누구나 국가에 대하여 보유·관리하고 있는 정보의 공개를 청구할 수 있는 이른바 **일반적인 정보공개청구권이 포함된다.**

> 대법원 1999. 9. 21. 선고 97누5114 판결 [정보공개거부처분취소]
> 국민의 알 권리, 특히 국가정보에의 접근의 권리는 우리 헌법상 기본적으로 표현의 자유와 관련하여 인정되는 것으로 그 권리의 내용에는 일반 국민 누구나 국가에 대하여 보유·관리하고 있는 정보의 공개를 청구할 수 있는 이른바 일반적인 정보공개청구권이 포함된다.

② [O] 정보공개청구권은 법률상 보호되는 구체적인 권리이므로 **청구인이 공공기관에 대하여 정보공개를 청구하였다가 거부처분을 받은 것 자체가 법률상 이익의 침해에 해당한다.**

> 대법원 2004. 8. 20. 선고 2003두8302 판결 [사본공개거부처분취소]
> 정보공개청구권은 법률상 보호되는 구체적인 권리이므로 청구인이 공공기관에 대하여 정보공개를 청구하였다가 거부처분을 받은 것 자체가 법률상 이익의 침해에 해당한다.

④ [O] 정보공개가 신청된 정보를 공공기관이 보유·관리하고 있지 아니한 경우에는 **특별한 사정이 없는 한 정보공개거부처분의 취소를 구할 법률상의 이익이 없다.**

> 대법원 2003. 4. 25. 선고 2000두7087 판결
> 공공기관이 공개를 구하는 정보의 폐기 등으로 인해 보유·관리하고 있지 아니한 경우, 정보공개거부처분의 취소를 구할 법률상 이익이 없다

정답 ③

433 「공공기관의 정보공개에 관한 법률」에 따른 정보공개에 대한 설명으로 옳은 것은? (다툼이 있는 경우 판례에 의함)

16 국가직 [ESSential ★]

① 국·공립의 초등학교는 공공기관의 정보공개에 관한 법령상 공공기관에 해당하지만, 사립초등학교는 이에 해당하지 않는다.
② 공개방법을 선택하여 정보공개를 청구하였더라도 공공기관은 정보공개청구자가 선택한 방법에 따라 정보를 공개하여야 하는 것은 아니며, 원칙적으로 그 공개방법을 선택할 재량권이 있다.
③ 정보공개청구에 대해 공공기관의 비공개결정이 있는 경우 이의신청절차를 거치지 않더라도 행정심판을 청구할 수 있다.
④ 정보공개청구자는 정보공개와 관련한 공공기관의 비공개결정에 대해서는 이의신청을 할 수 있지만, 부분공개의 결정에 대해서는 따로 이의신청을 할 수 없다.

해설

③ [O] 정보공개청구에 대해 공공기관의 비공개결정이 있는 경우 **이의신청절차를 거치지 않더라도 행정심판을 청구할 수 있다.**
→ 이의신청은 임의적 절차이다.
→ 청구인은 제18조에 따른 이의신청 절차를 거치지 아니하고 행정심판을 청구할 수 있다.(공공기관의 정보공개에 관한 법률 제19조제2항)

① [×] 국·공립의 초등학교는 공공기관의 정보공개에 관한 법령상 공공기관에 해당하지만, **사립초등학교는 이에 해당하지 않는다.**(×)
→ 학교의 경우 공·사립학교를 불문한다.
→ 「유아교육법」, 「초·중등교육법」, 「고등교육법」에 따른 각급 학교 또는 그 밖의 다른 법률에 따라 설치된 학교(공공기관의 정보공개에 관한 법률 시행령 제2조제1호)

② [×] 공개방법을 선택하여 정보공개를 청구하였더라도 **공공기관은 정보공개청구자가 선택한 방법에 따라 정보를 공개하여야 하는 것은 아니며, 원칙적으로 그 공개방법을 선택할 재량권이 있다.**(×)

대법원 2003. 12. 12. 선고 2003두8050 판결 [사본공개거부처분취소]
정보공개를 청구하는 자가 공공기관에 대해 정보의 사본 또는 출력물의 교부의 방법으로 공개방법을 선택하여 정보공개청구를 한 경우에 공개청구를 받은 공공기관으로서는 같은 법 제8조 제2항에서 규정한 정보의 사본 또는 복제물의 교부를 제한할 수 있는 사유에 해당하지 않는 한 정보공개청구자가 선택한 공개방법에 따라 정보를 공개하여야 하므로 그 **공개방법을 선택할 재량권이 없다고 해석함이 상당하다.**

④ [×] 정보공개청구자는 정보공개와 관련한 공공기관의 비공개결정에 대해서는 이의신청을 할 수 있지만, **부분공개의 결정에 대해서는 따로 이의신청을 할 수 없다.**(×)
→ 청구인이 정보공개와 관련한 **공공기관의 비공개 결정 또는 부분 공개 결정에 대하여 불복이 있거나 정보공개 청구 후 20일이 경과하도록 정보공개 결정이 없는 때에는 공공기관으로부터 정보공개 여부의 결정 통지를 받은 날 또는 정보공개 청구 후 20일이 경과한 날부터 30일 이내에 해당 공공기관에 문서로 이의신청을 할 수 있다.**(공공기관의 정보공개에 관한 법률 제18조제1항)

정답 ③

제3절 개인정보보호법

434 「개인정보 보호법」상 정의 및 개념에 관한 설명 중 가장 적절하지 <u>않은</u> 것은?

22 경찰 2차 [Superlative ★★★] 총론 Chapter 9. 612

① 살아 있는 개인에 관한 정보로서 해당 정보만으로는 특정 개인을 알아볼 수 없더라도 다른 정보와 쉽게 결합하여 알아볼 수 있는 정보를 "개인정보"라 한다.
② 개인정보의 일부를 삭제하거나 일부 또는 전부를 대체하는 등의 방법으로 추가 정보가 없이는 특정 개인을 알아볼 수 없도록 처리하는 것을 "가명처리"라 한다.
③ 정보처리 기술을 활용하여 기존의 다양한 정보를 가공해서 만들어 낸 새로운 정보에 관한 독점적 권리를 가지는 사람을 "정보주체"라 한다.
④ 일정한 공간에 지속적으로 설치되어 사람 또는 사물의 영상 등을 촬영하거나 이를 유·무선망을 통하여 전송하는 장치로서 네트워크 카메라와 같은 장치를 "영상정보처리기기"라 한다.

해설

③ [×] 정보처리 기술을 활용하여 기존의 다양한 정보를 가공해서 만들어 낸 새로운 정보에 관한 독점적 권리를 가지는 사람(×)을 "정보주체"라 한다.
→ "정보주체"란 처리되는 정보에 의하여 알아볼 수 있는 사람으로서 그 정보의 주체가 되는 사람을 말한다. (개인정보 보호법 제2조제3호)

① [○] 살아 있는 개인에 관한 정보(개인정보 보호법 제2조제1호)로서 해당 정보만으로는 특정 개인을 알아볼 수 없더라도 다른 정보와 쉽게 결합하여 알아볼 수 있는 정보를 "개인정보"라 한다.(개인정보 보호법 제2조제1호나목)

② [○] 개인정보의 일부를 삭제하거나 일부 또는 전부를 대체하는 등의 방법으로 추가 정보가 없이는 특정 개인을 알아볼 수 없도록 처리하는 것을 "가명처리"라 한다.(개인정보 보호법 제2조제1의2호)

④ [○] 일정한 공간에 지속적으로 설치되어 사람 또는 사물의 영상 등을 촬영하거나 이를 유·무선망을 통하여 전송하는 장치로서 네트워크 카메라와 같은 장치를 "영상정보처리기기"라 한다.(개인정보 보호법 제2조제7호)

개인정보보호란 정보주체의 개인정보 자기결정권을 철저히 보장하는 것을 의미하는 것으로, 이때 개인정보 자기결정권은 자신에 관한 정보가 언제, 어떻게 그리고 어느 범위까지 타인에게 전달되고 이용될 수 있는지를 그 정보주체가 스스로 결정할 수 있는 권리를 의미한다.

개인정보 보호법 제2조(정의)
이 법에서 사용하는 용어의 뜻은 다음과 같다.
1. "개인정보"란 살아 있는 개인에 관한 정보로서 다음 각 목의 어느 하나에 해당하는 정보를 말한다.
   가. 성명, 주민등록번호 및 영상 등을 통하여 개인을 알아볼 수 있는 정보
   나. 해당 정보만으로는 특정 개인을 알아볼 수 없더라도 다른 정보와 쉽게 결합하여 알아볼 수 있는 정보. 이 경우 쉽게 결합할 수 있는지 여부는 다른 정보의 입수 가능성 등 개인을 알아보는 데 소요되는 시간, 비용, 기술 등을 합리적으로 고려하여야 한다.
   다. 가목 또는 나목을 제1호의2에 따라 가명처리함으로써 원래의 상태로 복원하기 위한 추가 정보의 사용·결합 없이는 특정 개인을 알아볼 수 없는 정보(이하 "가명정보"라 한다)
1의2. "가명처리"란 개인정보의 일부를 삭제하거나 일부 또는 전부를 대체하는 등의 방법으로 추가 정보가

없이는 특정 개인을 알아볼 수 없도록 처리하는 것을 말한다.
2. "처리"란 개인정보의 수집, 생성, 연계, 연동, 기록, 저장, 보유, 가공, 편집, 검색, 출력, 정정(訂正), 복구, 이용, 제공, 공개, 파기(破棄), 그 밖에 이와 유사한 행위를 말한다.
3. **"정보주체"란 처리되는 정보에 의하여 알아볼 수 있는 사람으로서 그 정보의 주체가 되는 사람을 말한다.**
4. "개인정보파일"이란 개인정보를 쉽게 검색할 수 있도록 일정한 규칙에 따라 체계적으로 배열하거나 구성한 개인정보의 집합물(集合物)을 말한다.
5. "개인정보처리자"란 업무를 목적으로 개인정보파일을 운용하기 위하여 스스로 또는 다른 사람을 통하여 개인정보를 처리하는 공공기관, 법인, 단체 및 개인 등을 말한다.
6. "공공기관"이란 다음 각 목의 기관을 말한다.
   가. 국회, 법원, 헌법재판소, 중앙선거관리위원회의 행정사무를 처리하는 기관, 중앙행정기관(대통령 소속 기관과 국무총리 소속 기관을 포함한다) 및 그 소속 기관, 지방자치단체
   나. 그 밖의 국가기관 및 공공단체 중 대통령령으로 정하는 기관
7. "영상정보처리기기"란 일정한 공간에 지속적으로 설치되어 사람 또는 사물의 영상 등을 촬영하거나 이를 유·무선망을 통하여 전송하는 장치로서 대통령령으로 정하는 장치를 말한다.
8. "과학적 연구"란 기술의 개발과 실증, 기초연구, 응용연구 및 민간 투자 연구 등 과학적 방법을 적용하는 연구를 말한다.

정답 ③

435 개인정보보호법에 대한 내용으로 옳지 않은 것은?

12 지방직 [Core ★★]

① 개인정보처리자란 업무를 목적으로 개인정보파일을 운용하기 위하여 스스로 또는 다른 사람을 통하여 개인정보를 처리하는 공공기관, 법인, 단체 및 개인 등을 말한다.
② 영상정보처리기기운영자는 영상정보처리기기의 설치 목적과 다른 목적으로 영상정보처리기기를 임의로 조작하거나 다른 곳을 비춰서는 아니 되며, 녹음기능은 사용할 수 없다.
③ 개인정보에 관한 분쟁의 조정을 위하여 위원장 1명을 포함한 20명 이내의 위원으로 구성된 개인정보 보호심의위원회를 두고 있다.
④ 정보주체는 자신의 개인정보 처리와 관련하여 개인정보의 처리정지, 정정·삭제 및 파기를 요구할 권리를 가진다.

해설

③ [×] 개인정보에 관한 분쟁의 조정을 위하여 위원장 1명을 포함한 20명 이내의 위원으로 구성된 **개인정보 보호심의위원회(×)**를 두고 있다.
→ 개인정보에 관한 분쟁의 조정(調停)을 위하여 개인정보 분쟁조정위원회(이하 "분쟁조정위원회"라 한다)를 둔다.(개인정보 보호법 제40조제1항) 분쟁조정위원회는 위원장 1명을 포함한 20명 이내의 위원으로 구성하며, 위원은 당연직위원과 위촉위원으로 구성한다.(개인정보 보호법 제40조제2항)
→ 개인정보 보호에 관한 사무를 독립적으로 수행하기 위하여 국무총리 소속으로 개인정보 보호위원회(이하 "보호위원회"라 한다)를 둔다.(개인정보 보호법 제7조제1항) **보호위원회는 상임위원 2명(위원장 1명, 부위원장 1명)을 포함한 9명의 위원으로 구성한다.**(개인정보 보호법 제7조의2제1항)

① [O] 개인정보처리자란 업무를 목적으로 개인정보파일을 운용하기 위하여 스스로 또는 다른 사람을 통하여 개인정보를 처리하는 공공기관, 법인, 단체 및 개인 등을 말한다.(개인정보 보호법 제2조제5호)
② [O] 영상정보처리기기운영자는 영상정보처리기기의 설치 목적과 다른 목적으로 영상정보처리기기를 임의로 조작하거나 다른 곳을 비춰서는 아니 되며, 녹음기능은 사용할 수 없다.(개인정보 보호법 제25조제5항)
④ [O] 정보주체는 자신의 개인정보 처리와 관련하여 개인정보의 처리정지, 정정·삭제 및 파기를 요구할 권리를 가진다.(개인정보 보호법 제4조제4호)

개인정보 보호법

제7조(개인정보 보호위원회)
① 개인정보 보호에 관한 사무를 독립적으로 수행하기 위하여 국무총리 소속으로 개인정보 보호위원회(이하 "보호위원회"라 한다)를 둔다.
② 보호위원회는 「정부조직법」 제2조에 따른 중앙행정기관으로 본다. 다만, 다음 각 호의 사항에 대하여는 「정부조직법」 제18조를 적용하지 아니한다.
  1. 제7조의8제3호 및 제4호의 사무
  2. 제7조의9제1항의 심의·의결 사항 중 제1호에 해당하는 사항
③ 삭제
④ 삭제
⑤ 삭제
⑥ 삭제
⑦ 삭제
⑧ 삭제
⑨ 삭제

제7조의2(보호위원회의 구성 등)
① 보호위원회는 상임위원 2명(위원장 1명, 부위원장 1명)을 포함한 9명의 위원으로 구성한다.
② 보호위원회의 위원은 개인정보 보호에 관한 경력과 전문지식이 풍부한 다음 각 호의 사람 중에서 위원장과 부위원장은 국무총리의 제청으로, 그 외 위원 중 2명은 위원장의 제청으로, 2명은 대통령이 소속되거나 소속되었던 정당의 교섭단체 추천으로, 3명은 그 외의 교섭단체 추천으로 대통령이 임명 또는 위촉한다.
  1. 개인정보 보호 업무를 담당하는 3급 이상 공무원(고위공무원단에 속하는 공무원을 포함한다)의 직에 있거나 있었던 사람
  2. 판사·검사·변호사의 직에 10년 이상 있거나 있었던 사람
  3. 공공기관 또는 단체(개인정보처리자로 구성된 단체를 포함한다)에 3년 이상 임원으로 재직하였거나 이들 기관 또는 단체로부터 추천받은 사람으로서 개인정보 보호 업무를 3년 이상 담당하였던 사람
  4. 개인정보 관련 분야에 전문지식이 있고 「고등교육법」 제2조제1호에 따른 학교에서 부교수 이상으로 5년 이상 재직하고 있거나 재직하였던 사람
③ 위원장과 부위원장은 정무직 공무원으로 임명한다.
④ 위원장, 부위원장, 제7조의13에 따른 사무처의 장은 「정부조직법」 제10조에도 불구하고 정부위원이 된다.

개인정보 보호법 제40조(설치 및 구성)

① 개인정보에 관한 분쟁의 조정(調停)을 위하여 개인정보 분쟁조정위원회(이하 "분쟁조정위원회"라 한다)를 둔다.
② 분쟁조정위원회는 위원장 1명을 포함한 20명 이내의 위원으로 구성하며, 위원은 당연직위원과 위촉위원으로 구성한다.
③ 위촉위원은 다음 각 호의 어느 하나에 해당하는 사람 중에서 보호위원회 위원장이 위촉하고, 대통령령으로 정하는 국가기관 소속 공무원은 당연직위원이 된다.
  1. 개인정보 보호업무를 관장하는 중앙행정기관의 고위공무원단에 속하는 공무원으로 재직하였던 사람 또는 이에 상당하는 공공부문 및 관련 단체의 직에 재직하고 있거나 재직하였던 사람으로서 개인정보 보호업무의 경험이 있는 사람
  2. 대학이나 공인된 연구기관에서 부교수 이상 또는 이에 상당하는 직에 재직하고 있거나 재직하였던 사람
  3. 판사·검사 또는 변호사로 재직하고 있거나 재직하였던 사람
  4. 개인정보 보호와 관련된 시민사회단체 또는 소비자단체로부터 추천을 받은 사람
  5. 개인정보처리자로 구성된 사업자단체의 임원으로 재직하고 있거나 재직하였던 사람

④ 위원장은 위원 중에서 공무원이 아닌 사람으로 보호위원회 위원장이 위촉한다.
⑤ 위원장과 위촉위원의 **임기는 2년으로 하되, 1차에 한하여 연임할 수 있다.**
⑥ 분쟁조정위원회는 분쟁조정 업무를 효율적으로 수행하기 위하여 필요하면 대통령령으로 정하는 바에 따라 조정사건의 분야별로 5명 이내의 위원으로 구성되는 조정부를 둘 수 있다. 이 경우 조정부가 분쟁조정위원회에서 위임받아 의결한 사항은 분쟁조정위원회에서 의결한 것으로 본다.
⑦ 분쟁조정위원회 또는 조정부는 **재적위원 과반수의 출석으로 개의하며 출석위원 과반수의 찬성으로 의결한다.**
⑧ 보호위원회는 분쟁조정 접수, 사실 확인 등 분쟁조정에 필요한 사무를 처리할 수 있다.
⑨ 이 법에서 정한 사항 외에 분쟁조정위원회 운영에 필요한 사항은 대통령령으로 정한다.

개인정보 보호법

제4조(정보주체의 권리)
정보주체는 자신의 개인정보 처리와 관련하여 다음 각 호의 권리를 가진다.
 1. 개인정보의 처리에 관한 정보를 제공받을 권리
 2. 개인정보의 처리에 관한 동의 여부, 동의 범위 등을 선택하고 결정할 권리
 3. 개인정보의 처리 여부를 확인하고 개인정보에 대하여 열람(사본의 발급을 포함한다. 이하 같다)을 요구할 권리
 4. **개인정보의 처리 정지, 정정·삭제 및 파기를 요구할 권리**
 5. 개인정보의 처리로 인하여 발생한 피해를 신속하고 공정한 절차에 따라 구제받을 권리

제25조(영상정보처리기기의 설치·운영 제한)
① 누구든지 다음 각 호의 경우를 제외하고는 공개된 장소에 영상정보처리기기를 설치·운영하여서는 아니 된다.
 1. 법령에서 구체적으로 허용하고 있는 경우
 2. 범죄의 예방 및 수사를 위하여 필요한 경우
 3. 시설안전 및 화재 예방을 위하여 필요한 경우
 4. 교통단속을 위하여 필요한 경우
 5. 교통정보의 수집·분석 및 제공을 위하여 필요한 경우
② 누구든지 불특정 다수가 이용하는 목욕실, 화장실, 발한실(發汗室), 탈의실 등 개인의 사생활을 현저히 침해할 우려가 있는 장소의 내부를 볼 수 있도록 영상정보처리기기를 설치·운영하여서는 아니 된다. 다만, 교도소, 정신보건 시설 등 법령에 근거하여 사람을 구금하거나 보호하는 시설로서 대통령령으로 정하는 시설에 대하여는 그러하지 아니하다.
③ 제1항 각 호에 따라 영상정보처리기기를 설치·운영하려는 공공기관의 장과 제2항 단서에 따라 영상정보처리기기를 설치·운영하려는 자는 공청회·설명회의 개최 등 대통령령으로 정하는 절차를 거쳐 관계 전문가 및 이해관계인의 의견을 수렴하여야 한다.
④ 제1항 각 호에 따라 영상정보처리기기를 설치·운영하는 자(이하 "영상정보처리기기운영자"라 한다)는 정보주체가 쉽게 인식할 수 있도록 다음 각 호의 사항이 포함된 안내판을 설치하는 등 필요한 조치를 하여야 한다. 다만, 「군사기지 및 군사시설 보호법」 제2조제2호에 따른 군사시설, 「통합방위법」 제2조제13호에 따른 국가중요시설, 그 밖에 대통령령으로 정하는 시설에 대하여는 그러하지 아니하다.
 1. 설치 목적 및 장소
 2. 촬영 범위 및 시간
 3. 관리책임자 성명 및 연락처
 4. 그 밖에 대통령령으로 정하는 사항
⑤ **영상정보처리기기운영자는 영상정보처리기기의 설치 목적과 다른 목적으로 영상정보처리기기를 임의로 조작하거나 다른 곳을 비춰서는 아니 되며, 녹음기능은 사용할 수 없다.**
⑥ 영상정보처리기기운영자는 개인정보가 분실·도난·유출·위조·변조 또는 훼손되지 아니하도록 제29조에 따라 안전성 확보에 필요한 조치를 하여야 한다.
⑦ 영상정보처리기기운영자는 대통령령으로 정하는 바에 따라 영상정보처리기기 운영·관리 방침을 마련하여야 한다. 이 경우 제30조에 따른 개인정보 처리방침을 정하지 아니할 수 있다.
⑧ 영상정보처리기기운영자는 영상정보처리기기의 설치·운영에 관한 사무를 위탁할 수 있다. 다만, 공공기관이 영상정보처리기기 설치·운영에 관한 사무를 위탁하는 경우에는 대통령령으로 정하는 절차 및 요건에 따라야 한다.

정답 ③

436. 개인정보보호법의 내용으로 옳지 않은 것은?

09 지방직 [Essential ★]

① 개인정보 보호에 관하여는 다른 법률에 특별한 규정이 있는 경우를 제외하고는 이 법에서 정하는 바에 따른다.
② 개인정보처리자는 개인정보의 처리목적을 명확하게 하여 그 목적에 맞도록 최소한의 개인정보만을 적법하게 수집하여야 한다.
③ 개인정보처리자는 정보주체의 권리가 침해받을 가능성과 그 위험 정도를 고려하여 개인정보를 안전하게 관리하여야 한다.
④ 개인정보처리자가 정보주체의 동의를 받아서 개인정보를 수집하는 경우에는 그 목적에 필요한 최대한의 개인정보를 수집하여야 한다.

해설

④ [×] 개인정보처리자가 정보주체의 동의를 받아서 개인정보를 수집하는 경우에는 그 목적에 **필요한 최대한의 개인정보를 수집하여야 한다.**(×)
→ 개인정보처리자는 제15조제1항 각 호의 어느 하나에 해당하여 개인정보를 수집하는 경우에는 **그 목적에 필요한 최소한의 개인정보를 수집하여야 한다. 이 경우 최소한의 개인정보 수집이라는 입증책임은 개인정보처리자가 부담한다.**(개인정보 보호법 제16조제1항)

① [○] 개인정보 보호에 관하여는 다른 법률에 특별한 규정이 있는 경우를 제외하고는 **이 법에서 정하는 바에 따른다.**(개인정보 보호법 제6조)

② [○] 개인정보처리자는 개인정보의 처리목적을 명확하게 하여 그 목적에 맞도록 최소한의 개인정보만을 적법하게 수집하여야 한다.
→ 개인정보처리자는 개인정보의 처리 목적을 명확하게 하여야 하고 그 목적에 필요한 범위에서 최소한의 개인정보만을 적법하고 정당하게 수집하여야 한다.(개인정보 보호법 제3조제1항)

③ [○] 개인정보처리자는 정보주체의 권리가 침해받을 가능성과 그 위험 정도를 고려하여 **개인정보를 안전하게 관리하여야 한다.**(개인정보 보호법 제3조제4항)

개인정보 보호법

제3조(개인정보 보호 원칙)
① 개인정보처리자는 개인정보의 처리 목적을 명확하게 하여야 하고 그 목적에 필요한 범위에서 최소한의 개인정보만을 적법하고 정당하게 수집하여야 한다.
② 개인정보처리자는 개인정보의 처리 목적에 필요한 범위에서 적합하게 개인정보를 처리하여야 하며, 그 목적 외의 용도로 활용하여서는 아니 된다.
③ 개인정보처리자는 개인정보의 처리 목적에 필요한 범위에서 개인정보의 정확성, 완전성 및 최신성이 보장되도록 하여야 한다.
④ **개인정보처리자는 개인정보의 처리 방법 및 종류 등에 따라 정보주체의 권리가 침해받을 가능성과 그 위험 정도를 고려하여 개인정보를 안전하게 관리하여야 한다.**
⑤ 개인정보처리자는 개인정보 처리방침 등 개인정보의 처리에 관한 사항을 공개하여야 하며, 열람청구권 등 정보주체의 권리를 보장하여야 한다.
⑥ 개인정보처리자는 정보주체의 사생활 침해를 최소화하는 방법으로 개인정보를 처리하여야 한다.
⑦ 개인정보처리자는 개인정보를 익명 또는 가명으로 처리하여도 개인정보 수집목적을 달성할 수 있는 경우 익명처리가 가능한 경우에는 익명에 의하여, 익명처리로 목적을 달성할 수 없는 경우에는 가명에 의하여 처리될 수 있도록 하여야 한다.
⑧ 개인정보처리자는 이 법 및 관계 법령에서 규정하고 있는 책임과 의무를 준수하고 실천함으로써 정보주체의 신뢰를 얻기 위하여 노력하여야 한다.

> 제6조(다른 법률과의 관계)
> 개인정보 보호에 관하여는 다른 법률에 특별한 규정이 있는 경우를 제외하고는 이 법에서 정하는 바에 따른다.
>
> 제16조(개인정보의 수집 제한)
> ① 개인정보처리자는 제15조제1항 각 호의 어느 하나에 해당하여 개인정보를 수집하는 경우에는 그 목적에 필요한 최소한의 개인정보를 수집하여야 한다. 이 경우 최소한의 개인정보 수집이라는 입증책임은 개인정보처리자가 부담한다.
> ② 개인정보처리자는 정보주체의 동의를 받아 개인정보를 수집하는 경우 필요한 최소한의 정보 외의 개인정보 수집에는 동의하지 아니할 수 있다는 사실을 구체적으로 알리고 개인정보를 수집하여야 한다.
> ③ 개인정보처리자는 정보주체가 필요한 최소한의 정보 외의 개인정보 수집에 동의하지 아니한다는 이유로 정보주체에게 재화 또는 서비스의 제공을 거부하여서는 아니 된다.

정답 ④

437 개인정보보호법의 내용으로 옳지 않은 것은?

09 지방직 [ESSential ★]

① 사자(死者)나 법인의 정보는 이 법에서 말하는 개인정보에 포함되지 아니한다.
② 정보주체는 개인정보처리자가 처리하는 자신의 개인정보에 대한 열람을 요구할 수 있다.
③ 정보주체의 열람, 정정·삭제, 처리정지 등의 요구를 대리인을 통해서는 할 수 없다.
④ 개인정보처리자가 개인정보를 삭제할 때에는 복구 또는 재생되지 아니하도록 하여야 한다.

해설

> ③ [×] 정보주체의 열람, 정정·삭제, 처리정지 등의 요구를 대리인을 통해서는 할 수 없다.(×)
> → 정보주체는 제35조에 따른 열람, 제36조에 따른 정정·삭제, 제37조에 따른 처리정지, 제39조의7에 따른 동의 철회 등의 요구(이하 "열람등요구"라 한다)를 문서 등 대통령령으로 정하는 방법·절차에 따라 대리인에게 하게 할 수 있다.(개인정보 보호법 제8조제1항)
>
> ① [○] 사자(死者)나 법인의 정보는 이 법에서 말하는 개인정보에 포함되지 아니한다.
> → 개인정보에는 살아있는 개인에 관한 정보를 말하고, 사자(死者)나 법인의 정보는 개인정보보호법에 포함되지 않는다. "개인정보"란 살아 있는 개인에 관한 정보로서 다음 각 목의 어느 하나에 해당하는 정보를 말한다.(개인정보 보호법 제2조제1항제1호)
>
> ② [○] 정보주체는 개인정보처리자가 처리하는 자신의 개인정보에 대한 열람을 요구할 수 있다.(개인정보 보호법 제35조제1항)
>
> ④ [○] 개인정보처리자가 개인정보를 삭제할 때에는 복구 또는 재생되지 아니하도록 하여야 한다.(개인정보 보호법 제39조제3항)
>
> **개인정보 보호법**
> 제35조(개인정보의 열람)
> ① 정보주체는 개인정보처리자가 처리하는 자신의 개인정보에 대한 열람을 해당 개인정보처리자에게 요구할 수 있다.
> ② 제1항에도 불구하고 정보주체가 자신의 개인정보에 대한 열람을 공공기관에 요구하고자 할 때에는 공공기관에 직접 열람을 요구하거나 대통령령으로 정하는 바에 따라 보호위원회를 통하여 열람을 요구할 수 있다.

③ 개인정보처리자는 제1항 및 제2항에 따른 열람을 요구받았을 때에는 대통령령으로 정하는 기간 내에 정보주체가 해당 개인정보를 열람할 수 있도록 하여야 한다. 이 경우 해당 기간 내에 열람할 수 없는 정당한 사유가 있을 때에는 정보주체에게 그 사유를 알리고 열람을 연기할 수 있으며, 그 사유가 소멸하면 지체 없이 열람하게 하여야 한다.
④ 개인정보처리자는 다음 각 호의 어느 하나에 해당하는 경우에는 정보주체에게 그 사유를 알리고 열람을 제한하거나 거절할 수 있다.
  1. 법률에 따라 열람이 금지되거나 제한되는 경우
  2. 다른 사람의 생명·신체를 해할 우려가 있거나 다른 사람의 재산과 그 밖의 이익을 부당하게 침해할 우려가 있는 경우
  3. 공공기관이 다음 각 목의 어느 하나에 해당하는 업무를 수행할 때 중대한 지장을 초래하는 경우
    가. 조세의 부과·징수 또는 환급에 관한 업무
    나. 「초·중등교육법」 및 「고등교육법」에 따른 각급 학교, 「평생교육법」에 따른 평생교육시설, 그 밖의 다른 법률에 따라 설치된 고등교육기관에서의 성적 평가 또는 입학자 선발에 관한 업무
    다. 학력·기능 및 채용에 관한 시험, 자격 심사에 관한 업무
    라. 보상금·급부금 산정 등에 대하여 진행 중인 평가 또는 판단에 관한 업무
    마. 다른 법률에 따라 진행 중인 감사 및 조사에 관한 업무
⑤ 제1항부터 제4항까지의 규정에 따른 열람 요구, 열람 제한, 통지 등의 방법 및 절차에 관하여 필요한 사항은 대통령령으로 정한다.

제36조(개인정보의 정정·삭제)
① 제35조에 따라 자신의 개인정보를 열람한 정보주체는 개인정보처리자에게 그 개인정보의 정정 또는 삭제를 요구할 수 있다. 다만, 다른 법령에서 그 개인정보가 수집 대상으로 명시되어 있는 경우에는 그 삭제를 요구할 수 없다.
② 개인정보처리자는 제1항에 따른 정보주체의 요구를 받았을 때에는 개인정보의 정정 또는 삭제에 관하여 다른 법령에 특별한 절차가 규정되어 있는 경우를 제외하고는 지체 없이 그 개인정보를 조사하여 정보주체의 요구에 따라 정정·삭제 등 필요한 조치를 한 후 그 결과를 정보주체에게 알려야 한다.
③ 개인정보처리자가 제2항에 따라 개인정보를 삭제할 때에는 복구 또는 재생되지 아니하도록 조치하여야 한다.
④ 개인정보처리자는 정보주체의 요구가 제1항 단서에 해당될 때에는 지체 없이 그 내용을 정보주체에게 알려야 한다.
⑤ 개인정보처리자는 제2항에 따른 조사를 할 때 필요하면 해당 정보주체에게 정정·삭제 요구사항의 확인에 필요한 증거자료를 제출하게 할 수 있다.
⑥ 제1항·제2항 및 제4항에 따른 정정 또는 삭제 요구, 통지 방법 및 절차 등에 필요한 사항은 대통령령으로 정한다.

제38조(권리행사의 방법 및 절차)
① 정보주체는 제35조에 따른 열람, 제36조에 따른 정정·삭제, 제37조에 따른 처리정지, 제39조의7에 따른 동의 철회 등의 요구(이하 "열람등요구"라 한다)를 문서 등 대통령령으로 정하는 방법·절차에 따라 대리인에게 하게 할 수 있다.
② 만 14세 미만 아동의 법정대리인은 개인정보처리자에게 그 아동의 개인정보 열람등요구를 할 수 있다.
③ 개인정보처리자는 열람등요구를 하는 자에게 대통령령으로 정하는 바에 따라 수수료와 우송료(사본의 우송을 청구하는 경우에 한한다)를 청구할 수 있다.
④ 개인정보처리자는 정보주체가 열람등요구를 할 수 있는 구체적인 방법과 절차를 마련하고, 이를 정보주체가 알 수 있도록 공개하여야 한다.
⑤ 개인정보처리자는 정보주체가 열람등요구에 대한 거절 등 조치에 대하여 불복이 있는 경우 이의를 제기할 수 있도록 필요한 절차를 마련하고 안내하여야 한다.

정답 ③

438 개인정보 보호제도에 관한 설명으로 가장 적절한 것은? (다툼이 있으면 판례에 의함)

12 국회 변형 [Core ★★]

① 개인정보 보호제도의 헌법적 근거는 헌법상 기본권인 개인정보자기결정권 등에서 도출할 수 있으나, 개인정보자기결정권은 자신에 관한 정보를 정부주체에게 맡기고 정부주체가 개인정보의 공개와 이용에 관하여 결정할 권리를 말한다.
② 개인정보자기결정권의 보호대상이 되는 개인정보는 반드시 개인의 내밀한 영역이나 사사(私事)의 영역에 속하는 정보에 국한되지 않고 공적 생활에서 형성되었거나 이미 공개된 개인정보까지 포함한다.
③ 개인정보 보호에 관한 사항을 심의·의결하기 위하여 대통령 소속으로 합의제 의결기관인 '개인정보 심의위원회'가 설치되어 있다.
④ 공공기관의 장은 대통령령으로 정하는 기준에 해당하는 개인정보파일의 운용으로 인하여 정보주체의 개인정보 침해가 우려되는 경우에는 그 위험요인을 분석하고 개선사항을 도출하기 위하여 '개인정보 영향평가'를 하고 그 결과를 국무총리에게 보고하여야 한다.

해설

② [O] 개인정보자기결정권의 보호대상이 되는 개인정보는 반드시 개인의 내밀한 영역이나 사사(私事)의 영역에 속하는 정보에 국한되지 않고 공적 생활에서 형성되었거나 이미 공개된 개인정보까지 포함한다.

① [×] 개인정보 보호제도의 헌법적 근거는 헌법상 기본권인 개인정보자기결정권 등에서 도출할 수 있으나, 개인정보자기결정권은 자신에 관한 정보를 정부주체에게 맡기고 정부주체가 개인정보의 공개와 이용에 관하여 결정할 권리를 말한다.(×)

> 헌법재판소 2005. 7. 21. 선고 2003헌마282,425(병합) 전원재판부 [개인정보수집등위헌확인]
>
> 인간의 존엄과 가치, 행복추구권을 규정한 헌법 제10조 제1문에서 도출되는 일반적 인격권 및 헌법 제17조의 사생활의 비밀과 자유에 의하여 보장되는 **개인정보자기결정권은 자신에 관한 정보가 언제 누구에게 어느 범위까지 알려지고 또 이용되도록 할 것인지를 그 정보주체가 스스로 결정할 수 있는 권리이다.** 즉 정보주체가 개인정보의 공개와 이용에 관하여 스스로 결정할 권리를 말한다. 개인정보자기결정권의 보호대상이 되는 개인정보는 개인의 신체, 신념, 사회적 지위, 신분 등과 같이 개인의 인격주체성을 특징짓는 사항으로서 그 개인의 동일성을 식별할 수 있게 하는 일체의 정보라고 할 수 있고, **반드시 개인의 내밀한 영역이나 사사(私事)의 영역에 속하는 정보에 국한되지 않고 공적 생활에서 형성되었거나 이미 공개된 개인정보까지 포함한다.** 또한 그러한 개인정보를 대상으로 한 조사·수집·보관·처리·이용 등의 행위는 모두 원칙적으로 개인정보자기결정권에 대한 제한에 해당한다

③ [×] 개인정보 보호에 관한 사항을 심의·의결하기 위하여 대통령 소속으로 합의제 의결기관인 '개인정보 심의위원회'가 설치되어 있다.(×)

→ 개인정보 보호에 관한 사무를 독립적으로 수행하기 위하여 국무총리 소속으로 개인정보 보호위원회(이하 "보호위원회"라 한다)를 둔다.(개인정보 보호법 제7조제1항) 보호위원회는 상임위원 2명(위원장 1명, 부위원장 1명)을 포함한 9명의 위원으로 구성한다.(개인정보 보호법 제7조의2제1항)

→ 개인정보에 관한 분쟁의 조정(調停)을 위하여 개인정보 분쟁조정위원회(이하 "분쟁조정위원회"라 한다)를 둔다.(개인정보 보호법 제40조제1항) 분쟁조정위원회는 위원장 1명을 포함한 20명 이내의 위원으로 구성하며, 위원은 당연직위원과 위촉위원으로 구성한다.(개인정보 보호법 제40조제2항)

④ [×] 공공기관의 장은 대통령령으로 정하는 기준에 해당하는 개인정보파일의 운용으로 인하여 정보주체의 개인정보 침해가 우려되는 경우에는 그 위험요인을 분석하고 개선사항을 도출하기 위하여 '개인정보 영향평가'를 하고 그 결과를 국무총리에게 보고하여야 한다.

→ 공공기관의 장은 대통령령으로 정하는 기준에 해당하는 개인정보파일의 운용으로 인하여 정보주체의 개인정보 침해가 우려되는 경우에는 그 위험요인의 분석과 개선 사항 도출을 위한 평가(이하 "영향평가"라 한다)를 하고 그 결과를 보호위원회에 제출하여야 한다. 이 경우 공공기관의 장은 영향평가를 보호위원회가 지정하는 기관(이하 "평가기관"이라 한다) 중에서 의뢰하여야 한다.(개인정보 보호법 제33조제1항)

개인정보 보호법 제33조(개인정보 영향평가)
① 공공기관의 장은 대통령령으로 정하는 기준에 해당하는 개인정보파일의 운용으로 인하여 정보주체의 개인정보 침해가 우려되는 경우에는 그 위험요인의 분석과 개선 사항 도출을 위한 평가(이하 "영향평가"라 한다)를 하고 그 결과를 보호위원회에 제출하여야 한다. 이 경우 공공기관의 장은 영향평가를 보호위원회가 지정하는 기관(이하 "평가기관"이라 한다) 중에서 의뢰하여야 한다.
② 영향평가를 하는 경우에는 다음 각 호의 사항을 고려하여야 한다.
  1. 처리하는 개인정보의 수
  2. 개인정보의 제3자 제공 여부
  3. 정보주체의 권리를 해할 가능성 및 그 위험 정도
  4. 그 밖에 대통령령으로 정한 사항
③ 보호위원회는 제1항에 따라 제출받은 영향평가 결과에 대하여 의견을 제시할 수 있다.
④ 공공기관의 장은 제1항에 따라 영향평가를 한 개인정보파일을 제32조제1항에 따라 등록할 때에는 영향평가 결과를 함께 첨부하여야 한다.
⑤ 보호위원회는 영향평가의 활성화를 위하여 관계 전문가의 육성, 영향평가 기준의 개발·보급 등 필요한 조치를 마련하여야 한다.
⑥ 제1항에 따른 평가기관의 지정기준 및 지정취소, 평가기준, 영향평가의 방법·절차 등에 관하여 필요한 사항은 대통령령으로 정한다.
⑦ 국회, 법원, 헌법재판소, 중앙선거관리위원회(그 소속 기관을 포함한다)의 영향평가에 관한 사항은 국회규칙, 대법원규칙, 헌법재판소규칙 및 중앙선거관리위원회규칙으로 정하는 바에 따른다.
⑧ 공공기관 외의 개인정보처리자는 개인정보파일 운용으로 인하여 정보주체의 개인정보 침해가 우려되는 경우에는 영향평가를 하기 위하여 적극 노력하여야 한다.

정답 ②

439 개인정보보호법상 개인정보 보호제도에 대한 설명으로 옳은 것은? 22 소방직 [Core ★★]

① 살아 있는 개인에 관하여 알아볼 수 있는 정보라도 가명처리함으로써 원래의 상태로 복원하기 위한 추가 정보의 사용·결합 없이는 특정 개인을 알아볼 수 없게 된 정보는 이 법에 따른 개인정보에 해당하지 아니한다.
② 개인정보보호위원회는 대통령 직속기관으로 대통령이 직접 지휘·감독한다.
③ 정보주체가 자신의 개인정보에 대한 열람을 공공기관에 요구하고자 할 때에는 공공기관에 직접 열람을 요구하거나 대통령령으로 정하는 바에 따라 개인정보보호위원회를 통하여 열람을 요구할 수 있다.
④ 개인정보처리자는 당초 수집 목적과 합리적으로 관련된 범위에서 정보주체에게 불이익이 발생하는지 여부, 암호화 등 안전성 확보에 필요한 조치를 하였는지 여부 등을 고려하더라도 정보주체의 동의 없이는 개인정보를 제3자에게 제공할 수 없다.

해설

③ [O] 정보주체가 자신의 개인정보에 대한 열람을 공공기관에 요구하고자 할 때에는 공공기관에 직접 열람을 요구하거나 대통령령으로 정하는 바에 따라 개인정보보호위원회를 통하여 열람을 요구할 수 있다.(개인정보 보호법 제35조제2항)

① [×] 살아 있는 개인에 관하여 알아볼 수 있는 정보라도 가명처리함으로써 원래의 상태로 복원하기 위한 추가 정보의 사용·결합 없이는 특정 개인을 알아볼 수 없게 된 정보는 이 법에 따른 개인정보에 해당하지 아니한다.(×)
→ "개인정보"란 살아 있는 개인에 관한 정보로서 다음 각 목의 어느 하나에 해당하는 정보를 말한다. 가목 또는 나목을 제1호의2에 따라 가명처리함으로써 원래의 상태로 복원하기 위한 추가 정보의 사용·결합 없이는 특정 개인을 알아볼 수 없는 정보(이하 "가명정보"라 한다)(개인정보 보호법 제2조제1호다목)

② [×] 개인정보보호위원회는 대통령 직속기관으로 대통령이 직접 지휘·감독한다.(×)
→ 개인정보 보호에 관한 사무를 독립적으로 수행하기 위하여 국무총리 소속으로 개인정보 보호위원회(이하 "보호위원회"라 한다)를 둔다.(개인정보 보호법 제7조제1항)

④ [×] 개인정보처리자는 당초 수집 목적과 합리적으로 관련된 범위에서 정보주체에게 불이익이 발생하는지 여부, 암호화 등 안전성 확보에 필요한 조치를 하였는지 여부 등을 고려하더라도 정보주체의 동의 없이는 개인정보를 제3자에게 제공할 수 없다.(×)
→ 개인정보처리자는 당초 수집 목적과 합리적으로 관련된 범위에서 정보주체에게 불이익이 발생하는지 여부, 암호화 등 안전성 확보에 필요한 조치를 하였는지 여부 등을 고려하여 대통령령으로 정하는 바에 따라 정보주체의 동의 없이 개인정보를 제공할 수 있다.(개인정보 보호법 제17조제4항)

개인정보 보호법 제17조(개인정보의 제공)

① 개인정보처리자는 다음 각 호의 어느 하나에 해당되는 경우에는 정보주체의 개인정보를 제3자에게 제공(공유를 포함한다. 이하 같다)할 수 있다.
  1. 정보주체의 동의를 받은 경우
  2. 제15조제1항제2호·제3호·제5호 및 제39조의3제2항제2호·제3호에 따라 개인정보를 수집한 목적 범위에서 개인정보를 제공하는 경우
② 개인정보처리자는 제1항제1호에 따른 동의를 받을 때에는 다음 각 호의 사항을 정보주체에게 알려야 한다. 다음 각 호의 어느 하나의 사항을 변경하는 경우에도 이를 알리고 동의를 받아야 한다.
  1. 개인정보를 제공받는 자
  2. 개인정보를 제공받는 자의 개인정보 이용 목적
  3. 제공하는 개인정보의 항목
  4. 개인정보를 제공받는 자의 개인정보 보유 및 이용 기간
  5. 동의를 거부할 권리가 있다는 사실 및 동의 거부에 따른 불이익이 있는 경우에는 그 불이익의 내용
③ 개인정보처리자가 개인정보를 국외의 제3자에게 제공할 때에는 제2항 각 호에 따른 사항을 정보주체에게 알리고 동의를 받아야 하며, 이 법을 위반하는 내용으로 개인정보의 국외 이전에 관한 계약을 체결하여서는 아니 된다.
④ 개인정보처리자는 당초 수집 목적과 합리적으로 관련된 범위에서 정보주체에게 불이익이 발생하는지 여부, 암호화 등 안전성 확보에 필요한 조치를 하였는지 여부 등을 고려하여 대통령령으로 정하는 바에 따라 정보주체의 동의 없이 개인정보를 제공할 수 있다.

정답 ③

440 개인정보의 보호에 대한 판례의 설명으로 옳은 것만을 모두 고르면?

21 국가직 [Core ★★]

㉠ 개인정보자기결정권의 보호대상이 되는 개인정보는 반드시 개인의 내밀한 영역에 속하는 정보에 국한되지 않고 공적 생활에서 형성되었거나 이미 공개된 개인정보까지 포함한다.
㉡ 이미 공개된 개인정보를 정보주체의 동의가 있었다고 객관적으로 인정되는 범위 내에서 처리를 할 때는 정보주체의 별도의 동의는 불필요하다고 보아야 하고, 별도의 동의를 받지 아니하였다고 하여 개인정보보호법을 위반한 것으로 볼 수 없다.
㉢ 개인정보처리위탁에 있어 수탁자는 정보제공자의 관리·감독 아래 위탁받은 범위 내에서만 개인정보를 처리하게 되지만, 위탁자로부터 위탁사무처리에 따른 대가를 지급받는 이상 개인정보처리에 관하여 독자적인 이익을 가지므로, 그러한 수탁자는 개인정보보호법 제17조에 의해 개인정보처리자가 정보주체의 개인정보를 제공할 수 있는 '제3자'에 해당한다.
㉣ 인터넷 포털사이트 등의 개인정보 유출사고로 주민등록번호가 불법유출되어 그 피해자가 주민등록번호 변경을 신청했으나 구청장이 거부통지를 한 사안에서, 피해자의 의사와 무관하게 주민등록번호가 유출된 경우에는 조리상 주민등록번호의 변경요구신청권을 인정함이 타당하다.

① ㉠, ㉢   ② ㉡, ㉣   ③ ㉠, ㉡, ㉢   ④ ㉠, ㉡, ㉣

해설

㉠, ㉡, ㉣ 3항목이 옳다.

㉠ [○] 개인정보자기결정권의 보호대상이 되는 개인정보는 반드시 개인의 내밀한 영역에 속하는 정보에 국한되지 않고 공적 생활에서 형성되었거나 이미 공개된 개인정보까지 포함한다.

> 헌법재판소 2005. 7. 21. 선고 2003헌마282,425(병합) 전원재판부 [개인정보수집등위헌확인]
> 개인정보자기결정권의 **보호대상**이 되는 개인정보는 개인의 신체, 신념, 사회적 지위, 신분 등과 같이 개인의 인격주체성을 특징짓는 사항으로서 그 개인의 동일성을 식별할 수 있게 하는 일체의 정보라고 할 수 있고, 반드시 개인의 내밀한 영역이나 사사(私事)의 영역에 속하는 정보에 국한되지 않고 공적 생활에서 형성되었거나 이미 공개된 개인정보까지 포함한다.

㉡ [○] 이미 공개된 개인정보를 정보주체의 동의가 있었다고 객관적으로 인정되는 범위 내에서 처리를 할 때는 정보주체의 별도의 동의는 불필요하다고 보아야 하고, 별도의 동의를 받지 아니하였다고 하여 개인정보보호법을 위반한 것으로 볼 수 없다.

> 대법원 2016. 8. 17. 선고 2014다235080 판결 [부당이득금반환]
> 이미 공개된 개인정보를 정보주체의 동의가 있었다고 객관적으로 인정되는 범위 내에서 수집·이용·제공 등 처리를 할 때는 정보주체의 별도의 동의는 불필요하다고 보아야 하고, 별도의 동의를 받지 아니하였다고 하여 개인정보 보호법 제15조나 제17조를 위반한 것으로 볼 수 없다.

㉣ [○] 인터넷 포털사이트 등의 개인정보 유출사고로 주민등록번호가 불법유출되어 그 피해자가 주민등록번호 변경을 신청했으나 구청장이 거부통지를 한 사안에서, 피해자의 의사와 무관하게 주민등록번호가 유출된 경우에는 조리상 주민등록번호의 변경요구신청권을 인정함이 타당하다.

> 대법원 2017. 6. 15. 선고 2013두2945 판결 [주민등록번호변경신청거부처분취소]
> 甲 등이 인터넷 포털사이트 등의 개인정보 유출사고로 자신들의 주민등록번호 등 개인정보가 불법 유출되자 이를 이유로 관할 구청장에게 주민등록번호를 변경해 줄 것을 신청하였으나 구청장이 '주민등록번호가 불법

유출된 경우 주민등록법상 변경이 허용되지 않는다'는 이유로 주민등록번호 변경을 거부하는 취지의 통지를 한 사안에서, **피해자의 의사와 무관하게 주민등록번호가 유출된 경우에는 조리상 주민등록번호의 변경을 요구할 신청권을 인정함이 타당하고, 구청장의 주민등록번호 변경신청 거부행위는 항고소송의 대상이 되는 행정처분에 해당한다**

ⓒ [×] 개인정보처리위탁에 있어 수탁자는 정보제공자의 관리·감독 아래 위탁받은 범위 내에서만 개인정보를 처리하게 되지만, **위탁자로부터 위탁사무처리에 따른 대가를 지급받는 이상 개인정보처리에 관하여 독자적인 이익을 가지므로, 그러한 수탁자는 개인정보보호법 제17조에 의해 개인정보처리자가 정보주체의 개인정보를 제공할 수 있는 '제3자'에 해당한다.**(×)

> 대법원 2017. 4. 7. 선고 2016도13263 판결
> [개인정보보호법위반, 정보통신망이용촉진및정보보호등에관한법률위반(개인정보누설등)]
>
> 개인정보 보호법 제17조 제1항 제1호, 제26조, 제71조 제1호, 정보통신망 이용촉진 및 정보보호 등에 관한 법률(이하 '정보통신망법'이라고 한다) 제24조의2 제1항, 제25조, 제71조 제3호의 문언 및 취지에 비추어 보면, 개인정보 보호법 제17조와 정보통신망법 제24조의2에서 말하는 개인정보의 '제3자 제공'은 본래의 개인정보 수집·이용 목적의 범위를 넘어 정보를 제공받는 자의 업무처리와 이익을 위하여 개인정보가 이전되는 경우인 반면, 개인정보 보호법 제26조와 정보통신망법 제25조에서 말하는 개인정보의 '처리위탁'은 본래의 개인정보 수집·이용 목적과 관련된 위탁자 본인의 업무 처리와 이익을 위하여 개인정보가 이전되는 경우를 의미한다. **개인정보 처리위탁에 있어 수탁자는 위탁자로부터 위탁사무 처리에 따른 대가를 지급받는 것 외에는 개인정보 처리에 관하여 독자적인 이익을 가지지 않고, 정보제공자의 관리·감독 아래 위탁받은 범위 내에서만 개인정보를 처리하게 되므로, 개인정보 보호법 제17조와 정보통신망법 제24조의2에 정한 '제3자'에 해당하지 않는다.**

정답 ④

PART 05 경찰작용에 대한 구제

제1절 손해전보
제2절 행정쟁송

제1절 손해전보

1. 손실보상(경찰관직무집행법)

441 「경찰관직무집행법」상 손실보상에 대한 설명으로 틀린 것은 모두 몇 개인가?

15 경찰 1차 [Core ★★] 총론 Chapter 7. 427

> ㉠ 보상을 청구할 수 있는 권리는 손실이 있음을 안 날로부터 1년, 손실이 발생한 날로부터 3년간 행사하지 아니하면 시효의 완성으로 소멸한다.
> ㉡ 소속 경찰공무원의 직무집행으로 인하여 발생한 손실보상청구 사건을 심의하기 위하여 경찰청, 시·도경찰청 및 경찰서에 손실보상심의위원회를 설치한다.
> ㉢ 보상금은 다른 법률에 특별한 규정이 있는 경우를 제외하고는 현금으로 지급하여야 하고, 일시불로 지급하되 예산부족 등의 사유로 일시금으로 지급할 수 없는 특별한 사정이 있는 경우에는 청구인의 동의를 받아 분할하여 지급할 수 있다.
> ㉣ 물건의 멸실·훼손으로 인한 손실 외의 재산상 손실에 대해서는 직무집행과 상당한 인과관계가 있는 범위에서 보상한다.

① 1개   ② 2개   ③ 3개   ④ 4개

㉠, ㉡ 2항목이 틀리다.
㉠ [×] 보상을 청구할 수 있는 권리는 손실이 있음을 **안** 날로부터 **1년(×)**, 손실이 발생한 날로부터 **3년(×)**간 행사하지 아니하면 시효의 완성으로 소멸한다.
→ 제1항에 따른 보상을 청구할 수 있는 권리는 손실이 있음을 안 날부터 3년, 손실이 발생한 날부터 5년간 행사하지 아니하면 시효의 완성으로 소멸한다.(경찰관 직무집행법 제11조의2제2항)
㉡ [×] 소속 경찰공무원의 직무집행으로 인하여 발생한 손실보상청구 사건을 심의하기 위하여 경찰청, 시도경찰청 및 **경찰서(×)**에 손실보상심의위원회를 설치한다.
→ 법 제11조의2제3항에 따라 소속 경찰공무원의 직무집행으로 인하여 발생한 손실보상청구 사건을 심의하기 위하여 **경찰청, 해양경찰청, 시·도경찰청 및 지방해양경찰청에 손실보상심의위원회(이하 "위원회"라 한다)를 설치한다.**(경찰관 직무집행법 시행령 제11조제1항) 현재 경찰서에는 손실보상심의위원회를 설치하고 있지 않다.
㉢ [○] 보상금은 다른 법률에 특별한 규정이 있는 경우를 제외하고는 **현금으로 지급하여야 하고, 일시불로 지급하되** 예산부족 등의 사유로 일시금으로 지급할 수 없는 특별한 사정이 있는 경우에는 **청구인의 동의를 받아 분할하여 지급할 수 있다.**(경찰관 직무집행법 시행령 제10조제6항)
㉣ [○] 물건의 멸실·훼손으로 인한 손실 외의 재산상 손실에 대해서는 **직무집행과 상당한 인과관계가 있는 범위에서 보상한다.**(경찰관 직무집행법 시행령 제9조제2항)

경찰관 직무집행법 제11조의2(손실보상)

① 국가는 경찰관의 적법한 직무집행으로 인하여 다음 각 호의 어느 하나에 해당하는 손실을 입은 자에 대하여 정당한 보상을 하여야 한다.
  1. 손실발생의 원인에 대하여 책임이 없는 자가 생명·신체 또는 재산상의 손실을 입은 경우(손실발생의 원인에 대하여 책임이 없는 자가 경찰관의 직무집행에 자발적으로 협조하거나 물건을 제공하여 생명·신체 또는 재산상의 손실을 입은 경우를 포함한다)
  2. 손실발생의 원인에 대하여 책임이 있는 자가 자신의 책임에 상응하는 정도를 초과하는 생명·신체 또는 재산상의 손실을 입은 경우
② **제1항에 따른 보상을 청구할 수 있는 권리는 손실이 있음을 안 날부터 3년, 손실이 발생한 날부터 5년간 행사하지 아니하면 시효의 완성으로 소멸한다.**
③ 제1항에 따른 손실보상신청 사건을 심의하기 위하여 손실보상심의위원회를 둔다.
④ 경찰청장 또는 시·도경찰청장은 제3항의 손실보상심의위원회의 심의·의결에 따라 보상금을 지급하고, 거짓 또는 부정한 방법으로 보상금을 받은 사람에 대하여는 해당 보상금을 환수하여야 한다.
⑤ 보상금이 지급된 경우 손실보상심의위원회는 대통령령으로 정하는 바에 따라 국가경찰위원회에 심사자료와 결과를 보고하여야 한다. 이 경우 국가경찰위원회는 손실보상의 적법성 및 적정성 확인을 위하여 필요한 자료의 제출을 요구할 수 있다.
⑥ 경찰청장 또는 시·도경찰청장은 제4항에 따라 보상금을 반환하여야 할 사람이 대통령령으로 정한 기한까지 그 금액을 납부하지 아니한 때에는 국세 체납처분의 예에 따라 징수할 수 있다.
⑦ 제1항에 따른 손실보상의 기준, 보상금액, 지급 절차 및 방법, 제3항에 따른 손실보상심의위원회의 구성 및 운영, 제4항 및 제6항에 따른 환수절차, 그 밖에 손실보상에 관하여 필요한 사항은 대통령령으로 정한다.

경찰관 직무집행법 시행령

제9조(손실보상의 기준 및 보상금액 등)
① 법 제11조의2제1항에 따라 손실보상을 할 때 물건을 멸실·훼손한 경우에는 다음 각 호의 기준에 따라 보상한다.
  1. 손실을 입은 물건을 수리할 수 있는 경우: 수리비에 상당하는 금액
  2. 손실을 입은 물건을 수리할 수 없는 경우: 손실을 입은 당시의 해당 물건의 교환가액
  3. 영업자가 손실을 입은 물건의 수리나 교환으로 인하여 영업을 계속할 수 없는 경우: 영업을 계속할 수 없는 기간 중 영업상 이익에 상당하는 금액
② 물건의 멸실·훼손으로 인한 손실 외의 재산상 손실에 대해서는 직무집행과 상당한 인과관계가 있는 범위에서 보상한다.
③ 법 제11조의2제1항에 따라 손실보상을 할 때 생명·신체상의 손실의 경우에는 별표의 기준에 따라 보상한다.
④ 법 제11조의2제1항에 따라 보상금을 지급받을 사람이 동일한 원인으로 다른 법령에 따라 보상금 등을 지급받은 경우 그 보상금 등에 상당하는 금액을 제외하고 보상금을 지급한다.

제10조(손실보상의 지급절차 및 방법)
① 법 제11조의2에 따라 경찰관의 적법한 직무집행으로 인하여 발생한 손실을 보상받으려는 사람은 별지 제4호서식의 보상금 지급 청구서에 손실내용과 손실금액을 증명할 수 있는 서류를 첨부하여 손실보상청구 사건 발생지를 관할하는 국가경찰관서의 장에게 제출하여야 한다.
② 제1항에 따라 보상금 지급 청구서를 받은 국가경찰관서의 장은 해당 청구서를 제11조제1항에 따른 손실보상청구 사건을 심의할 손실보상심의위원회가 설치된 경찰청, 해양경찰청, 시·도경찰청 및 지방해양경찰청의 장(이하 "경찰청장등"이라 한다)에게 보내야 한다.
③ 제2항에 따라 보상금 지급 청구서를 받은 경찰청장등은 손실보상심의위원회의 심의·의결에 따라 보상 여부 및 보상금액을 결정하되, 다음 각 호의 어느 하나에 해당하는 경우에는 그 청구를 각하(却下)하는 결정을 하여야 한다.
  1. 청구인이 같은 청구 원인으로 보상신청을 하여 보상금 지급 여부에 대하여 결정을 받은 경우. 다만, 기각 결정을 받은 청구인이 손실을 증명할 수 있는 새로운 증거가 발견되었음을 소명(疎明)하는 경우는 제외한다.
  2. 손실보상 청구가 요건과 절차를 갖추지 못한 경우. 다만, 그 잘못된 부분을 시정할 수 있는 경우는 제외한다.
④ 경찰청장등은 제3항에 따른 결정일부터 10일 이내에 다음 각 호의 구분에 따른 통지서에 결정 내용을 적어서

청구인에게 통지하여야 한다.
1. 보상금을 지급하기로 결정한 경우: 별지 제5호서식의 보상금 지급 청구 승인 통지서
2. 보상금 지급 청구를 각하하거나 보상금을 지급하지 아니하기로 결정한 경우: 별지 제6호서식의 보상금 지급 청구 기각·각하 통지서
⑤ 보상금은 다른 법률에 특별한 규정이 있는 경우를 제외하고는 현금으로 지급하여야 한다.
⑥ **보상금은 일시불로 지급하되, 예산 부족 등의 사유로 일시금으로 지급할 수 없는 특별한 사정이 있는 경우에는 청구인의 동의를 받아 분할하여 지급할 수 있다.**
⑦ 보상금을 지급받은 사람은 보상금을 지급받은 원인과 동일한 원인으로 인한 부상이 악화되거나 새로 발견되어 다음 각 호의 어느 하나에 해당하는 경우에는 보상금의 추가 지급을 청구할 수 있다. 이 경우 보상금 지급 청구, 보상금액 결정, 보상금 지급 결정에 대한 통지, 보상금 지급 방법 등에 관하여는 제1항부터 제6항까지의 규정을 준용한다.
1. 별표 제2호에 따른 부상등급이 변경된 경우(부상등급 외의 부상에서 제1급부터 제8급까지의 등급으로 변경된 경우를 포함한다)
2. 별표 제2호에 따른 부상등급 외의 부상에 대해 부상등급의 변경은 없으나 보상금의 추가 지급이 필요한 경우
⑧ 제1항부터 제7항까지에서 규정한 사항 외에 손실보상의 청구 및 지급에 필요한 사항은 경찰청장 또는 해양경찰청장이 정한다.

경찰관 직무집행법 시행령 제11조(손실보상심의위원회의 설치 및 구성)

① 법 제11조의2제3항에 따라 소속 경찰공무원의 직무집행으로 인하여 발생한 손실보상청구 사건을 심의하기 위하여 경찰청, 해양경찰청, 시·도경찰청 및 지방해양경찰청에 손실보상심의위원회(이하 "위원회"라 한다)를 설치한다.
② 위원회는 **위원장 1명을 포함한 5명 이상 7명 이하의 위원**으로 구성한다.
③ 위원회의 위원은 소속 경찰공무원과 다음 각 호의 어느 하나에 해당하는 사람 중에서 경찰청장등이 위촉하거나 임명한다. 이 경우 위원의 과반수 이상은 경찰공무원이 아닌 사람으로 하여야 한다.
1. 판사·검사 또는 변호사로 **5년** 이상 근무한 사람
2. 「고등교육법」 제2조에 따른 학교에서 법학 또는 행정학을 가르치는 부교수 이상으로 **5년** 이상 재직한 사람
3. 경찰 업무와 손실보상에 관하여 학식과 경험이 풍부한 사람
④ 위촉위원의 **임기는 2년**으로 한다.
⑤ 위원회의 사무를 처리하기 위하여 **위원회에 간사 1명을 두되, 간사는 소속 경찰공무원 중에서 경찰청장등이 지명한다.**

정답 ②

442. 「경찰관 직무집행법 및 동법 시행령」상 손실보상에 대한 설명으로 가장 적절하지 않은 것은?

17 경찰 2차 [Core ★★] 총론 Chapter 7. 442

① 국가는 경찰관의 적법한 직무집행으로 인하여 손실발생의 원인에 대하여 책임이 있는 자가 자신의 책임에 상응하는 정도를 초과하는 재산상의 손실을 입은 경우 손실을 입은 자에 대하여 정당한 보상을 하여야 한다.
② 보상을 청구할 수 있는 권리는 손실이 있음을 안 날부터 3년, 손실이 발생한 날부터 5년간 행사하지 아니하면 시효의 완성으로 소멸한다.
③ 경찰공무원의 직무집행으로 인하여 발생한 손실보상청구 사건을 심의하기 위하여 경찰청, 해양경찰청, 시도경찰청 및 지방해양경찰청, 경찰서 및 해양경찰서에 손실보상심의위원회를 설치한다.
④ 손실보상심의위원회의 회의는 재적위원 과반수의 출석으로 개의(開議)하고, 출석위원 과반수의 찬성으로 의결한다.

해설

③ [×] 경찰공무원의 직무집행으로 인하여 발생한 손실보상청구 사건을 심의하기 위하여 경찰청, 해양경찰청, 시도경찰청 및 지방해양경찰청, **경찰서 및 해양경찰서(×)** 에 손실보상심의위원회를 설치한다.
→ 법 제11조의2제3항에 따라 소속 경찰공무원의 직무집행으로 인하여 발생한 손실보상청구 사건을 심의하기 위하여 경찰청, 해양경찰청, 시·도경찰청 및 지방해양경찰청에 손실보상심의위원회(이하 "위원회"라 한다)를 설치한다.(경찰관 직무집행법 시행령 제11조제1항)

① [O] 국가는 경찰관의 **적법한 직무집행으로 인하여 손실발생의 원인에 대하여 책임이 있는 자가 자신의 책임에 상응하는 정도를 초과하는 재산상의 손실을 입은 경우 손실을 입은 자에 대하여 정당한 보상을 하여야 한다.**(경찰관 직무집행법 제11조의2제1항제2호)

② [O] 보상을 청구할 수 있는 권리는 손실이 있음을 안 날부터 3년, 손실이 발생한 날부터 5년간 행사하지 아니하면 시효의 완성으로 소멸한다.(경찰관 직무집행법 제11조의2제2항)

④ [O] 손실보상심의위원회의 회의는 재적위원 과반수의 출석으로 개의(開議)하고, 출석위원 과반수의 찬성으로 의결한다.(경찰관 직무집행법 시행령 제13조제2항)

경찰관 직무집행법 시행령 제13조(손실보상심의위원회의 운영)
① 위원장은 위원회의 회의를 소집하고, 그 의장이 된다.
② **위원회의 회의는 재적위원 과반수의 출석으로 개의(開議)하고, 출석위원 과반수의 찬성으로 의결한다.**
③ 위원회는 심의를 위하여 필요한 경우에는 관계 공무원이나 관계 기관에 사실조사나 자료의 제출 등을 요구할 수 있으며, 관계 전문가에게 필요한 정보의 제공이나 의견의 진술 등을 요청할 수 있다.

정답 ③

443 「경찰관 직무집행법」 및 동법 시행령상 손실보상에 대한 설명으로 가장 적절하지 않은 것은?

18 경찰 2차 [Core ★★] 총론 Chapter 7. 449

① 보상을 청구할 수 있는 권리는 손실이 있음을 안 날부터 3년, 손실이 발생한 날부터 5년 간 행사하지 아니하면 시효의 완성으로 소멸한다.
② 소속 경찰공무원의 직무집행으로 인하여 발생한 손실보상청구 사건을 심의하기 위하여 경찰청, 해양경찰청, 시도경찰청, 지방해양경찰청, 경찰서 및 해양경찰서에 손실보상심 의위원회를 설치하며, 위원회는 위원장 1명을 포함한 5명 이상 7명 이하의 위원으로 구성한다.
③ 보상금은 일시불로 지급하되, 예산 부족 등의 사유로 일시금으로 지급할 수 없는 특별한 사정이 있는 경우에는 청구인의 동의를 받아 분할하여 지급할 수 있다.
④ 손실보상의 기준, 보상금액, 지급절차 및 방법, 손실보상심의위원회의 구성 및 운영, 그 밖에 필요한 사항은 대통령령으로 정한다.

② [×] 소속 경찰공무원의 직무집행으로 인하여 발생한 손실보상청구 사건을 심의하기 위하여 경찰청, 해양경찰청, 시도경찰청, 지방해양경찰청, **경찰서 및 해양경찰서(×)**에 손실보상심의위원회를 설치하며, **위원회는 위원장 1명을 포함한 5명 이상 7명 이하의 위원으로 구성**한다.
→ 법 제11조의2제3항에 따라 소속 경찰공무원의 직무집행으로 인하여 발생한 손실보상청구 사건을 심의하기 위하여 경찰청, 해양경찰청, 시·도경찰청 및 지방해양경찰청에 손실보상심의위원회(이하 "위원회"라 한다)를 설치한다.(경찰관 직무집행법 시행령 제11조제1항) 위원회는 위원장 1명을 포함한 5명 이상 7명 이하의 위원으로 구성한다.(경찰관 직무집행법 시행령 제11조제2항)
① [O] 보상을 청구할 수 있는 권리는 손실이 있음을 **안 날부터 3년**, 손실이 **발생한 날부터 5년**간 행사하지 아니하면 시효의 완성으로 소멸한다.(경찰관 직무집행법 제11조의2제2항)
③ [O] 보상금은 **일시불**로 지급하되, 예산 부족 등의 사유로 일시금으로 지급할 수 없는 특별한 사정이 있는 경우에는 **청구인의 동의를 받아 분할하여 지급할 수 있다**.(경찰관 직무집행법 시행령 제10조제6항)
④ [O] 손실보상의 기준, 보상금액, 지급절차 및 방법, 손실보상심의위원회의 구성 및 운영, 그밖에 필요한 사항은 **대통령령**으로 정한다.(경찰관 직무집행법 제11조의2제7항)

정답 ②

444 「경찰관 직무집행법」및 「경찰관직무집행법 시행령」상 손실보상에 대한 다음 설명 중 옳지 않은 것은 모두 몇 개인가?

㉠ 국가는 경찰관의 적법한 직무집행으로 인하여 손실발생의 원인에 대하여 책임이 있는 자가 자신의 책임에 상응하는 정도를 초과하는 생명·신체 또는 재산상의 손실을 입은 경우 손실을 입은 자에 대하여 정당한 보상을 하여야 한다.
㉡ 손실보상의 기준, 보상금액, 지급절차 및 방법, 손실보상심의위원회의 구성 및 운영, 환수절차, 그밖에 손실보상에 관하여 필요한 사항은 행정안전부령으로 정한다.
㉢ 소속 경찰공무원의 직무집행으로 인하여 발생한 손실보상청구 사건을 심의하기 위하여 경찰청, 시도경찰청 및 경찰서에 손실보상심의위원회를 설치한다.
㉣ 위원회는 위원장 1명을 포함한 5명 이상 7명 이하의 위원으로 구성한다. 이 경우 위원의 과반수 이상은 경찰공무원이 아닌 사람으로 하여야 한다.
㉤ 위원회의 위원은 소속 경찰공무원과 i) 판사·검사 또는 변호사로 5년 이상 재직한 사람, ii) 고등교육법 제2조에 따른 학교에서 법학 또는 행정학을 가르치는 정교수 이상으로 5년 이상 재직한 사람, iii) 경찰업무와 손실보상에 관하여 학식과 경험이 풍부한 사람 중에서 경찰청장 등이 위촉하거나 임명한다.
㉥ 위원회의 회의는 재적위원 과반수의 출석으로 개의하고, 출석위원 과반수의 찬성으로 의결한다.

① 1개   ② 2개   ③ 3개   ④ 4개

해설

㉡, ㉢, ㉤ 3항목이 옳지 않다.
㉡ [×] 손실보상의 기준, 보상금액, 지급절차 및 방법, 손실보상심의위원회의 구성 및 운영, 환수절차, 그밖에 손실보상에 관하여 필요한 사항은 행정안전부령(×)으로 정한다.
→ 제1항에 따른 손실보상의 기준, 보상금액, 지급 절차 및 방법, 제3항에 따른 손실보상심의위원회의 구성 및 운영, 제4항 및 제6항에 따른 환수절차, 그 밖에 손실보상에 관하여 필요한 사항은 대통령령으로 정한다.(경찰관 직무집행법 제11조의2제7항)
㉢ [×] 소속 경찰공무원의 직무집행으로 인하여 발생한 손실보상청구 사건을 심의하기 위하여 경찰청, 시도경찰청 및 경찰서(×)에 손실보상심의위원회를 설치한다.
→ 법 제11조의2제3항에 따라 소속 경찰공무원의 직무집행으로 인하여 발생한 손실보상청구 사건을 심의하기 위하여 경찰청, 해양경찰청, 시·도경찰청 및 지방해양경찰청에 손실보상심의위원회(이하 "위원회"라 한다)를 설치한다.(경찰관 직무집행법 시행령 제11조제1항)
㉤ [×] 위원회의 위원은 소속 경찰공무원과 i) 판사·검사 또는 변호사로 5년 이상 재직한 사람, ii) 고등교육법 제2조에 따른 학교에서 법학 또는 행정학을 가르치는 정교수(×) 이상으로 5년 이상 재직한 사람, iii) 경찰업무와 손실보상에 관하여 학식과 경험이 풍부한 사람 중에서 경찰청장 등이 위촉하거나 임명한다.
→ 위원회의 위원은 소속 경찰공무원과 다음 각 호의 어느 하나에 해당하는 사람 중에서 경찰청장등이 위촉하거나 임명한다. 이 경우 위원의 과반수 이상은 경찰공무원이 아닌 사람으로 하여야 한다. 판사·검사 또는 변호사로 5년 이상 근무한 사람, 「고등교육법」 제2조에 따른 학교에서 법학 또는 행정학을 가르치는 부교수 이상으로 5년 이상 재직한 사람, 경찰 업무와 손실보상에 관하여 학식과 경험이 풍부한 사람(경찰관 직무집행법 시행령 제11조제3항제1호, 제2호, 제3호)

㉠ [O] 국가는 경찰관의 적법한 직무집행으로 인하여 손실발생의 원인에 대하여 책임이 있는 자가 자신의 책임에 상응하는 정도를 초과하는 생명·신체 또는 재산상의 손실을 입은 경우 손실을 입은 자에 대하여 정당한 보상을 하여야 한다.(경찰관 직무집행법 제11조의2제1항제2호)
㉣ [O] 위원회는 위원장 1명을 포함한 5명 이상 7명 이하의 위원으로 구성한다.(경찰관 직무집행법 시행령 제11조제2항) 이 경우 위원의 과반수 이상은 경찰공무원이 아닌 사람으로 하여야 한다.(경찰관 직무집행법 시행령 제11조제3항)
㉥ [O] 위원회의 회의는 재적위원 과반수의 출석으로 개의하고, 출석위원 과반수의 찬성으로 의결한다.(경찰관 직무집행법 시행령 제13조제2항)

정답 ③

445 「경찰관 직무집행법」 및 경찰관직무집행법 시행령상 손실보상에 대한 설명으로 옳지 않은 것은 모두 몇 개인가?

20 경찰간부 [Core ★★] 총론 Chapter 7. 460

㉠ 국가는 경찰관의 적법한 직무집행으로 인하여 손실발생의 원인에 대하여 책임이 없는 자가 생명·신체 또는 재산상의 손실을 입은 경우 손실을 입은 자에게 정당한 보상을 하여야 한다.
㉡ 손실을 입은 물건을 수리할 수 있는 경우에는 수리비에 상당하는 금액으로 보상한다.
㉢ 손실을 입은 물건을 수리할 수 없는 경우에는 보상 당시의 해당물건의 교환 가액으로 보상한다.
㉣ 영업자가 손실을 입은 물건의 수리나 교환으로 인하여 영업을 계속할 수 없는 경우에는 기간 중 영업상 이익에 상당하는 금액으로 보상한다.
㉤ 물건의 멸실·훼손으로 인한 손실 외의 재산상 손실에 대해서는 직무집행과 상당한 인과관계가 있는 범위에서 보상한다.
㉥ 보상금은 다른 법률에 특별한 규정이 있는 경우를 제외하고는 현금으로 지급하여야 한다.

① 1개 ② 2개 ③ 3개 ④ 4개

해설

㉢ 1항목이 옳지 않다.
㉢ [X] 손실을 입은 물건을 수리할 수 없는 경우에는 보상 당시의(X) 해당물건의 교환 가액으로 보상한다.
→ 손실을 입은 물건을 수리할 수 없는 경우: 손실을 입은 당시의 해당 물건의 교환가액(경찰관 직무집행법 시행령 제9조제1항제2호)
㉠ [O] 국가는 경찰관의 적법한 직무집행으로 인하여 손실발생의 원인에 대하여 책임이 없는 자가 생명·신체 또는 재산상의 손실을 입은 경우 손실을 입은 자에게 정당한 보상을 하여야 한다.(경찰관 직무집행법 제11조의2제1항)
㉡ [O] 손실을 입은 물건을 수리할 수 있는 경우에는 수리비에 상당하는 금액으로 보상한다.(경찰관 직무집행법 시행령 제9조제1항제1호)

㉣ [O] 영업자가 손실을 입은 물건의 수리나 교환으로 인하여 영업을 계속할 수 없는 경우에는 **기간 중 영업상 이익에 상당하는 금액으로 보상한다.**(경찰관 직무집행법 시행령 제9조제1항제3호)
㉤ [O] 물건의 멸실·훼손으로 인한 손실 외의 재산상 손실에 대해서는 직무집행과 상당한 인과관계가 있는 범위에서 보상한다.(경찰관 직무집행법 시행령 제9조제2항)
㉥ [O] 보상금은 다른 법률에 특별한 규정이 있는 경우를 제외하고는 **현금으로 지급하여야 한다.**(경찰관 직무집행법 시행령 제10조제5항)

정답 ①

446 「경찰관 직무집행법」및 「경찰관 직무집행법 시행령」상 손실보상에 대한 설명으로 가장 적절한 것은?

21 경찰 1차 [Core ★★] 총론 Chapter 7. 461

① 손실발생의 원인에 대하여 책임이 없는 자가 경찰관의 적법한 직무집행으로 인하여 생명·신체 또는 재산상의 손실을 입은경우(손실발생의 원인에 대하여 책임이 없는 자가 경찰관의 직무집행에 자발적으로 협조하거나 물건을 제공하여 생명·신체 또는 재산상의 손실을 입은 경우를 제외한다), 국가는 그 손실을 입은 자에 대하여 정당한 보상을 하여야 한다.
② 경찰청장 또는 시도경찰청장은 손실보상심의위원회의 심의·의결에 따라 보상금을 지급하고, 거짓 또는 부정한 방법으로 보상금을 받은 사람에 대하여는 해당 보상금을 환수할 수 있다.
③ 손실보상심의위원회는 위원장 1명을 포함한 5명 이상 7명 이하의 위원으로 구성하며, 위원장이 부득이한 사유로 직무를 수행할 수 없는 때에는 상임위원, 위원 중 연장자순으로 위원장의 직무를 대행한다.
④ 보상금을 지급하기로 결정한 경우 경찰청장등(경찰청, 해양경찰청, 시도경찰청 및 지방해양경찰청의 장)은 「경찰관 직무집행법 시행령」 제10조 제3항에 따른 결정일부터 10일 이내에 보상금 지급 청구 승인 통지서에 결정 내용을 적어서 청구인에게 통지하여야 한다.

해설

④ [O] 보상금을 지급하기로 결정한 경우 경찰청장등(경찰청, 해양경찰청, 시도경찰청 및 지방해양경찰청의 장)은 「경찰관 직무집행법 시행령」 제10조 제3항에 따른 **결정일부터 10일 이내에 보상금 지급 청구 승인 통지서에 결정 내용을 적어서 청구인에게 통지하여야 한다.**(경찰관 직무집행법 시행령 제10조제4항)
① [X] 손실발생의 원인에 대하여 책임이 없는 자가 경찰관의 적법한 직무집행으로 인하여 생명·신체 또는 재산상의 손실을 입은경우(손실발생의 원인에 대하여 책임이 없는 자가 경찰관의 직무집행에 자발적으로 협조하거나 물건을 제공하여 생명·신체 또는 재산상의 손실을 입은 경우를 제외한다(×)), 국가는 그 손실을 입은 자에 대하여 정당한 보상을 하여야 한다.

→ 국가는 경찰관의 적법한 직무집행으로 인하여 다음 각 호의 어느 하나에 해당하는 손실을 입은 자에 대하여 정당한 보상을 하여야 한다. 손실발생의 원인에 대하여 책임이 없는 자가 생명·신체 또는 재산상의 손실을 입은 경우(손실발생의 원인에 대하여 책임이 없는 자가 경찰관의 직무집행에 자발적으로 협조하거나 물건을 제공하여 생명·신체 또는 재산상의 손실을 입은 경우를 포함한다)(경찰관 직무집행법 제11조의2제1항제1호)

② [×] 경찰청장 또는 시도경찰청장은 손실보상심의위원회의 심의·의결에 따라 보상금을 지급하고, 거짓 또는 부정한 방법으로 보상금을 받은 사람에 대하여는 해당 보상금을 환수할 수 있다.(×)
→ 경찰청장 또는 시·도경찰청장은 제3항의 손실보상심의위원회의 심의·의결에 따라 보상금을 지급하고, 거짓 또는 부정한 방법으로 보상금을 받은 사람에 대하여는 해당 보상금을 환수하여야 한다.(경찰관 직무집행법 제11조의2제4항)

③ [×] 손실보상심의위원회는 위원장 1명을 포함한 5명 이상 7명 이하의 위원으로 구성하며, 위원장이 부득이한 사유로 직무를 수행할 수 없는 때에는 상임위원, 위원 중 연장자순으로 위원장의 직무를 대행한다.(×)
→ 위원회는 위원장 1명을 포함한 5명 이상 7명 이하의 위원으로 구성한다.(경찰관 직무집행법 시행령 제11조제2항) 위원장이 부득이한 사유로 직무를 수행할 수 없는 때에는 위원장이 미리 지명한 위원이 그 직무를 대행한다.(경찰관 직무집행법 시행령 제12조제3항)

> **경찰관 직무집행법 시행령 제12조(위원장)**
> ① 위원장은 위원 중에서 호선(互選)한다.
> ② 위원장은 위원회를 대표하며, 위원회의 업무를 총괄한다.
> ③ 위원장이 부득이한 사유로 직무를 수행할 수 없는 때에는 위원장이 미리 지명한 위원이 그 직무를 대행한다.

정답 ④

447 「경찰관 직무집행법」 및 동법 시행령상 손실보상에 관한 내용 중 가장 적절하지 않은 것은?

22 경찰 1차 [Core ★★] 총론 Chapter 7. 466

① 소속 경찰공무원의 직무집행으로 인하여 발생한 손실보상청구사건을 심의하기 위하여 경찰청, 해양경찰청, 시·도경찰청 및 지방해양경찰청에 손실보상심의위원회를 설치한다.
② 손실보상을 청구할 수 있는 권리는 손실이 있음을 안 날부터 3년, 손실이 발생한 날부터 5년간 행사하지 아니하면 시효의 완성으로 소멸한다.
③ 손실보상금 지급 청구서를 받은 경찰청장등은 손실보상심의위원회의 심의·의결에 따라 손실보상 여부 및 손실보상금액을 결정하되 손실보상 청구가 요건과 절차를 갖추지 못한 경우(다만, 그 잘못된 부분을 시정할 수 있는 경우는 제외한다) 그 청구를 기각하는 결정을 하여야 한다.
④ 손실보상금은 일시불로 지급하되, 예산 부족 등의 사유로 일시금으로 지급할 수 없는 특별한 사정이 있는 경우에는 청구인의 동의를 받아 분할하여 지급할 수 있다.

해설

③ [×] 손실보상금 지급 청구서를 받은 경찰청장등은 손실보상심의위원회의 심의·의결에 따라 손실보상 여부 및 손실보상금액을 결정하되 손실보상 청구가 요건과 절차를 갖추지 못한 경우(다만, 그 잘못된 부분을 시정

할 수 있는 경우는 제외한다) 그 청구를 기각하는 결정을 하여야 한다.(×)
→ 제2항에 따라 보상금 지급 청구서를 받은 경찰청장등은 손실보상심의위원회의 심의·의결에 따라 보상 여부 및 보상금액을 결정하되, 다음 각 호의 어느 하나에 해당하는 경우에는 그 청구를 각하(却下)하는 결정을 하여야 한다. 손실보상 청구가 요건과 절차를 갖추지 못한 경우. 다만, 그 잘못된 부분을 시정할 수 있는 경우는 제외한다.(경찰관 직무집행법 시행령 제10조제3항제2호)

① [O] 소속 경찰공무원의 직무집행으로 인하여 발생한 손실보상청구사건을 심의하기 위하여 **경찰청, 해양경찰청, 시·도경찰청 및 지방해양경찰청에 손실보상심의위원회를 설치한다**.(경찰관 직무집행법 시행령 제11조제1항)

② [O] 손실보상을 청구할 수 있는 권리는 **손실이 있음을 안 날부터 3년, 손실이 발생한 날부터 5년간** 행사하지 아니하면 시효의 완성으로 소멸한다.(경찰관 직무집행법 제11조의2제2항)

④ [O] 손실보상금은 **일시불**로 지급하되, 예산 부족 등의 사유로 일시금으로 지급할 수 없는 특별한 사정이 있는 경우에는 **청구인의 동의를 받아** 분할하여 지급할 수 있다.(경찰관 직무집행법 시행령 제10조제6항)

정답 ③

448 「경찰관 직무집행법」에 관한 내용 중 가장 적절하지 않은 것은?

22 경찰 1차 [ESSential ★]
총론 Chapter 7. 467

① 경찰관서의 장은 직무 수행에 필요하다고 인정되는 상당한 이유가 있을 때에는 국가기관이나 공사(公私) 단체 등에 직무수행에 관련된 사실을 조회할 수 있다. 다만, 긴급한 경우에는 소속 경찰관으로 하여금 현장에 나가 해당 기관 또는 단체의 장의 협조를 받아 그 사실을 확인하게 할 수 있다.

② 국가경찰위원회 위원장은 경찰관이 「경찰관직무집행법」 제2조(직무의 범위) 각 호에 따른 직무의 수행으로 인하여 민·형사상 책임과 관련된 소송을 수행할 경우 변호인 선임 등 소송 수행에 필요한 지원을 하여야 한다.

③ 경찰청장, 시·도경찰청장 또는 경찰서장은 「경찰관 직무집행법」 제11조의3 제2항에 따른 보상금심사위원회의 심사·의결에 따라 보상금을 지급하고, 거짓 또는 부정한 방법으로 보상금을 받은 사람에 대하여는 해당 보상금을 환수한다.

④ 보상금심사위원회는 위원장 1명을 포함한 5명 이내의 위원으로 구성한다.

해설

② [×] 국가경찰위원회 위원장은 경찰관이 「경찰관직무집행법」 제2조(직무의 범위) 각 호에 따른 직무의 수행으로 인하여 민·형사상 책임과 관련된 소송을 수행할 경우 변호인 선임 등 **소송 수행에 필요한 지원을 하여야 한다**.(×)
→ 경찰청장과 해양경찰청장은 경찰관이 제2조 각 호에 따른 **직무의 수행으로 인하여 민·형사상 책임과 관련된 소송을 수행할 경우 변호인 선임 등 소송 수행에 필요한 지원을 할 수 있다**.(경찰관 직무집행법 제11조의4)

① [○] **경찰관서의 장은 직무 수행에 필요하다고 인정되는 상당한 이유가 있을 때에는 국가기관이나 공사(公私)단체 등에 직무수행에 관련된 사실을 조회할 수 있다.** 다만, 긴급한 경우에는 소속 경찰관으로 하여금 현장에 나가 해당 기관 또는 단체의 장의 협조를 받아 그 사실을 확인하게 할 수 있다.(경찰관 직무집행법 제8조 제1항)

③ [○] 경찰청장, 시·도경찰청장 또는 경찰서장은 「경찰관 직무집행법」제11조의3 제2항에 따른 보상금심사위원회의 심사·의결에 따라 보상금을 지급하고, 거짓 또는 부정한 방법으로 보상금을 받은 사람에 대하여는 **해당 보상금을 환수한다.**(경찰관 직무집행법 제11조의3제5항)

④ [○] 보상금심사위원회는 **위원장 1명을 포함한 5명 이내의 위원으로 구성**한다.(경찰관 직무집행법 제11조의3 제3항)

경찰관 직무집행법

제11조의3(범인검거 등 공로자 보상)
① 경찰청장, 시·도경찰청장 또는 경찰서장은 다음 각 호의 어느 하나에 해당하는 사람에게 보상금을 지급할 수 있다.
　1. 범인 또는 범인의 소재를 신고하여 검거하게 한 사람
　2. 범인을 검거하여 경찰공무원에게 인도한 사람
　3. 테러범죄의 예방활동에 현저한 공로가 있는 사람
　4. 그 밖에 제1호부터 제3호까지의 규정에 준하는 사람으로서 대통령령으로 정하는 사람
② **경찰청장, 시·도경찰청장 및 경찰서장은 제1항에 따른 보상금 지급의 심사를 위하여 대통령령으로 정하는 바에 따라 각각 보상금심사위원회를 설치·운영하여야 한다.**
③ 제2항에 따른 보상금심사위원회는 **위원장 1명을 포함한 5명 이내의 위원으로 구성**한다.
④ 제2항에 따른 보상금심사위원회의 위원은 소속 경찰공무원 중에서 경찰청장, 시·도경찰청장 또는 경찰서장이 임명한다.
⑤ 경찰청장, 시·도경찰청장 또는 경찰서장은 제2항에 따른 보상금심사위원회의 심사·의결에 따라 보상금을 지급하고, **거짓 또는 부정한 방법으로 보상금을 받은 사람에 대하여는 해당 보상금을 환수한다.**
⑥ 경찰청장, 시·도경찰청장 또는 경찰서장은 제5항에 따라 보상금을 반환하여야 할 사람이 대통령령으로 정한 기한까지 그 금액을 납부하지 아니한 때에는 국세 체납처분의 예에 따라 징수할 수 있다.
⑦ 제1항에 따른 보상 대상, 보상금의 지급 기준 및 절차, 제2항 및 제3항에 따른 보상금심사위원회의 구성 및 심사사항, 제5항 및 제6항에 따른 환수절차, 그 밖에 보상금 지급에 관하여 필요한 사항은 대통령령으로 정한다.

제11조의4(소송 지원)
경찰청장과 해양경찰청장은 경찰관이 제2조 각 호에 따른 **직무의 수행으로 인하여 민·형사상 책임과 관련된 소송을 수행할 경우 변호인 선임 등 소송 수행에 필요한 지원을 할 수 있다.**

정답 ②

449 다음 중 「경찰관직무집행법」에 대한 설명으로 가장 옳지 않은 것은? 21 해경승진 [Essential ★]

① 경찰관은 수상한 행동이나 그 밖의 주위사정을 합리적으로 판단하여 볼 때 어떠한 죄를 범하였거나 범하려하고 있다고 의심할 만한 상당한 이유가 있는 사람을 정지시켜 질문할 수 있다.

② 경찰관은 범인의 체포, 범인의 도주 방지, 자신이나 다른 사람의 생명·신체의 방어 및 보호 공무집행에 대한 항거의 제지를 위하여 필요하다고 인정되는 상당한 이유가 있을 때에는 그 사태를 합리적으로 판단하여 필요한 한도에서 무기를 사용할 수 있다.

③ 국가는 경찰관의 적법한 직무집행으로 인하여 손실발생의 원인에 대하여 책임이 있는 자가 자신의 책임에 상응하는 정도를 초과하는 생명·신체 또는 재산상의 손실을 입은 경우 손실을 입은 자에 대하여 정당한 보상을 할 수 있다.

④ 경찰관의 의무에 위반하거나 직권을 남용하여 다른 사람에게 해를 끼친 자는 1년 이하의 징역이나 금고에 처한다.

해설

③ [×] 국가는 경찰관의 적법한 직무집행으로 인하여 **손실발생의 원인에 대하여 책임이 있는 자가 자신의 책임에 상응하는 정도를 초과하는 생명·신체 또는 재산상의 손실을 입은 경우** 손실을 입은 자에 대하여 **정당한 보상을 할 수 있다.**(×)
→ 국가는 경찰관의 적법한 직무집행으로 인하여 다음 각 호의 어느 하나에 해당하는 손실을 입은 자에 대하여 **정당한 보상을 하여야 한다.** 손실발생의 원인에 대하여 책임이 있는 자가 자신의 책임에 상응하는 정도를 초과하는 생명·신체 또는 재산상의 손실을 입은 경우(경찰관 직무집행법 제11조의2제1항제2호)

① [O] 경찰관은 수상한 행동이나 그 밖의 주위사정을 합리적으로 판단하여 볼 때 어떠한 죄를 범하였거나 범하려하고 있다고 의심할 만한 상당한 이유가 있는 사람을 **정지시켜 질문할 수 있다.**(경찰관 직무집행법 제3조제1항제1호)

② [O] 경찰관은 범인의 **체포,** 범인의 **도주 방지, 자신이나 다른 사람의 생명·신체의 방어 및 보호 공무집행에 대한 항거의 제지**를 위하여 필요하다고 인정되는 상당한 이유가 있을 때에는 그 사태를 합리적으로 판단하여 필요한 한도에서 **무기를 사용할 수 있다.**(경찰관 직무집행법 제10조의4제1항)

④ [O] 경찰관의 의무에 위반하거나 직권을 남용하여 다른 사람에게 해를 끼친 자는 **1년 이하의 징역이나 금고에 처한다.**(경찰관 직무집행법 제12조)

정답 ③

2. 손해배상(국가배상법)

450 경찰공무원의 직무상 불법행위로 인한 손해에 있어서 공무원 자신의 책임이 면제되지 아니하는 경우는?

02 101단 2차 [Essential ★] 총론 Chapter 6. 405

① 고의가 있을 경우
② 고의 또는 중과실이 있는 경우
③ 고의 또는 과실이 있는 경우
④ 어떤 경우에도 책임은 면제되지 않고, 형(刑)의 경중에만 차이가 있다.

② [O] 고의 또는 중과실이 있는 경우
→ 경찰공무원의 적극적이고 능동적인 업무수행을 위해 경과실의 경우에는 공무원 자신의 책임이 면제되지만, 고의 또는 중과실이 있는 경우에는 경찰공무원 개인의 책임이 면제되지 않는다. 즉, 경찰공무원에게 위법행위로 고의나 중과실이 있는 경우에는 간접적이든 직접적이든 그 책임을 면하기 힘들다.
① [×] 고의가 있을 경우(×)
③ [×] 고의 또는 과실이 있는 경우(×)
④ [×] 어떤 경우에도 책임은 면제되지 않고, 형(刑)의 경중에만 차이가 있다.(×)

정답 ②

451 경찰공무원이 직무수행 중 불법행위를 한 경우 선택적 청구인정설에 따르면 국가가 국가배상책임을 부담하는 외에 공무원 개인이 피해자에게 부담하는 책임은?

03 경찰 3차 [Essential ★]
총론 Chapter 6. 406

① 손실보상　　② 손해배상　　③ 구상권　　④ 과징금

② [O] 손해배상
→ 공무원의 위법한 직무집행행위 또는 영조물의 설치·관리하자로 인하여 발생한 손해에 대하여 국가나 공고단체가 배상하는 제도이다. 국가배상법상의 **공무원의 직무상 위법행위로 인한 손해배상**과 영조물의 설치·관리상의 하자로 인한 손해배상은 국가 또는 지방자치단체가 부담한다. 국가 또는 지방자치단체가 피해자에게 손해배상을 한 경우에, 공무원의 직무수행상 고의 또는 중과실로 위법행위를 하였거나 공무원이 고의 또는 중과실로 영조물(공물)의 설치·관리상에 하자를 가져온 때에는 국가 또는 지방자치단체가 공무원에게 구상권을 행사할 수 있다. 국가 또는 지방자치단체가 공무원에게 구상권을 행사하면, 공무원은 국가 또는 지방자치단체에 대한 변상책임을 지게 된다.
① [×] 손실보상(×): **적법한 공권력행사**로 인하여 **사인의 재산권**에 가해진 **특별한 손해**에 대하여 전체적인 공평부담의 견지에서 행하여지는 **재산적 보상**을 말한다. 손실보상은 재산권침해에 대해서만 인정되며, 생명

· 신체 등 비재산권침해에 대한 손실보상은 인정되지 않는다.
③ [×] 구상권(×): 공무원의 **고의·중과실인 경우** 구상권 행사가 가능하다. 경과실인 경우 구상권 행사가 불가하다.
④ [×] 과징금(×): 행정청이 일정한 행정법상의 의무를 위한 사업자 또는 개인에 대하여 의무 이행을 확보하기 위해 사업 또는 면허의 취소나 정지처분에 대신하여 부과하는 금전적 제재로서 얻는 수입이다. 과징금은 금전적 제재라는 점에서 벌금이나 과태료와 유사한 성격을 가지고 있으나 과징금 수입을 징수분야의 행정목적에 직접 사용한다는 점에서 벌금 등과 차이가 있다.

공무원의 직무상 고의 또는 과실로 국민에게 재산상의 손해를 가한 경우, 피해자는 국가 또는 공무원 개인에게 선택적으로 손해배상책임을 청구할 수 있는가에 대하여는 대위책임설(행정법학계 다수설)·자기책임설(헌법학계 다수설)·중간설(판례) 등으로 대립되고 있다. 아래의 국가배상법을 보면, 피해자에 대한 공무원의 직접적인 배상 책임은 인정되지 않으며, 책임의 성질에 대해서는 대위책임설에 입각하고 있다고 보여진다.

국가배상법 제2조(배상책임)
① 국가나 지방자치단체는 **공무원 또는 공무를 위탁받은 사인**(이하 "공무원"이라 한다)이 직무를 집행하면서 고의 또는 과실로 법령을 위반하여 타인에게 손해를 입히거나, 「자동차손해배상 보장법」에 따라 손해배상의 책임이 있을 때에는 이 법에 따라 그 손해를 배상하여야 한다. 다만, 군인·군무원·경찰공무원 또는 예비군대원이 전투·훈련 등 직무 집행과 관련하여 전사(戰死)·순직(殉職)하거나 공상(公傷)을 입은 경우에 본인이나 그 유족이 다른 법령에 따라 재해보상금·유족연금·상이연금 등의 보상을 지급받을 수 있을 때에는 이 법 및 「민법」에 따른 손해배상을 청구할 수 없다.
② 제1항 본문의 경우에 **공무원에게 고의 또는 중대한 과실이 있으면** 국가나 지방자치단체는 그 공무원에게 **구상(求償)**할 수 있다.

정답 ②

---

452 시위진압을 위하여 출동한 김경장은 기동대버스를 주차할 곳이 없어 언덕 위에 사이드 브레이크를 사용해 안전주차 하였음에도 불구하고 버스가 뒤로 밀리면서 주민 甲의 주차된 승용차를 파손하고 행인 乙에게 전치 3주의 부상을 입혔다. 이에 대한 설명 중 가장 올바른 것은?

04 경찰 3차 [ESSential ★] 총론 Chapter 6. 407

① 국가는 김경장의 과실이 있는 경우에만 배상할 책임이 있다.
② 국가는 김경장의 고의 또는 중과실이 있는 경우에만 피해자에게 배상할 책임을 진다.
③ 국가는 무과실책임으로서 배상책임이 있으며, 만일 김경장의 고의 또는 중과실이 있다면 구상권을 행사할 수 있다.
④ 운전자 김경장과 피해자들의 책임의 경중을 가려 배상하되 물적 피해에 대해서는 신중한 합의가 필요하다.

해설
③ [O] 국가는 무과실책임으로서 배상책임이 있으며, 만일 김경장의 고의 또는 중과실이 있다면 구상권을 행사할 수 있다.
→ 위 경우는 국가배상법 제5조 상의 영조물의 설치 또는 관리상의 하자로 인한 손해배상책임에 해당한다.

국가배상법의 규정에는 도로·하천 기타 공공의 영조물(공물)의 설치·관리에 하자가 있기 때문에 타인에게 손해를 발생하게 하였을 때에는 국가 또는 지방자치단체는 그 손해를 배상하여야 한다. 그리고 **배상책임의 성질은 무과실책임(결과책임)이므로 설치·관리에 고의 또는 과실이 없더라도 하자가 있고, 그로 인해 손해가 발생하면 배상하여야 한다.** 한편, 국가배상법 제2조에 의해 공무원의 고의 또는 과실로 인한 위법행위로 인하여 타인에게 손해를 가하였을 경우에는 국가 또는 지방자치단체가 배상책임을 진다. 또한, **공무원이 고의 또는 중대한 과실이 있는 때에는 국가 또는 지방자치단체는 그 공무원에게 구상을 할 수 있다.**

국가배상법 제5조(공공시설 등의 하자로 인한 책임)
① 도로·하천, 그 밖의 **공공의 영조물(營造物)의 설치나 관리에 하자(瑕疵)가 있기 때문에 타인에게 손해를 발생하게 하였을 때에는 국가나 지방자치단체는 그 손해를 배상하여야 한다.** 이 경우 제2조제1항 단서, 제3조 및 제3조의2를 준용한다.
② 제1항을 적용할 때 손해의 원인에 대하여 책임을 질 자가 따로 있으면 국가나 지방자치단체는 그 자에게 구상할 수 있다.

① [×] 국가는 김경장의 과실이 있는 경우에만(×) 배상할 책임이 있다.
② [×] 국가는 김경장의 고의 또는 중과실이 있는 경우에만(×) 피해자에게 배상할 책임을 진다.
④ [×] 운전자 김경장과 피해자(×)들의 책임의 경중을 가려 배상하되 물적 피해에 대해서는 신중한 합의가 필요하다.

정답 ③

453 다음은 국가배상에 대한 설명이다. 가장 거리가 먼 것은? 07 경찰 1차 [Essential ★] 총론 Chapter 6. 408

① 영조물에는 도로 등 인공공물뿐만 아니라, 하천 등 자연공물도 포함된다.
② 경찰차량, 경찰견, 교통신호기 등은 영조물에 포함된다.
③ 영조물 하자로 인한 손해의 원인에 대하여 책임질 자가 따로 있을 때에는 국가 또는 지방자치단체는 그 자에 대하여 구상할 수 있다.
④ 판례에 의하면 영조물의 설치·관리상 하자 책임은 공무원의 과실을 요건으로 한다.

해설

④ [×] 판례에 의하면 영조물의 설치·관리상 하자 책임은 공무원의 과실을 요건으로 한다.(×)
→ 영조물의 설치·관리상의 하자 책임은 무과실 결과책임이므로 설치·관리에 고의·과실이 없더라도 하자가 있고, 그로 인해 손해가 발생하면 배상을 하여야 한다.
① [○] 영조물에는 도로 등 인공공물뿐만 아니라, 하천 등 자연공물도 포함된다.
② [○] 경찰차량, 경찰견, 교통신호기 등은 영조물에 포함된다.
→ 국가배상법상 영조물은 공공의 사용에 제공된 유체물인 공물을 말한다. 공물은 **자연공물과 인공공물을** 포함하고 부동산·동산 및 동물, 공공용물이든 공용물이든 불문한다. 경찰에서의 예로는, 경찰차량과 같은 경찰장비·경찰견·신호기나 안전표지 등이 이에 해당할 수 있다.
③ [○] 영조물 하자로 인한 손해의 원인에 대하여 책임질 자가 따로 있을 때에는 국가 또는 지방자치단체는 그 자에 대하여 구상할 수 있다.

정답 ④

454 다음 중 경비경찰의 손해배상책임이 인정되지 않는 것은?

① 경찰관이 심야에 바리게이트를 쳐 놓았는데 그것을 치우지 않아 오토바이를 타고 가던 사람이 부딪혀 사망한 경우
② 경찰관이 농민들의 시위를 진압하고 시위과정에서 도로상 방치된 트랙터에 부딪혀 상해를 입은 경우
③ 경찰의 불법시위 진압에 대항하여 시위자들이 던진 화염병에 의하여 약국이 타버려 재산의 피해를 입은 경우
④ 경찰이 시위대를 몰기 위해 최루탄을 쏘는 과정에서 압사한 경우

해설

③ [×] 경찰의 불법시위 진압에 대항하여 시위자들이 던진 화염병에 의하여 약국이 타버려 재산의 피해를 입은 경우
→ 대법원은 불법시위를 진압하는 일련의 방법이나 조치 등에서 하자가 없는 경우에 제3자의 손해가 발생하더라도 국가의 손해배상책임은 없다고 한다. 한편, 이 경우 시위자들에 대해 민사상 손해배상책임을 묻는 것과는 별개의 문제이다.

> 부산지방법원 1992. 8. 25. 선고 91가합31268 제8민사부판결 [손해배상(기)]
> 상설검문서 근무 경찰관이 통행금지 또는 비상경계령이 내려 있지 않는데도 검문소운영요강을 지키지 아니하고 도로상에 방치해둔 바리케이드에 오토바이 운행자가 충돌하여 사망한 경우 국가의 손해배상책임을 인정한 사례

① [○] 경찰관이 심야에 바리게이트를 쳐 놓았는데 그것을 치우지 않아 오토바이를 타고 가던 사람이 부딪혀 사망한 경우

> 부산지방법원 1992. 8. 25. 선고 91가합31268 제8민사부판결 [손해배상(기)]
> 상설검문서 근무 경찰관이 통행금지 또는 비상경계령이 내려 있지 않는데도 검문소운영요강을 지키지 아니하고 도로상에 방치해둔 바리케이드에 오토바이 운행자가 충돌하여 사망한 경우 국가의 손해배상책임을 인정한 사례

② [○] 경찰관이 농민들의 시위를 진압하고 시위과정에서 도로상 방치된 트랙터에 부딪혀 상해를 입은 경우

> 대법원 1998. 8. 25. 선고 98다16890 판결 [손해배상(자)]
> 경찰관이 농민들의 시위를 진압하고 시위과정에서 도로 상에 방치된 트랙터 1대에 대하여 이를 도로 밖으로 옮기거나 후방에 안전표지판을 설치하는 것과 같은 **위험발생방지조치를 취하지 아니한 채 그대로 방치하고 철수하여 버린 결과, 야간에 그 도로를 진행하던 운전자가 위 방치된 트랙터를 피하려다가 다른 트랙터에 부딪혀 상해를 입은 사안에서 국가배상책임을 인정**한 사례.

④ [○] 경찰이 시위대를 몰기 위해 최루탄을 쏘는 과정에서 압사한 경우

> 대법원 1995. 11. 10. 선고 95다23897 판결 [손해배상(기)]
> 국가 소속 전투경찰들이 시위진압을 함에 있어서 합리적이고 상당하다고 인정되는 정도로 가능한 한 최루탄의 사용을 억제하고 또한 최대한 안전하고 평화로운 방법으로 시위진압을 하여 그 시위진압 과정에서 타인의 생명과 신체에 위해를 가하는 사태가 발생하지 아니하도록 하여야 하는데도, 이를 게을리한 채 **합리적이고 상당하다고 인정되는 정도를 넘어 지나치게 과도한 방법으로 시위진압을 한 잘못으로 시위 참가자로 하여금 사망에 이르게 하였다는 이유로 국가의 손해배상 책임을 인정**하되, 피해자의 시위에 참가하여 사망에 이르기까지의 행위를 참작하여 30% 과실상계를 한 원심판결을 수긍한 사례.

정답 ③

455 국가배상에 관한 설명 중 가장 적절하지 않은 것은? (다툼이 있는 경우 판례에 의함)

22 경찰 2차 [Core ★★] 총론 Chapter 6. 410

① 일반적으로 공무원이 직무를 집행함에 있어서 법령에 대한 해석이 그 문언 자체만으로는 명백하지 아니하여 여러 견해가 있을 수 있는데다가 이에 대한 선례나 학설, 판례 등도 귀일된 바 없어 이의(異義)가 없을 수 없는 경우, 관계 국가공무원이 그 나름대로 신중을 다하여 합리적인 근거를 찾아 그 중 어느 한 견해를 따라 내린 해석이 후에 대법원이 내린 입장과 같지 않아 결과적으로 잘못된 해석에 돌아가고, 이에 따른 처리가 역시 결과적으로 위법하게 되어 그 법령의 부당집행이라는 결과를 가져오게 되었다고 하더라도 「국가배상법」상 공무원의 과실을 인정할 수는 없다.

② 국가공무원이 고의 또는 과실로 직무상 의무를 위반하였을 경우라고 하더라도 국가는 그러한 직무상의 의무 위반과 피해자가 입은 손해 사이에 상당인과관계가 인정되는 범위 내에서만 배상책임을 지는 것이고, 이 경우 상당인과관계가 인정되기 위하여는 공무원에게 부과된 직무상 의무의 내용이 단순히 공공일반의 이익을 위한 것이거나 행정기관 내부의 질서를 규율하기 위한 것이 아니고 전적으로 또는 부수적으로 사회구성원 개인의안전과 이익을 보호하기 위하여 설정된 것이어야 한다.

③ 외국인이 피해자인 경우 국가배상청구권은 해당 국가와 상호보증이 있을 때에만 인정되므로, 그 상호 보증은 외국의 법령, 판례 및 관례 등에 의한 발생요건을 비교하여 인정되는 것이 아니라 반드시 당사국과의 조약이 체결되어 있어야 한다.

④ 국민의 생명, 신체 및 재산의 보호, 범죄의 예방·진압 및 수사, 기타 공공의 안녕과 질서유지 등의 직무를 수행하는 경찰은 「경찰관 직무집행법」, 「형사소송법」 등 관련 법령에서 부여한 여러 권한을 제반 상황에 대응하여 적절하게 행사하여 필요한 조치를 취할 수 있고, 그 권한은 일반적으로 경찰관의 전문적 판단에 기한 합리적인 재량에 위임되어 있지만, 경찰관에게 권한을 부여한 취지와 목적에 비추어 볼 때 구체적인 사정에 따라 경찰관이 그 권한을 행사하여 필요한 조치를 취하지 아니하는 것이 현저하게 불합리하다고 인정되는 경우에는 그러한 권한의 불행사는 직무상의 의무를 위반한 것이 되어 위법하게 된다.

해설

③ [×] 외국인이 피해자인 경우 국가배상청구권은 해당 국가와 상호보증이 있을 때에만 인정되므로, 그 상호보증은 외국의 법령, 판례 및 관례 등에 의한 발생요건을 비교하여 인정되는 것이 아니라 **반드시 당사국과의 조약이 체결되어 있어야 한다.**(×)

> **대법원 1995. 11. 10. 선고 95다23897 판결 [손해배상(기)]**
> 국가배상법 제7조는 우리나라만이 입을 수 있는 불이익을 방지하고 국제관계에서 형평을 도모하기 위하여 외국인의 국가배상청구권의 발생요건으로 '외국인이 피해자인 경우에는 해당 국가와 상호보증이 있을 것'을 요구하고 있는데, 해당 국가에서 외국인에 대한 국가배상청구권의 발생요건이 우리나라의 그것과 동일하거나 오히려 관대할 것을 요구하는 것은 지나치게 외국인의 국가배상청구권을 제한하는 결과가 되어 국제적인 교류가 빈번한 오늘날의 현실에 맞지 아니할 뿐만 아니라 외국에서 우리나라 국민에 대한 보호를 거부하게

하는 불합리한 결과를 가져올 수 있는 점을 고려할 때, 우리나라와 외국 사이에 국가배상청구권의 발생요건이 현저히 균형을 상실하지 아니하고 외국에서 정한 요건이 우리나라에서 정한 그것보다 전체로서 과중하지 아니하여 중요한 점에서 실질적으로 거의 차이가 없는 정도라면 국가배상법 제7조가 정하는 상호보증의 요건을 구비하였다고 봄이 타당하다. 그리고 **상호보증은 외국의 법령, 판례 및 관례 등에 의하여 발생요건을 비교하여 인정되면 충분하고 반드시 당사국과의 조약이 체결되어 있을 필요는 없으며, 당해 외국에서 구체적으로 우리나라 국민에게 국가배상청구를 인정한 사례가 없더라도 실제로 인정될 것이라고 기대할 수 있는 상태이면 충분하다.**

국가배상법 제7조(외국인에 대한 책임)
이 법은 외국인이 피해자인 경우에는 해당 국가와 상호 보증이 있을 때에만 적용한다.

---

① [O] 일반적으로 공무원이 직무를 집행함에 있어서 법령에 대한 해석이 그 문언 자체만으로는 명백하지 아니하여 여러 견해가 있을 수 있는데다가 이에 대한 선례나 학설, 판례 등도 귀일된 바 없어 이의(異義)가 없을 수 없는 경우, 관계 국가공무원이 그 나름대로 신중을 다하여 합리적인 근거를 찾아 그 중 어느 한 견해를 따라 내린 해석이 후에 대법원이 내린 입장과 같지 않아 결과적으로 잘못된 해석에 돌아가고, 이에 따른 처리가 역시 결과적으로 위법하게 되어 그 법령의 부당집행이라는 결과를 가져오게 되었다고 하더라도「국가배상법」상 공무원의 과실을 인정할 수는 없다.

대법원 1995. 10. 13. 선고 95다32747 판결 [손해배상(기)]
일반적으로 공무원이 직무를 집행함에 있어서 관계법규를 알지 못하거나 필요한 지식을 갖추지 못하여 법규의 해석을 그르쳐 잘못된 행정처분을 하였다면 그가 법률전문가가 아닌 행정직 공무원이라고 하여 과실이 없다고 할 수 없으나, **법령에 대한 해석이 그 문언 자체만으로는 명백하지 아니하여 여러 견해가 있을 수 있는 데다가 이에 대한 선례나 학설, 판례 등도 귀일된 바 없어 의의(疑義)가 없을 수 없는 경우에 관계 공무원이 그 나름대로 신중을 다하여 합리적인 근거를 찾아 그 중 어느 한 견해를 따라 내린 해석이 후에 대법원이 내린 입장과 같지 않아 결과적으로 잘못된 해석에 돌아가고, 이에 따른 처리가 역시 결과적으로 위법하게 되어 그 법령의 부당집행이라는 결과를 가져오게 되었다고 하더라도, 그와 같은 처리 방법 이상의 것을 성실한 평균적 공무원에게 기대하기는 어려운 일이고, 따라서 이러한 경우까지 국가배상법상 공무원의 과실을 인정할 수는 없다.**

---

② [O] 국가공무원이 고의 또는 과실로 직무상 의무를 위반하였을 경우라고 하더라도 국가는 그러한 직무상의 의무 위반과 피해자가 입은 손해 사이에 상당인과관계가 인정되는 범위 내에서만 배상책임을 지는 것이고, 이 경우 상당인과관계가 인정되기 위하여는 공무원에게 부과된 직무상 의무의 내용이 단순히 공공일반의 이익을 위한 것이거나 행정기관 내부의 질서를 규율하기 위한 것이 아니고 전적으로 또는 부수적으로 사회구성원 개인의 안전과 이익을 보호하기 위하여 설정된 것이어야 한다.

대법원 2010. 9. 9. 선고 2008다77795 판결 [손해배상(기)]
공무원이 고의 또는 과실로 그에게 부과된 직무상 의무를 위반하였을 경우라고 하더라도 국가는 그러한 직무상의 의무 위반과 피해자가 입은 손해 사이에 상당인과관계가 인정되는 범위 내에서만 배상책임을 지는 것이고, 이 경우 **상당인과관계가 인정되기 위하여는 공무원에게 부과된 직무상 의무의 내용이 단순히 공공 일반의 이익을 위한 것이거나 행정기관 내부의 질서를 규율하기 위한 것이 아니고 전적으로 또는 부수적으로 사회구성원 개인의 안전과 이익을 보호하기 위하여 설정된 것이어야 한다.**

---

④ [O] 국민의 생명, 신체 및 재산의 보호, 범죄의 예방·진압 및 수사, 기타 공공의 안녕과 질서유지 등의 직무를 수행하는 경찰은「경찰관 직무집행법」,「형사소송법」등 관련 법령에서 부여한 여러 권한을 제반 상황에 대응하여 적절하게 행사하여 필요한 조치를 취할 수 있고, 그 권한은 일반적으로 경찰관의 전문적 판단에 기한 합리적인 재량에 위임되어 있지만, 경찰관에게 권한을 부여한 취지와 목적에 비추어 볼 때 구체적인 사정에 따라 경찰관이 그 권한을 행사하여 필요한 조치를 취하지 아니하는 것이 현저하게 불합리하다고 인정되는 경우에는 그러한 권한의 불행사는 직무상의 의무를 위반한 것이 되어 위법하게 된다.

대법원 2016. 4. 15. 선고 2013다20427 판결 [손해배상(기)]
경찰은 범죄의 예방, 진압 및 수사와 함께 국민의 생명, 신체 및 재산의 보호 기타 공공의 안녕과 질서유지를 직무로 하고 있고, 직무의 원활한 수행을 위하여 경찰관 직무집행법, 형사소송법 등 관계 법령에 의하여 여러

가지 권한이 부여되어 있으므로, 구체적인 직무를 수행하는 경찰관으로서는 제반 상황에 대응하여 자신에게 부여된 여러 가지 권한을 적절하게 행사하여 필요한 조치를 할 수 있고, 그러한 권한은 일반적으로 경찰관의 전문적 판단에 기한 합리적인 재량에 위임되어 있으나, **경찰관에게 권한을 부여한 취지와 목적에 비추어 볼 때 구체적인 사정에 따라 경찰관이 권한을 행사하여 필요한 조치를 하지 아니하는 것이 현저하게 불합리하다고 인정되는 경우에는 권한의 불행사는 직무상 의무를 위반한 것이 되어 위법하게 된다.**

정답 ③

[심화학습]

3. 공무원의 직무행위로 인한 손해배상

456 행정상 손해배상에 관한 설명 중 옳지 <u>않은</u> 것은? (다툼이 있으면 판례에 의함) 13 국회직

① 실무상 국가배상청구소송은 민사소송으로 행해지고 있다.
② 법령에 의해 대집행권한을 위탁받은 한국토지공사는 국가공무원법 제2조에서 말하는 공무원에 해당하지 아니한다.
③ 입법행위로 인한 손해에 대한 국가배상청구에서 법률이 위헌인 경우 위법행위는 위법하다.
④ 국가배상법은 행정작용뿐만 아니라 입법작용 및 사법작용에도 적용된다.
⑤ 국가배상에서의 인과관계는 민법상 불법행위 책임에서의 그것과 동일하게 상당인과관계가 요구된다.

해설

③ [×] 입법행위로 인한 손해에 대한 국가배상청구에서 **법률이 위헌인 경우 위법행위는 위법하다.(×)**

> 대법원 2008. 5. 29. 선고 2004다33469 판결 [손해배상(기)]
> 법률이 위헌인 경우, 국회의원의 입법행위는 그 입법 내용이 헌법의 문언에 명백히 위배됨에도 불구하고 국회가 굳이 당해 입법을 한 것과 같은 특수한 경우가 아닌 한 **국가배상법 제2조 제1항 소정의 위법행위에 해당한다고 볼 수 없고,** 같은 맥락에서 국가가 일정한 사항에 관하여 헌법에 의하여 부과되는 구체적인 입법의무를 부담하고 있음에도 불구하고 그 입법에 필요한 상당한 기간이 경과하도록 고의 또는 과실로 이러한 입법의무를 이행하지 아니하는 등 극히 예외적인 사정이 인정되는 사안에 한정하여 국가배상법 소정의 배상책임이 인정될 수 있으며, 위와 같은 **구체적인 입법의무 자체가 인정되지 않는 경우에는 애당초 부작위로 인한 불법행위가 성립할 여지가 없다.**

① [○] 실무상 **국가배상청구소송은 민사소송으로 행해지고 있다.**
  → 실무(판례)상 국가배상청구소송은 민사소송에 의한다.
② [○] 법령에 의해 대집행권한을 위탁받은 **한국토지공사는 국가공무원법 제2조에서 말하는 공무원에 해당하지 아니한다.**

> 대법원 2010. 1. 20. 선고 2007다82950,82967 판결 [손해배상(기)·부당이득금]
> 한국토지공사는 이러한 법령의 위탁에 의하여 이 사건 대집행을 수권받은 자로서 공무인 대집행을 실시함에 따르는 권리·의무 및 책임이 귀속되는 **행정주체의 지위에 있다고 볼 것이지 지방자치단체 등의 기관으로서 국가배상법 제2조 소정의 공무원에 해당한다고 볼 것은 아니다.**

④ [○] 국가배상법은 **행정작용뿐만 아니라 입법작용 및 사법작용에도 적용된다.**
  → 국가배상법상의 직무행위에는 행정작용뿐만 아니라 입법작용, 사법작용이 모두 포함된다는 것이 일반적 견해이다.
⑤ [○] 국가배상에서의 인과관계는 민법상 불법행위 책임에서의 그것과 동일하게 **상당인과관계가 요구된다.**
  → 일반적인 견해는 가해행위와 손해발생 사이에는 민사상 불법행위와 동일하게 '상당인과관계'가 있어야 한다고 본다.

정답 ③

457 국가배상법의 해석에 대한 설명으로 옳지 않은 것은? 13 지방직 [Essential ★]

① 공무원의 부작위로 인한 국가배상책임을 인정하기 위하여는 공무원의 작위로 인한 국가배상책임을 인정하는 경우와 마찬가지로 국가배상법 제2조 제1항의 요건이 충족되어야 한다.

② '공무원'이라 함은 국가공무원법과 지방공무원법상의 공무원에 한정되지 않고 공무를 위탁받은 사인도 포함한다.

③ '법령에 위반하여'라 함은 엄격하게 형식적 의미의 법령에 명시적으로 공무원의 작위의무가 정하여져 있음에도 이를 위반하는 경우만을 의미한다.

④ 절박하고 중대한 위험상태가 발생하였거나 발생할 우려가 있는 경우가 아닌 한, 원칙적으로 공무원이 관련 법령대로만 직무를 수행하였다면 그와 같은 공무원의 부작위를 가지고 '고의 또는 과실로 법령에 위반'하였다고 할 수는 없다.

해설

③ [×] '법령에 위반하여'라 함은 엄격하게 형식적 의미의 법령에 명시적으로 공무원의 작위의무가 정하여져 있음에도 이를 위반하는 경우만을 의미한다.(×)

대법원 2004. 6. 25. 선고 2003다69652 판결 [손해배상(기)]
'법령에 위반하여'라고 하는 것은 엄격하게 형식적 의미의 법령에 명시적으로 공무원의 작위의무가 규정되어 있는데도 이를 위반하는 경우만을 의미하는 것은 아니고, 국민의 생명, 신체, 재산 등에 대하여 절박하고 중대한 위험상태가 발생하였거나 발생할 우려가 있어서 국민의 생명, 신체, 재산 등을 보호하는 것을 본래적 사명으로 하는 국가가 초법규적, 일차적으로 그 위험 배제에 나서지 아니하면 국민의 생명, 신체, 재산 등을 보호할 수 없는 경우에는 형식적 의미의 법령에 근거가 없더라도 국가나 관련 공무원에 대하여 그러한 위험을 배제할 작위의무를 인정할 수 있을 것이며, 이는 지방자치단체와 '그 소속 공무원에 대하여도 마찬가지라 할 것이다.

① [○] 공무원의 부작위로 인한 국가배상책임을 인정하기 위하여는 **공무원의 작위로 인한 국가배상책임을 인정하는 경우와 마찬가지로 국가배상법 제2조 제1항의 요건이 충족되어야 한다.**

대법원 2004. 6. 25. 선고 2003다69652 판결 [손해배상(기)]
공무원의 부작위로 인한 국가배상책임을 인정하기 위하여는 공무원의 작위로 인한 국가배상책임을 인정하는 경우와 마찬가지로 '공무원이 그 직무를 집행함에 당하여 고의 또는 과실로 법령에 위반하여 타인에게 손해를 가한 때'라고 하는 국가배상법 제2조 제1항의 요건이 충족되어야 한다.

② [○] '공무원'이라 함은 국가공무원법과 지방공무원법상의 공무원에 한정되지 않고 공무를 위탁받은 사인도 포함한다.
→ 사인도 공무를 위탁받아 실질적으로 그에 종사하면 국가배상법 제2조의 공무원이 될 수 있으며, 이때 공무위탁에는 일시적·한정적 공무위탁도 포함된다는 것이 통설과 판례의 태도이다.

④ [○] 절박하고 중대한 위험상태가 발생하였거나 발생할 우려가 있는 경우가 아닌 한, **원칙적으로 공무원이 관련 법령대로만 직무를 수행하였다면 그와 같은 공무원의 부작위를 가지고 '고의 또는 과실로 법령에 위반'하였다고 할 수는 없다.**

대법원 2012. 7. 26. 선고 2010다95666 판결 [손해배상(기)]
절박하고 중대한 위험상태가 발생하였거나 발생할 상당한 우려가 있는 경우가 아닌 한, 원칙적으로 공무원이 관련 법령에서 정하여진 대로 직무를 수행하였다면 그와 같은 공무원의 부작위를 가지고 '고의 또는 과실로 법령에 위반'하였다고 할 수는 없다.

정답 ③

458 국가배상에 관한 설명으로 옳은 것은? 13 서울시 [Core ★★]

① 위법한 환지처분에 불가쟁력이 발생한 경우에는 국가배상청구소송은 인용될 수 없다.
② 국가배상법상 위법을 항고소송의 위법보다 넓은 개념으로 보는 견해에 의하면 취소소송의 판결 중에서 인용판결의 기판력은 국가배상소송에 영향을 미치지 않지만, 기각판결의 기판력은 국가배상소송에 영향을 미친다.
③ 공무원의 부작위로 인한 국가배상책임이 인정되기 위해서는 형식적 의미의 법률에 의한 공무원의 작위의무가 존재하여야 한다.
④ 판례에 의하면 법령의 해석에는 다양한 견해가 있을 수 있으므로 공무원의 법령해석의 잘못에는 공무원의 과실이 인정되지 않는다.
⑤ 판례에 의하면 공무원의 고의 또는 중과실로 인한 위법행위로 손해를 받은 사람은 공무원 개인을 상대로 손해배상을 청구할 수 있다.

해설

⑤ [O] 판례에 의하면 공무원의 고의 또는 중과실로 인한 위법행위로 손해를 받은 사람은 공무원 개인을 상대로 손해배상을 청구할 수 있다.
→ 판례는 고의 또는 중과실이 있는 경우 피해자는 공무원에게도 국가(또는 지방자치단체) 또는 공무원에게도 선택적으로 손해배상을 청구할 수 있다고 본다.

> 대법원 1996. 2. 15. 선고 95다38677 전원합의체 판결 [손해배상(자)]
> 공무원이 직무수행 중 불법행위로 타인에게 손해를 입힌 경우에 국가 등이 국가배상책임을 부담하는 외에 **공무원 개인도 고의 또는 중과실이 있는 경우에는 불법행위로 인한 손해배상책임을 진다고 할 것이지만, 공무원에게 경과실뿐인 경우에는 공무원 개인은 손해배상책임을 부담하지 아니한다**고 해석하는 것이 헌법 제29조 제1항 본문과 단서 및 국가배상법 제2조의 입법취지에 조화되는 올바른 해석이라고 할 것이다.

① [×] 위법한 환지처분에 불가쟁력이 발생한 경우에는 국가배상청구소송은 인용될 수 없다.(×)
→ 불가쟁력이 발생한 행정행위라도 소멸시효가 완성되지 않는 한 상대방 등은 행정상 손해배상청구소송을 제기할 수 있다.

② [×] 국가배상법상 위법을 항고소송의 위법보다 넓은 개념으로 보는 견해에 의하면 취소소송의 판결 중에서 **인용판결의 기판력은 국가배상소송에 영향을 미치지 않지만, 기각판결의 기판력은 국가배상소송에 영향을 미친다.**(×)
→ 취소소송의 기판력이 행정상 손해배상청구에도 미치는지가 문제되는바, 이는 취소소송의 위법개념과 행정상 손해배상의 위법성 개념을 동일하게 볼 것인지와 관련된 문제이다. **취소소송의 위법개념과 국가배상청구소송의 위법개념을 동일하게 보는 견해**에 따르면 취소소송의 기판력은 행정상 손해배상청구에도 미치게 된다. 한편 **취소소송의 위법개념보다 행정상 손해배상청구의 위법개념이 더 넓다고 보는 견해**에 따르면 취소소송이 청구인용판결이라면 취소소송의 기판력은 후소인 국가배상청구소송에 미치게 되나, 청구기각판결의 경우에는 취소소송의 기판력은 후소인 국가배상청구소송에 미치지 않는다고 본다.

③ [×] 공무원의 부작위로 인한 국가배상책임이 인정되기 위해서는 **형식적 의미의 법률에 의한 공무원의 작위의무가 존재하여야 한다.**(×)
→ 공무원의 부작위로 인한 국가배상책임을 인정하기 위해서는 작위의무가 있음에도 이를 위반하는 경우이어야 하는데 이때 작위의무는 반드시 형식적 의미의 법률에 명시적으로 작위의무가 규정되어 있는데도 이를 위반하는 경우만을 의미하는 것은 아니라는 것이 판례의 입장이다.

> **대법원 2004. 6. 25. 선고 2003다69652 판결 [손해배상(기)]**
> 공무원의 부작위로 인한 국가배상책임을 인정하기 위하여는 공무원의 작위로 인한 국가배상책임을 인정하는 경우와 마찬가지로 '공무원이 그 직무를 집행함에 당하여 고의 또는 과실로 법령에 위반하여 타인에게 손해를 가한 때'라고 하는 국가배상법 제2조 제1항의 요건이 충족되어야 할 것인바, 여기서 '법령에 위반하여'라고 하는 것은 엄격하게 형식적 의미의 법령에 명시적으로 공무원의 작위의무가 규정되어 있는데도 이를 위반하는 경우만을 의미하는 것은 아니다.

④ [×] 판례에 의하면 법령의 해석에는 다양한 견해가 있을 수 있으므로 공무원의 법령해석의 잘못에는 공무원의 과실이 인정되지 않는다.(×)
→ 판례는 공무원의 부지(不知)에 대해서도 과실이 인정될 수 있다고 한다.

> **대법원 2001. 2. 9. 선고 98다52988 판결 [손해배상(기)]**
> 법령에 대한 해석이 복잡, 미묘하여 워낙 어렵고, 이에 대한 학설, 판례조차 귀일되어 있지 않는 등의 특별한 사정이 없는 한 일반적으로 공무원이 관계 법규를 알지 못하거나 필요한 지식을 갖추지 못하고 법규의 해석을 그르쳐 행정처분을 하였다면 그가 법률전문가가 아닌 행정직 공무원이라고 하여 과실이 없다고는 할 수 없다.

정답 ⑤

459 국가배상법 제2조의 배상책임에 관한 설명으로 옳지 않은 것은? (다툼이 있는 경우 판례에 의함)

12 지방직 [ESSential ★]

① 공무원에는 널리 공무를 위탁받아 실질적으로 공무에 종사하고 있는 일체의 자가 포함되지만, 공무의 위탁이 일시적이고 한정적인 사항에 관한 활동을 위한 것인 경우에는 공무원에 해당하지 않는다.
② 국가 또는 공공단체라 할지라도 사경제의 주체로 활동하였을 경우에는 그 손해배상의 책임에 국가배상법의 규정이 적용될 수 없고 민법이 적용된다.
③ 공무원의 직무상 의무는 명문의 규정이 없는 경우에도 관련규정에 비추어 조리상 인정될 수 있다.
④ 법령위반에는 엄격한 의미의 법령위반뿐만 아니라 인권존중, 권력남용금지, 신의성실, 공서양속 등의 위반도 포함된다.

해설
① [×] 공무원에는 널리 공무를 위탁받아 실질적으로 공무에 종사하고 있는 일체의 자가 포함되지만, 공무의 위탁이 일시적이고 한정적인 사항에 관한 활동을 위한 것인 경우에는 공무원에 해당하지 않는다.(×)
→ 판례는 사인(私人)도 공무를 위탁받아 실질적으로 그에 종사하면 국가배상법 제2조의 공무원이 될 수 있으며, 이때 공무위탁에는 일시적·한정적 공무위탁도 포함된다는 입장이다.
② [○] 국가 또는 공공단체라 할지라도 사경제의 주체로 활동하였을 경우에는 그 손해배상의 책임에 국가배상법의 규정이 적용될 수 없고 민법이 적용된다.

> 대법원 1969. 4. 22. 선고 68다2225 판결 [손해배상등]
> 국가 또는 공공단체라 할지라도 공권력의 행사가 아니고 순전히 대등한 지위에 있어서의 **사 경제의 주체로 활동하였을 경우에는 그 손해 배상의 책임에 국가배상법의 규정이 적용될 수 없다.**
> 일반사인과 같이 뻐스 운수사업이라는 사경제 작용에 의하여 발생된 사고라고 할 것이므로 본건에 있어서는 국가배상법이 적용될 여지가 없다.

③ [O] 공무원의 직무상 의무는 명문의 규정이 없는 경우에도 관련규정에 비추어 조리상 인정될 수 있다.
→ 판례는 형식적 의미의 법령에 명시적으로 작위의무가 규정되어 있지 않은 경우라도 위험방지의 작위의무를 인정하고 있다.

> 대법원 2004. 6. 25. 선고 2003다69652 판결 [손해배상(기)]
> 공무원의 부작위로 인한 국가배상책임을 인정하기 위하여는 공무원의 작위로 인한 국가배상책임을 인정하는 경우와 마찬가지로 '공무원이 그 직무를 집행함에 당하여 고의 또는 과실로 법령에 위반하여 타인에게 손해를 가한 때'라고 하는 국가배상법 제2조 제1항의 요건이 충족되어야 할 것인바, 여기서 '법령에 위반하여'라고 하는 것은 **엄격하게 형식적 의미의 법령에 명시적으로 공무원의 작위의무가 규정되어 있는데도 이를 위반하는 경우만을 의미하는 것은 아니다.**

④ [O] 법령위반에는 엄격한 의미의 법령위반뿐만 아니라 인권존중, 권력남용금지, 신의성실, 공서양속 등의 위반도 포함된다.

> 대법원 2008. 6. 12. 선고 2007다64365 판결 [손해배상(기)]
> 국가배상책임에 있어 공무원의 가해행위는 법령을 위반한 것이어야 하고, 법령을 위반하였다 함은 엄격한 의미의 법령 위반뿐 아니라 **인권존중, 권력남용금지, 신의성실과 같이 공무원으로서 마땅히 지켜야 할 준칙이나 규범을 지키지 아니하고 위반한 경우를 포함**하여 널리 그 행위가 객관적인 정당성을 결여하고 있음을 뜻하는 것이므로, 경찰관이 범죄수사를 함에 있어 경찰관으로서 의당 지켜야 할 법규상 또는 조리상의 한계를 위반하였다면 이는 법령을 위반한 경우에 해당한다.

정답 ①

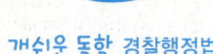

460 국가배상에 관한 판례의 입장으로 옳지 않은 것은?

12 국회직 [Essential ★]

① 법령의 위탁에 의하여 대집행권한을 수권 받은 (구) 한국토지공사는 대집행을 실시함에 따르는 권리·의무 및 책임이 귀속되는 행정주체의 지위에 있으며, 지방자치단체의 기관으로서 국가배상법 제2조 소정의 공무원에 해당한다.
② 국회의원의 입법행위는 특수한 경우가 아닌 한 국가배상법 제2조 소정의 위법행위에 해당하지 않는다.
③ 재판에 대하여 불복절차 내지 시정절차 자체가 없는 경우에 부당한 재판으로 인하여 불이익 내지 손해를 입은 자는 국가배상을 청구할 수 있다.
④ 인사업무 담당공무원이 다른 공무원의 공무원증 등을 위조한 행위에 대하여 실질적으로는 직무행위에 속하지 아니한다 할지라도 외관상으로 국가배상법 제2조 제1항의 직무집행관련성이 인정된다.
⑤ 법령을 위반하였다 함은 엄격한 의미의 법령위반뿐 아니라 권력남용금지, 신의성실과 같이 공무원으로서 마땅히 지켜야 할 준칙이나 규범을 지키지 아니하고 위반한 경우를 포함한다.

해설

① [×] 법령의 위탁에 의하여 대집행권한을 수권 받은 (구) 한국토지공사는 대집행을 실시함에 따르는 권리·의무 및 책임이 귀속되는 **행정주체의 지위에 있으며**, **지방자치단체의 기관으로서 국가배상법 제2조 소정의 공무원에 해당한다.**(×)

> 대법원 2010. 1. 28. 선고 2007다82950,82967 판결 [손해배상(기)·부당이득금]
> 한국토지공사는 이러한 법령의 위탁에 의하여 대집행을 수권받은 자로서 공무인 대집행을 실시함에 따르는 권리·의무 및 책임이 귀속되는 행정주체의 지위에 있다고 볼 것이지 지방자치단체 등의 기관으로서 국가배상법 제2조 소정의 공무원에 해당한다고 볼 것은 아니다.

② [O] 국회의원의 **입법행위는 특수한 경우가 아닌 한 국가배상법 제2조 소정의 위법행위에 해당하지 않는다.**

> 대법원 2010. 1. 28. 선고 2007다82950,82967 판결 [손해배상(기)·부당이득금]
> 국회의원의 입법행위는 그 입법 내용이 헌법의 문언에 명백히 위배됨에도 불구하고 국회가 굳이 당해 입법을 한 것과 같은 특수한 경우가 아닌 한 국가배상법 제2조 제1항 소정의 위법행위에 해당한다고 볼 수 없다.

③ [O] 재판에 대하여 **불복절차 내지 시정절차 자체가 없는 경우에 부당한 재판으로 인하여 불이익 내지 손해를 입은 자는 국가배상을 청구할 수 있다.**

> 대법원 2003. 7. 11. 선고 99다24218 판결 [손해배상(기)]
> 재판에 대하여 불복절차 내지 **시정절차 자체가 없는 경우에는 부당한 재판으로 인하여 불이익 내지 손해를 입은 사람은 국가배상 이외의 방법으로는 자신의 권리 내지 이익을 회복할 방법이 없으므로, 이와 같은 경우에는 배상책임의 요건이 충족되는 한 국가배상책임을 인정하지 않을 수 없다.**

④ [O] 인사업무 담당공무원이 다른 공무원의 공무원증 등을 위조한 행위에 대하여 실질적으로는 직무행위에 속하지 아니한다 할지라도 **외관상으로 국가배상법 제2조 제1항의 직무집행관련성이 인정된다.**

→ 판례는 외관주의(외형주의)를 취하고 있다. 은행으로부터 대출을 받기 위해 인사업무 담당공무원이 다른 공무원의 공무원증 등을 위조한 행위는 적어도 외관상으로는 직무집행으로 보여지므로 직무관련성이 인정된다.

> 대법원 2003. 7. 11. 선고 99다24218 판결 [손해배상(기)]
> 인사업무담당 공무원이 다른 공무원의 공무원증 등을 위조한 행위에 대하여 실질적으로는 직무행위에 속하지 아니한다 할지라도 외관상으로 국가배상법 제2조 제1항의 직무집행관련성을 인정한 원심의 판단을 수긍한 사례.

⑤ [O] 법령을 위반하였다 함은 엄격한 의미의 법령위반뿐 아니라 권력남용금지, 신의성실과 같이 공무원으로서 마땅히 지켜야 할 준칙이나 규범을 지키지 아니하고 위반한 경우를 포함한다.

> 대법원 2008. 6. 12. 선고 2007다64365 판결 [손해배상(기)]
> 국가배상책임에 있어 공무원의 가해행위는 법령을 위반한 것이어야 하고, 법령을 위반하였다 함은 엄격한 의미의 법령 위반뿐 아니라 인권존중, 권력남용금지, 신의성실과 같이 공무원으로서 마땅히 지켜야 할 준칙이나 규범을 지키지 아니하고 위반한 경우를 포함하여 널리 그 행위가 객관적인 정당성을 결여하고 있음을 뜻하는 것이므로, 경찰관이 범죄수사를 함에 있어 경찰관으로서 의당 지켜야 할 법규상 또는 조리상의 한계를 위반하였다면 이는 법령을 위반한 경우에 해당한다.

정답 ①

461 국가배상법 제2조의 공무원의 위법한 직무행위로 인한 손해배상의 요건으로서의 공무원에 대한 설명으로 옳지 않은 것은? 09 국가직 [Essential ★]

① 공무원은 국가공무원법 및 지방공무원법상의 공무원뿐만 아니라 널리 공무를 위탁받아 그에 종사하는 모든 자를 포함한다.
② 법관이나 헌법재판소 재판관은 국가배상법 제2조에서 말하는 공무원에 해당하지 않는다.
③ 공무를 위탁받아 실질적으로 공무에 종사하고 있는 자는 공무의 위탁이 일시적이고 한정적이라고 할지라도 공무원이 될 수 있다.
④ 판례는 지방자치단체에 의해 공무를 위탁받은 이른바 '교통할아버지'를 공무원에 포함시킨다.

해설

② [X] 법관이나 헌법재판소 재판관은 국가배상법 제2조에서 말하는 공무원에 해당하지 않는다.(X)
→ 판례는 법관이나 헌법재판소 재판관도 국가배상법상의 공무원에 해당한다고 한다.
① [O] 공무원은 국가공무원법 및 지방공무원법상의 공무원뿐만 아니라 널리 공무를 위탁받아 그에 종사하는 모든 자를 포함한다.
③ [O] 공무를 위탁받아 실질적으로 공무에 종사하고 있는 자는 공무의 위탁이 일시적이고 한정적이라고 할지라도 공무원이 될 수 있다.
④ [O] 판례는 지방자치단체에 의해 공무를 위탁받은 이른바 '교통할아버지'를 공무원에 포함시킨다.

> 대법원 2001. 1. 5. 선고 98다39060 판결 [구상금]
> 국가배상법 제2조 소정의 '공무원'이라 함은 국가공무원법이나 지방공무원법에 의하여 공무원으로서의 신분을 가진 자에 국한하지 않고, 널리 공무를 위탁받아 실질적으로 공무에 종사하고 있는 일체의 자를 가리키는 것으로서, 공무의 위탁이 일시적이고 한정적인 사항에 관한 활동을 위한 것이어도 달리 볼 것은 아니다. 지방자치

단체가 '교통할아버지 봉사활동 계획'을 수립한 후 관할 동장으로 하여금 '교통할아버지'를 선정하게 하여 어린이 보호, 교통안내, 거리질서 확립 등의 공무를 위탁하여 집행하게 하던 중 '교통할아버지'로 선정된 노인이 위탁받은 업무 범위를 넘어 교차로 중앙에서 교통정리를 하다가 교통사고를 발생시킨 경우, 지방자치단체가 국가배상법 제2조 소정의 배상책임을 부담한다

정답 ②

462 판례에 따르면 〈보기〉에서 국가배상법 제2조에 따른 공무원에 해당하는 이는 모두 몇 명인가?

09 국회직 [Core ★★]

㉠ 전투경찰
㉡ 동원중인 향토예비군
㉢ 시 청소차 운전수
㉣ 통장(統長)
㉤ 국가나 지방자치단체에 근무하는 청원경찰
㉥ 의용소방대원

① 2명　　② 3명
③ 4명　　④ 5명
⑤ 모두

해설

㉠, ㉡, ㉢, ㉣, ㉤ 5항목이 해당한다.
㉠ [○] 전투경찰
㉡ [○] 동원중인 향토예비군
㉢ [○] 시 청소차 운전수
㉣ [○] 통장(統長)
㉤ [○] 국가나 지방자치단체에 근무하는 청원경찰
㉥ [×] 의용소방대원(×)
　→ 의용소방대원은 국가배상법상의 공무원에 해당하지 않는다는 것이 판례의 입장이다.

국가배상법상 공무원에 해당되는 자와 해당되지 않는 자 판례와 학설의 태도 정리	
국가배상법상 공무원인 경우	국가배상법상 공무원이 아닌 경우
① 소집 중인 **향토예비군대원** ② 민사상의 강제집행에 관여하는 집행관 ③ 미군부대의 카투사 ④ 미군부대에 파견된 군인 ⑤ **시 청소차 운전수** ⑥ 방범대원·시보임용 중인 공무원 ⑦ 전입신고서에 확인인을 찍는 공무를 위탁받은 **통장**	① 의용소방대원 ② 공무집행에 자진하여 협력하는 사인 ③ 법령에 의해 대집행권한을 위탁받은 한국토지주택공사

| ⑧ 국가나 지방자치단체에서 근무하는 청원경찰
⑨ 교통할아버지
⑩ 국회의원, 헌법재판소 재판관, 법관, 검사
⑪ 별정우체국장
⑫ 공무수탁사인인 선장
⑬ 시위진압 중인 국가소속 **전투경찰** | |

정답 ④

463 국가배상법 제2조에 관한 설명으로 옳은 것은?
10 서울교육행정 [Core ★★]

① 판례에 따르면 공무원의 직무에는 사경제주체로서 하는 활동도 포함된다.
② 부당한 재판으로 인해 손해가 발생한 경우 재판에 대하여 불복절차가 없는 경우에는 다른 배상책임의 요건이 충족되는 한 국가배상책임이 인정된다.
③ 법령에서 정한 직무행위가 공익만을 보호하기 위한 것이라도 그 의무위반으로 인하여 국민에게 손해가 발생하면 국가 등은 배상책임을 져야 한다.
④ 직무행위에는 실질적으로 직무의 범위 내에 속한 행위만을 의미하고, 실질적으로 직무가 아닌 외형상으로만 직무라고 보이는 경우는 직무행위에 포함되지 않는다.

해설

② [O] 부당한 재판으로 인해 손해가 발생한 경우 재판에 대하여 불복절차가 없는 경우에는 다른 배상책임의 요건이 충족되는 한 국가배상책임이 인정된다.

대법원 2003. 7. 11. 선고 99다24218 판결 [손해배상(기)]
재판에 대하여 불복절차 내지 시정절차 자체가 없는 경우에는 부당한 재판으로 인하여 불이익 내지 손해를 입은 사람은 국가배상 이외의 방법으로는 자신의 권리 내지 이익을 회복할 방법이 없으므로, 이와 같은 경우에는 배상책임의 요건이 충족되는 한 국가배상책임을 인정하지 않을 수 없다.

① [×] 판례에 따르면 공무원의 직무에는 사경제주체로서 하는 활동도 포함된다.(×)
→ 공무원이 사경제주체로서 하는 활동은 국가배상법상의 직무행위에서 제외된다. 즉 민법이 적용된다.

대법원 1969. 4. 22. 선고 68다2225 판결 [손해배상등]
국가 또는 공공단체라 할지라도 공권력의 행사가 아니고 순전히 대등한 지위에 있어서의 **사 경제의 주체로 활동하였을 경우에는 그 손해 배상의 책임에 국가배상법의 규정이 적용될 수 없다.** 일반사인과 같이 뻐스 운수사업이라는 사경제 작용에 의하여 발생된 사고라고 할 것이므로 본건에 있어서는 국가배상법이 적용될 여지가 없다.

③ [×] 법령에서 정한 직무행위가 **공익만을 보호하기 위한 것이라도 그 의무위반으로 인하여 국민에게 손해가 발생하면 국가 등은 배상책임을 져야 한다.**(×)

대법원 2001. 4. 13. 선고 2000다34891 판결 [손해배상(기)]
공무원에게 직무상 의무를 부과한 법령의 보호목적이 사회 구성원 개인의 이익과 안전을 보호하기 위한 것이 아니고 **단순히 공공일반의 이익이나 행정기관 내부의 질서를 규율하기 위한 것이라면**, 가사 공무원이 그 직무상 의무를 위반한 것을 계기로 하여 제3자가 손해를 입었다 하더라도 공무원이 직무상 의무를 위반한 행위와 제3자가 입은 손해 사이에는 법리상 상당인과관계가 있다고 할 수 없다.

④ [×] 직무행위에는 실질적으로 직무의 범위 내에 속한 행위만을 의미하고, 실질적으로 직무가 아닌 외형상으로만 직무라고 보이는 경우는 직무행위에 포함되지 않는다.(×)
→ 통설 및 판례는 '직무를 집행하면서'와 관련하여 외형설을 취하고 있다. 외형설(외관주의)에 따르면 순수한 직무집행행위뿐만 아니라 실질적으로 직무집행행위가 아닌 경우 또는 행위자에게 주관적인 직무집행의 사가 없더라도, 행위 자체의 외관을 객관적으로 관찰하여 직무행위로 보여질 때에는 '직무를 집행하면서'라는 요건을 충족한 것으로 본다.

정답 ②

464 위법한 직무집행행위로 인한 국가배상책임에 관한 설명으로 옳은 것은? 09 관세사 [Core ★★]

① 공무원을 임용한 후 무효사유가 사후에 발견되더라도 그때까지 한 직무행위에 대하여는 공무원의 행위로 본다.
② 학설 및 판례상 직무행위는 공무원의 사경제적 작용까지 포함한다고 본다.
③ 국가가 위헌·위법인 법령을 집행함으로써 개인이 손해를 입은 경우 바로 배상책임이 인정된다.
④ 학설 및 판례상 입법행위는 직무행위에 포함되지 않는다.
⑤ 부작위로 인한 국가배상책임은 실정법상의 작위의무가 있는 경우에 한하여 인정된다.

해설

① [○] 공무원을 임용한 후 무효사유가 사후에 발견되더라도 그때까지 한 직무행위에 대하여는 공무원의 행위로 본다.
→ 국가배상법상 공무원은 국가공무원법상의 공무원이 아니라도 공무를 현실적으로 수행하는 자라면 공무원에 해당하므로 위와 같이 이른바 사실상 공무원의 경우에도 국가배상법상 공무원에 해당한다.(하자의 치유)

② [×] 학설 및 판례상 직무행위는 공무원의 사경제적 작용까지 포함한다고 본다.(×)

대법원 1998. 7. 10. 선고 96다38971 판결 [손해배상(기)]
국가배상법이 정한 배상청구의 요건인 '공무원의 직무'에는 권력적 작용만이 아니라 행정지도와 같은 비권력적 작용도 포함되며 단지 행정주체가 사경제주체로서 하는 활동만 제외된다.

③ [×] 국가가 위헌·위법인 법령을 집행함으로써 개인이 손해를 입은 경우 바로 배상책임이 인정된다.(×)
→ 법률이 헌법에 위반되는지 여부는 헌법재판소의 위헌결정이 있기 전까지는 객관적으로 명백한 것이라 할 수 없어, 이를 심사할 권한이 없는 공무원으로서는 그 법률을 적용할 수밖에 없고, 따라서 법률에 근거한 행정처분이 사후에 그 처분의 근거가 되는 법률이 헌법에 위반된다고 선언되어 결과적으로 위법하게 집행된 처분이 된다 할지라도, 이에 이르는 과정에 있어 공무원에게 고의 또는 과실이 있다고 단정할 수 없다. 즉 곧바로 고의·과실이 인정되는 것은 아니므로 바로 손해배상책임이 있다고 볼 수는 없다.

헌법재판소 2008. 4. 24. 선고 2006헌바72 전원재판부 [국세기본법제52조위헌소원]
헌법에 위반되는 법률은 헌법재판소의 위헌결정이 있는 날로부터 효력을 상실한다고 규정하고 있지만, 이는 법적안정성을 보장하기 위한 조치일 뿐이고, 그 법률의 제정시부터 존재하여 온 위헌성을 부정하는 것이 아니고 위헌법률을 제정하고 집행함으로써 헌법의 최고규범력을 무시한 국가의 잘못까지 없애주는 것도 아니다. 따라서 위헌법률의 집행으로 인하여 피해가 생겼다면 국가가 이를 배상하게 함이 마땅하다.

④ [×] 학설 및 판례상 입법행위는 직무행위에 포함되지 않는다.(×)

→ 입법행위도 직무행위에 포함된다.
⑤ [×] 부작위로 인한 국가배상책임은 실정법상의 작위의무가 있는 경우에 한하여 인정된다.(×)
→ 형식적 의미의 법령에 근거가 없더라도 작위의무를 인정할 수 있다(조리상의 작위의무를 인정)는 것이 판례의 입장이다.

정답 ①

465 국가책임에 대한 판례의 입장으로 옳지 않은 것은?

12 지방직 [Essential ★]

① 공무원의 직무상 작위의무가 사회구성원 개인의 안전과 이익을 보호하기 위하여 설정된 것이어야 국가배상책임이 인정된다.
② 법령에 의해 대집행권한을 위탁받은 한국토지공사는 국가배상법 제2조에서 말하는 공무원에 해당하지 않는다.
③ 행정처분이 뒤에 항고소송에서 취소되었다면 그 자체만으로 그 행정처분이 곧바로 공무원의 고의 또는 과실로 인한 불법행위를 구성한다.
④ 공시지가에 의한 보상은 헌법상 정당보상의 원칙에 위배되지 아니한다.

해설

③ [×] 행정처분이 뒤에 항고소송에서 취소되었다면 그 자체만으로 그 행정처분이 곧바로 공무원의 고의 또는 과실로 인한 불법행위를 구성한다.(×)
→ 취소소송에서 처분이 취소되었다는 사실은 처분의 위법성을 인정할 것일 뿐, 곧바로 그 처분을 하는 과정에 공무원의 고의, 과실이 있었다는 것을 의미하지는 않는다. 위법성의 인정과 고의, 과실은 별개이다.

대법원 2000. 5. 12. 선고 99다70600 판결 [손해배상(기)]
어떠한 행정처분이 후에 항고소송에서 취소된 사실만으로 당해 행정처분이 곧바로 공무원의 고의 또는 과실로 인한 것으로서 불법행위를 구성한다고 단정할 수 없다. 개간허가 취소처분이 후에 행정심판 또는 행정소송에서 취소되었으나 담당공무원에게 객관적 주의의무를 결한 직무집행상의 과실이 없다는 이유로 국가배상책임을 부인하였다.

① [○] 공무원의 직무상 작위의무가 사회구성원 개인의 안전과 이익을 보호하기 위하여 설정된 것이어야 국가배상책임이 인정된다.
→ 국가배상책임이 인정되려면 공무원에게 부과된 직무상의 의무가 전적으로 또는 부수적으로라도 사익을 보호하는 것으로 인정되어야 한다.
② [○] 법령에 의해 대집행권한을 위탁받은 한국토지공사는 국가배상법 제2조에서 말하는 공무원에 해당하지 않는다.

대법원 2010. 1. 28. 선고 2007다82950,82967 판결 [손해배상(기)·부당이득금]
한국토지공사는 이러한 법령의 위탁에 의하여 대집행을 수권받은 자로서 공무인 대집행을 실시함에 따르는 권리·의무 및 책임이 귀속되는 행정주체의 지위에 있다고 볼 것이지 지방자치단체 등의 기관으로서 국가배상법 제2조 소정의 공무원에 해당한다고 볼 것은 아니다.

④ [○] 공시지가에 의한 보상은 헌법상 정당보상의 원칙에 위배되지 아니한다.

헌법재판소 2012. 3. 29. 선고 2010헌바411 전원재판부
[공익사업을위한토지등의취득및보상에관한법률제70조위헌소원]
구 공익사업을 위한 토지 등의 취득 및 보상에 관한 법률 제70조 제1항에서 **사업인정고시일 전의 시점을 공시기준일로 하는 공시지가를 기준으로 토지수용으로 인한 손실보상액을 산정하도록 한 것은** 공시지가가 공시기준일 당시 표준지의 객관적 가치를 정당하게 반영하는 것이고, 표준지와 지가산정 대상토지 사이에 가격의 유사성을 인정할 수 있도록 표준지의 선정이 적정하며, 공시기준일 이후 수용 시까지의 시가변동을 산출하는 시점보정의 방법이 적정한 것으로 보이므로 정당보상의 원칙에 위배되지 않는다.

정답 ③

466 국가배상에 관한 판례의 입장으로 옳지 <u>않은</u> 것은?   10 지방직 [Essential ★]

① 공무원의 부작위로 인한 국가배상책임을 인정하고 있다.
② 국가배상법상 과실은 담당공무원이 보통 일반의 공무원을 표준으로 볼 때 객관적 주의의무를 결하여 그 행정처분이 객관적 정당성을 상실하였다고 인정될 정도에 이른 경우를 말한다.
③ 교통할아버지 봉사원도 국가배상법상 공무원으로 보고 있다.
④ 행정처분이 항고소송에 의하여 취소된 경우 당해 행정처분은 곧바로 공무원의 고의 또는 과실로 인한 불법행위를 구성한다.

해설

④ [×] 행정처분이 **항고소송에 의하여 취소된 경우 당해 행정처분은 곧바로 공무원의 고의 또는 과실로 인한 불법행위를 구성한다.**(×)

대법원 2000. 5. 12. 선고 99다70600 판결 [손해배상(기)]
어떠한 행정처분이 후에 **항고소송에서 취소된 사실만으로 당해 행정처분이 곧바로 공무원의 고의 또는 과실로 인한 것으로서 불법행위를 구성한다고 단정할 수 없다.**

① [○] 공무원의 **부작위로 인한 국가배상책임을** 인정하고 있다.
→ 공무원에게 작위의무가 인정되는 경우 부작위에 대해 국가배상책임이 인정될 수 있다.

대법원 2009. 9. 24. 선고 2006다82649 판결 [손해배상(기)]
검사는 재판부에 원고의 신변보호를 요청하여 적절한 조치를 취하게 하는 등 원고에 대한 신변안전조치를 취하여야 할 작위의무가 있었다고 할 것이고, 따라서 이를 위반한 **검사의 부작위는 국가배상법 제2조 제1항이 정하는 '직무를 집행하면서 과실로 법령을 위반하여 타인에게 손해를 입힌 때'에 해당한다.**

② [○] 국가배상법상 과실은 담당공무원이 보통 일반의 공무원을 표준으로 볼 때 객관적 주의의무를 결하여 그 행정처분이 객관적 정당성을 상실하였다고 인정될 정도에 이른 경우를 말한다.

대법원 2003. 12. 11. 선고 2001다65236 판결 [손해배상(기)]
국가배상법상 과실은 행정처분의 담당공무원이 **보통 일반의 공무원을 표준으로 하여 볼 때 객관적 주의의무를 결하여 그 행정처분이 객관적 정당성을 상실하였다고 인정될 정도**에 이른 경우에 국가배상법 제2조 소정의 국가배상책임의 요건을 충족하였다고 봄이 상당하다.

③ [○] 교통할아버지 봉사원도 국가배상법상 공무원으로 보고 있다.
→ 지방자치단체로부터 어린이보호 등의 공무를 위탁받아 교통정리를 하던 이른바 교통할아버지도 국가배상법상 공무원에 해당한다.

대법원 2001. 1. 5. 선고 98다39060 판결 [구상금]
지방자치단체가 '교통할아버지 봉사활동 계획'을 수립한 후 관할 동장으로 하여금 '교통할아버지'를 선정하게 하여 어린이 보호, 교통안내, 거리질서 확립 등의 공무를 위탁하여 집행하게 하던 중 '교통할아버지'로 선정된 노인이 위탁받은 업무 범위를 넘어 교차로 중앙에서 교통정리를 하다가 교통사고를 발생시킨 경우, **지방자치단체가 국가배상법 제2조 소정의 배상책임을 부담한다**

정답 ④

467 국가배상법 제2조 제1항에 따른 국가배상의 요건에 대한 설명으로 옳은 것은? (다툼이 있는 경우 판례에 의함)
10 국회직 [Essential ★]

① 공무원의 범위에 판사는 포함되지 않는다.
② 직무행위란 법률행위와 권력적 사실행위를 의미하며, 비권력적 사실행위는 포함되지 않는다.
③ 공무원의 고의 또는 과실에 의한 불법행위가 성립해야만 한다.
④ 위법성의 판단기준인 법령은 성문법을 의미한다.
⑤ 손해는 법률상 이익의 침해뿐만이 아니라 반사적 이익의 침해까지도 포함된다.

해설

③ [○] 공무원의 고의 또는 과실에 의한 불법행위가 성립해야만 한다.
→ 국가배상법 제2조에 의한 배상책임이 성립하기 위해서는 공무원의 고의 또는 과실이 있어야 한다.
① [×] 공무원의 범위에 판사는 포함되지 않는다.(×)
→ 법관(판사)은 국가배상법상의 공무원에 해당한다.
② [×] 직무행위란 법률행위와 권력적 사실행위를 의미하며, 비권력적 사실행위는 포함되지 않는다.(×)

대법원 1998. 7. 10. 선고 96다38971 판결 [손해배상(기)]
국가배상법이 정한 배상청구의 요건인 '공무원의 직무'에는 권력적 작용만이 아니라 행정지도와 같은 비권력적 작용도 포함되며 단지 행정주체가 사경제주체로서 하는 활동만 제외된다.

④ [×] 위법성의 판단기준인 법령은 성문법을 의미한다.(×)

대법원 2008. 6. 12. 선고 2007다64365 판결 [손해배상(기)]
국가배상책임에 있어 공무원의 가해행위는 법령을 위반한 것이어야 하고, 법령을 위반하였다 함은 엄격한 의미의 법령 위반뿐 아니라 인권존중, 권력남용금지, 신의성실과 같이 공무원으로서 마땅히 지켜야 할 준칙이나 규범을 지키지 아니하고 위반한 경우를 포함하여 널리 그 행위가 객관적인 정당성을 결여하고 있음을 뜻하는 것이므로, 경찰관이 범죄수사를 함에 있어 경찰관으로서 의당 지켜야 할 법규상 또는 조리상의 한계를 위반하였다면 이는 법령을 위반한 경우에 해당한다

⑤ [×] 손해는 법률상 이익의 침해뿐만이 아니라 반사적 이익의 침해까지도 포함된다.(×)
→ 통설과 판례는 법률상 이익과 반사적 이익의 구별을 국가배상책임에도 적용하여 반사적 이익의 침해에 대해서는 국가배상책임이 인정되지 않는다고 본다.

정답 ③

468 국가배상법 제2조의 국가배상책임요건에 대한 설명으로 옳은 것은? 08 지방직 [Essential ★]

① '직무행위'와 관련하여 국회의원의 입법행위는 그 입법내용이 헌법의 문언에 명백히 위반된 경우에는 입법기관의 국가배상책임을 인정하는 데 별다른 어려움이 없다.
② '직무행위'의 범위에는 원칙적으로 공법상 권력 작용을 중심으로 하여 공법상 비권력적 작용을 포함하는 것이므로 준법률행위적 행정행위나 사실행위, 부작위는 포함되지 않는다.
③ 해당 공무원이 관계법규를 알지 못하거나 필요한 지식을 갖추지 못하고 법규의 해석을 그르쳐 행정처분을 하였다 하더라도 그가 법률전문가가 아닌 한 고의나 과실이 있다고 볼 수는 없다.
④ 판례에 의하면 어떠한 행정처분이 항고소송에서 취소가 확정되었다 할지라도 그 자체만으로 당해 처분이 공무원의 고의 또는 과실로 인한 불법행위를 구성한다고 단정할 수 없다.

해설

④ [○] 판례에 의하면 어떠한 행정처분이 항고소송에서 취소가 확정되었다 할지라도 그 자체만으로 당해 처분이 공무원의 고의 또는 과실로 인한 불법행위를 구성한다고 단정할 수 없다.

> 대법원 2000. 5. 12. 선고 99다70600 판결 [손해배상(기)]
> 어떠한 행정처분이 후에 항고소송에서 취소된 사실만으로 당해 행정처분이 곧바로 공무원의 고의 또는 과실로 인한 것으로서 불법행위를 구성한다고 단정할 수 없다.

① [×] '직무행위'와 관련하여 국회의원의 입법행위는 그 입법내용이 헌법의 문언에 명백히 위반된 경우에는 입법기관의 국가배상책임을 인정하는 데 별다른 어려움이 없다.(×)

> 대법원 1997. 6. 13. 선고 96다56115 판결 [손해배상(기)]
> 국회의원의 입법행위는 그 입법 내용이 헌법의 문언에 명백히 위반됨에도 불구하고 국회가 굳이 당해 입법을 한 것과 같은 특수한 경우가 아닌 한 국가배상법 제2조 제1항 소정의 위법행위에 해당된다고 볼 수 없다.

② [×] '직무행위'의 범위에는 원칙적으로 공법상 권력 작용을 중심으로 하여 공법상 비권력적 작용을 포함하는 것이므로 준법률행위적 행정행위나 사실행위, 부작위는 포함되지 않는다.(×)
→ 법률행위적 행정행위뿐만 아니라, 준법률행위적 행정행위, 사실행위, 부작위 모두 직무행위에 포함된다.

③ [×] 해당 공무원이 관계법규를 알지 못하거나 필요한 지식을 갖추지 못하고 법규의 해석을 그르쳐 행정처분을 하였다 하더라도 그가 법률전문가가 아닌 한 고의나 과실이 있다고 볼 수는 없다.(×)
→ 공무원이 부지(不知)한 경우에도 국가배상이 인정된다. 즉 공무원이 관계법규를 알지 못하거나 필요한 지식을 갖추지 못하고 법규의 해석을 그르쳐 행정처분을 하였다면 (법령에 대한 해석이 복잡·미묘하여 워낙 어렵고 이에 대한 학설·판례조차 귀일되어 있지 않는 등의) 특별한 사정이 없는 한 과실이 있다는 것이 판례의 취지이다.

> 대법원 2001. 2. 9. 선고 98다52988 판결 [손해배상(기)]
> 법령에 대한 해석이 복잡, 미묘하여 워낙 어렵고, 이에 대한 학설, 판례조차 귀일되어 있지 않는 등의 특별한 사정이 없는 한 일반적으로 공무원이 관계 법규를 알지 못하거나 필요한 지식을 갖추지 못하고 법규의 해석을 그르쳐 행정처분을 하였다면 그가 법률전문가가 아닌 행정직 공무원이라고 하여 과실이 없다고는 할 수 없다.

정답 ④

469 행정상 손해배상에 대한 설명으로 옳지 않은 것은 몇 개인가? (다툼이 있는 경우 판례에 의함)

12 국가직 변형 [Core ★★]

> ⊙ 법령해석에 여러 견해가 있어 관계 공무원이 신중한 태도로 어느 일설을 취하여 처분한 경우, 위법한 것으로 판명되었다고 하더라도 그것만으로 배상책임을 인정할 수 없다.
> ⓒ 법령에 명시적으로 공무원의 작위의무가 규정되어 있지 않은 경우라 할지라도 공무원의 부작위로 인한 국가배상책임을 인정할 수 있다.
> ⓒ 실질적으로 직무행위가 아니거나 또는 직무행위를 수행한다는 행위자의 주관적 의사가 없는 공무원의 행위는 국가배상법상 공무원의 직무행위가 될 수 없다.
> ② 국가배상법상 과실을 판단할 경우 보통 일반의 공무원을 그 표준으로 하고, 반드시 누구의 행위인지 가해공무원을 특정하여야 한다.
> ⓜ 재판행위로 인한 국가배상에 있어서 위법은 판결 자체의 위법이 아니라 법관의 공정한 재판을 위한 직무수행상 의무의 위반으로서의 위법이다.
> ⓗ 서울특별시 강서구 교통할아버지 사건과 같은 경우 공무를 위탁받아 수행하는 일반 사인(私人)은 국가배상법 제2조 제1항에 따른 공무원이 될 수 없다.

① 2개   ② 3개   ③ 4개   ④ 5개

해설

ⓒ, ②, ⓗ 3항목이 옳지 않다.

ⓒ [×] 실질적으로 직무행위가 아니거나 또는 직무행위를 수행한다는 행위자의 주관적 의사가 없는 공무원의 행위는 국가배상법상 공무원의 직무행위가 될 수 없다.(×)
→ 직무행위의 판단기준에 관한 통설·판례의 입장인 외형설에 따르면 순수한 직무집행행위뿐만 아니라 **실질적으로 직무집행행위가 아닌 경우 또는 행위자에게 주관적인 직무집행의사가 없더라도, 행위 자체의 외관을 객관적으로 관찰하여 직무행위로 보여질 때에는 '직무를 집행하면서'라는 요건을 충족한 것으로 본다.**

② [×] 국가배상법상 과실을 판단할 경우 **보통 일반의 공무원을 그 표준으로 하고, 반드시 누구의 행위인지 가해공무원을 특정하여야 한다.**(×)

대법원 2003. 12. 11. 선고 2001다65236 판결 [손해배상(기)]
행정처분의 담당공무원이 보통 일반의 공무원을 표준으로 하여 볼 때 객관적 주의의무를 결하여 그 행정처분이 객관적 정당성을 상실하였다고 인정될 정도에 이른 경우에 국가배상법 제2조 소정의 국가배상책임의 요건을 충족하였다고 봄이 상당하다.

대법원 1995. 11. 10. 선고 95다23897 판결 [손해배상(기)]
국가 소속 **전투경찰들(가해전투경찰이 개별적으로 특정되지는 않았음)**이 시위진압을 함에 있어서 합리적이고 상당하다고 인정되는 정도로 가능한 한 최루탄의 사용을 억제하고 또한 최대한 안전하고 평화로운 방법으로 시위진압을 하여 그 시위진압 과정에서 타인의 생명과 신체에 위해를 가하는 사태가 발생하지 아니하도록 하여야 하는데도, **이를 게을리한 채 합리적이고 상당하다고 인정되는 정도를 넘어 지나치게 과도한 방법으로 시위진압을 한 잘못으로 시위 참가자로 하여금 사망에 이르게 하였다는 이유로 국가의 손해배상 책임을 인정하되**, 피해자의 시위에 참가하여 사망에 이르기까지의 행위를 참작하여 30% 과실상계를 한 원심판결을 수긍한 사례

ⓗ [×] 서울특별시 강서구 교통할아버지 사건과 같은 경우 공무를 위탁받아 수행하는 일반 사인(私人)은 국가배상법 제2조 제1항에 따른 **공무원이 될 수 없다.**(×)

대법원 2001. 1. 5. 선고 98다39060 판결 [구상금]
국가배상법 제2조 소정의 '공무원'이라 함은 국가공무원법이나 지방공무원법에 의하여 공무원으로서의 신분을 가진 자에 국한하지 않고, 널리 공무를 위탁받아 실질적으로 공무에 종사하고 있는 일체의 자를 가리키는 것으로서, 공무의 위탁이 일시적이고 한정적인 사항에 관한 활동을 위한 것이어도 달리 볼 것은 아니다. 지방자치단체가 '교통할아버지 봉사활동 계획'을 수립한 후 관할 동장으로 하여금 **'교통할아버지'**를 선정하게 하여 어린이 보호, 교통안내, 거리질서 확립 등의 공무를 위탁하여 집행하게 하던 중 '교통할아버지'로 선정된 노인이 위탁받은 업무 범위를 넘어 교차로 중앙에서 교통정리를 하다가 교통사고를 발생시킨 경우, **지방자치단체가 국가배상법 제2조 소정의 배상책임을 부담한다.**

ⓜ [○] 재판행위로 인한 국가배상에 있어서 위법은 **판결 자체의 위법이 아니라 법관의 공정한 재판을 위한 직무수행상 의무의 위반으로서의 위법이다.**
→ 재판행위로 인한 국가배상책임의 인정에 있어서 위법은 판결 자체의 위법이 아니라 법관의 재판상 직무수행에 있어서의 공정한 재판을 위한 직무상 의무의 위반으로서의 위법이라고 보아야 한다. 따라서 비록 지방법원의 판결이 허위증언으로 인해 증거판단을 잘못한 것이라고 하더라도 법관의 재판상 직무수행에 있어서의 공정한 재판을 위한 직무상 의무위반이 없으면 위법이 아니라고 볼 수 있다.

ⓘ [○] 법령해석에 여러 견해가 있어 관계 공무원이 신중한 태도로 어느 일설을 취하여 처분한 경우, 위법한 것으로 판명되었다고 하더라도 그것만으로 배상책임을 인정할 수 없다.

대법원 1973. 10. 10. 선고 72다2583 판결 [손해배상]
법령의 해석이 복잡 미묘하여 어렵고 학설, 판례가 통일되지 않을 때에 **공무원이 신중을 기해 그 중 어느 한 설을 취하여 처리한 경우에는 그 해석이 결과적으로 위법한 것이었다 하더라도 국가배상법상 공무원의 과실을 인정할 수 없다.**

ⓒ [○] 법령에 명시적으로 공무원의 작위의무가 규정되어 있지 않은 경우라 할지라도 공무원의 부작위로 인한 국가배상책임을 인정할 수 있다.

대법원 2004. 6. 25. 선고 2003다69652 판결 [손해배상(기)]
형식적 의미의 **법령에 근거가 없더라도 국가나 관련 공무원에 대하여 그러한 위험을 배제할 작위의무를 인정할 수 있을 것**이며, 이는 지방자치단체와 그 소속 공무원에 대하여도 마찬가지라 할 것이다.

정답 ②

470 국가배상법에 의한 배상책임에 관한 판례의 입장으로 옳지 <u>않은</u> 것은? 10 국가직 [Essential ★]

① 공무원의 부작위로 인한 국가배상책임을 인정하기 위해서는 법령에 명시적으로 공무원의 작위의무가 규정되어 있어야 한다.
② 국가배상법상의 공무원에는 일시적이고 한정적인 공무를 위탁받아 공무에 종사하는 자도 포함된다.
③ 헌법재판소 재판관이 청구기간 내에 제기된 헌법소원심판 청구사건의 청구기간을 오인하여 각하결정을 한 경우, 이에 대한 불복절차 내지 시정절차가 없는 때에는 국가배상책임을 인정할 수 있다.
④ 민법상의 사용자 면책사유는 국가배상법상의 고의·과실의 판단에서는 적용되지 않는다.

해설

① [×] 공무원의 부작위로 인한 국가배상책임을 인정하기 위해서는 **법령에 명시적으로 공무원의 작위의무가 규정되어 있어야 한다.**(×)
→ 판례는 국민의 생명과 재산을 보호해야 한다는 국가의 임무에 비추어 일정한 경우 **형식적 의미의 법령에 명시적으로 작위의무가 규정되어 있지 않은 경우라도 위험방지의 작위의무를 인정하고 있다.**

> 대법원 2004. 6. 25. 선고 2003다69652 판결 [손해배상(기)]
> 공무원의 부작위로 인한 국가배상책임을 인정하기 위하여는 공무원의 작위로 인한 국가배상책임을 인정하는 경우와 마찬가지로 '공무원이 그 직무를 집행함에 당하여 고의 또는 과실로 법령에 위반하여 타인에게 손해를 가한 때'라고 하는 국가배상법 제2조 제1항의 요건이 충족되어야 할 것인바, 여기서 '법령에 위반하여'라고 하는 것은 **엄격하게 형식적 의미의 법령에 명시적으로 공무원의 작위의무가 규정되어 있는데도 이를 위반하는 경우만을 의미하는 것은 아니다.**

② [O] 국가배상법상의 공무원에는 **일시적이고 한정적인 공무를 위탁받아 공무에 종사하는 자도 포함된다.**

> 대법원 2001. 1. 5. 선고 98다39060 판결 [구상금]
> 국가배상법 제2조 소정의 '공무원'이라 함은 국가공무원법이나 지방공무원법에 의하여 공무원으로서의 신분을 가진 자에 국한하지 않고, **널리 공무를 위탁받아 실질적으로 공무에 종사하고 있는 일체의 자를 가리키는 것으로서, 공무의 위탁이 일시적이고 한정적인 사항에 관한 활동을 위한 것이어도 달리 볼 것은 아니다.**

③ [O] 헌법재판소 재판관이 청구기간 내에 제기된 헌법소원심판 청구사건의 청구기간을 오인하여 각하결정을 한 경우, 이에 대한 **불복절차 내지 시정절차가 없는 때에는 국가배상책임을 인정할 수 있다.**

> 대법원 2003. 7. 11. 선고 99다24218 판결 [손해배상(기)]
> 재판에 대하여 불복절차 내지 **시정절차 자체가 없는 경우에는 부당한 재판으로 인하여 불이익 내지 손해를 입은 사람은 국가배상 이외의 방법으로는 자신의 권리 내지 이익을 회복할 방법이 없으므로, 이와 같은 경우에는 배상책임의 요건이 충족되는 한 국가배상책임을 인정하지 않을 수 없다.**

④ [O] 민법상의 사용자 면책사유는 국가배상법상의 고의·과실의 판단에서는 적용되지 않는다.
→ 민법 제756조에서는 사용자 면책규정(타인을 사용하여 어느 사무에 종사하게 한 자는 피용자가 그 사무집행에 관하여 제3자에게 가한 손해를 배상할 책임이 있다. 그러나 사용자가 피용자의 선임 및 그 사무감독에 상당한 주의를 한 때 또는 상당한 주의를 하여도 손해가 있을 경우에는 그러하지 아니하다)이 있으나, **국가배상법에는 국가나 지방자치단체의 면책규정이 없고, 특히 국가배상법 제2조는 공무원의 불법행위로 인해 발생한 손해에 대해 국가나 지방자치단체에 배상책임을 지게 하는 규정이라 민법상의 사용자 면책사유는 국가배상법상의 고의·과실의 판단에서는 적용되지 않는다고 보아야 한다.**

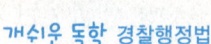

> 민법 제756조(사용자의 배상책임)
> ① 타인을 사용하여 어느 사무에 종사하게 한 자는 피용자가 그 사무집행에 관하여 제삼자에게 가한 손해를 배상할 책임이 있다. 그러나 사용자가 피용자의 선임 및 그 사무감독에 상당한 주의를 한 때 또는 상당한 주의를 하여도 손해가 있을 경우에는 그러하지 아니하다.
> ② 사용자에 갈음하여 그 사무를 감독하는 자도 전항의 책임이 있다. 〈개정 2014. 12. 30.〉
> ③ 전2항의 경우에 사용자 또는 감독자는 피용자에 대하여 구상권을 행사할 수 있다.

정답 ①

471 국가배상법상 국가배상제도에 관한 설명으로 옳지 않은 것은? (다툼이 있는 경우 판례에 의함)

11 국회 [Essential ★]

① 국가배상책임의 원인이 되는 직무행위는 공행정작용을 말하며, 사법(私法)상의 작용은 포함되지 않는다.
② 부작위에 대해 국가배상책임이 인정되기 위해서는 법령상 명문의 작위의무가 있어야 하며, 조리에 의한 작위의무는 인정되지 않는다.
③ 공무원이 직무수행에 있어 고의 또는 중과실에 의한 위법행위로 타인에게 손해를 끼친 경우에는 공무원 개인의 책임이 인정된다.
④ 국가배상법 제5조 제1항 소정의 '공공의 영조물'이라 함은 국가 또는 지방자치단체가 소유권, 임차권, 그 밖의 권한에 기하여 관리하고 있는 경우뿐만 아니라 사실상의 관리를 하고 있는 경우도 포함한다.
⑤ 영조물의 설치·관리자와 비용부담자가 상이한 경우 피해자는 선택적으로 손해배상을 청구할 수 있다.

해설

② [×] 부작위에 대해 국가배상책임이 인정되기 위해서는 법령상 명문의 작위의무가 있어야 하며, 조리에 의한 작위의무는 인정되지 않는다.(×)
→ 부작위에 대해 국가배상책임이 인정되기 위해서는 작위의무가 있어야 하는바, 이러한 작위의무는 법령상 명문으로 규정된 경우뿐만 아니라, 형식적 의미의 법령에 근거가 없더라도 일정한 경우에는 조리상 작위의무가 인정될 수도 있다는 것이 판례의 입장이다.

대법원 2004. 6. 25. 선고 2003다69652 판결 [손해배상(기)]
'법령에 위반하여'라고 하는 것은 엄격하게 형식적 의미의 법령에 명시적으로 공무원의 작위의무가 규정되어 있는데도 이를 위반하는 경우만을 의미하는 것은 아니고, 국민의 생명, 신체, 재산 등에 대하여 절박하고 중대한 위험상태가 발생하였거나 발생할 우려가 있어서 국민의 생명, 신체, 재산 등을 보호하는 것을 본래적 사명으로 하는 국가가 초법규적, 일차적으로 그 위험 배제에 나서지 아니하면 국민의 생명, 신체, 재산 등을 보호할 수 없는 경우에는 형식적 의미의 법령에 근거가 없더라도 국가나 관련 공무원에 대하여 그러한 위험을 배제할 작위의무를 인정할 수 있을 것이며, 이는 지방자치단체와 그 소속 공무원에 대하여도 마찬가지라 할 것이다.

① [O] 국가배상책임의 원인이 되는 직무행위는 공행정작용을 말하며, **사법(私法)상의 작용은 포함되지 않는다.**

대법원 1998. 7. 10. 선고 96다38971 판결 [손해배상(기)]
국가배상법이 정한 배상청구의 요건인 **'공무원의 직무'에는 권력적 작용만이 아니라 행정지도와 같은 비권력적 작용도 포함되며 단지 행정주체가 사경제주체로서 하는 활동만 제외된다.**

③ [O] 공무원이 직무수행에 있어 **고의 또는 중과실에 의한 위법행위로 타인에게 손해를 끼친 경우에는 공무원 개인의 책임이 인정된다.**
→ 공무원에게 고의 또는 중과실이 있으면 피해자는 국가(또는 지방자치단체) 또는 공무원 중 선택적으로 손해배상을 청구할 수 있다고 한다. 하지만, 공무원에게 경과실만 있는 경우에는 공무원 개인의 책임은 인정되지 않는다고 한다.

대법원 1996. 2. 15. 선고 95다38677 전원합의체 판결 [손해배상(자)]
공무원이 직무수행 중 불법행위로 타인에게 손해를 입힌 경우에 국가 등이 국가배상책임을 부담하는 외에 **공무원 개인도 고의 또는 중과실이 있는 경우에는 불법행위로 인한 손해배상책임을 진다고 할 것이지만, 공무원에게 경과실뿐인 경우에는 공무원 개인은 손해배상책임을 부담하지 아니한다**고 해석하는 것이 헌법 제29조 제1항 본문과 단서 및 국가배상법 제2조의 입법취지에 조화되는 올바른 해석이라고 할 것이다.

④ [O] 국가배상법 제5조 제1항 소정의 '공공의 영조물'이라 함은 **국가 또는 지방자치단체가 소유권, 임차권, 그 밖의 권한에 기하여 관리하고 있는 경우뿐만 아니라 사실상의 관리를 하고 있는 경우도 포함한다.**

대법원 1998. 10. 23. 선고 98다17381 판결 [손해배상(기)]
국가배상법 제5조 제1항 소정의 '공공의 영조물'이라 함은 국가 또는 지방자치단체에 의하여 특정 공공의 목적에 공여된 유체물 내지 물적 설비를 말하며, **국가 또는 지방자치단체가 소유권, 임차권 그 밖의 권한에 기하여 관리하고 있는 경우뿐만 아니라 사실상의 관리를 하고 있는 경우도 포함된다.**

⑤ [O] 영조물의 설치·관리자와 비용부담자가 상이한 경우 피해자는 선택적으로 손해배상을 청구할 수 있다.
→ 제2조·제3조 및 제5조에 따라 국가나 지방자치단체가 손해를 배상할 책임이 있는 경우에 공무원의 선임·감독 또는 영조물의 설치·관리를 맡은 자와 공무원의 봉급·급여, 그 밖의 비용 또는 영조물의 설치·관리 비용을 부담하는 자가 동일하지 아니하면 그 비용을 부담하는 자도 손해를 배상하여야 한다.(국가배상법 제6조제1항) 제1항의 경우에 손해를 배상한 자는 내부관계에서 그 손해를 배상할 책임이 있는 자에게 구상할 수 있다.(국가배상법 제6조제2항)

국가배상법 제6조(비용부담자 등의 책임)
① 제2조·제3조 및 제5조에 따라 국가나 지방자치단체가 손해를 배상할 책임이 있는 경우에 공무원의 선임·감독 또는 영조물의 설치·관리를 맡은 자와 공무원의 봉급·급여, 그 밖의 비용 또는 영조물의 설치·관리 비용을 부담하는 자가 동일하지 아니하면 그 비용을 부담하는 자도 손해를 배상하여야 한다. ② 제1항의 경우에 손해를 배상한 자는 내부관계에서 그 손해를 배상할 책임이 있는 자에게 구상할 수 있다.

정답 ②

472 서울특별시 소속의 공무원이 공무집행 중 폭행을 가하여 손해를 입힌 경우에 피해자는 누구를 피고로 하여 손해배상청구소송을 제기하여야 하는가?

13 서울시 [ESSential ★]

① 서울특별시
② 서울특별시장
③ 행정안전부장관
④ 경찰청장
⑤ 서울시경찰청장

해설

① [O] 서울특별시
→ 국가 또는 지방자치단체가 배상주체이므로, 위와 같은 경우 서울특별시를 상대로 손해배상청구를 해야 한다.
→ 국가나 지방자치단체는 공무원 또는 공무를 위탁받은 사인(이하 "공무원"이라 한다)이 직무를 집행하면서 고의 또는 과실로 법령을 위반하여 타인에게 손해를 입히거나, 「자동차손해배상 보장법」에 따라 손해배상의 책임이 있을 때에는 이 법에 따라 그 손해를 배상하여야 한다. 다만, 군인·군무원·경찰공무원 또는 예비군대원이 전투·훈련 등 직무 집행과 관련하여 전사(戰死)·순직(殉職)하거나 공상(公傷)을 입은 경우에 본인이나 그 유족이 다른 법령에 따라 재해보상금·유족연금·상이연금 등의 보상을 지급받을 수 있을 때에는 이 법 및 「민법」에 따른 손해배상을 청구할 수 없다.(국가배상법 제2조제1항)

② [×] 서울특별시장(×)
③ [×] 행정안전부장관(×)
④ [×] 경찰청장(×)
⑤ [×] 서울시경찰청장(×)

정답 ①

473 국가배상과 관련하여 가장 적절하지 않은 것은? (다툼이 있으면 판례에 의함)

11 경행특채 [Core ★★]

① 국가, 강원도경찰청장, 전라남도, 서울특별시, 행정안전부 중 국가배상법에 따라 손해배상의 피고가 될 수 있는 것은 국가, 전라남도, 서울특별시이다.
② '교통할아버지'로 선정된 노인이 위탁받은 공무범위를 넘어 교차로 중앙에서 교통정리를 하다가 교통사고를 발생시킨 경우, 지방자치단체가 국가배상법 제2조 소정의 배상책임을 부담한다.
③ 시청 소속 공무원이 시장을 (구)부패방지위원회에 부패혐의자로 신고한 후 동사무소로 전보된 경우, 사회통념상 용인될 수 없을 정도로 객관적 상당성을 결여하였으므로 불법행위를 구성한다.
④ 구청 세무과 소속 공무원 甲이 乙에게 무허가건물 세입자들에 대한 시영아파트 입주권 매매행위를 한 경우 외형상 직무범위 내의 행위라고 볼 수 없다.

해설

③ [X] 시청 소속 공무원이 시장을 (구)부패방지위원회에 부패혐의자로 신고한 후 동사무소로 전보된 경우, 사회통념상 용인될 수 없을 정도로 객관적 상당성을 결여하였으므로 불법행위를 구성한다.(X)

> 대법원 1998. 10. 23. 선고 98다17381 판결 [손해배상(기)]
> 시청 소속 공무원이 시장을 부패방지위원회에 부패혐의자로 신고한 후 동사무소로 전보된 사안에서, 그 전보인사가 사회통념상 용인될 수 없을 정도로 객관적 상당성을 결여하였다고 단정할 수 없어 불법행위를 구성하지 않는다고 하였다.

① [O] 국가, 강원도경찰청장, 전라남도, 서울특별시, 행정안전부 중 국가배상법에 따라 손해배상의 피고가 될 수 있는 것은 국가, 전라남도, 서울특별시이다.
→ 국가배상법상 배상책임자는 국가 또는 지방자치단체이므로 위에서 국가, 전라남도, 서울특별시만 국가배상법상의 피고가 될 수 있다.

② [O] '교통할아버지'로 선정된 노인이 위탁받은 공무범위를 넘어 교차로 중앙에서 교통정리를 하다가 교통사고를 발생시킨 경우, 지방자치단체가 국가배상법 제2조 소정의 배상책임을 부담한다.

> 대법원 2001. 1. 5. 선고 98다39060 판결 [구상금]
> 지방자치단체가 '교통할아버지 봉사활동 계획'을 수립한 후 관할 동장으로 하여금 '교통할아버지'를 선정하게 하여 어린이 보호, 교통안내, 거리질서 확립 등의 공무를 위탁하여 집행하게 하던 중 '교통할아버지'로 선정된 노인이 위탁받은 업무 범위를 넘어 교차로 중앙에서 교통정리를 하다가 교통사고를 발생시킨 경우, 지방자치단체가 국가배상법 제2조 소정의 배상책임을 부담한다.

④ [O] 구청 세무과 소속 공무원 甲이 乙에게 무허가건물 세입자들에 대한 시영아파트 입주권 매매행위를 한 경우 외형상 직무범위 내의 행위라고 볼 수 없다.

> 대법원 1993. 1. 15. 선고 92다8514 판결 [손해배상(기)]
> 구청 공무원 甲이 주택정비계장으로 부임하기 이전에 그의 처 등과 공모하여 乙에게 무허가건물철거 세입자들에 대한 시영아파트 입주권 매매행위를 한 경우 이는 甲이 개인적으로 저지른 행위에 불과하고 당시 근무하던 세무과에서 수행하던 지방세 부과, 징수 등 본래의 직무와는 관련이 없는 행위로서 외형상으로도 직무범위 내에 속하는 행위라고 볼 수 없다.

정답 ③

474 국가배상법 제2조의 배상책임에 관한 설명으로 옳지 않은 것은? 09 지방직 [Essential ★]

① 오늘날 국가나 지방자치단체가 단순한 사경제의 주체로서 하는 작용은 직무행위의 범위에 포함되지 아니한다는 것이 통설과 판례의 입장이다.
② 헌법재판관이 청구기간 내에 제기된 헌법소원심판 청구사건에서 청구기간을 오인하여 각하결정을 한 경우, 이에 대한 불복절차 내지 시정절차가 없는 때에는 국가배상책임이 인정된다.
③ 고의·과실을 요건으로 하며, 과실에는 중과실은 물론 경과실도 포함된다.
④ 피해자가 받은 손해에는 적극적 손해와 소극적 손해는 포함되지만, 위자료는 포함되지 않는다는 것이 판례의 입장이다.

해설

④ [×] 피해자가 받은 손해에는 적극적 손해와 소극적 손해는 포함되지만, **위자료는 포함되지 않는다는 것이 판례의 입장이다.**
→ 사망하거나 신체의 해를 입은 피해자의 직계존속(直系尊屬)·직계비속(直系卑屬) 및 배우자, 신체의 해나 그 밖의 해를 입은 피해자에게는 대통령령으로 정하는 기준 내에서 피해자의 사회적 지위, 과실(過失)의 정도, 생계 상태, 손해배상액 등을 고려하여 그 정신적 고통에 대한 **위자료를 배상하여야 한다.**(국가배상법 제3조제5항)

① [○] 오늘날 국가나 지방자치단체가 단순한 사경제의 주체로서 하는 작용은 직무행위의 범위에 포함되지 아니한다는 것이 통설과 판례의 입장이다.

> **대법원 1998. 7. 10. 선고 96다38971 판결 [손해배상(기)]**
> 국가배상법이 정한 배상청구의 요건인 '**공무원의 직무**'에는 권력적 작용만이 아니라 행정지도와 같은 비권력적 작용도 포함되며 단지 행정주체가 사경제주체로서 하는 활동만 제외된다.

② [○] 헌법재판관이 청구기간 내에 제기된 헌법소원심판 청구사건에서 청구기간을 오인하여 각하결정을 한 경우, 이에 대한 불복절차 내지 **시정절차가 없는 때에는 국가배상책임이 인정된다.**

> **대법원 2003. 7. 11. 선고 99다24218 판결 [손해배상(기)]**
> 재판에 대하여 불복절차 내지 **시정절차 자체가 없는 경우에는** 부당한 재판으로 인하여 불이익 내지 손해를 입은 사람은 국가배상 이외의 방법으로는 자신의 권리 내지 이익을 회복할 방법이 없으므로, 이와 같은 경우에는 배상책임의 요건이 충족되는 한 국가배상책임을 인정하지 않을 수 없다.

③ [○] 고의·과실을 요건으로 하며, 과실에는 중과실은 물론 경과실도 포함된다.
→ 국가배상법상 국가나 지방자치단체의 배상책임이 인정되기 위한 공무원의 과실에는 중과실은 물론 경과실도 포함된다.

> **대법원 1996. 2. 15. 선고 95다38677 전원합의체 판결 [손해배상(자)]**
> 공무원이 직무수행 중 불법행위로 타인에게 손해를 입힌 경우에 국가 등이 국가배상책임을 부담하는 외에 **공무원 개인도 고의 또는 중과실이 있는 경우에는 불법행위로 인한 손해배상책임을 진다고 할 것이지만, 공무원에게 경과실뿐인 경우에는 공무원 개인은 손해배상책임을 부담하지 아니한다**고 해석하는 것이 헌법 제29조 제1항 본문과 단서 및 국가배상법 제2조의 입법취지에 조화되는 올바른 해석이라고 할 것이다.

> **국가배상법 제3조(배상기준)**
> ① 제2조제1항을 적용할 때 타인을 사망하게 한 경우(타인의 신체에 해를 입혀 그로 인하여 사망하게 한 경우를 포함한다) 피해자의 상속인(이하 "유족"이라 한다)에게 다음 각 호의 기준에 따라 배상한다.
>   1. 사망 당시(신체에 해를 입고 그로 인하여 사망한 경우에는 신체에 해를 입은 당시를 말한다)의 월급액이나 월실수입액(月實收入額) 또는 평균임금에 장래의 취업가능기간을 곱한 금액의 유족배상(遺族賠償)
>   2. 대통령령으로 정하는 장례비
> ② 제2조제1항을 적용할 때 타인의 신체에 해를 입힌 경우에는 피해자에게 다음 각 호의 기준에 따라 배상한다.
>   1. 필요한 요양을 하거나 이를 대신할 요양비
>   2. 제1호의 요양으로 인하여 월급액이나 월실수입액 또는 평균임금의 수입에 손실이 있는 경우에는 요양기간 중 그 손실액의 휴업배상(休業賠償)
>   3. 피해자가 완치 후 신체에 장해(障害)가 있는 경우에는 그 장해로 인한 노동력 상실 정도에 따라 피해를 입은 당시의 월급액이나 월실수입액 또는 평균임금에 장래의 취업가능기간을 곱한 금액의 장해배상(障害賠償)
> ③ 제2조제1항을 적용할 때 타인의 물건을 멸실·훼손한 경우에는 피해자에게 다음 각 호의 기준에 따라 배상한다.
>   1. 피해를 입은 당시의 그 물건의 교환가액 또는 필요한 수리를 하거나 이를 대신할 수리비
>   2. 제1호의 수리로 인하여 수입에 손실이 있는 경우에는 수리기간 중 그 손실액의 휴업배상
> ④ 생명·신체에 대한 침해와 물건의 멸실·훼손으로 인한 손해 외의 손해는 불법행위와 상당한 인과관계가 있는 범위에서 배상한다.
> ⑤ **사망하거나 신체의 해를 입은 피해자의 직계존속(直系尊屬)·직계비속(直系卑屬) 및 배우자, 신체의 해나 그 밖의 해를 입은 피해자에게는 대통령령으로 정하는 기준 내에서 피해자의 사회적 지위, 과실(過失)의 정도, 생계 상태, 손해배상액 등을 고려하여 그 정신적 고통에 대한 위자료를 배상하여야 한다.**
> ⑥ 제1항제1호 및 제2항제3호에 따른 취업가능기간과 장해의 등급 및 노동력 상실률은 대통령령으로 정한다.
> ⑦ 제1항부터 제3항까지의 규정에 따른 월급액이나 월실수입액 또는 평균임금 등은 피해자의 주소지를 관할하는 세무서장 또는 시장·군수·구청장(자치구의 구청장을 말한다)과 피해자의 근무처의 장의 증명이나 그 밖의 공신력 있는 증명에 의하고, 이를 증명할 수 없을 때에는 대통령령으로 정하는 바에 따른다.

정답 ④

475 국가배상에 관한 설명으로 옳은 것은?

07 국가직 [Core ★★]

① 처분의 위법을 원인으로 하는 국가배상청구권은 그 원인관계에 비추어 공권으로 보는 것이 판례의 입장이다.
② 공무원의 부작위에 의한 개인의 손해발생에 대해 국가배상책임이 인정되기 위해서는 공무원의 부작위가 위법하여야 한다.
③ 헌법은 배상책임자를 '국가 또는 지방자치단체'로 규정하고 있으나, 국가배상법은 배상책임자를 '국가 또는 공공단체'로 규정하고 있다.
④ 판례에 의할 경우 행정처분이 위법한 것으로 취소판결이 있으면 국가배상청구소송에 있어서 해당 공무원의 고의·과실을 불문하고 불법행위책임은 인정된다.

> **해설**

② [O] 공무원의 부작위에 의한 개인의 손해발생에 대해 국가배상책임이 인정되기 위해서는 공무원의 부작위가 위법하여야 한다.
→ 국가배상책임이 인정되기 위해서는 행정작용의 위법성이 인정되어야 하므로 부작위에 대한 국가배상책임은 공무원의 부작위가 위법하여야 한다.

① [X] 처분의 위법을 원인으로 하는 국가배상청구권은 그 원인관계에 비추어 공권으로 보는 것이 판례의 입장이다.(X)
→ 판례는 비록 처분의 위법이 원인이 된 것이라 하더라고 국가배상청구권을 사권으로 본다.(현실적으로 민사소송으로 다룸)

③ [X] 헌법은 배상책임자를 '국가 또는 지방자치단체'(X)로 규정하고 있으나, 국가배상법은 배상책임자를 '국가 또는 공공단체'로 규정하고 있다.
→ 반대로 설명하고 있다. 즉 헌법은 배상책임자로 '국가 또는 공공단체'를 규정하고 있으나, 국가배상법은 '국가 또는 지방자치단체'로 그 범위를 좁히고 있어 위헌논란이 있다.
→ 공무원의 직무상 불법행위로 손해를 받은 국민은 법률이 정하는 바에 의하여 국가 또는 공공단체에 정당한 배상을 청구할 수 있다. 이 경우 공무원 자신의 책임은 면제되지 아니한다.(대한민국 헌법 제29조제1항) 국가나 지방자치단체는 공무원 또는 공무를 위탁받은 사인(이하 "공무원"이라 한다)이 직무를 집행하면서 고의 또는 과실로 법령을 위반하여 타인에게 손해를 입히거나, 「자동차손해배상 보장법」에 따라 손해배상의 책임이 있을 때에는 이 법에 따라 그 손해를 배상하여야 한다. 다만, 군인·군무원·경찰공무원 또는 예비군대원이 전투·훈련 등 직무 집행과 관련하여 전사(戰死)·순직(殉職)하거나 공상(公傷)을 입은 경우에 본인이나 그 유족이 다른 법령에 따라 재해보상금·유족연금·상이연금 등의 보상을 지급받을 수 있을 때에는 이 법 및 「민법」에 따른 손해배상을 청구할 수 없다.(국가배상법 제2조제1항)

	헌법	국가배상법
배상주체	국가 또는 공공단체	국가 또는 지방자치단체
배상유형	직무행위로 인한 손해배상청구권	• 직무행위로 인한 손해배상청구권 • 영조물의 하자로 인한 손해배상청구권

④ [X] 판례에 의할 경우 행정처분이 위법한 것으로 취소판결이 있으면 국가배상청구소송에 있어서 해당 공무원의 고의·과실을 불문하고 불법행위책임은 인정된다.(X)
→ 위법상과 고의, 과실은 별개의 구성요건이다. 즉 국가배상책임이 성립되기 위해서는 처분이 위법하기만 하면 되는 것이 아니라 그 처분이 공무원의 고의 또는 과실로 행해진 것이어야 한다.

> **대한민국헌법 제29조**
> ① 공무원의 직무상 불법행위로 손해를 받은 국민은 법률이 정하는 바에 의하여 국가 또는 공공단체에 정당한 배상을 청구할 수 있다. 이 경우 공무원 자신의 책임은 면제되지 아니한다.
> ② 군인·군무원·경찰공무원 기타 법률이 정하는 자가 전투·훈련등 직무집행과 관련하여 받은 손해에 대하여는 법률이 정하는 보상 외에 국가 또는 공공단체에 공무원의 직무상 불법행위로 인한 배상은 청구할 수 없다.

정답 ②

476 **국가배상제도에 대한 설명으로 옳은 것은?** (다툼이 있는 경우 판례에 의함) 22 지방직 [Core ★★]

① 공무원에게 부과된 직무상 의무가 단순히 공공일반의 이익만을 위한 경우라면 그러한 직무상 의무위반에 대해서는 국가배상책임이 인정되지 않는다.
② 국가의 비권력적 작용은 국가배상청구의 요건인 직무에 포함되지 않는다.
③ 경과실로 불법행위를 한 공무원이 피해자에게 손해를 배상하였다면 이는 타인의 채무를 변제한 경우에 해당하므로 피해자는 공무원에게 이를 반환할 의무가 있다.
④ 지방자치단체가 권원 없이 사실상 관리하고 있는 도로는 국가배상책임의 대상이 되는 영조물에 해당하지 않는다.

해설

① [○] 공무원에게 부과된 직무상 의무가 단순히 공공일반의 이익만을 위한 경우라면 그러한 직무상 의무위반에 대해서는 국가배상책임이 인정되지 않는다.

> 대법원 2001. 4. 13. 선고 2000다34891 판결 [손해배상(기)]
>
> 공무원에게 직무상 의무를 부과한 법령의 보호목적이 사회 구성원 개인의 이익과 안전을 보호하기 위한 것이 아니고 단순히 공공일반의 이익이나 행정기관 내부의 질서를 규율하기 위한 것이라면, 가사 공무원이 그 직무상 의무를 위반한 것을 계기로 하여 제3자가 손해를 입었다 하더라도 공무원이 직무상 의무를 위반한 행위와 제3자가 입은 손해 사이에는 법리상 상당인과관계가 있다고 할 수 없다.

② [×] 국가의 비권력적 작용은 국가배상청구의 요건인 직무에 포함되지 않는다.(×)

> 대법원 1998. 7. 10. 선고 96다38971 판결 [손해배상(기)]
>
> 경과실이 있는 공무원이 피해자에 대하여 손해배상책임을 부담하지 아니함에도 피해자에게 손해를 배상하였다면 그것은 채무자 아닌 사람이 타인의 채무를 변제한 경우에 해당하고, 이는 민법 제469조의 '제3자의 변제' 또는 민법 제744조의 '도의관념에 적합한 비채변제'에 해당하여 피해자는 공무원에 대하여 이를 반환할 의무가 없고, 그에 따라 피해자의 국가에 대한 손해배상청구권이 소멸하여 국가는 자신의 출연 없이 채무를 면하게 되므로, 피해자에게 손해를 직접 배상한 경과실이 있는 공무원은 특별한 사정이 없는 한 국가에 대하여 국가의 피해자에 대한 손해배상책임의 범위 내에서 공무원이 변제한 금액에 관하여 구상권을 취득한다고 봄이 타당하다.

③ [×] 경과실로 불법행위를 한 공무원이 피해자에게 손해를 배상하였다면 이는 타인의 채무를 변제한 경우에 해당하므로 피해자는 공무원에게 이를 반환할 의무가 있다.(×)

> 대법원 1998. 7. 10. 선고 96다38971 판결 [손해배상(기)]
>
> 경과실이 있는 공무원이 피해자에 대하여 손해배상책임을 부담하지 아니함에도 피해자에게 손해를 배상하였다면 그것은 채무자 아닌 사람이 타인의 채무를 변제한 경우에 해당하고, 이는 민법 제469조의 '제3자의 변제' 또는 민법 제744조의 '도의관념에 적합한 비채변제'에 해당하여 피해자는 공무원에 대하여 이를 반환할 의무가 없고, 그에 따라 피해자의 국가에 대한 손해배상청구권이 소멸하여 국가는 자신의 출연 없이 채무를 면하게 되므로, 피해자에게 손해를 직접 배상한 경과실이 있는 공무원은 특별한 사정이 없는 한 국가에 대하여 국가의 피해자에 대한 손해배상책임의 범위 내에서 공무원이 변제한 금액에 관하여 구상권을 취득한다고 봄이 타당하다.

④ [×] 지방자치단체가 권원 없이 사실상 관리하고 있는 도로는 국가배상책임의 대상이 되는 영조물에 해당하지 않는다.(×)

> 대법원 1998. 10. 23. 선고 98다17381 판결 [손해배상(기)]
>
> 국가배상법 제5조 제1항 소정의 '공공의 영조물'이라 함은 국가 또는 지방자치단체에 의하여 특정 공공의 목적에 공여된 유체물 내지 물적 설비를 말하며, 국가 또는 지방자치단체가 소유권, 임차권 그 밖의 권한에 기하여 관리하고 있는 경우뿐만 아니라 사실상의 관리를 하고 있는 경우도 포함된다.

정답 ①

477 국가배상법상 공무원의 위법한 직무행위로 인한 손해배상에 대한 설명으로 옳은 것은? (다툼이 있는 경우 판례에 의함) 21 국가직 [Essential ★]

① 일반적으로 공무원이 필요한 지식을 갖추지 못하고 법규의 해석을 그르쳐 행정처분을 하였다면 그가 법률전문가가 아닌 행정직 공무원이라고 하여 과실이 없다고는 할 수 없다.
② 국가배상의 요건인 '공무원의 직무'에는 국가나 지방자치단체의 비권력적 작용과 사경제주체로서 하는 작용이 포함된다.
③ 손해배상책임을 묻기 위해서는 가해공무원을 특정하여야 한다.
④ 국가가 가해공무원에 대하여 구상권을 행사하는 경우 국가가 배상한 배상액 전액에 대하여 구상권을 행사하여야 한다.

해설

① [O] 일반적으로 공무원이 필요한 지식을 갖추지 못하고 법규의 해석을 그르쳐 행정처분을 하였다면 그가 **법률전문가가 아닌 행정직 공무원이라고 하여 과실이 없다고는 할 수 없다.**
→ 공무원의 법령의 부지(不知) 등에 대해서도 과실이 인정될 수 있다. 공무원은 비록 법률전문가가 아니지만 자신의 사무영역과 관련해서는 법령에 대한 지식을 파악하고 있어야 하므로, 자신의 업무와 관련된 관계법규를 알지 못하거나 필요한 지식을 갖추지 못하고 법규의 해석을 그르쳐 행정처분을 하였다면 과실이 인정될 수 있다는 것이 판례의 입장이다.

> 대법원 2001. 2. 9. 선고 98다52988 판결 [손해배상(기)]
> 법령에 대한 해석이 복잡, 미묘하여 워낙 어렵고, 이에 대한 학설, 판례조차 귀일되어 있지 않는 등의 특별한 사정이 없는 한 **일반적으로 공무원이 관계 법규를 알지 못하거나 필요한 지식을 갖추지 못하고 법규의 해석을 그르쳐 행정처분을 하였다면 그가 법률전문가가 아닌 행정직 공무원이라고 하여 과실이 없다고는 할 수 없다.**

② [×] 국가배상의 요건인 '공무원의 직무'에는 국가나 지방자치단체의 비권력적 작용과 사경제주체로서 하는 작용이 포함된다.(×)

> 대법원 1998. 7. 10. 선고 96다38971 판결 [손해배상(기)]
> 국가배상법이 정한 배상청구의 요건인 **'공무원의 직무'에는 권력적 작용만이 아니라 행정지도와 같은 비권력적 작용도 포함되며 단지 행정주체가 사경제주체로서 하는 활동만 제외된다.**

③ [×] 손해배상책임을 묻기 위해서는 **가해공무원을 특정하여야 한다.**(×)
→ 가해공무원의 특정이 어려운 경우에는 반드시 가해공무원을 특정하지 않더라도 공무원의 행위로 인정되는 한 국가배상책임을 인정해야 한다는 것이 통설 및 판례의 입장이다.

> 대법원 1995. 11. 10. 선고 95다23897 판결 [손해배상(기)]
> 국가 소속 **전투경찰들(가해전투경찰이 개별적으로 특정되지는 않았음)**이 시위진압을 함에 있어서 합리적이고 상당하다고 인정되는 정도로 가능한 한 최루탄의 사용을 억제하고 또한 최대한 안전하고 평화로운 방법으로 시위진압을 하여 그 시위진압 과정에서 타인의 생명과 신체에 위해를 가하는 사태가 발생하지 아니하도록 하여야 하는데도, **이를 게을리한 채 합리적이고 상당하다고 인정되는 정도를 넘어 지나치게 과도한 방법으로 시위진압을 한 잘못으로 시위 참가자로 하여금 사망에 이르게 하였다는 이유로 국가의 손해배상 책임을** 인정하되, 피해자의 시위에 참가하여 사망에 이르기까지의 행위를 참작하여 30% 과실상계를 한 원심판결을 수긍한 사례

④ [×] 국가가 가해공무원에 대하여 구상권을 행사하는 경우 국가가 배상한 **배상액 전액에 대하여 구상권을 행사하여야 한다.**(×)

> **대법원 1991. 5. 10. 선고 91다6764 판결 [구상금]**
> 국가 또는 지방자치단체의 산하 공무원이 그 직무를 집행함에 당하여 중대한 과실로 인하여 법령에 위반하여 타인에게 손해를 가함으로써 국가 또는 지방자치단체가 손해배상책임을 부담하고, 그 결과로 손해를 입게 된 경우에는 **국가 등은 당해공무원의 직무내용, 당해 불법행위의 상황, 손해발생에 대한 당해 공무원의 기여정도, 당해 공무원의 평소 근무태도, 불법행위의 예방이나 손실분산에 관한 국가 또는 지방자치단체의 배려의 정도 등 제반사정을 참작하여 손해의 공평한 분담이라는 견지에서 신의칙상 상당하다고 인정되는 한도 내에서만 당해 공무원에 대하여 구상권을 행사할 수 있다고 봄이 상당하다 할 것이다.**

정답 ①

478. 국가배상법 제2조에 따른 배상책임에 대한 설명으로 가장 옳지 않은 것은? 19 서울시 [Core ★★]

① 공무원에게 부과된 직무상 의무의 내용이 순전히 행정기관 내부의 질서를 유지하기 위한 것이거나 전체적으로 공공일반의 이익을 도모하기 위한 것인 경우, 국가 또는 지방자치단체가 배상책임을 부담하지 아니한다.
② 헌법재판소 재판관이 청구기간 내에 제기된 헌법소원심판 청구사건에서 청구기간을 오인하여 각하결정을 한 경우, 이에 대한 불복절차 내지 시정절차가 없는 때에는 국가배상책임(위법성)을 인정할 수 있다.
③ 어떠한 행정처분이 후에 항고소송에서 위법한 것으로서 취소되었다면, 그로써 곧 당해 행정처분은 공무원의 고의 또는 과실에 의한 불법행위를 구성한다고 보아야 한다.
④ 국가배상법이 정한 손해배상청구의 요건인 '공무원의 직무'에는 국가나 지방자치단체의 권력적 작용뿐만 아니라 비권력적 작용도 포함되지만 단순한 사경제의 주체로서 하는 작용은 포함되지 않는다.

해설

③ [×] 어떠한 행정처분이 후에 항고소송에서 위법한 것으로서 취소되었다면, 그로써 곧 당해 행정처분은 공무원의 고의 또는 과실에 의한 불법행위를 구성한다고 보아야 한다.(×)

> **대법원 2000. 5. 12. 선고 99다70600 판결 [손해배상(기)]**
> 어떠한 행정처분이 후에 **항고소송에서 취소된 사실만으로 당해 행정처분이 곧바로 공무원의 고의 또는 과실로 인한 것으로서 불법행위를 구성한다고 단정할 수 없다.**

① [○] 공무원에게 부과된 직무상 의무의 내용이 순전히 행정기관 내부의 질서를 유지하기 위한 것이거나 전체적으로 공공일반의 이익을 도모하기 위한 것인 경우, **국가 또는 지방자치단체가 배상책임을 부담하지 아니한다.**

> **대법원 2015. 5. 28. 선고 2013다41431 판결**
> 공무원이 직무를 수행하면서 근거되는 법령의 규정에 따라 구체적으로 의무를 부여받았어도 그것이 국민의 이익과는 관계없이 순전히 행정기관 내부의 질서를 유지하기 위한 것이거나, 또는 국민의 이익과 관련된 것이라도 **직접 국민 개개인의 이익을 위한 것이 아니라 전체적으로 공공 일반의 이익을 도모하기 위한 것이라면 그 의무를 위반하여 국민에게 손해를 가하여도 국가 또는 지방자치단체는 배상책임을 부담하지 아니한다.**

② [○] 헌법재판소 재판관이 청구기간 내에 제기된 헌법소원심판 청구사건에서 청구기간을 오인하여 각하결정을 한 경우, 이에 대한 불복절차 내지 시정절차가 없는 때에는 국가배상책임(위법성)을 인정할 수 있다.

> 대법원 2003. 7. 11. 선고 99다24218 판결 [손해배상(기)]
> 재판에 대하여 불복절차 내지 시정절차 자체가 없는 경우에는 부당한 재판으로 인하여 불이익 내지 손해를 입은 사람은 국가배상 이외의 방법으로는 자신의 권리 내지 이익을 회복할 방법이 없으므로, 이와 같은 경우에는 배상책임의 요건이 충족되는 한 국가배상책임을 인정하지 않을 수 없다.

④ [O] 국가배상법이 정한 손해배상청구의 요건인 '공무원의 직무'에는 국가나 지방자치단체의 권력적 작용뿐만 아니라 비권력적 작용도 포함되지만 단순한 사경제의 주체로서 하는 작용은 포함되지 않는다.

> 대법원 1998. 7. 10. 선고 96다38971 판결 [손해배상(기)]
> 국가배상법이 정한 배상청구의 요건인 '공무원의 직무'에는 권력적 작용만이 아니라 행정지도와 같은 비권력적 작용도 포함되며 단지 행정주체가 사경제주체로서 하는 활동만 제외된다.

정답 ③

479 공무원의 직무행위로 인한 손해배상에 대한 설명으로 가장 적절하지 <u>않은</u> 것은? (다툼이 있는 경우 판례에 의함)   18 경행특채 [Core ★★]

① 공무원이 통상의 근무지로 자기소유 차량을 운전하여 출근하던 중 교통사고를 일으킨 경우, 특별한 사정이 없는 한 국가배상법 제2조 제1항에 따른 직무집행 관련성이 부정된다.
② 국가배상법이 정한 배상청구의 요건인 공무원의 직무에는 권력적 작용만이 아니라 행정지도와 같은 비권력적 작용도 포함된다.
③ 형사상 범죄행위를 구성하지 않는 침해행위라 하더라도 그것이 민사상 불법행위를 구성하는지 여부는 형사책임과 별개의 관점에서 검토하여야 한다.
④ 공무원이 재량준칙에 따라 행정처분을 하였는데 결과적으로 그 처분이 재량을 일탈·남용하여 위법하게 된 때에는 그에게 직무집행상의 과실이 인정된다.

해설

④ [×] 공무원이 재량준칙에 따라 행정처분을 하였는데 결과적으로 그 처분이 재량을 일탈·남용하여 위법하게 된 때에는 그에게 직무집행상의 과실이 인정된다.(×)
→ 재량준칙에 따라 처분을 한 경우 과실이 인정되기 어렵다.

> 대법원 1994. 11. 8. 선고 94다26141 판결 [손해배상(기)] [공1994.12.15.(982),3244]
> 영업허가취소처분이 나중에 행정심판에 의하여 재량권을 일탈한 위법한 처분임이 판명되어 취소되었다고 하더라도 그 처분이 당시 시행되던 공중위생법시행규칙에 정하여진 행정처분의 기준에 따른 것인 이상 그 영업허가취소처분을 한 행정청 공무원에게 그와 같은 위법한 처분을 한 데 있어 어떤 직무집행상의 과실이 있다고 할 수는 없다.

① [O] 공무원이 통상의 근무지로 자기소유 차량을 운전하여 출근하던 중 교통사고를 일으킨 경우, 특별한 사정이 없는 한 국가배상법 제2조 제1항에 따른 직무집행 관련성이 부정된다.

대법원 1996. 5. 31. 선고 94다15271 판결 [구상금]
공무원이 통상적으로 근무하는 근무지로 출근하기 위하여 자기 소유의 자동차를 운행하다가 자신의 과실로 교통사고를 일으킨 경우에는 특별한 사정이 없는 한 국가배상법 제2조 제1항 소정의 공무원이 '직무를 집행함에 당하여' 타인에게 불법행위를 한 것이라고 할 수 없으므로 그 **공무원이 소속된 국가나 지방공공단체가 국가배상법상의 손해배상책임을 부담하지 않는다.**

② [O] 국가배상법이 정한 배상청구의 요건인 **공무원의 직무**에는 권력적 작용만이 아니라 행정지도와 같은 비권력적 작용도 포함된다.

대법원 1998. 7. 10. 선고 96다38971 판결 [손해배상(기)]
국가배상법이 정한 배상청구의 요건인 **'공무원의 직무'**에는 권력적 작용만이 아니라 행정지도와 같은 비권력적 작용도 포함되며 단지 행정주체가 사경제주체로서 하는 활동만 제외된다.

③ [O] 형사상 범죄행위를 구성하지 않는 침해행위라 하더라도 그것이 **민사상 불법행위를 구성하는지 여부는 형사책임과 별개의 관점에서 검토하여야 한다.**
→ 경찰관이 범인을 제압하는 과정에서 총기를 사용하여 범인을 사망에 이르게 한 경우 형사상 무죄판결이 확정되었지만 **배상책임은 인정**하면서, 형사상 범죄를 구성하지 아니하는 침해행위도 민사상 불법행위를 구성할 수 있다. 즉 형사책임(사회질서위반에 대한 제재)과 국가배상책임(피해자에게 발생한 손해의 전보)은 각각 지도원리가 다르므로 형사재판에서 무죄판결이 확정되더라도 국가배상책임이 인정될 수 있다.

대법원 2008. 2. 1. 선고 2006다6713 판결 [손해배상(기)]
불법행위에 따른 형사책임은 사회의 법질서를 위반한 행위에 대한 책임을 묻는 것으로서 행위자에 대한 공적인 제재(형벌)를 그 내용으로 함에 비하여, 민사책임은 타인의 법익을 침해한 데 대하여 행위자의 개인적 책임을 묻는 것으로서 피해자에게 발생한 손해의 전보를 그 내용으로 하는 것이고, 손해배상제도는 손해의 공평·타당한 부담을 그 지도원리로 하는 것이므로, **형사상 범죄를 구성하지 아니하는 침해행위라고 하더라도 그것이 민사상 불법행위를 구성하는지 여부는 형사책임과 별개의 관점에서 검토하여야 한다.**

정답 ④

480 국가배상제도에 대한 설명으로 옳지 않은 것은? (다툼이 있는 경우 판례에 의함)

17 국가직 [Core ★★]

① 공무원이 직무를 집행하면서 고의 또는 과실로 위법하게 타인에게 손해를 가하였어도 국가나 지방자치단체가 그 공무원의 선임 및 감독에 상당한 주의를 하였다면 국가나 지방자치단체는 국가배상책임을 면한다.
② 국가나 지방자치단체가 배상책임을 지는 외에 공무원 개인도 고의 또는 중과실이 있는 경우에는 피해자에 대하여 불법행위로 인한 손해배상책임을 진다.
③ 국가나 지방자치단체가 공무원의 위법한 직무집행으로 발생한 손해를 배상한 경우에 공무원에게 고의 또는 중과실이 있으면 국가나 지방자치단체는 그 공무원에게 구상권을 행사할 수 있다.
④ 국가배상법은 외국인이 피해자인 경우에는 해당 국가와 상호보증이 있는 때에만 국가배상법이 적용된다고 규정하고 있다.

해설

① [×] 공무원이 직무를 집행하면서 고의 또는 과실로 위법하게 타인에게 손해를 가하였어도 국가나 지방자치단체가 **그 공무원의 선임 및 감독에 상당한 주의를 하였다면 국가나 지방자치단체는 국가배상책임을 면한다**.(×)
→ 민법(제756조)과는 달리 국가배상법상 배상주체인 국가나 지방자치단체의 면책사유를 인정하는 규정은 없다.

대법원 1996. 2. 15. 선고 95다38677 전원합의체 판결 [손해배상(자)]
국가배상법 제2조 제1항 본문 및 제2항의 입법 취지는 공무원의 직무상 위법행위로 타인에게 손해를 끼친 경우에는 변제자력이 충분한 국가 등에게 선임감독상 과실 여부에 불구하고 **손해배상책임을 부담시켜 국민의 재산권을 보장한다**.

② [O] 국가나 지방자치단체가 배상책임을 지는 외에 **공무원 개인도 고의 또는 중과실이 있는 경우에는 피해자에 대하여 불법행위로 인한 손해배상책임을 진다**.

대법원 1996. 2. 15. 선고 95다38677 전원합의체 판결 [손해배상(자)]
공무원이 직무수행 중 불법행위로 타인에게 손해를 입힌 경우에 국가 등이 국가배상책임을 부담하는 외에 **공무원 개인도 고의 또는 중과실이 있는 경우에는 불법행위로 인한 손해배상책임을 진다고 할 것이지만, 공무원에게 경과실뿐인 경우에는 공무원 개인은 손해배상책임을 부담하지 아니한다**고 해석하는 것이 헌법 제29조 제1항 본문과 단서 및 국가배상법 제2조의 입법취지에 조화되는 올바른 해석이라고 할 것이다.

③ [O] 국가나 지방자치단체가 공무원의 위법한 직무집행으로 발생한 손해를 배상한 경우에 **공무원에게 고의 또는 중과실이 있으면 국가나 지방자치단체는 그 공무원에게 구상권을 행사할 수 있다**.
→ 제1항 본문의 경우에 공무원에게 고의 또는 중대한 과실이 있으면 국가나 지방자치단체는 그 공무원에게 구상(求償)할 수 있다.(국가배상법 제2조 제2항)

④ [O] 국가배상법은 외국인이 피해자인 경우에는 해당 국가와 상호보증이 있는 때에만 국가배상법이 적용된다고 규정하고 있다.
→ 외국인에 대해서는 상호주의를 취한다. 이 법은 외국인이 피해자인 경우에는 해당 국가와 상호 보증이 있을 때에만 적용한다.(국가배상법 7조)

정답 ①

481 국가배상에 대한 설명으로 가장 적절하지 않은 것은? (다툼이 있는 경우 판례에 의함)

17 경행특채 [ESSential ★]

① 국가배상법 제2조 제1항의 '직무를 집행함에 당하여'라 함은 직접 공무원의 직무집행행위이거나 그와 밀접한 관련이 있는 행위를 포함하고, 이를 판단함에 있어서는 행위 자체의 외관을 객관적으로 관찰하여 공무원의 직무행위로 보여질 때에는 비록 그것이 실질적으로 직무행위가 아니거나 또는 행위자로서는 주관적으로 공무집행의 의사가 없었다고 하더라도 그 행위는 공무원이 '직무를 집행함에 당하여' 한 것으로 보아야 한다.

② 국회의원의 입법행위는 그 입법내용이 헌법의 문언에 명백히 위반됨에도 불구하고 국회가 굳이 당해 입법을 한 것과 같은 특수한 경우가 아닌 한 국가배상법 제2조 제1항 소정의 위법행위에 해당한다고 볼 수 없다.

③ 공무원의 직무집행이 법령이 정한 요건과 절차에 따라 이루어진 것이라면 특별한 사정이 없는 한 이는 법령에 적합한 것이나, 그 과정에서 개인의 권리가 침해된 경우에는 법령적합성이 곧바로 부정된다.

④ 담당공무원이 보통 일반의 공무원을 표준으로 하여 볼 때 객관적 주의의무를 결하여 그 행정처분이 객관적 정당성을 상실하였다고 인정될 정도에 이른 경우에 국가배상법 제2조 소정의 국가 배상책임의 요건을 충족하였다고 봄이 상당하다.

해설

③ [×] 공무원의 직무집행이 법령이 정한 요건과 절차에 따라 이루어진 것이라면 특별한 사정이 없는 한 이는 법령에 적합한 것이나, 그 과정에서 **개인의 권리가 침해된 경우에는 법령적합성이 곧바로 부정된다.**(×)

대법원 1997. 7. 25. 선고 94다2480 판결 [손해배상(기)]
국가배상책임은 공무원의 직무집행이 법령에 위반한 것임을 요건으로 하는 것으로서, 공무원의 직무집행이 법령이 정한 요건과 절차에 따라 이루어진 것이라면 특별한 사정이 없는 한 이는 법령에 적합한 것이고 그 과정에서 **개인의 권리가 침해되는 일이 생긴다고 하여 그 법령 적합성이 곧바로 부정되는 것은 아니다.**

① [O] 국가배상법 제2조 제1항의 '직무를 집행함에 당하여'라 함은 직접 공무원의 직무집행행위이거나 그와 밀접한 관련이 있는 행위를 포함하고, 이를 판단함에 있어서는 행위 자체의 외관을 객관적으로 관찰하여 공무원의 직무행위로 보여질 때에는 비록 그것이 실질적으로 직무행위가 아니거나 또는 행위자로서는 주관적으로 공무집행의 의사가 없었다고 하더라도 그 행위는 공무원이 '직무를 집행함에 당하여' 한 것으로 보아야 한다.

대법원 2005. 1. 14. 선고 2004다26805 판결 [손해배상(기)]
국가배상법 제2조 제1항의 '직무를 집행함에 당하여'라 함은 직접 공무원의 직무집행행위이거나 그와 밀접한 관련이 있는 행위를 포함하고, 이를 판단함에 있어서는 행위 자체의 외관을 객관적으로 관찰하여 공무원의 직무행위로 보여질 때에는 **비록 그것이 실질적으로 직무행위가 아니거나 또는 행위자로서는 주관적으로 공무집행의 의사가 없었다고 하더라도 그 행위는 공무원이 '직무를 집행함에 당하여' 한 것으로 보아야 한다.**

② [O] **국회의원의 입법행위**는 그 입법내용이 헌법의 문언에 명백히 위반됨에도 불구하고 국회가 굳이 당해 입법을 한 것과 같은 특수한 경우가 아닌 한 **국가배상법 제2조 제1항 소정의 위법행위에 해당한다고 볼 수 없다.**

> **대법원 2008. 5. 29. 선고 2004다33469 판결 [손해배상(기)]**
> 법률이 위헌인 경우, 국회의원의 입법행위는 그 입법 내용이 헌법의 문언에 명백히 위배됨에도 불구하고 국회가 굳이 당해 입법을 한 것과 같은 특수한 경우가 아닌 한 **국가배상법 제2조 제1항 소정의 위법행위에 해당한다고 볼 수 없다.**

④ [O] 담당공무원이 보통 일반의 공무원을 표준으로 하여 볼 때 객관적 주의의무를 결하여 그 **행정처분이 객관적 정당성을 상실하였다고 인정될 정도**에 이른 경우에 국가배상법 제2조 소정의 국가 배상책임의 요건을 충족하였다고 봄이 상당하다.

> **대법원 2003. 12. 11. 선고 2001다65236 판결 [손해배상(기)]**
> 어떠한 행정처분이 후에 항고소송에서 취소되었다고 할지라도 그 기판력에 의하여 당해 행정처분이 곧바로 공무원의 고의 또는 과실로 인한 것으로서 불법행위를 구성한다고 단정할 수는 없는 것이고, 과실은 행정처분의 담당공무원이 보통 일반의 공무원을 표준으로 하여 볼 때 객관적 주의의무를 결하여 그 **행정처분이 객관적 정당성을 상실하였다고 인정될 정도**에 이른 경우에 국가배상법 제2조 소정의 국가배상책임의 요건을 충족하였다고 봄이 상당하다.

정답 ③

482 국가배상법 내지 국가배상책임에 관한 설명으로 옳지 <u>않은</u> 것은?   15 서울시 [Essential ★]

① 행정상 손해배상에 관하여는 국가배상법이 일반법적 지위를 갖는다고 본다.
② 국가배상법은 직무행위로 인한 행정상 손해배상에 대하여 무과실책임을 명시하고 있다.
③ 국가배상법은 외국인이 피해자인 경우에는 해당 국가와 상호보증이 있을 때에만 적용한다.
④ 국가배상책임을 공법적 책임으로 보는 견해는 국가배상청구소송은 당사자소송으로 제기되어야 한다고 보나, 재판실무에서는 민사소송으로 다루고 있다.

해설

② [×] 국가배상법은 직무행위로 인한 행정상 손해배상에 대하여 **무과실책임을 명시하고 있다.**(×)
→ **국가배상법 제2조의 공무원의 직무행위로 인한 배상책임은 고의 또는 과실을 배상책임의 성립요건으로 규정(과실책임)하고 있으나**, 제5조의 영조물의 설치·관리상의 하자로 인한 배상책임은 무과실 결과책임으로 주관성인 고의, 과실을 요건으로 하지 않는다.

① [O] 행정상 손해배상에 관하여는 국가배상법이 일반법적 지위를 갖는다고 본다.
→ 행정상 손해배상에 관하여는 국가배상법이 일반법의 역할을 하고 있다고 볼 수 있다.

③ [O] 국가배상법은 외국인이 피해자인 경우에는 해당 국가와 상호보증이 있을 때에만 적용한다.
→ 국가배상법 제7조(외국인에 대한 책임) 이 법은 외국인이 피해자인 경우에는 해당 국가와 상호보증이 있을 때에만 적용한다.

④ [O] 국가배상책임을 공법적 책임으로 보는 견해는 국가배상청구소송은 당사자소송으로 제기되어야 한다고 보나, 재판실무에서는 민사소송으로 다루고 있다.
→ 국가배상법을 공법으로 보고 행정상 손해배상청구권을 공권으로 보는 다수설에 따르면, 손해배상청구소송은 행정소송인 공법상의 당사자소송에 의하여야 한다. 하지만, **국가배상법을 사법(민법에 대한 특별법)으로 보고 행정상 손해배상청구권을 사권으로 보는 판례(재판실무)에 따르면, 국가배상청구소송은 민사소송에 의한다.**

정답 ②

483 국가배상법 제2조 제1항에서 규정하는 공무원의 '과실'에 관한 판례의 입장과 가장 부합하는 설명은?

15 서울시 [Essential ★]

① 당해 직무를 담당하는 평균적 공무원의 주의능력을 기준으로 판단한다.
② 직무행위가 위법하다고 판단되면 과실의 존재도 추정된다.
③ 행정소송에서 행정처분이 위법한 것으로 확정되었고 그 이유가 법령해석의 잘못이었다면 그 행정처분을 한 공무원의 과실은 당연히 인정된다.
④ 과실의 입증책임은 원고가 아니라 피고인 국가 또는 지방자치단체로 전환된다.

해설

① [O] 당해 직무를 담당하는 평균적 공무원의 주의능력을 기준으로 판단한다.

> 대법원 1987. 9. 22. 선고 87다카1164 판결 [손해배상(기)]
> 공무원의 직무집행상의 과실이라 함은 **공무원이 그 직무를 수행함에 있어 당해직무를 담당하는 평균인이 보통(통상) 갖추어야 할 주의의무를 게을리한 것**을 말한다.

② [×] 직무행위가 위법하다고 판단되면 과실의 존재도 추정된다.(×)
→ 위법성과 주관성(고의, 과실)은 별개의 구성요건이므로 직무행위가 위법하다고 하여 고의 또는 과실이 추정되는 것은 아니다.

③ [×] 행정소송에서 행정처분이 위법한 것으로 확정되었고 그 이유가 법령해석의 잘못이었다면 그 행정처분을 한 공무원의 과실은 당연히 인정된다.(×)

> 대법원 2000. 5. 12. 선고 99다70600 판결 [손해배상(기)]
> 어떠한 행정처분이 후에 항고소송에서 취소된 사실만으로 당해 행정처분이 곧바로 공무원의 고의 또는 과실로 인한 것으로서 불법행위를 구성한다고 단정할 수 없다.

④ [×] 과실의 입증책임은 원고가 아니라 피고인 국가 또는 지방자치단체로 전환된다.(×)
→ 고의·과실의 입증책임은 주장하는 피해자인 원고에게 있다는 것이 통설·판례의 입장이다.

정답 ①

484 국가배상법에 대한 설명으로 옳지 않은 것은?

15 사회복지직 [Core ★★]

① 국가배상법은 국가배상책임의 주체를 국가 또는 공공단체로 규정하고 있다.
② 피해자가 손해를 입은 동시에 이익을 얻은 경우에는 손해배상액에서 그 이익에 상당하는 금액을 빼야 한다.
③ 국가배상소송은 배상심의회에 배상신청을 하지 아니하고도 제기할 수 있다.
④ 국가배상청구권은 피해자나 그 법정대리인이 그 손해 및 가해자를 안 날로부터 3년간 이를 행사하지 아니하면 시효로 인하여 소멸한다.

해설

① [×] 국가배상법은 국가배상책임의 주체를 **국가 또는 공공단체(×)**로 규정하고 있다.
→ 국가배상책임의 주체를 국가 또는 공공단체로 규정하고 있는 헌법과는 달리 **국가배상법은 국가배상책임의 주체를 국가 또는 지방자치단체로 규정**하고 있다.
→ **국가나 지방자치단체**는 공무원 또는 공무를 위탁받은 사인(이하 "공무원"이라 한다)이 직무를 집행하면서 고의 또는 과실로 법령을 위반하여 타인에게 손해를 입히거나, 「자동차손해배상 보장법」에 따라 손해배상의 책임이 있을 때에는 이 법에 따라 그 손해를 배상하여야 한다. 다만, 군인·군무원·경찰공무원 또는 예비군대원이 전투·훈련 등 직무 집행과 관련하여 전사(戰死)·순직(殉職)하거나 공상(公傷)을 입은 경우에 본인이나 그 유족이 다른 법령에 따라 재해보상금·유족연금·상이연금 등의 보상을 지급받을 수 있을 때에는 이 법 및 「민법」에 따른 손해배상을 청구할 수 없다.(국가배상법 제2조제1항)

② [○] 피해자가 손해를 입은 동시에 이익을 얻은 경우에는 손해배상액에서 그 이익에 상당하는 금액을 빼야 한다.(국가배상법 제3조의2제1항)

③ [○] 국가배상소송은 **배상심의회에 배상신청을 하지 아니하고도 제기할 수 있다.**(국가배상법 제9조)
→ 임의적 전치주의를 취하고 있다.

④ [○] 국가배상청구권은 피해자나 그 법정대리인이 그 손해 및 가해자를 **안 날로부터 3년간** 이를 행사하지 아니하면 시효로 인하여 소멸한다.(민법 제766조제1항)

국가배상법 제8조(다른 법률과의 관계)
국가나 지방자치단체의 손해배상 책임에 관하여는 이 법에 규정된 사항 외에는 「**민법**」에 따른다. 다만, 「**민법**」 외의 법률에 다른 규정이 있을 때에는 그 규정에 따른다.

민법 제766조(손해배상청구권의 소멸시효)
① **불법행위로 인한 손해배상의 청구권은 피해자나 그 법정대리인이 그 손해 및 가해자를 안 날로부터 3년간 이를 행사하지 아니하면 시효로 인하여 소멸한다.**
② 불법행위를 한 날로부터 10년을 경과한 때에도 전항과 같다.
③ 미성년자가 성폭력, 성추행, 성희롱, 그 밖의 성적(性的) 침해를 당한 경우에 이로 인한 손해배상청구권의 소멸시효는 그가 성년이 될 때까지는 진행되지 아니한다

국가배상법
제3조의2(공제액)
① 제2조제1항을 적용할 때 피해자가 손해를 입은 동시에 이익을 얻은 경우에는 손해배상액에서 그 이익에 상당하는 금액을 빼야 한다.
② 제3조제1항의 유족배상과 같은 조 제2항의 장해배상 및 장래에 필요한 요양비 등을 한꺼번에 신청하는 경우에는 중간이자를 빼야 한다.
③ 제2항의 중간이자를 빼는 방식은 대통령령으로 정한다.
제9조(소송과 배상신청의 관계)
이 법에 따른 손해배상의 소송은 배상심의회(이하 "심의회"라 한다)에 배상신청을 하지 아니하고도 제기할 수 있다.

정답 ①

4. 영조물의 설치·관리상의 하자로 인한 손해배상

485 국가배상법 제5조의 영조물에 해당되지 않는 것은? 13 서울시 [Essential ★]

① 현금
② 도로
③ 수도
④ 서울시 청사
⑤ 관용 자동차

해설

① [×] 현금(×)
→ 국가배상법 제5조의 영조물은 학문상 공물(公物)을 의미하며, 공물은 공공물과 공공용물을 말하고, 사물인 일반재산(잡종재산)은 국가배상법 제5조의 영조물에 포함되지 않는다. 그러므로 경찰차량, 경찰견, 신호기, 도로의 파손·수도관 파열·공공청사의 붕괴·관용차량의 폭발 등의 경우에 관리주체는 국가배상법 제5조의 영조물에 해당하나, 현금·국고수표·국유림 등의 일반재산(잡종재산)의 경우에는 국가배상법상 제5조 영조물에 해당하지 않는다.

② [○] 도로
③ [○] 수도
④ [○] 서울시 청사
⑤ [○] 관용 자동차

국가배상법 제5조(공공시설 등의 하자로 인한 책임)
① 도로·하천, 그 밖의 공공의 영조물(營造物)의 설치나 관리에 하자(瑕疵)가 있기 때문에 타인에게 손해를 발생하게 하였을 때에는 국가나 지방자치단체는 그 손해를 배상하여야 한다. 이 경우 제2조제1항 단서, 제3조 및 제3조의2를 준용한다.
② 제1항을 적용할 때 손해의 원인에 대하여 책임을 질 자가 따로 있으면 국가나 지방자치단체는 그 자에게 구상할 수 있다.

정답 ①

486. 국가배상법 제5조가 규정하는 '공공시설 등의 하자로 인한 배상책임'에 관한 설명 중 옳지 않은 것은?

08 관세사 [ESSential ★]

① 여기에서의 공공시설에는 인공공물 외에 자연공물도 포함한다.
② 공공시설의 하자는 설치·관리자의 과실을 전제로 한다.
③ 공무원의 직무상 위법행위로 인한 책임(제2조)와 경합할 수 있다.
④ 설치관리자와 비용부담자가 다른 경우에는 비용부담자에게도 책임이 있다.
⑤ 설치·관리자의 하자와 손해발생 간에는 인과관계가 존재하여야 한다.

해설

② [X] 공공시설의 하자는 설치·관리자의 **과실을 전제로 한다.**(X)
→ 국가배상법 제2조상 배상책임과는 달리 **무과실책임이다.** 도로·하천, 그 밖의 공공의 영조물(營造物)의 설치나 관리에 하자(瑕疵)가 있기 때문에 타인에게 손해를 발생하게 하였을 때에는 국가나 지방자치단체는 그 손해를 배상하여야 한다. 이 경우 제2조제1항 단서, 제3조 및 제3조의2를 준용한다.(국가배상법 제5조제1항)

① [O] 여기에서의 공공시설에는 **인공공물 외에 자연공물도 포함한다.**
→ 도로 등의 인공공물뿐만 아니라 하천 등의 자연공물도 포함한다.

③ [O] 공무원의 직무상 위법행위로 인한 책임(제2조)와 경합할 수 있다.
→ 경찰에서 관리하는 보행자 신호기의 고장과 공무원의 신호기 관리상의 과실이 경합되는 경우와 같이 제2조(배상책임)과 제5조(공공시설 등의 하자로 인한 책임)가 경합할 수도 있다.

④ [O] 설치관리자와 비용부담자가 다른 경우에는 비용부담자에게도 책임이 있다.
→ 설치관리자와 비용부담자가 다른 경우 국가배상법 제6조에 따라 비용부담자도 배상책임을 진다. 제2조·제3조 및 제5조에 따라 국가나 지방자치단체가 손해를 배상할 책임이 있는 경우에 공무원의 선임·감독 또는 영조물의 설치·관리를 맡은 자와 공무원의 봉급·급여, 그 밖의 비용 또는 영조물의 설치·관리 비용을 부담하는 자가 동일하지 아니하면 그 비용을 부담하는 자도 손해를 배상하여야 한다.(국가배상법 제6조제1항)

⑤ [O] 설치·관리자의 하자와 손해발생 간에는 **인과관계가 존재하여야 한다.**
→ 하자(위법성)와 손해 간에는 상당인과관계가 존재하여야 한다.

국가배상법

제2조(배상책임)
① 국가나 지방자치단체는 공무원 또는 공무를 위탁받은 사인(이하 "공무원"이라 한다)이 직무를 집행하면서 고의 또는 과실로 법령을 위반하여 타인에게 손해를 입히거나, 「자동차손해배상 보장법」에 따라 손해배상의 책임이 있을 때에는 이 법에 따라 그 손해를 배상하여야 한다. 다만, 군인·군무원·경찰공무원 또는 예비군대원이 전투·훈련 등 직무 집행과 관련하여 전사(戰死)·순직(殉職)하거나 공상(公傷)을 입은 경우에 본인이나 그 유족이 다른 법령에 따라 재해보상금·유족연금·상이연금 등의 보상을 지급받을 수 있을 때에는 이 법 및 「민법」에 따른 손해배상을 청구할 수 없다.
② 제1항 본문의 경우에 공무원에게 고의 또는 중대한 과실이 있으면 국가나 지방자치단체는 그 공무원에게 구상(求償)할 수 있다.

제6조(비용부담자 등의 책임)
① 제2조·제3조 및 제5조에 따라 국가나 지방자치단체가 손해를 배상할 책임이 있는 경우에 공무원의 선임·감독 또는 영조물의 설치·관리를 맡은 자와 공무원의 봉급·급여, 그 밖의 비용 또는 영조물의 설치·관리 비용을 부담하는 자가 동일하지 아니하면 그 비용을 부담하는 자도 손해를 배상하여야 한다.
② 제1항의 경우에 손해를 배상한 자는 내부관계에서 그 손해를 배상할 책임이 있는 자에게 구상할 수 있다.

정답 ②

487 국가배상법 제5조의 손해배상책임에 관한 설명으로 옳지 <u>않은</u> 것은?   09 국가직 [Essential ★]

① 영조물의 설치·관리의 하자라 함은 공공의 영조물이 일반적으로 갖추어야 할 안전성을 결한 상태를 말한다.
② 영조물의 하자로 인한 손해의 원인에 대하여 책임을 질자가 따로 있을 때에는 국가 또는 지방자치단체는 그 자에 대하여 구상할 수 있다.
③ 국가배상법 제5조의 손해배상책임은 동법 제2조의 책임과 같이 과실책임주의로 규정되어 있다.
④ 불가항력 등 영조물책임의 감면사유가 있는 경우에도 공무원의 과실로 피해가 확대된 경우에는 그 한도 내에서 국가배상법 제2조의 배상책임이 인정된다.

해설

③ [×] 국가배상법 제5조의 손해배상책임은 동법 제2조의 책임과 <u>같이 과실책임주의로 규정되어 있다.</u>(×)
  → 국가배상법 제5조의 배상책임은 제2조의 배상책임과는 달리 주관성(고의·과실)을 그 요건으로 하지 않으므로 무과실(고의·과실 유무와 관계없이) 결과책임이다.

① [○] 영조물의 설치·관리의 하자라 함은 **공공의 영조물이 일반적으로 갖추어야 할 안전성을 결한 상태**를 말한다.

대법원 2002. 8. 23. 선고 2002다9158 판결 [손해배상(자)]
국가배상법 제5조 제1항에 정하여진 '영조물 설치·관리상의 하자'라 함은 **공공의 목적에 공여된 영조물이 그 용도에 따라 통상 갖추어야 할 안전성을 갖추지 못한 상태에 있음**을 말한다.

대법원 1967. 2. 21. 선고 66다1723 판결 [손해배상]
영조물 설치의『하자』라 함은 영조물의 축조에 불완전한 점이 있어 이 때문에 **영조물 자체가 통상 갖추어야 할 완전성을 갖추지 못한 상태에 있음을 말한다고 할 것**인바 그『하자』유무는 객관적 견지에서 본 안전성의 문제이고 그 설치자의 재정사정이나 영조물의 사용목적에 의한 사정은 안전성을 요구하는데 대한 정도 문제로서 참작사유에는 해당할지언정 안전성을 결정지을 절대적 요건에는 해당하지 아니한다 할 것이다.

② [○] 영조물의 하자로 인한 손해의 원인에 대하여 책임을 질자가 따로 있을 때에는 국가 또는 지방자치단체는 그 자에 대하여 구상할 수 있다.
  → 제1항을 적용할 때 손해의 원인에 대하여 책임을 질 자가 따로 있으면 국가나 지방자치단체는 그 자에게 구상할 수 있다.(국가배상법 제5조제2항)

④ [○] 불가항력 등 영조물책임의 감면사유가 있는 경우에도 공무원의 과실로 피해가 확대된 경우에는 그 한도 내에서 국가배상법 제2조의 배상책임이 인정된다.
  → 불가항력 등 영조물책임의 감면사유가 있는 경우에도 불가항력의 자연 재해시 관계행정기관이 과실로 피난명령을 발하지 않은 경우와 같이 공무원의 과실로 피해가 확대된 경우에는 그 한도 내에서 국가배상법 제2조의 배상책임이 인정된다.

정답 ③

488 국가배상책임에 대한 판례의 입장으로 옳지 않은 것은?

12 지방직 [Core ★★]

① 지방자치단체장으로부터 교통신호기의 관리권한을 위임받은 기관 소속의 공무원이 위임사무처리에 있어 고의 또는 과실로 타인에게 손해를 가하였거나 위임사무로 설치·관리하는 영조물의 하자로 타인에게 손해를 발생하게 한 경우에는 권한을 위임한 관청이 소속된 지방자치단체가 국가 배상법 제2조 또는 제5조에 의한 배상책임을 부담한다.

② 관리청이 하천법 등 관련규정에 의해 책정한 하천정비기본계획 등에 따라 개수를 완료한 하천 또는 아직 개수 중이라 하더라도 개수를 완료한 부분에 있어서는, 위 하천정비기본계획 등에서 정한 계획홍수량 및 계획홍수위를 충족하여 하천이 관리되고 있다면 당초부터 계획홍수량 및 계획홍수위를 잘못 책정하였다거나 그 후 이를 시급히 변경해야 할 사정이 생겼음에도 불구하고 이를 해태하였다는 등의 특별한 사정이 없는 한, 그 하천은 용도에 따라 통상 갖추어야 할 안전성을 갖추고 있다고 보아야 한다.

③ 공무원이 직무상 의무를 위반함으로 인하여 피해자가 입은 손해에 대하여는 상당인과관계가 인정되는 범위 내에서 국가가 배상책임을 지는 것이고, 이때 상당인과관계의 유무를 판단함에 있어서는 일반적인 결과발생의 개연성은 물론 직무상 의무를 부과하는 법령 기타 행동규범의 목적, 그 수행하는 직무의 목적 내지 기능으로부터 예견 가능한 행위 후의 사정, 가해행위의 태양 및 피해의 정도 등을 종합적으로 고려하여야 한다.

④ 국가배상법 제5조 제1항 소정의 '공공의 영조물'이라 함은 일반 공중의 자유로운 사용에 직접적으로 제공되는 공공용물에 한하지 아니하고, 행정주체 자신의 사용에 제공되는 공용물도 포함하며 국가 또는 지방자치단체가 소유권, 임차권, 그 밖의 권한에 기하여 관리하고 있는 경우는 포함하나 사실상의 관리를 하고 있는 경우는 포함되지 아니한다.

해설

④ [×] 국가배상법 제5조 제1항 소정의 '공공의 영조물'이라 함은 일반 공중의 자유로운 사용에 직접적으로 제공되는 공공용물에 한하지 아니하고, 행정주체 자신의 사용에 제공되는 공용물도 포함하며 **국가 또는 지방자치단체가 소유권, 임차권, 그 밖의 권한에 기하여 관리하고 있는 경우는 포함하나 사실상의 관리를 하고 있는 경우는 포함되지 아니한다.(×)**

> 대법원 1998. 10. 23. 선고 98다17381 판결 [손해배상(기)]
> 국가배상법 제5조 제1항 소정의 '공공의 영조물'이라 함은 국가 또는 지방자치단체에 의하여 특정 공공의 목적에 공여된 유체물 내지 물적 설비를 말하며, **국가 또는 지방자치단체가 소유권, 임차권 그 밖의 권한에 기하여 관리하고 있는 경우뿐만 아니라 사실상의 관리를 하고 있는 경우도 포함된다.**

① [O] 지방자치단체장으로부터 교통신호기의 관리권한을 위임받은 기관 소속의 공무원이 위임사무처리에 있어 고의 또는 과실로 타인에게 손해를 가하였거나 위임사무로 설치·관리하는 영조물의 하자로 타인에게 손해를 발생하게 한 경우에는 **권한을 위임한 관청이 소속된 지방자치단체가 국가 배상법 제2조 또는 제5조에 의한 배상책임을 부담한다.**

> 대법원 1999. 6. 25. 선고 99다11120 판결 [손해배상(자)]
> **지방자치단체장이 교통신호기를 설치하여 그 관리권한이 도로교통법 제71조의2 제1항의 규정에 의하여 관할 지방경찰청장에게 위임되어** 지방자치단체 소속 공무원과 지방경찰청 소속 공무원이 합동근무하는 교통종합관제센터에서 그 관리업무를 담당하던 중 **위 신호기가 고장난 채 방치되어 교통사고가 발생한 경우,**

국가배상법 제2조 또는 제5조에 의한 배상책임을 부담하는 것은 지방경찰청장이 소속된 국가가 아니라, 그 권한을 위임한 지방자치단체장이 소속된 지방자치단체라고 할 것이나 한편 국가배상법 제6조 제1항은 같은 법 제2조, 제3조 및 제5조의 규정에 의하여 국가 또는 지방자치단체가 손해를 배상할 책임이 있는 경우에 공무원의 선임·감독 또는 영조물의 설치·관리를 맡은 자와 공무원의 봉급·급여 기타의 비용 또는 영조물의 설치·관리의 비용을 부담하는 자가 동일하지 아니한 경우에는 그 비용을 부담하는 자도 손해를 배상하여야 한다고 규정하고 있으므로 교통신호기를 관리하는 지방경찰청장 산하 경찰관들에 대한 봉급을 부담하는 국가도 국가배상법 제6조 제1항에 의한 배상책임을 부담한다.

② [O] 관리청이 하천법 등 관련규정에 의해 책정한 하천정비기본계획 등에 따라 개수를 완료한 하천 또는 아직 개수 중이라 하더라도 개수를 완료한 부분에 있어서는, 위 하천정비기본계획 등에서 정한 계획홍수량 및 계획홍수위를 충족하여 하천이 관리되고 있다면 당초부터 계획홍수량 및 계획홍수위를 잘못 책정하였다거나 그 후 이를 시급히 변경해야 할 사정이 생겼음에도 불구하고 이를 해태하였다는 등의 특별한 사정이 없는 한, 그 하천은 용도에 따라 통상 갖추어야 할 안전성을 갖추고 있다고 보아야 한다.

> 대법원 2007. 9. 21. 선고 2005다65678 판결 [손해배상(기)]
> 관리청이 하천법 등 관련 규정에 의해 책정한 하천정비기본계획 등에 따라 개수를 완료한 하천 또는 아직 개수 중이라 하더라도 개수를 완료한 부분에 있어서는, 위 하천정비기본계획 등에서 정한 계획홍수량 및 계획홍수위를 충족하여 하천이 관리되고 있다면 당초부터 계획홍수량 및 계획홍수위를 잘못 책정하였다거나 그 후 이를 시급히 변경해야 할 사정이 생겼음에도 불구하고 이를 해태하였다는 등의 특별한 사정이 없는 한, 그 하천은 용도에 따라 통상 갖추어야 할 안전성을 갖추고 있다고 봄이 상당하다.

③ [O] 공무원이 직무상 의무를 위반함으로 인하여 피해자가 입은 손해에 대하여는 상당인과관계가 인정되는 범위 내에서 국가가 배상책임을 지는 것이고, 이때 상당인과관계의 유무를 판단함에 있어서는 일반적인 결과발생의 개연성은 물론 직무상 의무를 부과하는 법령 기타 행동규범의 목적, 그 수행하는 직무의 목적 내지 기능으로부터 예견 가능한 행위 후의 사정, 가해행위의 태양 및 피해의 정도 등을 종합적으로 고려하여야 한다.

> 대법원 2001. 4. 13. 선고 2000다34891 판결 [손해배상(기)]
> 공무원이 법령에서 부과된 직무상 의무를 위반한 것을 계기로 제3자가 손해를 입은 경우에 제3자에게 손해배상청구권이 발생하기 위하여는 공무원의 직무상 의무 위반행위와 제3자의 손해 사이에 상당인과관계가 있지 아니하면 아니되는 것이고, 상당인과관계의 유무를 판단함에 있어서는 일반적인 결과발생의 개연성은 물론 직무상 의무를 부과한 법령 기타 행동규범의 목적이나 가해행위의 태양 및 피해의 정도 등을 종합적으로 고려하여야 할 것인바, 공무원에게 직무상 의무를 부과한 법령의 보호목적이 사회 구성원 개인의 이익과 안전을 보호하기 위한 것이 아니고 단순히 공공일반의 이익이나 행정기관 내부의 질서를 규율하기 위한 것이라면, 가사 공무원이 그 직무상 의무를 위반한 것을 계기로 하여 제3자가 손해를 입었다 하더라도 공무원이 직무상 의무를 위반한 행위와 제3자가 입은 손해 사이에는 법리상 상당인과관계가 있다고 할 수 없다.

정답 ④

489 국가배상에 관한 설명으로 옳지 않은 것은? (다툼이 있는 경우 판례에 따름) 11 국회직 [Core ★★]

① 통장이 전입신고서에 확인 인을 찍는 행위는 공무를 위탁받아 실질적으로 공무를 수행하는 것이라고 보아야 하므로, 통장은 그 업무범위 내에서는 국가배상법 제2조 소정의 공무원에 해당한다.
② 상급자가 전입사병인 하급자에게 암기사항에 관하여 교육하던 중 훈계하다가 도가 지나쳐 폭행한 경우에 그 폭행은 국가배상법상의 직무집행에 해당한다.
③ 국가 또는 지방자치단체가 소유권, 임차권 그 밖의 권한에 기하여 관리하고 있는 경우뿐만 아니라 사실상의 관리를 하고 있는 공용물도 국가배상법상의 영조물에 해당한다.
④ 아직 물적 시설이 완성되지 아니하면 일반 공중의 이용에 제공되지 않은 옹벽도 국가배상법상의 영조물에 해당한다.
⑤ 피해자나 그 법정대리인이 손해 및 가해자를 안 날로부터 3년간 이를 행사하지 아니하면 국가배상청구권은 시효로 인하여 소멸한다.

해설

④ [×] 아직 물적 시설이 완성되지 아니하면 일반 공중의 이용에 제공되지 않은 옹벽도 국가배상법상의 영조물에 해당한다.(×)
→ 공사 중이며 아직 완성되지 않아 일반 공중의 이용에 제공되지 않은 옹벽은 국가배상법 제5조 제1항 소정의 영조물에 해당하지 않는다.

대법원 1998. 10. 23. 선고 98다17381 판결 [손해배상(기)]

사건 사고 당시 설치하고 있던 옹벽은 소외 회사가 그 공사를 도급받아 공사 중에 있었을 뿐만 아니라 아직 완성도 되지 아니하여 일반 공중의 이용에 제공되지 않고 있었던 이상 원심 판시와 같이 국가배상법 제5조 제1항 소정의 영조물에 해당한다고 할 수 없고, 따라서 이 사건 사고를 영조물의 설치상의 하자로 인하여 발생한 것이라고는 볼 수 없다고 할 것이다.

① [O] 통장이 전입신고서에 확인 인을 찍는 행위는 공무를 위탁받아 실질적으로 공무를 수행하는 것이라고 보아야 하므로, 통장은 그 업무범위 내에서는 국가배상법 제2조 소정의 공무원에 해당한다.

대법원 1998. 10. 23. 선고 98다17381 판결 [손해배상(기)]

주민등록법 제14조와 같은법시행령 제7조의2 등에 의하면 주민등록 전입신고를 하여야 할 신고의무자가 전입신고를 할 경우에는 신고서에 관할이장(시에 있어서는 통장)의 확인인을 받아 제출하도록 규정되어 있는 점 등에 비추어 보면 통장이 전입신고서에 확인인을 찍는 행위는 공무를 위탁받아 실질적으로 공무를 수행하는 것이라고 보아야 하므로, 통장은 그 업무범위 내에서는 국가배상법 제2조 소정의 공무원에 해당한다.

② [O] 상급자가 전입사병인 하급자에게 암기사항에 관하여 교육하던 중 훈계하다가 도가 지나쳐 폭행한 경우에 그 폭행은 국가배상법상의 직무집행에 해당한다.

대법원 1995. 4. 21. 선고 93다14240 판결 [손해배상(기)]

소외인은 전입신병에 대한 보호조인 상급자로서 같은 소대에 새로 전입한 하급자인 위 원고에 대하여 암기사항에 관한 교육을 실시하던 중 암기상태가 불량하다는 이유로 위 원고를 훈계하다가 그 도가 지나쳐 위와 같이 폭행을 하기에 이른 것인바, 소외인의 교육, 훈계행위는 적어도 외관상으로는 직무집행으로 보여지고 교육, 훈계중에 한 위의 폭행도 그 직무집행과 밀접한 관련이 있는 것이므로 결국 소외인의 위 원고에 대한 폭행은 국가배상법 제2조 제1항 소정의 공무원이 직무를 집행함에 당하여 한 행위로 볼 수 있다

③ [O] 국가 또는 지방자치단체가 소유권, 임차권 그 밖의 권한에 기하여 관리하고 있는 경우뿐만 아니라 사실상의 관리를 하고 있는 공용물도 국가배상법상의 영조물에 해당한다.

> **대법원 1998. 10. 23. 선고 98다17381 판결 [손해배상(기)]**
> 국가배상법 제5조 제1항 소정의 '공공의 영조물'이라 함은 **국가 또는 지방자치단체에 의하여 특정 공공의 목적에 공여된 유체물 내지 물적 설비**를 말하며, 국가 또는 지방자치단체가 소유권, 임차권 그 밖의 권한에 기하여 관리하고 있는 경우뿐만 아니라 사실상의 관리를 하고 있는 경우도 포함된다.

⑤ [O] 피해자나 그 법정대리인이 손해 및 가해자를 안 날로부터 3년간 이를 행사하지 아니하면 국가배상청구권은 시효로 인하여 소멸한다.(민법 제766조제1항)

> **국가배상법 제8조(다른 법률과의 관계)**
> 국가나 지방자치단체의 손해배상 책임에 관하여는 이 법에 규정된 사항 외에는 「**민법**」에 따른다. 다만, 「**민법**」 외의 법률에 다른 규정이 있을 때에는 그 규정에 따른다.

> **민법 제766조(손해배상청구권의 소멸시효)**
> ① **불법행위로 인한 손해배상의 청구권은 피해자나 그 법정대리인이 그 손해 및 가해자를 안 날로부터 3년간 이를 행사하지 아니하면 시효로 인하여 소멸한다.**
> ② 불법행위를 한 날로부터 10년을 경과한 때에도 전항과 같다.
> ③ 미성년자가 성폭력, 성추행, 성희롱, 그 밖의 성적(性的) 침해를 당한 경우에 이로 인한 손해배상청구권의 소멸시효는 그가 성년이 될 때까지는 진행되지 아니한다

정답 ④

490 영조물의 설치·관리 하자에 의한 국가배상책임에 관한 설명으로 옳지 <u>않은</u> 것은?

08 국회직 [Core ★★]

① 국가배상법상의 영조물은 학문상 공물과 같은 의미로 해석하는 것이 통설이다.
② 영조물의 설치·관리 하자 유무를 객관적 견지에서 본 안전상의 문제로 판단하는 객관설이 종래의 판례 입장이다.
③ 안전성의 결여에 관하여 관리자의 과실은 요하지 않으나, 하자의 존재 자체는 필요하다.
④ 배상의 범위는 영조물의 하자와 상당인과관계에 있는 모든 손해이다.
⑤ 영조물의 설치·관리 하자로 인한 손해배상의 경우 피해자의 위자료청구는 포함되지 않는다.

해설

⑤ [×] 영조물의 설치·관리 하자로 인한 손해배상의 경우 피해자의 **위자료청구는 포함되지 않는다.**(×)

> **대법원 1990. 11. 13. 선고 90다카25604 판결 [손해배상(기)]**
> 국가배상법 제5조 제1항의 영조물의 설치. 관리상의 하자로 인한 손해가 발생한 경우 같은 법 제3조 제1항 내지 제5항의 해석상 피해자의 위자료 청구권이 반드시 배제되지 아니한다.

① [O] 국가배상법상의 **영조물은 학문상 공물과 같은 의미로 해석하는 것이 통설이다.**
→ 일반적 견해는 국가배상법 제5조상의 영조물은 학문상의 영조물(인적·물적 시설의 결합체)이 아니라 공물(公物)로 본다.

② [O] 영조물의 설치·관리 하자 유무를 객관적 견지에서 본 안전상의 문제로 판단하는 객관설이 종래의 판례 입장이다.

→ 판례는 설치·관리상의 하자에 대해 기본적으로 **객관설을 취하고 있다.** 다만, 전형적인 객관설이라고 볼 수는 없고 '설치·관리자가 그 영조물의 위험성에 비례하여 사회통념상 일반적으로 요구되는 정도의 방호조치의무를 다하였는지 여부를 그 기준으로 삼아야 하며' 등의 표현을 사용하는 등 주관적 사정을 고려하고 있으므로 수정된(변형된) 객관설을 취하고 있다고 볼 수 있다.

③ [O] **안전성의 결여에 관하여 관리자의 과실은 요하지 않으나, 하자의 존재 자체는 필요하다.**
→ 국가배상법 제5조는 무과실책임이지만, 책임의 성립요건으로 **설치·관리상의 하자(위법성)를 요구**하고 있다.

④ [O] 배상의 범위는 **영조물의 하자와 상당인과관계에 있는 모든 손해이다.**
→ 설치·관리상의 하자와 손해 사이에는 상당인과관계가 있어야 한다.

정답 ⑤

491 다음 중 국가배상법 제5조에 의한 영조물에 해당하지 <u>않는</u> 것은? (다툼이 있으면 판례에 의함)

10 경행특채 [ESSential ★]

① 매향리 사격장
② 철도건널목 자동경보기
③ 노선인정 기타 공용지정을 갖추지 못하였으나 사실상 군민의 통행에 제공되고 있던 도로
④ 도로와 일체가 되어 그 효용을 다하게 되는 시설인 여의도광장

해설

③ [X] 노선인정 기타 공용지정을 갖추지 못하였으나 사실상 군민의 통행에 제공되고 있던 도로(X)
→ 공물 중 인공공물로서의 공공용물이 성립하기 위해서는 **공중의 이용에 제공한다는 행정청의 의사표시인 공용지정행위가 있어야 한다.** 공용지정행위(도로사용개시의 공고)가 없으므로 공물이 아니라고 보는 입장이다.

대법원 1981. 7. 7. 선고 80다2478 판결 [손해배상]
국가배상법 제5조 소정의 공공의 영조물이란 공유나 사유임을 불문하고 행정주체에 의하여 특정공공의 목적에 공여된 유체물 또는 물적 설비를 의미하므로 **사실상 군민의 통행에 제공되고 있던 도로 옆의 암벽으로부터 떨어진 낙석에 맞아 소외인이 사망하는 사고가 발생하였다고 하여도 동 사고지점 도로가 피고 군에 의하여 노선인정 기타 공용개시가 없었으면 이를 영조물이라 할 수 없다.**

① [O] **매향리 사격장**: 공물로서 국가배상법상의 영조물에 해당

대법원 2004. 3. 12. 선고 2002다14242 판결 [손해배상(기)]
매향리 사격장에서 발생하는 소음 등으로 지역 주민들이 입은 피해는 사회통념상 참을 수 있는 정도를 넘는 것으로서 **사격장의 설치 또는 관리에 하자가 있었다.**

② [O] **철도건널목 자동경보기**: 공물로서 국가배상법상의 영조물에 해당

대법원 1997. 6. 24. 선고 97다10444 판결 [손해배상(기)]
철도건널목의 보안설비의 흠결이 영조물의 설치·관리상의 하자라고 할 수 있는 것인지 여부는 건널목이 설치된 위치, 통행하는 교통량, 부근의 상황 특히 건널목을 건너려는 사람이 열차를 발견할 수 있는 거리, 반대로 열차의 운전자가 건널목을 건너는 사람이나 차량 등을 발견할 수 있는 거리 등 일체의 사정을 고려하여 사회통념에 따라 결정하여야 하고, 철도청의 내부 규정인 건널목설치및설비기준규정은 철도건널목 설치·관리상의 하자를 판단하는 하나의 참작 기준이 될 수 있을 뿐이고, 위 규정이 정하는 기준에 맞추어 철도건널목

의 보안설비가 설치되어 있다 하더라도 반드시 **철도건널목 설치·관리상의 하자가 없는 것이라고 단정할 수 없다.**

④ [O] **도로와 일체가 되어 그 효용을 다하게 되는 시설인 여의도광장**: 공물로서 국가배상법상의 영조물에 해당

> 대법원 1995. 2. 24. 선고 94다57671 판결 [손해배상(자)]
>
> 여의도광장의 관리는 광장의 관리에 관한 별도의 법령이나 규정이 없으므로 서울특별시는 여의도광장을 도로법 제2조 제2항 소정의 **"도로와 일체가 되어 그 효용을 다하게 하는 시설"**로 보고 도로법의 규정을 적용하여 관리하고 있으며, 그 관리사무 중 일부를 영등포구청장에게 권한위임하고 있는 사실을 인정한 다음, 여의도광장의 관리청이 본래 서울특별시(정확히는 서울특별시장이다)라 하더라도 그 관리사무의 일부가 서울특별시장으로부터 피고의 기관인 영등포구청장에게 위임되었다면, 그 위임된 관리사무에 관한 한 여의도광장의 관리청은 영등포구청장이 된다고 할 것이고, 도로법 제56조에 의하면 도로에 관한 비용은 건설부장관이 관리하는 도로 이외의 도로에 관한 것은 관리청이 속하는 지방자치단체의 부담으로 하도록 되어 있어 여의도광장의 관리비용부담자는 그 위임된 관리사무에 관한 한 관리를 위임받은 영등포구청장이 속한 피고가 된다고 할 것이므로, 피고는 이 사건 사고에 관하여 **국가배상법 제6조 소정의 비용부담자로서의 손해배상책임이 있다.**

정답 ③

492 국가배상법 제5조에 대한 설명 중 옳지 <u>않은</u> 것은?   07 국가직 [Essential ★]

① 국가배상법 제5조의 영조물은 직접 행정목적에 제공된 물건 및 설비 등을 의미한다.
② 공공의 영조물에는 국가 또는 지방자치단체가 임차권에 의해 관리하고 있는 경우도 포함된다.
③ 도로나 하천과 달리 경찰견은 영조물에 포함되지 않는다는 것이 판례의 입장이다.
④ 판례는 사격장에서 발생하는 소음이 수인한도를 넘는 경우 사격장의 설치·관리에 흠이 있다고 보았다.

해설

③ [X] 도로나 하천과 달리 경찰견은 영조물에 **포함되지 않는다는 것이 판례의 입장이다.**(X)
→ **경찰견, 경찰마 등 동물도 국가배상법(제5조)상 영조물에 포함된다.**

① [O] 국가배상법 제5조의 **영조물은 직접 행정목적에 제공된 물건 및 설비 등을 의미한다.**
→ 국가배상법 제5조에서 말하는 공공의 영조물이란 본래적 의미의 영조물이 아니라 강학상 공물, 즉 **직접 행정목적에 제공된 유체물 내지 물적 설비를 의미한다는 것이 통설 및 판례의 입장이다.**

② [O] 공공의 영조물에는 **국가 또는 지방자치단체가 임차권에 의해 관리하고 있는 경우도 포함된다.**

> 대법원 1998. 10. 23. 선고 98다17381 판결 [손해배상(기)]
>
> 국가배상법 제5조 제1항 소정의 '공공의 영조물'이라 함은 국가 또는 지방자치단체에 의하여 특정 공공의 목적에 공여된 유체물 내지 물적 설비를 말하며, **국가 또는 지방자치단체가 소유권, 임차권 그 밖의 권한에 기하여 관리하고 있는 경우뿐만 아니라 사실상의 관리를 하고 있는 경우도 포함된다.**

④ [O] 판례는 사격장에서 발생하는 소음이 수인한도를 넘는 경우 사격장의 설치·관리에 흠이 있다고 보았다.

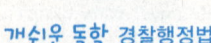

> 대법원 2004. 3. 12. 선고 2002다14242 판결 [손해배상(기)]
> 매향리 사격장에서 발생하는 소음 등으로 지역 주민들이 입은 피해는 사회통념상 참을 수 있는 정도를 넘는 것으로서 사격장의 설치 또는 관리에 하자가 있었다.

정답 ③

493 국가배상에 대한 판례의 태도로 옳지 <u>않은</u> 것은?
11 사회복지직 [Core ★★]

① A가 운전하던 트럭의 앞바퀴가 고속 도로상에 떨어져 있는 타이어에 걸려 중앙분리대를 넘어가 맞은편에서 오던 트럭과 충돌하여 부상을 입었다. 그런데 위 타이어가 사고지점 고속 도로상에 떨어진 것은 사고가 발생하기 10분 내지 15분 전이었다. A는 국가배상책임을 물을 수 없다.
② 지방자치단체의 장이 국도의 관리청이 되었다 하더라도 국가는 도로관리상 하자로 인한 손해배상 책임을 면할 수 없다.
③ 공무원의 직무집행상의 과실이라 함은 공무원이 그 직무를 수행함에 있어 당해 직무를 담당하는 평균인이 통상 갖추어야 할 주의의무를 게을리 한 것을 말한다.
④ 영조물이 공공이 목적에 이용됨에 있어 그 이용 상태 및 정도가 일정한 한도를 초과하여 제3자에게 사회통념상 수인할 것이 기대되는 한도를 넘는 피해를 입히는 경우는 손실보상의 대상으로 논의될 수 있을 뿐, 국가배상법 제5조 제1항의 '영조물의 설치 또는 관리의 하자'에 해당될 수 없다.

해설

④ [×] 영조물이 공공이 목적에 이용됨에 있어 그 이용 상태 및 정도가 일정한 한도를 초과하여 제3자에게 사회통념상 수인할 것이 기대되는 한도를 넘는 피해를 입히는 경우는 손실보상의 대상으로 논의될 수 있을 뿐, 국가배상법 제5조 제1항의 '영조물의 설치 또는 관리의 하자'에 해당될 수 없다.(×)
→ 하자란 이용 상태 및 정도가 제3자에게 사회통념상 수인한도를 넘는 피해를 입히는 경우까지 포함한다.

> 대법원 2005. 1. 27. 선고 2003다49566 판결 [손해배상(기)]
> 국가배상법 제5조 제1항에 정하여진 '영조물의 설치 또는 관리의 하자'라 함은 공공의 목적에 공여된 영조물이 그 용도에 따라 갖추어야 할 안전성을 갖추지 못한 상태에 있음을 말하고, 여기서 안전성을 갖추지 못한 상태, 즉 타인에게 위해를 끼칠 위험성이 있는 상태라 함은 당해 영조물을 구성하는 물적 시설 그 자체에 있는 물리적·외형적 흠결이나 불비로 인하여 그 이용자에게 위해를 끼칠 위험성이 있는 경우뿐만 아니라, 그 영조물이 공공의 목적에 이용됨에 있어 그 이용상태 및 정도가 일정한 한도를 초과하여 제3자에게 사회통념상 수인할 것이 기대되는 한도를 넘는 피해를 입히는 경우까지 포함된다고 보아야 할 것이다.

① [O] A가 운전하던 트럭의 앞바퀴가 고속 도로상에 떨어져 있는 타이어에 걸려 중앙분리대를 넘어가 맞은편에서 오던 트럭과 충돌하여 부상을 입었다. 그런데 위 타이어가 사고지점 고속 도로상에 떨어진 것은 사고가 발생하기 10분 내지 15분 전이었다. A는 국가배상책임을 물을 수 없다.

> 대법원 1992. 9. 14. 선고 92다3243 판결 [손해배상(자)]
> 도로의 설치 후 제3자의 행위에 의하여 그 본래의 목적인 통행상의 안전에 결함이 발생된 경우에는 도로에 그와 같은 결함이 있다는 것만으로 성급하게 도로의 보존상 하자를 인정하여서는 안되고, 당해 도로의 구

조, 장소적 환경과 이용상황 등 제반 사정을 종합하여 그와 같은 결함을 제거하여 원상으로 복구할 수 있는데도 이를 방치한 것인지 여부를 개별적, 구체적으로 심리하여 하자의 유무를 판단하여야 할 것이다.
피고에게 도로의 보존상 하자로 인한 손해배상책임을 인정하기 위하여는 도로에 타이어가 떨어져 있어 고속으로 주행하는 차량의 통행에 안전상의 결함이 있다는 것만으로 족하지 아니하고, 관리자인 피고가 사고 발생전 다른 차량 등 제3자의 행위에 의하여 야기된 도로의 안전상의 결함을 미리 발견하고 이를 제거하여 차량의 안전한 통행상태로 회복하도록 하는 방호조치를 취할 수 있음에도 이를 취하지 아니하고 방치한 경우에 한하여 책임이 인정된다고 할 것이다. 다시 말하자면 도로의 안전상의 결함이 객관적으로 보아 시간적, 장소적으로 피고의 관리행위가 미칠 수 없는 상황 아래에 있는 경우에는 관리상의 하자를 인정할 수 없는 것이다.

② [O] 지방자치단체의 장이 국도의 관리청이 되었다 하더라도 국가는 도로관리상 하자로 인한 손해배상 책임을 면할 수 없다.

대법원 1993. 1. 26. 선고 92다2684 판결 [구상금]
도로법 제22조 제2항에 의하여 **지방자치단체의 장인 시장이 국도의 관리청이 되었다 하더라도** 이는 시장이 국가로부터 관리업무를 위임받아 국가행정기관의 지위에서 집행하는 것이므로 국가는 도로관리상 하자로 인한 손해배상책임을 면할 수 없다.

③ [O] 공무원의 직무집행상의 과실이라 함은 공무원이 그 직무를 수행함에 있어 당해 직무를 담당하는 평균인이 통상 갖추어야 할 주의의무를 게을리 한 것을 말한다.

대법원 1987. 9. 22. 선고 87다카1164 판결 [손해배상(기)]
공무원의 직무집행상의 과실이라 함은 **공무원이 그 직무를 수행함에 있어 당해직무를 담당하는 평균인이 보통(통상) 갖추어야 할 주의의무를 게을리 한 것을 말한다.**

정답 ④

494 국가배상법 제5조의 국가배상에 대한 설명으로 옳지 않은 것은? 11 지방직 [Core ★★]

① 국가배상법 제5조 제1항의 '공공의 영조물'이라 함은 국가 또는 지방자치단체에 의하여 특정 공공의 목적에 공여된 유체물 내지 물적 설비라고 보는 것이 판례의 입장이다.
② 판례는 사격장에서 발생하는 소음 등으로 지역주민들이 입은 피해가 수인한도를 넘는 경우 사격장의 설치 또는 관리에 하자가 있다고 한다.
③ 판례는 영조물의 설치·관리에 있어서 항상 완전무결한 상태를 유지할 정도의 고도의 안전성을 갖추지 아니하였다고 하여 영조물의 설치 또는 관리에 하자가 있다고 단정할 수 없다고 한다.
④ 판례는 예산부족은 절대적인 면책사유가 된다고 보고 있다.

해설

④ [×] 판례는 예산부족은 절대적인 면책사유가 된다고 보고 있다.(×)

대법원 1967. 2. 21. 선고 66다1723 판결 [손해배상]
영조물 설치의 『하자』라 함은 영조물의 축조에 불완전한 점이 있어 이 때문에 영조물 자체가 통상 갖추어야 할 완전성을 갖추지 못한 상태에 있음을 말한다고 할 것인바 그 『하자』 유무는 객관적 견지에서 본 안전성의 문제이고 그 **설치자의 재정사정이나 영조물의 사용목적에 의한 사정은 안전성을 요구하는데 대한 정도 문제**

로서 참작사유에는 해당할지언정 안전성을 결정지을 절대적 요건에는 해당하지 아니한다 할 것이다.

① [O] 국가배상법 제5조 제1항의 '공공의 영조물'이라 함은 국가 또는 지방자치단체에 의하여 특정 공공의 목적에 공여된 유체물 내지 물적 설비라고 보는 것이 판례의 입장이다.

> 대법원 1998. 10. 23. 선고 98다17381 판결 [손해배상(기)]
>
> 국가배상법 제5조 제1항 소정의 '공공의 영조물'이라 함은 국가 또는 지방자치단체에 의하여 특정 공공의 목적에 공여된 유체물 내지 물적 설비를 말하며, **국가 또는 지방자치단체가 소유권, 임차권 그 밖의 권한에 기하여 관리하고 있는 경우뿐만 아니라 사실상의 관리를 하고 있는 경우도 포함된다.**

② [O] 판례는 사격장에서 발생하는 소음 등으로 지역주민들이 입은 피해가 수인한도를 넘는 경우 사격장의 설치 또는 관리에 하자가 있다고 한다.

> 대법원 2004. 3. 12. 선고 2002다14242 판결 [손해배상(기)]
>
> **매향리 사격장**에서 발생하는 소음 등으로 지역 주민들이 입은 피해는 사회통념상 참을 수 있는 정도를 넘는 것으로서 **사격장의 설치 또는 관리에 하자가 있었다.**

③ [O] 판례는 영조물의 설치·관리에 있어서 항상 완전무결한 상태를 유지할 정도의 고도의 안전성을 갖추지 아니하였다고 하여 영조물의 설치 또는 관리에 하자가 있다고 단정할 수 없다고 한다.

> 대법원 2002. 8. 23. 선고 2002다9158 판결 [손해배상(자)]
>
> 국가배상법 제5조 제1항에 정하여진 '영조물 설치·관리상의 하자'라 함은 공공의 목적에 공여된 영조물이 그 용도에 따라 통상 갖추어야 할 안전성을 갖추지 못한 상태에 있음을 말하는바, **영조물의 설치 및 관리에 있어서 항상 완전무결한 상태를 유지할 정도의 고도의 안전성을 갖추지 아니하였다고 하여 영조물의 설치 또는 관리에 하자가 있다고 단정할 수 없다.**

정답 ④

495 다음 중 국가배상법상 영조물의 하자로 인한 배상책임에 관한 판례의 태도와 부합하지 않는 것은?

12 경행특채 [Core ★★]

① '영조물 설치 또는 관리상의 하자'에 관한 제3자의 수인한도의 기준을 결정함에 있어서는 일반적으로 침해되는 권리나 이익의 성질과 침해의 정도뿐만 아니라 침해행위가 갖는 공공성의 내용과 정도, 그 지역 환경의 특수성, 공법적인 규제에 의하여 확보하려는 환경기준, 침해를 방지 또는 경감시키거나 손해를 회피할 방안의 유무 및 그 난이 정도 등 여러 사정을 종합적으로 고려하여 구체적 사건에 따라 개별적으로 결정하여야 한다.

② 재정사정은 참작사유에는 해당할지언정 안전성을 결정지을 절대적 요건에는 해당되지 않는다.

③ 집중호우로 제방도로가 유실되면서 그곳을 걸어가던 보행자가 강물에 휩쓸려 익사한 경우, 사고당일의 집중호우가 50년 빈도의 최대강우량에 해당한다면 불가항력에 기인한 것으로 볼 수 있다.

④ 안전성의 구비 여부를 판단함에 있어서는 제반사정을 종합적으로 고려하여 설치·관리자가 그 영조물의 위험성에 비례하여 사회통념상 일반적으로 요구되는 정도의 방호조치 의무를 다하였는지 여부를 그 기준으로 삼아야 한다.

해설

③ [X] 집중호우로 제방도로가 유실되면서 그곳을 걸어가던 보행자가 강물에 휩쓸려 익사한 경우, 사고당일의 집중호우가 50년 빈도의 최대강우량에 해당한다면 **불가항력에 기인한 것으로 볼 수 있다.**(X)

> **대법원 2000. 5. 26. 선고 99다53247 판결 [손해배상(기)]**
> 집중호우로 제방도로가 유실되면서 그 곳을 걸어가던 보행자가 강물에 휩쓸려 익사한 경우, **사고 당일의 집중호우가 50년 빈도의 최대강우량에 해당한다는 사실만으로 불가항력에 기인한 것으로 볼 수 없다는 이유로 제방도로의 설치·관리상의 하자를 인정하였다.**

① [O] '영조물 설치 또는 관리상의 하자'에 관한 제3자의 수인한도의 기준을 결정함에 있어서는 일반적으로 침해되는 권리나 이익의 성질과 침해의 정도뿐만 아니라 침해행위가 갖는 공공성의 내용과 정도, 그 지역 환경의 특수성, 공법적인 규제에 의하여 확보하려는 환경기준, 침해를 방지 또는 경감시키거나 손해를 회피할 방안의 유무 및 그 난이 정도 등 **여러 사정을 종합적으로 고려하여 구체적 사건에 따라 개별적으로 결정하여야 한다.**

> **대법원 2005. 1. 27. 선고 2003다49566 판결 [손해배상(기)]**
> 수인한도의 기준을 결정함에 있어서는 일반적으로 침해되는 권리나 이익의 성질과 침해의 정도뿐만 아니라 침해행위가 갖는 공공성의 내용과 정도, 그 지역환경의 특수성, 공법적인 규제에 의하여 확보하려는 환경기준, 침해를 방지 또는 경감시키거나 손해를 회피할 방안의 유무 및 그 난이 정도 등 **여러 사정을 종합적으로 고려하여 구체적 사건에 따라 개별적으로 결정하여야 할 것이다.**

② [O] 재정사정은 참작사유에는 해당할지언정 **안전성을 결정지을 절대적 요건에는 해당되지 않는다.**

> **대법원 1967. 2. 21. 선고 66다1723 판결 [손해배상]**
> 영조물 설치의 『하자』라 함은 영조물의 축조에 불완전한 점이 있어 이 때문에 **영조물 자체가 통상 갖추어야 할 완전성을 갖추지 못한 상태에 있음을 말한다고 할 것인바 그 『하자』 유무는 객관적 견지에서 본 안전성의 문제이고 그 설치자의 재정사정이나 영조물의 사용목적에 의한 사정은 안전성을 요구하는데 대한 정도 문제로서 참작사유에는 해당할지언정 안전성을 결정지을 절대적 요건에는 해당하지 아니한다 할 것이다.**

④ [O] 안전성의 구비 여부를 판단함에 있어서는 제반사정을 종합적으로 고려하여 설치·관리자가 그 영조물의 위험성에 비례하여 사회통념상 일반적으로 요구되는 정도의 방호조치의무를 다하였는지 여부를 그 기준으로 삼아야 한다.

> 대법원 2001. 7. 27. 선고 2000다56822 판결 [손해배상(자)]
> 국가배상법 제5조 제1항에 정해진 영조물의 설치 또는 관리의 하자라 함은 영조물이 그 용도에 따라 통상 갖추어야 할 안전성을 갖추지 못한 상태에 있음을 말하는 것이며, 다만 영조물이 완전무결한 상태에 있지 아니하고 그 기능상 어떠한 결함이 있다는 것만으로 영조물의 설치 또는 관리에 하자가 있다고 할 수 없는 것이고, 위와 같은 **안전성의 구비 여부를 판단함에 있어서는 당해 영조물의 용도, 그 설치장소의 현황 및 이용 상황 등 제반 사정을 종합적으로 고려하여 설치·관리자가 그 영조물의 위험성에 비례하여 사회통념상 일반적으로 요구되는 정도의 방호조치의무를 다하였는지 여부를 그 기준으로 삼아야** 할 것이다.

정답 ③

496 다음 설명 중 옳지 않은 것은? (다툼이 있는 경우 판례에 의함) 21 소방직 [Core ★★]

① 지방자치단체가 옹벽시설공사를 업체에게 주어 공사를 시행하다가 사고가 일어난 경우, 옹벽이 공사중이고 아직 완성되지 아니하여 일반 공중의 이용에 제공되지 않았다면 국가배상법 제5조 소정의 영조물에 해당한다고 할 수 없다.
② 김포공항을 설치·관리함에 있어 항공법령에 따른 항공기소음기준 및 소음대책을 준수하려는 노력을 하였더라도, 공항이 항공기 운항이라는 공공의 목적에 이용됨에 있어 그와 관련하여 배출하는 소음 등의 침해가 인근주민들에게 통상의 수인한도를 넘는 피해를 발생하게 하였다면 공항의 설치·관리상에 하자가 있다고 보아야 한다.
③ 가변차로에 설치된 두 개의 신호기에서 서로 모순되는 신호가 들어오는 고장으로 인하여 사고가 발생한 경우, 그 고장이 현재의 기술수준상 부득이한 것으로 예방할 방법이 없는 것이라면 손해 발생의 예견가능성이나 회피가능성이 없어 영조물의 하자를 인정할 수 없다.
④ 영조물 설치자의 재정사정이나 영조물의 사용 목적에 의한 사정은, 안전성을 요구하는 데 대한 참작사유는 될지언정 안전성을 결정지을 절대적 요건은 아니다.

해설

③ [×] 가변차로에 설치된 두 개의 신호기에서 서로 모순되는 신호가 들어오는 고장으로 인하여 사고가 발생한 경우, 그 고장이 현재의 기술수준상 부득이한 것으로 예방 방법이 없는 것이라면 손해 발생의 예견가능성이나 회피가능성이 없어 영조물의 하자를 인정할 수 없다.(×)

> 대법원 2001. 7. 27. 선고 2000다56822 판결 [손해배상(자)]
> 가변차로에 설치된 두 개의 신호등에서 서로 모순되는 신호가 들어오는 오작동이 발생하였고 그 고장이 현재의 기술수준상 부득이한 것이라고 가정하더라도 **그와 같은 사정만으로 손해발생의 예견가능성이나 회피가능성이 없어 영조물의 하자를 인정할 수 없는 경우라고 단정할 수 없다**

① [O] 지방자치단체가 옹벽시설공사를 업체에게 주어 공사를 시행하다가 사고가 일어난 경우, 옹벽이 공사중이고 아직 완성되지 아니하여 일반 공중의 이용에 제공되지 않았다면 국가배상법 제5조 소정의 영조물에 해

당한다고 할 수 없다.

> 대법원 1998. 10. 23. 선고 98다17381 판결 [손해배상(기)]
> 사건 사고 당시 설치하고 있던 **옹벽은 소외 회사가 그 공사를 도급받아 공사 중에 있었을 뿐만 아니라 아직 완성도 되지 아니하여 일반 공중의 이용에 제공되지 않고 있었던 이상** 원심 판시와 같이 국가배상법 제5조 제1항 소정의 영조물에 해당한다고 할 수 없고, 따라서 이 사건 사고를 영조물의 설치상의 하자로 인하여 발생한 것이라고는 볼 수 없다고 할 것이다.

② [○] 김포공항을 설치·관리함에 있어 항공법령에 따른 항공기소음기준 및 소음대책을 준수하려는 노력을 하였더라도, 공항이 항공기 운항이라는 공공의 목적에 이용됨에 있어 그와 관련하여 배출하는 소음 등의 침해가 인근주민들에게 통상의 수인한도를 넘는 피해를 발생하게 하였다면 공항의 설치·관리상에 하자가 있다고 보아야 한다.
→ 하자란 이용상태 및 정도가 제3자에게 사회통념상 수인한도를 넘는 피해를 입히는 경우까지 포함한다. 김포공항에서 발생하는 소음 등으로 인근주민들이 입은 피해는 사회통념상 수인한도를 넘는 것으로서 김포공항의 설치·관리에 하자가 있다.

> 대법원 2005. 1. 27. 선고 2003다49566 판결 [손해배상(기)]
> 김포공항을 설치·관리함에 있어 항공법령에 따른 항공기 소음기준 및 소음대책을 준수하려는 노력을 경주하였다고 하더라도, 김포공항이 항공기 운항이라는 공공의 목적에 이용됨에 있어 그와 관련하여 배출하는 소음 등의 침해가 인근 주민인 선정자들에게 **통상의 수인한도를 넘는 피해를 발생하게 하였다면 김포공항의 설치·관리상에 하자가 있다고 보아야 할 것**이라고 전제한 다음, 그 판시와 같은 여러 사정을 종합적으로 고려하면 이 사건 김포공항 주변지역의 소음과 관련하여서는 항공법시행규칙 제271조의 공항소음피해예상지역(제3종구역)으로 분류되는 지역 중 85 WECPNL 이상의 소음이 발생하는 경우에는 사회생활상 통상의 수인한도를 넘는 것으로서 위법성을 띠는 것으로 봄이 상당하다고 할 것인데, 이 사건 선정자들의 거주지역이 이에 해당하므로 김포공항을 설치·관리하는 국가는 이에 대하여 손해를 배상할 책임이 있다고 판단하였다.

④ [○] 영조물 설치자의 재정사정이나 영조물의 사용 목적에 의한 사정은, 안전성을 요구하는 데 대한 참작사유는 될지언정 안전성을 결정지을 절대적 요건은 아니다.

> 대법원 1967. 2. 21. 선고 66다1723 판결 [손해배상]
> 영조물 설치의 『하자』라 함은 영조물의 축조에 불완전한 점이 있어 이 때문에 **영조물 자체가 통상 갖추어야 할 완전성을 갖추지 못한 상태에 있음을 말한다고 할 것인바** 그 『하자』 유무는 객관적 견지에서 본 안전성의 문제이고 그 설치자의 재정사정이나 영조물의 사용목적에 의한 사정은 안전성을 요구하는데 대한 정도 문제로서 참작사유에는 해당할지언정 안전성을 결정지을 절대적 요건에는 해당하지 아니한다 할 것이다.

정답 ③

497 甲은 A지방자치단체가 관리하는 도로를 운행하던 중 도로에 방치된 낙하물로 인하여 손해를 입었고, 이를 이유로 국가배상법상 손해배상을 청구하려고 한다. 이에 대한 설명으로 옳지 않은 것은? (다툼이 있는 경우 판례에 의함) 20 국가직 [Core ★★]

① A지방자치단체가 위 도로를 권원 없이 사실상 관리하고 있는 경우에는 A지방자치단체의 배상책임은 인정될 수 없다.
② 위 도로의 설치·관리상의 하자가 있는지 여부는 위 도로가 그 용도에 따라 통상 갖추어야 할 안전성을 갖추었는지 여부에 따라 결정된다.
③ 위 도로가 국도이며 그 관리권이 A지방자치단체의 장에게 위임되었다면, A지방자치단체가 도로의 관리에 필요한 일체의 경비를 대외적으로 지출하는 자에 불과하더라도 甲은 A지방자치단체에 대해 국가배상을 청구할 수 있다.
④ 甲이 배상을 받기 위하여 소송을 제기하는 경우에는 민사소송을 제기하여야 한다.

해설

① [×] A지방자치단체가 위 도로를 권원 없이 사실상 관리하고 있는 경우에는 **A지방자치단체의 배상책임은 인정될 수 없다.(×)**
→ A지방자치단체의 배상책임은 인정될 수 있다.

> 대법원 1998. 10. 23. 선고 98다17381 판결 [손해배상(기)]
> 국가배상법 제5조 제1항 소정의 '공공의 영조물'이라 함은 국가 또는 지방자치단체에 의하여 특정 공공의 목적에 공여된 유체물 내지 물적 설비를 말하며, **국가 또는 지방자치단체가 소유권, 임차권 그 밖의 권한에 기하여 관리하고 있는 경우뿐만 아니라 사실상의 관리를 하고 있는 경우도 포함된다.**

② [O] 위 도로의 설치·관리상의 하자가 있는지 여부는 위 **도로가 그 용도에 따라 통상 갖추어야 할 안전성을 갖추었는지 여부에 따라 결정된다.**

> 대법원 2004. 3. 12. 선고 2002다14242 판결 [손해배상(기)]
> 국가배상법 제5조 제1항에 정하여진 '영조물의 설치 또는 관리의 하자'라 함은 **공공의 목적에 공여된 영조물이 그 용도에 따라 갖추어야 할 안전성을 갖추지 못한 상태에 있음을 말한다.**

③ 위 도로가 국도이며 그 관리권이 A지방자치단체의 장에게 위임되었다면, A지방자치단체가 도로의 관리에 필요한 일체의 경비를 대외적으로 지출하는 자에 불과하더라도 **甲은 A지방자치단체에 대해 국가배상을 청구할 수 있다.**
→ 지방자치단체장에게 기관위임된 사무의 경우 지방자치단체가 경비를 대외적으로 지출하였다면 지방자치단체도 비용부담자로서 국가배상책임을 진다

> 대법원 1994. 12. 9. 선고 94다38137 판결 [손해배상(기)]
> 지방자치단체의 장이 기관위임된 국가행정사무를 처리하는 경우 그에 소요되는 경비의 실질적·궁극적 부담자는 국가라고 하더라도 당해 **지방자치단체는 국가로부터 내부적으로 교부된 금원으로 그 사무에 필요한 경비를 대외적으로 지출하는 자이므로, 이러한 경우 지방자치단체는 국가배상법 제6조 제1항 소정의 비용부담자로서 공무원의 불법행위로 인한 같은 법에 의한 손해를 배상할 책임이 있다.**

④ [O] 甲이 배상을 받기 위하여 소송을 제기하는 경우에는 **민사소송을 제기하여야 한다.**

> 대법원 1972. 10. 10. 선고 69다701 판결 [손해배상]
> 공무원의 직무상 불법행위로 손해를 받은 국민은 **공무원자신에 대하여도 직접 그의 불법행위를 이유로 민사상의 손해배상을 청구할 수 있다.**

정답 ①

498 다음 〈보기〉의 (   )에 들어갈 말이 옳게 연결된 것은? (다툼이 있는 경우 판례에 따름)

14 국회직 [Core ★★]

> 광역시인 A시의 구역 내에 A시장이 교통 신호기를 설치하였는데, 그 관리 권한은 도로교통법 관련규정에 의하여 A시 관할 지방경찰청장(현 시도경찰청장)에게 기관위임되어 있다. A시 관할 지방경찰청(현 시도경찰청) 소속 공무원이 교통종합관제센터에서 그 관리업무를 담당하던 중 위 신호기가 고장난 채 방치되어 교통사고가 발생하였다. 이 경우 배상책임은 사무귀속주체로서 (㉠)에게, 비용부담자로서 (㉡)에게 귀속된다.
>
> [도로교통법]
> 제3조【신호기 등의 설치 및 관리】① 특별시장·광역시장·제주특별자치도지사 또는 시장·군수(광역시의 군수는 제외)는 도로에서의 위험을 방지하고 교통의 안전과 원활한 소통을 확보하기 위하여 필요하다고 인정하는 경우에는 신호기 및 안전표지(교통안전시설)를 설치·관리하여야 한다.
> 제147조【위임 및 위탁 등】① 시장 등은 이 법에 따른 권한 또는 사무의 일부를 대통령령으로 정하는 바에 따라 지방경찰청장(현 시도경찰청장)이나 경찰서장에게 위임 또는 위탁할 수 있다.

① ㉠ : A시   ㉡ : 국가
② ㉠ : 지방경찰청(현 시도경찰청)   ㉡ : A시
③ ㉠ : 국가   ㉡ : A시
④ ㉠ : 지방경찰청(현 시도경찰청)   ㉡ : 국가
⑤ ㉠ : A시   ㉡ : 지방경찰청(현 시도경찰청)

해설

① [O] ㉠ : A시   ㉡ : 국가
→ 지방자치단체장이 설치하여 관할 지방경찰청장(현 시도경찰청장)에게 관리권한이 위임된 교통신호기 고장으로 사고가 발생한 경우 **지방자치단체는 사무귀속자로서 손해배상책임을 부담하고, 국가는 경찰관 등에게 봉급을 지급하는 비용부담자로서 국가배상책임을 진다.**

② [X] ㉠ : 지방경찰청(현 시도경찰청)(×)   ㉡ : A시(×)
③ [X] ㉠ : 국가(×)   ㉡ : A시(×)
④ [X] ㉠ : 지방경찰청(현 시도경찰청)(×)   ㉡ : 국가
⑤ [X] ㉠ : A시   ㉡ : 지방경찰청(현 시도경찰청)(×)

대법원 1999. 6. 25. 선고 99다11120 판결 [손해배상(자)]
도로교통법 제3조 제1항은 특별시장·광역시장 또는 시장·군수(광역시의 군수를 제외)는 도로에서의 위험을 방지하고 교통의 안전과 원활한 소통을 확보하기 위하여 필요하다고 인정하는 때에는 신호기 및 안전표지를 설치하고 이를 관리하여야 하도록 규정하고, 도로교통법시행령 제71조의2 제1항 제1호는 특별시장·광역시장이 위 법률규정에 의한 신호기 및 안전표지의 설치·관리에 관한 권한을 지방경찰청장에게 위임하는 것으로 규정하고 있는바, 이와 같이 행정권한이 기관위임된 경우 권한을 위임받은 기관은 권한을 위임한 기관이 속하는 지방자치단체의 산하 행정기관의 지위에서 그 사무를 처리하는 것이므로 사무귀속의 주체가 달라진다고 할 수 없고, 따라서 권한을 위임받은 기관 소속의 공무원이 위임사무처리에 있어 고의 또는 과실로 타인에게 손해를 가하였거나 위임사무로 설치·관리하는 영조물의 하자로 타인에게 손해를 발생하게 한 경우에는 권한을 위임한 관청이 소속된 지방자치단체가 국가배상법 제2조 또는 제5조에 의한 배상책임을 부담하고, 권한을 위임받은 관청이 속하는 지방자치단체 또는 국가가 국가배상법 제2조 또는 제5조에 의한 배상책임을 부담하는 것이 아니므로, 지방자치

> 단체장이 교통신호기를 설치하여 그 관리권한이 도로교통법 제71조의2 제1항의 규정에 의하여 관할 지방경찰청장에게 위임되어 지방자치단체 소속 공무원과 지방경찰청 소속 공무원이 합동근무하는 교통종합관제센터에서 그 관리업무를 담당하던 중 위 신호기가 고장난 채 방치되어 교통사고가 발생한 경우, **국가배상법 제2조 또는 제5조에 의한 배상책임을 부담하는 것은 지방경찰청장이 소속된 국가가 아니라, 그 권한을 위임한 지방자치단체장이 소속된 지방자치단체라고 할 것**이나, 한편 국가배상법 제6조 제1항은 같은 법 제2조, 제3조 및 제5조의 규정에 의하여 국가 또는 지방자치단체가 손해를 배상할 책임이 있는 경우에 공무원의 선임·감독 또는 영조물의 설치·관리를 맡은 자와 공무원의 봉급·급여 기타의 비용 또는 영조물의 설치·관리의 비용을 부담하는 자가 동일하지 아니한 경우에는 그 **비용을 부담하는 자도 손해를 배상하여야** 한다고 규정하고 있으므로 **교통신호기를 관리하는 지방경찰청장 산하 경찰관들에 대한 봉급을 부담하는 국가도 국가배상법 제6조 제1항에 의한 배상책임을 부담한다.**

정답 ①

499 국가배상에 대한 설명으로 가장 적절한 것은? (다툼이 있으면 판례에 의함)

13 경행특채 [ESSential ★]

① 국가배상법에 따른 손해배상의 소송은 배상심의회에 배상신청을 하지 아니하면 제기할 수 없다.
② 국가배상법상 생명·신체의 침해로 인한 국가배상을 받을 권리는 압류하지 못하나 양도할 수는 있다.
③ 어떠한 행정처분이 후에 항고소송에서 위법한 것으로서 취소되었다면 그로써 곧 당해 행정처분이 공무원의 고의 또는 과실에 의한 불법행위를 구성한다고 단정할 수 있다.
④ 국가배상법상 배상주체는 국가 또는 지방자치단체이다.

해설

④ [O] **국가배상법상 배상주체는 국가 또는 지방자치단체이다.**
→ 국가배상법에서는 배상주체로 국가 또는 지방자치단체를 규정하고 있다.
→ **국가나 지방자치단체**는 공무원 또는 공무를 위탁받은 사인(이하 "공무원"이라 한다)이 직무를 집행하면서 고의 또는 과실로 법령을 위반하여 타인에게 손해를 입히거나, 「자동차손해배상 보장법」에 따라 손해배상의 책임이 있을 때에는 이 법에 따라 그 손해를 배상하여야 한다. 다만, 군인·군무원·경찰공무원 또는 예비군대원이 전투·훈련 등 직무 집행과 관련하여 전사(戰死)·순직(殉職)하거나 공상(公傷)을 입은 경우에 본인이나 그 유족이 다른 법령에 따라 재해보상금·유족연금·상이연금 등의 보상을 지급받을 수 있을 때에는 이 법 및 「민법」에 따른 손해배상을 청구할 수 없다.(국가배상법 제2조제1항)
① [X] 국가배상법에 따른 손해배상의 소송은 **배상심의회에 배상신청을 하지 아니하면 제기할 수 없다.**(×)
→ 이 법에 따른 손해배상의 소송은 **배상심의회(이하 "심의회"라 한다)에 배상신청을 하지 아니하고도 제기할 수 있다.**(국가배상법 제9조)
② [X] 국가배상법상 생명·신체의 침해로 인한 국가배상을 받을 권리는 압류하지 못하나 **양도할 수는 있다.** (×)
→ 생명·신체의 침해로 인한 국가배상을 받을 권리는 양도하거나 **압류하지 못한다.**(국가배상
③ [X] 어떠한 행정처분이 후에 항고소송에서 위법한 것으로서 취소되었다면 그로써 곧 당해 행정처분이 공무원의 고의 또는 과실에 의한 불법행위를 구성한다고 **단정할 수 있다.**(×)

대법원 2000. 5. 12. 선고 99다70600 판결 [손해배상(기)]
어떠한 행정처분이 후에 항고소송에서 취소된 사실만으로 당해 행정처분이 곧바로 공무원의 고의 또는 과실로 인한 것으로서 불법행위를 구성한다고 단정할 수 없다.

국가배상법
제4조(양도 등 금지) 생명·신체의 침해로 인한 국가배상을 받을 권리는 양도하거나 압류하지 못한다. **제9조(소송과 배상신청의 관계)** 이 법에 따른 손해배상의 소송은 배상심의회(이하 "심의회"라 한다)에 배상신청을 하지 아니하고도 제기할 수 있다.

정답 ④

제2절 행정쟁송

1. 행정심판

500 「행정심판법」상 중앙행정심판위원회에 관한 내용 중 가장 적절하지 않은 것은?

22 법학특채 [Core ★★] 총론 Chapter 6. 412

① 위원장 1명을 포함하여 70명 이내의 위원으로 구성하되, 위원 중 상임위원은 4명 이내로 한다.
② 위원장은 국민권익위원회의 부위원장 중 1명이 된다.
③ 비상임위원은 제7조 제4항 각 호의 어느 하나에 해당하는 사람 중에서 중앙행정심판위원회 위원장의 제청으로 국무총리가 성별을 고려하여 위촉한다.
④ 비상임위원의 임기는 2년으로 하되, 1차에 한하여 연임할 수 있다.

해설

④ [×] 비상임위원의 임기는 2년(×)으로 하되, 1차(×)에 한하여 연임할 수 있다.
→ 제8조제4항에 따라 위촉된 위원의 임기는 2년으로 하되, **2차에 한하여 연임할 수 있다.**(행정심판법 제9조 제3항)
① [○] **위원장 1명을 포함하여 70명 이내의 위원으로 구성하되, 위원 중 상임위원은 4명 이내로 한다.**(행정심판법 제8조제1항)
② [○] 위원장은 국민권익위원회의 부위원장 중 1명이 된다.(행정심판법 제8조제2항)
③ [○] 비상임위원은 제7조 제4항 각 호의 어느 하나에 해당하는 사람 중에서 **중앙행정심판위원회 위원장의 제청으로 국무총리가 성별을 고려하여 위촉한다.**(행정심판법 제8조제4항)

행정심판법
제8조(중앙행정심판위원회의 구성)
① 중앙행정심판위원회는 위원장 1명을 포함하여 70명 이내의 위원으로 구성하되, 위원 중 상임위원은 4명 이내로 한다.
② 중앙행정심판위원회의 **위원장은 국민권익위원회의 부위원장 중 1명이 되며**, 위원장이 없거나 부득이한 사유로 직무를 수행할 수 없거나 위원장이 필요하다고 인정하는 경우에는 상임위원(상임으로 재직한 기간이 긴 위원 순서로, 재직기간이 같은 경우에는 연장자 순서로 한다)이 위원장의 직무를 대행한다.
③ 중앙행정심판위원회의 상임위원은 일반직공무원으로서「국가공무원법」제26조의5에 따른 임기제공무원으로 임명하되, 3급 이상 공무원 또는 고위공무원단에 속하는 일반직공무원으로 3년 이상 근무한 사람이나 그 밖에 행정심판에 관한 지식과 경험이 풍부한 사람 중에서 중앙행정심판위원회 위원장의 제청으로 국무총리를 거쳐 대통령이 임명한다.
④ **중앙행정심판위원회의 비상임위원은 제7조제4항 각 호의 어느 하나에 해당하는 사람 중에서 중앙행정심판위원회 위원장의 제청으로 국무총리가 성별을 고려하여 위촉한다.**
⑤ 중앙행정심판위원회의 회의(제6항에 따른 소위원회 회의는 제외한다)는 위원장, 상임위원 및 위원장이 회의마다 지정하는 비상임위원을 포함하여 총 9명으로 구성한다.
⑥ 중앙행정심판위원회는 심판청구사건(이하 "사건"이라 한다) 중「도로교통법」에 따른 자동차운전면허 행정처분에 관한 사건(소위원회가 중앙행정심판위원회에서 심리·의결하도록 결정한 사건은 제외한다)을 심리·의결하게 하기 위하여 4명의 위원으로 구성하는 소위원회를 둘 수 있다.

⑦ 중앙행정심판위원회 및 소위원회는 각각 제5항 및 제6항에 따른 구성원 과반수의 출석과 출석위원 과반수의 찬성으로 의결한다.
⑧ 중앙행정심판위원회는 위원장이 지정하는 사건을 미리 검토하도록 필요한 경우에는 전문위원회를 둘 수 있다.
⑨ 중앙행정심판위원회, 소위원회 및 전문위원회의 조직과 운영 등에 필요한 사항은 대통령령으로 정한다.

제9조(위원의 임기 및 신분보장 등)
① 제7조제4항에 따라 지명된 위원은 그 직에 재직하는 동안 재임한다.
② 제8조제3항에 따라 임명된 중앙행정심판위원회 상임위원의 임기는 3년으로 하며, 1차에 한하여 연임할 수 있다.
③ 제7조제4항 및 제8조제4항에 따라 위촉된 위원의 임기는 2년으로 하되, 2차에 한하여 연임할 수 있다. 다만, 제6조제1항제2호에 규정된 기관에 두는 행정심판위원회의 위촉위원의 경우에는 각각 국회규칙, 대법원규칙, 헌법재판소규칙 또는 중앙선거관리위원회규칙으로 정하는 바에 따른다.
④ 다음 각 호의 어느 하나에 해당하는 사람은 제6조에 따른 행정심판위원회(이하 "위원회"라 한다)의 위원이 될 수 없으며, 위원이 이에 해당하게 된 때에는 당연히 퇴직한다.
  1. 대한민국 국민이 아닌 사람
  2. 「국가공무원법」제33조 각 호의 어느 하나에 해당하는 사람
⑤ 제7조제4항 및 제8조제4항에 따라 위촉된 위원은 금고(禁錮) 이상의 형을 선고받거나 부득이한 사유로 장기간 직무를 수행할 수 없게 되는 경우 외에는 임기 중 그의 의사와 다르게 해촉(解囑)되지 아니한다.

정답 ④

501 「행정심판법」상 사정재결에 관한 설명 중 가장 적절하지 않은 것은? (다툼이 있는 경우 판례에 의함)
22 경찰 2차 [Core ★★] 총론 Chapter 6. 413

① 사정재결은 인용재결의 일종이다.
② 무효등확인심판에서는 사정재결을 할 수 없다.
③ 사정재결을 하는 경우 반드시 재결주문에 그 처분 또는 부작위가 위법하다는 것을 명시해야 한다.
④ 사정재결 이후에도 행정심판의 대상인 처분 등의 효력은 유지된다.

해설

① [×] 사정재결은 인용재결(×)의 일종이다.
  → 사정재결은 기각재결의 일종이다. 사정재결이란 심판청구가 이유 있다고 인정되는 경우에도 이를 인용하는 것이 공공복리에 크게 위배될 때에 그 심판청구를 기각하는 재결을 말한다.(행정심판법 제44조제1항)
② [○] 무효등확인심판에서는 사정재결을 할 수 없다.(행정심판법 제44조제3항)
③ [○] 사정재결을 하는 경우 반드시 재결주문에 그 처분 또는 부작위가 위법하다는 것을 명시해야 한다.(행정심판법 제44조제1항)
④ [○] 사정재결 이후에도 행정심판의 대상인 처분 등의 효력은 유지된다.
  → 사정재결은 기각재결이므로 행정심판의 대상인 처분 등의 효력은 유지된다.

행정심판법 제44조(사정재결)
① 위원회는 심판청구가 이유가 있다고 인정하는 경우에도 이를 인용(認容)하는 것이 공공복리에 크게 위배된다고 인정하면 그 심판청구를 기각하는 재결을 할 수 있다. 이 경우 위원회는 재결의 주문(主文)에서 그

처분 또는 부작위가 위법하거나 부당하다는 것을 구체적으로 밝혀야 한다.
② 위원회는 제1항에 따른 재결을 할 때에는 청구인에 대하여 상당한 구제방법을 취하거나 상당한 구제방법을 취할 것을 피청구인에게 명할 수 있다.
③ 제1항과 제2항은 **무효등확인심판에는 적용하지 아니한다.**

정답 ①

502 다음 사례에 관한 설명으로 옳지 <u>않은</u> 것은? (다툼이 있는 경우 판례에 의함)

21 국가직 9급 변형 [Superlative ★★★]

> A도(道) B군(郡)에서 식품접객업을 하는 甲은 청소년에게 술을 팔다가 적발되었다. 식품위생법은 위법하게 청소년에게 주류를 제공한 영업자에게 "6개월 이내의 기간을 정하여 그 영업의 전부 또는 일부를 정지할 수 있다."라고 규정하고, 식품위생법 시행규칙 [별표 23]은 청소년 주류제공(1차 위반)시 행정처분기준을 '영업정지 2개월'로 정하고 있다. B군수는 甲에게 2개월의 영업정지처분을 하였다.

① 甲은 영업정지처분에 불복하여 A도 행정심판위원회에 행정심판을 청구할 수 있다.
② 甲은 행정심판을 청구하지 않고 영업정지처분에 대한 취소소송을 제기할 수 있다.
③ 식품위생법 시행규칙의 행정처분기준은 법규명령인 부령 형식이나 그 내용은 재량준칙에 불과한 제재적 처분기준을 정한 이른바 '법규명령형식의 행정규칙'이다. 판례는 부령 형식으로 정해진 제재적 처분기준은 행정규칙에 불과하다고 보므로 대외적 구속력이 없다.
④ 甲이 취소소송을 제기하는 경우 법원은 재량권의 일탈·남용이 인정되어도 영업정지처분을 취소 할 수 없다.

해설

④ [×] 甲이 취소소송을 제기하는 경우 **법원은 재량권의 일탈·남용이 인정되어도 영업정지처분을 취소 할 수 없다.**(×)
→ 행정청의 재량에 속하는 처분이라도 **재량권의 한계를 넘거나 그 남용이 있는 때에는 법원은 이를 취소할 수 있다.**(행정소송법 제27조)

① [○] **甲은 영업정지처분에 불복하여 A도 행정심판위원회에 행정심판을 청구할 수 있다.**
→ 甲은 불이익처분의 직접 상대방으로서 B군수의 영업정지처분을 다툴 법률상 이익이 있으므로 A도 행정심판위원회에 행정심판을 청구할 수 있다.
→ 다음 각 호의 행정청의 처분 또는 부작위에 대한 심판청구에 대하여는 시·도지사 소속으로 두는 **행정심판위원회에서 심리·재결한다.** 시·도의 관할구역에 있는 시·군·자치구의 장, 소속 행정청 또는 시·군·자치구의 의회(의장, 위원회의 위원장, 사무국장, 사무과장 등 의회 소속 모든 행정청을 포함한다)(행정심판법 제6조제3항제2호) 취소심판은 처분의 취소 또는 변경을 구할 법률상 이익이 있는 자가 청구할 수 있다. 처분의 효과가 기간의 경과, 처분의 집행, 그 밖의 사유로 소멸된 뒤에도 그 처분의 취소로 회복되는 법률상 이익이 있는 자의 경우에도 또한 같다.(행정심판법 제13조제1항)

② [○] **甲은 행정심판을 청구하지 않고 영업정지처분에 대한 취소소송을 제기할 수 있다.**
→ 취소소송은 법령의 규정에 의하여 당해 처분에 대한 행정심판을 제기할 수 있는 경우에도 이를 거치지

아니하고 제기할 수 있다. 다만, 다른 법률에 당해 처분에 대한 행정심판의 재결을 거치지 아니하면 취소소송을 제기할 수 없다는 규정이 있는 때에는 그러하지 아니하다.(행정소송법 제18조 제1항)

③ [O] 식품위생법 시행규칙의 행정처분기준은 법규명령인 부령 형식이나 그 내용은 재량준칙에 불과한 제재적 처분기준을 정한 이른바 '법규명령형식의 행정규칙'이다. 판례는 부령 형식으로 정해진 제재적 처분기준은 행정규칙에 불과하다고 보므로 대외적 구속력이 없다.
→ 식품위생법 제58조 제1항에 의한 제재적 처분의 기준을 정한 같은 법 시행규칙 제53조는 행정규칙에 불과하므로 행정처분이 이에 위반되었다고 하여 곧바로 위법한 것으로 되지는 않는다.

대법원 1995. 3. 28. 선고 94누6925 판결 [영업정지처분취소]
구 식품위생법시행규칙(1993.7.3. 보건사회부령 제910호로 개정되기 전의 것) 제53조에서 [별표 15]로 식품위생법 제58조에 따른 행정처분의 기준을 정하였다고 하더라도 이는 형식만 부령으로 되어 있을 뿐, 그 성질은 행정기관 내부의 사무처리준칙을 정한 것으로서 행정명령의 성질을 가지는 것이고, 대외적으로 국민이나 법원을 기속하는 힘이 있는 것은 아니므로 같은 법 제58조 제1항에 의한 처분의 적법 여부는 같은법시행규칙에 적합한 것인가의 여부에 따라 판단할 것이 아니라 같은 법의 규정 및 그 취지에 적합한 것인가의 여부에 따라 판단하여야 한다.

행정소송법

제18조(행정심판과의 관계)
① 취소소송은 법령의 규정에 의하여 당해 처분에 대한 행정심판을 제기할 수 있는 경우에도 이를 거치지 아니하고 제기할 수 있다. 다만, 다른 법률에 당해 처분에 대한 행정심판의 재결을 거치지 아니하면 취소소송을 제기할 수 없다는 규정이 있는 때에는 그러하지 아니하다.
② 제1항 단서의 경우에도 다음 각호의 1에 해당하는 사유가 있는 때에는 행정심판의 재결을 거치지 아니하고 취소소송을 제기할 수 있다.
 1. 행정심판청구가 있은 날로부터 60일이 지나도 재결이 없는 때
 2. 처분의 집행 또는 절차의 속행으로 생길 중대한 손해를 예방하여야 할 긴급한 필요가 있는 때
 3. 법령의 규정에 의한 행정심판기관이 의결 또는 재결을 하지 못할 사유가 있는 때
 4. 그 밖의 정당한 사유가 있는 때
③ 제1항 단서의 경우에 다음 각호의 1에 해당하는 사유가 있는 때에는 행정심판을 제기함이 없이 취소소송을 제기할 수 있다.
 1. 동종사건에 관하여 이미 행정심판의 기각재결이 있은 때
 2. 서로 내용상 관련되는 처분 또는 같은 목적을 위하여 단계적으로 진행되는 처분중 어느 하나가 이미 행정심판의 재결을 거친 때
 3. 행정청이 사실심의 변론종결후 소송의 대상인 처분을 변경하여 당해 변경된 처분에 관하여 소를 제기하는 때
 4. 처분을 행한 행정청이 행정심판을 거칠 필요가 없다고 잘못 알린 때
④ 제2항 및 제3항의 규정에 의한 사유는 이를 소명하여야 한다.

제27조(재량처분의 취소)
행정청의 재량에 속하는 처분이라도 재량권의 한계를 넘거나 그 남용이 있는 때에는 법원은 이를 취소할 수 있다.

행정심판법

제6조(행정심판위원회의 설치)
① 다음 각 호의 행정청 또는 그 소속 행정청(행정기관의 계층구조와 관계없이 그 감독을 받거나 위탁을 받은 모든 행정청을 말하되, 위탁을 받은 행정청은 그 위탁받은 사무에 관하여는 위탁한 행정청의 소속 행정청으로 본다. 이하 같다)의 처분 또는 부작위에 대한 행정심판의 청구(이하 "심판청구"라 한다)에 대하여는 다음 각 호의 행정청에 두는 행정심판위원회에서 심리·재결한다.
 1. 감사원, 국가정보원장, 그 밖에 대통령령으로 정하는 대통령 소속기관의 장
 2. 국회사무총장·법원행정처장·헌법재판소사무처장 및 중앙선거관리위원회사무총장
 3. 국가인권위원회, 그 밖에 지위·성격의 독립성과 특수성 등이 인정되어 대통령령으로 정하는 행정청
② 다음 각 호의 행정청의 처분 또는 부작위에 대한 심판청구에 대하여는 「부패방지 및 국민권익위원회의 설치

> 와 운영에 관한 법률」에 따른 국민권익위원회(이하 "국민권익위원회"라 한다)에 두는 중앙행정심판위원회에서 심리·재결한다.
> 1. 제1항에 따른 행정청 외의 국가행정기관의 장 또는 그 소속 행정청
> 2. 특별시장·광역시장·특별자치시장·도지사·특별자치도지사(특별시·광역시·특별자치시·도 또는 특별자치도의 교육감을 포함한다. 이하 "시·도지사"라 한다) 또는 특별시·광역시·특별자치시·도·특별자치도(이하 "시·도"라 한다)의 의회(의장, 위원회의 위원장, 사무처장 등 의회 소속 모든 행정청을 포함한다)
> 3. 「지방자치법」에 따른 지방자치단체조합 등 관계 법률에 따라 국가·지방자치단체·공공법인 등이 공동으로 설립한 행정청. 다만, 제3항제3호에 해당하는 행정청은 제외한다.
> ③ 다음 각 호의 행정청의 처분 또는 부작위에 대한 심판청구에 대하여는 시·도지사 소속으로 두는 행정심판위원회에서 심리·재결한다.
> 1. 시·도 소속 행정청
> 2. 시·도의 관할구역에 있는 시·군·자치구의 장, 소속 행정청 또는 시·군·자치구의 의회(의장, 위원회의 위원장, 사무국장, 사무과장 등 의회 소속 모든 행정청을 포함한다)
> 3. 시·도의 관할구역에 있는 둘 이상의 지방자치단체(시·군·자치구를 말한다)·공공법인 등이 공동으로 설립한 행정청
> ④ 제2항제1호에도 불구하고 대통령령으로 정하는 국가행정기관 소속 특별지방행정기관의 장의 처분 또는 부작위에 대한 심판청구에 대하여는 해당 행정청의 직근 상급행정기관에 두는 행정심판위원회에서 심리·재결한다.
>
> **제13조(청구인 적격)**
> ① 취소심판은 처분의 취소 또는 변경을 구할 법률상 이익이 있는 자가 청구할 수 있다. 처분의 효과가 기간의 경과, 처분의 집행, 그 밖의 사유로 소멸된 뒤에도 그 처분의 취소로 회복되는 법률상 이익이 있는 자의 경우에도 또한 같다.
> ② 무효등확인심판은 처분의 효력 유무 또는 존재 여부의 확인을 구할 법률상 이익이 있는 자가 청구할 수 있다.
> ③ 의무이행심판은 처분을 신청한 자로서 행정청의 거부처분 또는 부작위에 대하여 일정한 처분을 구할 법률상 이익이 있는 자가 청구할 수 있다.

정답 ④

503 행정심판법상의 행정심판에 대한 설명으로 옳지 않은 것은? (다툼이 있는 경우 판례에 의함)

20 지방직 9급 [Core ★★]

① 행정청의 부당한 처분을 변경하는 행정심판은 현행법상 허용된다.
② 당사자의 신청에 대한 행정청의 부당한 거부처분에 대하여 일정한 처분을 하도록 하는 행정심판은 현행법상 허용된다.
③ 당사자의 신청에 대한 행정청의 위법한 부작위에 대하여 행정청의 부작위가 위법하다는 것을 확인하는 행정심판은 현행법상 허용되지 않는다.
④ 당사자의 신청에 대한 행정청의 부당한 거부처분을 취소하는 행정심판은 현행법상 허용되지 않는다.

해설

④ [×] 당사자의 신청에 대한 행정청의 부당한 거부처분을 취소하는 행정심판은 현행법상 허용되지 않는다.(×)
→ 취소심판: 행정청의 위법 또는 부당한 처분을 취소하거나 변경하는 행정심판(행정심판법 제5조제1호)
→ 재결에 의하여 취소되거나 무효 또는 부존재로 확인되는 처분이 당사자의 신청을 거부하는 것을 내용으

로 하는 경우에는 그 처분을 한 행정청은 재결의 취지에 따라 다시 이전의 신청에 대한 처분을 하여야 한다.(행정심판법 제49조제2항)

① [O] 행정청의 부당한 처분을 변경하는 행정심판은 현행법상 허용된다.
→ 취소심판: 행정청의 위법 또는 부당한 처분을 취소하거나 변경하는 행정심판(행정심판법 제5조제1호)

② [O] 당사자의 신청에 대한 행정청의 부당한 거부처분에 대하여 일정한 처분을 하도록 하는 행정심판은 현행법상 허용된다.
→ 의무이행심판: 당사자의 신청에 대한 행정청의 위법 또는 부당한 거부처분이나 부작위에 대하여 일정한 처분을 하도록 하는 행정심판(행정심판법 제5조제3호)
→ 위법한 처분뿐 아니라 부당한 처분도 행정심판의 대상이 된다는 점에서 행정소송과는 구별된다.

③ [O] 당사자의 신청에 대한 행정청의 위법한 부작위에 대하여 행정청의 부작위가 위법하다는 것을 확인하는 행정심판은 현행법상 허용되지 않는다.
→ 의무이행심판: 당사자의 신청에 대한 행정청의 위법 또는 부당한 거부처분이나 부작위에 대하여 일정한 처분을 하도록 하는 행정심판(행정심판법 제5조제3호)
→ 행정심판에서는 이른바 부작위위법확인심판 대신 의무이행심판을 인정하고 있으며, 반면에 행정소송에서는 의무이행소송 대신 부작위위법확인소송을 인정하고 있다.

행정심판법
제5조(행정심판의 종류) 행정심판의 종류는 다음 각 호와 같다. 1. 취소심판: 행정청의 위법 또는 부당한 처분을 취소하거나 변경하는 행정심판 2. 무효등확인심판: 행정청의 처분의 효력 유무 또는 존재 여부를 확인하는 행정심판 3. 의무이행심판: 당사자의 신청에 대한 행정청의 위법 또는 부당한 거부처분이나 부작위에 대하여 일정한 처분을 하도록 하는 행정심판 **제49조(재결의 기속력 등)** ① 심판청구를 인용하는 재결은 피청구인과 그 밖의 관계 행정청을 기속(羈束)한다. ② 재결에 의하여 취소되거나 무효 또는 부존재로 확인되는 처분이 당사자의 신청을 거부하는 것을 내용으로 하는 경우에는 그 처분을 한 행정청은 재결의 취지에 따라 다시 이전의 신청에 대한 처분을 하여야 한다. ③ 당사자의 신청을 거부하거나 부작위로 방치한 처분의 이행을 명하는 재결이 있으면 행정청은 지체 없이 이전의 신청에 대하여 재결의 취지에 따라 처분을 하여야 한다. ④ 신청에 따른 처분이 절차의 위법 또는 부당을 이유로 재결로써 취소된 경우에는 제2항을 준용한다. ⑤ 법령의 규정에 따라 공고하거나 고시한 처분이 재결로써 취소되거나 변경되면 처분을 한 행정청은 지체 없이 그 처분이 취소 또는 변경되었다는 것을 공고하거나 고시하여야 한다. ⑥ 법령의 규정에 따라 처분의 상대방 외의 이해관계인에게 통지된 처분이 재결로써 취소되거나 변경되면 처분을 한 행정청은 지체 없이 그 이해관계인에게 그 처분이 취소 또는 변경되었다는 것을 알려야 한다.

정답 ③

504. 행정심판법상 행정심판의 청구에 대한 설명으로 가장 옳지 않은 것은? 19 서울시 [Core ★★]

① 대통령의 처분 또는 부작위에 대하여는 다른 법률에서 행정심판을 청구할 수 있도록 정한 경우 외에는 행정심판을 청구할 수 없다.
② 처분의 효과가 기간의 경과, 처분의 집행, 그 밖의 사유로 소멸된 뒤에도 그 처분의 취소로 회복되는 법률상 이익이 있는 자는 취소심판을 청구할 수 있다.
③ 행정청이 심판청구기간을 알리지 아니한 경우에는 청구인은 언제든지 심판청구를 할 수 있다.
④ 행정심판을 청구하려는 자는 심판청구서를 작성하여 피청구인이나 위원회에 제출하여야 한다.

해설

③ [×] 행정청이 심판청구기간을 알리지 아니한 경우에는 청구인은 언제든지 심판청구를 할 수 있다.(×)
→ 행정청이 심판청구 기간을 제1항(행정심판은 처분이 있음을 알게 된 날부터 90일 이내에 청구하여야 한다.)에 규정된 기간보다 긴 기간으로 잘못 알린 경우 그 잘못 알린 기간에 심판청구가 있으면 그 행정심판은 제1항에 규정된 기간에 청구된 것으로 본다.(행정심판법 제27조제5항)

① [○] 대통령의 처분 또는 부작위에 대하여는 다른 법률에서 행정심판을 청구할 수 있도록 정한 경우 외에는 행정심판을 청구할 수 없다.(행정심판법 제3조제2항)

② [○] 처분의 효과가 기간의 경과, 처분의 집행, 그 밖의 사유로 소멸된 뒤에도 그 처분의 취소로 회복되는 법률상 이익이 있는 자는 취소심판을 청구할 수 있다.
→ 취소심판은 처분의 취소 또는 변경을 구할 법률상 이익이 있는 자가 청구할 수 있다. 처분의 효과가 기간의 경과, 처분의 집행, 그 밖의 사유로 소멸된 뒤에도 그 처분의 취소로 회복되는 법률상 이익이 있는 자의 경우에도 또한 같다.(행정심판법 제13조제1항)

④ [○] 행정심판을 청구하려는 자는 심판청구서를 작성하여 피청구인이나 위원회에 제출하여야 한다.
→ 행정심판을 청구하려는 자는 제28조에 따라 심판청구서를 작성하여 피청구인이나 위원회에 제출하여야 한다. 이 경우 피청구인의 수만큼 심판청구서 부본을 함께 제출하여야 한다.(행정심판법 제23조제1항)
→ 예전에는 처분청경유주의를 취하고 있었으나, 법 개정으로 청구인의 선택에 따라 피청구인인 행정청 또는 행정심판위원회에 제출할 수 있도록 하였다.

행정심판법

제3조(행정심판의 대상)
① 행정청의 처분 또는 부작위에 대하여는 다른 법률에 특별한 규정이 있는 경우 외에는 이 법에 따라 행정심판을 청구할 수 있다.
② 대통령의 처분 또는 부작위에 대하여는 다른 법률에서 행정심판을 청구할 수 있도록 정한 경우 외에는 행정심판을 청구할 수 없다.

제23조(심판청구서의 제출)
① 행정심판을 청구하려는 자는 제28조에 따라 심판청구서를 작성하여 피청구인이나 위원회에 제출하여야 한다. 이 경우 피청구인의 수만큼 심판청구서 부본을 함께 제출하여야 한다.
② 행정청이 제58조에 따른 고지를 하지 아니하거나 잘못 고지하여 청구인이 심판청구서를 다른 행정기관에 제출한 경우에는 그 행정기관은 그 심판청구서를 지체 없이 정당한 권한이 있는 피청구인에게 보내야 한다.
③ 제2항에 따라 심판청구서를 보낸 행정기관은 지체 없이 그 사실을 청구인에게 알려야 한다.
④ 제27조에 따른 심판청구 기간을 계산할 때에는 제1항에 따른 피청구인이나 위원회 또는 제2항에 따른 행정기관에 심판청구서가 제출되었을 때에 행정심판이 청구된 것으로 본다.

제27조(심판청구의 기간)

① 행정심판은 처분이 있음을 알게 된 날부터 90일 이내에 청구하여야 한다.
② 청구인이 천재지변, 전쟁, 사변(事變), 그 밖의 불가항력으로 인하여 제1항에서 정한 기간에 심판청구를 할 수 없었을 때에는 그 사유가 소멸한 날부터 14일 이내에 행정심판을 청구할 수 있다. 다만, 국외에서 행정심판을 청구하는 경우에는 그 기간을 30일로 한다.
③ 행정심판은 처분이 있었던 날부터 180일이 지나면 청구하지 못한다. 다만, 정당한 사유가 있는 경우에는 그러하지 아니하다.
④ 제1항과 제2항의 기간은 불변기간(不變期間)으로 한다.
⑤ 행정청이 심판청구 기간을 제1항에 규정된 기간보다 긴 기간으로 잘못 알린 경우 그 잘못 알린 기간에 심판청구가 있으면 그 행정심판은 제1항에 규정된 기간에 청구된 것으로 본다.
⑥ 행정청이 심판청구 기간을 알리지 아니한 경우에는 제3항에 규정된 기간에 심판청구를 할 수 있다.
⑦ 제1항부터 제6항까지의 규정은 무효등확인심판청구와 부작위에 대한 의무이행심판청구에는 적용하지 아니한다.

정답 ③

505 행정심판법상 의무이행심판에 대한 설명으로 가장 적절하지 않은 것은? (다툼이 있는 경우 판례에 의함)

19 경행특채 [Core ★★]

① 당사자의 신청에 대한 행정청의 위법 또는 부당한 거부처분이나 부작위에 대하여 일정한 처분을 하도록 하는 행정심판을 말한다.
② 당사자의 신청을 거부하거나 부작위로 방치한 처분의 이행을 명하는 재결이 있으면 행정청은 지체 없이 이전의 신청에 대하여 재결의 취지에 따라 처분을 하여야 한다.
③ 행정심판위원회는 처분의 이행을 명하는 재결에도 불구하고 처분을 하지 아니하는 피청구인에게 배상을 할 것을 명할 수 있다.
④ 피청구인이 처분의 이행을 명하는 재결에도 불구하고 처분을 하지 않는다고 해서 행정심판위원회가 직접처분을 할 수는 없다.

해설

④ [×] 피청구인이 처분의 이행을 명하는 재결에도 불구하고 처분을 하지 않는다고 해서 행정심판위원회가 직접 처분을 할 수는 없다.(×)
→ 위원회는 피청구인이 제49조제3항에도 불구하고 처분을 하지 아니하는 경우에는 당사자가 신청하면 기간을 정하여 서면으로 시정을 명하고 그 기간에 이행하지 아니하면 직접 처분을 할 수 있다. 다만, 그 처분의 성질이나 그 밖의 불가피한 사유로 위원회가 직접 처분을 할 수 없는 경우에는 그러하지 아니하다.(행정심판법 제50조제1항)
① [O] 당사자의 신청에 대한 행정청의 위법 또는 부당한 거부처분이나 부작위에 대하여 일정한 처분을 하도록 하는 행정심판을 말한다.
→ 의무이행심판: 당사자의 신청에 대한 행정청의 위법 또는 부당한 거부처분이나 부작위에 대하여 일정한 처분을 하도록 하는 행정심판(행정심판법 제5조제3호)
② [O] 당사자의 신청을 거부하거나 부작위로 방치한 처분의 이행을 명하는 재결이 있으면 행정청은 **지체 없이 이전의 신청에 대하여 재결의 취지에 따라 처분을 하여야 한다.**(행정심판법 제49조제3항)

③ [O] 행정심판위원회는 처분의 이행을 명하는 재결에도 불구하고 처분을 하지 아니하는 피청구인에게 배상을 할 것을 명할 수 있다.
→ 위원회는 피청구인이 제49조제2항(제49조제4항에서 준용하는 경우를 포함한다) 또는 제3항에 따른 처분을 하지 아니하면 청구인의 신청에 의하여 결정으로 상당한 기간을 정하고 피청구인이 그 기간 내에 이행하지 아니하는 경우에는 그 지연기간에 따라 일정한 배상을 하도록 명하거나 즉시 배상을 할 것을 명할 수 있다.(행정심판법 제50조의2제1항)

행정심판법
제50조(위원회의 직접 처분)
① 위원회는 피청구인이 제49조제3항에도 불구하고 처분을 하지 아니하는 경우에는 당사자가 신청하면 기간을 정하여 서면으로 시정을 명하고 그 기간에 이행하지 아니하면 직접 처분을 할 수 있다. 다만, 그 처분의 성질이나 그 밖의 불가피한 사유로 위원회가 직접 처분을 할 수 없는 경우에는 그러하지 아니하다.
② 위원회는 제1항 본문에 따라 직접 처분을 하였을 때에는 그 사실을 해당 행정청에 통보하여야 하며, 그 통보를 받은 행정청은 위원회가 한 처분을 자기가 한 처분으로 보아 관계 법령에 따라 관리·감독 등 필요한 조치를 하여야 한다.

제50조의2(위원회의 간접강제)
① 위원회는 피청구인이 제49조제2항(제49조제4항에서 준용하는 경우를 포함한다) 또는 제3항에 따른 처분을 하지 아니하면 청구인의 신청에 의하여 결정으로 상당한 기간을 정하고 피청구인이 그 기간 내에 이행하지 아니하는 경우에는 그 지연기간에 따라 일정한 배상을 하도록 명하거나 즉시 배상을 할 것을 명할 수 있다.
② 위원회는 사정의 변경이 있는 경우에는 당사자의 신청에 의하여 제1항에 따른 결정의 내용을 변경할 수 있다.
③ 위원회는 제1항 또는 제2항에 따른 결정을 하기 전에 신청 상대방의 의견을 들어야 한다.
④ 청구인은 제1항 또는 제2항에 따른 결정에 불복하는 경우 그 결정에 대하여 행정소송을 제기할 수 있다.
⑤ 제1항 또는 제2항에 따른 결정의 효력은 피청구인인 행정청이 소속된 국가·지방자치단체 또는 공공단체에 미치며, 결정서 정본은 제4항에 따른 소송제기와 관계없이 「민사집행법」에 따른 강제집행에 관하여는 집행권원과 같은 효력을 가진다. 이 경우 집행문은 위원장의 명에 따라 위원회가 소속된 행정청 소속 공무원이 부여한다.
⑥ 간접강제 결정에 기초한 강제집행에 관하여 이 법에 특별한 규정이 없는 사항에 대하여는 「민사집행법」의 규정을 준용한다. 다만, 「민사집행법」 제33조(집행문부여의 소), 제34조(집행문부여 등에 관한 이의신청), 제44조(청구에 관한 이의의 소) 및 제45조(집행문부여에 대한 이의의 소)에서 관할 법원은 피청구인의 소재지를 관할하는 행정법원으로 한다.

정답 ④

506

행정심판법상 행정심판청구의 기간에 대한 설명으로 가장 적절하지 않은 것은? (다툼이 있는 경우 판례에 의함)

19 경행특채 [Core ★★]

① 행정심판은 처분이 있음을 알게 된 날부터 90일 이내에 청구하여야 한다. 다만, 청구인이 불가항력으로 인하여 심판청구를 할 수 없었을 때에는 그 사유가 소멸한 날부터 14일 이내에 행정심판을 청구할 수 있다.
② 행정심판은 처분이 있었던 날부터 180일이 지나면 청구하지 못한다. 다만, 정당한 사유가 있는 경우에는 그러하지 아니하다.
③ 행정청이 심판청구의 기간을 알리지 아니한 경우에는 처분이 있었던 날부터 180일 이내에 행정심판을 청구할 수 있다.
④ 취소심판의 경우와 달리 무효등확인심판과 의무이행심판의 경우에는 심판청구의 기간에 제한이 없다.

해설

④ [×] 취소심판의 경우와 달리 **무효등확인심판과 의무이행심판의 경우에는 심판청구의 기간에 제한이 없다.**(×)
  → 심판청구기간에 관한 규정(행정심판법 제27조)은 부작위에 대한 의무이행심판청구에는 적용하지 않는다고 규정하고 있으므로, **거부처분에 대한 의무이행심판청구에는 심판청구기간에 관한 규정이 적용된다.**
  → 제1항부터 제6항까지의 규정은 **무효등확인심판청구와 부작위에 대한 의무이행심판청구에는 적용하지 아니한다.**(행정심판법 제27조제7항)

① [O] **행정심판은 처분이 있음을 알게 된 날부터 90일 이내에 청구하여야 한다. 다만, 청구인이 불가항력으로 인하여 심판청구를 할 수 없었을 때에는 그 사유가 소멸한 날부터 14일 이내에 행정심판을 청구할 수 있다.**
  → 행정심판은 처분이 있음을 알게 된 날부터 90일 이내에 청구하여야 한다.(행정심판법 제27조제1항) 청구인이 천재지변, 전쟁, 사변(事變), 그 밖의 불가항력으로 인하여 제1항에서 정한 기간에 심판청구를 할 수 없었을 때에는 그 사유가 소멸한 날부터 14일 이내에 행정심판을 청구할 수 있다. 다만, 국외에서 행정심판을 청구하는 경우에는 그 기간을 30일로 한다.(행정심판법 제27조제2항)

② [O] 행정심판은 처분이 있었던 날부터 180일이 지나면 청구하지 못한다. 다만, 정당한 사유가 있는 경우에는 그러하지 아니하다.(행정심판법 제27조제3항)

③ [O] 행정청이 **심판청구의 기간을 알리지 아니한 경우에는 처분이 있었던 날부터 180일 이내에 행정심판을 청구할 수 있다.**
  → 행정청이 심판청구 기간을 알리지 아니한 경우에는 제3항(행정심판은 처분이 있었던 날부터 180일이 지나면 청구하지 못한다. 다만, 정당한 사유가 있는 경우에는 그러하지 아니하다.)에 규정된 기간에 심판청구를 할 수 있다.(행정심판법 제27조제6항)

정답 ④

507 음식점을 운영하는 갑(甲)은 미성년자인 을(乙)에게 음주를 제공한 사실이 적발되어, 관련법령에 따라 A자치구의 구청장인 병(丙)으로부터 영업정지 2개월의 처분을 받았다. 이에 갑(甲)은 A자치구를 관할로 하는 B광역시 산하의 행정심판위원회(이하, 'C'라 한다)에 행정심판을 제기하고자 한다. 이와 관련된 설명으로 가장 옳지 않은 것은? 19 사회복지직 [Superlative ★★★]

① 갑(甲)은 병(丙)의 영업정지처분에 대하여 C에 취소심판청구 및 집행정지신청을 할 수 있다.
② C는 필요하면 갑(甲)이 주장하지 아니한 사실에 대해서도 심리할 수 있다.
③ C는 갑(甲)의 취소심판청구가 이유 있다고 인정하면 2개월의 영업정지처분을 1개월의 영업정지처분으로 변경하는 재결을 할 수 있다.
④ C는 갑(甲)의 심판청구를 받은 날로부터 90일 이내에 재결을 하여야 한다.

해설

④ [×] C는 갑(甲)의 심판청구를 받은 날로부터 **90일 이내(×)**에 재결을 하여야 한다.
→ 재결은 제23조에 따라 피청구인 또는 위원회가 **심판청구서를 받은 날부터 60일 이내에 하여야 한다**. 다만, 부득이한 사정이 있는 경우에는 위원장이 직권으로 30일을 연장할 수 있다.(행정심판법 제45조제1항)

① [○] 갑(甲)은 병(丙)의 **영업정지처분에 대하여 C에 취소심판청구 및 집행정지신청을 할 수 있다.**
→ 갑(甲)은 그 취소를 구하는 행정심판을 시도행정심판위원회 C에 제기할 수 있고, 또한 갑(甲)은 병(丙)의 영업정지처분에 대하여 C에게 집행정지신청을 할 수도 있다.

② [○] C는 필요하면 갑(甲)이 **주장하지 아니한 사실에 대해서도 심리할 수 있다.**
→ 위원회는 필요하면 당사자가 주장하지 아니한 사실에 대하여도 심리할 수 있다.(행정심판법 제39조)

③ [○] C는 갑(甲)의 취소심판청구가 이유 있다고 인정하면 **2개월의 영업정지처분을 1개월의 영업정지처분으로 변경하는 재결을 할 수 있다.**
→ 위원회는 취소심판의 청구가 이유가 있다고 인정하면 처분을 취소 또는 다른 처분으로 변경하거나 처분을 다른 처분으로 변경할 것을 피청구인에게 명한다.(행정심판법 제43조제3항)

행정심판법
제39조(직권심리) 위원회는 필요하면 당사자가 주장하지 아니한 사실에 대하여도 심리할 수 있다.
제43조(재결의 구분) ① 위원회는 심판청구가 적법하지 아니하면 그 심판청구를 각하(却下)한다. ② 위원회는 심판청구가 이유가 없다고 인정하면 그 심판청구를 기각(棄却)한다. ③ 위원회는 취소심판의 청구가 이유가 있다고 인정하면 처분을 취소 또는 다른 처분으로 변경하거나 처분을 다른 처분으로 변경할 것을 피청구인에게 명한다. ④ 위원회는 무효등확인심판의 청구가 이유가 있다고 인정하면 처분의 효력 유무 또는 처분의 존재 여부를 확인한다. ⑤ 위원회는 의무이행심판의 청구가 이유가 있다고 인정하면 지체 없이 신청에 따른 처분을 하거나 처분을 할 것을 피청구인에게 명한다.
제45조(재결 기간) ① 재결은 제23조에 따라 피청구인 또는 위원회가 **심판청구서를 받은 날부터 60일 이내에 하여야 한다.** 다만, **부득이한 사정이 있는 경우에는 위원장이 직권으로 30일을 연장할 수 있다.** ② 위원장은 제1항 단서에 따라 재결 기간을 연장할 경우에는 재결 기간이 끝나기 7일 전까지 당사자에게 알려야 한다.

정답 ④

2. 행정소송

508 경찰의 처분에 대하여 하자를 이유로 행정소송을 제기할 경우 경찰처분의 효력은 어떻게 되는가?

03 경찰 2차 [Core ★★] 총론 Chapter 6. 411

① 집행이 정지된다.
② 구속력이 없다.
③ 공정력이 없다.
④ 원칙적으로 집행이 정지되지 않는다.

> **해설**
>
> ④ [O] 원칙적으로 집행이 정지되지 않는다.
> → 우리나라는 '집행부정지의 원칙'상 경찰처분에 대해 하자를 이유로 행정소송을 제기할 경우 경찰처분의 효력은 원칙적으로 집행이 정지되지 않는다.
>
> | 행정소송법 제23조(집행정지) |
> |---|
> | ① 취소소송의 제기는 처분등의 효력이나 그 집행 또는 절차의 속행에 영향을 주지 아니한다. |
>
> ① [×] 집행이 정지된다.(×)
> ② [×] 구속력이 없다.(×)
> ③ [×] 공정력이 없다.(×)

정답 ④

509 「행정소송법」상 항고소송에 해당하지 않는 것은?

22 경찰 1차 [Core ★★] 총론 Chapter 6. 414

① 국가 또는 공공단체의 기관이 법률에 위반되는 행위를 한 때에 직접 자기의 법률상 이익과 관계없이 그 시정을 구하기 위하여 제기하는 민중소송
② 행정청의 처분 등의 효력 유무 또는 존재여부를 확인하는 무효 등 확인소송
③ 행정청의 부작위가 위법하다는 것을 확인하는 부작위위법확인 소송
④ 행정청의 위법한 처분 등을 취소 또는 변경하는 취소소송

> **해설**
>
> ① [×] 국가 또는 공공단체의 기관이 법률에 위반되는 행위를 한 때에 직접 자기의 법률상 이익과 관계없이 그 시정을 구하기 위하여 제기하는 민중소송 : 행정소송
> ② [O] 행정청의 처분 등의 효력 유무 또는 존재여부를 확인하는 **무효 등 확인소송**
> ③ [O] 행정청의 부작위가 위법하다는 것을 확인하는 **부작위위법확인 소송**
> ④ [O] 행정청의 위법한 처분 등을 취소 또는 변경하는 **취소소송**

> **행정소송법**
>
> **제3조(행정소송의 종류)**
> 행정소송은 다음의 네가지로 구분한다.
> 1. 항고소송: 행정청의 처분등이나 부작위에 대하여 제기하는 소송
> 2. 당사자소송: 행정청의 처분등을 원인으로 하는 법률관계에 관한 소송 그 밖에 공법상의 법률관계에 관한 소송으로서 그 법률관계의 한쪽 당사자를 피고로 하는 소송
> 3. **민중소송: 국가 또는 공공단체의 기관이 법률에 위반되는 행위를 한 때에 직접 자기의 법률상 이익과 관계없이 그 시정을 구하기 위하여 제기하는 소송**
> 4. 기관소송: 국가 또는 공공단체의 기관상호간에 있어서의 권한의 존부 또는 그 행사에 관한 다툼이 있을 때에 이에 대하여 제기하는 소송. 다만, 헌법재판소법 제2조의 규정에 의하여 헌법재판소의 관장사항으로 되는 소송은 제외한다.
>
> **제4조(항고소송)**
> 항고소송은 다음과 같이 구분한다.
> 1. **취소소송: 행정청의 위법한 처분등을 취소 또는 변경하는 소송**
> 2. **무효등 확인소송: 행정청의 처분등의 효력 유무 또는 존재여부를 확인하는 소송**
> 3. **부작위위법확인소송: 행정청의 부작위가 위법하다는 것을 확인하는 소송**

정답 ①

510 행정소송법에서 규정하고 있는 항고소송이 아닌 것은?

20 지방직 [Essential ★]

① 기관소송
② 무효등확인소송
③ 부작위위법확인소송
④ 취소소송

> **해설**
>
> ① [×] **기관소송(×)**: 국가 또는 공공단체의 기관상호간에 있어서의 권한의 존부 또는 그 행사에 관한 다툼이 있을 때에 이에 대하여 제기하는 소송. 다만, 헌법재판소법 제2조의 규정에 의하여 헌법재판소의 관장사항으로 되는 소송은 제외한다.(행정소송법 제3조제4호)
> → 기관소송은 행정소송법상 행정소송의 일종이지만, **항고소송의 종류는 아니다.**
> ② [○] **무효등확인소송**: 행정청의 처분등의 효력 유무 또는 존재여부를 확인하는 소송(행정소송법 제4조제2호)
> ③ [○] **부작위위법확인소송**: 행정청의 부작위가 위법하다는 것을 확인하는 소송(행정소송법 제4조제3호)
> ④ [○] **취소소송**: 행정청의 위법한 처분등을 취소 또는 변경하는 소송(행정소송법 제4조제1호)

정답 ①

511 행정소송법상 행정소송의 종류에 대한 설명이다. 아래 ㉠부터 ㉣까지의 설명 중 옳고 그름의 표시(O, ×)가 바르게 된 것은?

17 경행특채 [Core ★★]

> ㉠ 항고소송이란 행정청의 처분 등이나 부작위에 대하여 제기하는 소송이다.
> ㉡ 당사자소송이란 행정청의 처분 등을 원인으로 하는 법률관계에 관한 소송 그 밖에 공법상의 법률관계에 관한 소송으로서 그 법률관계의 한쪽 당사자를 피고로 하는 소송이다.
> ㉢ 민중소송이란 국가 또는 공공단체의 기관이 법률에 위반되는 행위를 한 때에 직접 자기의 법률상 이익과 관계없이 그 시정을 구하기 위하여 제기하는 소송이다.
> ㉣ 기관소송이란 국가 또는 공공단체의 기관 상호 간에 있어서의 권한의 존부 또는 그 행사에 관한 다툼이 있는 때에 이에 대하여 제기하는 소송이다. 다만, 헌법재판소법 제2조의 규정에 의하여 헌법재판소의 관장사항으로 되는 소송은 제외한다.

① ㉠(O) ㉡(O) ㉢(O) ㉣(O)
② ㉠(O) ㉡(O) ㉢(×) ㉣(O)
③ ㉠(O) ㉡(O) ㉢(×) ㉣(×)
④ ㉠(×) ㉡(×) ㉢(O) ㉣(×)

해설

① 지문이 바르게 된 연결이다.
㉠ [O] 항고소송이란 행정청의 처분 등이나 부작위에 대하여 제기하는 소송이다.(행정소송법 제3조제1호)
㉡ [O] **당사자소송**이란 행정청의 처분 등을 원인으로 하는 법률관계에 관한 소송 그 밖에 공법상의 법률관계에 관한 소송으로서 그 **법률관계의 한쪽 당사자를 피고로 하는** 소송이다.(행정소송법 제3조제2호)
㉢ [O] **민중소송**이란 국가 또는 공공단체의 기관이 법률에 위반되는 행위를 한 때에 직접 **자기의 법률상 이익과 관계없이 그 시정을 구하기** 위하여 제기하는 소송이다.(행정소송법 제3조제3호)
㉣ [O] 기관소송이란 **국가 또는 공공단체의 기관 상호** 간에 있어서의 권한의 존부 또는 그 행사에 관한 다툼이 있는 때에 이에 대하여 제기하는 소송이다. 다만, 헌법재판소법 제2조의 규정에 의하여 헌법재판소의 관장사항으로 되는 소송은 제외한다.(행정소송법 제3조제4호)

정답 ①

512 행정소송법에 관한 설명이다. 다음 중 적절하지 않은 것은? 16 경행특채 [Essential ★]

① 행정소송법 제3조에서는 행정소송을 항고소송, 기관소송, 당사자소송, 예방적 금지소송으로 구분한다.
② 당사자소송이란 행정청의 처분 등을 원인으로 하는 법률관계에 관한 소송 그 밖에 공법상의 법률관계에 관한 소송으로서 그 법률관계의 한쪽 당사자를 피고로 하는 소송을 말한다.
③ 취소소송은 법령의 규정에 의하여 당해 처분에 대한 행정심판을 제기할 수 있는 경우에도 이를 거치지 아니하고 제기할 수 있다. 다만, 다른 법률에 당해 처분에 대한 행정심판의 재결을 거치지 아니하면 취소소송을 제기할 수 없다는 규정이 있는 때에는 그러하지 아니하다.
④ 법원은 필요하다고 인정할 때에는 직권으로 증거조사를 할 수 있고, 당사자가 주장하지 아니한 사실에 대하여도 판단할 수 있다.

해설

① [×] 행정소송법 제3조에서는 행정소송을 항고소송, 기관소송, 당사자소송, 예방적 금지소송(×)으로 구분한다.
→ 행정소송법 제3조에서는 행정소송을 항고소송, 기관소송, 당사자소송, 민중소송으로 구분한다. 예방적 금지소송은 현재 인정하지 않고 있다.
② [○] 당사자소송이란 행정청의 처분 등을 원인으로 하는 법률관계에 관한 소송 그 밖에 공법상의 법률관계에 관한 소송으로서 그 법률관계의 한쪽 당사자를 피고로 하는 소송을 말한다.(행정소송법 제3조제2호)
③ [○] 취소소송은 법령의 규정에 의하여 당해 처분에 대한 행정심판을 제기할 수 있는 경우에도 이를 거치지 아니하고 제기할 수 있다. 다만, 다른 법률에 당해 처분에 대한 행정심판의 재결을 거치지 아니하면 취소소송을 제기할 수 없다는 규정이 있는 때에는 그러하지 아니하다.(행정소송법 제18조제1항)
④ [○] 법원은 필요하다고 인정할 때에는 직권으로 증거조사를 할 수 있고, 당사자가 주장하지 아니한 사실에 대하여도 판단할 수 있다.(행정소송법 제26조)

행정소송법

제18조(행정심판과의 관계)
① 취소소송은 법령의 규정에 의하여 당해 처분에 대한 행정심판을 제기할 수 있는 경우에도 이를 거치지 아니하고 제기할 수 있다. 다만, 다른 법률에 당해 처분에 대한 행정심판의 재결을 거치지 아니하면 취소소송을 제기할 수 없다는 규정이 있는 때에는 그러하지 아니하다.
② 제1항 단서의 경우에도 다음 각호의 1에 해당하는 사유가 있는 때에는 행정심판의 재결을 거치지 아니하고 취소소송을 제기할 수 있다.
  1. 행정심판청구가 있은 날로부터 60일이 지나도 재결이 없는 때
  2. 처분의 집행 또는 절차의 속행으로 생길 중대한 손해를 예방하여야 할 긴급한 필요가 있는 때
  3. 법령의 규정에 의한 행정심판기관이 의결 또는 재결을 하지 못할 사유가 있는 때
  4. 그 밖의 정당한 사유가 있는 때
③ 제1항 단서의 경우에 다음 각호의 1에 해당하는 사유가 있는 때에는 행정심판을 제기함이 없이 취소소송을 제기할 수 있다.
  1. 동종사건에 관하여 이미 행정심판의 기각재결이 있은 때
  2. 서로 내용상 관련되는 처분 또는 같은 목적을 위하여 단계적으로 진행되는 처분중 어느 하나가 이미 행정심판의 재결을 거친 때
  3. 행정청이 사실심의 변론종결후 소송의 대상인 처분을 변경하여 당해 변경된 처분에 관하여 소를 제기하는 때

> 4. 처분을 행한 행정청이 행정심판을 거칠 필요가 없다고 잘못 알린 때
> ④ 제2항 및 제3항의 규정에 의한 사유는 이를 소명하여야 한다.
>
> **제26조(직권심리)**
> 법원은 필요하다고 인정할 때에는 직권으로 증거조사를 할 수 있고, 당사자가 주장하지 아니한 사실에 대하여도 판단할 수 있다.

정답 ①

513 판례상 취소소송의 대상이 되는 행정작용에 해당하는 경우만을 모두 고르면? 21 지방직 [Core ★★]

> ㉠ 한국마사회의 조교사·기수 면허취소처분
> ㉡ 임용기간이 만료된 국립대학 조교수에 대하여 재임용을 거부하는 취지로 한 임용기간 만료의 통지
> ㉢ 국가공무원법상 당연퇴직의 인사발령
> ㉣ 어업권면허에 선행하는 확약인 우선순위결정
> ㉤ 과세관청의 소득처분에 따른 소득금액변동 통지

① ㉠, ㉢   ② ㉡, ㉤   ③ ㉠, ㉡, ㉣   ④ ㉢, ㉣, ㉤

해설

㉡, ㉤ 2항목이 해당한다.

㉡ [O] 임용기간이 만료된 국립대학 조교수에 대하여 재임용을 거부하는 취지로 한 임용기간만료의 통지

> 대법원 2004. 4. 22. 선고 2000두7735 전원합의체 판결 [교수재임용거부처분취소]
> 기간제로 임용되어 임용기간이 만료된 국·공립대학의 조교수는 교원으로서의 능력과 자질에 관하여 합리적인 기준에 의한 공정한 심사를 받아 위 기준에 부합되면 특별한 사정이 없는 한 재임용되리라는 기대를 가지고 재임용 여부에 관하여 합리적인 기준에 의한 공정한 심사를 요구할 법규상 또는 조리상 신청권을 가진다고 할 것이니, **임용권자가 임용기간이 만료된 조교수에 대하여 재임용을 거부하는 취지로 한 임용기간만료의 통지는 위와 같은 대학교원의 법률관계에 영향을 주는 것으로서 행정소송의 대상이 되는 처분에 해당한다.**

㉤ [O] 과세관청의 소득처분에 따른 소득금액변동 통지

> 대법원 2006. 4. 20. 선고 2002두1878 전원합의체 판결 [경정결정신청거부처분취소]
> 과세관청의 소득처분과 그에 따른 소득금액변동통지가 있는 경우 원천징수의무자인 법인은 소득금액변동통지서를 받은 날에 그 통지서에 기재된 소득의 귀속자에게 당해 소득금액을 지급한 것으로 의제되어 그 때 원천징수하는 소득세의 납세의무가 성립함과 동시에 확정되고, 원천징수의무자인 법인으로서는 소득금액변동통지서에 기재된 소득처분의 내용에 따라 원천징수세액을 그 다음달 10일까지 관할 세무서장 등에게 납부하여야 할 의무를 부담하며, 만일 이를 이행하지 아니하는 경우에는 가산세의 제재를 받게 됨은 물론이고 형사처벌까지 받도록 규정되어 있는 점에 비추어 보면, **소득금액변동통지는 원천징수의무자인 법인의 납세의무에 직접 영향을 미치는 과세관청의 행위로서, 항고소송의 대상이 되는 조세행정처분이라고 봄이 상당하다.**

> ㉠ [×] 한국마사회의 조교사·기수 면허취소처분(×)
>
> 대법원 2008. 1. 31. 선고 2005두8269 판결 [해고무효등확인청구]
>
> 한국마사회가 조교사 또는 기수의 면허를 부여하거나 취소하는 것은 경마를 독점적으로 개최할 수 있는 지위에서 우수한 능력을 갖추었다고 인정되는 사람에게 경마에서의 일정한 기능과 역할을 수행할 수 있는 자격을 부여하거나 이를 박탈하는 것에 지나지 아니하므로, **이는 국가 기타 행정기관으로부터 위탁받은 행정권한의 행사가 아니라 일반 사법상의 법률관계에서 이루어지는 단체 내부에서의 징계 내지 제재처분이다.**
>
> ㉢ [×] 국가공무원법상 당연퇴직의 인사발령(×)
>
> 대법원 1995. 11. 14. 선고 95누2036 판결 [당연퇴직처분무효확인]
>
> 당연퇴직의 인사발령은 법률상 당연히 발생하는 퇴직사유를 공적으로 확인하여 알려주는 이른바 관념의 통지에 불과하고 공무원의 신분을 상실시키는 새로운 형성적 행위가 아니므로 행정소송의 대상이 되는 독립한 행정처분이라고 할 수 없다.
>
> ㉣ [×] 어업권면허에 선행하는 확약인 우선순위결정(×)
>
> 대법원 1995. 1. 20. 선고 94누6529 판결 [행정처분취소]
>
> 어업권면허에 선행하는 우선순위결정은 행정청이 우선권자로 결정된 자의 신청이 있으면 어업권면허처분을 하겠다는 것을 약속하는 행위로서 강학상 확약에 불과하고 행정처분은 아니므로, 우선순위결정에 공정력이나 불가쟁력과 같은 효력은 인정되지 아니한다.

정답 ②

514 판례상 항고소송의 대상으로 인정되는 것만을 모두 고르면?   20 지방직 [Core ★★]

> ㉠ 교도소장이 특정 수형자를 '접견내용 녹음·녹화 및 접견시 교도관 참여대상자'로 지정한 행위
> ㉡ 행정청이 토지대장상의 소유자명의변경신청을 거부한 행위
> ㉢ 지방경찰청장(현 시도경찰청장)의 횡단보도 설치행위
> ㉣ 상표권자인 법인에 대한 청산종결등기가 되었음을 이유로 특허청장이 행한 상표권 말소등록행위

① ㉠, ㉡   ② ㉠, ㉢   ③ ㉡, ㉣   ④ ㉢, ㉣

㉠, ㉢ 2항목이 인정된다.

> ㉠ [O] 교도소장이 특정 수형자를 '접견내용 녹음·녹화 및 접견시 교도관 참여대상자'로 지정한 행위
>
> 대법원 2014. 2. 13. 선고 2013두20899 판결 [행정처분취소]
>
> 교도소장이 **수형자 甲을 '접견내용 녹음·녹화 및 접견 시 교도관 참여대상자'로 지정한 사안에서, 위 지정행위는 수형자의 구체적 권리의무에 직접적 변동을 가져오는 행정청의 공법상 행위로서 항고소송의 대상이 되는 '처분'에 해당한다.**
>
> ㉢ [O] 지방경찰청장(현 시도경찰청장)의 횡단보도 설치행위

대법원 2000. 10. 27. 선고 98두8964 판결

지방경찰청장(현 시도경찰청장)이 횡단보도를 설치하여 보행자의 통행방법 등을 규제하는 것은, 행정청이 특정사항에 대하여 의무의 부담을 명하는 행위이고 이는 국민의 권리·의무에 직접 관계가 있는 행위로서 **행정처분이라고 보아야 할 것이다.**

ⓒ [×] 행정청이 토지대장상의 소유자명의변경신청을 거부한 행위

대법원 2012. 1. 12. 선고 2010두12354 판결 [토지대장정정불가처분취소]

토지대장에 기재된 일정한 사항을 변경하는 행위는, 그것이 지목의 변경이나 정정 등과 같이 토지소유권 행사의 전제요건으로서 토지소유자의 실체적 권리관계에 영향을 미치는 사항에 관한 것이 아닌 한 행정사무집행의 편의와 사실증명의 자료로 삼기 위한 것일 뿐이어서, 그 소유자 명의가 변경된다고 하여도 이로 인하여 당해 토지에 대한 실체상의 권리관계에 변동을 가져올 수 없고 토지 소유권이 지적공부의 기재만에 의하여 증명되는 것도 아니다. 따라서 소관청이 **토지대장상의 소유자명의변경신청을 거부한 행위는 이를 항고소송의 대상이 되는 행정처분이라고 할 수 없다.**

ⓔ [×] 상표권자인 법인에 대한 청산종결등기가 되었음을 이유로 특허청장이 행한 상표권 말소등록행위

대법원 2015. 10. 29. 선고 2014두2362 판결 [상표권이전등록신청처분취소]

상표원부에 상표권자인 법인에 대한 청산종결등기가 되었음을 이유로 상표권의 말소등록이 이루어졌다고 해도 이는 상표권이 소멸하였음을 확인하는 사실적·확인적 행위에 지나지 않고, 말소등록으로 비로소 상표권 소멸의 효력이 발생하는 것이 아니어서, 상표권의 말소등록은 국민의 권리의무에 직접적으로 영향을 미치는 행위라고 할 수 없다.

한편 상표법 제39조 제3항의 위임에 따른 특허권 등의 등록령(이하 '등록령'이라 한다) 제27조는 "말소한 등록의 회복을 신청하는 경우에 등록에 대한 이해관계가 있는 제3자가 있을 때에는 신청서에 그 승낙서나 그에 대항할 수 있는 재판의 등본을 첨부하여야 한다."고 규정하고 있는데, 상표권 설정등록이 말소된 경우에도 등록령 제27조에 따른 회복등록의 신청이 가능하고, 회복신청이 거부된 경우에는 거부처분에 대한 항고소송이 가능하다.

이러한 점들을 종합하면, **상표권자인 법인에 대한 청산종결등기가 되었음을 이유로한 상표권의 말소등록행위는 항고소송의 대상이 될 수 없다.**

정답 ②

515 항고소송의 대상인 처분에 대한 설명으로 옳은 것은? (다툼이 있는 경우 판례에 의함)

19 국가직 [Superlative ★★★]

① 국립대학교 총장의 임용권한은 대통령에게 있으므로, 교육부장관이 대통령에게 임용제청을 하면서 대학에서 추천한 복수의 총장 후보자들 중 일부를 임용제청에서 제외한 행위는 처분에 해당하지 않는다.
② 인터넷 포털사이트의 개인정보 유출사고로 주민등록번호가 불법유출되었음을 이유로 주민등록번호 변경신청을 하였으나 관할 구청장이 이를 거부한 경우, 그 거부행위는 처분에 해당하지 않는다.
③ 검사의 불기소결정은 공권력의 행사에 포함되므로, 검사의 자의적인 수사에 의하여 불기소결정이 이루어진 경우 그 불기소결정은 처분에 해당한다.
④ 국가인권위원회가 진정에 대하여 각하 및 기각결정을 할 경우 피해자인 진정인은 인권침해 등에 대한 구제조치를 받을 권리를 박탈당하게 되므로, 국가인권위원회의 진정에 대한 각하 및 기각결정은 처분에 해당한다.

해설

④ [○] 국가인권위원회가 진정에 대하여 각하 및 기각결정을 할 경우 피해자인 진정인은 인권침해 등에 대한 구제조치를 받을 권리를 박탈당하게 되므로, 국가인권위원회의 진정에 대한 각하 및 기각결정은 처분에 해당한다.
→ 국가인권위원회의 각하 및 기각결정은 법률상 신청권이 있는 피해자인 진정인의 권리행사에 중대한 지장을 초래하는 것으로서 항고소송의 대상이 되는 행정처분에 해당하므로, **헌법소원의 보충성에 따라 그에 대한 다툼은 우선 행정심판이나 행정소송에 의하여야 할 것이다.**

> 헌법재판소 2015. 3. 26. 선고 2013헌마214,245,445,804,833,2014헌마104,506,1047(병합) 전원재판부 [진정사건각하결정취소등]
> 국가인권위원회는 법률상의 독립된 국가기관이고, 피해자인 진정인에게는 국가인권위원회법이 정하고 있는 구제조치를 신청할 법률상 신청권이 있는데 국가인권위원회가 진정을 각하 및 기각결정을 할 경우 피해자인 진정인으로서는 자신의 인격권 등을 침해하는 인권침해 또는 차별행위 등이 시정되고 그에 따른 구제조치를 받을 권리를 박탈당하게 되므로, **진정에 대한 국가인권위원회의 각하 및 기각결정은 피해자인 진정인의 권리행사에 중대한 지장을 초래하는 것으로서 항고소송의 대상이 되는 행정처분에 해당**하므로, 그에 대한 다툼은 우선 행정심판이나 행정소송에 의하여야 할 것이다. 따라서 이 사건 심판청구는 행정심판이나 행정소송 등의 사전 구제절차를 모두 거친 후 청구된 것이 아니므로 보충성 요건을 충족하지 못하였다.

① [×] 국립대학교 총장의 임용권한은 대통령에게 있으므로, 교육부장관이 대통령에게 임용제청을 하면서 **대학에서 추천한 복수의 총장 후보자들 중 일부를 임용제청에서 제외한 행위는 처분에 해당하지 않는다.(×)**
→ 교육부장관이 대학에서 추천한 복수의 총장 후보자들 전부 또는 일부를 임용제청에서 제외하는 행위는 항고소송의 대상이 되는 처분에 해당한다. **교육부장관이 특정 후보자를 임용제청에서 제외하고 다른 후보자를 임용제청함으로써 대통령이 임용제청된 다른 후보자를 총장으로 임용한 경우, 임용제청에서 제외된 후보자가 행정소송으로 다툴 처분은 대통령의 임용 제외처분이다.**

> 대법원 2018. 6. 15. 선고 2016두57564 판결 [임용제청거부처분취소 등]
> 대학의 추천을 받은 총장 후보자는 교육부장관으로부터 정당한 심사를 받을 것이라는 기대를 하게 된다. 만일 교육부장관이 자의적으로 대학에서 추천한 복수의 총장 후보자들 전부 또는 일부를 임용제청하지 않는다면 대통령으로부터 임용을 받을 기회를 박탈하는 효과가 있다. 이를 항고소송의 대상이 되는 처분으로 보지 않는다면, 침해된 권리 또는 법률상 이익을 구제받을 방법이 없다. 따라서 **교육부장관이 대학에서 추천한**

복수의 총장 후보자들 전부 또는 일부를 임용제청에서 제외하는 행위는 제외된 후보자들에 대한 불이익처분으로서 항고소송의 대상이 되는 처분에 해당한다고 보아야 한다. 다만 교육부장관이 특정 후보자를 임용제청에서 제외하고 다른 후보자를 임용제청함으로써 대통령이 임용제청된 다른 후보자를 총장으로 임용한 경우에는, 임용제청에서 제외된 후보자는 대통령이 자신에 대하여 총장 임용 제외처분을 한 것으로 보아 이를 다투어야 한다.

② [×] 인터넷 포털사이트의 개인정보 유출사고로 주민등록번호가 불법유출되었음을 이유로 주민등록번호 변경신청을 하였으나 관할 구청장이 이를 거부한 경우, 그 거부행위는 처분에 해당하지 않는다.(×)

대법원 2017. 6. 15. 선고 2013두2945 판결 [주민등록번호변경신청거부처분취소]
甲 등이 인터넷 포털사이트 등의 개인정보 유출사고로 자신들의 주민등록번호 등 개인정보가 불법 유출되자 이를 이유로 관할 구청장에게 주민등록번호를 변경해 줄 것을 신청하였으나 구청장이 '주민등록번호가 불법 유출된 경우 주민등록법상 변경이 허용되지 않는다'는 이유로 주민등록번호 변경을 거부하는 취지의 통지를 한 사안에서, 피해자의 의사와 무관하게 주민등록번호가 유출된 경우에는 조리상 주민등록번호의 변경을 요구할 신청권을 인정함이 타당하고, 구청장의 주민등록번호 변경신청 거부행위는 항고소송의 대상이 되는 행정처분에 해당한다.

③ [×] 검사의 불기소결정은 공권력의 행사에 포함되므로, 검사의 자의적인 수사에 의하여 불기소결정이 이루어진 경우 그 불기소결정은 처분에 해당한다.(×)

대법원 2018. 9. 28. 선고 2017두47465 판결 [부작위법확인]
행정소송법상 거부처분 취소소송의 대상인 '거부처분'이란 '행정청이 행하는 구체적 사실에 관한 법집행으로서의 공권력의 행사 또는 이에 준하는 행정작용', 즉 적극적 처분의 발급을 구하는 신청에 대하여 그에 따른 행위를 하지 않았다고 거부하는 행위를 말하고, 부작위법확인소송의 대상인 '부작위'란 '행정청이 당사자의 신청에 대하여 상당한 기간 내에 일정한 처분을 하여야 할 법률상 의무가 있음에도 불구하고 이를 하지 아니하는 것'을 말한다(제2조 제1항 제1호, 제2호). 여기에서 '처분'이란 행정소송법상 항고소송의 대상이 되는 처분을 의미하는 것으로서, 행정소송법 제2조의 처분의 개념 정의에는 해당한다고 하더라도 그 처분의 근거 법률에서 행정소송 이외의 다른 절차에 의하여 불복할 것을 예정하고 있는 처분은 항고소송의 대상이 될 수 없다. 검사의 불기소결정에 대해서는 검찰청법에 의한 항고와 재항고, 형사소송법에 의한 재정신청에 의해서만 불복할 수 있는 것이므로, 이에 대해서는 행정소송법상 항고소송을 제기할 수 없다.

정답 ④

516 판례상 행정처분으로 인정되는 것은?

19 소방직 [Core ★★]

① 어업권면허에 선행하는 우선순위결정
② 계약직 공무원 채용계약해지의 의사표시
③ 행정규칙에 의한 불문경고조치
④ 국가공무원 당연퇴직의 인사발령

해설

③ [O] 행정규칙에 의한 불문경고조치

> 대법원 2002. 7. 26. 선고 2001두3532 판결 [견책처분취소]
> 행정규칙에 의한 '불문경고조치'가 비록 법률상의 징계처분은 아니지만 위 처분을 받지 아니하였다면 차후 다른 징계처분이나 경고를 받게 될 경우 징계감경사유로 사용될 수 있었던 표창공적의 사용가능성을 소멸시키는 효과와 1년 동안 인사기록카드에 등재됨으로써 그 동안은 장관표창이나 도지사표창 대상자에서 제외시키는 효과 등이 있다는 이유로 **항고소송의 대상이 되는 행정처분에 해당한다.**

① [×] 어업권면허에 선행하는 우선순위결정(×)

> 대법원 1995. 1. 20. 선고 94누6529 판결 [행정처분취소]
> 어업권면허에 선행하는 우선순위결정은 행정청이 우선권자로 결정된 자의 신청이 있으면 어업권면허처분을 하겠다는 것을 약속하는 행위로서 강학상 확약에 불과하고 행정처분은 아니므로, 우선순위결정에 공정력이나 불가쟁력과 같은 효력은 인정되지 아니한다.

② [×] 계약직 공무원 채용계약해지의 의사표시(×)

> 대법원 2002. 11. 26. 선고 2002두5948 판결 [전임계약해지무효확인]
> 계약직공무원에 관한 현행 법령의 규정에 비추어 볼 때, 계약직공무원 채용계약해지의 의사표시는 일반 공무원에 대한 징계처분과는 달라서 항고소송의 대상이 되는 처분 등의 성격을 가진 것으로 인정되지 아니한다.

④ [×] 국가공무원 당연퇴직의 인사발령(×)

> 대법원 1995. 11. 14. 선고 95누2036 판결 [당연퇴직처분무효확인]
> 당연퇴직의 인사발령은 법률상 당연히 발생하는 퇴직사유를 공적으로 확인하여 알려주는 이른바 관념의 통지에 불과하고 공무원의 신분을 상실시키는 새로운 형성적 행위가 아니므로 행정소송의 대상이 되는 독립한 행정처분이라고 할 수 없다.

정답 ③

517. 다음은 행정소송법상 제소기간에 대한 설명이다. ㉠~㉤에 들어갈 내용은? 20 지방직 [Core ★★]

취소소송은 처분 등이 (㉠)부터 (㉡) 이내에 제기하여야 한다. 다만, 행정심판청구를 할 수 있는 경우 또는 행정청이 행정심판청구를 할 수 있다고 잘못 알린 경우에 행정심판청구가 있은 때의 기간은 (㉢)을 (㉣)부터 기산한다. 한편 취소소송은 처분 등이 있은 날부터 (㉤)을 경과하면 이를 제기하지 못한다. 다만, 정당한 사유가 있는 때에는 그러하지 아니하다.

	㉠	㉡	㉢	㉣	㉤
①	있은 날	30일	결정서의 정본	통지받은 날	180일
②	있음을 안 날	90일	재결서의 정본	송달받은 날	1년
③	있은 날	1년	결정서의 정본	통지받은 날	2년
④	있음을 안 날	1년	재결서의 정본	송달받은 날	3년

해설

	㉠	㉡	㉢	㉣	㉤
② [O]	있음을 안 날	90일	재결서의 정본	송달받은 날	1년

→ 취소소송은 처분 등이 (㉠ **있음을 안 날**)부터 (㉡ **90일**) 이내에 제기하여야 한다. 다만, 행정심판청구를 할 수 있는 경우 또는 행정청이 행정심판청구를 할 수 있다고 잘못 알린 경우에 행정심판청구가 있은 때의 기간은 (㉢ **재결서의 정본**)을 (㉣ **송달받은 날**)부터 기산한다.(행정소송법 제20조제1항) 한편 취소소송은 처분 등이 있은 날부터 (㉤ **1년**)을 경과하면 이를 제기하지 못한다. 다만, 정당한 사유가 있는 때에는 그러하지 아니하다.(행정소송법 제20조제2항)

① [×]	있은 날(×)	30일(×)	결정서의 정본(×)	통지받은 날(×)	180일(×)
③ [×]	있은 날(×)	1년(×)	결정서의 부본(×)	통지받은 날(×)	2년(×)
④ [×]	있음을 안 날	1년(×)	재결서의 부본(×)	송달받은 날	3년(×)

행정소송법 제20조(제소기간)
① 취소소송은 처분등이 **있음을 안 날**부터 **90일** 이내에 제기하여야 한다. 다만, 제18조제1항 단서에 규정한 경우와 그 밖에 행정심판청구를 할 수 있는 경우 또는 행정청이 행정심판청구를 할 수 있다고 잘못 알린 경우에 행정심판청구가 있은 때의 기간은 **재결서의 정본**을 **송달받은 날**부터 기산한다.
② 취소소송은 처분등이 있은 날부터 **1년**(제1항 단서의 경우는 재결이 있은 날부터 1년)을 경과하면 이를 제기하지 못한다. 다만, 정당한 사유가 있는 때에는 그러하지 아니하다.
③ 제1항의 규정에 의한 기간은 불변기간으로 한다.

정답 ②

518 행정소송법상 필요적 전치주의가 적용되는 사안에서, 행정심판을 청구하여야 하나 당해 처분에 대한 행정심판의 재결을 거치지 아니하고 취소소송을 제기할 수 있는 경우에 해당하는 것은?

17 지방직 [Core ★★]

① 동종사건에 관하여 이미 행정심판의 기각재결이 있는 경우
② 서로 내용상 관련되는 처분 또는 같은 목적을 위하여 단계적으로 진행되는 처분 중 어느 하나가 이미 행정심판의 재결을 거친 경우
③ 처분의 집행 또는 절차의 속행으로 생길 중대한 손해를 예방하여야 할 긴급한 필요가 있는 경우
④ 처분을 행한 행정청이 행정심판을 거칠 필요가 없다고 잘못 알린 경우

해설

③ [O] 처분의 집행 또는 절차의 속행으로 생길 중대한 손해를 예방하여야 할 긴급한 필요가 있는 경우(행정소송법 제18조제2항제2호)
① [×] 동종사건에 관하여 이미 행정심판의 기각재결이 있는 경우(행정소송법 제18조제3항제1호)
② [×] 서로 내용상 관련되는 처분 또는 같은 목적을 위하여 단계적으로 진행되는 처분 중 어느 하나가 이미 행정심판의 재결을 거친 경우(행정소송법 제18조제3항제2호)
④ [×] 처분을 행한 행정청이 행정심판을 거칠 필요가 없다고 잘못 알린 경우(행정소송법 제18조제3항제4호)

행정소송법 제18조(행정심판과의 관계)
① 취소소송은 법령의 규정에 의하여 당해 처분에 대한 행정심판을 제기할 수 있는 경우에도 이를 거치지 아니하고 제기할 수 있다. 다만, 다른 법률에 당해 처분에 대한 행정심판의 재결을 거치지 아니하면 취소소송을 제기할 수 없다는 규정이 있는 때에는 그러하지 아니하다.
② 제1항 단서의 경우에도 다음 각호의 1에 해당하는 사유가 있는 때에는 행정심판의 재결을 거치지 아니하고 취소소송을 제기할 수 있다.
　1. 행정심판청구가 있은 날로부터 60일이 지나도 재결이 없는 때
　2. 처분의 집행 또는 절차의 속행으로 생길 중대한 손해를 예방하여야 할 긴급한 필요가 있는 때
　3. 법령의 규정에 의한 행정심판기관이 의결 또는 재결을 하지 못할 사유가 있는 때
　4. 그 밖의 정당한 사유가 있는 때
③ 제1항 단서의 경우에 다음 각호의 1에 해당하는 사유가 있는 때에는 행정심판을 제기함이 없이 취소소송을 제기할 수 있다.
　1. 동종사건에 관하여 이미 행정심판의 기각재결이 있은 때
　2. 서로 내용상 관련되는 처분 또는 같은 목적을 위하여 단계적으로 진행되는 처분중 어느 하나가 이미 행정심판의 재결을 거친 때
　3. 행정청이 사실심의 변론종결후 소송의 대상인 처분을 변경하여 당해 변경된 처분에 관하여 소를 제기하는 때
　4. 처분을 행한 행정청이 행정심판을 거칠 필요가 없다고 잘못 알린 때
④ 제2항 및 제3항의 규정에 의한 사유는 이를 소명하여야 한다.

정답 ③

519 행정소송법 제18조 제3항에서 규정하고 있는 '행정심판을 거칠 필요가 없는 경우'가 <u>아닌</u> 것은?

16 서울시 [Essential ★]

① 동종사건에 관하여 이미 행정심판의 기각재결이 있을 때
② 서로 내용상 관련되는 처분 또는 같은 목적을 위하여 단계적으로 진행되는 처분 중 어느 하나가 이미 행정심판의 재결을 거친 때
③ 행정청이 사실심의 변론종결 후 소송의 대상인 처분을 변경하여 당해 변경된 처분에 관하여 소를 제기하는 때
④ 법령의 규정에 의한 행정심판기관이 의결 또는 재결을 하지 못할 사유가 있는 때

> **해설**
>
> ④ [×] 법령의 규정에 의한 **행정심판기관이 의결 또는 재결을 하지 못할 사유가 있는 때**(행정소송법 제18조 제2항제3호)
> ① [○] 동종사건에 관하여 **이미 행정심판의 기각재결이 있을 때**(행정소송법 제18조제3항제1호)
> ② [○] 서로 내용상 관련되는 처분 또는 같은 목적을 위하여 단계적으로 진행되는 처분 중 어느 하나가 **이미 행정심판의 재결을 거친 때**(행정소송법 제18조제3항제2호)
> ③ [○] 행정청이 **사실심의 변론종결 후 소송의 대상인 처분을 변경하여 당해 변경된 처분에 관하여 소를 제기하는 때**(행정소송법 제18조제3항제3호)

정답 ④

520 사정판결에 대한 설명으로 옳지 <u>않은</u> 것은? (다툼이 있는 경우 판례에 의함) 21 지방직 [Core ★★]

① 사정판결은 본안심리 결과 원고의 청구가 이유 있다고 인정됨에도 불구하고 처분을 취소하는 것이 현저히 공공복리에 적합하지 아니하다고 인정하는 때 원고의 청구를 기각하는 판결을 말한다.
② 사정판결은 항고소송 중 취소소송 및 무효등확인소송에서 인정되는 판결의 종류이다.
③ 법원이 사정판결을 함에 있어서는 미리 원고가 그로 인하여 입게 될 손해의 정도와 배상방법 그 밖의 사정을 조사하여야 한다.
④ 원고는 피고인 행정청이 속하는 국가 또는 공공단체를 상대로 손해배상, 제해시설의 설치 그 밖에 적당한 구제방법의 청구를 당해 취소소송 등이 계속된 법원에 병합하여 제기할 수 있다.

해설

② [×] 사정판결은 항고소송 중 취소소송 및 무효등확인소송(×)에서 인정되는 판결의 종류이다.
→ 사정판결은 항고소송 중 취소소송에만 허용되고 무효확인소송과 부작위위법확인소송에는 허용되지 않는다. 또한 당사자소송에도 사정판결이 허용되지 않는다.

대법원 1996. 3. 22. 선고 95누5509 판결 [토지수용재결처분취소등]
당연무효의 행정처분을 소송목적물로 하는 행정소송에서는 존치시킬 효력이 있는 행정행위가 없기 때문에 행정소송법 제28조 소정의 사정판결을 할 수 없다.

① [○] 사정판결은 본안심리 결과 원고의 청구가 이유 있다고 인정됨에도 불구하고 처분을 취소하는 것이 현저히 공공복리에 적합하지 아니하다고 인정하는 때 원고의 청구를 기각하는 판결을 말한다.
③ [○] 법원이 사정판결을 함에 있어서는 미리 원고가 그로 인하여 입게 될 손해의 정도와 배상방법 그 밖의 사정을 조사하여야 한다.(행정소송법 제28조제2항)
④ [○] 원고는 피고인 행정청이 속하는 국가 또는 공공단체를 상대로 손해배상, 제해시설의 설치 그 밖에 적당한 구제방법의 청구를 당해 취소소송 등이 계속된 법원에 병합하여 제기할 수 있다.(행정소송법 제28조제3항)

행정소송법 제28조(사정판결)
① 원고의 청구가 이유있다고 인정하는 경우에도 처분등을 취소하는 것이 현저히 공공복리에 적합하지 아니하다고 인정하는 때에는 법원은 원고의 청구를 기각할 수 있다. 이 경우 법원은 그 판결의 주문에서 그 처분등이 위법함을 명시하여야 한다.
② 법원이 제1항의 규정에 의한 판결을 함에 있어서는 미리 원고가 그로 인하여 입게 될 손해의 정도와 배상방법 그 밖의 사정을 조사하여야 한다.
③ 원고는 피고인 행정청이 속하는 국가 또는 공공단체를 상대로 손해배상, 제해시설의 설치 그 밖에 적당한 구제방법의 청구를 당해 취소소송등이 계속된 법원에 병합하여 제기할 수 있다.

정답 ②

521 사정판결에 대한 설명으로 옳은 것은? (다툼이 있는 경우 판례에 의함)   20 소방직 [Core ★★]

① 행정청의 재량에 속하는 처분이라도 재량권의 한계를 넘거나 그 남용이 있는 때에는 법원은 이를 취소할 수 있고, 재량권 일탈·남용에 관하여는 피고인 행정청이 증명책임을 부담한다.
② 법원은 사정판결을 하기 전에 원고가 그로 인하여 입게 될 손해의 정도와 배상방법, 그 밖의 사정을 조사하여야 한다.
③ 사정판결을 하는 경우 법원은 처분의 위법함을 판결의 주문에 표기할 수 없으므로 판결의 내용에서 그 처분 등이 위법함을 명시함으로써 원고에 대한 실질적 구제가 이루어지도록 하여야 한다.
④ 원고는 취소소송이 계속된 법원에 당해 행정청에 대한 손해배상청구 등을 병합하여 제기할 수 없으므로, 손해배상청구를 담당하는 민사법원의 판결이 먼저 내려진 경우라 할지라도 이 판결의 내용은 취소소송에 영향을 미치지 아니한다.

해설

② [O] 법원은 사정판결을 하기 전에 원고가 그로 인하여 입게 될 손해의 정도와 배상방법, 그 밖의 사정을 조사하여야 한다.(행정소송법 제28조제2항)

① [×] 행정청의 재량에 속하는 처분이라도 재량권의 한계를 넘거나 그 남용이 있는 때에는 법원은 이를 취소할 수 있고, 재량권 일탈·남용에 관하여는 피고인 행정청이 증명책임을 부담한다.(×)
→ 재량권 일탈·남용에 관한 증명책임은 원고가 진다. 행정청의 재량에 속하는 처분이라도 재량권의 한계를 넘거나 그 남용이 있는 때에는 법원은 이를 취소할 수 있다.(행정소송법 제27조)

대법원 1987. 12. 8. 선고 87누861 판결 [공유수면점용료부과처분]
공유수면관리법 제7조제1항 본문에 의하여 부과하는 점용료 또는 사용료를 감면해 주는 조치는 수익적 행정처분이므로 위 단서의 규정에 의한 감면이 임의적인 것이라면 그 감면여부와 감면 범위의 선택은 모두 처분청의 자유재량에 속하는 것이라 할 것이고, 한편 자유재량에 의한 행정처분이 그 재량권의 한계를 벗어난 것이어서 위법하다는 점은 그 행정처분의 효력을 다투는 자가 이를 주장·입증하여야 하고 처분청이 그 재량권의 행사가 정당한 것이었다는 점까지 주장·입증할 필요는 없다.

③ [×] 사정판결을 하는 경우 법원은 처분의 위법함을 판결의 주문에 표기할 수 없으므로 판결의 내용에서 그 처분 등이 위법함을 명시함으로써 원고에 대한 실질적 구제가 이루어지도록 하여야 한다.(×)
→ 원고의 청구가 이유있다고 인정하는 경우에도 처분등을 취소하는 것이 현저히 공공복리에 적합하지 아니하다고 인정하는 때에는 법원은 원고의 청구를 기각할 수 있다. 이 경우 법원은 그 판결의 주문에서 그 처분등이 위법함을 명시하여야 한다.(행정소송법 제28조제1항)

④ [×] 원고는 취소소송이 계속된 법원에 당해 행정청에 대한 손해배상청구 등을 병합하여 제기할 수 없으므로, 손해배상청구를 담당하는 민사법원의 판결이 먼저 내려진 경우라 할지라도 이 판결의 내용은 취소소송에 영향을 미치지 아니한다.(×)
→ 원고는 피고인 행정청이 속하는 국가 또는 공공단체를 상대로 손해배상, 제해시설의 설치 그 밖에 적당한 구제방법의 청구를 당해 취소소송등이 계속된 법원에 병합하여 제기할 수 있다.(행정소송법 제28조제3항)

행정소송법 제27조(재량처분의 취소)
행정청의 재량에 속하는 처분이라도 재량권의 한계를 넘거나 그 남용이 있는 때에는 법원은 이를 취소할 수 있다.

정답 ②

522. 행정소송법상 사정판결에 대한 설명으로 가장 적절하지 않은 것은? (다툼이 있는 경우 판례에 의함)

17 경행특채 [Core ★★]

① 법원은 당사자의 명백한 주장이 없는 경우에도 일건 기록에 나타난 사실을 기초로 하여 직권으로 사정판결을 할 수 있다.
② 법원이 사정판결을 함에 있어서는 미리 원고가 그로 인하여 입게 될 손해의 정도와 배상방법 그 밖의 사정을 조사하여야 한다.
③ 원고의 청구가 이유가 있다고 인정하는 경우에도 처분 등을 취소하는 것이 현저히 공공복리에 적합하지 아니하다고 인정하는 때에는 법원은 원고의 청구를 각하할 수 있다.
④ 사정판결시 법원은 그 판결의 주문에서 그 처분 등이 위법함을 명시하여야 한다.

해설

③ [×] 원고의 청구가 이유가 있다고 인정하는 경우에도 처분 등을 취소하는 것이 현저히 공공복리에 적합하지 아니하다고 인정하는 때에는 **법원은 원고의 청구를 각하할 수 있다.**(×)
→ 사정판결은 원고의 청구를 형식상 기각하는 것이지 각하하는 것이 아니다.

① [○] 법원은 당사자의 명백한 주장이 없는 경우에도 일건 기록에 나타난 사실을 기초로 하여 **직권으로 사정판결을 할 수 있다.**

> 대법원 1995. 7. 28. 선고 95누4629 판결 [주택개량재개발조합설립및사업시행인가처분무효확인]
> 행정소송법 제26조, 제28조 제1항 전단의 각 규정에 비추어 보면, 법원은 행정소송에 있어서 행정처분이 위법하여 운전자의 청구가 이유 있다고 인정하는 경우에도 그 처분 등을 취소하는 것이 현저히 공공복리에 적합하지 아니하다고 인정하는 때에는 원고의 청구를 기각하는 사정판결을 할 수 있고, 이러한 **사정판결을 할 필요가 있다고 인정하는 때에는 당사자의 명백한 주장이 없는 경우에도 일건 기록에 나타난 사실을 기초로 하여 직권으로 사정판결을 할 수 있다.**

② [○] 법원이 사정판결을 함에 있어서는 **미리 원고가 그로 인하여 입게 될 손해의 정도와 배상방법 그 밖의 사정을 조사하여야 한다.**(행정소송법 제28조제2항)

④ [○] **사정판결시 법원은 그 판결의 주문에서 그 처분 등이 위법함을 명시하여야 한다.**
→ 원고의 청구가 이유있다고 인정하는 경우에도 처분등을 취소하는 것이 현저히 공공복리에 적합하지 아니하다고 인정하는 때에는 법원은 원고의 청구를 기각할 수 있다. 이 경우 법원은 그 판결의 주문에서 그 처분등이 위법함을 명시하여야 한다.(행정소송법 제28조제1항)

정답 ③

질의응답 : jtjknp112 (네이버카페검색)

2024 개쉬운 독학 경찰행정법 기출총정리

인 쇄 일 : 2023년 05월 26일   **발 행 일** : 2023년 05월 26일
저   자 : 멘토링 수험연구소 & 정태정   **발 행 인** : 금 병 희
발 행 처 : 멘토링   **등   록** : 319-26-60호
주   소 : 서울시 동작구 만양로84 삼익주상복합아파트 1층상가 162호
주 문 / FAX : 02-825-0606 / 02-6499-3195

저자와의
협의하에
인지생략

이 책의 무단 전재, 복제행위는 저작권법에 의거하여 처벌을 받습니다.

정가. 28,000원   ISBN 979-11-6049-267-5